国家出版基金项目
NATIONAL PUBLICATION FOUNDATION

艺术卷

02

中国历代图书总目

李致忠 主编

北京国图书店有限责任公司
北京广臻文化艺术有限公司 编纂

文物出版社

第二分册目录

绘　画

绘画技法

国画技法、国画绘画理论

J0007822

董克俊绘画作品选集　董克俊作
贵阳 贵州人民出版社 1992年 90页 26cm（16开）
胶版纸 ISBN：7-221-02643-Z
　　本书选编作者绘画作品115幅。作者董克
俊（1939—2019），一级美术师。曾用笔名邹周。
出生于重庆。历任贵阳市画院副院长、中国美术
家协会理事、中国版画家协会常务理事、美协贵
州分会副主席、贵阳市美协主席。作品有《春返
苗山》等，出版有《雪峰寓言木刻插图集》《董克
俊版画新作选集》。

J0007823

海外中国画研究文选　（1950—1987）洪再
辛选编
上海 上海人民美术出版社 1992年 418页
有图 20cm（32开）ISBN：7-5322-0830-3
定价：CNY8.50
　　本书包括：《中国绘画的个性问题》《中国
艺术社会史札记》《元代文人画序说》等16篇文
章。外文书名：Eassys on the History of Chinese
Painting by Overseas Scholars. 作者洪再辛，浙江
美术学院任教。

J0007824

教少年儿童画国画　自学步骤法　（家禽部
分）何汉秋主编；何汉荣等绘
南宁 广西美术出版社 1992年 53页 19×26cm
ISBN：7-80582-277-8 定价：CNY3.70
　　作者何汉秋（1951—　　），《经济时报》美术
编辑。

J0007825

教少年儿童画国画　自学步骤法　（猛兽部
分）何汉秋主编；何汉荣等绘
南宁 广西美术出版社 1992年 53页 19×26cm
ISBN：7-80582-279-4 定价：CNY3.70

J0007826

教少年儿童画国画　自学步骤法　（山水花
卉部分）何汉秋主编；何汉荣等绘
南宁 广西美术出版社 1992年 53页 19×26cm
ISBN：7-80582-278-6 定价：CNY3.70

J0007827

陆抑非教学画稿　陆抑非绘
天津 天津人民美术出版社 1992年 193页
26cm（16开）精装 ISBN：7-5305-0315-4
定价：CNY40.00
（中国画名家教学画稿丛书）
　　作者陆抑非（1908—1997），美术教育家。名
翀，初字一飞，改字抑非，号非翁，又号苏叟。
江苏常熟人。历任中国美术学院教授、研究生导
师，西泠书画院副院长、常熟书画院名誉院长。
作品有《花好月圆》《春到农村》《寿桃图》等，
著有《非翁画语录》。

J0007828

陕西中国书画艺术理论研究会作品选　梁
鑫哲主编
西安　陕西人民美术出版社　1992 年　112 页
21cm（大 16 开）　ISBN：7-5368-0318-4
定价：CNY25.00，CNY30.00（精装）
　　本书选编作品 93 幅。其内容作品包括：国
画人物、花鸟、书法、篆刻。

J0007829

蔬果·草虫·鳞介画法　贾宝珉编绘
台北　艺术图书公司　1992 年　203 页　有图
30cm（10 开）　ISBN：957-9045-96-8
定价：TWD600.00
　　外文书名：Painting Fruit & Vegetables, Insects,
Fish & Mollusks. 作者贾宝珉（1941—　　），天津人。
毕业于河北艺术师范学院中国画专业。历任
天津美术学院中国画系教授、中国美术家协会
会员、天津美术家协会理事。代表作品《秋获》
《雄鹰》。

J0007830

张大千画语录　张大千著；李永翘编
海口　海南摄影美术出版社　1992 年　413 页
有照片　19cm（小 32 开）　ISBN：7-80571-217-4
定价：CNY8.50
　　本书分画理、画法、画具等 5 部分，是作
者一生的艺术观、绘画历程、艺术思想、美术理
论、创作方法、经验心得等的总结。作者张大千
（1899—1983），国画大师、山水画大家、书法家。
四川内江人，祖籍广东番禺。代表作有《爱痕
湖》《长江万里图》《四屏大荷花》《八屏西园雅
集》等。

J0007831

中国画技法入门与欣赏　（与青少年谈中国
画）蒋德舜著
北京　北京工业大学出版社　1992 年　108 页
26cm（16 开）　ISBN：7-5639-0208-2
定价：CNY8.50
　　本书介绍了中国画的形成和中国画的艺术
美，讲授了山水画、人物画和花鸟画的国画技法。

J0007832

中国画论通要　王振德编著

天津　天津人民美术出版社　1992 年　314+33 页
有图　19cm（小 32 开）　ISBN：7-5305-0247-6
定价：CNY13.50
　　作者结合多年画论教学，从中国画论自身
的美学体系出发，对其不同的审美范畴和概念转
换，加以合乎历史逻辑和艺术规律的命题疏解，
论证中国画论的精髓和要点等。选入 48 幅历代
名作。作者王振德（1941—　　），教授。天津宝坻
人。毕业于河北北京师院。历任天津美术学院
教授、美术史论教研室主任，天津美学学会常务
理事、天津美术家协会理事等。著有《王振德艺
文集》《中国近现代名家画集·王振德》等。

J0007833

中国画浅说　刘中和编著
哈尔滨　黑龙江美术出版社　1992 年　243 页
19cm（小 32 开）　ISBN：7-5318-0127-2
定价：CNY12.50

J0007834

中国画题款艺术　沈树华编著
北京　人民美术出版社　1992 年　176+107 页
有附图　19cm（小 32 开）　ISBN：7-102-00815-5
定价：CNY7.50
　　本书结合名家绘画，介绍了中国画款文的内
容和格式，尤其是纪年、月、日等时款，署名，印
章以及题款的空间位置、墨色变化等问题。

J0007835

中国绘画精神体系　姜澄清著
沈阳　辽宁教育出版社　1992 年　330 页　有彩图
20cm（32 开）　ISBN：7-5382-1486-0
定价：CNY6.00
（中国文化精神文库）
　　本书论述了中国传统绘画的哲学、宗教、伦
理等精神，并对造型、构图、线条、色彩、题材等
进行了专门论述。作者姜澄清（1935—2018），书
画艺术评论家。号三一斋主。云南昭通人。历
任贵州大学古典文学副教授、贵州大学图书馆馆
长、中国书法家协会学术委员等。主要著作有《中
国绘画精神体系》《易经与中国艺术精神》《书
法文化丛谈》《中国人的色彩观》《姜澄清散文
选》等。

J0007836
中国绘画研究论文集 《朵云》编辑部选编
上海 上海书画出版社 1992 年 986 页
20cm（32 开） ISBN：7-80512-579-1
定价：CNY22.00
　　本书是画学论文集，收入了《论中国绘画传统的形成及其特质》《论中国画之韵》《论中国画的势》等近 40 篇文章。

J0007837
中国书画全书 （第一册）卢辅圣主编
上海 上海书画出版社 1993 年 23+994 页
26cm（16 开） 精装 ISBN：7-80512-363-2
定价：CNY68.00
　　本套书收录上起两汉下至清末历代书画论著，总计 450 余种。全书第一、二分册为两汉至元代部分，第三、四、五分册为明代部分，其余为清代部分。全书出齐后，附全书索引。作者卢辅圣（1949—　　），编辑。浙江东阳人。毕业于浙江美术学院中国画系。历任《朵云》《书法研究》主编、上海书画出版社总编辑、中国美术家协会会员、上海美术家协会顾问。代表作品有中国画《旧游》，连环画《钗头凤》。

J0007838
中国书画全书 （第二册）卢辅圣主编
上海 上海书画出版社 1993 年 968 页
26cm（16 开） 精装 ISBN：7-80512-364-0
定价：CNY66.00

J0007839
中国书画全书 （第三册）卢辅圣主编
上海 上海书画出版社 1992 年 1282 页
26cm（16 开） 精装 ISBN：7-80512-360-8
定价：CNY85.00

J0007840
中国书画全书 （第四册）卢辅圣主编
上海 上海书画出版社 1992 年 1017 页
26cm（16 开） 精装 ISBN：7-80512-361-6
定价：CNY69.00

J0007841
中国书画全书 （第五册）卢辅圣主编
上海 上海书画出版社 1992 年 1240 页
26cm（16 开） 精装 ISBN：7-80512-572-4
定价：CNY83.00

J0007842
中国书画全书 （第六册）卢辅圣主编
上海 上海书画出版社 1994 年 1081 页
26cm（16 开） 精装 ISBN：7-80512-542-2
定价：CNY140.00

J0007843
中国书画全书 （第七册）卢辅圣主编
上海 上海书画出版社 1994 年 1078 页
26cm（16 开） 精装 ISBN：7-80512-543-0
定价：CNY140.00

J0007844
中国书画全书 （第八册）卢辅圣主编
上海 上海书画出版社 1994 年 1175 页
26cm（16 开） 精装 ISBN：7-80512-728-X
定价：CNY140.00

J0007845
中国书画全书 （第九册）卢辅圣主编
上海 上海书画出版社 1996 年 1115 页
26cm（16 开） 精装 ISBN：7-80512-799-9
定价：CNY160.00

J0007846
中国书画全书 （第十册）卢辅圣主编
上海 上海书画出版社 1996 年 1038 页
26cm（16 开） 精装 ISBN：7-80512-966-5
定价：CNY160.00

J0007847
中国书画全书 （第十一册）卢辅圣主编
上海 上海书画出版社 1997 年 997 页
26cm（16 开） 精装 ISBN：7-80512-874-X
定价：CNY160.00

J0007848
中国书画全书 （第十二册）卢辅圣主编
上海 上海书画出版社 1998 年 1132 页
26cm（16 开） 精装 ISBN：7-80512-764-6
定价：CNY188.00

J0007849

中国书画全书 （第十三册）卢辅圣主编
上海　上海书画出版社 1998 年 947 页
26cm（16 开）精装 ISBN：7-80512-868-5
定价：CNY188.00

J0007850

中国书画全书 （第十四册）卢辅圣主编
上海　上海书画出版社 1999 年 1168 页
26cm（16 开）精装 ISBN：7-80512-932-0
定价：CNY188.00

J0007851

彩墨画新技法　翟宗祝著
合肥　安徽美术出版社 1993 年 71 页 有肖像及
彩图 26cm（16 开）ISBN：7-5398-0284-7
定价：CNY13.50
（美术新技法丛书）
　　作者翟宗祝（1938—　），教师。笔名天竹。
安徽巢湖人，毕业于皖南大学艺术科。历任安徽
师范大学美术系副教授、系主任，中国美术家协
会会员、安徽省美协理事。代表作品有《雾破山
明》《昭君出塞》等。

J0007852

当代中国画技法·赏析 （曾宓水墨山水画创
作）申少君主编；曾宓绘
南宁　接力出版社 1993 年 28cm（大 16 开）
ISBN：7-80581-526-7
定价：CNY23.50，CNY39.00（精装）
　　作者曾宓（1935—　），画家。笔名三石楼主。
福建福州人。毕业于中国美术学院中国画系。
中国美协会员、浙江画院艺术委员会委员、浙江
画院专职画家、一级美术师。出版有《中国写意
画构成法则》《中国写意画的构成艺术》《曾宓画
集》等。

J0007853

当代中国画技法·赏析 （陈平水墨山水画创
作）申少君主编；陈平绘
南宁　接力出版社 1993 年 28cm（大 16 开）
ISBN：7-80581-524-0
定价：CNY23.50，CNY39.00（精装）
　　作者陈平（1960—　），教授。北京人。毕业
于中央美术学院。历任中央美术学院书法艺术

研究室讲师、中国美术家协会会员、中国书法家
协会会员。主要作品《半村半郭人家》《淡静的
日子》《家乡美景眼画》等。

J0007854

当代中国画技法·赏析 （江文湛水墨花鸟画
创作）申少君主编；江文湛绘
南宁　接力出版社 1993 年 28cm（大 16 开）
ISBN：7-80581-529-1
定价：CNY23.50，CNY39.00（精装）
　　作者江文湛（1940—　），画家、一级美术
师。山东郯城人。硕士毕业于西安美术学院。
西安美术家协会副主席、西安中国画院副院长、
中国美术家协会会员。著有《江文湛画选》《江
文湛画集》《现代中国画技法赏析》。

J0007855

当代中国画技法·赏析 （李洋水墨画创作）
申少君主编；李洋绘
南宁　接力出版社 1993 年 28cm（大 16 开）
ISBN：7-80581-530-5
定价：CNY23.50，CNY39.00（精装）
　　作者李洋（1958—　），教授。生于北京，毕
业于中央美术学院中国画系，留校任教。中央美
术学院中国画学院人物画教研室主任、教授，中
国美术家协会会员。作品有《启示》《太行丰碑－
左权将军》《醉清风》等。

J0007856

当代中国画技法·赏析 （林若熹工笔花鸟画
创作）申少君主编；林若熹绘
南宁　接力出版社 1993 年 28cm（大 16 开）
ISBN：7-80581-528-3
定价：CNY23.50，CNY39.00（精装）
　　作者林若熹（1963—　），教授。广东惠来人，
毕业于广州美术学院中国画系。广州美术学院
中国画系教授、中国美术家协会会员。作品有《蔚
蓝之召唤》《远方的来客》《小小工程师》等，出
版有《林若熹工笔花鸟画》。

J0007857

当代中国画技法·赏析 （刘进安水墨肖像画
创作）申少君主编；刘进安绘
南宁　接力出版社 1993 年 28cm（大 16 开）
ISBN：7-80581-523-2

定价：CNY23.50，CNY39.00（精装）

　　作者刘进安(1957—　)，别名大漠、晋盦、晋安。河北大城县人。就读于河北师范大学美术系。历任首都师范大学美术学院院长、教授、博士研究生导师，中国美术家协会会员、北京美术家协会理事。代表作有连环画《运河英豪》《高粱血酒》等。

J0007858

当代中国画技法·赏析　（唐勇力工笔人物画创作）申少君主编；唐勇力绘

南宁 接力出版社 1993 年 28cm（大 16 开）

ISBN：7-80581-521-6

定价：CNY23.50，CNY39.00（精装）

　　作者唐勇力(1951—　)，画家。出生于河北唐山。毕业于河北师范大学美术系。历任浙江美术学院讲师、中央美术学院中国画学院院长、博士生导师、中国工笔画学会副会长、中国美术家协会会员。画集有《当代肖像素描艺术》《名家人体艺术》《当代名家艺术观——唐勇力素描篇》等。

J0007859

当代中国画技法·赏析　（田黎明水墨人物画创作）申少君主编；田黎明绘

南宁 接力出版社 1993 年 28cm（大 16 开）

ISBN：7-80581-520-8

定价：CNY23.50，CNY39.00（精装）

　　作者田黎明(1955—　)，画家。生于北京，祖籍安徽合肥。中国艺术研究院博士生导师，中国艺术研究院副院长、研究生院院长、中央美术学院学术委员、中国画艺委会委员、北京市美协理事。代表作品有《自然的阳光》《正午的阳光》等。

J0007860

当代中国画技法·赏析　（张培成水墨人物画创作）申少君主编；张培成绘

南宁 接力出版社 1993 年 28cm（大 16 开）

ISBN：7-80581-522-4

定价：CNY23.50，CNY39.00（精装）

　　作者张培成(1948—　)，画家、一级美术师。江苏太仓人。毕业于中央美术学院。上海市美术家协会副主席、上海中国画院兼职画师、上海大学美术学院、上海师范大学美术学院兼职

教授、中国美术家协会会员。代表作品有《微风》《农家》《沃土》，出版有《张培成画集》。

J0007861

当代中国画技法·赏析　（赵宁安水墨花鸟画创作）申少君主编；赵宁安绘

南宁 接力出版社 1993 年 28cm（大 16 开）

ISBN：7-80581-527-5

定价：CNY23.50，CNY39.00（精装）

　　作者赵宁安(1945—　)，画家、教授。山东济南人。毕业于中央美术学院研究生班。中央美术学院中国画系教授、硕士生导师，中国美术家协会会员。出版有《中国新兴版画五十年选集》《赵宁安写生集》《赵宁安白描写生选辑》《赵宁安画集》等。

J0007862

当代中国画技法·赏析　（卓鹤君水墨山水画创作）申少君主编；卓鹤君绘

南宁 接力出版社 1993 年 28cm（大 16 开）

ISBN：7-80581-525-9

定价：CNY23.50，CNY39.00（精装）

　　作者卓鹤君(1943—　)，画家、教授。浙江人。毕业于中国美术学院中国画系山水画研究生班。中国美术家协会会员，中国美术学院教授、博士生导师。主要作品有《恒山烟云》《山水情》《翠华图》等。

J0007863

儿童彩墨画教程　胡雨心编著

上海 上海人民美术出版社 1993 年 102 页 20cm（32 开）ISBN：7-5322-1127-4

定价：CNY12.80

（小画家丛书）

J0007864

儿童书画教学 60 讲　（国画部分）李墨农编著

北京 中国纺织出版社 1993 年 89 页 26cm（16 开）

ISBN：7-5344-0326-X 定价：CNY9.00

J0007865

画领　（国画史论集）饶宗颐著

台北 时报文化出版企业公司 1993 年 620 页 21cm（32 开）ISBN：957-13-0710-6

定价：TWD500.00

（文化丛书 116）

作者饶宗颐（1917—2018），著名史学家、语文学家、画家。生于广东潮安，祖籍广东潮州。字固庵、伯濂、伯子，号选堂。曾任香港中文大学中文系荣休讲座教授，香港大学、北京大学、南京大学等校名誉教授。代表作品《敦煌书法丛刊》《殷代贞卜人物通考》《词集考》等。

J0007866

黄宾虹画语录图释　王伯敏，钱学文编

杭州　西泠印社 1993 年 155 页 有插图 26cm（16 开） ISBN：7-80517-105-X

定价：CNY22.00

J0007867

黄宾虹画语录图释　黄宾虹著述；王伯敏，钱学文编

杭州　西泠印社 1997 年 2 版 155 页 有插图 29cm（16 开） ISBN：7-80517-152-1

定价：CNY25.00

作者黄宾虹（1865—1955），山水画家。初名懋质，后改名质，字朴存，号宾虹，别署予向。生于浙江金华，原籍安徽歙县。代表作《山居烟雨》《新安江舟中作》等，著有《黄山画家源流考》《虹庐画谈》《画法要旨》等作品。

J0007868

秘戏图考　（荷）高罗佩著

台北　周安托 ［1993 年］36cm（15 开）

定价：TWD12000.00

J0007869

少儿国画教程　于家珍编绘

北京　中国纺织出版社 1993 年 31 页 24×26cm ISBN：7-5064-0954-2 定价：CNY12.00

J0007870

少儿中国画教程　朱颖人，尹俊龙主编；徐家昌等编绘

太原　希望出版社 1993 年 80 页 19×21cm ISBN：7-5379-0929-6 定价：CNY4.50

本书讲述了花鸟、山水、人物画的技法，每幅画都附有步骤图及画法提要。

J0007871

少年学国画　（二刚漫谈）刘二刚著

武汉　湖北美术出版社 1993 年 88 页 有图 20cm（32 开） ISBN：7-5394-0342-X

定价：CNY4.60

本书以对话和讲故事的形式，讲述了国画技法与美学知识。

J0007872

唐画诗中看　王伯敏著

台北　东大图书公司 1993 年 268 页 有彩图 21cm（32 开） ISBN：957-19-1473-8

定价：TWD300.00

（沧海美术艺术论丛 1）

作者王伯敏（1924—2013），美术史论家、画家、诗人。浙江台州人。曾担任中国美术学院教授，美术学博士生导师。著有《中国绘画通史》《中国版画史》《中国美术通史》等。

J0007873

吴昌硕谈艺录　吴昌硕著；吴东迈编

北京　人民美术出版社 1993 年 265 页 20cm（32 开） ISBN：7-102-00372-2

定价：CNY14.00

作者吴昌硕（1844—1927），晚清民国时期国画家、书法家、篆刻家。原名俊，俊卿，字昌硕。浙江安吉人。代表作品有《瓜果》《灯下观书》《姑苏丝画图》等，出版有《吴昌硕画集》《吴昌硕作品集》《苦铁碎金》《缶庐近墨》《吴苍石印谱》《缶庐印存》等。

J0007874

心境与表现　（中国绘画文化学散论）徐建融著

上海　上海人民美术出版社 1993 年 312 页 20cm（32 开） ISBN：7-5322-1197-5

定价：CNY9.80

J0007875

有声画与无声诗　邓乔彬著

上海　上海社会科学院出版社 1993 年 315 页 有照片 20cm（32 开） ISBN：7-80515-810-X

定价：CNY7.00

（学者书库·论丛）

本书介绍我国各个历史时期诗、画发展情

况，分析各时期诗、画代表作家、作品的演变、美学特征，比较其异同、特殊性和普遍性。作者邓乔彬(1943—　)，教授。重庆人。华东师大中文系副教授、上海作家协会会员。著有《吴梅研究》《中国绘画思想史》《爱国词人辛弃疾》等。

J0007876

中国画　胡峥编著；纺织工业部教育司组编
北京　纺织工业出版社　1993年　78页　有彩照及图　26cm(16开)　ISBN：7-5064-0906-2
定价：CNY11.00

J0007877

中国画　沈重主编；北京市职业技术教育教材编审委员会编
北京　高等教育出版社　1993年　70页　有彩图临摹范图15张　26cm(16开)
ISBN：7-04-004236-3　定价：CNY17.35
　　本书为中等职业技术学校试用教材。主编沈重，北京市实用美术职业学校特级教师。

J0007878

中国画简明速成教程　黄怀清编著
广州　暨南大学出版社　1993年　81页　有照片26cm(16开)　ISBN：7-81029-197-1
定价：CNY8.80
　　本书包括：中国画、怎样学国画、教学示范图、国画装裱图解4篇。作者黄怀清(1937—　)，画家。重庆人。历任东方书画函授学院教授、国务院侨办华侨学生补习学校特聘教授、暨南大学美术顾问、云南教育学院兼职教授、中国美术家协会、重庆美协会员。

J0007879

中国画论辞典　陶明君编著
长沙　湖南出版社　1993年　342页　19cm(小32开)
精装　ISBN：7-5438-0715-7　定价：CNY10.80
　　本辞典从中国画论内容所涉及的广义角度，共收词目1300余条，分画论、画谈、画派、画著4编，有词目分类目录和词目笔画索引。作者陶明君(1961—　)，画家。号秋水阁主，生于浙江，毕业于山东大学美术考古硕士研究生班。历任中国美术家协会旅游联谊中心理事、山东大学艺术学院客座教授、日本明富艺术研究院院长、江苏连云港书画院专业画家。国家一级美术师。

专著有《中国画论辞典》《中国画论辞典》《中国印论辞典》。

J0007880

中国画心性论　江宏，邵琦著
上海　上海书画出版社　1993年　427页
20cm(32开)　ISBN：7-80512-625-9
定价：CNY14.00
(中国绘画研究丛书)
　　本书通过对中国绘画本体——技与形的研究，揭示了孕育并伴随其发展趋向外化的审美心理范式及其机制，从对中国绘画的梳理中凸现了由对"心"侧重到对"性"侧重的内在规律。

J0007881

儿童趣味国画新技法　(花卉集)杨江东绘著
南宁　广西美术出版社　1994年　62页　18×26cm
ISBN：7-80582-759-1　定价：CNY7.80

J0007882

儿童趣味国画新技法　(鱼类集)杨江东绘著
南宁　广西美术出版社　1994年　62页　18×26cm
ISBN：7-80582-760-5　定价：CNY7.80

J0007883

儿童趣味国画新技法　(动物集)魏恕文，郑军里绘著
南宁　广西美术出版社　1996年　62页　18×26cm
ISBN：7-80625-034-4　定价：CNY9.50

J0007884

儿童趣味国画新技法　(鸟类集)蒙秋萍绘著
南宁　广西美术出版社　1996年　62页　18×26cm
ISBN：7-80625-181-2　定价：CNY9.80

J0007885

儿童趣味国画新技法　(人物集)魏恕文，郑军里绘著
南宁　广西美术出版社　1997年　62页　18×26cm
ISBN：7-80625-183-9　定价：CNY9.80

J0007886

儿童趣味国画新技法　(蔬果集)杨江东绘著
南宁　广西美术出版社　1997年　62页　18×26cm
ISBN：7-80625-182-0　定价：CNY9.80

J0007887
黄宾虹美术文集　黄宾虹著；赵志钧辑
北京　人民美术出版社　1994年　469页　有照片
20cm（32开）ISBN：7-102-00722-1
定价：CNY15.00
　　作者黄宾虹（1865—1955），山水画家。初名懋质，后改名质，字朴存，号宾虹，别署予向。生于浙江金华，原籍安徽歙县。代表作《山居烟雨》《新安江舟中作》等，著有《黄山画家源流考》《虹庐画谈》《画法要旨》等作品。

J0007888
老年人学书画　齐心主编
北京　科学出版社　1994年　372页　有图
19cm（小32开）ISBN：7-03-004287-5
定价：CNY12.30
（老年生活丛书）

J0007889
少儿中国画入门　（山水）王健荣编绘
长沙　湖南美术出版社　1994年　32页　26cm（16开）
ISBN：7-5356-0695-4　定价：CNY2.20

J0007890
寿世画宝　（老年人中国画教材）侯及名编著
北京　人民教育出版社　1994年　102页　25×26cm
ISBN：7-107-11052-7　定价：CNY13.00

J0007891
四王画论辑注　吴聿明编著
杭州　浙江人民美术出版社　1994年　184页
有图版　20cm（32开）ISBN：7-5340-0444-6
定价：CNY11.50
　　本书收王时敏《西庐画跋》、王鉴《染香庵跋画》、王翚《清晖画跋》、王原祁《雨窗漫笔》等。

J0007892
心象·画迹·当代中国画家创作手稿　南男编
南昌　江西美术出版社　1994年　168页
26cm（16开）ISBN：7-80580-161-4
定价：CNY23.80

J0007893
野林彩墨画技法　李野林著
成都　成都出版社　1994年　64页　有彩图
26cm（16开）ISBN：7-80575-748-8
定价：CNY30.00

J0007894
中国画　张浩著
南昌　21世纪出版社　1994年　107页　有图
19cm（小32开）ISBN：7-5391-0786-3
定价：CNY5.00
（红领巾书架　美术少年宫丛书）
　　作者张浩（1962—　），教授。生于天津，祖籍河北高阳。毕业于浙江美术学院国画系。历任中国美术学院附中教师、中国美术家协会浙江分会会员、安徽大学艺术学院客座教授。代表作有《我的故乡》《春茶》《自由的想象系列作品》等。

J0007895
中国画　郭诚意等编
太原　山西人民出版社　1994年　38页　有彩图
26cm（16开）ISBN：7-203-03155-1
定价：CNY7.00

J0007896
中国画的灵魂——哲理性　张启亚著
北京　文物出版社　1994年　319页　有图
20cm（32开）ISBN：7-5010-0792-6
定价：CNY14.00

J0007897
中国画入门奥秘　（画册）吴秀楣等编
沈阳　辽宁美术出版社　1994年　91页　26cm（16开）
ISBN：7-5314-1042-7　定价：CNY26.00
（百业精技入门奥秘系列丛书）
　　作者吴秀楣（1937—　），女，画家。辽宁沈阳人。毕业于鲁迅美术学院中国画系。沈阳大学师范学院副教授、沈阳美术家协会常务理事、辽宁中国画研究会理事、中国美术家协会会员。代表作有《迟来的春天》《清清的小溪》《滩石细语》《三女炼铁炉》《腊梅》等。

J0007898
中国画水墨新技法　郎承文著
杭州　浙江人民美术出版社　1994年　139+31页
有彩图　26cm（16开）ISBN：7-5340-0431-4

定价：CNY28.00

J0007899
中国画研究丛书 （第10辑）刘勃舒，马克主编；中国画研究院编
北京 长征出版社 1994年 96页 29cm（16开）
ISBN：7-80015-322-3 定价：CNY26.00

J0007900
儿童趣味国画 （笔墨情趣）宁佳录编著
北京 中国和平出版社 1995年 45页 26cm（16开）
ISBN：7-80101-582-7 定价：CNY7.00
（儿童美术技法丛书）
　　作者宁佳录（1960—　　），画家。生于山西晋南。中国美术家协会山西分会会员。多年来从事水墨画的教学与研究，编著有《儿童国画入门》《写意国画速成课本》《写意国画技法速成》《花鸟画谱》。

J0007901
儿童趣味国画 （色彩情趣）宁佳录编著
北京 中国和平出版社 1995年 45页 26cm（16开）
ISBN：7-80101-583-5 定价：CNY7.00
（儿童美术技法丛书）

J0007902
儿童趣味国画 （生活情趣）宁佳录编著
北京 中国和平出版社 1995年 45页 26cm（16开）
ISBN：7-80101-585-1 定价：CNY7.00
（儿童美术技法丛书）

J0007903
儿童趣味国画 （图形情趣）宁佳录编著
北京 中国和平出版社 1995年 45页 26cm（16开）
ISBN：7-80101-584-3 定价：CNY7.00
（儿童美术技法丛书）

J0007904
儿童学国画 赵广德，郭穗元编著
北京 同心出版社 1995年 60页 19×26cm
ISBN：7-80593-098-8 定价：CNY9.80

J0007905
儿童硬笔中国画入门 （快学山水画、花鸟画）永珍编绘

北京 京华出版社 1995年 150页 26cm（16开）
ISBN：7-80600-130-1 定价：CNY11.50

J0007906
广州美术学院中国画系硕士论文集
（1981—1995）《岭南画学丛书》编委会编
广州 岭南美术出版社 1995年 247页
20cm（32开） ISBN：7-5362-1336-0
定价：CNY16.00
（岭南画学丛书 1）

J0007907
画谱全本
北京 中国书店 1995年 影印本 重印本 200页
25×26cm ISBN：7-80568-358-1
定价：CNY18.00
　　据光绪同文书局石印本影印。

J0007908
少儿国画教程 （花鸟篇）张大钧著
福州 福建美术出版社 1995年 120页
26cm（16开） ISBN：7-5393-0378-6
定价：CNY26.80
　　外文书名：Teenage & Children's Traditional Lectures on Chinese Painting-Flower and Bird. 作者张大钧（1943—　　），别名张禹，号兰息斋主。福建福州人。福建省电化教育馆美编、中学高级教师、福建省美术家协会、书法家协会会员。

J0007909
少儿学国画 （花鸟集 动物集）范华，兰西编著
西安 陕西人民美术出版社 1995年 59页
18×26cm ISBN：7-5368-0735-X
定价：CNY9.80

J0007910
少儿中国画入门 （飞禽）凌子波编绘
长沙 湖南美术出版社 1995年 32页 26cm（16开）
ISBN：7-5356-0720-9 定价：CNY3.50

J0007911
少儿中国画入门 （画理画法浅谈）宋子正著
长沙 湖南美术出版社 1995年 36页 26cm（16开）
ISBN：7-5356-0748-9 定价：CNY3.50

J0007912
少儿中国画入门　（走兽）周光荣编绘
长沙　湖南美术出版社　1995年　32页　26cm
（16开）
ISBN：7-5356-0719-5　定价：CNY3.50

J0007913
现代中国画论集　郎绍君著
南宁　广西美术出版社　1995年　501页
20cm（32开）ISBN：7-80625-065-4
定价：CNY35.00
（中国当代美术理论家文丛）

J0007914
新版芥子园画谱　（第一集　山水）（清）巢勋
临绘
北京　中国和平出版社　1995年　422页
19cm（小32开）ISBN：7-80101-458-8
定价：CNY16.00
（画谱丛书）

J0007915
新版芥子园画谱　（第二集　兰竹梅菊）（清）
巢勋临绘
北京　中国和平出版社　1995年　306页
19cm（小32开）ISBN：7-80101-459-6
定价：CNY14.00
（画谱丛书）

J0007916
新版芥子园画谱　（第三集　花卉　翎毛）（清）
巢勋临绘
北京　中国和平出版社　1995年　320页
19cm（小32开）ISBN：7-80101-460-X
定价：CNY14.00
（画谱丛书）

J0007917
新版芥子园画谱　（第四集　人物）（清）巢勋
临绘
北京　中国和平出版社　1995年　420页
19cm（小32开）ISBN：7-80101-461-8
定价：CNY16.00
（画谱丛书）

J0007918
一品堂画谱　（花鸟虫草本）陈履生编著
南宁　广西美术出版社　1995年　87页　26×37cm
ISBN：7-80582-862-8　定价：CNY17.60

J0007919
一品堂画谱　（梅兰竹菊本）陈履生编著
南宁　广西美术出版社　1995年　44页　26×37cm
ISBN：7-80582-863-6　定价：CNY9.80

J0007920
一品堂画谱　（全本）陈履生编著
南宁　广西美术出版社　1995年　26×37cm
ISBN：7-80582-864-4　定价：CNY69.00

J0007921
一品堂画谱　（人物本）陈履生编著
南宁　广西美术出版社　1995年　113页　25×37cm
ISBN：7-80582-859-8　定价：CNY22.80
　　编者陈履生（1956—　），画家、美术理论
家。江苏镇江人。号平生。硕士毕业于南京艺
术学院美术系。中国美术家协会会员，中国、日
本美术交流协会会员、装帧艺术研究会会员。主
要著作有《神画主神研究》《明清花鸟画题画诗
选注》《台湾现代美术运动》等。

J0007922
一品堂画谱　（山水本）陈履生编著
南宁　广西美术出版社　1995年　48页　26×37cm
ISBN：7-80582-861-X　定价：CNY9.90

J0007923
一品堂画谱　（仕女本）陈履生编著
南宁　广西美术出版社　1995年　61页　26×37cm
ISBN：7-80582-860-1　定价：CNY12.80

J0007924
一品堂画谱　（八大山人山水本）（清）八大山
人绘；陈履生编著
南宁　广西美术出版社　1997年　72页　26×37cm
ISBN：7-80625-249-5　定价：CNY29.00

J0007925
一品堂画谱　（龚贤山水本）（清）龚贤绘；陈
履生编著

南宁 广西美术出版社 1997年 140页 26×37cm
ISBN：7-80625-247-9 定价：CNY46.00

作者龚贤(1618—1689)，明末清初画家。又名岂贤，字半千，又字野遗，号半亩等。江苏昆山人。著有《香草堂集》《画诀》《柴丈人画稿》《龚半千课徒画说》。

J0007926
一品堂画谱 （石涛山水本）（清）石涛绘；陈履生编著
南宁 广西美术出版社 1997年 94页 26×37cm
ISBN：7-80625-248-7 定价：CNY34.00

作者石涛(1641—约1718)，清初书画家、绘画理论家。广西桂林人，祖籍安徽凤阳。本姓朱，名若极，系明代靖江王朱赞仪的第十世孙，朱亨嘉之子。朱亨嘉死后年幼的石涛被送至全州当和尚，法名原济，又字石涛，号苦瓜和尚、大涤子、靖江后人、清湘陈人、零丁老人等等。著有《苦瓜和尚画语录》。存世作品有《石涛罗汉百开册页》《山水清音图》《竹石图》等。

J0007927
中国画论 （卷一）吴孟复主编；张劲秋校注
合肥 安徽美术出版社 1995年 840页
20cm（32开）精装 ISBN：7-5398-0445-9
定价：CNY35.00

J0007928
中国画论 （卷二）吴孟复主编
合肥 安徽美术出版社 1995年 1154页
21cm（32开）精装 ISBN：7-5398-0427-0
定价：CNY45.00

J0007929
中国画摹本 （花鸟画技法 1 牡丹）
广州 岭南美术出版社 1995年 16页 37cm（8开）
ISBN：7-5362-1172-4 定价：CNY8.00

J0007930
中国画摹本 （花鸟画技法 2 小鸟）
广州 岭南美术出版社 1995年 16页 37cm（8开）
ISBN：7-5362-1168-6 定价：CNY8.00

J0007931
中国画摹本 （花鸟画技法 3 鱼、青蛙、蟋蟀）

广州 岭南美术出版社 1995年 16页 37cm（8开）
ISBN：7-5362-1169-4 定价：CNY8.00

J0007932
中国画摹本 （花鸟画技法 4 观赏鱼）
广州 岭南美术出版社 1995年 16页 37cm（8开）
ISBN：7-5362-1170-8 定价：CNY8.00

J0007933
中国画摹本 （山水画技法 5 树石山云水）
广州 岭南美术出版社 1995年 16页 37cm（8开）
ISBN：7-5362-1171-6 定价：CNY8.00

J0007934
中国画摹本 （花鸟画技法 6 荷花）方楚雄等绘
广州 岭南美术出版社 1995年 16页 37cm（8开）
ISBN：7-5362-1166-X 定价：CNY9.00

作者方楚雄(1950—)，广东普宁人。毕业于广州美术学院并留校任教。中国美术家协会会员。主要作品有《牧鸭》《水禽》《翠蝶兰》等，出版《方楚雄画选》《方楚雄画集》等。

J0007935
中国画摹本 （花鸟画技法 7 菊花）
广州 岭南美术出版社 1995年 16页 37cm（8开）
ISBN：7-5362-1165-1 定价：CNY9.00

J0007936
中国画摹本 （花鸟画技法 8 梅花、水仙）
广州 岭南美术出版社 1995年 16页 37cm（8开）
ISBN：7-5362-1173-2 定价：CNY9.00

J0007937
中国画摹本 （花鸟画技法 9 翠鸟、八哥鸟）
广州 岭南美术出版社 1995年 16页 37cm（8开）
ISBN：7-5362-1174-0 定价：CNY9.00

J0007938
中国画摹本 （花鸟画技法 10 鹰）
广州 岭南美术出版社 1995年 16页 37cm（8开）
ISBN：7-5362-1167-8 定价：CNY9.00

J0007939
中国画摹本 （山水画技法 11 雪景）王中

年编
广州 岭南美术出版社 1996 年 16 页 37cm（8 开）
ISBN：7-5362-1290-9 定价：CNY10.00
　　作者王中年（1943—　），满族，画家。辽宁凤城人。曾用名王忠年。毕业于鲁迅美术学院附中，进修于广州美术学院。曾任本溪市平山区文化馆美术组长、代馆长。作品有《飞流直下》《秋》《初春》《林海雪原》《峡江图》等。

J0007940
中国画摹本　（人物画技法 杨之光人物画技法）杨之光绘
广州 岭南美术出版社 1996 年 16 页 37cm（8 开）
ISBN：7-5362-1473-1 定价：CNY10.00
　　作者杨之光（1930—　），画家。又名焘甫，广东揭西人，毕业于北京中央美术学院绘画系。历任广州美术学院教授、副院长，广州画院国画系教授、副院长，美协广东分会理事、岭南美术专修学院院长等职。代表作品有《毛泽东主办广东农民运动讲习所》《浴日图》《矿山新兵》，著作有《中国画人物画法》《杨之光画集》《杨之光书法集》等。

J0007941
中国画摹本　（山水画技法 13 瀑布清泉）王中年绘
广州 岭南美术出版社 1997 年 28 页 37cm（8 开）
ISBN：7-5362-1600-9 定价：CNY13.00
　　作者王中年（1943—　），满族，画家。辽宁凤城人，曾用名王忠年，毕业于鲁迅美术学院附中，进修于广州美术学院。曾任本溪市平山区文化馆美术组长、代馆长。作品有《飞流直下》《秋》《初春》《林海雪原》《峡江图》等。

J0007942
中国画摹本　（花鸟画技法 14 草虫）毕彰等绘
广州 岭南美术出版社 1997 年 16 页 37cm（8 开）
ISBN：7-5362-1621-1 定价：CNY10.00
　　作者毕彰（1939—　），陶瓷艺术家。祖籍安徽歙县，生于江西景德镇。毕业于浙江美术学院中国画系花鸟科。曾任杭州工艺美术学院副校长、杭州师范大学美术学院副教授、中国美术学院老教授艺术中心教授、中国美术学院继续教育学院客座教授、浙江中国花鸟画协会会员等。代

表作品有《花鸟画》《白描花卉》《工笔禽鸟》等。

J0007943
中国画摹本　（花鸟画技法 15 花卉）毕彰等绘
广州 岭南美术出版社 1997 年 16 页 37cm（8 开）
ISBN：7-5362-1551-7 定价：CNY10.00

J0007944
中国画摹本　（山水画技法 16 亭园 庭院）孙君良等绘
广州 岭南美术出版社 1999 年 24 页 37cm（8 开）
ISBN：7-5362-1554-1 定价：CNY12.00

J0007945
中国画摹本　（17 高植谦动物画技法）高植谦绘
广州 岭南美术出版社 1999 年 15 页 37cm（8 开）
ISBN：7-5362-1970-9 定价：CNY10.00

J0007946
刘国松研究文选　李君毅主编
台北 历史博物馆 1996 年 336 页 有图
30cm（10 开） 精装 ISBN：957-00-7636-4

J0007947
梅兰竹菊画谱
济南 山东美术出版社 1996 年 328 页 25cm（21 开）
ISBN：7-5330-0996-7 定价：CNY28.00
（芥子园画传 第二集）

J0007948
明刊孤本画法大成　（八卷）（明）朱寿镛，（明）朱颐厓撰
北京 线装书局 1996 年 影印本 有图 线装
ISBN：7-80106-034-2 定价：CNY500.00
　　据明刻本影印。

J0007949
学画中国画　杨大莹编
南昌 21 世纪出版社 1996 年 76 页 26cm（16 开）
ISBN：7-5391-1140-2 定价：CNY16.80

J0007950
姚茫父画论　邓见宽编

贵阳　贵州人民出版社 1996 年 25+442 页
20cm（32 开）ISBN：7-221-04159-8
定价：CNY25.00

J0007951
中国古代书画的复制　沈亚洲著
北京　高等教育出版社 1996 年　重印本 103 页
21cm（32 开）ISBN：7-04-005317-9
定价：CNY5.60
　　本书根据作者多年的实践经验，主要讲述了
中国历代书画临摹与复制的概况、书画复制的工
具材料、书画复制的基本技法和步骤、书画作伪
及其鉴别的基本方法。

J0007952
中国画　孔凡智编著
长沙　湖南美术出版社 1996 年 68 页 26cm（16 开）
ISBN：7-5356-0810-8 定价：CNY24.00
（青少年美术辅导丛书）
　　作者孔凡智（1954—　），教授。毕业于湖南
师范学院艺术系美术专业。作品《牵纱图》《朔
源》《四大艺术篇章》等。

J0007953
中国画技法与鉴赏　吴葆伦等编著
北京　东方出版社 1996 年 145 页 19cm（小 32 开）
ISBN：7-5060-0668-5 定价：CNY13.00
（教你鉴赏·美术系列）
　　作者吴葆伦（1926—　），编辑。笔名吴奇。
人民美术出版社副编审、中国图书评论学会理事。

J0007954
中国画论研究　何楚熊著
北京　中国社会科学出版社 1996 年 265 页
19cm（小 32 开）ISBN：7-5004-1775-6
定价：CNY12.00

J0007955
中国画要论　张正恒著
北京　中央民族大学出版社 1996 年 16+160 页
有图 26cm（16 开）精装 ISBN：7-81056-003-4
定价：CNY95.00
　　作者张正恒（1932—2007），山水画家。字
悟恒，号三惭，繁思楼主人。四川成都人。历任
中央民族学院美术系副教授、中国美术家协会会

员、中国东方文化研究学术委员。著有《中国画
要论》和《黄宾虹山水册》前言等。

J0007956
中国画自学入门　（花鸟）何鸣著
南京　江苏美术出版社 1996 年 80 页
19cm（小 32 开）ISBN：7-5344-0584-X
定价：CNY4.40
（跨世纪农村书库　求知求乐篇）

J0007957
中国画自学入门　（山水）庄利经著
南京　江苏美术出版社 1996 年 90 页
19cm（小 32 开）ISBN：7-5344-0583-1
定价：CNY4.75
（跨世纪农村书库　求知求乐篇）

J0007958
中国画自学入门　（动物）施永成著
南京　江苏美术出版社 1997 年 90 页
19cm（小 32 开）ISBN：7-5344-0731-1
定价：CNY5.20
（跨世纪农村书库　第二批　文体知识篇）

J0007959
中国画自学入门　（人物）于友善著
南京　江苏美术出版社 1997 年 90 页
19cm（小 32 开）ISBN：7-5344-0730-3
定价：CNY5.20
（跨世纪农村书库　第二批　文体知识篇）

J0007960
中国画自学入门　（山水）庄利经著
南京　江苏美术出版社 1997 年　重印本 90 页
19cm（32 开）ISBN：7-5344-0583-1
定价：CNY4.80
（跨世纪农村书库　求知求乐篇）

J0007961
20 世纪中国画　（"传统的延续与演进"国际
学术研讨会论文集）曹意强，范景中主编
杭州　浙江人民美术出版社 1997 年 648 页
20cm（32 开）ISBN：7-5340-0683-X
定价：CNY39.00
（潘天寿基金会学术丛书）

J0007962

初学水墨画 （丛书）石升等绘
哈尔滨 黑龙江美术出版社 1997年 5册
26cm（16开）ISBN：7-5318-0387-9
定价：CNY33.00

J0007963

初学水墨画 （动物集）石升等绘
哈尔滨 黑龙江美术出版社 1997年 32页
26cm（16开）ISBN：7-5318-0506-5
定价：CNY6.60

J0007964

初学水墨画 （花卉集）石升等绘
哈尔滨 黑龙江美术出版社 1997年 32页
26cm（16开）ISBN：7-5318-0505-7
定价：CNY6.60

J0007965

初学水墨画 （山水集）石升等绘
哈尔滨 黑龙江美术出版社 1997年 32页
26cm（16开）ISBN：7-5318-0503-0
定价：CNY6.60

J0007966

初学水墨画 （蔬果集）石升等绘
哈尔滨 黑龙江美术出版社 1997年 32页
26cm（16开）ISBN：7-5318-0504-9
定价：CNY6.60

J0007967

丛书集成三编 （三一 艺术类 印谱 赏鉴 书
画论 碑 碑帖考识 画题识 音乐）王德毅主编；
李淑贞等编辑
台北 新文丰出版公司 1997年 影印本 752页
28cm（大16开）精装 ISBN：957-17-1604-9
定价：旧台币 2400.00（全100册）

J0007968

戴敦邦画诀谱 戴敦邦绘著
杭州 浙江人民美术出版社 1997年 93页
26cm（16开）ISBN：7-5340-0739-9
定价：CNY29.80
　　作者戴敦邦（1938—　），国画家，教授。号
民间艺人。江苏丹徒人。毕业于上海第一师范

学校。历任《中国少年报》《儿童时代》美术编辑、
上海交通大学人文学院教授等。主要作品《水浒
人物一百零八图》《戴敦邦水浒人物谱》《戴敦
邦新绘红楼梦》《戴敦邦古典文学名著画集》等，
连环画代表作品有《一支驳壳枪》《水上交通站》
《大泽烈火》《蔡文姬》等。

J0007969

董寿平谈艺录 董寿平著；王同辰整理
北京 商务印书馆 1997年 184页 有彩照
20cm（32开）精装 ISBN：7-100-02511-7
定价：CNY28.00
　　作者董寿平（1904—1997），国画家、书法
家。山西洪洞县人。原名揆，字谐伯。毕业于天
津南开大学。历任中国书法家协会顾问、中国美
术家协会会员、北京荣宝斋顾问、全国政协书画
室主任、北京中国画研究会名誉会长。出版有《董
寿平画辑》《董寿平书画集》《书画大师董寿平》
《董寿平谈艺录》。

J0007970

构图与意境 江宏，车鹏飞著
石家庄 河北美术出版社 1997年 51页 有图
26cm（16开）ISBN：7-5310-1003-8
定价：CNY8.00
（中国画自学丛书）

J0007971

黄宾虹画语 黄宾虹著；王伯敏编
上海 上海人民美术出版社 1997年 71页
20cm（32开）ISBN：7-5322-1734-5
定价：CNY9.20
（日月山画谭）
　　作者王伯敏（1924—2013），美术史论家、画
家、诗人。浙江台州人。曾担任中国美术学院教
授、美术学博士生导师。著有《中国绘画通史》
《中国版画史》《中国美术通史》等。

J0007972

内画鼻烟壶 老庄著
天津 天津人民美术出版社 1997年 14页
26cm（16开）ISBN：7-5305-0688-9
定价：CNY4.00
（中国民间工艺美术技法丛书）

J0007973

鸟语花香 （刘老师教中国画）刘华云编著

上海 复旦大学出版社 1997年 138页 19×26cm

ISBN：7-309-01898-2 定价：CNY20.00

（ETV 家庭教师辅导丛书）

　　作者刘华云，复旦大学艺术教育中心副教授。

J0007974

潘天寿画论　潘公凯编著

郑州 河南人民出版社 1999年 10+170页 有照片 20cm（32开） ISBN：7-215-04250-2

定价：CNY13.50

（20世纪中国大师画论书系）

J0007975

潘天寿画语　潘天寿著

上海 上海人民美术出版社 1997年 92页

20cm（32开） ISBN：7-5322-1733-7

定价：CNY10.50

（日月山画谭）

　　作者潘天寿（1897—1971），现代著名国画家，美术教育家。字大颐，号寿者。浙江宁海县人。擅画花鸟、山水，兼善指画，亦能书法、诗词、篆刻。曾任中国文联委员、中国美术家协会副主席、浙江省文联副主席、中国美协浙江分会主席、浙江美术学院院长等。著有《中国绘画史》《听天阁画谈随笔》等。

J0007976

钱松喦画语　钱松喦著

上海 上海人民美术出版社 1997年 97页

20cm（32开） ISBN：7-5322-1732-9

定价：CNY11.20

（日月山画谭）

　　作者钱松喦（1899—1985），当代画家。江苏宜兴人。曾任江苏省国画院院长、名誉院长，江苏省美术家协会主席、中国美术家协会常务理事等。画作有《红岩》《延安颂》《芙蓉湖上》《山岳颂》等，代表作品有《梅园新村》《延安颂》《红岩》《井冈大瀑布》等，著作《砚边点滴》。出版物《钱松岩画集》等。

J0007977

少儿国画 ABC　（第一册 笔墨练习·点线

面·山水）卢桂兰编著

北京 中国连环画出版社 1997年 64页

26cm（16开） ISBN：7-5061-0761-9

定价：CNY13.50

J0007978

少儿国画 ABC　（第二册 造型练习·蔬菜·动物·人物）卢桂兰编著

北京 中国连环画出版社 1997年 64页

26cm（16开） ISBN：7-5061-0762-7

定价：CNY13.50

J0007979

少儿国画 ABC　（第一册 笔墨练习·点线面·山水）卢桂兰编著

北京 中国连环画出版社 1998年 2版 64页

26cm（16开） ISBN：7-5061-0761-9

定价：CNY13.50

J0007980

少儿国画 ABC　（第二册 造型练习·蔬菜·动物·人物）卢桂兰编著

北京 中国连环画出版社 1998年 2版 64页

26cm（16开） ISBN：7-5061-0762-7

定价：CNY13.50

J0007981

少儿国画 ABC　（第三册 色彩练习·花卉·构图）卢桂兰编著

北京 中国连环画出版社 1998年 2版 64页

26cm（16开） ISBN：7-5061-0763-5

定价：CNY13.50

J0007982

唐五代画论　何志明，潘运告编著

长沙 湖南美术出版社 1997年 261页

19cm（小32开） ISBN：7-5356-0955-4

定价：CNY15.00

（中国书画论丛书）

J0007983

限制与拓展 （关于现代中国画的思考）潘公凯著

杭州 浙江人民美术出版社 1997年 395页

20cm（32开） ISBN：7-5340-0716-X

定价：CNY28.00

J0007984
小画家 ABC　（儿童学中国画）李罗，仇铮
编著
南京　江苏美术出版社 1997年 29页 26cm（16开）
ISBN：7-5344-0717-6 定价：CNY8.50

J0007985
长安中国画坛论集　王宁宇著
西安　陕西人民美术出版社 1997年 2册（1124页）
20cm（32开）ISBN：7-5368-0987-5
定价：CNY98.00, CNY108.00（精装）
　　作者王宁宇（1945—　），美术史研究员。河
南孟津人。毕业于西安美术学院。曾在陕西省
工艺美术公司、陕西省群众艺术馆、陕西省文化
厅群众文化处工作。曾任陕西雕塑院艺术委员
会副主任、研究员、中国美术家协会会员。编著
有《陕西民间美术研究》等。

J0007986
中国工笔画　（工笔牡丹）魏鸿蕴，王德舜著
南京　江苏美术出版社 1997年 25cm（15开）
经折装 ISBN：7-5344-0618-8 定价：CNY6.80
（学画入门）

J0007987
中国书画名家纪念馆　卢炘主编
杭州　中国美术学院出版社 1997年 73页
23cm（30开）精装 ISBN：7-81019-558-1
定价：CNY118.00

J0007988
陈子庄谈艺录　陈子庄著述；陈滞冬编著
郑州　河南美术出版社 1998年 13+202页
20cm（32开）ISBN：7-5401-0680-8
定价：CNY12.00
（大师谈艺丛书）
　　作者陈子庄（1913—1976），画家。号南原，
又号石壶。出生于四川荣昌县。历任四川省文
史馆研究员、四川省政协委员。代表作有《山深
林密》《秋山如醉》《溪岸图》等，著有《石壶论
画语要》。编者陈滞冬（1951—　），画家、书法
家、艺术史学者。四川成都人。硕士毕业于四川
师范大学中国古代文学研究所。出版《陈滞冬画

集》《中国书画与文人意识》《中国书学论著提
要》等著作。

J0007989
初学水墨画　（画虎集）王丹丹等绘
哈尔滨　黑龙江美术出版社 1998年 32页
26cm（16开）ISBN：7-5318-0481-6
定价：CNY6.60

J0007990
初学水墨画　（画马集）王丹丹等绘
哈尔滨　黑龙江美术出版社 1998年 32页
26cm（16开）ISBN：7-5318-0482-4
定价：CNY6.60

J0007991
初学水墨画　（翎毛集）王丹丹等绘
哈尔滨　黑龙江美术出版社 1998年 32页
26cm（16开）ISBN：7-5318-0483-2
定价：CNY6.60

J0007992
初学水墨画　（人物集）王丹丹等绘
哈尔滨　黑龙江美术出版社 1998年 32页
26cm（16开）ISBN：7-5318-0480-8
定价：CNY6.60

J0007993
初学水墨画　（水族集）王丹丹等绘
哈尔滨　黑龙江美术出版社 1998年 32页
26cm（16开）ISBN：7-5318-0484-0
定价：CNY6.60

J0007994
儿童国画　詹仁左著
上海　上海书画出版社 1998年 46页 26cm（16开）
ISBN：7-80635-267-8 定价：CNY12.00
（儿童美术入门丛书）

J0007995
儿童国画入门　沈惠澜编著
南京　江苏美术出版社 1998年 56页 26cm（16开）
ISBN：7-5344-0828-8 定价：CNY19.80

J0007996

儿童国画入门 （续篇 虫）宁佳录编著

北京 中国和平出版社 1998年 64页 19×26cm

ISBN：7-80101-822-2 定价：CNY9.00

　　作者宁佳录（1960— ），画家。生于山西晋南。中国美术家协会山西分会会员。多年来从事水墨画的教学与研究，编著有《儿童国画入门》《写意国画速成课本》《写意国画技法速成》《花鸟画谱》。

J0007997

儿童国画入门 （续篇 花）宁佳录编著

北京 中国和平出版社 1998年 64页 19×26cm

ISBN：7-80101-819-2 定价：CNY9.00

J0007998

儿童国画入门 （续篇 鱼）宁佳录编著

北京 中国和平出版社 1998年 64页 19×26cm

ISBN：7-80101-821-4 定价：CNY9.00

J0007999

儿童学国画　李岩编绘

延吉 延边人民出版社 1998年 84页 19×26cm

ISBN：7-80599-779-9 定价：CNY19.60

J0008000

工笔画图稿选萃 （一）辽宁美术出版社编

沈阳 辽宁美术出版社 1998年 38cm（6开）

ISBN：7-5314-1950-5 定价：CNY23.00

J0008001

工笔画图稿选萃 （二）辽宁美术出版社编

沈阳 辽宁美术出版社 1998年 38cm（6开）

ISBN：7-5314-1951-3 定价：CNY23.00

J0008002

画学一经　郑竹三著

杭州 西泠印社 1998年 29cm（16开）线装

ISBN：978-7-80517-331-3 定价：CNY180.00

　　本书讲的是中国画道。其中贯穿着阴阳和谐辩证观，以发源于《周易》的太极哲学为绘画美学的坚实基础。内容包括：画论、笔墨构图、时代创新、哲理美学、泛论、艺术精神等。

J0008003

黄宾虹谈艺录　黄宾虹著述；南羽编著

郑州 河南美术出版社 1998年 284页

20cm（32开）ISBN：7-5401-0678-6

定价：CNY16.00

（大师谈艺丛书）

J0008004

黄瓜园画谱 （花鸟册）二乾书屋主人编撰；张友宪等执笔

南京 江苏美术出版社 1998年 308页

26cm（16开）ISBN：7-5344-0805-9

定价：CNY45.00

J0008005

黄瓜园画谱 （人物册）二乾书屋主人编撰；张友宪等执笔

南京 江苏美术出版社 1998年 310页

26cm（16开）ISBN：7-5344-0806-7

定价：CNY45.00

J0008006

黄瓜园画谱 （山水册）二乾书屋主人编撰；张友宪等执笔

南京 江苏美术出版社 1998年 310页

26cm（16开）ISBN：7-5344-0763-X

定价：CNY45.00

J0008007

近现代中国画大师吴昌硕　齐白石　黄宾虹　徐悲鸿　刘海粟　潘天寿　张大千　林风眠　傅抱石　李可染谈艺录　周积寅，史金城编纂

长春 吉林美术出版社 1998年 528页

20cm（32开）ISBN：7-5386-0715-3

定价：CNY28.00

J0008008

老年国画教程 （山水画）钱凡著

上海 上海大学出版社 1998年 80页 有插图

26cm（16开）ISBN：7-81058-054-X

定价：CNY20.00

J0008009

陆俨少画语录　陆俨少著述；车鹏飞编著

郑州 河南美术出版社 1998年 120页
20cm（32开）ISBN：7-5401-0695-6
定价：CNY8.20
（大师谈艺丛书）

　　作者陆俨少（1909—1993），画家、教师。又名砥，字宛若。上海嘉定人。毕业于无锡美术专科学校。历任上海中国画院画师、浙江美术学院教师、浙江画院院长。代表作品有《嘉陵江上》《峡江险水》《雁荡泉瀑》《溪山秋色》《黄山松云》等。

J0008010

钱松嵒谈艺录　钱松嵒著述；张学成编著
郑州 河南美术出版社 1998年 11+194页
20cm（32开）ISBN：7-5401-0683-2
定价：CNY12.00
（大师谈艺丛书）

　　作者钱松嵒（1899—1985），当代画家。江苏宜兴人。曾任江苏省国画院院长、名誉院长，江苏省美术家协会主席、中国美术家协会常务理事等。画作有《红岩》《延安颂》《芙蓉湖上》《山岳颂》等，代表作品有《梅园新村》《延安颂》《红岩》《井冈大瀑布》等，著作《砚边点滴》，出版物《钱松岩画集》等。

J0008011

唐勇力课稿　唐勇力著
武汉 湖北美术出版社 1998年 46页 29cm（16开）
ISBN：7-5394-0794-8 定价：CNY23.50
（当代高等院校中国画名家教学系列）

　　作者唐勇力（1951—　），画家。出生于河北唐山。毕业于河北师范大学美术系。历任浙江美术学院讲师、中央美术学院中国画学院院长、博士生导师、中国工笔画学会副会长、中国美术家协会会员。画集有《当代肖像素描艺术》《名家人体艺术》《当代名家艺术观——唐勇力素描篇》等。

J0008012

田黎明课稿　田黎明著
武汉 湖北美术出版社 1998年 46页 29cm（16开）
ISBN：7-5394-0795-6 定价：CNY23.50
（当代高等院校中国画名家教学系列）

　　作者田黎明（1955—　），画家。生于北京，祖籍安徽合肥。中国艺术研究院博士生导师、中国艺术研究院副院长、研究生院院长、中央美术学院学术委员、中国画艺委会委员、北京市美协理事。代表作品有《自然的阳光》《正午的阳光》等。

J0008013

向大师学国画　（花鸟卷 李苦禅画迹）李岗等主编；李苦禅绘
长春 吉林美术出版社 1998年 24页 37cm（8开）
ISBN：7-5386-0662-9 定价：CNY16.80

　　作者李苦禅（1898—1983），书画家、美术教育家。原名李英杰，字励公。山东高唐人。擅画花鸟和鹰。中央美术学院教授、中国美术家协会理事、中国画研究院院务委员等。代表作有《盛荷》《群鹰图》《兰竹》等，出版有《李苦禅画辑》。

J0008014

向大师学国画　（花鸟卷 潘天寿画迹）李岗等主编；潘天寿绘
长春 吉林美术出版社 1998年 24页 37cm（8开）
ISBN：7-5386-0663-7 定价：CNY16.80

　　作者潘天寿（1898—1971），现代著名国画家，美术教育家。字大颐，号寿者。浙江宁海县人。擅画花鸟、山水，兼善指画，亦能书法、诗词、篆刻。曾任中国文联委员、中国美术家协会副主席、浙江省文联副主席、中国美协浙江分会主席、浙江美术学院院长、教授等职。著有《中国绘画史》《听天阁画谈随笔》等。

J0008015

向大师学国画　（花鸟卷 齐白石画迹）李岗等主编；齐白石绘
长春 吉林美术出版社 1998年 24页 37cm（8开）
ISBN：7-5386-0653-X 定价：CNY16.80

　　作者齐白石（1864—1957），近现代中国绘画大师，国画家、篆刻家。原名纯芝，字渭清，号兰亭，后改名璜，字濒生，号白石等。湖南湘潭人。历任北平艺术专科学校和京华美术专科学校教习、教授，中央美术学院名誉教授、中国文学艺术界联合会主席团委员、中国画研究会和中国美术家协会主席、中国画院名誉院长。代表作有《蛙声十里出山泉》《墨虾》等，著有《白石诗草》《齐白石作品集》《白石老人自述》等。

J0008016

向大师学国画　（花鸟卷　王雪涛画迹）李岗等主编；王雪涛绘
长春　吉林美术出版社　1998年　24页　37cm（8开）
ISBN：7-5386-0664-5　定价：CNY16.80

王雪涛（1903—1982），写意花鸟画家。原名庭钧，字晓封，号迟园。河北成安人。历任北京画院院长、中国美术家协会理事、美协北京分会副主席等职。著有《王雪涛画集》《王雪涛画辑》《王雪涛画谱》《王雪涛的花鸟画》等。

J0008017

向大师学国画　（花鸟卷　吴昌硕画迹）李岗等主编；吴昌硕绘
长春　吉林美术出版社　1998年　24页　37cm（8开）
ISBN：7-5386-0661-0　定价：CNY16.80

作者吴昌硕（1844—1927），晚清民国时期国画家、书法家、篆刻家。原名俊，俊卿，字昌硕。浙江安吉人。代表作品有《瓜果》《灯下观书》《姑苏丝画图》等，出版有《吴昌硕画集》《吴昌硕作品集》《苦铁碎金》《缶庐近墨》《吴苍石印谱》《缶庐印存》等。

J0008018

新编芥子园画传　（草虫篇）许鸿宾编著
北京　人民美术出版社　1998年　157页　有彩图
26cm（16开）　ISBN：7-102-01867-3
定价：CNY42.00

作者许鸿宾（1935—　　），教师。生于河北霸县，就读于中央美术学院国画系。曾在河北省工艺美校任职，中国美协会员、河北省美协理事。著有《怎样画草虫》《中国画蝴蝶画法》《新编芥子园画传》《草虫百图》等。

J0008019

一看就会画国画　魏宏贞主编；丁宝珍，韦龙编著
北京　地质出版社　1998年　2版　2册（47；48页）
19×26cm　ISBN：7-116-01775-5
定价：CNY14.00

J0008020

怎样画国画　陈心懋编
上海　上海人民美术出版社　1998年　56页
有图　19cm（小32开）　ISBN：7-5322-1994-1

定价：CNY5.00
（芳草地初级绘画技法丛书）

J0008021

怎样画国画　宇慧主编
沈阳　沈阳出版社　1998年　125页　有插图
19cm（小32开）　ISBN：7-5441-0987-9
定价：CNY98.00（全套）
（审美素质培养丛书　11）

作者宇慧，主编的作品有《音乐美与欣赏》《怎样拉二胡》《怎样吹口哨》等。

J0008022

张大千谈艺录　张大千著述；陈滞冬编著
郑州　河南美术出版社　1998年　13+148页
20cm（32开）　ISBN：7-5401-0679-4
定价：CNY10.00
（大师谈艺丛书）

作者张大千（1899—1983），国画大师、山水画大家、书法家。四川内江人，祖籍广东番禺。代表作有《爱痕湖》《长江万里图》《四屏大荷花》《八屏西园雅集》等。编者陈滞冬（1951—　　），画家、书法家、艺术史学者。四川成都人。硕士毕业于四川师范大学中国古代文学研究所。出版《陈滞冬画集》《中国书画与文人意识》《中国书学论著提要》等著作。

J0008023

中国画　阮礼荣编著
昆明　晨光出版社　1998年　34页　26cm（16开）
ISBN：7-5414-1470-0　定价：CNY6.80
（小画家丛书）

J0008024

中国画　（山水花鸟部分　普通班）武汉老年大学编
兰州　甘肃人民出版社　1998年　53页　有图
26cm（16开）　ISBN：7-226-01966-3
定价：CNY9.80

J0008025

中国画　（山水花鸟部分　提高班）武汉老年大学编
兰州　甘肃人民出版社　1998年　83页　有图
26cm（16开）　ISBN：7-226-01967-1

定价：CNY12.80

J0008026
中国画 （山水花鸟部分 研究班）武汉老年大学编
兰州 甘肃人民出版社 1998 年 90 页 有图 26cm（16 开）ISBN：7-226-01968-X
定价：CNY16.40

J0008027
中国画 苏春生，金正惠著
太原 希望出版社 1998 年 92 页 26cm（16 开）
ISBN：7-5379-1902-X 定价：CNY15.00
（艺术入门丛书）
　　作者金正惠（1939—　），教授。浙江东阳人。毕业于浙江美术学院。中国美术家协会会员。著作有《工笔花鸟画技法》《现代花鸟画写生与创作》《中国花鸟画技法教程》。

J0008028
中国画技法示范 （画傅派山水）徐善著
苏州 古吴轩出版社 1998 年 30 页 26cm（16 开）
ISBN：7-80574-344-4 定价：CNY10.80
（中国画技法示范系列画库）

J0008029
中国画技法示范 （画工笔花鸟）江宏伟著
苏州 古吴轩出版社 1998 年 30 页 26cm（16 开）
ISBN：7-80574-343-6 定价：CNY10.80
（中国画技法示范系列画库）
　　作者江宏伟（1957—　），画家、教授。生于江苏无锡。毕业于南京艺术学院美术系。历任南京艺术学院副教授、中国艺术研究院研究员、博士生导师、中国艺术研究院艺术创作指导委员会副主任、中央美院兼职教授。代表作品《荷花栖鸟》《秋趣》。

J0008030
中国画技法示范 （画虎）顾青蛟著
苏州 古吴轩出版社 1998 年 30 页 26cm（16 开）
ISBN：7-80574-345-2 定价：CNY10.80
（中国画技法示范系列画库）

J0008031
中国画技法示范 （画江南水乡）刘懋善著

苏州 古吴轩出版社 1998 年 30 页 26cm（16 开）
ISBN：7-80574-233-2 定价：CNY10.80
（中国画技法示范系列画库）
　　作者刘懋善（1942—　），山水画家、教授。江苏苏州人。毕业于苏州工艺美术专科学校。历任中国美术家协会会员、国家一级美术师、苏州国画院副院长、苏州大学教授。代表作《春风又绿江南岸》。

J0008032
中国画技法示范 （画青绿山水）徐建明著
苏州 古吴轩出版社 1998 年 30 页 26cm（16 开）
ISBN：7-80574-346-0 定价：CNY10.80
（中国画技法示范系列画库）

J0008033
中国画论系统论 张强著
南京 江苏美术出版社 1998 年 13+440 页 20cm（32 开）ISBN：7-5344-0745-1
定价：CNY32.00

J0008034
中国画学著作考录 谢巍编著
上海 上海书画出版社 1998 年 834 页 26cm（16 开）精装 ISBN：7-80635-263-5
定价：CNY120.00

J0008035
中国绘画学概论 王菊生著
长沙 湖南美术出版社 1998 年 468+32 页 有彩照及图 20cm（32 开）ISBN：7-5356-1034-X
定价：CNY30.00

J0008036
中国书画美学史纲 樊波著
长春 吉林美术出版社 1998 年 719 页 有图 20cm（32 开）ISBN：7-5386-0740-4
定价：CNY40.00
（中国美术美学史纲丛书）

J0008037
周京新课稿 周京新著
武汉 湖北美术出版社 1998 年 36 页 29cm（16 开）
ISBN：7-5394-0792-1 定价：CNY18.60
（当代高等院校中国画名家教学系列）

作者周京新(1959—)，画家、教授。祖籍江苏通州。毕业于南京艺术学院中国画专业。曾任南京艺术学院美术系中国画教研室主任、院长、教授、博士生导师、江苏省国画院院长、《美术与设计》杂志副主编。代表作品有《水浒组画集》《周京新画集》等。

J0008038

醉艺斋画论随笔 刘怡涛著
昆明 云南美术出版社 1998年 233页 有图 20cm（32开） ISBN：7-80586-496-9
定价：CNY24.00

J0008039

扁舟一叶 （理学与中国画学研究）朱良志著
合肥 安徽教育出版社 1999年 490页 有照片及图 21cm（32开） ISBN：7-5336-2338-X
定价：CNY22.00
（桃花苑丛书）

J0008040

冰上鸿飞 （黄宾虹画学探微）王鲁湘著
石家庄 河北教育出版社 1999年 266页 有图 20cm（32开） ISBN：7-5434-3554-3
定价：CNY11.00
（四方文丛）

J0008041

丹青意趣 （绘画艺术文粹）周锋编著
上海 东方出版中心 1999年 11+283页 19cm（小32开） ISBN：7-80627-416-2
定价：CNY11.00
（中国历代艺术文粹丛书）

J0008042

儿童线描集成 李力加编著
济南 山东美术出版社 1999年 305页 29cm（16开）
ISBN：7-5330-1302-6 定价：CNY42.00
作者李力加(1953—)，教授。福建连江人。浙江师范大学美术学院教授、硕士生导师，中国美术家协会少儿美术艺委会委员。出版有《童谣童画》《儿童绘画基础训练教程》《儿童线描集成》《萌动与发展儿童美术教育学研究》等。

J0008043

儿童学国画 吕连甫等编绘
沈阳 辽宁民族出版社 1999年 78页 19×26cm ISBN：7-80644-285-5 定价：CNY14.50
（金画笔系列）
作者吕连甫(1950—)，辽阳市教育研究中心高级美术教研员。

J0008044

傅抱石画论 陈履生编著
郑州 河南人民出版社 1999年 10+129页 有照片 20cm（32开） ISBN：7-215-04255-3
定价：CNY10.50
（20世纪中国大师画论书系）
编者陈履生(1956—)，画家、美术理论家。号平生。江苏镇江人。硕士毕业于南京艺术学院美术系。中国美术家协会会员，中国、日本美术交流协会会员，装帧艺术研究会会员。主要著作有《神画主神研究》《明清花鸟画题画诗选注》《台湾现代美术运动》等。

J0008045

古画·临摹·实技 （花鸟篇 两宋部分 1）刘文斌，王岚编著
沈阳 辽宁美术出版社 1999年 42cm（8开）
ISBN：7-5314-2175-5 定价：CNY25.00

J0008046

古画·临摹·实技 （人物篇 1）刘文斌等编著
沈阳 辽宁美术出版社 1999年 42cm（8开）
ISBN：7-5314-2307-3 定价：CNY30.00

J0008047

画艺博知 （诗·书·画·印）王大济撰文
天津 天津杨柳青画社 1999年 94页 有图 26cm（16开） ISBN：7-80503-438-9
定价：CNY48.00

J0008048

画余杂稿 吴冠南著；蔡力武编
北京 中国文联出版社 1999年 82页 26cm（16开）
ISBN：7-5059-2811-2 定价：CNY28.00
作者吴冠南(1950—)，画家。字鹤南，号木荷、荷父。江苏宜兴人。历任江苏省国画院艺委会委员、陕西国画院名誉院长、中国美术家

协会会员、国家一级美术师。代表作品有《滴翠留红》《夏日景秀》《石灵花秀》《与花同乐》《花醉》等。

J0008049
黄宾虹画论　云雪梅编著
郑州 河南人民出版社 1999 年 10+197 页 有照片 20cm（32 开）ISBN：7-215-04251-0
定价：CNY15.50
（20 世纪中国大师画论书系）

J0008050
绘画手稿　（国画写意　动物）辽宁美术出版社编
沈阳 辽宁美术出版社 1999 年 47 页 22×26cm
ISBN：7-5314-2297-2 定价：CNY18.00
（21 世纪技法系列丛书）

J0008051
绘画手稿　（国画写意　山水）辽宁美术出版社编
沈阳 辽宁美术出版社 1999 年 47 页 22×26cm
ISBN：7-5314-2299-9 定价：CNY18.00
（21 世纪技法系列丛书）

J0008052
老年绘画入门　华文权，张志编
武汉 华中理工大学出版社 1999 年 108 页
有插图 26cm（16 开）ISBN：7-5609-1937-5
定价：CNY13.60
（中国老年长寿丛书 2）

J0008053
临摹·写生·创作技法及审美　（第一册　临摹）韩界平著
杭州 西泠印社 1999 年 17 页 29cm（15 开）
ISBN：7-80517-433-4 定价：CNY16.50
　　本书通过对宋画、沈周和齐白石的画的临摹过程，介绍了笔墨、晕染等国画技法，以及构图、章法等知识。

J0008054
临摹·写生·创作技法及审美　（第二册　写生）韩界平著
杭州 西泠印社 1999 年 16 页 29cm（15 开）

ISBN：7-80517-433-4 定价：CNY16.50
　　本书通过 20 多幅作品，介绍了素描写生、线描写生，以及速写的造型规律、运笔方法和表现技巧等绘画知识。

J0008055
陆俨少画语　沈明权编著
上海 上海人民美术出版社 1999 年 167 页
19cm（小 32 开）ISBN：7-5322-2121-0
定价：CNY15.20
（日月山画谭）

J0008056
面向 21 世纪　（中国书画名家纪念馆管理工作研讨会论文集）潘公凯主编
杭州 中国美术学院出版社 1999 年 224 页
20cm（32 开）ISBN：7-81019-721-5
定价：CNY12.00

J0008057
名家教你学中国画　郭嘉主编
广州 广东人民出版社 1999 年 4 册 26cm（16开）
定价：CNY40.00

J0008058
名家美术课堂　（艺术入门教程）
南京 南京大学出版社 1999 年 10 册
29cm（16 开）ISBN：7-305-03437-1
定价：CNY75.00
　　本套丛书包括《陆越子教你画花卉》《陆越子教你画禽鸟》《张继馨教你画蔬果》《范扬教你画山水》等 10 册。

J0008059
齐白石画论　徐改编著
郑州 河南人民出版社 1999 年 10+147 页 有照片 20cm（32 开）ISBN：7-215-04253-7
定价：CNY11.50
（20 世纪中国大师画论书系）

J0008060
巧学工笔画丛书　（彩墨　花卉）秦龙编著
哈尔滨 黑龙江美术出版社 1999 年 12 页
38cm（6 开）ISBN：7-5318-0729-7
定价：CNY10.00

作者秦龙（1939—　），连环画画家。生于成都。毕业于中央工艺美术学院。历任中国美术家协会会员、中国美协插图装帧艺术委员会副主任、人民出版社美术编辑。连环画作品《希腊神话的故事》《秦龙画集》。

J0008061

巧学工笔画丛书　（仿旧古画　花鸟）黄培杰编著
哈尔滨　黑龙江美术出版社　1999 年　8 页
38cm（6 开）ISBN：7-5318-0669-X
定价：CNY10.00

J0008062

巧学工笔画丛书　（仿旧古画　人物）黄培杰编著
哈尔滨　黑龙江美术出版社　1999 年　8 页
38cm（6 开）ISBN：7-5318-0670-3
定价：CNY9.00

J0008063

巧学工笔画丛书　（工笔重彩　人物）黄培杰编著
哈尔滨　黑龙江美术出版社　1999 年　8 页
38cm（6 开）ISBN：7-5318-0672-X
定价：CNY9.00

J0008064

巧学工笔画丛书　（花卉　牡丹）黄培杰编著
哈尔滨　黑龙江美术出版社　1999 年　8 页
38cm（6 开）ISBN：7-5318-0671-1
定价：CNY9.00

J0008065

巧学工笔画丛书　（永乐宫　壁画）黄培杰编著
哈尔滨　黑龙江美术出版社　1999 年　8 页
38cm（6 开）ISBN：7-5318-0673-8
定价：CNY9.00

J0008066

少儿中国画入门　宋子正等著
长沙　湖南美术出版社　1999 年　164 页　26cm（16开）
ISBN：7-5356-1321-7　定价：CNY18.00

J0008067

石鲁画论　石果编著
郑州　河南人民出版社　1999 年　10+143 页
有照片　20cm（32 开）ISBN：7-215-04258-8
定价：CNY10.90
（20 世纪中国大师画论书系）

J0008068

孙其峰绘画粉本精选　孙其峰绘
天津　天津人民美术出版社　1999 年　166 页
38cm（6 开）ISBN：7-5305-1092-4
定价：CNY60.00

作者孙其峰（1920—　），教授，艺术家。原名奇峰，曾用名琪峰。山东招远人。历任天津美术学院教授、中国书法家协会理事、中国美术家协会理事、北京铁路局文协美术工作者、北京美协会员。代表作品《花鸟画谱》《孙其峰画辑》《孙其峰扇面选集》等。

J0008069

谈笔墨　林墉等著
广州　岭南美术出版社　1999 年　291 页　有图
26cm（16 开）ISBN：7-5362-1977-6
定价：CNY52.00
（当代中国画家笔谈丛书）

作者林墉（1942—　），画家、国家一级美术师。广东潮州人。毕业于广州美术学院中国画系。中国美术家协会副主席、广东画院院长、美协广东分会主席、暨南大学艺术中心主任。作品有《宋庆龄》《访问巴基斯坦组画》，出版有《林墉作品选》《林墉访问巴基斯坦选集》《人体速写》等。

J0008070

线描艺术概论　韩玮著
济南　山东大学出版社　1999 年　178 页　有图
26cm（16 开）ISBN：7-5607-2004-8
定价：CNY13.80

J0008071

新编教儿童学国画　熊艳君，吕连甫编著
沈阳　辽宁美术出版社　1999 年　129 页　19×26cm
（21 世纪技法系列丛书）

作者熊艳君（1950—　），辽宁辽阳市教育研究中心高级美术教研员。作者吕连甫（1950—　），辽阳市教育研究中心高级美术教

研员。

J0008072

新编芥子园画传 （人物篇　现代重彩）刘绍荟编著

北京　人民美术出版社　1999 年　116 页
26cm（16 开）　ISBN：7-102-01876-2
定价：CNY35.50

J0008073

新编芥子园画传 （山水篇　浅绛山水）王中年编著

北京　人民美术出版社　1999 年　260 页
26cm（16 开）　ISBN：7-102-01875-4
定价：CNY70.00

　　作者王中年（1943—　　），满族，画家。辽宁凤城人。曾用名王忠年。毕业于鲁迅美术学院附中，进修于广州美术学院。曾任本溪市平山区文化馆美术组长、代馆长。作品有《飞流直下》《秋》《初春》《林海雪原》《峡江图》等。

J0008074

艺术家丛集 （二　中国画专辑）邵忠，马钦忠主编

广州　广州出版社　1999 年　160 页　28cm（16 开）
ISBN：7-80592-991-2　定价：CNY50.00

J0008075

张大千画语录图释　张大千绘著；陈洙龙编著

杭州　西泠印社　1999 年　119 页　29cm（16 开）
ISBN：7-80517-294-3　定价：CNY28.00

J0008076

赵孟頫画语录图释　楼秋华，池长庆编著
杭州　西泠印社　1999 年　114 页　28cm（大 16 开）
ISBN：7-80517-366-4　定价：CNY30.00

　　本书分承传篇、古意篇、师造化篇、书画本同篇、隐逸篇等 6 篇。以语录的形式，收录了赵孟頫书画理论中的精华部分，同时也对赵孟頫的理论作了评述。

J0008077

中国传统美术造型法则图论　石景昭编著
西安　陕西人民美术出版社　1999 年　305 页

有图　26cm（16 开）　ISBN：7-5368-1007-5
定价：CNY42.00

　　作者石景昭（1938—2010），画家，教授。河南偃师人。毕业于西安美院油画系。中国美术家协会会员、西安美术学院国画系人物教研室主任。代表作品有《丝路风情》《敦煌古市》《秋熟》《春花图》，出版有《工笔重彩人物画技法》《中国传统美术造型图论》等。

J0008078

中国画　沈重主编；全国中等职业学校实用美术类专业教材编写组编

北京　高等教育出版社　1999 年　79 页　26cm（16 开）
ISBN：7-04-006864-8　定价：CNY26.00

　　主编沈重，北京市实用美术职业学校特级教师。

J0008079

中国画　张萍著
济南　山东美术出版社　1999 年　222 页　有图
17cm（40 开）　ISBN：7-5330-1331-X
定价：CNY8.80
（美术知识百问百答手册）

　　本书以问答的形式对关于中国画的 191 个问题进行了解答，主要包括什么是中国画、中国画在技法形式上的特点是什么等。

J0008080

中国画　（花鸟）高师中国画教材编写组编
济南　山东美术出版社　1999 年　219 页　有图
26cm（16 开）　ISBN：7-5330-1296-8
定价：CNY56.00

　　本卷介绍了花鸟画的发展及传统技法沿革，花鸟画的题材及寓意，花鸟画的美学特点，花鸟画的绘法程式体例，并对花鸟画的笔法、墨法以及艺术表现等进行了介绍。

J0008081

中国画 ABC　王立明，郑利著
北京　朝华出版社　1999 年　92 页　26cm（16 开）
ISBN：7-5054-0579-9　定价：CNY38.80

　　本书提供了比较全面、系统的基础理论和基本技法。包括中国画的工具材料、中国工笔画技法、中国写意画技法、中国画与诗、书、印的关系等内容。作者王立明（1964—　　），满族，教师。

生于河北承德市。河北省美术家协会会员、承德民族师专美术系讲师。合著有《中国画 ABC》。作者郑利(1961—),满族,教师。毕业于河北师范学院美术系。中国书画社会员、承德市美术家协会会员、河北民族师范学院美术系副教授。合著有《中国画 ABC》。

J0008082

中国画画法 王承天著

杭州 浙江摄影出版社 1999年 89页 26cm(16开)

ISBN:7-80536-656-X 定价:CNY18.00

J0008083

中国画技法解析系列 (草虫篇)王富著

沈阳 辽宁美术出版社 1999年 31页 29cm(16开)

ISBN:7-5314-2308-1 定价:CNY12.00

(21世纪技法系列丛书)

本书介绍了草虫画的一些绘画技法,主要包括蝈蝈、蜻蜓、蝉、螳螂、蝴蝶等的画法。

J0008084

中国画技法解析系列 (写意花鸟篇)李荣光著

沈阳 辽宁美术出版社 1999年 29页 29cm(16开)

ISBN:7-5314-2308-1 定价:CNY12.00

(21世纪技法系列丛书)

作者李荣光(1939—),山东莱州人,毕业于鲁迅美术学院国画系。历任丹东刺绣工厂设计师、旅顺博物馆馆员、中国美术家协会会员、中国民族管弦乐协会会员、中国同泽书画研究院副秘书长。出版有《翎毛画谱》《李荣光花鸟画选》等。

J0008085

中国画技法解析系列 (写意山水篇)温崇圣著

沈阳 辽宁美术出版社 1999年 47页 有图 29cm(16开)

(21世纪技法系列丛书)

本书内容包括:用笔与用墨、山石画法、树木画法、云水画法、色彩画法、写生与创作、写生作品。作者温崇圣(1938—),画家。祖籍山东莱州市。历任鲁迅美术学院教授、中国美术家协会会员、辽宁省美术家协会理事、辽宁中国画研究会副会长、大连市中国画研究会会长。作品

有《畅通无阻》《掠夺》《铁证》等。

J0008086

中国画技法精粹 (山水小品)张志民著

济南 山东美术出版社 1999年 22页 29cm(16开)

ISBN:7-5330-1299-2 定价:CNY10.00

J0008087

中国画技法精粹 (雪梅)孙墨龙著

济南 山东美术出版社 1999年 22页 29cm(16开)

ISBN:7-5330-1359-X 定价:CNY10.00

本书介绍了雪梅的意境、雪梅的构图、枝干、花、烘染及雪中红梅画法、雪中白梅画法、雪中绿梅画法等。作者孙墨龙(1931—),画家。号枕砚斋主。生于山东招远。曾任山东省《青年报》美术编辑、山东美术馆专业画家、创作部主任、山东省画院一级美术师。代表作《中国画技法精粹·雪梅》《孙墨龙花鸟人物画选》《怎样写隶书》。

J0008088

中国画技法史研究丛书 (王蒙)王克文著

上海 上海书画出版社 1999年 107页 26cm(16开) ISBN:7-80635-022-5

定价:CNY18.00

本书包括4章:传世画作辨析、王蒙山水画题材的审美内涵及画学见解、王蒙画派对后世的影响、从"元四家"的共性看王蒙的艺术个性。作者王克文(1933—),教授。浙江奉化人。毕业于南京艺术学院美术系。任职于上海戏剧学院、兼任上海美育学会副会长、黄宾虹研究会(全国)副会长、秘书长,中国艺术研究院特邀研究员等。专著有《山水画技法述要》《敦煌艺术》《山水画审美与技法》。

J0008089

中国画技法史研究丛书 (吴镇)杜哲森,宋晓霞著

上海 上海书画出版社 1999年 96页 26cm(16开)

ISBN:7-80635-529-4 定价:CNY17.00

本书通过讨论吴镇传世作品及其相关的绘画作品之间的内在联系,以画史上视像结构之流经衍变的形态分析为基础,揭示出文人画发展中潜在的创作倾向和文化意识。

J0008090

中国画名家创作随笔 （刘国辉）刘国辉绘

南宁 广西美术出版社 1999年 40页 29cm（16开）

ISBN：7-80625-635-0 定价：CNY24.00

　　作者刘国辉（1940—　　），教师、画家。江苏苏州人。毕业于浙江美术学院中国画系研究生班。历任浙江美术学院副教授、中国美术学院教授、学术委员会委员、中国人物画高级研修班工作室导师。出版有《刘国辉画集》。

J0008091

中国画色彩艺术　　刘源编著

重庆 西南师范大学出版社 1999年 132页

有图版 26cm（16开） ISBN：7-5621-2110-9

定价：CNY23.00

J0008092

中国画自学丛书

济南 山东美术出版社 1999年 23册 26cm（16开）

　　本丛书收《怎样画水牛》《怎样画百合》《怎样画水仙》《怎样画虎》等书。

J0008093

中国历代名家画宝　　张速编

北京 学苑出版社 1999年 3册（773；750；876页）

26cm（16开） 精装 ISBN：7-5077-1632-5

定价：CNY780.00

J0008094

中国历代名家技法集萃 （山水卷 石法 上）

林海钟选编

济南 山东美术出版社 1999年 138页

35cm（15开） ISBN：7-5330-1273-9

定价：CNY200.00

J0008095

中国历代名家技法集萃 （山水卷 树法 上）

张伟平选编

济南 山东美术出版社 1999年 144页

35cm（15开） ISBN：7-5330-1272-0

定价：CNY200.00

J0008096

中国历代名家技法集萃 （花鸟卷 花卉法）

韩璐选编

济南 山东美术出版社 1999年 155页

35cm（15开） ISBN：7-5330-1276-3

定价：CNY218.00

J0008097

中国历代名家技法集萃 （花鸟卷 禽鸟法）

顾震岩选编

济南 山东美术出版社 1999年 152页

35cm（15开） ISBN：7-5330-1275-5

定价：CNY218.00

　　作者顾震岩（1962—　　），编辑。上海人。毕业于中国美术学院中国画系花鸟专业。浙江美术学院任教，《新美术》编辑。出版有《中国历代名家技法集萃花鸟卷·富兽法》《梅竹画谱》《蝴蝶》等。

J0008098

中国历代名家技法集萃 （花鸟卷 鱼虫法）

韩璐选编

济南 山东美术出版社 1999年 130页

35cm（15开） ISBN：7-5330-1329-8

定价：CNY178.00

　　本书介绍历史名家的花鸟画中鱼虫画的技法，有蝴蝶类、蜜蜂·黄蜂类、蜻蜓类、蝉类、蟋蟀类和螳螂类等。

J0008099

中国历代名家技法集萃 （人物卷 水墨人物法）吴宪生选编

济南 山东美术出版社 1999年 32页 35cm（15开）

ISBN：7-5330-1330-1

定价：CNY180.00

　　本册介绍"列女图卷""李贤墓壁画""孔子像""老子骑牛图""应真像"等历史名家的水墨人物画的技法。作者吴宪生（1954—　　），画家。安徽宁国人。就读于中国美术学院，后留校任教。历任中国美术学院成教学院院长、中国画系硕士导师、教授，中国美术家协会会员、浙江省美术家协会理事、浙江画院特聘画家。代表作品《思》《水墨人物画》，著作有《人体线条素描》《吴宪生水墨人体画选》《素描教学新论》。

J0008100

中国历代名家技法集萃 （山水卷 云水法）

丘挺选编

济南 山东美术出版社 1999 年 140 页
35cm（15 开） ISBN：7-5330-1274-7
定价：CNY200.00

J0008101
中国书画美学简论　徐志兴著
南京 江苏美术出版社 1999 年 390+32 页
有图 20cm（32 开） ISBN：7-5344-0773-7
定价：CNY32.00

国画评论

J0008102
［王氏画苑］补益　（四卷）（明）詹景凤编
明 刻本
（王氏书画苑）
　　本书由《王氏画苑十卷》（明）王世贞编、《［王氏画苑］补益四卷》（明）詹景凤编合订。收于《王氏书画苑》中，有清丁丙跋。作者詹景凤（1532—1602），书法家。字东图，号白岳山人等，安徽休宁人。初为南丰掌教，终吏部司务。著有《东图玄览》《东图全集》《詹氏小辨》等。

J0008103
［王氏画苑］补益　（四卷）（明）詹景凤编
明万历十八年［1590］刻本
　　本书由《王氏画苑十卷》（明）王世贞编、《［王氏画苑］补益四卷》（明）詹景凤编合订。

J0008104
［王氏画苑］补益　（四卷）（明）詹景凤编
清初 抄本
　　有清丁丙跋。本书由《王氏画苑十卷》（明）王世贞编、《［王氏画苑］补益四卷》（明）詹景凤编合订。

J0008105
陈眉公订正画品　（一卷）（宋）李廌撰
明 刻本
（宝颜堂汇秘笈）
　　八行十八字白口四周单边。收于《宝颜堂汇秘笈四十二种八十三卷》中。作者李廌（1059—1109），北宋文学家。字方叔，号德隅斋，又号齐南先生、太华逸民。华州（今陕西华县）人。代

表作品有《虞美人》等。

J0008106
东坡题跋　（四卷）（宋）苏轼撰
明 刻本
（苏黄风流小品）
　　作者苏轼（1037—1101），北宋文学家、书画家。字子瞻、和仲，号铁冠道人、东坡居士，世称苏东坡。在诗、词、散文、书、画等方面取得很高成就，擅长文人画，尤擅墨竹、怪石、枯木等。作品有《东坡七集》《东坡易传》《东坡乐府》《潇湘竹石图卷》《古木怪石图卷》等。

J0008107
东坡题跋　（四卷）（宋）苏轼撰
明 刻本
（苏黄题跋尺牍合刻）

J0008108
东坡题跋　（六卷）（宋）苏轼撰
毛氏汲古阁 明崇祯 刻本
（津逮秘书）
　　八行十八字白口四周单边。收于《津逮秘书》十五集一百五十二种七百四十八卷第十二中。

J0008109
东坡题跋　（二卷）（宋）苏轼撰；（清）温一贞辑
又赏斋 清乾隆五十年［1785］刻本

J0008110
东坡题跋　（二卷）（宋）苏轼撰；（清）温一贞辑
清同治十一年［1872］刻本

J0008111
东坡题跋　（宋）苏轼撰；（清）徐嘉霖书
民国 影印本 线装

J0008112
东坡题跋　（六卷）（宋）苏轼撰
上海 博古斋 民国十一年［1922］影印本
（津逮秘书）
　　据明崇祯毛氏汲古阁刻本影印。

J0008113
法书名画见闻表 （一卷）（明）张应文撰；
（明）张丑编
[明] 抄本
　　本书由《清秘藏》二卷、《法书名画见闻表》一卷、《南阳法书表》一卷、《清河秘箧书画表》一卷、《南阳名画表》一卷合订。

J0008114
法书名画见闻表 （一卷）（明）张丑撰
李瘦叟 清 抄本
　　作者张丑（1577—1643），明代收藏家、文学家。原名张德谦，字青父，号米庵。江苏昆山人。主要作品有《清河书画舫》《瓶花谱》《论墨》等。

J0008115
法书名画见闻表 （一卷）（明）张丑撰
李瘦叟 清 抄本
　　本书由《真迹日录》三卷、《清河秘箧书画表》一卷、《名画表》一卷、《法书名画见闻表》一卷、《清秘藏》一卷合订。

J0008116
法书名画见闻表 （一卷）（明）张丑撰
古冈刘氏藏修书屋 清同治至光绪 刻本
（述古丛钞）

J0008117
法书名画见闻表 （一卷）（明）张丑撰
古冈刘氏藏修书屋 清同治至光绪 刻本
（述古丛钞）
　　本书由《南阳法书表》一卷、《南阳名画表》一卷、《法书名画见闻表》一卷、《清河秘箧书画表》一卷合订。

J0008118
古画品录 （一卷）（南朝齐）谢赫撰
明 刻本
（王氏画苑）
　　十一行二十字白口左右双边。收于《王氏画苑十五种三十七卷》中。

J0008119
古画品录 （一卷）（南朝齐）谢赫撰
明万历 刻本

　　作者谢赫，画家、绘画理论家。代表作品有《古画品录》等。

J0008120
古画品录 （一卷）（南朝齐）谢赫撰
王元贞 明万历十八至十九年 [1590—1591] 刻本
（王氏书画苑）

J0008121
古画品录 （一卷）（南朝齐）谢赫撰
明末 刻本
（百川学海）

J0008122
古画品录 （一卷）（南朝齐）谢赫撰
李际期宛委山堂 清初 刻本 续刻
（说郛）
　　明末刻清初李际期宛委山堂续刻汇印本。

J0008123
古画品录 （一卷）（南朝齐）谢赫撰
清 刻本 重编印 线装
（魏晋小说）
　　九行二十字白口左右双边单鱼尾。收于《魏晋小说》之《品藻家》中。

J0008124
古画品录 （一卷）（南朝齐）谢赫撰
清 抄本

J0008125
古画品录 （一卷）（南朝齐）谢赫撰
[清] 稿本
（艺苑丛钞）

J0008126
古画品录 （一卷）（南朝齐）谢赫撰
清 汇印本
（五朝小说）

J0008127
古画品录 （一卷）（南朝齐）谢赫撰
清初汇印 刻本
（津逮秘书）

明崇祯毛氏汲古阁刻清初汇印本。　八行十八字白口四周单边。收于《津逮秘书》十五集一百五十二种七百四十八卷第七中。

J0008128

古画品录　（一卷）（南朝齐）谢赫撰

内府　清乾隆　写本

（四库全书）

J0008129

古画品录　（一卷）（南朝齐）谢赫撰

姚氏草草巢　清乾隆二十七年［1762］刻本

（砚北偶钞）

J0008130

古画品录　（一卷）（南朝齐）谢赫撰

依样壶卢山馆　清道光　抄本

（绘事崒编）

J0008131

古画品录　（一卷）（南朝齐）谢赫撰

上海　博古斋　民国十一年［1922］影印本

（津逮秘书）

据明毛氏汲古阁刻本影印。

J0008132

古画品录　（南朝齐）谢赫撰

上海　商务印书馆　1936年　影印本［46］页

18cm（15开）

（丛书集成初编　1645）

据《津逮秘书》本影印。

J0008133

古画品录　（南朝齐）谢赫撰；王伯敏标点注译

北京　人民美术出版社　1959年　27页　24cm（26开）

统一书号：8027.3092　定价：CNY0.45

（中国画论丛书）

J0008134

古画品录·续画品录　（南朝齐）谢赫，（南朝陈）姚最撰；王伯敏标点注译

北京　人民美术出版社　1959年　定价：CNY0.45

（中国画论丛书）

标点注译者王伯敏（1924—2013），美术史论家、画家、诗人。浙江台州人。曾担任中国美术

学院教授、美术学博士生导师。著有《中国绘画通史》《中国版画史》《中国美术通史》等。

J0008135

古画品录　（南朝齐）谢赫撰；王伯敏标点注译

北京　人民美术出版社　1962年　2版［62页］

20cm（32开）　统一书号：8027.3092

定价：CNY0.45

（中国画论丛书）

由《古画品录》（南朝齐）谢赫撰，王伯敏标点注译；《续画品录》（南朝陈）姚最撰，王伯敏标点注译，本书由两者合订。

J0008136

古画品录　（南朝齐）谢赫撰

台北　商务印书馆　1983年　影印本

（景印文渊阁四库全书　子部　一一八　第812册）

J0008137

古画品录　（南朝齐）谢赫撰

北京　中华书局　1985年　新1版　影印本

18cm（15开）　统一书号：17018.151

（丛书集成初编）

J0008138

古画品录　（南朝齐）谢赫等撰

上海　上海古籍出版社　1991年　影印本　944页

19cm（小32开）　精装　ISBN：7-5325-1043-3

定价：CNY30.10

J0008139

广川画跋　（六卷）（宋）董逌撰

韩宴　明　刻本

有清黄廷鉴校。九行二十一字白口四周双边。

J0008140

广川画跋　（六卷）（宋）董逌撰

明　抄本

有清丁丙跋。

J0008141

广川画跋　（六卷）（宋）董逌撰

韩宴　明嘉靖　刻本

有清黄廷鉴校，清周星诒跋清魏锡曾校并

跋，清丁丙跋，秦更年跋。

J0008142

广川画跋 （六卷）（宋）董逌撰
杨慎 明嘉靖二十一年［1542］刻本
　　　有清丁丙跋。

J0008143

广川画跋 （六卷）（宋）董逌撰
王元贞 明万历十八至十九年［1590—1591］
刻本
（王氏书画苑）

J0008144

广川画跋 （六卷）（宋）董逌撰
清 刻本

J0008145

广川画跋 （六卷）（宋）董逌撰
清 抄本
　　　佚名录，有清黄廷鉴校跋。

J0008146

广川画跋 （六卷）（宋）董逌撰
清 抄本
　　　有黄廷鉴校跋。十二行二十四字无格。

J0008147

广川画跋 （六卷）（宋）董逌撰
内府 清乾隆 写本
（四库全书）
　　　作者董逌，北宋艺术鉴赏评论家。东平（今
　　山东东平县）人。字彦远。北宋政和（1111—
　　1117年）年间官徽猷阁待制。以精于鉴赏考据擅
　　名。著有《广川藏书志》《广川诗故》《广川书跋》
　　《广川画跋》。

J0008148

广川画跋 （一卷）（宋）董逌撰
依样壶卢山馆 清道光 抄本
（绘事晬编）

J0008149

广川画跋 （六卷）（宋）董逌撰
归安陆氏 清光绪 刻本

（十万卷楼丛书）
　　　有傅增湘校跋并录王士禛题识。

J0008150

广川画跋 （六卷）（宋）董逌撰
陆心源 清光绪 刻本
　　　有傅增湘校跋。九行二十字黑口四周双边。
　　（十万卷楼丛书）

J0008151

广川画跋 （六卷）（宋）董逌撰
新会刘氏藏修书屋 清光绪十六年［1890］刻本
（藏修堂丛书）

J0008152

广川画跋 （六卷）（宋）董逌撰
乌程张氏 民国二至六年［1913—1917］刻本
线装
（适园丛书）

J0008153

广川画跋 （六卷）（宋）董逌撰
泰东图书局 民国十一年［1922］影印本 线装
（王氏书画苑）
　　　本书为作者注录金石碑帖文字及简述鉴赏
　　心得。分二册。据明刻本影印。收于《王氏书画
　　苑》中。

J0008154

广川画跋 （六卷）（宋）董逌撰
台北 商务印书馆 1986年 影印本
（景印文渊阁四库全书 子部 一一九 第813册）
　　　本书由《广川画跋（六卷）》（宋）董逌撰、
　　《画继》（宋）邓椿撰合订。

J0008155

郭若虚画论 （一卷）（宋）郭若虚撰
明 刻本
（王氏书画苑）

J0008156

郭若虚画论 （一卷）（宋）郭若虚撰
泰东图书局 民国十一年［1922］影印本 线装
（王氏书画苑）
　　　据明刻本影印。作者郭若虚，北宋书画评论

家。太原(今山西)人。著有《图画见闻志》。

J0008157
后画录 （一卷）（唐释）彦悰撰
明 刻本
（王氏画苑）

　　十一行二十字白口左右双边。收于《王氏画苑十五种三十七卷》中。

J0008158
后画录 （一卷）（唐释）彦悰撰
王元贞 明万历十八至十九年［1590—1591］刻本
（王氏书画苑）

J0008159
后画录 （一卷）（唐释）彦悰撰
清初汇印 刻本
（津逮秘书）

　　明崇祯毛氏汲古阁刻清初汇印本。八行十八字白口四周单边。收于《津逮秘书》十五集一百五十二种七百四十八卷第七中。

J0008160
后画录 （一卷）（唐释）彦悰撰
清 抄本

J0008161
后画录 （一卷）（唐释）彦悰撰
依样壶卢山馆 清道光 抄本
（绘事晬编）

J0008162
后画录 （一卷）（唐释）彦悰撰
上海 博古斋 民国十一年［1922］影印本
（津逮秘书）

　　据明毛氏汲古阁刻本影印。

J0008163
画鉴 （一卷）（元）汤垕撰
钮氏世学楼 明 抄本
（说郛）

　　作者汤垕，元代书画鉴赏家。字君载，号采真子。山阳(今江苏淮安)人。曾任绍兴兰亭书院山长，征召为都护府令史。精通古代文物和书

画鉴赏。著有《画鉴》(亦称《画史清裁》《古今画鉴》)。

J0008164
画鉴 （一卷）（元）汤垕撰
沈氏野竹斋 明 抄本

　　有明沈与文校，明史臣纪、明顾玄纬、明姚咨、明冯彦渊，清黄丕烈校并跋。

J0008165
画鉴 （一卷）（元）汤垕撰
明 刻本

J0008166
画鉴 （一卷）（元）汤垕撰
明 刻本
（唐宋丛书）

J0008167
画鉴 （一卷）（元）汤垕撰
明 刻本 线装

　　本书由《益州名画录三卷》（宋）黄休复纂、《画鉴一卷》（元）汤垕撰、《贞观公私画史一卷》（唐）裴孝源撰合订。

J0008168
画鉴 （一卷）（元）汤垕撰
程百二、胡之衍 明万历四十三年［1615］刻本
（程氏丛刻）

　　收于《程氏丛刻十三卷》中。

J0008169
画鉴 （一卷）（元）汤垕撰
毛氏汲古阁 明末 刻本
（群芳清玩）

　　明末毛氏汲古阁刻李玙汇印本。

J0008170
画鉴 （一卷）（元）汤垕撰
清 抄本
（惜寸阴斋丛钞）

J0008171
画鉴 （一卷）（元）汤垕撰
内府 清乾隆 写本

（四库全书）

J0008172
画鉴 （一卷）（元）汤垕撰
六安晁氏 清道光十一年［1831］木活字印本
（学海类编）

J0008173
画鉴 （一卷）（元）汤垕撰
翁同书 清道光二十五年［1845］抄本

J0008174
画鉴 （八集）
民国 影印本 有图 线装
　　分七册。

J0008175
画鉴
民国 影印本 有图 线装
　　分六册。

J0008176
画鉴 （一卷）（元）汤垕撰
上海 涵芬楼 民国九年［1920］影印本
（学海类编）
　　据清道光十一年六安晁氏木活字印本影印。作者汤垕，元代书画鉴赏家。字君载，号采真子。山阳（今江苏淮安）人。曾任绍兴兰亭书院山长，征召为都护府令史。精通古代文物和书画鉴赏。著有《画鉴》（亦称《画史清裁》《古今画鉴》）。

J0008177
画鉴 （元）汤垕撰；马采标点注译；邓以蛰校阅
北京 人民美术出版社 1959年 77页 20cm（32开）
统一书号：8027.3098 定价：CNY0.50
（中国画论丛书）
　　本书有两部分。一部分为三国至宋画家的传记；另一部分是杂论，内容涉及画理、画法、画评以及书画收藏等方面。

J0008178
画鉴 （元）汤垕撰
台北 台湾商务印书馆 1983年 影印本
（景印文渊阁四库全书 子部 一二○ 第814册）

J0008179
画论 （一卷）（元）汤垕撰
明 刻本
（唐宋丛书）

J0008180
画论 （一卷）（元）汤垕撰
李际期宛委山堂 清初 刻本 续刻
（说郛）
　　明末刻清初李际期宛委山堂续刻汇印本。

J0008181
画论 （不分卷）□□辑
清 抄本

J0008182
画品 （五卷）（明）朱存理辑
明 抄本
　　明传抄朱存理稿本。有清归兆镕跋。本书由《铁网珊瑚书法八卷》《画品五卷》《石刻一卷》合订。作者朱存理（1444—1513），明代藏书家、学者、鉴赏家。长洲（今江苏苏州）人。字性甫，又字性之，号野航。纂辑有《经子钩元》《吴郡献征录》《名物寓言》《野航漫录》《鹤岑随笔》《铁网珊瑚》《楼居杂著》《经孝录》等。

J0008183
画品 （四卷）（明）朱存理辑；（清）裕康校
清 抄本
　　有清裕康跋。本书由《铁网珊瑚书品十卷》《画品四卷》合订。

J0008184
画评会海 （二卷）（明）周履靖撰
明 刻本 有图 线装
　　本书由《画评会海》二卷、《天形道貌》合订。九行十八字白口四周单边单鱼尾。

J0008185
画评会海 （二卷）（明）周履靖撰
金陵 荆山书林 明万历二十五年［1597］刻本
（夷门广牍）
　　作者周履靖（1549—1640），明隆庆、万历间人，字逸之，初号梅墟，改号螺冠子，晚号梅颠。嘉兴（今浙江嘉兴）人。编撰有《夷门广牍》《金笋玄玄》《益龄单》《赤凤髓》等。

J0008186
画评会海 （二卷）（明）周履靖撰
民国 影印本
（夷门广牍）

J0008187
画评会海 （明）周履靖著
北京 中华书局 1991 年［影印本］
19cm（小 32 开）ISBN：7-101-00894-1
（丛书集成初编 1642）
　　中国画绘画理论著作。本书由《画评会海》
（明）周履靖著、《画诀》龚贤撰、《画筌》笪重光著、
《传神秘》蒋骥撰、《苦瓜和尚画语录》释道济撰
合订。

J0008188
画史 （一卷）（宋）米芾撰
钮氏世学楼 明 抄本
（说郛）
　　作者米芾（1051—1107），北宋书法家、画
家、书画理论家。祖籍太原，出生于湖北襄阳，
长期居润州（今江苏镇江）。初名黻，后改芾，字
元章，号襄阳漫士、海岳山人等。书画自成一家，
枯木竹石，山水画独具风格特点。在书法也颇有
造诣，擅篆、隶、楷、行、草等书体，长于临摹古
人书法。代表作品有《宝晋英光集》《宝章待访
录》《书史》《画史》《砚史》。

J0008189
画史 （宋）米芾撰
明 刻本 线装
（百川学海）
　　九行二十字小字双行同白口左右双边单
鱼尾。

J0008190
画史 （一卷）（宋）米芾撰
明 刻本
（唐宋丛书）
　　明末刻说郛及说郛续重编印本。

J0008191
画史 （一卷）（宋）米芾撰

明 刻本

J0008192
画史 （一卷）（宋）米芾撰
明末至清初 增刻本 线装
（津逮秘书）
　　明崇祯毛氏汲古阁刻明末至清初增刻本。
九行十九字小字双行同白口左右双边。收于《津
逮秘书》第七集中。

J0008193
画史 （一卷）（宋）米芾撰
李际期宛委山堂 清初 刻本 续刻
（说郛）
　　明末刻清初李际期宛委山堂续刻汇印本。

J0008194
画史 （十二卷）□□辑
清初 抄本

J0008195
画史 （一卷）（宋）米芾撰；（明）毛晋订
清初汇印 刻本 线装
（津逮秘书）
　　明崇祯毛氏汲古阁刻清初汇印本。分二册。
八行十九字白口左右双边。

J0008196
画史 （一卷）（宋）米芾撰
［清］稿本
（艺苑丛钞）

J0008197
画史 （一卷）（宋）米芾撰
内府 清乾隆 写本
（四库全书）

J0008198
画史 （一卷）（宋）米芾撰
依样壶卢山馆 清道光 抄本
（绘事晬编）

J0008199
画史 （一卷）（宋）米芾撰
上海 神州国光社 民国三年［1914］线装

（美术丛书续集）

　　收于《美术丛书续集》第九集中。

J0008200
画史　（一卷）（宋）米芾撰
上海　博古斋　民国十一年［1922］影印本　线装
（津逮秘书）
　　据明崇祯毛氏汲古阁刻本影印。

J0008201
画史　（宋）米芾撰
上海　商务印书馆　1936年　影印本　100页
18cm（15开）
（丛书集成初编　1647）
　　本书为中国古代绘画史，共一卷，据津逮秘
书本影印。

J0008202
画史　（宋）米芾撰
台北　商务印书馆　1977年　影印本　100页　16cm
（25开）定价：TWD18.00
（人人文库　2295-2296）

J0008203
画史　（宋）米芾撰
台北　商务印书馆　1983年　影印本
［31cm］（12开）
（景印文渊阁四库全书　子部　一一九　第813册）
　　本书由《画史》《书史》《宝章待访录》合订。

J0008204
画史　（宋）米芾撰
北京　中华书局　1985年　新1版　影印本　100页
18cm（15开）统一书号：17018.151
（丛书集成初编）

J0008205
画史　（外十一种）（宋）米芾等撰
上海　上海古籍出版社　1991年　影印本　906页
19cm（32开）精装　ISBN：7-5325-1042-5
定价：CNY19.70
（四库艺术丛书）
　　《画史》（一名《米海岳画史》），中国画鉴评
著作。该书约成书于宋建中靖国元年（1101）前
后，作者举其平生所见晋代以来名画（其中亦间

有未见者），品评优劣，鉴别真伪，考订谬误，指
出风格特点，作者及藏处，甚至间及装裱、印章，
亦收画坛遗事秘闻。

J0008206
画苑　（明）王世贞辑
明　刻本
（王氏书画苑）
　　本书包括：《古画品录一卷》南朝齐谢赫、
《续画品录一卷》（唐）李嗣真撰、《后画录一卷》
（唐）释彦悰撰、《续画品一卷》（南朝陈）姚最撰、
《贞观公私画史一卷》（唐）裴孝源撰、《沈存中图
画歌一卷》（宋）沈括撰、《笔法记一卷》（五代）
荆浩撰、《王维山水论一卷》（唐）王维撰、《历代
名画记十卷》（唐）张彦远撰、《圣朝名画评三卷》
（宋）刘道醇撰、《唐朝名画录一卷》（唐）朱景玄
撰、《五代名画补遗一卷》（宋）刘道醇撰、《书继
十卷》（宋）邓椿撰。

J0008207
画苑　（二卷）（明）高濂撰
明　稿本
（艳雪斋丛书）
　　收于《艳雪斋丛书》八种十一卷中。

J0008208
画苑　（四卷）（明）曹学佺撰
明　刻本
（蜀中广记）
　　十行二十字白口四周双边。收于《蜀中广记》
一百八卷中。

J0008209
画志　（一卷）（明）沈与文撰
明　抄本

J0008210
画志　（一卷）（明）沈与文撰
明　抄本
　　本书由《画志一卷》（明）沈与文撰，《评画
行》（宋）叶梦得撰；（明）沈与文注合订。

J0008211
林泉高致　（一卷）（宋）郭熙撰
明　刻本　线装

（百川学海）

　　九行二十字小字双行同白口左右双边单鱼尾。

J0008212
林泉高致　（一卷）（宋）郭思撰
明　抄本
　　十一行二十八字无格。

J0008213
林泉高致　（一卷）（宋）郭熙撰
明　刻本
（王氏书画苑）

J0008214
林泉高致　（一卷）（宋）郭熙撰
明末　刻本
（百川学海）

J0008215
林泉高致　（一卷）（宋）郭熙撰
李际期宛委山堂　清初　刻本　续刻
（说郛）
　　明末刻清初李际期宛委山堂续刻汇印本。

J0008216
林泉高致　（一卷）（宋）郭熙撰
清初　抄本
（画苑补益）

J0008217
林泉高致　（一卷）（宋）郭熙撰
清　稿本
（艺苑丛钞）

J0008218
林泉高致　（一卷）（宋）郭熙撰
依样壶卢山馆　清道光　抄本
（绘事晬编）
　　作者郭熙（约1023—约1085），北宋画家、绘画理论家。字淳夫。河阳（今河南温县）人。代表作品《早春图》《关山春雪图》《窠石平远图》《幽谷图》等。

J0008219
林泉高致　（一卷）（宋）郭熙撰
上海　神州国光社　民国三年［1914］线装
（美术丛书续集）
　　收于《美术丛书续集》第七集中。

J0008220
林泉高致　（一卷）（宋）郭熙撰
泰东图书局　民国十一年［1922］影印本　线装
（王氏书画苑）
　　据明刻本影印。

J0008221
林泉高致集　（一卷）（宋）郭熙撰
内府　清乾隆　写本
（四库全书）

J0008222
林泉高致集　（宋）郭熙撰；（宋）郭思编
台北　商务印书馆　1983年　影印本
（景印文渊阁四库全书　子部　一一八　第812册）

J0008223
米海岳画史　（一卷）（宋）米芾撰
明　刻本
（五种合函）

J0008224
米海岳画史　（一卷）（宋）米芾撰
明　刻本
（画苑）

J0008225
米海岳画史　（一卷）（宋）米芾撰
明　刻本

J0008226
米海岳画史　（一卷）（宋）米芾撰
王元贞　明万历十八至十九年［1590—1591］刻本
（王氏书画苑）

J0008227
米海岳画史　（一卷）（宋）米芾撰
王元贞　明万历十八年［1590］刻本

（王氏画苑）

J0008228
米海岳画史　（一卷）（宋）米芾撰
泰东图书局　民国十一年［1922］影印本　线装
（王氏书画苑）
　　据明刻本影印。

J0008229
名画记　（一卷）（唐）张彦远撰
明　刻本
（续百川学海）
　　作者张彦远（815—907），唐代画家、绘画理论家。河东（今山西临猗）人。字爱宾。有《三祖大师碑阴记》《山行诗》等，著有《历代名画记》《法书要录》《彩笺诗集》等。

J0008230
名画记　（一卷）（宋）曾慥辑
明　抄本
（类说）

J0008231
名画记　（一卷）（唐）张彦远撰
李际期宛委山堂　清初　刻本　续刻
（说郛）
　　明末刻清初李际期宛委山堂续刻汇印本。

J0008232
墨君题语　（一卷）（明）李日华撰
明　抄本

J0008233
墨君题语　（一卷）（明）李日华撰
明　刻本
（李竹懒先生说部全书）

J0008234
墨君题语　（二卷）（明）李日华，（明）李肇亨撰；（明）江元祚，（明）项圣谟辑
鹤梦轩　明崇祯六年［1633］刻本
　　作者项圣谟（1597—1658），明末清初画家。浙江嘉兴人。初字逸，后字孔彰，号易庵，又号胥山樵，别号有松涛散仙等，曾以秀才进国子监读书。作有《秋卉图》《蒲蝶图》等。著有《朗云

堂集》《清河草堂集》。

J0008235
墨君题语　（一卷）（明）李日华撰
清　修本
（李竹懒先生说部全书）
　　据明刻本修。

J0008236
评画行　（一卷）（宋）叶梦得撰；（明）沈与文注
明　抄本

J0008237
评画行　（一卷）（宋）叶梦得撰；（明）沈与文注
明　抄本
　　本书由《画志一卷》（明）沈与文撰、《评画行》（宋）叶梦得撰；（明）沈与文注合订。

J0008238
珊瑚木难　（八卷）（明）朱存理辑
明　抄本

J0008239
珊瑚木难　（不分卷）（明）朱存理辑
明　稿本
　　分四册。有清王广、翁方纲、杨继震跋等。十六行十六至三十字不等无格。

J0008240
珊瑚木难　（八卷）（明）朱存理辑
经锄堂　清　抄本

J0008241
珊瑚木难　（不分卷）（明）朱存理辑
翁方纲　清　抄本

J0008242
珊瑚木难　（八卷）（明）朱存理辑
清　抄本
　　分八册。有清周星诒跋。十一行二十一字无格。

J0008243
珊瑚木难　（八卷）（明）朱存理辑
清　抄本

分八册。十一行二十一字无格。

J0008244
珊瑚木难 （八卷）（明）朱存理辑
清 抄本
　　分四册。九行二十四字无格。

J0008245
珊瑚木难 （八卷）（明）朱存理辑
清 抄本

J0008246
珊瑚木难 （八卷）（明）朱存理辑
清初 抄本

J0008247
珊瑚木难 （不分卷）（明）朱存理辑
［清］稿本
　　有清王广、清翁方纲、清杨继震跋，清顾渚
题诗并跋，又录明文徵明、明文震亨、明吕一经
等诗翰。

J0008248
珊瑚木难 （不分卷）（明）朱存理辑
清 抄本
　　分四册。十六行三十字无格。

J0008249
珊瑚木难 （不分卷）（明）朱存理辑
清 抄本

J0008250
珊瑚木难 （二十卷）（明）朱存理辑
清 抄本

J0008251
珊瑚木难 （八卷）（明）朱存理辑
内府 清乾隆 写本
（四库全书）

J0008252
珊瑚木难 （一）（明）朱存理撰
［台北］［艺文印书馆］［民国］影印本 10+45 叶
19cm（32 开）线装
（丛书集成续编）

J0008253
珊瑚木难 （二）（明）朱存理撰
［台北］［艺文印书馆］［民国］影印本 44 叶
19cm（32 开）线装
（丛书集成续编）

J0008254
珊瑚木难 （三）（明）朱存理撰
［台北］［艺文印书馆］［民国］影印本 45 叶
19cm（32 开）线装
（丛书集成续编）

J0008255
珊瑚木难 （四）（明）朱存理撰
［台北］［艺文印书馆］［民国］影印本 50 叶
19cm（32 开）线装
（丛书集成续编）

J0008256
珊瑚木难 （五）（明）朱存理撰
［台北］［艺文印书馆］［民国］影印本 48 叶
19cm（32 开）线装
（丛书集成续编）

J0008257
珊瑚木难 （六）（明）朱存理撰
［台北］［艺文印书馆］［民国］影印本 48 叶
19cm（32 开）线装
（丛书集成续编）

J0008258
珊瑚木难 （七）（明）朱存理撰
［台北］［艺文印书馆］［民国］影印本 38 叶
19cm（32 开）线装
（丛书集成续编）

J0008259
珊瑚木难 （八）（明）朱存理撰
［台北］［艺文印书馆］［民国］影印本 35 叶
19cm（32 开）线装
（丛书集成续编）

J0008260
珊瑚木难 （明）朱存理书
民国 影印本 经折装

据照片还原影印。

J0008261
珊瑚木难 （八卷）（明）朱存理辑
乌程张氏 民国二至六年［1913—1917］刻本
（适园丛书）

J0008262
珊瑚木难 （八卷）（明）朱存理编
台北 商务印书馆 1983年 影印本
（景印文渊阁四库全书 子部 一二一 第815册）
　　作者朱存理（1444—1513），明代藏书家、学者、鉴赏家。字性甫，又字性之，号野航。长洲（今江苏苏州）人。纂辑有《经子钩元》《吴郡献征录》《名物寓言》《野航漫录》《鹤岑随笔》《铁网珊瑚》《楼居杂著》《经孝录》等。

J0008263
珊瑚木难 （明）朱存理编
上海 上海古籍出版社 1991年 影印本
831页
19cm（32开） 精装 ISBN：7-5325-1037-9
定价：CNY22.80
（四库艺术丛书）
　　本书由《珊瑚木难》（明）朱存理编、《赵氏铁网珊瑚》（明）朱存理撰，赵琦美编合订。

J0008264
声画集 （八卷）（宋）孙绍远辑
明 抄本

J0008265
声画集 （八卷）（宋）孙绍远辑
清 抄本

J0008266
声画集 （八卷）（宋）孙绍远辑
清初 抄本
　　有清朱彝尊校，王士禛跋。

J0008267
声画集 （八卷）（宋）孙绍远辑
扬州诗局 清康熙四十五年［1706］刻本
（楝亭藏书十二种）

J0008268
声画集 （八卷）（宋）孙绍远辑
内府 清乾隆 写本
（四库全书）

J0008269J0008274
声画集 （八卷）（宋）孙绍远辑
清乾隆三十一年［1766］刻本

J0008270
蜀中画苑 （三卷）（明）曹学佺撰
明 刻本 线装
　　分二册。十行二十字白口四周双边单鱼尾。

J0008271
题跋 （一卷）（明）孙楨撰
［明］抄本
（石云先生遗稿）

J0008272
铁网珊瑚 （不分卷）（明）朱存理辑
明 抄本
　　有清朱锡庚跋。

J0008273
铁网珊瑚 （二十卷）（明）都穆撰
明 抄本

J0008274
铁网珊瑚 （十四卷）（明）朱存理辑
明 抄本
　　分十四册。有清归兆篯跋。十二行二十四字，无直格，四周单边。

J0008275
铁网珊瑚 （二十卷）（明）都穆撰
龚嘉遂 清 抄本
　　有清陈墉跋。

J0008276
铁网珊瑚 （不分卷）（明）朱存理辑
清 抄本

J0008277
铁网珊瑚 （二十卷）（明）都穆撰

清初　抄本

J0008278
铁网珊瑚　（二十卷）（明）都穆撰
清　抄本

J0008279
铁网珊瑚　（十六卷）（明）朱存理辑
清　抄本
　　分五册。十二行二十四字无格。

J0008280
铁网珊瑚　（二十卷）（明）都穆撰
清乾隆　抄本

J0008281
铁网珊瑚歌　（明）朱存理书
民国　铅印暨影印本　线装

J0008282
铁网珊瑚画品　（五卷）（明）朱存理辑
朱存理　明　抄本
　　有清归兆镰跋，据朱存理稿本传抄。

J0008283
铁网珊瑚画品　（六卷）（明）朱存理辑
明　抄本

J0008284
铁网珊瑚画品　（六卷）（明）朱存理辑
明　抄本
　　本书由《铁网珊瑚书品十卷》《铁网珊瑚画品六卷》合订。

J0008285
铁网珊瑚画品　（六卷）（明）朱存理辑
释就堂　清　抄本
　　本书由《铁网珊瑚书品十卷》《铁网珊瑚画品六卷》合订。

J0008286
铁网珊瑚画品　（六卷）（明）朱存理辑
欣赏斋　清　刻本
　　本书由《铁网珊瑚书品十卷》《铁网珊瑚画品六卷》合订。

J0008287
铁网珊瑚画品　（八卷）（明）朱存理辑
清　抄本
　　有张寿镛跋。本书由《铁网珊瑚书品八卷》《铁网珊瑚画品八卷》（明）朱存理辑合订。

J0008288
铁网珊瑚画品　（六卷）（明）朱存理辑
清　抄本

J0008289
铁网珊瑚画品　（六卷）（明）朱存理辑
清　抄本
　　有清裕康校并跋。

J0008290
铁网珊瑚画品　（六卷）（明）朱存理辑
清　抄本
　　有清张寿镛跋。

J0008291
铁网珊瑚画品　（六卷）（明）朱存理辑
清　刻本
　　本书由《铁网珊瑚书品十卷》《铁网珊瑚画品六卷》合订。

J0008292
铁网珊瑚画品　（六卷）（明）朱存理辑
清　抄本
　　本书由《铁网珊瑚书品十卷》《铁网珊瑚画品六卷》合订。

J0008293
铁网珊瑚画品　（六卷　补遗一卷）（明）朱存理辑
清　抄本
　　有清章绶衔跋。

J0008294
铁网珊瑚画品　（六卷　附补遗一卷）（明）朱存理辑
清　抄本
　　有清章绶衔跋。本书由《铁网珊瑚书品十卷》《铁网珊瑚画品六卷附补遗一卷》合订。

J0008295

铁网珊瑚画品 （四卷）（明）朱存理辑
清 抄本
　　本书由《铁网珊瑚书品十卷》《铁网珊瑚画品四卷》合订。分十四册。有裕康校并跋。十行二十一字无格。

J0008296

铁网珊瑚画品 （六卷）（明）朱存理辑
曹志仁 清康熙四十五年［1706］抄本
　　有清王闻远校并跋。

J0008297

铁网珊瑚画品 （六卷）（明）朱存理辑；（清）王闻远校
曹志仁 清康熙四十五年［1706］抄本
　　有清王闻远校并跋。本书由《铁网珊瑚书品十卷》《铁网珊瑚画品六卷》合订。

J0008298

铁网珊瑚画品 （六卷）（明）朱存理辑
希尧澄鉴堂 清雍正六年［1728］刻本
　　有清张宗泰批校并跋。

J0008299

铁网珊瑚画品 （六卷）（明）朱存理辑
内府 清乾隆 抄本
　　作者朱存理（1444—1513），明代藏书家、学者、鉴赏家。字性甫，又字性之，号野航。长洲（今江苏苏州）人。纂辑有《经子钩元》《吴郡献征录》《名物寓言》《野航漫录》《鹤岑随笔》《铁网珊瑚》《楼居杂著》《经孝录》等。

J0008300

铁网珊瑚画品 （六卷）（明）朱存理辑
内府 清乾隆 抄本
　　本书由《铁网珊瑚书品十卷》《铁网珊瑚画品六卷》合订。

J0008301

铁网珊瑚集 （不分卷）
锦文堂 清同治元年［1862］刻本

J0008302

王氏画苑 （十卷）（明）王世贞编
明 刻本
（王氏书画苑）
　　本书由《王氏画苑十卷》（明）王世贞编、《［王氏画苑］补益四卷》（明）詹景凤编合订。

J0008303

王氏画苑 （十卷）（明）王世贞编
王元贞 明万历十八年［1590］刻本
　　本书由《王氏画苑十卷》（明）王世贞编、《［王氏画苑］补益四卷》（明）詹景凤编合订。

J0008304

王氏画苑 （十卷）（明）王世贞编
清初 抄本
　　有清丁丙跋。本书由《王氏画苑十卷》（明）王世贞编、《［王氏画苑］补益四卷》（明）詹景凤编合订。

J0008305

王氏书画苑 （1）（明）王世贞辑；（明）詹景凤补辑
明 刻本 线装
　　分二十四册。十行二十字小字双行同白口左右双边单鱼尾。

J0008306

王氏书画苑 （2）（明）王世贞辑；（明）詹景凤补辑
明 刻本 线装
　　分二十四册。十行二十字小字双行同白口左右双边单鱼尾。

J0008307

王氏书画苑 （3）（明）王世贞辑；（明）詹景凤补辑
明 刻本 线装
　　分二十四册。十行二十字小字双行同白口左右双边单鱼尾。

J0008308

王氏书画苑 （明）王世贞辑；（明）詹景凤补辑
明 刻本 线装
　　分二十册。十行二十字小字双行同白口左右双边单鱼尾。

J0008309

王氏书画苑 （明）王世贞辑；（明）詹景凤补
王元贞 明万历十八至十九年［1590—1591］刻本
　　本丛书包括：《书苑》《法书要录十卷》《米
海岳书史一卷》《书法钩玄四卷》《东观余论二卷
附录一卷》《书苑补益》《书谱一卷》《续书谱一
卷》《宝章待访录一卷》《试笔一卷》《高宗皇帝
御制翰墨志一卷》《法帖谱系二卷》《学古编一
卷》《字学新书摘钞一卷》《广川书跋十卷》《画
苑》《古画品录一卷》《续画品录一卷》《后画录
一卷》《续画品一卷》《贞观公私画史一卷》《沈
存中图画歌一卷》《笔法记一卷》《王维山水论一
卷》《历代名画记十卷》《圣朝名画评三卷》《唐
朝名画录一卷》《五代名画补遗一卷》《画继十
卷》《益州名画录三卷》《米海岳画史一卷》《画
苑补益》《梁元帝山水松石格一卷》《画学秘诀一
卷》《豫章先生论画山水赋一卷》《李成山水诀一
卷》《林泉高致一卷》《郭若虚画论一卷》《纪艺
一卷》《宣和论画杂评一卷》《山水纯全集一卷》
《画山水诀一卷》《画山水歌一卷》《李鹰画品一
卷》《华光梅谱一卷》《竹谱详录一卷》《张退公
墨竹记一卷》《广川画跋六卷》。

J0008310

王氏书画苑 （明）王世贞辑；（明）詹景凤补
清 刻本

J0008311

王氏书画苑 （明）王世贞辑；（明）詹景凤补辑
泰东图书局 民国十一年［1922］影印本 线装
　　分三十二册。据明刻本影印。

J0008312

续画品 （一卷）（唐）李嗣真撰
依样壶卢山馆 清道光 抄本
（绘事晬编）
　　作者李嗣真（?—696），唐代画家。字永胄。
赵州柏（今河南西平）人，一作滑州匡城（今河南
长垣）人。画迹有《礼图》等，著有《诗品》《书品》
《画品》《续画品录》。

J0008313

续画品录 （一卷）（唐）李嗣真撰
明 刻本
（续百川学海）

J0008314

续画品录 （一卷）（唐）李嗣真撰
明 刻本
（王氏画苑）
　　十一行二十字白口左右双边。收于《王氏画
苑》十五种三十七卷中。

J0008315

续画品录 （一卷）（唐）李嗣真撰
王元贞 明万历十八至十九年［1590—1591］
刻本
（王氏书画苑）

J0008316

续画品录 （一卷）（唐）李嗣真撰
李际期宛委山堂 清初 刻本 续刻
（说郛）
　　明末刻清初李际期宛委山堂续刻汇印本。

J0008317

续画品录 （一卷）（唐）李嗣真撰
清初汇印 刻本
（津逮秘书）
　　明崇祯毛氏汲古阁刻清初汇印本。

J0008318

续画品录 （一卷）（唐）李嗣真撰
艳秀轩 清乾隆五十八年［1793］刻本 巾箱
（唐人说荟）

J0008319

续画品录 （一卷）（唐）李嗣真撰
依样壶卢山馆 清道光 抄本
（绘事晬编）

J0008320

续画品录 （一卷）（唐）李嗣真撰
清道光二十三年［1843］刻本
（唐人说荟）

J0008321

续画品录 （一卷）（唐）李嗣真撰
上海 天宝书局 清宣统三年［1911］石印本
（唐人说荟）

J0008322
续画品录 （一卷）（唐）李嗣真撰
上海 博古斋 民国十一年［1922］影印本
（津逮秘书）
　　据明崇祯间毛氏汲古阁刻本影印。

J0008323
续画媵 （一卷）（明）李日华撰
明 刻本

J0008324
续画媵 （一卷）（明）李日华撰
明 抄本
　　本书由《竹嬾画媵一卷》《续画媵一卷》合订。

J0008325
续画媵 （一卷）（明）李日华撰
明 刻本
（李竹嬾先生说部全书）
　　本书由《竹懒画媵一卷》《续画媵一卷》合订。

J0008326
续画媵 （二卷）（明）李日华撰
明末 刻本

J0008327
续画媵 （一卷）（明）李日华撰
曹秉钧 清乾隆三十三年［1768］刻本 补修
（李竹懒先生说部全书）
　　明刻清乾隆三十三年［1768］曹秉钧补修本。
本书由《竹懒画媵一卷》《续画媵一卷》合订。

J0008328
续画媵 （一卷）（明）李日华撰
依样壶卢山馆 清道光 抄本
（绘事晬编）

J0008329
续画媵 （一卷）（明）李日华撰
清光绪八年［1882］刻本
　　本书由《竹懒画媵一卷》《续画媵一卷》合订。

J0008330
宣和画谱 （二十卷）
卧云楼 明 抄本

分二册。有清周星诒跋。十行二十四字蓝
格白口四周单边。

J0008331
宣和画谱 （二十卷）
明 刻本
　　分六册。九行十九字白口四周双边。

J0008332
宣和画谱 （二十卷）
明 抄本
　　分六册。有明瞿式耜校并跋。八行二十字
或九行十九字无格。

J0008333
宣和画谱 （二十卷）
明 刻本
　　本书由《宣和画谱二十卷》《宣和书谱二十
卷》合订。分十二册。九行十九字白口四周双边。

J0008334
宣和画谱 （二十卷）
高拱明 明万历三十六年［1608］刻本
　　分四册。八行十八字白口四周双边。

J0008335
宣和画谱 （二十卷）
清初汇印 刻本
（津逮秘书）
　　明崇祯毛氏汲古阁刻清初汇印本。八行
十八字白口四周单边。收于《津逮秘书》十五集
一百五十二种七百四十八卷第七中。

J0008336
宣和画谱 （二十卷）
张氏照旷阁 清嘉庆十年［1805］刻本
（学津讨原）
　　收于《学津讨原》二十集一百七十三种
一千五十一卷第十一集中。

J0008337
宣和画谱
上海 商务印书馆 1936年 影印本 2册（594页）
18cm（小32开）
（丛书集成初编 1652—1653）

　　《宣和画谱》是北宋宣和年间(1119—1125)由官方主持编撰的宫廷所藏绘画作品的目录著作,是我国历史上第一部系统的画谱书。该书计20卷,成书于宣和庚子(1120)。书中共收魏晋至北宋画家231人,作品总计6396件。并按画科分为道释、人物、宫室、番族、龙鱼、山水、畜兽、花鸟、墨竹、蔬果10门。每门画科均有短文一篇,叙述该画科的起源、发展、代表人物等,然后按时代先后排列画家小传及其作品。

J0008338

宣和画谱 (二十卷)俞剑华标点注译
北京 人民美术出版社 1964年 329页
20cm(32开) 统一书号:8027.4023
定价:CNY1.95
(中国画论丛书)

　　作者俞剑华(1895—1979),绘画史论家、画家、美术教育家。原名俞琨,曾用名俞德,字剑华,以字行。生于山东济南,毕业于北京高等师范手工图画专修科。先后执教于北京美术学校、山东美术学校、上海美术专科学校、暨南大学等。出版有《中国绘画史》《中国画论类编》《立体图案法》等。

J0008339

宣和画谱 (二十卷)
台北 商务印书馆 1982年 2版 影印本
594页 17cm(40开) 定价:TWD1.00
(人人文库 特132)

J0008340

宣和画谱 (二十卷)
台北 商务印书馆 1983年 影印本
18cm(32开)
(景印文渊阁四库全书 子部 一一九 第813册)

J0008341

宣和画谱 (一)
北京 中华书局 1985年 新1版 影印本 276页
18cm(32开) 统一书号:17018.151
(丛书集成初编)

J0008342

宣和画谱 (二)
北京 中华书局 1985年 新1版 影印本

277-594页 18cm(32开) 统一书号:17018.151
(丛书集成初编 1653)

J0008343

宣和画谱 岳仁译注
长沙 湖南美术出版社 1999年 11+419页
19cm(32开) ISBN:7-5356-1361-6
定价:CNY22.30
(中国书画论丛书)

J0008344

益州名画录 (三卷)(宋)黄休复纂
明 刻本 线装
　　本书由《益州名画录三卷》(宋)黄休复纂、《画鉴一卷》(元)汤垕撰、《贞观公私画史一卷》(唐)裴孝源撰合订。九行二十字白口左右双边单鱼尾。

J0008345

益州名画录 (三卷)(宋)黄休复纂
明 刻本 线装
(百川学海)
　　九行二十字小字双行同白口左右双边单鱼尾。

J0008346

益州名画录 (三卷)(宋)黄休复撰
明 刻本
(王氏画苑)
　　十一行二十字白口左右双边。收于《王氏画苑》十五种三十七卷中。

J0008347

益州名画录 (三卷)(宋)黄休复撰
明 刻本
　　十一行二十字白口左右双边。

J0008348

益州名画录 (宋)黄休复撰
李际期宛委山堂 清初 刻本 续刻
(说郛)
　　明末刻清初李际期宛委山堂续刻汇印本。

J0008349

益州名画录 (宋)黄休复撰

北京 人民美术出版社 1964 年 66 页
21cm(32 开)

　　本书以精炼的笔调，记载自唐乾元初至北
宋乾德间于益州见有画迹的在蜀 58 位画家及其
创作。

J0008350
益州名画录 （宋）黄休复撰
成都 四川人民出版社 1982 年 135 页
21cm(32 开) 统一书号：8118.1226
定价：CNY0.60
（中国历代画论画史选注）

J0008351
益州名画录 （三卷）（宋）黄休复撰
台北 商务印书馆 1983 年 影印本
（景印文渊阁四库全书 子部 一一八 第 812 册）

J0008352
詹东图玄览编 （四卷）（明）詹景凤撰
明 抄本
　　有清刘喜海题记。

J0008353
詹东图玄览编 （四卷 附录一卷）詹景凤撰
北平 故宫博物院 民国三十六年［1947］线装

J0008354
中麓画品 （一卷）（明）李开先撰
明 抄本

J0008355
中麓画品 （一卷）（明）李开先撰
清 抄本
（琅函小品）

J0008356
中麓画品 （一卷）（明）李开先撰
孔继涵家 清乾隆 抄本
（微波榭钞书三种）

J0008357
中麓画品 （一卷）（明）李开先撰
绵州李氏万卷楼 清乾隆 刻本
（函海）

J0008358
中麓画品 （一卷）（明）李开先撰
依样壶卢山馆 清道光 抄本
（绘事晬编）

J0008359
中麓画品 （一卷）（明）李开先撰
李朝夒 清道光五年［1825］刻本 补刻
（函海）
　　清乾隆绵州李氏万卷楼刻清道光五年李朝
夒补刻本。

J0008360
中麓画品 （一卷）（明）李开先撰
广汉钟登甲乐道斋 清光绪七至八年［1881—
1882］刻本
（函海）

J0008361
竹嬾画媵 （二卷）（明）李日华著
明 刻本 线装
　　分二册。八行十九字白口四周单边。

J0008362
竹嬾画媵 （二卷）（明）李日华撰
明 抄本

J0008363
竹嬾画媵 （一卷）（明）李日华撰
明 抄本
　　本书由《竹嬾画媵一卷》《续画媵一卷》合订。

J0008364
竹嬾画媵 （一卷）（明）李日华撰
明 刻本
（李竹懒先生说部全书）
　　本书由《竹嬾画媵一卷》《续画媵一卷》合订。

J0008365
竹嬾画媵 （一卷）（明）李日华撰
曹秉钧 清乾隆三十三年［1768］刻本 补修
（李竹懒先生说部全书）
　　明刻清乾隆三十三年［1768］曹秉钧补修本。
本书由《竹嬾画媵一卷》《续画媵一卷》合订。

J0008366

竹嬾画滕　（一卷）（明）李日华撰
依样壶卢山馆　清道光　抄本
（绘事晬编）

J0008367

竹嬾画滕　（一卷）（明）李日华撰
清光绪八年［1882］刻本
　　本书由《竹嬾画滕一卷》《续画滕一卷》合订。

J0008368

醉鸥墨君题语　（一卷）（明）李肇亨撰；（明）
项圣谟辑
明　刻本
　　作者项圣谟（1597—1658），明末清初画家。
初字逸，后字孔彰，号易庵，又号胥山樵，别号
有松涛散仙等，曾以秀才进国子监读书。浙江嘉
兴人。作有《秋卉图》《蒲蝶图》等，著有《朗云
堂集》《清河草堂集》。

J0008369

德隅堂画品　（一卷）（宋）李廌撰
依样壶卢山馆　清道光　抄本
（绘事晬编）
　　作者李廌（1059—1109），北宋文学家。字
方叔，号德隅斋，又号齐南先生、太华逸民。华
州（今陕西华县）人。代表作品有《虞美人》等。

J0008370

德隅斋画品　（一卷）（宋）李廌撰
顾元庆　明正德至嘉靖　刻本
（顾氏文房小说）
　　十行十八或十九字白口左右双边。收于《顾
氏文房小说》四十种五十八卷中。

J0008371

德隅斋画品　（一卷）（宋）李廌撰
程好之　明天启　刻本
（天都阁藏书）

J0008372

德隅斋画品　（一卷）（宋）李廌撰
内府　清乾隆　写本
（四库全书）

J0008373

德隅斋画品　（一卷）（宋）李廌撰
卢氏抱经堂　清乾隆四十二年［1777］抄本
　　有清卢文弨校并跋。

J0008374

德隅斋画品　（一卷）（宋）李廌撰
上海　商务印书馆　民国十四年［1925］影印本
线装
（顾氏文房小说）

J0008375

德隅斋画品　（一卷）（宋）李廌，（宋）董逌撰
长沙　商务印书馆　1939年　9+73页　18cm（小32开）
（丛书集成初编　1637）
　　本书由《德隅斋画品》（宋）李廌，（宋）董逌
撰、《广川画跋》（宋）李廌撰合订。作者董逌，
北宋艺术鉴赏评论家。字彦远。东平（今山东东
平县）人。北宋政和（1111—1117年）年间官徽
猷阁待制。以精于鉴赏考据擅名。著有《广川藏
书志》《广川诗故》《广川书跋》《广川画跋》。

J0008376

德隅斋画品　（一卷）（宋）李廌撰
北京　中华书局　1985年　新1版　9+73页
18cm（15开）统一书号：17018.151
（丛书集成初编）
　　本书由《德隅斋画品一卷》（宋）李廌撰、《广
川画跋》（宋）董逌撰合订。

J0008377

寓意编　（一卷）（明）都穆撰
顾氏大石山房　明嘉靖十八年至二十年［1539—
1541］刻本
（顾氏文房丛刻）
　　收于《顾氏文房丛刻》四十种四十三卷中。

J0008378

寓意编　（一卷）（明）都穆撰
许焞家　清　抄本
（说部新书）

J0008379

寓意编　（明）都穆撰；（清）陆烜订
平湖陆氏奇晋斋　清乾隆三十四年［1769］刻本

线装
（奇晋斋丛书）
　　八行十九字白口左右双边。

J0008380
寓意编　（一卷）（明）都穆撰
六安晁氏　清道光十一年［1831］木活字印本
（学海类编）

J0008381
寓意编　（明）都穆撰
冰雪山房　民国元年［1912］石印本　线装
（奇晋斋丛书）

J0008382
寓意编　（一卷）（明）都穆撰
上海　神州国光社　民国二年［1913］线装
（美术丛书续集）
　　收于《美术丛书续集》第一集中。

J0008383
寓意编　（一卷）（明）都穆撰
上海　涵芬楼　民国九年［1920］影印本
（学海类编）
　　据清道光十一年［1831］六安晁氏木活字印
本影印。收于《学海类编》四百三十三种八百六
卷中。

J0008384
寓意编　（明）都穆撰
台北　商务印书馆　1983年　影印本
（景印文渊阁四库全书　子部　一二〇　第814册）

J0008385
宝颜堂订正画说　（一卷）（明）莫是龙撰
绣水沈氏　明万历　刻本
（宝颜堂秘笈）

J0008386
宝颜堂订正画说　（一卷）（明）莫是龙撰
明万历　刻本
（闲情小品）

J0008387
宝颜堂订正画说　（一卷）（明）莫是龙撰

明万历　刻本
（宝颜堂续秘笈）
　　八行十八字白口四周单边。收于《宝颜堂续
秘笈》五十种九十九卷中。

J0008388
宝颜堂订正画说　（一卷）（明）莫是龙撰
上海　文明书局　民国十一年［1922］石印本
（宝颜堂秘笈）

J0008389
陈眉公订正画禅　（一卷）（明释）莲儒撰
沈氏亦政堂　明万历　刻本
（亦政堂镌陈眉公普秘笈）
　　八行（十八至十九）字九行（十八至二十）字
不等白口四周单边。收于《亦政堂镌陈眉公普秘
笈》一集五十种八十八卷中。

J0008390
画品　（一卷）（宋）李廌撰
绣水沈氏　明万历至泰昌　刻本
（宝颜堂秘笈）

J0008391
画品　（一卷）（宋）李廌撰
明末　刻本
（百川学海）
　　收于《百川学海》一百十二种一百五十四
卷中。

J0008392
画品　（一卷）（宋）李廌撰
李际期宛委山堂　清初　刻本　续刻
（说郛）
　　明末刻清初李际期宛委山堂续刻汇印本。

J0008393
画品　（一卷）（宋）李廌撰
李际期宛委山堂　清初　刻本　重修　线装
（说郛）
　　明末刻清初李际期宛委山堂重修汇印本。
收于《说郛》卷第九十二中。

J0008394
画品　（一卷）（宋）李廌撰

清 刻本 重修 线装
（说郛）

　　九行二十字白口左右双边单鱼尾。收于《说郛》卷第九十二中。

J0008395
画品 （一卷）（宋）李廌撰
清顺治 刻本 线装
（说郛）

　　收于《说郛》卷第九十三中。

J0008396
画品 （一卷）（宋）李廌撰
［清］稿本
（艺苑丛钞）

J0008397
画品 （一卷）（宋）李廌撰
上海 文明书局 民国十一年［1922］石印本
（宝颜堂秘笈）

　　作者李廌（1059—1109）， 北宋文学家。字方叔，号德隅斋，又号齐南先生、太华逸民。华州（今陕西华县）人。代表作品有《虞美人》等。

J0008398
画品 （一卷）（宋）李廌撰
文学古籍刊行社 1956年 影印本 线装
（类说）

　　据明天启间刻本影印。收于《类说》卷之五十八中。

J0008399
妮古录 （四卷）
沈氏尚白斋 明万历 刻本
（尚白斋镌陈眉公宝颜堂秘笈）

　　八行十八字白口四周单边。收于《尚白斋镌陈眉公宝颜堂秘笈》十七种四十九卷中。

J0008400
妮古录 （四卷）（明）陈继儒撰
绣水沈氏 明万历至泰昌 刻本 线装
（宝颜堂秘笈）

　　分二册。八行十八字白口四周单边。作者陈继儒（1558—1639），明代文学家、书画家。字仲醇，号眉公，又号麋公。华亭（今上海松江）人。

主要作品有诗文集《眉公十集》、词集《晚香堂词》二卷和《邵康节外纪》等。

J0008401
妮古录 （四卷）（明）陈继儒撰
明万历 刻本 线装
（眉公秘笈）

　　分二册。八行十八字白口四周单边单鱼尾。

J0008402
李廌画品 （一卷）（宋）李廌撰
王元贞 明万历十八至十九年［1590—1591］刻本
（王氏书画苑）

J0008403
续画品 （一卷）（南朝陈）姚最撰
王元贞 明万历十八年［1590］刻本
（王氏画苑）

J0008404
续画品 （一卷）（南朝陈）姚最撰
王元贞 明万历十八至十九年［1590—1591］刻本
（王氏书画苑）

J0008405
续画品 （一卷）（南朝陈）姚最撰
清初汇印 刻本
（津逮秘书）

　　明崇祯毛氏汲古阁刻清初汇印本。

J0008406
续画品 （一卷）（南朝陈）姚最撰
内府 清乾隆 写本
（四库全书）

J0008407
续画品 （一卷）（南朝陈）姚最撰
上海 博古斋 民国十一年［1922］影印本
（津逮秘书）

　　据明毛氏汲古阁刻本影印。

J0008408
续画品 （南朝陈）姚最撰

台北 商务印书馆 1983 年 影印本
（景印文渊阁四库全书 子部 一一八 第 812 册）

J0008409
续画品录 （南朝陈）姚最撰
北京 人民美术出版社 1959 年 19cm（32 开）
（中国论丛书）

J0008410
宣和论画杂评 （一卷）宋徽宗赵佶撰
王元贞 明万历十八至十九年［1590—1591］
刻本
（王氏书画苑）

J0008411
绘林题识 （一卷）（明）汪显节撰
金陵荆山书林 明万历二十五年［1597］刻本
（夷门广牍）

J0008412
绘林题识 （一卷）（明）汪显节撰
民国 影印本
（夷门广牍）

J0008413
绘林题识 （明）汪显节编
长沙 商务印书馆 1939 年 42+39 页
18cm（小 32 开）
（丛书集成初编 1638）
宋代国画技法专著。本书由《画跋》（清）恽
格撰合订。《绘林题识一卷》，据《夷门广牍》本
影印；《画跋一卷》，据借月山房汇抄本排印。

J0008414
绘林题识 （明）汪显节编次
北京 中华书局 1985 年 新 1 版 影印本 42+39 页
18cm（15 开）统一书号：17018.151
（丛书集成初编）
本书由《绘林题识》（明）汪显节编次、《画
跋》（清）恽格撰合订。

J0008415
书论 （一卷）（元）汤垕撰
程百二胡之衍 明万历四十三年［1615］刻本
（程氏丛刻）

作者汤垕，元代书画鉴赏家。字君载，号
采真子。山阳（今江苏淮安）人。曾任绍兴兰亭
书院山长，征召为都护府令史。精通古代文物
和书画鉴赏。著有《画鉴》（亦称《画史清裁》
《古今画鉴》）。

J0008416
国朝吴郡丹青志 （一卷）（明）王穉登撰
金陵叶应祖 明万历四十七年［1619］刻本
（王百谷集）

J0008417
后画品录 （一卷）（南朝陈）姚最撰
明末 刻本
（百川学海）
收于《百川学海》一百十二种一百五十四
卷中。

J0008418
后画品录 （一卷）（南朝陈）姚最撰
李际期宛委山堂 清初 刻本 续刻
（说郛）
明末刻清初李际期宛委山堂续刻汇印本。

J0008419
后画品录 （一卷）（南朝陈）姚最撰
清 刻本 重编 线装
（魏晋小说）
九行二十字白口左右双边单鱼尾。收于《魏
晋小说》之《品藻家》中。

J0008420
后画品录 （一卷）（南朝陈）姚最撰
姚氏草草巢 清乾隆二十七年［1762］刻本
（砚北偶钞）

J0008421
津逮秘书 （第七集）（明）毛晋辑
明末至清初 增刻本 线装
（津逮秘书）
明崇祯毛氏汲古阁刻明末至清初增刻本。
分十三册。九行十九字小字双行同白口左右
双边。

J0008422
津逮秘书 （第七集）（明）毛晋辑
上海 博古斋 1922年 影印本 线装
（津逮秘书）
　　据明崇祯毛氏汲古阁刻本影印。分十四册。

J0008423
杂评 （一卷）（明）□□撰
程好之 明天启 刻本
（天都阁藏书）

J0008424
姑溪题跋 （二卷）（宋）李之仪撰
毛氏汲古阁 明崇祯 刻本
（津逮秘书）
　　收于《津逮秘书》十五集一百四十六种
七百四十八卷第十二集中。

J0008425
姑溪题跋 （二卷）（宋）李之仪撰
汲古阁 清 刻本 重印 线装
（毛氏汇编）
　　分二册。八行十九字白口左右双边。

J0008426
姑溪题跋 （二卷）（宋）李之仪撰
清 刻本 线装
（畿辅丛书）
　　十行二十二字黑口四周单边。

J0008427
姑溪题跋 （二卷）（宋）李之仪撰
清初汇印 刻本
（津逮秘书）
　　明崇祯毛氏汲古阁刻清初汇印本。

J0008428
姑溪题跋 （二卷）（宋）李之仪撰
清光绪五年［1879］刻本 线装
（畿辅丛书）
　　九行二十字小字双行同白口四周双边单
鱼尾。

J0008429
姑溪题跋 （二卷）（宋）李之仪撰

武进陶湘 民国二年［1913］刻本 汇印 线装
（畿辅丛书初编）
　　十行二十二字小字双行同黑口四周单边。
收于《畿辅丛书初编》子部中。

J0008430
姑溪题跋 （二卷）（宋）李之仪撰
上海 博古斋 民国十一年［1922］影印本
（津逮秘书）
　　据明崇祯毛氏汲古阁刻本影印。

J0008431
画说 （一卷）（明）莫是龙撰
竹屿 明崇祯 刻本
（雪堂韵史）

J0008432
画说 （一卷）（明）莫是龙撰
明崇祯 刻本
（广百川学海）

J0008433
画说 （一卷）（明）莫是龙撰
李际期宛委山堂 清初 刻本 续刻
（说郛）
　　明末刻清初李际期宛委山堂续刻汇印本。

J0008434
画说 （一卷）（明）莫是龙撰
两浙督学周南李际期宛委山堂 清 刻本 重印
线装
（说郛续）
　　九行二十字小字双行同白口左右双边单鱼
尾。收于《说郛续》卷第三十五中。

J0008435
画说 （一卷）（明）莫是龙撰
依样壶卢山馆 清道光 抄本
（绘事晬编）

J0008436
画说 （一卷）（明）莫是龙撰
清道光 抄本
（小石山房坠简拾遗）

J0008437
古今画鉴 （五卷）（明）罗周旦辑
明崇祯八年［1635］刻本
　　本书由《古今画鉴五卷》《山水家法一卷》合订。

J0008438
古今画鉴 （五卷）（明）罗周旦辑
清初 抄本
　　清蕉雨氏校并跋。本书由《古今画鉴五卷》《山水家法一卷》合订。

J0008439
山水家法 （一卷）（明）罗周旦辑
明崇祯八年［1635］刻本
　　本书由《山水家法一卷》《古今画鉴五卷》合订。

J0008440
山水家法 （一卷）（明）罗周旦辑；（清）蕉雨氏校
清初 抄本
　　清蕉雨氏校并跋。本书由《山水家法一卷》《古今画鉴五卷》合订。

J0008441
书画萃苑 （八卷）（明）怀褐山人辑
明崇祯十年［1637］抄本

J0008442
百石图跋 （不分卷）（清）贾铉辑
刘氏嘉荫簃 清 抄本

J0008443
百石图题辞 （不分卷）（清）贾铉辑
百石堂 清康熙 刻本

J0008444
板桥题跋 （一卷）（清）郑燮撰
［清］稿本
（花近楼丛书）

J0008445
板桥题跋 （一卷）（清）郑燮撰
清 稿本

（花近楼丛书）
　　收于《花近楼丛书》七十四种九十一卷中。作者郑燮（1693—1765），清代书画家、文学家。字克柔，号理庵，又号板桥，人称板桥先生。生于江苏兴化，祖籍苏州。乾隆元年（1736年）进士。官山东范县、潍县县令。代表作品《修竹新篁图》《清光留照图》《丛兰荆棘图》《甘谷菊泉图》等，著有《郑板桥集》。

J0008446
博洽斋画谱考古略 （八卷）（明）俞枚撰
宝墨斋 清 抄本

J0008447
常惺惺斋书画题跋 （二卷）（清）谢兰生撰
冬青堂 清 抄本

J0008448
常惺惺斋书画题跋 （一卷）（清）谢兰生撰
［清］抄本

J0008449
常惺惺斋书画题跋 （二卷）（清）谢兰生撰
郁洲谢氏 清同治十年［1871］刻本

J0008450
赐砚斋题画偶录 （一卷）（清）戴熙撰
清 刻本
　　作者戴熙（1801—1860），画家。字醇士，号鹿林、鹿床、榆庵、榆庵等，清钱塘（今杭州）人。道光十二年进士，改翰林院庶吉士，授编修。工诗书画，治印。著有《习苦斋画絮·诗文集》《赐砚斋题画偶录》《宋元四家诗选》《粤雅集》等。

J0008451
赐砚斋题画偶录 （一卷）（清）戴熙撰
［清］稿本
（师石山房丛书）

J0008452
赐砚斋题画偶录 （一卷）（清）戴熙撰
［清］稿本
（戴醇士著述）

J0008453
赐砚斋题画偶录 （一卷）（清）戴熙撰
沈树镛 清咸丰九年［1859］抄本
　　　清沈树镛跋。

J0008454
赐砚斋题画偶录 （清）戴熙撰
上海徐氏寒木春华馆 清同治九年［1870］刻本
线装
（春晖堂丛书）
　　　十行二十字白口四周双边单鱼尾。

J0008455
赐砚斋题画偶录 （一卷）（清）戴熙撰
上海徐氏寒木春华馆 清同治九年［1870］刻本

J0008456
赐砚斋题画偶录 （一卷）（清）戴熙撰
仁和葛氏 清光绪二至七年［1876—1881］刻本
巾箱
（啸园丛书）

J0008457
赐砚斋题画偶录 （一卷）（清）戴熙撰
上海 国学扶轮社 清宣统三年［1911］刻本
线装
（古今说部丛书）
　　　收于《古今说部丛书》第七集中。

J0008458
赐砚斋题画偶录 （一卷）（清）戴熙撰
上海 国学扶轮社 民国四年［1915］再版 线装
（古今说部丛书）
　　　收于《古今说部丛书》第七集中。

J0008459
大涤子题画诗跋 （一卷）（清释）道济撰；
（清）汪绎辰辑
汪绎辰［自刊］清 抄本
　　　有清汪绎辰、清丁丙跋。

J0008460
大观录 （二十卷）（清）吴升辑
清 抄本

J0008461
大观录 （二十卷）（清）吴升辑
怡寄斋 清乾隆 抄本

J0008462
大观录 （二十卷）（清）吴升辑；赵宽校
赵宽［自刊］清宣统二年［1910］抄本
　　　有赵宽跋。

J0008463
丹青志 （一卷）（明）王穉登撰
李际期宛委山堂 清初 刻本 重修 线装
（说郛续）
　　　明末刻清初李际期宛委山堂重修汇印本。
收于《说郛续》卷第三十五中。

J0008464
丹青志 （一卷）（明）王穉登撰
两浙督学周南李际期宛委山堂 清 刻本 重印
线装
（说郛续）
　　　九行二十字小字双行同白口左右双边单鱼
尾。收于《说郛续》卷第三十五中。

J0008465
丹青志 （一卷）（明）王穉登撰
清顺治 刻本 线装
（说郛续）
　　　收于《说郛续》卷第三十二中。

J0008466
丹青志 （一卷）（明）王穉登撰
清 刻本 重修 线装
（说郛续）
　　　九行二十字白口左右双边单鱼尾。收于《说
郛续》卷第三十五中。

J0008467
读画记 （不分卷）（清）沈铨撰
清 稿本

J0008468
读画记 （五卷）（清）沈铨撰
清 稿本

J0008469
读画记 （五卷）（清）沈铨撰
清 稿本
　　分三册。九行二十一字蓝格白口四周单边。

J0008470
读画录 （一卷）（清）屠倬辑
［清］是程堂唱和投赠集本
　　作者屠倬(1781—1828)，清代官员、画家。字孟昭，号琴邬，晚年号潜园老人。钱塘(今浙江杭州)人。传世有《是程堂诗文集》。

J0008471
二十四画品 （一卷）（清）黄钺撰
清 刻本
　　本书由《二十四画品一卷》（清）黄钺撰、《二十四书品一卷》（清）杨景增撰、《红雪山房画品一卷》（清）潘曾莹撰合订。

J0008472
二十四画品 （一卷）（清）黄钺撰
清 抄本

J0008473
二十四画品 （一卷）（清）黄钺撰；（清）杨景增辑
清 稿本
（花近楼丛书）

J0008474
二十四画品 （一卷）（清）黄钺撰
［清］稿本
（花近楼丛书）

J0008475
二十四画品 （一卷）（清）黄钺撰
清 抄本
（诗画书三品）

J0008476
二十四画品 （一卷）（清）黄钺撰
清 稿本
（花近楼丛书）
　　收于《花近楼丛书》七十四种九十一卷中。

J0008477
二十四画品 （一卷）（清）黄钺撰；（清）杨景增辑
浥西别墅 清嘉庆九年［1804］刻本
（诗画书三品）

J0008478
二十四画品 （一卷）（清）黄钺撰
依样壶卢山馆 清道光 抄本
（绘事晬编）

J0008479
二十四画品 （一卷）（清）黄钺撰
清道光初 增修本
　　清嘉庆二十年［1815］当涂黄钺刻道光初增修本。本书附《壹斋集》。

J0008480
二十四画品 （一卷）（清）黄钺撰
清咸丰至同治 刻本
（黄勤敏公全集）

J0008481
二十四画品 （清）黄钺撰
成都叶氏 清光绪二年［1876］刻本 线装
（诸家画说）
　　十行十八字白口左右双边单鱼尾。

J0008482
二十四画品 （一卷）（清）黄钺撰
华亭张氏 清光绪二十六年［1900］刻本
（四铜鼓斋论画集刻）

J0008483
二十四画品 （一卷）（清）黄钺撰
华亭张氏 清光绪二十六年［1900］刻本
（四铜鼓斋论画集刻）

J0008484
二十四画品 （清）黄钺撰
清光绪二十六年［1900］刻本
（清瘦阁读画十八种）

J0008485
二十四画品 （一卷）（清）黄钺撰

清光绪二十六年［1900］刻本
（清瘦阁读画十八种）

J0008486
二十四画品 （一卷）（清）黄钺撰
北京 会文斋 清宣统元年［1909］刻本
（四铜鼓斋论画集刻）

J0008487
庚子销夏记 （八卷）（清）孙承泽撰
龙威阁 清 刻本
　　作者孙承泽（1592—1676），文史学家、鉴藏家。字耳伯，号北海、退谷。原籍山东益都，明初隶籍上林苑，遂为北京人。明末举进士，后降清，官至太子太保都察院左都御史。著有《庚子销夏记》《春明梦余录》《天府广记》等。

J0008488
庚子销夏记 （八卷）（清）孙承泽撰
龙威阁 清 刻本
　　分四册。有章钰校并跋。十行二十字黑口左右双边。

J0008489
庚子销夏记 （八卷）（清）孙承泽撰
宁埜堂 清 抄本
　　本书由《庚子销夏记八卷》《元破临安所得故宋书画一卷》（清）孙承泽撰合订。

J0008490
庚子销夏记 （八卷）（清）孙承泽撰
清 抄本
　　分四册。有程瑶田跋并临，何焯批注又录，何焯、朱筠题识，翁方纲余集校并跋，桂馥、江德量、周寿昌跋。九行十八字无格。

J0008491
庚子销夏记 （八卷）（清）孙承泽撰
清 抄本

J0008492
庚子销夏记 （八卷）（清）孙承泽撰
内府 清乾隆 写本
（四库全书）

J0008493
庚子销夏记 （八卷）（清）孙承泽撰
鲍廷博 清乾隆二十五至二十六年［1760—1761］刻本
　　分二册。有清叶商跋。十行二十字黑口左右双边。

J0008494
庚子销夏记 （八卷）（清）孙承泽撰
鲍廷博、郑竺 清乾隆二十五至二十六年［1760—1761］刻本

J0008495
庚子销夏记 （八卷）（清）孙承泽撰
清光绪四年［1878］刻本

J0008496
庚子销夏记 （八卷）（清）孙承泽撰
沈家仁 清光绪二十七年［1901］抄本
　　有清于卣跋，清陈寿祺跋。

J0008497
庚子销夏记 （八卷）（清）孙承泽撰
清宣统 铅印本
（风雨楼丛书）

J0008498
庚子销夏记 （八卷）（清）孙承泽撰
邓实 清宣统三年［1911］铅印本
（风雨楼丛书）
　　分三册。有傅增湘跋。十行三十二字黑口四周单边。

J0008499
庚子销夏记 （八卷）（清）孙承泽撰
台北 商务印书馆 1983年 影印本
（景印文渊阁四库全书 子部 一三二 第826册）
　　本书由（清）孙承泽撰《庚子销夏记八卷》、（清）王毓贤撰的《绘事备考》合订。

J0008500
庚子销夏记 （清）孙承泽等撰
上海 上海古籍出版社 1991年 影印本 576页 19cm（小32开） 精装 ISBN：7-5325-1052-2
定价：CNY14.20

（四库艺术丛书）

作者孙承泽(1592—1676)，文史学家、鉴藏家。字耳伯，号北海、退谷。原籍山东益都，明初隶籍上林苑，遂为北京人。明末举进士，后降清，官至太子太保都察院左都御史。著有《庚子销夏记》《春明梦余录》《天府广记》等。

J0008501

庚子销夏记校文 （一卷）（清）何焯撰
杨宝镛　清　抄本

J0008502

顾令君政绩卷 （一卷）（清）吴骞辑
清　抄本
（书画题跋）

作者吴骞(1733—1813)，清代藏书家、文学家。浙江海宁人。字槎客、葵里，号愚谷，别号兔床、漫叟等。所辑《拜经楼丛书》校勘精审，著名于世。著有《拜经楼诗集》《拜经楼诗集续编》《愚谷文存》等。

J0008503

国朝画征录 （三卷 续录二卷）（清）张庚撰
江都朱氏　清　刻本

本书由《国朝画征录三卷续录二卷》（清）张庚撰、《明人附录一卷》（明）黎遂球，（明）袁枢撰合订。作者张庚(1685—1760)，画家。原名焘，字溥三，号浦山。浙江嘉兴人。主要作品有《强恕斋集》《浦山论画》《国朝画征录》等。

J0008504

国朝画征录 （三卷 续录二卷）（清）张庚撰
京都墨林　清　刻本

本书由《国朝画征录三卷续录二卷》（清）张庚撰、《明人附录一卷》（明）黎遂球，（明）袁枢撰合订。

J0008505

国朝画征录 （三卷 续录二卷）（清）张庚撰
维扬玉书堂　清　刻本

本书由《国朝画征录三卷续录二卷》（清）张庚撰、《明人附录一卷》（明）黎遂球，袁枢撰合订。

J0008506

国朝画征录 （三卷 续录二卷）（清）张庚撰

清　刻本

本书由《国朝画征录三卷续录二卷》（清）张庚撰、《明人附录一卷》（明）黎遂球，袁枢撰合订。

J0008507

国朝画征录 （三卷 续录二卷）（清）张庚撰
蒋泰，汤之昱　清乾隆四年［1739］刻本

本书由《国朝画征录三卷续录二卷》（清）张庚撰、《明人附录一卷》（明）黎遂球，袁枢撰合订。

J0008508

国朝画征录 （三卷 续录二卷）（清）张庚撰
依样壶卢山馆　清道光　抄本
（绘事晬编）

本书由《国朝画征录三卷续录二卷》（清）张庚撰、《明人附录一卷》（明）黎遂球，袁枢撰合订。

J0008509

国朝画征录 （三卷 续录二卷）（清）张庚撰
萃文书局　清末　刻本

本书由《国朝画征录三卷续录二卷》（清）张庚撰、《明人附录一卷》（明）黎遂球，袁枢撰合订。

J0008510

国朝画征录 （三卷 首一卷 续录二卷）（清）张庚撰
清同治八年［1869］刻本

本书由《国朝画征录三卷首一卷续录二卷》（清）张庚撰、《明人附录一卷》（明）黎遂球，袁枢撰合订。

J0008511

国朝画征录 （三卷 续录二卷）（清）张庚撰
扫叶山房　清光绪十三年［1887］刻本

本书由《国朝画征录三卷》《续录二卷》（清）张庚撰、《明人附录一卷》（明）黎遂球，袁枢撰合订。

J0008512

国朝画征录 （三卷 续录二卷）（清）张庚撰
上海　积山书局　清光绪十九年［1893］石印本

本书由《国朝画征录三卷续录二卷》（清）张庚撰、《明人附录一卷》（明）黎遂球，袁枢撰合订。

J0008513
红雪山房画品 （一卷）（清）潘曾莹撰
清 刻本
　　本书由《二十四画品一卷》（清）黄钺撰、
《二十四书品一卷》（清）杨景增撰、《红雪山房画
品一卷》（清）潘曾莹撰合订。

J0008514
红雪山房画品 （一卷）（清）潘曾莹撰
清道光 刻本

J0008515
红雪山房画品十二则 （清）潘曾莹撰
清末 刻本 朱印

J0008516
鸿雪斋题画小品 （六卷）（清）汪卓撰
清 刻本

J0008517
画禅 （一卷）（明释）莲儒撰
李际期宛委山堂 清初 刻本 重修 线装
（说郛续）
　　明末刻清初李际期宛委山堂重修汇印本。
收于《说郛续》卷第三十五中。

J0008518
画禅 （一卷）（明释）莲儒撰
两浙督学周南李际期宛委山堂 清 刻本 重印
线装
（说郛续）
　　九行二十字小字双行同白口左右双边单鱼
尾。收于《说郛续》卷第三十五中。

J0008519
画禅 （明释）莲儒撰
清初 写本 线装
（论画十七种）
　　九行二十字白口左右双边单鱼尾。收于《论
画十七种》中。

J0008520
画禅 （一卷）（明释）莲儒撰
清 刻本 重修 线装
（说郛续）

九行二十字白口左右双边单鱼尾。收于《说
郛续》卷第三十五中。

J0008521
画禅 （一卷）（明释）莲儒撰
清顺治 刻本 线装
（说郛续）
　　收于《说郛续》卷第三十二中。

J0008522
画禅 （一卷）（明释）莲儒撰
清初 刻本
（水边林下）
　　收于《水边林下》五十九种五十九卷中。

J0008523
画兰题记 （一卷）（清）杨秉桂撰
［清］稿本
（花近楼丛书）

J0008524
画兰题记 （一卷）（清）杨秉桂撰
清 稿本
（花近楼丛书）
　　收于《花近楼丛书》七十四种九十一卷中。

J0008525
画兰题句 （一卷）（清）曹庭栋撰
［清］稿本
（花近楼丛书）

J0008526
画兰题句 （一卷）（清）曹庭栋撰
清 稿本
（花近楼丛书）
　　收于《花近楼丛书》七十四种九十一卷中。

J0008527
画梅题记 （一卷）（清）朱方蔼撰
桐华馆 清 刻本

J0008528
画品 （六卷）（明）杨慎撰
［清］稿本
（艺苑丛钞）

作者杨慎(1488—1559)，文学家。字用修，号升庵，又号逸史氏、博南山人、洞天真逸等。四川新都(今成都市新都区)人，祖籍庐陵。主要作品有《升庵集》《江陵别内》《宝井篇》《滇池涸》等。

J0008529
画品 （六卷）（明）杨慎撰
绵州李氏万卷楼　清乾隆　刻本
（函海）

J0008530
画品 （六卷）（明）杨慎撰
依样壶卢山馆　清道光　抄本
（绘事晬编）

J0008531
画品 （六卷）（明）杨慎撰
李朝夔　清道光五年［1825］刻本　补刻
（函海）
　　清乾隆绵州李氏万卷楼刻清道光五年李朝夔补刻本。

J0008532
画品 （六卷）（明）杨慎撰
广汉钟登甲乐道斋　清光绪七至八年［1881—1882］刻本
（函海）

J0008533
画竹斋评竹四十则 （一卷）（清）符曾撰
清　手稿本
　　有清蒋式埋、叶景葵跋。

J0008534
绘事杂录 （不分卷）□□辑
清初　抄本

J0008535
鉴古百一诗 （一卷）（明）张丑辑
池北草堂　清　刻本
　　本书由《清河书画舫十二卷》《鉴古百一诗一卷》合订。

J0008536
鉴古百一诗 （一卷）（明）张丑撰
清乾隆　刻本
　　作者张丑(1577—1643)，明代收藏家、文学家。原名张德谦，字青父，号米庵。江苏昆山人。主要作品有《清河书画舫》《瓶花谱》《论墨》等。

J0008537
鉴古百一诗 （一卷）（明）张丑撰
清光绪元年至九年［1875—1883］刻本
（扫叶山房丛钞）
　　光绪九年汇印本。

J0008538
鉴古百一诗 （一卷）（明）张丑撰
朱氏家塾　清光绪十四年［1888］刻本

J0008539
鉴古百一诗 （一卷）（明）张丑辑
朱氏家塾　清光绪十四年［1888］刻本
　　本书由《清河书画舫十二卷》(明)张丑辑、《鉴古百一诗一卷》(明)张丑辑合订。

J0008540
历朝画征录 （四卷）（清）王翚辑
清　抄本
　　作者王翚(1632—1717)，清代著名画家。字石谷，号耕烟散人、乌目山人、清晖老人等。江苏常熟人。传世作品有《秋山萧寺图》《虞山枫林图》《秋树昏鸦图》《芳洲图》等。

J0008541
历代名画神品 （一卷）（明）顾炳辑
清　抄本
（论画五种）
　　作者顾炳，明代书画艺术家。字黯然，号懔泉，浙江钱塘人。

J0008542
历代名画神品 （一卷）（明）顾炳撰
清　抄本
（论画五种）

J0008543
历代图绘定评 （一卷）（清）孙承泽撰

清　抄本

（研山斋珍赏集览）

　　作者孙承泽（1592—1676），文史学家、鉴藏家。字耳伯，号北海、退谷。原籍山东益都，明初隶籍上林苑，遂为北京人。明末举进士，后降清，官至太子太保都察院左都御史。著有《庚子销夏记》《春明梦余录》《天府广记》等。

J0008544
历代图绘姓氏备考　（二卷）（清）孙承泽撰
清　抄本
（研山斋珍赏集览）

J0008545
历代图绘要诀　（一卷）（清）孙承泽撰
清　抄本
（研山斋珍赏集览）

J0008546
历代图绘要论　（一卷）（清）孙承泽撰
清　抄本
（研山斋珍赏集览）

J0008547
刘湄书画记　（二卷）（清）王礼撰
［清］稿本

J0008548
六如居士题画诗　（一卷）题（明）唐寅撰；（清）马光楣辑
马光楣［自刊］清　抄本

　　作者唐寅（1470—1523），明代画家、书法家、诗人。名寅，字伯虎，又字子畏，号六如居士等，江苏苏州人。作品有《骑驴思归图》《山路松声图》《李端端落籍图》《秋风纨扇图》《枯槎鸲鹆图》等。

J0008549
六如居士题画诗　（一卷）（明）唐寅撰；（清）马光楣辑
马光楣［自刊］清　抄本

　　本书由《六如居士画谱三卷》题（明）唐寅辑、《六如居士题画诗一卷》（明）唐寅撰；（清）马光楣辑合订。

J0008550
录何义门评孙退谷庚子销夏记　（一卷）
（清）何焯撰
清　抄本

　　清卢文弨跋。

J0008551
论画五种　（清）□□辑
清　抄本

　　本书有《绘事发微一卷》（清）唐岱撰、《画尘一卷》（明）沈颢撰、《绘妙三卷》题（明）康伯父撰、《历代名画题跋录一卷》（明）顾炳辑、《历代名画神品一卷》（明）顾炳辑。

J0008552
论画杂评　（一卷）宋徽宗赵佶撰
清初　抄本
（画苑补益）

J0008553
梅道人遗墨　（二卷）（元）吴镇撰
陆香圃三间草堂　清　抄本
（三间草堂集录）

　　作者吴镇（1280—1354），元代著名画家。字仲圭，号梅花道人，尝署梅道人。浙江嘉善人。存世作品有《渔父图》《双桧平远图》《洞庭渔隐图》等。

J0008554
梅道人遗墨　（一卷）（元）吴镇撰
仁和葛氏　清光绪二至七年［1876—1881］刻本巾箱
（啸园丛书）

J0008555
梅花道人遗墨　（二卷　附录一卷）（元）吴镇撰
顾氏艺海楼　清　抄本

J0008556
梅花道人遗墨　（二卷　附录一卷）（元）吴镇撰
清　抄本

J0008557
梅花道人遗墨 （二卷）（元）吴镇撰
内府　清乾隆　写本
（四库全书）

J0008558
梅竹题跋 （一卷）（清）程士椿撰
清　稿本
（醉墨轩三种）

J0008559
秘殿珠林 （二十四卷）（清）张照等辑
［清］稿本
　　作者张照（1691—1745），清藏书家、书法家、戏曲家。字得天，号泾南，亦号天瓶居士，江南娄县人。

J0008560
秘殿珠林 （二十四卷）（清）张照等辑
清　抄本

J0008561
秘殿珠林 （二十四卷）（清）张照等辑
内府　清乾隆　抄本

J0008562
秘殿珠林 （二十四卷）（清）张照等辑
内府　清乾隆　写本
（四库全书）

J0008563
秘殿珠林 （二十四卷）（清）张照等辑
清末　石印本

J0008564
秘殿珠林 （上）台北故宫博物院编
台北　台北故宫博物院　1969年　30cm（10开）
　　本书由《秘殿珠林》《石渠宝笈》合订本。《秘殿珠林》为佛道书画著录书，著录清内府有关佛教、道教之书画藏品。《石渠宝笈》是清代乾隆、嘉庆年间的大型著录文献，初编成书于乾隆十年（1745），共四十四卷。著录清廷内府所藏历代书画藏品，分书画卷、轴、册等9类。

J0008565
秘殿珠林 （下）台北故宫博物院编
台北　台北故宫博物院　1971年　30cm（10开）
　　附索引。

J0008566
秘殿珠林 （廿四卷）（清）张照等撰
台北　商务印书馆　1983年　影印本
30cm（10开）
（景印文渊阁四库全书　子部　一二九　第823册）
　　本书为佛道书画著录书，著录清内府有关佛教、道教之书画藏品。分历代名人画（附印本绣锦缂丝之类）、臣工书画、石刻木刻经典、语录科仪及供奉经相等类。各类用阮孝绪《七录》之例，先佛后道，再循以往鉴赏之通例，先书后画，依次著录册、卷、轴等。

J0008567
秘殿珠林石渠宝笈 （三编）台北故宫博物院编
台北　台北故宫博物院　1969年　10册
30cm（10开）
　　原为《秘殿珠林》和《石渠宝笈》两部著作，以后又增补《秘殿珠林石渠宝笈续编》及《秘殿珠林石渠宝笈三编》。其中三编包括《石渠宝笈三编》《秘殿珠林三编》《秘殿珠林石渠宝笈三编索引》。

J0008568
秘殿珠林石渠宝笈合编
上海　上海书店　1988年　影印本　12册
（4618+156页）26cm（16开）精装
ISBN：7-80569-040-5　定价：CNY1260.00

J0008569
闽中书画录 （十四卷）（清）黄锡蕃辑
黄氏擘荔轩　清　抄本

J0008570
闽中书画录 （十四卷）（清）黄锡蕃辑
苴屏山房　清　抄本

J0008571
闽中书画录 （不分卷）（清）黄锡蕃辑
［清］稿本

J0008572J0008577

闽中书画录 （十四卷）（清）黄锡蕃辑
[清] 稿本
　　　九行十九字蓝格白口四周双边。

J0008573

闽中书画录 （十六卷）（清）黄锡蕃辑
上海 合众图书馆 民国三十二年 [1943]
石印本

J0008574

名画猎精 （一卷）（唐）张彦远撰
李际期宛委山堂 清初 刻本 续刻
（说郛）
　　　明末刻清初李际期宛委山堂续刻汇印本。
作者张彦远（815—907），唐代画家、绘画理论
家。字爱宾。河东（今山西临猗）人。著有《三祖
大师碑阴记》《山行诗》等，及《历代名画记》《法
书要录》《彩笺诗集》等。

J0008575

名画猎精 （一卷）（唐）张彦远撰
[清] 稿本
（艺苑丛钞）

J0008576

名画猎精 （一卷）（唐）张彦远撰
依样壶卢山馆 清道光 抄本
（绘事晬编）

J0008577

名画猎精录 （三卷）（唐）张彦远撰
广东 清宣统元年 [1909] 印本
（碧琳琅馆丛书）
　　　据清光绪间巴陵方氏刻本印。

J0008578

名画题跋 （不分卷）（明）汪砢玉辑
清初 抄本
　　　本书由《珊瑚网法书题跋二十四卷》《名画
题跋不分卷》《法帖题跋三卷》合订。分十四册。
十行二十字无格。

J0008579

明人附录 （一卷）（明）黎遂球,（明）袁枢撰

江都朱氏 清 刻本
　　　本书由《国朝画征录三卷续录二卷》（清）张
庚撰、《明人附录一卷》（明）黎遂球,（明）袁枢
撰合订。

J0008580

明人附录 （一卷）（明）黎遂球,（明）袁枢撰
京都墨林 清 刻本
　　　本书由《国朝画征录三卷续录二卷》（清）张
庚撰、《明人附录一卷》（明）黎遂球,（明）袁枢
撰合订。

J0008581

明人附录 （一卷）（明）黎遂球,（明）袁枢撰
维扬玉书堂 清 刻本
　　　本书由《国朝画征录三卷续录二卷》（清）张
庚撰、《明人附录一卷》（明）黎遂球,（明）袁枢
撰合订。

J0008582

明人附录 （一卷）（明）黎遂球撰,（明）袁
枢撰
蒋泰,汤之昱 清乾隆四年 [1739] 刻本
　　　本书由《国朝画征录三卷续录二卷》（清）张
庚撰、《明人附录一卷》（明）黎遂球,（明）袁枢
撰合订。

J0008583

明人附录 （一卷）（明）黎遂球,（明）袁枢撰
清 刻本
　　　本书由《国朝画征录三卷续录二卷》（清）张
庚撰、《明人附录一卷》（明）黎遂球,（明）袁枢
撰合订。

J0008584

明人附录 （一卷）（明）黎遂球,（明）袁枢撰
萃文书局 清末 刻本
　　　本书由《国朝画征录三卷续录二卷》（清）张
庚撰、《明人附录一卷》（明）黎遂球,（明）袁枢
撰合订。

J0008585

明人附录 （一卷）（明）黎遂球,（明）袁枢撰
清同治八年 [1869] 刻本
　　　本书由《国朝画征录三卷续录二卷》（清）张

庚撰、《明人附录一卷》(明)黎遂球,(明)袁枢撰合订。

J0008586
明人附录　(一卷)(明)黎遂球,(明)袁枢撰
扫叶山房　清光绪十三年[1887]刻本

　　本书由《国朝画征录三卷续录二卷》(清)张庚撰、《明人附录一卷》(明)黎遂球,(明)袁枢撰合订。

J0008587
明人附录　(一卷)(明)黎遂球,(明)袁枢撰
上海　积山书局　清光绪十九年[1893]石印本

　　本书由《国朝画征录三卷续录二卷》(清)张庚撰、《明人附录一卷》(明)黎遂球,(明)袁枢撰合订。

J0008588
墨井画跋　(一卷)(清)吴历撰
[清]稿本
(昭代丛书)

　　作者吴历(1632—1718),清代书画家。字渔山,号墨井道人、桃溪居士。江南常熟(今属江苏)人。代表作品有《湖天春色图》《人物故事图》《山邨邨密图》,著有《墨井诗钞》《三巴集》《桃溪集》《墨井画跋》。

J0008589
墨井画跋　(一卷)(清)吴历撰
陆道淮飞霞阁　清康熙五十八年[1719]刻本

J0008590
墨井题跋　(一卷)(清)吴历撰
虞山顾氏　清同治十三年[1874]刻本　补刻
(小石山房丛书)

　　清道光间刻同治十三年虞山顾氏补刻本。

J0008591
墨香居画识　(十卷)(清)冯金伯撰
清　刻本

J0008592
墨香居画识　(十卷)(清)冯金伯撰
清道光　刻本

J0008593
墨缘汇观　(四卷)(清)安歧辑
西古画楼　清　抄本

J0008594
墨缘汇观　(四卷)(清)安歧辑
清　抄本

　　作者安歧(1683—1745?),清代书画鉴藏家。字仪周,号麓村,晚号松泉老人。朝鲜族,天津人。收藏绘画、书法名品有展子虔《游春图》、范宽《雪景寒林图》、董源《潇湘图》、王献之《东山松帖》、欧阳询《卜商帖》、米芾《参政帖》等。

J0008595
墨缘汇观　(二卷)(清)安歧撰
清乾隆至清末　抄本　线装
　　分二册。

J0008596
墨缘汇观　(五卷)(清)安歧辑
德化李氏木犀轩　清光绪十九年[1893]抄本

J0008597
墨缘汇观　(四卷)(清)安歧撰
清光绪二十六年[1900]铅印本　线装
　　分六册。九行二十二字小字双行同白口四周双边单鱼尾。

J0008598
墨缘汇观　(四卷)(清)安歧辑
清光绪二十六年[1900]铅印本

J0008599
墨缘汇观　(四卷)(清)安歧辑
端方　清宣统元年[1909]刻本

J0008600
墨缘汇观　(清)安歧著;张昌熙标注
延吉　延边大学出版社　1988年　297页
20cm(32开)　精装　ISBN:7-5634-0164-4
定价:CNY10.80
(中国少数民族古籍　朝鲜族古籍丛书)

　　《墨缘汇观》收录自晋代以来书画作品名迹,记载作品内容、纸绢、摘录题识、印章,所录宋代以前之画,颇多考订,间有论及画家之笔墨或

画法特色,为清代较佳之画录书。本书由(清)陆时化著的《书画说铃》合订。为中国古籍美术评论专著。

J0008601
墨缘汇观 (清)安歧撰;张增泰校注
南京 江苏美术出版社 1992 年 287 页
20cm(32 开) ISBN:7-5344-0276-X
定价:CNY8.70

J0008602
墨缘汇观 (清)安歧撰
天津 天津古籍出版社 1993 年 247 页
19cm(32 开) 定价:CNY5.50

J0008603
墨缘汇观 (点校本)(清)安歧著;郑炳纯等审定校点
广州 岭南美术出版社 1994 年 337 页
19cm(小 32 开) ISBN:7-5362-1145-7
定价:CNY25.00
(中国古代绘画著录丛书)

J0008604
墨缘汇观录 (四卷)(清)安歧辑
南海伍氏 清咸丰 刻本
(粤雅堂丛书)

J0008605
墨缘汇观录 (清)松泉老人撰
上海 商务印书馆 1937 年
3 册(247+12 页)18cm(小 32 开)
(丛书集成初编 1577—1579)

J0008606
墨缘汇观录 (四卷)(清)松泉老人撰
台北 商务印书馆 1956 年 影印本 247 页
19cm(32 开) 定价:TWD1.40
(国学基本丛书 第 1 集 40)

J0008607
墨缘汇观录 (一)(清)松泉老人撰
北京 中华书局 1985 年 新 1 版 122 页
18cm(小 32 开) 统一书号:17018.151
(丛书集成初编)

J0008608
墨缘汇观录 (二)(清)松泉老人撰
北京 中华书局 1985 年 新 1 版 123-186 页
18cm(小 32 开) 统一书号:17018.151
(丛书集成初编)

J0008609
墨缘汇观录 (三)(清)松泉老人撰
北京 中华书局 1985 年 新 1 版 187-247+12 页
18cm(小 32 开) 统一书号:17018.151
(丛书集成初编)

J0008610
墨缘小录 (一卷)(清)潘曾莹撰
清 刻本

J0008611
墨缘小录 (一卷)(清)潘曾莹撰
清 稿本

J0008612
墨缘小录 (一卷)(清)潘曾莹撰
西泠印社 清末至民国初 木活字印本

J0008613
墨缘小录 (一卷)(清)潘曾莹撰
清咸丰七年[1857]刻本

J0008614
瓯香馆画跋 (不分卷)(清)恽格撰
蓬壶外史仁峰 清同治四年[1865]抄本
　　作者恽格(1633—1690),画家。字寿平,号南田等。武进(今属江苏)上店人。主要作品有《山水花鸟》《恽南田花果册》《南田花卉》等。

J0008615
瓯香馆画语 (四卷)(清)恽格撰;(清)叶钟进辑
清 抄本
　　全书四卷为《恽南田画跋三卷》《题画诗一卷》。有清李鸿裔批校并跋。

J0008616
瓯香馆画语 (四卷)(清)恽格撰;(清)叶钟进辑

怡云馆　清道光三十年［1850］刻本

　　本书包括《恽南田画跋三卷》《题画诗一卷》。

J0008617

破铁网　（二卷）（清）胡尔荣撰

清　稿本

（花近楼丛书）

　　收于《花近楼丛书七十四种九十一卷》中。

J0008618

清河秘箧书画表　（一卷）（明）张丑撰

李瘭叟　清　抄本

　　作者张丑（1577—1643），明代收藏家、文学家。原名张谦德，字青父，号米庵。江苏昆山人。主要作品有《清河书画舫》《瓶花谱》《论墨》等。

J0008619

清河秘箧书画表　（一卷）（明）张丑撰

古冈刘氏藏修书屋　清同治至光绪　刻本

（述古丛钞）

J0008620

清河书画表　（一卷）（明）张丑撰

内府　清乾隆　写本

（四库全书）

J0008621

清河书画表　（明）张丑撰

台北　商务印书馆　1983年　影印本

（景印文渊阁四库全书　子部　一二三　第817册）

　　本书由《清河书画表》《书画见闻表》合订。

J0008622

清河书画舫　（十二卷）（明）张丑辑

池北草堂　清　刻本

　　本书由《清河书画舫十二卷》（明）张丑辑、《鉴古百一诗一卷》（明）张丑辑合订。

J0008623

清河书画舫　（十二卷）（明）张丑撰

内府　清　抄本　线装

　　分十二册。九行二十二字小字双行同黑口左右双边。

J0008624

清河书画舫　（十一卷）（明）张丑撰

释就堂　清　抄本

　　有清宋宾王校并跋。

J0008625

清河书画舫　（十一卷）（明）张丑辑

释就堂　清　抄本

　　分四册。有宋宾王校并跋。十二行二十四字无格。

J0008626

清河书画舫　（六卷）（明）张丑辑

清　抄本

J0008627

清河书画舫　（六卷）（明）张丑辑

清　抄本

　　分六册。十行二十三字无格。

J0008628

清河书画舫　（十二卷）（明）张丑撰

清　刻本　线装

　　分二十四册。九行二十二字黑口左右双边。

J0008629

清河书画舫　（十二卷）（明）张丑撰

清初　刻本　线装

　　九行二十二字小字双行同黑口左右双边。

J0008630

清河书画舫　（十二卷）（明）张丑辑

清　抄本

　　有清陆儁跋。九行二十二字无格。

J0008631

清河书画舫　（十一卷）（明）张丑辑

清　抄本

　　十一行二十或二十一字无格。

J0008632

清河书画舫　（十一卷）（明）张丑撰

清初　抄本

J0008633

清河书画舫 （十二卷）（明）张丑撰
内府 清乾隆 写本 线装
（四库全书）

J0008634

清河书画舫 （十二卷 附鉴古百一诗）（明）张
丑撰
清乾隆 刻本 线装
　　九行二十二字小字双行同黑口左右双边。

J0008635

清河书画舫 （十二卷）（明）张丑撰
仁和吴长元池北草堂 清乾隆二十八年［1763］
刻本 线装
　　九行二十二字黑口左右双边。

J0008636

清河书画舫 （十二卷）（明）张丑撰
清光绪元年［1875］刻本 线装
　　九行二十二字小字双行同黑口左右双边。

J0008637

清河书画舫 （十二卷）（明）张丑辑
朱氏家塾 清光绪十四年［1888］刻本
　　本书由《清河书画舫十二卷》（明）张丑辑、
《鉴古百一诗一卷》（明）张丑辑合订。

J0008638

清河书画舫 （十二卷）（明）张丑撰
台北 商务印书馆 1983年 影印本
21cm（32开）
（景印文渊阁四库全书 子部 一二三 第817册）
　　本书由《清河书画舫十二卷》《真迹日录五
卷》合订。

J0008639

清河书画舫 （外四种）（明）张丑撰
上海 上海古籍出版社 1991年 影印本 628页
19cm（32开）精装 ISBN：7-5325-1048-4
定价：CNY15.70
（四库艺术丛书）
　　本书成于明万历四十四年（1616），取北宋米
芾"书画船"故事，记叙作者所藏和所见的作品，
抄录历代有关法书、名画的诗文、题跋等。

J0008640

壬戌销夏记 （十二卷）（清）曾协钧撰
［清］稿本

J0008641

壬寅消夏录 （不分卷）（清）端方辑
［清］稿本

J0008642

珊瑚网 （四十八卷）（明）汪砢玉撰
内府 清乾隆 写本
（四库全书）
　　作者汪砢玉，明代藏画家。一作珂玉，字玉
水，号乐卿，自号乐闲外史，安徽歙县人。崇祯
中官山东盐运使判官。撰有《珊瑚网》。

J0008643

珊瑚网 （四十八卷）（明）汪砢玉撰
上海 商务印书馆 民国
（国学基本丛书）

J0008644

珊瑚网 （四十八卷）（明）汪砢玉撰
乌程张氏 民国二至六年［1913—1917］刻本
（适园丛书）

J0008645

珊瑚网 （一 书录）（明）汪砢玉撰
上海 商务印书馆 民国二十五年［1936］102页
18cm（15开）
（万有文库 第二集 393）
　　本书为明代书画论，成书于崇祯十六年
（1643），全书48卷，分两大部分：前24卷为古
今法书题跋，包括钟繇以后的法书名迹、款识、
碑帖石刻、丛帖及《书凭》《书旨》《书品》等；后
24卷为顾恺之《洛神赋图》以后的古今名画著录
及《画据》《画继》《画法》等；同时录编各家书
画史、论有关部分，但对其真伪缺乏考证。

J0008646

珊瑚网 （二 书录）（明）汪砢玉撰
上海 商务印书馆 民国二十五年［1936］
103-236页 18cm（15开）
（万有文库 第二集 393）

J0008647
珊瑚网 （三 书录）（明）汪砢玉撰
上海 商务印书馆 民国二十五年［1936］
237–363 页 18cm（15 开）
（万有文库 第二集 393）

J0008648
珊瑚网 （四 书录）（明）汪砢玉撰
上海 商务印书馆 民国二十五年［1936］
365–483 页 18cm（15 开）
（万有文库 第二集 393）

J0008649
珊瑚网 （五 书录）（明）汪砢玉撰
上海 商务印书馆 民国二十五年［1936］
485–618 页 18cm（15 开）
（万有文库 第二集 393）

J0008650
珊瑚网 （六 书录）（明）汪砢玉撰
上海 商务印书馆 民国二十五年［1936］
619–742 页 18cm（15 开）
（万有文库 第二集 393）

J0008651
珊瑚网 （七 画录）（明）汪砢玉撰
上海 商务印书馆 民国二十五年［1936］
743–865 页 18cm（15 开）
（万有文库 第二集 393）

J0008652
珊瑚网 （八 画录）（明）汪砢玉撰
上海 商务印书馆 民国二十五年［1936］
867–973 页 18cm（15 开）
（万有文库 第二集 393）

J0008653
珊瑚网 （九 画录）（明）汪砢玉撰
上海 商务印书馆 民国二十五年［1936］
975–1080 页 18cm（15 开）
（万有文库 第二集 393）

J0008654
珊瑚网 （十 画录）（明）汪砢玉撰
上海 商务印书馆 民国二十五年［1936］

1081–1200 页 18cm（15 开）
（万有文库 第二集 393）

J0008655
珊瑚网 （十一 画录）（明）汪砢玉撰
上海 商务印书馆 民国二十五年［1936］
1201–1307 页 18cm（15 开）
（万有文库 第二集 393）

J0008656
珊瑚网 （十二 画录）（明）汪砢玉撰
上海 商务印书馆 民国二十五年［1936］
1309–1430 页 18cm（15 开）
（万有文库 第二集 393）

J0008657
珊瑚网 （明）汪砢玉著
上海 商务印书馆 1936 年 12 册（1430 页）
19cm（32 开）
（万有文库 第2集 393）

J0008658
珊瑚网 （明）汪砢玉著
上海 商务印书馆 1936 年 2 册（1430）页
19cm（小 32 开） 定价：国币一元二角
（国学基本丛书）

J0008659
珊瑚网 （明）汪砢玉撰
上海 商务印书馆 1936 年 2 册（1430 页）
19cm（32 开） 精装 定价：国币一元二角
（国学基本丛书）

J0008660
珊瑚网 （四十八卷）（明）汪砢玉撰
台北 商务印书馆 1983 年 影印本
（景印文渊阁四库全书 子部 一二四 第 818 册）

J0008661
珊瑚网 （明）汪砢玉撰
成都 成都古籍书店 1985 年 影印本
2 册（1430 页）19cm（15 开） 定价：CNY8.40

J0008662
珊瑚网 （明）汪砢玉撰

上海　上海古籍出版社　1987 年　影印本　944 页
19cm（小 32 开）　精装
（四库全书　第八一八册　子部）
　　据商务印书馆出版的文渊阁本《四库全书》
影印出版。

J0008663
珊瑚网　（明）汪砢玉撰
上海　上海古籍出版社　1991 年　影印本　944 页
19cm（小 32 开）　精装　ISBN：7-5325-1036-0
定价：CNY25.10
（四库艺术丛书）

J0008664
珊瑚网名画题跋　（不分卷）（明）汪砢玉辑
清初　抄本
　　本书由《珊瑚网法书题跋不分卷》《珊瑚网
名画题跋不分卷》《珊瑚网法帖题跋三卷》合订。

J0008665
珊瑚网名画题跋　（二十四卷）（明）汪砢玉辑
清　抄本
　　本书由《珊瑚网法书题跋二十四卷》《珊瑚
网名画题跋二十四卷》合订。

J0008666
珊瑚网名画题跋　（一）（明）汪砢玉撰
［台北］［艺文印书馆］［1959 年］影印本
20+27 叶　19cm（32 开）　线装
（丛书集成续编）

J0008667
珊瑚网名画题跋　（二）（明）汪砢玉撰
［台北］［艺文印书馆］［1959 年］影印本
20+12+22 叶　19cm（32 开）　线装
（丛书集成续编）

J0008668
珊瑚网名画题跋　（三）（明）汪砢玉撰
［台北］［艺文印书馆］［1959 年］影印本
16+19+23 叶　19cm（32 开）　线装
（丛书集成续编）

J0008669
珊瑚网名画题跋　（四）（明）汪砢玉撰

［台北］［艺文印书馆］［1959 年］影印本
27+21 叶　19cm（32 开）　线装
（丛书集成续编）

J0008670
珊瑚网名画题跋　（五）（明）汪砢玉撰
［台北］［艺文印书馆］［1959 年］影印本
34+40 叶　19cm（32 开）　线装
（丛书集成续编）

J0008671
珊瑚网名画题跋　（六）（明）汪砢玉撰
［台北］［艺文印书馆］［1959 年］影印本
19+23 叶　19cm（32 开）　线装
（丛书集成续编）

J0008672
珊瑚网名画题跋　（七）（明）汪砢玉撰
［台北］［艺文印书馆］［1959 年］影印本
19+23 叶　19cm（32 开）　线装
（丛书集成续编）

J0008673
珊瑚网名画题跋　（八）（明）汪砢玉撰
［台北］［艺文印书馆］［1959 年］影印本
32+24 叶　19cm（32 开）　线装
（丛书集成续编）

J0008674
珊瑚网名画题跋　（九）（明）汪砢玉撰
［台北］［艺文印书馆］［1959 年］影印本
32+29 叶　19cm（32 开）　线装
（丛书集成续编）

J0008675
珊瑚网名画题跋　（十）（明）汪砢玉撰
［台北］［艺文印书馆］［1959 年］影印本
20+23 叶　19cm（32 开）　线装
（丛书集成续编）

J0008676
珊瑚网名画题跋　（十一）（明）汪砢玉撰
［台北］［艺文印书馆］［1959 年］影印本
22+49 叶　19cm（32 开）　线装
（丛书集成续编）

J0008677

珊瑚网名画题跋 （十二）（明）汪砢玉撰
[台北][艺文印书馆][1959 年]影印本 59 叶
19cm（32 开）线装
（丛书集成续编）

　　作者汪砢玉，明代藏画家。一作珂玉，字玉水，号乐卿，自号乐闲外史，安徽歙县人。崇祯中官山东盐运使判官。撰有《珊瑚网》。

J0008678

石渠随笔 （八卷）（清）阮元撰；（清）王宗炎校
清 抄本

　　作者阮元(1764—1849)，清代著名学者。字伯元，号芸台、雷塘庵主，晚号怡性老人。江苏仪征人。在经史、数学、天算、舆地、编纂、金石、校勘等方面都有造诣，代表作品有《经籍纂诂》《畴人传》《小沧浪笔谈》《耄年自述卷》等。

J0008679

石渠随笔 （八卷）（清）阮元撰
清 抄本

　　分四册。有清王宗炎校。十一行二十字蓝格白口左右双边。

J0008680

石渠随笔 （八卷）（清）阮元撰
阮元[自刊]清嘉庆至道光 刻本 精装
（文选楼丛书）

　　清嘉庆至道光间阮元刻清道光二十二年阮亨汇印本。作者阮元(1764—1849)，清代著名学者。字伯元，号芸台、雷塘庵主，晚号怡性老人。江苏仪征人。在经史、数学、天算、舆地、编纂、金石、校勘等方面都有造诣，代表作品有《经籍纂诂》《畴人传》《小沧浪笔谈》《耄年自述卷》等。

J0008681

石渠随笔 （八卷）（清）阮元撰
光楣 清咸丰七年[1857]抄本

J0008682

石渠随笔 （清）阮元记
北京 中华书局 1991 年 2 册（11+102 页）
19cm（小 32 开）ISBN：7-101-00894-1

（丛书集成初编 1574—1575）

　　本书为作者所见内府收藏书画的笔记，收录作品 270 余件（包括诸家总册和合卷），颇多历代名迹。记述法书、名画的款行、字数、布局、题识及跋语、藏印等，详略得当。

J0008683

石渠随笔 （清）阮元著
扬州 江苏广陵古籍刻印社 1995 年 2 版
影印本 364-397 页 26cm（16 开）精装
定价：CNY750.00（全套）
（笔记小说大观 第十二册）

J0008684

式古堂书画汇考 （六十卷 目录三卷）（清）卞永誉辑
清 刻本

　　作者卞永誉(1645—1712)，清代书画鉴藏家、画家。盖州（今辽宁盖平）人。字令之（一作合之），号仙客，室名式古堂。博学好古，性好书画。能书法，工于绘画，喜画水仙、柏石等。著有《式古堂书画汇考》《式古堂朱墨书画纪》等。

J0008685

式古堂书画汇考 （六十卷 目录三卷）（清）卞永誉辑
清 抄本

J0008686

式古堂书画汇考 （六十卷 目录四卷）（清）卞永誉辑
清 刻本 线装

　　分五十册。十行二十二字白口四周单边。

J0008687

式古堂书画汇考 （六十卷 目录三卷）（清）卞永誉辑
清康熙 刻本

J0008688

式古堂书画汇考 （六十卷 目录三卷）（清）卞永誉辑
卞永誉[自刊]清康熙二十一年[1682]刻本
　　分三十三册。

J0008689
式古堂书画汇考 （六十卷）（清）卞永誉辑
王氏鉴古书社 民国八年［1919］影印本 线装
　　分八十册。

J0008690
式古堂书画汇考 （六十卷 卷首一卷 卷末一
卷 目录四卷）（清）卞永誉辑
王氏鉴古书社 民国八年［1919］影印本 线装
　　分六十三册。

J0008691
式古堂书画汇考 （清）卞永誉纂辑
台北 正中书局 1958 年 初版 影印本 4 册
（2205 页）26cm（16 开） 定价：旧台币 18.00

J0008692
式古堂书画汇考 （六十卷）（清）卞永誉撰
台北 商务印书馆 1983 年 影印本 3 册
（景印文渊阁四库全书 子部 一三三～一三五
第 827–829 册）

J0008693
式古堂书画汇考 （清）卞永誉撰
上海 上海古籍出版社 1991 年 影印本
3 册（1006；922；652 页）19cm（32 开）
精装 ISBN：7-5325-1038-7 定价：CNY63.85
（四库艺术丛书）
　　本书由《式古堂书画汇考》（清）卞永誉撰、
《南宋院画录》（清）厉鹗辑合订。辑录前人所记
及其自藏、目见的清以前法书、名画，分为书考、
画考。

J0008694
式古堂书画汇考画考 （三十卷 目录二卷）
（清）卞永誉辑
卞永誉［自刊］清康熙二十一年［1682］刻本
　　分二十七册。十行二十二字白口四周单边。

J0008695
画尘 （一卷）（明）沈颢撰
清 抄本
（论画五种）

J0008696
书画跋语精选 （一卷）（清）朱鸿猷辑
清 抄本

J0008697
书画鉴真 （六卷）（清）陶恩培辑
［清］稿本
　　有清陈介祺跋。

J0008698
书画评 （五卷）（清）贞固撰
薇香书屋 清 抄本

J0008699
书画说铃 （一卷）（清）陆时化辑并撰
沈氏鸣野山房 清 抄本
　　本书由《吴越所见书画录六卷》《书画说铃
一卷》合订。

J0008700
书画说铃 （一卷）（清）陆时化撰
沈氏鸣野山房 清 抄本

J0008701
书画说铃 （一卷）（清）陆时化撰
陆氏怀烟阁 清乾隆四十一年［1776］刻本

J0008702
书画说铃 （一卷）（清）陆时化撰
陆氏怀烟阁 清乾隆四十一年［1776］刻本
　　本书由《吴越所见书画录六卷》《书画说铃
一卷》（清）陆时化辑合订。分十二册。

J0008703
书画说铃 （清）陆时化撰
仁和许增娱园 清光绪 刻本 线装
（榆园丛书）
　　十二行二十三字白口左右双边单鱼尾。收
于《榆园丛书》之《娱园丛刻》中。

J0008704
书画说铃 （清）陆时化撰
娄东陆氏怀烟阁 清光绪五年［1879］活字本
线装
　　十行二十一字小字双行同白口四周单边单

鱼尾。

J0008705
书画说铃　（一卷）（清）陆时化撰
清光绪五年［1879］木活字印本

J0008706
书画说铃　（一卷）（清）陆时化辑并撰
清光绪五年［1879］木活字印本
　　本书由《吴越所见书画录六卷》《书画说铃一卷》合订。

J0008707
书画说铃　（一卷）（清）陆时化撰
顺德邓氏　清宣统　铅印本
（风雨楼丛书）
　　收于《风雨楼丛书》中。

J0008708
书画说铃　（一卷）（清）陆时化辑并撰
顺德邓氏　清宣统
（风雨楼丛书）
　　本书由《吴越所见书画录六卷》《书画说铃一卷》合订。

J0008709
书画说铃　（一卷）（清）陆时化撰
民国九年［1920］刻本　补刻　线装
（榆园丛刻）
　　本书据清同治至光绪刻本补刻。收于《榆园丛刻》之《娱园丛刻》十种中。

J0008710
书画题跋　（清）吴骞编
清　抄本
　　本丛书包括：《顾令君政绩卷一卷》《杨忠愍公手札题跋一卷》《文衡山拙政园真迹一卷》《徐俟斋邓尉十景题跋一卷》。有清吴骞跋。

J0008711
书画题跋记　（十二卷）（明）郁逢庆辑
东武刘氏味经书屋　清　抄本

J0008712
书画题跋记　（十卷　续记十二卷　补一卷）

（明）郁逢庆辑
许溪草堂　清　抄本

J0008713
书画题跋记　（六卷）（明）郁逢庆辑
文珍楼　清　抄本

J0008714
书画题跋记　（十二卷）（明）郁逢庆辑
清　抄本
　　本书由《书画题跋记十二卷》《续书画题跋记十二卷》（明）郁逢庆辑合订。

J0008715
书画题跋记　（十二卷）（明）郁逢庆撰
清　抄本
　　分二册。九行二十字无格。

J0008716
书画题跋记　（十二卷）（明）郁逢庆辑
清　抄本

J0008717
书画题跋记　（十二卷　续记十二卷）（明）郁逢庆辑
清　抄本
　　分十四册。十行二十字蓝格蓝口左右双边。

J0008718
书画题跋记　（十二卷　续记十二卷）（明）郁逢庆辑
清　抄本
　　分十二册。十二行二十字无格。

J0008719
书画题跋记　（九卷）（明）郁逢庆辑
清道光二十七年［1847］抄本

J0008720
书画题跋记　（十二卷）（明）郁逢庆辑
顺德邓氏　清宣统　铅印本
（风雨楼丛书）

J0008721
书画题跋记　（十二卷）（明）郁逢庆编

台北　商务印书馆　1983 年　影印本
（景印文渊阁四库全书　子部　一二二　第 816 册）

J0008722
书画题跋五种　（五卷）（清）吴骞编
清　抄本
　　分五册。有清吴骞跋。

J0008723
檀园题画诗跋　（一卷）（明）李流芳撰
清　手稿本

J0008724
题画诗　（一卷）（宋）刘叔赣撰
清　抄本
（两宋名贤小集）

J0008725
题画诗　（一卷）（清）恽格撰
清　刻本
　　作者恽格（1633—1690），画家。武进（今属江苏）上店人。字寿平，号南田等。主要作品有《山水花鸟》《恽南田花果册》《南田花卉》等。

J0008726
题画诗　（一卷）（清）恽格撰
虞山张氏　清嘉庆　刻本
（借月山房汇钞）

J0008727
题画诗　（一卷）（清）恽格撰
上海陈氏　清道光四年［1824］重编补刻本
（泽古斋重钞）
　　清道光四年［1824］上海陈氏重编补刻借月山房汇钞本。

J0008728
题画诗　（一卷）（清）恽格撰
上海　博古斋　民国九年［1920］影印本
（借月山房汇钞）
　　据清张氏刻本影印。

J0008729
天瓶斋书画题跋　（二卷）（清）张照撰
清　刻本

（小重山房丛书）

J0008730
天瓶斋书画题跋　（二卷）（清）张照撰
清乾隆三十八年［1773］刻本
　　作者张照（1691—1745），清藏书家、书法家、戏曲家。字得天，号泾南，亦号天瓶居士。江南娄县人。

J0008731
铁网珊瑚　（初集不分卷　二集不分卷　三集不分卷）（清）沈镜堂辑
清　刻本

J0008732
汪氏珊瑚网名画题跋　（二十四卷）（明）汪砢玉辑
经鉏堂　清　抄本
　　本书由《汪氏珊瑚网法书题跋二十四卷》《汪氏珊瑚网名画题跋二十四卷》（明）汪砢玉辑合订。

J0008733
汪氏珊瑚网名画题跋　（不分卷）（明）汪砢玉辑
清初　抄本
　　作者汪砢玉，明代藏画家。安徽歙县人。一作珂玉，字玉水，号乐卿，自号乐闲外史。崇祯中官山东盐运使判官。撰有《珊瑚网》。

J0008734
汪氏珊瑚网名画题跋　（二十四卷）（明）汪砢玉辑
清初　抄本
　　有清姚晏校。

J0008735
汪氏珊瑚网名画题跋　（二十四卷）（明）汪砢玉辑
清初　抄本
　　有清姚晏校。本书由《汪氏珊瑚网法书题跋》二十四卷、《汪氏珊瑚网名画题跋二十四卷》合订。

J0008736
汪氏珊瑚网名画题跋 （二十四卷）（明）汪砢
玉辑
清 抄本
　　　分三十二册。十行二十字无格。

J0008737
汪氏珊瑚网名画题跋 （二十四卷）（明）汪砢
玉辑
清 抄本
　　　本书由《汪氏珊瑚网名画题跋二十四卷》
《汪氏珊瑚网法书题跋二十四卷》合订。分二十
册。十行二十字无格。

J0008738
汪氏珊瑚网名画题跋 （二十四卷）（明）汪砢
玉辑
清初 抄本
　　　分二十四册。十行二十字无格。

J0008739
汪氏珊瑚网名画题跋 （二十四卷）（明）汪砢
玉辑
清 抄本
　　　本书由《汪氏珊瑚网法书题跋二十四卷》
《汪氏珊瑚网名画题跋二十四卷》合订。

J0008740
味尘轩书厨图说 （不分卷）（清）李文瀚撰
清 刻本

J0008741
文衡山拙政园图真迹 （一卷）（清）吴骞辑
清 抄本
（书画题跋）

J0008742
吴越所见书画录 （六卷）（清）陆时化辑并撰
沈氏鸣野山房 清 抄本
　　　本书由《吴越所见书画录六卷》《书画说铃
一卷》合订。

J0008743
吴越所见书画录 （六卷）（清）陆时化辑并撰
陆氏怀烟阁 清乾隆四十一年［1776］刻本

　　　本书由《吴越所见书画录六卷》《书画说铃
一卷》合订。

J0008744
吴越所见书画录 （六卷）（清）陆时化辑并撰
清光绪五年［1879］木活字印本
　　　本书由《吴越所见书画录六卷》《书画说铃
一卷》合订。

J0008745
吴越所见书画录 （六卷）（清）陆时化辑并撰
顺德邓氏 清宣统 铅印本
（风雨楼丛书）
　　　本书由《吴越所见书画录六卷》《书画说铃
一卷》合订。

J0008746
香光随笔 （一卷）（明）董其昌撰；（清）王梦
小辑
［清］稿本
　　　作者董其昌（1555—1636），明代著名书画
家。字玄宰，号思白，别号香光居士。松江华亭
（今上海）人。主要作品有《岩居图》《秋兴八景
图》《昼锦堂图》等。

J0008747
小蓬莱阁画鉴 （一卷）（清）李修易撰
李氏思永堂 清 抄本

J0008748
小蓬莱阁画鉴 （七卷）（清）李修易撰
海盐李氏 民国二十三年［1934］线装

J0008749
辛丑销夏记 （五卷）（清）吴荣光撰
顾文彬 清 抄本

J0008750
辛丑销夏记 （五卷）（清）吴荣光撰
清 抄本

J0008751
辛丑销夏记 （五卷）（清）吴荣光撰
清道光 刻本

J0008752

辛丑销夏记 （五卷）（清）吴荣光撰
长沙叶德辉 清光绪三十一年［1905］刻本

J0008753

徐俟斋邓尉十景题跋 （一卷）（清）吴骞辑
清 抄本
（书画题跋）

J0008754

徐俟斋邓尉十景题跋 （一卷）
清 抄本
（书画题跋）
　　收于《书画题跋》五种五卷中。

J0008755

续画苑略 （一卷）（清）鱼元傅撰
［清］稿本

J0008756

续画苑略 （一卷）（清）鱼元傅撰
清 稿本
　　十行字不等白口左右双边。

J0008757

续书画题跋记 （十二卷）（明）郁逢庆辑
清 抄本

J0008758

续书画题跋记 （十二卷）（明）郁逢庆辑
清 抄本
　　本书由《书画题跋记十二卷》《续书画题跋记十二卷》合订。

J0008759

研山斋珍赏集览 （清）孙承泽撰
清 抄本
　　本丛书包括:《研山斋珍赏历代名贤法书集览》三卷《研山斋珍赏历代名贤图绘集览》二卷、《历代图绘姓氏备考》二卷、《历代图绘要论》一卷、《历代图绘要诀》一卷、《历代图绘定评》一卷。

J0008760

研山斋珍赏览本 （三卷）（清）孙承泽撰
清 抄本

分五册。作者孙承泽(1592—1676)，文史学家、鉴藏家。字耳伯，号北海、退谷。原籍山东益都，明初隶籍上林苑，遂为北京人。明末举进士，后降清，官至太子太保都察院左都御史。著有《庚子销夏记》《春明梦余录》《天府广记》等。

J0008761

研山斋珍赏历代名贤图绘集览 （二卷）
（清）孙承泽撰
清 抄本
（研山斋珍赏集览）

J0008762

姚伯翁书画题跋 （不分卷）（清）姚元之撰
［清］稿本

J0008763

一角编 （不分卷）（清）周二学撰
鲍廷博 清 抄本
　　有清徐懋、清杨澥、郑文焯跋。九行十九字无格。

J0008764

一角编 （不分卷）（清）周二学撰
鲍廷博知不足斋 清 抄本
　　有清徐懋、清杨澥、郑文焯跋。

J0008765

一角编 （二卷）（清）周二学撰
章钰 清末至民国初 抄本 朱丝栏 线装

J0008766

一角编 （二卷）（清）周二学撰
仁和吴氏双照楼 民国六至七年［1917—1918］刻本
（松邻丛书）

J0008767

一角编 （吴氏双照楼刊本）（清）周二学撰
上海 上海人民美术出版社 1986年 69页 19cm
（32开） 统一书号: 8081.14170
定价: CNY0.55
（中国画学丛书）

J0008768
颐情馆书画跋 （一卷）（清）宗源瀚撰
宗氏颐情馆　清　抄本

J0008769
榆楼题跋 （不分卷）（清）奚疑撰
［清］稿本

J0008770
元破临安所得故宋书画 （一卷）（清）孙承
泽撰
宁埜堂　清　抄本
　　本书由《庚子销夏记八卷》《元破临安所得
故宋书画一卷》合订。

J0008771
真迹日录 （一卷　二集一卷　三集一卷）（明）
张丑撰
池北草堂　清　刻本

J0008772
真迹日录 （三卷）（明）张丑撰
李瘤叟　清　抄本
　　本书由《真迹日录三卷》《清河秘箧书画表
一卷》《名画表一卷》《法书名画见闻表一卷》
（明）张丑撰、《清秘藏一卷》（明）张应文撰合订。

J0008773
真迹日录 （一卷　二集一卷　三集一卷）（明）
张丑撰
清　抄本

J0008774
真迹日录 （一卷　二集一卷　三集一卷）（明）
张丑撰
清　抄本
　　分三册。十行二十二或二十三字无格。

J0008775
真迹日录 （五卷）（明）张丑撰
内府　清乾隆　写本
（四库全书）

J0008776
自题所画 （一卷）（清）傅金铨撰

善成堂　清　刻本
（济一子证道秘书）

J0008777
自题所画 （一卷）（清）傅金铨撰
清嘉庆　刻本
（济一子证道秘书）

J0008778
醉墨轩书画录 （一卷）（清）程士桂撰
清　稿本
（醉墨轩三种）

J0008779
醉墨轩题画诗草 （一卷）（清）程士桂撰
清　稿本
（醉墨轩三种）

J0008780
归石轩画谈 （八卷）（清）杨翰撰
清康熙　刻本

J0008781
归石轩画谈 （十卷）（清）杨翰撰
清同治至光绪　刻本
（息柯居士全集）

J0008782
归石轩画谈 （十卷）（清）杨翰撰
羊城［广州］清同治十二年［1873］刻本　线装
　　分五册。九行十九字白口四周双边单鱼尾。

J0008783
读画录 （四卷）（清）周亮工撰
周氏烟云过眼堂　清康熙十二年［1673］刻本
　　分四册。九行十八字白口四周单边。作者
周亮工（1612—1672），明末清初文学家、篆刻
家、收藏家。字元亮，号陶庵。出生于江苏南京，
祖籍河南开封。明崇祯进士，仕清后官户部右侍
郎。著有《赖古堂集》《读画录》等。

J0008784
读画录 （四卷）（清）周亮工撰
鱼元傅　清乾隆六年［1741］抄本
　　分二册。有清鱼元傅跋，王继良批点并跋。

九行十八字无格。

J0008785
读画录 （四卷）（清）周亮工撰
番愚潘氏 清道光二十七年［1847］刻本 线装
（海山仙馆丛书）
　　九行二十一字黑口左右双边。

J0008786
读画录 （清）周亮工撰
上海 商务印书馆 1936年 51页 18cm（15开）
（丛书集成初编 1657）
　　本书为中国画家传记著作，辑录明末清初
画家77人，略记家世、生平及画学渊源，后附有
名无传者69人。全书共四卷，据读画斋丛书本
排印。

J0008787
读画录 （四卷）（清）周亮工撰
北京 中华书局 1985年 新1版 影印本 51页
18cm（小32开） 统一书号：17018.151
（丛书集成初编）

J0008788
解画琐言 （一卷）（清）张在辛撰
清乾隆至宣统 刻本 重印 线装
（琐言）
　　九行十八字白口左右双边单鱼尾。

J0008789
解画琐言 （一卷）（清）张在辛撰
清乾隆十三年［1748］刻本 线装
（琐言）
　　九行十七字白口左右双边单鱼尾。

J0008790
快乐画题 （一卷）（清）石成金辑
清乾隆 刻本

J0008791
书画跋跋 （三卷 续三卷）（明）孙矿撰
内府 清乾隆 写本
（四库全书）

J0008792
书画跋跋 （三卷 续三卷）（明）孙矿撰
孙氏居业堂 清乾隆五年［1740］刻本

J0008793
书画跋跋 （三卷 续三卷）（明）孙矿撰
台北 商务印书馆 1983年 影印本
（景印文渊阁四库全书 子部 一二二 第816册）

J0008794
书画见闻表 （一卷）（明）张丑撰
内府 清乾隆 写本
（四库全书）

J0008795
宋朝名画评 （三卷）（宋）刘道醇撰
内府 清乾隆 写本
（四库全书）

J0008796
宋朝名画评 （三卷）（宋）刘道醇撰
台北 商务印书馆 1983年 影印本
（景印文渊阁四库全书 子部 一一八 第812册）

J0008797
题画琐存 （一卷）（清）俞琬撰
清乾隆 刻本

J0008798
瘄堂行东图题咏 （四卷）（清）黄之隽辑
清乾隆 刻本

J0008799
赵氏铁网珊瑚 （十六卷）（明）赵琦美编
内府 清乾隆 写本
（四库全书）

J0008800
赵氏铁网珊瑚 （十六卷）（明）朱存理撰；
（明）赵琦美编
台北 商务印书馆 1983年 影印本
（景印文渊阁四库全书 子部 一二一 第815册）

J0008801
南宋院画录 （八卷）（清）厉鹗撰

鲍氏知不足斋 清乾隆二十八年［1763］抄本

　　分四册。有清鲍廷博校并跋。十行二十一字黑口左右双边。

J0008802

南宋院画录 （八卷 卷首一卷）（清）厉鹗辑
钱塘丁氏竹书堂 清光绪十年［1884］刻本 线装
（武林掌故丛编）

　　分四册。十行二十字白口左右双边单鱼尾。

J0008803

南宋院画录 （八卷）（清）厉鹗撰
台北 商务印书馆 1983年 影印本
（景印文渊阁四库全书 子部 一三五 第829册）

J0008804

遗山题跋 （一卷）（金）元好问撰
陆烜奇晋斋 清乾隆三十四年［1769］刻本
（奇晋斋丛书）

　　八行十九字白口左右双边。收于《奇晋斋丛书》十九卷中。

J0008805

书画作伪日奇论 （一卷）（清）陆时化撰
陆氏怀烟阁 清乾隆四十一年［1776］刻本

　　作者陆时化（1714—1779），字润之，号听松，室名翠华轩、听松山房。江苏太仓人。著有《吴越所见书画录》《书画说铃》《赏鉴杂说》《书画作伪日奇论》。

J0008806

画继补遗 （二卷）（元）庄肃撰
黄氏醉经楼 清乾隆五十四年［1789］刻本

　　作者庄肃（1245—1315），元代藏书家。字恭叔，号蓼塘。松江（今属上海）青龙镇人。仕宋为秘书院六品小吏。著有《艺经》《画继余谱》。

J0008807

画继补遗 （二卷）（元）庄肃撰
黄氏醉经楼 清乾隆五十四年［1789］刻本

　　本书由《画继补遗二卷》（元）庄肃撰、《英石砚山图记一卷》（清）黄锡蕃辑合订。十行二十三字白口左右双边。

J0008808

画继补遗 （二卷）（元）庄肃撰
黄氏醉经楼 清嘉庆十五年［1810］刻本

　　本书由《画继补遗二卷》（元）庄肃撰、《英石砚山图记一卷》（清）黄锡蕃辑合订。十行二十三字白口左右双边。

J0008809

画继补遗 （元）庄肃［撰］
北京 人民美术出版社 1964年 18页 21cm（32开）

　　本书是中国元代画史著作，成书于元大德二年（1298）年，是《画继》的补充。内容为南宋画家传记84篇，涉及南宋画家90人。

J0008810

绘林伐材 （十卷）（清）王宸辑
清乾隆五十四年［1789］刻本

J0008811

画跋 （一卷）（清）恽格撰
虞山张氏 清嘉庆 刻本
（借月山房汇钞）

　　作者恽格（1633—1690），画家。武进（今属江苏）上店人。字寿平，号南田等。主要作品有《山水花鸟》《恽南田花果册》《南田花卉》等。

J0008812

画跋 （一卷）（清）恽格撰
张海鹏 清嘉庆 刻本
（泽古斋重钞）

J0008813

画跋 （一卷）（清）恽格撰
上海陈氏 清道光四年［1824］刻本 重编
（泽古斋重钞）

　　据借月山房汇钞刻本重编。

J0008814

画跋 （一卷）（清）恽格撰
上海 博古斋 民国九年［1920］影印本
（借月山房汇钞）

　　据清嘉庆虞山张氏刻本影印。

J0008815

论画朕说 （一卷）（清）叶以照撰

清嘉庆 刻本

　　本书由《论画脞说一卷》《梅隐草堂题画诗一卷》（清）叶以照撰合订。分二册。八行十六字黑口左右双边。

J0008816
论画脞说 （一卷）（清）叶以照撰
清嘉庆五年［1800］刻本

J0008817
论画脞说 （一卷）（清）叶以照撰
依样壶卢山馆 清道光 抄本
（绘事晬编）

J0008818
梅隐草堂题画诗 （一卷）（清）叶以照撰
清嘉庆 刻本

　　本书由《论画脞说一卷》《梅隐草堂题画诗一卷》（清）叶以照撰合订。分二册。八行十六字黑口左右双边。

J0008819
梅隐草堂题画诗 （一卷）（清）叶以照撰
清嘉庆五年［1800］刻本

J0008820
梅隐草堂题画诗 （一卷）（清）叶以照撰
依样壶卢山馆 清道光 抄本
（绘事晬编）

J0008821
好古堂家藏书画记 （清）姚际恒撰
上海 商务印书馆 1937 年 62 页 18cm（15 开）
（丛书集成初编 1573）

　　本书记姚际恒家藏书画，首载碑帖 10 余种，续记题为《续收书画奇物记》，载砚及画。碑帖书画，皆据实释解，并予以鉴赏品评，详略不一。碑帖多记述拓本来历、墨迹装潢之优劣，兼有对笔法的评断。

J0008822
好古堂家藏书画记 （附续记）（清）姚际恒撰
北京 中华书局 1985 年 新 1 版 62 页
18cm（小 32 开） 统一书号：17018.151
（丛书集成初编）

J0008823
好古堂书画记 （二卷 续记一卷）（清）姚际恒撰
桐川顾氏 清嘉庆四年［1799］刻本
（读画斋丛书）

J0008824
国朝画后续集 （一卷）（清）王光晟撰
秦维岩 清嘉庆十五年［1810］刻本

J0008825
缃园烟墨著录 （正编一卷 附编一卷）（清）许兆熊辑
石契斋 清嘉庆十九至二十二年［1814—1817］刻本 有像 线装

　　十一行二十字白口左右双边单鱼尾。

J0008826
缃园烟墨著录 （一卷 附编一卷）（清）徐坚撰；（清）许兆熊辑
石契斋 清嘉庆十九年［1814］刻本

J0008827
读画录 （一卷）（清）王樨撰
吴江沈氏世楷堂 清道光 刻本
（昭代丛书）

　　中国画著录书。此书辑录撰者所见名画，多为明清人画作，各系品评，多杂记事实。

J0008828
读画闲评 （一卷）（清）俞蛟撰
依样壶卢山馆 清道光 抄本
（绘事晬编）

J0008829
画跋 （二卷）（明）王世贞撰
依样壶卢山馆 清道光 抄本
（绘事晬编）

　　作者王世贞（1526—1590），明代文学家。字元美，号凤州、弇州山人。太仓（今属江苏）人。著有《弇州山人四部稿》《读书后》等。

J0008830
画史 （一卷）（明）陈继儒撰
依样壶卢山馆 清道光 抄本

（绘事晬编）

作者陈继儒（1558—1639），明代文学家、书画家。字仲醇，号眉公，又号麋公。华亭（今上海松江）人。主要作品有诗文集《眉公十集》、词集《晚香堂词》2卷和《邵康节外纪》等。

J0008831

家藏书画记 （一卷）（清）史梦兰撰
清道光至光绪　刻本
（止园丛书）

J0008832

麓台题画稿 （一卷）（清）王原祁撰
吴江沈氏世楷堂　清道光　刻本
（昭代丛书）

作者王原祁（1642—1715），清代画家。字茂京，号麓台、石师道人。苏州府太仓人。代表作品有《佩文斋书画谱》《万寿盛典图》《雨窗漫笔》《麓台题画稿》等。

J0008833

麓台题画稿 （一卷）（清）王原祁撰
无住精舍　清光绪三年［1877］刻本

J0008834

论画 （一卷）（明）王世贞撰
依样壶卢山馆　清道光　抄本
（绘事晬编）

J0008835

续画跋 （一卷）（明）王世贞撰
依样壶卢山馆　清道光　抄本
（绘事晬编）

J0008836

青霞馆论画绝句一百首 （一卷）（清）吴修撰
清道光四年［1824］刻本

J0008837

古今画鉴 （一卷）（元）汤垕撰
六安晁氏　清道光十一年［1831］木活字印本
（学海类编）

作者汤垕，元代书画鉴赏家。字君载，号采真子。山阳（今江苏淮安）人。曾任绍兴兰亭书院山长，征召为都护府令史。精通古代文物和书

画鉴赏。著有《画鉴》（亦称《画史清裁》《古今画鉴》）。

J0008838

古今画鉴 （一卷）（元）汤垕撰
上海　涵芬楼　民国九年［1920］影印本
（学海类编）

清道光十一年六安晁氏木活字印本影印。

J0008839

古今画鉴 （元）汤垕撰
沔阳卢氏慎始基斋　民国十二年［1923］影印本
线装
（湖北先正遗书）

收于《湖北先正遗书》子部中。

J0008840

古今画鉴 （元）汤垕著
长沙　商务印书馆　1937年［152］页　18cm（15开）
（丛书集成初编 1650）

据天都阁藏书本排印。

J0008841

古今画鉴 （元）汤垕撰
北京　中华书局　1985年　新1版　18cm（15开）
统一号：17018.151
（丛书集成初编）

本书由《古今画鉴》（元）汤垕撰、《画品》（明）杨慎撰、《中麓画品》（明）李开先撰、《画说》（明）莫是龙撰、《杂评》合订。

J0008842

画录 （一卷）（明）项元汴撰
六安晁氏　清道光十一年［1831］木活字印本
（学海类编）

作者项元汴（1525—1590），明代鉴赏家、收藏家。字子京，号墨林、墨林山人、漆园傲吏等。浙江嘉兴人。著有《蕉窗九录》，刊有《天籁阁帖》，代表作品《墨林山人诗集》《蕉窗九录》等。

J0008843

画录 （一卷）（明）项元汴撰
上海　涵芬楼　民国九年［1920］影印本
（学海类编）

据清道光十一年六安晁氏木活字印本影印。

J0008844

碧城题跋　（二卷）（清）陈文述撰

清道光二十三年［1843］刻本

　　作者陈文述（1771—1843），初名文杰，字谱香，又字隽甫、云伯、英白等。浙江杭州人。著有《碧城诗馆诗钞》《颐道堂集》等。

J0008845

国朝院画录　（二卷）（清）胡敬撰

崇雅堂　清道光二十三年［1843］刻本

（胡氏书画考三种）

J0008846

黄左田先生画品二十四首　（清）黄钺撰

临潼王飞鹗华雨山房　清道光二十三年［1843］刻本　线装

（四品汇钞）

　　八行二十字白口左右双边单鱼尾。

J0008847

南薰殿图像考　（二卷）（清）胡敬撰

崇雅堂　清道光二十三年［1843］刻本

J0008848

南薰殿图像考　（二卷）（清）胡敬撰

崇雅堂　清道光二十三年［1843］刻本

（胡氏书画考三种）

J0008849

西清札记　（四卷）（清）胡敬撰

崇雅堂　清道光二十三年［1843］刻本

（胡氏书画考三种）

J0008850

和羹用汝集　（不分卷）（清）段永源撰

清咸丰　刻本

J0008851

画友录　（一卷）（清）黄钺撰

清咸丰至同治　刻本

（黄勤敏公全集）

J0008852

历代名家书画题跋　（四卷）（明）项德新辑

长洲章氏算鹤量鲸室　清末　抄本

J0008853

王麓台王蓬心题画诗跋　（一卷）（清）王原祁，（清）王宸撰

王祖畬　清末至民国初　抄本

　　作者王原祁（1642—1715），清代画家。字茂京，号麓台、石师道人。苏州府太仓人。代表作品有《佩文斋书画谱》《万寿盛典图》《雨窗漫笔》《麓台题画稿》等。

J0008854

藤花亭书画跋　（五卷）（清）梁廷楠撰

清咸丰五年［1855］刻本

J0008855

藤花亭书画跋　（四卷）（清）梁廷楠撰

顺德龙氏中和园　民国二十三至二十六年［1934—1937］刻本

（自明诚楼丛书）

J0008856

采芝图诗　（不分卷）（清）王师俭等撰

清咸丰七年［1857］拓本

J0008857

题辞　（不分卷）（清）王翚辑

清咸丰七年［1857］刻本

　　作者王翚（1632—1717），清代著名画家。江苏常熟人。字石谷，号耕烟散人、乌目山人、清晖老人等。传世作品有《秋山萧寺图》《虞山枫林图》《秋树昏鸦图》《芳洲图》等。

J0008858

清湘老人题记　（一卷）（清释）道济撰；（清）汪鋆辑

仪征汪氏　清同治至光绪　刻本

（十二砚斋三种）

J0008859

盼云轩画传　（四卷）（清）李若昌撰

李若昌［自刊］清同治三年［1864］刻本

　　本书由（清）李若昌撰《盼云轩画传》四卷、

《闲窗论画》一卷合订。

J0008860

闲窗论画 （一卷）（清）李若昌撰
李若昌［自刊］清同治三年［1864］刻本
　　　本书由（清）李若昌撰《盼云轩画传》四卷、
《闲窗论画》一卷合订。

J0008861

铁网珊瑚 （初集一卷　二集一卷　三集一卷）
（清）周鸿藻，（清）张昌照撰
霁月山房　清同治七年［1868］刻本

J0008862

家藏书画记 （二卷）（清）谢原坦撰
三德堂　清同治十二年［1873］刻本

J0008863

白云遗迹题咏 （不分卷）
清光绪
　　　本书由《白云遗迹题咏不分卷》《幽阱雪鸿
题咏不分卷》合订。

J0008864

董华亭书画录 （一卷）（明）董其昌撰；（清）
青孚山人辑
元和江氏湖南使院　清光绪　刻本
（灵鹣阁丛书）
　　　作者董其昌（1555—1636），明代著名书画
家。字玄宰，号思白，别号香光居士。松江华亭
（今上海）人。主要作品有《岩居图》《秋兴八景
图》《昼锦堂图》等。

J0008865

画品 （清）黄钺撰
南清河王氏　清光绪　木活字本　线装
（牖蒙丛编）
　　　十二行二十四字黑口四周双边单鱼尾。

J0008866

画品 （一卷）（清）黄钺撰
清光绪五年［1879］刻本
（三品汇刊）

J0008867

青霞馆论画绝句 （清）吴修撰
苏省文学山房　清光绪　刻本　重印　线装
　　　九行十九字黑口左右双边。

J0008868

青霞馆论画绝句 （清）吴修撰
钱江葛元煦　清光绪二年［1876］刻本　线装
　　　九行十九字黑口左右双边。

J0008869

青霞馆论画绝句 （一卷）（清）吴修撰
上海　神州国光社　民国二年［1913］线装
（美术丛书续集）
　　　收于《美术丛书续集》第六集中。

J0008870

青霞馆论画绝句一百首 （一卷）（清）吴
修撰
上海　葛元煦啸园　清光绪二年［1876］刻本

J0008871

西湖卧游图题跋 （一卷）（明）李流芳撰
清光绪　刻本
（西湖集览）

J0008872

西湖卧游图题跋 （一卷）（明）李流芳撰
钱塘丁氏嘉惠堂　清光绪三至二十六年［1877—
1900］刻本
（武林掌故丛编）

J0008873

小鸥波馆画寄 （一卷）（清）潘曾莹撰
清光绪十四年［1888］活字本　线装
　　　九行二十一字黑口左右双边双鱼尾。

J0008874

小鸥波馆画寄 （一卷）（清）潘曾莹撰
清光绪十四年［1888］活字本　线装
　　　本书由《小鸥波馆画识三卷》《小鸥波馆画
寄一卷》（清）潘曾莹撰合订。

J0008875

小鸥波馆画识 （四卷）（清）潘曾莹撰

清光绪 刻本

J0008876
小鸥波馆画识 （三卷）（清）潘曾莹撰
清光绪十四年［1888］活字本 线装
　　本书由（清）潘曾莹撰《小鸥波馆画识》三卷、《小鸥波馆画寄》一卷合订。九行二十一字黑口左右双边双鱼尾。

J0008877
小鸥波馆画识 （三卷 画寄一卷）（清）潘曾莹撰
清光绪十四年［1888］木活字印本

J0008878
小鸥波馆画识 （三卷 画寄一卷）（清）潘曾莹撰
苏州 文学山房 民国十三年［1924］木活字印本
（文学山房丛书）

J0008879
小鸥波馆画著五种 （清）潘曾莹著
上海 上海书店 1987年 影印本［336］页
18cm（小32开）定价：CNY2.25
　　本书包括《墨缘小录》《小鸥波馆画识》《小鸥波馆画寄》《小鸥波馆题画诗》《红雪山房画品》。

J0008880
幽阴雪鸿题咏 （不分卷）
清光绪 铅印本
　　《白云遗迹题咏不分卷》《幽阴雪鸿题咏不分卷》合订。

J0008881
游艺卮言 （二卷）叶德辉撰
长沙叶氏 清光绪 刻本
（观古堂所著书）

J0008882
游艺卮言 （二卷）叶德辉撰
清宣统三年［1911］刻本 线装
　　十一行二十二字小字双行同黑口左右双边单鱼尾。

J0008883
游艺卮言 （二卷）叶德辉撰
长沙叶氏 民国八年［1919］刻本 重印 线装
（观古堂所著书）
　　收于《观古堂所著书》第二集中。

J0008884
真赏斋赋 （一卷）（明）丰坊撰
清光绪 刻本
（藕香零拾）
　　作者丰坊（1492—1566），明朝书法家、篆刻家、藏书家。字存礼，后更名道生，字人翁，别号南禺外史，嘉靖进士。代表作品有《砥柱行》《逍遥游》《书诀》《丰坊临摹兰亭集序》。

J0008885
南田画跋 （一卷）（清）恽格撰
仁和葛氏 清光绪二至七年［1876—1881］刻本 巾箱本
（啸园丛书）
　　作者恽格（1633—1690），画家。字寿平，号南田等。武进（今属江苏）上店人。主要作品有《山水花鸟》《恽南田花果册》《南田花卉》等。

J0008886
南田题跋 （一卷）（清）恽格撰
同文图书馆 民国初 石印本
（啸园丛书）

J0008887
强恕斋图画精意识 （清）张庚撰
成都叶氏 清光绪二年［1876］刻本 线装
（诸家画说）
　　十行十八字白口左右双边单鱼尾。

J0008888
诸家画说 （不分卷）（清）叶宗祿辑
成都叶氏 清光绪二年［1876］刻本

J0008889
诸家画说 （十三种）（清）叶宗祿辑
成都叶氏 清光绪二年［1876］刻本 线装
　　分四册。

J0008890

松壶先生集 （四卷）（清）钱杜撰

八喜斋 清光绪六年［1880］刻本 线装

　　十一行二十二字白口四周单边单鱼尾。作者钱杜（1764—1845），初名榆，字叔枚，更名杜，字叔美，号松壶小隐，亦号松壶、壶公、居士。钱塘（今浙江杭州）人。著有《松壶画诀》《松壶画忆》《松壶画赘》等。

J0008891

松风堂读书图题辞 （清）曹咸熙编次

清光绪八年［1882］刻本 有图 线装

　　九行二十一字黑口左右双边单鱼尾。

J0008892

松风堂读书图题辞 （不分卷）（清）曹咸熙辑

清光绪八年［1882］刻本

J0008893

扬州画苑录 （四卷）（清）汪鋆辑

仪征汪氏 清光绪十一年［1885］刻本 线装

　　分四册。十行二十一字白口左右双边单鱼尾。

J0008894

赐砚斋题画补录 （一卷）（清）戴熙撰；（清）许英辑

清光绪十二年［1886］刻本

　　作者戴熙（1801—1860），画家。字醇士，号鹿林、鹿床、榆庵、榆庵等。清钱塘（今杭州）人。道光间翰林院庶吉士，授编修。工诗书画，治印。著有《习苦斋画絮·诗文集》《赐砚斋题画偶录》《宋元四家诗选》《粤雅集》等。

J0008895

铁网珊瑚 （初集不分卷 二集不分卷 三集不分卷）（清）沈镜堂辑

上海扫叶山房 清光绪十二年［1886］刻本

J0008896

习苦斋画絮 （十卷）（清）戴熙撰

清光绪十九年［1893］刻本

　　有清吴大澂批校。

J0008897

黄海看云第一图题辞 （一卷）（清）汪廷栋辑

古歙汪廷栋 清光绪二十年［1894］刻本

　　本书由《黄海看云第一图题辞一卷》《黄海看云第二图题辞一卷》合订。

J0008898

黄海看云第二图题辞 （一卷）（清）汪廷栋辑

古歙汪廷栋 清光绪二十年［1894］刻本

　　本书由《黄海看云第一图题辞一卷》《黄海看云第二图题辞一卷》合订。

J0008899

铁网珊瑚 （三集不分卷）（清）张金镛等编

清光绪二十二年［1896］石印本

J0008900

张忆娘簪华图卷题咏 （清）江标辑

长沙 元和江标 清光绪二十三年［1897］刻本 线装

（灵鹣阁丛书）

　　收于《灵鹣阁丛书》第四集中。

J0008901

名画 （二卷）（清）安歧辑

清光绪二十六年［1900］铅印本

（墨缘汇观）

J0008902

名画 （二卷）（清）安歧辑

端方 清宣统元年［1909］刻本

（墨缘汇观）

J0008903

辋川画诀 （唐）王维撰

清光绪二十六年［1900］刻本

（清瘦阁读画十八种）

　　作者王维（701—761），唐代诗人、画家。字摩诘，号摩诘居士。河东蒲州（今山西运城）人，祖籍山西祁县。代表诗作有《相思》《山居秋暝》等。著作有《王右丞集》《画学秘诀》。

J0008904

翁刻天冠山题咏 （不分卷）（元）赵孟頫书

上海 国学丛书社 清光绪三十三年［1907］影

印本

本书由《涿拓兰亭十三跋不分卷》(晋)王羲之撰并书;(元)赵孟頫等书、《翁刻天冠山题咏不分卷》(元)赵孟頫书合订。

J0008905

翁刻天冠山题咏 （不分卷）（元）赵孟頫书

上海 国学丛书社 清光绪三十三年［1907］影印本

作者赵孟頫(1254—1322),元代著名书画家、诗人。字子昂,号松雪道人等。浙江吴兴(今浙江湖州市)人。能诗善文,精绘艺,工书法,"楷书四大家"之一。作品有《秋郊饮马图》《秀石疏林图》《松石老子图》等,著有《松雪斋文集》等。

J0008906

历朝名画共赏集 （第三集）（清）张槎客编辑;（清）虚斋藏

上海 世界社 清宣统元年［1909］影印本

J0008907

无益有益斋论画诗 （二卷）（清）李葆恂撰

南陵徐氏 清宣统 刻本

（怀豳杂俎）

J0008908

无益有益斋论画诗 （二卷）（清）李葆恂撰

汉口 维新印书馆 清宣统元年［1909］铅印本

有佚名朱色铅字校改。

J0008909

王奉常书画题跋 （二卷）（清）王时敏撰

通州李氏瓯钵罗室 清宣统二年［1910］刻本

有烟客题跋。作者王时敏(1592—1680),清初山水画家。本名赞虞,字逊之,号烟客,晚号归村,世称西田先生。江苏太仓人。代表作品《仿山樵山水图》《层峦叠嶂图》等。

J0008910

菰里瞿氏四世画卷题词 （四卷 补遗一卷）

孙雄辑;徐兆玮补遗

民国 抄本 毛装

J0008911

清朝名家书画录 宝镇辑

上海 自强书局 宣统三年［1911］［石印本］4册 20cm（32开）

J0008912

雪堂书画跋尾 （一卷）罗振玉撰

上虞罗氏贻安堂凝清室 民国 刻本

（永丰乡人稿）

作者罗振玉(1866—1940),古文字学家,金石收藏家。字叔蕴,又字叔言,号雪堂、陆庵。浙江上虞人。任学部参事,兼京师大学堂农科监督,辛亥后任伪满监察院长。著有《殷虚书契》《三代吉金文存》《西城精舍杂文甲编》《松翁近稿》等。

J0008913

榆园图题咏 响泉编

民国 影印本 有图 线装

J0008914

草心楼读画集 （一卷）（清）黄崇惺撰

上海 神州国光社 民国元年［1912］

（美术丛书）

J0008915

赖古堂书画跋 （一卷）（清）周亮工撰

上海 神州国光社 民国元年［1912］

（美术丛书）

作者周亮工(1612—1672),明末清初文学家、篆刻家、收藏家。字元亮,号陶庵。出生于江苏南京,祖籍河南开封。明崇祯进士,仕清后官户部右侍郎。著有《赖古堂集》《读画录》等。

J0008916

论画绝句 （一卷）（清）宋荦原唱;（清）朱彝尊和

上海 神州国光社 民国元年［1912］

（美术丛书）

作者宋荦(1634—1714),清朝诗人、画家、政治家。字牧仲,号漫堂、西陂、绵津山人,晚号西陂老人、西陂放鸭翁。归德府(今河南商丘)人。曾任湖广黄州通判、江苏巡抚、吏部尚书。被康熙帝誉为"清廉为天下巡抚第一"。著作有《漫堂说诗》《漫堂墨品》《绵津诗抄》等。

J0008917

漫堂书画跋 （一卷）（清）宋荦撰
上海 神州国光社 民国元年［1912］
（美术丛书）

J0008918

曝书亭书画跋 （一卷）（清）朱彝尊撰
上海 神州国光社 民国元年［1912］
（美术丛书）

J0008919

小松园阁书画跋 （一卷）（清）程庭鹭撰
上海 神州国光社 民国元年［1912］
（美术丛书）

　　本书由《小松园阁书画跋一卷》《砚铭杂器
铭一卷》（清）程庭鹭撰合订。

J0008920

玉几山房画外录 （二卷）（清）陈撰撰
上海 神州国光社 民国元年［1912］
（美术丛书）

J0008921

玉台画史 （一卷）（清）汤漱玉撰
上海 国学扶轮社 民国三年［1914］线装
（香艳丛书）

J0008922

读画辑略 （四卷）（清）陈烺撰
上海 商务印书馆 民国四年［1915］
（文艺丛刻）

J0008923

读画辑略 （四卷）（清）陈烺著
上海 商务印书馆 1915年 126页 19cm（32开）
定价：大洋四角
（文艺丛刻 甲集）

　　作者陈烺（1822—1903），字叔明，号潜翁，
又号云石山人，晚称玉狮老人。清道光二年
（1822）生于武进县城（今常州市）。官浙江盐运使。
著有《读画辑略四卷》《梅喜缘》《回流记》《海雪
吟》《负薪记》另有《禅真语录四卷》、杂剧《悲风
曲一卷》等著作行世。

J0008924

读画辑略 （四卷）（清）陈烺著
上海 商务印书馆 1917年 再版 126页
18cm（小32开）定价：大洋四角
（文艺丛刻 甲集 3）

J0008925

读画辑略 （四卷）（清）陈烺著
上海 商务印书馆 民国六年［1917］再版 线装

J0008926

读画辑略 （四卷）（清）陈烺著
上海 商务印书馆 1925年 4版 126页
19cm（32开）定价：大洋四角
（文艺丛刻 甲集）

J0008927

烟云供养录 （清）吴骞辑
西泠印社 民国四年［1915］木活字本 线装
　　分二册。
　　作者吴骞（1733—1813），清代藏书家、文学
家。字槎客、葵里，号愚谷，别号兔床、漫叟等。
浙江海宁人。所辑《拜经楼丛书》校勘精审，著
名于世。著有《拜经楼诗集》《拜经楼诗集续编》
《愚谷文存》等。

J0008928

观画百咏 （四卷）叶德辉撰并注
南阳叶氏观古堂 民国七年［1918］刻本 线装
　　分二册。

J0008929

冬心先生杂画题记 （一卷 补遗一卷）（清）
金农撰
上海 神州国光社 民国九年［1920］
（美术丛书）

　　作者金农（1687—1764），清代书画家。字寿
门、司农、吉金。钱塘（今浙江杭州）人。扬州八
怪之首。代表作品有《东萼吐华图》《空捍如洒
图》《腊梅初绽图》《玉蝶清标图》等，著有《冬
心诗集》《冬心随笔》《冬心杂著》等。

J0008930

画说 （一卷）（清）华翼纶撰
上海 神州国光社 民国九年［1920］

（美术丛书）

J0008931
论画杂诗　（一卷）（清）金农撰
上海　神州国光社　民国九年［1920］
（美术丛书）

J0008932
米庵鉴古百一诗　（一卷）（明）张丑撰
上海　神州国光社　民国九年［1920］
（美术丛书）

J0008933
苇间老人题画集　（一卷）（清）边寿民撰；罗振玉等辑
如皋冒氏　民国十年［1921］刻本
（楚州丛书）
　　作者边寿民（1684—1752），清代著名花鸟画画家。初名维祺，字颐公，又字渐僧、墨仙，号苇间居士，晚年又号苇间老民等。江苏淮安人。工诗词、精书法。代表作品有《芦雁图全套八幅册页》《碧梧双峙图》《老圃秋容图》等。

J0008934
文人画之复兴　（日）大村西崖撰；陈衡恪译
上海　中华书局　民国十一年［1922］线装

J0008935
文人画之价值　陈衡恪撰
上海　中华书局　民国十一年［1922］线装
　　作者陈衡恪（1876—1923），近代著名书画篆刻家。字师曾，号槐堂。江西义宁（今江西省修水县）人。曾留学日本。曾任教于通州师范学校、长沙第一师范、北京女子高等师范学校、北京美术专门学校。代表作品有《中国绘画史》《文人画之价值》。

J0008936
古画微　黄宾虹著
上海　商务印书馆　1925年　56页　17cm（40开）
定价：大洋一角五分
（小说世界丛刊）
　　本书内收《上古三代图画实物之形》《两汉图画难显之形》《两晋六朝创始山水画以神为重》《清初四王吴恽之复古》《扬州八怪之变体》等23

篇评论文章。

J0008937
古画微　黄宾虹著
上海　商务印书馆　1929年　59页　18cm（15开）
（万有文库　第一集　0727）

J0008938
古画微　黄宾虹著
上海　商务印书馆　1933年　59页　19cm（32开）
定价：国币二角
（国学小丛书）

J0008939
古画微　黄宾虹著
上海　商务印书馆　1933年　国难后1版　59页　19cm（32开）　定价：大洋二角
（国学小丛书）

J0008940
古画微　黄宾虹著
上海　商务印书馆　1934年　国难后2版　59页　19cm（32开）　定价：大洋二角
（国学小丛书）

J0008941
石涛题画录　（五卷）（清释）道济撰
程霖生遂吾卢　民国十四年［1925］

J0008942
石涛题画录补遗　（一卷）（清释）道济撰
程霖生遂吾卢　民国十四年［1925］
　　有清汪绎辰、丁丙跋。

J0008943
王司农题画录　（二卷）（清）王原祁撰；王保慧辑
民国十四年［1925］
　　作者王原祁（1642—1715），清代画家。字茂京，号麓台、石师道人。苏州府太仓人。代表作品有《佩文斋书画谱》《万寿盛典图》《雨窗漫笔》《麓台题画稿》等。

J0008944
心太平轩论画　宋伯鲁撰

民国十五年［1926］木活字本 线装

J0008945
南画的位置 （日）金原省吾著；洪炎秋译
北平 北平近代科学图书馆［1931—1939 年］
10 页 23cm（10 开）
（北平近代科学图书馆丛刊 17）

J0008946
明画姓氏编韵 （清）陈豫钟集
国立北平图书馆 民国二十一年［1932］抄本
线装
　　分三册。

J0008947
续指头画说 林彦博撰
民国二十一年［1932］有图 线装

J0008948
中国画讨论集 姚渔湘编著
北平 立达书局 1932 年 336 页 21cm（32 开）
定价：一元五角
　　本书内收 29 篇论文，其中有《中国画的特
色》（丰子恺）、《中国画改良论》（徐悲鸿）、《国画
之新的研究》（陶冷月）、《论四王与清代画界之
关系》（姚渔湘）、《中国山水谈》（贺月朴）等。

J0008949
国画面面观 郑午昌等著
上海 商务印书馆 1933 年 106 页 15cm（40 开）
定价：大洋一角
（东方文库续编）
　　本书收《中国画之认识》（郑午昌）、《中国画
之解剖》（蒋锡曾）、《中国的绘画思想》（丰子恺）
3 篇论文。

J0008950
三虞堂论书画诗 （二卷）（清）完颜景贤撰；
苏宗仁编次
太平苏宗仁 民国二十二年［1933］线装

J0008951
清画传辑佚三种 洪业辑校
北平 哈佛燕京学社引得编纂处 1934 年
［70］页 26cm（16 开）

（引得特刊 八）
　　本书收录《读画辑略》《读画随笔》《画人
补遗》。

J0008952
天瓶斋书画题跋补辑 （一卷）（清）张兴载撰
民国二十五年［1936］铅印本
（丙子丛编）

J0008953
郑仁山指画展览会 郑仁山著
［1936 年］35 页 有照片 21cm（32 开）
　　本书收指画 10 余幅。另有他人对其展览会
的评论文章 10 余篇，包括圣僧《关于江郎山人及
其作品》、严葳《江郎山人指头之技巧》、张望《参
观指画后》、丰子恺《参观郑仁山指画展览会》等。

J0008954
中国名画观摩记 施翀鹏著
上海 商务印书馆 1936 年［20］+94 页
22cm（30 开）定价：国币一元二角
　　本书为古代中国画评论集，共 6 章，对唐、
五代、宋、元、明、清 168 幅作品加以介绍、评
论。并附作品 28 幅。

J0008955
中国名画观摩记 施翀鹏著
上海 商务印书馆 1936 年 再版 94 页
22cm（30 开）定价：国币一元二角

J0008956
中国名画观摩记 施翀鹏著
上海 上海书店 1996 年 影印本 94 页
19cm（32 开）精装 ISBN：7-80569-994-1
（民国丛书 第五编 美学·艺术类 58）

J0008957
张忆娘簪花图卷题咏 （清）江标辑
上海 商务印书馆 1937 年 影印本 19+46 页
18cm（15 开）
（丛书集成初编 1576）
　　本书由（清）江标辑《张忆娘簪花图卷题咏》、
（清）青浮山人编辑《董华亭书画录》合订。

J0008958

张忆娘簪华图卷题咏　（清）江标辑

北京　中华书局　1985 年　新 1 版　19+46 页

18cm（15 开）统一书号：17018.151

（丛书集成初编 1576）

　　本书由（清）江标辑《张忆娘簪花图卷题咏》、（清）青浮山人编辑的《董华亭书画录》合订。

J0008959

中国绘画之检讨　（陶德曼大使讲演辞译录）

（德）陶德曼讲演

南京　民国二十六年［1937］线装

J0008960

凫舟话柄　（一卷）（清）许兆熊撰

民国二十九至三十七年［1940—1948］石印本

（合众图书馆丛书）

J0008961

黄宾虹书画展特刊　黄宾虹书画展览会筹备处编

上海　黄宾虹书画展览会筹备处　1943 年　36 页

19cm（32 开）

　　本书为中国现代山水画美术批评文集，内收《八十感言》（宾虹）、《寿宾翁诗》（陈叔通）、《祝宾虹先生八十寿》（野残）、《真画》（摄堂）、《吹万楼读画记》（高燮）、《观画答客问》（移山）、《山水画漫谈》（尘隐）等诗文 10 余篇。

J0008962

历代论画名著汇编　沈子丞编

上海　世界书局　1943 年［16］+629 页 19cm（32 开）

精装　定价：国币 200 元

　　本书辑集晋唐至清末论画者 75 人的文章，共 82 篇。其中有（晋）顾恺之《画评》、（南朝宋）宗炳《画山水序》、（唐）王维《山水诀》、（宋）苏轼《东坡集》、（宋）米芾《画史》、（清）王鉴《染香庵跋画》、（清）龚贤《〈画诀〉附跋》等，均附作者小传。全书作品以时代为序排列，在每一时代之前，撰有绘画概述一篇，论述当时的社会背景和绘画演进源流。

J0008963

历代论画名著汇编　沈子丞著

北京　文物出版社　1982 年　新 1 版　影印本

629 页　19cm（32 开）统一书号：8068.1058

定价：CNY2.70, CNY3.70（精装）

　　作者沈子丞（1904—1996），画家。原名德坚，别之淳，号听蛙翁。浙江嘉兴人。曾为上海市文史研究馆馆员、上海中国画院画师。代表作品有《花仕女图》《围棋图》等。出版有《历代论画名著汇编》《沈子丞书画集》等。

J0008964

历代论画名著汇编　沈子丞编

台北　世界书局　1984 年　再版　影印本　629 页

21cm（32 开）精装　定价：旧台币 5.00

（中国学术名著 7）

J0008965

潘氏三松堂书画记　（一卷）（清）潘志万辑

合众图书馆　民国三十二年［1943］石印本　线装

（合众图书馆丛书）

J0008966

古画评三种考订　史岩著

金陵大学中国文化研究所　1947 年　22 页

26cm（16 开）

（金陵大学中国文化研究所丛刊 乙种）

J0008967

题跋　（一卷）（明）詹景凤撰

北平　故宫　民国三十六年［1947］

J0008968

唐张萱石桥图考　冼玉清著

广州　岭南大学　1949 年　164–168 页　27cm（16 开）

J0008969

阎立本和他的作品　徐邦达编

北京　朝花美术出版社　1956 年　影印本［23］页

17cm（32 开）统一书号：T8028.1163

定价：CNY0.16

　　作者徐邦达（1911—2012），画家、书画鉴定家。字孚尹，号李庵等。浙江海宁人。代表作品有《古书画鉴定概论》《古书画伪讹考辨》《古书画过眼要录》等。

J0008970

中国画　（创刊号 季刊）中国画编辑委员会

编辑

北京 中国古典艺术出版社 1957 年 69 页

37cm（8 开）统一书号：8029.42 定价：CNY4.00

J0008971

中国画 （总第 23 期 1982 年第 1 期）《中国画》

编委会编辑

北京 北京出版社 1982 年 72 页 26cm（16 开）

定价：CNY2.50

J0008972

中国画 （总第 24 期 1982 年第 2 期）《中国画》

编委会编辑

北京 北京出版社 1982 年 72 页 26cm（16 开）

定价：CNY2.50

J0008973

中国画 （总第 25 期 1982 年第 3 期）《中国画》

编委会编辑

北京 北京出版社 1982 年 72 页 26cm（16 开）

统一书号：8071.463 定价：CNY2.50

J0008974

中国画 （总第 26 期 1982 年第 4 期）《中国画》

编委会编辑

北京 北京出版社 1982 年 26cm（16 开）

统一书号：8071.464 定价：CNY2.50

J0008975

中国画 （总第 27 期 1983 年第 1 期）《中国画》

编委会编辑

北京 北京出版社 1983 年 72 页 26cm（16 开）

定价：CNY2.50

J0008976

中国画 （总第 28 期 1983 年第 2 期）《中国画》

编委会编辑

北京 北京出版社 1983 年 72 页 26cm（16 开）

定价：CNY2.50

J0008977

中国画 （总第 29 期 1983 年第 3 期）《中国画》

编委会编辑

北京 北京出版社 1983 年 26cm（16 开）

统一书号：8071.504 定价：CNY2.50

J0008978

中国画 （总第 30 期 1983 年第 4 期）《中国画》

编委会编辑

北京 北京出版社 1983 年 72 页 26cm（16 开）

定价：CNY2.50

J0008979

中国画 （总第 33 期 1984 年第 3 期）《中国画》

编委会编辑

北京 北京出版社 1984 年 72 页 26cm（16 开）

定价：CNY2.50

J0008980

中国画 （总第 31 期 1984 年第 1 期）《中国画》

编委会编辑

北京 北京出版社 1984 年 72 页 26cm（16 开）

定价：CNY2.50

J0008981

中国画 （总第 32 期 1984 年第 2 期）《中国画》

编委会编辑

北京 北京出版社 1984 年 72 页 26cm（16 开）

定价：CNY2.50

J0008982

中国画 （总第 34 期 1984 年第 4 期）《中国画》

编委会编辑

北京 北京出版社 1984 年 72 页 26cm（16 开）

定价：CNY2.50

J0008983

中国画 （总第 35 期 1985 年第 1 期）潘絜兹

主编

北京 北京出版社 1985 年 70 页 26cm（16 开）

统一书号：8071.543 定价：CNY3.00

　　作者潘絜兹(1915—2002)，著名工笔人物

画家。原名昌邦。浙江宣平人。毕业于北京京

华美术学院。历任中国历史博物馆美术组长，

《美术》月刊编辑，《中国画》主编，北京画院专

业画师及艺术委员会副主任、北京工笔画会会

长、中国美术家协会北京分会副主席等。代表

作品《石窟艺术的创造者》《白居易场面炭翁诗

意》等。

J0008984
中国画（总第 36 期　1985 年第 2 期）潘絜兹
主编
北京　北京出版社　1985 年　72 页　26cm（16 开）
统一书号：8071.545　定价：CNY3.00

J0008985
中国画（总第 37 期　1985 年第 3 期）潘絜兹
主编
北京　北京出版社　1985 年　72 页　26cm（16 开）
统一书号：8171.549　定价：CNY3.00

J0008986
中国画（总第 38 期　1985 年第 4 期）潘絜兹
主编
北京　北京出版社　1985 年　72 页　26cm（16 开）
统一书号：8071.552　定价：CNY3.00

J0008987
中国画（总第 41 期　1986 年第 3 期）潘絜兹
主编
北京　北京出版社　1986 年　72 页　26cm（16 开）
统一书号：8071.564　定价：CNY3.00

J0008988
中国画（总第 39 期　1986 年第 1 期）潘絜兹
主编
北京　北京出版社　1986 年　70 页　26cm（16 开）
统一书号：8071.553　定价：CNY3.00

J0008989
中国画（总第 40 期　1986 年第 2 辑）潘絜兹
主编
北京　北京出版社　1986 年　72 页　26cm（16 开）
统一书号：8071.558　定价：CNY3.00

J0008990
中国画（总第 42 期　1986 年第 4 期）潘絜兹
主编
北京　北京出版社　1986 年　72 页　26cm（16 开）
统一书号：8071.565　定价：CNY3.00

J0008991
中国画（总第 43 期　1987 年第 1 期）潘絜兹

主编
北京　北京出版社　1987 年　71 页　23cm（10 开）
统一书号：8071.568　定价：CNY3.00
ISBN：7-200-00060-4

J0008992
中国画（总第 44 期　1987 年第 2 期）潘絜兹
主编
北京　北京出版社　1987 年　23cm（10 开）
ISBN：7-200-00061-2　定价：CNY3.00

J0008993
中国画（总第 45 期　1987 年第 3 期）潘絜兹
主编；北京画院《中国画》编辑部编辑
北京　北京出版社　1987 年　23cm（10 开）
统一书号：8071.576　定价：CNY3.00
ISBN：7-200-00317-4

J0008994
中国画（总第 46 期　1987 年第 4 期）潘絜兹
主编；北京画院《中国画》编辑部编辑
北京　北京出版社　1987 年　72 页　26cm（12 开）
ISBN：7-200-00358-1　定价：CNY3.00

J0008995
中国画（总第 47 期　1988 年第 1 期）潘絜兹
主编；北京画院《中国画》编辑部编辑
北京　北京出版社　1988 年　72 页　26cm（12 开）
ISBN：7-200-00490-1　定价：CNY4.00

J0008996
中国画（总第 48 期　1988 年第 2 期）潘絜兹
主编；北京画院《中国画》编辑部编辑
北京　北京出版社　1988 年　72 页　26cm（12 开）
ISBN：7-200-00564-9　定价：CNY4.00

J0008997
中国画（总第 49 期　1988 年第 3 期）潘絜兹
主编；北京画院《中国画》编辑部编辑
北京　北京出版社　1988 年　71 页　26cm（16 开）
ISBN：7-200-00604-1　定价：CNY4.00

J0008998
中国画（总第 50 期　1988 年第 4 期）潘絜兹
主编；北京画院《中国画》编辑部编辑

北京 北京出版社 1988 年 26cm（16 开）
ISBN：7-200-00663-7 定价：CNY4.00

J0008999

中国画 （总第 51 期 1989 年第 1 期）潘絜兹
主编；北京画院《中国画》编辑部编
北京 北京出版社 1989 年 72 页 26cm（16 开）
ISBN：7-200-00763-3 定价：CNY6.00

J0009000

中国画 （总第 52 期 1990 年第 1 期）潘絜兹
主编；北京画院《中国画》编辑部编辑
北京 北京出版社 1989 年 64 页 26cm（16 开）
ISBN：7-200-01055-3 定价：CNY6.00

J0009001

中国画 （总第 53 期 1990 年第 2 期）潘絜兹
主编；北京画院《中国画》编辑部编辑
北京 北京出版社 1990 年 72 页 26cm（16 开）
ISBN：7-200-01056-1 定价：CNY6.00

J0009002

中国画 （总第 54 期 1990 年第 3 期）潘絜兹
主编；北京画院《中国画》编辑部编辑
北京 北京出版社 1990 年 72 页 26cm（16 开）
ISBN：7-200-01348-X 定价：CNY6.00

　　本期推出近代大师溥心畬（1896—1963）的
10 余件山水画珍品，他是 20 世纪 30 年代唯一与
张大千齐名的画家，人称"南张北溥"。

J0009003

中国画 （总第 55 期 1990 年第 4 期）潘絜兹
主编；北京画院《中国画》编辑部编辑
北京 北京出版社 1990 年 72 页 26cm（16 开）
ISBN：7-200-01349-8 定价：CNY6.00

　　本期发表绘画大师张大千人物画精品 11 件；
北京画院画家杨刚人物画精印作品 5 幅；西安美
院教授徐义生等新作若干件。

J0009004

中国画 （总第 56 期 1990 年第 5 期）潘絜兹
主编；北京画院《中国画》编辑部编辑
北京 北京出版社 1991 年 72 页 26cm（16 开）
ISBN：7-200-01484-2 定价：CNY6.00

J0009005

中国画 （总第 57 期）潘絜兹主编；北京画院
《中国画》编辑部编辑
北京 北京出版社 1992 年 72 页 26cm（16 开）
ISBN：7-200-01643-8 定价：CNY7.80

　　中国画丛刊，本期重点介绍了我国当代工笔
画大师潘絜兹的艺术，刊其作品 12 幅。

J0009006

中国画 （总第 58 期 1993 年第 1 期）文关旺
主编；北京画院《中国画》编辑部编辑
北京 荣宝斋 1993 年 80 页 28cm（大 16 开）
ISBN：7-5003-0183-9 定价：CNY12.80

　　本书包括：画家研究、理论探讨、画家评介、
画史新探、海外中国画、中国画作品等栏目。

J0009007

中国画 （总第 59 期 1993 年第 2 期）文关旺
主编；北京画院《中国画》编辑部编辑
北京 荣宝斋 1993 年 80 页 26cm（16 开）
ISBN：7-5003-0184-7 定价：CNY12.80

　　本期内容为浙江美术学院中国画 65 年专辑，
设理论探讨、画坛纵横、国画市场、海外中国画
等栏目。

J0009008

中国画 （总第 60 期 1993 年第 3 期）文关旺
主编；北京画院《中国画》编辑部编辑
北京 荣宝斋 1993 年 80 页 28cm（大 16 开）
ISBN：7-5003-0204-5 定价：CNY12.80

　　本书包括理论探讨、美术交流、画史新探、
中国画作品等栏目。

J0009009

中国画 （总第 61 期 1993 年第 4 期）文关旺
主编；北京画院《中国画》编辑部编辑
北京 荣宝斋 1993 年 28cm（大 16 开）
ISBN：7-5003-0205-3 定价：CNY12.80

J0009010

中国画 （总第 62 期 1994 年第 1 期）文关旺
主编；北京画院《中国画》编辑部编
北京 荣宝斋 1994 年 28cm（大 16 开）
ISBN：7-5003-0214-2 定价：CNY15.00

J0009011

中国画 （总第 63 期　1994 年第 2 期）文关旺
主编；北京画院《中国画》编辑部编辑
北京　荣宝斋　1994 年　80 页　28cm（大 16 开）
ISBN：7-5003-0215-0　定价：CNY15.00

J0009012

中国画 （总第 64 期　1994 年第 3 期）文关旺
主编；北京画院《中国画》编辑部编辑
北京　荣宝斋　1994 年　28cm（大 16 开）
ISBN：7-5003-0216-9　定价：CNY15.00

J0009013

中国画 （总第 65 期　1994 年第 4 期）文关旺
主编；北京画院《中国画》编辑部编辑
北京　荣宝斋　1994 年　80 页　26cm（16 开）
ISBN：7-5003-0217-7　定价：CNY15.00
　　本刊设创作谈、画家评介、古代美术、学术
动态等栏目。

J0009014

中国画 （总第 66 期　1995 年第 1 期）文关旺
主编；北京画院《中国画》编辑部编辑
北京　荣宝斋　1995 年　80 页　28cm（大 16 开）
ISBN：7-5003-0264-9　定价：CNY18.00
　　本书包括画家研究、创作谈、技法研究、学
术动态等 9 部分。

J0009015

中国画 （总第 67 期　1995 年第 2 期）文关旺
主编；北京画院《中国画》编辑部编辑
北京　荣宝斋　1995 年　80 页　28cm（大 16 开）
ISBN：7-5003-0265-7　定价：CNY18.00

J0009016

中国画 （总第 68 期　1995 年第 3 期）文关旺
主编；北京画院《中国画》编辑部编辑
北京　荣宝斋　1995 年　80 页　28cm（大 16 开）
ISBN：7-5003-0266-5　定价：CNY18.00

J0009017

中国画 （总第 69 期　1995 年第 4 期）文关旺
主编；北京画院《中国画》编辑部编辑
北京　荣宝斋　1995 年　80 页　28cm（大 16 开）
ISBN：7-5003-0267-3　定价：CNY18.00

J0009018

陈洪绶　黄涵泉著
上海　上海人民美术出版社　1958 年
［19cm］（32 开）定价：CNY0.60
（中国画家丛书）

J0009019

顾恺之研究　马采著
上海　1958 年　86 页　20cm（32 开）定价：CNY1.30
　　本书内容有：顾恺之的年代、生平和事迹并
附年表；顾恺之的艺术成就和美学观点；顾恺之
《画云台山记》的空间结构在中国画学思想的意
义；顾恺之的维摩诘——图像的流传和图样的演
变，并附顾恺之传记和传说；顾恺之的佚文。顾
恺之（约 348—409），东晋画家、绘画理论家。字
长康，小字虎头，晋陵无锡人（今江苏无锡市）。
主要作品有《洛神赋图》《女史箴图》《斫琴图》
《魏晋胜流画赞》《论画》等。

J0009020

海外所见中国名画录　（日本之部）朱省斋著
香港　香港新地出版社　1958 年　51 页　有图
20cm（32 开）　定价：HKD2.00

J0009021

黄公望与王蒙　潘天寿，王伯敏著
上海　上海人民美术出版社　1958 年　20 页
有图　21cm（32 开）统一书号：8081.3395
定价：CNY0.50
（中国画家丛书）

J0009022

马远与夏珪　邓白，吴茀之著
上海　上海人民美术出版社　1958 年　26 页
有图　21cm（32 开）统一书号：8081.3398
定价：CNY0.46
（中国画家丛书）
　　作者邓白（1906—2003），画家，美术教育
家。号白叟，别字曙光。广东东莞人，就读于广
州市立美术学校和中央大学艺术系。历任中央
美术学院华东分院工艺美术副教授、浙江美术
学院院长、中国美术家协会理事等。代表作品有
《和平春色》《岭南丹荔》《罗岗香雪》等。出版
有《中国画论初探》《图画见闻志注释》《徐熙与
黄筌》等。作者吴茀之（1900—1977），画家。初

名士绥，改名溪，字茀之，号溪子，又号逸道人。浙江浦江县人。代表作品《画论笔记》《中国画十讲》《画微随笔》《吴弢吟草》等。

J0009023
倪云林　郑秉珊编著
上海　上海人民美术出版社　1958 年　18 页 +［6］页图版　20cm（32 开）统一书号：8081.3393
定价：CNY0.40
（中国画家丛书）

倪瓒（1301—1374），元末明初画家、诗人。初名倪珽，字泰宇，别字元镇，号云林子、荆蛮民、幻霞子。江苏无锡人。擅长画山水，亦工墨竹，亦擅诗文。主要作品有《渔庄秋霁图》《六君子图》《容膝斋图》《清閟阁集》等。

J0009024
沈石田　郑秉珊编著
上海　上海人民美术出版社　1958 年　28 页有图　20cm（32 开）统一书号：8081.3760
定价：CNY0.48
（中国画家丛书）

作者沈周（1427—1509），明代书画家。字启南，号石田、白石翁、有居竹居主人等。长洲（今江苏苏州）人。传世作品有《庐山高图》《秋林话旧图》《沧州趣图》，著有《石田集》《客座新闻》等。

J0009025
王石谷　胡佩衡著
上海　上海人民美术出版社　1958 年
40 页 +［10］幅图版　20cm（32 开）
统一书号：8081.3942　定价：CNY0.60
（中国画家丛书）

王石谷（1632—1717），清代著名画家。本名王翚，字石谷，号耕烟散人、乌目山人、清晖老人等。江苏常熟人。传世作品有《秋山萧寺图》《虞山枫林图》《秋树昏鸦图》《芳洲图》等。作者胡佩衡（1892—1962），蒙古族，山水画家。谱名锡铨，又名衡，字佩衡，号冷庵，外号胡涂克图，以字行。河北涿县人。历任中国画学研究会和湖社画会评议，华北大学教授，北京师范大学讲师，北平艺术专科学校教授，北京中国画研究会常务理事、北京画院画师兼院务委员。著有《山水入门》《桂林写生》《胡佩衡画集》。

J0009026
吴道子　王伯敏著
上海　上海人民美术出版社　1958 年　15 页有图　20cm（32 开）统一书号：8081.3399
定价：CNY0.30
（中国画家丛书）

吴道子（680—759），唐代画家。又名道玄，河南禹州人。主要作品《送子天王图》《明皇受箓图》《十指钟馗图》等。作者王伯敏（1924—2013），美术史论家、画家、诗人。浙江台州人。曾担任中国美术学院教授，美术学博士生导师。著有《中国绘画通史》《中国版画史》《中国美术通史》等。

J0009027
吴镇　郑秉珊编著
上海　上海人民美术出版社　1958 年
18 页 +［14 页］图版　有图　20cm（32 开）
统一书号：8081.3759　定价：CNY0.40

吴镇（1280—1354），元代著名画家。字仲圭，号梅花道人，尝署梅道人。浙江嘉善人。存世作品有《渔父图》《双桧平远图》《洞庭渔隐图》等。

J0009028
徐熙与黄筌　邓白著
上海　上海人民美术出版社　1958 年　22 页有图　20cm（32 开）统一书号：8081.3396
定价：CNY0.36
（中国画家丛书）

徐熙，五代南唐画家。金陵（今南京）人，一说钟陵（今江西进贤）人。代表作品有《玉堂富贵图》《石榴图》《春燕戏花图》

J0009029
展子虔　王伯敏著
上海　上海人民美术出版社　1958 年　14 页有图　21cm（32 开）统一书号：8081.3394
定价：CNY0.26
（中国画家丛书）

展子虔（545—618），隋代画家。山东惠民何坊人。作品《游春图》《八国王分舍利图》《授经图》《长安车马人物图》等。作者王伯敏（1924—2013），美术史论家、画家、诗人。浙江台州人。曾担任中国美术学院教授，美术学博士生导师。著有《中国绘画通史》《中国版画史》《中国美术通史》等。

J0009030
赵佶　邓白著
上海　上海人民美术出版社　1958年　20页
有图　20cm（32开）定价：CNY0.50
（中国画家丛书）
　　作者邓白（1906—2003），画家，美术教育家。号白叟，别字曙光。广东东莞人，就读于广州市立美术学校和中央大学艺术系。历任中央美术学院华东分院工艺美术系副教授、浙江美术学院院长、中国美术家协会理事等。代表作品有《和平春色》《岭南丹荔》《罗岗香雪》等。出版有《中国画论初探》《图画见闻志注释》《徐熙与黄荃》等。

J0009031
周昉　王伯敏著
上海　上海人民美术出版社　1958年　16页
有图　20cm（32开）统一书号：8081.3397
定价：CNY0.32
（中国画家丛书）
　　周昉（公元8世纪–9世纪初），唐代画家。字仲朗、景玄。陕西西安人。代表作品有《簪花仕女图》《挥扇仕女图》《调琴啜茗图》《五星真形图》《杨妃出浴图》等。

J0009032
朱耷　谢稚柳著
上海　上海人民美术出版社　1958年
17页＋［5］幅图版　20cm（32开）
统一书号：8081.4173　定价：CNY0.34
（中国画家丛书）
　　作者谢稚柳（1910—1997），书画家、书画鉴定家。原名稚，字稚柳，后以字行，晚号壮暮翁，斋名鱼饮溪堂人。江苏常州人。历任上海市文物保护委员会编纂、副主任、上海市博物馆顾问、中国书法家协会理事、国家文物局全国古代书画鉴定小组组长等。编著有《敦煌石室记》《敦煌艺术叙录》《水墨画》《唐五代宋元名迹》等。

J0009033
郭熙　张安治编著
上海　上海人民美术出版社　1959年
［21cm］（32开）定价：CNY0.32

（中国画家丛书）
　　郭熙（约1023—约1085），北宋画家、绘画理论家。字淳夫。河阳（今河南温县）人。代表作品《早春图》《关山春雪图》《窠石平远图》《幽谷图》等。作者张安治（1911—1990），艺术家、油画家。字汝进，笔名紫天、张帆，江苏扬州人，毕业于南京中央大学美术系。曾就职于北京师范大学、北京艺术学院、中央美术学院等。著有《中国画论纵横谈》《中国画发展史纲要》《中国绘画史纲要》《墨海精神——中国画论纵横谈》等。

J0009034
李公麟　周芜著
上海　上海人民美术出版社　1959年　31页
有图　20cm（32开）统一书号：T8081.4362
定价：CNY0.34
（中国画家丛书）
　　李公麟（1049—1106），北宋著名画家。字伯时，号龙眠居士。安徽舒城人。神宗熙宁三年（1070）进士。传世作品《五马图》《维摩居士像》《免胄图》等。

J0009035
李公麟　周芜著
上海　上海人民美术出版社　1961年　重印本
24页　有图　20cm（32开）统一书号：8081.4362
定价：CNY0.32
（中国画家丛书）
　　作者周芜（1921—1990），版画家、教授。原名周邦杰，曾用名白沙、蓝青。安徽巢县人。曾在陕北公学院、延安鲁迅艺术学院、陇东抗大七分校学习。曾任教于安徽大学、安徽师范大学、安徽省教育学院。出版有《徽版画史论集》《中国版画史图录》《中国现代版画与民间年画》等。

J0009036
马远　夏珪　张安治编
北京　古典艺术出版社　1959年　定价：CNY0.53
　　马远（1140—1225），南宋绘画大师。字遥父，号钦山。祖籍山西，后居钱塘。代表作《踏歌图》。

J0009037
齐白石画法与欣赏　胡佩衡，胡橐著
北京　人民美术出版社　1959年　134页

21cm（32 开）统一书号：8027.2303

定价：CNY2.40

　　本书是根据《借山吟馆诗草》《白石诗草》《三百石印斋纪事》及白石老人写的其他材料写成的。书末附图版 148 幅。

J0009038

齐白石画法与欣赏　胡佩衡, 胡橐著

香港　南通图书公司［1980—1986 年］134 页

21cm（32 开）定价：HKD23.00

J0009039

齐白石研究　王朝闻等文; 力群编

上海　上海人民美术出版社 1959 年 150 页

有照片［19cm］（32 开）ISBN：8081.4298

定价：CNY1.20

　　本书选编发表于报刊上研究、评价齐白石及其艺术成就的文章 27 篇。其中有蔡若虹《齐白石先生传略》、李可染《国画大家白石老人》、力群《谈齐白石的花鸟草虫画》等。书后附齐白石绘画作品 25 幅、刻印 6 方。

J0009040

王维　何乐之著

上海　上海人民美术出版社 1959 年 26 页

有图 21cm（32 开）统一书号：T8081.4363

定价：CNY0.34

（中国画家丛书）

　　王维（701—761），唐代诗人、画家。字摩诘，号摩诘居士。河东蒲州（今山西运城）人，祖籍山西祁县。代表诗作有《相思》《山居秋暝》等。著作有《王右丞集》《画学秘诀》。

J0009041

文徵明　张安治著

上海　上海人民美术出版社 1959 年

17 页 +15 幅图版 20cm（32 开）

统一书号：T8081.4540 定价：CNY0.40

（中国画家丛书）

　　作者文徵明（1470—1559），明代画家、书法家、道家、文学家。原名壁（或作璧），字徵明。江苏苏州人。主要作品有《真赏斋图》《绿荫草堂图》《甫田集》等。

J0009042

徐渭　何乐之著

上海　上海人民美术出版社 1959 年 35 页

有图 20cm（32 开）统一书号：T8081.4462

定价：CNY0.34

（中国画家丛书）

　　徐渭（1521—1593），明代书画家、文学家。初字文清，改字文长，号天池山人，又号青藤道人，田水月等，浙江山阴（今绍兴）人。传世之作《墨葡萄图》《山水人物花鸟》《牡丹蕉石图》《墨花》《黄甲图》等，主要著作有《四声猿》《南词叙录》《徐文长全集》等。

J0009043

徐渭　何乐之著

上海　上海人民美术出版社 1961 年 28 页

有图 20cm（32 开）统一书号：8081.5102

定价：CNY0.34

（中国画家丛书）

J0009044

陈洪绶年谱　黄涌泉编著

北京　人民美术出版社 1960 年［1 张］

54cm（4 开）定价：CNY0.85

　　陈洪绶（1598—1652），明末清初著名书画家、诗人。字章侯，幼名莲子，一名胥岸，号老莲，别号小净名，晚号老迟、悔迟，又号悔僧、云门僧。出生于浙江绍兴。代表作品有《九歌图》（含《屈子行吟图》）《〈西厢记〉插图》《水浒叶子》《博古叶子》等版刻传世。工诗善书，有《宝纶堂集》。

J0009045

文同与苏轼　于风编著

上海　上海人民美术出版社 1960 年 34 页

有图 20cm（32 开）统一书号：8081.4778

定价：CNY0.32

（中国画家丛书）

J0009046

阎立德与阎立本　何乐之编著

上海　上海人民美术出版社 1960 年 36 页

有图 21cm（32 开）统一书号：8081.4713

定价：CNY0.52

　　阎立德（约 596—656），唐代建筑家、工艺美

术家、画家。名让，字立德，以字行。雍州万年（今陕西西安）人。曾主持设计帝后所用服饰。代表作品有《文成公主降番图》《王会图》《古帝王图》等。阎立本（601—673），唐代著名画家。雍州万年（今陕西西安）人，隋朝画家阎毗之子，代表作品有《步辇图》《职贡图》《萧翼赚兰亭图》等。

J0009047

顾恺之 潘天寿著

上海 上海人民美术出版社 1961年 重印本

36页 有图 21cm（32开）统一书号：8081.3392

定价：CNY0.50

（中国画家丛书）

本书主要介绍顾恺之生平事迹及六朝时代中国画。顾恺之（约348—409），东晋画家、绘画理论家。字长康，小字虎头。晋陵无锡人（今江苏无锡市）。主要作品有《洛神赋图》《女史箴图》《斫琴图》《魏晋胜流画赞》《论画》等。作者潘天寿（1897—1971），现代著名国画家，美术教育家。字大颐，号寿者。浙江宁海县人。擅画花鸟、山水，兼善指画，亦能书法、诗词、篆刻。曾任中国文联委员、中国美术家协会副主席、浙江省文联副主席、中国美协浙江分会主席，浙江美术学院院长、教授等。著有《中国绘画史》《听天阁画谈随笔》等。

J0009048

顾恺之 张安治编写

北京 中华书局 1961年 28页 有图

19cm（小32开）统一书号：11018.281

定价：CNY0.13

（中国历史小丛书）

作者张安治（1911—1990），艺术家、油画家。字汝进，笔名紫天、张帆。江苏扬州人，毕业于南京中央大学美术系。曾就职于北京师范大学、北京艺术学院、中央美术学院等。著有《中国画论纵横谈》《中国画发展史纲要》《中国绘画史纲要》《墨海精神——中国画论纵横谈》等。

J0009049

韩幹 戴嵩 何乐之著

上海 上海人民美术出版社 1961年 25页

有图 21cm（32开）统一书号：8081.4845

定价：CNY0.24

（中国画家丛书）

韩幹（约706—783），唐代画家。长安蓝田（今属陕西）人。尤工画马，代表作品《百兽图》《牧马图》等。戴嵩，生卒年不详，唐代画家。擅画田家、川原之景，画水牛尤为著名，传世作品有《斗牛图》。

J0009050

倪瓒 郑拙庐著

上海 上海人民美术出版社 1961年 29页

有图 21cm（32开）统一书号：8081.5134

定价：CNY0.32

（中国画家丛书）

倪瓒（1301—1374），元末明初画家、诗人。初名倪珽，字泰宇，别字元镇，号云林子、荆蛮民、幻霞子。江苏无锡人。擅长画山水，亦工墨竹，亦擅诗文。主要作品有《渔庄秋霁图》《六君子图》《容膝斋图》《清闷阁集》等。

J0009051

石涛研究 郑拙庐著

北京 人民美术出版社 1961年 114页 有图表

21cm（32开）统一书号：8027.3438

定价：CNY1.10

石涛（1641—约1718），清初书画家、绘画理论家。广西桂林人，祖籍安徽凤阳。本姓朱，名若极，系明代靖江王朱赞仪的第十世，孙朱亨嘉之子。朱亨嘉死后年幼的石涛被送至全州当和尚，法名原济，又字石涛，号苦瓜和尚、大涤子、靖江后人、清湘陈人、零丁老人等等。著有《苦瓜和尚画语录》，存世作品有《石涛罗汉百开册页》《山水清音图》《竹石图》等。

J0009052

王绂 俞剑华著

上海 上海人民美术出版社 1961年 [67]页

有图 21cm（32开）统一书号：8081.5125

定价：CNY0.40

（中国画家丛书）

王绂，明初画家。字孟端，号友石，别号九龙山人。参与编纂《永乐大典》。代表作品有《明史本传》《画史会要》《无声诗史》等。传世有《王舍人诗集》《友石山房集》《潇湘秋意图》《芦沟晓月图》等，作者俞剑华（1895—1979），绘画史论家、画家、美术教育家。原名俞昆，曾用名俞德，字剑华，以字行。生于山东济南，毕业于北京高等师范手工图画专修科。先后执教于北京美术学校、山东美术学校、上海美术专科学校、暨南大学等。出版有《中国绘画史》《中国画论类编》《立体图案法》等。

J0009053
王诜　沈迈士著
上海 上海人民美术出版社 1961 年 31 页
有图 20cm（32 开）统一书号：8081.5156
定价：CNY0.28
（中国画家丛书）

　　王诜，宋朝画家、词人。字晋卿。太原（今属山西）人。作品有《金碧图》《渔村小雪》等。作者沈迈士（1891—1986），画家，教师。名祖德，号宽斋，以字行。浙江湖州人，毕业于上海震旦大学。曾任上海中国画院画师，北京大学文科讲师、北京古物陈列所副所长、上海市文献委员会副主任委员等职。代表作《沈迈士画集》。

J0009054
白石老人自传　齐璜口述；张次溪笔录
北京 人民美术出版社 1962 年 20cm（32 开）
统一书号：8027.3990 定价：CNY0.53

J0009055
费丹旭　黄涌泉著
上海 上海人民美术出版社 1962 年 46 页
有图 20cm（32 开）统一书号：8081.5188
定价：CNY0.44
（中国画家丛书）

　　作者费丹旭（1801—1850），清代画家。字子苕，号晓楼，别号环溪生等。浙江湖州人。主要作品有《十二金钗图》《果园感旧图》等。

J0009056
龚贤　刘纲纪著
上海 上海人民美术出版社 1962 年 37 页
有图 20cm（32 开）统一书号：8081.4894
定价：CNY0.40
（中国画家丛书）

　　龚贤（1618—1689），明末清初画家。又名岂贤，字半千，又字野遗，号半亩等。江苏昆山人。著有《香草堂集》《画诀》《柴丈人画稿》《龚半千课徒画说》。

J0009057
顾恺之研究资料　俞剑华等编著
北京 人民美术出版社 1962 年 231 页 有图
20cm（32 开）统一书号：8027.3010
定价：CNY2.10

　　顾恺之（约 348—409），东晋画家、绘画理论家。字长康，小字虎头。晋陵无锡人（今江苏无锡市）。主要作品有《洛神赋图》《女史箴图》《斫琴图》《魏晋胜流画赞》《论画》等。

J0009058
画人画事　朱省斋著
香港 中国书画出版社 1962 年 259 页
20cm（32 开）定价：HKD6.00

J0009059
李思训　邵洛羊著
上海 上海人民美术出版社 1962 年 26 页
有图 20cm（32 开）统一书号：8081.5177
定价：CNY0.26
（中国画家丛书）

　　李思训（651—716），唐代画家。字建睍，一作建景。陇西成纪（今甘肃秦安）人，唐朝宗室，唐高祖李渊堂弟长平王李叔良之孙。代表作品《江帆楼阁图》《九成宫纨扇图》等。

J0009060
李思训　邵洛羊著
上海 上海人民美术出版社 1980 年 29 页
有图 21cm（32 开）定价：CNY0.20
（中国画家丛书）

　　作者邵洛羊（1917—2009），美术理论家。字青溪。浙江宁波人。毕业于上海新华艺专国画系。历任上海中国画院艺术顾问、上海交通大学教授、中国美术家协会和中国书法家协会会员。代表作品《李思训》《李唐》等。

J0009061
米芾　米友仁　孙祖白著
上海 上海人民美术出版社 1962 年 76 页
有图 20cm（32 开）统一书号：8081.5183
定价：CNY0.46
（中国画家丛书）

J0009062
王冕　洪瑞著
上海　上海人民美术出版社 1962 年
41 页 +［3］页图版 21cm（32 开）
统一书号：T8081.5240 定价：CNY0.34
（中国画家丛书）

J0009063
吴历　邵洛羊著
上海　上海人民美术出版社 1962 年 22 页
有图 20cm（32 开）统一书号：8081.4893
定价：CNY0.32
（中国画家丛书）

　　吴历（1632—1718），清代书画家。字渔山，
号墨井道人、桃溪居士。江南常熟（今属江苏）人。
代表作品有《湖天春色图》《人物故事图》《山邨
邨密图》，著有《墨井诗钞》《三巴集》《桃溪集》
《墨井题跋》。作者邵洛羊（1917—2009），美术理
论家。字青溪。浙江宁波人。毕业于上海新华
艺专国画系。历任上海中国画院艺术顾问、上海
交通大学教授、中国美术家协会和中国书法家协
会会员。代表作品《李思训》《李唐》等。

J0009064
吴历　邵洛羊著
上海　上海人民美术出版社 1980 年 31 页
有图 21cm（32 开）定价：CNY0.20
（中国画家丛书）

J0009065
徐悲鸿　范曾著
上海　上海人民美术出版社 1962 年 38 页
有图 19cm（32 开）统一书号：8081.5204
定价：CNY0.40
（中国画家丛书）

J0009066
张择端清明上河图研究　张安治著
北京　朝花美术出版社 1962 年 35 页 有图
20cm（32 开）统一书号：8028.1839
定价：CNY0.50

　　作者张安治（1911—1990），艺术家、油画
家。字汝进，笔名紫天、张帆。江苏扬州人。毕
业于南京中央大学美术系。曾就职于北京师范
大学、北京艺术学院、中央美术学院等。著有《中

国画论纵横谈》《中国画发展史纲要》《中国绘画
史纲要》《墨海精神——中国画论纵横谈》等。

J0009067
高凤翰　李既匋著
上海　上海人民美术出版社 1963 年
34 页 +［8］幅图版 20cm（32 开）
统一书号：8081.5330 定价：CNY0.60
（中国画家丛书）

J0009068
高桐轩　王树村著
上海　上海人民美术出版社 1963 年
73+［12］页图版 21cm（32 开）
统一书号：8081.5281 定价：CNY1.00
（中国画家丛书）

　　作者王树村（1923—2009），画家。天津人。
毕业于华北大学美术科。曾在中国美术研究所、
中国艺术研究院从事创作、编辑、研究工作，任
中国民间美术协会副会长，中国民俗学会理事、
顾问、研究员。主要著作《杨柳青年画资料集》
《中国美术全集·石刻线画、民间年画》。

J0009069
弘仁　髡残　郑锡珍著
上海　上海人民美术出版社 1963 年 39 页
有图 20cm（32 开）统一书号：8081.5354
定价：CNY0.60
（中国画家丛书）

J0009070
黄公望史料　温肇桐编
上海　上海人民美术出版社 1963 年 76 页 有图
21cm（32 开）统一书号：8081.5255 定价：CNY0.55
　　黄公望（1269—1354），元代著名画家，本姓
陆，名坚，汉族。平江路常熟州（今江苏省苏州
市常熟市）人。后过继永嘉府（今浙江温州市）平
阳县黄氏为义子，因改姓名，字子久，号大痴、
大痴道人、一峰。存世作品有《富春山居图》《九
峰雪霁图》《丹崖玉树图》《天池石壁图》等。

J0009071
吴昌硕　吴东迈著
上海　上海人民美术出版社 1963 年 57 页
有图 20cm（32 开）统一书号：8081.5375

定价: CNY0.75

（中国画家丛书）

　　作者吴昌硕（1844—1927），晚清民国时期国画家、书法家、篆刻家。原名俊，俊卿，字昌硕。浙江安吉人。代表作品有《瓜果》《灯下观书》《姑苏丝画图》等，出版有《吴昌硕画集》《吴昌硕作品集》《苦铁碎金》《缶庐近墨》《吴苍石印谱》《缶庐印存》等。

J0009072

张僧繇　吴诗初著

上海　上海人民美术出版社　1963年　33页有图　20cm（32开）　统一书号: 8081.5378

定价: CNY0.46

（中国画家丛书）

　　张僧繇，南北朝时期梁朝大臣、著名画家。吴郡吴中（今江苏苏州）人。代表作品有《二十八宿神形图》《梁武帝像》《汉武射蛟图》。

J0009073

渐江资料集　汪世清，汪聪编纂

合肥　安徽人民出版社　1964年　21cm（32开）

定价: CNY1.30

　　作者渐江（1610—1664），明末清初画家。俗姓江，名韬，字六奇。明代汉南徽州歙县（今安徽省歙县）人。著有《黄山真景图》《晓江风便图》《画偈集》等。

J0009074

阎立本和吴道子　潘絜兹编写

北京　中华书局　1964年　29页　有图19cm（32开）

统一书号: 11018.531　定价: CNY0.10

（中国历史小丛书　第128种）

J0009075

中国古代名画家　雪华编写

北京　中国青年出版社　1964年　19cm（小32开）

定价: CNY0.52

（历史知识丛书）

J0009076

木扉藏画考评　程曦著

香港　程曦［自刊］　1965年　70页　有图27cm（16开）　定价: HKD20.00

J0009077

怎样鉴定书画　张珩著

北京　文物出版社　1966年　21cm（32开）

定价: CNY0.35

J0009078

故宫博物院名画之欣赏　鲍少游著

台北　商务印书馆　1973年　310页　有插图21cm（32开）　定价: TWD80.00, TWD100.00（精装）

J0009079

中国名画研究　李霖灿著

台北　艺文印书馆　1973年　2册　有图27cm（16开）　精装

J0009080

明人画学论著　（明）杨慎等撰

台北　世界书局　1975年　影印本　2册15cm（40开）　精装　定价: 旧台币4.10

（中国学术名著第五辑　艺术丛编第一集　12-13）

　　作者杨慎（1488—1559），文学家。字用修，号升庵，又号逸史氏、博南山人、洞天真逸等。四川新都（今成都市新都区）人，祖籍庐陵。主要作品有《升庵集》《江陵别内》《宝井篇》《滇池涧》等。

J0009081

宋人画学论著　（宋）郭若虚撰

台北　世界书局　1975年　3版　影印本15cm（40开）　精装　定价: 旧台币2.80

（中国学术名著第五辑　艺术丛编第一集　10）

　　作者郭若虚，生卒年不详。北宋书画评论家。太原（今山西）人。著有《图画见闻志》。

J0009082

文学·诗词·书画　大陆杂志社编辑

台北　大陆杂志社　1975年　441页　21cm（32开）

精装　定价: TWD2500.00（全5册）

（大陆杂志语文丛书　第三辑　4）

J0009083

马远绘画之研究　高辉阳著

台北　文史哲出版社　1978年　222页　有图21cm（32开）　定价: TWD350.00

（文史哲学集成）

J0009084

清人画学论著　（清）周亮工等撰
台北　世界书局　1978 年　3 版　影印本　3 册
15cm（40 开）精装　定价：旧台币 8.80
（中国学术名著第五辑　艺术丛编第一集　14-16）

作者周亮工（1612—1672），明末清初文学家、篆刻家、收藏家。字元亮，号陶庵。出生于江苏南京，祖籍河南开封。明崇祯进士，仕清后官户部右侍郎。著有《赖古堂集》《读画录》等。

J0009085

古代画人谈略　陈葆真著
台北　台北故宫博物院　1979 年　166 页
有图版　21cm（32 开）
（故宫丛刊甲种　12）

J0009086

国画欣赏与入门　庄严出版社编辑部编辑
台北　庄严出版社　1979 年　225 页　19cm（32 开）
定价：TWD50.00
（古典新刊　39）

J0009087

赵左研究　朱惠良著
台北　台北故宫博物院　1979 年　100+102 页
有图版　21cm（32 开）
（故宫丛刊甲种　13）

赵左（1573—1644），画家。左一作佐，字文度。华亭（今上海松江）人。代表作品《大愚庵遗集》《秋山幽居图》《溪山无尽图》《长江叠翠图》《富春大岭图》《寒江草阁图》等。

J0009088

查士标　穆孝天著
上海　上海人民美术出版社　1980 年　35 页
有图　21cm（32 开）　定价：CNY0.39
（中国画家丛书）

J0009089

画家品类举要　（清）张志钤著
上海　上海人民美术出版社　1980 年　23 页
21cm（32 开）统一书号：8081.11659
定价：CNY0.65

本书内容有苏式昭叙、画人物论、画仕女论、婴儿附、画山水论、画屋木论、画花鸟论、折枝附、画草虫论、画松论、画兰论等。

J0009090

蓝瑛与仿古绘画　颜娟瑛著
台北　台北故宫博物院　1980 年　158 页
有图版　21cm（32 开）
（故宫丛刊甲种　17）

J0009091

李唐　邵洛羊著
上海　上海人民美术出版社　1980 年　52 页
有图　21cm（32 开）　定价：CNY0.32
（中国画家丛书）

作者邵洛羊（1917—2009），美术理论家。字青溪。浙江宁波人。毕业于上海新华艺专国画系。历任上海中国画院艺术顾问、上海交通大学教授、中国美术家协会和中国书法家协会会员。代表作品《李思训》《李唐》等。

J0009092

名画鉴赏　（文姬归汉图）（金）张瑀作
上海　上海人民美术出版社　1980 年　38cm（8 开）
统一书号：8081.12036　定价：CNY1.65

本画册描绘蔡文姬被曹操赎回在归汉的途中，一行人在漠北大风沙中挺进。画有人物 12 个，蔡文姬后有 7 名官员和侍卫，各具特色。作者张瑀，金代画家。传世作品有《文姬归汉图》卷。

J0009093

汪士慎　蒋华著
上海　上海人民美术出版社　1980 年　31 页
有图　21cm（32 开）　定价：CNY0.37
（中国画家丛书）

J0009094

王原祁　温肇桐著
上海　上海人民美术出版社　1980 年　44 页
有图　21cm（32 开）　定价：CNY0.29
（中国画家丛书）

作者温肇桐（1909—1990），美术史论家、教育家。笔名虞复。江苏常熟人。毕业于上海艺术大学。历任华东艺术专科学校教授兼图书馆主任、美术系副主任、硕士生导师，南京艺术学院教授、中国美术家协会会员、江苏省美学会顾问。著有《怎样教小学的美术》。

J0009095
郑板桥　潘茂著
上海　上海人民美术出版社　1980 年　55 页
有图　21cm（32 开）定价：CNY0.47
（中国画家丛书）

J0009096
戴进研究　陈芳妹著
台北　台北故宫博物院　1981 年　216 页
有图版　21cm（32 开）
（故宫丛刊甲种 21）

J0009097
朵云　（第一集）上海书画出版社编辑
上海　上海书画出版社 1981 年 240 页
26cm（16 开）统一书号：8172.556
定价：CNY2.00
（中国画艺术丛集）

J0009098
朵云　（第二集）上海书画出版社编辑
上海　上海书画出版社 1982 年 238 页
26cm（16 开）统一书号：8172.641
定价：CNY2.00
（中国画艺术丛集）

J0009099
朵云　（第三集）上海书画出版社编辑
上海　上海书画出版社 1982 年 240 页
26cm（16 开）统一书号：8172.677
定价：CNY2.00
（中国画艺术丛集）

J0009100
朵云　（第四集）上海书画出版社编辑
上海　上海书画出版社 1983 年 240 页
26cm（16 开）统一书号：8172.775
定价：CNY2.00
（中国画艺术丛集）

J0009101
朵云　（第五集）上海书画出版社编辑
上海　上海书画出版社 1983 年 240 页
26cm（16 开）统一书号：8172.1044
定价：CNY2.00
（中国画艺术丛集）

J0009102
朵云　（第六集）上海书画出版社编辑
上海　上海书画出版社 1984 年 204 页
26cm（16 开）统一书号：8172.1073
定价：CNY2.00
（中国画艺术丛集）

J0009103
朵云　（第七集）上海书画出版社编辑
上海　上海书画出版社 1985 年 240 页
26cm（16 开）定价：CNY2.00
（中国画艺术丛集）

J0009104
朵云　（第八集）上海书画出版社编辑
上海　上海书画出版社 1985 年 240 页
26cm（16 开）统一书号：8172.1404
定价：CNY2.00
（中国画艺术丛集）

J0009105
朵云　（第九集）上海书画出版社编辑
上海　上海书画出版社 1986 年 160 页
26cm（16 开）定价：CNY2.00
（中国画艺术丛集）

J0009106
朵云　（第十集）上海书画出版社编辑
上海　上海书画出版社 1986 年 160 页 有图
26cm（16 开）定价：CNY2.00
（中国画艺术丛集）

J0009107
朵云　（第十一集）上海书画出版社编辑
上海　上海书画出版社 1986 年 160 页 有图
26cm（16 开）定价：CNY2.00
（中国画艺术丛集）

J0009108
朵云　（第十二集）上海书画出版社编辑
上海　上海书画出版社 1987 年 160 页 有图
26cm（16 开）定价：CNY2.00
（中国画艺术丛集）

J0009109
朵云 （第十三集）上海书画出版社编辑
上海　上海书画出版社　1987 年　160 页　有图
26cm（16 开）定价：CNY2.00
（中国画艺术丛集）

J0009110
朵云 （第十四集）上海书画出版社编辑
上海　上海书画出版社　1987 年　160 页　有图
26cm（16 开）定价：CNY2.00
（中国画艺术丛集）

J0009111
朵云 （第十五集）上海书画出版社编辑
上海　上海书画出版社　1987 年　160 页　有图
26cm（16 开）定价：CNY2.00
（中国画艺术丛集）

J0009112
朵云 （总第 17 期 1988 年第 2 期）上海书画
出版社编辑
上海　上海书画出版社　1988 年　26cm（16 开）
定价：CNY2.50
（中国画艺术丛集）

J0009113
朵云 （总第 21 期 1989 年第 2 期）卢辅圣主编
上海　上海书画出版社　1989 年　144 页
26cm（16 开）定价：CNY4.00
（中国绘画研究季刊）
　　作者卢辅圣(1949—)，编辑。浙江东阳人。
毕业于浙江美术学院中国画系。历任《朵云》《书
法研究》主编、上海书画出版社总编辑、中国美
术家协会会员、上海美术家协会顾问。代表作品
有中国画《旧游》，连环画《钗头凤》。

J0009114
朵云 （总第 22 期 1989 年第 3 期）卢辅圣主编
上海　上海书画出版社　1989 年　144 页
26cm（16 开）定价：CNY4.00
（中国绘画研究季刊）

J0009115
朵云 （总第 23 期 1989 年第 4 期）卢辅圣主编
上海　上海书画出版社　1989 年　144 页

26cm（16 开）定价：CNY4.00
（中国绘画研究季刊）

J0009116
朵云 （总第 27 期）卢辅圣主编
上海　上海书画出版社　1990 年　26cm（16 开）
定价：CNY4.00
（中国绘画研究季刊）

J0009117
朵云 （总第 24 期 1990 年第 1 期）卢辅圣主编
上海　上海书画出版社　1990 年　144 页
26cm（16 开）定价：CNY4.00
（中国绘画研究季刊）

J0009118
朵云 （总第 49 期）卢辅圣主编
上海　上海书画出版社　1998 年　192 页　有图版
26cm（16 开）ISBN：7-80635-306-2
定价：CNY35.00
（中国绘画研究丛刊）

J0009119
朵云 （总第 50 期）卢辅圣主编
上海　上海书画出版社　1999 年　144 页　有图版
26cm（16 开）ISBN：7-80635-295-3
定价：CNY35.00
（中国绘画研究丛刊）

J0009120
朵云 （总第 51 期　现代水墨画研究）卢辅圣
主编
上海　上海书画出版社　1999 年　320 页　有图
21cm（32 开）ISBN：7-80635-410-7
定价：CNY42.00
　　本书图文并茂地陈述且探讨了关于中国绘
画的当代形态之一现代水墨画的诸多不同见解，
对了解和进一步探索这一课题具有较高的参考
价值。

J0009121
王原祁的山水画艺术　郭继生著
台北　台北故宫博物院　1981 年　221 页
有图版　21cm（32 开）
（故宫丛刊甲种 22）

J0009122

彩色中国名画　江文双编译
台北　艺术图书公司　1982年　96页　28cm（16开）
定价：TWD450.00
　　外文书名：Masterpieces of Chinese Painting.

J0009123

古书画鉴赏概论　学海出版社编辑部著
台北　学海出版社　1982年　83+96页
有图 27cm（16开）定价：TWD240.00

J0009124

梁楷　李福顺编著
北京　人民美术出版社　1982年　43页　25cm（15开）
统一书号：8027.8074　定价：CNY1.50
　　本书介绍南宋著名画家梁楷的绘画艺术。附图31幅（黑白）。梁楷（1150—？），南宋画家。祖籍山东，浙江杭州人。传世作品《六祖伐竹图》《李白行吟图》《泼墨仙人图》《八高僧故事图卷》等，以《泼墨仙人图》最为有名。作者李福顺，教授。毕业于中央美术学院美术史系。历任首都师范大学美术学院教授、博士生导师，学术委员会委员、中国美术家协会会员、联合国教科文组织国际岩画委员会会员。专著有《中国美术史》，主编有《雕塑绘画鉴赏辞典》《中国书画名家丛书》。

J0009125

木兰图与乾隆秋季大猎之研究　毕梅雪，侯锦郎著
台北　台北故宫博物院　1982年　225页　有图 21cm（32开）
（故宫丛刊甲种 25）

J0009126

任伯年研究　龚产兴编著
天津　天津人民美术出版社　1982年　108+48页
有图 25cm（16开）统一书号：8073.50201
定价：CNY3.00
　　本书分3部分：任伯年评传、有关任伯年的资料索引、附图。任伯年（1840—1896），清末画家。初名润，字次远，号小楼，后改名颐，字伯年，以字行。浙江山阴航坞山（今杭州市萧山区）人。主要作品有《东津话别图》《三友图》《苏武牧羊图》《蕉荫纳凉图》《池畔窥鱼图》等。

J0009127

郑板桥书画艺术　周积寅编
天津　天津人民美术出版社　1982年　64页
25cm（小16开）统一书号：8073.50229
定价：CNY3.20
　　本书共分4章：郑板桥所处的时代；郑板桥生平事略；郑板桥的艺术成就；郑板桥论画。附《郑板桥著述目》《郑板桥研究资料目》。作者周积寅（1938—　　），教授。笔名禾宙。江苏泰兴人。毕业于南京艺术学院。历任南京艺术学院学报《艺苑》主编、"扬州画派"研究会名誉会长，中国郑板桥研究会及日本郑板桥学会顾问、中国美术家协会会员。编著有《吴派绘画研究》《中国美术通史》《郑板桥》等。

J0009128

名画鉴赏　（江山秋色图）
上海　上海人民美术出版社　1983年　11张 25cm（小16开）统一书号：8081.12767
定价：CNY2.30

J0009129

齐白石研究资料简编　湘潭纪念齐白石120周年诞辰筹委会秘书处，湘潭市图书馆编
湘潭　湘潭纪念齐白石120周年诞辰筹委会秘书处　1983年　49页 19cm（32开）

J0009130

元代画家吴镇　陈擎光著
台北　台北故宫博物院　1983年　272页
有图版 21cm（32开）
（故宫丛刊甲种 28）

J0009131

古书画伪讹考辨　徐邦达著
南京　江苏古籍出版社　1984年　4册 25cm（15开）
统一书号：8354.001　定价：CNY38.00
　　本书是对中国古代书画作品伪讹进行考辨的论著，包括对86位知名画家290多件作品的考辨。

J0009132

华喦研究　薛永年著
天津　天津人民美术出版社　1984年　199页
26cm（16开）定价：CNY4.50

本书内容包括华嵒所处的时代环境、生平思想、艺术成就、艺术主张和艺术道路、历史地位和影响；以及华嵒年表、作品收藏目录、研究资料目录。作者薛永年(1941—　)，教授。北京人。毕业于中央美术学院美术史论系。历任中央美术学院美术史系主任，中国书法家协会会员。著有《晋唐宋元卷轴画史》《书画史论丛稿》《扬州八怪与扬州商业》《蓦然回首》《华岩研究》等，主编有《中国美术简史》《中国绘画的历史与审美鉴赏》等。

J0009133

潘天寿论画笔录　潘天寿著；叶尚青记录整理
上海　上海人民美术出版社　1984 年　129 页
21cm（32 开）统一书号：8081.13636
定价：CNY0.80
　　本书共收集作者的论画资料 11 篇，内容涉及的范围较广，其中比较重要的如《国画创新》《答石鲁同志问》，阐述了继承和创新、时代精神和传统技法的辩证关系，强调了"借古开今""借古"是手段，"开今"是目的。作者潘天寿(1897—1971)，现代著名国画家，美术教育家。字大颐，号寿者。浙江宁海县人。擅画花鸟、山水，兼善指画，亦能书法、诗词、篆刻。曾任中国文联委员，中国美术家协会副主席，浙江省文联副主席，中国美协浙江分会主席，浙江美术学院院长、教授等职。著有《中国绘画史》《听天阁画谈随笔》等。作者叶尚青(1930—　)，书画家、美术教育家、诗人。浙江玉环人。毕业于浙江美术学院。历任浙江美术学院教授，中国美术家协会会员、西泠印社社员、中国美术学院教授。出版著作《花鸟画基础》《叶尚青书画集》。

J0009134

潘天寿论画笔录　潘天寿著；叶尚青记录整理
上海　上海人民美术出版社　1991 年　重印本
129 页　21cm（32 开）ISBN：7-5322-0855-0
定价：CNY2.80

J0009135

未堂论画　杜学知撰著
台北　商务印书馆　1984 年　2 版　103 页
18cm（32 开）定价：TWD0.40
（人人文库 1352）
　　本书收录《论中国新人物画之开创》《中国

山水画论》《山水画在中国画中的地位》《国画的线条与笔墨》《国画的线条美》5 篇文章。

J0009136

项元汴之书画收藏与艺术　郑银淑著
台北　文史哲出版社　1984 年　300 页
21cm（32 开）定价：TWD300.00
（艺术丛刊 3）

J0009137

元四大家　（黄公望·吴镇·倪瓒·王蒙）台北故宫博物院编辑
台北　台北故宫博物院　1984 年　3 版　有图
27cm（16 开）精装
　　外文书名：The Four Great Masters of the Yuan: Huang Kung-wang, Wu Chen, Ni Tsan, Wang Meng.

J0009138

中国名画家丛书　（晋唐五代之部）文史哲出版社编辑部编辑
台北　文史哲出版社编辑部　1984 年　211 页
21cm（32 开）定价：TWD150.00

J0009139

中国名画家丛书　（宋元之部）文史哲出版社编辑部编辑
台北　文史哲出版社　1984 年　340 页
21cm（32 开）定价：TWD240.00

J0009140

中国书画论集　黄宾虹等著
台北　华正书局　1984 年　511 页　21cm（32 开）
精装　定价：TWD380.00

J0009141

顾恺之新论　温肇桐著
成都　四川美术出版社　1985 年　97 页　有图
19cm（32 开）统一书号：8373.422
定价：CNY1.50
　　作者温肇桐(1909—1990)，美术史论家、教育家。笔名虞复。江苏常熟人。毕业于上海艺术大学。历任华东艺术专科学校教授兼图书馆主任、美术系副主任、硕士生导师，南京艺术学院教授、中国美术家协会会员、江苏省美学会顾问。著有《怎样教小学的美术》。

J0009142

华夏之美 （绘画）王耀庭著
台北 幼狮文化事业公司 1985 年 195 页 有图
27cm（16 开）精装 ISBN：957-530-273-7
定价：TWD450.00

外文书名：Basic Spirit of Chinese Painting.

J0009143

刘国松的艺术构成 周韶华编著
武汉 湖北美术出版社 1985 年 118 页 有图
20cm（32 开）统一书号：8399.201
定价：CNY3.20

本书介绍了作者的艺术技巧、艺术见解和成
才道路。作者周韶华（1929— ），画家。山东荣
成人。毕业于中原大学美术系。历任湖北省美
术院院长、湖北省文联主席、中国国家画院院务
委员等职。代表作品有《茶山之歌》《渤海湾的
晨光》《黄河魂》等，出版有《大河寻源画集》《周
韶华画选》《周韶华六十年艺术探索画集》《中国
近现代名家画集——周韶华》。

J0009144

门外谈画 陈大远著
长沙 湖南美术出版社 1985 年 117 页 有图
20cm（32 开）统一书号：8233.744
定价：CNY1.50

本书系中国现代画美术批评专著，附图 46
幅。作者陈大远（1916—1994），著名诗人和散文
作家。笔名胡青、大风。河北丰润人。历任《冀
东日报》编辑部长、唐山劳动日报社社长、总编、
唐山文联主任、中共唐山市委宣传部副部长，河
北文联副主任等。著有长篇纪实小说《蟠龙山》，
诗词集《大风集》，散文集《安徒生的故事》《域
外抒情集》《风雨苍黄》等。

J0009145

名画鉴赏 （簪花仕女图）上海人民美术出版
社编辑
上海 上海人民美术出版社 1985 年 6 幅
38cm（6 开）统一书号：8081.13190
定价：CNY2.40

J0009146

潘天寿谈艺录 潘天寿著；潘公凯编
杭州 浙江人民美术出版社 1985 年 224 页
20cm（32 开）精装 统一书号：8156.1055
定价：CNY2.60

编者系艺术家潘天寿之子。将其父日常谈
艺的心得整理辑录成册。作者潘天寿（1897—
1971），现代著名国画家，美术教育家。字大颐，
号寿者。浙江宁海县人。擅画花鸟、山水，兼善
指画，亦能书法、诗词、篆刻。曾任中国文联委
员、中国美术家协会副主席、浙江省文联副主
席、中国美协浙江分会主席，浙江美术学院院
长、教授等职。著有《中国绘画史》《听天阁画谈
随笔》等。

J0009147

诗情画意 天津教育出版社编
天津 天津教育出版社 1985 年 133 页
19cm（大 32 开）统一书号：7348.71
定价：CNY0.93

本书将中小学课本中的古诗词，以书法、绘
画形式展现给中小学生。

J0009148

扬州画派 林秀薇编译
台北 艺术图书公司 1985 年 240 页 有彩图
30cm（12 开）精装 定价：TWD800.00

外文书名：The Yang-Chou School of Painting.

J0009149

八大山人研究 （论文选集）八大山人纪念
馆编
南昌 江西人民出版社 1986 年 322 页
20cm（32 开）统一书号：8110.1381
定价：CNY2.50

J0009150

八大山人研究 八大山人纪念馆编
南昌 江西人民出版社 1988 年 330 页 有图
19cm（32 开）ISBN：7-210-00152-2
定价：CNY5.30

本书为研究明末清初艺术家八大山人的绘
画思想和作品评论的论文选集。

J0009151

冬心先生题画记　（桐西书屋本）（清）金农撰
上海　上海人民美术出版社　1986年　48页
19cm（32开）统一书号：8081.14171
定价：CNY0.43
（中国画学丛书）

　　作者金农（1687—1764），清代书画家。字寿门、司农、吉金。钱塘（今浙江杭州）人。扬州八怪之首。代表作品有《东萼吐华图》《空捍如洒图》《腊梅初绽图》《玉蝶清标图》等，著有《冬心诗集》《冬心随笔》《冬心杂著》等。

J0009152

傅山论书画　侯文正辑注
太原　山西人民出版社　1986年　192页
20cm（32开）统一书号：8088.2014
定价：CNY2.30

　　本书收集了有关傅山散存在论文、信札中有关书法、绘画的论述，并附有傅山的书法和绘画多幅。

J0009153

古代长安名画家及作品　王崇人编著
西安　陕西人民美术出版社　1986年　116页
有图　26cm（16开）统一书号：8199.965
定价：CNY5.80

　　本书探讨了古代长安画家的艺术实践经验，包括西汉毛延寿；唐代阎立本、吴道子、卢棱伽、张萱、周昉等；唐末五代刁光胤；五代关仝、李成；宋初范宽、许道宁等123位画家的生平。附有主要代表作品。

J0009154

贵州书画家简论　陈训明著
贵阳　贵州美术出版社　1986年　372页
19cm（32开）ISBN：7-5413-0003-9
定价：CNY2.50

J0009155

清初六家与吴历　谭志成编著
香港　香港市政局　1986年　457页　有图版
28cm（16开）精装　ISBN：962-215-026-8
定价：HKD151.00
　　外文书名：Six Masters of Early Qing and WuLi.

J0009156

写意画派大师八大山人　李旦编写
南昌　江西人民出版社　1986年　102页
18cm（32开）统一书号：10110.490
定价：CNY0.65
（江西古代文化名人丛书）

J0009157

烟客题跋　（通州李玉棻韵湖校本）（清）王时敏著；李玉棻校
上海　上海人民美术出版社　1986年　112页
19cm（32开）统一书号：8081.14169
定价：CNY0.80
（中国画学丛书）

　　作者王时敏（1592—1680），清初山水画家。本名赞虞，字逊之，号烟客，晚号归村，世称西田先生。江苏太仓人。代表作品《仿山樵山水图》《层峦叠嶂图》等。

J0009158

怎样欣赏书画　王文宾编
杭州　浙江人民美术出版社　1986年　79页
19cm（32开）统一书号：8156.1071
定价：CNY0.80

　　本书介绍了书画欣赏的基本知识和审美原理，汇集了许多名家名作。书末附有字画10幅。

J0009159

中国画与画论　张安治著
上海　上海人民美术出版社　1986年　271页
20cm（32开）统一书号：8081.14669
定价：CNY2.00

　　本书收录《论文人画》《简述中国画的发展和特征》《宋代杰出的画家李唐》等画史28篇；《形与神》《画论随笔》《中国画的"变"》等画论6篇。书后附《溪山行旅图》《九峰雪霁图》《清明上河图》《山水清音图》等图版16幅。

J0009160

丁观鹏　郑国著
上海　上海人民美术出版社　1987年　34页
20cm（32开）ISBN：7-5322-0003-5
定价：CNY0.90
（中国画学丛书）

　　本书为清代画家作品选集。丁观鹏，清代画

家。北京人。有《法界源流图》《乞巧图》《无量寿佛图》《宝相观音图》《说法图》等。

J0009161
方从义　江宏著
上海　上海人民美术出版社　1987 年　24 页
20cm（32 开）ISBN：7-5322-0004-3
定价：CNY0.85
（中国画学丛书）
　　本书为元代画家作品选集。方从义（1302—1393），元代画家。字无隅，号方壶等。贵溪（今属江西）人。有《武夷放棹图》《白云深处图》等。

J0009162
高克恭研究　吴保合著
台北　台北故宫博物院　1987 年　119 页　有图
21cm（32 开）
（故宫丛刊甲种 35）

J0009163
黄公望研究文集　常熟市文联编
南京　江苏美术出版社　1987 年　273 页
19cm（32 开）
　　本书内容包括：《苍莽秀逸痴翁体　澹远宏浑山水情》《一世黄公望　六世望黄公》《气清质实骨苍神腴》等。黄公望（1269—1354），元代山水画家。本姓陆，名坚。常熟（今江苏常熟）人。主要传世作品有《九峰雪霁图》《天池石壁图》等。

J0009164
南田画跋　（清）恽格著；朱季海，施立华校勘
上海　上海人民美术出版社　1987 年　73 页
18cm（15 开）统一书号：8081.14616
定价：CNY0.60
　　作者恽格（1633—1690），画家。字寿平，号南田等。武进（今属江苏）上店人。主要作品有《山水花鸟》《恽南田花果册》《南田花卉》等。校勘施立华（1940—　　），上海人。毕业于浙江美术学院国画系。历任日本秋田市水墨画研究会顾问，上海师范大学艺术系教师。出版有《施立华画册》等。作者朱季海（1916—2011），国学大师。名学浩，孔文子。江苏苏州人。师从国学大师章太炎先生，著有《南齐书校议》《楚辞解故》等。

J0009165
全国中国画艺术讨论会论文集　［中国美术家协会艺术委员会主办］
北京　［中国美术家协会艺术委员会］1987 年
油印本　26cm（16 开）

J0009166
四库全书　（第八二七册　子部　一三三　艺术类）（清）纪昀总纂
上海　上海古籍出版社　1987 年　影印本　1006 页
19cm（小 32 开）精装
　　作者纪昀（1724—1805），清代学者、文学家、政治家。字晓岚，号石云。直隶献县（今河北沧州）人。曾任《四库全书》总纂官。著有《阅微草堂笔记》《纪文达公遗集》等。

J0009167
四库全书　（第八二八册　子部　一三四　艺术类）（清）纪昀总纂
上海　上海古籍出版社　1987 年　影印本　922 页
19cm（小 32 开）精装

J0009168
四库全书　（第八二九册　子部　一三五　艺术类）（清）纪昀总纂
上海　上海古籍出版社　1987 年　影印本　652 页
19cm（小 32 开）精装

J0009169
虚谷研究　丁羲元著
天津　天津人民美术出版社　1987 年　46 页
26cm（16 开）ISBN：7-5305-0020-1
定价：CNY5.80

J0009170
中国的花鸟画　余城著
台北　文化事务部门　1987 年　63 页　有彩照
21cm（32 开）
（文化资产丛书 29）

J0009171
从寄园到壮暮堂　（谢稚柳艺术生涯）郑重著
上海　上海书画出版社　1988 年　228 页　有照片及图　19cm（32 开）ISBN：7-80512-079-X
定价：CNY3.50

（朵云现代国画家丛书）

J0009172
龚贤研究集　（上集）刘海粟主编；王道云编注
南京　江苏美术出版社　1988 年　345 页　有图版
20cm（32 开）　ISBN：7-5344-0058-9
定价：CNY3.55

J0009173
龚贤研究集　（下集）刘海粟主编；萧平，刘宇甲编注
南京　江苏美术出版社　1989 年　149 页　有图
21cm（32 开）　ISBN：7-5344-0065-1
定价：CNY7.40

J0009174
渐江　陈传席编著
北京　人民美术出版社　1988 年　35 页　21cm（32 开）
ISBN：7-102-00081-2　定价：CNY2.35
（中国古代美术作品介绍丛书）
　　本书收录明末清初画家渐江山水代表作品
43 件。文中小题为：1. 渐江的生平和思想；2. 渐江山水画及其美的根源；3. 渐江绘画的成就及其影响。作者陈传席（1950—　），教授。江苏睢宁人。毕业于南京师范大学美术学院，获博士学位。中国人民大学艺术学院教授、博士生导师，中国美术家协会会员、中国美术学院客座教授，兼任中国佛教艺术研究所所长、中国美术家协会理论委员会副主任等。代表作有《陈传席文集》《中国山水画史》《中国绘画美学史》等。

J0009175
墨海青山　（黄宾虹研究论文集）黄宾虹研究会编
济南　山东教育出版社　1988 年　148 页　有彩图
20cm（32 开）　ISBN：7-5328-0403-8
定价：CNY1.85

J0009176
沐雨楼书画论稿　杨仁恺著
上海　上海人民美术出版社　1988 年　534 页
有照片　20cm（32 开）　ISBN：7-5322-0180-5
定价：CNY9.20
　　作者杨仁恺（1915—2008），博物馆学家、书

画鉴赏大师、书画大家、美术史家。号遗民，笔名易木，斋名沐雨楼。四川岳池人。曾任中国博物馆协会名誉理事、文史研究馆名誉馆长、人民大学国学院教授、中央美术学院研究生导师、美术家协会名誉主席等职。代表作品有《国宝沉浮录》《中国书画鉴定学稿》《沐雨楼书画论稿》等。

J0009177
齐白石绘画艺术　（第二分册）娄师白著
济南　山东美术出版社　1988 年　126 页　有插图
26cm（16 开）　ISBN：7-5330-0104-4
定价：CNY12.00
　　本书介绍了 50 多种蔬果的画法。作者娄师白（1918—2010），著名国画家。原名娄绍怀，曾用名娄少怀，字亦鸣，斋号老安馆。生于北京，祖籍湖南浏阳。毕业于辅仁大学美术系。历任中国美协会员，中国画研究会理事、副会长，中国国际书画艺术研究院研究员、燕京书画社顾问、中国书画函授大学名誉教授等。代表作品《春暖人间》《雏鸭》《漓江帆影》《长白积雪》等。

J0009178
齐白石绘画艺术　（第三分册）娄师白著
济南　山东美术出版社　1989 年　107 页　有插图
26cm（16 开）　ISBN：7-5330-0105-2
定价：CNY14.00
　　本书对鸡、鹰等 10 余种禽鸟，从形体结构到绘画步骤，都做了讲解。对草虫的画法，从工笔到写意，都做了介绍。最后是鼠和猴的画法。

J0009179
齐白石绘画艺术　（第四分册）娄师白著
济南　山东美术出版社　1990 年　88 页　有插图
26cm（16 开）　ISBN：7-5330-0106-0
定价：CNY11.50
　　本书内容有：创作思想，生活与观察，山水、人物画的基本技法，齐白石山水、人物画欣赏。附齐白石咏山水、人物诗，齐白石年表。

J0009180
书画与文人风尚　张懋镕著
西安　陕西人民出版社　1988 年　225 页　有彩图
19cm（32 开）　ISBN：7-224-00513-4
定价：CNY3.55
（中国风俗丛书）

J0009181

书画与文人风尚　张懋镕著

台北　文津出版社　1989 年　196 页　21cm（32 开）

ISBN：957-9400-01-6　定价：TWD150.00

（中国风俗丛书　3）

J0009182

中国历代绘画之谜　罗文中编著

长沙　湖南美术出版社　1988 年　239 页

20cm（32 开）　ISBN：7-5356-0179-0

定价：CNY2.50

J0009183

中国宋元绘画　何恭上编著

台北　艺术图书公司　1988 年　6 版　142 页

19cm（32 开）　定价：TWD150.00

J0009184

传神与会意　（从中国画看中国人眼中的自然

和自然中的自我）孟固著

北京　国际文化出版公司　1989 年　181 页

20cm（32 开）　ISBN：7-80049-278-8

定价：CNY2.80

（蓦然回首·对中国传统文化的反思　第 3 辑）

J0009185

法常禅画艺术　徐建融编著

上海　上海人民美术出版社　1989 年　155 页

19cm（32 开）　ISBN：7-5322-0438-3

定价：CNY4.10

　　本书系中国画美术评论专著，共有 4 章。第

一章：法常禅画艺术的背景；第二章：法常的生

平考订；第三章：法常禅画艺术述评；第四章：

法常禅画艺术的影响。书末附有《法常研究论著

索引》《法常传世作品索引》《牧溪序说》。

J0009186

墨海烟云　（黄宾虹研究论文集）

合肥　安徽美术出版社　1989 年　233 页　有图

20cm（32 开）　ISBN：7-5398-0099-2

定价：CNY5.95

　　本书主要选辑了黄宾虹研究会在第二、三次

研讨会上的论文及资料，介绍了他多方面的艺术

成就。本书还选刊了黄宾虹部分作品。

J0009187

任伯年年谱·论文·珍存·作品　丁义元著

上海　上海书画出版社　1989 年　有肖像及图版

26cm（16 开）　精装　ISBN：7-80512-187-7

定价：CNY37.40

　　任伯年（1840—1896），清末画家。初名润，

字次远，号小楼，后改名颐，字伯年，以字行，

浙江山阴航坞山（今杭州市萧山区）人。主要

作品有《东津话别图》《三友图》《苏武牧羊图》

《蕉荫纳凉图》《池畔窥鱼图》等。作者丁义元

（1942—　　），上海美术馆副馆长。

J0009188

现代水墨画家探索　郑明著

台北　雄狮图书公司　1989 年　175 页　有图

26cm（16 开）　定价：TWD200.00

J0009189

徐渭　（浙江历代名画家作品集）（明）徐渭绘

杭州　浙江人民美术出版社　1989 年　37cm（8 开）

精装　ISBN：7-5340-0132-3　定价：CNY90.00

　　本书收入徐渭早、中、晚各时期的作品 47

件，侧重介绍中、晚期，特别是晚期作品。其中

有《花卉杂画卷》《花卉图轴》《柳荫读易·秋郊

策蹇图卷》等作品。后半部收有 15 件书法作品。

徐渭（1521—1593），明代书画家、文学家。初字

文清，改字文长，号天池，又号青藤道人，田水

月等，浙江山阴（今绍兴）人。传世之作《墨葡萄

图》《山水人物花鸟》《牡丹蕉石图》《墨花》《黄

甲图》等，主要著作有《四声猿》《南词叙录》《徐

文长全集》等。

J0009190

元代画坛魁首　（黄公望的生平和艺术成就）

谢成林著

北京　人民美术出版社　1989 年　109 页　有图版

19cm（32 开）　ISBN：7-102-00465-6

定价：CNY2.90

（世纪美术文库）

J0009191

赵孟頫《鹊华秋色图》　（美）李铸晋著

北京　人民美术出版社　1989 年　118 页　有图版

19cm（32 开）　ISBN：7-102-00487-7

定价：CNY2.95

（世纪美术文库）

J0009192

郑板桥评传　陈书良著
成都　巴蜀书社　1989 年　269 页　19cm（32 开）
ISBN：7-80523-226-1　定价：CNY2.95

J0009193

中国风俗画欣赏　李霖灿著
台北　文化建设委员会　1989 年　63 页
有图　21cm（32 开）　定价：TWD60.00
（文化资产丛书　42）

J0009194

沈启鹏　南通书法国画研究院编
南通［南通书法国画研究院］［1990 年］
206 页　有图及照片　19cm（32 开）
（画家丛集）

J0009195

当代写意花鸟画佳作赏析　吴国亭编著
南京　江苏美术出版社　1990 年　26cm（16 开）
ISBN：7-5344-0119-4　定价：CNY16.80
　　作者吴国亭（1935—　），国画家、美术教育
家、美学评论家、理论家。生于江苏南京浦口镇，
祖籍天津。历任中国书画研究会名誉副主席、江
苏省对外文化交流中心理事、苏浙皖国画家联谊
会主席、美国波士顿中华文化中心艺术顾问。

J0009196

非哭非笑的悲剧　（八大山人艺术评传）谭
天著
长沙　湖南美术出版社　1990 年　212 页　有图
19cm（32 开）　ISBN：7-5356-0402-1
定价：CNY5.30
　　作者谭天（1949—　），教授。名凯书。生
于湖南湘乡。广州美术学院美术研究所教授、硕
士生导师，兼任《美术学报》副主编，广东省美术
家协会理事。著作有《中国美术史百题》。

J0009197

画余论丹青　吴休著
北京　国际文化出版公司　1990 年　129 页
有肖像　19cm（32 开）　ISBN：7-80049-640-6
定价：CNY2.50

J0009198

钱松嵒研究　马鸿增著
南京　江苏美术出版社　1990 年　288 页　有图及
照片　20cm（32 开）　ISBN：7-5344-0169-0
定价：CNY5.20
（中国现代美术家研究丛书　江苏系列）
　　作者马鸿增（1940—　），江苏高邮人。历任
江苏省美术馆副馆长、研究员，中国美术家协会
理论委员会委员、江苏省美协理论委员会主任。

J0009199

山水　（文人画集与创作札记）楚戈，习慕蓉，
蒋勋著
台北　敦煌艺术出版社　1990 年　92 页　30cm（16 开）
（敦煌艺丛　1）
　　作者蒋勋（1947—　），画家、诗人、作家。
生于陕西西安，祖籍福建福州。毕业于台北中国
文化大学史学系、艺术研究所。历任台湾东海大
学美术系主任、《联合文学》社社长。代表作品有
《汉字书法之美》《孤独六讲》《美的沉思》《蒋勋
细说红楼梦》等。

J0009200

中国现代美术家研究丛书　（江苏系列）
南京　江苏美术出版社［1990—1999 年］
20cm（32 开）

J0009201

镜真楼画谈　（贾又福谈画录）贾又福著；紫
曦编
北京　新华出版社　1991 年　121 页　19cm（小 32 开）
ISBN：7-5011-1517-6　定价：CNY3.85
　　本书是画家贾又福 30 多年来画语录的精品
荟萃，其中《且看当代李家山》《课堂谈画录》等
更是对宇宙、历史和艺术都有独到领悟。

J0009202

李唐及其水画之研究　倪再沁著
台北　文史哲出版社　1991 年　152 页　有图
21cm（32 开）　ISBN：957-547-034-6
定价：TWD180.00
（艺术丛刊　7）

J0009203

林散之序跋文集　林散之著；田恒铭整理

合肥　黄山书社　1991 年　185 页　有图版
20cm（32 开）ISBN：7-80535-246-1
定价：CNY3.90

　　作者林散之（1898—1989），山水画家、书法家。名霖，又名以霖，字散之，号三痴、左耳等。生于江苏江浦县，祖籍安徽和县。历任南京书画院名誉院长、江苏省书法家协会名誉主席。代表作有《许瑶诗论怀素草书》《自作诗论书一首》《李白草书歌行》等。

J0009204
倪瓒作品编年　朱仲岳编著
上海　上海人民美术出版社　1991 年　123 页
有图　20cm（32 开）ISBN：7-5322-0439-1
定价：CNY5.50

　　本书内容包括：倪瓒的传记、作品编年、书画目录、专著论文等。

J0009205
诗与画三百期精选集　洪丕谟主编
上海　上海人民美术出版社　1991 年　419 页
有图　20cm（32 开）ISBN：7-5322-1040-5
定价：CNY9.80

　　"诗与画"为上海电视台专题节目。本书上编为唐宋诗歌 101 首，宋词 40 首；下编收画有68 幅。

J0009206
宋代山水画南渡之研究　倪再沁著
台北　文史哲出版社　1991 年　200 页　有图
21cm（32 开）ISBN：957-547-035-4
定价：TWD200.00
（艺术丛刊 8）

J0009207
吴道子事辑　黄苗子编著
北京　中华书局　1991 年　240 页　有图
20cm（32 开）ISBN：7-101-00492-X
定价：CNY5.80

　　本书通过介绍唐代"画圣"吴道子的生平事迹，阐述了唐代诞生吴道子的社会根源，评述了吴道子的绘画技法和在绘画史上的地位。

J0009208
徐渭书画艺术　苏东天著

天津　天津人民美术出版社　1991 年　67+60 页
有肖像　26cm（16 开）ISBN：7-5305-0118-6
定价：CNY11.00

　　本书介绍了徐渭的生活道路和思想变化、绘画艺术和成就。附徐渭年表和《徐渭题画诗跋选》《徐渭书画简目》等。

J0009209
余任天书画印谈　余任天著
杭州　西泠印社　1991 年　34 页　有照片
26cm（16 开）ISBN：7-80517-089-4
定价：CNY1.25

　　作者余任天（1908—1984），画家。曾用名栋年，字天庐，居室名任、归汉室等。浙江诸暨人。代表作品《天庐画谈》《历代书画家补遗》《陈老莲年谱》。

J0009210
中国画大师黄秋园艺术研究文集　[孙克等编]
天津　天津人民美术出版社　1991 年　186 页
有图　20cm（32 开）ISBN：7-5305-0285-9
定价：CNY7.50

　　本书内容包括：黄秋园艺术研究、艺术评论、对黄秋园的回忆。

J0009211
《古画品录》解析　温肇桐著
南京　江苏美术出版社　1992 年　61 页
19cm（小 32 开）ISBN：7-5344-0133-X
定价：CNY1.80

　　本书论述了南齐谢赫的时代、家世及《古画品录》中评定三国孙吴以来 27 位画家艺术水平的高下和"六法""六品""气韵"的内涵，记述了后代出现种种不同体制的绘画批评续作等。

J0009212
'91 中国画艺术研讨会文论集　上海交通大学文学艺术系编
上海　上海交通大学文学艺术系　1992 年　38 页
26cm（16 开）

J0009213
方楚雄　《广州美术研究》编辑部编
广州　岭南美术出版社　1992 年　121 页　有照片

及图　19cm（32 开）　ISBN：7-5362-0826-X

定价：CNY6.50

（广东美术家丛书）

J0009214

李世南的水墨世界　（生平、创作、技法）刘子建著

武汉　湖北美术出版社　1992 年　173 页　有照片

20cm（24 开）　ISBN：7-5394-0330-6

定价：CNY16.00

　　本书内容包括画家小传、水墨风格的来源、水墨技法赏析、作者艺术风格生成的背景等。外文书名：Chinese Wash Painting of Li ShiNan. 作者刘子建（1956—　　），画家、教授。湖北沙市人。毕业于湖北美术学院并留校任教。后任教于华南师范大学美术系、深圳大学艺术学院。出版有《黑白史——中国当代实验水墨》《中国当代艺术中的水墨景观——刘子建》《二十一世纪中国现代水墨艺术家刘子建》等。

J0009215

六法论对中国绘画的指导和运用　刘益之著

南宁　广西美术出版社　1992 年　136 页　有图

19cm（小 32 开）　ISBN：7-80582-283-2

定价：CNY4.90

　　本书共分 6 章，分别为气韵生动、骨法用笔、应物象形、随类赋彩、经营位置、传移模写，介绍了六法论对中国绘画的指导、运用。作者刘益之（1934—　　），画家、教师。生于广西苍梧县。毕业于湖北美术学院。广西艺术学院美术系副教授，中国美协会员。代表作品《巫山云雨》《黄山雪松》等。

J0009216

明末怪杰　（陈洪绶的生涯及艺术）陈传席著

杭州　浙江人民美术出版社　1992 年　196 页

有图　20cm（32 开）　ISBN：7-5340-0376-8

定价：CNY14.00

（古代画家评传）

　　本书评介了陈洪绶的生平、思想及花鸟、山水、人物画与诗文、书法的艺术成就等。作者陈传席（1950—　　），教授。江苏睢宁人。毕业于南京师范大学美术学院，获博士学位。中国人民大学艺术学院教授、博士生导师，中国美术家协会会员、中国美术学院客座教授、兼任中国佛教艺术研究所所长、中国美术家协会理论委员会副主任等。代表作有《陈传席文集》《中国山水画史》《中国绘画美学史》等。

J0009217

墨林今话　（十八卷 续编一卷）（清）蒋宝龄撰

合肥　黄山书社　1992 年　影印本　498 页

19cm（32 开）　ISBN：7-80535-404-9

定价：CNY13.00

　　本书记录清代乾嘉道三朝的画家和作品，兼及题诗，是对清张庚《画征录》一书的补遗。

J0009218

墨林今话　（十八卷 续编一卷）（清）蒋宝龄撰

北京　中国书店　1996 年　影印本　4 册

25cm（小 16 开）　线装　ISBN：7-80568-711-0

定价：CNY126.00

J0009219

齐白石画法与欣赏　胡佩衡，胡橐著

北京　人民美术出版社　1992 年　2 版　125 页

20cm（32 开）　ISBN：7-102-00929-1

定价：CNY7.00

　　作者是白石老人生前挚友。本书介绍了齐白石的创作活动，分析了他的艺术特色和他的创作方法。附图 160 余幅。作者胡佩衡（1892—1962），蒙古族，山水画家。谱名锡铨，又名衡，字佩衡，号冷庵，外号胡涂克图，以字行。河北涿县人。历任中国画学研究会和湖社画会评议，华北大学教授、北京师范大学讲师、北平艺术专科学校教授、北京中国画研究会常务理事、北京画院画师兼院务委员。著有《山水入门》《桂林写生》《胡佩衡画集》。

J0009220

钱君匋的艺术世界　司马陌夫，晓云编

上海　上海书店　1992 年　543 页　有彩照

20cm（32 开）　ISBN：7-80569-482-6

定价：CNY20.00

（君匋艺术院丛书 4）

　　钱君匋（1907—1998），中国当代"一身精三艺，九十臻高峰"的著名篆刻书画家。曾任西泠印社副社长、上海文艺出版社编审、上海市政协委员等职。

J0009221

吴昌硕　齐白石　黄宾虹　潘天寿四大家研究　郎绍君等著

杭州 浙江美术学院出版社 1992年 398页
20cm（32开）软精装 ISBN：7-81019-174-8
定价：CNY25.00，CNY29.00（精装）
（潘天寿基金会学术丛书 1 炎黄艺术馆学术丛书）

本书收录"吴昌硕、齐白石、黄宾虹、潘天寿四大家学术研讨会（1992年北京）"论文 40 余篇。外文书名：Four Leading Masters of Literati Painting in Twentieth Century China.

J0009222

郑板桥书画艺术　王永兴编著

北京 北京体育学院出版社 1992年 143页
有插图 19cm（小32开）ISBN：7-81003-640-8
定价：CNY2.70
（中国书法系列丛书）

本书对郑板桥书法艺术特点、书画结合的规律及其书法格言、诗词等作了分析。

J0009223

中国明清绘画　何恭上编著

台北 艺术图书公司 1992年 再版 144页
21cm（32开）定价：TWD150.00
（何恭上编著艺术丛书 10）

J0009224

中国题画诗分类鉴赏辞典　张晨主编

沈阳 辽宁美术出版社 1992年 655页 有图版
19cm（小32开）精装 ISBN：7-5314-0912-7
定价：CNY26.00

本书凡四卷。收入唐代至近代125位诗人、画家的505首题画诗；鉴赏体例包括导语、鉴赏文章、分析等；并选历代书画名作120幅。

J0009225

中国文人画之研究　陈师曾著

天津 天津市古籍书店 1992年 影印本 23页
有图 20cm（32开）定价：CNY1.00

作者陈衡恪（1876—1923），近代著名书画篆刻家。字师曾，号槐堂。江西义宁（今江西省修水县）人。曾留学日本。曾任教于通州师范学校、长沙第一师范、北京女子高等师范学校、北京美

术专门学校。代表作品有《中国绘画史》《文人画之价值》。

J0009226

八大山人诗与画　朱安群，徐奔选注

武汉 华中理工大学出版社 1993年 159页
有图 19cm（小32开）ISBN：7-5609-0784-9
定价：CNY5.20

J0009227

陈白一　钟增亚主编；湖南书画研究院《湖南画家研究丛书》编委会编

长沙 湖南美术出版社 1993年 196页 有彩图
20cm（32开）ISBN：7-5356-0643-1
定价：CNY15.90
（湖南画家研究丛书）

作者钟增亚（1940—2002），画家。又名钟亚。湖南衡阳人。广州美术学院中国画系毕业。曾任职于衡阳市文化馆，历任中国书法家协会理事、中国美术家协会理事、湖南省书协主席、湖南书画研究院院长。国画《楚人》《三峡史诗》。出版有《钟增亚中国画选集》《钟增亚速写集》。

J0009228

崔子范艺术研究　刘笃义，丁悦民编

青岛 青岛出版社 1993年 237页 有彩图
20cm（32开）ISBN：7-5436-0874-X
定价：CNY5.80

本书探讨了崔子范先生中国画艺术成功的远源和近因，对他的艺术思想和艺术风格等进行了研究。

J0009229

画坛风情谈艺录　王杰著

沈阳 辽宁美术出版社 1993年 171页 有彩图及照片 26cm（16开）ISBN：7-5314-1034-6
定价：CNY28.80

作者王杰（1933—　　），河北省群艺馆研究馆员、中国音乐家协会会员、河北音协常务理事、中国社会音乐研究会理事。

J0009230

画外谈画　周翼南著

武汉 湖北美术出版社 1993年 116页 17×19cm
ISBN：7-5394-0437-X 定价：CNY48.00

本书介绍了徐松安、李世南、江虹等30位湖北省画家的艺术特色及作品。作者周翼南（1941— ），作家。湖北汉川人。就读于华中师范大学中文系。武汉文学创作所专业作家。著有长篇小说《愚人船》，短篇小说集《夜雾消散的时候》，中篇小说集《珊妹子》，散文集《人物·山水·猫》，纪实文学集《中国：亚当和夏娃》等。

J0009231

老甲——画坛内外如是说　贠冬鸣编

石家庄 花山文艺出版社 1993年 156页

有照片 20cm（32开） ISBN：7-80505-978-0

定价：CNY6.00

本书收录对中年画家贾浩义先生的评论文章近20篇，包括《老甲画风小议》《散论老甲现象》《画如其人》等。

J0009232

刘说字画　逸明，春元编

北京 国际文化出版公司 1993年 145页 有彩图

19cm（小32开） ISBN：7-80049-437-3

定价：CNY5.00

（文玩收藏生活丛书）

本书以访谈录的形式，记述了刘文杰先生关于收藏字画的见解与知识。

J0009233

清初四王画派研究论文集　朵云编辑部编

上海 上海书画出版社 1993年 942页

20cm（32开） ISBN：7-80512-657-7

定价：CNY32.00

J0009234

神游丹青　葛路，克地著

北京 北京大学出版社 1993年 370页 有彩图

19cm（小32开） ISBN：7-301-02267-0

定价：CNY7.90

（健康长寿丛书）

本书对中国画的特点，人物画、山水画、花鸟画的起源发展与演变进行了阐述，并选取150余幅中国名画进行分析鉴赏。

J0009235

书画鉴赏指南　钟文芳编著

北京 军事谊文出版社 1993年 217页

19cm（小32开） ISBN：7-80027-453-5

定价：CNY5.80

本书共4章：书画鉴赏概述、书法鉴赏、绘画鉴赏、附录。作者钟文芳（1966— ），收藏家、旅行家。字夔，号风云浪子。江西上高人。出版有《慈世成佛》《纵情山水》《风浪斋诗稿》《书画鉴赏指南》《百寿长卷》等。

J0009236

唐代诗与画的相关性研究　陈华昌著

西安 陕西人民美术出版社 1993年 254页

20cm（32开） ISBN：7-5368-0437-7

定价：CNY6.00

本书包括：唐代诗论与画论的互相渗透、唐代诗与画的形神问题、唐代的山水诗与山水画等7部分。

J0009237

唐宋诗书画欣赏　郭永琰主编

北京 中国人事出版社 ［1993年］128页

26cm（16开） ISBN：7-80076-423-0

定价：CNY15.00

作者郭永琰（1962— ），书法家、画家。湖北随州人。毕业于北京师范大学和北京交通大学。历任中国书法家协会会员、中央警卫部队文化教员。代表作《郭永琰楷书唐诗》《双鹰图》《大吉图》《荷香图》等。

J0009238

王雪涛画法与研究　萧焕编著

西安 陕西人民美术出版社 1993年 130页

有图 20cm（32开） ISBN：7-5368-0220-X

定价：CNY12.50

J0009239

文人画的趣味、图式与价值　黄专，严善錞著

上海 上海书画出版社 1993年 320页

20cm（32开） ISBN：7-80512-643-7

定价：CNY15.00

（中国绘画研究丛书）

本书内容有："道—艺""董巨逸轨""逸品"的研究，及李日华、董其昌、潘天寿的研究。

J0009240

戏剧名画妙说　李克因文；马得绘

南昌 江西美术出版社 1993 年 190 页
19cm（小 32 开）ISBN：7-80580-127-4
定价：CNY5.90
（旅游良友丛书 鉴赏篇）

　　本书收《也是不幸的婚姻》《高宠的枪戏》
《高兴得太早》等百余篇短文，每文配图一幅。

J0009241
心印　（美）方闻著；李维琨译
上海 上海书画出版社 1993 年 216 页 有图
20cm（32 开）ISBN：7-80512-680-1
定价：CNY11.50
（中国绘画研究丛书）

　　本作品系古代中国画美术评论集。作者方闻
（1930—2018），教授，美术史学家。毕业于美国
普林斯顿大学。任美国普林斯顿大学美术考古系
主任、兼纽约大都会博物馆特别顾问。作品有《夏
山图：永恒的山水》《心印》《两种文化之间》等。

J0009242
浙江美术学院中国画六十五年　李寄僧等著
杭州 浙江美术学院出版社 1993 年 365 页
20cm（32 开）ISBN：7-81019-232-9
定价：CNY12.00，CNY18.00（精装）
（潘天寿基金会学术丛书 2）

　　本书包括大事记、回忆文章、学术论文等，
阐述了 50 年代浙江人物画的崛起、发展和评价
以及中国画的创作和教学人物等。

J0009243
浙江美术学院中国画六十五年　（续编）卢
炘等编
杭州 浙江美术学院社 1993 年 414 页
20cm（32 开）ISBN：7-81019-338-4
定价：CNY25.00，CNY29.00（精装）
（潘天寿基金学术丛书 3）

　　本书收《浙美中国画印象》《文人画与人物
画》《潘天寿与中国画教学》等 40 余篇论文。

J0009244
中国画欣赏精萃　尹俊龙，朱颖人主编；竺志
华编著
太原 希望出版社 1993 年 103 页 19×21cm
ISBN：7-5379-1078-2 定价：CNY3.00

　　本书收入自晋代至现代的 60 位画家的 61

件名作，分为花鸟画、山水画、人物画 3 部分。
作者竺志华，浙江美术学院史论系语文教师。

J0009245
中国画欣赏漫谈　吕宝华著
北京 农村读物出版社 1993 年 [142]页 有图
21cm（32 开）ISBN：7-5048-1956-5
定价：CNY4.20

　　本书从笔、墨技法、绘画中的"点"和"线"
的运用，对国画作了较为系统的介绍，并阐述了
怎样认识国画的古和今的问题。

J0009246
中国名画鉴赏辞典　伍蠡甫主编
上海 上海辞书出版社 1993 年 68+1253 页
26cm（16 开）精装 ISBN：7-5326-0213-3
定价：CNY120.00

　　本书按中国绘画史发展的顺序，对历代
1000 幅作品作了介绍、赏析，附名词术语、画家
传略等。

J0009247
中国诗画与中国文化　张晨著
沈阳 辽宁教育出版社 1993 年 201 页 有照片
20cm（32 开）ISBN：7-5382-1963-3
定价：CNY8.00
（中国文化精神文库）

　　本书对中国诗画艺术进行文化考察和文化
审视，分为咏物诗与花鸟画、山水诗与山水画、
咏史诗与历史画、题画诗与诗意画 4 部分。

J0009248
中国书画鉴定研究
台北 学海出版社 1993 年 128 页 有图
21cm（32 开）

J0009249
崔子范艺术研究　（第二集）董玉龙主编
青岛 青岛出版社 1994 年 142 页 有彩图
28cm（大 16 开）精装 ISBN：7-5436-1252-6
定价：CNY88.00

　　本书收崔子范艺术评论文章 20 余篇，及其
创作的国画 50 余幅。本书由青岛出版社和荣宝
斋联合出版。

J0009250

当代山水画佳作赏析　吴国亭编著
南京 江苏美术出版社 1994年 86页 26cm（16开）
ISBN：7-5344-0388-X
定价：CNY36.00
　　作者吴国亭（1935— ），国画家、美术教育家、美学评论家、理论家。生于江苏南京浦口镇，祖籍天津。历任中国书画研究会名誉副主席、江苏省对外文化交流中心理事、苏浙皖国画家联谊会主席、美国波士顿中华文化中心艺术顾问。

J0009251

当代中国名画鉴赏　郭嘉主编
香港 华夏文化艺术交流中心 1994年
29cm（16开）精装

J0009252

二十世纪末中国现代水墨艺术走势　郁人主编
天津 天津杨柳青画社 1994年 128页
26cm（16开）ISBN：7-80503-257-2
定价：CNY26.00
（当代水墨艺术丛书 2）

J0009253

二十世纪末中国现代水墨艺术走势 （关于90年代的抽象水墨话语 图集 1996）郁人主编
哈尔滨 黑龙江美术出版社 1997年 144页
26cm（16开）ISBN：7-5318-0412-3
定价：CNY29.50
（当代水墨艺术丛书 3）
　　外文书名：The Artistic Trend of Modern Chinese Ink and Wash in the Late 20th Century.

J0009254

秘殿珠林石渠宝笈索引　冯华编
北京 紫禁城出版社 1994年 507页 19cm（32开）
ISBN：7-80047-072-5 定价：CNY18.80
　　作者冯华，字大光。故宫博物院古物馆任职。

J0009255

名画购藏与鉴赏　王顾，杨蕾著
北京 中国致公出版社 1994年 260页 有彩图
19cm（小32开）ISBN：7-80096-120-0
定价：CNY8.40

（中华文物精品鉴赏丛书）
　　本书讲述中国古代名画收藏、鉴赏、买卖概说，中国古代人物画鉴赏实例，中国古代人物画题趣等问题。作者王顾，北京大学任教。杨蕾，北京大学任教。

J0009256

仕女画的研究与技法　黄均著
北京 北京工艺美术出版社 1994年 135页
有彩图 19cm（小32开）ISBN：7-80526-012-5
定价：CNY4.80
　　本书不仅介绍了历代仕女画家及作品，还对历代仕女画的头饰、发髻、环佩、面饰、服装纹饰及仕女动态等的内容、形式及用法，做了详尽分析和图解，对仕女画的用笔用墨以及手、发髻、衣带和面部细节的画法和色彩的调配方法等做了论述。

J0009257

书画赏析　张进贤著
长沙 湖南美术出版社 1994年 103页 有图
26cm（16开）ISBN：7-5356-0671-7
定价：CNY18.80

J0009258

书画赏析　钱志主编
合肥 黄山书社 1994年 21页 有彩图
19cm（小32开）ISBN：7-80535-788-9
定价：CNY11.00
　　本书对陈东远的39幅绘画作品和刘建民的27幅书法作品进行了赏析。

J0009259

意趣与机杼 （"明清绘画透析国际学术讨论会" 特展图录）研讨会编委会编
上海 上海书画出版社 1994年 143页 37cm（8开）
ISBN：7-80512-866-9 定价：CNY240.00
　　外文书名：New Interpretations of Ming & Qing Paintings.

J0009260

中国画名家作品点评　新加坡日升艺术有限公司，中国艺术研究院美术研究所编
哈尔滨 黑龙江美术出版社 1994年 78页
29cm（16开）ISBN：7-5318-0269-4

定价：CNY76.00

　　本画册收新加坡日升艺术有限公司与中国艺术研究院美术研究所共同举办的名家国画展中的展品。

J0009261

字画　徐怀谦编著

沈阳　辽宁教育出版社　1994 年　135 页　有彩照

19cm（小 32 开）　ISBN：7-5382-3628-7

定价：CNY4.20

（收藏知识小丛书）

　　本书介绍了字画简史、字画收藏的途径、字画的作伪与鉴定、字画的保存与赏玩、字画市场与名家行情等。

J0009262

本土回归　（面对当代世界文化水墨语言的转型策略 图集）邹建平主编

长沙　湖南美术出版社　1995 年　48 页

28cm（大 16 开）　ISBN：7-5356-0742-X

定价：CNY12.00

（当代艺术系列丛书 7）

　　外文书名：Returning To Native Arts：Transforming Strategy of Ink-Painting Idiom Facing to the Contemporary Culture in the World. 作者邹建平（1955—　），生于湖南新化。毕业于湖南师范大学，修业于广州美术学院油画系，任湖南美术出版社副社长，湖南美术家协会副主席，中国美术家协会会员，北京圣之空间董事。

J0009263

单剑锋其人其画　单晓丹等选编

广州　岭南美术出版社　1995 年　192 页　有照片及图　23cm（20 开）　ISBN：7-5362-1140-6

定价：CNY138.00

　　本书为现代中国画之山水画画册及美术评论。作者单晓丹，画家单剑锋之子。

J0009264

黄宾虹笔墨探微　黄宾虹绘；王小川编著

杭州　浙江人民出版社　1995 年　99 页　26cm（16 开）

ISBN：7-5340-0641-4　定价：CNY29.80

（名家画艺挹秀）

J0009265

李可染　（图集）李松著

天津　天津杨柳青画社　1995 年　247 页

29cm（16 开）　精装　ISBN：7-80503-303-X

定价：CNY390.00

（20 世纪中国画家研究丛书）

　　作者李松（1932—　），中国美术家协会理事、理论委员会委员、中国画研究院院务委员。

J0009266

论东北中国画　贲庆余主编；《论东北中国画》编委会编

沈阳　辽宁美术出版社　1995 年

2 册（228；360 页）20cm（32 开）

ISBN：7-5314-1200-4　定价：CNY51.00

　　作者贲庆余（1929—2004），美术理论家、画家，鲁迅美术学院教授。生于哈尔滨。毕业于东北鲁迅文艺学院美术部。作品有《瓦岗军分粮》《李自成》，插图《我要读书》等。

J0009267

墨海精神　（中国画论纵横谈）张安治著

台北　东大图书公司　1995 年　301 页　有图

21cm（32 开）　精装　ISBN：957-19-1887-3

定价：旧台币 9.60

（沧海美术艺术论丛 9）

J0009268

墨海精神　（中国画论纵横谈）张安治著

台北　东大图书公司　1995 年　301 页　有图

21cm（32 开）　ISBN：957-19-1888-1

定价：旧台币 8.00

（沧海美术艺术论丛 9）

　　作者张安治（1911—1990），艺术家、油画家。字汝进，笔名紫天、张帆。江苏扬州人。毕业于南京中央大学美系。就职于北京师范大学、北京艺术学院、中央美术学院等。著有《中国画论纵横谈》《中国画发展史纲要》《中国绘画史纲要》《墨海精神——中国画论纵横谈》等。

J0009269

潘天寿绘画技法简析　潘公凯著

杭州　中国美术学院出版社　1995 年　114 页

26cm（16 开）　精装　ISBN：7-81019-374-0

定价：CNY40.00

外文书名：A Structural Analysis of Pan Tianshou's Paintings.

J0009270
情系山水 （浙江当代山水画名家选论）叶子著
杭州 西泠印社 1995 年 271 页 有彩图
20cm（32 开） ISBN：7-80517-180-7
定价：CNY19.80
　　作者叶子，主要著有作品《情系山水》。

J0009271
我画我说 （关中风情漫笔）贺荣敏绘
西安 陕西人民美术出版社 1995 年 64 页
有图 28cm（大 16 开） ISBN：7-5368-0725-2
定价：CNY22.50
　　本书为现代中国画美术评论。作者贺荣敏
（1958— ），画家。陕西合阳人。西安美术学院
教师、中国美术家协会会员。代表作品有《雪塬》
《父老乡亲》《中华太极》《柿子熟了的时候》等。

J0009272
杨之光四十年回顾文集 《岭南画学丛书》编
委会编
广州 岭南美术出版社 1995 年 243 页
20cm（32 开） ISBN：7-5362-1337-9
定价：CNY16.00
（岭南画学丛书 2）
　　本书为现代中国画之美术评论与纪念文集。

J0009273
艺术品（字画）市场投资入门 李林编
北京 中国农业出版社 1995 年 36+48 页
有彩图 19cm（小 32 开） ISBN：7-109-03777-0
定价：CNY10.00
　　本书介绍中国字画收藏、保管、投资、拍卖
等方面的知识，附图版百余幅。

J0009274
中国历代绘画精品 100 幅赏析 周卫明，徐
建融编著
济南 山东科学技术出版社 1995 年 205 页
29cm（16 开） ISBN：7-5331-1573-2
定价：CNY138.00
（工艺的·美术的·文物的·中华艺术精品 100 丛

书 2）

J0009275
中国名画赏析 刘树杞编著
天津 新蕾出版社 1995 年 62 页 26cm（16 开）
ISBN：7-5307-1663-8 定价：CNY11.00
（小画家丛书）
　　作者刘树杞（1936— ），教授。笔名绿野，
凌风。北京通县人。毕业于天津美术学院史论
专业。天津工艺美院艺术理论教授、全国中等艺
术学校艺术理论研究会副主席、全国工艺美术家
协会会员、天津美术家协会会员。出版有《中国
美术名作赏析》《外国美术名作赏析》等。

J0009276
中国书画篆刻年鉴 （1993—1994）中国书
画报社，中国教育学会书法教育研究会编纂
沈阳 辽宁教育出版社 1995 年 22+818 页
26cm（16 开） 精装 ISBN：7-5382-4280-5
定价：CNY168.00

J0009277
中国书画篆刻年鉴 （1995—1996）中国教育
学会书法教育专业委员会，中国书画报社联合
编纂
天津 天津人民美术出版社 1998 年 24+979 页
26cm（16 开） 精装 ISBN：7-5305-0844-X
定价：CNY200.00

J0009278
传统中的现代 （中国画选新语）曾佑和著
台北 东大图书公司 1996 年 176 页 有插画
27cm（大 16 开） ISBN：957-19-1901-2
定价：TWD330.00
（沧海美术 艺术特辑 2）
　　作者曾佑和（1925—2017），女，画家。原名
昭和，笔名幼荷。生于北京。毕业于北京辅仁大
学美术系，后在美国纽约大学获东亚美术史博
士。曾任教于北京华语学校，历任夏威夷大学艺
术系艺术史研究计划主任、美国夏威夷火努鲁鲁
艺术学院顾问等。代表作品《渔父赋》，出版有《中
国书法史》。

J0009279
崔子范谈艺录 崔子范述；理勤功整理

郑州 河南美术出版社 1996年 124页 有图
20cm（32开） ISBN：7-5401-0558-5
定价：CNY12.00, CNY28.00（精装）

　　作者崔子范（1915—2011），画家。曾用名崔
尚治。山东莱阳人。就读于上海美术专科学校，
抗日军政大学。北京国画院副院长兼秘书长、中
国美术家协会会员、北京市美协理事。代表作品
有《麻雀枇杷》《芙蓉八哥》《金鱼》等。

J0009280
崔子范谈艺录　　崔子范述；理勤功整理
郑州 河南美术出版社 1998年 74页 有图
20cm（32开） ISBN：7-5401-0558-5
定价：CNY6.00

J0009281
高凤翰绘画研究　　庄素娥著
台北 艺术家出版社 1996年 427页 有图
26cm（16开） ISBN：957-9530-47-5
定价：TWD500.00

J0009282
关山月　　《岭南画学丛书》编委会编
广州 岭南美术出版社 1996年 263页
20cm（32开） ISBN：7-5362-1423-5
定价：CNY16.00
（岭南画学丛书 3）

J0009283
关增铸评集　　王其华主编
北京 对外经济贸易大学出版社 1996年
56+240页 有照片 20cm（32开）
ISBN：7-81000-799-8 定价：CNY15.00
　　作者王其华（1949— ），山东人。天津师范
高等专科学校美术系主任、副教授。

J0009284
国画购藏指南　　景阳编著
哈尔滨 黑龙江人民出版社 1996年 359页
19cm（小32开） ISBN：7-207-03272-2
定价：CNY16.00

J0009285
近百年中国画研究　　炎黄艺术馆编
北京 人民美术出版社 1996年 355页
20cm（32开） ISBN：7-102-01635-2
定价：CNY41.00
（炎黄艺术馆学术丛书）

J0009286
黎雄才　　《岭南画学丛书》编委会编
广州 岭南美术出版社 1996年 226页
20cm（32开） ISBN：7-5362-1424-3
定价：CNY16.00
（岭南画学丛书 4）

J0009287
吕凤子画鉴　　吕凤子绘；吕去病主编
南京 江苏人民出版社 1996年 22cm（30开）
ISBN：7-214-01647-8 定价：CNY80.00
　　作者吕凤子（1886—1959），画家、艺术教育
家。生于江苏丹阳。历任苏南文化教育学院，江
苏师范学院教授，江苏省国画院筹委会主任委
员，江苏省美术家协会副主席等。著有《美术史
讲稿》《中国画法研究》《吕凤子仕女画册》《吕
凤子华山速写集》等。

J0009288
漫谈中国画　　聂危谷编
北京 中国少年儿童出版社 1996年 105页
19cm（32开） ISBN：7-5007-2983-9
定价：CNY79.80（全套）, CNY84.00（全套盒装）
（祖国知识文库丛书）

J0009289
漫谈中国画　　聂危谷编
北京 中国少年儿童出版社 1998年 105页
19cm（32开） ISBN：7-5007-4043-3
定价：CNY2.65
（特价版素质教育书库 鉴赏表达篇）

J0009290
人物画　　林虞生编著
上海 上海古籍出版社 1996年 263页
19cm（32开） ISBN：7-5325-2092-7
定价：CNY12.20
（文物鉴赏丛书）

J0009291
首届中国画学及中国画发展战略研讨会论

文选　中国书画报社编
沈阳　辽宁教育出版社　1996 年　603 页　有照片
19cm（小 32 开）ISBN：7-5382-4732-7
定价：CNY20.00

J0009292
艺术史与艺术批评的探索　郭继生著
台北　历史博物馆　1996 年　16+260 页　有图
21cm（32 开）ISBN：957-00-8205-4
（史物丛刊 11）

J0009293
张大千研究　巴东（Ba Tong）著
台北　历史博物馆　1996 年　396 页
有图　21cm（32 开）ISBN：957-00-8366-2
定价：[TWD280.00]
（史物丛刊 12）
　　外文书名：The Art of Chang Dai-Chien.

J0009294
指向新民族　（审美文化的工笔画　湖南工笔
画专辑）邹建平主编
长沙　湖南美术出版社　1996 年　48 页　26cm（16 开）
ISBN：7-5356-0823-X　定价：CNY21.00
（当代艺术系列丛书 10）
　　作者邹建平（1955—　　），生于湖南新化。毕
业于湖南师范大学，修业于广州美术学院油画
系，任湖南美术出版社副社长、湖南美术家协会
副主席、中国美术家协会会员、北京圣之空间
董事。

J0009295
中国画艺术欣赏　陈瑞林著
太原　山西教育出版社　1996 年　255 页　有图
19cm（小 32 开）ISBN：7-5440-0602-6
定价：CNY10.70
（美育丛书　美术系列）
　　作者陈瑞林（1944—　　），教授。笔名楚水。
湖南人。毕业于中央美术学院美术史系。历任
清华大学美术学院教授、澳门艺术博物馆客座研
究员、南京艺术学院客座教授等职。主要有《中
国西画五十年 1898—1949 年》《民俗与民间美
术》《当代中国油画》《东西方美术交流》《21 世
纪装饰艺术》等。

J0009296
中国书画鉴定与欣赏　承名世，承载著
上海　上海古籍出版社　1996 年　36+206+55 页
有图 26cm（16 开）　精装　ISBN：7-5325-2097-
8　定价：CNY78.00

J0009297
八大山人生平及作品系年　萧鸿鸣著
北京　北京燕山出版社　1997 年　375 页　有图
20cm（32 开）ISBN：7-5402-0860-0
定价：CNY24.00
（八大山人研究系列丛书）

J0009298
陈洪绶　（上卷　文字编）翁万戈编著
上海　上海人民美术出版社　1997 年　253 页
有图 37cm（8 开）　精装　ISBN：7-5322-1780-9
定价：CNY260.00

J0009299
陈洪绶　（中卷　彩图编）翁万戈编著
上海　上海人民美术出版社　1997 年　322 页
37cm（8 开）　精装　ISBN：7-5322-1781-7
定价：CNY590.00

J0009300
陈洪绶　（下卷　黑白图编）翁万戈编著
上海　上海人民美术出版社　1997 年　241 页
37cm（8 开）　精装　ISBN：7-5322-1782-5
定价：CNY360.00

J0009301
从写实到荒诞　（李孝萱和他的现代水墨）郎
绍君著
长沙　湖南美术出版社　1997 年　114 页
29cm（16 开）ISBN：7-5356-0970-8
定价：CNY68.00
　　作者郎绍君（1939—　　），河北保定人。毕业
于天津美术学院。历任中国艺术研究院美术研
究所近现代美术研究室主任、研究员，河北大学
艺术理论研究中心主任。出版有《现代中国画论
集》《齐白石研究》《艺术理论研究》等。

J0009302
董其昌鉴定宋元无款名画　（清）烟客编

北京 社会科学文献出版社 1997年 37cm（8开）
ISBN：7-80050-863-3 定价：CNY58.00

J0009303
关山月研究 深圳市文化局，深圳市关山月美
术馆编
深圳 海天出版社 1997年 259页 有照片
28cm（大16开）ISBN：7-80615-128-1
定价：CNY50.00

J0009304
黄般若美术文集 黄般若著
北京 人民美术出版社 1997年 342页 有照片
20cm（32开）ISBN：7-102-01780-4
定价：CNY35.00
（人民美术出版社学术丛书 6）
　　作者黄般若（1901—1968），画家。广东东莞
人。名鉴波，字般若，号万千。有《黄般若美术
文集》。

J0009305
贾又福谈画篇 贾又福著
北京 荣宝斋出版社 1997年 179页 26cm（16开）
ISBN：7-5003-0407-2 定价：CNY56.00
　　作者贾又福（1942— ），画家。河北省肃宁
县人。毕业于中央美术学院。中央美术学院教授、
博士生导师。代表作品《贾又福谈画篇》《贾又
福集：苦修集、怀乡集、观化集》等。

J0009306
静观·古典 （1995年作品）李东伟绘
沈阳 辽宁美术出版社 1997年 36页 38cm（6开）
ISBN：7-5314-1638-7 定价：CNY30.00
（水墨新空间丛书）

J0009307
潘天寿研究 （第二集）卢炘编
杭州 中国美术学院出版社 1997年 472页
有图 20cm（32开）ISBN：7-81019-598-0
定价：CNY29.00
（潘天寿基金会学术丛书）
　　潘天寿（1898—1971），现代画家、教育家。
字大颐，自署阿寿。浙江宁海人。1915年考入浙
江省立第一师范学校，受教于经亨颐、李叔同等
人。曾任中国美术家协会副主席、浙江美术学院

院长等。1958年被聘为苏联艺术科学院名誉院
士。著有《中国绘画史》《听天阁画谈随笔》等。

J0009308
批评的姿态 李小山著
南京 江苏美术出版社 1997年 201页
20cm（32开）ISBN：7-5344-0754-0
定价：CNY18.00

J0009309
齐白石 （图集）郎绍君著
天津 天津杨柳青画社 1997年 299页
29cm（16开）精装 ISBN：7-80503-266-1
定价：CNY480.00
（二十世纪中国画家研究丛书）
　　作者郎绍君（1939— ），河北保定人。毕业
于天津美术学院。历任中国艺术研究院美术研
究所近现代美术研究室主任、研究员，河北大学
艺术理论研究中心主任。出版有《现代中国画论
集》《齐白石研究》《艺术理论研究》等。

J0009310
齐白石书画鉴定 邢捷著
天津 天津古籍出版社 1997年 230页 有插图
20cm（32开）ISBN：7-80504-418-X
定价：CNY17.00
（名家书画鉴定丛书）

J0009311
清寒寂寂 （1993—1996年作品）陈履生著
沈阳 辽宁美术出版社 1997年 36页 38cm（6开）
ISBN：7-5314-1640-9 定价：CNY30.00
（水墨新空间丛书）
　　著者陈履生（1956— ），画家、美术理论
家。号平生。江苏镇江人。硕士毕业于南京艺
术学院美术系。中国美术家协会会员，中国、日
本美术交流协会会员，装帧艺术研究会会员。主
要著作有《神画主神研究》《明清花鸟画 题画诗
选注》《台湾现代美术运动》等。

J0009312
沈铨研究 周积寅，（日）近藤秀实著
南京 江苏美术出版社 1997年 10+324页 有照
片及图版 20cm（32开）ISBN：7-5344-0727-3
定价：CNY40.00

作者周积寅（1938—　），教授。笔名禾宙。江苏泰兴人。毕业于南京艺术学院。历任南京艺术学院学报《艺苑》主编、"扬州画派"研究会名誉会长、中国郑板桥研究会及日本郑板桥学会顾问、中国美术家协会会员。编著有《吴派绘画研究》《中国美术通史》《郑板桥》等。

J0009313
石涛绘画研究　顾强先著
南京　江苏美术出版社　1997年　323页
19cm（小32开）ISBN：7-5344-0624-2
定价：CNY18.00

J0009314
书画情缘　（陈英金岚夫妇和他们的"积翠园"）
王楠，张佩如著
北京　解放军文艺出版社　1997年　12+394页
有照片　20cm（32开）ISBN：7-5033-0878-8
定价：CNY23.00

J0009315
唐代诗论与画论之关系研究　（仅以诗、画论之专著为研究对象）曹愉生著
台北　文史哲出版社　1997年　213页　有插图
21cm（32开）ISBN：957-547-814-2
定价：TWD220.00
（文史哲学集成　297）

J0009316
天地悠然　（1993—1995年作品）王璜生绘
沈阳　辽宁美术出版社　1997年　36页　38cm（6开）
ISBN：7-5314-1637-9　定价：CNY30.00
（水墨新空间丛书）

J0009317
王孙·逸士·溥心畲　林铨居著
台北　雄狮图书公司　1997年　159页　有照片
26cm（16开）ISBN：957-8980-56-6
定价：TWD600.00
（家庭美术馆前辈美术家丛书　雄师丛书　18-013）

J0009318
物我两忘　（1995—1996年作品）阮观东绘
沈阳　辽宁美术出版社　1997年　36页　38cm（6开）
ISBN：7-5314-1636-0　定价：CNY30.00

（水墨新空间丛书）

作者阮观东（1952—　），编辑。河南新县人。毕业于天津美术学院国画系。中国国画家协会理事、河北美术出版社美术编审，国家一级美术师、中国美术家协会会员、中国徐悲鸿画院专职画家。代表作品《苍岩秋色》《我和我家》《晨之曲》等，出版《阮观东写意山水画集》。

J0009319
心源造化　（1982—1996年作品）栾永让绘
沈阳　辽宁美术出版社　1997年　36页　38cm（6开）
ISBN：7-5314-1641-7　定价：CNY30.00
（水墨新空间丛书）
作者栾永让（1938—　），画家、教授。生于山东蓬莱。毕业于鲁迅美术学院中国画系。鲁迅美术学院教授。作品有《老船》《绝壁苍山》，出版有《栾永让·心源造化》《画家之旅——栾永让写生集》。

J0009320
张大千书画鉴定　邢捷著
天津　天津古籍出版社　1997年　246页　有图及照片　20cm（32开）ISBN：7-80504-419-8
定价：CNY17.00
（名家书画鉴定丛书）

J0009321
中国古今书画真伪图典　（中英文本）杨仁恺主编
沈阳　辽宁画报出版社　1997年　240页
38cm（6开）精装　ISBN：7-80601-130-7
定价：CNY680.00
作者杨仁恺（1915—2008），博物馆学家、书画鉴赏大师、书画大家、美术史家。号遗民，笔名易木，斋名沐雨楼。四川岳池人。曾任中国博物馆协会名誉理事、文史研究馆名誉馆长、人民大学国学院教授、中央美术学院研究生导师、美术家协会名誉主席等职。代表作品有《国宝沉浮录》《中国书画鉴定学稿》《沐雨楼书画论稿》等。

J0009322
中国画鉴赏与收藏　许志浩编著
上海　上海书店出版社　1997年　236页　有彩图
20cm（32开）ISBN：7-80622-247-2
定价：CNY52.00

（古玩宝斋丛书）

J0009323
中国画与现代中国　刘曦林著
南宁　广西美术出版社　1997年　488页　有照片
20cm（32开）ISBN：7-80625-245-2
定价：CNY35.00
（中国当代美术理论家文丛）

J0009324
中国书画篆刻品鉴　陈振濂著
北京　中华书局　1997年　32+1020页　有图
26cm（16开）精装　ISBN：7-101-01023-7
定价：CNY160.00
　　　作者陈振濂（1956—　），书法家。号颐斋。
生于上海，浙江鄞县人。曾任浙江大学人文学院
副院长、中国文联副主席、中国书法家协会副主
席、中国文艺评论家协会副主席、浙江省文联副
主席，西泠印社副社长。著作有《书法美学》《大
学书法教材集成》。

J0009325
字画　徐怀谦编著
沈阳　辽宁教育出版社　1997年　2版　168页
有彩照　19cm（小32开）ISBN：7-5382-3628-7
定价：CNY7.00
（收藏知识小丛书）

J0009326
走出江南　钱行健，卢金德著
上海　上海书画出版社　1997年　167页　有图
20cm（32开）ISBN：7-80635-111-6
定价：CNY16.80
　　　作者钱行健（1935—2010），国画家。江苏无
锡人。擅长中国画，专习山水、花鸟，兼文学及
诗词，后致力于中国绘画理论的研究。曾任上海
外国语大学艺术教研室主任、副教授，上海海外
联谊会联谊书画社副社长、海墨画社社长、上海
书画研究院理事等。代表作品有《碧浪》《幽涧
听泉》《江月幽禽》等。

J0009327
当代名画　（1949年以后）郑旗著
济南　山东科学技术出版社　1998年　115页
19cm（小32开）ISBN：7-5331-2208-9

定价：CNY16.00
（中国收藏小百科　第二辑　1）

J0009328
对比艺术　刘旦宅著
上海　上海教育出版社　1998年　182页　有插图
19cm（小32开）ISBN：7-5320-6314-3
定价：CNY11.00
（文博丛书）
　　　作者刘旦宅（1931—2011），教授、画家。原
名浑，又名小粟，后改名旦宅，别名海云生。浙
江温州人。曾在上海市大中国图书局、上海教育
出版社、上海人民美术出版社绘画，上海师范大
学美术系主任。代表作品《曹血雪芹生平》《琵
琶行》《刘旦宅聊斋百图》《石头记人物画册》等。

J0009329
古典与现代　（黄宾虹论）王永敬，李健锋著
合肥　安徽美术出版社　1998年　213页
20cm（32开）ISBN：7-5398-0450-5
定价：CNY18.00

J0009330
古画解读　（南宋李迪、李唐）（南宋）李迪,（南
宋）李唐绘；陆籽叙编著
杭州　浙江人民美术出版社　1998年　29cm（16开）
ISBN：7-5340-0853-0　定价：CNY14.00

J0009331
古画解读　（南宋李唐）（南宋）李唐绘；陆籽
叙编著
杭州　浙江人民美术出版社　1998年　29cm（16开）
　ISBN：7-5340-0852-2　定价：CNY19.00

J0009332
古画解读　（南宋马远、萧照）（南宋）马远,（南
宋）萧照绘；陆籽叙编著
杭州　浙江人民美术出版社　1998年　29cm（16开）
ISBN：7-5340-0854-9　定价：CNY14.00

J0009333
古画解读　（宋人花卉）李敬仕编著
杭州　浙江人民美术出版社　1998年　29cm（16开）
ISBN：7-5340-0851-4　定价：CNY14.00

J0009334
古画解读 （宋人翎毛）李敬仕编
杭州 浙江人民美术出版社 1998年 29cm（16开）
ISBN：7-5340-0870-0 定价：CNY14.00

J0009335
古画解读 （五代董源）（五代）董源绘；徐英槐，宋岭编著
杭州 浙江人民美术出版社 1998年
29cm（16开） ISBN：7-5340-0850-6
定价：CNY19.00
　　　作者董源（934—约962），五代南唐画家。又名董元，字叔达。江西钟陵（今江西进贤县）人。代表作品《夏景山口待渡图》《潇湘图》《夏山图》《龙宿郊民图》。作者徐英槐（1937— ），山水画家。浙江宁波人。毕业于浙江美术学院。浙江画院专业画家。代表作品有《黄山迎客松》《杨柳山晓风残月》等。

J0009336
画坛撷英 （杜甫草堂博物馆馆藏精品书画卷）贾兰著
成都 四川文艺出版社 1998年 53页 有图
19cm（小32开） ISBN：7-5411-1769-2
定价：CNY5.00
（杜甫草堂历史文化丛书）

J0009337
黄宾虹山水画艺术论 叶子著
杭州 浙江人民美术出版社 1998年 135页
有图 28cm（大16开） ISBN：7-5340-0817-4
定价：CNY29.80
　　　作者叶子，主要著有《情系山水》。

J0009338
江苏当代国画赏析 谭焕民编著
北京 江苏省物资信息中心 1998年 42页
26cm（16开） 定价：CNY12.00

J0009339
精神的折射 （中国山水画与隐逸文化）陈传席，刘庆华著
济南 山东美术出版社 1998年 225页 有图
20cm（32开） ISBN：7-5330-1162-7
定价：CNY11.50

（艺术大视野丛书）
　　　作者陈传席（1950— ），教授。江苏睢宁人。毕业于南京师范大学美术学院，获博士学位。中国人民大学艺术学院教授、博士生导师，中国美术家协会会员、中国美术学院客座教授、兼任中国佛教艺术研究所所长、中国美术家协会理论委员会副主任等。代表作有《陈传席文集》《中国山水画史》《中国绘画美学史》等。

J0009340
两宋名画精华 何恭上编著
台北 艺术图书公司 1998年 249页 有图
21cm（32开） ISBN：957-672-245-4
定价：TWD450.00
（中华艺术导览 2）

J0009341
马少宣与内画艺术 马增善著
北京 文物出版社 1998年 164页 有照片及图
20cm（32开） ISBN：7-5010-1040-4
定价：CNY48.00

J0009342
毛泽东与书画文化 盛巽昌编著
南宁 广西人民出版社 1998年 94页
19cm（小32开） ISBN：7-219-03674-4
定价：CNY7.20
（毛泽东与传统文化）

J0009343
闽台历代国画鉴赏 张金鉴著
福州 海潮摄影艺术出版社 1998年 243页
有图 20cm（32开） ISBN：7-80562-519-0
定价：CNY19.80，CNY27.00（精装）
　　　作者张金鉴（1929— ），画家、教授。福建莆田人。福州大学教授、中国美术家协会、全国美术教育研究会会员、福州国画研究会秘书长。

J0009344
情融山河 （郑玉昆绘画艺术研究）冷柯主编
郑州 海燕出版社 1998年 293页 有图
20cm（32开） ISBN：7-5350-1612-X
定价：CNY25.00
（中国少林寺书画研究会研究丛书 1）

J0009345
山水名作笔墨解析　章锦荣编著
杭州　浙江人民美术出版社　1998 年　99 页
26cm（16 开）ISBN：7-5340-0751-8
定价：CNY25.00

J0009346
扇面书画　鲁力著
济南　山东科学技术出版社　1998 年　157 页
19cm（小 32 开）ISBN：7-5331-2207-0
定价：CNY18.00
（中国收藏小百科　第二辑　2）

J0009347
赏图品画　江宏著
上海　上海教育出版社　1998 年　176 页　有图
19cm（小 32 开）ISBN：7-5320-6313-5
定价：CNY10.00
（文博丛书）

J0009348
诗情画意　黄玉峰主编
上海　复旦大学出版社　1998 年　12+231 页　有图
25cm（小 16 开）ISBN：7-309-01903-2
定价：CNY28.00

J0009349
收藏者说　潘亦孚著
上海　上海教育出版社　1998 年　167 页　有插图
19cm（小 32 开）ISBN：7-5320-6289-9
定价：CNY9.80
（文博丛书）

J0009350
书画鉴真　鲁力著
上海　上海文化出版社　1998 年　288 页　有图
20cm（32 开）ISBN：7-80511-945-7
定价：CNY21.00
（中国民间收藏精编丛书　第二辑）

J0009351
水墨的诗情　（从传统文人画到现代水墨画）
舒士俊著
上海　复旦大学出版社　1998 年　367 页　有插图
20cm（32 开）ISBN：7-309-02078-2

定价：CNY18.00
（缪斯书系）

J0009352
血脉的回响　（中国画与中国文化）邱振亮著
济南　山东美术出版社　1998 年　199 页　有图
20cm（32 开）ISBN：7-5330-1142-2
定价：CNY10.00
（艺术大视野丛书）

J0009353
永世的痴迷　刘国松著
济南　山东画报出版社　1998 年　124 页　有照片
20cm（32 开）ISBN：7-80603-313-0
定价：CNY11.00

J0009354
张大千论画精粹　李永翘编
广州　花城出版社　1998 年　390 页　有照片
20cm（32 开）ISBN：7-5360-2610-2
定价：CNY19.80
（张大千系列丛书）

J0009355
中国高等院校工笔画新作评析　广西美术
出版社主编
南宁　广西美术出版社　1998 年　145 页
38cm（6 开）精装　ISBN：7-80625-528-1
定价：CNY230.00

J0009356
中国画　萧平一著
贵阳　贵州人民出版社　1998 年　70 页　有图
20cm（32 开）ISBN：7-221-04366-3
定价：CNY10.80
（文物收藏知识丛书）

J0009357
中国画名家墨迹品赏　（吴昌硕 1）吴昌硕绘
杭州　浙江人民美术出版社　1998 年　29cm（16 开）
ISBN：7-5340-0833-6　定价：CNY14.00
　　作者吴昌硕（1844—1927），晚清民国时期国
画家、书法家、篆刻家。原名俊，俊卿，字昌硕。
浙江安吉人。代表作品有《瓜果》《灯下观书》《姑
苏丝画图》等，出版有《吴昌硕画集》《吴昌硕作

品集》《苦铁碎金》《缶庐近墨》《吴苍石印谱》
《缶庐印存》等。

J0009358
中国画名家墨迹品赏 （吴昌硕 2）吴昌硕绘
杭州 浙江人民美术出版社 1998年 29cm（16开）
ISBN：7-5340-0834-4 定价：CNY14.00

J0009359
中国画名家墨迹品赏 （吴昌硕 3）吴昌硕绘
杭州 浙江人民美术出版社 1998年 29cm（16开）
ISBN：7-5340-0835-2 定价：CNY14.00

J0009360
中国画名家墨迹品赏 （任伯年 1）（清）任
伯年绘
杭州 浙江人民美术出版社 1998年 29cm（15开）
ISBN：7-5340-0830-1 定价：CNY14.00
　　作者任伯年（1840—1896），清末画家。初
名润，字次远，号小楼，后改名颐，字伯年，以字
行。浙江山阴航坞山（今杭州市萧山区）人。主
要作品有《东津话别图》《三友图》《苏武牧羊图》
《蕉荫纳凉图》《池畔窥鱼图》等。

J0009361
中国画名家墨迹品赏 （任伯年 2）（清）任
伯年绘
杭州 浙江人民美术出版社 1998年 29cm（15开）
ISBN：7-5340-0831-X 定价：CNY14.00

J0009362
中国画名家墨迹品赏 （任伯年 3）（清）任
伯年绘
杭州 浙江人民美术出版社 1998年 29cm（15开）
ISBN：7-5340-0832-8 定价：CNY14.00

J0009363
中国画艺术赏析 郭玫宗编著
北京 中国纺织出版社 1998年 188页
21cm（20开） ISBN：7-5064-1444-9
定价：CNY25.00
（大学生素质教育丛书）

J0009364
中国巨匠美术丛书 （陈洪绶）李维琨著

北京 文物出版社 1998年 32页 有图
29cm（16开） ISBN：7-5010-1008-0
定价：CNY24.00

J0009365
中国巨匠美术丛书 （仇英）单国霖著
北京 文物出版社 1998年 32页 有图
29cm（16开） ISBN：7-5010-1007-2
定价：CNY24.00

J0009366
中国巨匠美术丛书 （戴进）单国强著
北京 文物出版社 1998年 32页 有图
29cm（16开） ISBN：7-5010-1006-4
定价：CNY24.00

J0009367
中国巨匠美术丛书 （范宽）杨守智著
北京 文物出版社 1998年 32页 有图
29cm（16开） ISBN：7-5010-1012-9
定价：CNY24.00

J0009368
中国巨匠美术丛书 （龚贤）王靖宪著
北京 文物出版社 1998年 32页 有图
29cm（16开） ISBN：7-5010-1016-1
定价：CNY24.00

J0009369
中国巨匠美术丛书 （顾恺之）陈绶祥著
北京 文物出版社 1998年 32页 有图
29cm（16开） ISBN：7-5010-1011-0
定价：CNY24.00
　　作者陈绶祥（1944— ），文化学者，美术史
家、文物鉴定家及书画家。别名晓三，字大隐，
号老饕，斋名无禅堂。广西桂林人。毕业于中国
艺术研究院。历任中国美术家协会会员，中国艺
术研究院博士生导师。著作有《发展的素描》《中
国彩陶研究》《遮蔽的文明》《文心万象》《中国
民间美术全集·民居卷》等。

J0009370
中国巨匠美术丛书 （弘仁）单国霖著
北京 文物出版社 1998年 32页 有图
29cm（16开） ISBN：7-5010-1017-X

定价: CNY24.00

J0009371

中国巨匠美术丛书 （郎世宁）聂崇正著
北京 文物出版社 1998 年 32 页 有图
29cm（16 开） ISBN: 7-5010-1009-9
定价: CNY24.00
　　郎世宁（Giuseppe Castiglione, 1688—1766），
意大利画家、清代宫廷画家。原名朱塞佩·伽斯
底里奥内，生于米兰。作为天主教耶稣会的修道
士来中国传教，随即入宫，为清代宫廷十大画家
之一。主要作品有《百骏图》《乾隆大阅图》《瑞
谷图》《花鸟图》《百子图》等。

J0009372

中国巨匠美术丛书 （李鱓）薛永年著
北京 文物出版社 1998 年 32 页 有图
29cm（16 开） ISBN: 7-5010-1018-8
定价: CNY24.00
　　作者薛永年（1941—　　），教授。北京人。毕
业于中央美术学院美术史论系。中央美术学院美
术史系主任，中国书法家协会会员。著有《晋唐
宋元卷轴画史》《书画史论丛稿》《扬州八怪与扬
州商业》《蓦然回首》《华岩研究》等，主编有《中
国美术简史》《中国绘画的历史与审美鉴赏》等。

J0009373

中国巨匠美术丛书 （李唐）刘兴珍著
北京 文物出版社 1998 年 32 页 有图
29cm（16 开） ISBN: 7-5010-1013-7
定价: CNY24.00

J0009374

中国巨匠美术丛书 （林良）单国强著
北京 文物出版社 1998 年 32 页 有图
29cm（16 开） ISBN: 7-5010-1015-3
定价: CNY24.00

J0009375

中国巨匠美术丛书 （马远）薄松年著
北京 文物出版社 1998 年 32 页 有图
29cm（16 开） ISBN: 7-5010-1004-8
定价: CNY24.00
　　作者薄松年（1932—2019），著名美术史论
家。河北保定人。毕业于中央美术学院绘画系。

中央美术学院教授，中国美术家协会会员等。代
表作品《中国绘画》。

J0009376

中国巨匠美术丛书 （任伯年）薛永年著
北京 文物出版社 1998 年 32 页 有图
29cm（16 开） ISBN: 7-5010-1010-2
定价: CNY24.00

J0009377

中国巨匠美术丛书 （沈周）何传馨著
北京 文物出版社 1998 年 32 页 有图
29cm（16 开） ISBN: 7-5010-1014-5
定价: CNY24.00

J0009378

中国巨匠美术丛书 （王蒙）马季戈著
北京 文物出版社 1998 年 32 页 有图
29cm（16 开） ISBN: 7-5010-1005-6
定价: CNY24.00

J0009379

中国巨匠美术丛书 （徐悲鸿）刘曦林著
北京 文物出版社 1998 年 32 页 有图
29cm（16 开） ISBN: 7-5010-1020-X
定价: CNY24.00

J0009380

中国巨匠美术丛书 （张萱·周昉）余辉著
北京 文物出版社 1998 年 32 页 有图
29cm（16 开） ISBN: 7-5010-1001-3
定价: CNY24.00

J0009381

中国巨匠美术丛书 （张择端）李松著
北京 文物出版社 1998 年 32 页 有图
29cm（16 开） ISBN: 7-5010-1002-1
定价: CNY24.00
　　作者李松（1932—　　），中国美术家协会理
事、理论委员会委员、中国画研究院院务委员。

J0009382

中国巨匠美术丛书 （赵佶）薄松年著
北京 文物出版社 1998 年 32 页 有图
29cm（16 开） ISBN: 7-5010-1003-X

定价：CNY24.00

J0009383
中国巨匠美术丛书　（赵之谦）王靖宪著
北京　文物出版社　1998年　32页　有图
29cm（16开）ISBN：7-5010-1019-6
定价：CNY24.00

J0009384
中国书画鉴定　谢稚柳主编；周克文执笔
上海　东方出版中心　1998年　48+266页　有图
26cm（16开）精装　ISBN：7-80627-287-9
定价：CNY50.00
　　作者谢稚柳（1910—1997），书画家、书画
鉴定家。原名稚，字稚柳，后以字行，晚号壮暮
翁，斋名鱼饮溪堂等。江苏常州人。历任上海市
文物保护委员会编纂、副主任，上海市博物馆顾
问、中国书法家协会理事、国家文物局全国古代
书画鉴定小组组长等。编著有《敦煌石室记》《敦
煌艺术叙录》《水墨画》《唐五代宋元名迹》等。

J0009385
周积寅美术文集　周积寅著
南昌　江西美术出版社　1998年　498页　有图
20cm（32开）ISBN：7-80580-499-0
定价：CNY25.00
　　作者周积寅（1938—　），教授。笔名禾宙。
江苏泰兴人。毕业于南京艺术学院。历任南京
艺术学院学报《艺苑》主编，"扬州画派"研究会
名誉会长、中国郑板桥研究会及日本郑板桥学会
顾问、中国美术家协会会员。编著有《吴派绘画
研究》《中国美术通史》《郑板桥》等。

J0009386
著名花鸟画家杜曼华　杜曼华绘
杭州　浙江摄影出版社　1998年　55页　光盘1片
20cm（32开）ISBN：7-80536-547-4
定价：CNY80.00
（当代中国画名家名作赏析与技法精萃）

J0009387
著名花鸟画家闵学林　闵学林绘
杭州　浙江摄影出版社　1998年　55页　光盘1片
20cm（32开）ISBN：7-80536-552-0
定价：CNY80.00

（当代中国画名家名作赏析与技法精萃）
　　作者闵学林（1946—　），画家，教授。江西
人。毕业于中国美术学院中国画系。任中国美
术学院中国画系教授。中国画代表作品《我亦望
机乐似鱼》《茶花》，著有《闵学林画集》《中国
当代书画》等。

J0009388
著名花鸟画家朱颖人　朱颖人绘
杭州　浙江摄影出版社　1998年　55页　光盘1片
20cm（32开）ISBN：7-80536-554-7
定价：CNY80.00
（当代中国画名家名作赏析与技法精萃）

J0009389
著名人物画家冯远　冯远绘
杭州　浙江摄影出版社　1998年　55页　光盘1片
20cm（32开）ISBN：7-80536-556-3
定价：CNY80.00
（当代中国画名家名作赏析与技法精萃）
　　绘者冯远（1952—　），教授、画家。生于上
海，祖籍江苏无锡。作品有《望夫妹》《母子图》
《新疆风情写生》《今生来世》，出版有《二十一世
纪中国艺术家·冯远》《笔墨尘缘》。

J0009390
著名人物画家顾生岳　顾生岳绘
杭州　浙江摄影出版社　1998年　55页　光盘1片
20cm（32开）ISBN：7-80536-548-2
定价：CNY80.00
（当代中国画名家名作赏析与技法精萃）
　　绘者顾生岳（1927—2012），画家。浙江普
陀人。毕业于中央美术学院华东分院。历任浙
江美术学院中国画系主任、教授，浙江画院副院
长、杭州市美协主席、浙江人物画研究会会长等
职。著作有《顾生岳人物速写选》。

J0009391
著名人物画家刘国辉　刘国辉绘
杭州　浙江摄影出版社　1998年　55页　光盘1片
20cm（32开）ISBN：7-80536-557-1
定价：CNY80.00
（当代中国画名家名作赏析与技法精萃）
　　绘者刘国辉（1940—　），教师、画家。江苏
苏州人。毕业于浙江美术学院中国画系研究生

班。历任浙江美术学院副教授，中国美术学院教授，学术委员会委员，中国人物画高级研修班工作室导师。出版有《刘国辉画集》。

J0009392

著名人物画家吴山明　　吴山明绘

杭州　浙江摄影出版社　1998 年　55 页　光盘 1 片

20cm（32 开）　ISBN：7-80536-551-2

定价：CNY80.00

（当代中国画名家名作赏析与技法精萃）

　　绘者吴山明（1941—　），画家。生于浙江浦江县。毕业于中国美术学院中国画系人物专业。历任中国美术学院学术委员会委员，中国画系教授、博士生导师，造型艺术学部主任。代表作品有《意笔人物画选》等，著作有《吴山明意笔人物线描集》《吴山明画集》等。

J0009393

著名山水画家孔仲起　　孔仲起绘

杭州　浙江摄影出版社　1998 年　55 页　光盘 1 片

20cm（32 开）　ISBN：7-80536-553-9

定价：CNY80.00

（当代中国画名家名作赏析与技法精萃）

　　绘者孔仲起（1934—2015），画家、教授。名庆福，字仲起。浙江慈溪人。毕业于浙江美术学院中国画系。中国美术学院教授、中国美术家协会会员。著有《孔仲起山水画集》《孔仲起画云水》《山水画技法概要》《孔仲起山水写生法》等。

J0009394

著名山水画家童中焘　　童中焘绘

杭州　浙江摄影出版社　1998 年　56 页　光盘 1 片

20cm（32 开）　ISBN：7-80536-558-X

定价：CNY80.00

（当代中国画名家名作赏析与技法精萃）

　　绘者童中焘（1939—　），画家。出生于浙江鄞县。毕业于中国美术学院中国画系，并留校任教。历任中国美术家协会会员、李可染基金会艺委会委员、中国美术学院教授等。出版有《童中焘画集》《山水速写——搜尽奇峰打草稿》《童中焘国画解析》《童中焘山水画选》等。

J0009395

著名山水画家卓鹤君　　卓鹤君绘

杭州　浙江摄影出版社　1998 年　55 页　光盘 1 片

20cm（32 开）　ISBN：7-80536-555-5

定价：CNY80.00

（当代中国画名家名作赏析与技法精萃）

　　绘者卓鹤君（1943—　），画家、教授。浙江人。毕业于中国美术学院中国画系山水画研究生班。中国美术家协会会员，中国美术学院教授、博士生导师。主要作品有《恒山烟云》《山水情》《翠华图》等。

J0009396

走近林凡　　王影等著；中国国际文化传播中心编

北京　长城出版社　1998 年　181 页　有图及照片

20cm（32 开）　ISBN：7-80017-360-7

定价：CNY38.00

　　现代中国画之工笔画美术评论文集。

J0009397

从迹象到境界　　（钟孺乾的艺术世界）[钟孺乾]，[彭德]著

武汉　湖北美术出版社　1999 年 83 页 29cm（18 开）

ISBN：7-5394-0861-8

定价：CNY37.00，CNY58.00（精装）

（画室探访）

　　作者彭德（1946—　），教授，一级美术师。笔名楚迟。湖北天门人。毕业于华中师范大学中文系。曾任湖北省文联副总编、中国美术家协会会员。主编有《美术思潮》《楚艺术研究》《楚文艺论集》《美术文献》等，著作有《美术志》《中华五色》。作者钟孺乾（1950—　），画家。生于湖北。毕业于解放军艺术学院。武汉画院画家、中国美术家协会会员、中国书法家协会会员。出版有《钟孺乾画集》《绘画迹象论》《水墨变象》等。

J0009398

岛民·风俗·画　　（18 世纪台湾[少数民族]生活图像）萧琼瑞著

台北　东大图书股份有限公司　1999 年　370 页

有图 26cm（16 开）精装 ISBN：957-19-2269-2

定价：旧台币 13.40

（沧海美术艺术论丛 12）

J0009399

独立苍茫自咏诗　　（申少君的艺术世界）[申少君]著

武汉　湖北美术出版社　1999 年 83 页 29cm（17 开）

ISBN：7-5394-0858-8
定价：CNY37.00，CNY58.00（精装）
（画室探访）
　　作者申少君（1956—　　），研究员。湖南邵东人，生于广西南宁市。历任中国国家画院专职画家、研究员，当代中国画视觉系统研究所所长、中国国家博物馆特聘研究员、中国国际书画艺术研究会副会长、永乐宫壁画艺术博物馆终身研究员、上海中国画院特聘画师。

J0009400
富春山居图　陈磊编著
杭州　西泠印社　1999 年　37cm（8 开）
ISBN：7-80517-400-8　定价：CNY25.00
（历代名画解析）

J0009401
海外中国名画精选　（Ⅰ　东晋　北齐　唐代　五代　北宋）刘育文，洪文庆主编；李松等撰文
上海　上海文艺出版社　1999 年　126 页
26cm（16 开）　ISBN：7-5321-1867-3
定价：CNY48.00
　　作者李松（1932—　　），中国美术家协会理事、理论委员会委员、中国画研究院院务委员。

J0009402
海外中国名画精选　（Ⅱ　南宋　金）刘育文，洪文庆主编；严雅美等撰文
上海　上海文艺出版社　1999 年　126 页
26cm（16 开）　ISBN：7-5321-1868-1
定价：CNY48.00

J0009403
海外中国名画精选　（Ⅲ　元代）刘育文，洪文庆主编；李松等撰文
上海　上海文艺出版社　1999 年　126 页
26cm（16 开）　ISBN：7-5321-1869-X
定价：CNY48.00

J0009404
海外中国名画精选　（Ⅳ　明代）刘育文，洪文庆主编；单国强等撰文
上海　上海文艺出版社　1999 年　126 页
26cm（16 开）　ISBN：7-5321-1870-3
定价：CNY48.00

J0009405
海外中国名画精选　（Ⅴ　明末清初）刘育文，洪文庆主编；单国强等撰文
上海　上海文艺出版社　1999 年　126 页
26cm（16 开）　ISBN：7-5321-1871-1
定价：CNY48.00

J0009406
海外中国名画精选　（Ⅵ　清代）刘育文，洪文庆主编；聂崇正等撰文
上海　上海文艺出版社　1999 年　126 页
26cm（16 开）　ISBN：7-5321-1872-X
定价：CNY48.00

J0009407
黑白史　（刘子建）皮道坚主编；圆照堂艺术收藏画廊编辑
武汉　湖北美术出版社　1999 年　61 页　有照片
21cm（32 开）　ISBN：7-5394-0903-7
定价：CNY12.00
（中国当代实验水墨 1992—1999）
　　本册内容包括：刘子建工作场景及作品、刘子建实验水墨初始作品、刘子建实验水墨创作过程、刘子建作品评论摘录及被收藏作品等内容。

J0009408
黑白史　（石果）皮道坚主编；圆照堂艺术收藏画廊编辑
武汉　湖北美术出版社　1999 年　61 页　有照片
21cm（32 开）
（中国当代实验水墨 1992—1999）
　　本册内容包括：石果工作场景及作品、石果艺术释读、石果实验水墨初始作品、石果实验水墨创作过程、石果作品评论摘录及被收藏作品等内容。

J0009409
黑白史　（魏青吉）皮道坚主编；圆照堂艺术收藏画廊编辑
武汉　湖北美术出版社　1999 年　61 页　有照片
21cm（32 开）
（中国当代实验水墨 1992—1999）
　　本册内容包括：魏青吉工作场景及作品、魏青吉艺术释读、魏青吉实验水墨初始作品、魏青吉实验水墨创作过程、魏青吉作品评论摘录及被收藏作品等内容。

J0009410

黑白史 （阎秉会）皮道坚主编；圆照堂艺术收藏画廊编辑

武汉　湖北美术出版社　1999年　61页　有照片　21cm（32开）

（中国当代实验水墨　1992—1999）

　　本册内容包括：阎秉会工作场景及作品、阎秉会实验水墨初始作品、阎秉会实验水墨创作过程、阎秉会作品评论摘录及被收藏作品等内容。

J0009411

黑白史 （杨劲松）皮道坚主编；圆照堂艺术收藏画廊编辑

武汉　湖北美术出版社　1999年　61页　有照片　21cm（32开）

（中国当代实验水墨　1992—1999）

　　本册内容包括：杨劲松工作场景及作品、杨劲松实验水墨初始作品、杨劲松实验水墨创作过程、杨劲松作品评论摘录及被收藏作品等内容。

J0009412

黑白史 （杨志麟）皮道坚主编；圆照堂艺术收藏画廊编辑

武汉　湖北美术出版社　1999年　61页　有照片　21cm（32开）

（中国当代实验水墨　1992—1999）

　　本册内容包括：杨志麟工作场景及作品、杨志麟实验水墨初始作品、杨志麟实验水墨创作过程、杨志麟作品评论摘录及被收藏作品等内容。

J0009413

黑白史 （张进）皮道坚主编；圆照堂艺术收藏画廊编辑

武汉　湖北美术出版社　1999年　61页　有照片　21cm（32开）

（中国当代实验水墨　1992—1999）

　　本册内容包括：张进实验水墨的文化意义及收藏、张进工作场景及作品、张进作品浅识、张进实验水墨初始作品、张进实验水墨创作过程等内容。

J0009414

黑白史 （张羽）皮道坚主编；圆照堂艺术收藏画廊编辑

武汉　湖北美术出版社　1999年　61页　有照片　21cm（32开）

（中国当代实验水墨　1992—1999）

　　本册内容包括：张羽工作场景及作品、张羽实验水墨初始作品、张羽实验水墨创作过程、张羽作品评论摘录及被收藏作品等内容。

J0009415

画室探访　申少君主编

武汉　湖北美术出版社　1999年　8册　29cm（16开）

J0009416

黄河画赞　苗重安画；费秉勋撰文

上海　上海辞书出版社　1999年　38页　38cm（6开）

精装　ISBN：7-5326-0620-1

定价：CNY180.00

　　本书收录《黄河源头》《黄河第一曲》《龙羊峡的黎明》《金秋圣寺》《拉卜楞寺》《黄河谣》等中国画作品38幅。作者苗重安（1938—　），画家。山西运城人。毕业于西安美术学院中国画系，并留校任教。师从贺天健先生研习山水画，擅长山水画。历任陕西省画院院长、中国画研究院院务委员、中国美术家协会理事。主要作品有《龙羊峡的黎明》《黄陵古柏》《一览众山小》等。

J0009417

魂游世界　（海日汗的艺术世界）[海日汗]，[贾方舟]著

武汉　湖北美术出版社　1999年　71页　29cm（18开）

ISBN：7-5394-0857-X

定价：CNY33.80，CNY53.00（精装）

（画室探访）

　　作者贾方舟（1940—　），画家、美术评论家。生于山西壶关县。毕业于内蒙古师范学院艺术系。中国美协内蒙古分会副主席。著作有《中国现代美术理论批评文丛·贾方舟卷》《柳暗花明：新水墨论集》《吴冠中》《吴冠中研究》等。

J0009418

焦虑与突围　（现代水墨艺术）徐恩存著

吉林　吉林美术出版社　1999年　284页　有图　20cm（32开）　ISBN：7-5386-0774-9

定价：CNY29.80

（中国当代美术现象批评文丛）

J0009419

精湛的宋代绘画　徐士苹著

北京　人民美术出版社 1999年 169页 有图
21cm（32开）ISBN：7-102-01273-X
定价：CNY17.50

　　本书包括北宋的山水画、白描大师李公麟、南
宋风俗画、南宋历史故事画、宋代花鸟画等内容。

J0009420
李耕人物画技法　黄志强著
福州　福建美术出版社 1999年 118+［32页］
彩图 20cm（32开）ISBN：7-5393-0867-2
定价：CNY25.00

　　本书共分5章，内容有中国画画苑之光、师
严与法变、匠心独运、挥洒自如、题款与钤印。
另附录李耕题画诗、李耕论画语集萃。

J0009421
流逝的昨天　（李孝萱的艺术世界）［李孝萱］，
［寒碧］著
武汉　湖北美术出版社 1999年 83页 29cm（18开）
ISBN：7-5394-0863-4
定价：CNY37.00，CNY58.00（精装）
（画室探访）

J0009422
墨海微波　（镇江中国画院论文集）丁观加
主编
苏州　古吴轩出版社 1999年 347页 20cm（32开）
ISBN：7-80574-394-0 定价：CNY17.00

J0009423
难忘乡间路　（聂鸥的艺术世界）［聂鸥］著
武汉　湖北美术出版社 1999年 81页 29cm（17开）
ISBN：7-5394-0860-X
定价：CNY37.00，CNY58.00（精装）
（画室探访）

　　作者聂鸥（1948—　　），画家。女，辽宁新
民人。毕业于中央美术学院中国画系研究生班。
擅长版画、水墨人物画、油画、连环画。北京画
院一级美术师、中国美术家协会理事。出版有《聂
鸥水墨画》《回响——聂鸥画集》《又回山乡——
聂鸥画集》等。

J0009424
彭昭俊文集　山东省高等学校书画研究会［编］
济南［山东省高等学校书画研究会］1999年

459页 有照片 20cm（32开）

J0009425
齐白石画语录图释　李祥林编著
杭州　西泠印社 1999年 100页 28cm（大16开）
ISBN：7-80517-282-X 定价：CNY30.00

J0009426
齐白石艺术研究　齐良迟主编
北京　商务印书馆 1999年 513页 有照片
20cm（32开）精装 ISBN：7-100-02882-5
定价：CNY33.00

　　本书对齐白石的中国画作品和艺术思想进
行研究，收录多人对齐白石的评论文章，并介绍
齐白石的生平事迹。

J0009427
千锤百炼铸新风　（汤文选的艺术世界）汤
立编
济南　山东美术出版社 1999年 132页 有图版
20cm（32开）ISBN：7-5330-1347-6
定价：CNY18.00

　　本书包括：以神造形、天道自然、汤文选的
绘画艺术、神思有魂、汤文选访谈录、汤文选
作品重要收藏等内容。

J0009428
千里江山图　何加林编著
杭州　西泠印社 1999年 37cm（8开）
ISBN：7-80517-400-8 定价：CNY25.00
（历代名画解析）

　　《千里江山图》是北宋晚期著名画家王希孟
（1096—1119）用半年时间绘成的鸿篇长卷，本书
是对此画进行了评论和解析。

J0009429
情深笔墨灵　（清代绘画名品欣赏）罗青著
台北　雄狮图书公司 1999年 184页 26cm（16开）
ISBN：957-8980-87-6 定价：TWD450.00
（雄狮丛书 01-023）

J0009430
山水画审美与技法　王克文著
上海　上海书店出版社 1999年 258页
26cm（16开）ISBN：7-80622-425-4

定价：CNY48.00

本书从历史发展过程，介绍历代山水画史上代表性作家及其作品，结合特定时代的画学思想、作品的意境创造，来简述各家的笔墨风格。还介绍了山水画画法基本步骤。作者王克文（1933— ），教授。浙江奉化人。毕业于南京艺术学院美术系。任职于上海戏剧学院，兼任上海美育学会副会长，黄宾虹研究会（全国）副会长、秘书长，中国艺术研究院特邀研究员等。专著有《山水画技法述要》《敦煌艺术》《山水画审美与技法》。

J0009431

山水画意境创造与笔墨理法　王克文著
上海　上海人民美术出版社　1999 年　223 页
26cm（16 开）　ISBN：7-5322-2130-X
定价：CNY32.00

J0009432

神静八荒　（卢禹舜艺术研究）林彦主编
哈尔滨　黑龙江美术出版社　1999 年　426 页
有图版　20cm（32 开）　ISBN：7-5318-0726-2
定价：CNY39.00

本书对卢禹舜的中国画作品和艺术思想进行了研究，收录了多人对卢禹舜的评论文章，并介绍了卢禹舜的生平事迹。

J0009433

水墨潮流　（中国当代 8 位优秀艺术家）陈孝信主编
珠海　珠海出版社　1999 年　169 页　有照片图
20cm（32 开）　ISBN：7-80607-641-7
定价：CNY11.00
（世纪末艺术系列）

本书通过对晁海、冯斌、刘一原、王炎林、张浩、张立柱、周京新和朱新建 8 位艺术家的作品展示，反映了他们的创作理念和生活状态。

J0009434

水墨雕塑　（周京新的艺术世界）［周京新］，［漠及］著
武汉　湖北美术出版社　1999 年　83 页　29cm（17 开）
ISBN：7-5394-0862-6
定价：CNY37.00，CNY58.00（精装）
（画室探访）

作者周京新（1959— ），画家、教授。祖籍江苏通洲。毕业于南京艺术学院中国画专业。曾任南京艺术学院美术系中国画教研室主任、院长、教授、博士生导师，江苏省国画院院长、《美术与设计》杂志副主编。代表作品有《水浒组画集》《周京新画集》等。

J0009435

宋人画评　云告译注
长沙　湖南美术出版社　1999 年　304 页
19cm（小 32 开）　ISBN：7-5356-1289-X
定价：CNY16.50
（中国书画论丛书）

本书辑录宋人画品，包括《宋朝名画评》《五代名画补遗》《益州名画录》《东坡评画》《广川画跋》《德隅斋画品》共 6 种。

J0009436

搜尽奇峰打草稿图卷　陆秀竞编著
杭州　西泠印社　1999 年　37cm（8 开）
ISBN：7-80517-400-8　定价：CNY25.00
（历代名画解析）

作者陆秀竞（1942— ），画家。号千岩，字峥。浙江绍兴人。毕业于中国美术学院中国画系。西泠书画院副院长、高级画师，浙江山水画研究会副会长。出版有《山水画基础》《中国山水画技法》《少儿中国画教程》。

J0009437

苏轼题画文学研究　衣若芬著
台北　文津出版社　1999 年　411 页　有插画
21cm（32 开）　ISBN：957-668-537-0
定价：TWD390.00
（博士文库　儒林选萃　10）

J0009438

台湾水墨画创作与环境因素之研究　黄光男著
台北　历史博物馆　1999 年　236 页　有图
21cm（32 开）　ISBN：957-02-4391-0
（史物丛刊　22）

J0009439

童书业说画　童书业撰
上海　上海古籍出版社　1999 年　375 页
20cm（32 开）　ISBN：7-5325-2572-4

定价: CNY16.80

（名家说"上古"学术萃编）

J0009440

王超研究　王平, 王云编著

西安　陕西人民教育出版社　1999年　261页

有照片　21cm（32开）　ISBN: 7-5419-7550-8

定价: CNY30.00

　　王超先生是著名画家, 二李(李可染、李苦禅)的入室弟子。本书对王超的中国画作品和艺术思想进行了研究。

J0009441

文心万象　（新文人画艺术）陈绶祥著

长春　吉林美术出版社　1999年　286页　有图

20cm（32开）　ISBN: 7-5386-0773-0

定价: CNY29.80

（中国当代美术现象批评文丛）

　　作者陈绶祥(1944—), 文化学者, 美术史家, 文物鉴定家及书画家。别名晓三, 字大隐, 号老饕, 斋名无禅堂。广西桂林人。毕业于中国艺术研究院。历任中国美术家协会会员、中国艺术研究院博士生导师。著作有《发展的素描》《中国彩陶研究》《遮蔽的文明》《文心万象》《中国民间美术全集民居卷》等。

J0009442

无故事的叙述　（刘进安的艺术世界）[刘进安]等著

武汉　湖北美术出版社　1999年　71页　29cm（18开）

ISBN: 7-5394-0846-4

定价: CNY33.80, CNY53.00（精装）

（画室探访）

J0009443

溪山清远图　张谷旻编著

杭州　西泠印社　1999年　37cm（8开）

ISBN: 7-80517-400-8　定价: CNY25.00

（历代名画解析）

　　作者张谷旻(1961—), 教授、画家。浙江杭州人。毕业于浙江美术学院中国画系。历任西泠书画院秘书长、浙江省山水画研究会副秘书长、杭州市美术家协会理事。作品有《火云满山凝未开》《宁静高原》《沃野千里》。

J0009444

潇湘奇观图　张谷旻编著

杭州　西泠印社　1999年　37cm（8开）

ISBN: 7-80517-400-8　定价: CNY25.00

（历代名画解析）

J0009445

新方向、新精神——新世纪台湾水墨画发展学术研讨会论文集　（兼论傅狷夫先生书画杰出成就）陈永源主编

台北　历史博物馆　1999年　203页　有图及照片

29cm（16开）　ISBN: 957-02-3658-2

　　外文书名: New Direction, New Spirit-A Symposium on the Development of Taiwanese Ink Painting in the New Century.

J0009446

扬州画派研究文集　（《扬州画派书画全集》序论汇编）

天津　天津人民美术出版社　1999年　286页

20cm（32开）　ISBN: 7-5305-1061-4

定价: CNY19.80

J0009447

与风景对话　（日）东山魁夷著；唐月梅译

桂林　漓江出版社　1999年　192页　有图

20cm（32开）　ISBN: 7-5407-2432-3

定价: CNY18.00

（东山魁夷美文）

J0009448

猿猴天地　（徐培晨猴画欣赏）蔡宁著

北京　中国文联出版社　1999年　254页　有照片

20cm（32开）　ISBN: 7-5059-3500-3

定价: CNY118.00

（莲花文丛）

　　作者蔡宁(1958—), 作家。江苏省作家协会会员、省美术家协会会员、省文艺评论家协会会员、省作家书画联谊会理事、南京市文联委员、南京工程学院艺术与设计专业教授。著作有散文《明月落万家》、诗歌《金陵门户的"战斗"》、特写《无腿走人生》等。

J0009449

阅读赵春翔　（1910—1991）

杭州 中国美术学院出版社 1999年 215页
有图及照片 29cm（16开） ISBN：7-81019-770-3
定价：CNY130.00

J0009450
在画面空间里散步 （田黎明的艺术世界）
[田黎明]著
武汉 湖北美术出版社 1999年 83页 29cm（18开）
ISBN：7-5394-0859-6
定价：CNY37.00, CNY58.00（精装）
（画室探访）
　　作者田黎明（1955—　），画家。生于北京，祖籍安徽合肥。中国艺术研究院博士生导师，中国艺术研究院副院长、研究生院院长，中央美术学院学术委员、中国画艺委会委员、北京市美协理事。代表作品有《自然的阳光》《正午的阳光》等。

J0009451
张安治美术文集　张安治著；张晨编
北京 人民美术出版社 1999年 424页 有照片
20cm（32开） ISBN：7-102-01934-3
定价：CNY35.00
（人民美术出版社学术丛书 7）
　　本书收录了《中国绘画的审美特点》《论民族美术》《中国工艺美术的传统》《简述中国画的发展和特征》等40多篇作者关于美术方面的论文。作者张安治（1911—1990），艺术家、油画家。字汝进，笔名紫天、张帆，江苏扬州人，毕业于南京中央大学美术系。曾就职于北京师范大学、北京艺术学院、中央美术学院等。著有《中国画论纵横谈》《中国画发展史纲要》《中国绘画史纲要》《墨海精神——中国画论纵横谈》等。

J0009452
中国当代水墨画　邹建平主编
长沙 湖南美术出版社 1999年 256页
20cm（32开） ISBN：7-5356-1243-1
定价：CNY23.50
（当代艺术系列丛书 16）
　　外文书名：Contemporary Chinese Ink and Wash Paintings. 作者邹建平（1955—　），生于湖南新化。毕业于湖南师范大学，修业于广州美术学院油画系。任湖南美术出版社副社长、湖南美术家协会副主席、中国美术家协会会员、北京圣之空间董事。

J0009453
中国画　宋文京著
郑州 海燕出版社 1999年 156页 20cm（32开）
ISBN：7-5350-1866-1 定价：CNY8.40
（千秋文化之旅）

J0009454
中国画　刘江主编
杭州 西泠印社 1999年 118页 26cm（16开）
ISBN：7-80517-372-9 定价：CNY28.00
（浙江省学生艺术特长水平测试标准辅导丛书）
　　刘江，浙江美术学院国画系教授。

J0009455
中国画鉴赏　郑工，欧阳启名主编
北京 九州图书出版社 1999年 6册 29cm（16开）
ISBN：7-80114-294-2 定价：CNY980.00
（新世纪教育知行书系 第三辑 艺术素质教育丛书）
　　本书由九州图书出版社和天津人民美术出版社联合出版。

J0009456
中国画艺术与收藏杂谈　罗志文著
广州 岭南美术出版社 1999年 60页 有图
20cm（32开） 精装 ISBN：7-5362-2039-1
定价：CNY29.00

J0009457
中国历代名画题跋集　胡文虎辑
杭州 浙江人民美术出版社 1999年 848页
19cm（小32开） ISBN：7-5340-0508-6
定价：CNY42.00

J0009458
中国历代书画鉴别图录　刘九庵主编；故宫博物院编
北京 紫禁城出版社 1999年 299页 36cm（15开）
精装 ISBN：7-80047-290-6 定价：CNY980.00

J0009459
中国扇面珍赏　朱念慈主编
香港 商务印书馆（香港）有限公司 1999年 464页
29cm（16开） 精装 ISBN：962-07-5258-9
　　本书由商务印书馆（香港）公司和上海科学

技术出版社联合出版。

J0009460
中国扇面珍赏　朱念慈主编
上海　上海科学技术出版社　1999 年　464 页
29cm（16 开）盒精装　ISBN：7–5323–4853–9
定价：CNY580.00
　　本书由上海科学技术出版社和商务印书馆
（香港）有限公司合作出版。

J0009461
朱屺瞻画语录图释　陈洙龙编著
杭州　西泠印社　1999 年　137 页　有图
28cm（大 16 开）ISBN：7–80517–282–X
定价：CNY30.00
　　本书研究朱屺瞻先生的画风及其作品。外文
书名：The Quotations on Painting from Zhu Qizhan
with Illustrations.

J0009462
自说自画　（大地之音）高木森著
台北　东大图书公司　1999 年　361 页　有插画
21cm（32 开）ISBN：957–19–2229–3
定价：TWD420.00
（沧海丛刊　美术）
　　外文书名：On My Own Paintings and Poems,
The Rhythm of Heaven and Earth.

J0009463
自说自画　（大地之音）高木森著
台北　东大图书股份有限公司　1999 年　361 页
有图　21cm（32 开）
精装　ISBN：957–19–2228–5
（沧海丛刊　美术）
　　外文书名：On My Own Paintings and Poems,
The Rhythm of Heaven and Earth.

J0009464
宋徽宗赵佶草书千字文　（宋）赵佶书
上海　上海人民美术出版社　1985 年　38cm（6 开）
统一书号：8081.14250　定价：CNY3.40
　　本书为宋徽宗赵佶书法作品影印本，共 99
行，1013 字，篇尾草署"宣和壬寅御书"，押书"天
下一人"，原作现藏于辽宁省博物馆。

中国书画艺术史

J0009465
画继　（十卷）（宋）邓椿撰
临安府陈道人书香铺　宋　刻本
　　本书由《画继十卷》（宋）邓椿撰、《五代名
画补遗一卷》（宋）刘道醇撰合订。作者邓椿，南
宋画论家。双流（今属四川）人。字公寿。活动
于 1127—1189 年之间。曾任通判、郡守等职。
曾作《画继》十卷，集中反映了其美学思想。

J0009466
画继　（七卷）（宋）邓椿撰
明　刻本
（王氏画苑）
　　收于《王氏画苑》十五种三十七卷中。

J0009467
画继　（十卷）（宋）邓椿撰
明　刻本

J0009468
画继　（十卷）（宋）邓椿撰
明　刻本
（王氏画苑）
　　十一行二十字白口左右双边。收于《王氏画
苑》十五种三十七卷中。

J0009469
画继　（十卷）（宋）邓椿撰
明　刻本
　　十一行二十字白口左右双边。

J0009470
画继　（十卷）（宋）邓椿撰
王元贞　明万历十八至十九年［1590—1591］
刻本
（王氏书画苑）

J0009471
画继　（十卷）（宋）邓椿撰
毛氏汲古阁　明崇祯　刻本
（津逮秘书）
　　作者邓椿，南宋画论家。双流（今属四川）人。

字公寿。活动于 1127—1189 年之间。曾任通判、郡守等职。曾作《画继》十卷，集中反映了其美学思想。

J0009472

画继 （十卷）（宋）邓椿撰

毛氏汲古阁 明崇祯 刻本

（津逮秘书）

　　八行十八字白口四周单边。收于《津逮秘书》十五集一百五十二种七百四十八卷第七中。

J0009473

画继 （十卷）（宋）邓椿撰

毛氏汲古阁 明崇祯 刻本

（津逮秘书）

　　收于《津逮秘书》十五集一百四十六种七百四十八卷第七集中。

J0009474

画继 （十卷）（宋）邓椿撰

慈溪郑氏 清 抄本

J0009475

画继 （十卷）（宋）邓椿撰

清 刻本

J0009476

画继 （十卷）（宋）邓椿撰

清 抄本

J0009477

画继 （一卷）（宋）邓椿撰

［清］稿本

（艺苑丛钞）

J0009478

画继 （十卷）（宋）邓椿撰

内府 清乾隆 写本

（四库全书）

J0009479

画继 （十卷）（宋）邓椿撰

虞山张氏照旷阁 清嘉庆十年［1805］刻本

（学津讨原）

J0009480

画继 （十卷）（宋）邓椿撰

张氏照旷阁 清嘉庆十年［1805］刻本

（学津讨原）

　　收于《学津讨原》二十集一百七十三种一千五十一卷第十一集中。

J0009481

画继 （十卷）（宋）邓椿撰

依样壶卢山馆 清道光 抄本

（绘事晬编）

J0009482

画继 （十卷）（宋）邓椿撰

上海 博古斋 民国十一年［1922］影印本

（津逮秘书）

　　据明毛氏汲古阁刻本影印。

J0009483

画继 （十卷）（宋）邓椿撰

上海 商务印书馆 民国十一年［1922］影印本

（学津讨原）

　　据清嘉庆十年［1805］张氏刻本影印。

J0009484

画继 （十卷）（宋）邓椿撰

泰东图书局 民国十一年［1922］影印本 线装

（王氏书画苑）

　　分二册。据明刻本影印。作者邓椿，南宋画论家。双流（今属四川）人。字公寿。活动于 1127—1189 年之间。曾任通判、郡守等职。曾作《画继》十卷，集中反映了其美学思想。

J0009485

画继 （宋）邓椿撰

北京 人民美术出版社 1963 年 20cm（32 开）

定价：CNY0.87

　　此书载北宋熙宁七年（1074）至南宋乾道三年（1171）间画家 219 人小传。前五卷所列画人以贵族、隐士、缙绅、僧道等身份作区分；卷六、卷七再以鬼神、人物、山水、花鸟、畜兽、屋木、蔬果、小景杂画等题材分论各家优劣；卷八记所见名迹；最后二卷为杂说《论远》和《论近》。全书搜辑遍及私家所藏画目、评画所论及画苑轶闻，颇具史料价值。

J0009486

画继 （二卷）（宋）邓椿撰,（元）庄肃撰；黄苗子点校

北京 人民美术出版社 1963 年 ［146］页 20cm （32 开）统一书号：8027.3943 定价：CNY1.12

（中国美术论著丛刊）

　　作者庄肃（1245—1315），元代藏书家。松江（今属上海）青龙镇人。字恭叔，号蓼塘，仕宋为秘书院六品小吏。著有《艺经》《画继余谱》。

J0009487

画继 （宋）邓椿撰

北京 人民美术出版社 1964 年 128+18 页 21cm（32 开）

（中国美术论著丛刊）

J0009488

画继 （二卷）

北京 中华书局 1985 年 36cm（6 开）线装 定价：CNY36.00

（古逸丛书三编）

　　收于《古逸丛书三编》第十五中。

J0009489

画继 （十卷）（宋）邓椿撰

台北 商务印书馆 1986 年 影印本

（景印文渊阁四库全书 集部 一一九 第 813 册）

J0009490

画继 ［宋］邓椿撰

北京 中华书局 1991 年 64 页 19cm（小 32 开）

ISBN：7–101–00894–1

J0009491

图画见闻录 （六卷）（宋）郭若虚撰

上海 商务印书馆 民国二十三年［1934］影印本 20cm（32 开）线装

（四部丛刊）

　　收于《四部丛刊》续编子部中。作者郭若虚，生卒年不详。北宋书画评论家。太原（今山西）人。著有《图画见闻志》。

J0009492

图画见闻志 （六卷）（宋）郭若虚撰

宋 刻本

J0009493

图画见闻志 （六卷）（宋）郭若虚撰

宋 刻本

　　分二册。有清黄丕烈跋。十一行二十字白口左右双边。

J0009494

图画见闻志 （六卷）（宋）郭若虚撰

明 刻本

（画苑）

J0009495

图画见闻志 （六卷）（宋）郭若虚撰

明 刻本 宋书籍铺本

J0009496

图画见闻志 （六卷）（宋）郭若虚撰

明 刻本

J0009497

图画见闻志 （六卷）（宋）郭若虚撰

明 刻本

　　分二册。十一行二十字白口左右双边。

J0009498

图画见闻志 （六卷）（宋）郭若虚撰

采隐山居 明崇祯十五年［1642］刻本

（增定汉魏六朝别解）

J0009499

图画见闻志 （六卷）（宋）郭若虚撰

毛氏汲古阁 明崇祯 刻本

（津逮秘书）

　　作者郭若虚，生卒年不详。北宋书画评论家。太原（今山西）人。著有《图画见闻志》。

J0009500

图画见闻志 （六卷）（宋）郭若虚撰

毛氏汲古阁 明崇祯 刻本

（津逮秘书）

　　收于《津逮秘书》十五集一百四十六种七百四十八卷第七集中。

J0009501

图画见闻志 （六卷）（宋）郭若虚撰

毛氏汲古阁 明崇祯 刻本
（津逮秘书）

　　八行十八字白口四周单边。收于《津逮秘书》十五集一百五十二种七百四十八卷第七集中。

J0009502
图画见闻志　（六卷）（宋）郭若虚撰
清 抄本

J0009503
图画见闻志　（六卷）（宋）郭若虚撰
内府 清乾隆 写本
（四库全书）

J0009504
图画见闻志　（六卷）（宋）郭若虚撰
虞山张氏照旷阁 清嘉庆十年［1805］刻本
（学津讨原）

J0009505
图画见闻志　（六卷）（宋）郭若虚撰
张氏照旷阁 清嘉庆十年［1805］刻本
（学津讨原）

　　收于《学津讨原》二十集一百七十三种一千五十一卷第十一集中。

J0009506
图画见闻志　（六卷）（宋）郭若虚撰
依样壶卢山馆 清道光 抄本
（绘事晬编）

J0009507
图画见闻志　（六卷）（宋）郭若虚撰
上海 博古斋 民国十一年［1922］影印本
（津逮秘书）

　　据明毛氏汲古阁刻本影印。

J0009508
图画见闻志　（六卷）（宋）郭若虚撰
上海 商务印书馆 民国十一年［1922］影印本 线装
（学津讨原）

　　收于《学津讨原》第十一集中。

J0009509
图画见闻志　（六卷）（宋）郭若虚撰

上海 商务印书馆 民国十一年［1922］影印本
（学津讨原）

J0009510
图画见闻志　（六卷）（宋）郭若虚撰
上海 商务印书馆 民国二十三年［1934］影印本 20cm（32开）定价：大洋伍角伍分
（四部丛刊）

　　前三卷影印元人手抄本，后三卷影印南宋陈道人书籍铺刊本。收于《四部丛刊》续编子部中。

J0009511
图画见闻志　（六卷）（宋）郭若虚撰
上海 商务印书馆 民国二十三年［1934］影印本 线装
（四部丛刊续编）

　　据常熟瞿氏铁琴铜剑楼藏宋本影印。收于《四部丛刊续编》子部中。作者郭若虚，生卒年不详。北宋书画评论家。太原（今山西）人。著有《图画见闻志》。

J0009512
图画见闻志　（宋）郭若虚撰
上海 商务印书馆 1936年 影印本 264页 18cm（32开）
（丛书集成初编 1648）

　　本书为中国古代绘画史，共6卷。据《津逮秘书》本影印。

J0009513
图画见闻志　（宋）郭若虚撰；黄苗子点校
北京 人民美术出版社 1963年 158页 21cm（32开）统一书号：8027.3865
定价：CNY1.12
（中国美术论著丛刊）

J0009514
图画见闻志　（宋）郭若虚著
北京 人民美术出版社 1964年 158页 21cm（32开）
（中国美术论著丛刊）

　　本书分为3部分：第一部分是16篇绘画艺术论文；第二部分是唐末、五代至宋初的画家小传；第三部分是采自古人传记中述画故事及画坛掌故。

J0009515

图画见闻志 （六卷）（宋）郭若虚著；俞剑华注释

上海 上海人民美术出版社 1964 年 162 页 20cm（32 开） 统一书号：8081.5243

定价：CNY1.00

作者俞剑华（1895—1979），绘画史论家、画家、美术教育家。原名俞昆，曾用名俞德，字剑华，以字行。生于山东济南。毕业于北京高等师范手工图画专修科。先后执教于北京美术学校、山东美术学校、上海美术专科学校、暨南大学等。出版有《中国绘画史》《中国画论类编》《立体图案法》等。

J0009516

图画见闻志 （六卷）（宋）郭若虚撰

台北 商务印书馆 1983 年 影印本 19cm（32 开）

（景印文渊阁四库全书 子部 ——八 第 812 册）

J0009517

图画见闻志 （宋）郭若虚撰

上海 上海书店 1984 年 影印本 19cm（32 开） 精装

（四部丛刊续编 子部 50）

本书为（宋）郭若虚撰《画见闻志》、（元）盛熙明撰《法书考》、（宋）王俅撰《啸堂集古录》、（元）忽思慧撰《饮膳正要》合订。系中国宋元时期中国画绘画理论文集。

J0009518

图画见闻志 （宋）郭若虚撰

北京 中华书局 1985 年 新 1 版 影印本 264 页 18cm（32 开） 统一书号：17018.151

（丛书集成初编）

J0009519

图画见闻志 （宋）郭若虚撰；邓白注

成都 四川美术出版社 1986 年 26cm（16 开） 统一书号：8373.356 定价：CNY2.20

作者邓白（1906—2003），画家，美术教育家。号白叟，别字曙光。广东东莞人。就读于广州市立美术学校和中央大学艺术系。历任中央美术学院华东分院工艺美术副教授、浙江美术学院院长、中国美术家协会理事等。代表作品有

《和平春色》《岭南丹荔》《罗岗香雪》等，出版有《中国画论初探》《图画见闻志注释》《徐熙与黄筌》等。

J0009520

五代名画补遗 （一卷）（宋）刘道醇撰

宋临安府陈道人书籍铺 宋 刻本

本书由《画继十卷》（宋）邓椿撰、《五代名画补遗一卷》（宋）刘道醇撰合订。

J0009521

图绘宝鉴 （五卷 补遗一卷）（元）夏文彦撰

元至正二十六年［1366］刻本

分四册。十一行二十字黑口左右双边。作者夏文彦，元代书画理论家、鉴赏家。字士良，号兰渚生。吴兴（今浙江湖州）人，后迁居云间（今上海松江）。撰有《图绘宝鉴》《图绘宝鉴续编》。

J0009522

图绘宝鉴 （五卷）（元）夏文彦撰

明 刻本

《图绘宝鉴五卷》（元）夏文彦撰、《续编一卷》（明）韩昂撰合订。

J0009523

图绘宝鉴 （五卷 补遗续补一卷）（元）夏文彦撰

明 抄本

分三册。有清唐翰题跋。十一行二十字黑格黑口四周双边。

J0009524

图绘宝鉴 （五卷 补遗一卷）（元）夏文彦撰

明 刻本

分四册。十一行二十字黑口左右双边。

J0009525

图绘宝鉴 （五卷 补遗一卷）（元）夏文彦撰

苗增 明正德十四年［1519］刻本

本书由《图绘宝鉴五卷补遗一卷》（元）夏文彦撰、《图绘宝鉴续一卷》（明）韩昂撰合订。分四册。十行二十字黑口四周双边。

J0009526

图绘宝鉴 （六卷 补遗一卷 续编一卷）（元）

夏文彦撰;(明)韩昂续
明末至清初 增刻本 线装
(津逮秘书)

　　明崇祯毛氏汲古阁刻明末至清初增刻本。
分三册。九行十九字小字双行同白口左右双边。
收于《津逮秘书》第七集中。

J0009527
图绘宝鉴 （五卷 补遗一卷）(元)夏文彦纂;
(明)毛晋订
毛氏汲古阁 明崇祯 刻本 线装
(津逮秘书)
　　分四册。八行十九字白口左右双边。

J0009528
图绘宝鉴 （五卷 补遗一卷）(元)夏文彦撰;
(明)韩昂续撰
毛氏汲古阁 明崇祯 刻本
(津逮秘书)

J0009529
图绘宝鉴 （五卷 补遗一卷）(元)夏文彦撰
毛氏汲古阁 明崇祯 刻本
(津逮秘书)
　　本书由《图绘宝鉴五卷补遗一卷》(元)夏文
彦撰、《图绘宝鉴续编一卷》(明)韩昂合订。八
行十八字白口四周单边。收于《津逮秘书》十五
集一百五十二种七百四十八卷第七集中。

J0009530
图绘宝鉴 （五卷 补遗一卷）(元)夏文彦撰
毛氏汲古阁 明崇祯 刻本
(津逮秘书)
　　收于《津逮秘书》十五集一百四十六种七百
四十八卷第七集中。

J0009531
图绘宝鉴 （八卷）(元)夏文彦纂
借缘草堂 清 刻本 线装
　　分四册。九行二十字白口左右双边单鱼尾。

J0009532
图绘宝鉴 （八卷）(元)夏文彦纂
借缘草堂 清 刻本 线装
　　分六册。九行二十字白口左右双边单鱼尾。

J0009533
图绘宝鉴 （八卷）(元)夏文彦等撰
借缘草堂 清 刻本

J0009534
图绘宝鉴 （八卷 补遗一卷）(元)夏文彦等
撰;(清)冯仙湜续增
借缘草堂 清 刻本 补修

J0009535
图绘宝鉴 （八卷）(元)夏文彦等撰
清怡堂 清 刻本

J0009536
图绘宝鉴 （八卷）(元)夏文彦纂;(清)毛大
纶等增补
清 刻本 线装
　　分四册。九行二十字小字双行同黑口左右
双边。

J0009537
图绘宝鉴 （八卷）(元)夏文彦撰
清 刻本 线装
　　分八册。九行二十字黑口左右双边。

J0009538
图绘宝鉴 （六卷 补遗一卷）(元)夏文彦撰
清 抄本 线装
　　分二册。

J0009539
图绘宝鉴 （五卷 补遗一卷）(元)夏文彦撰
清 刻本 线装
　　分二册。

J0009540
图绘宝鉴 （八卷 补遗一卷）(元)夏文彦等撰
清康熙二十年［1681］刻本

J0009541
图绘宝鉴 （五卷）(元)夏文彦撰
内府 清乾隆 写本
(四库全书)
　　本书由《图绘宝鉴五卷》(元)夏文彦撰、《图
绘宝鉴续编一卷》(明)韩昂撰合订。

J0009542
图绘宝鉴 （五卷）（元）夏文彦撰
依样壶卢山馆　清道光　抄本
（绘事晬编）

J0009543
图绘宝鉴 （五卷　补遗一卷）（元）夏文彦撰
上虞罗氏　民国三年［1914］刻本　重编　线装
（宸翰楼丛书）
　　分二册。影刻元刻本。

J0009544
图绘宝鉴 （五卷　补遗一卷）（元）夏文彦撰；
（明）韩昂续撰
上海　博古斋　民国十一年［1922］影印本
（津逮秘书）
　　据明毛氏汲古阁刻本影印。

J0009545
图绘宝鉴 （五卷　补遗一卷　续编一卷）（元）
夏文彦撰;（明）韩昂续
上海　博古斋　民国十一年［1922］影印本　线装
（津逮秘书）
　　据明崇祯毛氏汲古阁刻本影印，分四册。收
于《津逮秘书》第七集中。

J0009546
图绘宝鉴 （五卷　补遗一卷）（元）夏文彦著
上海　商务印书馆　民国十八年［1929］129 页
18cm（32 开）
（万有文库　第一集　0728）

J0009547
图绘宝鉴 （五卷　补遗一卷）（元）夏文彦著
上海　商务印书馆　1930 年　129 页　18cm（32 开）
（万有文库　第一集　0728）

J0009548
图绘宝鉴 （五卷　补遗一卷）（元）夏文彦著
上海　商务印书馆　1934 年　再版　129 页
19cm（32 开）　定价：大洋三角五分
（国学基本丛书）

J0009549
图绘宝鉴 （五卷　补遗一卷）（元）夏文彦纂

上海　商务印书馆　1937 年　影印本　107 页
18cm（32 开）
（丛书集成初编　1654）

J0009550
图绘宝鉴 （五卷　补遗一卷）（元）夏文彦著
上海　商务印书馆［1940 年］129 页　有图
19cm（32 开）
（国学基本丛书简编）

J0009551
图绘宝鉴 （五卷　补遗一卷）（元）夏文彦著
台北　商务印书馆　1956 年　影印本　129 页
19cm（32 开）　定价：TWD0.80
（国学基本丛书　第 1 集　40）

J0009552
图绘宝鉴 （五卷　补遗一卷）（元）夏文彦撰
台北　商务印书馆　1983 年　影印本
（景印文渊阁四库全书　子部　一二〇　第 814 册）

J0009553
图绘宝鉴 （元）夏文彦著
北京　中国书店　1983 年　影印本　104 页
21cm（32 开）　定价：CNY1.00（全 2 册）
　　据世界书局 1937 年版影印。本书由《书法正
传》（清）冯武著《图绘宝鉴》（元）夏文彦著合订。

J0009554
图绘宝鉴 （五卷　补遗一卷）（元）夏文彦纂
北京　中华书局　1985 年　新 1 版　影印本　107 页
18cm（32 开）　统一书号：17018.151
（丛书集成初编）

J0009555
类编古今画史 （二十卷）（明）王绩撰
明　抄本

J0009556
类编古今画史 （二十卷）（明）王绩撰
清　抄本

J0009557
历代名画记 （十卷）（唐）张彦远撰
东吴毛晋汲古阁　明　刻本　线装

分二册。八行十九字小字双行同白口左右
双边。作者张彦远(815—907),唐代画家、绘画
理论家。字爱宾。河东(今山西临猗)人。有《三
祖大师碑阴记》《山行诗》等,著有《历代名画记》
《法书要录》《彩笺诗集》等。

J0009558
历代名画记　(十卷)(唐)张彦远撰
明　刻本
　　有清丁丙跋。

J0009559
历代名画记　(十卷)(唐)张彦远撰
明　刻本
　　有清丁丙跋。

J0009560
历代名画记　(十卷)(唐)张彦远撰
王元贞　明万历十八至十九年[1590—1591]刻本
(王氏书画苑)

J0009561
历代名画记　(十卷)(唐)张彦远撰
王元贞　明万历十八年[1590]刻本
(王氏画苑)

J0009562
历代名画记　(十卷)(唐)张彦远撰
毛氏汲古阁　明崇祯　刻本
(津逮秘书)

J0009563
历代名画记　(十卷)(唐)张彦远撰
毛氏汲古阁　明崇祯　刻本
(津逮秘书)
　　八行十八字白口四周单边。收于《津逮秘书》
十五集一百五十二种七百四十八卷第七集中。

J0009564
历代名画记　(十卷)(唐)张彦远撰
毛氏汲古阁　明崇祯　刻本
(津逮秘书)
　　收于《津逮秘书》十五集一百四十六种七百
四十八卷第七集中。

J0009565
历代名画记　(十卷)(唐)张彦远撰
采隐山居　明崇祯十五年[1642]刻本
(增定汉魏六朝别解)

J0009566
历代名画记　(十卷)(唐)张彦远撰
清　抄本　线装
　　分六册。

J0009567
历代名画记　(十卷)(唐)张彦远撰
内府　清乾隆　写本
(四库全书)

J0009568
历代名画记　(十卷)(唐)张彦远撰
虞山张氏照旷阁　清嘉庆十年[1805]刻本
(学津讨原)

J0009569
历代名画记　(十卷)(唐)张彦远辑
张氏照旷阁　清嘉庆十年[1805]刻本
(学津讨原)
　　收于《学津讨原》二十集一百七十三种一千
五十一卷第十一集中。

J0009570
历代名画记　(十卷)(唐)张彦远撰
依样壶卢山馆　清道光　抄本
(绘事晬编)

J0009571
历代名画记　(十卷)(唐)张彦远撰
上海　博古斋　民国十一年[1922]影印本
(津逮秘书)
　　据明崇祯毛氏汲古阁刻本影印。

J0009572
历代名画记　(十卷)(唐)张彦远撰
上海　商务印书馆　民国十一年[1922]影印本
线装
(学津讨原)

J0009573

历代名画记 （十卷）（唐）张彦远撰

上海 商务印书馆 民国十一年［1922］影印本
（学津讨原）

本书共分10卷。卷一至卷三，多为画论，主要对绘画的历史、理论、技法、工具、鉴赏、装潢等作详细说明。另外，著录当时长安、洛阳等地寺庙中的壁画以及古代的秘画珍图。卷六至卷十为历代画家小传，收录自上古轩辕时至唐代会昌年间372位画家的生平资料及其绘画的艺术成就、风格和代表作品等，并引述唐代以前主要画家的画论，并对这些画论提出了自己的意见。

J0009574

历代名画记 （十卷）（唐）张彦远撰

泰东图书局 民国十一年［1922］影印本 线装
（王氏书画苑）

分三册。据明刻本影印。

J0009575

历代名画记 （唐）张彦远撰

上海 商务印书馆 1936年 影印本 334页
18cm（15开）
（丛书集成初编 1646）

J0009576

历代名画记 （十卷）（唐）张彦远著；秦仲文，黄苗子点校

北京 人民美术出版社 1963年 205页
20cm（32开）统一书号：8027.3864 定价：CNY1.40
（中国美术论著丛刊）

秦仲文（1896—1974），画家、美术家。原名秦裕荣，号仲文，后又以秦裕为笔名，别署梁子河村人，画室名群峰扶翠之居。河北遵化县人。毕业于北京大学。代表作品有《沙丰路上写生》《岷山遇雨》《岳阳楼》《乌江天险》等。

J0009577

历代名画记 （唐）张彦远著；俞剑华注释

上海 上海人民美术出版社 1964年 212页
20cm（32开）统一书号：8081.5242 定价：CNY1.30

作者俞剑华（1895—1979），绘画史论家、画家、美术教育家。原名俞昆，曾用名俞德，字剑华，以字行。生于山东济南，毕业于北京高等师范手工图画专修科。先后执教于北京美术学校、山东美术学校、上海美术专科学校、暨南大学等。出版有《中国绘画史》《中国画论类编》《立体图案法》等。

J0009578

历代名画记 ［唐］张彦远著

北京 人民美术出版社 1983年 重印本 205页
21cm（32开） 统一书号：8027.3864
定价：CNY1.10
（中国美术论著丛刊）

J0009579

历代名画记 （十卷）（唐）张彦远撰

台北 商务印书馆 1983年 影印本
（景印文渊阁四库全书 子部 一一八 第812册）

J0009580

历代名画记 （唐）张彦远撰

北京 中华书局 1985年 新1版 影印本 334页
18cm（15开）统一书号：17018.151
（丛书集成初编）

J0009581

历代名画记全译 （唐）张彦远撰；承载译注

贵阳 贵州人民出版社 1999年 11+708页
20cm（32开） ISBN：7-221-04781-2
定价：CNY29.50
（中国历代名著全译丛书 第二批）

J0009582

米元章书画史 （二卷）（宋）米芾撰

明 刻本

本书包括：《米元章书史一卷》《画史一卷》。作者米芾（1051—1107），北宋书法家、画家、书画理论家。祖籍太原，出生于湖北襄阳，长期居润州（今江苏镇江）。初名黻，后改芾，字元章，号襄阳漫士、海岳山人等。书画自成一家，枯木竹石，山水画独具风格特点。在书法也颇有造诣，擅篆、隶、楷、行、草等书体，长于临摹古人书法。代表作品有《宝晋英光集》《宝章待访录》《书史》《画史》《砚史》。

J0009583

米元章书画史 （二卷）（宋）米芾撰

清 抄本

J0009584
圣朝名画评 （三卷）（宋）刘道醇撰
明 刻本

J0009585
圣朝名画评 （三卷）（宋）刘道醇撰
明 刻本
（画苑）

J0009586
圣朝名画评 （三卷）（宋）刘道醇撰
明 刻本
（五种合函）

J0009587
圣朝名画评 （三卷）（宋）刘道醇撰
明 刻本
（王氏画苑）
　　十一行二十字白口左右双边。收于《王氏画苑》十五种三十七卷中。

J0009588
圣朝名画评 （三卷）（宋）刘道醇撰
王元贞 明万历十八至十九年［1590—1591］刻本
（王氏书画苑）

J0009589
圣朝名画评 （三卷）（宋）刘道醇撰
清 刻本

J0009590
圣朝名画评 （三卷）（宋）刘道醇撰
依样壶卢山馆 清道光 抄本
（绘事晬编）

J0009591
圣朝名画评 （二卷）（宋）刘道醇撰
国学图书馆 民国 抄本

J0009592
唐朝名画录 （一卷）（唐）朱景玄撰
明 刻本
　　本书由《唐朝名画录一卷》（唐）朱景玄撰、《五代名画补遗一卷》（宋）刘道醇撰合订。十一

行二十字白口左右双边。

J0009593
唐朝名画录 （一卷）（唐）朱景玄撰
明 刻本
　　有清周尔墉、丁丙跋。

J0009594
唐朝名画录 （一卷）（唐）朱景玄撰
王元贞 明万历十八年［1590］刻本
（王氏画苑）

J0009595
唐朝名画录 （一卷）（唐）朱景玄撰
王元贞 明万历十八至十九年［1590—1591］刻本
（王氏书画苑）

J0009596
唐朝名画录 （一卷）（唐）朱景玄撰
清 刻本

J0009597
唐朝名画录 （一卷）（唐）朱景玄撰
依样壶卢山馆 清道光 抄本
（绘事晬编）

J0009598
唐朝名画录 （唐）朱景玄撰
台北 商务印书馆 1983年 影印本
（景印文渊阁四库全书 子部 一一八 第812册）
　　本书对125个唐代著名画家的作品加以评论，其中包括吴道子、阎立本、李思训、王维、韩滉、张萱、边鸾等著名画家。本书注释以《王氏画苑》本为主，并参考其他各种文献。

J0009599
唐朝名画录 （唐）朱景玄撰；温肇桐注
成都 四川美术出版社 1985年 49页 20cm（32开）
统一书号：8373.319 定价：CNY0.45
　　作者温肇桐（1909—1990），美术史论家、教育家。笔名虞复。苏常熟人。毕业于上海艺术大学。历任华东艺术专科学校教授兼图书馆主任、美术系副主任、硕士生导师，南京艺术学院教授、中国美术家协会会员、江苏省美学会顾问。著有《怎样教小学的美术》。

J0009600

图绘宝鉴续　（一卷）（明）韩昂撰

依样壶卢山馆　清道光　抄本

（绘事晬编）

J0009601

图绘宝鉴续编　（一卷）（明）韩昂撰

明　刻本

　　本书由《图绘宝鉴五卷》（元）夏文彦撰、《图绘宝鉴续编一卷》（明）韩昂撰合订。

J0009602

图绘宝鉴续编　（一卷）（明）韩昂撰

明　刻本

J0009603

图绘宝鉴续编　（五卷）（明）韩昂撰

内府　清乾隆　写本

（四库全书）

　　本书由《图绘宝鉴五卷》（元）夏文彦撰、《图绘宝鉴续编一卷》（明）韩昂撰合订。

J0009604

画笺　（一卷）（明）屠隆撰

绣水沈氏　明万历至泰昌　刻本

（宝颜堂秘笈）

J0009605

画笺　（一卷）（明）屠隆撰

明末　刻本

（广百川学海）

J0009606

画笺　（一卷）（明）屠隆撰

明末　刻本

（锦囊小史）

J0009607

画笺　（一卷）（明）屠隆撰

明末　刻本

（锦囊小史）

　　收于《锦囊小史》四十一种四十二卷中。

J0009608

画笺　（一卷）（明）屠隆撰

石门马氏大西山房　清乾隆五十九年［1794］刻本

（龙威秘书）

J0009609

画笺　（一卷）（明）屠隆撰

依样壶卢山馆　清道光　抄本

（绘事晬编）

J0009610

画笺　（一卷）（明）屠隆撰

上海　文明书局　民国十一年［1922］石印本

（宝颜堂秘笈）

J0009611

眉公书画史　（一卷）

沈氏尚白斋　明万历　刻本

（尚白斋镌陈眉公宝颜堂秘笈）

　　八行十八字白口四周单边。收于《尚白斋镌陈眉公宝颜堂秘笈》十七种四十九卷中。

J0009612

眉公书画史　（一卷）（明）陈继儒撰

绣水沈氏　明万历至泰昌　刻本

（宝颜堂秘笈）

　　作者陈继儒（1558—1639），明代文学家、书画家。字仲醇，号眉公，又号麋公。华亭（今上海市松江县）人。主要作品有诗文集《眉公十集》、词集《晚香堂词》二卷和《邵康节外纪》等。

J0009613

眉公书画史　（一卷）（明）陈继儒撰

明末　刻本

J0009614

眉公书画史　（一卷）（明）陈继儒撰

上海　文明书局　民国十一年［1922］石印本

（宝颜堂秘笈）

J0009615

画史会要　（五卷）（明）朱谋垔撰

明崇祯　刻本　清初朱统锁重修本

　　分八册。十行二十字黑口左右双边。

J0009616

画史会要　（五卷）（明）朱谋垔撰

松南书舍 清 抄本
　　分五册。十行二十二字蓝格白口四周单边。

J0009617
国朝画传编韵 （十二卷 首一卷）（清）姜宁撰
清 抄本

J0009618
国朝画传编韵 （十一卷）（清）姜宁撰
清 抄本

J0009619
国朝画传编韵 （十一卷）（清）姜宁撰
清 抄本
　　分十册。九行二十四字无格。

J0009620
国朝畿辅画录 （二卷 附录一卷）李放辑
义州李放湘砚斋 清 抄本

J0009621
画纪 （二十二卷）
清 抄本
（式古堂朱墨书画纪）
　　收于《式古堂朱墨书画纪》八十卷中。

J0009622
画家韵集 （六卷）□□辑
眼净斋 清 抄本

J0009623
画林 （二卷）（清）陈文述撰
清 抄本
　　作者陈文述（1771—1843），初名文杰，字谱香，又字隽甫、云伯，英白等。浙江杭州人。著有《碧城诗馆诗钞》《颐道堂集》等。

J0009624
画林 （二卷）题（清）颐道居士撰
清 抄本
　　分二册。十四行二十二字，蓝格白口左右双边。

J0009625
画林新咏 （三卷 补遗一卷）（清）陈文述撰

兰因馆牛氏 清 抄本

J0009626
画林新咏 （三卷 补遗一卷）（清）颐道居士撰;（清）碧螺山人编
清道光 刻本 线装
　　分二册。十一行二十二字黑口左右双边单鱼尾。

J0009627
画林新咏 （三卷 补遗一卷）（清）陈文述撰;（清）碧螺山人编
清道光 刻本 线装
　　十一行二十二字小字双行同黑口左右双边单鱼尾。

J0009628
画林新咏 （三卷 补遗一卷）（清）颐道居士撰;（清）碧螺山人编
清道光七年［1827］刻本 线装
　　十一行二十二字黑口左右双边单鱼尾。

J0009629
画林新咏 （三卷 补遗一卷）（清）陈文述撰
清道光七年［1827］刻本

J0009630
画林新咏 （三卷 补遗一卷）（清）颐道居士撰;（清）碧螺山人编
上海 西泠印社 民国四年［1915］木活字本 线装
　　分四册。

J0009631
画林新咏 （三卷 补遗一卷）（清）颐道居士撰;（清）碧螺山人编
上海 西泠印社 民国四年［1915］木活字本 线装
　　分四册。

J0009632
画林新咏 （三卷 补遗一卷）（清）颐道居士撰;（清）碧螺山人编
上海 西泠印社 民国四年［1915］木活字本 线装
　　分二册。

J0009633
画史通考 （不分卷）（清）许增撰
清　稿本

J0009634
画宗姓类 （十二卷　首一卷　末一卷）（清）沈
辰辑
清　抄本

J0009635
画宗姓类 （十二卷　首一卷　末一卷）（清）沈
辰辑
德远堂　清嘉庆二年［1797］刻本

J0009636
怀古田舍梅统 （十三卷）（清）徐荣撰
清　木活字印本

J0009637
怀古田舍梅统 （十三卷）（清）徐荣撰
清　稿本

J0009638
怀古田舍梅统 （十三卷）（清）徐荣撰
清　刻本

J0009639
怀古田舍梅统 （十二卷）（清）徐荣辑
清末　刻本　线装
　　分四册。九行二十一字小字双行同黑口四
周双边单鱼尾。

J0009640
怀古田舍梅统 （十三卷）（清）徐荣撰
清咸丰　刻本

J0009641
怀古田舍梅统 （十三卷）（清）徐荣撰
清同治四年［1865］刻本

J0009642
**皇清诰封中宪大夫长清县知县勉旀朱公墓
表** （不分卷）（清）王昶撰并书
［清］稿本

J0009643
皇清画汇 （八卷）（清）袁树辑
清　抄本

J0009644
绘事备考 （八卷）（清）王毓贤撰
南海孔氏岳雪楼　清　抄本　线装
　　分四册。

J0009645
绘事备考 （八卷）（清）王毓贤撰
清康熙三十年［1691］刻本　线装
　　分八册。八行十八字白口四周双边单鱼尾。

J0009646
绘事备考 （八卷）（清）王毓贤撰
台北　商务印书馆　1983年　影印本
（景印文渊阁四库全书　子部　一三二　第826册）
　　本书为中国画史著作。绘事，此指绘画的理
论、技法及画家。备考，犹详考。《四库全书总
目提要》："是编即康熙辛未官按察使时所作，乃
又留心于赏鉴，其例每人各立小传，而以诸书所
载传世名迹附于其人之后，大抵以张彦远《历代
名画记》、夏文彦《图绘宝鉴》为蓝本，增广其所
未备，搜辑颇为详赡。"

J0009647
考槃馀事 （四卷）（明）屠隆撰
世德堂　清　刻本　有图　线装
（龙威秘书）
　　分二册。九行二十字小字双行同黑口左右
四周双边不一。收于《龙威秘书》五集《古今丛
说拾遗》中。

J0009648
考槃馀事 （二卷）（明）屠隆撰
清乾隆五十年［1785］刻本　线装
　　分二册。

J0009649
考槃馀事 （明）屠隆撰
清乾隆六十年［1795］刻本　线装
　　分四册。八行十九字小字双行同黑口四周
双边。

J0009650
考槃馀事 （二卷）（明）屠隆撰
清乾隆六十年［1795］刻本

J0009651
考槃馀事 （四卷）（明）屠隆撰
清乾隆六十年［1795］刻本 有图 线装
　　分二册。八行十九字黑口四周双边。

J0009652
考槃馀事 （十七种十七卷）（明）屠隆撰
山阴宋泽元忏花庵 清光绪十一年［1885］刻本
有图 线装
　　分四册。十行二十一字小字双行同白口左
右双边单鱼尾。

J0009653
考槃馀事 （十七卷）（明）屠隆撰
山阴宋泽元忏花庵 清光绪十三年［1837］刻本
重印 线装
（忏花庵丛书）
　　十行二十一字小字双行同白口左右双边单
鱼尾。

J0009654
考槃馀事 （四卷）（明）屠隆撰
上海 文明书局 民国四年［1915］石印本 线装
（说库）

J0009655
考槃馀事 （四卷）（明）屠隆撰
上海 文明书局 民国十四年［1925］石印本 三
版 线装
（说库）

J0009656
历代画家姓氏便览续编 （六卷）（清）孙念
培辑
清 抄本

J0009657
历代画家姓氏考 （八卷）（清）王方恒辑
清 抄本

J0009658
历代画家姓氏考 （六卷 附一卷）（清）王方
恒辑
清 抄本

J0009659
历代画史汇传 （七十二卷 首一卷 目录三卷
引证书目一卷 附录二卷）（清）彭蕴璨撰
清 抄本

J0009660
历代画史汇传 （七十二卷 首一卷 目录三卷
附录二卷）（清）彭蕴璨撰
彭氏尚志堂 清道光五年［1825］刻本

J0009661
历代画史汇传 （七十二卷 首一卷 总目三卷
引证书目一卷 附录二卷）（清）彭蕴璨撰；（清）
邱步洲辑
三楚邱氏畊余堂 清同治十三年［1874］刻本

J0009662
历代画史汇传 （七十二卷 首一卷 目录三卷
引证书目一卷 附录二卷）（清）彭蕴璨撰
京都 善成堂 清光绪五年［1879］刻本

J0009663
历代画史汇传 （七十二卷 首一卷 目录三卷
引证书目一卷 附录二卷）（清）彭蕴璨撰
扫叶山房 清光绪八年［1882］影印本
　　据清光绪五年京都善成堂刻本影印。

J0009664
历代画史汇传 （七十二卷 目录一卷）（清）
彭蕴璨撰
上海 文瑞书局 清宣统二年［1910］石印本

J0009665
明州画史 （二卷）（清）邱承嗣撰
清 抄本

J0009666
书画史 （一卷）（明）陈继儒撰
李际期宛委山堂 清初 刻本 重修 线装
（说郛续）

明末刻清初李际期宛委山堂重修汇印本。收于《说郛续》卷第三十五中。作者陈继儒(1558—1639)，明代文学家、书画家。字仲醇，号眉公，又号麋公。华亭(今上海松江)人。主要作品有诗文集《眉公十集》、词集《晚香堂词》二卷和《邵康节外纪》等。

J0009667
书画史 （一卷）（明）陈继儒撰
两浙督学周南李际期宛委山堂　清　刻本　重印
线装
（说郛续）
　　九行二十字小字双行同白口左右双边单鱼尾。收于《说郛续》卷第三十五中。

J0009668
书画史 （一卷）（明）陈继儒撰
清顺治　刻本　线装
（说郛续）
　　收于《说郛续》卷第三十二中。

J0009669
书纪 （五十八卷）
清　抄本
（式古堂朱墨书画纪）
　　收于《式古堂朱墨书画纪》八十卷中。

J0009670
宋元以来画人姓氏录 （三十六卷）（清）鲁骏撰
清　刻本

J0009671
宋元以来画人姓氏录 （三十六卷）（清）鲁骏撰
清乾隆　写刻本

J0009672
宋元以来画人姓氏录 （三十六卷）（清）鲁骏撰
清道光十年［1830］刻本

J0009673
娱园藏画记 （一卷）（清）许增撰
仁和许氏娱园　清　抄本

J0009674
国朝画识 （十七卷）（清）冯金伯撰
墨香居　清乾隆至嘉庆　刻本
　　据清乾隆间刻本增修。本书由《国朝画识十七卷》《墨香居画识十卷》（清）冯金伯撰合订。

J0009675
国朝画识 （六卷）（清）冯金伯撰
清乾隆　抄本

J0009676
国朝画识 （十七卷）（清）冯金伯撰
墨香居　清道光十一年［1831］增修本
　　据清乾隆间刻本增修。本书由《国朝画识十七卷》《墨香居画识十卷》（清）冯金伯撰合订。

J0009677
画人备考 （八卷）□□辑
清乾隆　抄本

J0009678
墨香居画识 （十卷）（清）冯金伯撰
墨香居　清乾隆至嘉庆　刻本　增修
　　据清乾隆间刻本增修。本书由《国朝画识十七卷》《墨香居画识十卷》（清）冯金伯撰合订。

J0009679
墨香居画识 （十卷）（清）冯金伯撰
墨香居　清道光十一年［1831］刻本　增修
　　据清乾隆间刻本增修。本书由《国朝画识十七卷》《墨香居画识十卷》（清）冯金伯撰合订。

J0009680
越画见闻 （三卷）（清）陶元藻撰
怡云阁　清乾隆　刻本

J0009681
越画见闻 （清）陶元藻撰
扬州　江苏广陵古籍刻印社　1990年　影印本
20cm（32开）线装　定价：CNY15.00

J0009682
越画见闻录 （三卷）（清）陶元藻撰
清乾隆六十年［1795］木活字印本

J0009683

国朝画征录姓氏目　（一卷）（清）张庚撰

鱼元傅　清乾隆十九年［1754］抄本

　　本书由《海虞画苑略一卷附一卷》（清）鱼翼撰、《国朝画征录姓氏目一卷》（清）张庚撰合订。作者张庚（1685—1760），画家。原名焘，字溥三，号浦山。浙江嘉兴人。主要作品有《强恕斋集》《浦山论画》《国朝画征录》等。

J0009684

梁溪书画征（一卷）（清）嵇承咸撰

嵇氏层云阁　清嘉庆十九年［1814］刻本

　　本书由《书画传习录四卷》（明）王绂撰；（清）嵇承咸注、《书画传习续录一卷》《梁溪书画征一卷》（清）嵇承咸撰合订。十行二十字小字双行同白口无直格，左右双边。

J0009685

梁溪书画征（一卷）（清）嵇承咸辑

嵇氏层云阁　清嘉庆十八至十九年［1813—1814］刻本　线装

　　本书由《书画传习录》（明）王绂辑、《书画续录》《梁溪书画征》（清）嵇承咸辑合订。分十二册。十行二十字小字双行同黑口左右双边单鱼尾。

J0009686

书画续录　（清）嵇承咸辑

嵇氏层云阁　清嘉庆十八至十九年［1813—1814］刻本　线装

　　分十二册。十行二十字小字双行同黑口左右双边单鱼尾。

J0009687

书画续录　（一卷）（清）嵇承咸辑

嵇氏层云阁　清嘉庆十八至十九年［1813—1814］刻本　12 册　线装

　　本书由《书画传习录四卷》（明）王绂辑、《书画续录一卷》《梁溪书画征一卷》（清）嵇承咸辑合订。

J0009688

［**书画传习**］**续录**　（一卷）（清）嵇承咸撰

嵇氏层云阁　清嘉庆十九年［1814］刻本

　　本书由《书画传习录四卷》（明）王绂撰；（清）

嵇承咸注、《书画传习续录一卷》《梁溪书画征一卷》（清）嵇承咸撰合订。分十册。十行二十字白口左右双边。

J0009689

图绘宝鉴再续　（三卷）（清）冯仙湜撰

依样壶卢山馆　清道光　抄本

（绘事晬编）

J0009690

吴郡丹青志　（一卷）（明）王穉登撰

依样壶卢山馆　清道光　抄本

（绘事晬编）

J0009691

玉台画史　（五卷　别录一卷）（清）汤漱玉辑

钱塘汪氏振绮堂　清道光　刻本

J0009692

历代画家姓氏便览　（六卷　首一卷）（清）冯津编

桐乡冯氏　清道光六年［1826］刻本

J0009693

怀古田舍梅统　（十二卷）（清）徐荣辑

清末　刻本　线装

　　分四册。九行二十一字黑口四周双边单鱼尾。

J0009694

书画家考　（一卷）（清）□□撰

清末　抄本

J0009695

明画姓氏编韵　（三卷）（清）陈豫钟撰

杭州　清同治至光绪　抄本

（丁氏八千卷楼丛刻）

J0009696

艺林悼友录　（初集一卷　二集一卷）（清）郭容光撰

铁如意室　清光绪十八年［1892］刻本

J0009697

［**中国古书画考**］　邓以蛰撰

民国　线装

　　作者邓以蛰（1892—1973），美学家、美术史家。字叔存。安徽怀宁人。毕业于日本早稻田大学。邓石如的五世孙，邓稼先之父。曾在清华大学、北京大学、燕京大学、厦门大学任教授。主要作品有《画理探微》《六法通铨》《书法欣赏》等。

J0009698

八旗画录前编　（三卷　后编三卷）李放撰
义州李放湘砚斋　民国　抄本

J0009699

八旗画录前编　（三卷　后编三卷）李放辑
民国八年［1919］

J0009700

似升长生册　（不分卷）周嵩尧撰
清宣统三年［1911］抄本

J0009701

天香云外楼画美传　（四卷）马桂赞撰
民国　稿本

J0009702

国画ABC　朱应鹏著
上海　ABC丛书社　1928年　129页　19cm（32开）
定价：五角，六角（精装）
（ABC丛书）

　　本书共30章，论述中国画的发展，评论历代画家及其作品。

J0009703

国画ABC　朱应鹏著
上海　ABC丛书社　民国十八年［1929］129页
19cm（32开）定价：五角，六角（精装）
（ABC丛书）

J0009704

国画ABC　朱应鹏著
上海　上海书店　1990年　影印本　129页
19cm（32开）ISBN：7-80569-294-7
定价：CNY2.30

J0009705

毗陵画徵录　（二卷）（清）李宝章撰
武进　李渊府　民国二十二年［1933］

J0009706

中韩南宋绘画之研究　（朝鲜时代后期）崔炳植著
台北　文史哲出版社　1982年
ISBN：978-957-547-475-1　定价：TWD360.00
（艺术丛刊　2）

J0009707

画史会要　（五卷）（明）朱谋垔撰
台北　商务印书馆　1983年　影印本
（景印文渊阁四库全书　子部　一二二　第816册）

J0009708

蜀画史稿　罗元黼辑；何韫若，林孔翼注
成都　四川人民出版社　1983年　126页
20cm（32开）统一书号：8118.1263
定价：CNY0.56

J0009709

明画录　（清）徐沁著
北京　中华书局　1985年　新1版　89+17+6页
18cm（15开）统一书号：17018.151
（丛书集成初编）

J0009710

中国古代美术　（第十二卷　明　一　绘画　书法）
肖燕翼本卷编著
北京　人民美术出版社　1985年　455页
26cm（16开）精装　统一书号：8027.9264
定价：CNY64.50

J0009711

中国古代儿童题材绘画　畏冬著
北京　紫禁城出版社　1988年　69页　有图
20cm（24开）ISBN：7-80047-003-2
定价：CNY1.80

J0009712

中国名画集萃　（美）卡希尔著；朱雍译
成都　四川美术出版社　1988年　122+36页　有图版　20cm（32开）ISBN：7-5410-0099-X

定价: CNY2.90

J0009713

书画史论丛稿　薛永年著
成都　四川教育出版社　1992 年　501 页　有图
20cm（32 开）精装　ISBN: 7-5408-1597-4
定价: CNY10.30

　　作者薛永年（1941— ），教授。北京人。毕业于中央美术学院美术史论系。历任中央美术学院美术史系主任、中国书法家协会会员。著有《晋唐宋元卷轴画史》《书画史论丛稿》《扬州八怪与扬州商业》《蓦然回首》《华岩研究》等，主编有《中国美术简史》《中国绘画的历史与审美鉴赏》等。

J0009714

中国书画　杨仁恺著
台北　南天书局　1992 年　649 页　有插图
21cm（32 开）ISBN: 957-638-106-1
定价: TWD400.00

J0009715

高雅的书法　精美的绘画　王东霞，郜涤非
编著
北京　中国和平出版社　1993 年　208 页　有插图
19cm（小 32 开）ISBN: 7-80037-854-3
定价: CNY4.00
（少年知识大世界）

　　本书着重编选和介绍了我国不同时期、不同学术派别的书法和画家的优秀作品，以及日本和西方一些有代表性的艺术家的作品。作者王东霞（1943— ），女，教师。北京市一轻局技工学校美育讲师。作者郜涤非（1968— ），女，北京师范大学任教。

J0009716

晋唐宋元卷轴画史　薛永年著
北京　新华出版社　1993 年　144 页　20cm（32 开）
ISBN: 7-5011-1499-4　定价: CNY2.85
（神州文化集成丛书）

J0009717

中国书画　陈绶祥撰
北京　京华出版社　1994 年　100 页　18cm（小 32 开）
ISBN: 7-80600-045-3　定价: CNY40.00（本系列）

（中华全景百卷书·瑰宝系列）

　　作者陈绶祥（1944— ），文化学者，美术史家，文物鉴定家及书画家。别名晓三，字大隐，号老饕，斋名无禅堂。广西桂林人。毕业于中国艺术研究院。历任中国美术家协会会员、中国艺术研究院博士生导师。著作有《发展的素描》《中国彩陶研究》《遮蔽的文明》《文心万象》《中国民间美术全集·民居卷》等。

J0009718

四库全书存目丛书　（子 71　艺术类）四库全书存目丛书编纂委员会编
济南　齐鲁书社　1995 年　影印本　886 页
26cm（16 开）精装　ISBN: 7-5333-0478-0
定价: CNY78300.00（子部）

J0009719

四库全书存目丛书　（子 72　艺术类）四库全书存目丛书编纂委员会编
济南　齐鲁书社　1995 年　影印本　907 页　有插图
26cm（16 开）精装　ISBN: 7-5333-0478-0
定价: CNY78300.00（子部）

J0009720

笔风墨韵写丹青　（历代书法绘画）秦轩，柯宏毅著
成都　四川人民出版社　1996 年　241 页
19cm（小 32 开）ISBN: 7-220-03223-4
定价: CNY88.00（全套）
（青少年文史修养丛书　历史类）

J0009721

从白纸到白银　（下册　清末广东书画创作与收藏史）庄申编著
台北　东大图书公司　1997 年　665 页　有图
23cm（25 开）ISBN: 957-19-2039-8
定价: 旧台币 18.00
（沧海丛刊）

　　作者庄申，字申庆。

J0009722

翰墨奇人　（书画名家评说）黄复盛著
沈阳　辽宁人民出版社　1997 年　212 页　有图
20cm（32 开）ISBN: 7-205-03859-6
定价: CNY14.30

（清代社会文化丛书 文艺卷 2）

　　作者黄复盛（1938—　），画家。辽宁鞍山人。毕业于鲁迅美术学院国画系人物画专业。辽宁美术出版社副编审、中国书法家协会会员、辽宁美术家协会会员、辽宁中国画研究会理事，辽宁美术出版社副编审。代表作品有《清代画论四篇语译》《黄复盛书法辑》等。

J0009723
图绘宝鉴校勘与研究　（日）近藤秀实，何庆先编著
南京 江苏古籍出版社 1997年 385页 有照片
26cm（16开）精装 ISBN：7-80519-960-4
定价：CNY160.00

J0009724
中国书画名家精品大典　朱伯雄，曹成章主编
杭州 浙江教育出版社 1997年 4册（12+2287页）有图版 26cm（16开）精装
ISBN：7-5338-2769-4 定价：CNY680.00
　　朱伯雄（1932—2005），美术史论家。别名羊石。出生于上海，祖籍浙江湖州。毕业于东北鲁迅艺术学院美术系。历任美国哈佛大学文理学院美术史论系客座教授、马来西亚艺术学院客座教授。代表作品有《世界美术史》《世界美术经典》等。

J0009725
鸟语花香　（中国花鸟画）张鹏著
长春 吉林美术出版社 1999年 122页 有彩图
19cm（小 32 开）ISBN：7-5386-0721-8
定价：CNY12.50
（世界艺术教育文库 首批）

J0009726
仁山智水　（中国山水画）朱孝达，朱芳千著
长春 吉林美术出版社 1999年 152页 有彩图
19cm（小 32 开）ISBN：7-5386-0720-X
定价：CNY14.50
（世界艺术教育文库 首批）

J0009727
形神兼备　（中国人物画）余辉著
长春 吉林美术出版社 1999年 153页 有图

19cm（小 32 开）ISBN：7-5386-0719-6
定价：CNY15.00
（世界艺术教育文库）

中国书画艺术流派及其研究

J0009728
陈眉公订正文湖州竹派　（一卷）题（明释）莲儒撰
明 刻本
（宝颜堂汇秘笈）
　　八行十八字白口四周单边。收于《宝颜堂汇秘笈》四十二种八十三卷中。

J0009729
竹派　（一卷）（明释）莲儒撰
绣水沈氏 明万历至泰昌 刻本
（宝颜堂秘笈）

J0009730
竹派　（一卷）（明释）莲儒撰
明末 刻本
（广百川学海）

J0009731
竹派　（一卷）（明释）莲儒撰
李际期宛委山堂 清初 刻本 重修 线装
（说郛续）
　　明末刻清初李际期宛委山堂重修汇印本。收于《说郛续》卷第三十五中。

J0009732
竹派　（一卷）（明释）莲儒撰
李际期宛委山堂 清初 刻本 续刻
（说郛）
　　明末刻清初李际期宛委山堂续刻汇印本。

J0009733
竹派　（一卷）（明释）莲儒撰
两浙督学周南李际期宛委山堂 清 刻本 重印 线装
（说郛续）
　　九行二十字小字双行同白口左右双边单鱼尾。收于《说郛续》卷第三十五中。

J0009734
竹派　（一卷）（明释）莲儒撰
清顺治　刻本　线装
（说郛续）
　　收子《说郛续》卷第三十二中。

J0009735
竹派　（一卷）（明释）莲儒撰
清　刻本　重修　线装
（说郛续）
　　九行二十字白口左右双边单鱼尾。收于《说郛续》卷第三十五中。

J0009736
竹派　（一卷）（明释）莲儒撰
依样壶卢山馆　清道光　抄本
（绘事晬编）

J0009737
竹派　（一卷）（明释）莲儒撰
上海　文明书局　民国十一年［1922］石印本
（宝颜堂秘笈）

J0009738
文湖州竹派　（一卷）（元）吴镇撰
六安晁氏　清道光十一年［1831］木活字印本
（学海类编）
　　作者吴镇（1280—1354），元代著名画家。字仲圭，号梅花道人，尝署梅道人。浙江嘉善人。存世作品有《渔父图》《双桧平远图》《洞庭渔隐图》等。

J0009739
文湖州竹派　（一卷）（元）吴镇撰
上海　涵芬楼　民国九年［1920］影印本
（学海类编）
　　据清道光十一年六安晁氏木活字印本影印。

J0009740
文湖州竹派　（一卷）（元）吴镇纂
长沙　商务印书馆　1939年［51］页
18cm（小32开）
（丛书集成初编 1655）
　　本书为中国古代绘画史。据《学海类编》本排印。

J0009741
文湖州竹派　（一卷）（元）吴镇纂
北京　中华书局　1985年　新1版　影印本　107页
18cm（32开）　统一书号：17018.151
（丛书集成初编）
　　本书由《文湖州竹派》《海岳志林》《丹青志》《画禅》（元）吴镇纂合订。

J0009742
扬州八家史料　顾麟文编
上海　上海人民美术出版社　1962年　194页
有图表　20cm（32开）　统一书号：8081.5184
定价：CNY1.60

J0009743
中国山水画的南北宗论　俞剑华著
上海　上海人民美术出版社　1963年　118页
19cm（32开）　统一书号：8081.5279
定价：CNY0.60
　　本书包括明清时代南北宗论（上、下）、现代南北宗论的批判、明代产生南北宗论的根源。作者俞剑华（1895—1979），绘画史论家、画家、美术教育家。原名俞昆，曾用名俞德，字剑华，以字行。生于山东济南。毕业于北京高等师范手工图画专修科。先后执教于北京美术学校、山东美术学校、上海美术专科学校、暨南大学等。出版有《中国绘画史》《中国画论类编》《立体图案法》等。

J0009744
南画大成　（第6卷　花卉、翎毛、虫鱼）艺源文物开发公司编译部编译
台北　艺源文物开发公司出版部　1977年　268页
31cm（10开）　精装　定价：TWD640.00
　　本书为中国画岭南画派研究文集。

J0009745
南画大成　（第7卷　道释、人物、士女、动物）艺源文物开发公司编译部编译
台北　艺源文物开发公司出版部　1977年　278页
31cm（10开）　精装　定价：TWD640.00
　　本书为中国画岭南画派研究文集。

J0009746
南画大成　（第1卷　兰竹）艺源文物开发公司

编译部编译

台北 艺源文物开发公司出版部 1978 年 252 页 31cm（10 开） 精装 定价：TWD640.00

　　本书为中国画岭南画派研究文集。

J0009747

南画大成 （第 3 卷 梅花、水仙）艺源文物开发公司编译部编译

台北 艺源文物开发公司出版部 1978 年 271 页 31cm（10 开） 精装 定价：TWD640.00

　　本书为中国画岭南画派研究文集。

J0009748

南画大成 （第 5 卷 花卉、蔬果）艺源文物开发公司编译部编译

台北 艺源文物开发公司出版部 1978 年 260 页 31cm（10 开） 精装 定价：TWD640.00

　　本书为中国画岭南画派研究文集。

J0009749

清代扬州画派研究集 （第一辑）扬州市文学艺术界联合会，清代扬州画派研究会编

［扬州］［扬州市文学艺术界联合会］

［1980—1989 年］118 页 19cm（32 开）

J0009750

清代扬州画派研究集 （第二辑）扬州市文学艺术界联合会，清代扬州画派研究会编

［扬州］［扬州市文学艺术界联合会］

［1980—1989 年］118 页 19cm（32 开）

J0009751

清代扬州画派研究集 （第三辑）扬州市文学艺术工作者联合会，清代扬州画派研究会编

［扬州］［扬州市文学艺术工作者联合会］

［1980—1989 年］97 页 19cm（32 开）

J0009752

清代扬州画派研究集 （第四辑）扬州市文学艺术界联合会，清代扬州画派研究会编

［扬州］［扬州市文学艺术界联合会］［1980—1989 年］118 页 19cm（32 开）

J0009753

扬州八怪研究资料丛书　　卞孝萱主编

南京 江苏美术出版社 ［1980—1989 年］1 册 19cm（32 开）

J0009754

吴派画九十年展　　台北故宫博物院编纂

台北 台北故宫博物院 1981 年 3 版 380 页 有图 30cm（15 开） 精装

　　外文书名：Ninety years of Wu School Painting.

J0009755

扬州八怪　　文物出版社资料室编

北京 文物出版社 1981 年 172 页 21cm（32 开） 统一书号：8068.881 定价：CNY1.80

　　本书是扬州八怪的美术评论和史料。

J0009756

海上画派 （上）何恭上主编

台北 艺术图书公司 1985 年 152 页 有图 28cm（小 32 开） 精装 定价：TWD800.00

　　本书系中国画鉴赏画册。外文书名：Masters of the Shanghai school.

J0009757

清初正统画派　　林秀薇编译；杨美莉图版解说

台北 艺术图书公司 1985 年 131 页 有图 30cm（15 开） 精装 定价：TWD800.00

　　收录清六家的画作 152 幅，并有画论、画评。

J0009758

吴门画派　　林秀芳，温肇桐编撰

台北 艺术图书公司 1985 年 251 页 有图 30cm（15 开） 精装 定价：TWD800.00

　　外文书名：The Wu School of Painting. 作者温肇桐（1909—1990），美术史论家、教育家。笔名虞复。江苏常熟人。毕业于上海艺术大学。历任华东艺术专科学校教授、兼图书馆主任，美术系副主任、硕士生导师，南京艺术学院教授，中国美术家协会会员、江苏省美学会顾问。著有《怎样教小学的美术》。

J0009759

野逸画派　　林秀薇撰

台北 艺术图书公司 1985 年 168 页 有图 30cm（15 开） 精装 定价：TWD800.00

　　外文书名：Early Ching Painting: The Individualists.

J0009760

岭南画派 （它的过去、现在与将来）周锡
韒著

广州 广州文化出版社 1987年 171页
19cm（32开） ISBN：7-5431-0006-1
定价：CNY1.50
（羊城书系 一）

　　本书作者对岭南画派的特点、成因、发展历
史以及各时期的代表性人物作了评介说明，并对
艺术界感兴趣而又未深入讨论，或至今争论未决
的问题进行了探讨。

J0009761

岭南画派研究 （第一辑）广州美术学院岭南
画派研究室编

广州 岭南美术出版社 1987年 130页
19cm（20开） 定价：CNY5.90

　　本书收录了高剑父、陈树人、高奇峰等人
的文稿，以及绘画作品和书法16帧、照片3幅，
图文并茂，反映了岭南画派的创作思想和艺术
风格。

J0009762

岭南画派研究 （第二辑）广州美术学院岭南
画派研究室编

广州 岭南美术出版社 1990年 118页 有图版
19cm（32开） ISBN：7-5362-0601-1
定价：CNY25.00

　　本书选录的是对岭南派第二代画家及后人
对岭南画派源流的评论和分析，并开辟有《文献
选刊》专栏，载有高剑父《对日本艺术界宣言并
告世界》及徐悲鸿的《读高剑父先生画》等文章。

J0009763

岭南派画法 （一 通论、花卉、蔬果）卢清远
绘著

台北 艺术图书公司 1988年 123页 30cm（12开）
ISBN：957-9045-20-8 定价：TWD480.00
（画好国画 9）

J0009764

岭南派画法 （二 草虫、游鱼、鸟雀）卢清远
绘著

台北 艺术图书公司 1995年 再版 125页
30cm（12开） ISBN：957-9045-06-2
定价：TWD480.00
（画好国画 10）

J0009765

岭南派画法 （三 山水、动物、人物）卢清远
绘著

台北 艺术图书公司 1994年 126页 30cm（12开）
ISBN：957-672-138-5 定价：TWD450.00
（画好国画 11）

J0009766

文人画与南北宗论文汇编　　张连，（日）古原
宏伸编

上海 上海书画出版社 1989年 841页
20cm（32开） ISBN：7-80512-350-0
定价：CNY15.00，CNY19.00（精装）

　　本文集是明清以来中外学者评论中国山水
画南北宗论文章的选编。

J0009767

扬州八怪评论集 （当代部分）郑奇，黄俶
成编

南京 江苏美术出版社 1989年 928页
20cm（32开） ISBN：7-5344-0075-9
定价：CNY9.95
（扬州八怪研究资料丛书）

J0009768

新安画派史论　　张国标著

合肥 安徽美术出版社 1990年 324页 有附图
19cm（32开） ISBN：7-5398-0134-4
定价：CNY7.90

　　本书分新安画派概述、新安画派的主要范
畴、新安画派的继承与发展3章。作者张国标
（1936—　　），教授、研究馆员。安徽巢县人。毕
业于安徽师范学院艺术系。历任中国古版画研
究会会员、全国民间美术学会安徽分会常务理
事、黄山市美术家协会副主席。画作有《战宏图》
《墨雨布丘壑点点故乡情》《恨不题诗满山谷》，
著有《新安画派史论》《徽派版画艺术》《海阳漫
话》等。

J0009769

扬州八怪年谱　（上）王鲁豫等撰

南京　江苏美术出版社　1990 年　354 页

21cm（32 开）　ISBN：7-6344-0154-2

定价：CNY4.50，CNY6.50（精装）

（扬州八怪研究资料丛书）

　　作者王鲁豫（1956—　），研究员。中国艺术研究院研究生部美术系中国雕塑史专业博士，主编《古代艺术辞典》。

J0009770

吴派绘画研究　　周积寅编著

南京　江苏美术出版社　1991 年　351 页　有附图

20cm（32 开）　ISBN：7-5344-0184-4

定价：CNY8.30

　　作者周积寅（1938—　），教授。笔名禾宙。江苏泰兴人。毕业于南京艺术学院。历任南京艺术学院学报《艺苑》主编、"扬州画派"研究会名誉会长、中国郑板桥研究会及日本郑板桥学会顾问、中国美术家协会会员。编著有《吴派绘画研究》《中国美术通史》《郑板桥》等。

J0009771

扬州八怪与扬州商业　　薛永年，薛锋著

北京　人民美术出版社　1991 年　141 页　有图

19cm（小 32 开）　ISBN：7-102-00730-2

定价：CNY3.15

（世纪美术文库）

　　本书以详尽的资料探讨扬州八怪产生的经济、社会背景，并进而分析了商业经济和市民审美趣味对扬州八怪艺术内容、形式风格的影响。

J0009772

娄东画派　　中国人民政治协商会议太仓县委员会编

北京　文物出版社　1992 年　44 页　26cm（16 开）

ISBN：7-5010-0686-5　定价：CNY30.00

　　本书为纪念王时敏诞辰四百周年中国画画论，主要包括娄东画派代表作品选、纪念文章和研究成果，及对王氏宗族的研究。

J0009773

扬州八怪考辨集　　薛永年编

南京　江苏美术出版社　1992 年　606 页

20cm（32 开）　ISBN：7-5344-0224-7

定价：CNY7.10

（扬州八怪研究资料丛书）

　　本书内容重在考订史实，去伪存真，或纠正前人著述的疏失及缺漏的学术空白等。作者薛永年（1941—　），教授。北京人。毕业于中央美术学院美术史论系。历任中央美术学院美术史系主任、中国书法家协会会员。著有《晋唐宋元卷轴画史》《书画史论丛稿》《扬州八怪与扬州商业》《蓦然回首》《华岩研究》等，主编有《中国美术简史》《中国绘画的历史与审美鉴赏》等。

J0009774

扬州八怪书画年表　　王凤珠，周积寅编

南京　江苏美术出版社　1992 年　346 页

20cm（32 开）　ISBN：7-5344-0274-6

定价：CNY6.90

（扬州八怪研究资料丛书）

J0009775

吴门画派研究　　故宫博物院编

北京　紫禁城出版社　1993 年　366 页　20cm（32 开）

ISBN：7-80047-146-2　定价：CNY12.00

　　本书收入文章 34 篇，包括《师子林与天如和尚》《吴门画家的道释观》《吴门画派中的自然形象》等。

J0009776

扬州八怪年谱　（下）胡艺等撰

南京　江苏美术出版社　1993 年　430 页

21cm（32 开）　ISBN：7-6344-0154-2

定价：CNY8.50，CNY11.50（精装）

（扬州八怪研究资料丛书）

J0009777

岭南画派研究　　广东中华民族文化促进会等编

广州　广州出版社　1996 年　201 页　有彩图

26cm（16 开）　ISBN：7-80592-451-1

定价：CNY38.50

J0009778

海上画派书画鉴赏与拍卖行情　　许志浩编著

上海　上海科学技术文献出版社　1999 年

64+64 页　有图　29cm（16 开）

ISBN: 7-5439-1368-2 定价: CNY48.00

J0009779
扬州八怪　王勤金主编; 扬州八怪纪念馆编
[扬州] 1999 年 86 页 有图及照片
20cm (32 开) 定价: CNY6.00

J0009780
原板初印芥子园画谱二集　(清) 王槩摹并编
上海 有正书局 民国 刻本 彩色套印本 有彩图
线装
　　分四册。作者王槩(1645—约1710), 又作
王概, 清初画家。初名匄, 亦名丐, 字东郭、安
节, 后改今名。秀水(今浙江嘉兴)人, 久居江苏
金陵(今南京)。以花鸟擅名, 兼善诗文、治印。
辑有《王安节王宓草印谱》。传世品有《玉山观
画图》《幽溪积雪图》《山卷晴云图》等, 编绘有
《芥子园画传》, 著有《画学浅说》《山飞泉立草
堂集》。

国画的基本技法

J0009781
中国画学浅说　诸宗元著
上海 商务印书馆 1929 年 53 页 18cm (15 开)
(万有文库 第一集 0732)
　　本书分15节, 论述画体、画法、用笔、用墨、
设色、学画的程序、画与书学的关系等。

J0009782
中国画学浅说　诸宗元著
上海 商务印书馆 1933 年 53 页 19cm (32 开)
定价: 大洋二角
(百科小丛书)
　　作者诸宗元(1875—1932), 藏书家、书画
家。字贞长、贞壮等, 号大至, 别署大至居士等,
室名心太平室、病起楼等。浙江绍兴人。南社社
员。藏书万余卷, 颇多名人书画。1929 年, 所藏
皆毁于火。著有《吾暇堂类稿》《秦环楼谈录》《箧
书别录》《病起楼诗》等。生年一说 1874。

J0009783
中国画学浅说　诸宗元著
上海 商务印书馆 1933 年 再版 53 页

19cm (32 开) 定价: 大洋二角
(百科小丛书)

J0009784
中国画学浅说　诸宗元著
上海 商务印书馆 1934 年 再版 53 页
18cm (15 开)
(百科小丛书)

J0009785
中国画学浅说　诸宗元著
上海 商务印书馆 1935 年 3 版 53 页
19cm (32 开) 定价: 大洋二角
(百科小丛书)

J0009786
中国画学浅说　诸宗元著
重庆 商务印书馆 1944 年 渝 1 版 44 页
19cm (32 开) 定价: 国币八角
(百科小丛书)

J0009787
中国画学浅说　诸宗元著
重庆 商务印书馆 1945 年 渝 2 版 44 页
18cm (15 开) 定价: 国币八角
(百科小丛书)

J0009788
中国画学浅说　诸宗元著
上海 商务印书馆 1947 年 5 版 53 页
19cm (32 开) 定价: 国币 1.50
(百科小丛书)

J0009789
中国绘画上的六法论　刘海粟撰
上海 中华书局 民国二十五年 [1936] 3 版
20cm (32 开) 线装 定价: 国币一元
　　分一函一册六十八叶。半叶十一行二十五
字小黑口单鱼尾四周单边。

J0009790
中国绘画上的六法论　刘海粟著
上海 上海人民美术出版社 1957 年 新 1 版
48 页 20cm (32 开) 统一书号: 8081.2753
定价: CNY0.34

J0009791

国画六法新论　沈叔羊著

重庆 峨眉出版社 1944 年 97 页 19cm（32 开）
定价：五十元

　　本书分六法与无法、国画的特征、法则的法则、气韵生动、经营位置、笔墨色、师法造化、鉴赏等 10 章。

J0009792

国画六法新论　沈叔羊著

重庆 峨眉出版社 1945 年 再版 97 页
19cm（32 开）

J0009793

国画六法新论　沈叔羊著

上海 艺术书店 1946 年 3 版 128 页 18cm（15 开）

J0009794

中国画颜色的研究　于非闇著

北京 朝花美术出版社 1955 年 78 页 20cm（32 开）
定价：旧币 3,500 元

　　作者于非闇（1889—1959），满族，画家。原名于魁照，后改名于照，字仰枢，别署非闇，又号闲人等。出生于北京，祖籍山东蓬莱。历任中央美术学院民族美术研究所研究员、北京中国画研究会副会长、北京画院副院长。作品有《玉兰黄鹂》《丹柿图》《牡丹鸽子》等，著有《非闇漫墨》《艺兰记》《中国画颜料研究》《我怎样画花鸟画》等。

J0009795

中国画颜色的研究　于非闇著

北京 人民美术出版社 1955 年 78 页 19cm（32 开）

J0009796

国画入门　罗茵，陶春晖编

台北 徐氏基金会 1976 年 148 页 26cm（16 开）
（科学图书大库）

J0009797

国画入门　高美庆等著

香港 中文大学校外进修部 1976 年 336 页
26cm（16 开）

J0009798

中国画技法初步　黄亦平编

香港 宏图图书公司 1979 年 278 页 26cm（16 开）

J0009799

中国画技法述要　王颂余编著

天津 天津人民美术出版社 1979 年 81 页
26cm（16 开）统一书号：8073.50118
定价：CNY1.30

　　作者王颂余（1910—2005），书法家、山水画家。出生于天津。天津美术学院任教。代表作品《把余粮卖给国家》《凯歌黄金路》《滦水清分清且甘》等。

J0009800

水墨画讲　吕寿昆编

香港 忠诚印务公司 1980 年 183 页
19cm（小 32 开）

J0009801

中国画档墓图　王伯敏著

天津 天津人民美术出版社 1981 年 44 页
有图 25cm（小 16 开）统一书号：8073.50173
定价：CNY1.20

　　作者王伯敏（1924—2013），美术史论家、画家、诗人。浙江台州人。曾担任中国美术学院教授、美术学博士生导师。著有《中国绘画通史》《中国版画史》《中国美术通史》等。

J0009802

中国画的构图　王伯敏著

天津 天津人民美术出版社 1981 年 44 页
有图 25cm（小 16 开）统一书号：8073.50137
定价：CNY1.20

J0009803

画品丛书　于安澜编

上海 上海人民美术出版社 1982 年 446 页
21cm（32 开）统一书号：8081.12175
定价：CNY1.80

　　本书收录自六朝至元代有关画品的主要著作 13 种，包括《古画品录》《续画品》《贞观公私画史》《后画录》《续画品录》《唐朝名画录》《五代名画补遗》《圣朝名画评》《画史》《广州画跋》《画鉴》等。

J0009804

国画技法　孙其峰等著

香港　商务印书馆香港分馆　1984 年　293 页
26cm（16 开）ISBN：962-07-4034-3

　　作者孙其峰（1920—　），教授，艺术家。原名奇峰，曾用名琪峰。山东招远人。历任天津美术学院教授、中国书法家协会理事、中国美术家协会理事、北京铁路局文协美术工作者、北京美协会员。代表作品《花鸟画谱》《孙其峰画辑》《孙其峰扇面选集》等。

J0009805

画学简明　（五卷）（清）郑绩著

北京　北京市中国书店　1984 年　21cm（32 开）
定价：CNY2.20

　　据清同治梦幻居刊本影印。

J0009806

水墨画技法解说　（山水、花鸟、人物）梵谷图书出版公司编辑部编著

台北　梵谷图书出版公司编辑部　1984 年　160 页
有图 26cm（16 开）精装 定价：TWD240.00

J0009807

颐园论画　（清）松年著；关和璋注评

呼和浩特　内蒙古人民出版社　1984 年　102 页
有图 19cm（32 开）统一书号：8089.178
定价：CNY0.56
（中国画法入门）

　　这是一部画家论画之作。内容包括：论用笔用墨、论用水用色、论画山水、论工笔与写意、论画人物、论画花卉、论师法临摹、论品评赏鉴、杂论等。附《蒙古族画家松年先生评传》。

J0009808

中国画技法概论　吴敦木编著

北京　朝华出版社　1985 年　190 页 25cm（小 16 开）
统一书号：8297.38 定价：CNY6.90

　　本书分 3 部分：一、文房四宝及其他用品；二、山水画；三、花鸟画。

J0009809

中国画技法概论　吴敦木编著

北京　朝华出版社　1988 年　190 页 25cm（16 开）
ISBN：7-5054-0101-8 定价：CNY9.60

J0009810

国画技法概论　周士心著

台北　文化大学出版部　1986 年　166 页
有图 21cm（32 开）定价：TWD150.00

J0009811

中国水墨画　詹前裕著；何文邦，卢钦文摄影

台北　艺术图书公司　1986 年　224 页 有图
26cm（16 开）定价：TWD380.00
（绘画、设计、工艺丛书 2）

J0009812

中国水墨画　詹前裕著

台北　艺术图书公司　1994 年　再版 223 页
26cm（16 开）定价：TWD450.00
（绘画·设计·工艺丛书 2）

J0009813

国画　郭永元等编

天津　天津教育出版社　1987 年　58 页 有图
19cm（32 开）定价：CNY1.20
（少年宫美术教材丛书）

　　本书主要介绍国画的常识和基本技法。

J0009814

水墨画·基础篇　日本视觉设计研究所编

台北　唐代文化事业公司　1987 年　137 页
21cm（32 开）定价：TWD180.00
（美术系列 024）

J0009815

四君子描法　（日）山田玉云著

台北　创凡社书店　1987 年　103 页 20cm（32 开）
定价：TWD140.00
（美术丛书 22）

J0009816

幼儿学国画指导　（上册）史忠贵著

成都　四川美术出版社　1987 年　44 页 26cm（16 开）
ISBN：7-5410-0084-1 定价：CNY2.70
（美术指导丛书）

J0009817

赵松涛山水技法　赵松涛著

石家庄　河北美术出版社　1987 年　105 页

有图　26cm（16开）统一书号：8087.1657
定价：CNY5.80

　　本书从山水画的源流开始论述，包括干墨画法、湿墨画法、积墨画法、泼墨画法，以及浅绛、小青绿、大青绿、金碧山水画的画法。同时举例论述竹、草、云、水及各种山石的画法、勾法、皴法。着重论述青绿山水画的着色方法，金碧山水的抛金、着金方法。作者赵松涛（1916—1993），山水画家。字劲根，号本坚，天津市人。曾任天津工艺美院教授，中国美术家协会会员，天津国画研究会理事等。代表作品有《建明春晓》《峨眉牛心亭》《峰回路转》等。

J0009818
工笔花卉画法步骤　杜曼华，刘新华著
天津　天津人民美术出版社　1988年　37cm（8开）
ISBN：7-5305-0114-3　定价：CNY4.00
（绘画技法图例丛书）

J0009819
工笔画法　刘玉霞绘
台北　艺术图书公司　1988年　160页　30cm（10开）
定价：TWD480.00
（画好国画 5）
　　外文书名：Elaborated Style of Chinese Paintings.

J0009820
工笔人物画法步骤　杨德树，郑庆衡著
天津　天津人民美术出版社　1988年　37cm（8开）
ISBN：7-5305-0116-X　定价：CNY4.00
（绘画技法图例丛书）
　　作者郑庆衡（1939—1996），教授。河北玉田县人。历任中国美术家协会会员，南开大学教授、东方文化艺术系主任，天津市美术家协会理事。出版有《郑庆衡画集》。

J0009821
画龙点睛谈龙画　张丰荣编译
［香港］龙和出版公司　1988年　125页
26cm（16开）
（灵感艺术系列 1）

J0009822
黄羲先生十八描教学范本　林超编
福州　福建美术出版社　1988年　37cm（9开）

ISBN：7-5393-0013-2　定价：CNY1.40
　　本书"十八描"即高古游丝描、橄榄描、橛头钉描、琴弦描、行云流水描、马蝗描、柳叶描、枣核描、竹叶描、折芦描、枯柴描、减笔描、钉头鼠头描、曹衣出水描、蚯蚓描、铁线描、战笔水纹描、混描。

J0009823
老年大学中国画教材　（第二册 花鸟画）金陵老年大学中国画教研组编著
南京　江苏出版社　1988年　48页　有图
26cm（16开）　ISBN：7-5344-0015-5
定价：CNY1.98

J0009824
水墨画技法新探　房新泉著
济南　山东美术出版社　1988年　28页　26cm（16开）
ISBN：7-5330-0134-6　定价：CNY2.75
　　作者房新泉（1953—　），画家。又名辛全。出生于山东沂源县。毕业于青岛美术学校。历任中国美术家协会会员、山东画院高级画师、临沂画院院长，国家二级美术师。

J0009825
儿童写意画入门　甄鸿桂，刘华云编著
上海　同济大学出版社　1989年　204页　有图
26cm（16开）　ISBN：7-5608-0245-1
定价：CNY7.55
　　作者刘华云，复旦大学艺术教育中心副教授。

J0009826
界画技法　游新民编著
北京　人民美术出版社　1989年　56页　有图
26cm（16开）　ISBN：7-102-00445-1
定价：CNY3.45

J0009827
学国画　徐湛主编
北京　科学普及出版社　1989年　115页　19×26cm
ISBN：7-110-01068-6　定价：CNY6.90
（中国画技法普及教材 1）

J0009828
指画技法　王之海著

天津　天津人民美术出版社　1989 年　108 页
26cm（16 开）ISBN：7-5305-0188-7
定价：CNY14.00

　　本书叙述了指画的创立变革过程，前辈
画家们的论断及风格特点，并阐明指画的表现
技法、对工具和材料的运用等。作者王之海
（1943—　），河北涿鹿人。天津人民美术出版社
副编审。著有《指画技法》《写意花鸟画技法》《王
之海画信集》等。

J0009829
吹画的艺术　翟维远著
长春　吉林美术出版社　1990 年　41 页　有照片及
图　19cm（32 开）ISBN：7-5386-0176-7
定价：CNY2.80

J0009830
丹青不知老将至　蒋德舜编著
北京　人民教育出版社　1990 年　146 页　25×26cm
ISBN：7-107-10735-6　定价：CNY19.50

　　本书讲述了中国绘画的原理、特色和技法，
并对历代著名画家予以评论。老年大学中国画
教材。作者蒋德舜（1927—　），画家、美术教
育家、美术编审。生于北京，祖籍河南光山。毕
业于北京师范学校。历任人民教育出版社特约
编审、中国老教授协会教授、中国老年教育中心
教授，中国美术家协会会员。作品有《儿童们团
结起来，打败美帝国主义》《掏粪工人》《朝阳
图》等，出版有《蒋德舜画集》《与青少年谈中国
画》等。

J0009831
国画入门　（芙蓉）吴玉梅绘；石人主编
上海　上海人民美术出版社　1990 年　15 幅
38cm（6 开）ISBN：7-5322-0477-4
定价：CNY6.20
（老年书画技法丛书）

　　作者吴玉梅（1940—　），女，画家。上海松
江人。中国美术家协会会员、上海中国画院画师。

J0009832
国画入门　（鹤）广力绘；石人主编
上海　上海人民美术出版社　1990 年　12 幅
38cm（6 开）ISBN：7-5322-0476-6
定价：CNY6.20

（老年书画技法丛书）

J0009833
国画入门　（牡丹）吴玉梅绘；石人主编
上海　上海人民美术出版社　1990 年　13 幅
38cm（6 开）ISBN：7-5322-0478-2
定价：CNY6.20
（老年书画技法丛书）

J0009834
国画入门　（鸟）非矛绘；石人主编
上海　上海人民美术出版社　1990 年　13 幅
38cm（6 开）ISBN：7-5322-0475-8
定价：CNY6.20
（老年书画技法丛书）

J0009835
国画入门　（水仙）广力绘；石人主编
上海　上海人民美术出版社　1990 年　9 幅
38cm（6 开）ISBN：7-5322-0474-X
定价：CNY4.70
（老年书画技法丛书）

J0009836
国画入门　（塘）谷长绘；石人主编
上海　上海人民美术出版社　1990 年　9 幅
38cm（6 开）ISBN：7-5322-0479-0
定价：CNY4.70
（老年书画技法丛书）

J0009837
国画入门　（藤）谷长绘；石人主编
上海　上海人民美术出版社　1990 年　13 幅
38cm（6 开）ISBN：7-5322-0473-1
定价：CNY6.20
（老年书画技法丛书）

J0009838
国画入门　（鱼）邱受成绘；石人主编
上海　上海人民美术出版社　1990 年　9 幅
38cm（6 开）ISBN：7-5322-0472-3
定价：CNY4.70
（老年书画技法丛书）

J0009839
牡丹白描图集　曹明冉编绘
北京　朝花美术出版社　1990 年　89 页
19cm（小 32 开）　定价：CNY1.70
　　作者曹明冉（1949—　），花鸟画家。山东菏泽人。国家一级美术师、中国工艺美术协会会员、山东省美术家协会会员、山东画院特聘画师、山东财经大学教授。著作有《芥子园新编》《白描牡丹、菊花、水仙》《曹明冉画集》等。

J0009840
中国画基础　肖朗等著
天津　天津人民美术出版社　1990 年　114 页
26cm（16 开）　ISBN：7-5305-0172-0
定价：CNY15.00

J0009841
中国画基础　肖朗等著
天津　天津人民美术出版社　1996 年　114 页
26cm（16 开）　ISBN：7-5305-0172-0
定价：CNY18.00

J0009842
国画基础　袁志权编著
成都　四川美术出版社　1991 年　重印本　98 页
有图 19cm（32 开）　ISBN：7-5410-0029-9
定价：CNY3.80

J0009843
天香画谈　郝良彬著
北京　人民美术出版社　1991 年　41 页　26cm（16开）
ISBN：7-102-00917-8　定价：CNY2.20

J0009844
幼儿国画入门　卢嘉著
南宁　广西民族出版社　1991 年　76 页　19cm（24 开）
ISBN：7-5363-1136-2　定价：CNY3.80
（现代实用美术丛书）

J0009845
中国画黑白体系论　胡东放著
北京　人民美术出版社　1991 年　334 页
21cm（32 开）　ISBN：7-102-00818-X
定价：CNY8.50
（冰雪山水论丛书）

　　本书论证了中国画以笔墨之黑为本质的黑色体系，同时还以中国文化的传统依据和视觉科学原理以及现实方面的例证，提出并论证中国画白的体系等。

J0009846
潘天寿、吴茀之、诸乐三课徒画稿笔记
（名家画艺挹秀）朱颖人，何子堪著
杭州　浙江人民美术出版社　1992 年　185 页
有图 26cm（16 开）　ISBN：7-5340-0353-9
定价：CNY14.00
　　本书是中国画技法教材，记述了潘天寿等三位国画大师讲课的要领，并有作者的部分感触、随想。

J0009847
学国画　徐湛主编
北京　科学普及出版社　1992 年　131 页　19×26cm
ISBN：7-110-02394-X　定价：CNY12.00
（中国画技法普及教材　二）
　　本册介绍竹、梅、菊、海棠、牡丹、金鱼、虾、燕子等 11 种写意花鸟画的画法。

J0009848
宗其香中国画技法　张荣生编著
济南　山东美术出版社　1992 年　118 页　有图
20cm（32 开）　ISBN：7-5330-0480-9
定价：CNY4.95
　　本书是对宗其香中国画技法的研究专著。作者张荣生（1932—　），教授。别名荣升。辽宁营口人。毕业于哈尔滨外国语学院。任中央美术学院俄语老师、编译，共同课教研室主任、教授。编著有《非洲岩石艺术》《柯罗——艺术家·人》《非洲雕刻》《俄汉对照美术专业常用词汇编》等。

J0009849
国画　阮观东著
石家庄　河北美术出版社　1993 年　96 页　13×19cm
ISBN：7-5310-0570-0　定价：CNY5.60
（儿童美术大全）
　　本书介绍了中国画的特点和中国画的分类、笔墨运用、构图、色彩及山水、花鸟、人物的画法等。作者阮观东（1952—　），编辑。河南新县人。毕业于天津美术学院国画系。历任中国国

画家协会理事、河北美术出版社美术编审、国家
一级美术师、中国美术家协会会员、中国徐悲鸿
画院专职画家。代表作品《苍岩秋色》《我和我
家》《晨之曲》等。出版《阮观东写意山水画集》。

J0009850
绘画入门 （中国画）肖兴国，李延风绘
长春　时代文艺出版社　1993年　98页　18×26cm
定价：CNY0.46

J0009851
青少年学画导引　李东旭著
石家庄　河北教育出版社　1993年　228页　有图
20cm（32开）ISBN：7-5434-1780-4
定价：CNY7.15

J0009852
少儿国画入门　梁俊荣编著
石家庄　河北美术出版社　1993年　29页　有彩照
26cm（16开）ISBN：7-5310-0543-3
定价：CNY5.90
　　作者梁俊荣（1956—　　），从事少儿美育工
作，中国发明协会会员、石铁分局文协会员。

J0009853
中国画教学示范图集　刘华云，甄鸿柱编著
上海　同济大学出版社　1993年　172页
26cm（16开）ISBN：7-5608-1244-9
定价：CNY38.00
　　作者刘华云，复旦大学艺术教育中心副教
授。作者甄鸿柱，上海沪东画院画师。

J0009854
中国画颜色的运用与制作　王定理著
台北　艺术家出版社　1993年　147页　21cm（32开）
ISBN：957-9500-59-2　定价：TWD200.00

J0009855
国画　郑庆衡编著
天津　新蕾出版社　1994年　39页　26cm（16开）
ISBN：7-5307-1523-2　定价：CNY9.80
（小画家丛书）
　　作者郑庆衡（1939—1996），教授。河北玉田
县人。历任中国美术家协会会员，南开大学教授、
东方文化艺术系主任，天津市美术家协会理事。

出版有《郑庆衡画集》。

J0009856
学国画　徐湛，崔松石主编
北京　科学普及出版社　1994年　115页　19×26cm
ISBN：7-110-03253-1　定价：CNY14.00
（中国画技法普及教材 3）
　　作者崔松石（1944—2010），国画家。河北唐
县人。毕业于北京艺术设计学院，进修于北京画
院。历任北京工美集团总公司画室专职画家、北
京山水画研究会会员、中国美术家协会会员、国
家一级美术师。出版有《崔松石画集》《崔松石山
水画集》《崔松石近作选》《学国画·山水部分》等。

J0009857
学国画　周梅编著
杭州　浙江人民美术出版社　1994年　80页
26cm（16开）ISBN：7-5340-0447-0
定价：CNY16.00
（少儿美术丛书）

J0009858
中国画特殊技法　董平实，何云编著
天津　天津人民美术出版社　1994年　182页
26cm（16开）ISBN：7-5305-0341-3
定价：CNY24.10
（中国画技法丛书）

J0009859
学国画　蒋正鸿主编
北京　科学普及出版社　1995年　115页　18×26cm
ISBN：7-110-03310-4　定价：CNY20.00
（中国画技法普及教材 4）

J0009860
学国画　徐湛主编
北京　科学普及出版社　1995年　重印本　131页
19×26cm　ISBN：7-110-02394-X　定价：CNY20.00
（中国画技法普及教材 5）
　　本书介绍竹、梅、菊、海棠、牡丹、金鱼、
虾、燕子等11种写意花画的画法。

J0009861
白描技法　李建平著
北京　北京燕山出版社　1996年　128页

26cm（16 开）ISBN：7-5402-0688-8
定价：CNY16.00

　　作者李建平（1955—　　），河北丰润人。历任社会科学规划办公室规划管理处副处长、北京史研究会副秘书长。作品有《海味组画》《硬体世界》《生命组画之二》《喀什记行系列组画》等。

J0009862

百尺楼丛画　（清）汪鏤绘
北京　中国书店　1996 年　影印本　475 页
20cm（32 开）ISBN：7-80568-693-9
定价：CNY18.00
（中国历代书画丛书）

J0009863

儿童水墨画指导　史方方著
广州　岭南美术出版社　1996 年　59 页　26cm（16 开）
ISBN：7-5362-1360-3　定价：CNY30.00
（儿童美术亲子丛书）

　　作者史方方，女，儿童活动中心任教。

J0009864

国画　袁志权编著
成都　四川美术出版社　1996 年　98 页　有图
19cm（小 32 开）ISBN：7-5410-1110-X
定价：CNY12.40
（青少年美术技法丛书）

　　作者袁志权（1942—　　），成都八中美术高级教师，中国美术教育研究会会员、四川省美术家协会会员。

J0009865

少年国画入门　吴运鸿，赵强编著
北京　新华出版社　1996 年　56+10 页　26cm（16 开）
ISBN：7-5011-3287-9　定价：CNY9.20
（少年美术入门系列）

J0009866

水墨造形游戏　吴长鹏著
台北　心理出版社股份有限公司　1996 年　216 页
有图 23cm（25 开）
（通识教育 5）

J0009867

中国画笔墨速成　赵占东著

北京　军事科学出版社　1996 年　105 页　有彩图
20cm（32 开）ISBN：7-80021-949-6
定价：CNY9.00
（周末文化生活丛书）

　　作者赵占东（1947—　　），画家。吉林长春人。军事科学院中国军事百科全书编审室副研究员、中国美术家协会会员。作品有《不误战机》《荷》《金秋》等，出版有《赵占东画集》《中国画笔墨速成》《画鸟画技法解析》等。

J0009868

中国画基础技法　吴教木编著
北京　朝华出版社　1996 年　修订本　重印本
191 页　26cm（16 开）ISBN：7-5054-0400-8
定价：CNY22.00

　　本书分 3 部分：一、文房四宝及其他用品；二、山水画；三、花鸟画。

J0009869

中国写意画构成艺术　曾宓著
杭州　浙江人民美术出版社　1996 年　130 页
26cm（16 开）ISBN：7-5340-0671-6
定价：CNY29.00
（名家画艺挹秀）

　　作者曾宓（1935—　　），画家。笔名三石楼主。福建福州人。毕业于中国美术学院中国画系。中国美协会员、浙江画院艺术委员会委员、浙江画院专职画家，一级美术师。出版有《中国写意画构成法则》《中国写意画的构成艺术》《曾宓画集》等。

J0009870

儿童水墨画教与学　韩绍光著
哈尔滨　黑龙江美术出版社　1997 年　94 页
17×19cm　ISBN：7-5318-0384-4
定价：CNY20.00

J0009871

国画　禹称，吕子扬编著
沈阳　辽宁美术出版社　1997 年　112 页　有插图
29cm（16 开）ISBN：7-5314-1760-X
定价：CNY50.00
（材料与技法丛书）

J0009872
国画　刘永杰编著
西安 陕西人民出版社 1997年 62页 26cm（16开）
ISBN：7-224-04443-1 定价：CNY25.00
（绘画入门提高丛书）
　　作者刘永杰（1950—　），教授、画家。陕西长安人。毕业于西安美术学院。西安美术学院教授、博士生导师，中国美术家协会会员，陕西美协副主席。代表作品《丝路风情》《凉山秋》《厚厚的土地》等。

J0009873
国画基础　（一）夏玉兰编著
北京 中国计量出版社 1997年 56页 18×26cm
ISBN：7-5026-0950-4 定价：CNY10.00

J0009874
国画基础　（二）夏玉兰编著
北京 中国计量出版社 1997年 56页 18×26cm
ISBN：7-5026-0951-2 定价：CNY10.00

J0009875
画家三昧　（清释）竹禅著
北京 中国书店 1997年 影印本 20cm（32开）
ISBN：7-80568-762-5 定价：CNY25.00
（中国历代书画丛书）

J0009876
画学简明　（清）郑绩绘著
北京 中国书店 1997年 影印本 482页
20cm（32开） ISBN：7-80568-761-7
定价：CNY22.00
（中国历代书画丛书）

J0009877
水墨画抽象表现形式　王化斌著
北京 人民美术出版社 1997年 214页
26cm（16开） ISBN：7-102-01803-7
定价：CNY68.00
　　作者王化斌（1944—　），二级美术师。字之秋。北京人。北京美术家协会会员。

J0009878
水墨画技法与纠错　帅立功编著
桂林 漓江出版社 1997年 144页 26cm（16开）

ISBN：7-5407-2048-4 定价：CNY18.00

J0009879
万象之根　（中国画基本原理与方法）毕建勋著
石家庄 河北美术出版社 1997年 10+307页
20cm（32开） ISBN：7-5310-0917-X
定价：CNY21.00
（当代中国画文论丛书）

J0009880
白描技法基础入门　杨欣迎等编绘
北京 中国画报出版社 1998年 43页 26cm（16开）
ISBN：7-80024-502-0 定价：CNY10.00

J0009881
第一届深圳国际水墨画双年展文集
南宁 广西美术出版社 1998年 407页 有照片
20cm（32开） ISBN：7-80625-590-7
定价：CNY45.00

J0009882
儿童学水墨画　王君编著
北京 中国连环画出版社 1998年 117页
17×18cm ISBN：7-5061-0863-1
定价：CNY11.80
　　作者王君（1938—　），中国书法家协会河北分会和中国硬笔书法协会会员。

J0009883
国画　杨鹈编
济南 山东美术出版社 1998年 40页 26cm（16开）
ISBN：7-5330-1125-2 定价：CNY6.00
（金画笔 少儿美术丛书）

J0009884
国画　孙振新主编
上海 上海画报出版社 1998年 重印本 62页
26cm（16开） ISBN：7-80530-179-4
定价：CNY8.50
（少年儿童美术技法丛书）
　　本书着重介绍了花鸟画，其中选择了几十种常见的花鸟，从技法上做了分解和指导，图文并茂、范作精到，见图学画，手到即成。

J0009885

国画创作散论　王树春著
北京　中国文联出版公司 1998 年 55 页
有图 26cm（16 开）ISBN：7-5059-3074-5
定价：CNY58.00

J0009886

国画技法　何云山，谢雾编著
乌鲁木齐　新疆青少年出版社 1998 年 40 页
26cm（16 开）ISBN：7-5371-3005-1
定价：CNY7.60
（美术技法丛书 6）

J0009887

国画教程　（上）甄鸿柱等编
上海　上海人民美术出版社 1998 年 56 页
26cm（16 开）ISBN：7-5322-1790-6
定价：CNY14.80
　　作者甄鸿柱，上海沪东画院画师。

J0009888

国画教程　（中）甄鸿柱，冯国勤编绘
上海　上海人民美术出版社 1998 年 42 页
26cm（16 开）ISBN：7-5322-1855-4
定价：CNY12.00

J0009889

国画教程　（下）朱敏编绘
上海　上海人民美术出版社 1998 年 43 页
26cm（16 开）ISBN：7-5322-1858-9
定价：CNY12.00

J0009890

水墨画技法基础入门　郭宏等编
北京　中国画报出版社 1998 年 43 页 26cm（16 开）
ISBN：7-80024-422-9 定价：CNY10.00

J0009891

宋人小品·临摹技法赏析　（翎毛花鸟草虫走
兽选集）汪惠君撰文
福州　福建美术出版社 1998 年 37 页 38cm（6 开）
ISBN：7-5393-0746-3 定价：CNY35.00

J0009892

学国画　（动物集）陈大章等编绘

北京　科学普及出版社 1998 年 115 页 19×26cm
ISBN：7-110-04353-3 定价：CNY20.00
（中国画技法普及教材 5）

J0009893

中国白描
福州　福建美术出版社 1998 年 3 册（76；76；
76 页）38cm（6 开）ISBN：7-5393-0736-6
定价：CNY90.00

J0009894

中国画基础　潘非编著
北京　中国社会出版社 1998 年 103+20 页
有图 26cm（16 开）ISBN：7-80088-854-1
定价：CNY19.00
（美术与设计基础丛书）

J0009895

中国画技法基础入门　芳泓等编
北京　中国画报出版社 1998 年 51 页 26cm（16 开）
ISBN：7-80024-421-0 定价：CNY16.00

J0009896

儿童水墨画训练　（3-5 岁以上）库桂香主编；
《儿童水墨画训练》编绘组编
武汉　长江文艺出版社 1999 年 79 页 26cm（16 开）
ISBN：7-5354-1825-2 定价：CNY16.00

J0009897

绘画问答一百题　汤兆基编著
上海　上海书画出版社 1999 年 167 页　有图
19cm（小 32 开）ISBN：7-80635-363-1
定价：CNY9.50
　　本书对中国画有哪些门类、什么是工笔
画、什么是写意画、中国独立的山水画何时崛
起、北宋山水画有哪三大主要流派等 100 道有关
绘画的问题，进行了详细的解答。作者汤兆基
（1942—　），工艺美术师。浙江湖州人。任职于
上海工艺美术研究所，中国书法家协会会员、中
国美术家协会上海分会会员。出版有《篆刻自学
指导》《篆刻问答 100 题》《篆刻欣赏常识》《汤
兆基书画篆刻集》等。

J0009898

诗画绘法入门　邱琼茹编译

台南　信宏出版社　1999年　157页　有图
21cm（32开）ISBN：957-538-578-0
定价：TWD180.00
（美术　95）

J0009899
水写画本　（兰的画法）杨九洲，栾禄璋著
沈阳　辽宁美术出版社　1999年　20页　36cm（15开）
ISBN：7-5314-2407-X　定价：CNY15.00

J0009900
水写画本　（竹的画法）栾禄璋，杨九洲著
沈阳　辽宁美术出版社　1999年　20页　36cm（15开）
ISBN：7-5314-2408-8　定价：CNY15.00

J0009901
学国画　（梅花表现技法）傅世芳著
北京　科学普及出版社　1999年　106页　19×26cm
ISBN：978-7-110-04586-2　定价：CNY20.00
（中国画技法普及教材　7）

　　本书介绍了梅花的基本知识、学习方法、构
图章法、创作步骤和用笔、用墨、设色的操作技
法、荷花配景的画法及特殊技法等。

J0009902
学国画　（牡丹花表现技法）申伟，于跃中著
北京　科学普及出版社　1999年　139页　19×26cm
ISBN：7-110-04585-4　定价：CNY22.00
（中国画技法普及教材　6）

　　作者结合自己的教学经验，有针对性地讲解
了牡丹花的形象结构、绘画步骤、表现方法、艺
术处理、创作思路等。

J0009903
学国画　李新民编绘
重庆　重庆出版社　1999年　96页　20cm（24开）
ISBN：7-5366-4028-5　定价：CNY25.00
（少儿美术学校丛书）

　　李新民（1941—　），北京市工艺美术大师，
高级工艺美术师。早年从事过玉雕、牙雕和金漆
镶嵌等艺术创作工作。代表作有《太白瓶》《银
兴瓶》《北京风光系列挂框》等。

各种题材国画技法

J0009904
自创造墨法　（清）岳槊柱撰
清光绪十九年［1893］铅印本　线装

　　八行十八字小字双行同白口四周双边单
鱼尾。

J0009905
中国文人画之研究　陈衡恪撰译
上海　中华书局　民国十一年［1922］线装

　　译者陈衡恪（1876—1923），近代著名书画篆
刻家。字师曾，号槐堂。江西义宁（今江西省修
水县）人。曾留学日本。任教于通州师范学校、
长沙第一师范、北京女子高等师范学校、北京美
术专门学校。代表作品有《中国绘画史》《文人
画之价值》。

J0009906
中国文人画之研究　陈衡恪撰译
上海　中华书局　民国十二年［1923］线装

J0009907
中国文人画之研究　陈衡恪撰译
中华书局　民国十七年［1928］3版　线装

J0009908
中国文人画之研究　陈衡恪撰译
上海　中华书局　民国二十三年［1934］7版
线装

J0009909
中国的人物画和山水画　傅抱石著
上海　四联出版社　1954年　57页　有图
18cm（15开）定价：旧币13,000元
（祖国文化小丛书）

　　作者傅抱石（1904—1965），画家。原名长生、
瑞麟，号抱石斋主人。生于江西南昌，祖籍江西
新余。早年留学日本。历任南京师范学院教授、
江苏国画院院长等。代表作品有《山阴道上》《钟
馗》《屈原》《江山如此多娇》，著有《中国古代绘
画之研究》《中国绘画变迁史纲》等。

J0009910
中国的人物画和山水画　傅抱石著
上海　上海文化出版社　1955年　新1版　57页
18cm（15开）

J0009911
中国的人物画和山水画　傅抱石著
上海　上海人民美术出版社　1962年　新1版
52页　有图　19cm（32开）统一书号：8081.5201
定价：CNY0.90

J0009912
山水人物技法　傅抱石编著
上海　上海人民美术出版社　1957年　影印本
91页　25cm（15开）　定价：CNY1.30

J0009913
山水·人物技法　傅抱石编著
上海　上海人民美术出版社　1960年　重印本
88页　25cm（15开）统一书号：8081.2770
定价：CNY0.92
　　本书作者有重点地从民族绘画遗产中选择
较典型而又富有启发性的作品共58幅作为图例，
用简练的语言叙述山水和人物基本技法的演变
和发展。

J0009914
树石画法　张继馨编绘
天津　天津杨柳青画社　1981年　154页
26cm（16开）统一书号：7174.017
定价：CNY2.85
　　作者张继馨（1926—　），花鸟画名家、美术
教育家。又名馨子。江苏武进人。中央文史研
究馆书画院研究员、江苏省文史研究馆馆员、中
国美术家协会会员、江苏省花鸟画研究会顾问、
苏州市职业大学艺术学院教授。作品有《草虫画
谱》《鸟类画谱》等，著有《画事一得》《笔上参
禅》《馨子砚语》《颠倒葫芦》。

J0009915
刘墉翎毛花卉写生画法　（中英对照）刘墉绘
台北　刘墉［自刊］1985年　192页　26cm（16开）
精装
　　外文书名：The Manner of Chinese Bird and
Flower Painting: Its Spirit and Technique. 作者刘

墉（1719—1804），书法家。字崇如，号石庵。山
东诸城人。乾隆进士，官至东阁大学士。工书法。
著有《丹林诗钞》《刘文清遗集》《石庵诗集》。

J0009916
工笔花卉　俞致贞，刘力上编
北京　朝花美术出版社　1986年　19×26cm
统一书号：8028.2301　定价：CNY1.15
（美术技法画库　1）
　　作者俞致贞（1915—1995），花鸟画家。字一
云。北京人。历任中国美术家协会会员、中国老
年书画会顾问、中国书画函授大学教授、北京工
笔重彩画会副会长、北京花鸟画会名誉会长等。
代表作品《沙果双鹊》《荷花》《毫萱图》等。作
者刘力上（1916—2007），画家、教授。又名力尚，
别名刘岂。江苏江都人。历任北京工笔重彩画
会顾问、川西文联美术协会国画组组长、北京中
国美术研究学院教师、中央工艺美术学院教授、
中国书画函授大学教授，北京中国画研究会名誉
会长等。代表作品《岱山旭日》《荷塘清趣》，出
版有《俞致贞、刘力上花鸟画集》等。

J0009917
怎样画蛙·鱼·葫芦　齐良迟绘著
北京　中国文联出版公司　1987年　［12］页
有照片　26cm（16开）ISBN：7-5059-0100-1
定价：CNY0.75
（自学美术丛书　九）

J0009918
山水花鸟画技法　安徽老年大学，上海杨浦
老年大学编
兰州　甘肃人民出版社　1989年　139页　有图
20cm（32开）ISBN：7-226-00475-5
定价：CNY2.70

J0009919
著名国画家专题技法
长沙　湖南美术出版社［1990年］26cm（16开）

J0009920
博古画技法　张继馨编绘
天津　天津杨柳青画社　1991年　136页　19×26cm
ISBN：7-80503-136-3　定价：CNY7.90
　　博古画是一种古老的绘画艺术，是一种摹

写古代器物形状的绘画，或用古器物图形装饰的工艺品，以青铜器见常的国画作品。作者张继馨（1926—　），花鸟画名家、美术教育家。又名馨子。江苏武进人。中央文史研究馆书画院研究员、江苏省文史研究馆馆员、中国美术家协会会员、江苏省花鸟画研究会顾问、苏州市职业大学艺术学院教授。作品有《草虫画谱》《鸟类画谱》等，著有《画事一得》《笔上参禅》《馨子砚语》《颠倒葫芦》。

J0009921

怎样画楼台亭阁　　陈德华著

南京　江苏美术出版社 1993 年 24 页 26cm（16 开）

ISBN：7-5344-0338-3 定价：CNY2.98

（美术爱好者之友）

J0009922

中国画技法　（花鸟·山水·人物）孙其峰等编著

北京　人民美术出版社 1993 年 2 版

3 册（111；151；105 页）26cm（16 开）

ISBN：7-102-01012-5 定价：CNY19.50

　　作者孙其峰（1920—　），教授，艺术家。原名奇峰，曾用名琪峰。山东招远人。历任天津美术学院教授、中国书法家协会理事、中国美术家协会理事、北京铁路局文协美术工作者、北京美协会员。代表作品《花鸟画谱》《孙其峰画辑》《孙其峰扇面选集》等。

J0009923

白描花卉翎毛技法　　罗镜泉著

广州　岭南美术出版社 1994 年 100 页

26cm（16 开） ISBN：7-5362-1177-5

定价：CNY13.00

　　作者罗镜泉（1937—　），教授。生于广东兴宁。毕业于湖北艺术学院美术系。河南大学美术系教师、中国美术家协会会员、华南师范大学美术学院教授。代表作品有《妇女队长》《金色洪湖》《夜深人未静》《老人》等。

J0009924

水墨花鸟人物技法　　段亚东，崔国安编绘

保定　河北大学出版社 1994 年 43 页 19×21cm

ISBN：7-81028-274-3 定价：CNY9.60

（美术自学丛书）

J0009925

中国画　　孔凡智，王金石编著

长沙　湖南美术出版社 1994 年 48 页 26cm（16 开）

ISBN：7-5356-0660-1 定价：CNY5.50

（儿童美术辅导丛书）

　　作者孔凡智（1954—　），教授。毕业于湖南师范学院艺术系美术专业。作品《牵纱图》《朔源》《四大艺术篇章》等。

J0009926

申石伽山水竹石技法　　申石伽等编著

上海　上海书店出版社 1995 年 226 页

26cm（16 开） ISBN：7-80622-010-0

定价：CNY38.00

　　作者申石伽（1906—2001），画家，教育家。笔名"西泠石伽"。浙江杭州人。出生书画世家，祖父为晚清著名山水画家申宜轩。长期任教于上海工艺美术学校，历任上海美协会员、上海市文史馆馆员、浙江文史研究馆名誉馆员。著有《山水画基础技法》《墨竹析览》等。

J0009927

中国画　　张浩著

南昌　21 世纪出版社 1995 年 110 页 有彩图

19cm（小 32 开） ISBN：7-5391-0839-8

定价：CNY28.00（全套）

（美术少年宫）

　　本书献给中国美术学院附属中等美术学校 65 周年校庆。作者张浩（1962—　），教授。生于天津，祖籍河北高阳。毕业于浙江美术学院国画系。中国美术学院附中教师、中国美术家协会浙江分会会员、安徽大学艺术学院客座教授。代表作有《我的故乡》《春茶》《自由的想象系列作品》等。

J0009928

《清明上河图》与清明上河学　　周宝珠著

开封　河南大学出版社 1997 年 223 页 有图

20cm（32 开） 精装 ISBN：7-81041-314-7

定价：CNY15.00

（宋代研究丛书 第二批）

J0009929

当代山水花鸟画家创意手稿　　申少君主编

南昌　江西美术出版社 1998 年 232 页

26cm（16 开）　ISBN：7-80580-435-4

定价：CNY32.00

　　作者申少君（1956—　　），研究员。湖南邵东人，生于广西南宁市。历任中国国家画院专职画家、研究员，当代中国画视觉系统研究所所长、中国国家博物馆特聘研究员、中国国际书画艺术研究会副会长、永乐宫壁画艺术博物馆终身研究员、上海中国画院特聘画师。

J0009930

儿童美术蔬果鱼虫画技法　　刘阳编绘

北京 海豚出版社 1998 年 147 页 26cm（16 开）

ISBN：7-80138-047-9 定价：CNY20.00

　　作者刘阳（1963—　　），满族。笔名三者。北京人。曾于中央美术学院、中国社会科学院研究生院学习。专著有《刘阳画集》《刘阳诗集》《中国动物画技法大全》《中国现代书印学史》《刘阳艺术论》等。

J0009931

翎毛与花卉　　华敬俊等编著；中国老龄协会［组织编写］

北京 科学普及出版社 1998 年 296 页

20cm（32 开）　ISBN：7-110-04487-4

定价：CNY25.00

（夕阳红丛书）

J0009932

人物与山水　　华敬俊，彭仕强编著；中国老龄协会［组织编写］

北京 科学普及出版社 1998 年 292 页

20cm（32 开）　ISBN：7-110-04428-9

定价：CNY27.00

（夕阳红丛书）

J0009933

儿童美术人物山水画技法　　刘阳编绘

北京 海豚出版社 1999 年 55 页 26cm（16 开）

ISBN：7-80138-082-7 定价：CNY8.00

J0009934

荷花·翠鸟·竹·小鱼　　吴永康编绘

广州 广东人民出版社 1999 年 29 页 26cm（16 开）

ISBN：7-218-02917-5 定价：CNY10.00

（名家教你学中国画 3）

J0009935

丝瓜·牵牛花·小鸡·金鱼　　贾广慧编绘

广州 广东人民出版社 1999 年 29 页 26cm（16 开）

ISBN：7-218-02918-3 定价：CNY10.00

（名家教你学中国画 4）

J0009936

写意花鸟与山水画入门　　杨树常编著

北京 金盾出版社 1999 年 136 页 26cm（16 开）

ISBN：7-5082-0878-1 定价：CNY23.00

国画技法——人物、肖像

J0009937

天形道貌　　（明）周履靖撰

明 刻本 有图 线装

　　本书由（明）周履靖撰《画评会海》二卷、《天形道貌》合订。

J0009938

天形道貌　　（一卷）（明）周履靖编

荆山书林 明万历二十五年［1597］刻本 有像 线装

（夷门广牍）

　　九行十八字白口四周单边单鱼尾。

J0009939

天形道貌　　（一卷）（明）周履靖撰

金陵 荆山书林 明万历二十五年［1597］刻本

（夷门广牍）

　　收于《夷门广牍》一百〇六种一百六十二卷中。

J0009940

天形道貌　　（一卷）（明）周履靖撰

民国 影印本 线装

（夷门广牍）

　　作者周履靖（1549—1640），明隆庆、万历间人，字逸之，初号梅墟，改号螺冠子，晚号梅颠。嘉兴（今浙江嘉兴）人。编撰有《夷门广牍》《金笥玄玄》《益龄单》《赤凤髓》等。

J0009941

天形道貌　　（明）周履靖著

上海 商务印书馆 1936 年 影印本 82+14 页

18cm（15开）

（成丛书集初编 1635）

　　本书由（元）李衎述《竹谱详录》、（明）周履靖著《天形道貌》合订。本书为国画中竹的技法专著。

J0009942

新刻传真秘要　（一卷）（明）翁昂撰

明万历三十一年［1603］刻本

（格致丛书）

J0009943

冬心画佛题记　（一卷）（清）金农撰

华韵轩　清　刻本

（巾箱小品）

　　作者金农（1687—1764），清代书画家。字寿门、司农、吉金。钱塘（今浙江杭州）人。扬州八怪之首。代表作品有《东萼吐华图》《空捍如洒图》《腊梅初绽图》《玉蝶清标图》等，著有《冬心诗集》《冬心随笔》《冬心杂著》等。

J0009944

冬心画佛题记　（一卷）（清）金农撰

清　抄本

J0009945

冬心画佛题记　（一卷）（清）金农撰

［清］稿本

（艺苑丛钞）

J0009946

冬心画佛题记　（一卷）（清）金农撰

［清］稿本

（花近楼丛书）

J0009947

冬心画佛题记　（一卷）（清）金农撰

依样壶卢山馆　清道光　抄本

（绘事晬编）

J0009948

冬心自写真题记　（一卷）（清）金农撰

华韵轩　［清］刻本

（巾箱小品）

J0009949

冬心自写真题记　（一卷）（清）金农撰

［清］稿本

（花近楼丛书）

J0009950

冬心自写真题记　（一卷）（清）金农撰

［清］稿本

（艺苑丛钞）

J0009951

冬心自写真题记　（一卷）（清）金农撰

清　抄本

J0009952

冬心自写真题记　（一卷）（清）金农撰

依样壶卢山馆　清道光　抄本

（绘事晬编）

J0009953

写像秘诀　（元）王绎撰

清初　写本　线装

（论画十七种）

　　九行二十字白口左右双边单鱼尾。

J0009954

传神秘要　（一卷）（清）蒋骥撰

清乾隆　刻本

（蒋氏游艺秘录）

J0009955

传神秘要　（一卷）（清）蒋骥撰

清乾隆　刻本　线装

（书画搜奇）

　　九行二十字白口左右双边单鱼尾。

J0009956

传神秘要　（一卷）（清）蒋骥撰

清乾隆五十九年［1794］刻本　线装

（蒋氏游艺秘录）

　　九行字数不等白口左右双边单鱼尾。

J0009957

传神秘要　（一卷）（清）蒋骥撰

张海鹏　清嘉庆　刻本

（泽古斋重钞）

J0009958

传神秘要　（一卷）（清）蒋骥撰
虞山张氏　清嘉庆十一年至十七年［1806—1812］
刻本　增修
（借月山房汇钞）

J0009959

传神秘要　（一卷）（清）蒋骥撰
依样壶卢山馆　清道光　抄本
（绘事晬编）

J0009960

传神秘要　（一卷）（清）蒋骥撰
清道光　刻本
（四铜鼓斋论画集刻）

J0009961

传神秘要　（一卷）（清）蒋骥撰
清道光　刻本
（指海）

J0009962

传神秘要　（一卷）（清）蒋骥撰
上海陈氏　清道光四年［1824］刻本　重编
（泽古斋重钞）

　　清道光四年上海陈氏重编补刻借月山房汇
钞本。

J0009963

传神秘要　（一卷）（清）蒋骥撰
金山钱氏　清道光二十六年［1846］重编本
（式古居汇钞）

　　清道光二十六年金山钱氏重编汇印借月山
房汇钞本。

J0009964

传神秘要　（一卷）（清）蒋骥撰
成都叶氏　清光绪二年［1876］刻本　线装
（诸家画说）

　　十行十八字白口左右双边单鱼尾。

J0009965

传神秘要　（一卷）（清）蒋骥撰

华亭张氏　清光绪二十六年［1900］刻本
（四铜鼓斋论画集刻）

J0009966

传神秘要　（一卷）（清）蒋骥撰
北京　会文斋　清宣统元年［1909］刻本
（四铜鼓斋论画集刻）

J0009967

传神秘要　（一卷）（清）蒋骥撰
北京　会文斋　清宣统元年［1909］刻本
（四铜鼓斋论画集刻）

J0009968

传神秘要　（一卷）（清）蒋骥撰
民国　影印本
（指海）

J0009969

传神秘要　（一卷）（清）蒋骥撰
上海　神州国光社　民国三年［1914］线装
（美术丛书续集）

　　收于《美术丛书续集》第七集中。

J0009970

传神秘要　（一卷）（清）蒋骥撰
上海　博古斋　民国九年［1920］影印本
（借月山房汇钞）

　　据清张氏刻本影印。

J0009971

写照琐言　（一卷）（清）张在辛撰
清乾隆十三年［1748］刻本
（琐言）

J0009972

写真秘诀　（一卷）（清）丁皋撰
依样壶卢山馆　清道光　抄本
（绘事晬编）

　　作者丁皋（？ －1761），清代画家。字鹤洲，
新如子。江苏丹阳人。著有《传真心领》《画人
补遗》。

J0009973

写真秘诀　（不分卷）（清）丁皋撰

清末至民国初　抄本

J0009974
海仙十八描画法图　（不分卷）（清）王嬴撰
并绘
清末　刻本　有图　线装
　　八行二十字白口左右双边单鱼尾。

J0009975
初学人物十八则　（不分卷）（清）丁善长绘
清光绪　刻本　线装

J0009976
簪花仕女图研究　杨仁恺著
北京　朝花美术出版社　1962年　39页　有图
20cm（32开）统一书号：8028.1855
定价：CNY0.40
　　作者杨仁恺（1915—2008），博物馆学家、书
画鉴赏大师、书画大家、美术史家。号遗民，笔
名易木，斋名沐雨楼。四川岳池人。曾任中国博
物馆协会名誉理事、文史研究馆名誉馆长、人民
大学国学院教授、中央美术学院研究生导师、美
术家协会名誉主席等职。代表作品有《国宝沉浮
录》《中国书画鉴定学稿》《沐雨楼书画论稿》等。

J0009977
工笔重彩人物画法　潘絜兹编著
天津　天津美术出版社　1963年　45+41页　有图
21cm（32开）统一书号：8073.1685
定价：CNY1.20
（美术技法丛书）
　　作者潘絜兹（1915—2002），著名工笔人物画
家。原名昌邦。浙江宣平人。毕业于北京京华
美术学院。历任中国历史博物馆美术组组长，《美
术》月刊编辑、《中国画》主编、北京画院专业画
师及艺术委员会副主任、北京工笔画会会长、中
国美术家协会北京分会副主席等职。代表作品
《石窟艺术的创造者》《岳飞抗金图》《白居易场
面炭翁诗意》等。

J0009978
传真心领　（清）丁皋著
北京　人民美术出版社　1964年　176页　有图
21cm（32开）
（中国美术论著丛刊）

　　本书上卷主要论述了面部的画法。先述总
体画法，并附有三停五部图、面部总图，然后从
起稿讲起，具体针对五官等各个部位进行剖析，
详尽描述画法及染法。下卷主要述及人物旁背
俯仰时面部的变化及画法、人像和放大缩小方
法、各种景象中人物的不同画法。此外还有纸画
法、绢画法、笔墨论等。作者丁皋（？—1761），
清代画家。字鹤洲，新如子。江苏丹阳人。著有
《传真心领》《画人补遗》。

J0009979
怎样画水墨人物画　方增先编著
上海　上海人民美术出版社　1965年　70页
有图　19cm（32开）统一书号：T8081.5442
定价：CNY0.42
　　本书包括：形体结构与线、画面的艺术处理、
传神、敷色、大胆落笔等。作者方增先（1931—　），
国画家。浙江兰溪人。毕业于浙江杭州国立艺术
专科学校。历任上海美术馆馆长、中国美术家协
会常务理事。出版画集《方增先人物画》《方增
先水墨画诗意画》《方增先古装人物画集》等，专
著有《怎样画水墨人物画》《结构素描》《人物画
的造型问题》等。

J0009980
怎样画水墨人物画　方增先编著
上海　上海人民出版社　1973年　修订本　68页
19cm（32开）统一书号：8171.588
定价：CNY0.23
（工农兵美术技法丛书）

J0009981
论中国人物画　方向著
台北　黎明文化事业公司　1977年　166页　有图
19cm（32开）定价：TWD50.00

J0009982
中国画人物技法资料　（1）杨之光等作
上海　上海书画社　1977年　24幅　26cm（16开）
统一书号：8172.241　定价：CNY0.80
　　作者杨之光（1930—　），画家。又名焘甫。
广东揭西人。毕业于北京中央美术学院绘画系。
广州美术学院教授、副院长，广州画院国画系教
授、副院长，美协广东分会理事、岭南美术专修
学院院长等职。代表作品有《毛泽东主办广东农

民运动讲习所》《浴日图》《矿山新兵》, 著作有《中国画人物画法》《杨之光画集》《杨之光书法集》等。

J0009983

传统仕女参考资料　北京工艺美术工厂编
北京 北京工艺美术工厂 1978 年 124 页
26cm（16 开）

J0009984

工笔重彩人物画法　北京画院编；潘絜兹执笔
天津 天津人民美术出版社 1978 年 35 页
图版 35 页 20cm（32 开）
统一书号：8073.50057 定价：CNY0.80

　　作者潘絜兹（1915—2002）, 著名工笔人物画家。原名昌邦。浙江宣平人。毕业于北京京华美术学院。历任中国历史博物馆美术组组长,《美术》月刊编辑,《中国画》主编, 北京画院专业画师及艺术委员会副主任, 北京工笔画会会长, 中国美术家协会北京分会副主席等职。代表作品《石窟艺术的创造者》《岳飞抗金图》《白居易场面炭翁诗意》等。

J0009985

人物画技法　（中国画画法常识）王崇人著
天津 天津人民美术出版社 1979 年 83 页
26cm（16 开） 定价：CNY1.65

　　作者王崇人（1931—2009）, 画家。出生于甘肃平凉市。历任西安美术学院教授、中国书协理事、陕西省书协常务副主席、中国美协会员及陕西美协理事等。代表作有《人物画技法》《古都西安》《古代长安名画家及作品》。

J0009986

中国古典人物画画法　王鹰编著
香港 香港中流出版社 1979 年 79 页 22cm（30 开）
（进修艺术丛书）

J0009987

中国画人物画法　杨之光执笔
天津 天津人民美术出版社 1979 年 127 页
有附图 20cm（32 开） 统一书号：8073.50069
定价：CNY0.95

J0009988

中国画人物技法资料　（2）方增先, 刘文西作
上海 上海书画出版社 1979 年 16 幅 26cm（16 开）
统一书号：8172.378 定价：CNY0.60

　　作者方增先（1931—　　）, 国画家。浙江兰溪人。毕业于浙江杭州国立艺术专科学校。历任上海美术馆馆长、中国美术家协会常务理事。出版画集《方增先人物画》《方增先水墨画诗意画》《方增先古装人物画集》等, 专著有《怎样画水墨人物画》《结构素描》《人物画的造型问题》等。作者刘文西（1933—2019）, 生于浙江嵊州。曾任中国美术协会顾问、陕西省文艺界联合会顾问、陕西省美协副主席, 西安美术学院名誉院长、西安美院研究院院长、延安市副市长。重要作品有《毛主席和牧羊人》《东方》《解放区的天》和巨幅系列长卷《黄土人》等近百幅。

J0009989

人物画线描技法　李直著
南京 江苏人民出版社 1981 年 70 页 有图
19cm（32 开） 统一书号：8100.3.391
定价：CNY0.26
（绘画技法丛书）

J0009990

中国古典人物的画法和欣赏　黄裕民编著
台北 常春树书坊 1981 年 289 页 有图
19cm（32 开） 定价：TWD100.00
（中国人的书 C92）

J0009991

中国画人物技法　（画家创作经验谈）周昌谷等编著
北京 人民美术出版社 1981 年 151 页
25cm（16 开） 统一书号：8027.7498
定价：CNY1.40

　　本书共选编顾炳鑫、周昌谷、蒋兆和、方增先、刘文西、范曾、叶浅予等画家的文章 19 篇。作者从不同的角度, 结合个人的体会和经验, 就中国画人物线描、水墨技法、基本功的练习以及人物画的创作等问题做了论述。书中附插图 98 幅。作者周昌谷（1929—1985）, 画家。号老谷。浙江乐清人。毕业于国立北平艺术专科学校, 留校任教。作品有《荔枝熟了》《春》等, 著有《意

笔人物画技法探索》《妙语与创造》《周昌谷画选》等。

J0009992

美人图谱　左华成编著

台北　常春树书坊　1982年　207页　有图

19cm（32开）　定价：TWD70.00

（中国人的书　C96）

　　本书为中国仕女画绘画技法。

J0009993

中国画工笔人物画法　吉梅文著

郑州　中州书画社　1983年　74页　25cm（小16开）

统一书号：8219.167　定价：CNY1.40

　　本书论述工笔人物画造型用线、写形传神、渲染着色、构图透视等传统技法，并配合各种图解、图例，对具体作业的画法步骤进行辅导。

J0009994

工笔人物画技法　高民生，王西京著

太原　山西人民出版社　1984年　79页　19cm（32开）

统一书号：8088.1649　定价：CNY0.38

（群众文艺辅导丛书）

　　作者王西京（1946—　），一级美术师。陕西西安人。历任中国美术家协会理事、中国美协中国画艺委会委员、中国画学会副会长、陕西美术家协会名誉主席等。主要作品有《王西京作品集》《中国历史人物画传》等。

J0009995

人物画法 1.2.3　沈以正编

台北　雄狮图书公司　1984年　157页　有图

26cm（16开）　定价：TWD300.00

J0009996

怎样画刀马人物　任率英著

北京　人民美术出版社　1984年　99页　有图

19cm（32开）　统一书号：8027.8741

定价：CNY0.94

　　本书叙述刀马人物画的史料、技法（包括线描的方法和色彩处理等等），并系统介绍了有关形象资料。作者任率英（1911—1989），画家。原名敬表。河北束鹿人。擅长工笔画、连环画、年画。历任中国美术家协会会员、中国连环画研究会顾问、北京东方书画研究社社长、北京工笔重

彩画协会副会长、北京中国画研究会理事、北京工业大学书画协会顾问。代表作品《嫦娥奔月》《洛神图》等。

J0009997

传统工笔人物仕女画技法　王凤年著

济南　山东美术出版社　1985年　40页　有图

19cm（32开）　统一书号：8332.418

定价：CNY1.10

　　作者王凤年（1915—　），画家。字小珊，原字筱山、晓珊。山东济南人，祖籍浙江省绍兴。就读于北平美术学院中国画系和北平京华美术学院。历任中国美术家协会会员、美术家协会山东分会名誉理事等。主要作品有《三打白骨精》《群仙祝寿》《抄检大观园》等。

J0009998

达摩百态画法鉴赏　洪立曜编著

台北　常春树书坊　1985年　161页　有照片

19cm（32开）　定价：TWD100.00

（学佛必读　B34）

J0009999

工笔人物　陕西人民美术出版社编

西安　陕西人民美术出版社　1985年　8幅

26cm（16开）　统一书号：10199.11

定价：CNY1.10

J0010000

水墨画法　（人物、器物）（日）藤原楞山著；赖玉光主编

台中　大藏文化书业公司　1985年　134页　有图

20cm（32开）　定价：TWD140.00

（美术丛书　18）

J0010001

中国人物画的画法　大芷文化事业公司编辑

台中　大芷文化事业公司　1985年　124页　有图

20cm（32开）　定价：TWD140.00

（美术丛书　4）

J0010002

钟馗百态　（画法与鉴赏）（日）佐藤紫云著；洪立曜编辑

台北　常春树书坊　1985年　121页　有图

19cm（32 开）定价：TWD100.00
（中国人的书 C148）

J0010003
工笔人物画基础技法　李子侯著
杭州　浙江美术学院出版社 1986 年 27 页
有图 19cm（32 开）统一书号：8440.002
定价：CNY2.60
（美术自学丛书）
　　作者李子侯（1938—　　），浙江美术学院副
教授、浙江美术家协会理事、中国美术家协会
会员。

J0010004
工笔人物画基础技法　李子侯著
杭州　浙江美术学院出版社 1988 年 2 版 40 页
有图 26cm（16 开）ISBN：7-81019-005-9
定价：CNY4.40
（美术基础技法教材丛书）

J0010005
观音百态　（画法、鉴赏）洪立曜编著
台北　常春树书坊 1986 年 225 页 有图
19cm（32 开）定价：TWD100.00

J0010006
写意人物画技法　吴山明著
济南　山东美术出版社 1986 年 44 页 19cm（32 开）
统一书号：8332.827 定价：CNY1.50
　　作者吴山明（1941—　　），画家。生于浙江浦
江县。毕业于中国美术学院中国画系人物专业。
历任中国美术学院学术委员会委员，中国画系教
授、博士生导师，造型艺术学部主任。代表作品
有《意笔人物画选》等，著作有《吴山明意笔人物
线描集》《吴山明画集》等。

J0010007
意笔人物画基础技法　吴山明著
杭州　浙江美术学院出版社 1986 年 40 页
有图 26cm（16 开）统一书号：8440.009
定价：CNY2.60
（美术自学丛书）

J0010008
意笔人物画基础技法　吴山明著

杭州　浙江美术学院出版社 1988 年 2 版 25 页
有图 26cm（16 开）ISBN：7-81019-008-3
定价：CNY4.50
（美术基础技法教材丛书）

J0010009
意笔人物基础技法　吴山明著
杭州　浙江美术学院出版社 1986 年 20 页
有附图 26cm（16 开）定价：CNY2.60
（美术自学丛书）

J0010010
中国人物画十八描　上海书画出版社编
上海　上海书画出版社 1986 年 37 页 24cm（26 开）
统一书号：8172.1435 定价：CNY0.60
（中国画传统线描资料）

J0010011
人体动态 6000 例　江苏美术出版社选编
南京　江苏美术出版社 1987 年 293 页
26cm（16 开）定价：CNY6.80

J0010012
仕女画的研究与技法　黄均著
北京　北京工艺美术出版社 1987 年 135 页
有彩图 19cm（32 开）定价：CNY2.00
　　本书分 5 部分，分别介绍仕女画的起源、历
代仕女画画家及代表作品、历代仕女画风格的演
变、仕女人物的常用服饰及动态、仕女画技法等
内容。作者黄均（1914—2011），教授。字懋忱。
北京人，祖籍台湾淡水。历任中央美术学院国画
系教授、中国美术家协会会员、中国美术家协会
会员、北京工笔重彩画会副会长、东方书画社顾
问、诗书画社顾问。

J0010013
写意人物画琐谈　马西光著
西宁　青海人民出版社 1987 年 128 页 有照片
19cm（32 开）ISBN：7-225-00039-X
定价：CNY0.90

J0010014
中国古代人物服式与画法　黄辉著
上海　上海人民美术出版社 1987 年 329 页
有图 26cm（16 开）定价：CNY5.80

对历代各阶层人物服装式样及其演变的过程，参阅古文物、古籍图志和有代表性古代人物画，用线描法重新绘制成插图，并有文字解说，资料性较强。书中列工笔画法一章，传授传统工笔人物画造型和用线的技法。另附有古代仕女画法，以及环境和景物的配置等。

J0010015
中国古代人物服式与画法　黄辉著
上海　上海人民美术出版社　1997年　重印本
329页　有图　26cm（16开）
ISBN：7-5322-0346-8　定价：CNY22.50
对历代各阶层人物服装式样及其演变过程，参阅古文物、古籍图志和有代表性古代人物画，用线描法重新绘制成插图，并有文字解说，资料性较强。书中列工笔画法一章，传授传统工笔人物画造型和用线的技法，另附有古代仕女画法，以及环境和景物的配置等。

J0010016
步骤画法　杜滋龄绘
天津　天津人民美术出版社　1988年　26×37cm
ISBN：7-5305-0111-9　定价：CNY4.00
（绘画技法图例丛书　写意人物）
作者杜滋龄（1941—　　），教授。生于天津。毕业于中国美术学院中国画系研究生班。历任中国画学会副会长、中国艺术研究院博士生导师、南开大学教授、天津美术家协会副主席。代表作品《帕米尔初雪》《古老的歌》《大漠行》等。

J0010017
工笔人物画技法　蒋采苹编著
天津　天津人民美术出版社　1988年　68页
有彩图　26cm（16开）　ISBN：7-5305-0136-4
定价：CNY8.70
作者蒋采苹（1934—　　），女，画家。河南开封人。毕业于中央美术学院，留校任教。历任中央美术学院中国画系副教授、工笔画室主任，中国美术家协会会员、中国当代工笔画学会副会长、北京工笔重彩画会副会长。主要作品有《孔雀之歌》《摘火把果的姑娘》《憩》《雪》等，主编有画集《现代重彩画》。

J0010018
水墨人物画技法　张品操著

桂林　漓江出版社　1988年　122页　20cm（32开）
ISBN：7-5407-0186-2　定价：CNY3.10
（美术技法丛书）
作者张品操（1936—　　），画家、美术教育家。生于浙江省安吉县，祖籍安徽桐城。毕业于浙江美术学院中国画系人物，并留校任教。现为中国美术学院教授、中国美术家协会会员。代表作连环画《小兵张嘎》，著有《水墨人物画技法》《国画人物画法》《聚焦浙派·张品操作品集》《张品操速写》等书。

J0010019
工笔人物画技法　郑小娟编著
长沙　湖南美术出版社　1989年　64页　有图
26cm（16开）　ISBN：7-5356-0230-4
定价：CNY5.90
本书首先析览了中国工笔人物画的发展历史，然后阐述各个历史时期工笔人物画创作的风貌和技法特点，对当代工笔重彩的发展，作了认真思考。同时对各种材料在创作中的运用也作了一定的阐述。作者郑小娟（1940—　　），女，画家。湖南长沙人。毕业于湖南师范大学美术系。历任湖南美术出版社编审、中国美术家协会理事、中国工笔画学会理事、湖南省美术家协会副主席、湖南省文联委员。著有《工笔人物画技法》《中国当代美术家画库·郑小娟》《郑小娟作品集》。

J0010020
工笔重彩人物　张文瑞著
成都　四川美术出版社　1989年　60页　有肖像
26cm（16开）　ISBN：7-5410-0276-3
定价：CNY4.70

J0010021
工笔仕女画法步骤　杨德树［著］
天津　天津人民美术出版社　1990年　38cm（6开）
ISBN：7-5305-0235-2　定价：CNY7.50
（绘画技法图例丛书）

J0010022
工笔重彩人物画技法　石景昭编著
西安　陕西人民美术出版社［1990年］26cm（16开）
ISBN：7-5368-0206-4　定价：CNY6.90
本书内容分中国传统工笔重彩人物画概述、

中国传统工笔重彩人物画的技法特点、现代工笔重彩人物画基础技法学习等5章，收图版165幅。

J0010023

工笔重彩人物画技法　石景昭编著
西安　陕西人民美术出版社　1994年　72页
有图　26cm（16开）　ISBN：7-5368-0686-8
定价：CNY10.50
（美术技法丛书）

　　作者石景昭（1938—2010），画家，教授。河南偃师人。毕业于西安美院油画系。中国美术家协会会员、西安美术学院国画系人物教研室主任。代表作品有《丝路风情》《敦煌古市》《秋熟》《春花图》，出版有《工笔重彩人物画技法》《中国传统美术造型图论》等。

J0010024

人物画谱　吉梅文，刘济编著
上海　上海人民美术出版社　1990年　115页
26cm（16开）　ISBN：7-5322-0529-0
定价：CNY10.50

　　本书共252幅图。概述部分介绍中国人物画的发展沿革和人物画的学习方法；第一章讲述头像画法、五官画法、头像的写生步骤、半身像和全身像的画法，以及手、足和衣纹的画法；第二章讲述人物画的临摹、速写、默写画法。书后附有工笔画传统着色方法和历代人物画选。

J0010025

中国画人物技法月讲　梁洪涛编著
上海　上海科技教育出版社　1990年　115页
26cm（16开）　ISBN：7-5428-0357-3
定价：CNY8.35

J0010026

自说自画　（戴敦邦人物画技法谈）戴敦邦著
上海　上海书画出版社　1990年　178页
19cm（24开）　ISBN：7-80512-260-1
定价：CNY6.60

　　作者戴敦邦（1938—　　），国画家，教授。号民间艺人。江苏丹徒人。毕业于上海第一师范学校。历任《中国少年报》《儿童时代》美术编辑、上海交通大学人文学院教授等。主要作品《水浒人物一百零八图》《戴敦邦水浒人物谱》《戴敦邦新绘红楼梦》《戴敦邦古典文学名著画集》等、

连环画代表作品有《一支驳壳枪》《水上交通站》《大泽烈火》《蔡文姬》等。

J0010027

工笔人物画　黄均，陈谋著
海口　海南摄影美术出版社　1991年　69页
26cm（16开）　ISBN：7-80571-114-3
定价：CNY9.00
（中央美术学院中国画系国画教材6）

　　作者黄均（1914—2011），教授。字懋忱。北京人，祖籍台湾淡水。历任中央美术学院国画系教授、中国美术家协会会员、中国美术家协会会员、北京工笔重彩画会副会长、东方书画社顾问、诗书画社顾问。作者陈谋（1937—　　），教授。北京市人。毕业于中央美术学院中国画系。中央美术学院副教授，中国美术家协会会员。代表作品有《六月会上》《第一个春天》《晨牧》。

J0010028

工笔人物画　　黄均，陈谋著
北京　学苑出版社　1993年　69页　26cm（16开）
ISBN：7-5077-0638-9　定价：CNY14.50
（中央美术学院中国画系国画教材6）

J0010029

古装写意人物画法　杨文仁编绘
济南　山东美术出版社　1991年　12页　26cm（16开）
ISBN：7-5330-0355-1　定价：CNY3.60
（美术技法丛书）

　　作者杨文仁（1941—　　），画家。生于山东青岛。山东师范学院艺术系中国画专业毕业。泰安师范美术教师、山东省艺术馆美术干部、山东师范大学美术系教师、山东省美术馆一级美术师、山东省美术家协会副主席。出版有《杨文仁花鸟画集》《杨文仁国画精品集》《荷花画法》等。

J0010030

水墨人物画探　刘国辉著
杭州　浙江美术学院出版社　1991年　112页
有照片　26cm（16开）　ISBN：7-81019-146-2
定价：CNY18.00

　　本书阐述了中国水墨人物画的传统和历史经验，分析了多个历史时期代表画家的创作，从中西绘画比较的角度提出创新的关节点，并就笔墨技法、工具性能等方面介绍了著者的运用

心得。附有黑白插图112幅，彩色图版25幅。本书由浙江美术学院出版社和心源美术出版社联合出版。外文书名：An Exploration into Figure Painting in Chinese Ink and Wash. 作者刘国辉（1940— ），教师、画家。江苏苏州人。毕业于浙江美术学院中国画系研究生班。历任浙江美术学院副教授、中国美术学院教授、学术委员会委员、中国人物画高级研修班工作室导师。出版有《刘国辉画集》。

J0010031

写意人物画　　姚有多著

海口　海南摄影美术出版社　1991年　70页

26cm（16开）　ISBN：7-80571-117-8

定价：CNY9.00

（中央美术学院中国画系国画教材 9）

　　本书较为系统地介绍了传统技法、写生技法和创作方法。作者姚有多（1937—2001），画家、教授。浙江慈溪人。毕业于中央美术学院中国画系。历任中央美术学院教授、中国画系主任，中国美术学协会中国画艺术委员会常务副主任。代表作品有《幸福颂歌》《新队长》《陈胜吴广起义》《抗洪图》《牧归图》等。

J0010032

写意人物画　　姚有多著

北京　学苑出版社　1994年　重印本　70页

26cm（16开）　ISBN：7-5077-0638-9

定价：CNY15.80

J0010033

传真心领　　（清）丁皋著

北京　人民美术出版社　1992年　176页　有图

21cm（32开）　ISBN：7-102-00759-0

定价：CNY2.80

（中国美术论著丛刊）

　　本书上卷主要论述了面部的画法，先述总体画法，并附有三停五部图、面部总图，然后从起稿讲起，具体针对五官等各个部位进行剖析，详尽描述画法及染法；下卷主要述及人物旁背俯仰时面部的变化及画法、人像和放大缩小方法、各种景象中人物的不同画法。此外还有纸画法、绢画法、笔墨论等。作者丁皋（？ -1761），清代画家。字鹤洲，新如子。江苏丹阳人。著有《传真心领》《画人补遗》。

J0010034

工笔人物画技法　　俞梦彦编著

福州　福建美术出版社　1992年　91页　有彩图

26cm（16开）　ISBN：7-5393-0195-3

定价：CNY9.80

　　本书介绍了工笔人物画的发展概况；工具材料及其性能；工笔白描人物画的技法、写生等。作者俞梦彦（1943— ），教授。浙江杭州人。毕业于福建师大美术学院。历任福建师大美术系副教授、中国美术家协会会员、福建省教育画院院常委会副主任等。出版有《工笔人物画技法》《俞梦彦画集》《俞梦彦速写选》《俞梦彦专辑》。

J0010035

人物画谱　　任梦龙，任梦熊编著

北京　中国和平出版社　1992年　96页　有彩图

26cm（16开）　ISBN：7-80037-675-3

定价：CNY9.80

（画谱丛书）

　　本书从人物线描技法、历代人物画图例赏析、白描作品、写生步骤、设色方法、人物题诗等方面讲述了人物画技法。作者任梦龙（1942—1989），教师。河北束鹿人。北京工艺美术学校高级讲师、中国工艺美术协会会员等。代表作有《蔡文姬》《杨宗保与穆桂英》《窃符救赵》等。作者任梦熊（1945—1989），美术编辑。河北束鹿人。历任中国和平出版社美编室副主任、美术编辑、中国出版工作者协会装帧艺术研究会会员等。

J0010036

水墨人物画　　吴宪生绘著

台北　艺术图书公司　1992年　208页

30cm（10开）　精装

　　外文书名：Ink Figure Painting. 作者吴宪生（1954— ），画家。安徽宁国人。就读于中国美术学院，后留校任教。历任中国美术学院成教学院院长，中国画系硕士导师、教授，中国美术家协会会员、浙江省美术家协会理事、浙江画院特聘画家。代表作品《思》《水墨人物画》，著作有《人体线条素描》《吴宪生水墨人体画选》《素描教学新论》。

J0010037

吴声人物画技法　　吴声著

台北 世界文物出版社 1992 年 197 页 有图
31cm（10 开）ISBN：957-9058-49-0
定价：TWD700.00

作者吴声（1943— ），国家一级美术师。又
名自强。生于浙江杭州。毕业于中国美术学院。
中国美术家协会会员。出版专著有《吴声人物画
技法》《吴声画集》《诗画缘》《吴声古诗词画意》
《唐人诗意百图》等。

J0010038

现代画家谈绘画与技法 （中国画人物）吴
山明等作
石家庄 河北美术出版社 1992 年 36 页
有彩图 26cm（16 开）ISBN：7-5310-0448-8
定价：CNY9.90

本书收录了吴山明、何家英、李伯安、刘进
安、梁占岩、王迎春等人对我国水墨人物画的发
展现状及绘画技法诸方面进行的论述，并选收了
他们的部分作品。作者吴山明（1941— ），画家。
生于浙江浦江县。毕业于中国美术学院中国画
系人物专业。历任中国美术学院学术委员会委
员，中国画系教授、博士生导师，造型艺术学部
主任。代表作品有《意笔人物画选》等，著作有《吴
山明意笔人物线描集》《吴山明画集》等。

J0010039

现代少女写意画法 戴明德著
上海 上海书店 1992 年 58 页 26cm（16 开）
ISBN：7-80569-488-5 定价：CNY24.00
（优秀中国画技法丛书）

作者戴明德（1943—2017），国画家，教授。
生于上海，祖籍浙江宁海。毕业于上海美术专科
学校。上海大学美术学院教授、中国美术家协会
会员。作品有《憧憬》《上冬学》《五老图》等。

J0010040

现代写意人物画法 杨文仁编绘
济南 山东美术出版社 1992 年 13 页 有图
26cm（16 开）ISBN：7-5330-0470-1
定价：CNY3.95
（美术技法丛书）

本书以步骤图来说明完成一幅人物写意画
的大致顺序，论述了笔墨的运用，对比节奏的形
成等问题。

J0010041

线描人物画指南 朱宇南编著
福州 福建美术出版社 1992 年 34cm（10 开）
ISBN：7-5393-0201-1 定价：CNY4.00

作者朱宇南（1942— ），画家。福建莆田人。
福建师范大学国画教研室副教授。出版有《速写
与构图指南》《线描人物画指南》。

J0010042

怎样画工笔·意笔人物 冯一鸣，戴明德著
香港 明天出版社 1992 年 82 页 有图
21cm（32 开）ISBN：962-255-125-4
定价：HKD40.00
（中国画技法入门丛书 19）

本书由明天出版社和上海书画出版社联合
出版。作者戴明德（1943—2017），国画家，教授。
生于上海，祖籍浙江宁海。毕业于上海美术专科
学校。上海大学美术学院教授、中国美术家协会
会员。作品有《憧憬》《上冬学》《五老图》等。

J0010043

怎样画工笔·意笔人物 冯一鸣，戴明德著
上海 上海书画出版社 1996 年 82 页 21cm（32 开）
ISBN：7-80635-016-0 定价：CNY13.50
（中国画技法入门丛书 14）

J0010044

怎样画人物 吴绍人著
石家庄 河北美术出版社 1992 年 32 页
26cm（16 开）ISBN：7-5310-0485-2
定价：CNY3.50
（中国画自学丛书）

本书讲述了线条、笔与墨、笔法、几种墨法、
组织线条、艺术处手法、敷色、工具与材料、人
物写生练习等问题。

J0010045

中国仕女画技法 黄辉编著
南昌 江西美术出版社 1992 年 135 页
25cm（15 开）ISBN：7-80580-073-1
定价：CNY19.80

内容包括中国仕女画技法概论、传统仕女画
造型、历代仕女服式、传统仕女画技法、配景衬
物特点。

J0010046

大为人物小品　　刘大为著

北京　解放军文艺出版社　1993年　134页

17×18cm ISBN：7-5033-0378-6

定价：CNY9.80

　　　作者刘大为(1945—　　)，教师。山东诸城人。解放军艺术学院美术系主任、中国美术家协会中国画艺术委员会委员等。出版有《刘大为画集》。

J0010047

国画人物　　张友宪编著

南京　江苏美术出版社　1993年　52页　有彩图

26cm(16开)　ISBN：7-5344-0326-X

定价：CNY4.80

(中级美术自学丛书　美术家之路)

　　　本书包括首先应重视的问题、专业技巧、教学实例3部分。

J0010048

写意人物画技法　　孙敬会著

济南　山东美术出版社　1993年　180页　有照片

26cm(16开)　ISBN：7-5330-0627-5

定价：CNY16.50

　　　介绍了写意人物画的发展演变、基础和条件、学习方法、构图与形式美及创作方法等。作者孙敬会(1939—　　)，教授。字克齐，号生前生。山东艺术研究院中国绘画研究室主任。出版专著和画集有《写意人物画技法》《中国肖像画研究》《孙敬会人物画选》《孙敬会水浒人物全图》等。

J0010049

中国画人物小品技法　　刘大为著

北京　解放军文艺出版社　1993年　134页

17×19cm ISBN：7-5033-0378-6

定价：CNY9.80

(军旅知识文库)

　　　作者刘大为(1945—　　)，教师。山东诸城人。解放军艺术学院美术系主任、中国美术家协会中国画艺术委员会委员等。出版有《刘大为画集》。

J0010050

白描人物　　李儒光编

长沙　湖南美术出版社　1994年　37cm(8开)

ISBN：7-5356-0700-4　定价：CNY4.90

J0010051

工笔古代人物画范图　　杨德树编绘

天津　天津杨柳青画社　1994年　4张　77cm(2开)

ISBN：7-80503-226-2　定价：CNY5.90

(美术自学范图丛书)

J0010052

工笔人物画　　顾生岳著

天津　天津人民美术出版社　1994年　98页

26cm(16开)　ISBN：7-5305-0355-3

定价：CNY14.30

　　　作者顾生岳(1927—2012)，画家。浙江普陀人。毕业于中央美术学院华东分院。历任浙江美术学院中国画系主任、教授，浙江画院副院长、杭州市美协主席、浙江人物画研究会会长等职。著作有《顾生岳人物速写选》。

J0010053

工笔人物画　　黄均，陈谋著

北京　学苑出版社　1994年　重印　69页

26cm(16开)　ISBN：7-5077-0638-9

定价：CNY15.80

　　　作者黄均(1914—2011)，教授。字懋忱。北京人，祖籍台湾淡水。历任中央美术学院国画系教授、中国美术家协会会员、中国美术家协会会员、北京工笔重彩画会副会长、东方书画社顾问、诗书画社顾问。作者陈谋(1937—　　)，教授。北京市人。毕业于中央美术学院中国画系。中央美术学院副教授、中国美术家协会会员。代表作品有《六月会上》《第一个春天》《晨牧》。

J0010054

人物十八描示范图　　黄羲编绘

北京　华艺出版社　1994年　有图　38cm(14开)

活页　ISBN：7-80039-068-3　定价：CNY8.00

　　　作者黄羲(1899—1979)，画家、美术教育家。原名文清，又名文倩，号大蜚山人。福建仙游人。曾就读于上海美专。执教于上海美专、集美高艺与浙江美术学院。代表作品有《东坡笠屐展》《麻姑》《九州禹迹圆》《警露》《八马》《黄山圆》等。

J0010055

写意古典人物画技法　　张青渠绘

长沙　湖南美术出版社　1994年　53页　26cm(16开)

ISBN：7-5356-0639-3 定价：CNY9.50

　　本书介绍了写意古典人物画的基本要求、技法、整体处理、创新及画法步骤图例等。

J0010056

写意现代人物画花范图　杨沛章编绘
天津　天津杨柳青画社 1994 年　4 张　77cm（2 开）
ISBN：7-80503-223-8 定价：CNY5.60
（美术自学范图丛书）

J0010057

中国人物画技法　王德年编著
重庆　西南师范大学出版社 1994 年　97+24 页
有图 26cm（16 开）ISBN：7-5621-1041-7
定价：CNY18.00

　　本书介绍了有关写意人物画与工笔人物画的基本理论与技法，并附有作品选登。

J0010058

中国人物画技法　王德年编著
重庆　西南师范大学出版社 1996 年　2 版
89+32 页 26cm（16 开）ISBN：7-5621-1041-7
定价：CNY25.00

　　作者王德年（1940—　），教授。四川江油人。毕业于西南师范学院图画专业。西南师范大学美术学院教授。出版有《工笔人物画技法》《写意人物画技法》《王德年人物画选》《王德年花鸟画选》。

J0010059

人物画法　丁战著
苏州　古吴轩出版社 1995 年　76 页 26cm（16 开）
ISBN：7-80574-191-3 定价：CNY16.80
（中国书画自学丛书）

　　作者丁战（1941—2000），艺术家、国画家。原名丁楠森。江苏无锡人。毕业于南京师范学院美术系，留校任教。曾任江苏省国画院副院长。出版有《中国写意山水画技法》《水墨人物画法》《长江三峡中国名山画法研究》等。

J0010060

人物画小品技法　吴宪生著
济南　山东美术出版社 1995 年　28 页 26cm（16 开）
ISBN：7-5330-0863-4 定价：CNY7.80

　　作者吴宪生（1954—　），画家。安徽宁国人。

就读于中国美术学院，后留校任教。历任中国美术学院成教学院院长，中国画系硕士导师、教授，中国美术家协会会员、浙江省美术家协会理事、浙江画院特聘画家。代表作品《思》《水墨人物画》，著作有《人体线条素描》《吴宪生水墨人体画选》《素描教学新论》。

J0010061

仕女白描画谱　柒万里著
南宁　广西美术出版社 1995 年　90 页 26cm（16 开）
ISBN：7-80582-948-9
定价：CNY9.80，CNY18.80（精装）
（白描画谱丛书）

　　作者柒万里（1954—　），苗族，教授，画家。生于广西南宁。毕业于广西艺术学院美术系。历任广西艺术学院设计学院院长、教授、硕士研究生导师，兼任新岭南书画研究院院长、广西美术家协会副主席、广西民族书画院副院长。编著有《最新人体线描引导》《仕女白描画谱》《山水白描画谱》《黑白画》等。

J0010062

水墨仕女画技法　谢志高著
杭州　中国美术学院出版社 1995 年　72 页
有图版 26cm（16 开）ISBN：7-81019-407-0
定价：CNY18.00

　　作者谢志高（1942—　），画家、国家一级美术师。生于上海。研究生毕业于中央美术学院，后留校任教。曾任中国画研究院创作研究部主任。代表作品《水墨仕女画技法》《战海河》《欢欢喜喜过个年》《春蚕》等。

J0010063

写意侍女画法　王义胜编绘
济南　山东美术出版社 1995 年　22 页 26cm（16 开）
ISBN：7-5330-0865-0 定价：CNY6.20
（中国画人物技法）

J0010064

意笔白描人物画技法　戴明德著
上海　上海书店出版社 1995 年　138 页
26cm（16 开）ISBN：7-80622-015-1
定价：CNY25.00

　　作者戴明德（1943—2017），国画家，教授。生于上海，祖籍浙江宁海。毕业于上海美术专科学校。上海大学美术学院教授、中国美术家协会会员。作品有《憧憬》《上冬学》《五老图》等。

J0010065

怎样画水墨人物　谢志高著
北京 西苑出版社 1995年 44页 26cm（16开）
ISBN：7-80108-051-3 定价：CNY10.00
（中国画基础技法丛书）

J0010066

工笔人物画法　杨文仁编绘
济南 山东美术出版社 1996年 12页 26cm（16开）
ISBN：7-5330-0845-6 定价：CNY8.00
（美术技法丛书）
　　作者杨文仁（1941—　　），画家。生于山东青岛。山东师范学院艺术系中国画专业毕业。泰安师范美术教师、山东省艺术馆美术干部、山东师范大学美术系教师、山东省美术馆一级美术师、山东省美术家协会副主席。出版有《杨文仁花鸟画集》《杨文仁国画精品集》《荷花画法》等。

J0010067

工笔人物画探　顾生岳著
杭州 中国美术学院出版社 1996年 130页
有图 26cm（16开） ISBN：7-81019-522-0
定价：CNY38.00
　　外文书名：An Exploration into Figure Painting with Meticulous Brushwork. 作者顾生岳（1927—2012），画家。浙江普陀人。毕业于中央美术学院华东分院。历任浙江美术学院中国画系主任、教授，浙江画院副院长、杭州市美协主席、浙江人物画研究会会长等职。著作有《顾生岳人物速写选》。

J0010068

工笔人物画探　顾生岳著
杭州 中国美术学院出版社 1996年 130页
26cm（16开） 精装 ISBN：7-81019-511-5
定价：CNY58.00
　　外文书名：An Exploration into Figure Painting with Meticulous Brushwork.

J0010069

国画人物画法　王征著绘
杭州 浙江人民美术出版社 1996年 62页

26cm（16开） ISBN：7-5340-0675-9
定价：CNY19.50
　　作者王征（1938—　　），画家。浙江温岭人。毕业于浙江美术学院中国画系。历任浙江博物馆美术员，北京人民美术出版社编辑、济南军区美术员、杭州浙江工艺美校高级讲师、校长，中国美术家协会会员。作品有《红楼梦》《三国演义》《金瓶梅》，出版有《国画人物画法》等。

J0010070

画历史人物　颜梅华著
苏州 古吴轩出版社 1996年 30页 26cm（16开）
ISBN：7-80574-246-4 定价：CNY10.80
（中国画技法示范）
　　作者颜梅华（1927—　　），国画家。号雪庵，斋号琴斋。浙江乐清人。代表作品有《比目鱼》《白秋练》《白蛇传》《风云初记》等。

J0010071

人物画稿三千法　王鹤编绘
北京 中国书店 1996年 影印本 20cm（32开）
ISBN：7-80568-688-2 定价：CNY18.00
（中国历代书画丛书）

J0010072

水墨人体艺术　吴宪生著
合肥 安徽美术出版社 1996年 66页 26cm（16开）
ISBN：7-5398-0542-0 定价：CNY25.00
（美术技法丛书）
　　作者吴宪生（1954—　　），画家。安徽宁国人。就读于中国美术学院，后留校任教。历任中国美术学院成教学院院长，中国画系硕士导师、教授，中国美术家协会会员、浙江省美术家协会理事、浙江画院特聘画家。代表作品《思》《水墨人物画》，著作有《人体线条素描》《吴宪生水墨人体画选》《素描教学新论》。

J0010073

王小梅百美画谱　王小梅绘
北京 大众文艺出版社 1996年 100页
19cm（小32开） ISBN：7-80094-185-X
定价：CNY12.80

J0010074

怎样画仕女　杨淑涛编著

石家庄　河北美术出版社　1996 年　30 页
26cm（16 开）ISBN：7-5310-0739-8
定价：CNY8.00
（中国画自学丛书）

J0010075
占有空间　（韦辛夷水墨人物画创作心迹）韦辛夷著
济南　山东美术出版社　1996 年　49 页　29cm（16 开）
ISBN：7-5330-1002-7　定价：CNY69.50
　　外文书名：Creation Road of Wei Xinyi Ink and Wash Figure Painting.

J0010076
白描人物入门　田冰灵绘画并撰文
北京　北京燕山出版社　1997 年　67 页　26cm（16 开）
ISBN：7-5402-0908-9　定价：CNY10.00
（白描入门丛书 1）

J0010077
工笔人体画技法　李爱国著
南昌　江西美术出版社　1997 年　79 页　29cm（16 开）
ISBN：7-80580-384-6　定价：CNY39.00
　　作者李爱国（1958—　），教师。辽宁沈阳人。中央美术学院中国画系研究生毕业。历任首都师范大学美术学院副教授、北京大学艺术学院教师，中国美术家协会理事、中国画马艺术研究会副会长、中国工笔会学会常务理事，中国画艺委会副主任、秘书长。代表作品有《天路》《套马手》《雪龙》《晨雾》《煤精尺》等。

J0010078
工笔人物入门　周晋著
南宁　广西美术出版社　1997 年　48 页　26cm（16 开）
ISBN：7-80625-287-8　定价：CNY12.00
（美术基础入门画库　第二辑）

J0010079
中国线描人物画技法　贾德江编著
北京　中国工人出版社　1997 年　128 页　有插图
26cm（16 开）ISBN：7-5008-1867-X
定价：CNY28.00
（职工自学美术技法丛书 1）

J0010080
戴敦邦画仕女　戴敦邦绘
上海　上海画报出版社　1998 年　15 页　26cm（16 开）
ISBN：7-80530-312-6　定价：CNY20.00
（名家画谱）
　　作者戴敦邦（1938—　），国画家，教授。号民间艺人。江苏丹徒人。毕业于上海第一师范学校。历任《中国少年报》《儿童时代》美术编辑、上海交通大学人文学院教授等。主要作品《水浒人物一百零八图》《戴敦邦水浒人物谱》《戴敦邦新绘红楼梦》《戴敦邦古典文学名著画集》等，连环画代表作品有《一支驳壳枪》《水上交通站》《大泽烈火》《蔡文姬》等。

J0010081
当代水墨人物画家创意手稿　申少君主编
南昌　江西美术出版社　1998 年　232 页
26cm（16 开）ISBN：7-80580-436-2
定价：CNY32.00
　　作者申少君（1956—　），研究员。湖南邵东人。生于广西南宁市。历任中国国家画院专职画家、研究员，当代中国画视觉系统研究所所长、中国国家博物馆特聘研究员、中国国际书画艺术研究会副会长、永乐宫壁画艺术博物馆终身研究员、上海中国画院特聘画师。

J0010082
冯运榆画人物　冯运榆绘
上海　上海人民美术出版社　1998 年　30 页
26cm（16 开）ISBN：7-5322-1905-4
定价：CNY11.50
（名家教画丛书）

J0010083
工笔人物画教程　马岭编著
郑州　河南美术出版社　1998 年　47 页　有图
26cm（16 开）ISBN：7-5401-0724-3
定价：CNY20.00

J0010084
工笔人物技法　刘泉义编著
天津　天津人民美术出版社　1998 年　54 页
26cm（16 开）ISBN：7-5305-0915-2
定价：CNY12.00
（美术基础技法丛书）

J0010085
工笔重彩人物画临摹范本　姬国强编著
西安　陕西人民美术出版社　1998年　有图
42cm（8开）ISBN：7-5368-1093-8　定
价：CNY28.80

J0010086
工笔重彩人物画临摹范本　（韩熙载夜宴图）
姬国强编著
西安　陕西人民美术出版社　1999年　8张
42cm（8开）散页套装　定价：CNY25.80

J0010087
古代仕女画法　徐有武著绘
杭州　浙江人民美术出版社　1998年　62页
26cm（16开）ISBN：7-5340-0827-1
定价：CNY19.50
　　作者徐有武（1942—　），画家。浙江永康人。
中国美术家协会会员。代表作品有《送鱼》《徐
有武画集》《中国佛教图像解说》《古代仕女画
法》等。

J0010088
国画人物　（第9辑　基础绘画写生摹本）冯
远编
杭州　浙江人民美术出版社　1998年　32页
26cm（16开）ISBN：7-5340-0847-6
定价：CNY18.00

J0010089
画仕女　刘国辉著
苏州　古吴轩出版社　1998年　重印本　30页
26cm（16开）ISBN：7-80574-231-6
定价：CNY10.80
（中国画技法示范）
　　作者刘国辉（1940—　），教师、画家。江苏
苏州人。毕业于浙江美术学院中国画系研究生
班。历任浙江美术学院副教授、中国美术学院教
授、学术委员会委员、中国人物画高级研修班工
作室导师。出版有《刘国辉画集》。

J0010090
人物画技法　吴宪生著
南昌　21世纪出版社　1998年　100页
29cm（12开）ISBN：7-5391-1281-6

定价：CNY26.00
（中国水墨画初级教材　5）
　　本书由21世纪出版社和江西美术出版社联
合出版。作者吴宪生（1954—　），画家。安徽
宁国人。就读于中国美术学院，后留校任教。历
任中国美术学院成教学院院长，中国画系硕士导
师、教授，中国美术家协会会员、浙江省美术家
协会理事、浙江画院特聘画家。代表作品《思》
《水墨人物画》，著作有《人体线条素描》《吴宪生
水墨人体画选》《素描教学新论》。

J0010091
十八描研究　曾正明著
长沙　湖南美术出版社　1998年　220页
20cm（32开）ISBN：7-5356-1045-5
定价：CNY25.00

J0010092
写意人物　韦辛夷著
济南　山东美术出版社　1998年　41页　26cm（16开）
ISBN：7-5330-1260-7　定价：CNY11.50
（金手指美术自学丛书）

J0010093
写意人物入门　肖舜之著
南宁　广西美术出版社　1998年　48页　26cm（16开）
ISBN：7-80625-492-7　定价：CNY12.00
（美术基础入门画库　第二辑）

J0010094
中国画人体绘事概说　崔谷平著绘
乌鲁木齐　新疆青少年出版社　1998年　22页
26cm（16开）ISBN：7-5371-2848-0
定价：CNY20.00

J0010095
中国人物画技巧与创作　张丽华著
济南　山东美术出版社　1998年　56页　有图
26cm（16开）ISBN：7-5330-1054-X
定价：CNY30.00
　　作者张丽华，山东艺术学院美术系任教。

J0010096
白描人物技法　刘建平，姚仲新编著
天津　天津人民美术出版社　1999年　223页

26cm（16 开）　ISBN：7-5305-1044-4
定价：CNY26.00
（美术基础技法丛书）

J0010097
当代工笔人物画谭概　何丽著
济南　山东美术出版社 1999 年 42 页 29cm（16 开）
ISBN：7-5330-1308-5 定价：CNY38.00
　　本书对当代工笔人物画进行探索，包括当
代工笔画画风、意境美的开掘、肖像意旨——自
然美的发现，人体韵髓——动态美的感悟等。作
者何丽，女，山东昌潍师专美术系主任、副教授，
中国美术家协会会员。著有《当代工笔人物画谭
概》等。

J0010098
佛教人物百图　郭汝愚编绘
成都　四川美术出版社 1999 年 106 页
26cm（16 开）　ISBN：7-5410-1669-1
定价：CNY15.00
（中国当代线描资料丛书）
　　本书收录了《宝生佛》《白度母》《药王菩
萨》《十八罗汉》《济公》《释迦世尊十大弟子》
《弥勒日巴大师求道图》等百幅佛教人物图。作
者郭汝愚（1941—　），画家。字智光，号芝瑜。
生于四川郫县。历任四川省诗书画院画师、创作
研究室主任，四川国际文化交流中心中国画委员
会副会长、成都花鸟画会副会长。著有《郭芝瑜
扇面画集》《佛教人物百图》等。

J0010099
高马得教你画戏曲人物　高马得编
南京　南京大学出版社 1999 年 29cm（16 开）
ISBN：7-305-03437-1 定价：CNY7.50
（名家美术课堂 艺术入门教程）
　　本书简要讲解了戏曲人物绘画的基本知识。
分戏曲人物速写、戏曲人物画法、范画三部分讲
授生角、旦角、净角、丑角的绘画技法。作者高
马得（1917—2007），国画家。江苏南京人。毕业
于天津河北省立水产专科学校。江苏省国画院
一级美术师、中国美术家协会会员、江苏分会理
事。代表作品《画戏话戏》《画碟余墨》《马得水
墨小品》等。

J0010100
工笔人物
长沙　湖南美术出版社 1999 年 44 页 38cm（6 开）
ISBN：7-5356-1215-6 定价：CNY28.00
（教学示范作品 中国画）

J0010101
工笔人物画　唐勇力绘
杭州　中国美术学院出版社 1999 年 42cm（8 开）
ISBN：7-81019-760-6 定价：CNY18.00
（中国人物画临本丛书）
　　作者唐勇力（1951—　），画家。出生于河北
唐山。毕业于河北师范大学美术系。历任浙江
美术学院讲师，中央美术学院中国画学院院长、
博士生导师，中国工笔画学会副会长、中国美术
家协会会员。画集有《当代肖像素描艺术》《名
家人体艺术》《当代名家艺术观——唐勇力素描
篇》等。

J0010102
古典人物白描画谱　萧玉田绘
北京　中国工人出版社 1999 年 147 页
26cm（16 开）　ISBN：7-5008-2219-7
定价：CNY19.00
（中国画自学技法丛书）

J0010103
国画人物技法　范扬，王跃年著
南京　江苏美术出版社 1999 年 116 页
28cm（大 16 开）　ISBN：7-5344-0973-X
定价：CNY32.00
（美术技法大全）
　　作者范扬（1955—　），画家。生于香港，祖
籍江苏南通。毕业于南京师范大学美术系。历
任南京师范大学美术学院院长、教授、博士生导
师，中国国家画院国画院副院长、兼任南京书画
院院长、中国艺术研究院中国画院研究员。邮票
作品有《太湖》《周恩来同志诞生 100 周年》《普
陀秀色》。

J0010104
贺成教你画仕女　贺成编
南京　南京大学出版社 1999 年 29cm（16 开）
ISBN：7-305-03437-1 定价：CNY7.50
（名家美术课堂 艺术入门教程）

本书简要讲解了人物绘画的基本知识和仕女画的绘画技法。内容包括《戏鹦图》的画法、《山鬼图》的画法、《晓妆图》的画法以及范画。作者贺成(1945—)，国家一级美术师。字峥然，号古杨。出生于山东枣庄。毕业于南京艺术学院。中国美术家协会会员、中华诗词学会会员、江苏省艺术研究院研究员、江苏省国画院人物画创研所原所长等。代表作品《共和之光》《欲与江山共娇》《马背上的歌》《辛亥风云》等。

J0010105

金画笔少儿美术丛书 （人物）岳海波编绘
济南 山东美术出版社 1999年 40页 26cm(16开) ISBN：7-5330-1364-6 定价：CNY8.50

作者岳海波(1955—)，教授。生于山东济南。毕业于山东艺术学院美术系。山东艺术学院美术系副教授、中国美术家协会会员。代表作《当代连环画精品集·岳海波》《送子上学》《盘古开天地》。

J0010106

历代名家画人物 （陈洪绶·任伯年）（明）陈洪绶，（清）任伯年绘；徐君陶编著
杭州 西泠印社 1999年 50页 37cm(8开)
ISBN：7-80517-334-6 定价：CNY40.00
（中国画技法比较丛书）

作者陈洪绶(1598—1652)，明末清初著名书画家，诗人。字章侯，幼名莲子，一名胥岸，号老莲，别号小净名，晚号老迟、悔迟，又号悔僧、云门僧。出生于浙江绍兴。代表作品有《九歌图》(含《屈子行吟图》)《〈西厢记〉插图》《水浒叶子》《博古叶子》等版刻传世，工诗善书，有《宝纶堂集》。作者任伯年(1840—1896)，清末画家。初名润，字次远，号小楼，后改名颐，字伯年，以字行。浙江山阴航坞山（今杭州市萧山区）人。主要作品有《东津话别图》《三友图》《苏武牧羊图》《蕉荫纳凉图》《池畔窥鱼图》等。

J0010107

没骨人物技法入门奥秘 杜庆元著
沈阳 辽宁美术出版社 1999年 52页 26cm(16开)
ISBN：7-5314-2381-2 定价：CNY20.00
（21世纪技法系列丛书 百业精技入门奥秘系列丛书）

J0010108

女人体写生工笔画技法 魏惠筠著
合肥 安徽美术出版社 1999年 117页
29cm(16开) ISBN：7-5398-0740-7
定价：CNY40.00
（人体写生教学丛书）

J0010109

人物画 吴山明著
上海 上海书画出版社 1999年 164页 有图
17×19cm 精装 ISBN：7-80635-527-8
定价：CNY28.00
（美术技法丛书）

本书内容包括：中国人物画发展沿革及技法流派；画具及性能；专业素描；工笔白描及意笔线描；工笔与意笔人物着色等。作者吴山明(1941—)，画家。生于浙江浦江县。毕业于中国美术学院中国画系人物专业。历任中国美术学院学术委员会委员，中国画系教授、博士生导师，造型艺术学部主任。代表作品有《意笔人物画选》等，著作有《吴山明意笔人物线描集》《吴山明画集》等。

J0010110

唐勇力：工笔的写意性 唐勇力绘
南宁 广西美术出版社 1999年 32页 29cm(16开)
ISBN：7-80625-680-6 定价：CNY14.00
（当代中国画新语言系列）

作者唐勇力(1951—)，画家。出生于河北唐山。毕业于河北师范大学美术系。浙江美术学院讲师，中央美术学院中国画学院院长、博士生导师，中国工笔画学会副会长、中国美术家协会会员。画集有《当代肖像素描艺术》《名家人体艺术》《当代名家艺术观——唐勇力素描篇》等。

J0010111

线描人物写生 韩玮著
济南 山东美术出版社 1999年 86页 29cm(16开)
ISBN：7-5330-1304-2 定价：CNY10.00

J0010112

写意人物技法 李征著
沈阳 辽宁美术出版社 1999年 76页 29cm(16开)
ISBN：7-5314-2314-6 定价：CNY25.00

（21 世纪技法系列丛书）

J0010113
怎样画人物　赵德利著
济南　山东美术出版社　1999 年　22 页　19×26cm
ISBN：7-5330-1315-8　定价：CNY5.00
（"手把手"儿童自学国画丛书）
　　本书介绍了中国画人物画的基本知识，包括：用小白云笔、大白云笔和大号笔画人物的步骤图，范画作品 14 幅等内容。

J0010114
怎样画童子　李学明著
济南　山东美术出版社　1999 年　30 页　26cm（16 开）
ISBN：7-5330-1338-7　定价：CNY8.00
（中国画自学丛书）
　　本书是教怎样画中国画的童子图。书中以连续的步骤图和简要的文字说明为主，配有部分范画。

J0010115
怎样画小写意仕女　王树立著
石家庄　河北美术出版社　1999 年　29 页
26cm（16 开）　ISBN：7-5310-0977-3
定价：CNY6.90
（中国画自学丛书）

J0010116
张培础画人物　张培础绘
上海　上海画报出版社　1999 年　41 页　26cm（16 开）
ISBN：7-80530-447-5　定价：CNY20.00
（名家画谱）

J0010117
中国人物画　宋丰光著
济南　黄河出版社　1999 年　155 页　有图
26cm（16 开）　ISBN：7-80152-093-9
定价：CNY26.00
（美术教育丛书）
　　作者宋丰光（1956— ），教授。山东桓台人。毕业于山东师范大学美术系。中国美术家协会会员，山东师范大学美术系副教授、硕士生导师。代表作《萧夜泛清瑟》《暮霭图》等。

国画技法——风景、山水

J0010118
笔法记（一卷）（五代）荆浩撰
明　刻本
（王氏画苑）
　　十一行二十字白口左右双边。收于《王氏画苑》十五种三十七卷中。

J0010119
笔法记（一卷）（五代）荆浩撰
清初　写本　线装
（论画十七种）
　　九行二十字白口左右双边单鱼尾。

J0010120
笔法记（一卷）（五代）荆浩撰
内府　清乾隆　写本
（四库全书）
　　本书由《画山水赋一卷》《笔法记一卷》（五代）荆浩撰合订。

J0010121
笔法记（一卷）（五代）荆浩撰
依样壶卢山馆　清道光　抄本
（绘事晬编）

J0010122
笔法记（一卷）（五代）荆浩撰
泰东图书局　民国十一年［1922］影印本　线装
（王氏书画苑）
　　据明刻本影印。

J0010123
笔法记（一卷）（五代）荆浩撰；王伯敏标点注译；邓以蛰校阅
北京　人民美术出版社　1963 年　44 页　有图
20cm（32 开）　统一书号：8027.4022
定价：CNY0.32
（中国画论丛书）
　　标点注译者王伯敏（1924—2013），美术史论家、画家、诗人。浙江台州人。曾担任中国美术学院教授、美术学博士生导师。著有《中国绘画通史》《中国版画史》《中国美术通史》等。校阅者邓以蛰(1892—1973)，美学家、美术史家。字叔存。安徽怀宁人。毕业于日本早稻田大学。邓石如的五世孙，邓稼先之父。曾在清华大学、北京大学、燕京大学、厦门大学任教授。主要作品有《画理探微》《六法通铨》《书法欣赏》等。

J0010124
纯全集 （四卷）（宋）韩拙撰
沈辨之野竹家 明 抄本
　　作者韩拙，宋画家。字纯全，号琴堂，晚署全翁。北宋南阳(今河南南阳)人。宣和(1119—1125)初授画院祇候。善画山水窠石。其作品早已失传，著作《山水纯全集》记录了他的艺术见解。

J0010125
纯全集 （四卷）（宋）韩拙撰
沈辨之野竹家 明 抄本
　　十行十七字白口左右双边。

J0010126
画山水歌 （一卷）（宋）李澄叟撰
依样壶卢山馆 清道光 抄本
（绘事晬编）

J0010127
画山水诀 （一卷）（宋）李澄叟撰
明 刻本
（王氏书画苑）

J0010128
画山水诀 （一卷）（宋）李澄叟撰
清初 抄本
（画苑补益）

J0010129
画山水诀 （一卷）（宋）李澄叟撰
依样壶卢山馆 清道光 抄本
（绘事晬编）

J0010130
画山水诀 （一卷）（宋）李澄叟撰
上海 神州国光社 民国六年［1917］线装
（美术丛书后集）
　　收于《美术丛书后集》第九集中。

J0010131
画山水诀 （一卷）（宋）李澄叟撰
泰东图书局 民国十一年［1922］影印本 线装
（王氏书画苑）
　　据明刻本影印。

J0010132
画学秘诀 （唐）王维撰
明 刻本 线装
（正续太平广记）
　　收于《正续太平广记》之《唐人百家小说》中。作者王维(701—761)，唐代诗人、画家。字摩诘，号摩诘居士。河东蒲州(今山西运城)人，祖籍山西祁县。代表诗作有《相思》《山居秋暝》等，著作有《王右丞集》《画学秘诀》。

J0010133
画学秘诀 （一卷）（唐）王维撰
明 刻本
（王氏书画苑）

J0010134
画学秘诀 （一卷）（唐）王维撰
李际期宛委山堂 清初 刻本 重修 线装
（说郛）
　　明末刻清初李际期宛委山堂重修汇印本。收于《说郛》卷第九十一中。

J0010135
画学秘诀 （一卷）（唐）王维撰
李际期宛委山堂 清初 刻本 续刻
（说郛）
　　明末刻清初李际期宛委山堂续刻汇印本。

J0010136
画学秘诀 （唐）王维撰
清初 写本 线装
（论画十七种）
　　九行二十字白口左右双边单鱼尾。

J0010137
画学秘诀 （唐）王维撰
清 刻本 线装
（唐代丛书）
　　九行二十一字白口四周双边单鱼尾。收于

《唐代丛书》卷九中。

J0010138
画学秘诀 （一卷）（唐）王维撰
清顺治 刻本 线装
（说郛）
　　收于《说郛》卷第九十二中。

J0010139
画学秘诀 （一卷）（唐）王维撰
清 刻本 重修 线装
（说郛）
　　九行二十字白口左右双边单鱼尾。收于《说郛》卷第九十一中。

J0010140
画学秘诀 （一卷）（唐）王维撰
清 汇印本
（五朝小说）

J0010141
画学秘诀 （一卷）（唐）王维撰
清 稿本
（艺苑丛钞）

J0010142
画学秘诀 （一卷）（唐）王维撰
清 抄本
（清怀丛书）

J0010143
画学秘诀 （一卷）（唐）王维撰
挹秀轩 清乾隆五十八年［1793］刻本 巾箱本
（唐人说荟）
　　作者王维（701—761），唐代诗人、画家。字摩诘，号摩诘居士。河东蒲州（今山西运城）人，祖籍山西祁县。代表诗作有《相思》《山居秋暝》等，著作有《王右丞集》《画学秘诀》。

J0010144
画学秘诀 （唐）王维撰
清乾隆五十八年［1793］刻本 线装
（唐人说荟）
　　九行二十一字白口左右双边单鱼尾。收于《唐人说荟》三集中。

J0010145
画学秘诀 （一卷）（唐）王维撰
清乾隆五十八年［1793］刻本 线装
（唐人说荟）
　　九行二十一字白口左右双边单鱼尾。

J0010146
画学秘诀 （唐）王维撰
清嘉庆 刻本 线装
（唐代丛书）
　　九行二十一字白口左右双边单鱼尾。收于《唐代丛书》三集中。

J0010147
画学秘诀 （一卷）（唐）王维撰
依样壶卢山馆 清道光 抄本
（绘事晬编）

J0010148
画学秘诀 （一卷）（唐）王维撰
清道光二十三年［1843］刻本
（唐人说荟）

J0010149
画学秘诀 （一卷）（唐）王维撰
清同治三年［1864］刻本 线装
（唐人说荟）
　　九行二十一字白口左右双边单鱼尾。收于《唐人说荟》卷九中。

J0010150
画学秘诀 （唐）王维撰
右文堂 清同治八年［1869］刻本 线装
（唐人说荟）
　　九行二十一字白口左右双边单鱼尾。收于《唐人说荟》三集中。

J0010151
画学秘诀 （唐）王维撰
陈其钰 清光绪 刻本 线装
（唐人说荟）
　　收于《唐人说荟》三集中。

J0010152
画学秘诀 （一卷）（唐）王维撰

上海［天宝书局］清宣统三年［1911］石印本
线装
（唐代丛书）

　　二十行四十二字黑口四周单边单鱼尾。收
于《唐代丛书》第六集第五十六帙中。

J0010153

画学秘诀　（一卷）（唐）王维撰
扫叶山房　清宣统三年［1911］石印本　线装
（唐人说荟）

　　十五行三十二字白口四周双边单鱼尾。收
于《唐人说荟》第八集中。

J0010154

画学秘诀　（一卷）（唐）王维撰
上海　天宝书局　清宣统三年［1911］石印本
（唐人说荟）

　　作者王维（701—761），唐代诗人、画家。字
摩诘，号摩诘居士。河东蒲州（今山西运城）人，
祖籍山西祁县。代表诗作有《相思》《山居秋暝》
等。著作有《王右丞集》《画学秘诀》。

J0010155

画学秘诀　（一卷）（唐）王维撰
扫叶山房　民国二年［1913］石印本　线装
（唐人说荟）

　　收于《唐人说荟》第八集中。

J0010156

画学秘诀　（一卷）（唐）王维撰
上海　神州国光社　民国六年［1917］线装
（美术丛书后集）

　　收于《美术丛书后集》第九集中。

J0010157

画学秘诀　（一卷）（唐）王维撰
泰东图书局　民国十一年［1922］影印本　线装
（王氏书画苑）

　　据明刻本影印。

J0010158

画学秘诀　（唐）王维撰
上海　扫叶山房　民国十九年［1930］石印本
线装
（唐人说荟）

黄纸本。收于《唐人说荟》第八集中。

J0010159

李成山水诀　（一卷）（宋）李成撰
明　刻本
（王氏书画苑）

　　作者李成（919—967），五代宋初画家。字
咸熙。原籍长安（今陕西西安）。代表作品有《寒
林平野图》《读碑窠石图》《晴峦萧寺图》等。

J0010160

李成山水诀　（一卷）（宋）李成撰
清初　抄本
（画苑补益）

J0010161

李成山水诀　（一卷）（宋）李成撰
清初　抄本
（画苑补益）

J0010162

李成山水诀　（一卷）（宋）李成撰
依样壶卢山馆　清道光　抄本
（绘事晬编）

J0010163

李成山水诀　（一卷）（宋）李成撰
依样壶卢山馆　清道光　抄本
（绘事晬编）

J0010164

李成山水诀　（一卷）［宋］李成撰
上海　神州国光社　民国六年［1917］线装
（美术丛书后集）

　　收于《美术丛书后集》第九集中。

J0010165

李成山水诀　（一卷）（宋）李成撰
泰东图书局　民国十一年［1922］影印本　线装
（王氏书画苑）

　　据明刻本影印。

J0010166

山水纯全集　（宋）韩拙撰
明钮氏世学楼　明　抄本

（说郛）

作者韩拙，宋画家。字纯全，号琴堂，晚署全翁。北宋南阳（今河南南阳）人。宣和（1119—1125）初授画院祗侯。善画山水窠石。其作品早已失传，著作《山水纯全集》记录了他的艺术见解。

J0010167
山水纯全集　（宋）韩拙撰
明　抄本
（说郛）

J0010168
山水纯全集　（一卷）（宋）韩拙撰
明　刻本
（王氏书画苑）

作者韩拙，宋画家。字纯全，号琴堂，晚署全翁。北宋南阳（今河南南阳）人。宣和（1119—1125）初授画院祗侯。善画山水窠石。其作品早已失传，著作《山水纯全集》记录了他的艺术见解。

J0010169
山水纯全集　（宋）韩拙撰
清初　写本　线装
（论画十七种）

九行二十字白口左右双边单鱼尾。

J0010170
山水纯全集　（一卷）（宋）韩拙撰
清初　抄本
（画苑补益）

J0010171
山水纯全集　（一卷）（宋）韩拙撰
清　稿本
（艺苑丛钞）

J0010172
山水纯全集　（一卷）（宋）韩拙撰
清　稿本
（艺苑丛钞）

J0010173
山水纯全集　（一卷）（宋）韩拙撰

内府　清乾隆　写本
（四库全书）

J0010174
山水纯全集　（一卷）（宋）韩拙撰
依样壶卢山馆　清道光　抄本
（绘事晬编）

J0010175
山水纯全集　（宋）韩拙撰
北平　国立北平图书馆　民国　抄本　毛装
（说郛）

收于《说郛》卷四十二中。

J0010176
山水纯全集　（一卷）（宋）韩拙撰
上海　神州国光社　民国三年［1914］线装
（美术丛书续集）

收于《美术丛书续集》第八集中。

J0010177
山水纯全集　（一卷）（宋）韩拙撰
泰东图书局　民国十一年［1922］影印本　线装
（王氏书画苑）

据明刻本影印。

J0010178
山水纯全集　（宋）韩拙撰
上海　商务印书馆　民国十六年［1927］线装
（说郛）

收于《说郛》卷四十二中。

J0010179
山水纯全集　（五卷）（宋）韩拙撰
上海　神州国光社　民国十七至民国二十五年
［1928—1936］
（美术丛书）

J0010180
山水纯全集　（宋）韩拙撰
上海　商务印书馆　民国十九年［1930］再版
线装
（说郛）

收于《说郛》卷四十二中。

J0010181
山水纯全集　（宋）韩拙撰
台北　商务印书馆　1983 年　影印本
（景印文渊阁四库全书　子部 一一九 第 813 册）
　　作者韩拙，宋画家。字纯全，号琴堂，晚署
全翁。北宋南阳（今河南南阳）人。宣和（1119—
1125）初授画院祗侯。善画山水窠石。其作品
早已失传，著作《山水纯全集》记录了他的艺术
见解。

J0010182
王维山水论　（一卷）（唐）王维撰
明　刻本
（王氏书画苑）
　　作者王维（701—761），唐代诗人、画家。字
摩诘，号摩诘居士。河东蒲州（今山西运城）人，
祖籍山西祁县。代表诗作有《相思》《山居秋暝》
等，著作有《王右丞集》《画学秘诀》。

J0010183
王维山水论　（一卷）（唐）王维撰
泰东图书局　民国十一年［1922］影印本　线装
（王氏书画苑）
　　据明刻本影印。

J0010184
画尘　（一卷）（明）沈颢撰
明末　刻本
（广百川学海）

J0010185
画尘　（一卷）（明）沈颢撰
明末　刻本
（锦囊小史）

J0010186
画尘　（一卷）（明）沈颢撰
许焞家　清　抄本
（说部新书）

J0010187
画尘　（一卷）（明）沈颢撰
吴江沈氏世楷堂　清道光　刻本
（昭代丛书）

J0010188
画尘　（一卷）（明）沈颢撰
依样壶卢山馆　清道光　抄本
（绘事晬编）

J0010189
画尘　（一卷）（明）沈颢撰
吴江沈氏世楷堂　清末　刻本　重印　线装
（昭代丛书）
　　九行二十字白口左右双边单鱼尾。收于《昭
代丛书》别编辛集中。

J0010190
画尘　（一卷）（明）沈颢撰
吴江沈廷镛　民国八年［1919］重修本　线装
（昭代丛书）
　　清道光吴江沈氏世楷堂刻民国八年吴江沈
廷镛重修本。收于《昭代丛书》辛集别编中。

J0010191
画麈　（一卷）（明）沈颢撰
明末　刻本
（锦囊小史）
　　收于《锦囊小史》四十一种四十二卷中。

J0010192
画麈　（一卷）（明）沈颢撰
快堂　明天启六年［1626］刻本
（快书五十种）
　　收于《快书五十种》五十卷中。

J0010193
画麈　（一卷）（明）沈颢撰
吴江沈氏世楷堂　清光绪　刻本　重印　线装
（昭代丛书）
　　九行二十字小字双行同白口左右双边单鱼
尾。收于《昭代丛书》辛集中。

J0010194
绘事微言　（四卷）（明）唐志契撰
明天启　刻本
　　作者唐志契（1579—1651），字玄生，又字敷
五，江苏扬州人，一作海陵（今泰州）人。精于绘
事，著有《绘事微言》。

J0010195
绘事微言 （四卷）（明）唐志契撰
明天启　刻本
　　九行二十字白口四周单边。

J0010196
绘事微言 （四卷）（明）唐志契撰
明崇祯十一年［1638］抄本

J0010197
绘事微言 （四卷）（明）唐志契撰
远碧楼刘氏　清　写本　蓝丝栏　线装
　　分三册。十行二十一字白口左右双边单
鱼尾。

J0010198
绘事微言 （二卷）（明）唐志契撰
清　抄本　线装
　　分二册。

J0010199
绘事微言 （四卷）（明）唐志契撰
清　抄本
　　作者唐志契（1579—1651），字玄生，又字敷
五，江苏扬州人，一作海陵（今泰州）人。精于绘
事，著有《绘事微言》。

J0010200
绘事微言 （四卷）（明）唐志契撰
清初　抄本

J0010201
绘事微言 （二卷）（明）唐志契撰
内府　清乾隆　写本
（四库全书）

J0010202
绘事微言 （四卷）（明）唐志契撰
刘氏远碧楼　清末　抄本

J0010203
绘事微言 （二卷）（明）唐志契撰
商务印书馆　民国　影印本　线装
　　分二册。

J0010204
绘事微言 （一卷）（明）唐志契撰
民国
（画论丛刊）

J0010205
绘事微言 （二卷）（明）唐志契撰
商务印书馆［1934—1935年］影印本
20cm（32开）线装
（四库全书珍本初集）
　　本书由商务印书馆受教育部中央图书馆筹
备处委托，影印故宫博物院所藏文渊阁本。分一
函二册。半叶八行二十一字白口双鱼尾四周双
边。收于《四库全书珍本初集》子部艺术类中。

J0010206
绘事微言 （四卷）（明）唐志契著
北京　人民美术出版社　1964年　116页
21cm（32开）
（中国美术论著丛刊）
　　本书论述了山水画理，并采辑前人著述。供
研习绘画技法者参考。

J0010207
绘事微言 （二卷）（明）唐志契撰
台北　商务印书馆　1983年　影印本
（景印文渊阁四库全书　子部　一二二　第816册）

J0010208
绘事微言 （四卷）（明）唐志契著
北京　人民美术出版社　1985年　116页
20cm（32开）　统一书号：8027.8584　定价：
CNY0.82
（中国美术论著丛刊）
　　本书为山水画理著作。作者唐志契（1579—
1651），字玄生，又字敷五，江苏泰州人。

J0010209
龚安节先生画诀 （一卷）（清）龚贤撰
桐华馆　清　刻本
　　作者龚贤（1618—1689），明末清初画家。又
名岂贤，字半千，又字野遗，号半亩等。江苏昆
山人。著有《香草堂集》《画诀》《柴丈人画稿》
《龚半千课徒画说》。

J0010210
龚安节先生画诀 （一卷）（清）龚贤撰
长塘鲍氏 清 刻本 重印 线装
（知不足斋丛书）
　　九行十八字。收于《知不足斋丛书》第十二集中。

J0010211
龚安节先生画诀 （清）龚贤撰
清 刻本 线装
（知不足斋丛书）
　　九行二十一字黑口左右双边。

J0010212
龚安节先生画诀 （一卷）（清）龚贤撰
清 刻本 线装
（知不足斋丛书）
　　九行二十一字小字双行同黑口左右双边。收于《知不足斋丛书》第十二集中。

J0010213
龚安节先生画诀 （一卷）（清）龚贤撰
清 刻本

J0010214
龚安节先生画诀 （一卷）（清）龚贤撰
清 稿本
（艺苑丛钞）

J0010215
龚安节先生画诀 （一卷）（清）龚贤撰
清 稿本
（花近楼丛书）

J0010216
龚安节先生画诀 （一卷）（清）龚贤撰
清 稿本
（花近楼丛书）
　　收于《花近楼丛书》七十四种九十一卷中。

J0010217
龚安节先生画诀 （清）龚贤撰
清末 抄本 线装
　　本书由（清）龚贤撰《龚安节先生画诀》、（清）笪重光撰《画筌》合订。

J0010218
龚安节先生画诀 （一卷）（清）龚贤撰
管庭芬 清同治二年［1863］抄本
　　作者龚贤（1618—1689），明末清初画家。又名岂贤，字半千，又字野遗，号半亩等。江苏昆山人。著有《香草堂集》《画诀》《柴丈人画稿》《龚半千课徒画说》。

J0010219
龚安节先生画诀 （一卷）（清）龚贤撰
岭南芸林仙馆 清光绪八年［1882］刻本 线装
（知不足斋丛书）
　　九行十八字黑口左右双边。收于《知不足斋丛书》第十二集中。

J0010220
龚安节先生画诀 （一卷）（清）龚贤撰
苏州 振新书社 民国 影印本 线装
（知不足斋丛书）
　　收于《知不足斋丛书》第十二集中。

J0010221
龚安节先生画诀 （清）龚贤撰
上海 上海古书流通处 民国十年［1921］影印本 线装
（知不足斋丛书）
　　收于《知不足斋丛书》第十二集中。

J0010222
龚安节先生画诀 （清）龚贤撰
清 抄本 朱丝栏 线装

J0010223
龚安书先生画诀 （一卷）（清）龚贤撰
长塘鲍氏 清乾隆至宣统 刻本 汇印 线装
（知不足斋丛书）
　　收于《知不足斋丛书》第十二集中。

J0010224
画筌 （清）笪重光撰
清 刻本 线装
（知不足斋丛书）
　　九行二十一字黑口左右双边。

J0010225
画筌 (清)笪重光撰
清 抄本 朱丝栏 线装

J0010226
画筌 (一卷)(清)笪重光撰;(清)王翚,(清)恽格评
清 刻本 线装
(知不足斋丛书)
　　九行二十一字小字双行同黑口左右双边。收于《知不足斋丛书》第十二集中。作者笪重光(1623—1692),清书画家。字在辛,号江上外史、郁冈、扫叶道人。江苏句容人。顺治进士。官御史。书画名重一时,画善山水,兼写兰竹,精鉴赏。主要美学思想著作有《画筌》和《书筏》。作者王翚(1632—1717),清代著名画家。字石谷,号耕烟散人、乌目山人、清晖老人等。江苏常熟人。传世作品有《秋山萧寺图》《虞山枫林图》《秋树昏鸦图》《芳洲图》等。作者恽格(1633—1690),画家。字寿平,号南田等。武进(今属江苏)上店人。主要作品有《山水花鸟》《恽南田花果册》《南田花卉》等。

J0010227
画筌 (一卷)(清)笪重光撰
清 刻本

J0010228
画筌 (一卷)(清)笪重光撰
[清] 稿本
(昭代丛书)

J0010229
画筌 (一卷)(清)笪重光撰;(清)王翚,(清)恽格评
长塘鲍氏 清乾隆至宣统 刻本 重印 线装
(知不足斋丛书)
　　九行十八字。收于《知不足斋丛书》第十二集中。

J0010230
画筌 (一卷)(清)笪重光撰
依样壶卢山馆 清道光 抄本
(绘事晬编)

J0010231
画筌 (一卷)(清)笪重光撰;(清)王翚,(清)恽格评
吴江沈氏世楷堂 清末 刻本 重印 线装
(昭代丛书)
　　九行二十字白口左右双边单鱼尾。收于《昭代丛书》续编戊集中。

J0010232
画筌 (清)笪重光撰
清末 抄本 线装

J0010233
画筌 (一卷)(清)笪重光撰;(清)王翚,(清)恽格评
清末 刻本 汇印 线装
(知不足斋丛书)
　　收于《知不足斋丛书》第十二集中。

J0010234
画筌 (一卷)(清)笪重光撰;(清)王翚,(清)恽格评
吴江沈氏世楷堂 清光绪 刻本 重印 线装
(昭代丛书)
　　九行二十字小字双行同白口左右双边单鱼尾。收于《昭代丛书》戊集中。

J0010235
画筌 (清)笪重光撰
成都叶氏 清光绪二年[1876]刻本 线装
(诸家画说)
　　十行十八字白口左右双边单鱼尾。

J0010236
画筌 (一卷)(清)笪重光撰;(清)王翚,(清)恽格评
岭南芸林仙馆 清光绪八年[1882]刻本 线装
(知不足斋丛书)
　　九行十八字小字双行同黑口左右双边。收于《知不足斋丛书》第十二集中。

J0010237
画筌 (一卷)(清)笪重光撰
华亭张氏 清光绪二十六年[1900]刻本
(四铜鼓斋论画集刻)

J0010238
画筌 （清）笪重光撰
清光绪二十六年［1900］刻本
（清瘦阁读画十八种）

J0010239
画筌 （一卷）（清）笪重光撰
清光绪二十六年［1900］刻本
（清瘦阁读画十八种）

J0010240
画筌 （一卷）（清）笪重光撰
北京 会文斋 清宣统元年［1909］刻本
（四铜鼓斋论画集刻）

J0010241
画筌 （一卷）（清）笪重光撰；（清）王翚，（清）恽格评
苏州 振新书社 民国 影印本 线装
（知不足斋丛书）
　　收于《知不足斋丛书》第十二集中。

J0010242
画筌 （一卷）（清）笪重光撰；（清）王翚，（清）恽格评
吴江沈廷镛 民国八年［1919］重修本 线装
（昭代丛书）
　　清道光吴江沈氏世楷堂刻民国八年吴江沈廷镛重修本。收于《昭代丛书》戊集续编中。

J0010243
画筌 （清）笪重光撰；（清）王翚，（清）恽格评
上海 上海古书流通处 民国十年［1921］影印本 线装
（知不足斋丛书）
　　《画筌》是中国清代绘画理论著作。讲述了山水画理论和技法，兼及人物画和花鸟画。全书共分19部分，内容包括总论、论布局、论用笔用墨、论画山、论画水、论画树、论苔点、论点缀、论时景、论设色、杂论等。收于《知不足斋丛书》第十二集中。

J0010244
画筌 （清）笪重光著；吴思雷注
成都 四川人民出版社 1982年 33页 21cm（32开）

统一书号：8118.1066 定价：CNY0.30

J0010245
画筌 （清）笪重光著；关和璋译解
北京 人民美术出版社 1987年 68页 20cm（32开）
统一书号：8027.9024 定价：CNY0.60
（中国画论丛书）

J0010246
画筌析览 （一卷）（清）汤贻汾撰
拜石山房 清 刻本
（花近楼丛书）
　　作者汤贻汾（1778—1853）。清代画家。字若仪，号雨生、粥翁。江苏武进（今常州）人。著有《琴隐园诗词集》《琴隐园词集》《书荃析览》《逍遥巾》等。

J0010247
画筌析览 （一卷）（清）汤贻汾撰
清 稿本
（花近楼丛书）
　　收于《花近楼丛书》七十四种九十一卷中。

J0010248
画筌析览 （二卷）（清）汤贻汾撰
汤贻浚 清嘉庆十九年［1814］刻本
　　十行二十一字白口左右双边。

J0010249
画筌析览 （二卷）（清）汤贻汾撰
清嘉庆十九年［1814］刻本 线装
　　十行二十一字小字双行同白口左右双边单鱼尾。

J0010250
画筌析览 （二卷）（清）汤贻汾编
清嘉庆十九年［1814］刻本 线装
　　十行二十一字白口左右双边单鱼尾。

J0010251
画筌析览 （二卷）（清）汤贻汾撰
清嘉庆十九年［1814］刻本

J0010252
画筌析览 （二卷）（清）汤贻汾撰

依样壶卢山馆　清道光　抄本
(绘事晬编)

J0010253
画筌析览　(一卷)(清)汤贻汾撰
管庭芬　清咸丰十年[1860]稿本
(花近楼丛书)

J0010254
画筌析览　(一卷)(清)汤贻汾撰
古冈刘氏藏修书屋　清同治至光绪　刻本
(花近楼丛书)

J0010255
画山水歌　(一卷)
清初　抄本
(画苑补益)

J0010256
画语录　(一卷)(清释)道济撰
[清]稿本
(昭代丛书)

J0010257
画语录　(一卷)(清释)道济撰
吴江沈氏世楷堂　清道光　刻本
(昭代丛书)

J0010258
画语录　(一卷)(清释)道济撰
依样壶卢山馆　清道光　抄本
(绘事晬编)

J0010259
画语录　(一卷)(清释)道济撰
清道光　抄本
(十二砚斋三种)

J0010260
画语录　(一卷)(清释)元济撰
吴江沈氏世楷堂　清末　刻本　重印　线装
(昭代丛书)
　　九行二十字白口左右双边单鱼尾。收于《昭代丛书》续编戊集中。

J0010261
画语录　(一卷)(清释)元济撰
吴江沈氏世楷堂　清光绪　刻本　重印　线装
(昭代丛书)
　　本书后附《(清释)元济传》。九行二十字小字双行同白口左右双边单鱼尾。收于《昭代丛书》戊集中。

J0010262
画语录　(一卷)(清释)元济撰
吴江沈廷镛　民国八年[1919]重修本　线装
(昭代丛书)
　　清道光吴江沈氏世楷堂刻民国八年吴江沈廷镛重修本。收于《昭代丛书》戊集续编中。

J0010263
苦瓜和尚画语　(一卷)(清释)道济撰
华亭张氏　清光绪二十六年[1900]刻本
(四铜鼓斋论画集刻)

J0010264
苦瓜和尚画语　(清释)道济撰
清光绪二十六年[1900]刻本
(清瘦阁读画十八种)

J0010265
苦瓜和尚画语录　(一卷)(清释)道济撰
汪绎辰　清　抄本
　　有清汪绎辰、清丁丙跋。本书由《苦瓜和尚画语录一卷》(清)释道济撰、《大涤子题画诗跋一卷》(清)汪绎辰辑合订。

J0010266
苦瓜和尚画语录　(一卷)(清释)道济撰
清　刻本　线装
(知不足斋丛书)
　　九行二十一字小字双行同黑口左右双边。收于《知不足斋丛书》第五集中。

J0010267
苦瓜和尚画语录　(一卷)(清释)道济撰
清　稿本
(艺苑丛钞)

J0010268
苦瓜和尚画语录 （清释）道济撰
清乾隆三十七年［1772］刻本 线装
（知不足斋丛书）

　　九行二十一字黑口左右双边。收于《知不足斋丛书》第五集中。

J0010269
苦瓜和尚画语录 （一卷）（清释）道济撰
清道光 刻本
（四铜鼓斋论画集刻）

J0010270
苦瓜和尚画语录 （一卷）（清释）道济撰
长塘鲍氏 清末 刻本 重印 线装
（知不足斋丛书）

　　收于《知不足斋丛书》第五集中。

J0010271
苦瓜和尚画语录 （一卷）（清释）道济撰
清末 刻本 汇印 线装
（知不足斋丛书）

　　收于《知不足斋丛书》第五集中。

J0010272
苦瓜和尚画语录 （清释）道济撰
羊城冯氏 清光绪 刻本 线装
（翠琅玕馆丛书）

　　九行二十一字小字双行同黑口左右双边。收于《翠琅玕馆丛书》第一集中。

J0010273
苦瓜和尚画语录 （清释）道济撰
成都叶氏 清光绪二年［1876］刻本 线装
（诸家画说）

　　十行十八字白口左右双边单鱼尾。

J0010274
苦瓜和尚画语录 （一卷）（清释）道济撰
岭南芸林仙馆 清光绪八年［1882］刻本 线装
（知不足斋丛书）

　　九行二十一字黑口左右双边。收于《知不足斋丛书》第五集中。

J0010275
苦瓜和尚画语录 （一卷）（清释）道济撰
清光绪二十六年［1900］刻本
（清瘦阁读画十八种）

J0010276
苦瓜和尚画语录 （一卷）（清释）道济撰
北京 会文斋 清宣统元年［1909］刻本
（四铜鼓斋论画集刻）

J0010277
苦瓜和尚画语录 （一卷）（清释）道济撰
北京 会文斋 清宣统 刻本
（四铜鼓斋论画集刻）

J0010278
苦瓜和尚画语录 （一卷）（清释）道济撰
上海 进步书局 民国 石印本 线装
（笔记小说大观）

　　收于《笔记小说大观》第八辑中。

J0010279
苦瓜和尚画语录 （一卷）（清释）道济撰
苏州 振新书社 民国 影印本 线装
（知不足斋丛书）

　　收于《知不足斋丛书》第五集中。

J0010280
苦瓜和尚画语录 （清释）道济撰
民国 有图 线装

J0010281
苦瓜和尚画语录 （清释）道济撰
上海 上海古书流通处 民国十年［1921］影印本 线装
（知不足斋丛书）

　　收于《知不足斋丛书》第五集中。

J0010282
苦瓜和尚画语录 （一卷）（清）石涛撰
扬州 江苏广陵古籍刻印社 1984年 影印本
（笔记小说大观）

　　收于《笔记小说大观》第十六册中。

J0010283
苦瓜和尚画语录　（清释）道济著
扬州　江苏广陵古籍刻印社　1995 年　2 版
影印本　388–392 页　26cm（16 开）　精装
定价：CNY750.00（全套）
（笔记小说大观　第八册）

J0010284
山水诀　（一卷）（唐）王维撰
清初　刻本
（画苑补益）

　　作者王维（701—761），唐代诗人、画家。字
摩诘，号摩诘居士。河东蒲州（今山西运城）人，
祖籍山西祁县。代表诗作有《相思》《山居秋暝》
等，著作有《王右丞集》《画学秘诀》。

J0010285
山水诀　（一卷）（宋）李成撰
清初　刻本
（画苑补益）

J0010286
写山水诀　（元）黄公望撰
清初　写本　线装
（论画十七种）

　　九行二十字白口左右双边单鱼尾。作者黄
公望（1269—1354），元代画家。本姓陆，名坚，
因改姓名，字子久，号大痴、大痴道人、一峰道
人。江苏苏州人。传世作品有《富春山居图》《九
峰雪霁图》《丹崖玉树图》《天池石壁图》等。

J0010287
写山水诀　（一卷）（元）黄公望撰
清　稿本
（一瓶笔存）

J0010288
画谱　（一卷）（清释）道济撰
大涤堂　清康熙　刻本

J0010289
画谱　（清）石涛原著；朱季海注释；吴铁声
后记
上海　上海人民美术出版社　1962 年　影印本　有
图片　29cm（15 开）　线装　定价：CNY3.00

　　本书据清康熙四十九年（1710）全州释道济
大涤堂精刻石涛手写本影印。阐述山水画创作
与自然的关系、笔墨运用的规律及山川林木等
表现方法。全书与石涛的另一部《画语录》同样
共 18 章。作者朱季海（1916—2011），国学大师。
名学浩，孔文子。江苏苏州人。师从国学大师章
太炎先生，著有《南齐书校议》《楚辞解故》等。

J0010290
韩氏山水纯全集　（一卷）（宋）韩拙撰
绵州李氏万卷楼　清乾隆　刻本
（函海）

　　作者韩拙，宋画家。字纯全，号琴堂，晚署
全翁。北宋南阳（今河南南阳）人。宣和（1119—
1125）初授画院祗侯。善画山水窠石。其作品
早已失传，著作《山水纯全集》记录了他的艺术
见解。

J0010291
韩氏山水纯全集　（一卷）（宋）韩拙撰
清乾隆三十五至四十九年［1770—1784］刻本
线装
（函海）

　　十行二十字白口四周双边单鱼尾。

J0010292
韩氏山水纯全集　（一卷）（宋）韩拙撰
清乾隆三十五至四十九年［1770—1784］刻本

　　本书共分《论山》《论水》《论林木》《论石》
《论云霞、烟霭、岚光、风雨、雪雾》《论人物、
桥、关城、寺观、山居、舟船四时之景》《论用
笔格法气韵之病》《论观画别识》《论古今学者》
《论三古之画过与不及》10 篇。

J0010293
韩氏山水纯全集　（一卷）（宋）韩拙撰
李朝夔　清道光五年［1825］刻本　补刻
（函海）

　　据清乾隆间绵州李氏万卷楼刻本补刻。

J0010294
韩氏山水纯全集　（一卷）（宋）韩拙撰
广汉钟登甲乐道斋　清末　刻本　重修　线装
（函海）

　　十行二十字小字双行同白口四周双边双鱼

尾。收于《函海》第六函中。

J0010295
韩氏山水纯全集 （一卷）（宋）韩拙撰
广汉钟登甲乐道斋　清光绪七至八年［1881—
1882］刻本
（函海）

J0010296
韩氏山水纯全集 （一卷）（宋）韩拙撰
钟登甲　清光绪八年［1882］刻本　函海本
　　有傅增湘校。十行二十字白口四周双边。

J0010297
韩氏山水纯全集 （宋）韩拙撰
长沙　商务印书馆　1939年　12+34页　18cm（15开）
（丛书集成初编 1641）
　　本书由《韩氏山水纯全集》（宋）韩拙撰、《六
如画谱》（明）唐寅辑合订。《韩氏山水纯全集一
卷》据函海本排印，《六如画谱三卷》据惜阴轩丛
书本排印。

J0010298
韩氏山水纯全集 （宋）韩拙撰
北京　中华书局　1985年　新1版　12+34页
18cm（15开）统一书号：17018.151
（丛书集成初编）
　　本书由《韩氏山水纯全集》（宋）韩拙撰、《六
如画谱》（明）唐寅辑合订。

J0010299
画山水赋 （一卷）（五代）荆浩撰
内府　清乾隆　写本
（四库全书）
　　本书由《画山水赋一卷》《笔法记一卷》（五
代）荆浩撰合订。

J0010300
画山水赋 （唐）荆浩撰
台北　商务印书馆　1983年　影印本
（景印文渊阁四库全书 子部 一一八 第812册）

J0010301
画诀 （一卷）（清）龚贤撰
吴江沈氏世楷堂　清道光　刻本

（昭代丛书）
　　作者龚贤（1618—1689），明末清初画家。又
名岂贤，字半千，又字野遗，号半亩等。江苏昆
山人。著有《香草堂集》《画诀》《柴丈人画稿》
《龚半千课徒画说》。

J0010302
画诀 （一卷）（清）龚贤撰
依样壶卢山馆　清道光　抄本
（绘事晬编）

J0010303
画诀 （一卷）（清）龚贤撰
清道光　刻本
（四铜鼓斋论画集刻）

J0010304
画诀 （一卷）（清）龚贤撰
吴江沈氏世楷堂　清末　刻本　重印　线装
（昭代丛书）
　　九行二十字白口左右双边单鱼尾。收于《昭
代丛书》别编辛集中。

J0010305
画诀 （一卷）（清）龚贤撰
吴江沈氏世楷堂　清光绪　刻本　重印　线装
（昭代丛书）
　　九行二十字小字双行同白口左右双边单鱼
尾。收于《昭代丛书》辛集中。

J0010306
画诀 （清）龚贤撰
羊城冯氏　清光绪　刻本　线装
（翠琅玕馆丛书）
　　九行二十一字黑口左右双边。收于《翠琅玕
馆丛书》第四集中。

J0010307
画诀 （清）龚贤撰
成都叶氏　清光绪二年［1876］刻本　线装
（诸家画说）
　　十行十八字白口左右双边单鱼尾。

J0010308
画诀 （一卷）（清）龚贤撰

华亭张氏 清光绪二十六年［1900］刻本
（四铜鼓斋论画集刻）

J0010309
画诀 （一卷）（清）龚贤撰
北京 会文斋 清宣统元年［1909］刻本
（四铜鼓斋论画集刻）

J0010310
画诀 （一卷）（清）龚贤撰
北京 会文斋 清宣统元年［1909］刻本
（四铜鼓斋论画集刻）

J0010311
画诀 （一卷）（清）龚贤撰
吴江沈廷镛 民国八年［1919］重修本 线装
（昭代丛书）
　　清道光吴江沈氏世楷堂刻民国八年吴江沈
廷镛重修本。收于《昭代丛书》辛集别编中。

J0010312
山水诀 （一卷）（宋）李成撰
依样壶卢山馆 清道光 抄本
（绘事啐编）

J0010313
半千画诀 （清）龚贤撰
清光绪二十六年［1900］刻本
（清瘦阁读画十八种）
　　作者龚贤（1618—1689），明末清初画家。又
名岂贤，字半千，又字野遗，号半亩等。江苏昆
山人。著有《香草堂集》《画诀》《柴丈人画稿》
《龚半千课徒画说》。

J0010314
半千画诀 （清）龚贤撰
清光绪二十六年［1900］刻本
（清瘦阁读画十八种）

J0010315
［龚半千画诀］ （清）龚贤撰并书绘
民国 照像本 有图 经折装

J0010316
论山水画 李濂编

［民国］18页 26cm（16开）
　　本书辑唐、宋、明、清各朝名人有关山水画
的论述，分画体之演变、山水何以为国画之中
心、意与笔等。

J0010317
奚铁生树木山石画法 （不分卷）（清）奚冈绘
上海 中华书局 民国 影印本
　　作者奚冈（1746—1803），即奚铁生，清代篆
刻家、书画家。字纯章、铁生，号萝龛、蝶野子、
散木居士等。原籍歙县（今属安徽），一作黟县（今
属安徽）。曾作《冬花庵烬馀稿》《溪山素秋图》
《蕉竹幽兰图》《春林归翼图》等。

J0010318
奚铁生树木山石画法册 （清）奚铁生作
上海 中华书局 民国十九年［1930］影印本 有
图 线装
　　分二册。

J0010319
奚铁生树木山石画法册 （清）奚冈绘；高野
侯鉴定
上海 中华书局 民国十九年［1930］4版 影印
本 有图 线装
　　作者高野侯（1878—1952），画家、出版家。
字时显，号欣木、可庵。浙江余杭人。清末举人，
曾任中华书局董事、美术部主任。精于鉴定，收
藏甚富，兼工隶书，篆刻亦佳。辑有《方寸铁斋
印存》等。

J0010320
奚铁生树木山石画法册
天津 天津市古籍书店 1990年 影印本 35页
26×37cm 定价：CNY4.80

J0010321
风景画法 吕澂撰；阿凤手录
世界杂志社 民国三年［1914］石印本 线装

J0010322
山水入门 胡锡铨著
上海 商务印书馆 民国九年［1920］石印本
45叶＋［6叶］图版 有图 26cm（16开）
定价：大洋一元

作者胡佩衡（1892—1962），蒙古族，山水画家。谱名锡铨，又名衡，字佩衡，号冷庵，外号胡涂克图，以字行。河北涿县人。历任中国画学研究会和湖社画会评议，华北大学教授、北京师范大学讲师、北平艺术专科学校教授，北京中国画研究会常务理事、北京画院画师兼院务委员。著有《山水入门》《桂林写生》《胡佩衡画集》。

J0010323
山水入门　　胡锡铨编绘
上海　商务印书馆　民国九年［1920］石印本
有图　线装

J0010324
山水入门　　胡锡铨撰
上海　商务印书馆　民国十三年［1924］石印本
四版　有图　线装

J0010325
山水入门　　胡锡铨撰
上海　商务印书馆　民国十八年［1929］石印本
彩色　有图　线装
　　据民国九年版本重印。

J0010326
山水入门　　胡锡铨著
［上海］商务出版社　1935年　10张
定价：CNY1.20

J0010327
山水入门　　胡佩衡编
北京　中国建筑工业出版社　1988年　20cm（32开）
定价：CNY1.00

J0010328
山水入门　　胡佩衡编
北京　中国书店　1995年　影印本　重印本
有插图　20cm（32开）　ISBN：7-80568-392-1
定价：CNY4.50
　　作者胡佩衡（1892—1962），蒙古族，山水画家。谱名锡铨，又名衡，字佩衡，号冷庵，外号胡涂克图，以字行。河北涿县人。历任中国画学研究会和湖社画会评议，华北大学教授、北京师范大学讲师、北平艺术专科学校教授、北京中国画研究会常务理事、北京画院画师兼院务委员。

著有《山水入门》《桂林写生》《胡佩衡画集》。

J0010329
画山水歌　（一卷）（宋）佚名撰
泰东图书局　民国十一年［1922］影印本　线装
（王氏书画苑）
　　据明刻本影印。

J0010330
山水画法类丛　　黄憩园著
黄憩园［自刊］1930年［166］页　有图
22cm（16开）
　　本书摘录各家学说，分类汇编而成。分上、下篇。

J0010331
画山水诀　（一卷）（清）唐岱撰
民国二十二年［1933］
（艺海一勺）
　　作者唐岱，清代画家、绘画理论家。字毓东，号静岩，又号知生、爱庐、默庄，满洲正蓝旗人。师从江南山水画家焦秉贞、王原祁。官至内务府总管，以画祗候内廷。康熙帝甚赏其画，常召作画，赐称"画状元"。代表作有《乐善堂集》《绘事发微》。

J0010332
山水画诀　（名家秘传）潘衍编
上海　中华新教育社　1936年　10版　石印本
［146］页　有图　19cm（32开）
　　本书包括山水画法、山水画论、名家画诀3卷。"山水画法"分述树、石、山、水、云烟、人物、屋宇寺观等的画法；"山水画论"分论宗派、笔法、墨法、着色、气韵、点缀、章法、没骨法、图章等；"名家画诀"介绍王维、荆浩、李成、郭熙、黄公望等6人的画诀。

J0010333
松雨楼画课　　罗止园著
北平　罗止园［自刊］1936年　116页　有照片
27cm（16开）　定价：二元
　　本书内分10章，讲述山、树、松、竹、泉山、云等的画法，为著者四十余年学画笔记。

J0010334

我怎样画山水画　胡佩衡著

北京 朝花美术出版社 1957 年 132 页

20cm（32 开）统一书号：8027.1302

定价：CNY0.80

　　本书是胡佩衡所著《山水画入门》的基础上修订改写而成，是作者 50 年绘画实践的经验总结，他从山水画的基础练习、临摹、写生、创作以及画家的感情和学习等多方面简述中国山水画的学习和创作过程。

J0010335

我怎样画山水画　胡佩衡著

北京 人民美术出版社 1957 年 139 页 有图

20cm（32 开）ISBN：8027.1475 定价：CNY0.80

J0010336

我怎样画山水画　胡佩衡著

北京 人民美术出版社 1958 年 2 版 139 页

有图 20cm（32 开）

J0010337

我怎样画山水画　胡佩衡著

九龙 南通图书公司［1960—1986 年］135 页

有照片图 20cm（32 开）定价：HKD12.00

J0010338

绘宗十二忌　（元）饶自然撰

北京 人民美术出版社 1959 年 7+12 页

20cm（32 开）统一书号：8027.3096

定价：CNY0.20

（中国画论丛书）

　　本书由《绘宗十二忌》（元）饶自然撰、《写山水诀》（元）黄公望撰合订。本书内容从布置迫塞、远近不分、山无气脉、水无源流、境无夷险、路无出入、石止一面、树少四枝、人物伛偻、楼阁错杂、滃淡失宜、点染无法 12 个方面，论述了山水画用笔之得失。

J0010339

山水画技法研究　胡佩衡著

西安 长安美术出版社 1959 年 35 页 有图

20cm（32 开）统一书号：8146.386

定价：CNY0.32

　　作者胡佩衡（1892—1962），蒙古族，山水画

家。谱名锡铨，又名衡，字佩衡，号冷庵，外号胡涂克图，以字行。河北涿县人。历任中国画学研究会和湖社画会评议，华北大学教授、北京师范大学讲师、北平艺术专科学校教授，北京中国画研究会常务理事、北京画院画师兼院务委员。著有《山水入门》《桂林写生》《胡佩衡画集》。

J0010340

山水诀　王维著；王森然标点注译

北京 人民美术出版社 1959 年 5+8+10 页

21cm（32 开）统一书号：8027.3094

定价：CNY0.23

（中国画论丛书）

　　本书由《山水诀》王维著；王森然标点注译、《山水论》合订。作者王维（701—761），唐代诗人、画家。字摩诘，号摩诘居士。河东蒲州（今山西运城）人，祖籍山西祁县。代表诗作有《相思》《山居秋暝》等，著作有《王右丞集》《画学秘诀》。标点注译王森然（1895—1984），国画家、美术教育家。原名王樾，字森然，号杏岩等。河北定县人。就读于北京大学。任教于北京中央美术学院。主要作品有《松鹤朝阳》《群鹰图》《长寿图》等，著有《文学新论》《近代二十家评论》等。

J0010341

吴定山水画谱　（清）吴定绘

上海 上海人民美术出版社 1959 年［33 页］

有图 24cm（16 开）统一书号：T8081.4424

定价：CNY0.34

　　本画谱收图 54 幅。

J0010342

怎样画山水　余彤甫编

上海 上海人民美术出版社 1959 年 57 页

18cm（15 开）统一书号：T8081.4471

定价：CNY0.32

（工农兵业余美术自学丛书）

J0010343

学画山水过程自述　贺天健著

北京 人民美术出版社 1962 年 187 页 有图

20cm（32 开）统一书号：8027.3730

定价：CNY1.60

　　本书介绍了作者 60 年来画山水画的艰辛历程和亲身体会。作者贺天健（1891—1977），国

画家、书法家。原名贺骏，又名贺炳南，字健叟、阿难等。江苏无锡人。毕业于西安美术学院。书法作品有《东风吹到好江山》，出版有《贺天健画集》《贺天健山水册》《学山水画过程自述》等。

J0010344
学画山水过程自述　贺天健编
北京　文乐出版社　1982 年　210 页　26cm（16 开）
定价：CNY1.34

J0010345
学画山水过程自述　贺天健著
北京　人民美术出版社　1992 年　2 版　187 页
20cm（32 开）　ISBN：7-102-00970-4
定价：CNY8.00
　　本书介绍了作者 60 年来画山水画的艰辛历程和亲身体会。

J0010346
国画山水解剖　（艺用地质学）傅漱石编
台北　天同出版社　1973 年　156 页　20cm（32 开）
定价：CNY12.65
（国画丛书 3）

J0010347
山水画法　黄渠成编绘
台北　艺术出版社　1975 年　152 页　21cm（32 开）

J0010348
山水画法　（上册）温州市工艺美术研究所编
温州　温州市工艺美术研究所　1976 年
26cm（16 开）

J0010349
山水画基础技法　申石伽编绘
上海　上海人民美术出版社　1979 年　135 页
26cm（16 开）　统一书号：8081.11610
定价：CNY2.30
　　本书循序渐进介绍了山水画基础技法。收录 136 幅图，并配简要文字说明。作者申石伽（1906—2001），画家，教育家。笔名"西泠石伽"。浙江杭州人。出生书画世家，祖父为晚清著名山水画家申宜轩。长期任教于上海工艺美术学校，历任上海美协会员、上海市文史馆馆员、浙江文史研究馆名誉馆员。著有《山水画基础技法》《墨

竹析览》等。

J0010350
树石画谱　潘韵编绘
杭州　西泠印社　1979 年　157 页　19×26cm
统一书号：8.193-107　定价：CNY2.50

J0010351
国画——山水画法及演变　沈以正，罗芳著
台北　水牛出版社　1980 年　137 页　20cm（32 开）
精装
（水牛美术丛刊 3）

J0010352
山水画刍议　陆俨少著
上海　上海人民美术出版社　1980 年　115 页
有插图　25cm（16 开）　统一书号：8081.11660
定价：CNY2.10
　　本书由泛论和具体画法两大部分组成。书中有泛论插图 27 幅，具体画法插图 83 幅，还有作者本人作品 28 幅。作者陆俨少（1909—1993），画家、教师。又名砥，字宛若。上海嘉定县人。毕业于无锡美术专科学校。上海中国画院画师、浙江美术学院教师、浙江画院院长。代表作品有《嘉陵江上》《峡江险水》《雁荡泉瀑》《溪山秋色》《黄山松云》等。

J0010353
山水画法　李沛著
台北　正中书局　1980 年　236 页　28cm（大 16 开）
定价：CNY59.40
　　外文书名：Technique of Chinese Landscape.

J0010354
山水画谱　孔仲起，姚耕云编
杭州　浙江人民出版社　1980 年　68 页
22cm（32 开）　统一书号：8156.12
定价：CNY0.42
　　本书全面地介绍了山石画法、树木画法、水和云烟的表现、建筑舟车画法、透视问题、构图问题等内容，以图谱的形式概要解说山水画的一般规律和表现方法。有 131 幅图。作者孔仲起（1934—2015），画家、教授。名庆福，字仲起。浙江慈溪人。毕业于浙江美术学院中国画系。中国美术学院教授、中国美术家协会会员。著有

《孔仲起山水画集》《孔仲起画云水》《山水画技法概要》《孔仲起山水写生法》等。

J0010355

山水画谱　孔仲起，姚耕云编绘
杭州　浙江人民美术出版社　1985年　修订本
124页　有图 19cm（32开）统一书号：8156.715
定价：CNY1.20
（美术基础知识丛书）

J0010356

山水画谱　孔仲起，姚耕云编
杭州　浙江人民美术出版社　1988年　修订本 124页
有图 20cm（32开）ISBN：7-5340-0027-0
定价：CNY1.80
（美术基础知识丛书）

　　本书介绍山石画法、树木画法以及水和云烟的表现、建筑舟车画法等。

J0010357

山水技法　孙克纲绘
天津　天津杨柳青画店　1980年　62页 25cm（16开）
统一书号：7174.011

　　作者孙克纲（1923—2007），画家。天津人。天津画院一级画师、中国美术家协会天津分会副主席等。代表作品有《太行十月》《秦岭烟云》《峨眉天下秀》等。

J0010358

怎样画山水画　胡华令著
合肥　安徽人民出版社　1980年　56页
25cm（小 16开）统一书号：8102.1044
定价：CNY0.85

　　本书论述山水画的意义、山水画的一般画理、画法，以及关于批判继承民族遗产、创作实践等问题。附有画法示例及一些现代与古代的山水画。

J0010359

龚半千山水画课徒稿　（清）龚半千著
成都　四川人民出版社　1981年　78页 26cm（16开）
统一书号：8118.849　定价：CNY1.40

　　作者龚半千（1619—1689），清初著名画家。又名岂贤，字半千，又字野遗等。江苏昆山人。著有《香草堂集》。

J0010360

黎雄才山水画谱　（上）黎雄才绘
广州　岭南美术出版社　1981年　25cm（15开）
统一书号：8260.0001　定价：CNY1.90

　　本画谱介绍了山、石、林、木、江、海、溪、瀑的种种画法。作者黎雄才（1910—2001），国画家、美术教育家。广东肇庆人。毕业于广州烈风美术学校，曾留日习画。历任广州美术学院副院长兼国画系主任、教授，中国美术家协会理事、广州美术学院教授、岭南画派纪念馆馆长。代表作品有《武汉防汛图卷》等，出版有《黎雄才山水画谱》《黎雄才画选》《黎雄才作品欣赏》等画集。

J0010361

黎雄才山水画谱　（中）黎雄才绘
广州　岭南美术出版社　1981年　25cm（15开）
统一书号：8260.0002　定价：CNY1.90

J0010362

黎雄才山水画谱　（下）黎雄才绘
广州　岭南美术出版社　1981年　25cm（15开）
统一书号：8260.0076　定价：CNY1.90

J0010363

黎雄才山水画谱　黎雄才绘
广州　岭南美术出版社　1984年　255页
25cm（小 16开）统一书号：8260.0972
定价：CNY10.00

J0010364

黎雄才山水画谱　黎雄才绘
香港　生活·读书·新知三联书店香港分店　1984年
255页 25cm（15开）ISBN：962-04-0372-X
定价：HKD55.00

J0010365

黎雄才山水画谱　黎雄才绘
广州　岭南美术出版社　1996年　重印本 256页
有照片 25×26cm ISBN：7-5362-1408-1
定价：CNY39.00

J0010366

山水画皴法、苔点之研究　李霖灿著
台北　台北故宫博物院　1981年　3版　129页

21cm（32 开）
（故宫丛刊甲种 2）

J0010367
萧屋泉山水画课稿　钟寿芝，施鹏编
长沙 湖南美术出版社 1981年 40幅 25cm（16 开）
套装 统一书号：8233.147 定价：CNY1.90

J0010368
中国山水画的透视　王伯敏，童中焘编著
天津 天津人民美术出版社 1981年 39页
25cm（小 16 开）统一书号：8073.50130
定价：CNY0.78
　　作者王伯敏（1924—2013），美术史论家、画家、诗人。浙江台州人。曾担任中国美术学院教授、美术学博士生导师。著有《中国绘画通史》《中国版画史》《中国美术通史》等。作者童中焘（1939—　　），画家。出生于浙江鄞县。毕业于中国美术学院中国画系，并留校任教。历任中国美术家协会会员、李可染基金会艺委会委员、中国美术学院教授等。出版有《童中焘画集》《山水速写——搜尽奇峰打草稿》《童中焘国画解析》《童中焘山水画选》等。

J0010369
山水画法　黄渠成编著
香港 美术图书公司 1982年 145页 20cm（32 开）

J0010370
山水皴法　赖恬昌著
香港 香港中华书局 1983年 302页 有图 22cm
（30 开）
精装 ISBN：962-231-513-5

J0010371
山水画法　徐北汀编绘
北京 人民美术出版社 1983年 152页
20cm（32 开）统一书号：8027.7992
定价：CNY1.50
　　本书除选用大量的图例外，还附有详细的说明文字，就笔墨运用练习、画树法、画山石法、画云法、画水法等，由易到难，由简到繁，分别作了讲解。

J0010372
山水画论　（清）沈宗骞著；张辉译
西安 陕西人民美术出版社 1983年 133页
19cm（32 开）统一书号：8199.448
定价：CNY0.48
　　本书分 2 卷，包括宗派、用笔、用墨、布置、穷源、作法、平贴、神韵、避俗等 16 篇。作者沈宗骞（1736—1820），清代乾嘉时人。字熙远，号芥舟，又号研湾老圃，浙江乌程（今湖州）庠生。杰作《汉宫春晓》《万竿烟雨》等。

J0010373
周澄山水画法　周澄编绘
台北 艺术图书公司 1983年 有图 28cm（大 16 开）
精装 定价：TWD600.00
　　外文书名：Chou Chen's Landscape Painting Techniques.

J0010374
历代名家山水画要析　黄廷海著
天津 天津人民美术出版社 1984年 81+28页
25cm（小 16 开）统一书号：8073.50261
定价：CNY3.00
　　本书共分魏晋六朝、隋唐、五代北宋、南宋、元、明、清，共 7 章。每章开头均按该时代的山水画作简明概述，然后对这一时代的主要山水画家在技法、风格、作品、师承等方面作较详细的分析、介绍，并配以图片。

J0010375
山水画传统技法解析　（山水画传统技法二十种）吴羚木，萧平编
南京 江苏美术出版社 1984年 140页 有图
25cm（小 16 开）
　　本书将传统山水画的技法逐一分解列图，详细解说，使初学山水画的读者容易入门，培养兴趣，逐步由浅入深，由易到难，掌握传统山水画技法。

J0010376
山水画法 1.2.3　王耀庭编
台北 雄狮图书公司 1984年 再版 141页 有图
26cm（16 开）定价：TWD300.00

J0010377

山水课徒画稿　孙克纲著

天津　天津人民美术出版社　1984 年　90 页
25cm（16 开）统一书号：8073.50265

本书将中国画、山水绘画传统技法加以归纳、提炼、概括，并扼要进行叙述。作者孙克纲（1923—2007），画家。天津人。天津画院一级画师、中国美术家协会天津分会副主席等。代表作品有《太行十月》《秦岭烟云》《峨眉天下秀》等。

J0010378

画山水序　叙画　（南朝宋）宗炳，（南朝宋）王微撰；陈传席译解；吴焯校订

北京　人民美术出版社　1985 年　23 页　20cm（32 开）
统一书号：8027.9023　定价：CNY0.27
（中国画论丛书）

作者陈传席（1950—　　），教授。江苏睢宁人。毕业于南京师范大学美术学院，获博士学位。中国人民大学艺术学院教授、博士生导师，中国美术家协会会员、中国美术学院客座教授、兼任中国佛教艺术研究所所长、中国美术家协会理论委员会副主任等。代表作有《陈传席文集》《中国山水画史》《中国绘画美学史》等。

J0010379

陆俨少课徒山水画稿　陆俨少著

上海　上海书画出版社　1985 年　180 页
24cm（12 开）统一书号：8172.1246
定价：CNY11.20

本书介绍草木、山石、水泉和烟云 4 种画法。共配有 180 幅图，其中以黑白照片为主，并有少量彩色图片。作者陆俨少（1909—1993），画家、教师。又名砥，字宛若。上海嘉定县人。毕业于无锡美术专科学校。上海中国画院画师、浙江美术学院教师、浙江画院院长。代表作品有《嘉陵江上》《峡江险水》《雁荡泉瀑》《溪山秋色》《黄山松云》等。

J0010380

水墨画法　（山石、树木、屋宇）（日）藤原楞山著；赖玉光主编

台中　大藏文化书业公司　1985 年　135 页　有图
20cm（32 开）定价：TWD140.00
（美术丛书 17）

J0010381

百石谱　方济众绘

天津　天津人民美术出版社　1986 年　204 页
26cm（16 开）统一书号：8073.50408
定价：CNY4.50　ISBN：7-5305-0031-7
定价：CNY9.50

作者方济众（1923—1987），国画家。号雪农。陕西勉县人。历任中国美术家协会常务理事、美协陕西分会副主席。代表作品有《三边塞上风光》《雪漫天山》《沙海花》等。

J0010382

百石谱　方济众绘

天津　天津人民美术出版社　1992 年　204 页
26cm（16 开）ISBN：7-53-5-0031-1
定价：CNY6.50

J0010383

百石谱　方济众等绘

天津　天津人民美术出版社　1995 年　204 页
26cm（16 开）ISBN：7-5305-0031-1
定价：CNY7.90

J0010384

山水画法入门　施立华著

上海　上海书画出版社　1986 年　32 幅
19cm（32 开）定价：CNY2.65

作者施立华（1940—　　），上海人。毕业于浙江美术学院国画系。历任日本秋田市水墨画研究会顾问、上海师范大学艺术系教师。出版有《施立华画册》等。

J0010385

山水画技法基础　冯建吴著

北京　中国文联出版公司　1986 年　180 页
26cm（16 开）统一书号：8355.665
定价：CNY4.40

作者冯建吴（1910—1989），书画家。字太虞，别字游。四川美术学院教授、中国美术家协会四川分会理事、中国书法家协会理事、重庆国画院副院长、成都画院顾问。作品有《黄山猴子观海》《月涌大江流》等。

J0010386

山水画技法基础　冯建吴著

北京 中国文联出版公司 1992年 2版 180页
有照片 26cm（16开）ISBN：7-5059-0510-4
定价：CNY12.30

作者冯建吴（1910—1989），字太虞，别字
游。四川美术学院教授、诗书画院副院长。

J0010387

山水画技法述要　王克文著
上海 上海人民美术出版社 1986年 115页
26cm（16开）统一书号：8081.14304
定价：CNY4.70

本书择要叙述一些山水画基本技法和有关
的基础知识，其中对自然规律与山水形象创造和
从生活出发来研究山水画技法方面的论述较为
详细。作者王克文（1933—　　），教授。浙江奉化
人。毕业于南京艺术学院美术系。任职于上海
戏剧学院，兼任上海美育学会副会长，黄宾虹研
究会（全国）副会长、秘书长，中国艺术研究院特
邀研究员等。专著有《山水画技法述要》《敦煌
艺术》《山水画审美与技法》。

J0010388

山水画树石技法　刘子久原作；孙克纲，刘采
卿整理
天津 天津人民美术出版社 1986年 64页
有照片 26cm（16开）定价：CNY1.90

作者孙克纲（1923—2007），画家。天津人。
天津画院一级画师、中国美术家协会天津分会副
主席等。代表作品有《太行十月》《秦岭烟云》《峨
眉天下秀》等。作者刘子久（1891—1975），教育
家、博物学家。别名饮湖、光城。天津人。历任
天津市美术馆馆长、中国美术家协会天津分会副
主席、中国美术家协会理事。作品有《支援前线》
《长城放牧》等。

J0010389

怎样画水　陆俨少绘
上海 上海书画出版社 1986年 20页 17cm（40开）
统一书号：8172.1464 定价：CNY0.60

作者陆俨少（1909—1993），画家、教师。又
名砥，字宛若。上海嘉定县人。毕业于无锡美术
专科学校。历任上海中国画院画师、浙江美术
学院教师、浙江画院院长。代表作品有《嘉陵江
上》《峡江险水》《雁荡泉瀑》《溪山秋色》《黄山
松云》等。

J0010390

怎样画云　陆俨少编绘
上海 上海书画出版社 1986年 20页 17cm（40开）
统一书号：8172.1526 定价：CNY0.60
（中国画技法入门丛书）

J0010391

傅抱石谈艺录　伍霖生记录整理
成都 四川美术出版社 1987年 58页 有照片及
图 19cm（32开）ISBN：7-5410-0034-5
定价：CNY0.90

本书收有傅抱石关于中国画的4篇讲演和
谈话记录，包括中国山水画的发展、中国画的特
点、谈山水画的写生和论皴法，书末附图39幅。
傅抱石（1904—1965），画家。原名长生、瑞麟，
号抱石斋主人。生于江西南昌，祖籍江西新余。
早年留学日本。历任南京师范学院教授、江苏国
画院院长等职。代表作品有《山阴道上》《钟馗》
《屈原》《江山如此多娇》，著有《中国古代绘画之
研究》《中国绘画变迁史纲》等。

J0010392

老年大学中国画教材　（第一册 山水画）金
陵老年大学中国画教研组编写
南京 江苏美术出版社 1987年 48页 26cm（16开）
统一书号：8353.6.066 定价：CNY2.10

J0010393

山水画基础技法　蓝铁，郑朝著
杭州 浙江美术学院出版社 1987年 84页
有图 26cm（16开）定价：CNY1.90
（美术自学丛书）

J0010394

山水画基础技法　蓝铁，郑朝著
杭州 浙江美术学院出版社 1988年 2版 91页
有图 26cm（16开）ISBN：7-81019-009-1
定价：CNY5.60
（美术基础技法教材丛书）

J0010395

山水秘诀　李忆含编著
永和 新形象出版事业公司 1987年 171页
有图 30cm（16开）定价：TWD400.00
（中国水墨系列）

J0010396

石谱　顾坤伯绘
乌鲁木齐 新疆人民出版社 1987 年 ［12］页
26cm（16 开） 定价：CNY0.50
（美术技法系列画谱）

　　作者顾坤伯（1905—1970），画家、美术教育
家。曾名乙，字景峰，号二泉居士。江苏无锡人。
代表作品有《山川浑厚草木华滋》《江山多娇》。

J0010397

水墨画·山水篇　日本视觉设计研究所编
台北 唐代文化事业公司 1987 年 137 页
21cm（32 开） 定价：TWD180.00
（美术系列 026）

J0010398

孙克纲山水画法析览　孙克纲绘；王振德编撰
石家庄 河北美术出版社 1987 年 148 页
有照片 25cm（16 开） 定价：CNY9.50

　　作者根据图例对照撰文详尽论述画家的山
水画法。作者王振德（1941—　），教授。天津宝
坻人。毕业于河北北京师院。历任天津美术学
院教授、美术史论教研室主任，天津美学学会常
务理事、天津美术家协会理事等。著有《王振德
艺文集》《中国近现代名家画集·王振德》等。作
者孙克纲（1923—2007），画家。天津人。天津
画院一级画师、中国美术家协会天津分会副主席
等。代表作品有《太行十月》《秦岭烟云》《峨眉
天下秀》等。

J0010399

怎样画山石　孙祖白编绘
上海 上海书画出版社 1987 年 48 页 有图
19cm（32 开） ISBN：7-80512-057-9
定价：CNY1.20
（中国画技法入门丛书）

J0010400

怎样画山水　弭菊田绘
济南 山东美术出版社 1987 年 54 页 19cm（32 开）
ISBN：7-5330-0002-1 定价：CNY2.00
（老年人美术自学丛书）

J0010401

怎样画石　俞子才，上海书画出版社绘
上海 上海书画出版社 1987 年 34 页 19cm（32 开）
定价：CNY0.85
（中国画技法入门丛书）

　　作者俞子才（1915—1992），教授。名绍爵，
以字行，斋名睇巢、春水草堂。浙江吴兴人。中
国美术协会会员、上海市美术家协会会员、上海
大学美术学院教授兼学术委员、上海中国画院
画师。作品有《雁荡灵峰》《延安》《峨眉山》等，
出版有《山水画皴法十要》《青绿山水课徒画稿》
《怎样画石》等。

J0010402

怎样画云·水·松·石　陆俨少，俞子才著
香港 明天出版社 1987 年 108 页 有图
21cm（32 开） ISBN：962-277-022-3
定价：HKD30.00
（中国画技法入门丛书 3）

　　作者陆俨少（1909—1993），画家、教师。又
名砥，字宛若。上海嘉定县人。毕业于无锡美术
专科学校。上海中国画院画师、浙江美术学院
教师、浙江画院院长。代表作品有《嘉陵江上》
《峡江险水》《雁荡泉瀑》《溪山秋色》《黄山松
云》等。

J0010403

怎样画云·水·松·石　陆俨少，俞子才著
上海 上海书画出版社 1989 年 108 页
20cm（32 开） ISBN：7-80512-390-X
定价：CNY6.00
（中国画技法入门丛书 3）

J0010404

贺天健课徒画稿　贺天健绘；邱涛峰，苗重
安编
上海 上海人民美术出版社 1988 年 34cm（12 开）
ISBN：7-5322-0205-4 定价：CNY4.50

　　本书收作者画稿 101 幅，实际图版 138 幅；
图下附编者按当时学习笔记整理的文字说明。
作者贺天健（1891—1977），国画家、书法家。原
名贺骏，又名贺炳南，字健叟、阿难等。江苏无
锡人。毕业于西安美术学院。书法作品有《东风
吹到好江山》，出版有《贺天健画集》《贺天健山
水册》《学山水画过程自述》等。

J0010405

黄秋园山水画谱　曲冠杰编

北京　光明日报出版社　1988年　130页
26cm（16开）ISBN：7-80014-201-9
定价：CNY11.00

　　本书共收画稿100幅，分树法、石法、水法、烟云法、构图法及各种山形路桥四季不同画法等。

J0010406

名画家论　伍蠡甫著

上海　中国大百科全书出版社　1988年　232页
有肖像及冠图　20cm（32开）
ISBN：7-5000-0220-3　定价：CNY4.00
（中国学术丛书）

J0010407

名画家论　伍蠡甫著

上海　中国大百科全书出版社　1988年　232页
有肖像及冠图　20cm（32开）精装
ISBN：7-5000-0054-5　定价：CNY6.05
（中国学术丛书）

J0010408

名画家论　伍蠡甫著

上海　东方出版中心　1996年　重印本　232页
有照片及书影　20cm（32开）精装
ISBN：7-5000-0482-6　定价：CNY16.00
（中国学术丛书）

J0010409

墨海散记——秦岭云谈山水画　秦岭云著

石家庄　河北美术出版社　1988年　54页　25×26cm
ISBN：7-5310-0045-8　定价：CNY14.80

　　作者论述自己的经历、艺术思想、创作方法。文章中附有作者的速写画稿18幅、山水画精品48幅。作者秦岭云（1914—2008），画家，教育家。曾用名维新。画室堂号五瓜草堂、闻鸡楼，字岭云。生于河南汲县（今卫辉市）。曾在国立北平艺术专科学校绘画系和湖南沅陵国立艺专学习。曾在中央美术学院、人民美术出版社从事国画创作研究。出版有《现代山水画集》《秦岭云写生山水画集》《秦岭云山水作品》《写意山水画技法》等。

J0010410

山水画变革要述　吴守明编著

太原　山西人民出版社　1988年　104页　有图版
20cm（32开）ISBN：7-203-00190-4
定价：CNY2.50

　　本书共8章，分上、下两卷，内容有山水画的起源和早期的山水画、百花齐放的现代山水画等。作者吴守明（1938—　　　），书画家。河北滦县人。中国美术家协会会员、中国书法家协会会员、河北省山水画研究会会长。代表作品《黄河颂》《长城进行曲》等，出版有《山水画变革要述》《山水画构图》《吴守明画集》等。

J0010411

写意山水画法步骤　王颂余，赵松涛著

天津　天津人民美术出版社　1988年　37cm（8开）
ISBN：7-5305-0113-5　定价：CNY4.00
（绘画技法图例丛书）

　　作者王颂余（1910—2005），书法家、山水画家。出生于天津。天津美术学院任教。代表作品《把余粮卖给国家》《凯歌黄金路》《滦水清分清且甘》等。作者赵松涛（1916—1993），山水画家。字劲根，号本坚。天津市人。曾任天津工艺美院教授、中国美术家协会会员、天津国画研究会理事等。代表作品有《建明春晓》《峨眉牛心亭》《峰回路转》等。

J0010412

新编山水画法　吴玉田编著

济南　山东美术出版社　1988年　90页　19cm（32开）
ISBN：7-5330-0097-8　定价：CNY3.40

J0010413

一树一石　李维安绘

天津　天津杨柳青画社　1988年　132页
21cm（32开）ISBN：7-80503-062-6
定价：CNY5.70

　　作者李维安，香港画家，多年从事艺术教育工作。

J0010414

怎样画浅绛山水　徐一轩编绘

上海　上海书画出版社　1988年　36页　19cm（32开）
ISBN：7-80512-254-7　定价：CNY1.64
（中国画技法入门丛书）

作者徐一轩(1941—　　　),上海市华山美术职业学校高级教师。

J0010415

怎样画浅绛山水　徐一轩,孙信一著
香港 明天出版社 1989 年 96 页 有图
21cm(32 开) ISBN:962-277-069-X
定价:HKD38.00
(中国画技法入门丛书 13)

本书由明天出版社与上海书画出版社联合出版。

J0010416

怎样画浅绛山水　徐一轩,孙信一著
台北 艺术出版社 1990 年 [3]+95 页 有彩图
30cm(10 开) 定价:TWD150.00
(中国画技法入门丛书 13)

J0010417

怎样画浅绛山水　徐一轩,孙信一著
上海 上海书画出版社 1996 年 96 页 20cm(32 开)
ISBN:7-80635-010-1 定价:CNY15.50
(中国画技法入门丛书 13)

作者徐一轩(1941—　　　),上海市华山美术职业学校高级教师。作者孙信一(1947—　　　),画家。生于上海川沙县。毕业于日本多摩美术大学研究生学业。历任阳光法亚文化协会会长、上海书画院特聘画师、陆俨少艺术研究会会长、雪堂书画研究会特邀顾问等。

J0010418

中国山水画入门　冉祥正等著
北京 中国旅游出版社 1988 年 306 页 有图
19cm(32 开) ISBN:7-5032-0057-X
定价:CNY3.80

J0010419

彩绘山水　詹前裕著
台北 艺术图书公司 1989 年 208 页 有图
26cm(16 开) 定价:TWD380.00
(绘画·设计·工艺丛书 8)

J0010420

桂林山水画法　刘益之编著
南宁 广西人民出版社 1989 年 48 页 有图版
26cm(16 开) ISBN:7-219-01153-9
定价:CNY14.00

作者刘益之(1934—　　　),画家、教师。生于广西苍梧县。毕业于湖北美术学院。广西艺术学院美术系副教授、中国美协会员。代表作品《巫山云雨》《黄山雪松》等。

J0010421

黄山写生要法　苏着生著
上海 华东师范大学出版社 1989 年 58 页
26cm(16 开) ISBN:7-5617-0449-6
定价:CNY8.80

作者苏着生(1939—　　　),画家。名畅,号雪堂。黄浦画院画师。

J0010422

山川悠远　(中国山水画)(英)苏立文著;洪再新译
广州 岭南美术出版社 1989 年 134 页 有图
19cm(32 开) ISBN:7-5362-0374-8
定价:CNY9.80

本书系西方著名艺术史家迈珂·苏立文根据其在 1974 年牛津大学斯莱德讲座上的讲稿修改、扩充而成。本书从公元 6 世纪前的绘画谈起,对中国唐、宋、元、明、清以及现代各个时期的山水画作了阐释。

J0010423

山水画皴法十要　俞子才,周阳高编撰
上海 上海书画出版社 1989 年 138 页
26cm(16 开) ISBN:7-80512-268-7
定价:CNY12.00

本书列举了宋元时期《潇湘图》《溪山行旅图》《万壑松风图》等 10 幅优秀传统名作,并对画面内容的意境和笔法加以文字分析。作者俞子才(1915—1992),教授。名绍爵,以字行,斋名睫巢、春水草堂。浙江吴兴人。中国美术协会会员、上海市美术家协会会员、上海大学美术学院教授兼学术委员、上海中国画院画师。作品有《雁荡灵峰》《延安》《峨眉山》等,出版有《山水画皴法十要》《青绿山水课徒画稿》《怎样画石》等。

J0010424

山水画艺术处理　刘一原著

武汉 湖北美术出版社 1989 年 124 页 20cm（32 开）ISBN：7-5394-0090-0 定价：CNY6.40

本书除序文外分引言，景物、景象、境界，外形与外空，完整与不完全，情势、氛围，电线与笔墨，色与墨以及沉与浮等 8 章。随文走图与彩图 161 幅。作者刘一原（1942—　），画家、教授。生于湖北武汉。湖北美术学院中国画系教授、水墨画家。代表作品有《山水画艺术处理》《刘一原作品集》《刘一原水墨艺术》等。

J0010425

石涛与"画语录"研究　韩林德著

南京 江苏美术出版社 1989 年 259 页 19cm（32 开）ISBN：7-5344-0088-0 定价：CNY3.10

本书从美学角度，对石涛的生平、思想及创作、理论进行剖析和阐述。分 3 编论述：上编评述石涛的传略；中编论述石涛《画语录》的美学思想；下编对石涛《画语录》进行注译。

J0010426

石涛与"画语录"研究　韩林德著

南京 江苏美术出版社 1996 年 重印本 259 页 19cm（32 开）ISBN：7-5344-0088-0 定价：CNY8.60

作者韩林德（1939—　），研究员、中国美史专家。上海人。毕业于北京大学中文系。中国社科院哲学社会科学部《新建设》杂志编辑。代表作品有《石涛与〈画语录〉研究》《境生象外》《中国古代哲学精华》等。

J0010427

水的画法　康庄编绘

济南 山东美术出版社 1989 年 14 页 26cm（16 开）ISBN：7-5330-0218-0 定价：CNY1.50 （美术自学丛书）

作者康庄（1945—　），国家一级美术师。字梦蝶。山东济南人。山东济南画院创作组组长、中国美术家协会会员、民进中央开明画院理事、山东开明画院院长。代表作品有《龙卧千秋波》《泰岱松云》《屹立东方》等。

J0010428

孙天牧北派山水画谱　孙天牧绘

长春 吉林美术出版社 1989 年 120 页 25cm（16 开）ISBN：7-5386-0160-0 定价：CNY10.00

本书选编作者课徒画稿 100 幅，其中包括山水、石、树木、云及苔草、藤萝等画法，比较全面地介绍了北派山水的基本技法，展现了李唐、刘松年、马远、陈少梅等人的技法特征。

J0010429

写意山水花鸟技法　张渊画

北京 中国广播电视出版社 1989 年 176 页 26cm（16 开）定价：CNY15.00 （上海市老干部大学教学丛书）

作者张渊（1943—　），女，画家。上海交通大学人文学院艺术系教授、上海市政协委员。编著有《从自然到创作——中国花鸟画技法》。

J0010430

写意山水花鸟技法　张渊绘

上海 上海书店 1991 年 152 页 26cm（16 开）ISBN：7-80569-436-2 定价：CNY16.00 （上海市老干部大学教学丛书）

J0010431

怎样构图山水　孙信一编绘

上海 上海书画出版社 1989 年 36 页 19cm（32 开）ISBN：7-80512-188-5 定价：CNY1.80 （中国画技法入门丛书）

作者孙信一（1947—　），画家。生于上海川沙县。毕业于日本多摩美术大学研究生学业。历任阳光法亚文化协会会长、上海书画院特聘画师、陆俨少艺术研究会会长、雪堂书画研究会特邀顾问等。

J0010432

怎样画瀑布　乐震文编绘

上海 上海书画出版社 1989 年 24 页 19cm（32 开）ISBN：7-80512-356-X 定价：CNY1.40 （中国画技法入门丛书）

J0010433

怎样画山水　孙扬，胡振郎著

香港 明天出版社 1989 年 90 页 有图 21cm（32 开）ISBN：962-277-074-6 定价：HKD38.00

（中国画技法入门丛书 14）

本书由明天出版社和上海书画出版社联合出版。作者胡振郎（1938— ），国家一级美术师。浙江永康县人。毕业于浙江美术学院。历任中国美术家协会上海分会理事、上海市黄浦画院院长、上海市文史研究馆馆员、上海中国画院画师。代表作品有《功》《一生难忘1976》《峥嵘岁月》《百年沧桑》《白求恩》，出版有《胡振郎画集》《胡振郎山水画集》《怎样画水墨山水》等。

J0010434

怎样画山水　孙扬，胡振郎著
台北 艺术出版社 1990年［4］+89页 有彩图
21cm（32开）定价：TWD150.00
（中国画技法入门丛书 13）

J0010435

怎样画山水　孙扬，胡振郎著
上海 上海书画出版社 1997年 90页 有插图
21cm（32开）ISBN：7-80635-108-6
定价：CNY14.50
（中国画技法入门丛书 19）

J0010436

怎样画水墨山水　胡振郎编绘
上海 上海书画出版社 1989年 36页 19cm（32开）
ISBN：7-80512-267-9 定价：CNY1.80
（中国画技法入门丛书）

J0010437

怎样写生山水　张继仙，张清编绘
上海 上海书画出版社 1989年 36页 19cm（32开）
ISBN：7-80512-308-X 定价：CNY1.80
（中国画技法入门丛书）

J0010438

中国山水画皴法与地质构造　潘景友著
杭州 浙江大学出版社 1989年 76页 有图
26cm（27开）ISBN：7-308-00256-X
定价：CNY4.95

J0010439

画家之路　（国画·山水）张友宪著
南京 江苏美术出版社 1990年 68页 26cm（16开）
ISBN：7-5344-0137-2 定价：CNY3.90

（中级美术自学辅导丛书）

J0010440

画山写水　张雄绘著
台北 艺术出版社 1990年 112页 有部分彩图
30cm（10开）ISBN：957-9045-10-0
定价：TWD380.00
（画好国画 18）

外文书名：Drawing Mountains and Water.

J0010441

画树写林　卢锡炯编绘
台北 艺术出版社 1990年 172页 有部分彩图
30cm（10开）ISBN：957-9045-08-9
定价：TWD380.00
（画好国画 17）

J0010442

山水画法全图　浦松窗绘
北京 人民美术出版社 1990年 26cm（16开）
ISBN：7-102-00627-6 定价：CNY6.80

作者浦松窗（1913—1991），近现代著名书画家。全名爱新觉罗·溥佺，以字行，笔名雪溪、尧仙、健斋，清朝皇族后裔。与溥忻、溥僩、溥佐兄弟四人并为书画大家，被称为"一门四杰"。先后在国立艺术专门学校、辅仁大学、北平大学、北京画院从事书画指导工作，北京美术家协会、北京书法研究会、中国书法家协会会员。画作题材广泛，尤其擅长马、兰竹、花鸟、山水等。

J0010443

山水画技法析览　童中焘，卓鹤君编著
天津 天津人民美术出版社 1990年 490页
有图版 26cm（16开）精装
ISBN：7-5305-0171-2 定价：CNY60.00

本书按中国的传统山水画技法分7章，包括树法、山石法、云烟法、水流法、时景法、建筑法、设色法等。作者卓鹤君（1943— ），画家、教授。浙江人。毕业于中国美术学院中国画系山水画研究生班。中国美术家协会会员，中国美术学院教授、博士生导师。主要作品有《恒山烟云》《山水情》《翠华图》等。

J0010444

山水画技法析览　童中焘，卓鹤君编著

天津　天津人民美术出版社 1998 年 490 页
有图版 26cm（16 开）精装
ISBN：7-5305-0171-2 定价：CNY70.00
　　作者童中焘（1939—　），画家。出生于浙江
鄞县。毕业于中国美术学院中国画系，并留校任
教。历任中国美术家协会会员、李可染基金会艺
委会委员、中国美术学院教授等。出版有《童中
焘画集》《山水速写——搜尽奇峰打草稿》《童中
焘国画解析》《童中焘山水画选》等。

J0010445

写意山水画技法　　秦岭云编著
北京　人民美术出版社 1990 年 107 页
26cm（16 开）ISBN：7-102-00750-7
定价：CNY8.50
　　本书较为详尽地介绍了写意山水画的技法，
并在技法之外着重探讨了从"写景"到"写意"、
从"具象"到"抽象"的艺术思想。作者秦岭云
（1914—2008），画家，教育家。曾用名维新等。
画室堂号五瓜草堂、闻鸡楼，字岭云。生于河南
汲县（今卫辉市）。曾在国立北平艺术专科学校绘
画系和湖南沅陵国立艺专学习。曾在中央美术
学院、人民美术出版社从事国画创作研究。出版
有《现代山水画集》《秦岭云写生山水画集》《秦
岭云山水作品》《写意山水画技法》等。

J0010446

怎样画山水　　杨硕编著
济南　山东美术出版社 1990 年 24 页 26cm（16 开）
ISBN：7-5330-0281-4 定价：CNY3.60

J0010447

中国山水画技法　　李映铨编著
重庆　西南师范大学出版社 1990 年 96 页
有图 26cm（16 开）ISBN：7-5621-0377-1
定价：CNY4.50
　　本书共 8 章。第一章泛论中国山水画历史
沿革和学习山水画的目的意义；第二章是对工
具、材料的介绍；第三至六章介绍画山、石、云、
水、树、田野、建筑等各种技法及作画步骤；第
七章强调临摹和写生是艺术实践的基本功；第八
章关于创作和欣赏的问题。插图 89 幅。作者李
映铨（1931—　），教师。重庆巴南区人。历任
西南师范大学美术系山水画讲师、副教授、山水
画教研室主任，重庆美协会员、沫若书画院副院

长、重庆老年书画研究会顾问。作品有《嘉陵晨
曲》《嘉陵秋色》《嘉陵晓雾》等，出版有《中国
山水画技法》。

J0010448

山水画创作　　张凭著
海口　海南摄影美术出版社 1991 年 69 页
26cm（16 开）ISBN：7-80571-115-3
定价：CNY9.00
（中央美术学院中国画系国画教材 7）
　　作者张凭（1934—　），教授、画家。河南新
乡人。毕业于中央美术学院中国画系，后留校任
教。历任中央美术学院中国画系山水画室主任、
教授，中国美术家协会会员。主要作品有《黄河》
《太行赞》《龙羊峡之夜》《砥柱》《屹立》等。

J0010449

山水画法　　黄渠成编绘
台北　艺术图书公司 1991 年 再版 145 页
21cm（32 开）ISBN：957-9045-39-9
定价：TWD200.00

J0010450

山水画法技法与修养百题　　朱恒著
杭州　西泠印社 1991 年 238 页 有图 19cm（32 开）
ISBN：7-80517-097-5 定价：CNY5.50
　　作者朱恒（1916—1993），浙江义乌人。浙江
省文史研究馆副馆长、浙江美术学院中国画系教
授、中国美术家协会会员。

J0010451

山水画技法　　梁树年著
海口　海南摄影美术出版社 1991 年 63 页
26cm（16 开）ISBN：7-80571-077-5
定价：CNY9.00
（中央美术学院中国画系国画教材 1）
　　作者梁树年（1911—2005），教授。名豆村，
堂号安樗，斋号警退斋。北京人。曾任北京艺
术师范学院美术系教师、中央美术学院国画系
教授、北京山水画会副会长、中国美术家协会会
员、中国书法家协会会员。代表作品有《黄山旭
日》等，出版有《梁树年画集》等。

J0010452

山水画技法　　梁树年著

北京 学苑出版社 1993 年 63 页 26cm（16 开）
ISBN：7-5077-0638-9 定价：CNY14.50
（中央美术学院中国画系国画教材 1）

J0010453

山水画技法　梁树年著
北京 学苑出版社 1994 年 重印本 63 页
26cm（16 开）ISBN：7-5077-0638-9
定价：CNY15.80

　　作者梁树年（1911—　　），又名豆村。北京人。
中央美术学院教授、中国美术家协会会员。

J0010454

山水画谱　周汝谦编著
北京 中国和平出版社 1991 年 96 页 26cm（16 开）
ISBN：7-80037-568-4 定价：CNY8.00
（画谱丛书）

　　本画谱汇集了作者从事中国山水画创作、研
究 50 余年的经验及部分作品，书中并附有多幅
图例、照片、范画。

J0010455

山水画写生　黄润华著
海口 海南摄影美术出版社 1991 年 70 页
26cm（16 开）ISBN：7-80571-112-7
定价：CNY9.00
（中央美术学院中国画系国画教材 4）

　　作者黄润华（1932—2000），教授。河北正定
人。毕业于中央美术学院中国画系。历任中央
美术学院中国画系主任，中央美术学院学术委员
会委员、中国美术家协会会员、中国书画函授大
学名誉教授。出版有《黄润华山水画集》《黄润
华画集》。

J0010456

山水画写生　黄润华著
北京 学苑出版社 1993 年 70 页 26cm（16 开）
ISBN：7-5077-0638-9 定价：CNY14.50
（中央美术学院中国画系国画教材 4）

J0010457

山水画写生　黄润华著
北京 学苑出版社 1994 年 重印本 70 页
26cm（16 开）ISBN：7-5077-0638-9
定价：CNY15.80

J0010458

石涛画语录　（清）石涛著
天津 天津市古籍书店 1991 年 影印本 32 页
19cm（小 32 开）定价：CNY0.60

J0010459

四季山水　张雄编绘
台北 艺术图书公司 1991 年 119 页 有图
30cm（10 开）ISBN：957-9045-28-3
定价：TWD380.00
（画好国画 24）

　　外文书名：Landscape in Four Seasons.

J0010460

中国山水画新技法　刘国著
延吉 延边人民出版社 1991 年 158 页 有照片
及图 26cm（16 开）ISBN：7-80508-759-8
定价：CNY17.00

　　本书从纸、水、矾、胶的相互作用与运笔用
墨掌握揉拓手段等方面入手，论述了中国山水画
的新技法。作者刘国（1956—　　），画家。字炳生，
号长白墨徒等。毕业于东北师范大学美术系，研
修于中国美术学院。吉林省教育学院美术教研
员、中国教育学会美术教育研究会理事。出版专
著有《刘国画选》《刘国山水画集》《中国山水画
新技法》等。

J0010461

巴山蜀水　岑学恭绘著
台北 艺术图书公司 1992 年 202 页 有图
30cm（10 开）精装 ISBN：957-672-067-2
定价：TWD600.00

　　作者岑学恭（1917—2009），满族。画家，一
级美术师。内蒙古呼和浩特人。毕业于中央大
学艺术系。历任中国美术家协会会员、中国诗书
画研究院院士、北京大学东方书画家协会常务理
事、人民日报神州书画院顾问、白书画研究会顾
问、满族书画家联谊会顾问、四川省政协书画研
究院院长等职。国画作品有《巫山云》《三峡》《秋
林群鹿》等。

J0010462

从小学国画　（初级山石树描图）
广州 岭南美术出版社 1992 年 24 页 14×16cm

ISBN：7-5362-0820-0 定价：CNY1.10

在绘画诸多领域对少年儿童进行的美术教育普及工作，是社会儿童美育的重要途径。本书是山石树描画绘画技法的启蒙书。

J0010463

黄秋园山水画谱　黄秋园著；曲冠杰编
北京 光明日报出版社 1992年 2版 102页
26cm（16开）ISBN：7-80091-206-X
定价：CNY11.00

本画谱共收入作者画稿100幅，分树法、石法、水法、烟云法、构图法及各种山形路桥四季不同画法等。作者黄秋园（1914—1979），国画家。生于江西南昌市。毕业于南昌剑声中学。独创了有别于历代名家的皴法新技法"秋园皴"。代表作品有《庐山梦游图卷》《秋山幽居图》《中国山水画传统技法》等，著有《中国山水画传统技法》。

J0010464

山水画技法新编　李林洪著
上海 上海人民美术出版社 1992年 重印本
122页 有图 26cm（16开）
ISBN：7-5322-0864-8 定价：CNY11.50

本书介绍山水画绘画技巧，其中包括用笔、用墨、用色、布局等。作者李林洪（1942—　），教师。笔名牧石。江西丰城人。景德镇陶瓷学院副教授、美术系基础教研室主任，中国版画家协会会员、中国美术家协会江西分会会员。

J0010465

树石山泉画法　解维础编绘
济南 山东美术出版社 1992年 44页 有彩图
26cm（16开）ISBN：7-5330-0519-8
定价：CNY5.50
（美术技法丛书）

本书介绍山水画中树、石、水等要素的最基本画法，从勾勒、组合到皴法、渲染，循序渐进。

J0010466

孙克纲教学画稿　孙克纲绘
天津 天津人民美术出版社 1992年 230页
26cm（16开）精装 ISBN：7-5305-0329-4
定价：CNY45.80
（中国画名家教学画稿丛书）

作者孙克纲（1923—2007），画家。天津人。天津画院一级画师、中国美术家协会天津分会副主席等。代表作品有《太行十月》《秦岭烟云》《峨眉天下秀》等。

J0010467

现代山水画论　郑壬和著
天津 天津社会科学院出版社 1992年 96页
有附图 26cm（16开）ISBN：7-80563-201-4
定价：CNY12.00

中国现代中国画之山水画艺术评论。作者郑壬和（1925—　），国画家。天津市人。毕业于北平辅仁大学。中国老年书画研究会创作研究员。著有《现代山水画论》《创新》等。

J0010468

怎样画山水写生与点景　乐震文，苏春生编著
香港 明天出版社 1992年 79页 有图
21cm（32开）ISBN：962-277-124-6
定价：HKD40.00
（中国画技法入门丛书 20）

J0010469

怎样画山水写生与点景　乐震文，苏春生编著
上海 上海书画出版社 1997年 79页 有插图
21cm（32开）ISBN：7-80635-109-4
定价：CNY13.50
（中国画技法入门丛书 20）

J0010470

山水画谈　王克文著
上海 上海人民美术出版社 1993年 426页
有图 20cm（32开）ISBN：7-5322-0925-3
定价：CNY11.50

本书将技法研究与画论阐述穿插起来，介绍古代各家山水画传统风格技法特点等。作者王克文（1933—　），教授。浙江奉化人。毕业于南京艺术学院美术系。任职于上海戏剧学院，兼任上海美育学会副会长，黄宾虹研究会（全国）副会长、秘书长，中国艺术研究院特邀研究员。专著有《山水画技法述要》《敦煌艺术》《山水画审美与技法》。

J0010471

山水画图谱　冀学闻绘

济南　山东美术出版社　1993年　37页　19×26cm
ISBN: 7-5330-0676-3　定价: CNY5.20

　　本书收有作者中国画之山水画67幅。作者冀学闻(1935—2005)，美术家。山东青州人。潍坊教育学院副教授、中国美协山东分会会员，青州市美协副主席。代表作品有《黄山晴云》《黄山云涌》等。

J0010472

山水画写生技法　徐一轩著

上海　上海人民美术出版社　1993年　97页
18cm(30开)　ISBN: 7-5322-1098-7
定价: CNY6.50

　　本书结合绘画作品，讲述了山水画的写生技法，如观察方法、写生的几种方法、画法规律、画法步骤例析等。作者徐一轩(1941—　)，上海市华山美术职业学校高级教师。

J0010473

俞子才青绿山水课徒画稿　俞子才绘

上海　上海书画出版社　1993年　149页　26×27cm
ISBN: 7-80512-711-5　定价: CNY60.00

　　本画册为绘者晚年力作。从黑稿起手到小青绿各种画法逐步分解。后附古画10幅。作者俞子才(1915—1992)，教授。名绍爵，以字行，斋名睫巢、春水草堂。浙江吴兴人。中国美术协会会员、上海市美术家协会会员、上海大学美术学院教授兼学术委员、上海中国画院画师。作品有《雁荡灵峰》《延安》《峨眉山》等，出版有《山水画皴法十要》《青绿山水课徒画稿》《怎样画石》等。

J0010474

怎样画山石　徐建明著

南京　江苏美术出版社　1993年　24页　26cm(16开)
ISBN: 7-5344-0341-3　定价: CNY2.50
(美术爱好者之友)

J0010475

怎样画云雾　徐建明著

南京　江苏美术出版社　1993年　20页　26cm(16开)
ISBN: 7-5344-0340-5　定价: CNY2.35
(美术爱好者之友)

J0010476

中国山水画教程　孙恩同著

沈阳　辽宁美术出版社　1993年　208页
26cm(16开)　ISBN: 7-5314-0960-7
定价: CNY13.80

　　本书介绍了传统的山水画技法与现代山水画写生、创作技巧。作者孙恩同(1923—　)，满族，画家。毕业于东北鲁迅文艺学院。鲁迅美术学院教授、中国美术家协会会员、辽宁省中国画研究会副会长。作品有《长白山》《长白飞瀑》《秋色》等。

J0010477

中国山水画教程　孙恩同著

沈阳　辽宁美术出版社　1994年　重印本　208页
26cm(16开)　ISBN: 7-5314-0960-7
定价: CNY13.80

J0010478

山水画创作　张凭著

北京　学苑出版社　1994年　重印本　69页
26cm(16开)　ISBN: 7-5077-0638-9
定价: CNY15.80

　　作者张凭(1934—　)，中央美术学院教授、中国画系山水画室主任。

J0010479

山水画法　胡振郎著

上海　上海人民美术出版社　1994年　155页
有图　26cm(16开)　ISBN: 7-5322-1307-2
定价: CNY18.80

　　作者胡振郎(1938—　)，国家一级美术师。浙江永康县人。毕业于浙江美术学院。历任中国美术家协会上海分会理事、上海市黄浦画院院长、上海市文史研究馆馆员、上海中国画院画师。代表作品有《功》《一生难忘1976》《峥嵘岁月》《百年沧桑》《白求恩》，出版有《胡振郎画集》《胡振郎山水画集》《怎样画水墨山水》等。

J0010480

山水画基本技法临本　樊凡主编；李畹等绘画；金陵老年大学编

兰州　甘肃人民出版社　1994年　48页　有图
38cm(6开)　套装　ISBN: 7-226-01244-8

定价：CNY8.90

　　本书包括：山石法、树法、石水法及建筑物、舟桥、风景、人物的画法。

J0010481

山水画基础技法临本　樊凡主编；李畹等绘；金陵老年大学编

兰州 甘肃人民出版社 1994年 48页 38cm（8开）

ISBN：7-226-01244-8 定价：CNY8.90

J0010482

山水画起步　徐英槐编绘

杭州 浙江少年儿童出版社 1994年 26cm（16开）

ISBN：7-5342-1141-7 定价：CNY3.10

　　作者徐英槐（1937—　），山水画家。浙江宁波人。毕业于浙江美术学院。浙江画院专业画家。代表作品有《黄山迎客松》《杨柳山晓风残月》等。

J0010483

山水画入门　吴齐著

南昌 江西美术出版社 1994年 2版 78页 26cm（16开）ISBN：7-80580-185-1

定价：CNY12.80

J0010484

山水画写生技法　段浚川著

北京 团结出版社 1994年 114页 17×19cm

ISBN：7-80061-077-2 定价：CNY5.50

　　本书分：山水画优良的写生传统、山水写生在学习山水画中的地位、根据写生稿画的山水画等4个部分。

J0010485

山水画新技法　郑绍敏著

合肥 安徽美术出版社 1994年 34页 26cm（16开）

ISBN：7-5398-0297-9 定价：CNY12.00

（美术新技法丛书）

J0010486

万鼎山水画技法

北京 华夏出版社 1994年 49页 25×26cm

ISBN：7-5080-0519-8 定价：CNY38.00

J0010487

中国写意山水画技法　魏紫熙主编；刘宇甲，丁战编著

南京 江苏美术出版社 1994年 重印本

296页 26cm（16开）ISBN：7-5344-0234-4

定价：CNY23.80

　　作者魏紫熙（1915—2002），画家。河南遂平县人。河南艺术师范学院毕业。历任河南艺术师范学校教师、河南大学讲师、江苏省国画院画师、徐州市国画院名誉院长等。代表作品《黄洋界》《温课》《巡逻》《同劳动同协商》《魏紫熙画集》。作者丁战（1941—2000），艺术家、国画家。原名丁楠森。江苏无锡人。毕业于南京师范学院美术系，留校任教。曾任江苏省国画院副院长。出版有《中国写意山水画技法》《水墨人物画法》《长江三峡中国名山画法研究》等。作者刘宇甲（1943—　），书画家。出生于四川自贡，祖籍河北吴桥。供职于南京市文联，江苏省美术家协会会员、江苏省美学学会会员、南京书画院特聘画家。代表作品有《中国写意山水画技法》《龚贤研究集》。

J0010488

金陵名家山水画技法解析　徐善编

南京 江苏教育出版社 1995年 24张 38cm（8开）

ISBN：7-5343-2518-8 定价：CNY19.50

J0010489

陆一飞画山水　陆一飞绘

上海 上海人民美术出版社 1995年 32页

26cm（32开）ISBN：7-5322-1398-6

定价：CNY10.70

（名家教画丛书）

　　作者陆一飞（1931—2005），画家、教师。生于浙江余姚，祖籍慈溪。曾就读于浙江美术学院和上海画院。历任上海师范学院艺术系教师、华东化工学院兼职教授、中国河山画会秘书长。代表作品有《李白诗意山水百图》《唐宋意图》《川江橘红》等。

J0010490

山水画法　叶维，李海陆著

苏州 古吴轩出版社 1995年 76页 26cm（16开）

ISBN：7-80574-189-1 定价：CNY16.80

（中国书画自学丛书）

作者叶维(1940—　)，画家。江苏常熟人。毕业于南京师范大学美术系，受教于傅抱石、杨建侯诸大师。历任江苏美术出版社编辑室主任、副编审，中国美术家协会会员。代表作品《峡江晨曦》《碧玉留江南》《莫愁湖畔》。

J0010491
山水画构图　吴守明编著
石家庄 河北美术出版社 1995年 50页
26cm(16开) ISBN：7-5310-0690-1
定价：CNY28.00
　　作者吴守明(1938—　)，书画家。河北滦县人。历任中国美术家协会会员、中国书法家协会会员、河北省山水画研究会会长。代表作品《黄河颂》《长城进行曲》等，出版有《山水画变革要述》《山水画构图》《吴守明画集》等。

J0010492
山水画谱　徐英槐，俞建华绘著
杭州 浙江人民美术出版社 1995年 126页
26cm(16开) ISBN：7-5340-0632-5
定价：CNY14.50

J0010493
山水画入门(陆俨少课徒画稿新编) 陆俨少绘
杭州 西泠印社 1995年 53页 37cm
ISBN：7-80517-167-X 定价：CNY22.00
(中国绘画大师技法画谱)
　　作者陆俨少(1909—1993)，画家、教师。又名砥，字宛若。上海嘉定县人。毕业于无锡美术专科学校。历任上海中国画院画师、浙江美术学院教师、浙江画院院长。代表作品有《嘉陵江上》《峡江险水》《雁荡泉瀑》《溪山秋色》《黄山松云》等。

J0010494
山水写生引导　蔡世明著
合肥 安徽美术出版社 1995年 20页 26cm(16开)
ISBN：7-5398-0452-1 定价：CNY13.80
(美术新技法丛书)

J0010495
水墨山水画创作之研究　李沛著
台北 文史哲出版社 1995年 222页 21cm(32开)
ISBN：957-547-934-3 定价：TWD240.00

(艺术丛刊 12)

J0010496
水墨山水画技法100问　宁日曾著
西安 陕西人民美术出版社 1995年 106页
26cm(16开) ISBN：7-5368-0719-8
定价：CNY19.50
(美术技法丛书)
　　作者宁日曾(1935—　)，满族，教授。原名耀曾。毕业于中央美术学院绘画系。西安美术学院教授、中国美术家协会会员、中国书法家协会会员。著作有《写意花鸟画法研究》《水墨山水画法百问》《水墨画马技法研究》等。

J0010497
萧云从画谱　(清)萧云从绘；陈传席编著
合肥 安徽美术出版社 1995年 69页 19×26cm
ISBN：7-5398-0381-9 定价：CNY9.50
　　作者萧云从(1596—1673)，明末清初画家。字尺木，号无闷道人。安徽芜湖人。代表作品《梅花堂遗稿》《易存》《韵通》《太平山水图》等。作者陈传席(1950—　)，教授。江苏睢宁人。毕业于南京师范大学美术学院，获博士学位。中国人民大学艺术学院教授、博士生导师，中国美术家协会会员、中国美术学院客座教授、兼任中国佛教艺术研究所所长、中国美术家协会理论委员会副主任等。代表作有《陈传席文集》《中国山水画史》《中国绘画美学史》等。

J0010498
写生山水画创作技法　张建明著
北京 中国工人出版社 1995年 60页 26cm(16开)
ISBN：7-5008-1714-2 定价：CNY13.80
　　作者张建明(1945—　)，画家。号清官店人，河北束鹿人。中国美术家协会会员。

J0010499
写实国画新技展示　陈辉著
合肥 安徽美术出版社 1995年 66页 26cm(16开)
ISBN：7-5398-0413-0 定价：CNY24.00
(美术新技法丛书)

J0010500
怎样画山水　王心昌著
北京 西苑出版社 1995年 40页 26cm(16开)

ISBN：7-80108-053-X　定价：CNY10.00
（中国画基础技法丛书）

J0010501

怎样画水口　叶维著
南京　江苏美术出版社 1995年 40页 26cm（16开）
ISBN：7-5344-0419-3　定价：CNY4.90
（美术爱好者之友）

　　作者叶维（1940—　　），画家。江苏常熟人。毕业于南京师范大学美术系，受教于傅抱石、杨建侯诸大师。历任江苏美术出版社编辑室主任、副编审，中国美术家协会会员。代表作品《峡江晨曦》《碧玉留江南》《莫愁湖畔》。

J0010502

白描山水构图资料集　季兴泉编绘
合肥　安徽美术出版社 1996年 106页 18×26cm
ISBN：7-5398-0544-7　定价：CNY12.80

J0010503

傅抱石山水画技法解析　傅抱石绘；徐善编著
南京　江苏美术出版社 1996年 49页 26cm（16开）
ISBN：7-5344-0508-4　定价：CNY36.00
（中国画名家技法解析丛书）

　　作者傅抱石（1904—1965），画家。原名长生、瑞麟，号抱石斋主人。生于江西南昌，祖籍江西新余。早年留学日本。历任南京师范学院教授、江苏国画院院长等职。代表作品有《山阴道上》《钟馗》《屈原》《江山如此多娇》，著有《中国古代绘画之研究》《中国绘画变迁史纲》等。

J0010504

画细笔山水　宋玉麟著
苏州　古吴轩出版社 1996年 30页 26cm（16开）
ISBN：7-80574-242-1　定价：CNY10.80
（中国画技法示范）

J0010505

披麻皴　（上）陈传席，杨惠东主编
长沙　湖南美术出版社 1996年 157页
26cm（16开）ISBN：7-5356-0832-9
定价：CNY34.00
（历代山水画皴法大观）

　　作者陈传席（1950—　　），教授。江苏睢宁人。

毕业于南京师范大学美术学院，获博士学位。中国人民大学艺术学院教授、博士生导师，中国美术家协会会员、中国美术学院客座教授，兼任中国佛教艺术研究所所长、中国美术家协会理论委员会副主任等。代表作有《陈传席文集》《中国山水画史》《中国绘画美学史》等。

J0010506

披麻皴　（下）陈传席，杨惠东主编
长沙　湖南美术出版社 1996年 157页
26cm（16开）ISBN：7-5356-0844-2
定价：CNY34.00
（历代山水画皴法大观）

J0010507

山水画基础技法　赵树松编著
天津　天津人民美术出版社 1996年 61页
有附图 26cm（16开）ISBN：7-5305-0562-9
定价：CNY7.10
（美术基础技法丛书）

　　作者赵树松（1939—　　），教授。河北安平人。天津工艺美术学院教授、中国美术家协会会员、美协天津分会理事。

J0010508

石涛画学本义　杨成寅著
杭州　浙江人民美术出版社 1996年 11+487页
有附图 20cm（32开）ISBN：7-5340-0672-4
定价：CNY18.50

　　作者杨成寅（1926—2016），美术理论家、雕塑家。河南南阳市人。毕业于中央美院研究生班并留校任教。曾任《美术理论资料》《美术译丛》等刊物编辑、中国美术学院教授、中国美术家协会会员。雕塑作品有《晨读》《汤显祖像》《谢文锦像》等。

J0010509

树木的画法　吴雅明著
石家庄　河北美术出版社 1996年 56页
26cm（16开）ISBN：7-5310-0838-6
定价：CNY12.00
（中国画自学丛书）

　　作者吴雅明（1947—　　），画家、书法家。字笑庚，号三江蜀人。四川洪雅人。文化部中国文化艺术发展公司艺术顾问、中国矿业大学客座教

授。代表作品有《满目青山花无数》《秋风江上》《蜀山之秋》等。

J0010510
我读石涛画语录　吴冠中著
北京　荣宝斋出版社　1996年　22+103+72页
有图版　20cm（32开）ISBN：7-5003-0338-6
定价：CNY28.00

作者吴冠中（1919—2010），著名画家、美术教育家。江苏宜兴人。毕业于国立杭州艺术专科学校。中央工艺美术学院教授。代表作品《长江三峡》《鲁迅的故乡》《春雪》《长城》，油画代表作有《长江三峡》《北国风光》《小鸟天堂》《黄山松》《鲁迅的故乡》等，个人文集有《吴冠中谈艺集》《吴冠中散文选》《美丑缘》等。

J0010511
云水雾的画法　罗藩著
石家庄　河北美术出版社　1996年　49页
26cm（16开）ISBN：7-5310-0833-5
定价：CNY12.00
（中国画自学丛书　山水丛书）

J0010512
怎样画山水　徐金堤著
济南　山东美术出版社　1996年　32页　26cm（16开）
ISBN：7-5330-0978-9　定价：CNY8.00
（中国画自学丛书）

作者徐金堤（1938—2009），国画家、教授。山东潍坊人。历任山东艺术学院美术系主任、教授、党总支书记，山东画院山水画研究会副会长、全国美术教育研究会会员、中国美术家协会会员。作品有《泰山岩岩》《长城魂》《碧霞映雪》等，出版有《徐金堤画集》等。

J0010513
中国山水画技法　梁树年著
北京　大众文艺出版社　1996年　125页
26cm（16开）ISBN：7-80094-164-7
定价：CNY27.00

作者梁树年（1911—2005），教授。名豆村，堂号安樗，斋号警退斋。北京人。曾任北京艺术师范学院美术系教师、中央美术学院国画系教授、北京山水画会副会长、中国美术家协会会员、中国书法家协会会员。代表作品有《黄山旭日》等，出版有《梁树年画集》等。

J0010514
中国山水画技法　段七丁编
重庆　西南师范大学出版社　1996年　41+48页
26cm（126开）ISBN：7-5621-0377-1
定价：CNY21.00

J0010515
中国山水画论　包泉万著
沈阳　辽宁美术出版社　1996年　275页　有彩图
20cm（32开）ISBN：7-5314-1626-3
定价：CNY28.00

J0010516
中国山水画速写技法　陈航著
重庆　西南师范大学出版社　1996年　113页
26cm（16开）ISBN：7-5621-1355-6
定价：CNY18.00

J0010517
中国山水文化　李文初等著
广州　广东人民出版社　1996年　583页
20cm（32开）ISBN：7-218-02185-9
定价：CNY28.00

J0010518
百树图谱　方楚乔绘
广州　岭南美术出版社　1997年　156页
26cm（16开）ISBN：7-5362-1590-8
定价：CNY23.00
（植物百图丛书）

J0010519
斧劈皴　（上）陈传席，杨惠东主编
长沙　湖南美术出版社　1997年　157页
26cm（16开）ISBN：7-5356-0905-8
定价：CNY29.00
（历代山水画皴法大观）

作者陈传席（1950—　　），教授。江苏睢宁人、毕业于南京师范大学美术学院，获博士学位。中国人民大学艺术学院教授、博士生导师，中国美术家协会会员、中国美术学院客座教授，兼任中国佛教艺术研究所所长、中国美术家协会理论委员会副主任等。代表作有《陈传席文集》《中国

山水画史》《中国绘画美学史》等。

J0010520
斧劈皴 （下）陈传席，杨惠东主编
长沙 湖南美术出版社 1997年 157页
26cm（16开） ISBN：7-5356-0906-6
定价：CNY29.00
（历代山水画皴法大观）

J0010521
江岸送别 （明代初期与中期绘画 1368—1580）
（美）高居翰（James Cahill）著
台北 石头出版公司 1997年 337页 有图
30cm（10开） 精装 ISBN：957-9089-22-1
定价：TWD2600.00
　　外文书名：Parting at the Shore：Chinese Painting
of the Early and Middle Ming Dynasty，1368—1580.

J0010522
南画山水技法　王克文著
北京 人民美术出版社 1997年 87+195页
26cm（16开） ISBN：7-102-01739-1
定价：CNY35.00
　　作者王克文（1933—　），教授。浙江奉化人。
毕业于南京艺术学院美术系。任职于上海戏剧
学院，兼任上海美育学会副会长，黄宾虹研究会
（全国）副会长、秘书长，中国艺术研究院特邀研
究员等。专著有《山水画技法述要》《敦煌艺术》
《山水画审美与技法》。

J0010523
山石的画法　钟长生著
石家庄 河北美术出版社 1997年 37页
26cm（16开） ISBN：7-5310-0904-8
定价：CNY9.00
（中国画自学丛书）
　　作者钟长生（1941—　），畲族，画家。笔名
钟簏。浙江龙泉市人。毕业于浙江美术学院中
国画系。历任河北画院专职画家、一级美术师、
中国书法艺术研究院艺术委员会理事、国际诗词
艺术家联合会理事、亚洲艺术科学院院士、河北
省山水画研究会会长等职。代表作品《钟长生画
选》《钟长生画集》。

J0010524
山水画探微　张三友著
西安 陕西人民美术出版社 1997年 91页
有图版 25×26cm ISBN：7-5368-0991-3
定价：CNY70.00

J0010525
山外山 （晚明绘画 1570—1644）（美）高居翰
（James Cahill）著
台北 石头出版公司 1997年 399页 有图
30cm（10开） 精装 ISBN：957-9089-23-X
定价：TWD2600.00
　　外文书名：The Distant Mountains：Chinese
Painting of the Late Ming Dynasty，1570—1644.

J0010526
写意山水画技法　孙文勃著
沈阳 辽宁美术出版社 1997年 92页 26cm（16开）
ISBN：7-5314-1682-4 定价：CNY29.00
（国画技法丛书）

J0010527
写意山水入门　张伟平，林海钟著
南宁 广西美术出版社 1997年 48页 26cm（16开）
ISBN：7-80625-288-6 定价：CNY12.00
（美术基础入门画库 第二辑）

J0010528
新编山水画技法　张廷禄编著
合肥 安徽美术出版社 1997年 121页 226cm
ISBN：7-5398-0508-0 定价：CNY25.00
（美术技法丛书）

J0010529
怎样画松柏　张宝珠著
济南 山东美术出版社 1997年 30页 26cm（16开）
ISBN：7-5330-1070-1 定价：CNY8.00
（中国画自学丛书）
　　作者张宝珠（1945—　），山东画院高级
画师。

J0010530
指墨山水　杜巽绘
杭州 中国美术学院出版社 1997年 16页
42cm（8开） ISBN：7-81019-623-5

定价: CNY18.00
(中国山水画临本丛书)

J0010531
中国山水画 (1)樊凡著
南京 江苏美术出版社 1997年 1折
25cm(小 16 开) 折装 ISBN: 7-5344-0619-6
定价: CNY6.80
(学画入门)

J0010532
中国山水画 (2)朱奇山著
南京 江苏美术出版社 1997年 1折
25cm(小 16 开) 折装 ISBN: 7-5344-0623-4
定价: CNY6.80
(学画入门)

J0010533
中国山水画 (3)陈衍儒著
南京 江苏美术出版社 1997年 1折
25cm(小 16 开) 折装 ISBN: 7-5344-0622-6
定价: CNY6.80
(学画入门)

J0010534
中国山水画技法学谱 何延喆著
天津 天津杨柳青画社 1997年 376页 有图
29cm(16 开) 精装 ISBN: 7-80503-376-5
定价: CNY115.00

J0010535
中国山水画美学研究 朱玄著
台北 学生书局 1997年 345页 22cm(30 开)
精装 ISBN: 957-15-0833-0 定价: TWD370.00
(艺术丛书)

J0010536
方骏课稿 方骏著
武汉 湖北美术出版社 1998年 50页 29cm(16 开)
ISBN: 7-5394-0793-X 定价: CNY25.00
(当代高等院校中国画名家教学系列)
　　作者方骏(1943—　　),画家、教授。生于江
苏灌云,祖籍安徽歙县。毕业于南京师范学院
美术系,获硕士学位,留校任教。江苏省国画院
特聘画师。出版有《江苏当代国画优秀作品展画

集·方骏》《当代名家山水精品·方骏》等。

J0010537
傅抱石谈艺录 傅抱石[著述];徐善编著
郑州 河南美术出版社 1998年 108页
20cm(32 开) ISBN: 7-5401-0681-6
定价: CNY8.40
(大师谈艺丛书)
　　本书包括中国山水画的发展、中国画的特
点、谈山水画的写生和论皴法等。作者傅抱石
(1904—1965),画家。原名长生、瑞麟,号抱石
斋主人。生于江西南昌,祖籍江西新余。早年留
学日本。历任南京师范学院教授、江苏国画院院
长等职。代表作品有《山阴道上》《钟馗》《屈原》
《江山如此多娇》,著有《中国古代绘画之研究》
《中国绘画变迁史纲》等。

J0010538
李可染山水画技法解析 杨彦编著
南京 江苏美术出版社 1998年 112页
26cm(16 开) ISBN: 7-5344-0801-6
定价: CNY44.00
(中国画名家技法解析丛书)

J0010539
山水画技法 林海钟著
南昌 21 世纪出版社 1998年 99页 29cm(15 开)
ISBN: 7-5391-1282-4 定价: CNY26.00
(中国水墨画初级教材 4)
　　本书由 21 世纪出版社和江西美术出版社联
合出版。

J0010540
山水画写生、创作画法 王梦湖著
北京 中国工人出版社 1998年 74页 26cm(16 开)
ISBN: 7-5008-2027-5 定价: CNY13.00
(中国画自学技法丛书)

J0010541
宋文治山水画技法解析 郑伟建编文
南京 江苏美术出版社 1998年 104页
26cm(16 开) ISBN: 7-5344-0803-2
定价: CNY40.00
(中国画名家技法解析丛书)

J0010542

唐宋元十六家山水画技法图解　刘松岩编绘

北京　人民美术出版社　1998年　176页　有彩图
19×26cm

　　本书参照明代"浙派"巨匠蓝瑛所绘16幅仿古山水册页编绘而成，包括自唐王维至元"四家"的唐、五代、北宋、南宋、元的16位不同流派山水画家的技法。

J0010543

王中年山水画谱　（第1集）王中年绘

福州　福建美术出版社　1998年　54页　27×28cm
ISBN：7-5393-0734-X　定价：CNY70.00

　　作者王中年（1943—　），满族，画家。曾用名王忠年。辽宁凤城人。毕业于鲁迅美术学院附中，进修于广州美术学院。曾任本溪市平山区文化馆美术组长、代馆长。作品有《飞流直下》《秋》《初春》《林海雪原》《峡江图》等。

J0010544

魏紫熙山水画技法解析　徐善，魏镇编著

南京　江苏美术出版社　1998年　128页
26cm（16开）　ISBN：7-5344-0802-4
定价：CNY40.00
（中国画名家技法解析丛书）

J0010545

溪山行旅图　张伟平著

南宁　广西美术出版社　1998年　37cm（8开）
ISBN：7-80625-482-X　定价：CNY20.00
（名画临摹技法）

J0010546

溪山行旅图　张伟平著

南宁　广西美术出版社　1998年　38cm（6开）
ISBN：7-80625-483-8　定价：CNY20.00
（名画临摹技法）

J0010547

写意山水　徐正著

济南　山东美术出版社　1998年　36页　26cm（16开）
ISBN：7-5330-1262-3　定价：CNY9.80
（金手指美术自学丛书）

　　作者徐正（1955—　），教授。山东东明人。毕业于曲阜师范大学美术系。历任曲阜师范大

学美术系美术学院院长、中国美术家协会会员，山东省美术家协会理事、副秘书长，山东省美协水彩画艺委会副主任等。

J0010548

早春图　林海钟著

南宁　广西美术出版社　1998年　37cm（8开）
ISBN：7-80625-483-8　定价：CNY20.00
（名画临摹技法）

　　中国画之山水画绘画临摹技法。

J0010549

怎样画山水画　陈洙龙著

南昌　江西美术出版社　1998年　32页　26cm（16开）
ISBN：7-80580-525-3　定价：CNY9.80
（绘画入门丛书）

J0010550

从山水到山水画　王立贤著

沈阳　辽宁美术出版社　1999年　93页　29cm（16开）
ISBN：7-5314-2165-8　定价：CNY46.00

J0010551

范扬教你画山水　范扬编著

南京　南京大学出版社　1999年　29cm（16开）
ISBN：7-305-03437-1　定价：CNY7.50
（名家美术课堂　艺术入门教程）

　　本书简要讲解了山水画的基本知识和绘画技法。内容包括山水画的意境、树木及泉石的画法、《林壑草阁图》的画法、《溪山行旅》的画法、《湖山清晓》的画法、《观瀑图》的画法以及范画。作者范扬（1955—　），画家。生于香港，祖籍江苏南通。毕业于南京师范大学美术系。历任南京师范大学美术学院院长、教授、博士生导师、中国国家画院国画院副院长、兼任南京书画院院长、中国艺术研究院中国画院研究员。邮票作品有《太湖》《周恩来同志诞生100周年》《普陀秀色》。

J0010552

工笔山水

长沙　湖南美术出版社　1999年　28页　38cm（6开）
ISBN：7-5356-1263-6　定价：CNY20.00
（教学示范作品　中国画）

J0010553
工笔山水技法　许信容著
沈阳 辽宁美术出版社 1999年 60页 29cm（16开）
ISBN：7-5314-2327-8 定价：CNY60.00
（21世纪名家技法系列）

J0010554
工笔重彩山水画临摹范本　李云集编著
西安 陕西人民美术出版社 1999年 7张
42cm（8开）散页套装 统一书号：85368.102
定价：CNY22.80

J0010555
国画山水　徐建明著
南京 江苏美术出版社 1999年 125页
28cm（大16开）ISBN：7-5344-0975-6
定价：CNY32.00
（美术技法大全）

J0010556
国画山水　张捷编
杭州 浙江人民美术出版社 1999年 32页
29cm（16开）ISBN：7-5340-0890-5
定价：CNY18.00
（基础绘画写生摹本 第10辑）
　　作者张捷（1963—　），教授、国家一级美术
师。字半白，号奎庐，又号闲云草堂主。浙江台
州人。毕业于中国美术学院国画系，获博士学位。
历任中国美术学院教授、硕士生导师，中国美术
家协会会员、浙江省美术家协会理事。主要作品
有《平山静水》《江南可采菱》《溪居图》《开门见
山》《故园》等。

J0010557
国画山水　金心明编著
北京 中国民族摄影艺术出版社 1999年 48页
26cm（16开）ISBN：7-80069-272-8
定价：CNY9.80
（基础美术技法丛书 中级班 11）

J0010558
教你画山水　周星主编；徐国志编著
北京 中国计划出版社 1999年 42页 26cm（16开）
ISBN：7-80058-817-3 定价：CNY6.50
（21世纪美术权威教程）

J0010559
历代山水画名作选　王金石编
长沙 湖南美术出版社 1999年 78页 38cm（6开）
ISBN：7-5356-1249-0 定价：CNY46.00
（教学示范作品 中国画）

J0010560
林容生新工笔山水　林容生绘
天津 天津杨柳青画社 1999年 19页 38cm（6开）
ISBN：7-80503-447-8 定价：CNY29.00
（中国当代知名画家新工笔画技法范本丛书）
　　作者林容生（1958—　），教授。生于福建福
州。毕业于福建师范大学。历任中国国家画院
专职画家、中国美术家协会会员、中国书法家协
会会员、福建省美术家协会副主席、福建师范大
学特聘教授、硕士生导师。代表作《当代中国画
精品集·林容生》。

J0010561
陆俨少画语录图释　陆俨少［绘著］；舒士
俊编
杭州 西泠印社 1999年 182页 29cm（16开）
ISBN：7-80517-394-X 定价：CNY36.00
　　作者陆俨少（1909—1993），画家、教师。又
名砥，字宛若。上海嘉定县人。毕业于无锡美术
专科学校。上海中国画院画师、浙江美术学院
教师、浙江画院院长。代表作品有《嘉陵江上》
《峡江险水》《雁荡泉瀑》《溪山秋色》《黄山松
云》等。

J0010562
青绿山水技法　宇文洲编著
北京 人民美术出版社 1999年 90页 26cm（16开）
ISBN：7-102-01966-1 定价：CNY23.00

J0010563
山水国画　白丁著
上海 上海大学出版社 1999年 46页 有图
29cm（16开）ISBN：7-81058-124-4
定价：CNY12.00
（《基础美术阶梯训练教材》系列丛书）
　　本书包括国画基本知识、石头的勾勒披麻
皴画法、松树枝杆的画法、瀑布的画法、水浪的
烘染、动态云的烘染等7章。作者白丁（1946—
2013），二级美术师。原名赵联祥。河北黄骅市人。

毕业于上海大学美术学院国画系。曾任上海大学艺术中心副主任、上海市美术家协会会员、华侨书画院副院长、上海海上书画原副院长。著有《山水国画》。

J0010564

山水画 童中焘著

上海 上海书画出版社 1999年 620页 有图
17×19cm 精装 ISBN：7-80635-521-9
定价：CNY48.00
（美术技法丛书）

本书内容包括：山水画发展概述；笔墨的发展和认识；文人画与南北宗；林木、山石、水泉、云烟的技法；布置；设色；写生等。

J0010565

山水画 童中焘著

上海 上海书画出版社 1999年 620页 有图
17×19cm ISBN：7-80635-413-1
定价：CNY40.00
（美术技法丛书）

作者童中焘（1939— ），画家。出生于浙江鄞县。毕业于中国美术学院中国画系，并留校任教。历任中国美术家协会会员、李可染基金会艺委会委员、中国美术学院教授等。出版有《童中焘画集》《山水速写——搜尽奇峰打草稿》《童中焘国画解析》《童中焘山水画选》等。

J0010566

山水画笔墨技法详解 丘挺著

南宁 广西美术出版社 1999年 127页
29cm（16开） ISBN：7-80625-718-7
定价：CNY48.00

J0010567

山水画基础 陆秀竞著

杭州 中国美术学院出版社 1999年 178页
有图 26cm（16开） ISBN：7-81019-756-8
定价：CNY25.00
（美术教材丛书）

外文书名：Basic Skill of Landscape Painting.
作者陆秀竞（1942— ），画家。号千岩，字峥。浙江绍兴人。毕业于中国美术学院中国画系。历任西泠书画院副院长、高级画师，浙江山水画研究会副会长。出版有《山水画基础》《中国山

水画技法》《少儿中国画教程》。

J0010568

山水画技法 申石伽，申二伽编绘

上海 上海古籍出版社 1999年 2册（161；174页）
29cm（15开） ISBN：7-5325-2604-6
定价：CNY100.00

作者申石伽（1906—2001），画家，教育家。笔名"西泠石伽"。浙江杭州人。出生书画世家，祖父为晚清著名山水画家申宜轩。长期任教于上海工艺美术学校，历任上海美协会员、上海市文史馆馆员、浙江文史研究馆名誉馆员。著有《山水画基础技法》《墨竹析览》等。

J0010569

山水画技法基础入门 存善等编绘

北京 中国画报出版社 1999年 44页 26cm（16开）
ISBN：7-80024-514-4 定价：CNY14.00

J0010570

山水画浅议 宋玉增，韦公衡著

北京 西苑出版社 1999年 44页 26cm（16开）
ISBN：7-80108-203-6 定价：CNY15.00
（中国画自习丛书）

J0010571

山水画写生技法 赵树松著

天津 天津人民美术出版社 1999年 105页
有图 26cm（16开） ISBN：7-5305-0913-6
定价：CNY16.50
（中国画技法系列）

作者赵树松（1939— ），教授。河北安平人。天津工艺美术学院教授、中国美术家协会会员、美协天津分会理事。

J0010572

中国山水画 徐正著

济南 黄河出版社 1999年 128页 有图
26cm（16开） ISBN：7-80152-093-9
定价：CNY26.00
（美术教育丛书）

作者徐正（1955— ），教授。山东东明人。毕业于曲阜师范大学美术系。历任曲阜师范大学美术系美术学院院长、中国美术家协会会员、山东省美术家协会理事、副秘书长，山东省美协

水彩画艺委会副主任等。

J0010573
中国山水画教程　王慧智，丁雪峰编著
北京 朝华出版社 1999年 186页 26cm（16开）
ISBN：7-5054-0600-0 定价：CNY50.00
　　本书包括：工具与材料、山水画的笔墨技法、树木的画法、山石的画法、其他景物的画法、山水画的设色方法、山水画的构图、山水画写生等内容。作者王慧智（1956—　），画家、教授。生于河北保定。毕业于天津美术学院山水画研究生班，获硕士学位。历任天津美术学院中国画系副教授、《中国书画报》社副总编、天津画院院外画家。合著有《中国山水画教程》。作者丁雪峰（1958—　），书画家。生于内蒙古。毕业于内蒙古工业大学。曾在天津从事高校教学工作，兼任《中国书画报》编辑，历任天津经济技术开发区文联委员、东丽区书法家协会副主席等。代表作品有《丁雪峰美术文集》《丁雪峰中国画集》《中国山水画教程》。

国画技法——静物、花卉、竹木

J0010574
画竹谱　（一卷）（元）李衎撰
明 刻本 线装
（百川学海）
　　九行二十字小字双行同白口左右双边单鱼尾。作者李衎（1245—1320），元代画家。字仲宾，号息斋道人。蓟丘（今北京）人。擅长画竹。传世作品《双勾竹石图》《修篁树石图》《沐雨图》等，著有《竹谱详录》7卷。

J0010575
画竹谱　（一卷）（元）李衎撰
明 刻本
（续百川学海）

J0010576
画竹谱　（一卷）（元）李衎撰
明 刻本
（唐宋丛书）

J0010577
画竹谱　（一卷）（元）李衎撰

李际期宛委山堂 清初 刻本 重修 线装
（说郛）
　　明末刻清初李际期宛委山堂重修汇印本。收于《说郛》卷第九十一中。

J0010578
画竹谱　（一卷）（元）李衎撰
李际期宛委山堂 清初 刻本 续刻
（说郛）
　　明末刻清初李际期宛委山堂续刻汇印本。

J0010579
画竹谱　（一卷）（元）李衎撰
许焞家 清 抄本
（说部新书）
　　作者李衎（1245—1320），元代画家。字仲宾，号息斋道人。蓟丘（今北京）人。擅长画竹。传世作品《双勾竹石图》《修篁树石图》《沐雨图》等，著有《竹谱详录》7卷。

J0010580
画竹谱　（一卷）（元）李衎撰
清顺治 刻本 线装
（说郛）
　　收于《说郛》卷第九十二中。

J0010581
画竹谱　（一卷）（元）李衎撰
清 刻本 重修 线装
（说郛）
　　九行二十字白口左右双边单鱼尾。收于《说郛》卷第九十一中。

J0010582
画竹谱　（一卷）（元）李衎撰
［清］稿本
（艺苑丛钞）

J0010583
汪虞卿梅史　（一卷）（明）汪懋孝撰
汪跃龙、汪栋 明 刻本 有图
　　八行十六字白口四周双边。

J0010584
像赞评林赠言　（二卷）（明）王思任辑

明 刻本

　　本书由《雪湖梅谱二卷》(明)刘世儒绘、《像赞评林赠言二卷》(明)王思任辑合订。

J0010585

像赞评林赠言 (二卷)(明)王思任辑
墨妙山房 明万历二十三年[1595]刻本 有图

　　清初印本。本书由《刘雪湖梅谱二卷》(明)刘世儒撰、《像赞评林赠言二卷》(明)王思任辑合订。

J0010586

像赞评林赠言 (二卷)(明)王思任辑
墨妙山房 清初 印本 有图

　　据明万历二十三年刻本印。本书由《雪湖梅谱二卷》(明)刘世儒绘、《像赞评林赠言二卷》(明)王思任辑合订。分二册。十一行二十字小字双行同白口四周双边。

J0010587

雪湖梅谱 (二卷)(明)刘世儒绘
明 刻本

　　本书由《雪湖梅谱二卷》(明)刘世儒绘、《像赞评林赠言二卷》(明)王思任辑合订。

J0010588

竹谱详录 (七卷)(元)李衎撰
明 抄本

　　十行二十四字无格。

J0010589

竹谱详录 (七卷)(元)李衎撰
清 刻本 线装
(知不足斋丛书)

　　分三册。九行二十一字小字双行同黑口左右双边。收于《知不足斋丛书》第二十四集中。

J0010590

竹谱详录 (七卷)(元)李衎撰
清嘉庆十三年[1808]刻本 有图 线装
(知不足斋丛书)

　　分三册。九行二十一字小字双行同黑口左右双边。

J0010591

竹谱详录 (七卷)(元)李衎撰
长塘鲍氏 清嘉庆十三年[1808]刻本 重印 线装
(知不足斋丛书)

　　分三册。收于《知不足斋丛书》第二十四集中。作者李衎(1245—1320),元代画家。字仲宾,号息斋道人。蓟丘(今北京)人。擅长画竹。传世作品《双勾竹石图》《修篁树石图》《沐雨图》等,著有《竹谱详录》7卷。

J0010592

竹谱详录 (七卷)(元)李衎撰
清末 刻本 汇印 有图 线装
(知不足斋丛书)

　　分三册。收于《知不足斋丛书》第二十四集中。

J0010593

竹谱详录 (七卷)(元)李衎撰
岭南芸林仙馆 清光绪八年[1882]刻本 有图 线装
(知不足斋丛书)

　　分三册。九行二十一字小字双行同黑口左右双边。收于《知不足斋丛书》第二十四集中。

J0010594

竹谱详录 (七卷)(元)李衎撰
苏州 振新书社 民国 影印本 有图 线装
(知不足斋丛书)

　　分三册。收于《知不足斋丛书》第二十四集中。

J0010595

竹谱详录 (七卷)(元)李衎撰
上海 上海古书流通处 民国十年[1921]影印本 有图 线装
(知不足斋丛书)

　　分三册。收于《知不足斋丛书》第二十四集中。

J0010596

竹谱详录 (元)李衎述
上海 商务印书馆 1936年 影印本 82+14页 18cm(15开)
(丛书集成初编 1635)

　　本书由《竹谱详录》(元)李衎述、《天形道貌》(明)周履靖著合订。

J0010597

竹谱详录 （元）李衍述

北京 中华书局 1985年 新1版 影印本 82+14页

18cm（15开） 统一书号：17018.151

（丛书集成初编）

本书由《竹谱详录》（元）李衍述、《天形道貌》（明）周履靖著合订。

J0010598

竹谱详录 （一卷）（元）李衍撰

泰东图书局 民国十一年［1922］影印本 线装

（王氏书画苑）

据明刻本影印。

J0010599

竹谱 （一卷）（晋）范成大撰

华珵 明弘治十四年［1501］刻本

（百川学海）

收于《百川学海》一百种一百七十九卷中。

J0010600

竹谱 （一卷）（明）高松绘

明嘉靖 刻本

J0010601

竹谱 （一卷）□□辑

文富堂 清 刻本

（赏奇轩合编）

J0010602

竹谱 （清）佚名编

清 刻本 有图 线装

四周单边。

J0010603

竹谱

清 刻本 有图 线装

（赏奇轩四种合编）

黄纸本。

J0010604

竹谱

清 刻本 有图 线装

（赏奇轩四种合编）

分二册。白口半页四周单边。

J0010605

竹谱 （不分卷）□□辑

清 刻本

本书由《兰谱不分卷》《竹谱不分卷》合订。

J0010606

竹谱 （不分卷）（清）沙山春绘

清 刻本

J0010607

竹谱 （一卷）

清 刻本

（赏奇轩四种合编）

收于《赏奇轩四种合编》四卷中。

J0010608

竹谱 （清）佚名绘

清末 刻本 线装

（赏奇轩四种）

J0010609

竹谱 （不分卷）（清）黄谦绘

清末 刻本

本书由《兰谱不分卷》《菊谱不分卷》《竹谱不分卷》《梅谱不分卷》（清）黄谦绘合订。

J0010610

竹谱 （一卷）□□辑

上海 同文书局 清光绪十二年［1886］石印本

（赏奇轩合编）

J0010611

竹谱 （一卷）（元）李衍撰

上海 神州国光社 民国二年［1913］线装

（美术丛书续集）

收于《美术丛书续集》第五集中。作者李衍（1245—1320），元代画家。字仲宾，号息斋道人。蓟丘（今北京）人。擅长画竹。传世作品《双勾竹石图》《修篁树石图》《沐雨图》等，著有《竹谱详录》7卷。

J0010612

竹谱 （十卷）（元）李衍撰

台北 商务印书馆 1983年 影印本

（景印文渊阁四库全书 子部 一二〇 第814册）

本书由《竹谱》（元）李衎撰、《画鉴》（元）汤垕撰合订。

J0010613
竹谱 周士心编绘
台北 艺术图书公司 1983 年 有图 26cm（16 开）
定价：TWD180.00
（中国花卉画基础 3）
　　外文书名：Book of the Bamboo.

J0010614
竹谱 河北美术出版社编
石家庄 河北美术出版社 1997 年 100 页
28cm（大 16 开） ISBN：7-5310-0888-2
定价：CNY38.00
（花鸟画谱丛书）

J0010615
刘雪湖梅谱 （二卷）（明）刘世儒绘并撰；（明）
王思任编
明万历 刻本 有图及像 线装
　　分二册。十一行二十字白口四周双边单鱼尾。

J0010616
刘雪湖梅谱 （二卷）（明）刘世儒撰
墨妙山房 明万历二十三年［1595］刻本 有图
　　清初印本。本书由《刘雪湖梅谱二卷》（明）
刘世儒撰、《像赞评林赠言二卷》（明）王思任辑
合订。十一行二十字小字双行同白口四周双边。

J0010617
刘雪湖梅谱 （二卷）（明）刘世儒绘并撰；
（明）王思任编
明万历二十三年［1595］刻本 有图及像 线装
　　分二册。十一行二十字白口四周双边单
鱼尾。

J0010618
刘雪湖梅谱 （二卷）（明）刘世儒绘
清康熙二十年［1681］刻本

J0010619
华光梅谱 （一卷）（宋）仲仁撰
王元贞 明万历十八至十九年［1590—1591］刻本
（王氏书画苑）

J0010620
华光梅谱 （宋）仲仁撰
清初 写本 线装
（论画十七种）
　　九行二十字白口左右双边单鱼尾。

J0010621
华光梅谱 （一卷）（宋）仲仁撰
清初 抄本
（画苑补益）

J0010622
华光梅谱 （一卷）（宋）仲仁撰
依样壶卢山馆 清道光 抄本
（绘事晬编）

J0010623
华光梅谱 （一卷）（宋）仲仁撰
上海 神州国光社 民国二年［1913］线装
（美术丛书续集）
　　收于《美术丛书续集》第五集中。

J0010624
华光梅谱 （一卷）（宋）仲仁撰
泰东图书局 民国十一年［1922］影印本 线装
（王氏书画苑）
　　据明刻本影印。

J0010625
九畹遗容 （一卷）（明）周履靖编
荆山书林 明万历二十五年［1597］刻本 有图
线装
（夷门广牍）
　　九行十八字白口四周单边单鱼尾。

J0010626
九畹遗容 （一卷）（明）周履靖撰
金陵 荆山书林 明万历二十五年［1597］刻本
（夷门广牍）
　　收于《夷门广牍》一百〇六种一百六十二
卷中。

J0010627
九畹遗容 （一卷）（明）周履靖编
民国 影印本 线装

（夷门广牍）

J0010628

淇园肖影　（二卷）（明）周履靖编

荆山书林　明万历二十五年［1597］刻本　有图

线装

（夷门广牍）

　　九行十八字白口四周单边单鱼尾。

J0010629

淇园肖影　（二卷）（明）周履靖撰

荆山书林　明万历二十五年［1597］刻本

（夷门广牍）

　　收于《夷门广牍》五十五种九十一卷中。

J0010630

淇园肖影　（二卷）（明）周履靖撰

民国　影印本　线装

（夷门广牍）

J0010631

淇园肖影　（明）周履靖编辑

上海　商务印书馆　1936年　影印本　［196］页

18cm（15开）

（丛书集成初编　1636）

　　据《夷门广牍》本影印。

J0010632

淇园肖影　（明）周履靖编辑

北京　中华书局　1985年　新1版　82+14页

18cm（15开）统一书号：17018.151

（丛书集成初编）

　　本书由《淇园肖影》《罗浮幻质》《春谷嘤

翔》《九畹遗容》合订。作者周履靖（1549—

1640），明隆庆、万历间人，字逸之，初号梅墟，

改号螺冠子，晚号梅颠。嘉兴（今浙江嘉兴）人。

编撰有《夷门广牍》《金笥玄玄》《益龄单》《赤凤

髓》等。

J0010633

冬心画梅题记　（一卷）（清）金农撰

华韵轩　清　刻本

（巾箱小品）

　　作者金农（1687—1764），清代书画家。字寿

门、司农、吉金。钱塘（今浙江杭州）人。扬州八

怪之首。代表作品有《东萼吐华图》《空捍如洒

图》《腊梅初绽图》《玉蝶清标图》等，著有《冬

心诗集》《冬心随笔》《冬心杂著》等。

J0010634

冬心画梅题记　（一卷）（清）金农撰

清　抄本

J0010635

冬心画竹题记　（一卷）（清）金农撰

华韵轩　清　刻本

（巾箱小品）

J0010636

冬心画竹题记　（一卷）（清）金农撰

依样壶卢山馆　清道光　抄本

（绘事晬编）

J0010637

冬心先生画梅题记　（一卷）（清）金农撰

［清］稿本

（艺苑丛钞）

J0010638

冬心先生画竹题记　（一卷）（清）金农撰

刘履芬　清　抄本

J0010639

冬心先生画竹题记　（一卷）（清）金农撰

刘履芬　清　抄本

　　十行十八字无格。

J0010640

冬心先生画竹题记　（一卷）（清）金农撰

［清］稿本

（艺苑丛钞）

J0010641

冬心先生画竹题记　（一卷）（清）金农撰

［清］稿本

（花近楼丛书）

J0010642

冬心先生画竹题记　（一卷）（清）金农撰

清乾隆　刻本

本书由《冬心先生画竹题记一卷》《冬心斋研名一卷》(清)金农撰合订。

J0010643
冬心先生画竹题记 (一卷)(清)金农撰
清乾隆 刻本
　　十行十七至十八字白口左右双边。

J0010644
冬心先生画竹题记 (一卷)(清)金农撰
虞山顾氏 清同治十三年[1874] 刻本
(小石山房丛书)
　　清道光间刻同治十三年虞山顾氏补刻本。

J0010645
画梅题跋 (一卷)(清)查礼撰
清 稿本
(花近楼丛书)
　　收于《花近楼丛书》七十四种九十一卷中。

J0010646
画梅题跋 (一卷)(清)查礼撰
清 稿本
(花近楼丛书)

J0010647
画梅题跋 (一卷)(清)查礼撰
管庭芬 清同治二年[1863] 抄本

J0010648
画梅题跋 (一卷)(清)查礼撰
上海 神州国光社 民国二年[1913] 线装
(美术丛书续集)
　　收于《美术丛书续集》第五集中。

J0010649
兰谱 (清)佚名编
清 刻本 有图 线装
　　四周单边。

J0010650
兰谱 (不分卷)□□辑
清 刻本
　　本书由《兰谱不分卷》《竹谱不分卷》合订。

J0010651
青在堂草上花卉谱 (不分卷)(清)王蓍等辑
芥子园 清嘉庆 刻本
(芥子园画传三集)
　　作者王蓍(1649—1737),清代诗画家、篆刻家。字宓草,号湖村。浙江秀水(今嘉兴)人,寓居江宁。善花卉、翎毛,兼工书法、篆刻,与其兄以诗画擅名于时。与王概、王臬合编《芥子园画谱》,传世作品有《归去来辞图》《杂画合册》。

J0010652
青在堂画梅浅说 (一卷)(清)王槩撰
金闾书业堂 清乾隆四十七年[1782] 刻本
　　作者王槩(1645—约1710),又作王概,清初画家。初名匄,亦名丐,字东郭、安节,后改今名。秀水(今浙江嘉兴)人,久居江苏金陵(今南京)。以花鸟擅名,兼善诗文、治印。辑有《王安节王宓草印谱》,传世作品有《玉山观画图》《幽溪积雪图》《山卷晴云图》等,绘编有《芥子园画传》,著有《画学浅说》《山飞泉立草堂集》。

J0010653
青在堂菊谱 (清)王槩,(清)王蓍,(清)王臬绘
芥子园甥馆 清 刻本 彩色套印本 有图 线装
　　分二册。作者王臬(约1653—？),清初篆刻家。初名葦,字司直,又字汝陈。浙江秀水(今嘉兴)人。诗画及刻印与两兄俱擅名于时。与王蓍、王概合编《芥子园画谱》。

J0010654
青在堂菊谱 (清)王槩,(清)王蓍,(清)王臬绘
芥子园甥馆 清 刻本 彩色套印 2册 有图 线装
　　本书由《青在堂梅谱》《青在堂菊谱》(清)王槩,(清)王蓍,(清)王臬绘合订。

J0010655
青在堂菊谱 (清)王槩,(清)王蓍,(清)王臬绘
清康熙四十年[1701] 刻本 彩色套印 有图 线装

J0010656
青在堂菊谱 (清)沈心友辑;(清)王质,(清)诸升绘;(清)王槩等编
金闾书业堂 清乾隆四十七年[1782] 刻本 彩色套印 线装

分二册。

J0010657
青在堂菊谱　（不分卷）（清）王蓍等辑
芥子园焕记　清嘉庆　刻本
（芥子园画传）
　　收于《芥子园画传》二集中。

J0010658
青在堂梅谱　（清）王槩,（清）王蓍,（清）王臬绘
芥子园甥馆　清　刻本　彩色套印本　有图　线装
　　本书由《青在堂梅谱》《青在堂菊谱》合订。
分二册。

J0010659
青在堂梅谱　（二卷）
芥子园甥馆　清康熙四十年［1701］刻本　套印
　　本书由《青在堂梅谱二卷》《青在堂竹谱二卷》合订。

J0010660
青在堂梅谱　（二卷）（清）王槩,（清）王蓍,（清）王臬辑
芥子园甥馆　清康熙四十年［1701］刻本　彩色套印
　　本书由《青在堂梅谱二卷》《青在堂菊谱二卷》《菊谱兰谱二卷》《青在堂竹谱二卷》合订。

J0010661
青在堂梅谱　（二卷）（清）王槩,（清）王蓍,（清）王臬绘
清康熙四十年［1701］刻本　彩色套印　有图　线装
　　本书由《青在堂梅谱二卷》《青在堂菊谱二卷》合订。作者王槩(1645—约1710)，又作王概，清初画家。初名匄，亦名丐，字东郭、安节，后改今名。秀水（今浙江嘉兴）人，久居江苏金陵（今南京）。以花鸟擅名，兼善诗文、治印。辑有《王安节王宓草印谱》，传世品有《玉山观画图》《幽溪积雪图》《山卷晴云图》等，编绘有《芥子园画传》，著有《画学浅说》《山飞泉立草堂集》。作者王蓍(1649—1737)，清代诗画家、篆刻家。字宓草，号湖村。浙江秀水（今嘉兴）人，寓居江宁。善花卉、翎毛，兼工书法、篆刻，与其兄以诗画擅名于时。与王概、王臬合编《芥子园画谱》，传

世作品有《归去来辞图》《杂画合册》。作者王臬（约1653—？），清初篆刻家。初名孽，字引直，又字汝陈。浙江秀水（今嘉兴）人。诗画及刻印与两兄俱擅名于时。与王蓍、王概合编《芥子园画谱》。

J0010662
青在堂竹谱　（清）沈心友辑；（清）王质，（清）诸升绘；（清）王槩等编
清　刻本　彩色套印　线装
　　分二册。

J0010663
青在堂竹谱　（二卷）
芥子园甥馆　清康熙四十年［1701］刻本　套印
　　本书由《青在堂梅谱二卷》《青在堂竹谱二卷》合订。

J0010664
小山画谱　（二卷）（清）邹一桂撰
［清］稿本
（艺苑丛钞）
　　作者邹一桂(1686—1772)，清代官员，画家。字元褒，号小山，晚号二知老人。生于江苏武进，祖籍江苏无锡。著有《小山画谱》《大雅续稿》，代表作品有《春华秋实图》《百花诗卷》《五君子图》。

J0010665
小山画谱　（一卷）（清）邹一桂撰
［清］稿本
（昭代丛书）

J0010666
小山画谱　（二卷）（清）邹一桂撰
内府　清乾隆　写本
（四库全书）

J0010667
小山画谱　（二卷）（清）邹一桂撰
清乾隆　刻本　线装
　　分二册。

J0010668
小山画谱 （二卷）（清）邹一桂撰
清乾隆 刻本

J0010669
小山画谱 （二卷）（清）邹一桂撰
张海鹏 清嘉庆 刻本
（泽古斋重钞）

J0010670
小山画谱 （一卷）（清）邹一桂撰
吴江沈氏世楷堂 清道光 刻本
（昭代丛书）

J0010671
小山画谱 （二卷）（清）邹一桂撰
依样壶卢山馆 清道光 抄本
（绘事晬编）

J0010672
小山画谱 （二卷）（清）邹一桂撰
清道光 刻本
（指海）

J0010673
小山画谱 （二卷）（清）邹一桂撰
上海陈氏 清道光四年［1824］刻本 线装
（泽古斋重钞）
　　收于《泽古斋重钞》第十集中。

J0010674
小山画谱 （二卷）（清）邹一桂撰
吴门三松堂潘氏 清道光二十九年［1849］木活
字印本

J0010675
小山画谱 （一卷）（清）邹一桂撰
吴江沈氏世楷堂 清末 刻本 重印 线装
（昭代丛书）
　　九行二十字白口左右双边单鱼尾。收于《昭
代丛书》新编丁集中。

J0010676
小山画谱 （二卷）（清）邹一桂撰
清末 刻本 线装

（粤雅堂丛书续刻）
　　九行二十一字小字双行同黑口左右双边。

J0010677
小山画谱 （一卷）（清）邹一桂撰
吴江沈氏世楷堂 清光绪 刻本 重印 线装
（昭代丛书）
　　九行二十字小字双行同白口左右双边单鱼
尾。收于《昭代丛书》丁集中。

J0010678
小山画谱 （二卷）（清）邹一桂撰
羊城冯氏 清光绪 刻本 线装
（翠琅玕馆丛书）
　　九行二十一字小字双行同黑口左右双边。
收于《翠琅玕馆丛书》第一集中。

J0010679
小山画谱 （二卷）（清）邹一桂撰
上海 仁和葛元煦啸园 清光绪二年［1876］刻
本 线装
（啸园丛书）
　　九行二十字黑口四周双边单鱼尾。

J0010680
小山画谱 （二卷）（清）邹一桂撰
华亭张氏 清光绪二十六年［1900］刻本
（四铜鼓斋论画集刻）

J0010681
小山画谱 （一卷）（清）邹一桂撰
清光绪二十六年［1900］刻本
（清瘦阁读画十八种）

J0010682
小山画谱 （二卷）（清）邹一桂撰
北京 会文斋 清宣统元年［1909］刻本
（四铜鼓斋论画集刻）

J0010683
小山画谱 （二卷）（清）邹一桂撰
民国 影印本
（指海）

J0010684

小山画谱 （一卷）（清）邹一桂撰
吴江**沈廷镛** 民国八年［1919］重修本 线装
（昭代丛书）

　　清道光吴江沈氏世楷堂刻民国八年吴江沈
廷镛重修本。收于《昭代丛书》丁集新编中。

J0010685

小山画谱 （二卷）（清）邹一桂撰
上海 商务印书馆 1937年 51页 18cm（32开）
（丛书集成初编 1643）

　　据借月山房汇钞本排印。

J0010686

小山画谱 （清）邹一桂撰
北京 中华书局 1985年 新1版 51页 18cm（32开）
统一书号：17018.151
（丛书集成初编）

　　作者邹一桂（1686—1772），清代官员，画
家。字元褒，号小山，晚号二知老人。生于江苏
武进，祖籍江苏无锡。著有《小山画谱》《大雅续
稿》。代表作品有《春华秋实图》《百花诗卷》《五
君子图》。

J0010687

写竹简明法 （二卷）（清）蒋和撰并绘
清 刻本 有图 线装

J0010688

写竹简明法 （二卷）（清）蒋和撰并绘
清 刻本

J0010689

写竹简明法 （二卷）（清）蒋和辑
上海 有正书局 民国 影印本 有图 线装
　　分二册。据汉阳叶氏清咸丰六年摹刻本影印。

J0010690

写竹简明法 （清）蒋和辑
北京 文物出版社 1984年 影印本 25cm（16开）
统一书号：8068.1242 定价：CNY0.90

　　本书介绍写竹时，布叶成组，合组成段，次
第分明，简明易学。书后附前人写竹名论12则
及作者自著《写竹杂技》21则。

J0010691

写竹杂记 （一卷）（清）蒋和撰
羊城冯氏 清光绪 刻本 线装
（翠琅玕馆丛书）

　　九行二十一字黑口左右双边。收于《翠琅玕
馆丛书》第四集中。

J0010692

写竹杂记 （一卷）（清）蒋和撰
羊城冯氏 清光绪 刻本
（翠琅玕馆丛书）

J0010693

雪湖梅谱 （二卷）（明）刘世儒绘
墨妙山房 清初 印本 2册 有图

　　据明万历二十三年刻本印。本书由《雪湖
梅谱二卷》（明）刘世儒绘、《像赞评林赠言二卷》
（明）王思任辑合订。

J0010694

马豫竹谱 （二卷）（清）马豫绘
清康熙五十一年［1712］刻本

J0010695

天下有山堂画艺 （二卷）（清）汪之元撰并绘
樵石山房［1724—1911］刻本 套印本

J0010696

天下有山堂画艺 （清）汪之元撰
清雍正二年［1724］刻本 线装
　　分二册。

J0010697

天下有山堂墨竹兰石谱 （二卷）（清）汪之
元撰并绘
［1724—1911］刻本

J0010698

天下有山堂墨竹兰石谱 （清）汪体斋述
学海图书馆（印）1917年 石印本［30］页 横
26cm（横16开）环筒页装

　　本书介绍画竹技法，收画16幅。作者汪体
斋，篆刻家、诗人。本名汪之元，字体斋，今广
东潮安人。代表作品有《广印人传补遗》《书画
书录解题》。

J0010699

冬心斋研名　（一卷）（清）金农撰
清乾隆　刻本
　　本书由《冬心先生画竹题记一卷》《冬心斋研名一卷》（清）金农撰合订。

J0010700

简明竹谱　（清）蒋最峰绘
北京　北京市中国书店　1983 年　影印本
25cm（小 16 开）　定价：CNY1.00

J0010701

简明竹谱　蒋最峰著
北京　荣宝斋　1988 年　120 页　19×26cm
ISBN：7-5003-0060-3　定价：CNY3.80
　　本书根据清代咸丰年间作者的木刻本整理加工出版，主要介绍竹子的基本画法。

J0010702

简明竹谱　（清）蒋最峰著
北京　中国书店　1995 年　影印本　重印本　24+24 页
19×26cm ISBN：7-80568-262-3
定价：CNY5.50
　　本书是清代中国画中花卉画美术技法讲解与画谱。

J0010703

蒋最峰写竹简明法　（二卷）（清）蒋和撰并绘
广州　两广督署　清咸丰六年［1856］刻本

J0010704

蒋最峰写竹简明法　（二卷）（清）蒋和撰并绘
上海　有正书局　民国　影印本　有图　线装
　　分二册。

J0010705

画梅心语　（清）大梅山民撰
约园张氏　民国　抄本　绿格　线装

J0010706

张退公墨竹记　（一卷）（元）张退公撰
上海　神州国光社　民国二年［1913］线装
（美术丛书续集）
　　收于《美术丛书续集》第五集中。

J0010707

张退公墨竹记　（一卷）（元）张退公撰
泰东图书局　民国十一年［1922］影印本　线装
（王氏书画苑）
　　据明刻本影印。

J0010708

画梅辩难　（三编十二卷）懒园居士语录；傅焕等记述
民国三至八年［1914—1919］线装
　　分三册。

J0010709

三希堂兰谱大观　（四卷）莫厘山人编
大华书局　1925 年　影印本　线装
　　分四册。

J0010710

花鸟画诀　（名家秘传）潘衍编；东皋居士，鸥波渔隐校
上海　中华新教育社　1932 年　石印本　［128］页　有图　18cm（15 开）　定价：大洋六角
　　本书内分花卉画法，花卉画论两卷，介绍梅、兰、竹、菊、墨竹、翎毛、草虫等的画法，并有论八法四知、论六法前后、取用颜色、论结构、论画石等绘画基本理论。

J0010711

梅花喜神谱　（宋）宋伯仁编
上海　商务印书馆　1936 年　100 页　18cm（15 开）
（丛书集成初编 1634）
　　作者宋伯仁（1199—？），宋代诗人、画家。字器之，号雪岩。广平（今属河北）人，一作湖州人。嘉熙时为盐运司属官。工诗，善画梅。作有《梅花喜神谱》上下卷，著有《西塍集》《烟波渔隐词》等。

J0010712

梅花喜神谱
台北　商务印书馆　1981 年　影印本　100 页
有图　21cm（32 开）精装

J0010713

梅花喜神谱　宋伯仁编
北京　中华书局　1985 年　新 1 版　影印本　100 页

18cm（15开）统一书号：17018.151

（丛书集成初编）

J0010714

题画诗 （清)恽格撰

上海 商务印书馆 1936年 7+28+13页

18cm（32开）

（丛书集成初编 1639）

　　据《知不足斋丛书》本排印。

J0010715

记竹谱十四种 客庚著

1948—1949年［28］页 有图 26cm（16开）

　　本书收明、清竹谱14种。

J0010716

花鸟画技法 黄若舟著

上海 上海人民美术出版社 1957年 118页

有图 20cm（32开）统一书号：8081.2071

定价：CNY1.70

　　作者黄若舟（1906—2000），原名济才，号若舟。江苏宜兴上黄镇人。历任中国美术家协会会员、中国书法家协会会员、中国教育学会书法教育研究会顾问、上海艺术教育委员会顾问、大学书法教育协会会长。著有《汉字快写法》《花鸟画技法》《黄若舟一笔书》《黄若舟书画缘》等。

J0010717

花鸟画技法 黄若舟著

上海 上海人民美术出版社 1962年 2版 修订本

90页 20cm（32开）统一书号：8081.2071

定价：CNY1.10

J0010718

我怎样画工笔花鸟画 于非闇著

北京 人民美术出版社 1957年 79页 20cm（32开）

统一书号：8027.1184 定价：CNY0.36

　　作者于非闇（1889—1959），满族，画家。原名于魁照，后改名于照，字仰枢，别署非闇，又号闲人等。出生于北京，祖籍山东蓬莱。历任中央美术学院民族美术研究所研究员、北京中国画研究会副会长、北京画院副院长。作品有《玉兰黄鹂》《丹柿图》《牡丹鸽子》等，著有《非闇漫墨》《艺兰记》《中国画颜料研究》《我怎样画花鸟画》等。

J0010719

高松菊谱 （明)高松绘

北京 中国书店 1959年 影印本 有图 线装

　　据明嘉靖间刻本影印，与《高松翎毛谱》合印，黄纸本。分二册。

J0010720

高松菊谱·翎毛谱 （明)高松绘

北京 中国书店 1996年 影印本 120+64页

25×26cm ISBN：7-80568-694-7

定价：CNY20.00

J0010721

高松竹谱 王畅安摹本

北京 中国古典艺术出版社 1958年 181页

26cm（16开）精装 定价：CNY2.90

J0010722

白描花卉 （画片)郑乃珧绘

北京 人民美术出版社 1959年 15幅(套)

19cm（32开）统一书号：8027.2802

定价：CNY1.20

　　作者郑乃珧（1911—2005），画家、教授。号璧寿翁。生于福建福州市。历任中国画研究院院务委员、西安美术学院教授、福建省政协常委、福州画院院长、国家一级美术师。代表作品有《水乡春色》《荷萍》《灵山秀水育新苗》等。

J0010723

草虫图谱 北京中国画院花鸟组编绘

北京 人民美术出版社 1959年 ［12］页

19cm（32开）统一书号：8027.2527

定价：CNY0.36

J0010724

花卉写生技法 蔡鹤汀，蔡鹤洲编绘

北京 人民美术出版社 1959年 12+54页

19cm（32开）统一书号：T8027.2763

定价：CNY0.41

　　作者蔡鹤汀（1909—1976），国画家。原名蔡颐元，号枕石散人。出生于福州台江。曾任陕西省戏剧研究院艺委会委员、西安美协分会常务理事。绘画作品有《铁骨冰心》《月季》《雀跃》《池塘小憩》等，出版有《荻芦盦画册》《花卉写生技法》《名家花卉画谱》。

J0010725
怎样画菊花　北京中国画院花鸟组编绘
北京　人民美术出版社　1959年　影印本　62页
有图　19cm（32开）统一书号：8027.2528
定价：CNY0.28

J0010726
虫类画参考　沈影泉，沈自强编绘
上海　上海人民美术出版社　1960年　107页
15×20cm　统一书号：T8081.4792
定价：CNY0.38

J0010727
画鸟的基本常识　卢济珍编绘
天津　天津美术出版社　1960年　55页　有图
20cm（32开）统一书号：8073.1776
定价：CNY0.80

J0010728
怎样画蔬果草虫　黄若舟编著
上海　上海人民美术出版社　1960年　75页
17cm（40开）统一书号：T8081.4655
定价：CNY0.50
（工农兵业余美术自学丛书）
　　作者黄若舟（1906—2000），原名济才，号若
舟。江苏宜兴上黄镇人。历任中国美术家协会
会员、中国书法家协会会员、中国教育学会书法
教育研究会顾问、上海艺术教育委员会顾问、大
学书法教育协会会长。著有《汉字快写法》《花
鸟画技法》《黄若舟一笔书》《黄若舟书画缘》等。

J0010729
怎样画蔬果草虫　黄若舟编著
上海　上海人民美术出版社　1964年　2版
修订本　76页　有图　17cm（40开）
统一书号：T8081.4655　定价：CNY0.46
（工农兵业余美术自学丛书）

J0010730
怎样画蔬果草虫　黄若舟编著
上海　上海人民美术出版社　1979年　修订版　74页
有图　19cm（32开）统一书号：8081.11328
定价：CNY0.46
（工农兵美术技法丛书）

J0010731
白描花卉　（上集）毕晋吉等作
重庆　重庆人民出版社　1963年　40幅　39cm（4开）
活页　统一书号：8114.235　定价：CNY1.00
　　作者毕晋吉（1909—1987），画家。又名晋极，
号凤�、陌村。山东威海人。美术教授。作品有
《滇南风光》《禾雀花》《白描花卉》等。

J0010732
白描花卉　（下集）毕晋吉等作
重庆　重庆人民出版社　1963年　40幅　39cm（4开）
活页　统一书号：8114.236　定价：CNY1.00

J0010733
白描花卉　毕晋吉绘
成都　四川人民出版社　1983年　71幅　39cm（4开）
套装　统一书号：8118.1259　定价：CNY2.20

J0010734
白描花卉　毕晋吉绘
成都　四川美术出版社　1989年　100页　有肖像
38cm（6开）ISBN：7-5410-0242-9
定价：CNY9.80

J0010735
白描花卉　毕晋吉编
成都　四川美术出版社　1989年　59页
27cm（大16开）

J0010736
花鸟画范　张其翼等编绘
保定　河北人民美术出版社　1963年　26幅
27cm（16开）活页　统一书号：T8087.2066
定价：CNY2.50
　　作者张其翼（1915—1968），教授、花鸟画
家。字君振，号鸿飞楼主。北京人，祖籍福建闽
侯。曾任教于河北艺术师范学校和天津美术学
院。代表作品《九寿朝阳图》《玉兰绶带》《池塘
雨露》《雪鹤芭蕉》。

J0010737
画蝶参考资料　陈鹏编
北京　朝花美术出版社　1963年　[78]页　有图
19cm（32开）统一书号：8028.1871
定价：CNY1.34

（中国画技法小丛书）

J0010738
我怎样画工笔牡丹　王道中编绘
北京　朝花美术出版社　1963 年　107 页
19cm（32 开）统一书号：8028.1859
定价：CNY1.25
（中国画技法小丛书）

J0010739
我怎样画工笔牡丹　王道中编
北京　人民美术出版社　1980 年　38 页　19cm（32 开）
统一书号：8027.7292　定价：CNY0.77

J0010740
我怎样画工笔牡丹　王道中编
北京　人民美术出版社　1980 年　2 版　38 页
19cm（小 32 开）定价：CNY0.77

J0010741
花鸟画谱　上海中国画院花鸟画组集体编绘
上海　上海人民美术出版社　1965 年　［73 页］
有图 26cm（16 开）统一书号：T8081.5406
定价：CNY3.00
　　　本书除了介绍花鸟、草虫、农作物、蔬果等
的画法，还对国画工具的性能及其运用方法作了
一定的阐述。附有工笔、写意等表现方法的示范
图 100 余幅。

J0010742
云南山茶　北京特种工艺工业公司研究室编
北京　北京特种工艺工业公司研究室 ［1970—
1979 年］105 页　18×26cm

J0010743
白描花卉　姜毅然绘
天津　天津人民美术出版社　1973 年　204 页
21cm（32 开）统一书号：8073.50017
定价：CNY0.60

J0010744
花鸟小品　曹纬初绘撰
台北　艺术出版社　1974 年　186 页　22cm（30 开）

J0010745
花鸟小品　曹纬初绘著
台北　艺术图书公司 ［1977 年］134 页
20cm（32 开）定价：TWD80.00

J0010746
梅谱　周士心编绘
台北　艺术图书公司　1976 年　263 页　有图
26cm（16 开）
（中国花卉画基础 1）

J0010747
梅谱　周士心编绘
台北　艺术图书公司　1983 年　再版　有图
26cm（16 开）定价：TWD180.00
（中国花卉画基础 1）
　　　外文书名：Book of the Plum.

J0010748
月季写生参考资料　北京特种工艺工业公司
研究室编
北京　北京特种工艺工业公司研究室　1976 年
108 页　26cm（16 开）

J0010749
中国花卉画基础　周士心编绘
台北　艺术图书公司 ［1976 年］263 页
28cm（大 16 开）精装　定价：TWD720.00
　　　外文书名：The Fundamentals of Chinese Floral
Painting.

J0010750
中国花卉画基础　（第二辑　四季花卉画谱）
周士心编著
台北　艺术图书公司　1986 年　4 册 28cm（大 16 开）
定价：TWD960.00
　　　外文书名：Flowers of the Four Seasons Manual
in Chinese Brush Painting Volume 2.

J0010751
白描花卉　天津杨柳青画店编辑
天津　天津杨柳青画店　1979 年　122 页
26cm（16 开）统一书号：7174.009
定价：CNY0.74

J0010752

百花苑　（白描花卉）赵志光绘；李继瓒文

太原　山西人民出版社　1979年　211页

24cm（15开）统一书号：8088.1281　定价：CNY1.00

　　作者赵志光（1938—　　），编辑。河北怀安人。毕业于天津美术学院中国画专业。历任山西人民出版社编审、副总编辑，中国版协连环画研究会常务理事，山西省美术家协会原副主席、顾问，山西省花鸟画学会会长、中国工艺美术学会山西分会理事。代表品有《清香图》《翠阴小鸟》《玉艳冰姿》等。

J0010753

花的变化　温练昌编著

北京　人民美术出版社　1979年　148页

19cm（32开）统一书号：8027.6920

定价：CNY0.82

　　作者温练昌（1927—　　），教授。广东梅县人。历任中央美术学院助教，中央工艺美术学院教授、染织美术系主任，参加北京民族文化宫、人民大会堂等建筑装饰、室内装饰美术设计。中国工艺美术学院教授，中国美术家协会会员。专著有《花的变化》《染织图案基础》等。

J0010754

花鸟画法　孔端甫著

济南　山东人民出版社　1980年　238页

19cm（32开）统一书号：8099.2047

定价：CNY1.10

J0010755

白描菊花　鲁光编

武汉　湖北人民出版社　1981年　25页　有图

19cm（32开）统一书号：8106.2091

定价：CNY0.67

J0010756

草虫鱼介　曹纬初编绘

台北　艺术图书公司　1981年再版　112页　21cm

（32开）

定价：TWD70.00

J0010757

工笔花卉技法　俞致贞撰

天津　天津人民美术出版社　1981年　79页

26cm（16开）统一书号：8073.50152

定价：CNY2.30

　　本书论述了学习工笔花卉的方法步骤和所具备的其他方面的知识，每节均附有方法步骤图示及作品欣赏。作者俞致贞（1915—1995），花鸟画家。字一云。北京人。历任中国美术家协会会员、中国老年书画会顾问、中国书画函授大学教授、北京工笔重彩画会副会长、北京花鸟画会名誉会长等。代表作品《沙果双鹊》《荷花》《萱萱图》等。

J0010758

花鸟草虫画法入门　乔木，卞文瑀编绘

上海　上海书画出版社　1981年　20幅

19cm（32开）套装　统一书号：8172.558

定价：CNY0.40

　　作者乔木（1920—2002），教授。字大年。河北深县人。上海大学美术学院教授、中国美术家协会会员等。主要作品有《迎春梅花》《彩霞迎春》《姹紫嫣红》等，著有《花鸟画基础技法》《怎样画蔬果》等。

J0010759

写意花卉　郭西河著

沈阳　辽宁美术出版社　1981年　102页

25cm（16开）统一书号：8117.1977

定价：CNY1.80

　　作者郭西河（1917—1995），画家、教授。字伴云。浙江绍兴人。毕业于国立北平艺术专科学校国画专业。中国美术家协会会员、辽宁中国画研究会副会长、沈阳鲁迅美术学院教授。作品有《月季花》《山里红》《百花齐放》等。

J0010760

写意花鸟画技法　张世简编绘

长沙　湖南美术出版社　1981年　32幅　25cm（16开）

统一书号：8233.144　定价：CNY1.60

　　作者张世简（1926—2009），国画家、教授。浙江浦江人。中央工艺美术学院教授、中国美术家协会会员、中国国艺研究院院士、北京国艺轩书画院顾问。作品有《桃花初艳鸟先到》《樱桃麻雀》《白头多寿》等，出版《写意花鸟画技法》《写意花鸟画构图浅说》《荷花画谱》等。

J0010761
白描花卉技法　姬振岭著
北京　人民美术出版社　1982 年　120 页
19cm（32 开）统一书号：8027.7768
定价：CNY0.45
　　本书内容：怎样用线、怎样画花卉等。内收
白描花卉图例 100 幅。

J0010762
花鸟画基础技法　乔木著
上海　上海人民美术出版社　1982 年　72 页
25cm（15 开）统一书号：8081.12120
定价：CNY3.50
　　本书以浅显扼要的文字和丰富的图例，介绍
了花鸟的画法，也介绍了国画工具的性能及其运
用方法。

J0010763
历代写竹法　杨扬编
台北　艺术图书公司［1982 年］再版 21cm（32 开）
　　本书内容：名人写竹、历代写竹画论、芥子
园、竹谱。

J0010764
历代写竹法　杨扬编
台北　艺术图书公司　1982 年再版 112 页　20cm
（32 开）
定价：TWD80.00

J0010765
写意花鸟画法　杨建侯著
上海　上海人民美术出版社　1982 年　78 页
25cm（16 开）统一书号：8081.12768
定价：CNY1.55
　　本书中提出以墨梅兰菊竹为写意花鸟画入
门途径和在学习过程中采用临摹、写生、创作三
者相结合。

J0010766
写意花鸟画技法　苏葆桢编著
北京　人民美术出版社　1982 年　95 页 25cm（16 开）
统一书号：8027.7564 定价：CNY2.75
　　作者苏葆桢（1916—1990），国画家。江苏宿
迁市人。师从徐悲鸿、张书旂、傅抱石等大家。
曾任西南大学教授、硕士生导师、重庆国画院副

院长。作品有《葡萄图》《硕果累累》《玉羽迎春》
《山花烂漫》《战地花开》等。

J0010767
花卉设色图谱　李长白著
上海　上海人民美术出版社　1983 年　66 页
25cm（15 开）统一书号：8081.12878
定价：CNY3.90
　　本书按表现方式、色调配形、渲染方法，结
合图案，详细介绍了工笔花卉的基础知识。

J0010768
简明竹谱　（清）蒋和绘
武汉　武汉市古籍书店　1983 年　影印本　104 页
25cm（小 16 开）定价：CNY1.00

J0010769
菊谱　（英汉对照）周士心编绘
台北　艺术图书公司 1983 年　有图 26cm（16 开）
定价：TWD180.00
（中国花卉画基础 4）
　　外文书名：Book of the Chrysanthemum.

J0010770
兰谱　（英汉对照）周士心编绘
台北　艺术图书公司 1983 年　有图 26cm（16 开）
定价：TWD180.00
（中国花卉画基础 2）
　　外文书名：Book of the Orchid.

J0010771
梅
杭州　西泠印社　1983 年　74 页　25cm（小 16 开）
统一书号：8191.242 定价：CNY1.40

J0010772
梦庐花鸟画谱　朱梦庐绘
长春　长春市古籍书店　1983 年　影印本
25cm（小 16 开）定价：CNY2.10

J0010773
禽鸟画谱　张继馨著
天津　天津杨柳青画社　1983 年　130 页
26cm（16 开）定价：CNY1.80
　　本画谱介绍了各种鸟类的画法，从禽鸟的生

理结构，生活习性到创作者的观察方法与表现方法等。作者张继馨（1926—　），花鸟画名家、美术教育家。又名馨子。江苏武进人。中央文史研究馆书画院研究员、江苏省文史研究馆馆员、中国美术家协会会员、江苏省花鸟画研究会顾问、苏州市职业大学艺术学院教授。作品有《草虫画谱》《鸟类画谱》等，著有《画事一得》《笔上参禅》《馨子砚语》《颠倒葫芦》。

J0010774

酥庵百花画谱　（清）张酥庵绘
长春　长春市古籍书店　1983年　25cm（16开）
定价：CNY2.10

J0010775

竹　杭州　西泠印社　1983年　74页
25cm（小16开）统一书号：8191.243
定价：CNY1.40
（梅兰竹菊画谱　三）
　　本书收入元代、明清时代的墨竹画作60余幅。

J0010776

草虫画技法　许化夷编著
长春　吉林人民出版社　1984年　11页　有彩图
19cm（32开）统一书号：8091.1496
定价：CNY0.74

J0010777

花鸟画法 1.2.3　林柏亭编
台北　雄狮图书公司　1984年　142页　有图
26cm（16开）定价：TWD360.00

J0010778

菊谱　缪莘孙绘撰
香港　中华书局香港分局　1984年　重印本
21cm（32开）ISBN：962-231-519-4

J0010779

怎样画水墨葡萄　苏葆桢著
成都　四川人民出版社　1984年　27页
25cm（小16开）统一书号：8118.1484
定价：CNY1.80
　　作者苏葆桢（1916—1990），国画家。江苏宿迁市人。师从徐悲鸿、张书旂、傅抱石等大家。

曾任西南大学教授。硕士生导师，重庆国画院副院长。作品有《葡萄图》《硕果累累》《玉羽迎春》《山花烂漫》《战地花开》等。

J0010780

百花鸟谱　薛宇才绘
上海　上海书画出版社　1985年　100页
18cm（15开）统一书号：8172.1240
定价：CNY1.50
　　供初学花鸟画的读者参考的花鸟画谱。作者将常见的花鸟按春夏秋冬不同季节配绘在一起，构成一幅幅生动醒目的画面，使初学者可从中得到有益的教育和启发。

J0010781

工笔花鸟画技法　钟质夫著
沈阳　辽宁美术出版社　1985年　71页　有彩图
26cm（16开）统一书号：8161.0525
定价：CNY4.60
　　本书着重介绍白描、工笔重彩、没骨花鸟画的绘制方法。对临摹、师承古人，掌握传统到写生、着色、用笔、创作等，都做了详尽的论述。在技法上，重点对于花卉、翎毛、树石等的特征、特点、形状及其用笔、用色的规律性作了解说，附有大量的图例。作者钟质夫（1914—1994），满族，教授、国画家。字鸿毅。北京人。鲁迅美术学院中国画系副主任、教授，辽宁省文联、美协理事、辽宁省政协委员。作品有《荷塘烟雨》《十二月令·四扇屏》《桃花四喜图》《雪树寒鸦》《荷花鸳鸯》等。

J0010782

工笔花鸟技法　钟质夫著
沈阳　辽宁美术出版社　1985年　71页　有彩图
26cm（16开）定价：CNY4.60

J0010783

花鸟画构图手稿　孙琪峰绘
太原　山西人民出版社　1985年　280页
21cm（32开）统一书号：8088.1781
定价：CNY4.00
　　本书为作者探索花鸟画构图的随手札记。含图稿280幅，手稿1篇。作者孙其峰（1920—　），教授，艺术家。原名奇峰，曾用名琪峰。山东招远人。历任天津美术学院教授、中国书法家协会理事、中国美术家协会理事，北京铁路局文协美术工作者、北京美协会员。代表作品《花鸟画谱》《孙其峰画辑》《孙其峰扇面选集》等。

J0010784
花鸟画技法问答　孙其峰著
石家庄　河北美术出版社　1985年　有图
26cm（16开）统一书号：8087.1192
定价：CNY3.70
　　本书共分9部分：概论；工具；造型；笔墨；画法与画理；构图；设色；题跋；杂论。

J0010785
菊梅兰竹菊画谱之四
杭州　西泠印社　1985年　74页　有图　18cm（15开）
统一书号：8191.365　定价：CNY1.55

J0010786
梅兰竹菊画法大全　蔡公衡绘
香港　万里书店　1985年　11版　131页　26cm（16开）
ISBN：962-14-0153-4　定价：HKD28.00
　　外文书名：Fundamental Chinese Painting of Plum, Orchid, Bamboo and Chrysanthemum.

J0010787
墨竹析览　（墨竹画基础技法）申石伽编绘
上海　上海书画出版社　1985年　86页　26cm（16开）
统一书号：8172.1354　定价：CNY2.20
　　本书分墨竹画基础技法、传统墨竹师范、石伽画竹参考3部分，并配有86幅图解和示范图。作者申石伽（1906—2001），画家，教育家。笔名"西泠石伽"。浙江杭州人。出生书画世家，祖父为晚清著名山水画家申宜轩。长期任教于上海工艺美术学校，历任上海美协会员、上海市文史馆馆员、浙江文史研究馆名誉馆员。著有《山水画基础技法》《墨竹析览》等。

J0010788
墨竹要述　卢坤峰著
石家庄　河北美术出版社　1985年　108页
26cm（16开）统一书号：8087.880
定价：CNY2.50
　　本书分引言、怎样学习画墨竹、结余3部分。附有关墨竹画家简介。作者卢坤峰（1934—2018），画家。又名卢毓山。山东平邑人。毕业

于浙江美术学院。浙江美术家协会理事、浙江花鸟画研究会副会长、中国美术学院教授、山东临沂画院名誉院长。出版有《卢坤峰画集》《卢坤峰画选》《卢坤峰兰竹谱》《墨竹要述》《卢坤峰墨兰说》。

J0010789
牡丹画艺　何宇立等著
台北　艺术图书公司　1985年　112+119页　有图
26cm（16开）精装　定价：TWD800.00
　　本书为中国现代花卉画牡丹画册专著。本书由牡丹画艺　何宇立等著、《牡丹画选》王玉萍著合订。

J0010790
牡丹画艺　何宇立编著
台北　艺术图书公司　1985年　109页　有图
28cm（大16开）定价：TWD400.00

J0010791
水墨画法　（花卉蔬果）（日）藤原楞山著；赖玉光主编
台中　大藏文化书业公司　1985年　127页　有图
20cm（32开）定价：TWD140.00
（美术丛书15）

J0010792
水墨画法　（翎毛虫鱼）（日）藤原楞山著；赖玉光主编
台中　大藏文化书业公司　1985年　135页　有图
20cm（32开）定价：TWD140.00
（美术丛书16）

J0010793
水墨画法　（墨菊）（日）藤原楞山著
台中　大藏文化书业公司　1985年　127页　有图
20cm（32开）定价：TWD140.00
（美术丛书14）

J0010794
水墨画法　（墨兰）（日）藤原楞山著
台中　大藏文化书业公司　1985年　143页　有图
20cm（32开）定价：TWD140.00
（美术丛书11）

J0010795

水墨画法 （墨梅）（日）藤原楞山著
台中 大藏文化书业公司 1985 年 139 页 有图
20cm（32 开）定价：TWD140.00
（美术丛书 13）

J0010796

水墨画法 （墨竹）（日）藤原楞山著
台中 大藏文化书业公司 1985 年 140 页 有图
20cm（32 开）定价：TWD140.00
（美术丛书 12）

J0010797

松树画法 杨耀著
济南 山东美术出版社 1985 年 182 页 有图版
19cm（32 开）统一书号：8332.342
定价：CNY1.98

　　本书以图文并茂的中国画方式，介绍了我
国千余年来画松的演进状况及绘画的基础技法。
作者杨耀（1938—2017），画家。原名耀珍，字子
虚，自号林泉室主。陕西延川人。毕业于山东师
范学院艺术系美术专业。历任山东工艺美术学
院副教授、中国美术家协会会员、山东画院高级
画师。出版有《杨耀画集》《杨耀新疆山水画》《松
树画法》等。

J0010798

题画诗 （清）恽格撰
北京 中华书局 1985 年 新 1 版 7+28+13 页
18cm（32 开）统一书号：17018.151
（丛书集成初编）

　　本书由《题画诗》（清）恽格撰、《天慵庵笔
记》（清）方士庶著、《画梅题记》（清）朱方蔼著
合订。

J0010799

写意花鸟画构图浅说 张世简编绘
上海 上海书画出版社 1985 年 32 页 26cm（16开）
统一书号：8172.1353 定价：CNY1.65

　　作者张世简（1926—2009），国画家、教授。
浙江浦江人。中央工艺美术学院教授、中国美术
家协会会员、中国国艺研究院院士、北京国艺轩
书画院顾问。作品有《桃花初艳鸟先到》《樱桃
麻雀》《白头多寿》等，出版《写意花鸟画技法》
《写意花鸟画构图浅说》《荷花画谱》等。

J0010800

由里山人菊谱 由里山人绘
北京 荣宝斋 1985 年 130 页 26cm（16 开）
统一书号：8030.1373 定价：CNY1.90

　　本书为现代中国画花鸟画册。作者由里山
人（1875—1954），名缪各瑛，字莆孙，别号由里
山人。江苏江阴人。擅画花卉，尤工菊花古体诗。

J0010801

怎样画草虫 许鸿宾编
北京 人民美术出版社 1985 年 36 页 有图
19cm（32 开）统一书号：8027.9449
定价：CNY0.38

　　作者许鸿宾（1935—　），教师。生于河北
霸县。就读于中央美术学院国画系。曾于河北
省工艺美校任职，中国美协会员、河北省美协理
事。著有《怎样画草虫》《中国画蝴蝶画法》《新
编芥子园画传》《草虫百图》等。

J0010802

怎样画草虫 （上）许鸿宾著
石家庄 河北美术出版社 1990 年 26cm（16 开）
ISBN：7-5310-0365-1 定价：CNY2.80
（中国画自学丛书）

　　本书介绍了蝴蝶、蜂类、蜻蜓的画法。

J0010803

怎样画草虫 （下）许鸿宾著
石家庄 河北美术出版社 1990 年 26cm（16 开）
ISBN：7-5310-0366-X 定价：CNY2.80
（中国画自学丛书）

　　本书介绍了蝈蝈、螳螂、蝉等的画法，以及
讲怎样补景。

J0010804

工笔花鸟技法 叶玉昶编著
杭州 浙江人民美术出版社 1986 年 40 页
20cm（32 开）统一书号：8156.699
定价：CNY1.35
（美术基础知识丛书）

　　本书分概述、四种画法、临摹、写生、创
作练习、工具材料、附图 7 部分。作者叶玉昶
（1937—　），画家、教授。生于江苏南京市，祖
籍安徽黟县。毕业于中央美术学院华东分院中
国画系（现中国美术学院）。历任温州师范学院

（现温州大学）中国画教授、温州现代中国画研究院院长、荷兰阿姆斯特丹高等艺术学院客座教授。代表作有花鸟画《长寿图》《墨梅图》等。

J0010805

工笔花鸟技法　叶玉昶编著

杭州　浙江人民美术出版社　1998年　71页

26cm（16开）　ISBN：7-5340-0750-X

定价：CNY22.00

J0010806

荷花图谱　张世简编

北京　朝花美术出版社　1986年　19×26cm

统一书号：8028.2313　定价：CNY1.15

（美术技法画库 9）

　　作者张世简（1926—2009），国画家、教授。浙江浦江人。中央工艺美术学院教授、中国美术家协会会员、中国国艺研究院院士、北京国艺轩书画院顾问。作品有《桃花初艳鸟先到》《樱桃麻雀》《白头多寿》等，出版《写意花鸟画技法》《写意花鸟画构图浅说》《荷花画谱》等。

J0010807

花鸟画基础技法　叶尚青著

杭州　浙江美术学院出版社　1986年　73页

有图　26cm（16开）　统一书号：8440.003

定价：CNY2.60

（美术自学丛书）

　　本书介绍了中国花鸟画的源流，技法理论及所使用的笔、墨、纸、砚和颜料；概述了花鸟画所包含的各项实际内容。附图159幅。作者叶尚青（1930—　），书画家、美术教育家、诗人。浙江玉环人。毕业于浙江美术学院。历任浙江美术学院教授、中国美术家协会会员、西泠印社社员、中国美术学院教授。出版著作《花鸟画基础》《叶尚青书画集》。

J0010808

花鸟画基础技法　叶尚青著

杭州　浙江美术学院出版社　1989年　117页

有图版　26cm（16开）　ISBN：7-81019-006-7

定价：CNY5.90

（美术教材丛书）

J0010809

花鸟画技法　张重梅著

北京　文化艺术出版社　1986年　311页

18cm（32开）统一书号：8228.129

定价：CNY3.35

　　本书包括：花鸟画发展简介；画具、画法和形式，景物和题印；花鸟画的基本功；花鸟的配合、艺术加工；章法；创作；欣赏等内容。作者张重梅（1927—2007），国画家。别名张崇美。河南内黄人。中国艺术研究院文化艺术出版社美编室负责人。著有《花鸟画技法》《人物画技法》《山水画技法》等。

J0010810

墨竹画法　郦松臣编绘

长沙　湖南美术出版社　1986年　27页　26cm（16开）

统一书号：8233.975　定价：CNY2.50

J0010811

写生花鸟画谱　周俊鹤编绘

天津　天津杨柳青画社　1986年　17cm（32开）

统一书号：7171.029　定价：CNY3.95

　　作者周俊鹤，天津著名花鸟画家。

J0010812

写意花卉入门　（蔬果画谱）张继馨绘

天津　天津杨柳青画社　1986年　46页　19×26cm

（16开）统一书号：7174.027　定价：CNY2.30

　　作者张继馨（1926—　），花鸟画名家、美术教育家。又名馨子。江苏武进人。中央文史研究馆书画院研究员、江苏省文史研究馆馆员、中国美术家协会会员、江苏省花鸟画研究会顾问、苏州市职业大学艺术学院教授。作品有《草虫画谱》《鸟类画谱》等，著有《画事一得》《笔上参禅》《馨子砚语》《颠倒葫芦》。

J0010813

写意牡丹画法　张克志编著

郑州　河南美术出版社　1986年　27页　有图版

26cm（16开）统一书号：8386.434

定价：CNY1.98

J0010814

怎样画菊花·梅花·蝴蝶兰　齐良迟绘著

北京　中国文联出版公司　1986年　13页

26cm（16开）统一书号：8355.563
定价：CNY0.75
（自学美术丛书 3）

J0010815
怎样画兰　卢坤峰画
济南 山东美术出版社 1986年 13页 26cm（16开）
统一书号：8332.833 定价：CNY0.80
（老年美术自学丛书）

　　作者卢坤峰（1934—2018），画家。又名卢毓
山。山东平邑人。毕业于浙江美术学院。浙江
美术家协会理事、浙江花鸟画研究会副会长、中
国美术学院教授、山东临沂画院名誉院长。出版
有《卢坤峰画集》《卢坤峰画选》《卢坤峰兰竹谱》
《墨竹要述》《卢坤峰墨兰说》。

J0010816
怎样画兰花　陈佩秋编绘
上海 上海书画出版社 1986年 24页 有插图
17cm（40开）统一书号：8172.1661
定价：CNY0.85

　　作者陈佩秋（1922—　），女，现代中国画花
鸟画家。字健碧，室名秋兰室、高华阁、截玉
轩。河南南阳人。毕业于国立北平艺术专科学校。
历任上海大学美术学院兼职教授、上海中国画院
画师、中国美术家协会会员。主要作品有《天目
山杜鹃》《水佩风裳》《红满枝头》。

J0010817
怎样画牡丹　尹延新画
济南 山东美术出版社 1986年
统一书号：8332.838 定价：CNY1.40
（老年人美术自学丛书）

　　作者尹延新（1941—　），画家。号舜耕山翁。
山东济南人。济南画院副院长、济南市美协副主
席、国家一级美术师、中国美术家协会会员、山
东国画研究院副院长。代表作品《中国写意画鸟
谱》《怎样画牡丹》《名画心得——画牡丹》等。

J0010818
怎样画牡丹　钱行健编绘
上海 上海书画出版社 1986年 36页 17cm（40开）
统一书号：8172.1572 定价：CNY1.40

J0010819
怎样画牡丹·月季　钱行健，金正惠著
香港 明天出版社 1987年 71页 有图
21cm（32开）ISBN：962-277-017-7
定价：HKD30.00
（中国画技法入门丛书 2）

　　作者钱行健（1935—2010），国画家。江苏无
锡人。擅长中国画，专习山水、花鸟，兼文学及
诗词，后致力于中国绘画理论的研究。曾任上海
外国语大学艺术教研室主任、副教授，上海海外
联谊会联谊书画社副社长、海墨画社社长、上海
书画研究院理事等。代表作品有《碧浪》《幽涧
听泉》《江月幽禽》等。作者金正惠（1939—　），
教授。浙江东阳人。毕业于浙江美术学院。中
国美术家协会会员。著作有《工笔花鸟画技法》
《现代花鸟画写生与创作》《中国花鸟画技法
教程》。

J0010820
怎样画牡丹·月季　钱行健，金正惠著
上海 上海书画出版社 1989年 71页 20cm（32开）
ISBN：7-80512-384-5 定价：CNY4.90
（中国画技法入门丛书 27）

J0010821
怎样画牵牛花·牡丹花·紫藤　齐良迟著
北京 中国文联出版公司 1986年 12页
26cm（16开）统一书号：8355.564
定价：CNY0.75
（自学美术丛书 4）

J0010822
怎样画松　俞子才编绘
上海 上海书画出版社 1986年 30页 17cm（40开）
统一书号：8172.1465 定价：CNY0.85

　　作者俞子才（1915—1992），教授。名绍爵，
以字行，斋名睟巢、春水草堂。浙江吴兴人。中
国美术协会会员、上海市美术家协会会员、上海
大学美术学院教授兼学术委员、上海中国画院
画师。作品有《雁荡灵峰》《延安》《峨眉山》等，
出版有《山水画皴法十要》《青绿山水课徒画稿》
《怎样画石》等。

J0010823
怎样画桃·萝卜·柿子·荔枝　齐良迟绘著

北京 中国文联出版公司 1986年 12页
26cm（16开）统一书号：8355.562
定价：CNY0.75
（自学美术丛书 2）

J0010824
怎样画竹　卢坤峰画
济南 山东美术出版社 1986年 13页 26cm（16开）
统一书号：8332.832 定价：CNY0.80
（老年人美术自学丛书）

J0010825
怎样画竹　任书博绘
上海 上海书画出版社 1986年 20页 17cm（40开）
统一书号：8172.1436 定价：CNY0.60

J0010826
白梅画法　于希宁画；谭英林文
济南 山东美术出版社 1987年 13页 26cm（16开）
ISBN：7-5330-0084-6 定价：CNY1.80
　　作者于希宁（1913—2007），教授、画家。山
东潍坊人。毕业于上海新华艺术专科学校国画系。
曾任山东艺术学院教授、名誉院长，中国画研究
院院委、山东画院院长等职。主要作品《北魏石
窟拓片选》《殷周青铜花纹演变初探》《论画梅》
《写意画花》等。

J0010827
白描花卉　赵志光绘
石家庄 河北美术出版社 1987年 40张
38cm（6开）ISBN：7-5310-0042-3 定价：CNY4.60
　　本书收入画家白描花卉41幅。有牡丹、芍
药、扶桑、荷花、睡莲、水仙、昙花等花卉。每
种花的姿态各异，构图优美，线条流畅。作者赵
志光（1938—　　），编辑。河北怀安人。毕业于
天津美术学院中国画专业。历任山西人民出版
社编审、副总编辑，中国版协连环画研究会常务
理事，山西省美术家协会原副主席、顾问，山西
省花鸟画学会会长、中国工艺美术学会山西分会
理事。代表品有《清香图》《翠阴小鸟》《玉艳冰
姿》等。

J0010828
百花画谱　杨鄂西绘著
台北 艺术图书公司 1987—1988年 240+224页

31cm（10开）精装 定价：TWD480.00
　　本书由《百花画谱》《百鸟画谱》合订。附
画法。

J0010829
百花画谱　（中英文本）杨鄂西编绘
台北 艺术家图书公司 1993年 240页
30cm（10开）ISBN：957-9045-19-4
定价：TWD480.00

J0010830
百花画谱　（中英文本）杨鄂西编绘
台北 艺术图书公司 1993年 240页 有图
30cm（10开）ISBN：957-9045-19-4
定价：TWD480.00

J0010831
百鸟画谱　杨鄂西绘著
台北 艺术图书公司 1987年 224页 30cm（15开）
　　外文书名：100 Birds：Chinese Techniques for
Painting Birds.

J0010832
国画鸟谱　周士心绘著
台北 艺术图书公司 1987年 4册 28cm（16开）
定价：TWD960.00
（中国花卉画基础 3）
　　外文书名：Manual of Chinese Bird-painting.

J0010833
红梅画法　于希宁画；谭英林文
济南 山东美术出版社 1987年 13页 26cm（16开）
ISBN：7-5330-0083-8 定价：CNY1.80

J0010834
花鸟画构图要点　孔端甫著
济南 山东美术出版社 1987年 35页 26cm（16开）
ISBN：7-5330-0007-2 定价：CNY0.70
（老年人美术自学丛书）

J0010835
花鸟画技法浅说　王天一编著
成都 四川美术出版社 1987年 122页 有插图
20cm（32开）ISBN：7-5410-0063-9
定价：CNY3.80

作者王天一(1926—　)，古筝理论家、教育家。甘肃画院副院长、中国美术家协会会员、一级美术家。

J0010836
画竹三字经　娄本鹤著
济南 山东美术出版社 1987年 38页 26cm(16开)
ISBN：7-5330-0064-1 定价：CNY1.90
　　作者娄本鹤(1941—　)，书画家。号玉函。山东济南人。山东画院高级画师、中国美术家协会山东分会会员。出版有《画竹三字经》《本鹤书画》《兰竹画法三字经》《书法入门三字经》等。

J0010837
菊花画法　于希宁，谭英林文
济南 山东美术出版社 1987年 13页 26cm(16开)
ISBN：7-5330-0086-2 定价：CNY1.80

J0010838
墨竹画法　郦松臣编绘
长沙 湖南美术出版社 1987年 重印 52页 26cm(16开) 统一书号：8233.975
ISBN：7-5356-0058-1 定价：CNY2.50

J0010839
牡丹画参考资料　江河编绘
上海 书画出版社 1987年 124页 19cm(32开)
定价：CNY0.86
(大世界画库 实用美术编)

J0010840
牡丹图谱　史维冥编辑
北京 朝花美术出版社 1987年 15页 19×26cm
统一书号：8028.2319 定价：CNY1.15
(美术技法画库 7)

J0010841
芍药牡丹画法　于希宁画；谭英林文
济南 山东美术出版社 1987年 21页 26cm(16开)
ISBN：7-5330-0085-4 定价：CNY2.80

J0010842
树木图谱　秦岭云编
北京 朝花美术出版社 1987年 19×26cm
统一书号：8028.2309 定价：CNY1.15

(美术技法画库 3)
　　作者秦岭云(1914—2008)，画家，教育家。曾用名维新等。画室堂号五瓜草堂、闻鸡楼，字岭云。生于河南汲县(今卫辉市)。曾在国立北平艺术专科学校绘画系和湖南沅陵国立艺专学习。曾在中央美术学院、人民美术出版社从事国画创作研究。出版有《现代山水画集》《秦岭云写生山水画集》《秦岭云山水作品》《写意山水画技法》等。

J0010843
水墨画·花鸟篇　日本视觉设计研究所编
台北 唐代文化事业公司 1987年 139页
21cm(32开) 定价：TWD180.00
(美术系列 025)

J0010844
丝瓜凌霄画法　于希宁画；谭英林文
济南 山东美术出版社 1987年 13页 26cm(16开)
ISBN：7-5330-0056-0 定价：CNY1.80
　　作者于希宁(1913—2007)，教授、画家。山东潍坊人。毕业于上海新华艺术专科学校国画系。曾任山东艺术学院教授、名誉院长，中国画研究院院委、山东画院院长等职。主要作品《北魏石窟拓片选》《殷周青铜花纹演变初探》《论画梅》《写意画花》等。

J0010845
写意花卉画范例　商敬诚，张万琪编绘
上海 上海人民美术出版社 1987年 80页
19cm(32开) 统一书号：8081.15075
定价：CNY2.10

J0010846
写意花鸟画法　杨鄂西绘著
台北 艺术图书公司 1987年 3版 160页 有图
26cm(16开) 定价：TWD380.00
　　外文书名：Flower and Birds：A Perspective.

J0010847
写意花鸟画技法　肖焕编
西安 陕西人民美术出版社 1987年 20页
26cm(16开) 统一书号：8199.1302
定价：CNY2.95

J0010848

怎样画荷花　龚继先编绘

上海　上海书画出版社　1987年　36页　19cm（32开）

ISBN：7-80512-060-9　定价：CNY1.10

（中国画技法入门丛书）

　　作者龚继先（1939—　　　），画家。北京人。毕业于中央美术学院。上海人民美术出版社总编辑、上海中国画院兼职画师、中国美术家协会会员等。代表作品有《指墨瓶花图》等。

J0010849

怎样画菊花　钱行健编绘

上海　上海书画出版社　1987年　24页　19cm（32开）

定价：CNY0.85

（中国画技法入门丛书）

　　作者钱行健（1935—2010），国画家。江苏无锡人。擅长中国画，专习山水、花鸟，兼文学及诗词，后致力于中国绘画理论的研究。曾任上海外国语大学艺术教研室主任、副教授，上海外联谊会联谊书画社副社长、海墨画社社长、上海书画研究院理事等。代表作品有《碧浪》《幽涧听泉》《江月幽禽》等。

J0010850

怎样画卷丹·太平鸟　孙其峰绘著

北京　中国文联出版公司　1987年　13页　有图26cm（16开）统一书号：8355.886

定价：CNY0.75

（自学美术丛书 7）

　　作者孙其峰（1920—　　　），教授，艺术家。原名奇峰，曾用名琪峰。山东招远人。历任天津美术学院教授、中国书法家协会理事、中国美术家协会理事，北京铁路局文协美术工作者、北京美协会员。代表作品《花鸟画谱》《孙其峰画辑》《孙其峰扇面选集》等。

J0010851

怎样画麻雀　孙其峰，孙季康著

石家庄　河北美术出版社　1995年　30页26cm（16开）ISBN：7-5310-0722-3

定价：CNY8.00

（中国画自学丛书）

J0010852

怎样画麻雀·芙蓉鸟　孙其峰绘著

北京　中国文联出版公司　1987年　13页有图　26cm（16开）统一书号：8355.885

定价：CNY0.75

（自学美术丛书 6）

J0010853

怎样画麻雀·芙蓉鸟　孙其峰绘著

北京　中国文联出版公司　1989年　13页26cm（16开）

（自学美术丛书 6）

J0010854

怎样画葡萄·山茶花·枇杷　齐良迟绘著

北京　中国文联出版公司　1987年　[12]页有照片　26cm（16开）统一书号：8355.1103

ISBN：7-5059-0103-6　定价：CNY0.75

（自学美术丛书 十二）

J0010855

怎样画秋海棠·油灯·秋荷　齐良迟绘著

北京　中国文联出版公司　1987年　[12]页有照片　26cm（16开）ISBN：7-5059-0101-X

定价：CNY0.75

（自学美术丛书 十）

J0010856

怎样画石榴·雁来红·蓼花　齐良迟绘著

北京　中国文联出版公司　1987年　[12]页有照片　26cm（16开）ISBN：7-5059-0102-8

定价：CNY0.75

（自学美术丛书 十一）

J0010857

怎样画树　乐震文著

香港　明天出版社　1987年　95页　有图21cm（32开）ISBN：962-277-027-4

定价：HKD30.00

（中国画技法入门丛书 4）

　　本书由明天出版社和上海书画出版社联合出版。

J0010858

怎样画树　（一）乐震文编绘

上海　上海书画出版社　1987年　36页　19cm（32开）

ISBN：7-80512-068-4　定价：CNY0.85

（中国画技法入门丛书）

J0010859
怎样画树 （二）乐震文编绘
上海 上海书画出版社 1987年 36页 19cm（32开）
ISBN：7-80512-069-2 定价：CNY1.10
（中国画技法入门丛书）

J0010860
怎样画树 乐震文著
上海 上海书画出版社 1989年 95页 20cm（32开）
ISBN：7-80512-385-3 定价：CNY5.40
（中国画技法入门丛书 4）

J0010861
怎样画桃花 施立华编绘
上海 上海书画出版社 1987年 36页 19cm（32开）
ISBN：7-80512-059-5 定价：CNY1.10
（中国画技法入门丛书）
　　作者施立华（1940—　　），上海人。毕业于浙江美术学院国画系。日本秋田市水墨画研究会顾问、上海师范大学艺术系教师。出版有《施立华画册》等。

J0010862
怎样画喜鹊·八哥·藤萝 贾宝珉绘著
北京 中国文联出版公司 1987年 13页 有图 26cm（16开） 统一书号：8355.887
定价：CNY0.75
（自学美术丛书 8）
　　作者贾宝珉（1941—　　），天津人。毕业于河北艺术师范学院中国画专业。历任天津美术学院中国画系教授、中国美术家协会会员、天津美术家协会理事。代表作品《秋获》《雄鹰》。

J0010863
怎样画鸳鸯 冯一鸣编绘
上海 上海书画出版社 1987年 24页 19cm（32开）
ISBN：7-80512-061-7 定价：CNY0.85
（中国画技法入门丛书）

J0010864
怎样画鸳鸯·翠鸟 孙其峰绘著
北京 中国文联出版公司 1987年 13页 26cm（16开） 定价：CNY0.75

（自学美术丛书 5）
　　作者孙其峰（1920—　　），教授，艺术家。原名奇峰，曾用名琪峰。山东招远人。历任天津美术学院教授、中国书法家协会理事、中国美术家协会理事、北京铁路局文协美术工作者、北京美协会员。代表作品《花鸟画谱》《孙其峰画辑》《孙其峰扇面选集》等。

J0010865
怎样画月季花 金正惠编绘
上海 上海书画出版社 1987年 24页 19cm（32开）
定价：CNY0.85
（中国画技法入门丛书）
　　作者金正惠（1939—　　），教授。浙江东阳人。毕业于浙江美术学院。中国美术家协会会员。著作有《工笔花鸟画技法》《现代花鸟画写生与创作》《中国花鸟画技法教程》。

J0010866
怎样画竹子 贾宝珉著
石家庄 河北美术出版社 1987年 25页 26cm（16开） ISBN：7-5310-0049-0
定价：CNY1.90
（中国画自学丛书）
　　本书介绍了用笔用墨的方法和画竹子的先后步骤。同时还讲解了手如何执笔、如何落笔，拇指、食指、中指如何运作，如何行笔，如何收笔等，图文并茂。

J0010867
怎样画紫藤 陈世中编绘
上海 上海书画出版社 1987年 24页 有图 19cm（32开） 统一书号：8172.1898
定价：CNY0.85
（中国画技法入门丛书）
　　作者陈世中（1944—　　），江苏武进人。中国美术家协会会员、上海书画院副院长、海墨画社副社长、上海美育学会常务理事。著有《陈世中花鸟画册》《怎样画紫藤》《当代美术家画库陈世中专集》等。

J0010868
中国花鸟画 贾宝珉著
天津 天津教育出版社 1987年 23页 26cm（16开）
ISBN：7-5309-0099-4 定价：CNY1.50

本书分别介绍常用笔墨技巧及墨竹与麻雀、梅花与喜鹊、藤萝与鸡、荷花与鸳鸯、鹰与松树、菊花、百合花、茶花等花鸟的画法。

J0010869

中国写意花鸟画技法　吴国亭著

南京　江苏美术出版社　1987年　230页　有图 27cm（16开）　定价：CNY9.40

本书图文并茂讲解写意花鸟画的基础技法。介绍花鸟画发展史、传统画法、各花木及鸟虫鱼画法、写生法、构图法及创作。作者吴国亭（1935—　），国画家、美术教育家、美学评论家、理论家。生于江苏南京浦口镇，祖籍天津。历任中国书画研究会名誉副主席、江苏省对外文化交流中心理事、苏浙皖国画家联谊会主席、美国波士顿中华文化中心艺术顾问。

J0010870

中国写意花鸟画技法　吴国亭著

南京　江苏美术出版社　1987年　2版　230页 有图 27cm（16开）　定价：CNY11.80

J0010871

中国写意花鸟画技法　吴国亭著

南京　江苏美术出版社　1992年　2版　230页 26cm（16开）　ISBN：7-5344-0030-9 定价：CNY13.50

本书是中国画之写意花鸟画技法专著。

J0010872

朱培钧兰谱　朱培钧编著

南宁　广西人民出版社　1987年　15张　26cm（16开） ISBN：7-219-00361-7　定价：CNY2.00

J0010873

紫藤画法　于希宁绘；谭英林文

济南　山东美术出版社　1987年　13页　26cm（16开） ISBN：7-5330-0057-9　定价：CNY1.80

作者于希宁（1913—2007），教授、画家。山东潍坊人。毕业于上海新华艺术专科学校国画系。曾任山东艺术学院教授、名誉院长、中国画研究院院委、山东画院院长等职。主要作品《北魏石窟拓片选》《殷周青铜花纹演变初探》《论画梅》《写意画花》等。

J0010874

白描花卉画谱　赵志光绘

郑州　河南美术出版社　1988年　37cm（8开） ISBN：7-5401-0036-2　定价：CNY4.90

作者赵志光（1938—　），编辑。河北怀安人。毕业于天津美术学院中国画专业。历任山西人民出版社编审、副总编辑，中国版协连环画研究会常务理事，山西省美术家协会原副主席、顾问，山西省花鸟画学会会长、中国工艺美术学会山西分会理事。代表品有《清香图》《翠阴小鸟》《玉艳冰姿》等。

J0010875

彩绘花鸟　詹前裕著

台北　艺术图书公司　1988年　222页　26cm（16开） 定价：TWD380.00

（绘画、设计、工艺丛书 6）

J0010876

工笔花鸟　刘玉霞绘

台北　艺术图书公司　1988年　160页　有图 30cm（10开）　定价：TWD480.00

（画好国画 6）

外文书名：Elaborated Style of Flower & Bird Paintings.

J0010877

工笔画法花鸟合订本　刘玉霞绘著

台北　艺术图书公司　1988年　157+160页　31cm （10开）　精装　定价：TWD480.00

（画好国画 5-6）

J0010878

画荷花　赵少昂著

台北　艺术图书公司　1988年　136页　30cm（15开） 定价：TWD380.00

（画好国画 2）

作者赵少昂（1905—1998），画家、教授。字叔仪。原籍广东番禺。"岭南派"著名画家。历任广州市立美术学校中国画系主任、广州大学美术科教授。出版有《少昂近作集》《少昂画集》《赵少昂画集》《实用绘画学》。

J0010879

画月季技法资料　曹寿铭编绘

上海 上海书画出版社 1988 年 94 页 19cm（32 开）
ISBN：7-80512-182-6 定价：CNY1.20
（大世界画库 实用美术编）

J0010880
墨菊画谱　刘福林编著
北京 中国和平出版社 1991 年 86 页 26cm（16 开）
ISBN：7-80037-585-4 定价：CNY6.50
（画谱丛书）

本书既吸收历代名家墨菊画法，又有作者的心得，融笔墨、技法、章法、作品、历代墨菊画题诗于一体。作者刘福林（1942— ），画家。北京人。北京教育学院宣武分院美术教研员、兼北京海淀老龄大学国画系教师。

J0010881
墨兰画谱　刘福林编著
北京 中国和平出版社 1990 年 86 页 26cm（16 开）
ISBN：7-80037-365-7 定价：CNY6.50

本书熔笔墨、技法、章法、作品、历代墨兰题诗于一炉。著名画家秦岭云先生在序言中赞誉此书是一部学习墨兰墨法的好书。

J0010882
墨梅画谱　刘福林编著
北京 中国和平出版社 1991 年 88 页 26cm（16 开）
ISBN：7-80037-559-5 定价：CNY6.50
（画谱丛书）

本书既吸收历代名家墨梅画法，又有作者的心得，融笔墨、技法、章法、作品、历代墨梅画题诗于一体。

J0010883
墨竹画谱　刘福林编绘
北京 中国和平出版社 1988 年 86 页 19×26cm
ISBN：7-80037-139-5
定价：CNY4.60, CNY6.90（精装）

J0010884
墨竹画谱　刘福林编著
北京 中国和平出版社 1991 年 86 页 26cm（16 开）
ISBN：7-80037-139-5 定价：CNY5.20
（画谱丛书）

J0010885
石榴枇杷画法　于希宁画；谭英林文
济南 山东美术出版社 1988 年 13 页 26cm（16 开）
ISBN：7-5330-0058-7 定价：CNY1.80

作者于希宁（1913—2007），教授、画家。山东潍坊人。毕业于上海新华艺术专科学校国画系。曾任山东艺术学院教授、名誉院长，中国画研究院院委、山东画院院长等职。主要作品《北魏石窟拓片选》《殷周青铜花纹演变初探》《论画梅》《写意画花》等。

J0010886
谈画梅　杨影著
哈尔滨 黑龙江美术出版社 1988 年 28 页 20cm（32 开）　ISBN：7-5318-0028-4
定价：CNY5.20

本书介绍梅的画法，并附有多幅图例供参考。

J0010887
写意花卉画法步骤　王之海等著
天津 天津人民美术出版社 1988 年 26×37cm
ISBN：7-5305-0112-7 定价：CNY4.50
（绘画技法图例丛书）

作者王之海（1943— ），河北涿鹿人。天津人民美术出版社副审。著有《指画技法》《写意花鸟画技法》《王之海画信集》等。

J0010888
写意花鸟画法步骤　孙其峰，肖朗著
天津 天津人民美术出版社 1988 年 37cm（8 开）
ISBN：7-5305-0115-1 定价：CNY4.00
（绘画技法图例丛书）

J0010889
写意花鸟画法研究　宁曰曾著
西安 陕西人民美术出版社 1988 年 120 页 26cm（16 开）定价：CNY9.15

本书包括竹兰画法、兼谈用色，二十八种花卉写法，八种蔬果写法，十五种虫鱼鸟兽写法，章法，临摹、写生、创作。书中随文配黑白和彩色图 128 幅。

J0010890
写意花鸟画基础技法　人民美术出版社编

北京 人民美术出版社 1988 年 46 页 26cm（16 开）
ISBN：7-102-00252-1 定价：CNY2.00
（美术技法丛书）
　　本书介绍 34 种动、植物的画法。

J0010891
写意花鸟画基础技法　人民美术出版社编
北京 人民美术出版社 1990 年 2 版 46 页
27cm（大 16 开） 定价：CNY6.10
（美术技法丛书）

J0010892
于希宁花卉技法　于希宁画；谭英林文
济南 山东美术出版社 1988 年 26cm（16 开）
精装 ISBN：7-5330-0140-0 定价：CNY19.50
　　本书以步骤图为主，配以简短文字讲解作画
方法。收 233 幅图。

J0010893
怎样画彩墨葡萄　苏葆桢著
成都 四川美术出版社 1988 年 2 版 30 页
有图 19×26cm ISBN：7-5410-0179-1
定价：CNY4.50
　　作者苏葆桢（1916—1990），国画家。江苏宿
迁市人。师从徐悲鸿、张书旂、傅抱石等大家。
曾任西南大学教授、硕士生导师，重庆国画院副
院长。作品有《葡萄图》《硕果累累》《玉羽迎春》
《山花烂漫》《战地花开》等。

J0010894
怎样画芙蓉·玉兰花　朱秀坤，吴玉梅著
香港 明天出版社 1988 年 70 页 有图
21cm（32 开） ISBN：962-277-037-1
定价：HKD30.00
（中国画技法入门丛书 9）
　　本书由明天出版社和上海书画出版社联合
出版。作者朱秀坤（1945—　），编审。别名竹颖。
安徽砀山县人。历任安徽美术出版社编审、社长
兼总编辑，安徽美术出版社总编辑、中国美术出
版研究会理事、中国装帧艺术研究会会员、安徽
省政协书画社画师。作品有《福寿图》《四君子
珍禽图》《新花郁煌煌》，著有《怎样画芙蓉》《白
描花鸟构图资料集》《朱秀坤画集》等。作者吴
玉梅（1940—　），女，画家。上海松江人。中国
美术家协会会员、上海中国画院画师。

J0010895
怎样画芙蓉·玉兰花　朱秀坤，吴玉梅著
上海 上海书画出版社 1997 年 70 页 21cm（32 开）
ISBN：7-80635-107-8 定价：CNY12.00
（中国画技法入门丛书 17）

J0010896
怎样画芙蓉花　朱秀坤编绘
上海 上海书画出版社 1988 年 24 页 18cm（15 开）
ISBN：7-80512-157-5 定价：CNY0.85
（中国画技法入门丛书）

J0010897
怎样画荷花·桃花　龚继光，施立华著
香港 明天出版社 1988 年 81 页 有图
21cm（32 开） ISBN：962-277-031-2
定价：HKD34.00
（中国画技法入门丛书 7）
　　本书由明天出版社和上海书画出版社联合
出版。作者施立华（1940—　），上海人。毕业于
浙江美术学院国画系。历任日本秋田市水墨画
研究会顾问、上海师范大学艺术系教师。出版有
《施立华画册》等。

J0010898
怎样画荷花·桃花　龚继先，施立华著
上海 上海书画出版社 1989 年 81 页 20cm（32 开）
ISBN：7-80512-387-X 定价：CNY5.40
（中国画技法入门丛书 7）
　　作者龚继先（1939—　），画家。北京人。毕
业于中央美术学院。历任上海人民美术出版社
总编辑、上海中国画院兼职画师、中国美术家协
会会员等。代表作品有《指墨瓶花图》等。

J0010899
怎样画荷花·桃花　龚继先，施立华著
上海 上海书画出版社 1991 年 81 页 20cm（32 开）
ISBN：7-80512-387-X
（中国画技法入门丛书 7）

J0010900
怎样画菊　张岳健编著
杭州 浙江美术学院出版社 1988 年 26cm（16 开）
定价：CNY1.00
（少儿书画丛书）

J0010901

怎样画兰花　贾宝珉著

石家庄　河北美术出版社　1988年　28页

26cm（16开）ISBN：7-5310-0061-X

定价：CNY1.90

（中国画自学丛书）

　　本书介绍了一些画兰叶的口诀和双勾画兰法，单组复叶画兰法，两组兰叶组合法，多组兰叶组合法，单株单折叶画法，简体画兰花法，两株顺势法等。作者贾宝珉(1941—)，天津人。毕业于河北艺术师范学院中国画专业。历任天津美术学院中国画系教授、中国美术家协会会员、天津美术家协会理事。代表作品《秋获》《雄鹰》。

J0010902

怎样画鹭鸶　李波绘；秋禾文

济南　山东美术出版社　1988年　14页　26cm（16开）

ISBN：7-5330-0143-5　定价：CNY1.65

（美术自学丛书）

J0010903

怎样画梅·兰·竹·菊　徐子鹤等著

香港　明天出版社　1988年　104页　有图

21cm（32开）定价：HKD36.00

（中国画技法入门丛书 11）

　　本书由明天出版社和上海书画出版社联合出版。

J0010904

怎样画梅·兰·竹·菊　徐子鹤等著

上海　上海书画出版社　1996年　104页

21cm（32开）ISBN：7-80635-008-X

定价：CNY17.00

（中国画技法入门丛书 11）

J0010905

怎样画梅花　贾宝珉著

石家庄　河北美术出版社　1988年　有图

26cm（16开）ISBN：7-5310-0172-1

定价：CNY2.40

（中国画自学丛书）

　　本书从梅花的不同部位讲述了梅花的画法。同时也介绍了简体梅花、繁体梅花和雪梅的画法。还讲述了梅花的自然属性和作为中国传统

绘画题材的历史。

J0010906

怎样画梅花　徐子鹤编绘

上海　上海书画出版社　1988年　24页　18cm（15开）

ISBN：7-80512-153-2　定价：CNY0.85

（中国画技法入门丛书）

J0010907

怎样画蔬果　乔木编绘

上海　上海书画出版社　1988年　36页　有图

19cm（32开）ISBN：7-80512-158-3

定价：CNY1.10

（中国画技法入门丛书）

　　作者乔木(1920—2002)，教授。字大年。河北深县人。上海大学美术学院教授、中国美术家协会会员等。主要作品有《迎春梅花》《彩霞迎春》《姹紫嫣红》等，著有《花鸟画基础技法》《怎样画蔬果》等。

J0010908

怎样画蔬果·草虫　乔木等著

香港　明天出版社　1990年　71页　有图

21cm（32开）ISBN：962-277-081-9

定价：HKD36.00

（中国画技法入门丛书 15）

　　本书由明天出版社和上海书画出版社联合出版。

J0010909

怎样画蔬果·草虫　乔木等著

上海　上海书画出版社　1996年　71页　21cm（32开）

ISBN：7-80635-012-8　定价：CNY12.00

（中国画技法入门丛书 15）

J0010910

怎样画玉兰花　吴玉梅编绘

上海　上海书画出版社　1988年　36页　19cm（32开）

ISBN：7-80512-183-4　定价：CNY1.64

（中国画技法入门丛书）

　　作者吴玉梅(1940—)，女，画家。上海松江人。中国美术家协会会员、上海中国画院画师。

J0010911

怎样画竹　卢坤峰编绘

杭州 浙江美术学院出版社 1988年 26cm（16开）
定价：CNY1.00
（少儿书画丛书）

　　作者卢坤峰（1934—2018），画家。又名卢毓山。山东平邑人。毕业于浙江美术学院。浙江美术家协会理事、浙江花鸟画研究会副会长、中国美术学院教授、山东临沂画院名誉院长。出版有《卢坤峰画集》《卢坤峰画选》《卢坤峰兰竹谱》《墨竹要述》《卢坤峰墨兰说》。

J0010912
怎样画紫藤·牵牛花　陈世中，徐元清著
香港 明天出版社 1988年 72页 有图
21cm（32开）ISBN：962-277-034-7
定价：HKD30.00
（中国画技法入门丛书 8）

　　本书由明天出版社和上海书画出版社联合出版。作者陈世中（1944—　　），江苏武进人。中国美术家协会会员、上海书画院副院长、海墨画社副社长、上海美育学会常务理事。著有《陈世中花鸟画册》《怎样画紫藤》《当代美术家画库陈世中专集》等。

J0010913
怎样画紫藤·牵牛花　陈世中，徐元清著
上海 上海书画出版社 1989年 72页 20cm（32开）
ISBN：7-80512-389-6 定价：CNY4.90
（中国画技法入门丛书 8）

J0010914
张宝珠松柏画谱　张宝珠编著
南宁 广西人民出版社 1988年 26cm（16开）
ISBN：7-219-00615-2 定价：CNY2.25
　　作者张宝珠（1945—　　），山东画院高级画师。

J0010915
大写意花鸟画技法研究　陈兵著
上海 上海人民美术出版社 1989年 152页
有图版 26cm（16开）ISBN：7-5322-0465-0
定价：CNY9.90

　　本书通过对现代代表画家吴昌硕、齐白石、潘天寿同类题材作品的参照，用比较的方法，论述大写意花鸟画技法的演变和发展，及其独特的艺术特点。有黑白图165幅，彩图23幅。作者陈兵（1942—　　），现代著名画家、评论家。笔名墨石。重庆人。毕业于西南师大美术系。中国国际艺术研究院客座教授、北京艺术交流协会常务理事。著有《大写意花鸟技法研究》《天道酬勤——崔子范先生的艺术世界》等。

J0010916
工笔花鸟基础技法　孔端甫著
济南 山东美术出版社 1989年 89页 有图
19cm（32开）ISBN：7-5330-0185-0
定价：CNY3.65

J0010917
花鸟画步骤图集　孔端甫等编著
济南 山东美术出版社 1989年 26cm（16开）
ISBN：7-5330-0199-0 定价：CNY19.50

J0010918
花鸟画法　谭勇著
上海 上海人民美术出版社 1989年 127页
有图版 26cm（16开）ISBN：7-5322-0308-5
定价：CNY14.50

　　本书分3部分。第一部分介绍花鸟画的历史概况，工具材料和托裱、临摹、写生、创作、题款和盖印；第二部分介绍工笔、写意和花木鸟羽的具体表现方法；第三部分有花木、禽鸟、昆虫、鱼类、草石、水、天、雪和蔬菜瓜果等实例。附有70幅图。

J0010919
花鸟画技法初步　郁慕娟等编著
上海 上海人民美术出版社 1989年 98页
有图版 19cm（32开）ISBN：7-5322-0244-5
定价：CNY4.60
（初级美术技法丛书）

J0010920
画兰三字经　娄本鹤著
济南 山东美术出版社 1989年 38页 有照片
26cm（16开）ISBN：7-5330-0205-9
定价：CNY3.50

　　作者娄本鹤（1941—　　），书画家。号玉函。山东济南人。山东画院高级画师，中国美术家协会山东分会会员。出版有《画竹三字经》《本鹤书画》《兰竹画法三字经》《书法入门三字经》等。

J0010921
画小鸟　杨鹗西绘著
台北　艺术图书公司　1989年　129页　有图
30cm（15开）定价：TWD380.00
（画好国画 15）
　　外文书名：Drawing Little Birds.

J0010922
菊花画谱　张玉清编
北京　朝花美术出版社　1989年　26cm（16开）
定价：CNY1.65
（美术技法画库 12）

J0010923
兰竹技法　杨运昌编著
西安　陕西人民美术出版社　1989年　60页
有照片　26cm（16开）ISBN：7-5368-0134-3
定价：CNY3.55
　　本书是作者基于50年美术教学和绘画实践
经验，广泛吸收前人研究成果而总结出的兰、竹
技法研究成果。

J0010924
兰竹技法　杨运昌编著
西安　陕西人民美术出版社　1996年　重印本
60页　26cm（16开）ISBN：7-5368-0658-2
定价：CNY8.50
（美术技法丛书）
　　本书是作者基于50年美术教学和绘画实践
经验，广泛吸收前人研究成果而总结出的兰、竹
技法研究成果。作者杨运昌，美术教师。

J0010925
论画梅　于希宁著
济南　山东教育出版社　1989年　170页　有图版
26cm（16开）精装　ISBN：7-5328-0432-1
定价：CNY20.00
　　本书介绍了画梅在中国绘画史中的发展概
况、历代画梅主要论著，对画梅的意境、构图等
问题做了探讨，并系统地介绍了画梅技法。

J0010926
写意花鸟画创作技法十六讲　郭味蕖著
上海　上海人民美术出版社　1989年　有照片及图
26cm（16开）ISBN：7-5322-0242-9

定价：CNY11.25
　　作者郭味蕖（1908—1971），画家。原名忻，
后改慰劬、味蕖，曾用别号汾阳王孙等。山东潍
坊人。毕业于上海美术专科学校。历任中央美
术学院研究部和徐悲鸿纪念馆研究员、中央美院
中国画讲师、中央美术学院国画系花鸟科主任
等。著有《宋元明清画家年表》《中国版画史略》
《写意花鸟创作技法十六讲》等。

J0010927
写意画花　于希宁绘著
台北　艺术图书公司　1989年　136页　30cm（10开）
定价：TWD380.00
（画好国画 13）
　　外文书名：Flower Painting in Spontaneous Style.
作者于希宁（1913—2007），教授、画家。山东
潍坊人。毕业于上海新华艺术专科学校国画系。
曾任山东艺术学院教授、名誉院长，中国画研究
院院委，山东画院院长等职。主要作品《北魏石
窟拓片选》《殷周青铜花纹演变初探》《论画梅》
《写意画花》等。

J0010928
怎样画草本花卉　钱行健著
香港　明天出版社　1989年　86页　有图
21cm（32开）ISBN：962-277-062-2
定价：HKD36.00
（中国画技法入门丛书 12）
　　本书由明天出版社和上海书画出版社联合
出版。作者钱行健（1935—2010），国画家。江苏
无锡人。曾任上海外国语大学艺术教研室主任、
副教授，上海海外联谊会联谊书画社副社长、海
墨画社社长、上海书画研究院理事等。代表作品
有《碧浪》《幽涧听泉》《江月幽禽》等。

J0010929
怎样画草本花卉　（一）钱行健编绘
上海　上海书画出版社　1989年　36页　19cm（32开）
ISBN：7-80512-257-1　定价：CNY1.80
（中国画技法入门丛书）

J0010930
怎样画草本花卉　（二）钱行健主编
上海　上海书画出版社　1989年　36页　19cm（30开）
定价：CNY1.80

（中国画技法入门丛书）

J0010931
怎样画草本花卉　钱行健著
上海 上海书画出版社 1996年 86页 20cm（32开）
ISBN：7-80635-009-8 定价：CNY14.50
（中国画技法入门丛书 12）

J0010932
怎样画草虫　雨新绘著
北京 中国文联出版公司 1989年 13页
26cm（16开） ISBN：7-5059-1082-5
定价：CNY1.10
（自学美术丛书 13）

　　作者雨新（1927— ），画家。本名王宗光。
北京顺义人。曾任荣宝斋咨询委员会委员、中国
老年书画研究会创作员。主要作品有《怎样画蝴
蝶》《怎样画草虫》《怎样画牡丹花石》等。

J0010933
怎样画茶花　应诗流编绘
上海 上海书画出版社 1989年 36页 19cm（32开）
ISBN：7-80512-358-6 定价：CNY3.00
（中国画技法入门丛书）

J0010934
怎样画蝴蝶　雨新绘著
北京 中国文联出版公司 1989年 13页 有图
26cm（16开） ISBN：7-5059-1085-X
定价：CNY1.10
（自学美术丛书 16）

J0010935
怎样画菊花　贾宝珉著
石家庄 河北美术出版社 1989年 26页
26cm（16开） ISBN：7-5310-0245-0
定价：CNY2.80
（中国画自学丛书）

　　本书51幅图。介绍了不同花姿、不同颜色
菊花的画法。作者贾宝珉（1941— ），天津人。
毕业于河北艺术师范学院中国画专业。天津美
术学院中国画系教授、中国美术家协会会员、天
津美术家协会理事。代表作品《秋获》《雄鹰》。

J0010936
怎样画牡丹花石　雨新绘著
北京 中国文联出版公司 1989年 13页
26cm（16开） ISBN：7-5059-1083-3
定价：CNY1.10
（自学美术丛书 14）

J0010937
怎样画葡萄　陈世中编绘
上海 上海书画出版社 1989年 24页 有图
19cm（32开） ISBN：7-80512-355-1
定价：CNY2.20
（中国画技法入门丛书）

　　作者陈世中（1944— ），江苏武进人。中国
美术家协会会员、上海书画院副院长、中国墨画社
副社长、上海美育学会常务理事。著有《陈世中
花鸟画册》《怎样画紫藤》《当代美术家画库陈世
中专集》等。

J0010938
怎样画蔬果　雨新绘著
北京 中国文联出版公司 1989年 13页 有图
26cm（16开） ISBN：7-5059-1084-1
定价：CNY1.10
（自学美术丛书 15）

　　作者雨新（1927— ），画家。本名王宗光。
北京顺义人。曾任荣宝斋咨询委员会委员、中国
老年书画研究会创作员。主要作品有《怎样画蝴
蝶》《怎样画草虫》《怎样画牡丹花石》等。

J0010939
芭蕉画法　杨文仁编绘
济南 山东美术出版社 1990年 13页 26cm（16开）
ISBN：7-5330-0312-8 定价：CNY3.40
（美术技法丛书）

　　作者杨文仁（1941— ），画家。生于山东青
岛。山东师范学院艺术系中国画专业毕业。历
任泰安师范美术教师、山东省艺术馆美术干部、
山东师范大学美术系教师、山东省美术馆一级
美术师、山东省美术家协会副主席。出版有《杨
文仁花鸟画集》《杨文仁国画精品集》《荷花画
法》等。

J0010940
白荷画法　杨文仁编绘

济南 山东美术出版社 1990年 13页 26cm（16开）
ISBN：7-5330-0278-4 定价：CNY2.30
（美术技法丛书）

J0010941

工笔花卉（牡丹·水仙）画法步骤　赵志光绘
大津 大津人民美术出版社 1990年 8张
38cm（6开）定价：CNY9.50
（绘画技法图例丛书）

　　作者赵志光（1938—　），编辑。河北怀安
人。毕业于天津美术学院中国画专业。历任山
西人民出版社编审、副总编辑，中国版协连环画
研究会常务理事、山西省美术家协会原副主席、
顾问，山西省花鸟画学会会长、中国工艺美术学
会山西分会理事。代表品有《清香图》《翠阴小
鸟》《玉艳冰姿》等。

J0010942

工笔花鸟画法步骤　金鸿钧，王满良［著］
天津 天津人民美术出版社 1990年 38cm（6开）
ISBN：7-5305-0230-1 定价：CNY9.50
（绘画技法图例丛书）

　　作者金鸿钧（1937—　），教授、画家。别名
爱新觉罗·鸿钧。生于北京。中央美术学院中国
画系教授、中国美术家协会会员、北京工笔重彩
画会副会长。代表作品《生生不已》《石壁榕根》
《叶落归根》《枝繁花盛》，出版有《牡丹画谱》
《工笔花鸟画技法》《金鸿钧画集》等。

J0010943

工笔花鸟画技法　邹传安著
长沙 湖南美术出版社 1990年 137页 有彩图
26cm（16开）ISBN：7-5356-0339-4
定价：CNY14.50

　　作者邹传安（1940—　），画家、国家一级美
术师。湖南新化人。历任中国美术家协会会员、
湖南省文史研究馆馆员、湖南师范大学美术系客
座教授、中国美术家协会会员。著有《工笔花鸟
画技法》《天籁——邹传安工笔花鸟画》《邹传安
画集》。

J0010944

工笔牡丹　伍辑青编绘
台北 艺术图书公司 1990年 109页 有图
30cm（10开）ISBN：957-9045-23-2

定价：TWD380.00
（画好国画 22）
　　外文书名：Peony in Elaborate Style.

J0010945

果蔬小品画法　杨文仁编绘
济南 山东美术出版社 1990年 13页 26cm（16开）
ISBN：7-5330-0301-2 定价：CNY3.60
（美术技法丛书）

J0010946

红荷画法　杨文仁编绘
济南 山东美术出版社 1990年 13页 26cm（16开）
ISBN：7-5330-0267-9 定价：CNY2.30
（美术技法丛书）

J0010947

葫芦画法　杨文仁编绘
济南 山东美术出版社 1990年 13页 有彩图
26cm（16开）ISBN：7-5330-0323-3
定价：CNY3.40
（美术技法丛书）

　　作者杨文仁（1941—　），画家。生于山东青
岛。山东师范学院艺术系中国画专业毕业。历
任泰安师范美术教师、山东省艺术馆美术干部、
山东师范大学美术系教师。山东省美术馆一级
美术师、山东省美术家协会副主席。出版有《杨
文仁花鸟画集》《杨文仁国画精品集》《荷花画
法》等。

J0010948

花卉画法　贾宝珉绘著
台北 艺术图书公司 1990年 207页 30cm（15开）
精装 ISBN：957-9045-26-7 定价：TWD600.00

　　作者贾宝珉（1941—　），天津人。毕业于河
北艺术师范学院中国画专业。天津美术学院中
国画系教授、中国美术家协会会员、天津美术家
协会理事。代表作品《秋获》《雄鹰》。

J0010949

花卉画入门　喻仲林绘著；陈琼花撰文
台北 艺术图书公司 1990年 176页 30cm（15开）
ISBN：957-9045-04-6 定价：TWD480.00
（画好国画 7）
　　外文书名：Elementary of Flower Painting.

J0010950

画家之路　（国画、花鸟）徐培晨，陈士桂著
南京　江苏美术出版社　1990年　56页　有图
26cm（16开）　ISBN：7-5344-0138-0
定价：CNY3.50
（中级美术自学辅导丛书）

J0010951

霍春阳·张桂铭·张伟民花鸟画集　霍春阳，
张桂铭，张伟民［绘］
开封　河南美术出版社　1990年　20页
（现代花鸟画库 11）
　　作者张桂铭（1939—　　），教授、画家。生于
浙江绍兴。毕业于中国美术学院中国画系。历
任上海中国画院副院长、刘海粟美术馆执行馆
长、上海美术家协会主席团委员。代表作品有《画
家齐白石》《天地悠悠》《荷满塘》等。

J0010952

兰蕙画法　韩玮，杨文仁绘
济南　山东美术出版社　1990年　13页　26cm（16开）
ISBN：7-5330-0300-4　定价：CNY3.60
（美术技法丛书）

J0010953

鸟类画谱　齐兆璠编绘
北京　人民美术出版社　1990年　414页
19cm（32开）　ISBN：7-102-00644-6
定价：CNY7.90
　　本书总论部分介绍了鸟体的形态、鸟类的
生态、起源与进化、分布等，各论部分共收28目
132科800多种鸟类的图谱。作者齐兆璠，花鸟
画家。天津人。毕业于天津美术学院。中国美
术家协会会员、河北省沧州师范专科学校美术系
教授。专著有《鸟类画谱》。

J0010954

写意花鸟画技法　邓锡良编著
北京　北京农业大学出版社　1990年　48页
26cm（16开）　ISBN：7-81002-132-X
定价：CNY3.60
　　本书作者总结了作者几十年的绘画教学经
验，讲述了几十种水禽、鱼、花、鸟的结构特点
和画法，以及如何组织一幅完整的作品。本书的
突出特点是作者介绍并汇入了其他国画技法书

没有介绍过的内容。

J0010955

怎样画兰竹石　刘国瑞著
北京　华夏出版社　1990年　66页　有图
26cm（16开）　ISBN：7-80053-796-X
定价：CNY5.75
　　本书详尽地讲解了兰、竹、石的品种，生
长规律及具体画法的用笔、用墨。作者刘国瑞
（1943—　　），画家、国家一级美术师。号道真。
生于山东济南。历任中国工艺美术家协会副主
席，济南画院、山东画院高级书画师。出版有
《怎样画兰竹石》《群芳新谱白描花卉》《画菊述
要》等。

J0010956

怎样画鸣禽　（一）钱行健编绘
上海　上海书画出版社　1990年　36页　19cm（30开）
ISBN：7-80512-326-8　定价：CNY1.80
（中国画技法入门丛书）
　　本书讲述画黄鹂雀、白脸山雀、家燕等多
种鸣禽的技法，并配有示范作品。作者钱行健
（1935—2010），国画家。江苏无锡人。曾任上海
外国语大学艺术教研室主任、副教授，上海海外
联谊会联谊书画社副社长、海墨画社社长、上海
书画研究院理事等。代表作品有《碧浪》《幽涧
听泉》《江月幽禽》等。

J0010957

怎样画鸣禽　（二）钱行健编绘
上海　上海书画出版社　1990年　36页　19cm（30开）
ISBN：7-80512-327-6　定价：CNY1.80
（中国画技法入门丛书）
　　本书讲述八哥、五道眉、寒雀等多种鸣禽的
技法，并配有示范作品。

J0010958

怎样画鸣禽　钱行健著
香港　明天出版社　1991年　80页　有图
21cm（32开）　ISBN：962-277-113-0
定价：HKD40.00
（中国画技法入门丛书 17）

J0010959

怎样画鸣禽　钱行健著

上海 上海书画出版社 1996年 80页 21cm（32开）
ISBN：7-80635-014-4 定价：CNY13.50
（中国画技法入门丛书 9）

J0010960
工笔花鸟画　田世光，金鸿钧著
海口 海南摄影美术出版社 1991年 70页
26cm（16开） ISBN：7-80571-113-5
定价：CNY9.00
（中央美术学院中国画系国画教材 5）
　　本书包括国画人物、山水、花鸟 3 部分，较
为系统地介绍了传统技法、写生技法和创作方
法。作者田世光（1916—1999），教授。号公炜。
北京人，祖籍山东乐陵。毕业于北京京华美术学
院，师承张大千、赵梦朱、吴镜汀、于非闇、齐白
石诸先生。历任中国美术家协会会员、北京工笔
重彩画副会长、中国画研究院第一届院务委员。
代表作《和平颂》《松树白鹰》《春晖》《幽谷红
妆》《山雀》。作者金鸿钧（1937—　　），教授、画
家。别名爱新觉罗·鸿钧。生于北京。历任中
央美术学院中国画系教授、中国美术家协会会
员、北京工笔重彩画会副会长。代表作品《生生
不已》《石壁榕根》《叶落归根》《枝繁花盛》，出
版有《牡丹画谱》《工笔花鸟画技法》《金鸿钧画
集》等。

J0010961
工笔花鸟画　杜曼华著
杭州 浙江美术学院出版社 1991年 134页
26cm（16开） ISBN：7-81019-101-2
定价：CNY9.60
（美术基础技法教材丛书）

J0010962
工笔花鸟画技法　金鸿钧编著
北京 人民美术出版社 1991年 60+73+56页
有图 26cm（16开） ISBN：7-102-00892-9
定价：CNY11.50
　　本书介绍了工笔花鸟画的作画技法，既有传
统技法，又有探索与创新。作者金鸿钧，工笔花
鸟画画家，美术教育家，中央美术学院教师。

J0010963
花鸟画技法　周云海，谢素琼著
成都 成都科技大学出版社 1991年 53页

有彩图 26cm（16开） ISBN：7-5616-1040-8
定价：CNY9.00
　　本书以写意为主，分 25 课。每课内容从分
析作品入手，再进行逐步分笔临摹和组合练习。

J0010964
花鸟画技法　郭怡孮著
海口 海南摄影美术出版社 1991年 68页
26cm（16开） ISBN：7-80571-110-0
定价：CNY9.00
　　作者郭怡孮（1940—　　），教授。山东潍坊人。
历任中央美术学院中国画系教授、副系主任，全
国美术家协会会员等。出版《中国画教材》《郭
味蕖花鸟画技法》《白描花卉写生》《写意花鸟画
技法》《花卉写生教程》《郭怡孮花卉集》。

J0010965
花鸟画技法　彭昭俊著
济南 山东教育出版社 1991年 345页 有附图版
26cm（16开） 精装 ISBN：7-5328-1126-3
定价：CNY28.00
　　本书共分 22 章。第 1 至 3 章介绍了中国传
统绘画的历史、特点及花鸟画的表现方法、学习
方法；第 4 至 7 章主要对学习花鸟画所用的工具
及构图、临摹、写生、创作、用墨施色等问题做
了深入浅出的介绍和论述；第 8 至 20 章则从介
绍工笔和写意两种传统绘画入手，对梅兰竹菊、
鱼虾虫鸟、花草蔬果、走兽松石等各种物象的绘
画技法进行了探讨，并附有历代文人墨客对这
些物象的论述、赞美词、诗词选等；最后两章概
述了题款、印章的作用、用法及一些特殊绘画技
法。作者彭昭俊（1935—　　），画家，教授。生于
山东荣成市。毕业于山东艺术专科学校。历任
山东艺术学院副教授、艺术研究所副所长、齐鲁
书画研究院院长、中国美术家协会会员。代表作
品有《春光》《报春》《铁骨花更红》等。

J0010966
花鸟画技法　郭怡孮著
北京 学苑出版社 1993年 68页 26cm（16开）
ISBN：7-5077-0638-9 定价：CNY14.50
（中央美术学院中国画系国画教材 2）

J0010967
花鸟画技法　郭怡孮著

北京 学苑出版社 1994 年 重印本 68 页
26cm（16 开） ISBN：7-5077-0638-9
定价：CNY15.80
（中央美术学院中国画系国画教材 2）

J0010968
兰竹画法三字经　娄本鹤著
济南 山东美术出版社 1991 年 38 页 有照片
26cm（16 开） ISBN：7-5330-0403-5
定价：CNY5.50
　　作者娄本鹤（1941—　），书画家。号玉函。
山东济南人。山东画院高级画师、中国美术家协
会山东分会会员。出版有《画竹三字经》《本鹤
书画》《兰竹画法三字经》《书法入门三字经》等。

J0010969
墨兰说　卢坤峰著
合肥 安徽美术出版社 1991 年 有图
28cm（大 16 开） ISBN：7-5398-0215-4
定价：CNY9.80
　　本书包括：兰花在历史上的地位、如何学习
画墨兰等 5 部分。附墨兰参考作品 50 余幅。作
者卢坤峰（1934—2018），画家。又名卢毓山。山
东平邑人。毕业于浙江美术学院。浙江美术家
协会理事、浙江花鸟画研究会副会长、中国美术
学院教授、山东临沂画院名誉院长。出版有《卢
坤峰画集》《卢坤峰画选》《卢坤峰兰竹谱》《墨
竹要述》《卢坤峰墨兰说》。

J0010970
写意花鸟画　高冠华著
海口 海南摄影美术出版社 1991 年 75 页
26cm（16 开） ISBN：7-80571-116-X
定价：CNY9.00
（中央美术学院中国画系国画教材 8）
　　作者高冠华（1915—1999），书画艺术家。江
苏南通人。毕业于国立北平艺术专科学院。历
任中国书画社社长、中国美术家协会会员、中国
手指画研究会副会长等。代表作品有《枯荷》《纷
纷飞雪夕阳红》《依依透骨寒》《秋色斑斓》等。

J0010971
写意花鸟画　高冠华著
北京 学苑出版社 1993 年 75 页 26cm（16 开）
ISBN：7-5077-0638-9 定价：CNY14.50

（中央美术学院中国画系国画教材 8）

J0010972
写意花鸟画　高冠华著
北京 学苑出版社 1994 年 重印本 75 页
26cm（16 开） ISBN：7-5077-0638-9
定价：CNY15.80

J0010973
写意花鸟画技法　李巍，甘雨辰著
成都 四川美术出版社 1991 年 48 页 20cm（32 开）
ISBN：7-5410-0578-9 定价：CNY1.85
　　作者李巍（1938—　），教授。江苏连云港人。
历任四川美术学院装潢环艺系教授、中国广告协
会学术委员会委员。出版有《现代广告设计》《广
告策略妙招》《幽默广告艺术》等。

J0010974
怎样画蝴蝶·草虫　俞致贞，许继庄编绘
台北 艺术图书公司 1991 年 117 页 有图
30cm（10 开） ISBN：957-9045-29-1
定价：TWD380.00
（画好国画 25）
　　外文书名：Butterflies & Insects. 作者俞致贞
（1915—1995），花鸟画家。字一云。北京人。历
任中国美术家协会会员、中国老年书画会顾问、
中国书画函授大学教授、北京工笔重彩画会副会
长、北京花鸟画会名誉会长等。代表作品《沙果
双鹊》《荷花》《耄耋图》等。

J0010975
彩绘花鸟　詹前裕著
台北 艺术图书公司 1992 年 再版 222 页
26cm（16 开） ISBN：957-672-025-7
定价：TWD450.00
（绘画·设计·工艺丛书 6）

J0010976
工笔禽鸟画法　王志林编绘
天津 天津人民美术出版社 1992 年 64 页
有彩图 26cm（16 开） ISBN：7-5305-0316-2
定价：CNY11.50
（中国画技法丛书）
　　作者王志林（1940—　），河北轻工业学校美
术讲师、中国美术家协会河北分会会员。

J0010977

花鸟画创作谈　江苏省花鸟画研究会编

南京　江苏美术出版社　1992年　318页

20cm（32开）ISBN：7-5344-0257-3

定价：CNY5.90

　　本书收入论文50余篇，论述了江苏花鸟画的源流、中国画的线条、工笔花鸟画的写意、花鸟画的韵味与内涵、花鸟画章法的运用等。

J0010978

康师尧教学画稿　康师尧绘

天津　天津人民美术出版社　1992年　179页

26cm（16开）精装　ISBN：7-5305-0332-X

定价：CNY36.00

（中国画名家教学画稿丛书）

　　作者康师尧（1921—1985），笔名康巽。河南博爱县人。曾任美协陕西分会创作委员会委员、陕西书法篆刻研究会理事等。

J0010979

梅岭百鸟画谱　陈辅国编译

长春　吉林美术出版社［1992年］315页

26cm（16开）ISBN：7-5386-0251-8

定价：CNY28.00

　　本画谱为日本明治时期著名画家、美术教育家幸野梅岭教授百鸟课的画稿。

J0010980

墨竹教程　莫各伯著

广州　岭南美术出版社　1992年　102页

26cm（16开）ISBN：7-5362-0763-8

定价：CNY8.88

J0010981

墨竹艺术　林增华绘著

福州　福建美术出版社　1992年　26cm（16开）

ISBN：7-5393-0198-X　定价：CNY7.40

　　作者林增华（1942—　），字墨行，号一与。福建长乐人。

J0010982

孙其峰教学画稿　孙其峰绘

天津　天津人民美术出版社　1992年　150页

26cm（16开）精装　ISBN：7-5305-0322-7

定价：CNY30.00

（中国画名家教学画稿丛书）

　　作者孙其峰（1920—　），教授，艺术家。原名奇峰，曾用名琪峰。山东招远人。历任天津美术学院教授、中国书法家协会理事、中国美术家协会理事、北京铁路局文协美术工作者、北京美协会员。代表作品《花鸟画谱》《孙其峰画辑》《孙其峰扇面选集》等。

J0010983

写意花鸟画技法　郭西河著

沈阳　辽宁美术出版社　1992年　176页

26cm（16开）ISBN：7-5314-0958-5

定价：CNY25.00

　　本书200幅图。介绍了写意花卉技法、草虫画法和禽鸟的画法。作者郭西河（1917—1995），画家、教授。字伴云。浙江绍兴人。毕业于国立北平艺术专科学校国画专业。中国美术家协会会员、辽宁中国画研究会副会长、沈阳鲁迅美术学院教授。作品有《月季花》《山里红》《百花齐放》等。

J0010984

写意花鸟画诀　郭钟永著

北京　人民美术出版社　1992年　26页　有彩图

19cm（小32开）ISBN：7-102-01055-9

定价：CNY1.95

　　作者郭钟永，书画家、美术教育家。号风流墨客。北京联合大学文法学院艺术教研室教师、中国书画家联谊会理事、美术家协会、书法家协会会员。主要著作有《郭钟永速写集》《真草隶篆速成技法》《写意花鸟画诀》《郭钟永篆刻选》《美术向导》等。

J0010985

意笔花鸟画谱　叶尚青著

杭州　浙江美术学院出版社　1992年　122页

26cm（16开）ISBN：7-81019-098-9

定价：CNY9.80

　　本书介绍了大自然中各种花卉和禽鸟、鱼虫等物象的表现方法，并附图例与作品。作者叶尚青（1930—　），书画家、美术教育家、诗人。浙江玉环人。毕业于浙江美术学院。历任浙江美术学院教授，中国美术家协会会员、西泠印社社员、中国美术学院教授。出版著作《花鸟画基础》《叶尚青书画集》。

J0010986

怎样画荷花　贾宝珉著

石家庄　河北美术出版社　1992年　26cm（16开）

ISBN：7-5310-0518-2　定价：CNY3.50

（中国画自学丛书）

　　本书介绍了花的画法、荷叶的画法和点缀物的画法。作者贾宝珉，天津美术学院任教。

J0010987

怎样画没骨法牡丹　杜炳申著

石家庄　河北美术出版社　1992年　26cm（16开）

ISBN：7-5310-0449-6　定价：CNY3.80

　　本书内容包括花卉没骨法简论、花卉没骨法的工具和材料、花卉没骨法的基本技法、怎样画没骨牡丹。

J0010988

郑板桥画兰画竹　（清）郑板桥绘

杭州　西泠印社　1992年　64页　37cm

ISBN：7-80517-083-5　定价：CNY9.80

（名家技法画谱）

　　作者郑板桥（1693—1765），清代书画家、文学家。原名郑燮，字克柔，号理庵，又号板桥，人称板桥先生。生于江苏兴化，祖籍苏州。乾隆元年（1736年）进士。官山东范县、潍县县令。代表作品《修竹新篁图》《清光留照图》《丛兰荆棘图》《甘谷菊泉图》等，著有《郑板桥集》。

J0010989

中国写意花鸟画技法　陆越子编著

南京　江苏美术出版社　1992年　88页　26cm（16开）

ISBN：7-5344-0261-1　定价：CNY8.90

　　本书介绍了梅兰竹菊、藤本植物、鱼虫等绘画的技法。

J0010990

草虫的画法　肖朗著

天津　天津杨柳青画社　1993年　64页　18×21cm

ISBN：7-80503-148-7　定价：CNY6.80

（中国画技法丛书）

J0010991

工笔月季画法　马鸣编绘

北京　人民美术出版社　1993年　40页　26cm（16开）

ISBN：7-102-01153-9　定价：CNY5.90

　　作者马鸣（1958—　　　　），山东临沂人。中国书画函授大学临沂分校讲师、临沂老年大学国画教师。

J0010992

郭味蕖花鸟画技法　郭怡孮，邵昌弟编著

北京　人民美术出版社　1993年　92页　有彩图　26cm（16开）　ISBN：7-102-01207-1

定价：CNY14.00

　　作者郭怡孮（1940—　　　），教授。山东潍坊人。中央美术学院中国画系教授、副系主任，全国美术家协会会员等职。出版《中国画教材》《郭味蕖花鸟画技法》《白描花卉写生》《写意花鸟画技法》《花卉写生教程》《郭怡孮花卉集》。

J0010993

画兰新技法　李方玉著

北京　中国大百科全书出版社　1993年　26cm（16开）

ISBN：7-5000-5231-6　定价：CNY7.00

（中国画技法精品丛书）

　　本书包括技法、特殊形态兰花的画法、画兰构图3部分。作者李方玉（1945—　　　），画家、国家一级美术师。又名李牛、牛翁，号竹屋主人。河南范县人。毕业于山东师范大学艺术系和中国美院国画系。历任中国美术家协会会员、山东省美术馆专业画家、中国书法艺术研究院艺委委员。代表作品有《李方玉画集》《花鸟颂》《画竹技法新探》等。

J0010994

李凌云画牡丹技法　李凌云著

北京　北京农业大学出版社　1993年　48页　26cm（16开）　ISBN：7-81002-521-X

定价：CNY8.00

　　作者李凌云（1924—2004），广东兴宁人。中国美术家协会会员、中国画研究院专业画家。作品有《晨曲》《蜂恋繁香不记归》《春满庭园》，出版有《国色颂——李凌云牡丹画集》《李凌云画牡丹技法》等。

J0010995

鸟类画谱　张继馨著

南京　江苏美术出版社　1993年　208页　有彩图　26cm（16开）　ISBN：7-5344-0299-9

定价：CNY29.80

本书介绍了野鸭、孔雀、喜鹊、小杜鹃等40种鸟的画法。作者张继馨(1926—)，花鸟画名家、美术教育家。又名馨子。江苏武进人。中央文史研究馆书画院研究员、江苏省文史研究馆馆员、中国美术家协会会员、江苏省花鸟画研究会顾问、苏州市职业大学艺术学院教授。作品有《草虫画谱》《鸟类画谱》等，著有《画事一得》《笔上参禅》《馨子砚语》《颠倒葫芦》。

J0010996

写意花鸟画技法　　郑景贤著

福州 福建美术出版社 1993年 58页 26cm(16开)
ISBN：7-5393-0209-9 定价：CNY15.00

本书分为临摹、写生、写意花卉12种常用技法、创作等8部分。作者郑景贤(1944—)，画家。生于福建惠安。历任福建工艺美术学校高级讲师、中国工艺美术学会书画研究会理事等。著有《郑景贤画集》《郑景贤花鸟画基础教学》《最新花鸟画技法》等。

J0010997

写意花鸟画技法 100 问　　刘保申著

西安 陕西人民美术出版社 1993年 63页
有彩图 26cm(16开) ISBN：7-5368-0371-0
定价：CNY12.80
(美术技法丛书)

作者刘保申(1937—)，画家、教授。河南南阳人。毕业于西安美术学院。历任西安美院教授、兼任图书馆馆长，中国美协会员、陕西美协理事、美国鲍林格灵美术学院客座教授、纽约花鸟画研究会会长。代表作《花鸟技法 100 问》《刘保申画集》《刘保申花鸟画选》。

J0010998

写意花鸟画技法 100 问　　刘保申著

西安 陕西人民美术出版社 1995年 重印本 63页
有图 26cm(16开) ISBN：7-5368-0646-9
定价：CNY18.50
(美术技法丛书)

作者刘保申，国画教师。

J0010999

写意花鸟画入门　　杨全意编著

北京 今日中国出版社 1993年 91页 26cm(16开)
ISBN：7-5072-0484-7 定价：CNY13.50

J0011000

怎样画草虫　　张继馨著

南京 江苏美术出版社 1993年 40页 有彩图
26cm(16开) ISBN：7-5344-0317-0
定价：CNY4.20
(美术爱好者之友)

作者张继馨(1926—)，花鸟画名家、美术教育家。又名馨子。江苏武进人。中央文史研究馆书画院研究员、江苏省文史研究馆馆员、中国美术家协会会员、江苏省花鸟画研究会顾问、苏州市职业大学艺术学院教授。作品有《草虫画谱》《鸟类画谱》等，著有《画事一得》《笔上参禅》《馨子砚语》《颠倒葫芦》。

J0011001

怎样画菊　　张继馨著

南京 江苏美术出版社 1993年 44页 有彩图
26cm(16开) ISBN：7-5344-0315-4
定价：CNY4.50
(美术爱好者之友)

J0011002

怎样画梅　　赵升仁著

南京 江苏美术出版社 1993年 40页 有彩图
26cm(16开) ISBN：7-5344-0314-6
定价：CNY3.90
(美术爱好者之友)

J0011003

怎样画牡丹　　赵升仁著

南京 江苏美术出版社 1993年 28页 有彩图
26cm(16开) ISBN：7-5344-0310-3
定价：CNY3.50
(美术爱好者之友)

J0011004

怎样画木本花卉　　李志刚编著

石家庄 河北美术出版社 1993年 26cm(16开)
ISBN：7-5310-0588-3 定价：CNY5.90
(中国画自学丛书)

J0011005

怎样画鸟　　张继馨著

南京 江苏美术出版社 1993年 40页 有彩图
26cm(16开) ISBN：7-5344-0316-2

定价：CNY3.90
（美术爱好者之友）

J0011006
怎样画松　徐建明著
南京　江苏美术出版社　1993年　24页　26cm（16开）
ISBN：7-5344-0339-1　定价：CNY2.50
（美术爱好者之友）

J0011007
怎样画相思鸟·蜡嘴·灰文鸟　何方华绘著
北京　中国文联出版公司　1993年　12页
26cm（16开）ISBN：7-5059-1769-2
定价：CNY2.60
（自学美术丛书 20）
　　现代国画之花鸟画技法自学参考资料。作者何方华（1918—2002），教授。别名何芳华。山东菏泽人。四川美术学院教授、中国美术家协会会员。作品有《菜花双鸡》《田野春光》《金秋》《茶花》等，出版有《墨竹画法》《墨兰画法》《怎样画鸡》等。

J0011008
怎样画燕子·麻雀　何方画绘著
北京　中国文联出版公司　1993年　12页
26cm（16开）ISBN：7-5059-1766-8
定价：CNY2.60
（自学美术丛书 17）

J0011009
中国花鸟画构图法　陆越子著
南京　江苏美术出版社　1993年　107页　有图
20cm（32开）ISBN：7-5344-0282-4
定价：CNY9.50

J0011010
白描淡彩画法　赵志光著
北京　农村读物出版社　1994年　22页　26cm（16开）
ISBN：7-5048-2425-9　定价：CNY6.50
（美术技法丛书）
　　作者赵志光（1938—　），编辑。河北怀安人。毕业于天津美术学院中国画专业。历任山西人民出版社编审、副总编辑，中国版协连环画研究会常务理事，山西省美术家协会原副主席、顾问，山西省花鸟画学会会长、中国工艺美术学会

山西分会理事。代表品有《清香图》《翠阴小鸟》《玉艳冰姿》等。

J0011011
白描花鸟　莫高翔编
长沙　湖南美术出版社　1994年　37cm（8开）
ISBN：7-5356-0699-7　定价：CNY4.90

J0011012
工笔花鸟画　田世光，金鸿钧著
北京　学苑出版社　1994年　重印本　70页
26cm（16开）ISBN：7-5077-0638-9
定价：CNY15.80
（中央美术学院中国画系国画教材 5）
　　本书包括国画人物、山水、花鸟3部分，较为系统地介绍了传统技法、写生技法和创作方法。作者田世光（1916—1999），教授。号公炜。北京人，祖籍山东乐陵。毕业于北京京华美术学院，师承张大千、赵梦朱、吴镜汀、于非闇、齐白石诸先生。历任中国美术家协会会员、北京工笔重彩画副会长、中国画研究院第一届院务委员。代表作《和平颂》《松树白鹰》《春晖》《幽谷红妆》《山雀》。作者金鸿钧（1937—　　），教授、画家。别名爱新觉罗·鸿钧。生于北京。历任中央美术学院中国画系教授、中国美术家协会会员、北京工笔重彩画会副会长。代表作品《生生不已》《石壁榕根》《叶落归根》《枝繁花盛》，出版有《牡丹画谱》《工笔花鸟画技法》《金鸿钧画集》等。

J0011013
工笔花鸟画的特技与肌理　袁牧著
上海　上海人民美术出版社　1994年　重印本
有图　26cm（16开）ISBN：7-5322-1260-2
定价：CNY24.00
　　本书内容包括：肌理在绘画艺术中的价值；肌理与材料；特技与肌理；特技图例。着重讲述了工笔花鸟画的绘画技巧及表现手法。作者袁牧（1961—　　），字子牛。出生于江苏泰州。花鸟画硕士。中国美术家协会江苏分会会员、江苏省花鸟画研究会会员、鹤园书画院特约画师。

J0011014
工笔花鸟画的特技与肌理　袁牧著
上海　上海人民美术出版社　1994年　有图

26cm（16 开）　ISBN：7-5322-1260-2
定价：CNY22.50

J0011015

工笔花鸟画技法　李祯孝编著
重庆　西南师范大学出版社　1994 年　69+56 页
有图　26cm（16 开）　ISBN：7-5621-1119-7
定价：CNY18.50

J0011016

关山月画梅　关山月画；徐中敏编
长沙　湖南美术出版社　1994 年　41 页　26cm（16 开）
ISBN：7-5356-0650-4　定价：CNY19.80
（著名国画家专题绘画）

　　本书包括：画梅十例、记关山月画梅、作品
欣赏等 4 部分。作者关山月（1912—2000），国画
家、教育家。原名关泽霈。生于广东阳江。历任
广州市艺专教授、广州美术学院教授兼院长、广
东画院院长、中国美术家协会副主席、广东省美
术家协会副主席等职。代表作《江山如此多娇》
《俏不争春》《绿色长城》《长河颂》等。作者徐
中敏（1940—　　　），教授。笔名宇石。生于重庆。
毕业于四川美院工艺美术系。历任湖南美术出
版社副编审、中国书籍装帧研究会会员等。

J0011017

蝴蝶画基础技法　叶彬彦著
上海　学林出版社　1994 年　40 页　26cm（16 开）
ISBN：7-80616-075-2　定价：CNY16.00

　　本书包括：蝴蝶文化、蝴蝶画方法、图版 3
部分。

J0011018

花卉写生构图　李长白，李采白绘著
北京　中国纺织出版社　1994 年　326 页
25cm（15 开）　ISBN：7-5064-1059-1
定价：CNY20.00

　　本书图文并茂地介绍了有关花卉写生的观
点、方法、制作、写生构图处理等。

J0011019

花鸟画构图详解　刘绍勇著
北京　农村读物出版社　1994 年　有彩照
26cm（16 开）　ISBN：7-5048-2446-1
定价：CNY13.60

　　本书包括：构图技法与构图赏析两部分。

J0011020

花鸟画入门　钟育淳著
南昌　江西美术出版社　1994 年　2 版　78 页
26cm（16 开）　ISBN：7-80580-186-X
定价：CNY13.00

J0011021

花鸟画入门　朱颖人，徐家昌编绘
杭州　中国美术学院出版社　1994 年　60 页
26cm（16 开）　ISBN：7-81019-382-1
定价：CNY15.00
（《家庭美术教师》画库）

J0011022

画菊入门　方纪龙著
福州　福建美术出版社　1994 年　32 页　26cm（16 开）
ISBN：7-5393-0243-7　定价：CNY10.00

J0011023

梅兰竹菊历代名家技法大全　（画菊法图谱）
金鉴才编著
杭州　中国美术学院出版社　1994 年　26cm（16 开）
精装　ISBN：7-81019-289-2　定价：CNY36.00

J0011024

梅兰竹菊历代名家技法大全　（画兰法图谱）
金鉴才编著
北京　中国美术学院出版社　1994 年　184 页
26cm（16 开）　精装　ISBN：7-81019-287-6
定价：CNY36.00

J0011025

梅兰竹菊历代名家技法大全　（画梅法图谱）
金鉴才编著
北京　中国美术学院出版社　1994 年　200 页
26cm（16 开）　精装　ISBN：7-81019-286-8
定价：CNY38.00

J0011026

梅兰竹菊历代名家技法大全　（画竹法图谱）
金鑑才编著
杭州　中国美术学院出版社　1994 年　26cm（16 开）
精装　ISBN：7-81019-288-4　定价：CNY40.00

J0011027
葡萄画基础技法　张小阳著
上海 中国纺织大学出版社 1994 年 25 页
26cm（16 开）ISBN：7-81038-045-1
定价：CNY5.80

J0011028
乔木画花鸟　乔木绘
上海 上海人民美术出版社［1994 年］
26cm（16 开）ISBN：7-5322-1399-4
定价：CNY10.70
（名家教画丛书）
　　作者乔木（1920—2002），教授。字大年。河
北深县人。上海大学美术学院教授、中国美术家
协会会员等。主要作品有《迎春梅花》《彩霞迎
春》《姹紫嫣红》等，著有《花鸟画基础技法》《怎
样画蔬果》等。

J0011029
清·张子祥花鸟写生画谱　（清）张子祥绘
合肥 安徽美术出版社 1994 年 208 页 25×26cm
ISBN：7-5398-0258-8 定价：CNY12.00

J0011030
写意花卉技法　康师尧著
天津 天津人民美术出版社 1994 年 71 页
有彩图 26cm（16 开）ISBN：7-5305-0366-9
定价：CNY9.80
（中国画技法丛书）
　　作者康师尧（1921—1985），笔名康巽。河南
博爱县人。曾任美协陕西分会创作委员会委员、
陕西书法篆刻研究会理事等。

J0011031
写意花鸟画笔墨技法详解　刘绍勇著
北京 农村读物出版社 1994 年 78 页 26cm（16 开）
ISBN：7-5048-2455-3 定价：CNY13.60

J0011032
写意花鸟画技法　安良发著
合肥 安徽美术出版社 1994 年 82 页 26cm（16 开）
ISBN：7-5398-0332-0 定价：CNY12.00
（美术技法丛书）

J0011033
写意花鸟画技法　（第一册）曹国鉴著
北京 人民美术出版社 1994 年 48 页 有彩图
26cm（16 开）ISBN：7-102-01355-8
定价：CNY10.00
（老年学书画）

J0011034
写意花鸟画技法　（第二册）曹国鉴著
北京 人民美术出版社 1994 年 48 页 有彩图
26cm（16 开）ISBN：7-102-01356-6
定价：CNY10.00
（老年学书画）

J0011035
写意花鸟画技法　（第三册 草本花卉）曹国
鉴著
北京 人民美术出版社 1998 年 48 页 26cm（16 开）
（老年学书画）
　　本册重点介绍了荷花的画法和长叶细莛一
类的鸢尾、萱草、水仙等常见花卉的画法。

J0011036
写意花鸟画技法　（第四册 草本花卉）曹国
鉴著
北京 人民美术出版社 1998 年 48 页 26cm（16 开）
ISBN：7-102-01628-X 定价：CNY11.00
（老年学书画）

J0011037
写意花鸟画技法　（第五册 藤蔓花卉）曹国
鉴著
北京 人民美术出版社 1999 年 2 版 40 页
26cm（16 开）ISBN：7-102-01629-8
定价：CNY11.00
（老年学书画）

J0011038
怎样画丹顶鹤　金家翔著
合肥 安徽美术出版社 1994 年 26cm（16 开）
ISBN：7-5398-0277-4 定价：CNY8.00

J0011039
怎样画工笔花卉　徐士钦，李勤编著
石家庄 河北美术出版社 1994 年 30 页

26cm（16开）ISBN：7-5310-0638-3
定价：CNY5.90
（中国画自学丛书）

J0011040

怎样画工笔花卉　徐士钦，李勤编著
石家庄 河北美术出版社 1994年 30页
26cm（16开）ISBN：7-5310-0638-3
定价：CNY5.90

J0011041

怎样画杂树　潘金玲著
南京 江苏美术出版社 1994年 36页 有画
26cm（16开）ISBN：7-5344-0377-4
定价：CNY3.95
（美术爱好者之友）

J0011042

中国花鸟画临本　何鸣主编
南京 江苏美术出版社 1994年 2幅 16×37cm
散页套装 ISBN：7-5344-0253-0
　　本书收《暮归》《溪边》《话秋》等32幅国画
作品。

J0011043

韩敏画竹　韩敏绘
上海 上海人民美术出版社 1995年 26cm（16开）
ISBN：7-5322-1400-1 定价：CNY10.70
（名家教画丛书）
　　作者韩敏（1929—　），连环画、年画画家。
浙江杭州人。历任上海人民美术出版社创作员、
上海书画研究院院长、中国美术家协会委员、上
海市美术家协会理事、上海文史馆馆员。代表作
品有《郑板桥》等。

J0011044

花卉设色技法　李长白著
台北 雄狮图书公司 1995年 110页 有图
26cm（16开）ISBN：957-8980-38-8
定价：TWD280.00
（雄狮丛书 10-026）

J0011045

花鸟画法　张继馨著
苏州 古吴轩出版社 1995年 68页 26cm（16开）

ISBN：7-80574-188-3 定价：CNY16.80
（中国书画自学丛书）
　　作者张继馨（1926—　），花鸟画名家、美术
教育家。又名馨子。江苏武进人。中央文史研
究馆书画院研究员、江苏省文史研究馆馆员、中
国美术家协会会员、江苏省花鸟画研究会顾问、
苏州市职业大学艺术学院教授。作品有《草虫画
谱》《鸟类画谱》等，著有《画事一得》《笔上参
禅》《馨子砚语》《颠倒葫芦》。

J0011046

花鸟画谱　宁佳录编著
北京 中国和平出版社 1995年 81页 26cm（16开）
ISBN：7-80101-372-7 定价：CNY18.00
（画谱丛书）
　　作者宁佳录（1960—　），画家。生于山西晋
南。中国美术家协会山西分会会员。多年来从
事水墨画的教学与研究，编著有《儿童国画入门》
《写意国画速成课本》《写意国画技法速成》《花
鸟画谱》。

J0011047

花鸟画谱　宁佳录编著
北京 中国和平出版社 1995年 81页 26cm（16开）
精装 ISBN：7-80101-448-0 定价：CNY23.00
（画谱丛书）

J0011048

花鸟画章法入门　蔺高管编著
北京 人民美术出版社 1995年 72页 26cm（16开）
ISBN：7-102-01360-4 定价：CNY10.00

J0011049

牡丹画法　周俊鹤著
济南 山东美术出版社 1995年 42页 26cm（16开）
ISBN：7-5330-0864-2 定价：CNY7.90
　　作者周俊鹤，津门著名花鸟画家。

J0011050

施南池画兰谱　施南池绘
福州 福建美术出版社 1995年 32页 26cm（16开）
ISBN：7-5393-0309-3 定价：CNY15.00
　　作者施南池（1908—2003），著名诗、书、画
家。名翀鹏。上海崇明人。毕业于上海美术专
科学校艺术教育系。曾任上海交通大学文艺系

教授、上海市文史研究馆馆员、上海诗词学会理事、上海美协会员。出版有《中国名画观摩记》《中国山水画》《诗词浅学》等。

J0011051

写意花鸟画法　张世简编绘

北京　人民美术出版社　1995年　26cm（16开）
ISBN：7-102-01453-8　定价：CNY19.80

　　作者张世简（1926—2009），国画家、教授。浙江浦江人。中央工艺美术学院教授、中国美术家协会会员、中国国艺研究院院士、北京国艺轩书画院顾问。作品有《桃花初艳鸟先到》《樱桃麻雀》《白头多寿》等，出版《写意花鸟画技法》《写意花鸟画构图浅说》《荷花画谱》等。

J0011052

怎样画荷花·兰花　刘大洪，史如源著

北京　西苑出版社　1995年　44页　26cm（16开）
ISBN：7-80108-050-5　定价：CNY10.00
（中国画基础技法丛书）

J0011053

怎样画葫芦·丝瓜　踪岩夫著

北京　西苑出版社　1995年　44页　26cm（16开）
ISBN：7-80108-047-5　定价：CNY10.00
（中国画基础技法丛书）

J0011054

怎样画蝴蝶　李松柴著

合肥　安徽美术出版社　1995年　40页　26cm（16开）
ISBN：7-5398-0464-5　定价：CNY12.00

　　作者李松柴（1933—2007），教授。生于湖北武汉市。毕业于中央工艺美术学院陶瓷美术系。中国美术学院教授。

J0011055

怎样画梅·竹　郭书仁，刘玉楼著

北京　西苑出版社　1995年　44页　26cm（16开）
ISBN：7-80108-049-1　定价：CNY10.00
（中国画基础技法丛书）

J0011056

怎样画牡丹·菊花　张军，郭书仁著

北京　西苑出版社　1995年　44页　26cm（16开）
ISBN：7-80108-048-3　定价：CNY10.00

（中国画基础技法丛书）

J0011057

怎样画葡萄　裴玉林著

石家庄　河北美术出版社　1995年　29页　26cm（16开）　ISBN：7-5310-0701-0
定价：CNY8.00
（中国画自学丛书）

　　作者裴玉林（1943—　　），国画家，高级美术师。山西襄汾人。中国美术家协会会员、中国文联牡丹书画艺术委员会国画研究室主任、山西省美协理事、美术研究会副会长、花鸟画学会副会长、临汾市文联副主席，山西美术院特聘画师。代表作品《小雨留春》《秋高图》《硕果》《老藤不知秋萧萧》等。

J0011058

怎样画小写意花鸟画　（入门步骤20例）葛俊生著

合肥　安徽美术出版社　1995年　43页　26cm（16开）
ISBN：7-5398-0416-5　定价：CNY15.00

J0011059

怎样画紫藤·牵牛花　陈征，踪岩夫著

北京　西苑出版社　1995年　28页　26cm（16开）
ISBN：7-80108-046-7　定价：CNY10.00
（中国画基础技法丛书）

J0011060

中国花鸟画技法　吴东奋编著

北京　人民美术出版社　1995年　106页　26cm（16开）　ISBN：7-102-01401-5
定价：CNY18.00

　　作者吴东奋（1943—　　），国画家。福建福州人。历任福州工艺美术学校高级讲师、中国美术家协会会员、福建省美术家协会常务理事、福建省工笔画家学会秘书长，国家友好画院、江苏国画院特聘画师。出版有《吴东奋中国画精选》《中国花鸟画技法》《吴东奋水墨工笔花鸟画研究》等。

J0011061

中国画葡萄技法　程梦臻著

北京　九州图书出版社　1995年　40页　17×18cm
ISBN：7-80114-021-4　定价：CNY12.00

作者程梦臻(1935—)，编辑。笔名憨六。山东聊城人。历任中国美术馆展览部副主任，北京美术家协会、北京中国画研究会、当代中外艺术家联谊会会员。出版有《中国画葡萄技法》。

J0011062

鹌鹑·葫芦画法　　高士尊绘著；王石之编辑

北京 人民美术出版社 1996年 23页 26cm(16开)

ISBN：7-102-01656-5

(中国大写意花鸟画技法丛书 20)

作者高士尊(1933—)，毕业于中央工艺美术学院。高级工艺美术师、北京市美术家协会会员、中央书画艺术研究院副院长、中国书画家联谊会理事、北工大耿丹学院艺术系教授、北京京华美术学院教授。多年从事工艺美术设计及书画、文物鉴定工作。主要作品有《精益求精》《松鹰图》《战地黄花》等，著作有《案头画苑——金鱼、鸡》《高士尊写意作品集》。作者王石之(1946—)，画家。生于黑龙江阿城。毕业于中央美术学院附中。中国美术家协会、中国摄影家协会、北京油画学会、中国舞台美术协会、中国工业设计协会、中国展示设计协会会员。作品有《香山雪夜镶明珠》等。

J0011063

八哥·水仙画法　　高士尊绘著；王石之编辑

北京 人民美术出版社 1996年 23页 26cm(16开)

ISBN：7-102-01642-5

(中国大写意花鸟画技法丛书 6)

J0011064

白描花卉　　河北美术出版社编

石家庄 河北美术出版社 1996年 31页 37cm(8开) ISBN：7-5310-0842-4

定价：CNY15.00

J0011065

蝉·石榴画法　　高士尊绘著；王石之编辑

北京 人民美术出版社 1996年 23页 26cm(16开)

ISBN：7-102-01654-9

(中国大写意花鸟画技法丛书 18)

作者高士尊(1933—)，毕业于中央工艺美术学院。高级工艺美术师、北京市美术家协会会员、中央书画艺术研究院副院长、中国书画家联谊会理事、北工大耿丹学院艺术系教授、北京京华美术学院教授。多年从事工艺美术设计及书画、文物鉴定工作。主要作品有《精益求精》《松鹰图》《战地黄花》等，著作有《案头画苑——金鱼、鸡》《高士尊写意作品集》。

J0011066

雏鸡·牵牛花画法　　高士尊绘著；王石之编辑

北京 人民美术出版社 1996年 23页 26cm(16开)

ISBN：7-102-01652-2

(中国大写意花鸟画技法丛书 16)

J0011067

翠鸟·荷花画法　　高士尊绘著；王石之编辑

北京 人民美术出版社 1996年 23页 26cm(16开)

ISBN：7-102-01638-7

(中国大写意花鸟画技法丛书 2)

J0011068

工笔花鸟画范画集　　李白玲编绘

重庆 西南师范大学出版社 1996年 18张 39cm(8开) 散页套装 ISBN：7-5621-1581-8

定价：CNY34.00

J0011069

蝈蝈·雁来红画法　　高士尊绘著；王石之编辑

北京 人民美术出版社 1996年 23页 26cm(16开)

ISBN：7-102-01651-4

(中国大写意花鸟画技法丛书 15)

作者王石之(1946—)，画家。生于黑龙江阿城。毕业于中央美术学院附中。中国美术家协会、中国摄影家协会、北京油画学会、中国舞台美术协会、中国工业设计协会、中国展示设计协会会员。作品有《香山雪夜镶明珠》等。

J0011070

鹤·白梅画法　　高士尊绘著；王石之编辑

北京 人民美术出版社 1996年 23页 26cm(16开)

ISBN：7-102-01653-0

(中国大写意花鸟画技法丛书 17)

J0011071

红绶带鸟·桃画法　　高士尊绘著；王石之编辑

北京 人民美术出版社 1996年 23页 26cm(16开)

ISBN：7-102-01650-6

(中国大写意花鸟画技法丛书 14)

J0011072
蝴蝶·牡丹画法　高士尊绘著；王石之编辑
北京 人民美术出版社 1996年 23页 26cm（16开）
ISBN：7-102-01640-9
（中国大写意花鸟画技法丛书 4）

J0011073
花鸟画谱　孙其峰编绘
郑州 河南美术出版社 1996年 3版 增订本
110 页 18×26cm ISBN：7-5401-0516-X
定价：CNY12.00
　　作者孙其峰(1920—　)，教授，艺术家。原名奇峰，曾用名琪峰。山东招远人。历任天津美术学院教授、中国书法家协会理事、中国美术家协会理事，北京铁路局文协美术工作者、北京美协会员。代表作品《花鸟画谱》《孙其峰画辑》《孙其峰扇面选集》等。

J0011074
画梅　乔木著
苏州 古吴轩出版社 1996年 30页 26cm（16开）
ISBN：7-80574-247-2 定价：CNY10.80
（中国画技法示范）
　　作者乔木(1920—2002)，教授。字大年。河北深县人。上海大学美术学院教授、中国美术家协会会员等。主要作品有《迎春梅花》《彩霞迎春》《姹紫嫣红》等，著有《花鸟画基础技法》《怎样画蔬果》等。

J0011075
画鸟　张继馨著
苏州 古吴轩出版社 1996年 30页 26cm（16开）
ISBN：7-80574-241-3 定价：CNY10.80
（中国画技法示范）

J0011076
鸡·丝瓜画法　高士尊绘著；王石之编辑
北京 人民美术出版社 1996年 23页 26cm（16开）
ISBN：7-102-01641-7
（中国大写意花鸟画技法丛书 5）
　　作者高士尊(1933—　)，毕业于中央工艺美术学院。高级工艺美术师、北京市美术家协会会员、中央书画艺术研究院副院长、中国书画家联谊会理事、北工大耿丹学院艺术系教授、北京京华美术学院教授。多年从事工艺美术设计及书

画、文物鉴定工作。主要作品有《精益求精》《松鹰图》《战地黄花》等，著作有《案头画苑——金鱼、鸡》《高士尊写意作品集》。

J0011077
金鱼·紫藤画法　高士尊绘著；王石之编辑
北京 人民美术出版社 1996年 23页 26cm（16开）
ISBN：7-102-01637-9
（中国大写意花鸟画技法 1）

J0011078
菊花白描画谱　陈再乾，粟可可著
南宁 广西美术出版社 1996年 82页 26cm（16开）
ISBN：7-80582-966-7
定价：CNY9.80，CNY18.80（精装）
（白描画谱丛书）
　　作者粟可可(1951—　)，女，教授。广西临桂人。毕业于广西艺术学院美术系。历任广西艺术学院教授、中国国画家协会理事、广西美术家协会会员。

J0011079
麻雀·红梅画法　高士尊绘著；王石之编辑
北京 人民美术出版社 1996年 23页 26cm（16开）
ISBN：7-102-01648-4
（中国大写意花鸟画技法丛书 12）

J0011080
蚂蚱·豆角画法　高士尊绘著；王石之编辑
北京 人民美术出版社 1996年 23页 26cm（16开）
ISBN：7-102-01647-6
（中国大写意花鸟画技法丛书 11）

J0011081
牡丹花白描画谱　陈再乾著
南宁 广西美术出版社 1996年 82页 26cm（16开）
ISBN：7-80582-964-0 定价：CNY18.80
（白描画谱丛书）

J0011082
蜻蜓·秋荷画法　高士尊绘著；王石之编辑
北京 人民美术出版社 1996年 23页 26cm（16开）
ISBN：7-102-01639-5
（中国大写意花鸟画技法丛书 3）

J0011083

松鼠·葡萄画法　高士尊绘著；王石之编辑

北京 人民美术出版社 1996年 23页 26cm（16开）

ISBN：7-102-01643-3

（中国大写意花鸟画技法丛书 7）

　　作者王石之（1946—　），画家。生于黑龙江阿城。毕业于中央美术学院附中。中国美术家协会、中国摄影家协会、北京油画学会、中国舞台美术协会、中国工业设计协会、中国展示设计协会会员。作品有《香山雪夜镶明珠》等。

J0011084

螳螂·倭瓜画法　高士尊绘著；王石之编辑

北京 人民美术出版社 1996年 23页 26cm（16开）

ISBN：7-102-01645-X

（中国大写意花鸟画技法丛书 9）

J0011085

蟋蟀·秋菊画法　高士尊绘著；王石之编辑

北京 人民美术出版社 1996年 23页 26cm（16开）

ISBN：7-102-01649-2

（中国大写意花鸟画技法丛书 13）

J0011086

写意花鸟画技法　方凤富编著

重庆 西南师范大学出版社 1996年 重印本

53+62页 26cm（16开） ISBN：7-5621-1248-7

定价：CNY24.00

J0011087

写意花鸟技法　王之海编著

天津 天津人民美术出版社 1996年 52页

26cm（16开） ISBN：7-5305-0589-0

定价：CNY10.00

（美术基础技法丛书）

　　作者王之海（1943—　），河北涿鹿人。天津人民美术出版社副编审。著有《指画技法》《写意花鸟画技法》《王之海画信集》等。

J0011088

鸭·桃花画法　高士尊绘著；王石之编辑

北京 人民美术出版社 1996年 23页 26cm（16开）

ISBN：7-102-01655-7

（中国大写意花鸟画技法丛书 19）

　　作者高士尊（1933—　），毕业于中央工艺美术学院。高级工艺美术师、北京市美术家协会会员、中央书画艺术研究院副院长、中国书画家联谊会理事、北工大耿丹学院艺术系教授、北京京华美术学院教授。多年从事工艺美术设计及书画、文物鉴定工作。主要作品有《精益求精》《松鹰图》《战地黄花》等，著作有《案头画苑——金鱼、鸡》《高士尊写意作品集》。

J0011089

鹰·松树画法　高士尊绘著；王石之编辑

北京 人民美术出版社 1996年 23页 26cm（16开）

ISBN：7-102-01646-8

（中国大写意花鸟画技法丛书 10）

J0011090

鸳鸯·芙蓉画法　高士尊绘著；王石之编辑

北京 人民美术出版社 1996年 23页 26cm（16开）

ISBN：7-102-01644-1

（中国大写意花鸟画技法丛书 8）

　　作者王石之（1946—　），画家。生于黑龙江阿城。毕业于中央美术学院附中。中国美术家协会、中国摄影家协会、北京油画学会、中国舞台美术协会、中国工业设计协会、中国展示设计协会会员。作品有《香山雪夜镶明珠》等。

J0011091

怎样画芙蓉　陆越子著

南京 江苏美术出版社 1996年 32页 26cm（16开）

ISBN：7-5344-0520-3 定价：CNY4.40

（美术爱好者之友）

J0011092

怎样画荷　杨文仁著

济南 山东美术出版社 1996年 28页 26cm（16开）

ISBN：7-5330-0954-1 定价：CNY8.00

（中国画自学丛书）

　　作者杨文仁（1941—　），画家。生于山东青岛。山东师范学院艺术系中国画专业毕业。泰安师范美术教师、山东省艺术馆美术干部、山东师范大学美术系教师、山东省美术馆一级美术师、山东省美术家协会副主席。出版有《杨文仁花鸟画集》《杨文仁国画精品集》《荷花画法》等。

J0011093

怎样画荷花　陆越子著

南京 江苏美术出版社 1996年 28页 26cm（16开）
ISBN：7-5344-0518-1 定价：CNY3.85
（美术爱好者之友）

J0011094
怎样画兰　李亚著
南京 江苏美术出版社 1996年 32页 26cm（16开）
ISBN：7-5344-0541-6 定价：CNY4.40
（美术爱好者之友）
　　作者李亚（1926—　　），江苏省国画院高级美术师。

J0011095
怎样画梅　于希宁［绘］；谭英林文
济南 山东美术出版社 1996年 28页 26cm（16开）
ISBN：7-5330-0955-X 定价：CNY8.00
（中国画自学丛书）
　　作者于希宁（1913—2007），教授、画家。山东潍坊人。毕业于上海新华艺术专科学校国画系。曾任山东艺术学院教授、名誉院长，中国画研究院院委、山东画院院长等职。主要作品《北魏石窟拓片选》《殷周青铜花纹演变初探》《论画梅》《写意画花》等。

J0011096
怎样画梅花　安良发编著
合肥 安徽美术出版社 1996年 68页 有图
26cm（16开） ISBN：7-5398-0434-3
定价：CNY13.50

J0011097
怎样画牡丹　尹延新著
济南 山东美术出版社 1996年 32页 26cm（16开）
ISBN：7-5330-0951-7 定价：CNY8.00
（中国画自学丛书）
　　作者尹延新（1941—　　），画家。号舜耕山翁。山东济南人。历任济南画院副院长、济南市美协副主席、国家一级美术师、中国美术家协会会员、山东国画研究院副院长。代表作品《中国写意画鸟谱》《怎样画牡丹》《名画心得——画牡丹》等。

J0011098
怎样画葡萄　陆越子著
南京 江苏美术出版社 1996年 24页 26cm（16开）

ISBN：7-5344-0519-X 定价：CNY3.30
（美术爱好者之友）

J0011099
怎样画牵牛花　陆越子著
南京 江苏美术出版社 1996年 36页 26cm（16开）
ISBN：7-5344-0517-3 定价：CNY4.95
（美术爱好者之友）

J0011100
怎样画蔬果　王奇寅著
南京 江苏美术出版社 1996年 44页 26cm（16开）
ISBN：7-5344-0540-8 定价：CNY6.00
（美术爱好者之友）

J0011101
怎样画水仙　赵志光编著
石家庄 河北美术出版社 1996年 30页
26cm（16开） ISBN：7-5310-0864-5
定价：CNY8.00
（中国画自学丛书）
　　作者赵志光（1938—　　），编辑。河北怀安人。毕业于天津美术学院中国画专业。历任山西人民出版社编审、副总编辑，中国版协连环画研究会常务理事，山西省美术家协会原副主席、顾问，山西省花鸟画学会会长、中国工艺美术学会山西分会理事。代表品有《清香图》《翠阴小鸟》《玉艳冰姿》等。

J0011102
怎样画小品写意花鸟　马自强著
合肥 安徽美术出版社 1996年 46页 26cm（16开）
ISBN：7-5398-0469-6 定价：CNY24.00

J0011103
怎样画竹　王奇寅著
南京 江苏美术出版社 1996年 28页 26cm（16开）
ISBN：7-5344-0539-4 定价：CNY3.90
（美术爱好者之友）

J0011104
怎样画紫藤　陆越子著
南京 江苏美术出版社 1996年 20页 26cm（16开）
ISBN：7-5344-0521-1 定价：CNY2.80
（美术爱好者之友）

J0011105
中国写意画鸟谱　尹延新著
济南　山东美术出版社　1996年　46页　26cm（16开）
ISBN：7-5330-0801-4　定价：CNY68.00

J0011106
白描花卉图谱
福州　福建美术出版社　1997年　2册（80；91页）
26cm（16开）　ISBN：7-5393-0543-6
定价：CNY26.00

J0011107
白描花鸟入门　田冰灵绘画并撰文
北京　北京燕山出版社　1997年　68页　26cm（16开）
ISBN：7-5402-0907-0　定价：CNY10.00
（白描入门丛书　2）

J0011108
百花工笔画集　于非闇等绘
北京　荣宝斋出版社　1997年　235页　29cm（12开）
ISBN：7-5003-0373-4　定价：CNY138.00
　　　作者于非闇（1889—1959），满族，画家。原
名于魁照，后改名于照，字仰枢，别署非闇，又
号闲人等。出生于北京，祖籍山东蓬莱。历任中
央美术学院民族美术研究所研究员、北京中国画
研究会副会长、北京画院副院长。作品有《玉兰
黄鹂》《丹柿图》《牡丹鸽子》等，著有《非闇漫
墨》《艺兰记》《中国画颜料研究》《我怎样画花
鸟画》等。

J0011109
工笔花卉技法　贾广建编著
天津　天津人民美术出版社　1997年　54页
26cm（16开）　ISBN：7-5305-0766-4
定价：CNY9.00
（美术基础技法丛书）

J0011110
国画　胡真来编著
成都　四川科学技术出版社　1997年　重印本
136页　21cm（20开）　ISBN：7-5364-1683-0
定价：CNY11.80
（少年儿童课余爱好丛书）

J0011111
荷花的画法　郭书仁著
天津　天津杨柳青画社　1997年　64页　18×21cm
ISBN：7-80503-372-2　定价：CNY12.80
（中国画技法丛书）

J0011112
蝴蝶　顾震岩绘
武汉　湖北美术出版社　1997年　62页　26cm（16开）
ISBN：7-5394-0675-5　定价：CNY13.00
　　　作者顾震岩（1962—　　），编辑。上海人。毕
业于中国美术学院中国画系花鸟专业。于浙江
美术学院任教，《新美术》编辑。出版有《中国
历代名家技法集萃花鸟卷·畜兽法》《梅竹画谱》
《蝴蝶》等。

J0011113
花鸟画技法　韩璐著
南昌　21世纪出版社　1997年　99页　28cm（大
16开）　ISBN：7-5391-1235-2　定价：CNY25.00
　　　本书由21世纪出版社和江西美术出版社联
合出版。

J0011114
画蝶技法　万钟著
北京　人民美术出版社　1997年　47页　26cm（16开）
ISBN：7-102-01755-3　定价：CNY6.00
　　　作者万钟（1914—2002），画家。号丽金，画
号蝶痴，又号梦蝶轩主。四川荣县人。毕业于四
川艺专国画系。历任世界书画家协会顾问、中国
美术家协会四川分会会员。出版有《百蝶图》《画
蝶技法》。

J0011115
兰　卢坤峰绘
杭州　中国美术学院出版社　1997年　16页
42cm（8开）　ISBN：7-81019-585-9
定价：CNY18.00
（中国花鸟画临本丛书）

J0011116
梅　卢勇绘
杭州　中国美术学院出版社　1997年　16页
42cm（8开）　ISBN：7-81019-583-2
定价：CNY18.00

（中国花鸟画临本丛书）

J0011117
牡丹　徐家昌绘
武汉 湖北美术出版社 1997年 62页 26cm（16开）
ISBN：7-5394-0676-3 定价：CNY13.00

J0011118
牡丹　何水法绘
杭州 中国美术学院出版社 1997年 16页
42cm（8开） ISBN：7-81019-586-7
定价：CNY18.00
（中国花鸟画临本丛书）
　　作者何水法（1946—　），画家。浙江绍兴人。浙江画院高级美术师、中国美术家学会会员、浙江省美协理事。作品有《凌寒怒放》《春菜图》《翠蔓凌霄》《灼灼红芳》，出版有《何水法花鸟画集》等。

J0011119
牡丹的画法　张锡武，张静著
天津 天津杨柳青画社 1997年 69页 19×21cm
ISBN：7-80503-313-7 定价：CNY14.80
（中国画技法丛书）
　　作者张静（1962—　），国家一级美术师。河南济源市人。济源市美术家协会副主席、中华国学院花鸟画艺委会主任、中国国际书画研究院院士、深圳长乐书画院特聘画家、中国书画评估图录年鉴社美编、清源阁画院执行院长、王屋山书画研究院常务副院长。代表作品有《张静书画艺术选集》《张静画集》。作者张锡武（1927—　），画家。字青松。河北河间人。历任天津国画研究所副所长、天津杨柳青画社副编审、中国美术家协会会员等。代表作品《淀上渔歌》《李时珍问药图》，出版有《张锡武画选》《牡丹的画法》等。

J0011120
乔木课徒花鸟画稿　乔木绘；上海书画出版社编
上海 上海书画出版社 1997年 135页 25×26cm
ISBN：7-80635-032-2 定价：CNY68.00
　　作者乔木（1920—2002），教授。字大年。河北深县人。上海大学美术学院教授、中国美术家协会会员等。主要作品有《迎春梅花》《彩霞迎春》《蛇紫嫣红》等，著有《花鸟画基础技法》《怎样画蔬果》等。

J0011121
青松白描画谱　伍小东著
南宁 广西美术出版社 1997年 87页 26cm（16开）
ISBN：7-80625-376-9 定价：CNY11.00
（白描画谱丛书）

J0011122
水仙与茶花　徐家昌绘
杭州 中国美术学院出版社 1997年 16页
42cm（8开） ISBN：7-81019-620-0
定价：CNY18.00
（中国花鸟画临本丛书）

J0011123
萧朗教学画稿　萧朗绘
天津 天津人民美术出版社 1997年 170页
26cm（16开） 精装 ISBN：7-5305-0591-2
定价：CNY50.00
（中国画名家教学画稿丛书）
　　作者萧朗（1917—2010），画家、教授。名印鈢，字朗，别署萍香阁主人。北京人。天津美术学院教授。主要作品有《浴罢》《杉木林》《踏遍青山》《芙蕖鹁鸰图》等，著有《萧朗画集》《萧朗课徒画稿》《怎样画写意草虫》。

J0011124
小写意花鸟画法　王雪蕉编绘
北京 中国书籍出版社 1997年 99页 26cm（16开）
ISBN：7-5068-0246-5 定价：CNY28.00
（中国画技法丛书）
　　作者王雪蕉（1929—　），女，画家。又名王贻鼎。生于江苏吴江。历任中国美术家协会会员、北京工笔重彩画会及中山书画社会员。书画作品有《鲤鱼鹁鸰鸟》《水中情何逸》《瑶姬献寿图》《飞跃》等。

J0011125
写梅百家　刘光祖，王林编著
哈尔滨 黑龙江美术出版社 1997年 261页
20cm（32开） ISBN：7-5318-0413-1
定价：CNY28.60

J0011126
写意花鸟画谱　陈世中著
上海　上海人民美术出版社　1997年　146页
26cm（16开）　精装　ISBN：7-5322-1520-2
定价：CNY60.70
　　作者陈世中（1944—　　），江苏武进人。中国
美术家协会会员、上海书画院副院长、海墨画社
副社长、上海美育学会常务理事。著有《陈世中
花鸟画册》《怎样画紫藤》《当代美术家画库陈世
中专集》等。

J0011127
写意花鸟画色彩技法详解　刘绍勇，王秋
菊著
北京　农村读物出版社　1997年　64页　26cm（16开）
ISBN：7-5048-2752-5　定价：CNY19.60

J0011128
写意花鸟入门　李春霞著
南宁　广西美术出版社　1997年　56页　26cm（16开）
ISBN：7-80625-289-4　定价：CNY13.00
（美术基础入门画库　第二辑）

J0011129
意笔花鸟画临习参考资料　（禽鸟）田源绘
武汉　湖北美术出版社　1997年　26cm（16开）
ISBN：7-5394-0677-1　定价：CNY11.00
　　作者田源（1960—　　），仡佬族，画家。贵州
贵阳人。毕业于中国美术学院，并留校任教。中
国美术学院教授、中国画系花鸟专业教研室主
任，浙江中国花鸟画家协会理事、浙江省美术协
会会员。作品有《霜叶红于二月花》《田源作品
集》《意笔花鸟画临习参考资料——禽鸟》。

J0011130
怎样画牡丹　崔庆国著
北京　中国三峡出版社　1997年　26cm（16开）
ISBN：7-80099-248-9　定价：CNY38.00
　　作者崔庆国（1957—　　），画家。笔名崔舟。
山东郓城县人。北京九州文化传播中心专职
画家。

J0011131
怎样画紫藤·菊花　于希宁绘；谭英林文
济南　山东美术出版社　1997年　28页　26cm（16开）

ISBN：7-5330-1061-2　定价：CNY8.00
（中国画自学丛书）
　　作者于希宁（1913—2007），教授、画家。山
东潍坊人。毕业于上海新华艺术专科学校国画
系。曾任山东艺术学院教授、名誉院长，中国画
研究院院委、山东画院院长等职。主要作品《北
魏石窟拓片选》《殷周青铜花纹演变初探》《论画
梅》《写意画花》等。

J0011132
中国花鸟画　（菊花）汤永炎著
南京　江苏美术出版社　1997年　25cm（小16开）
折装　ISBN：7-5344-0627-7　定价：CNY6.80
（学画入门）

J0011133
中国花鸟画　（梅花）何鸣著
南京　江苏美术出版社　1997年　25cm（小16开）
折装　ISBN：7-5344-0615-3　定价：CNY6.80
（学画入门）

J0011134
中国花鸟画　（葡萄）陈长松著
南京　江苏美术出版社　1997年　25cm（小16开）
折装　ISBN：7-5344-0616-1　定价：CNY6.80
（学画入门）

J0011135
中国花鸟画　（写意牡丹）陈培光著
南京　江苏美术出版社　1997年　25cm（小16开）
折装　ISBN：7-5344-0614-5　定价：CNY6.80
（学画入门）

J0011136
中国花鸟画　（月季）业德俊著
南京　江苏美术出版社　1997年　25cm（小16开）
折装　ISBN：7-5344-0617-X　定价：CNY6.80
（学画入门）

J0011137
中国花鸟画笔墨法　陆越子著
南京　江苏美术出版社　1997年　28+94页
26cm（16开）　ISBN：7-5344-0703-6
定价：CNY28.90

J0011138
中国画蝴蝶技法 许鸿宾编著
北京 人民美术出版社 1997年 102页
26cm（16开） ISBN：7-102-01814-2
定价：CNY32.00
　　作者许鸿宾（1935— ），教师。生于河北霸县。就读于中央美术学院国画系。任职于河北省工艺美校任职，中国美协会员、河北省美协理事。著有《怎样画草虫》《中国画蝴蝶画法》《新编芥子园画传》《草虫百图》等。

J0011139
竹 卢坤峰绘
杭州 中国美术学院出版社 1997年 16页
42cm（8开） ISBN：7-81019-584-0
定价：CNY18.00
（中国花鸟画临本丛书）
　　作者卢坤峰（1934—2018），画家。又名卢毓山。山东平邑人。毕业于浙江美术学院。浙江美术家协会理事、浙江花鸟画研究会副会长、中国美术学院教授、山东临沂画院名誉院长。出版有《卢坤峰画集》《卢坤峰画选》《卢坤峰兰竹谱》《墨竹要述》《卢坤峰墨兰说》。

J0011140
八大山人画鸟 （清）八大山人绘；朱瑶春编著
杭州 西泠印社 1998年 55页 37cm
ISBN：7-80517-333-8 定价：CNY26.00
（名家技法画谱）

J0011141
百花画谱 陆越子，徐华华著
南京 江苏美术出版社 1998年 132页
26cm（16开） ISBN：7-5344-0879-2
定价：CNY38.00

J0011142
儿童美术花卉画技法 刘阳编绘
北京 海豚出版社 1998年 110页 26cm（16开）
ISBN：7-80138-044-4 定价：CNY15.00
　　作者刘阳（1963— ），满族，笔名三者。北京人。曾于中央美术学院、中国社会科学院研究生院学习。专著有《刘阳画集》《刘阳诗集》《中国动物画技法大全》《中国现代书印学史》《刘阳艺术论》等。

J0011143
工笔花鸟 马林春著
济南 山东美术出版社 1998年 40页 26cm（16开）
ISBN：7-5330-1263-1 定价：CNY11.00
（金手指美术自学丛书）

J0011144
工笔花鸟 邓嘉德绘
成都 四川美术出版社 1998年 29cm（16开）
ISBN：7-5410-1429-X 定价：CNY10.00
（名家精品）
　　作者邓嘉德（1951— ），美术编辑、画家。祖籍山东潍坊，出生于四川成都。毕业于西南师范大学美术学院。中国美术家协会会员、四川省美术家协会副主席、四川美术出版社社长。作品有《童年的梦》《蓝色的梦》《长坂坡》等。

J0011145
工笔花鸟画技法 金正惠编著
上海 上海书店出版社 1998年 93页 26cm（16开）
ISBN：7-80622-364-9 定价：CNY38.00
（美术技法丛书）
　　作者金正惠（1939— ），教授。浙江东阳人。毕业于浙江美术学院。中国美术家协会会员。著作有《工笔花鸟画技法》《现代花鸟画写生与创作》《中国花鸟画技法教程》。

J0011146
工笔禽鸟画法 申伟著
北京 军事科学出版社 1998年 78页 有图
20cm（32开） ISBN：7-80137-167-4
定价：CNY9.00
（周末文化生活丛书）

J0011147
郭怡孮教学画稿 郭怡孮著
天津 天津人民美术出版社 1998年 12+132页
26cm（16开） 精装 ISBN：7-5305-0752-4
定价：CNY45.00
（中国画名家教学画稿丛书）
　　作者郭怡孮（1940— ），教授。山东潍坊人。历任中央美术学院中国画系教授、副系主任，全国美术家协会会员等职。出版《中国画教材》《郭味蕖花鸟画技法》《白描花卉写生》《写意花鸟画技法》《花卉写生教程》《郭怡孮花卉集》。

J0011148
花鸟百家　马其宽编著
哈尔滨　黑龙江美术出版社　1998年　263页
20cm（32开）　ISBN：7-5318-0446-8
定价：CNY30.00

J0011149
画牡丹　吴玉梅著
苏州　古吴轩出版社　1998年　重印本　30页
26cm（16开）　ISBN：7-80574-234-0
定价：CNY10.80
（中国画技法示范）
　　作者吴玉梅（1940—　　），女，画家。上海松
江人。中国美术家协会会员、上海中国画院画师。

J0011150
江宏伟课稿　江宏伟著
武汉　湖北美术出版社　1998年　49页　29cm（16开）
ISBN：7-5394-0791-3　定价：CNY25.00
（当代高等院校中国画名家教学系列）
　　作者江宏伟（1957—　　），画家、教授。生于
江苏无锡。毕业于南京艺术学院美术系。历任
南京艺术学院副教授、中国艺术研究院研究员、
博士生导师、中国艺术研究院艺术创作指导委员
会副主任、中央美院兼职教授。代表作品《荷花
栖鸟》《秋趣》。

J0011151
菊　马其宽绘
杭州　中国美术学院出版社　1998年　42cm（8开）
ISBN：7-81019-637-5　定价：CNY18.00
（中国花鸟画临本丛书）

J0011152
李海陆画牡丹　李海陆绘
上海　上海人民美术出版社　1998年　30页
26cm（16开）　ISBN：7-5322-1899-6
定价：CNY11.50
（名家教画丛书）

J0011153
历代名家画枇杷　（清）虚谷等绘；柳村编著
杭州　西泠印社　1998年　46页　37cm（8开）
ISBN：7-80517-290-0　定价：CNY38.00
（中国画技法比较丛书）

作者虚谷（1823—1896），清代画家。俗姓朱，
名怀仁，僧名虚白，字虚谷，别号紫阳山民、倦
鹤等。祖籍新安（今安徽歙县）。传世作品有《梅
花金鱼图》《枇杷图》等。

J0011154
梅兰竹菊章法举要　姜守垣编绘
北京　中国书籍出版社　1998年　70页　26cm（16开）
ISBN：7-5068-0650-9　定价：CNY30.00
（中国画技法丛书）

J0011155
梅竹画谱　顾震岩编著
杭州　浙江人民美术出版社　1998年　68页
26cm（16开）　ISBN：7-5340-0758-5
定价：CNY20.00
　　作者顾震岩（1962—　　），编辑。上海人。毕
业于中国美术学院中国画系花鸟专业。浙江美
术学院任教，《新美术》编辑。出版有《中国历代
名家技法集萃花鸟卷·畜兽法》《梅竹画谱》《蝴
蝶》等。

J0011156
牡丹·葡萄·麻雀画法　安良发编著
北京　中国工人出版社　1998年　34页　26cm（16开）
ISBN：7-5008-1949-8　定价：CNY8.80
（中国画自学技法丛书）

J0011157
蔬果　徐家昌绘
杭州　中国美术学院出版社　1998年　42cm（8开）
ISBN：7-81019-419-4　定价：CNY18.00
（中国花鸟画临本丛书）

J0011158
孙其峰花鸟画谱　孙其峰编绘
郑州　河南美术出版社　1998年　2版　增订本
110页　18×26cm　ISBN：7-5401-0516-X
定价：CNY12.00
　　作者孙其峰（1920—　　），教授，艺术家。原
名奇峰，曾用名琪峰。山东招远人。历任天津美
术学院教授、中国书法家协会理事、中国美术家
协会理事、北京铁路局文协美术工作者、北京美
协会员。代表作品《花鸟画谱》《孙其峰画辑》《孙
其峰扇面选集》等。

J0011159
汤文选画鸟　汤文选绘
武汉 湖北美术出版社 1998年 22页 28×28cm
ISBN：7-5394-0684-4 定价：CNY18.00
（当代中国画名家丛谱）

J0011160
喜禅墨竹　（写竹技法歌诀）辛鹏编著
沈阳 辽宁美术出版社 1998年 65页 26cm（16开）
ISBN：7-5314-2019-8 定价：CNY11.00

J0011161
现代工笔花鸟画艺术　陈林著
合肥 安徽美术出版社 1998年 81页 有照片及
彩图 26cm（16开）ISBN：7-5398-0692-3
定价：CNY25.80
（美术技法丛书）

J0011162
线描花卉技法　唐新一编著
天津 天津人民美术出版社 1998年 72页
有图 26cm（16开）ISBN：7-5305-0813-X
定价：CNY5.80
（美术基础技法丛书）

J0011163
写菊百家　罗世平，董晓畔编著
哈尔滨 黑龙江美术出版社 1998年 12+256页
有图 20cm（32开）ISBN：7-5318-0492-1
定价：CNY30.00
　　作者罗世平（1955— ），教授。毕业于湖北
艺术学院美术系。中央美术学院教授、博士生导
师，中国美术家协会会员、中国敦煌吐鲁番学会
会员。著作有《欧洲近代雕塑大师罗丹》《山水
百家》《20世纪唐研究文化卷·美术》等。

J0011164
写兰百家　闵学林等编著
哈尔滨 黑龙江美术出版社 1998年 12+210页
20cm（32开）ISBN：7-5318-0423-9
定价：CNY30.00
　　作者闵学林（1946— ），画家，教授。江西
人。毕业于中国美术学院中国画系。中国美术
学院中国画系教授。中国画代表作品《我亦望
机乐似鱼》《茶花》《茶花》，著有《闵学林画集》

《中国当代书画》等。

J0011165
写意花鸟　高天祥著
济南 山东美术出版社 1998年 36页 26cm（16开）
ISBN：7-5330-1261-5 定价：CNY9.80
（金手指美术自学丛书）
　　作者高天祥（1935— ），教授。别名晓晨。
浙江三门湾人。毕业于山东艺术学院。历任曲
阜师范大学美术系教授、中国美术家协会会员、
临沂艺术馆美术创作员、中国美术家协会会员。
代表作品《高天祥画集》《写意花鸟画技法》等。

J0011166
写意花鸟画布局　张锡杰著
济南 山东美术出版社 1998年 63页 29cm（16开）
ISBN：7-5330-1189-9 定价：CNY35.00

J0011167
写意花鸟画法　余石苹著绘
杭州 浙江人民美术出版社 1998年 62页
26cm（16开）ISBN：7-5340-0826-3
定价：CNY19.50

J0011168
写意花鸟画基础技法　（1）王炳龙等编绘
北京 人民美术出版社 1998年 2版 46页
27cm（大16开）ISBN：7-102-01030-3
定价：CNY12.00
　　作者王炳龙（1940—1999），画家。山东济南
人。毕业于中央美术学院。历任山东画院高级
画师、济南画院专业画家、中国美术家协会山东
分会会员、济南美术家协会理事。

J0011169
写意花鸟画基础技法　（2）王炳龙等编绘
北京 人民美术出版社 1991年 46页 有图
26cm（16开）ISBN：7-102-00763-9
定价：CNY4.50

J0011170
写意花鸟画技法　郭方颐著
武汉 湖北美术出版社 1998年 83+24页
有图 26cm（16开）ISBN：7-5394-0767-0
定价：CNY15.50

J0011171

写意花鸟画教程 （山茶·月季·石榴与鸡鸭大型禽鸟的画法）阮克敏著

天津　天津杨柳青画社　1998年　86页

28cm（大16开）　ISBN：7-80503-383-8

定价：CNY36.00

J0011172

写意花鸟画教程 （松·柳·柏树与鹰·猫头鹰·鹭·丹顶鹤等大型禽鸟的画法及画面处理）贾宝珉著

天津　天津杨柳青画社　1998年　97页　有图

26cm（16开）　ISBN：7-80503-384-6

定价：CNY39.50

　　作者贾宝珉（1941—　），天津人。毕业于河北艺术师范学院中国画专业。历任天津美术学院中国画系教授、中国美术家协会会员、天津美术家协会理事。代表作品《秋获》《雄鹰》。

J0011173

写意花鸟画教程 （藤蔓类花卉与中型禽鸟的画法）郭书仁著

天津　天津杨柳青画社　1998年　90页

28cm（大16开）　ISBN：7-80503-382-X

定价：CNY36.00

J0011174

写意花鸟画教程 （竹·兰·梅·菊·石与小型禽鸟的画法）史如源著

天津　天津杨柳青画社　1998年　92页　有图

26cm（16开）　ISBN：7-80503-381-1

定价：CNY37.00

J0011175

写意花鸟画教学 丁成杰著

南昌　江西美术出版社　1998年　115页

26cm（16开）　ISBN：7-80580-474-5

定价：CNY39.00

J0011176

写意花鸟技法 叶玉昶著文；韩璐绘画

杭州　浙江人民美术出版社　1998年　69页

20cm（32开）　ISBN：7-5340-0917-0

定价：CNY21.00

　　作者叶玉昶（1937—　），画家、教授。生于

江苏南京市，祖籍安徽黟县。毕业于中央美术学院华东分院中国画系（现中国美术学院）。历任温州师范学院（现温州大学）中国画教授、温州现代中国画研究院院长、荷兰阿姆斯特丹高等艺术学院客座教授。代表作有花鸟画《长寿图》《墨梅图》等。

J0011177

写意梅兰竹菊技法 陈忠义著

沈阳　辽宁美术出版社　1998年　60页　26cm（16开）

ISBN：7-5314-1842-8　定价：CNY19.00

（国画技法丛书）

J0011178

写意牡丹技法 朱宝堂编著

开封　河南大学出版社　1998年　56页　37cm（8开）

ISBN：7-81041-470-4　定价：CNY100.00

J0011179

写意藤萝葡萄技法 孙鸣邨著

沈阳　辽宁美术出版社　1998年　60页　26cm（16开）

ISBN：7-5314-1911-4　定价：CNY19.00

（国画技法丛书）

　　作者孙鸣邨（1937—　），画家。祖籍辽宁新民市。原名明春。毕业于中央美术学院中国画系。代表作品有《鹤乡》《五月的鲜花》《群鹭》。

J0011180

写竹百家 刘光祖编著

哈尔滨　黑龙江美术出版社　1998年　重印本

12+247页　有图　20cm（32开）

ISBN：7-5318-0032-2　定价：CNY18.50

　　本书共两部分：第一部分介绍和分析了墨竹的源流与发展；第二部分为写竹百家的作品及欣赏。

J0011181

新工笔花鸟画表现实技 白国文著

沈阳　辽宁美术出版社　1998年　80页　29cm（16开）

ISBN：7-5314-1905-X　定价：CNY34.00

J0011182

学画梅花 葛桂林著

北京　科学普及出版社　1998年　32页　26cm（16开）

ISBN：7-110-04284-7　定价：CNY10.00

（写意花鸟画法丛书）

J0011183
学画牡丹　葛桂林著
北京　科学普及出版社 1998 年 32 页 26cm（16 开）
ISBN：7-110-04283-9 定价：CNY10.00
（写意花鸟画法丛书）

J0011184
颜梅华写意花卉　颜梅华绘；丁国兴摄
上海　上海人民美术出版社 1998 年 28 页
26cm（16 开）　ISBN：7-5322-1784-1
定价：CNY11.50
（名家教画丛书）
　　作者颜梅华（1927— ），国画家。号雪庵，
斋号琴斋。浙江乐清人。代表作品有《比目鱼》
《白秋练》《白蛇传》《风云初记》等。

J0011185
怎样画草虫蔬果　杨文仁著
济南　山东美术出版社 1998 年 28 页 26cm（16 开）
ISBN：7-5330-1092-2 定价：CNY8.00
（中国画自学丛书）
　　作者杨文仁（1941— ），画家。生于山东青
岛。山东师范学院艺术系中国画专业毕业。历
任泰安师范美术教师、山东省艺术馆美术干部、
山东师范大学美术系教师、山东省美术馆一级
美术师、山东省美术家协会副主席。出版有《杨
文仁花鸟画集》《杨文仁国画精品集》《荷花画
法》等。

J0011186
怎样画花鸟画　王新伦著
南昌　江西美术出版社 1998 年 32 页 26cm（16 开）
ISBN：7-80580-525-3 定价：CNY10.80
（绘画入门丛书）

J0011187
怎样画鹭鸶八哥　李波著
济南　山东美术出版社 1998 年 30 页 26cm（16 开）
ISBN：7-5330-1091-4 定价：CNY8.00
（中国画自学丛书）

J0011188
怎样画牡丹　安良发著

合肥　安徽美术出版社 1998 年 60 页 有插图
26cm（16 开）　ISBN：7-5398-0648-6
定价：CNY15.00

J0011189
中国花鸟画技法研究　崔基旭著
南京　江苏美术出版社 1998 年 292 页 有图
20cm（32 开）　ISBN：7-5344-0871-7
定价：CNY20.00

J0011190
中国花鸟画与民俗文化　金忠群，金忠敏著
武汉　湖北美术出版社 1998 年 95 页 21cm（20 开）
ISBN：7-5394-0824-3 定价：CNY12.00

J0011191
白描花卉　苏百钧编绘
广州　岭南美术出版社 1999 年 44 页 37cm（8 开）
ISBN：7-5362-1583-5 定价：CNY15.00
（中国画基础丛书）

J0011192
白描花卉　石继有编著
北京　中国劳动社会保障出版社 1999 年
119 页 26×39cm ISBN：7-5045-2686-X
定价：CNY43.00

J0011193
彩墨台湾蝴蝶　（创作理念解析）姚亘著
台北　正中书局 1999 年 95 页 25×26cm
ISBN：957-09-1225-1 定价：TWD500.00

J0011194
传统画菊　留云编写
济南　山东美术出版社 1999 年 44 页 有图
28cm（大 16 开）　ISBN：7-5330-1148-1
定价：CNY11.00
（中国画传统技法丛书）
　　本书对明代陶成、孙龙、徐霖，清代石涛、
郑燮、朱耷，近现代吴昌硕、齐白石等画家的画
菊技法进行了介绍，并附有这些画家的作品。

J0011195
传统画兰　留云编写
济南　山东美术出版社 1999 年 44 页 有图

28cm(大16开) ISBN: 7-5330-1146-5
定价: CNY9.50
(中国画传统技法丛书)

　　本书对宋代赵孟坚、郑思肖, 明代文微明、仇英、周天球、蓝瑛, 清代石涛、金农、朱耷, 近代吴昌硕等历代画家的画兰技法进行了介绍, 并附有这些画家的作品。

J0011196
传统画梅　留云编写
济南　山东美术出版社 1999年 44页
28cm(大16开) ISBN: 7-5330-1145-7
定价: CNY9.50
(中国画传统技法丛书)

　　本书对宋代杨无咎、徐禹功、马麟, 元代吴镇、王冕, 明代陈录、王谦等历代画家画梅技法进行了介绍, 并附有这些画家的作品。

J0011197
传统画竹　留云编写
济南　山东美术出版社 1999年 44页 有图
28cm(大16开) ISBN: 7-5330-1147-3
定价: CNY9.50
(中国画传统技法丛书)

　　本书对宋代文同、无款, 元代高克恭、吴镇, 清代石涛、郑燮等历代画家的画竹技法进行了介绍, 并附有这些画家的作品。

J0011198
从自然到创作　(中国花鸟画技法)张渊编著
上海　上海书店出版社 1999年 105页
26cm(16开) ISBN: 7-80622-524-2
定价: CNY48.00
(美术技法丛书)

　　本书主要讲述了中国花鸟画的技法。全书以图为主, 文为辅, 主要包括: 真鸟的照片; 照片中鸟类的画法图解; 以照片鸟类为本的花鸟画创作。作者张渊(1943—), 女, 画家。上海交通大学人文学院艺术系教授、上海市政协委员。编著有《从自然到创作——中国花鸟画技法》。

J0011199
当代写意花鸟画画法　白磊著
北京　中国工人出版社 1999年 88页 26cm(16开)
ISBN: 7-5008-2220-0 定价: CNY29.80

(中国画自学技法丛书)

　　作者白磊(1946—), 国家高级美术师。原名白锡程。生于厦门。历任厦门市美术馆馆长、福建省画院画师、中国工艺美术学会会员、中国书法家协会福建分会会员、福建省工艺美术学会常务理事。

J0011200
工笔花鸟　江宏伟等绘
苏州　古吴轩出版社 1999年 38cm(6开)
ISBN: 7-80574-423-8 定价: CNY28.00
(当代艺术新主张)

　　作者江宏伟(1957—), 画家、教授。生于江苏无锡。毕业于南京艺术学院美术系。历任南京艺术学院副教授, 中国艺术研究院研究员、博士生导师, 中国艺术研究院艺术创作指导委员会副主任、中央美院兼职教授。代表作品《荷花栖鸟》《秋趣》。

J0011201
工笔花鸟
长沙　湖南美术出版社 1999年 40页 38cm(6开)
ISBN: 7-5356-1214-8 定价: CNY26.00
(教学示范作品 中国画)

J0011202
工笔花鸟画技法研究　李勤, 徐士钦著
石家庄　河北美术出版社 1999年 98页
29cm(16开) ISBN: 7-5310-1118-2
定价: CNY29.00

J0011203
工笔花鸟入门　张伟民著
南宁　广西美术出版社 1999年 48页 26cm(16开)
ISBN: 7-80625-687-3 定价: CNY15.00
(美术基础入门画库 第二辑)

J0011204
工笔花鸟入门　范新国著
南宁　广西美术出版社 1999年 48页 26cm(16开)
ISBN: 7-80625-721-7 定价: CNY15.00
(美术基础入门画库 第二辑)

J0011205
工笔牡丹技法　张德泉编著

沈阳 辽宁美术出版社 1999年 44页 29cm（16开）
ISBN：7-5314-2285-9 定价：CNY18.00
（21世纪技法系列丛书）

　　作者张德泉（1941— ），画家。生于江苏宝应县。毕业于江苏省国画院。江苏省国画院花鸟画研究所所长、中国美术家协会会员、国家一级美术师。出版有《张德泉花鸟画作品集》《工笔花鸟画谱》《百花谱》《中国牡丹》《当代花鸟画作品选》等。

J0011206
工笔重彩草虫谱　刘万鸣，王德芳著
沈阳 辽宁美术出版社 1999年 79页 29cm（16开）
ISBN：7-5314-2209-3 定价：CNY32.00

J0011207
工笔重彩花鸟画临摹范本　（花卉）刘英编著
西安 陕西人民美术出版社 1999年 13张（套）
42cm（8开） ISBN：85368.103
定价：CNY35.00

J0011208
工笔重彩花鸟画临摹范本　（翎毛走兽）李明云，景牧编著
西安 陕西人民美术出版社 1999年 10张（套）
42cm（8开） ISBN：85368.101
定价：CNY28.80

J0011209
古柏白描画谱　刘克青著
南宁 广西美术出版社 1999年 74页 20cm（32开）
ISBN：7-80625-757-8 定价：CNY11.50
（白描画谱丛书）

J0011210
国画花鸟　吕如达著
北京 中国民族摄影艺术出版社 1999年 48页
26cm（16开） ISBN：7-80069-272-8
定价：CNY9.80
（基础美术技法丛书 中级班 12）

J0011211
国画花鸟技法　徐华华，陆越子著
南京 江苏美术出版社 1999年 124页

28cm（大16开） ISBN：7-5344-0977-2
定价：CNY32.00
（美术技法大全）

J0011212
花鸟画　毕彰，徐家昌著
上海 上海书画出版社 1999年 424页 有图
17×19cm 精装 ISBN：7-80635-523-5
定价：CNY48.00
（美术技法丛书）

　　本书内容包括：花鸟画的发展及技法演进；花鸟画的分类及学习方法；笔墨与水；颜料与设色方法；构图布局；花卉画法；禽鸟的画法；草虫的画法；水族的画法；花鸟画的创作。作者毕彰（1939— ），陶瓷艺术家。祖籍安徽歙县，生于江西景德镇。毕业于浙江美术学院中国画系花鸟科。曾任杭州工艺美术学院副校长、杭州师范大学美术学院副教授、中国美术学院老教授艺术中心教授、中国美术学院继续教育学院客座教授、浙江中国花鸟画协会会员等。代表作品有《花鸟画》《白描花卉》《工笔禽鸟》等。

J0011213
花鸟画　毕彰，徐家昌著
上海 上海书画出版社 1999年 424页 有图
17×19cm ISBN：7-80635-414-X
定价：CNY40.00
（美术技法丛书）

J0011214
花鸟画构图法　李泽民著
天津 天津人民美术出版社 1999年 62页
26cm（16开） ISBN：7-5305-1053-3
定价：CNY33.50
（美术新技法丛书）

J0011215
花鸟画技法基础入门　杨遇泰，朱冰泉编绘
北京 中国画报出版社 1999年 44页 26cm（16开）
ISBN：7-80024-515-2 定价：CNY14.00

J0011216
花鸟画与羽毛画　诸黎敏编绘
上海 上海科学普及出版社 1999年 91页
17×19cm 精装 ISBN：7-5427-1607-7

定价：CNY11.00

　　本书详细地介绍了花鸟画和羽毛画的制作过程及绘画方法，让读者了解到了更多的构图形式，同时还介绍鱼、蝴蝶、虾等的画法。

J0011217

简笔荷花　踪岩夫，孙涤著
北京　西苑出版社　1999年　36页　26cm（16开）
ISBN：7-80108-194-3　定价：CNY15.00
（中国画自习丛书）

J0011218

简笔牡丹　王琳著
北京　西苑出版社　1999年　36页　26cm（16开）
ISBN：7-80108-197-8　定价：CNY15.00
（中国画自习丛书）

J0011219

简笔松鹤　孙树梅著
北京　西苑出版社　1999年　32页　26cm（16开）
ISBN：7-80108-196-X　定价：CNY15.00
（中国画自习丛书）

J0011220

教你画花鸟　蔺高管编著
北京　中国计划出版社　1999年　48页　26cm（16开）
ISBN：7-80058-817-3　定价：CNY6.50
（21世纪美术权威教程）

J0011221

菊谱　夏永学绘
北京　中国工人出版社　1999年　117页
26cm（16开）　ISBN：7-5008-2089-5
定价：CNY15.00
（中国画自学技法丛书）

J0011222

兰花·蜻蜓·蜂·菊花　罗镜泉编绘
广州　广东人民出版社　1999年　29页　26cm（16开）
ISBN：7-218-02916-7　定价：CNY10.00
（名家教你学中国画 2）

　　作者罗镜泉（1937—　），教授。生于广东兴宁。毕业于湖北艺术学院美术系。河南大学美术系教师、中国美术家协会会员、华南师范大学美术学院教授。代表作品有《妇女队长》《金色

洪湖》《夜深人未静》《老人》等。

J0011223

陆越子教你画花卉　陆越子编著
南京　南京大学出版社　1999年　29cm（16开）
ISBN：7-305-03437-1　定价：CNY7.50
（名家美术课堂 艺术入门教程）

　　本书讲授了荷花、莘荑、牡丹、兰草、山茶、菊花、牵牛花、紫藤等各种花卉的中国画技法，特别强调以情入画，强调意境、修养。

J0011224

梅　（中国画技法）张海天编绘
上海　上海人民美术出版社　1999年　29cm（16开）
ISBN：7-5322-2229-2　定价：CNY9.60
（一物一景写生系列丛书）

J0011225

梅花·喜鹊·桃花·牡丹　刘济荣等编绘
广州　广东人民出版社　1999年　29页　26cm（16开）
ISBN：7-218-02915-9　定价：CNY10.00
（名家教你学中国画 1）

J0011226

梅兰竹菊　张浩编
杭州　浙江人民美术出版社　1999年　32页
29cm（16开）　ISBN：7-5340-1000-4
定价：CNY18.00
（基础绘画写生摹本 11）

　　作者张浩（1962—　），教授。生于天津，祖籍河北高阳。毕业于浙江美术学院国画系。中国美术学院附中教师、中国美术家协会浙江分会会员、安徽大学艺术学院客座教授。代表作有《我的故乡》《春茶》《自由的想象系列作品》等。

J0011227

牡丹画稿　王少卿绘
郑州　河南美术出版社　1999年　重印本　52页
26cm（16开）　ISBN：7-5401-0261-6
定价：CNY9.50

J0011228

鸟类绘画图典　（1）周彦生主编；王铁桥主译
郑州　河南美术出版社　1999年　48页　29cm（16开）
（大家画案必备）

本册介绍了工笔画鸦科、黄鹂科、文鸟科、雀科、风琴鸟科、密鸟科、云雀科、吸蜜鸟科、绣眼鸟科、太平鸟科、画眉科、燕科等38科鸟类的画法。作者周彦生(1942—　)，画家、教授。河南人。毕业于广州美术学院中国画系花鸟画科研究生班。广州美术学院教授、中国美协会员、中国当代工笔画学会理事、广东美协理事、广东画院特聘画家。代表作品有《满园春色》《牡丹孔雀》等。

J0011229

鸟类绘画图典 （2）周彦生主编；王铁桥主译
郑州 河南美术出版社 1999年 48页 29cm（16开）
（大家画案必备）

本册介绍了工笔画秃鹰科、秃鹫科、鸭科、鹬科、海燕科、信天翁科、沙鸡科、鸥科、鹤科、秧鸡科等20科的鸟类的画法。

J0011230

鸟类写真画谱 （1）周彦生，刘钊主编
郑州 河南美术出版社 1999年 24页 42cm（8开）
ISBN：7-5401-0775-8 定价：CNY26.00
（大家画案必备）

J0011231

鸟类写真画谱 （2）周彦生，刘钊主编
郑州 河南美术出版社 1999年 24页 42cm（8开）
ISBN：7-5401-0776-6 定价：CNY26.00
（大家画案必备）

J0011232

鸟类写真画谱 （3）周彦生，刘钊主编
郑州 河南美术出版社 1999年 24页 42cm（8开）
ISBN：7-5401-0777-4 定价：CNY26.00
（大家画案必备）

J0011233

鸟类写真画谱 （4）周彦生，刘钊主编
郑州 河南美术出版社 1999年 24页 42cm（8开）
ISBN：7-5401-0778-2 定价：CNY26.00
（大家画案必备）

J0011234

葡萄画法　王其华著
天津 天津杨柳青画社 1999年 40页 29cm（16开）

ISBN：7-80503-441-9 定价：CNY28.00

作者王其华(1949—　)，山东人。天津师范高等专科学校美术系主任、副教授。

J0011235

禽鸟类·写意画法　（初学者）陈再乾编著
南宁 广西美术出版社 1999年 79页 21×29cm
ISBN：7-80625-688-1 定价：CNY19.80

J0011236

四季花卉画谱　（1 春花）周士心绘著
台北 艺术图书公司 1999年 再版 64页
28cm（大16开） ISBN：957-672-190-3
定价：TWD280.00
（中国花卉画基础）

外文书名：Flowers of the Four Seasons, Volume 1, Spring.

J0011237

四季花卉画谱　（2 夏花）周士心绘著
台北 艺术图书公司 1999年 再版 64页
28cm（大16开） ISBN：957-672-191-1
定价：TWD280.00
（中国花卉画基础）

外文书名：Flowers of the Four Seasons, Volume 2, Summer.

J0011238

四季花卉画谱　（3 秋花）周士心绘著
台北 艺术图书公司 1999年 再版 64页
28cm（16开） ISBN：957-672-192-X
定价：TWD280.00
（中国花卉画基础）

外文书名：Flowers of the Four Seasons, Volume 3, Autumn.

J0011239

四季花卉画谱　（4 冬花）周士心绘著
台北 艺术图书公司 1999年 再版 64页
28cm（大16开） ISBN：957-672-193-8
定价：TWD280.00
（中国花卉画基础）

外文书名：Flowers of the Four Seasons, Volume 4, Winter.

J0011240
吴昌硕画牡丹梅花　　吴昌硕绘；张岳健编著
杭州　西泠印社　1999 年　46 页　37cm
ISBN：7-80517-148-3　定价：CNY30.00
（名家技法画谱）
　　作者吴昌硕（1844—1927），晚清民国时期国
画家、书法家、篆刻家。原名俊，俊卿，字昌硕。
浙江安吉人。代表作品有《瓜果》《灯下观书》《姑
苏丝画图》等，出版有《吴昌硕画集》《吴昌硕作
品集》《苦铁碎金》《缶庐近墨》《吴苍石印谱》
《缶庐印存》等。

J0011241
武晓历教你画白描菊花　　武晓历编
南京　南京大学出版社　1999 年　29cm（16 开）
ISBN：7-305-03437-1　定价：CNY7.50
（名家美术课堂　艺术入门教程）
　　本书简要讲解了白描菊花的绘画技法。内
容包括：露蕊菊花瓣的画法、不露蕊菊花瓣的画
法、菊叶瓣的画法、菊叶瓣的类型以及范画。

J0011242
写意花卉技法入门奥秘　　朱嘉权著
沈阳　辽宁美术出版社　1999 年　72 页　26cm（16 开）
ISBN：7-5314-2184-4　定价：CNY22.00
（百业精技入门奥秘系列丛书）

J0011243
写意花鸟技法入门奥秘　　朱嘉权等著
沈阳　辽宁美术出版社　1999 年　52 页　26cm（16 开）
ISBN：7-5314-2257-3　定价：CNY18.00
（百业精技入门奥秘系列丛书）

J0011244
写意牡丹技法　　李荣光著
沈阳　辽宁美术出版社　1999 年　29cm（16 开）
ISBN：7-5314-2313-8　定价：CNY20.00
（二十一世纪名家技法系列丛书）
　　作者李荣光（1939—　　），山东莱州人。毕业
于鲁迅美术学院国画系。历任丹东刺绣工厂设
计师、旅顺博物馆馆员、中国美术家协会会员、
中国同泽书画研究院副秘书长。出版有《翎毛画
谱》《李荣光花鸟画选》等。

J0011245
意笔牡丹画技法　　苏新平著
北京　中国林业出版社　1999 年　81 页　29cm（16 开）
ISBN：7-5038-2368-2　定价：CNY58.00
　　本书从知识和技法上对写意牡丹画法进行
了系统介绍，附有大量的作画步骤、图例和作
品。作者苏新平（1953—　　），画家。河北石家庄
市人。毕业于天津美术学院绘画系。中华教育
艺术研究会会员、太行书画院理事、中国画河北
研究会会员。著有《意笔牡丹画技法》《苏新平
石版画集》。

J0011246
怎样画百合　　孙墨龙著
济南　山东美术出版社　1999 年　14 页　26cm（16 开）
ISBN：7-5330-1369-7　定价：CNY5.50
（中国画自学丛书）
　　本书讲述中国画画百合花的基本知识和基
本技法，内容以连续的步骤图和简要的文字说明
为主，配有部分范画。

J0011247
怎样画菊花　　岳宏著
济南　山东美术出版社　1999 年　22 页　19×26cm
ISBN：7-5330-1317-4　定价：CNY5.00
（“手把手”儿童自学国画丛书）
　　本书包括：画菊花的步骤图、范画作品选
（16 幅）等内容。

J0011248
怎样画麻雀　　栾艳华，徐磊著
济南　山东美术出版社　1999 年　23 页　19×26cm
ISBN：7-5330-1345-X　定价：CNY6.00
（“手把手”儿童自学国画丛书）

J0011249
怎样画梅　　栾艳华著
济南　山东美术出版社　1999 年　16 页　26cm（16 开）
ISBN：7-5330-1312-3　定价：CNY4.50
（银手杖大字体中国画自学丛书）
　　本书教给读者怎样画梅花，书中以连续的步
骤图和简要的文字说明为主，配有部分范画。

J0011250
怎样画牡丹　　马林春著

济南 山东美术出版社 1999年 16页 26cm(16开)
(银手杖大字体中国画自学丛书)

　　本书教给读者怎样画牡丹,书中以连续的步骤图和简要的文字说明为主,配有部分范画。

J0011251

怎样画葡萄　岳宏著
济南 山东美术出版社 1999年 22页 19×26cm
ISBN:7-5330-1318-2 定价:CNY5.00
("手把手"儿童自学国画丛书)

　　本书包括:用小白云笔、大白云笔和狼毫笔画葡萄的步骤图,以及范画作品选(16幅)等内容。

J0011252

怎样画水仙　李云德著
济南 山东美术出版社 1999年 22页 26cm(16开)
ISBN:7-5330-1370-0 定价:CNY7.00
(中国画自学丛书)

　　本书讲述中国画画水仙花的基本知识和基本技法,内容以连续的步骤图和简要的文字说明为主,配有部分范画。

J0011253

怎样画竹　马林春著
济南 山东美术出版社 1999年 16页 26cm(16开)
ISBN:7-5330-1310-7 定价:CNY4.50
(银手杖大字体中国画自学丛书)

　　本书教给读者怎样画中国画的竹图,书中以连续的步骤图和简要的文字说明为主,配有部分范画。

J0011254

张大千画荷　张大千绘;张伟民编著
杭州 西泠印社 1999年 58页 37cm(8开)
ISBN:7-80517-283-8 定价:CNY45.00
(名家技法画谱)

　　作者张大千(1899—1983),国画大师、山水画大家、书法家。四川内江人,祖籍广东番禺。代表作有《爱痕湖》《长江万里图》《四屏大荷花》《八屏西园雅集》等。

J0011255

张继馨教你画草虫　张继馨编绘
南京 南京大学出版社 1999年 29cm(16开)

ISBN:7-305-03437-1 定价:CNY7.50
(名家美术课堂 艺术入门教程)

　　本书简要讲解了草虫画的基本知识和绘画技法。内容包括螳螂的画法、红蜻蜓的画法、青蛙的画法、蛹的画法、络纬的画法、鲦鱼的画法、大闸蟹的画法、蟋蟀的画法以及范画。

J0011256

张继馨教你画蔬果　张继馨编绘
南京 南京大学出版社 1999年 29cm(16开)
ISBN:7-305-03437-1 定价:CNY7.50
(名家美术课堂 艺术入门教程)

　　本书以简单的笔墨、精练的语言介绍了萝卜、葡萄、青菜、石榴、菠菜、桃子、竹笋、香蕉等典型常见的蔬菜水果的中国画画法。作者张继馨(1926—　　),花鸟画名家、美术教育家。又名馨子。江苏武进人。中央文史研究馆书画院研究员、江苏省文史研究馆馆员、中国美术家协会会员、江苏省花鸟画研究会顾问、苏州市职业大学艺术学院教授。作品有《草虫画谱》《鸟类画谱》等,著有《画事一得》《笔上参禅》《馨子砚语》《颠倒葫芦》。

J0011257

中国花鸟、人物画画法图解　蒋跃著
杭州 浙江摄影出版社 1999年 75页 26cm(16开)
ISBN:7-80536-632-2 定价:CNY29.80
(画家自画自说 1)

J0011258

中国花鸟画　韩玮著
济南 黄河出版社 1999年 171页 有图
26cm(16开) ISBN:7-80152-093-9
定价:CNY26.00
(美术教育丛书)

J0011259

钟质夫课徒画稿　钟质夫绘;西梅,雨香整理
沈阳 辽宁美术出版社 1999年 86页 29cm(16开)
ISBN:7-5314-2352-9 定价:CNY35.00

　　本书阐述了钟质夫先生在赏析、临摹、写生、艺术创作、画法、画理、画中情、画中意等诸多方面的理论,并配有大量的作品赏析。作者钟质夫(1914—1994),满族,教授、国画家。字鸿毅。北京人。鲁迅美术学院中国画系副主任、教

授，辽宁省文联、美协理事、辽宁省政协委员。作品有《荷塘烟雨》《十二月令·四扇屏》《桃花四喜图》《雪树寒鸦》《荷花鸳鸯》等。

J0011260
竹　（中国画技法）乐坚编绘
上海　上海人民美术出版社　1999年　29cm（16开）
ISBN：7-5322-2230-6　定价：CNY9.60
（一物一景写生系列丛书）

国画技法——鸟兽、鱼虫

J0011261
神龙百法　（三卷）□□辑
明　刻本

J0011262
神龙百法　（三卷）
明　刻本
　　　行字不等无格。

J0011263
春谷嘤翔　（一卷）（明）周履靖撰
荆山书林　明万历二十五年［1597］刻本　有图
线装
（夷门广牍）
　　　九行十八字白口四周单边单鱼尾。收于《夷门广牍》之《画薮》中。

J0011264
春谷嘤翔　（一卷）（明）周履靖编
荆山书林　明万历二十五年［1597］刻本　有图
线装
（夷门广牍）
　　　九行十八字白口四周单边单鱼尾。

J0011265
春谷嘤翔　（一卷）（明）周履靖撰
金陵　荆山书林　明万历二十五年［1597］刻本
（夷门广牍）
　　　收于《夷门广牍》一百〇六种一百六十二卷中。

J0011266
春谷嘤翔　（一卷）（明）周履靖撰
民国　影印本　线装
（夷门广牍）

　　　作者周履靖（1549—1640），明隆庆、万历间人，字逸之，初号梅墟，改号螺冠子，晚号梅颠。嘉兴（今浙江嘉兴）人。编撰有《夷门广牍》《金笥玄玄》《益龄单》《赤凤髓》等。

J0011267
冬心画马题记　（一卷）（清）金农撰
华韵轩　清　刻本
（巾箱小品）

J0011268
冬心画马题记　（一卷）（清）金农撰
清　抄本
　　　作者金农（1687—1764），清代书画家。字寿门、司农、吉金。钱塘（今浙江杭州）人。扬州八怪之首。代表作品有《东萼吐华图》《空捍如洒图》《腊梅初绽图》《玉蝶清标图》等，著有《冬心诗集》《冬心随笔》《冬心杂著》等。

J0011269
冬心画马题记　（一卷）（清）金农撰
［清］稿本
（花近楼丛书）

J0011270
冬心画马题记　（一卷）（清）金农撰
清　稿本
（艺苑丛钞）

J0011271
冬心画马题记　（一卷）（清）金农撰
依样壶卢山馆　清道光　抄本
（绘事晬编）

J0011272
冬心先生画梅题记　（一卷）（清）金农撰
［清］稿本
（艺苑丛钞）

J0011273
青在堂翎毛花卉谱　（不分卷）（清）王蓍等辑
芥子园　清嘉庆　刻本
（芥子园画传三集）
　　　作者王蓍（1649—1737），清代诗画家、篆刻家。字宓草，号湖村。浙江秀水（今嘉兴）人，寓居江宁。善花卉、翎毛，兼工书法、篆刻，与其兄以诗画擅名于时。与王概、王臬合编《芥子园画谱》，传世作品有《归去来辞图》《杂画合册》。

J0011274
濠梁知乐集　（四卷）金章辑
民国 石印本 线装

J0011275
濠梁知乐集　（四卷）金章辑
民国三十四年［1945］石印本 线装

J0011276
濠梁知乐集　金章撰辑
北京 文物出版社 1985 年 34 页 有图
26cm（16 开） 统一书号：8068.1352
定价：CNY1.10

J0011277
高松翎毛谱　（明）高松绘
北京 中国书店 1959 年 影印本 有图 线装
　　分二册。

J0011278
怎样画马　马晋著；北京中国画院花鸟组编绘
北京 人民美术出版社 1959 年［50 页］
有图 19cm（32 开） 统一书号：T8027.3154
定价：CNY0.22
　　本书 36 幅图，作者根据自己几十年画马的经验写成，文图结合。马晋（1900—1970），字伯逸，号湛如，又号云湖，别名伯远，早年曾用名马锡麟，室名湛花馆。北京大兴人。出版有《怎样画马》《中国近现代名家画集·马晋》《荣宝斋画谱141——画马部分》等。

J0011279
怎样画马　马晋编
北京 人民美术出版社 1981 年 2 版 35 页
19cm（32 开） 统一书号：8027.3154
定价：CNY0.22

J0011280
怎样画猫　曹克家编绘
北京 人民美术出版社 1960 年 51 页 有图

19cm（32 开） 统一书号：8027.2944
定价：CNY0.27
　　作者曹克家（1906—1979），画家。号汝贤。北京人。毕业于上海中华职业学校。曾在轻工业部工艺美术局任职，中国美术家协会会员。作品有《毫萱图》等，著作有《怎样画猫》和《宋瓷纹样》。

J0011281
我怎样画翎毛　张其翼编著
北京 朝花美术出版社 1963 年 101 页
19cm（32 开） 统一书号：8028.1873
定价：CNY1.25
（中国画技法小丛书）
　　作者张其翼（1915—1968），教授、花鸟画家。字君振，号鸿飞楼主。北京人，祖籍福建闽侯。曾任教于河北艺术师范学校和天津美术学院。代表作品《九寿朝阳图》《玉兰绶带》《池塘雨露》《雪鹤芭蕉》。

J0011282
我怎样画翎毛　张其翼编著
北京 人民美术出版社 1993 年 2 版 82 页
有图 19cm（小 32 开） ISBN：7-102-00954-2
定价：CNY5.00

J0011283
动物画资料　刘继卣作
北京 人民美术出版社 1977 年 15 页 26cm（16 开）
统一书号：8027.6721 定价：CNY0.16
　　作者刘继卣（1918—1983），画家。天津人。就读于天津市立美术馆西画系。曾任职于文化部艺术局、人民美术出版社，中国美术家协会理事、北京市工笔人物画研究会副会长、北京市花鸟画研究会副会长。代表作品有《大闹天宫》《雄狮图》《孔雀开屏》《鸡毛信》等。

J0011284
怎样画猫　曹克家编
北京 人民美术出版社 1980 年 32 页 19cm（32 开）
统一书号：8027.7516 定价：CNY0.35
　　本书分猫的生理结构与特征、猫的生活习惯、猫的品种、怎样画猫 4 节。

J0011285
国画鱼类画法　潘觐缋编著

上海　上海人民美术出版社　1981年　50页
19cm（32开）统一书号：8081.12073
定价：CNY0.26
（工农兵美术技法丛书）

J0011286
画马常识　慈旭编绘
天津　天津人民美术出版社　1982年　90页
25cm（15开）统一书号：8073.50133
定价：CNY1.75
　　本书介绍了马的品种类型、马的体质分类、马的各种表情以及外形特性，并介绍了马的解剖，马在运动中骨骼、肌肉的变化。附有马在活动中的各种动态图例。

J0011287
李苦禅画鹰　李苦禅，李燕作；湖南美术出版社编辑
长沙　湖南美术出版社　1983年　39页　19cm（32开）
统一书号：8233.452　定价：CNY2.10
　　本书采取分镜头的形式，详细记录了李苦禅先生画鹰的全过程。作者李苦禅（1899—1983），书画家、美术教育家。原名李英杰，字励公。山东高唐人。擅画花鸟和鹰。中央美术学院教授、中国美术家协会理事、中国画研究院院务委员等。代表作品有《盛荷》《群鹰图》《兰竹》等，出版有《李苦禅画集》。

J0011288
艺用翎毛资料　王一鸣编绘
沈阳　辽宁美术出版社　1983年　361页
20cm（32开）统一书号：8161.0111
定价：CNY2.80
　　本书按鸟纲分类，共编绘百余种禽鸟，各种姿态千余图，并附有鸟类骨骼构造及画鸟的方法步骤图。
　　作者王一鸣（1945—2009），花鸟画家。辽宁盖州人。历任辽宁盖州市文联主席、高级工程师、中国美术家协会会员。

J0011289
画虾技法　董鸿飚等编
北京　测绘出版社　1985年　23页　有图
20cm（32开）统一书号：8039·新445
定价：CNY0.60

J0011290
观赏鱼类画谱　张继馨编绘
天津　天津杨柳青画社　1986年　96页　18×26cm
定价：CNY2.40
　　作者张继馨（1926—　），花鸟画名家、美术教育家。又名馨子。江苏武进人。中央文史研究馆书画院研究员、江苏省文史研究馆馆员、中国美术家协会会员、江苏省花鸟画研究会顾问、苏州市职业大学艺术学院教授。作品有《草虫画谱》《鸟类画谱》等，著有《画事一得》《笔上参禅》《馨子砚语》《颠倒葫芦》。

J0011291
画鹿技法　陈雄立编著
北京　北京燕山出版社　1986年　40页　19cm（32开）
统一书号：8436.3　定价：CNY1.86
（燕山国画丛书）
　　作者陈雄立（1939—　），画家。生于北京。为李苦禅大师入室弟子。曾在中央民族学院艺术系任教，中国美术家协会会员。著作有《画鹿技法》《画鹿》《陈雄立画集》《雄立新作选》等。

J0011292
李秩仁画虎　李秩仁绘
郑州　河南美术出版社　1986年　22页　26cm（16开）
统一书号：8386.435　定价：CNY1.20

J0011293
怎样画孔雀　钱行健编绘
上海　上海书画出版社　1986年　20页　20cm（32开）
统一书号：8172.1431　定价：CNY0.85
（中国画技法入门丛书）

J0011294
怎样画螃蟹·雏鸡·虾　齐良迟著
北京　中国文联出版公司　1986年　16页　有图
26cm（16开）统一书号：8355.561
定价：CNY0.95
（自学美术丛书　1）

J0011295
半工半写老虎画法　牛德光著
济南　山东美术出版社　1987年　122页　有插图
19cm（32开）统一书号：8332.1071
定价：CNY1.98　ISBN：7-5330-0060-9

J0011296
韩美林动物画法 （怎样画狐狸·猴）韩美林著
济南 山东美术出版社 1987年 10页 26cm（16开）
ISBN：7-5330-0080-3 定价：CNY2.00
　　作者韩美林(1936—　　)，画家、艺术家、国家一级美术师。山东人。清华大学美术学院教授、中央文史馆研究员。代表作品有《北京奥运会吉祥物福娃》《国航航徽》等，出版有《山花烂漫》《美林》《韩美林自选雕塑集》《韩美林自选绘画集》。

J0011297
韩美林动物画法 （怎样画鸡·狗）韩美林著
济南 山东美术出版社 1987年 10页 26cm（16开）
ISBN：7-5330-0082-X 定价：CNY2.00

J0011298
韩美林动物画法 （怎样画熊猫·马）韩美林著
济南 山东美术出版社 1987年 10页 26cm（16开）
ISBN：7-5330-0081-1 定价：CNY2.00

J0011299
虎谱 温鸿源，高尚德编绘
西安 陕西人民美术出版社 1987年 179页 26cm（16开） ISBN：7-5368-0027-4
定价：CNY3.55
　　本书图文结合，详细讲解了虎的绘画方法，列举了虎的各种动态、种类，着重介绍了张善孖、何香凝、刘海粟、徐悲鸿、熊松泉等在画虎技法上的特点和独到之处。附录《古今虎图案选粹》《古今虎肖形印选》《题虎诗词选》《名家画虎作品》。

J0011300
画八哥 龚继先绘
乌鲁木齐 新疆人民出版社 1987年 [12]页 26cm（16开） 定价：CNY0.50
（美术技法系列画谱）
　　作者龚继先(1939—　　)，画家。北京人。毕业于中央美术学院。历任上海人民美术出版社总编辑、上海中国画院兼职画师、中国美术家协会会员等。代表作品有《指墨瓶花图》等。

J0011301
画猴 李燕绘
乌鲁木齐 新疆人民出版社 1987年 [18]页 26cm（16开） 定价：CNY0.80
（美术技法系列画谱）

J0011302
画虎 李秩仁绘
乌鲁木齐 新疆人民出版社 1987年 16页 26cm（16开） 统一书号：8098.260
定价：CNY0.80
（美术技法系列画谱）

J0011303
画虎技法资料 顾青蛟，袁清霓编绘
上海 书画出版社 1987年 76页 19cm（32开）
ISBN：7-8051-2460-4 定价：CNY0.65
（大世界画库 实用美术编）

J0011304
画鹿 陈雄立绘
乌鲁木齐 新疆人民出版社 1987年
26cm（16开） 定价：CNY0.80
（美术技法系列画谱）
　　作者陈雄立(1939—　　)，画家。生于北京。为李苦禅大师入室弟子。曾在中央民族学院艺术系任教，中国美术家协会会员。著作有《画鹿技法》《画鹿》《陈雄立画集》《雄立新作选》等。

J0011305
画马技法资料 莫静坡绘
上海 书画出版社 1987年 60页 19cm（32开）
定价：CNY0.46
（大世界画库 实用美术编）

J0011306
画熊猫技法资料 张锦标编绘
上海 上海书画出版社 1987年 84页 有图 19cm（32开） ISBN：7-80512-075-7
定价：CNY1.40
（大世界画库 实用美术编）
　　作者张锦标(1935—　　)，编审。浙江嵊州市人。毕业于浙江美术学院中国画系。历任上海书画出版社编辑、副编审。代表作品有《熊猫宴》《宠爱》《迎千年曙光》《任伯年群仙祝寿图》，著

作有《怎样画大熊猫》。

J0011307
画熊猫技法资料　张锦标编绘
上海　上海书画出版社　1987年　19cm（32开）
（大世界画库　实用美术编）

J0011308
画熊猫技法资料　张锦标编绘
上海　书画出版社　1987年　84页　19cm（32开）
ISBN：7-80512-075-7　定价：CNY1.40
（大世界画库·实用美术编）

J0011309
今奇画猫　曹今奇著
北京　北京燕山出版社　1987年　47页
定价：CNY1.95

J0011310
李棣生山水画选　李棣生绘画
北京　北京燕山出版社　1987年　52页　21cm（32开）
ISBN：7-54020-073-1
（燕山国画丛书）

J0011311
怎样画丹顶鹤　上海书画出版社编
上海　上海书画出版社　1987年　24页　19cm（32开）
定价：CNY0.85
（中国画技法入门丛书）

J0011312
怎样画鹅　陈谷长编绘
上海　上海书画出版社　1987年　32页　19cm（32开）
统一书号：8172.1921　定价：CNY1.10
（中国画技法入门丛书）

J0011313
怎样画鸡　（一）钱行健编绘
上海　上海书画出版社　1987年　36页　19cm（32开）
ISBN：7-80512-070-6　定价：CNY1.10
（中国画技法入门丛书）
　　作者钱行健（1935—2010），国画家。江苏无锡人。擅长中国画，专习山水、花鸟，兼文学及诗词，后致力于中国绘画理论的研究。曾任上海外国语大学艺术教研室主任、副教授，上海海外

联谊会联谊书画社副社长、海墨画社社长、上海书画研究院理事等。代表作品有《碧浪》《幽涧听泉》《江月幽禽》等。

J0011314
怎样画鸡　（二）钱行健编绘
上海　上海书画出版社　1987年　36页　18cm（28开）
ISBN：7-80512-136-2　定价：CNY1.10
（中国画技法入门丛书）

J0011315
怎样画鸡　杨正新编绘
上海　上海书画出版社　1987年　24页　19cm（32开）
ISBN：7-80512-152-4　定价：CNY0.85
（中国画技法入门丛书）
　　作者杨正新（1942—　　），画家。号野鹤。上海人。毕业于上海美术专科学校中国画系。上海中国画院创作研究员、国家一级美术师、中国美术家协会会员、上海美术家协会常务理事。出版有《杨正新画集》等。

J0011316
怎样画鸡·雏鸡　钱行健著
香港　明天出版社　1988年　104页　有图
21cm（32开）　ISBN：962-277-028-2
定价：HKD36.00
（中国画技法入门丛书6）
　　本书由明天出版社和上海书画出版社联合出版。

J0011317
怎样画鸡·雏鸡　钱行健著
上海　上海书画出版社　1989年　104页
20cm（32开）　ISBN：7-80512-386-1
定价：CNY5.40
（中国画技法入门丛书6）
　　本书由上海书画出版社和明天出版社联合出版。作者钱行健（1935—　　），上海外国语学院艺术教研室主任。

J0011318
怎样画金鱼　凌虚画
济南　山东美术出版社　1987年　12页　26cm（16开）
ISBN：7-5330-0079-X　定价：CNY1.80
（老年人美术自学丛书）

J0011319
怎样画马　颜梅华著
上海 上海书画出版社 1987年 36页 有图
19cm（32开）统一书号：8172.1922
定价：CNY1.10
（中国画技法入门丛书）
　　作者颜梅华（1927— ），国画家。号雪庵，斋号琴斋。浙江乐清人。代表作品有《比目鱼》《白秋练》《白蛇传》《风云初记》等。

J0011320
怎样画马·牛　颜梅华，汪观清著
香港 明天出版社 1987年 84页 有图
21cm（32开）ISBN：962-277-032-0
定价：HKD30.00
（中国画技法入门丛书 5）
　　本书由明天出版社和上海书画出版社联合出版。

J0011321
怎样画马·牛　颜梅华，汪观清著
上海 上海书画出版社 1989年 84页 20cm（32开）
ISBN：7-80512-388-8 定价：CNY5.40
（中国画技法入门丛书 5）

J0011322
怎样画马·牛　颜梅华，汪观清著
上海 上海书画出版社 1991年 84页 20cm（32开）
ISBN：7-80512-388-8
（中国画技法入门丛书 5）

J0011323
怎样画猫　陈增胜著
济南 山东美术出版社 1987年 96页 有插图
19cm（32开）ISBN：7-5330-0059-5
定价：CNY1.60
　　作者陈增胜（1941— ），山东招远县人。曾先后深造于天津美术学院、北京画院。山东省美术家协会会员、山东省书画艺术促进会理事、威海海洋画院画师。主要著作有《怎样画猫》《陈增胜猫画选》《百猫谱》等。

J0011324
怎样画牛　汪观清编绘
上海 上海书画出版社 1987年 36页 有图
19cm（32开）ISBN：7-80512-058-7
定价：CNY1.10
（中国画技法入门丛书）
　　作者汪观清（1931— ），艺术家。号耕莘堂主。安徽歙县人。历任上海人民美术出版社副编审、中国美术家协会会员、上海市美术家协会理事。出版有《汪观清画集》《怎样画牛》《名家教画》等。

J0011325
怎样画鸭　杨正新编绘
上海 上海书画出版社 1987年 24页 18cm（15开）
ISBN：7-80512-152-4 定价：CNY0.85
（中国画技法入门丛书）

J0011326
怎样画鸭·鹅·鸳鸯　杨正新等著
香港 明天出版社 1988年 85页 有图
21cm（32开）ISBN：962-277-044-4
（中国画技法入门丛书 10）
　　本书由明天出版社和上海书画出版社联合出版。

J0011327
怎样画鸭·鹅·鸳鸯　杨正新等著
上海 上海书画出版社 1997年 85页 21cm（32开）
ISBN：7-80635-106-X 定价：CNY14.50
（中国画技法入门丛书 18）
　　作者杨正新（1942— ），画家。号野鹤。上海人。毕业于上海美术专科学校中国画系。上海中国画院创作研究员、国家一级美术师、中国美术家协会会员、上海美术家协会常务理事。出版有《杨正新画集》等。

J0011328
怎样画鹰·鹤·孔雀　钱行健，张渊著
香港 明天出版社 1987年 68页 有图
21cm（32开）ISBN：962-277-014-2
定价：HKD30.00
（中国画技法入门丛书 1）
　　作者钱行健（1935—2010），国画家。江苏无锡人。擅长中国画，专习山水、花鸟，兼文学及诗词，后致力于中国绘画理论的研究。曾任上海外国语大学艺术教研室主任、副教授，上海海外联谊会联谊书画社副社长、海墨画社社长、上海

书画研究院理事等。代表作品有《碧浪》《幽涧听泉》《江月幽禽》等。作者张渊(1943—)，女，画家。上海交通大学人文学院艺术系教授，上海市政协委员。编著有《从自然到创作——中国花鸟画技法》。

J0011329

怎样画鹰·鹤·孔雀　钱行健，张渊著
上海 上海书画出版社 1989年 68页 20cm(32开)
ISBN：7-80512-383-7 定价：CNY4.90
(中国画技法入门丛书 1)

J0011330

画虎艺术　彭友善编
南昌 江西人民出版社 1988年 62页 有照片
26cm(16开) ISBN：7-210-00138-7
定价：CNY7.20
　　本书包括：中国的画虎艺术、虎的一般常识、画虎的基本知识、中国传统画虎技法、虎的具体画法、画虎的经验体会。

J0011331

画虎艺术　彭友善著
南昌 江西美术出版社 1992年 重印本 62页
有照片 26cm(16开) ISBN：7-80580-035-9
定价：CNY8.00

J0011332

画虎艺术　彭友善著
南昌 江西美术出版社 1998年 2版 62页
26cm(16开) ISBN：7-80580-528-8
定价：CNY17.00

J0011333

画猫　王安庭，王阁编绘
天津 天津杨柳青画社 1988年 126页
20cm(32开) ISBN：7-80503-049-9
定价：CNY5.45

J0011334

娄师白画鸭　娄师白绘；湖南美术出版社编
长沙 湖南美术出版社 1988年 35页 有照片
24cm(27开) ISBN：7-5356-0114-6
定价：CNY2.60
(著名国画家专题技法丛书)

作者娄师白(1918—2010)，著名国画家。原名娄绍怀，曾用名娄少怀，字亦鸣，斋号老安馆。生于北京，祖籍湖南浏阳。毕业于辅仁大学美术系。历任中国美协会员，中国画研究会理事、副会长，中国国际书画艺术研究院研究员、燕京书画社顾问、中国书画函授大学名誉教授等。代表作品《春暖人间》《雏鸭》《漓江帆影》《长白积雪》等。

J0011335

怎样画八哥　李波绘；秋禾文
济南 山东美术出版社 1988年 14页 26cm(16开)
ISBN：7-5330-0145-1 定价：CNY1.65
(美术自学丛书)

J0011336

怎样画虎　袁熙坤编著
福州 福建美术出版社 1988年 54页 20cm(24开)
ISBN：7-5393-0030-2 定价：CNY3.60

J0011337

怎样画虎　施伯云编绘
上海 上海书画出版社 1988年 36页 19cm(32开)
ISBN：7-80512-151-6 定价：CNY1.30
(中国画技法入门丛书)

J0011338

怎样画鸡　尹延新编绘
济南 山东美术出版社 1988年 16页 26cm(16开)
ISBN：7-5330-0098-6 定价：CNY1.65
(美术自学丛书)
　　作者尹延新(1941—)，画家。号舜耕山翁。山东济南人。济南画院副院长、济南市美协副主席、国家一级美术师、中国美术家协会会员、山东国画研究院副院长。代表作品《中国写意画鸟谱》《怎样画牡丹》《名画心得——画牡丹》等。

J0011339

怎样画鹿　翁祖团编绘
上海 上海书画出版社 1988年 36页 19cm(32开)
ISBN：7-80512-177-X 定价：CNY1.10
(中国画技法入门丛书)

J0011340

怎样画虾蟹　蒋汉中，钟伟若编绘

上海 上海书画出版社 1988 年 36 页 19cm（32 开）
ISBN：7-80512-319-5 定价：CNY1.80
（中国画技法入门丛书）

J0011341
怎样画仙鹤　阎学曾编绘
济南 山东美术出版社 1988 年 16 页 26cm（16 开）
ISBN：7-5330-0124-9 定价：CNY1.80
（美术自学丛书）

J0011342
怎样画小鸡　尹延新著
济南 山东美术出版社 1988 年 12 页 26cm（16 开）
ISBN：7-5330-0136-2 定价：CNY1.60
（美术自学丛书）

J0011343
怎样画鹰　孔端甫著
济南 山东美术出版社 1988 年 34 页 有图版
26cm（16 开）ISBN：7-5330-0099-4
定价：CNY1.40
（美术自学丛书）

J0011344
走兽画技法　柴祖舜编著
北京 宝文堂书店 1988 年 78 页 有附图
26cm（16 开）ISBN：7-80030-034-X
定价：CNY5.60
　　作者柴祖舜（1935— ），国家一级美术师。
浙江杭州人。毕业于上海华东艺术专科学校。
历任上海戏剧学院舞台美术系副教授、上海美术
家协会会员、世界书画家协会绘画理论研究部常
务理事。油画作品有《毛主席1919年在上海》《周
总理在上钢》《刘伯承将军》《孙中山》等，著作
有《怎样画素描头像》《走兽画技法》等。

J0011345
百虎图与画法　张光莹编著
广州 岭南美术出版社 1989 年 25cm（15 开）
折装 ISBN：7-5362-0334-9 定价：CNY3.95
　　作者张光莹（1939— ），画家。生于重庆大
足县。历任永川书画院副院长、中国美协四川分
会会员。画集《百虎图》《张光莹虎作精品选集》
《重庆野生动物世界》《珍稀动物集锦》等，专著
有《老虎画法》。

J0011346
国画观赏鱼入门　岑荣光著
香港 万里书店 1989 年 113 页 21cm（32 开）
ISBN：962-14-0396-0 定价：HKD38.00
（新美术丛书 15）
　　外文书名：The Chinese Painting of Fishes.

J0011347
海水鱼·热带鱼　林湖奎绘著
台北 艺术图书公司 1989 年 111 页 有图
30cm（15 开）定价：TWD380.00
（画好国画 14）
　　中国动物画技法。外文书名：Drawing Sea
Fish & Tropical Fish.

J0011348
金鱼·锦鲤　林湖奎绘著
台北 艺术图书公司 1989 年 2 版 109 页 有图
30cm（10 开）定价：TWD380.00
（画好国画 1）
　　中国动物画技法。外文书名：Drawing Goldfish
&Golden Carps.

J0011349
仙鹤画法　温鸿源，高尚德编绘
西安 陕西人民美术出版社 1989 年 186 页
有附图 19cm（32 开）定价：CNY2.75

J0011350
怎样画大熊猫　张锦标编绘
上海 上海书画出版社 1989 年 36 页 19cm（32 开）
ISBN：7-80512-259-8 定价：CNY1.80
（中国画技法入门丛书）
　　作者张锦标（1935— ），编审。浙江嵊州市
人。毕业于浙江美术学院中国画系。历任上海
书画出版社编辑、副编审。代表作品有《熊猫宴》
《宠爱》《迎千年曙光》《任伯年群仙祝寿图》，著
作有《怎样画大熊猫》。

J0011351
怎样画狗　顾青蛟编绘
上海 上海书画出版社 1989 年 36 页 19cm（32 开）
ISBN：7-80512-269-5 定价：CNY1.80
（中国画技法入门丛书）

J0011352

怎样画龟·蛙　钟伟若,蒋汉中编绘
上海 上海书画出版社 1989年 36页 19cm(32开)
ISBN:7-80512-325-X 定价:CNY3.20
(中国画技法入门丛书)

J0011353

怎样画鱼鹰　徐德森编绘
上海 上海书画出版社 1989年 24页 19cm(32开)
ISBN:7-80512-354-3 定价:CNY2.30
(中国画技法入门丛书)

J0011354

奔马扬蹄　陈永锵绘著
台北 艺术图书公司 1990年 80页 有图
30cm(15开) ISBN:957-9045-13-5
定价:TWD280.00
　　作者陈永锵(1948—),画家。生于广州,
祖籍广东南海西樵。毕业于广州美术学院国画
系研究生班。历任广州市文化局副局长兼广州
画院院长、广东美术家协会副主席、中国国家画
院研究员、岭南画派纪念馆名誉馆长等。作品有
《南天开阔好纵横》《南粤雄风》《岭南花》《雄姿
英发》。

J0011355

草虫画法　杨文仁编绘
济南 山东美术出版社 1990年 13页 26cm(16开)
ISBN:7-5330-0268-7 定价:CNY2.30
(美术技法丛书)
　　作者杨文仁(1941—),画家。生于山东
青岛。山东师范学院艺术系中国画专业毕业。
泰安师范美术教师、山东省艺术馆美术干部、
山东师范大学美术系教师、山东省美术馆一级
美术师、山东省美术家协会副主席。出版有《杨
文仁花鸟画集》《杨文仁国画精品集》《荷花画
法》等。

J0011356

儿童彩墨画　王子健编绘
上海 上海书画出版社 1990年 46页 19cm(32开)
ISBN:7-80512-418-3 定价:CNY1.85
(大世界画库 儿童美术编)

J0011357

儿童创作画　秦连生编绘
上海 上海书画出版社 1990年 19cm(小32开)
(大世界画库 儿童美术编)
　　作者秦连生(1937—),教师。上海人。历
任上海青少年艺术学校副校长、上海美育学会常
务理事。著作有《儿童写生画入门》《儿童彩色
写生画》《儿童创作画》《读读画画》等。

J0011358

工笔草虫画法　孔端甫著
济南 山东美术出版社 1990年 66页 26cm(16开)
ISBN:7-5330-0228-8 定价:CNY4.00
(美术技法丛书)

J0011359

画马　许勇,白素芸绘著
台北 艺术图书公司 1990年 112页 有图
31cm(15开) ISBN:957-9045-07-0
定价:TWD380.00
(画好国画 16)

J0011360

画猫·虎　施伯云绘著
台北 艺术图书公司 1990年 126页 有图
30cm(15开) ISBN:957-9045-12-7
定价:TWD380.00
(画好国画 21)

J0011361

鸣禽画法　钱行健绘著
台北 艺术图书公司 1990年 111页 有图
30cm(10开) ISBN:957-9045-27-5
定价:TWD380.00
(画好国画 23)
　　作者钱行健(1935—2010),国画家。江苏无
锡人。擅长中国画,专习山水、花鸟,兼文学及
诗词,后致力于中国绘画理论的研究。曾任上海
外国语大学艺术教研室主任、副教授,上海海外
联谊会会联谊书画社副社长、海墨画社社长、上海
书画研究院理事等。代表作品有《碧浪》《幽涧
听泉》《江月幽禽》等。

J0011362

齐白石画虾　徐中敏,娄师白编著

长沙 湖南美术出版社 1990 年 55 页 有照片
26cm（16 开） ISBN：7-5356-0404-8
定价：CNY4.90
（著名国画家专题技法）

J0011363
涉禽画法　钱行健绘著
台北 艺术图书公司 1990 年 109 页 有图
30cm（15 开） ISBN：957-9045-03-8
定价：TWD380.00
（画好国画 19）

J0011364
鹰与翠鸟画法　张鹤云编绘
济南 山东美术出版社 1990 年 12 页
27cm（大 16 开） 定价：CNY3.60
（美术技法丛书）

J0011365
游禽画法　钱行健绘著
台北 艺术图书公司 1990 年 109页 30cm（10开）
ISBN：957-9045-11-9 定价：TWD380.00
（画好国画 20）

J0011366
怎样画鸡　（小鸡画法）郭利杰编绘
西安 陕西人民教育出版社 1990 年 有彩照
26cm（16 开） ISBN：7-5419-1693-5
定价：CNY2.50
（中国画自学丛书）
　　作者郭利杰，画家。河南武陟人。历任中国
美术家协会陕西分会会员、于右任书法学会西安
西郊分会会长。出版画集有《怎样画鸡》《郭利
杰画鸡作品精选》《郭利杰的花鸟世界》等。

J0011367
走兽画法　李奇茂绘著
台北 艺术图书公司 1990 年 141 页 有图
30cm（10 开） ISBN：957-9045-25-9
定价：TWD380.00
（画好国画 4）

J0011368
《百牛图》兼谈画牛技法　刘启端绘
广州 岭南美术出版社 1991 年 10 张 19×26cm

散页 ISBN：7-5362-0599-6 定价：CNY3.50
　　作者刘启端（1938—　 ），画家。广东潮阳
人。岭南美术出版社副编审、广东省出版工作者
协会装帧艺术委员会会员。出版有连环画《鲁迅
传》《彭湃》《叶挺》《黄兴》《寸土不让》等，国
画《百牛图》《百马图》《刘启端画选》《刘启端画
集》等。

J0011369
百虎谱　邢立宏等绘
天津 天津人民美术出版社 1991 年 112 页
26cm（16 开） ISBN：7-5305-0276-X
定价：CNY6.30

J0011370
初学画虎　卢德辉，孙克维绘
天津 天津杨柳青画社 1991 年 88 页 13×19cm
ISBN：7-80503-139-8 定价：CNY2.50

J0011371
工笔水墨走兽画法　单文质著
北京 北京工艺美术出版社 1991 年 23cm（27 开）
ISBN：7-80526-049-4 定价：CNY3.00
　　本书从鸟兽画的历史发展，到苏楚白先生走
兽画的技法布景、题款及工具材料的使用均有详
细介绍。

J0011372
翎毛画入门　喻仲林绘著；陈琼花撰文
台北 艺术图书公司 1991 年 171 页 有图
30cm（10 开） 定价：TWD480.00
（画好国画 8）

J0011373
猫头鹰、猫的画法　郭志光编绘
济南 山东美术出版社 1991 年 21 页 有照片
26cm（16 开） ISBN：7-5330-0397-7
定价：CNY4.80
　　作者郭志光（1942—　 ），国画家。又名之光，
字玄明。山东潍坊人。毕业于浙江美术学院中
国画系花鸟专业。中国美术家协会会员、山东工
艺美术学院国画研究院院长、山东省美术家协会
名誉主席。代表作有《松鹰图》《瑞雪》《雄无可
争》《细雨》等。

J0011374
禽鸟画法　贾宝珉绘著
台北　艺术图书公司　1991年　207页　有图
31cm（10开）定价：TWD600.00

　　作者贾宝珉（1941—　），天津人。毕业于河北艺术师范学院中国画专业。天津美术学院中国画系教授、中国美术家协会会员、天津美术家协会理事。代表作品《秋获》《雄鹰》。

J0011375
鹰的画法　史如源著
天津　天津杨柳青画社　1991年　66页　有彩图
19×21cm　ISBN：7-80503-152-5　定价：CNY6.00
（中国画技法丛书）

　　本书内容包括概述、鹰的形体结构、写生、速写与默写、构图、鹰画法等。

J0011376
鹰鹫的画法　郭志光编绘
济南　山东美术出版社　1991年　20页　有照片
26cm（16开）ISBN：7-5330-0396-9

定价：CNY4.80

J0011377
怎样画虎　段忻然编著
石家庄　河北美术出版社　1991年　59页
26cm（16开）ISBN：7-5310-0425-9
定价：CNY2.80
（中国画自学丛书）

　　本书介绍了虎的习性、虎的种类和在中国人民群众中虎的象征，然后分部位讲解虎的画法。讲解了虎的骨骼结构，并附有虎的各种动态速写图。

J0011378
怎样画虎·豹　施伯云，顾青蛟著
香港　明天出版社　1991年　84页　有图
21cm（32开）ISBN：962-277-109-2
定价：HKD42.00
（中国画技法入门丛书 16）

　　本书由香港明天出版社和上海书画出版社联合出版。

J0011379
怎样画虎·豹　施伯云，顾青蛟著
上海　上海书画出版社　1996年　84页　21cm（32开）
ISBN：7-80635-013-6　定价：CNY14.50
（中国画技法入门丛书 16）

J0011380
怎样画猫·狗　施伯云，顾青蛟著
香港　明天出版社　1991年　76页　有图
21cm（32开）ISBN：962-277-122-X
定价：HKD42.00
（中国画技法入门丛书 18）

　　本书由明天出版社和上海书画出版社联合出版。

J0011381
怎样画猫·狗　施伯云，顾青蛟著
上海　上海书画出版社　1996年　76页　21cm（32开）
ISBN：7-80635-015-2　定价：CNY13.50
（中国画技法入门丛书 10）

J0011382
怎样画小动物　米春茂编著
石家庄　河北美术出版社　1991年　有图
26cm（16开）ISBN：7-5310-0442-9
定价：CNY3.50
（中国画自学丛书）

　　本书包括小动物的特征与习性、小动物写生、小动物的画法和小动物画补景4个部分。57幅图。作者米春茂（1938—　），一级美术师。生于河北省霸州。沧州市文联专业画家、中国美术家协会会员、美协河北分会会员、河北省工艺美术学会常务理事、沧州市美协理事长。代表作品有《米春茂画集》《中国画自学丛书——怎样画小动物》。

J0011383
怎样画羊　王孟龙著
上海　上海书画出版社　1991年　24页　19cm（24开）
ISBN：7-80512-495-7　定价：CNY1.10
（中国画技法入门丛书）

J0011384
画牛技法资料　郑绍敏编绘
上海　上海书画出版社　1992年　124页

19cm（小 32 开）ISBN：7-80512-628-3
定价：CNY4.30
（大世界画库 实用美术编）

　　本书收集了牛的各种动态图近百幅，包括结构·形体·动态特征、技法要领、百牛图谱 3 部分。

J0011385
鸡的画法　贾宝珉著
天津 天津杨柳青画社 1992 年 60 页 19×21cm
ISBN：7-80503-153-3 定价：CNY6.50
（中国画技法丛书）

J0011386
齐白石画虾画蟹　齐白石画
杭州 西泠印社 1992 年 54 页 36cm（9 开）
ISBN：7-80517-091-6 定价：CNY9.80
（名家技法画谱）

J0011387
小写意画猫技法　（刘方亭示例）刘方亭编绘
北京 中国经济出版社 1992 年 重印本
26cm（16 开）ISBN：7-5017-0289-6
定价：CNY9.50

J0011388
庞希泉百猫图技法与作品赏析　庞希泉著
北京 中国华侨出版社 1993 年 68 页 26cm（16开）
ISBN：7-80074-655-0 定价：CNY12.80

　　作者庞希泉（1941—　），美术编辑。山东潍坊人。毕业于中央工艺美术学院装饰绘画系。山东潍坊市第二印染厂美术设计、北京报社美术编辑、中国美术家协会会员、北京美术家协会会员。出版有《庞希泉中国画》《希泉画猫精品》《庞希泉中国画作品集》等。

J0011389
水墨动物画技法　王同仁编著
北京 人民美术出版社 1993 年 118 页 有彩图
26cm（16 开）ISBN：7-102-01167-9
定价：CNY8.50

　　本书结合作品，介绍了水墨动物画技法、创作等知识。作者王同仁（1937—　），教授、画家。甘肃兰州人。毕业于中央美术学院。中央美术学院教授、中国美术家协会、中国书法家协会会员、炎黄艺术馆艺委会原副主任、北京国际艺术

博览会基金会理事等。出版《王同仁作品集》《中国画大家——王同仁》《王同仁速写》等。

J0011390
怎样画八哥　马志丰著
石家庄 河北美术出版社 1993 年 有图
26cm（16 开）ISBN：7-5310-0530-1
定价：CNY3.50
（中国画自学丛书）

J0011391
怎样画八哥　马志丰著
石家庄 河北美术出版社 1995 年 重印本
有图 26cm（16 开）ISBN：7-5310-0530-1
定价：CNY5.90
（中国画自学丛书）

J0011392
怎样画虎　顾青蛟著
南京 江苏美术出版社 1993 年 28 页 有彩图
26cm（16 开）ISBN：7-5344-0323-5
定价：CNY3.50
（美术爱好者之友）

J0011393
怎样画黄鹂·鹡鸰　何方华绘著
北京 中国文联出版公司 1993 年 11 页
26cm（16 开）ISBN：7-5059-1768-4
定价：CNY2.60
（自学美术丛书 19）

　　作者何方华（1918—2002），教授。别名何芳华。山东菏泽人。四川美术学院教授、中国美术家协会会员。作品有《菜花双鸡》《田野春光》《金秋》《茶花》等，出版有《墨竹画法》《墨兰画法》《怎样画鸡》等。

J0011394
怎样画鸡　张继馨著
南京 江苏美术出版社 1993 年 32 页 26cm（16 开）
ISBN：7-5344-0322-7 定价：CNY3.70
（美术爱好者之友）

　　作者张继馨（1926—　），花鸟画名家、美术教育家。又名馨子。江苏武进人。中央文史研究馆书画院研究员、江苏省文史研究馆馆员、中国美术家协会会员、江苏省花鸟画研究会顾问、

苏州市职业大学艺术学院教授。作品有《草虫画谱》《鸟类画谱》等，著有《画事一得》《笔上参禅》《馨子砚语》《颠倒葫芦》。

J0011395

怎样画鸡　何方华绘著
北京　中国文联出版公司 1993 年 12 页
26cm（16 开）ISBN：7-5059-1767-6
定价：CNY2.60
（自学美术丛书 18）

J0011396

怎样画虾　张继馨著
南京　江苏美术出版社 1993 年 32 页 有彩图
26cm（16 开）ISBN：7-5344-0321-9
定价：CNY2.90
（美术爱好者之友）

J0011397

怎样画蟹　张继馨著
南京　江苏美术出版社 1993 年 36 页 有彩图
26cm（16 开）ISBN：7-5344-0320-0
定价：CNY3.70
（美术爱好者之友）

J0011398

怎样画蟹　张继馨著
南京　江苏美术出版社 1997 年 重印本 36 页
有彩图 26cm（16 开）ISBN：7-5344-0320-0
定价：CNY4.90
（美术爱好者之友）

J0011399

怎样画鸭　张继馨著
南京　江苏美术出版社 1993 年 36页 26cm（16 开）
ISBN：7-5344-0337-5 定价：CNY3.95
（美术爱好者之友）

J0011400

怎样画鸭　张继馨著
南京　江苏美术出版社 1994 年 重印本 36 页
26cm（16 开）ISBN：7-5344-0337-5
定价：CNY4.30
（美术爱好者之友）

J0011401

中国动物画技法大全　（走兽卷）刘阳编著
北京　中国旅游出版社 1993 年 170 页 有彩图
21cm（24 开）ISBN：7-5032-0529-6
定价：CNY12.00
　　作者刘阳（1963—　　），满族，笔名三者，北京人。曾于中央美术学院、中国社会科学院研究生院学习。专著有《刘阳画集》《刘阳诗集》《中国动物画技法大全》《中国现代书印学史》《刘阳艺术论》等。

J0011402

怎样画丹顶鹤　金家翔著
合肥　安徽美术出版社 1994 年 26cm（16 开）
ISBN：7-5398-0277-4 定价：CNY8.00

J0011403

怎样画猴　徐培晨著
南京　江苏美术出版社 1994 年 32页 26cm（16 开）
ISBN：7-5344-0379-0 定价：CNY3.70
（美术爱好者之友）

J0011404

怎样画金鱼　李松柴著
合肥　安徽美术出版社 1994 年 26cm（16 开）
ISBN：7-5398-0315-0 定价：CNY9.80
　　作者李松柴（1933—2007），教授。生于湖北武汉市。毕业于中央工艺美术学院陶瓷美术系。中国美术学院教授。

J0011405

怎样画鹿　张辛国著
石家庄　河北美术出版社 1994 年 31 页
26cm（16 开）ISBN：7-5310-0639-1
定价：CNY5.90
（中国画自学丛书）

J0011406

怎样画马　范扬著
南京　江苏美术出版社 1994 年 32页 26cm（16 开）
ISBN：7-5344-0376-6 定价：CNY3.60
（美术爱好者之友）
　　作者范扬（1955—　　），画家。生于香港，祖籍江苏南通。毕业于南京师范大学美术系。历任南京师范大学美术学院院长、教授、博士生导师，中国国家画院国画院副院长、兼任南京书画院院长、中国艺术研究院中国画院研究员。邮票作品有《太湖》《周恩来同志诞生100周年》《普陀秀色》。

J0011407

怎样画猫　顾青蛟著

南京 江苏美术出版社 1994年 40页 26cm(16开)

ISBN：7-5344-0373-1 定价：CNY4.30

(美术爱好者之友)

J0011408

怎样画牛　潘坚，臧旭晖著

南京 江苏美术出版社 1994年 40页 26cm(16开)

ISBN：7-5344-0374-X 定价：CNY4.30

(美术爱好者之友)

J0011409

怎样画鹰　贾宝珉编著

石家庄 河北美术出版社 1994年 30页

26cm(16开) ISBN：7-5310-0590-5

定价：CNY5.90

(中国画自学丛书)

　　作者贾宝珉(1941—)，天津人。毕业于河北艺术师范学院中国画专业。天津美术学院中国画系教授、中国美术家协会会员、天津美术家协会理事。代表作品《秋获》《雄鹰》。

J0011410

怎样画鱼　张继馨著

南京 江苏美术出版社 1994年 40页 26cm(16开)

ISBN：7-5344-0378-2 定价：CNY4.70

(美术爱好者之友)

J0011411

怎样画鱼　张继馨著

南京 江苏美术出版社 1997年 重印本 40页

有画 26cm(16开) ISBN：7-5344-0378-2

定价：CNY5.70

(美术爱好者之友)

　　作者张继馨(1926—)，花鸟画名家、美术教育家。又名馨子。江苏武进人。中央文史研究馆书画院研究员、江苏省文史研究馆馆员、中国美术家协会会员、江苏省花鸟画研究会顾问、苏州市职业大学艺术学院教授。作品有《草虫画谱》《鸟类画谱》等，著有《画事一得》《笔上参禅》《馨子砚语》《颠倒葫芦》。

J0011412

珍禽画法　杨鄂西绘著

台北 艺术图书公司 1994年 96页 30cm(10开)

ISBN：957-672-156-3 定价：TWD480.00

(画好国画 37)

J0011413

画鱼　王雪蕉编绘

北京 中国书籍出版社 1995年 47页 有彩照

26cm(16开) ISBN：7-5068-0419-0

定价：CNY20.00

　　作者王雪蕉(1929—)，女，画家。又名王贻鼎。生于江苏吴江。中国美术家协会会员、北京工笔重彩画会及中山书画社会员。书画作品有《鲤鱼鹅鸽鸟》《水中情何逸》《瑶姬献寿图》《飞跃》等。

J0011414

禽鸟八百图锦　徐华铛等编绘

北京 中国轻工业出版社 1995年 238页

26cm(16开) ISBN：7-5019-1729-9

定价：CNY42.00

　　作者徐华铛(1944—)，工艺美术师。生于浙江嵊县。工艺竹编厂研究所、中国民间文艺家协会、中国工艺美术研究会会员。著有《中国竹艺术》《中国的龙》《佛国造像艺术》《中国古塔》等。

J0011415

汪观清画牛　汪观清绘

上海 上海人民美术出版社 [1995年] 26cm(16开)

ISBN：7-5322-1401-X 定价：CNY10.70

(名家教画丛书)

　　作者汪观清(1931—)，艺术家。号耕莘堂主。安徽歙县人。上海人民美术出版社副编审、中国美术家协会会员、上海市美术家协会理事。出版有《汪观清画集》《怎样画牛》《名家教画》等。

J0011416

袁晓岑画孔雀　袁晓岑绘；徐中敏编

长沙 湖南美术出版社 1995年 41页 26cm(16开)

ISBN：7-5356-0799-3 定价：CNY38.00
（著名国画家专题绘画）

作者袁晓岑（1915—2008），雕塑家、画家、教授。贵州普定县人。毕业于云南大学。历任云南文联创作研究部副主任，云南艺术学院系主任、副院长，云南省画院名誉院长。出版有《袁晓岑画辑》等。徐中敏（1940—　），教授。笔名宇石。生于重庆。毕业于四川美院工艺美术系。湖南美术出版社副编审、中国书籍装帧研究会会员等。

J0011417
怎样画大熊猫　王同仁绘著
北京 中国文联出版公司 1995 年 26cm（16 开）
ISBN：7-5059-1608-4 定价：CNY3.80
（自学美术丛书 动物篇 2）

作者王同仁（1937—　），教授、画家。甘肃兰州人。毕业于中央美术学院。中央美术学院教授、中国美术家协会、中国书法家协会会员、炎黄艺术馆艺委会原副主任、北京国际艺术博览会基金会理事等。出版《王同仁作品集》《中国画大家——王同仁》《王同仁速写》等。

J0011418
怎样画鸡·鹰　史如源，刘玉楼著
北京 西苑出版社 1995 年 44 页 26cm（16 开）
ISBN：7-80108-052-1 定价：CNY10.00
（中国画基础技法丛书）

J0011419
怎样画骆驼　王同仁绘著
北京 中国文联出版公司 1995 年 26cm（16 开）
ISBN：7-5059-1610-6 定价：CNY3.80
（自学美术丛书 动物篇 4）

J0011420
怎样画驴　王同仁绘著
北京 中国文联出版公司 1995 年 26cm（16 开）
ISBN：7-5059-1609-2 定价：CNY3.80
（自学美术丛书 动物篇 3）

J0011421
怎样画马　王同仁绘著
北京 中国文联出版公司 1995 年 26cm（16 开）
ISBN：7-5059-1607-6 定价：CNY3.80
（自学美术丛书 动物篇 1）

J0011422
怎样画猫　曹克家编
北京 人民美术出版社 1995 年 2 版 32 页 19cm（小 32 开）ISBN：7-102-01512-7
定价：CNY3.50

作者曹克家（1906—1979），画家。号汝贤。北京人。毕业于上海中华职业学校。曾在轻工业部工艺美术局任职，中国美术家协会会员。作品有《耄耋图》等，著作有《怎样画猫》和《宋瓷纹样》。

J0011423
怎样画毛驴　全太安编著
石家庄 河北美术出版社 1995 年 29 页 26cm（16 开）ISBN：7-5310-0709-6 定价：CNY8.00
（中国画自学丛书）

J0011424
怎样画牛　王同仁绘著
北京 中国文联出版公司 1995 年 26cm（16 开）
ISBN：7-5059-1631-9 定价：CNY3.80
（自学美术丛书 动物篇 7）

J0011425
怎样画天鹅·虎头鹅　王同仁绘著
北京 中国文联出版公司 1995 年 26cm（16 开）
ISBN：7-5059-1630-0 定价：CNY3.80
（自学美术丛书 动物篇 6）

J0011426
怎样画羊　王同仁绘著
北京 中国文联出版公司 1995 年 26cm（16 开）
ISBN：7-5059-1629-7 定价：CNY3.80
（自学美术丛书 动物篇 5）

作者王同仁（1937—　），教授、画家。甘肃兰州人。毕业于中央美术学院。中央美术学院教授，中国美术家协会、中国书法家协会会员、炎黄艺术馆艺委会原副主任、北京国际艺术博览会基金会理事等。出版《王同仁作品集》《中国画大家——王同仁》《王同仁速写》等。

J0011427
百鸟图谱　王和平［绘］

福州　福建美术出版社　1996 年　有彩照
28cm（16 开）　ISBN：7-5393-0381-6
定价：CNY38.00
　　作者王和平（1949—　　），画家。出生于福建福州。中国美术家协会会员、福建省美术家协会理事、福州画院专职画家、高级美术师。出版有《王和平作品集》。

J0011428
半工半写老虎画法　牛德光著
济南　山东美术出版社　1996 年　122 页　有插图
19cm（32 开）　ISBN：7-5330-0060-9
定价：CNY5.50

J0011429
动物画技法入门　蔡育贤编著
上海　上海书店出版社　1996 年　100 页
26cm（16 开）　ISBN：7-80622-096-8
定价：CNY45.00
（美术技法丛书）
　　作者蔡育贤（1953—　　），画家。上海天工职业技术学校美术高级教师、上海黄浦画院画师、上海青少年艺术学校、上海艺术进修学院教授、上海美育学会理事等。著有《蔡育贤画集》《动物画技法入门》《写意走兽画法》《儿童学国画》等。

J0011430
画马　施永成著
苏州　古吴轩出版社　1996 年　30 页　26cm（16 开）
ISBN：7-80574-232-4　定价：CNY10.80
（中国画技法示范）

J0011431
画鱼艺术　曹三长著
福州　福建美术出版社　1996 年　228 页
26cm（16 开）　ISBN：7-5393-0507-X
定价：CNY48.00
　　作者曹三长（1939—　　），教师。江西余干人。浙江美术学院毕业。福州轻工业研究所美术设计师、福建师范大学美术系教授等。作品有《李寄斩蛇》《年年有余》《深山探宝》《风雨鱼不知》等，著作有《画鱼艺术》《装饰人物画基础》《曹三长写意花鸟画》。

J0011432
孔雀的画法　史良黻著
天津　天津杨柳青画社　1996 年　50 页　19×21cm
ISBN：7-80503-267-X　定价：CNY13.00
（中国画技法丛书）

J0011433
猫狗水墨画速成　李承平编著
北京　农村读物出版社　1996 年　41 页　26cm（16 开）
ISBN：7-5048-2692-8　定价：CNY7.00
　　作者李承平（1950—　　），画家、教师。北京人。北京市 184 中学美术教师。代表作品有《大熊猫画谱》《熊猫图》《中国大熊猫画法图谱》等。

J0011434
写意猫技法　杨海滨著
沈阳　辽宁美术出版社　1996 年　88 页　26cm（16 开）
ISBN：7-5314-1621-2　定价：CNY24.00
（国画技法丛书）

J0011435
怎样画鹤　胡嘉梁著
石家庄　河北美术出版社　1996 年　29 页
26cm（16 开）　ISBN：7-5310-0845-9
定价：CNY8.00
（中国画自学丛书）

J0011436
怎样画马　赵贵德著
石家庄　河北美术出版社　1996 年　30 页
26cm（16 开）　ISBN：7-5310-0828-9
定价：CNY7.00
（中国画自学丛书）
　　作者赵贵德（1937—　　），满族、国家一级美术师。生于北京。历任中国美术家协会理事、河北省美术家协会名誉主席。代表作品有《激流》《春潮》《大风歌》《神骏图》等，著有《怎样才能画好速写》。

J0011437
怎样画鹰　顾青蛟著
南京　江苏美术出版社　1996 年　40 页　26cm（16 开）
ISBN：7-5344-0542-4　定价：CNY5.50
（美术爱好者之友）

J0011438
怎样画鱼 张鹤云［绘］
济南 山东美术出版社 1996年 28页 26cm（16开）
ISBN：7-5330-0952-5 定价：CNY8.00
（中国画自学丛书）

J0011439
骏马白描画谱 郑军里著
南宁 广西美术出版社 1997年 87页 26cm（16开）
ISBN：7-80625-375-0 定价：CNY11.00
（白描画谱丛书）

J0011440
虾与蟹 张岳健绘
杭州 中国美术学院出版社 1997年 16页
42cm（8开） ISBN：7-81019-621-9
定价：CNY18.00
（中国花鸟画临本丛书）

J0011441
写意鸡技法 马天骐著
沈阳 辽宁美术出版社 1997年 88页 26cm（16开）
ISBN：7-5314-1774-X 定价：CNY26.00
（国画技法丛书）

J0011442
写意金鱼技法 栾禄璋著
沈阳 辽宁美术出版社 1997年 71页 26cm（16开）
ISBN：7-5314-1813-4 定价：CNY28.00
（国画技法丛书）

J0011443
写意毛驴技法 李宝峰著
沈阳 辽宁美术出版社 1997年 60页 26cm（16开）
ISBN：7-5314-1811-8 定价：CNY19.00
（国画技法丛书）
　　作者李宝峰（1938—2019），国画家、一级美
术师。辽宁抚顺市人。就读于鲁迅美术学院附中。
历任甘肃画院副院长、甘肃美协副主席、中国美
术家协会会员。代表作品有《李宝峰草原风情录》
《李宝峰画集》等。

J0011444
雄鹰白描画谱 梁启德［绘］
南宁 广西美术出版社 1997年 82页 26cm（16开）

ISBN：7-80625-194-4 定价：CNY11.00
（白描画谱丛书）

J0011445
怎样画鹤 施永成编
南京 江苏美术出版社 1997年 32页 26cm（16开）
ISBN：7-5344-0707-9 定价：CNY4.40
（美术爱好者之友）

J0011446
怎样画鸡 李建章编著
石家庄 河北美术出版社 1997年 30页
26cm（16开） ISBN：7-5310-0886-6
定价：CNY6.90
（中国画自学丛书）

J0011447
怎样画鸡 张继馨著
南京 江苏美术出版社 1997年 重印本 32页
26cm（16开） ISBN：7-5344-0322-7
定价：CNY5.00
（美术爱好者之友）

J0011448
怎样画孔雀 马志丰编著
石家庄 河北美术出版社 1997年 29页
26cm（16开） ISBN：7-5310-0996-X
定价：CNY6.90
（中国画自学丛书）

J0011449
怎样画翎毛 李勤，徐士钦编著
石家庄 河北美术出版社 1997年 重印本
30页 26cm（16开） ISBN：7-5310-0687-1
定价：CNY6.90
（中国画自学丛书）

J0011450
怎样画鹿 施永成编
南京 江苏美术出版社 1997年 32页 26cm（16开）
ISBN：7-5344-0708-7 定价：CNY4.40
（美术爱好者之友）

J0011451
怎样画猫 顾青蛟著

南京 江苏美术出版社 1997年 重印本 40页
26cm（16开）ISBN：7-5344-0373-1
定价：CNY5.30
（美术爱好者之友）

J0011452
百鹤图谱　关荫沛绘；岭南美术出版社编
广州 岭南美术出版社 1998年 92页 26cm（16开）
ISBN：7-5362-1562-2 定价：CNY16.00
（动物百图丛书）

J0011453
百兽画谱　顾青蛟著
南京 江苏美术出版社 1998年 204页
26cm（16开）ISBN：7-5344-0880-6
定价：CNY44.00

J0011454
动物画技法基础入门　朱冰泉等编绘
北京 中国画报出版社 1998年 44页 26cm（16开）
ISBN：7-80024-490-3 定价：CNY14.00

J0011455
儿童美术动物画技法　刘阳编绘
北京 海豚出版社 1998年 70页 26cm（16开）
ISBN：7-80138-046-0 定价：CNY10.00

J0011456
儿童美术禽鸟画技法　刘阳编绘
北京 海豚出版社 1998年 87页 26cm（16开）
ISBN：7-80138-045-2 定价：CNY12.00
　　作者刘阳（1963—　），满族，笔名三者，北
京人。曾于中央美术学院、中国社会科学院研究
生院学习。专著有《刘阳画集》《刘阳诗集》《中
国动物画技法大全》《中国现代书印学史》《刘阳
艺术论》等。

J0011457
虎啸白描画谱　魏恕著
南宁 广西美术出版社 1998年 72页 26cm（16开）
ISBN：7-80625-558-3 定价：CNY11.50
（白描画谱丛书）

J0011458
黄胄画驴　黄胄绘；梁穗编著

上海 上海画报出版社 1998年 41页 26cm（16开）
ISBN：7-80530-426-2 定价：CNY20.00
（名家画谱）
　　作者黄胄（1925—1997），画家、社会活动
家、收藏家。字映斋。河北蠡县人。历任总政治
部文化部创作员、中国画研究院副院长、中国美
术家协会常务理事等。代表作品有《洪荒风雪》
《巡逻图》等，出版有《黄胄书画论》《黄胄作品
集》《黄胄谈艺术》等。

J0011459
李秩仁画虎　李秩仁绘
上海 上海人民美术出版社 1998年 30页
26cm（16开）ISBN：7-5322-1862-7
定价：CNY11.50
（名家教画丛书）

J0011460
林曦明画牛　林曦明绘
上海 上海画报出版社 1998年 37页 26cm（16开）
ISBN：7-80530-323-1 定价：CNY20.00
（名家画谱）
　　作者林曦明（1925—　），画家。原名正熙，
号乌牛。浙江永嘉人。上海戏剧学院美术系教
师、上海中国画院一级画师、中国美术家协会
会员、现代书画研究会会长。代表作品有《红
梅时节》《水满鱼肥》《太湖之歌》《漓江雨后》
《故乡》等。

J0011461
水墨画鹿　郑绍敏著
合肥 安徽美术出版社 1998年 62页 26cm（16开）
ISBN：7-5398-0569-2 定价：CNY15.00
（中国画技法丛书）

J0011462
水墨画骆驼　郑绍敏著
合肥 安徽美术出版社 1998年 54页 26cm（16开）
ISBN：7-5398-0568-4 定价：CNY13.50
（中国画技法丛书）

J0011463
水墨画马技法研究　宁曰曾著
西安 陕西人民美术出版社 1998年 122页
26cm（16开）ISBN：7-5368-1006-7

定价：CNY38.00

作者宁曰曾（1935—　　），满族，教授。原名耀曾。毕业于中央美术学院绘画系。西安美术学院教授、中国美术家协会会员、中国书法家协会会员。著作有《写意花鸟画法研究》《水墨山水画法百问》《水墨画马技法研究》等。

J0011464

水墨画鹰　郭永文著
合肥　安徽美术出版社　1998年　68页　26cm（16开）
ISBN：7-5398-0629-X　定价：CNY15.00
（中国画技法丛书）

J0011465

水墨画鹰技法研究　欧阳龙著
南京　江苏美术出版社　1998年　144页
29cm（16开）　ISBN：7-5344-0760-5
定价：CNY28.00
（中国画高级技法研究丛书）

作者欧阳龙（1938—2000），中国书法家、美术家、当代花鸟画家。安徽萧县人。字云涛。毕业于安徽省皖南大学艺术系。徐州国画院院长、中国美术家协会江苏分会会员。代表作品有《鹏程万里图》等。

J0011466

汤文选画虎　汤文选绘
武汉　湖北美术出版社　1998年　22页　28×28cm
ISBN：7-5394-0683-6　定价：CNY18.00
（当代中国画名家丛谱）

J0011467

汤文选画虎　汤文选绘；徐中敏编
长沙　湖南美术出版社　1998年　43页　26cm（16开）
ISBN：7-5356-1050-1　定价：CNY26.80
（著名国画家专题绘画）

J0011468

颜梅华画马·猴　颜梅华绘
上海　上海画报出版社　1998年　37页　26cm（16开）
ISBN：7-80530-322-3　定价：CNY20.00
（名家画谱）

作者颜梅华（1927—　　），国画家。号雪庵，斋号琴斋。浙江乐清人。代表作品有《比目鱼》《白秋练》《白蛇传》《风云初记》等。

J0011469

鱼　叶尚青绘
杭州　中国美术学院出版社　1998年　42cm（8开）
ISBN：7-81019-622-7　定价：CNY18.00
（中国花鸟画临本丛书）

作者叶尚青（1930—　　），书画家、美术教育家、诗人。浙江玉环人。毕业于浙江美术学院。浙江美术学院教授、中国美术家协会会员、西泠印社社员、中国美术学院教授。出版著作《花鸟画基础》《叶尚青书画集》。

J0011470

怎样画虎　葛茂柱著
合肥　安徽美术出版社　1998年　48页　26cm（16开）
ISBN：7-5398-0649-4　定价：CNY12.50

J0011471

怎样画虾蟹　李云德著
济南　山东美术出版社　1998年　28页　26cm（16开）
ISBN：7-5330-1197-X　定价：CNY8.00
（中国画自学丛书）

J0011472

大熊猫画谱　李承平编著
北京　中国和平出版社　1999年　56页　26cm（16开）
ISBN：978-7-80037-677-1　定价：CNY10.00

本书从熊猫的体态、生活习性，画大熊猫的写意画法、工笔画法，配景、章法、创作等方面，讲述了画大熊猫的要诀。书中配有大熊猫的动态、作品、配诗、笔法照片。作者李承平（1950—　　），画家、教师。北京人。北京市184中学美术教师。代表作品有《大熊猫画谱》《熊猫图》《中国大熊猫画法图谱》等。

J0011473

当代工笔、写意画马技法　吴团良著
北京　中国工人出版社　1999年　81页　26cm（16开）
ISBN：7-5008-2221-9　定价：CNY28.50
（中国画自学技法丛书）

作者吴团良（1952—　　），达斡尔族，国家一级美术师。字凯健。内蒙古人。毕业于黑龙江省艺术学校，结业于中央美术学院国画系。中国美术家协会理事、中国美术家协会中国画艺委会委员、中国画学会常务理事、中国当代工笔画学会常务理事、黑龙江省美术家协会主

席。代表作品有《烟乡秋色》《驼峰》《风雪牧马图》等。

J0011474

工笔翎毛技法　唐新一编著
天津　天津人民美术出版社　1999年　91页
26cm（16开）　ISBN：7-5305-0909-8
定价：CNY19.80
（美术基础技法丛书）

J0011475

工笔鹰技法　张策著
沈阳　辽宁美术出版社　1999年　44页　有图
29cm（16开）　ISBN：7-5314-2052-X
定价：CNY25.00

J0011476

简笔热带鱼　邰兆雄著
北京　西苑出版社　1999年　44页　26cm（16开）
ISBN：7-80108-195-1　定价：CNY15.00
（中国画自习丛书）

　　作者邰兆雄，满族，字玄觞。北京崇文书画
会理事、北京美术家协会会员。

J0011477

历代名家画鹤　李子侯编绘；王辛大编撰
杭州　西泠印社　1999年　54页　37cm
ISBN：7-80517-289-7　定价：CNY31.00
（名家技法画谱）

　　作者李子侯（1938—　），浙江美术学院副
教授、浙江美术家协会理事、中国美术家协会
会员。

J0011478

凌虚画金鱼　［凌虚绘］
上海　上海画报出版社　1999年　41页　26cm（16开）
ISBN：7-80530-528-5　定价：CNY20.00
（名家画谱）

　　本书对金鲫鱼、燕尾鱼、珍珠鳞鱼、五彩丹
凤鱼等9种鱼的画法进行了说明，还包括速写、
白描、水藻图例等内容。

J0011479

陆越子教你画禽鸟　陆越子编著
南京　南京大学出版社　1999年　29cm（16开）

ISBN：7-305-03437-1　定价：CNY7.50
（名家美术课堂）

　　本书教授了崔、雏鸡、八哥、白头翁、家鸭、
翠鸟、雉、鹰等禽鸟的绘画技法。

J0011480

禽鸟画谱　王满良，滕化文编绘
天津　天津杨柳青画社　1999年　73页　26cm（16开）
ISBN：7-80503-428-1　定价：CNY19.00

J0011481

写意鹤技法　杨德衡著
沈阳　辽宁美术出版社　1999年　62页　26cm（16开）
ISBN：7-5314-2241-7　定价：CNY19.00
（国画技法丛书）

J0011482

写意猫画谱　王妞子编著
北京　中国和平出版社　1999年　89页　26cm（16开）
ISBN：7-80154-021-2　定价：CNY20.00
（画谱丛书）

J0011483

写意禽鸟画范　萧朗著
北京　荣宝斋出版社　1999年　44页　29cm（12开）
（荣宝斋国画技法丛书）

　　本书介绍了麻雀、白头翁、大山雀、翠鸟、
红绶带、文鸟、八哥、喜鹊、山喜鹊、鸽子、黄
鹂等各种禽鸟的中国画画法。作者萧朗（1917—
2010），画家、教授。名印钵，字朗，别署萍香阁
主人。北京人。天津美术学院教授。主要作品
有《浴罢》《杉木林》《踏遍青山》《芙蕖鹅鸽图》
等，著有《萧朗画集》《萧朗课徒画稿》《怎样画
写意草虫》。

J0011484

写意鹰技法　李荣光著
沈阳　辽宁美术出版社　1999年　62页　26cm（16开）
ISBN：7-5314-2055-4　定价：CNY19.00
（国画技法丛书）

　　作者李荣光（1939—　），山东莱州人。毕业
于鲁迅美术学院国画系。丹东刺绣工厂设计师、
旅顺博物馆馆员、中国美术家协会会员、中国同
泽书画研究院副秘书长。出版有《翎毛画谱》《李
荣光花鸟画选》等。

J0011485
徐培晨教你画动物　徐培晨编
南京　南京大学出版社　1999年　29cm（16开）
ISBN：7-305-03437-1　定价：CNY7.50
（名家美术课堂　艺术入门教程）
　　本书简要讲解了动物绘画的基本知识和绘画技法，内容包括工笔画猴法、写意画猴法、马的画法、松鼠的画法、山羊的画法以及范画。

J0011486
许勇画马　许勇著；白素兰整理
济南　山东美术出版社　1999年　138页
26cm（16开）ISBN：7-5330-1322-0
定价：CNY45.00
　　本书介绍了写意画笔墨技法，其中包括用笔图示、技法类别、各类马的画法，并附有作品欣赏。作者许勇（1933—　），画家。别名许涌。生于山东青岛。毕业于东北美专并留校任教。历任鲁迅美术学院教授、研究生导师、中国美术家协会会员、中国连环画研究会常务理事、中国当代工笔画学会理事、雪庐画会副会长。代表作品有《金田起义》《郑成功收复台湾》《戚继光平倭图》等，出版有《许勇画马》。

J0011487
怎样画鹤　栾艳华著
济南　山东美术出版社 1999年 16页 26cm（16开）
ISBN：7-5330-1309-3　定价：CNY4.50
（银手杖大字体中国画自学丛书）

J0011488
怎样画虎　沈高仁著
济南　山东美术出版社 1999年 22页 26cm（16开）
ISBN：7-5330-1362-X　定价：CNY7.00
（中国画自学丛书）
　　本书讲述中国画画虎的基本知识和基本技法，内容以连续的步骤图和简要的文字说明为主，配有部分范画。作者沈高仁（1935—2010），画家。浙江永康人。毕业于衢州师范专科学校，后进修于浙江美术学院。曾为浙江永康县文化馆美术干部、中国美协会员、中国版画协会会员。作品有《小花猫》《虎啸图》《鹏程万里》等，著有《怎样画虎》等。

J0011489
怎样画鸡　吴磊著
济南　山东美术出版社 1999年 16页 26cm（16开）
ISBN：7-5330-1311-5　定价：CNY4.50
（银手杖大字体中国画自学丛书）
　　本书介绍了画鸡的方法，包括对鸡的各部分的名称、骨骼结构的介绍和用不同型号的笔画黑鸡、小鸡的方法。

J0011490
怎样画鸡　岳宏著
济南　山东美术出版社 1999年 22页 19×26cm
ISBN：7-5330-1316-6　定价：CNY5.00
（"手把手"儿童自学国画丛书）
　　本书介绍了中国画画鸡的基本知识，包括用中号笔画鸡的步骤图，范画作品选（14幅）等内容。

J0011491
怎样画金鱼　栾艳华，徐磊著
济南　山东美术出版社 1999年 23页 19×26cm
ISBN：7-5330-1346-8　定价：CNY6.00
（"手把手"儿童自学国画丛书）
　　本书介绍了中国画画金鱼的基础知识，包括金鱼各部位的名称、画金鱼的步骤图，以及范画作品选（18幅）等内容。

J0011492
怎样画松鼠　兰巧峰著
济南　山东美术出版社 1999年 14页 26cm（16开）
ISBN：7-5330-1371-9　定价：CNY5.50
（中国画自学丛书）

J0011493
怎样画鹰　吴磊［著］
济南　山东美术出版社 1999年 16页 26cm（16开）
ISBN：7-5330-1313-1　定价：CNY4.50
（银手杖大字体中国画自学丛书）
　　本书教给读者怎样画中国画中的鹰图，书中以连续的步骤图和简要的文字说明为主，配有部分范画。

J0011494
中国画　（鹰）甘雨辰著
长春 吉林美术出版社 1999年 79页 37cm（8开）

ISBN：7-5386-0870-2 定价：CNY60.00

国画的绘画材料和

工具的使用与保管

J0011495
辨歙石说　（一卷）（元）曹绍撰
宋　刻本
（百川学海）

J0011496
辨歙石说　（一卷）（元）曹继善订
明　刻本　线装
（百川学海）
　　九行二十字小字双行同白口左右双边单鱼尾。

J0011497
辨歙石说　（一卷）（元）曹绍撰
无锡华氏　明弘治　刻本　线装
（百川学海）
　　十二行二十字小字双行同白口左右双边。收于《百川学海》壬集中。

J0011498
辨歙石说　（一卷）（元）曹绍撰
无锡华珵　明弘治十四年［1501］刻本
（百川学海）

J0011499
辨歙石说　（一卷）（元）曹绍撰
郑氏宗文堂　明嘉靖十五年［1536］刻本
（百川学海）

J0011500
辨歙石说　（一卷）
明末　刻本
（百川学海）
　　收于《百川学海》一百十二种一百五十四卷中。

J0011501
辨歙石说　（一卷）（元）曹继善撰

李际期宛委山堂　清初　刻本　重修　线装
（说郛）
　　明末刻清初李际期宛委山堂重修汇印本。收于《说郛》卷第九十六中。

J0011502
辨歙石说　（一卷）（元）曹绍撰
李际期宛委山堂　清初　刻本　续刻
（说郛）
　　明末刻清初李际期宛委山堂续刻汇印本。

J0011503
辨歙石说　（一卷）（元）曹继善撰
清顺治　刻本　线装
（说郛）
　　收于《说郛》卷第九十六中。

J0011504
辨歙石说　（一卷）（元）曹绍撰
清　刻本　重修　线装
（说郛）
　　九行二十字白口左右双边单鱼尾。收于《说郛》卷第九十六中。

J0011505
辨歙石说　（一卷）佚名撰
内府　清乾隆　写本
（四库全书）

J0011506
辨歙石说　（一卷）（元）曹绍撰
虞山张氏照旷阁　清嘉庆十年［1805］刻本
（学津讨原）

J0011507
辨歙石说　（一卷）
张氏照旷阁　清嘉庆十年［1805］刻本
（学津讨原）
　　本书由《歙砚说》一卷、《辨歙石说》一卷合订。收于《学津讨原》二十集一百七十三种一千五十一卷第十五集中。

J0011508
辨歙石说　（一卷）（元）曹绍撰
上海　商务印书馆　民国十一年［1922］影印本

（学津讨原）

　　据清嘉庆十年张氏刻本影印。

J0011509
端溪砚谱 （一卷）（宋）叶樾订
宋　刻本
（百川学海）

　　作者叶樾，主要作品有《端溪砚谱》。

J0011510
端溪砚谱 （一卷）（宋）叶樾订
明　刻本　线装
（百川学海）

　　九行二十字小字双行同白口左右双边单鱼尾。

J0011511
端溪砚谱 （一卷）
明　抄本
（百川学海）

　　收于《百川学海》一百种一百七十九卷中。

J0011512
端溪砚谱 （一卷）（宋）佚名撰；（宋）叶樾订
无锡华氏　明弘治　刻本　线装
（百川学海）

　　十二行二十字小字双行同白口左右双边。收于《百川学海》壬集中。

J0011513
端溪砚谱 （一卷）
华珵　明弘治十四年［1501］刻本
（百川学海）

　　收于《百川学海》一百种十集一百七十九卷中。

J0011514
端溪砚谱 （一卷）
华珵　明弘治十四年［1501］刻本
（百川学海）

　　十二行二十字白口左右双边。收于《百川学海》一百种十集二百七十九卷第壬集中。

J0011515
端溪砚谱 （一卷）（宋）叶樾订

无锡华珵　明弘治十四年［1501］刻本
（百川学海）

J0011516
端溪砚谱 （一卷）（宋）叶樾订
郑氏宗文堂　明嘉靖十五年［1536］刻本
（百川学海）

J0011517
端溪砚谱 （一卷）
郑氏宗文堂　明嘉靖十五年［1536］刻本
（百川学海）

　　十四行二十八字白口左右双边。收于《百川学海》二十卷中。

J0011518
端溪砚谱 （一卷）
明末　刻本
（百川学海）

　　收于《百川学海》一百十二种一百五十四卷中。

J0011519
端溪砚谱 （一卷）（宋）佚名撰；（宋）叶樾订
李际期宛委山堂　清初　刻本　重修　线装
（说郛）

　　明末刻清初李际期宛委山堂重修汇印本。收于《说郛》卷第九十六中。

J0011520
端溪砚谱 （宋）叶樾订
清　刻本　线装
（诗触）

　　八行十九字黑口四周单边单鱼尾。

J0011521
端溪砚谱 （一卷）（宋）叶樾订
清顺治　刻本　线装
（说郛）

　　收于《说郛》卷第九十六中。

J0011522
端溪砚谱 （一卷）（宋）佚名撰；（宋）叶樾订
清　刻本　重修　线装
（说郛）

　　九行二十字白口左右双边单鱼尾。收于《说

郭》卷第九十六中。

J0011523
端溪砚谱 （一卷）佚名撰；（宋）叶樾订
内府 清乾隆 写本
（四库全书）

J0011524
端溪砚谱 （一卷）（宋）叶樾撰
姚氏草草巢 清乾隆二十七年［1762］刻本
（砚北偶钞）
　　收于《砚北偶钞》十二种十七卷中。

J0011525
端溪砚谱 （宋）叶樾订
清嘉庆三年［1798］刻本 线装
（诗触）
　　九行二十二字白口左右双边单鱼尾。

J0011526
端溪砚谱 （一卷）（宋）叶樾订
虞山张氏照旷阁 清嘉庆十年［1805］刻本
（学津讨原）

J0011527
端溪砚谱 （一卷）
张氏照旷阁 清嘉庆十年［1805］刻本
（学津讨原）
　　收于《学津讨原》二十集一百七十三种
一千五十一卷第十五集中。

J0011528
端溪砚谱 （宋）叶樾撰
清道光四年［1824］刻本 线装
（诗触）
　　九行二十二字小字双行同黑口左右双边单
鱼尾。收于《诗触》卷五中。

J0011529
端溪砚谱 （一卷）（宋）叶樾订
上海 商务印书馆 民国十一年［1922］影印本
（学津讨原）
　　据清嘉庆十年张氏刻本影印。

J0011530
端溪砚谱 （一卷）（宋）佚名撰；（宋）叶樾订
武进陶氏涉园 民国十六年［1927］刻本 影刻
线装
（百川学海）
　　收于《百川学海》壬集中。作者叶樾，主要
作品有《端溪砚谱》。

J0011531
歙砚说 （一卷）（元）曹绍撰
宋 刻本
（百川学海）

J0011532
歙砚说 （一卷）（元）曹继善订
明 刻本 线装
（百川学海）
　　九行二十字小字双行同白口左右双边单
鱼尾。

J0011533
歙砚说 （一卷）（元）曹绍撰
无锡华氏 明弘治 刻本 线装
（百川学海）
　　十二行二十字小字双行同白口左右双边。
收于《百川学海》壬集中。

J0011534
歙砚说 （一卷）（元）曹绍撰
无锡华珵 明弘治十四年［1501］刻本
（百川学海）

J0011535
歙砚说 （一卷）（元）曹绍撰
郑氏宗文堂 明嘉靖十五年［1536］刻本
（百川学海）

J0011536
歙砚说 （一卷）
明末 刻本
（百川学海）
　　收于《百川学海》一百十二种一百五十四
卷中。

J0011537

歙砚说　（一卷）（元）曹继善撰
李际期宛委山堂　清初　刻本　重修　线装
（说郛）

　　明末刻清初李际期宛委山堂重修汇印本。收于《说郛》卷第九十六中。

J0011538

歙砚说　（一卷）（元）曹绍撰
李际期宛委山堂　清初　刻本　续刻
（说郛）

　　明末刻清初李际期宛委山堂续刻汇印本。

J0011539

歙砚说　（一卷）（元）曹继善撰
清顺治　刻本　线装
（说郛）

　　收于《说郛》卷第九十六中。

J0011540

歙砚说　（一卷）（元）曹绍撰
清　刻本　重修　线装
（说郛）

　　九行二十字白口左右双边单鱼尾。收于《说郛》卷第九十六中。

J0011541

歙砚说　（一卷）（元）曹绍撰
内府　清乾隆　写本
（四库全书）

J0011542

歙砚说　（一卷）（元）曹绍撰
虞山张氏照旷阁　清嘉庆十年［1805］刻本
（学津讨原）

J0011543

歙砚说　（一卷）
张氏照旷阁　清嘉庆十年［1805］刻本
（学津讨原）

　　本书由《歙砚说》一卷、《辨歙石说》一卷合订。收于《学津讨原》二十集一百七十三种一千五十一卷第十五集中。

J0011544

歙砚说　（一卷）（宋）曹绍撰
上海　商务印书馆　民国十一年［1922］影印本　线装
（学津讨原）

　　收于《学津讨原》第十五集中。

J0011545

歙砚说　（一卷）（元）曹绍撰
上海　商务印书馆　民国十一年［1922］影印本
（学津讨原）

　　据清嘉庆十年张氏刻本影印。

J0011546

歙砚说　（一卷）（元）曹绍撰
武进陶氏涉园　民国十六年［1927］刻本　影刻　线装
（百川学海）

　　收于《百川学海》辛集中。

J0011547

歙砚砚谱　（一卷）（宋）唐积撰
武进陶氏涉园　民国十六年［1927］刻本　影刻　线装
（百川学海）

　　收于《百川学海》辛集中。

J0011548

歙州砚谱　（一卷）（宋）唐积撰
宋　刻本
（百川学海）

J0011549

歙州砚谱　（一卷）（宋）佚名撰
明　刻本　线装
（百川学海）

　　九行二十字小字双行同白口左右双边单鱼尾。

J0011550

歙州砚谱　（一卷）
明　抄本
（百川学海）

　　九行二十字黑口四周双边。收于《百川学海》一百种中。

J0011551

歙州砚谱 （一卷）（宋）唐积撰
无锡华氏 明弘治 刻本 线装
（百川学海）
　　十二行二十字小字双行同白口左右双边。
收于《百川学海》壬集中。

J0011552

歙州砚谱 （一卷）
华珵 明弘治十四年［1501］刻本
（百川学海）
　　本书由《歙州砚谱一卷》《歙砚说一卷》《辨
歙石说一卷》合订。十二行二十字白口左右双边。
收于《百川学海》一百种十集二百七十九卷第壬
集中。

J0011553

歙州砚谱 （一卷）
华珵 明弘治十四年［1501］刻本
（百川学海）
　　本书由《歙州砚谱一卷》《歙砚说一卷》《辨
歙石说一卷》合订。收于《百川学海》一百种
一百七十九卷中。

J0011554

歙州砚谱 （一卷）（宋）唐积撰
无锡华珵 明弘治十四年［1501］刻本
（百川学海）

J0011555

歙州砚谱 （一卷）（宋）唐积撰
郑氏宗文堂 明嘉靖十五年［1536］刻本
（百川学海）

J0011556

歙州砚谱 （一卷）（宋）传肱撰
郑氏宗文堂 明嘉靖十五年［1536］刻本
（百川学海）
　　本书由《歙州砚谱一卷》《歙砚说一卷》《辨
歙石说一卷》《蟹谱二卷》（宋）传肱撰合订。
十四行二十八字白口左右双边。收于《百川学海》
二十卷中。

J0011557

歙州砚谱 （一卷）

明末 刻本
（百川学海）
　　收于《百川学海》一百十二种一百五十四卷中。

J0011558

歙州砚谱 （一卷）（宋）洪景伯撰
李际期宛委山堂 清初 刻本 重修 线装
（说郛）
　　明末刻清初李际期宛委山堂重修汇印本。
收于《说郛》卷第九十六中。

J0011559

歙州砚谱 （一卷）（宋）唐积撰
李际期宛委山堂 清初 刻本 续刻
（说郛）
　　明末刻清初李际期宛委山堂续刻汇印本。

J0011560

歙州砚谱 （一卷）（宋）洪景伯撰
清顺治 刻本 线装
（说郛）
　　收于《说郛》卷第九十六中。

J0011561

歙州砚谱 （一卷）（宋）洪适撰
清 刻本 重修 线装
（说郛）
　　九行二十字白口左右双边单鱼尾。收于《说
郛》卷第九十六中。

J0011562

歙州砚谱 （一卷）（宋）唐积撰
内府 清乾隆 写本
（四库全书）

J0011563

歙州砚谱 （一卷）（宋）唐积撰
虞山张氏照旷阁 清嘉庆十年［1805］刻本
（学津讨原）

J0011564

歙州砚谱 （一卷）（宋）唐积撰
张氏照旷阁 清嘉庆十年［1805］刻本
（学津讨原）
　　收于《学津讨原》二十集一百七十三种一千

五十一卷第十五集中。

J0011565
歙州砚谱　（宋）唐积撰
上海　商务印书馆　民国十一年［1922］影印本
线装
（学津讨原）
　　收于《学津讨原》第十五集中。

J0011566
歙州砚谱　（一卷）（宋）唐积撰
上海　商务印书馆　民国十一年［1922］影印本
（学津讨原）
　　据清嘉庆十年张氏刻本影印。

J0011567
研史　（一卷）（宋）米芾撰
宋　刻本
（百川学海）

J0011568
研史　（一卷）（宋）米芾撰
无锡华珵　明弘治十四年［1501］刻本
（百川学海）

J0011569
研史　（一卷）（宋）米芾撰
郑氏宗文堂　明嘉靖十五年［1536］刻本
（百川学海）

J0011570
研史　（一卷）（宋）米芾撰
范氏清宛堂　明万历三十二年［1604］刻本
　　本书由《研史一卷》（宋）米芾撰、《米襄阳
志林十三卷》（明）范明泰辑合订。分四册。九
行十八字白口左右双边。

J0011571
研史　（一卷）（宋）米芾撰
范氏无蚊轩　明万历三十二年［1604］刻本
　　本书由《研史一卷》（宋）米芾撰、《米襄阳
志林十三卷》（明）范明泰辑》合订。分二册。九
行十八字白口左右双边。

J0011572
研史　（一卷）（宋）米芾撰
范氏无蚊轩　明万历三十二年［1604］刻本
　　本书由《研史一卷》（宋）米芾撰、《米襄阳
志林十三卷》（明）范明泰辑合订。分四册。九
行十八字白口左右双边。

J0011573
研史　（一卷）（宋）米芾撰
秀州范氏无蚊轩　明万历三十二年［1604］刻本
　　本书由《研史一卷》（宋）米芾撰、《米襄阳
志林十三卷》（明）范明泰辑合订。分六册。九
行十八字白口左右双边。

J0011574
研史　（一卷）（宋）米芾撰
毛氏汲古阁　明末　刻本
（山居小玩）

J0011575
研史　（一卷）（宋）米芾撰
毛氏汲古阁　明末　刻本
（群芳清玩）
　　李玙汇印本。

J0011576
研史　（一卷）（宋）米芾撰
毛氏汲古阁　明末　刻本
（山居小玩）
　　收于《山居小玩》十种十三卷中。

J0011577
研史　（一卷）（宋）米芾撰
清初　抄本

J0011578
研史　（一卷）（宋）米芾撰
清初　抄本
　　八行十八字白口竹节单边无直格。

J0011579
研史　（一卷）（宋）米芾撰
内府　清乾隆　写本
（四库全书）

J0011580
砚谱　（一卷）（宋）李之彦撰
宋　刻本
（百川学海）

J0011581
砚谱　（一卷）（宋）李之彦撰
明　刻本　线装
（百川学海）
　　　九行二十字小字双行同白口左右双边单
鱼尾。

J0011582
砚谱　（一卷）（宋）李之彦撰
无锡华氏　明弘治　刻本　线装
（百川学海）
　　　十二行二十字小字双行同白口左右双边。
收于《百川学海》壬集中。

J0011583
砚谱　（一卷）
华珵　明弘治十四年［1501］刻本
（百川学海）
　　　十二行二十字白口左右双边。收于《百川学
海》一百种十集二百七十九卷第壬集中。

J0011584
砚谱　（一卷）
华珵　明弘治十四年［1501］刻本
（百川学海）
　　　收于《百川学海》一百种十集一百七十九
卷中。

J0011585
砚谱　（一卷）（宋）李之彦撰
无锡华珵　明弘治十四年［1501］刻本
（百川学海）

J0011586
砚谱　（一卷）（宋）李之彦撰
郑氏宗文堂　明嘉靖十五年［1536］刻本
（百川学海）

J0011587
砚谱　（一卷）

郑氏宗文堂　明嘉靖十五年［1536］刻本
（百川学海）
　　　十四行二十八字白口左右双边。收于《百川
学海》二十卷中。

J0011588
砚谱　（一卷）□□辑
茅一相　明万历八年［1580］刻本
（欣赏编）

J0011589
砚谱　（一卷）（宋）李之彦撰
李际期宛委山堂　清初　刻本　重修　线装
（说郛）
　　　明末刻清初李际期宛委山堂重修汇印本。
收于《说郛》卷第九十六中。

J0011590
砚谱　（一卷）（宋）李之彦撰
清顺治　刻本　线装
（说郛）
　　　收于《说郛》卷第九十六中。

J0011591
砚谱　（一卷）（宋）李之彦撰
清　刻本　重修　线装
（说郛）
　　　九行二十字白口左右双边单鱼尾。收于《说
郛》卷第九十六中。

J0011592
砚谱　（宋）李之彦撰
北平　国立北平图书馆　民国　抄本　毛装
（说郛）
　　　收于《说郛》卷七十八中。

J0011593
砚谱　（宋）李之彦撰
上海　商务印书馆　民国十六年［1927］线装
（说郛）
　　　收于《说郛》卷七十八中。

J0011594
砚谱　（一卷）（宋）李之彦撰
武进陶氏涉园　民国十六年［1927］刻本　影刻

线装
（百川学海）

　　收于《百川学海》癸集中。

J0011595
砚谱 （一卷）（宋）李之彦撰
文学古籍刊行社 1956年 影印本 线装
（类说）

　　据明天启间刻本影印。收于《类说》第卷之五十九中。

J0011596
砚史 （一卷）（宋）米芾撰
明 刻本 线装
（百川学海）

　　九行二十字小字双行同白口左右双边单鱼尾。

J0011597
砚史 （一卷）（宋）米芾撰
无锡华氏 明弘治 刻本 线装
（百川学海）

　　十二行二十字小字双行同白口左右双边。收于《百川学海》壬集中。

J0011598
砚史 （一卷）（宋）米芾撰
华珵 明弘治十四年［1501］刻本
（百川学海）

　　十二行二十字白口左右双边。收于《百川学海》一百种十集二百七十九卷第壬集中。

J0011599
砚史 （一卷）（宋）米芾撰
华珵 明弘治十四年［1501］刻本
（百川学海）

　　收于《百川学海》一百种十集一百七十九卷中。

J0011600
砚史 （一卷）（宋）米芾撰
郑氏宗文堂 明嘉靖十五年［1536］刻本
（百川学海）

　　十四行二十八字白口左右双边。收于《百川学海》二十卷中。

J0011601
砚史 （一卷）（宋）米芾撰
明末 刻本
（百川学海）

　　收于《百川学海》一百十二种一百五十四卷中。

J0011602
砚史 （一卷）（宋）米芾撰
李际期宛委山堂 清初 刻本 重修 线装
（说郛续）

　　明末刻清初李际期宛委山堂重修汇印本。收于《说郛续》卷第三十六中。

J0011603
砚史 （清）林涪云辑
［清］摹写本

J0011604
砚史 （十卷）（清）林在峨辑
清 抄本

J0011605
砚史 （十卷）（清）林在峨辑
清 抄本

　　分二册。九行二十字白口四周双边。

J0011606
砚史 （一卷）（宋）米芾撰
清顺治 刻本 线装
（说郛）

　　收于《说郛》卷第九十六中。

J0011607
砚史 （一卷）（宋）米芾撰
张氏照旷阁 清嘉庆十年［1805］刻本
（学津讨原）

　　收于《学津讨原》二十集一百七十三种一千五十一卷第十五集中。

J0011608
砚史 （清）高凤翰辑
清咸丰元年［1851］拓本

　　据清乾隆三年刻本拓。作者高凤翰(1683—1749)，清代国画家。字西园，号南村，又号南阜。山东胶州人。代表作品《砚史》《南阜集》等。

J0011609

砚史 （宋）米芾撰

北平 国立北平图书馆 民国 抄本 毛装

（说郛）

　　　收于《说郛》卷七十八中。

J0011610

砚史 （一卷）（宋）米芾撰

上海 商务印书馆 民国十一年［1922］影印本
线装

（学津讨原）

　　　收于《学津讨原》第十五集中。

J0011611

砚史 （宋）米芾撰

沔阳卢氏慎始基斋 民国十二年［1923］影印本
线装

（湖北先正遗书）

　　　据明弘治百川学海本影印。收于《湖北先正
遗书》子部中。

J0011612

砚史 （宋）米芾撰

上海 商务印书馆 民国十六年［1927］线装

（说郛）

　　　收于《说郛》卷七十八中。

J0011613

砚史 （一卷）（宋）米芾撰

武进陶氏涉园 民国十六年［1927］刻本 影刻
线装

（百川学海）

　　　收于《百川学海》庚集中。

J0011614

砚史 （宋）米芾撰

上海 商务印书馆 民国十九年［1930］线装

（说郛）

　　　收于《说郛》卷七十八中。

J0011615

端友斋砚谱 （一卷）（明）盛舜臣撰

明 刻本

J0011616

墨海 （零叶）（明）方瑞生撰

明 刻本

J0011617

墨海 （十二卷）（明）方瑞生撰

明 刻本

J0011618

墨海 （十二卷）（明）方瑞生撰

明 刻本

　　　分二十五册。

J0011619

墨海 （七卷）（明）方瑞生撰

浮玉斋 明万历 刻本

J0011620

墨海 （内辑书三卷 外辑图七卷 附录一卷）
（明）方瑞生辑

涉园 民国十六年［1927］影印本 线装

　　　分六册。

J0011621

墨海 （内辑书三卷 外辑图七卷 附录一卷）
（明）方瑞生辑

武进陶氏涉园 民国十六年［1927］影印本 蓝
印 有图 线装

　　　分六册。据明歙县方瑞生原刻本影印。

J0011622

墨海 （七卷 附一卷）（明）方瑞生撰

武进陶氏涉园 民国十六年［1927］影印本 蓝
印 有图 线装

　　　分六册。

J0011623

墨海 （十卷 附录一卷）（明）方瑞生撰

武进陶湘 民国十八年［1929］石印本

（涉园墨萃）

J0011624

墨海 （十卷，附录一卷）（明）方瑞生撰

北京 中国书店 1991年 影印本 有图 线装

（涉园墨萃）

分六册。据民国十八年（1929）武进陶氏刻本影印。

J0011625
墨海图 （七卷 附录一卷）（明）方瑞生辑
民国 影印本 蓝印 有图 线装
　　分四册。

J0011626
墨经 （一卷）（宋）晁贯之撰
明 刻本 线装
（百川学海）
　　九行二十字小字双行同白口左右双边单鱼尾。作者晁贯之，宋代制墨家。字季一。晁说之弟。所制的墨都作铭曰"晁季一寄寂轩造"。

J0011627
墨经 （一卷）（宋）晁贯之撰
明 抄本

J0011628
墨经 （一卷）（宋）晁贯之撰
明 刻本

J0011629
墨经 （一卷）（宋）晁贯之撰
祇洹馆 明嘉靖 刻本
（小十三经）

J0011630
墨经 （一卷）（宋）晁贯之撰
祇洹馆 明嘉靖 刻本
（小十三经）
　　收于《小十三经》十六卷中。

J0011631
墨经 （一卷）（宋）晁贯之撰
荆山书林 明万历二十五年［1597］刻本 线装
（夷门广牍）
　　九行十八字白口四周单边单鱼尾。收于《夷门广牍》之《博雅》中。

J0011632
墨经 （一卷）题(宋)晁氏撰
金陵 荆山书林 明万历二十五年［1597］刻本
（夷门广牍）
　　收于《夷门广牍》一百〇六种一百六十二卷中。

J0011633
墨经 （一卷）（宋）晁贯之撰
明末至清初 增刻本 线装
（津逮秘书）
　　明崇祯毛氏汲古阁刻明末至清初增刻本。九行十九字小字双行同白口左右双边。收于《津逮秘书》第四集中。

J0011634J0011639
墨经 （一卷）（宋）晁贯之撰
明末 刻本
（锦囊小史）
　　收于《锦囊小史》四十一种四十二卷中。

J0011635
墨经 （一卷）（宋）晁贯之撰
毛氏汲古阁 明崇祯 刻本
（津逮秘书）
　　八行十八字白口四周单边。收于《津逮秘书》十五集一百五十二种七百四十八卷第四中。

J0011636
墨经 （一卷）（宋）晁贯之撰
毛氏汲古阁 明崇祯 刻本
（津逮秘书）
　　收于《津逮秘书》十五集一百四十六种七百四十八卷第四集中。

J0011637
墨经 （一卷）（宋）晁贯之撰
李际期宛委山堂 清初 刻本 重修 线装
（说郛）
　　明末刻清初李际期宛委山堂重修汇印本。收于《说郛》卷第九十八中。

J0011638
墨经 （一卷）（宋）晁贯之撰
清 刻本 重修 线装
（说郛）
　　九行二十字白口左右双边单鱼尾。收于《说郛》卷第九十八中。作者晁贯之，宋代制墨家。字季一。晁说之弟。所制的墨都作铭曰"晁季一寄寂轩造"。

J0011639
墨经 （一卷）（宋）晁贯之撰
清顺治 刻本 线装
（说郛）
　　收于《说郛》卷第九十八中。

J0011640
墨经 （一卷）（宋）晁贯之撰
清 抄本

J0011641
墨经 （一卷）（宋）晁贯之撰
清康熙 刻本
（楝亭藏书十二种）

J0011642
墨经 （一卷）（宋）晁贯之撰
内府 清乾隆 写本
（四库全书）

J0011643
墨经 （一卷）（宋）晁贯之撰
张氏照旷阁 清嘉庆十年［1805］刻本
（学津讨原）
　　收于《学津讨原》二十集一百七十三种
一千五十一卷第十五集中。

J0011644
墨经 （一卷）（宋）晁贯之撰
待学楼 清道光 刻本

J0011645
墨经 （一卷）（宋）晁贯之撰
民国 影印本
（夷门广牍）
　　据明万历二十五年金陵荆山书林刻本影印。

J0011646
墨经 （一卷）（宋）晁贯之撰
上海 古书流通处 1921年 影印本
（楝亭藏书十二种）
　　据清康熙四十五年扬州诗局刻本影印十一
行二十一字小字双行三十余字白口左右双边。

收于《楝亭藏书十二种》六十九卷中。

J0011647
墨经 （一卷）（宋）晁贯之撰
上海 博古斋 民国十一年［1922］影印本 线装
（津逮秘书）
　　据明崇祯毛氏汲古阁刻本影印。收于《津逮
秘书》第四集中。

J0011648
墨经 （一卷）（宋）晁贯之撰
上海 博古斋 民国十一年［1922］影印本
（津逮秘书）
　　据明崇祯毛氏汲古阁刻本影印。

J0011649
墨经 （一卷）（宋）晁贯之撰
上海 商务印书馆 民国十一年［1922］影印本
线装
（学津讨原）
　　收于《学津讨原》第十五集中。

J0011650
墨经 （一卷）（宋）晁贯之撰
北京 中国书店 1991年 影印本 线装
（涉园墨萃）
　　据民国十八年（1929）武进陶氏刻本影印。作
者晁贯之，宋代制墨家。字季一。晁说之弟。所
制的墨都作铭曰"晁季一寄寂轩造"。

J0011651
墨谱 （三卷）（宋）李孝美撰
潘方凯 明 刻本

J0011652
墨谱 （三卷）（宋）李孝美撰
潘膺祉如韦馆 明万历 刻本
　　本书由《墨谱三卷》（宋）李孝美撰、《如韦
馆墨评一卷》（明）潘膺祉辑合订。

J0011653
墨谱 （三卷）（宋）李孝美编
故宫博物院图书馆 民国十九年［1930］影印本
有图 线装
　　分二册。

J0011654

墨谱法式　（三卷）（宋）李孝美撰
内府　清乾隆　写本
（四库全书）

J0011655

墨谱法式　（三卷）（宋）李孝美撰
北京　中国书店　1991年　影印本　有图　线装
（涉园墨萃）

据民国十八年（1929）武进陶氏刻本影印。

J0011656

墨谈　（一卷）（明）高濂撰
明　稿本
（艳雪斋丛书）

收于《艳雪斋丛书》八种十一卷中。

J0011657

十友图赞　（一卷）（明）顾元庆撰
明　刻本
（重订欣赏编）

J0011658

十友图赞　（一卷）（明）顾元庆撰
［明］抄本

J0011659

十友图赞　（一卷）（明）顾元庆撰
［明］抄本

本书由《文房图赞一卷》（宋）林洪撰、《文房图赞续一卷》（元）罗先登撰、《十友图赞一卷》（明）顾元庆撰合订。

J0011660

十友图赞　（一卷）（明）顾元庆撰
李际期宛委山堂　清初　刻本　重修　线装
（说郛续）

明末刻清初李际期宛委山堂重修汇印本。收于《说郛续》卷第三十六中。

J0011661

十友图赞　（一卷）（明）顾元庆撰
李际期宛委山堂　清初　刻本　续刻
（说郛）

明末刻清初李际期宛委山堂续刻汇印本。

J0011662

十友图赞　（一卷）（明）顾元庆撰
两浙督学周南李际期宛委山堂　清　刻本　重印　有图　线装
（说郛续）

九行二十字小字双行同白口左右双边单鱼尾。收于《说郛续》卷第三十六中。

J0011663

十友图赞　（一卷）（明）顾元庆撰
清　刻本　重修　线装
（说郛）

九行二十字白口左右双边单鱼尾。收于《说郛续》卷第三十六中。

J0011664

文房器具笺　（一卷）（明）屠隆撰
明　刻本
（唐宋丛书）

作者屠隆（1542—1605），明代文学家、戏曲家。字长卿，号赤水，晚称鸿苞居士。浙江鄞县人。万历五年进士。做过青浦知县、礼部郎中。校订成《新刊合评王实甫西厢记》4种；撰有传奇《昙花记》《彩毫记》《修文记》，合称《凤仪阁三种》传于世；诗文集有《由拳》《白榆》《栖真馆集》等。

J0011665

文房器具笺　（一卷）（明）屠隆撰
绣水沈氏　明万历至泰昌　刻本
（宝颜堂秘笈）

J0011666

文房器具笺　（一卷）（明）屠隆撰
明末　刻本
（广百川学海）

J0011667

文房器具笺　（一卷）（明）屠隆撰
明末　刻本
（居家必备）

J0011668

文房器具笺　（一卷）（明）屠隆撰
明末　刻本

（锦囊小史）

明末刻说郭及说郭续等重编印本。

J0011669
文房器具笺 （一卷）（明）屠隆撰
竹屿 明崇祯 刻本
（雪堂韵史）

J0011670
文房器具笺 （明）屠隆撰
世德堂 清 刻本 线装
（龙威秘书）

九行二十字小字双行同黑口左右四周双边
不一。收于《龙威秘书》五集《古今丛说拾遗》之
《考槃馀事》中。

J0011671
文房器具笺 （一卷）（明）屠隆撰
石门马氏大酉山房 清乾隆五十九年［1794］刻本
（龙威秘书）

J0011672
文房器具笺 （明）屠隆撰
清乾隆六十年［1795］刻本 线装
（考槃馀事）

八行十九字黑口四周双边。

J0011673
文房器具笺 （一卷）（明）屠隆撰
山阴宋氏 清光绪元年至十三年［1875—1887］
刻本
（忏花庵丛书）

清光绪十三年汇印本。

J0011674
文房器具笺 （一卷）（明）屠隆撰
上海 神州国光社 民国三年［1914］线装
（美术丛书续集）

收于《美术丛书续集》第九集中。

J0011675
文房器具笺 （明）屠隆撰
上海 文明书局 民国四年［1915］石印本 线装
（说库）

收于《说库》之《考槃馀事》中。

J0011676
文房器具笺 （一卷）（明）屠隆撰
上海 文明书局 民国十一年［1922］石印本
（宝颜堂秘笈）

J0011677
文房四谱 （四卷）（宋）苏易简撰
龙山童氏 明 刻本

本书由《文房四谱四卷》《治安药石一卷》
（宋）苏易简撰合订。作者苏易简（958—997），北
宋绵州盐泉（今四川绵阳东南）人。字太简。太
平兴国五年（980）进士第一。翰林学士、参知
政事。旁通佛经。编著有《文房四谱》《续翰林
志》等。

J0011678
文房四谱 （一卷）
陈汝元 明万历十九年［1591］刻本
（书学大成）

J0011679
文房四谱 （五卷）（宋）苏易简撰；（清）黄廷
鉴校
瞿氏恬裕斋 清 抄本

有清黄廷鉴跋。

J0011680
文房四谱 （五卷）（宋）苏易简撰
清 抄本

J0011681
文房四谱 （五卷）（宋）苏易简撰
内府 清乾隆 写本
（四库全书）

J0011682
文房四谱 （五卷）（宋）苏易简撰
戴光曾 清嘉庆 抄本

有清戴光曾跋并录，清吴翌风校跋，清黄丕
烈题识，清丁丙跋。

J0011683
文房四谱 （五卷）（宋）苏易简撰
六安晁氏 清道光十一年［1831］木活字印本
（学海类编）

J0011684
文房四谱 （五卷）（宋）苏易简撰
归安陆心源十万卷楼 清末 刻本 重印 线装
（十万卷楼丛书）
　　分二册。九行十八字小字双行同黑口四周双边。收于《十万卷楼丛书》二编中。

J0011685
文房四谱 （五卷）（宋）苏易简撰
归安陆氏 清光绪 刻本
（十万卷楼丛书）

J0011686
文房四谱 （五卷）（宋）苏易简撰
上海 涵芬楼 民国九年［1920］影印本
（学海类编）
　　据清道光十一年六安晁氏木活字印本影印。

J0011687
文房四谱 （五卷）（宋）苏易简撰
文学古籍刊行社 1956年 影印本 线装
（类说）
　　据明天启间刻本影印收于《类说》第卷之五十九中。

J0011688
文房图赞 （一卷）（宋）林洪撰
明 刻本

J0011689
文房图赞 （一卷）（宋）林洪撰
［明］抄本
　　本书由《文房图赞一卷》（宋）林洪撰、《文房图赞续一卷》（元）罗先登撰、《十友图赞一卷》（明）顾元庆撰合订。

J0011690
文房图赞 （一卷）（宋）林洪撰
明 刻本
（重订欣赏编）

J0011691
文房图赞 （一卷）（宋）林洪撰
明正德 刻本

J0011692
文房图赞 （一卷）（宋）林洪撰
茅一相 明万历八年［1580］刻本
（欣赏编）

J0011693
文房图赞 （一卷）（宋）林洪撰
李际期宛委山堂 清初 刻本 续刻
（说郛）
　　明末刻清初李际期宛委山堂续刻汇印本。

J0011694
文房图赞 （一卷）（宋）林洪撰
清 刻本 重修 有图 线装
（说郛）
　　九行二十字白口左右双边单鱼尾。收于《说郛》卷第九十九中。

J0011695
文房图赞 （一卷）（宋）林洪撰
两浙督学周南李际期宛委山堂 清 刻本 有图 线装
（说郛）
　　八行十七字白口四周单边。收于《说郛》第卷九十九中。

J0011696
文房图赞续 （一卷）（元）罗先登撰
［明］抄本

J0011697
文房图赞续 （一卷）（元）罗先登撰
明 刻本
（重订欣赏编）

J0011698
文房图赞续 （一卷）（元）罗先登撰
［明］抄本
　　本书由《文房图赞一卷》（宋）林洪撰、《文房图赞续一卷》（元）罗先登撰、《十友图赞一卷》（明）顾元庆撰合订。

J0011699
文房图赞续 （一卷）（元）罗先登撰
李际期宛委山堂 清初 刻本 重修 线装

（说郛）

　　明末刻清初李际期宛委山堂重修汇印本。收于《说郛》卷第九十九中。

J0011700
文房图赞续　（一卷）（元）罗先登撰
李际期宛委山堂　清初　刻本　续刻
（说郛）

　　明末刻清初李际期宛委山堂续刻汇印本。

J0011701
文房图赞续　（一卷）（元）罗先登撰
清顺治　刻本　有图　线装
（说郛）

　　收于《说郛》卷第九十九中。

J0011702
文房图赞续　（一卷）（元）罗先登撰
清　刻本　重修　有图　线装
（说郛）

　　九行二十字白口左右双边单鱼尾。收于《说郛》卷第九十九中。

J0011703
新刻山房十友图赞　（一卷）（明）顾元庆撰
胡氏文会堂　明　刻本
（格致丛书）

J0011704
新刻山房十友图赞　（一卷）（明）顾元庆撰
胡氏文会堂　明万历　刻本
（百家名书）

J0011705
新刻文房图赞　（一卷）（宋）林洪撰
胡氏文会堂　明　刻本
（格致丛书）

J0011706
新刻文房图赞　（一卷）（宋）林洪撰
胡氏文会堂　明万历　刻本
（百家名书）

J0011707
新刻续文房图赞　（一卷）（宋）罗先登撰

胡氏文会堂　明　刻本
（格致丛书）

J0011708
新刻续文房图赞　（一卷）（元）罗先登撰
胡氏文会堂　明万历　刻本
（百家名书）

J0011709
续文房图赞　（一卷）（元）罗先登撰
茅一相　明万历八年［1580］刻本
（欣赏编）

J0011710
雪堂墨品　（一卷）（清）张仁熙撰
清　刻本　线装

　　十行十九字白口四周单边双鱼尾。

J0011711
雪堂墨品　（一卷）（清）张仁熙辑
清　刻本　重修　线装
（檀几丛书）

　　收于《檀几丛书》二集第五帙林中。

J0011712
雪堂墨品　（一卷）（清）张仁熙撰
清　抄本
（墨苑丛谈）

J0011713
雪堂墨品　（一卷）（清）张仁熙撰
清　抄本
（墨品）

J0011714
雪堂墨品　（一卷）（清）张仁熙撰
清康熙　刻本

J0011715
雪堂墨品　（清）张仁熙撰
清嘉庆八年［1803］刻本　线装
（广虞初新志）

　　九行二十字白口四周双边单鱼尾。收于《广虞初新志》卷二十八中。

J0011716
雪堂墨品 （清）张仁熙撰
扫叶山房 清末至民国初 石印本 线装
（广虞初新志）
　　十六行三十六字白口四周双边单鱼尾。收于《广虞初新志》卷之二十八中。

J0011717
雪堂墨品 （一卷）（清）张仁熙撰
清同治至光绪 刻本
（榆园丛刻）

J0011718
雪堂墨品 （一卷）（清）张仁熙撰
羊城冯氏 清光绪 刻本 线装
（翠琅玕馆丛书）
　　九行二十一字黑口左右双边。收于《翠琅玕馆丛书》第四集中。

J0011719
雪堂墨品 （一卷）（清）张仁熙撰
民国九年［1920］刻本 补刻 线装
（榆园丛刻）
　　本书据清同治至光绪刻本补刻。收于《榆园丛刻》之《娱园丛刻》十种中。

J0011720
雪堂墨品 （清）张仁熙撰
仁和吴氏双照楼 民国十一年［1922］刻本
朱印 线装
（十六家墨说）

J0011721
砚笺 （四卷）（宋）高似孙撰
明 抄本
　　有清黄丕烈跋并题诗。作者高似孙（1158—1231），鄞县（今浙江宁波）人。字续古，号疏寮。孝宗淳熙十一年（1184）进士，调会稽县主簿，历任校书郎，出知徽州，迁守处州。有《疏寮小集》《剡录》《子略》等。

J0011722
砚笺 （四卷）（宋）高似孙撰
潘膺祉如韦馆 明万历四十二年［1614］刻本
　　分二册。九行十八字白口四周单边。

J0011723
砚笺 （四卷）（宋）高似孙撰
潘膺祉如韦馆 明万历四十二年［1614］刻本
　　作者高似孙（1158—1231），鄞县（今浙江宁波）人。字续古，号疏寮。孝宗淳熙十一年（1184）进士，调会稽县主簿，历任校书郎，出知徽州，迁守处州。有《疏寮小集》《剡录》《子略》等。

J0011724
砚笺 （四卷）（宋）高似孙撰
清 抄本

J0011725
砚笺 （四卷）（宋）高似孙撰
清初 抄本
　　九行十八字小字双行同无格。

J0011726
砚笺 （四卷）（宋）高似孙撰
清初 抄本

J0011727
砚笺 （四卷）（宋）高似孙撰
曹寅扬州使院 清康熙四十五年［1706］刻本
楝亭十二种本
　　有傅增湘跋。十一行二十一字白口左右双边。

J0011728
砚笺 （四卷）（宋）高似孙撰
扬州 诗局 清康熙四十五年［1706］刻本
（楝亭藏书十二种）

J0011729
砚笺 （四卷）（宋）高似孙撰
扬州 诗局 清康熙四十五年［1706］刻本
（楝亭藏书十二种）

J0011730
砚笺 （四卷）（宋）高似孙撰
内府 清乾隆 写本
（四库全书）

J0011731
砚笺 （四卷）（宋）高似孙撰；张绍仁抄补

张绍仁家　清嘉庆十五年［1810］抄本

　　有张绍仁跋，章钰跋。

J0011732

砚笺　（四卷）（宋）高似孙撰
张蓉镜　清道光　抄本

J0011733

砚笺　（四卷）（宋）高似孙撰
上海　古书流通处　1921年　影印本
（楝亭藏书十二种）

　　据清康熙四十五年扬州诗局刻本影印。十一行二十一字小字双行三十余字白口左右双边。收于《楝亭藏书十二种》六十九卷中。

J0011734

砚笺　（宋）高似孙撰；（清）陆心源辑
扬州　江苏广陵古籍刻印社　1987年　刻本　重印
线装
（群书校补）

　　据清光绪间刻本重印。

J0011735

砚谱　□□辑
明　抄本
（类说）

J0011736

砚谱　（一卷）□□辑
明　抄本

J0011737

砚谱　（一卷）（明）高濂撰
明　刻本
（重订欣赏编）

J0011738

砚谱　（一卷）
明　抄本
（百川学海）

　　九行二十字黑口四周双边。收于《百川学海》一百种中。

J0011739

砚谱　（一卷）（明）高璇撰

明　稿本
（艳雪斋丛书）

　　收于《艳雪斋丛书》八种十一卷中。

J0011740

治安药石　（一卷）（宋）苏易简撰
龙山童氏　明　刻本

　　本书由《文房四谱四卷》《治安药石一卷》（宋）苏易简撰合订。作者苏易简（958—997），北宋绵州盐泉（今四川绵阳东南）人。字太简。太平兴国五年（980）进士第一。翰林学士、参知政事。旁通佛经。编著有《文房四谱》《续翰林志》等。

J0011741

大石山房十友谱　（一卷）（明）顾元庆撰
顾氏大石山房　明嘉靖十八至二十年［1539—1541］刻本
（顾氏明朝四十家小说）

J0011742

大石山房十友谱　（一卷）（明）顾元庆撰
茅一相　明万历八年［1580］刻本
（欣赏续编）

J0011743

大石山房十友谱　（一卷）（明）顾元庆撰
上海　国学扶轮社　清宣统三年［1911］石印本
（顾氏明朝四十家小说）

J0011744

吴氏墨纪　（一卷）（明）吴楚辑
吴景明　明嘉靖四十年［1561］刻本

　　本书由《吴氏墨纪一卷》（明）吴楚辑、《山泉吴氏小传一卷》（明）彭年等撰、《秋水玄思一卷》（明）吴颐元辑合订。

J0011745

［方氏墨谱］　（明）方于鲁撰
明万历　刻本　线装

　　行款不一。

J0011746

［文房器具］　（明）屠隆撰
绣水沈氏　明万历至泰昌　刻本　线装

（宝颜堂秘笈）

　　八行十八字白口四周单边。收于《宝颜堂秘笈》之《考槃馀事》中。

J0011747

笔　（明）屠隆撰

绣水沈氏　明万历至泰昌　刻本　线装

（宝颜堂秘笈）

　　八行十八字白口四周单边。收于《宝颜堂秘笈》之《考槃馀事》中。

J0011748

笔笺　（一卷）（明）屠隆撰　明末　刻本

（锦囊小史）

　　收于《锦囊小史》四十一种四十二卷中。

J0011749

笔笺　（明）屠隆撰

世德堂　清　刻本　线装

（龙威秘书）

　　九行二十字小字双行同黑口左右四周双边不一。收于《龙威秘书》五集《古今丛说拾遗》之《考槃馀事》中。

J0011750

笔笺　（明）屠隆撰

清乾隆六十年［1795］刻本　线装

（考槃馀事）

　　八行十九字黑口四周双边。

J0011751

笔笺　（一卷）（明）屠隆撰

山阴宋泽元忏花盦　清光绪十三年［1887］刻本　重印　线装

（忏花庵丛书）

　　十行二十一字小字双行同白口左右双边单鱼尾。收于《忏华庵丛书》之《考槃馀事》中。

J0011752

笔笺　（明）屠隆撰

上海　文明书局　民国四年［1915］石印本　线装

（说库）

　　收于《说库》之《考槃馀事》中。

J0011753

陈眉公考槃馀事　（四卷）（明）屠隆撰

绣水沈氏　明万历至泰昌　刻本　线装

（宝颜堂秘笈）

　　分四册。八行十八字白口四周单边。

J0011754

程氏墨苑　（十二卷）（明）程大约撰

程氏滋兰堂　明万历　刻本　彩色印

　　本书由《程氏墨苑十二卷》《人文爵里九卷》《续中山狼传一卷》（明）程大约撰、《中山狼传一卷》题（宋）谢枋得撰合订。作者程大约（1541—约1616），制墨家、彩绘印版画家。明代万历时安徽休宁人。字幼博，又名君房、士芳，号筱野。辑有《程氏墨苑》万历程氏滋兰堂刻彩色套印本。

J0011755

程氏墨苑　（十二卷）（明）程大约撰

程氏滋兰堂　明万历　刻本

　　本书由《程氏墨苑十二卷》《人文爵里九卷》《续中山狼传一卷》（明）程大约撰、《中山狼传一卷》题（宋）谢枋得撰。

J0011756

程氏墨苑　（十二卷）（明）程大约撰

程氏滋兰堂　明万历　刻本

　　分十二册。

J0011757

程氏墨苑　（十二卷）（明）程大约撰

程氏滋兰堂　明万历　刻本　彩色印

　　分十二册。行款不等白口四周单边。

J0011758

程氏墨苑　（十三卷）（明）程大约撰

程氏滋兰堂　明万历　刻本

　　本书由《程氏墨苑十三卷》《人文爵里九卷》（明）程大约撰合订。

J0011759

程氏墨苑　（十四卷）（明）程大约撰

程氏滋兰堂　明万历　刻本

　　本书由《程氏墨苑十四卷》《人文爵里八卷》（明）程大约撰合订。

J0011760
程氏墨苑 （十四卷）（明）程大约撰
程氏滋兰堂 明万历 刻本
　　本书由《程氏墨苑十四卷》《人文爵里九卷》
（明）程大约撰合订。

J0011761
程氏墨苑 （十四卷）（明）程大约撰
程氏滋兰堂 明万历 刻本 套印
　　本书由《程氏墨苑十四卷》《人文爵里九卷》
（明）程大约撰合订。

J0011762
程氏墨苑 （十四卷）（明）程大约撰
程氏滋兰堂 明万历 刻本
　　本书由《程氏墨苑十四卷》《人文爵里九卷》
（明）程大约撰合订。

J0011763
程氏墨苑 （十四卷）（明）程大约撰
程氏滋兰堂 明万历 刻本
　　本书由《程氏墨苑十四卷》《人文爵里九卷》
（明）程大约撰合订。

J0011764
程氏墨苑 （十四卷）（明）程大约撰
程氏滋兰堂 明万历 刻本
　　本书由《程氏墨苑十四卷》《人文爵里九卷》
（明）程大约撰合订。

J0011765
程氏墨苑 （明）程大约编
北京 中国书店 1990年 影印本 有图 线装
ISBN：7-80568-152-X 定价：CNY480.00
　　分十二册。

J0011766
程氏墨苑 （明）程君房绘
石家庄 河北美术出版社 1996年 12+466页
29cm（15开） ISBN：7-5310-0821-1
定价：CNY69.00
（中国古代版画精品系列丛书）
　　作者程君房，明万历制墨专家。名大约，字
幼博，号筱野。安徽休宁人。

J0011767
程氏墨苑 （明）程大约编
北京 中国书店 1996年 影印本 有图 线装
ISBN：7-80568-152-X 定价：CNY880.00
　　分十二册。作者程大约（1541—约1616），
制墨家、彩绘印版画家。明代万历时安徽休宁人。
字幼博，又名君房、士芳，号筱野。辑有《程氏
墨苑》万历程氏滋兰堂刻彩色套印本。

J0011768
程氏墨苑 （十四卷）（明）程大约撰
北京 中国书店 1996年 影印本 有插图 线装
ISBN：7-80568-152-X 定价：CNY880.00
　　据明万历间刻本影印

J0011769
方氏墨谱 （六卷）（明）方于鲁撰
方氏美荫堂 明万历 刻本

J0011770
方氏墨谱 （六卷）（明）方于鲁撰
方氏美荫堂 明万历 刻本
　　分二册。

J0011771
方氏墨谱 （六卷）（明）方于鲁撰
方氏美荫堂 明万历 刻本
　　分八册。

J0011772
方氏墨谱 （六卷）（明）方于鲁撰
方氏美荫堂 明万历 刻本
　　分八册。

J0011773
方氏墨谱 （六卷）（明）方于鲁撰
方式美荫堂 明万历 刻本
　　分六册。

J0011774
方氏墨谱 （六卷）（明）方于鲁撰
方钥氏美荫堂 明万历 刻本
　　分六册。

J0011775
方氏墨谱 （六卷）（明）方于鲁撰
美荫堂 明万历 刻本
　　分八册。

J0011776
方氏墨谱 （六卷）（明）方于鲁撰
明万历 刻本 有图及表 线装
　　分八册。白口四周单边单鱼尾。

J0011777
方氏墨谱 （六卷）（明）方于鲁撰
方氏美荫堂 明泰昌元年［1620］刻本 补刻
　　据明万历间方氏美荫堂刻本泰昌元年补刻。

J0011778
方氏墨谱 （六卷）（明）方于鲁撰
北京 中国书店 1991 年 影印本 有图 线装
ISBN：7-80568-318-2 定价：CNY120.00
　　分六册。

J0011779
方氏墨谱 （六卷）（明）方于鲁撰
北京 中国书店 1994 年 影印本 有图 线装
ISBN：7-80568-318-2 定价：CNY180.00
　　分六册。

J0011780
笺纸谱 （一卷）（元）费著撰
沈氏亦政堂 明万历 刻本
（亦政堂镌陈眉公家藏广秘笈）
　　作者费著（生卒年不详），元代史学家。华阳
（今成都双流县）人。进士出身，官至太史院都事、
翰林学士。编有大量史著，整理编纂有《岁华纪
丽谱》《蜀锦谱》《笺纸谱》《蜀名画记》等。

J0011781
笺纸谱 （一卷）（元）费著撰
顾氏秀野草堂 清康熙 刻本
（闾丘辩囿）

J0011782
笺纸谱 （一卷）（元）费著撰
顾氏秀野草堂 清康熙 刻本
（闾邱辩囿）

十一行二十一字白口左右双边。

J0011783
笺纸谱 （一卷）（元）费著撰
内府 清乾隆 写本
（四库全书）

J0011784
墨 （明）屠隆撰
绣水沈氏 明万历至泰昌 刻本 线装
（宝颜堂秘笈）
　　八行十八字白口四周单边。收于《宝颜堂秘
笈》之《考槃馀事》中。

J0011785
如韦馆墨评 （一卷）（明）潘膺祉辑
潘膺祉如韦馆 明万历 刻本
　　本书由《如韦馆墨评一卷》（明）潘膺祉辑、
《墨谱三卷》（宋）李孝美撰合订。分二册。九行
十八字白口四周单边。

J0011786
山房十友图赞 （一卷）（明）顾元庆撰
胡氏文会堂 明万历 刻本
（格致丛书）

J0011787
山斋 （明）屠隆撰
绣水沈氏 明万历至泰昌 刻本 线装
（宝颜堂秘笈）
　　八行十八字白口四周单边。收于《宝颜堂秘
笈》之《考槃馀事》中。

J0011788
文房清事 （一卷）
胡氏文会堂 明万历 刻本
（格致丛书）

J0011789
文房清事
清 刻本 线装
（奚囊续要）
　　九行十八字白口四周单边。收于《奚囊续要》
之《赏鉴》中。

J0011790
新刻文房清事 （一卷）
胡氏文会堂 明万历 刻本
（百家名书）

J0011791
砚 （明）屠隆撰
绣水沈氏 明万历至泰昌 刻本 线装
（宝颜堂秘笈）
　　八行十八字白口四周单边。收于《宝颜堂秘笈》之《考槃馀事》中。

J0011792
砚笺 （一卷）（明）屠隆撰
明末 刻本
（锦囊小史）
　　收于《锦囊小史》四十一种四十二卷中。

J0011793
砚笺 （明）屠隆撰
世德堂 清 刻本 线装
（龙威秘书）
　　九行二十字小字双行同黑口左右四周双边不一。收于《龙威秘书》五集《古今丛说拾遗》之《考槃馀事》中。

J0011794
砚笺 （明）屠隆撰
清乾隆六十年［1795］刻本 线装
（考槃馀事）
　　八行十九字黑口四周双边。

J0011795
砚笺 （一卷）（明）屠隆撰
山阴宋泽元忏花庵 清光绪十三年［1887］刻本 重印 线装
（忏花庵丛书）
　　十行二十一字小字双行同白口左右双边单鱼尾。收于《忏华庵丛书》之《考槃馀事》中。

J0011796
砚笺 （明）屠隆撰
上海 文明书局 民国四年［1915］石印本 线装
（说库）
　　收于《说库》之《考槃馀事》中。

J0011797
纸 （明）屠隆撰
绣水沈氏 明万历至泰昌 刻本 线装
（宝颜堂秘笈）
　　八行十八字白口四周单边。收于《宝颜堂秘笈》之《考槃馀事》中。

J0011798
纸笺 （一卷）（明）屠隆撰
明末 刻本
（锦囊小史）
　　收于《锦囊小史》四十一种四十二卷中。

J0011799
纸笺 （明）屠隆撰
世德堂 清 刻本 线装
（龙威秘书）
　　九行二十字小字双行同黑口左右四周双边不一。收于《龙威秘书》五集《古今丛说拾遗》之《考槃馀事》中。

J0011800
纸笺 （明）屠隆撰
清乾隆六十年［1795］刻本 线装
（考槃馀事）
　　八行十九字黑口四周双边。

J0011801
纸笺 （一卷）（明）屠隆撰
山阴宋泽元忏花庵 清光绪十三年［1887］刻本 重印 线装
（忏花庵丛书）
　　十行二十一字小字双行同白口左右双边单鱼尾。收于《忏华庵丛书》之《考槃馀事》中。

J0011802
纸笺 （明）屠隆撰
上海 文明书局 民国四年［1915］石印本 线装
（说库）
　　收于《说库》之《考槃馀事》中。

J0011803
文房十二友 （十六卷）
玉峰 万卷楼 明万历三十年［1602］刻本 巾箱

J0011804
墨笺 （一卷）（明）屠隆撰
明末　刻本
（锦囊小史）
　　收于《锦囊小史》四十一种四十二卷中。

J0011805
墨笺 （明）屠隆撰
世德堂　清　刻本　线装
（龙威秘书）
　　九行二十字小字双行同黑口左右四周双边
不一。收于《龙威秘书》五集《古今丛说拾遗》之
《考槃馀事》中。

J0011806
墨笺 （明）屠隆撰
清乾隆六十年［1795］刻本　线装
（考槃馀事）
　　八行十九字黑口四周双边。

J0011807
墨笺 （一卷）（明）屠隆撰
山阴宋泽元忏花庵　清光绪十三年［1887］刻本
重印　线装
（忏花庵丛书）
　　十行二十一字小字双行同白口左右双边单
鱼尾。收于《忏华庵丛书》之《考槃馀事》中。

J0011808
墨笺 （明）屠隆撰
上海　文明书局　民国四年［1915］石印本　线装
（说库）
　　收于《说库》之《考槃馀事》中。

J0011809
墨妙法式论注 （三卷）（明）宋存标撰
君子堂　明末　刻本

J0011810
墨钞法式论注 （三卷）（明）宋存标撰
君子堂　明末　刻本

J0011811
砚谱 （一卷）（明）沈仕辑
明末　刻本

（锦囊小史）
　　明末刻说郛及说郛续等重编印本。

J0011812
砚谱 （一卷）（明）沈仕辑
明末　刻本
（广百川学海）

J0011813
砚谱 （一卷）（明）沈仕辑
明末　刻本
（水边林下）

J0011814
砚谱 （一卷）（明）沈仕辑
明末　刻本
（水边林下）
　　清初重编印本。

J0011815
砚谱 （一卷）
明末　刻本
（百川学海）
　　收于《百川学海》一百十二种一百五十四卷中。

J0011816
砚谱 （一卷）（明）沈仕辑
竹屿　明崇祯　刻本
（雪堂韵史）

J0011817
砚谱 （一卷）（明）沈仕辑
李际期宛委山堂　清初　刻本　续刻
（说郛）
　　明末刻清初李际期宛委山堂续刻汇印本。

J0011818
砚谱 （一卷）（明）沈仕撰
两浙督学周南李际期宛委山堂　清　刻本　重印
有图　线装
（说郛续）
　　九行二十字小字双行同白口左右双边单鱼
尾。收于《说郛续》卷第三十六中。

J0011819
砚谱　（一卷）（明）沈仕撰
清顺治　刻本　有图　线装
（说郛续）
　　　　收于《说郛续》卷第三十三中。

J0011820
砚谱　（一卷）（明）沈仕撰
清　刻本　重修　线装
（说郛续）
　　　　九行二十字白口左右双边单鱼尾。收于《说
郛续》卷第三十六中。

J0011821
文苑四史　（一卷）（明）钟泰华撰
快堂　明天启六年［1626］刻本
（快书五十种）

J0011822
文苑四史　（一卷）（明）钟泰华撰
快堂　明天启六年［1626］刻本
（快书五十种）
　　　　收于《快书五十种》五十卷中。

J0011823
［笺谱］
清　刻本　彩色套印　有图　线装

J0011824
［九峰旧庐藏砚谱］　（清）王绶珊藏
仁和王体仁　清　拓本　有图　线装
　　　　分二册。

J0011825
百十二家墨录　（一卷）（清）邱学敏撰
清　抄本
（墨苑丛谈）

J0011826
百十二家墨录　（一卷）（清）邱学敏撰
清　抄本
（墨苑丛谈）
　　　　收于《墨苑丛谈》九卷中。

J0011827
百十二家墨录　（清）邱学敏撰
仁和吴氏双照楼　民国十一年［1922］刻本　朱
印　线装
（十六家墨说）

J0011828
百十二家墨录题词　（五卷）（清）邱学敏辑
清乾隆　刻本

J0011829
百石斋砚谱　（不分卷）□□辑
［清］抄本　红格

J0011830
拜经楼研录　（一卷）（清）吴骞辑
［清］稿本

J0011831
宝砚堂砚辨　（清）何传瑶撰
清　刻本　有图　线装
　　　　八行二十二字小字双行同白口四周双边单
鱼尾。

J0011832
宝砚堂砚辨　（不分卷）（清）何传瑶撰；（清）
黄培芳绘图
清　抄本

J0011833
宝砚堂砚辨　（清）何传瑶撰
仁和高鸿　清道光　刻本　有图　线装
　　　　八行二十二字白口四周双边单鱼尾。

J0011834
宝砚堂砚辨　（一卷）（清）何传瑶撰
高鸿　清道光十七年［1837］刻本
　　　　八行二十二字白口四周双边。

J0011835
宝砚堂砚辨　（不分卷）（清）何传瑶撰；（清）
黄培芳绘图
仁和宝砚堂　清道光十七年［1837］刻本

J0011836

宝砚堂砚辨　（清）何传瑶撰

仁和高鸿　清道光十九年［1839］刻本　有图
线装

　　八行二十二字白口四周双边单鱼尾。

J0011837

宝砚堂砚辨　（不分卷）（清）何传瑶撰；（清）
黄培芳绘图

清光绪十三年［1887］刻本

J0011838

笔经　（不分卷）（晋）王羲之撰

李际期宛委山堂　清初　刻本　续刻
（说郛）

　　明末刻清初李际期宛委山堂续刻汇印本。
作者王羲之（303—361），东晋著名书法家。字逸
少。山东临沂人。代表作《兰亭序》《黄庭经》《乐
毅论》《十七帖》《兰亭集序》《初月帖》等。

J0011839

笔经　（一卷）（晋）王羲之撰

李际期宛委山堂　清初　刻本　重修　线装
（说郛）

　　明末刻清初李际期宛委山堂重修汇印本。
收于《说郛》卷第九十八中。

J0011840

笔经　（不分卷）（晋）王羲之撰

清　汇印本
（五朝小说）

J0011841

笔经　（一卷）（晋）王羲之撰

清顺治　刻本　线装
（说郛）

　　收于《说郛》卷第九十八中。

J0011842

笔经　（一卷）（晋）王羲之撰

清　刻本　重修　线装
（说郛）

　　九行二十字白口左右双边单鱼尾。收于《说
郛》卷第九十八中。

J0011843

笔经　（一卷）（晋）王羲之撰

清　刻本　重编印　线装
（魏晋小说）

　　九行二十字白口左右双边单鱼尾。收于《魏
晋小说》之《品藻家》中。

J0011844

笔经　（一卷）（晋）王羲之撰

上海　国学扶轮社　民国二年［1913］线装
（古今说部丛书）

　　收于《古今说部丛书》第三集中。

J0011845

笔经　（一卷）（晋）王羲之撰

上海　国学扶轮社　民国四年［1915］线装
（古今说部丛书）

　　收于《古今说部丛书》第三集中。作者王羲
之（303—361），东晋著名书法家。字逸少。山东
临沂人。代表作《兰亭序》《黄庭经》《乐毅论》
《十七帖》《兰亭集序》《初月帖》等。

J0011846

笔史　（二卷）（清）杨思本撰

清　抄本

J0011847

笔史　（二卷）（清）杨思本撰

清　抄本

　　七行十八字无格。

J0011848

笔史　（一卷）（清）梁同书撰

清　刻本

J0011849

笔史　（一卷）（清）梁同书撰

钱塘梁氏　清嘉庆　刻本　线装
（梁氏丛书）

　　十一行二十三字黑口左右双边单鱼尾。收
于《梁氏丛书》之《频罗庵遗集》中。

J0011850

笔史　（一卷）（清）梁同书撰

仁和陆贞一　清嘉庆二十二年［1817］刻本

线装

（频罗庵遗集）

十行二十一字小字双行同白口左右双边单鱼尾。

J0011851

笔史　（一卷）（清）梁同书撰

清同治至光绪　刻本

（榆园丛刻）

J0011852

笔史　（一卷）（清）梁同书撰

清同治至光绪　刻本

（榆园丛刻）

本书由《端溪砚史三卷》（清）吴兰修撰、《雪堂墨品一卷》（清）宋荦撰、《笔史一卷》（清）梁同书撰、《金粟笺说一卷》（清）张燕昌撰合订。

J0011853

笔史　（清）梁同书撰

仁和许增娱园　清光绪　刻本　线装

（榆园丛书）

十二行二十三字白口左右双边单鱼尾。收于《榆园丛书》之《娱园丛刻》中。

J0011854

笔史　（一卷）（清）梁同书撰

上海　广益书局　民国三年［1914］线装

（古今文艺丛书）

收于《古今文艺丛书》第二集中。

J0011855

笔史　（一卷）（清）梁同书撰

民国九年［1920］刻本　补刻　线装

（榆园丛刻）

本书据清同治至光绪刻本补刻。收于《榆园丛刻》之《娱园丛刻》十种中。

J0011856

辩砚　（一卷）（清）聆筜山人辑

清　抄本

本书由《端石论一卷》（清）高光等撰、《辩砚一卷》（清）聆筜山人辑合订。

J0011857

藏经纸说　（一卷）（清）张燕昌撰

吴骞　清　抄本

有吴骞校注。八行十九字无格。

J0011858

藏经纸说　（一卷）（清）张燕昌撰；（清）吴骞校注

吴骞［自刊］清　抄本

作者张燕昌（1738—1814），字文鱼，号芑堂。又号金粟山人。清浙江盐武原镇人。著有《飞白书》《石鼓文考释》《芑堂印存》《和鸳鸯湖棹歌》《张燕昌刻梁同书铭紫檀书筒》等。

J0011859

曹氏墨林　（初集二卷　二集一卷）（清）曹圣臣辑

清　刻本

J0011860

曹氏墨林　（二卷）（清）曹圣臣编

清　刻本　线装

分二册。七行字数不等白口四周单边。

J0011861

曹氏墨林　（二卷）（清）曹圣臣辑

清　刻本

J0011862

曹氏墨林　（二卷）（清）曹圣臣辑

曹圣臣［自刊］清康熙　刻本

分二册。

J0011863

曹氏墨林　（二卷）（清）曹圣臣辑

曹氏艺粟斋　清康熙至乾隆　递修本

J0011864

曹氏墨林　（二卷）（清）曹圣臣辑

曹圣臣［自刊］清康熙二十七年［1688］刻本

J0011865

曹氏墨林　（二卷　续一卷）（清）曹圣臣辑

清康熙二十七年［1688］刻本　增修

J0011866
茶说 （一卷）（清）顾蘅撰
清 抄本
　　本书由《墨说一卷》《茶说一卷》《花说一卷》《香说一卷》《炉砚说二卷》（清）顾蘅撰合订。

J0011867
赐衣堂文房四事 （清）□□撰
清 抄本

J0011868
冬心砚铭 （一卷）（清）金农撰
华韵轩 清 刻本
（巾箱小品）

J0011869
冬心斋研铭 （一卷）（清）金农撰
吴郡邓弘文 清雍正十一年［1733］刻本

J0011870
冬心斋砚铭 （一卷）（清）金农撰
华韵轩 清 刻本 线装
（巾箱小品）
　　九行十八字白口左右双边单鱼尾。

J0011871
冬心斋砚铭 （一卷）（清）金农撰
华韵轩 清 刻本 线装
（巾箱小品）
　　八行十六字黑口左右双边。

J0011872
冬心斋砚铭 （一卷）（清）金农撰
［清］稿本
（花近楼丛书）

J0011873
冬心斋砚铭 （清）金农撰
陈鸿寿种榆仙馆 清嘉庆至咸丰 刻本 线装
（冬心先生杂著）
　　十行二十字黑口左右双边双鱼尾。

J0011874
冬心斋砚铭 （清）金农撰
钱塘陈氏 清嘉庆至道光 刻本 线装
（冬心先生杂著）
　　十行二十字黑口左右双边双鱼尾。

J0011875
冬心斋砚铭 （清）金农撰
钱塘丁氏当归草堂 清光绪四年［1878］刻本 线装
（冬心先生杂著）
　　十一行二十二字白口四周双边单鱼尾。

J0011876
冬心斋砚铭 （一卷）（清）金农撰
上海 广益书局 民国二年［1913］线装
（古今文艺丛书）
　　收于《古今文艺丛书》第一集中。

J0011877
洞天清禄 （宋）赵希鹄撰
清 抄本 毛装
　　本书由《学古编》（元）吾邱衍撰、《洞天清禄集》《洞天清禄》（宋）赵希鹄撰合订。

J0011878
洞天清禄集 （宋）赵希鹄撰
清 抄本 毛装
　　本书由《学古编》（元）吾邱衍撰、《洞天清禄集》《洞天清禄》（宋）赵希鹄撰合订。

J0011879
读书灯 （一卷）（明）冯京第撰
清 刻本 重修 线装
（檀几丛书）
　　收于《檀几丛书》二集第四帙墨中。

J0011880
端石考 （一卷）□□撰
清 抄本

J0011881
端石考 （一卷）□□撰
上海 蟫隐庐 民国 誊写版印本
（邈园丛书）
　　民国间上海蟫隐庐誊写版印三十三年吴兴周延年汇编印本。

J0011882
端石考（一卷）[清]佚名撰
上虞罗氏蟫隐庐　民国二十五年[1936]石印本
线装

J0011883
端石考（一卷）（清）佚名撰
上海　蟫隐庐　民国二十五年[1936]石印本
线装
（邂园丛书）

J0011884
端石论（一卷）（清）高光等撰
清　抄本
　　本书由《端石论一卷》（清）高光等撰、《辩
砚一卷》（清）聆筠山人辑合订。

J0011885
端石论（一卷）（清）高光撰
清乾隆　抄本

J0011886
端溪砚坑记（一卷）（清）李兆洛撰
[清]稿本
（花近楼丛书）
　　本书由《端溪砚坑记一卷》《端砚铭一卷》
（清）李兆洛撰合订。

J0011887
端溪砚坑记（一卷）（清）李兆洛撰
清　抄本
　　本书由《端溪砚坑记一卷》《端砚铭一卷》
（清）李兆洛撰合订。

J0011888
端溪砚坑记（一卷）（清）李兆洛撰
清　稿本
　　本书由《端研铭一卷》《端溪砚坑记一卷》
（清）李兆洛撰合订。

J0011889
端溪砚坑记（一卷）（清）李兆洛撰
清　抄本　线装

J0011890
端溪砚坑记（一卷）（清）李兆洛撰
江阴金氏　清光绪至民国初　刻本
（粟香室丛书）

J0011891
端溪砚坑记（一卷）（清）李兆洛撰
赵氏能静居　清光绪十年[1884]抄本
　　有清赵烈文跋。

J0011892
端溪砚坑记（清）李兆洛述
上虞罗氏蟫隐庐　民国二十五年[1936]石印本
线装

J0011893
端溪砚石考（清）高兆撰
北京　北京图书馆[1644—1911年]抄本　线装

J0011894
端溪砚石考（一卷）（清）高兆撰
清　刻本　重修　线装
（檀几丛书）
　　收于《檀几丛书》第五帙府中。

J0011895
端溪砚石考（一卷）（清）高兆撰
清　抄本
　　本书由《端溪砚石考一卷》《观石录一卷》
（清）高兆撰合订。

J0011896
端溪砚石考（一卷）（清）高兆撰
[清]抄本
　　本书由《端溪砚石考一卷》《砚石杂录一卷》
《观石录一卷》（清）高兆撰合订。

J0011897
端溪砚石考（一卷）（清）高兆撰
武林王晫天都张潮　清康熙三十四年[1695]刻
本　线装
（檀几丛书）
　　九行二十字白口四周单边。收于《檀几丛书》
第五帙府中。

J0011898
端溪砚石考　（一卷）（清）高兆撰
张潮　清康熙三十四年［1695］刻本
（檀几丛书）

J0011899
端溪砚史　（三卷）（清）吴兰修撰
郑氏淳一堂　清　刻本

J0011900
端溪砚史　（三卷）（清）吴兰修撰
郑氏淳一堂　清　刻本　递修

J0011901
端溪砚史　（三卷）（清）吴兰修撰
清　抄本

J0011902
端溪砚史　（三卷）（清）吴兰修撰
清　刻本

J0011903
端溪砚史　（三卷）（清）吴兰修撰
南海伍氏粤雅堂文字欢娱室　清道光至同治
刻本
（岭南遗书）

J0011904
端溪砚史　（三卷）（清）吴兰修撰
味叶庐　清道光　木活字印本

J0011905
端溪砚史　（三卷）（清）吴兰修撰
嘉善周氏　清道光十七年［1837］刻本

J0011906
端溪砚史　（三卷）（清）吴兰修撰
怀米山房　清道光二十八年［1848］刻本

J0011907
端溪砚史　（三卷）（清）吴兰修撰
叶砚农　清咸丰九年［1859］刻本

J0011908
端溪砚史　（三卷）（清）吴兰修撰
清同治至光绪　刻本
（榆园丛刻）
　　本书由《端溪砚史三卷》（清）吴兰修撰、《雪
堂墨品一卷》（清）宋荦撰、《笔史一卷》（清）梁
同书撰、《金粟笺说一卷》（清）张燕昌撰合订。

J0011909
端溪砚史　（三卷）（清）吴兰修撰
清同治至光绪　刻本
（榆园丛刻）

J0011910
端溪砚史　（三卷）（清）吴兰修撰
仁和许增娱园　清光绪　刻本　有图　线装
（榆园丛书）
　　十二行二十三字白口左右双边单鱼尾。收
于《榆园丛书》之《娱园丛刻》中。

J0011911
端溪砚史　（三卷）（清）吴兰修撰
民国九年［1920］刻本　补刻　有图　线装
（榆园丛刻）
　　本书据清同治至光绪刻本补刻。分二册。
收于《榆园丛刻》之《娱园丛刻》十种中。

J0011912
端溪砚志　（三卷）（清）吴绳年辑
清　刻本　线装
　　九行十九字白口左右双边单鱼尾。

J0011913
端溪砚志　（三卷 卷首一卷）（清）吴绳年辑
楚州王永熙　清乾隆　刻本　线装
　　分二册。九行十九字小字双行同白口左右
双边单鱼尾。

J0011914
端溪砚志　（三卷 首一卷）（清）吴绳年撰
楚州王永熙　清乾隆　刻本

J0011915
端溪砚志　（三卷 卷首一卷）（清）吴绳年辑
钱塘吴绳年　清乾隆二十二年［1757］刻本
有图　线装
　　书名页题乾隆丁丑新镌，刻书者据本书清

乾隆间重刻本楚州王永熙跋题。分四册。九行
十九字小字双行同白口左右双边单鱼尾。

J0011916
端溪砚志　（三卷　卷首一卷）（清）吴绳年辑
程洪溥　清道光十八年［1838］刻本　有图　线装
　　　分二册。九行十九字小字双行同白口左右
双边单鱼尾。

J0011917
端研记　（一卷）（清）江藩撰
民国二十九至三十七年［1940—1948］石印本
（合众图书馆丛书）

J0011918
端砚记　（一卷）（清）江藩撰
清　抄本　线装
（炳烛斋杂著）
　　　十行二十一字。

J0011919
端砚铭　（一卷）（清）李兆洛撰
清　稿本
　　　本书由《端研铭一卷》《端溪砚坑记一卷》
（清）李兆洛撰合订。

J0011920
端砚铭　（一卷）（清）李兆洛撰
［清］稿本
（花近楼丛书）
　　　本书由《端溪砚坑记一卷》《端砚铭一卷》
（清）李兆洛撰合订。

J0011921
端砚铭　（一卷）（清）李兆洛撰
清　抄本
　　　本书由《端溪砚坑记一卷》《端砚铭一卷》
（清）李兆洛撰合订。

J0011922
古今砚谱　（六卷）（清）倪椿辑
［清］稿本

J0011923
红术轩紫泥法　（一卷）（清）汪镐京撰

张海鹏　清嘉庆　刻本
（泽古斋重钞）

J0011924
红术轩紫泥法　（一卷）（清）汪镐京撰
虞山张氏　清嘉庆十一年至十七年［1806—1812］
刻本
（借月山房汇钞）

J0011925
红术轩紫泥法　（一卷）（清）汪镐京撰
上海陈氏　清道光四年［1824］刻本　重编
（泽古斋重钞）

J0011926
红术轩紫泥法　（一卷）（清）汪镐京撰
上海　博古斋　民国九年［1920］影印本
（借月山房汇钞）
　　　据清张氏刻本影印。

J0011927
红术轩紫泥法定本　（一卷）（清）汪镐京撰
清　刻本　重修　线装
（檀几丛书）
　　　收于《檀几丛书》二集第五帙林中。

J0011928
红术轩紫泥法定本　（一卷）（清）汪镐京撰
［清］稿本
（艺苑丛钞）

J0011929
红术轩紫泥法定本　（一卷）（清）汪镐京撰
［清］稿本
（一瓻笔存）

J0011930
红术轩紫泥法定本　（一卷）（清）汪镐京撰
张潮　清康熙三十四年［1695］刻本
（檀几丛书）

J0011931
红术轩紫泥法定本　（一卷）（清）汪镐京撰
红术轩　清康熙三十五年［1696］刻本

J0011932
红术轩紫泥法定本 （一卷）（清）汪镐京撰
南溪渔子 清咸丰七年［1857］抄本

J0011933
红术轩紫泥法定本 （清）汪镐京撰
羊城冯氏 清光绪 刻本 线装
（翠琅玕馆丛书）
　　　九行二十一字小字双行同黑口左右双边。
收于《翠琅玕馆丛书》第一集中。

J0011934
纪墨小言 （一卷）（清）汪绍焻撰
清 抄本
（墨苑丛谈）

J0011935
纪墨小言 （一卷）（清）汪绍焻撰
清 抄本
（墨苑丛谈）
　　　收于《墨苑丛谈》九卷中。

J0011936
纪墨小言 （一卷 补编一卷）（清）汪绍焻撰
仁和吴氏双照楼 民国十一年［1922］刻本 朱印 线装
（十六家墨说）

J0011937
纪墨小言补编 （一卷）（清）汪绍焻撰
清 抄本
（墨苑丛谈）

J0011938
纪墨小言补编 （一卷）（清）汪绍焻撰
清 抄本
（墨苑丛谈）
　　　收于《墨苑丛谈》九卷中。

J0011939
笺谱铭 （一卷）（明）屠隆撰
李际期宛委山堂 清初 刻本 重修 线装
（说郛）
　　　明末刻清初李际期宛委山堂重修汇印本。
收于《说郛续》卷第三十六中。

J0011940
笺谱铭 （一卷）（明）屠隆撰
李际期宛委山堂 清初 刻本 续刻
（说郛）
　　　明末刻清初李际期宛委山堂续刻汇印本。

J0011941
笺谱铭 （一卷）（明）屠隆撰
两浙督学周南李际期宛委山堂 清 刻本 重印 线装
（说郛续）
　　　九行二十字小字双行同白口左右双边单鱼尾。收于《说郛续》卷第三十六中。

J0011942
笺谱铭 （一卷）（明）屠隆撰
清顺治 刻本 线装
（说郛续）
　　　收于《说郛续》卷第三十三中。

J0011943
笺谱铭 （一卷）（明）屠隆撰
清 刻本 重修 线装
（说郛）
　　　九行二十字白口左右双边单鱼尾。收于《说郛续》卷第三十六中。

J0011944
金粟笺说 （一卷）（清）张燕昌撰
清 刻本

J0011945
金粟笺说 （一卷）（清）张燕昌撰
吴江沈氏世楷堂 清道光 刻本
（昭代丛书）

J0011946
金粟笺说 （一卷）（清）张燕昌撰
吴江沈氏世楷堂 清末 刻本 重印 有图 线装
（昭代丛书）
　　　九行二十字白口左右双边单鱼尾。

J0011947
金粟笺说 （一卷）（清）张燕昌撰
清同治至光绪 刻本

（榆园丛刻）

J0011948

金粟笺说 （一卷）（清）张燕昌撰
清同治至光绪 刻本
（榆园丛刻）

　　本书由《端溪砚史三卷》（清）吴兰修撰、《雪堂墨品一卷》（清）宋荦撰、《笔史一卷》（清）梁同书撰、《金粟笺说一卷》（清）张燕昌撰合订。

J0011949

金粟笺说 （清）张燕昌撰
仁和许增娱园 清光绪 刻本 有图 线装
（榆园丛书）

　　十二行二十三字白口左右双边单鱼尾。收于《榆园丛书》之《娱园丛刻》中。

J0011950

金粟笺说 （一卷）（清）张燕昌撰
吴江沈氏世楷堂 清光绪 刻本 重印 线装
（昭代丛书）

　　九行二十字小字双行同白口左右双边单鱼尾。收于《昭代丛书》癸集中。

J0011951

金粟笺说 （一卷）（清）张燕昌撰
吴江沈廷镛 民国八年［1919］重修本 线装
（昭代丛书）

　　清道光吴江沈氏世楷堂刻民国八年吴江沈廷镛重修本。作者张燕昌（1738—1814），字文鱼，号芑堂，又号金粟山人。清浙江海盐武原镇人。著有《飞白书》《石鼓文考释》《芑堂印存》《和鸳鸯湖棹歌》《张燕昌刻梁同书铭紫檀书筒》等。

J0011952

金粟笺说 （一卷）（清）张燕昌撰
民国九年［1920］刻本 补刻 线装
（榆园丛刻）

　　本书据清同治至光绪刻本补刻。收于《榆园丛刻》之《娱园丛刻》十种中。

J0011953

九峰旧庐藏砚谱 王绶珊藏
仁和王体仁 清 拓本

J0011954

漫堂墨品 （一卷）（清）宋荦撰
清 刻本 重修 线装
（檀几丛书）

　　收于《檀几丛书》二集第五帙林中。

J0011955

漫堂墨品 （一卷）（清）宋荦撰
清 刻本

　　作者宋荦（1634—1714），清朝诗人、画家、政治家。字牧仲，号漫堂、西陂、绵津山人，晚号西陂老人、西陂放鸭翁。归德府（今河南商丘）人。曾任湖广黄州通判、江苏巡抚、吏部尚书。被康熙帝誉为"清廉为天下巡抚第一"。著作有《漫堂说诗》《漫堂墨品》《绵津诗抄》等。

J0011956

漫堂墨品 （一卷）（清）宋荦撰
清 抄本
（墨苑丛谈）

J0011957

漫堂墨品 （一卷）（清）宋荦撰
清 抄本
（墨品）

J0011958

漫堂墨品 （一卷）（清）宋荦撰
清 抄本
（墨苑丛谈）

　　收于《墨苑丛谈》九卷中。

J0011959

漫堂墨品 （一卷）（清）宋荦撰
清康熙 刻本

　　作者宋荦（1634—1714），清朝诗人、画家、政治家。字牧仲，号漫堂、西陂、绵津山人，晚号西陂老人、西陂放鸭翁。归德府（今河南商丘）人。曾任湖广黄州通判、江苏巡抚、吏部尚书。被康熙帝誉为"清廉为天下巡抚第一"。著作有《漫堂说诗》《漫堂墨品》《绵津诗抄》等。

J0011960

漫堂墨品 （清）宋荦撰
清嘉庆八年［1803］刻本 线装

（广虞初新志）

　　九行二十字白口四周双边单鱼尾。收于《广虞初新志》卷二十八中。

J0011961
漫堂墨品　（清）宋荦撰
扫叶山房　清末至民国初　石印本　线装
（广虞初新志）

　　十六行三十六字白口四周双边单鱼尾。收于《广虞初新志》卷之二十八中。

J0011962
漫堂墨品　（清）宋荦撰
仁和许增娱园　清光绪　刻本　线装
（榆园丛书）

　　十二行二十三字白口左右双边单鱼尾。收于《榆园丛书》之《娱园丛刻》中。

J0011963
漫堂墨品　（一卷）（清）宋荦撰
民国九年［1920］刻本　补刻　线装
（榆园丛刻）

　　本书据清同治至光绪刻本补刻。收于《榆园丛刻》之《娱园丛刻》十种中。

J0011964
漫堂墨品　（清）宋荦撰
仁和吴氏双照楼　民国十一年［1922］刻本　朱印　线装
（十六家墨说）

J0011965
雪堂墨品　（一卷）（清）张仁熙撰
清同治至光绪　刻本
（榆园丛刻）

　　本书由《端溪砚史三卷》（清）吴兰修撰、《雪堂墨品一卷》（清）张仁熙撰、《笔史一卷》（清）梁同书撰《金粟笺说一卷》（清）张燕昌撰合订。

J0011966
漫堂续墨品　（清）宋荦撰
仁和吴氏双照楼　民国十一年［1922］刻本　朱印　线装
（十六家墨说）

J0011967
摩墨亭墨考　（一卷）（清）颜崇规撰
清　抄本

　　有傅增湘跋。

J0011968
墨表　（四卷）（清）万寿祺撰
清　刻本　朱印

　　作者万寿祺（1603—1652），明末清初书法家。江苏徐州人，一作铜山人。字年少。明崇祯举人。工书善画，精篆刻。著有《隰西草堂集》。

J0011969
墨表　（四卷）（清）万寿祺辑
戴光曾　清嘉庆十九年［1814］抄本　线装

J0011970
墨表　（四卷）（清）万寿祺撰
清嘉庆十九年［1814］抄本

J0011971
墨表　（四卷）（清）万寿祺撰
吴兴沈良玉　清嘉庆二十二年［1817］刻本　线装
　　八行字数不等小字双行同白口四周双边单鱼尾。

J0011972
墨表　（四卷）（清）万寿祺撰
清嘉庆二十三年［1818］刻本

J0011973
墨表　（四卷）（清）万寿祺辑
清末　抄本　线装

J0011974
墨表　（四卷）（清）万寿祺撰
清末　抄本

J0011975
墨表　（四卷）（清）万寿祺撰
清末　石印本

J0011976
墨表　（四卷）（清）万寿祺撰
新会刘氏藏修书屋　清光绪十六年［1890］刻本

（藏修堂丛书）

J0011977
墨表　（四卷）（清）万寿祺辑
仁和吴昌绶　民国　刻本　线装

J0011978
墨表　（四卷）（明）万寿祺辑
民国　刻本　线装
　　　八行二十字小字双行字数不等四周双边单
鱼尾。

J0011979
墨表　（二卷）（清）万寿祺撰
上海　神州国光社　民国三年［1914］
（美术丛书）

J0011980
墨表　（四卷）（清）万寿祺辑
民国　影印本　线装
　　　据清嘉庆年黄荛圃刻本影印。

J0011981
墨表　（四卷）（清）万寿祺辑
民国　影印本　线装
　　　作者万寿祺（1603—1652），明末清初书法家。
江苏徐州人，一作铜山人。字年少。明崇祯举人。
工书善画，精篆刻。著有《隰西草堂集》。

J0011982
墨表　（四卷）（清）万寿祺撰
北京　中国书店　1991年　影印本　线装
（涉园墨萃）
　　　据民国十八年（1929）武进陶氏刻本影印。

J0011983
墨法集要　（一卷）（明）沈继孙撰
江西书局　清　刻本　有图　线装
（武英殿聚珍版书）
　　　九行二十一字白口四周双边单鱼尾。作者
沈继孙，明代学者，字学翁。苏州人。有《墨法
集要》，为历史上第一部制墨的工艺书。

J0011984
墨法集要　（明）沈继孙撰

清　刻本　有图　线装
　　　分二册。九行二十一字白口四周双边单
鱼尾。

J0011985
墨法集要　（明）沈继孙撰；（清）项家达校
清　刻本　有图　线装
　　　九行二十一字白口四周双边单鱼尾。

J0011986
墨法集要　（明）沈继孙撰；（清）陆锡熊等订正
清　刻本　有图　线装
　　　九行二十一字白口四周双边单鱼尾。

J0011987
墨法集要　（一卷）（明）沈继孙撰
清　刻本

J0011988
墨法集要　（一卷）（明）沈继孙撰
内府　清乾隆　写本
（四库全书）

J0011989
墨法集要　（一卷）（明）沈继孙撰
内府　清乾隆　写本
（四库全书荟要）

J0011990
墨法集要　（一卷）（明）沈继孙撰
武英殿　清乾隆　木活字印本
（武英殿聚珍版书）

J0011991
墨法集要　（一卷）（明）沈继孙撰
武英殿　清乾隆　木活字印本
（武英殿聚珍版丛书）
　　　收于《武英殿聚珍版丛书》一百四十一种二千
六百五卷中。

J0011992
墨法集要　（明）沈继孙撰
清乾隆　刻本　有图　线装
（武英殿聚珍版书）
　　　九行二十一字白口四周双边单鱼尾。

J0011993
墨法集要 （明）沈继孙撰
清乾隆至宣统 刻本 线装
　　九行二十一字白口左右双边单鱼尾。

J0011994
墨法集要 （一卷）（明）沈继孙撰
清乾隆 刻本

J0011995
墨法集要 （一卷）（明）沈继孙撰
清乾隆五十六年［1791］刻本 有图 线装
（武英殿聚珍版书）
　　九行二十一字白口左右双边单鱼尾。

J0011996
墨法集要 （一卷）（明）沈继孙撰
清道光八年［1828］刻本 重修 有图 线装
（武英殿聚珍版书）
　　九行二十一字白口左右双边单鱼尾。

J0011997
墨法集要 （一卷）（明）沈继孙撰
福建 陈庆偕 清道光二十七年［1847］刻本 重
修 有图 线装
（闽刻武英殿聚珍版全书）
　　九行二十一字白口四周双边单鱼尾。收于
《闽刻武英殿聚珍版全书》子部中。

J0011998
墨法集要 （一卷）（明）沈继孙撰
清道光二十七年［1847］刻本 第2次修订 有
图 线装
（武英殿聚珍版书）
　　九行二十一字白口左右双边单鱼尾。作者
沈继孙，明代学者，字学翁。苏州人。有《墨法
集要》，为历史上第一部制墨的工艺书。

J0011999
墨法集要 （一卷）（明）沈继孙撰
清同治七年［1868］刻本 第3次修订 有图 线装
（武英殿聚珍版书）
　　九行二十一字白口左右双边单鱼尾。

J0012000
墨法集要 （一卷）（明）沈继孙撰
清同治十年［1871］刻本 改刊 有图 线装
（武英殿聚珍版书）
　　九行二十一字白口左右双边单鱼尾。

J0012001
墨法集要 （一卷）（明）沈继孙撰
清光绪十八至二十一年［1892—1895］刻本
增刻 有图 线装
（武英殿聚珍版书）
　　九行二十一字白口左右双边单鱼尾。

J0012002
墨法集要 （明）沈继孙撰
湘乡谢氏掔经榭 清光绪二十年［1894］刻本
线装
　　十行二十三字黑口左右双边双鱼尾。

J0012003
墨法集要 （一卷）（明）沈继孙撰
湘乡谢氏掔经榭 清光绪二十年［1894］刻本

J0012004
墨法集要 （明）沈继孙撰
清光绪二十至二十一年［1894—1895］刻本
有图 线装
　　十行二十三字黑口左右双边双鱼尾。

J0012005
墨法集要 （明）沈继孙撰
福建 清光绪二十一年［1895］刻本 有图 线装
（武英殿聚珍版书）
　　九行二十一字白口四周双边单鱼尾。收于
《武英殿聚珍版书》子部中。

J0012006
墨法集要 （明）沈继孙撰
广雅书局 清光绪二十五年［1899］刻本 有图
线装
（武英殿聚珍版书）
　　收于《武英殿聚珍版书》子部中。

J0012007
墨法集要 （一卷）（明）沈继孙撰

北京 中国书店 1991年 影印本 有图 线装
（涉园墨萃）
　　据民国十八年（1929）武进陶氏刻本影印。

J0012008
墨记 （宋）何薳撰
李际期宛委山堂 清初 刻本 续刻
（说郛）
　　明末刻清初李际期宛委山堂续刻汇印本。

J0012009
墨记 （一卷）（宋）何薳撰
李际期宛委山堂 清初 刻本 重修 线装
（说郛）
　　明末刻清初李际期宛委山堂重修汇印本。
收于《说郛》卷第九十八中。

J0012010
墨记 （宋）何薳撰
［清］稿本
（艺苑丛钞）

J0012011
墨记 （一卷）（宋）何薳撰
清 刻本 重修 线装
（说郛）
　　九行二十字白口左右双边单鱼尾。收于《说
郛》卷第九十八中。

J0012012
墨记 （一卷）（宋）何薳撰
清顺治 刻本 线装
（说郛）
　　收于《说郛》卷第九十八中。

J0012013
墨记 （一卷）（明）邢侗撰
清 抄本
（墨苑丛谈）

J0012014
墨记 （一卷）（明）邢侗撰
清 抄本
（墨苑丛谈）

J0012015
墨记 （一卷）（宋）何薳撰
上海 神州国光社 民国四年［1915］线装
（美术丛书后集）
　　收于《美术丛书后集》第二集中。

J0012016
墨记 （宋）何薳撰
上海 涵芬楼 民国九年［1920］影印本
（学海类编）
　　据清道光十一年六安晁氏木活字印本影印。

J0012017
墨记 （宋）何薳撰
仁和吴氏双照楼 民国十一年［1922］刻本
（十六家墨说）

J0012018
墨品
清 抄本
　　本丛书包括：《艺粟斋墨品一卷》（清）曹素
功辑、《雪堂墨品一卷》（清）张仁熙撰、《漫堂墨
品一卷》（清）宋荦撰。

J0012019
墨史 （三卷）（元）陆友撰
缃楼 清 抄本

J0012020
墨史 （三卷 附录一卷）（元）陆友撰
长塘鲍氏 清 刻本 重印 线装
（知不足斋丛书）
　　收于《知不足斋丛书》第十二集中。

J0012021
墨史 （三卷）（元）陆友撰
清 刻本 线装
（知不足斋丛书）
　　九行二十一字小字双行同黑口左右双边。
收于《知不足斋丛书》第十二集中。

J0012022
墨史 （三卷）（元）陆友篡
清 刻本 汇印 线装
（知不足斋丛书）

收于《知不足斋丛书》第十二集中。

J0012023
墨史 （三卷 附录一卷）(元)陆友撰
清 刻本 线装
（知不足斋丛书）
　　九行二十一字黑口左右双边。

J0012024
墨史 （三卷 附录一卷）(元)陆友撰
清 刻本

J0012025
墨史 （三卷）(元)陆友撰；(清)黄锡蕃校
黄氏醉经楼 清乾隆 抄本

J0012026
墨史 （三卷）(元)陆友撰
内府 清乾隆 写本
（四库全书）

J0012027
墨史 （三卷）(元)陆友撰；(清)刘履芬校
刘履芬[自刊] 清咸丰 抄本
　　本书由《墨史三卷》(元)陆友撰；(清)刘履芬校、《客杭日记》(元)郭畀撰；(清)刘履芬校合订。

J0012028
墨史 （三卷）(元)陆友纂
岭南芸林仙馆 清光绪八年[1882] 刻本 线装
（知不足斋丛书）
　　九行二十一字黑口左右双边。收于《知不足斋丛书》第十二集中。

J0012029
墨史 （三卷 附录一卷）(元)陆友撰
苏州 振新书社 民国 影印本 线装
（知不足斋丛书）
　　收于《知不足斋丛书》第十二集中。

J0012030
墨史 （三卷）(元)陆友撰
上海 广益书局 民国四年[1915] 线装
（古今文艺丛书）

收于《古今文艺丛书》第五集中。

J0012031
墨史 （三卷）(元)陆友撰
上海 上海古书流通处 民国十年[1921] 影印本 线装
（知不足斋丛书）
　　收于《知不足斋丛书》第十二集中。

J0012032
墨史 （三卷）(元)陆友撰
北京 中国书店 1991年 影印本 线装
（涉园墨萃）
　　据民国十八年(1929)武进陶氏刻本影印。

J0012033
墨书丛钞 （不分卷）题借轩辑
清 精抄本

J0012034
墨说 （一卷）(清)顾蔺撰
清 抄本
　　本书由《墨说一卷》《茶说一卷》《花说一卷》《香说一卷》《炉砚说二卷》(清)顾蔺撰合订。

J0012035
墨说 （一卷）(明)邢侗撰
清 抄本

J0012036
墨说 （一卷）(清)顾蔺撰
清 抄本

J0012037
墨谭 （一卷）(明)邢侗撰
清 抄本
（墨苑丛谈）

J0012038
墨谭 （一卷）(明)邢侗撰
清 抄本
（墨苑丛谈）
　　收于《墨苑丛谈》九卷中。

J0012039
墨谭 （明）邢侗撰
仁和吴氏双照楼 民国十一年［1922］刻本 朱印 线装
（十六家墨说）

J0012040
墨苑丛谈
清 抄本
　　本丛书包括：《张畴斋墨谱一卷》（元）张寿撰、《墨谭一卷》《墨记一卷》（明）邢侗撰、《墨杂说一卷》（明）陶望龄撰、《雪堂墨品一卷》（清）张仁熙撰、《漫堂墨品一卷》（清）宋荦撰、《纪墨小言一卷》（清）汪绍焻撰、《纪墨小言补编一卷》（清）汪绍焻撰、《百十二家墨录一卷》（清）邱学敏撰。有朱文钧跋。

J0012041
墨苑丛谈 （九卷）
清 抄本
　　分二册。有朱文钧跋。十或九行二十一或二十二或二十字不等无格。

J0012042
墨杂说 （一卷）（明）陶望龄撰
清 抄本
（墨苑丛谈）

J0012043
墨杂说 （一卷）（明）陶望龄撰
清 抄本
（墨苑丛谈）
　　收于《墨苑丛谈》九卷中。

J0012044
墨杂说 （明）陶望龄撰
仁和吴氏双照楼 民国十一年［1922］刻本 朱印 线装
（十六家墨说）

J0012045
墨志 （一卷）（明）麻三衡撰
临金农 清 写本

J0012046
墨志 （一卷）（明）麻三衡撰
清 抄本

J0012047
墨志 （一卷）（明）麻三衡撰
清 抄本
　　有清吴骞校，吴之淳校并跋。十行二十字。

J0012048
墨志 （一卷）（明）麻三衡撰
海昌蒋氏宜年堂 清咸丰元年［1851］刻本 线装
（涉闻梓旧）
　　十一行二十三字黑口左右双边。

J0012049
墨志 （一卷）（明）麻三衡撰
吴江沈氏世楷堂 清末 刻本 重印 线装
（昭代丛书）
　　九行二十字白口左右双边单鱼尾。收于《昭代丛书》壬集补编中。

J0012050
墨志 （明）麻三衡纂
清末 刻本 线装
（粤雅堂丛书续刻）
　　九行二十一字小字双行同黑口左右双边。

J0012051
墨志 （一卷）（明）麻三衡撰
吴江沈氏世楷堂 清光绪 刻本 重印 线装
（昭代丛书）
　　九行二十字小字双行同白口左右双边单鱼尾。收于《昭代丛书》壬集中。

J0012052
墨志 （一卷）（明）麻三衡撰
吴江沈廷镛 民国八年［1919］重修本 线装
（昭代丛书）
　　清道光吴江沈氏世楷堂刻民国八年吴江沈廷镛重修本。

J0012053
墨志 （一卷）（明）麻三衡撰

扬州　江苏广陵古籍刻印社　1990年　影印本
线装
（涉闻梓旧）

　　据清别下斋刻本影印。

J0012054
钦定西清砚谱　（二十四卷　首一卷）（清）于
敏中等辑
清　抄本

J0012055
钦定西清砚谱　（二十四卷　首一卷）（清）于
敏中等辑
清　绘本

J0012056
钦定西清砚谱　（二十四卷　首一卷）（清）于
敏中等辑
内府　清乾隆　写本
（四库全书）

J0012057
钦定西清砚谱　（二十四卷　首一卷）（清）于
敏中等辑
内府　清乾隆　抄本

J0012058
水坑石记　（一卷）（清）钱朝鼎撰
北京图书馆［清］抄本

J0012059
水坑石记　（一卷）（清）钱朝鼎撰
清　刻本　重修　线装
（檀几丛书）

　　收于《檀几丛书》二集第五帙林中。

J0012060
水坑石记　（一卷）（清）钱朝鼎撰
张潮　清康熙三十四年［1695］刻本
（檀几丛书）

J0012061
水坑石记　（一卷）（清）钱朝鼎撰
甬上陈氏　清道光九年［1829］刻本　线装
（拜梅山房几上书）

九行二十字白口左右双边单鱼尾。

J0012062
水坑石记　（一卷）（清）钱朝鼎撰
清道光十六年［1836］刻本　增刻　线装
（拜梅山房几上书）

　　九行二十字白口左右双边单鱼尾。

J0012063
水坑石记　（一卷）（清）钱朝鼎撰
清道光十六年［1836］刻本
（拜梅山房几上书）

J0012064
水坑石记　（一卷）（清）钱朝鼎撰
羊城冯氏　清光绪　刻本
（翠琅玕馆丛书）

J0012065
宋氏文房谱　（一卷）（明）宋诩撰
毛氏汲古阁　清初　抄本

　　本书由《宋氏文房谱一卷》《宋氏闺房谱一
卷》（明）宋诩撰、《膳夫经手录一卷》（唐）杨晔
撰、《云林堂饮食制度集一卷》（元）倪瓒撰合订。

J0012066
文房四谱　（二卷）（清）倪涛辑
清　抄本　蓝格

J0012067
文房肆考图说　（三卷）（清）唐秉钧撰
清　刻本

　　作者唐秉钧，清代医家。字衡铨。上海人。
为名医唐千顷之子。撰有《人参考》一书，另有
《内经要语》一书，未见刊行。

J0012068
文房肆考图说　（八卷）（清）唐秉钧撰；（清）
康恺绘
嘉定唐秉钧竹映山庄　清乾隆　刻本

J0012069
文房肆考图说　（八卷）（清）唐秉钧撰；（清）
康恺绘
嘉定唐秉钧竹映山庄　清乾隆　刻本　后印

J0012070

文房肆考图说 （八卷）（清）唐秉钧撰；（清）
康恺绘图
清乾隆 刻本 有图 线装
　　分八册。九行二十字黑口左右双边单鱼尾。

J0012071

文房肆考图说 （八卷）（清）唐秉钧撰
清乾隆 刻本 有图及像 线装
　　分八册。九行二十字黑口左右双边单鱼尾。

J0012072

文房肆考图说 （八卷）（清）唐秉钧撰
清乾隆 刻本 线装
　　分二册。九行二十字黑口左右双边单鱼尾。

J0012073

文房肆考图说 （八卷）（清）唐秉钧撰
清乾隆 刻本 有图及像 线装
　　分四册。九行二十字黑口左右双边单鱼尾。

J0012074

文房肆考图说 （八卷）（清）唐秉钧撰；（清）
康恺绘
清乾隆 抄本

J0012075

文房肆考图说 （八卷）（清）唐秉钧纂；（清）
康恺绘
嘉定唐秉钧竹暎山庄 清乾隆四十年［1775］刻
本 有图 线装
　　分六册。九行二十字小字双行同黑口左右
双边单鱼尾。

J0012076

文房肆考图说 （八卷）（清）唐秉钧纂；（清）
康恺绘
嘉定唐秉钧竹暎山庄 清乾隆四十至四十三年
［1775—1778］刻本 有图 线装
　　分八册。九行二十字黑口左右双边单鱼尾。

J0012077

文房肆考图说 （八卷）（清）唐秉钧纂；（清）
康恺续图
清乾隆四十三年［1778］刻本 有图 线装

　　分四册。九行二十字黑口左右双边单鱼尾。

J0012078

文房肆考图说 （八卷）（清）唐秉钧纂；（清）
康恺绘图
清乾隆四十三年［1778］刻本 有图 线装
　　分六册。九行二十字黑口左右双边单鱼尾。

J0012079

文房肆考图说 （八卷）（清）唐秉钧撰；（清）
康恺绘
清乾隆五十五年［1790］刻本

J0012080

文房肆考图说 （清）唐秉钧著
北京 书目文献出版社 1996 年 640 页
20cm（32 开） 精装 ISBN：7-5013-1249-4
定价：CNY98.00
　　作者唐秉钧，清代医家。字衡铨。上海人。
为名医唐千顷之子。撰有《人参考》一书，另有《内
经要语》一书，未见刊行。

J0012081

文房约 （一卷）（清）江之兰撰
清 刻本 重修 线装
（檀几丛书）
　　收于《檀几丛书》二集第四帙墨中。

J0012082

西清砚谱 （二十四卷）
内府 清 抄本 有图
　　四库底本 分二十四册。八行二十一字白口
四周双边。

J0012083

小留仙馆笔隶 （一卷）（清）蒲嘉龄撰
［清］稿本
　　本书由《小留仙馆笔隶一卷》《心太平室诗
一卷》（清）蒲嘉龄撰合订。

J0012084

谢氏砚考 （四卷 首一卷）（清）谢慎修撰
清 抄本

J0012085
谢氏砚考 （四卷 首一卷）（清）谢慎修撰
清乾隆 刻本

J0012086
谢氏砚考 （四卷 首一卷）（清）谢慎修撰
清乾隆五十七年[1792]刻本

J0012087
研谱 （不分卷）（清）李鸿裔撰
[清]手稿本

J0012088
砚丛 （一卷）□□撰
清 抄本

J0012089
砚坑略 （一卷）（清）景日昣撰
黄廷鉴 清 抄本

J0012090
砚林拾遗 （一卷）（清）施闰章撰
然松书屋 清 抄本
（赐砚堂丛书未刻稿）

J0012091
砚林拾遗 （一卷）（清）施闰章撰
清康熙至乾隆 刻本
（施愚山先生全集）

J0012092
砚林拾遗 （一卷）（清）施闰章撰
上虞罗氏 清宣统二年[1910]刻本
（玉简斋丛书）

J0012093
砚林拾遗 （一卷）（清）施闰章撰
上海 神州国光社 民国二年[1913]线装
（美术丛书续集）
　　收于《美术丛书续集》第一集中。

J0012094
砚林杂志 （不分卷）（清）□□撰
清 抄本 绿格

J0012095
砚录 （四卷）□□辑
清 抄本
　　《砚录四卷》《诗铭一卷》合订。

J0012096
砚铭 （一卷）（清）潘耒辑
清 抄本
（清怀丛书）

J0012097
砚铭 （一卷）（清）潘耒辑
[清]稿本
（花近楼丛书）

J0012098
砚谱 （宋）苏易简撰
李际期宛委山堂 清初 刻本 续刻
（说郛）
　　明末刻清初李际期宛委山堂续刻汇印本。作者苏易简（958—997），北宋绵州盐泉（今四川绵阳东南）人。字太简。太平兴国五年（980）进士第一。翰林学士、参知政事。旁通佛经。编著有《文房四谱》《续翰林志》等。

J0012099
砚谱 （一卷）（宋）苏易简撰
李际期宛委山堂 清初 刻本 重修 线装
（说郛）
　　明末刻清初李际期宛委山堂重修汇印本。收于《说郛》卷第九十六中。

J0012100
砚谱 （不分卷）（清）谢修之撰
[清]稿本

J0012101
砚谱 （一卷）（宋）苏易简撰
清顺治 刻本 线装
（说郛）
　　收于《说郛》卷第九十六中。

J0012102
砚谱 （一卷）（宋）苏易简撰
清 刻本 重修 线装

（说郛）

　　九行二十字白口左右双边单鱼尾。收于《说郛》卷第九十六中。

J0012103
砚谱　（一卷）（宋）佚名撰
内府　清乾隆　写本
（四库全书）

J0012104
砚谱　（宋）佚名撰
上海　商务印书馆　民国十九年［1930］线装
（说郛）

　　收于《说郛》卷七十八中。

J0012105
砚石杂录　（一卷）（清）高兆撰
清　抄本

J0012106
艺粟斋墨品　（一卷）（清）曹素功辑
清　抄本
（墨品）

J0012107
雍正乾隆进砚档　（不分卷）
清　抄本

J0012108
雍正乾隆两朝进提笔档　（不分卷）
清　抄本

J0012109
张畴斋墨谱　（一卷）（元）张寿撰
清　抄本
（墨苑丛谈）

J0012110
张畴斋墨谱　（一卷）（元）张寿撰
清　抄本
（墨苑丛谈）

　　收于《墨苑丛谈》九卷中。

J0012111
纸笺谱　（一卷）（元）鲜于枢撰

李际期宛委山堂　清初　刻本　重修　线装
（说郛续）

　　明末刻清初李际期宛委山堂重修汇印本。收于《说郛续》卷第三十六中。作者鲜于枢（1257—1302），元代书法家、诗人。字伯机，号困学山民、寄直老人，大都（今北京）人。代表作品《苏轼海棠诗卷》《韩愈进学解卷》《论草书帖》等。

J0012112
纸笺谱　（一卷）（元）鲜于枢撰
李际期宛委山堂　清初　刻本　续刻
（说郛）

　　明末刻清初李际期宛委山堂续刻汇印本。

J0012113
纸笺谱　（一卷）（元）鲜于枢撰
两浙督学周南李际期宛委山堂　清　刻本　重印　线装
（说郛续）

　　九行二十字小字双行同白口左右双边单鱼尾。收于《说郛续》卷第三十六中。

J0012114
纸笺谱　（一卷）（元）鲜于枢撰
清顺治　刻本　线装
（说郛续）

　　收于《说郛续》卷第三十三中。

J0012115
纸笺谱　（一卷）（元）鲜于枢撰
清　刻本　重修　线装
（说郛）

　　九行二十字白口左右双边单鱼尾。收于《说郛续》卷第三十六中。

J0012116
醉庵砚铭　（不分卷）（清）王继香撰
［清］稿本

J0012117
醉庵砚铭　（不分卷）（清）王继香撰
仁和葛氏　清光绪九年［1883］刻本
（啸园丛书）

J0012118
墨林初集　（一卷）（清）曹圣臣辑
歙县曹氏　清康熙　刻本

J0012119
墨史　（一卷）（清）程义辑
清康熙　刻本
　　本书由《墨史一卷》《耕钓草堂近诗一卷》
（清）程义辑合订。

J0012120
砚林　（一卷）（清）余怀撰
诒清堂　清康熙三十六至四十二年［1697—1703］
刻本
（昭代丛书）

J0012121
砚林　（一卷）（清）余怀撰
清乾隆　刻本　线装
（昭代丛书）
　　收于《昭代丛书》甲集第六帙数中。

J0012122
砚林　（一卷）（清）余怀撰
清嘉庆至宣统　刻本　重印　线装
（昭代丛书）
　　九行二十字白口四周单边。收于《昭代丛书》
甲集第六帙数中。

J0012123
砚林　（清）余怀撰
清嘉庆八年［1803］刻本　线装
（广虞初新志）
　　九行二十字白口四周双边单鱼尾。收于《广
虞初新志》卷三十中。

J0012124
砚林　（一卷）（清）余怀撰
吴江沈氏世楷堂　清道光　刻本
（昭代丛书）

J0012125
砚林　（一卷）（清）余怀撰
吴江沈氏世楷堂　清末　刻本　重印　线装
（昭代丛书）

九行二十字白口左右双边单鱼尾。收于《昭
代丛书》甲集第六帙中。

J0012126
砚林　（一卷）（清）余怀撰
吴江沈氏世楷堂　清光绪　刻本　重印　线装
（昭代丛书）
　　九行二十字小字双行同白口左右双边单鱼
尾。收于《昭代丛书》甲集第六帙数中。

J0012127
砚林　（一卷）（清）余怀撰
吴江沈廷镛　民国八年［1919］重修本　线装
（昭代丛书）
　　清道光吴江沈氏世楷堂刻民国八年吴江沈
廷镛重修本。收于《昭代丛书》甲集第六帙数中。

J0012128
邓邦述手书题记　（一卷）（宋）米芾撰
虞山毛绥福　清雍正八年［1730］抄本

J0012129
辩砚　（一卷）（清）方中德等辑
清乾隆　抄本

J0012130
端溪研志　（三卷　首一卷）（清）吴绳年撰
清乾隆　刻本

J0012131
端溪研志　（三卷　首一卷）（清）吴绳年撰
清乾隆十八年［1753］刻本
　　道光二十五年武林清芬堂印本。

J0012132
端溪研志　（三卷　首一卷）（清）吴绳年撰
吴绳年　清乾隆二十二年［1757］刻本

J0012133
端溪研志　（三卷　首一卷）（清）吴绳年撰
恕园堂　清乾隆二十六年［1761］刻本

J0012134
端溪研志　（三卷　首一卷）（清）吴绳年撰
程洪溥　清道光十八年［1838］刻本

J0012135

飞鸿堂砚谱 （三卷）（清）汪启淑辑

清乾隆 摹绘本

　　本书由《飞鸿堂砚谱三卷》《墨谱一卷》《瓶谱一卷》《鼎炉谱一卷》（清）汪启淑辑合订。

J0012136

飞鸿堂砚谱 （三卷）（清）汪启淑辑

清乾隆 摹绘本

　　作者汪启淑（1728—1799），清著名藏书家、金石学家、篆刻家。字慎仪，号秀峰，自称印癖先生。安徽歙县人。编著有《飞鸿堂印谱》《飞鸿堂印人传》《水槽清眼录》等。

J0012137

墨谱 （一卷）（清）汪启淑辑

清乾隆 摹绘本

J0012138

墨谱 （一卷）（清）汪启淑辑

清乾隆 摹绘本

　　本书由《飞鸿堂砚谱三卷》《墨谱一卷》《瓶谱一卷》《鼎炉谱一卷》（清）汪启淑辑合订。

J0012139

歙砚辑考 （一卷）（清）徐毅辑

清乾隆五年［1740］刻本

J0012140

百砚铭 （清）严复撰

清乾隆九年［1744］刻本 线装

　　本书附有《征刻国朝诗启》。十行十九字白口左右双边单鱼尾。

J0012141

辑砚琐言 （一卷）（清）张在辛撰

清乾隆十三年［1748］刻本 线装

（琐言）

　　九行十七字白口左右双边单鱼尾。

J0012142

辑砚琐言 （一卷）（清）张在辛撰

清乾隆十三年［1748］刻本

（琐言）

J0012143

辑砚琐言 （一卷）（清）张在辛撰

清嘉庆至宣统 刻本 重印 线装

（琐言）

　　九行十八字白口左右双边单鱼尾。

J0012144

鉴古斋墨薮 （不分卷）（清）汪近圣撰

清乾隆十三年［1748］刻本

J0012145

鉴古斋墨薮 （四卷 附录一卷）（清）汪近圣等制;（清）汪君蔚等辑

武进陶氏 民国十七年［1928］影印本 有图 线装

　　分三册。

J0012146

鉴古斋墨薮 （四卷 附录一卷）（清）汪近圣撰

武进陶氏 民国十七年［1928］影印本 彩色

J0012147

东书堂砚铭

清乾隆三十六年［1771］拓本

　　分二册。有清翁方纲跋。

J0012148

东书堂砚铭 （不分卷）□□辑

清乾隆三十六年［1771］拓本

J0012149

英石砚山图记 （一卷）（清）黄锡蕃辑

黄氏醉经楼 清乾隆五十四年［1789］刻本

　　本书由《画继补遗二卷》（元）庄肃撰、《英石砚山图记一卷》（清）黄锡蕃辑合订。十行二十三字白口左右双边。

J0012150

英石砚山图记 （一卷）（清）黄锡蕃辑

黄氏醉经楼 清嘉庆十五年［1810］刻本

　　本书由《画继补遗二卷》（元）庄肃撰、《英石砚山图记一卷》（清）黄锡蕃辑合订。十行二十三字白口左右双边。

J0012151

端溪砚史汇参 （三卷）（清）黄钦阿撰

清乾隆五十七年［1792］刻本

J0012152
［百砚铭］ （清）广玉撰
清嘉庆　抄本　毛装

J0012153
百砚铭 （一卷）（清）广玉撰
清嘉庆　抄本

J0012154
端溪砚坑考 （一卷）（清）计楠撰
清嘉庆　刻本
（一隅草堂稿）

J0012155
端溪砚坑考 （一卷）（清）计楠撰
清嘉庆十九年［1814］刻本
　　本书由《端溪砚坑考一卷》《石隐砚谈一卷》《墨馀赘稿一卷》（清）计楠撰合订。

J0012156
端溪砚坑考 （一卷）（清）计楠撰
上海　神州国光社　民国五年［1916］线装
（美术丛书后集）
　　收于《美术丛书后集》第七集中。

J0012157
端溪砚坑考 （清）计楠辑
秀水金氏梅花草堂　民国十三年［1924］线装

J0012158
墨馀赘稿 （一卷）（清）计楠撰
清嘉庆　刻本
（一隅草堂稿）

J0012159
墨馀赘稿 （一卷）（清）计楠撰
清嘉庆十九年［1814］刻本

J0012160
墨馀赘稿 （一卷）（清）计楠撰
清嘉庆十九年［1814］刻本
　　本书由《端溪砚坑考一卷》《石隐砚谈一卷》《墨馀赘稿一卷》（清）计楠撰合订。

J0012161
墨馀赘稿 （一卷）（清）计楠撰
上海　神州国光社　民国五年［1916］线装
（美术丛书后集）
　　收于《美术丛书后集》第七集中。

J0012162
让堂砚谱 （一卷 附一卷）（清）程瑶田辑
清嘉庆　拓本
　　作者程瑶田（1725—1814），安徽歙县人。字易田，一字易畴，号让堂，茝荷。清乾隆三十五年（1770）中举，授太仓州学政。晚年写成《琴音记》，撰述统名《通艺录》。

J0012163
石隐砚谈 （一卷）（清）计楠撰
清嘉庆　刻本
（一隅草堂稿）

J0012164
石隐砚谈 （一卷）（清）计楠撰
清嘉庆十九年［1814］刻本
　　本书由《端溪砚坑考一卷》《石隐砚谈一卷》《墨馀赘稿一卷》（清）计楠撰合订。

J0012165
石隐砚谈 （一卷）（清）计楠撰
上海　神州国光社　民国五年［1916］线装
（美术丛书后集）
　　收于《美术丛书后集》第七集中。

J0012166
汪氏鉴古斋墨薮 （不分卷）（清）汪近圣撰
清嘉庆　刻本

J0012167
汪氏鉴古斋墨薮 （不分卷）
清嘉庆　刻本
　　分六册。

J0012168
汪氏鉴古斋墨薮 （不分卷）
清嘉庆　刻本

J0012169
汪氏鉴古斋墨薮 （不分卷）
清嘉庆　刻本
　　分八册。

J0012170
汪氏墨薮 （清）汪近圣编
清嘉庆　刻本　有图　线装
　　分八册。行字不一白口四周单边。

J0012171
砚小史 （四卷）（清）朱栋撰
楼外楼　清嘉庆五年［1800］刻本

J0012172
砚小史 （四卷）（清）朱栋撰
高氏寒隐草堂　民国二十四年［1935］刻本　补刻
　　据清嘉庆五年楼外楼刻本补刻。

J0012173
说砚 （一卷）（清）朱彝尊撰
虞山张氏　清嘉庆十一年至十七年［1806—1812］
刻本　增修
（借月山房汇抄）

J0012174
说砚 （一卷）（清）朱彝尊撰
上海陈氏　清道光四年［1824］刻本　线装
（泽古斋重钞）
　　收于《泽古斋重钞》第十集中。

J0012175
说砚 （一卷）（清）朱彝尊撰
北京图书馆［清末］抄本

J0012176
说砚 （一卷）（清）朱彝尊撰
上海　博古斋　民国九年［1920］影印本
（借月山房汇抄）
　　据清张氏刻本影印。

J0012177
砚录 （一卷）（清）曹溶撰
虞山张氏　清嘉庆十一年至十七年［1806—1812］
刻本　增修

（借月山房汇钞）

J0012178
砚录 （一卷）（清）曹溶撰
上海陈氏　清道光四年［1824］刻本　线装
（泽古斋重钞）
　　收于《泽古斋重钞》第十集中。

J0012179
砚录 （一卷）（清）曹溶撰
六安晁氏　清道光十一年［1831］木活字印本
（学海类编）

J0012180
砚录 （一卷）（清）曹溶撰
上海　博古斋　民国九年［1920］影印本
（借月山房汇钞）
　　据清张氏刻本影印。

J0012181
砚录 （一卷）（清）曹溶撰
上海　涵芬楼　民国九年［1920］影印本
（学海类编）
　　据清道光十一年六安晁氏木活字印本影印。

J0012182
高南阜砚史 （清）高凤翰撰；（清）王惜庵摹刻
秀水王惜庵　清道光　拓本　有图　线装
　　分四册。作者高凤翰（1683—1749），清代国
画家。字西园，号南村，又号南阜。山东胶州人。
代表作品《砚史》《南阜集》等。

J0012183
桂亭砚铭 （一卷）（清）广玉撰
琴川张氏小琅嬛福地　清道光　抄本

J0012184
墨诀 （一卷）（清）费庚吉撰
宜黄黄氏　清道光至咸丰　木活字印本
（逊敏堂丛书）

J0012185
南阜砚史 （清）高凤翰辑
秀水王惜庵　清道光元年全二十九年［1821—1849］
拓本

J0012186

南阜砚史　（清）高凤翰辑
秀水王惜庵　清道光元年至二十九年[1821—1849]
拓本
　　清道光二十九年仪征吴氏续木刻墨拓本。

J0012187

寿石斋砚谱　（清）汪旸撰
清道光　刻本　线装
　　十行二十二字白口四周双边单鱼尾。

J0012188

寿石斋砚谱　（一卷）（清）汪旸撰
清道光　刻本

J0012189

寿石斋砚谱　（清）汪旸撰
民国二十三年[1934]线装

J0012190

砚谱　（一卷）（清）百研斋主人集；（清）王石友
藏；（清）张廷济摹
清道光　拓本

J0012191

飞凫语略　（一卷）（明）沈德符撰
六安晁氏　清道光十一年[1831]木活字印本
（学海类编）
　　收于《学海类编》四百三十二种八百三卷集
余六艺能中。

J0012192

飞凫语略　（一卷）（明）沈德符撰
上海　涵芬楼　民国九年[1920]影印本
（学海类编）
　　据清道光十一年六安晁氏木活字印本影印。
收于《学海类编》四百三十三种八百六卷中。

J0012193

蕉窗九录　（九卷）（明）项元汴撰
六安晁氏　清道光十一年[1831]木活字印本
（学海类编）
　　《学海类编》四百三十二种八百三卷集
余六艺能中。作者项元汴（1525—1590），明代鉴
赏家、收藏家。浙江嘉兴人。字子京，号墨林、

墨林山人、漆园傲吏等。著有《蕉窗九录》，刊有
《天籁阁帖》，代表作品《墨林山人诗集》《蕉窗九
录》等。

J0012194

蕉窗九录　（九种九卷）（明）项元汴撰
西泠印社　民国三年[1914]活字本　线装
　　分二册。

J0012195

蕉窗九录　（九卷）（明）项元汴撰
上海　涵芬楼　民国九年[1920]影印本
（学海类编）
　　清道光十一年六安晁氏木活字印本影印　收
于《学海类编》四百三十三种八百六卷中。

J0012196

墨录　（一卷）（明）项元汴撰
六安晁氏　清道光十一年[1831]木活字印本
（学海类编）

J0012197

墨录　（一卷）（明）项元汴撰
上海　涵芬楼　民国九年[1920]影印本
（学海类编）
　　据清道光十一年六安晁氏木活字印本影印。

J0012198

墨录　（明）项元汴撰
仁和吴氏双照楼　民国十一年[1922]刻本　朱
印　线装
（十六家墨说）

J0012199

文具雅编　（一卷）（明）屠隆撰
六安晁氏　清道光十一年[1831]木活字印本
（学海类编）
　　作者屠隆（1542—1605），明代文学家、戏曲
家。字长卿，号赤水，晚称鸿苞居士。浙江鄞县
人。万历五年进士。做过青浦知县、礼部郎中。
校订成《新刊合评王实甫西厢记》4种；撰有传奇
《昙花记》《彩毫记》《修文记》，合称《凤仪阁三
种》传于世；诗文集有《由拳》《白榆》《栖真馆
集》等。

J0012200

文具雅编　（一卷）（明）屠隆撰

上海　涵芬楼　民国九年［1920］影印本

（学海类编）

据清道光十一年六安晁氏木活字印本影印。

J0012201

文具雅编　（明）屠隆著

北京　中华书局　1985年　新1版　12+17页

18cm（32开）统一书号：17018.151

（丛书集成初编）

中国清代书法著作，主要介绍毛笔的历史。本书由《文具雅编》（明）屠隆著、《笔史》（清）梁同书著合订。

J0012202

砚录　（一卷）（明）项元汴撰

六安晁氏　清道光十一年［1831］木活字印本

（学海类编）

J0012203

砚录　（一卷）（明）项元汴撰

上海　涵芬楼　民国九年［1920］影印本

（学海类编）

据清道光十一年六安晁氏木活字印本影印。

J0012204

重订唐说砚考　（二卷）（清）曾兴仁撰

善化曾氏　清道光十四至二十二年［1834—1842］刻本

（罗卷汇编）

J0012205

端溪砚考　（二卷）（清）曾兴仁撰

瓣香书屋　清道光十七年［1837］刻本

J0012206

砚考　（二卷）（清）曾兴仁编

清道光十八年［1838］刻本　线装

分二册。八行二十字小字双行同白口四周双边单鱼尾。

J0012207

二十四砚斋题赠录　（清）冯登府等撰　清道光二十六年［1846］刻本　线装

八行十六字下黑口半页四周单边单鱼尾。

J0012208

宝墨斋记　（明）程大约撰

清末至民国初　影印本　线装

据清刻本影印。作者程大约（1541—约1616），制墨家、彩绘印版画家。明代万历时安徽休宁人。字幼博，又名君房、士芳，号筱野。辑有《程氏墨苑》万历程氏滋兰堂刻彩色套印本。

J0012209

端溪砚谱记　（一卷）（清）袁树撰

吴江沈氏世楷堂　清末　刻本　重印　线装

（昭代丛书）

九行二十字白口左右双边单鱼尾。收于《昭代丛书》庚集埤编中。

J0012210

端溪砚谱记　（一卷）（清）袁树撰

吴江沈氏世楷堂　清光绪　刻本　重印　线装

（昭代丛书）

九行二十字小字双行同白口左右双边单鱼尾。收于《昭代丛书》庚集中。

J0012211

端溪砚谱记　（一卷）（清）袁树撰

吴江沈廷镛　民国八年［1919］重修本　线装

（昭代丛书）

清道光吴江沈氏世楷堂刻民国八年吴江沈廷镛重修本。收于《昭代丛书》庚集埤编中。

J0012212

高南阜先生研史年谱　（清）钱侍辰辑

清咸丰　刻本

J0012213

高南阜先生研史年谱　（一卷）（清）钱侍辰辑

清咸丰　刻本

本书由《王子若先生摹刻砚史手牍一卷》（清）王相辑、《高南阜先生研史年谱一卷》（清）钱侍辰辑合订。

J0012214

眉子砚图　（一卷）（清）土寿迈撰

清咸丰　刻本

（砚缘集录）

收于《砚缘集录》中。

J0012215
王氏家藏研史拓本 （清）王相辑
清咸丰元年［1851］拓本

J0012216
王子若先生摹刻砚史手牍 （一卷）（清）王
相辑
清咸丰 刻本

本书由《王子若先生摹刻砚史手牍一卷》
（清）王相辑、《高南阜先生研史年谱一卷》（清）
钱侍辰辑合订。

J0012217
砚林 （清）史震林撰
扫叶山房 清末至民国初 石印本 线装
（广虞初新志）

十六行三十六字白口四周双边单鱼尾。收
于《广虞初新志》卷之三十中。

J0012218
砚录 （一卷）（宋）唐询撰
南海伍氏 清咸丰 刻本
（粤雅堂丛书）

收于《粤雅堂丛书》中。

J0012219
砚录 （宋）唐询撰
清末 刻本 线装
（粤雅堂丛书续刻）

九行二十一字小字双行同黑口左右双边。
收于《粤雅堂丛书续刻续谈助》第三卷中。

J0012220
砚录 （一卷）（宋）唐询撰
归安陆氏 清光绪 刻本
（十万卷楼丛书）

收于《十万卷楼丛书》中。

J0012221
叶小鸾眉子砚闺秀题词 （一卷）（清）王寿
迈辑
大兴王氏砚缘庵 清咸丰七年［1857］刻本 重

印 线装
（砚缘集录）

收于《砚缘集录》第一册《题砚丛钞》中。

J0012222
叶小鸾眉子砚题词 （前集一卷，今集一卷）
（清）王寿迈撰
清咸丰 刻本
（砚缘集录）

J0012223
叶小鸾眉子砚题词今集 （一卷）（清）王寿
迈辑
大兴王氏砚缘庵 清咸丰七年［1857］刻本 重
印 线装
（砚缘集录）

收于《砚缘集录》第一册《题砚丛钞》中。

J0012224
叶小鸾眉子砚题词前集 （一卷）（清）王寿
迈辑
大兴王氏砚缘庵 清咸丰七年［1857］刻本 重
印 线装
（砚缘集录）

收于《砚缘集录》第一册《题砚丛钞》中。

J0012225
元对 （清）宋珏撰
扫叶山房 清末至民国初 石印本 线装
（广虞初新志）

十六行三十六字白口四周双边单鱼尾。收
于《广虞初新志》卷之二十三中。

J0012226
枕湖楼藏砚铭 （清）醉庵居士撰
清末 刻本 线装

九行二十字小字双行同黑口四周双边单
鱼尾。

J0012227
枕湖楼藏砚铭 （清）醉庵居士撰
清末 刻本

J0012228
淄砚录 （一卷）（清）盛百二撰

吴江沈氏世楷堂 清末 刻本 重印 线装
（昭代丛书）

　　九行二十字白口左右双边单鱼尾。收于《昭
代丛书》癸集萃编中。

J0012229

淄砚录 （一卷）（清）盛百二撰
吴江沈氏世楷堂 清光绪 刻本 重印 线装
（昭代丛书）

　　九行二十字小字双行同白口左右双边单鱼
尾。收于《昭代丛书》癸集中。

J0012230

淄砚录 （一卷）（清）盛百二撰
吴江沈廷镛 民国八年［1919］重修本 线装
（昭代丛书）

　　清道光吴江沈氏世楷堂刻民国八年吴江沈
廷镛重修本。收于《昭代丛书》癸集萃编中。

J0012231

题砚丛钞 （清）王寿迈撰
大兴王氏砚缘庵 清咸丰六年［1856］刻本
（砚缘集录）

　　本书包括《叶小鸾眉子砚题词 前集一卷 今
集一卷 闺秀题词一卷》（清）王寿迈撰。

J0012232

题砚丛钞 （清）王寿迈辑
大兴王氏砚缘庵 清咸丰七年［1857］刻本 重
印 线装
（砚缘集录）

　　收于《砚缘集录》第一册中。

J0012233

疏香阁眉子砚［图］（清）王寿迈编辑
大兴王氏砚缘盦 清咸丰七年［1857］刻本 重
印 有图 线装
（砚缘集录）

　　收于《砚缘集录》第一册中。

J0012234

砚缘后记 （一卷）（清）王寿迈撰
大兴王氏砚缘庵 清咸丰七年［1857］刻本 重
印 线装
（砚缘集录）

　　收于《砚缘集录》第一册中。

J0012235

砚缘集录 （第一册）（清）王寿迈辑
大兴王氏砚缘庵 清咸丰七年［1857］刻本 重
印 有图及像 线装
（砚缘集录）

J0012236

砚缘记 （一卷）（清）王寿迈撰
大兴王氏砚缘庵 清咸丰七年［1857］刻本 重
印 线装
（砚缘集录）

　　收于《砚缘集录》第一册中。

J0012237

砚笺校 （清）陆心源撰
清同治至光绪 刻本
（潜园总集）

J0012238

端石拟 （三卷）（清）陈龄撰
海盐陈方瀛 清同治十一年［1872］刻本 线装

　　八行十八字小字双行同黑口左右双边单
鱼尾。

J0012239

端石拟 （三卷）（清）陈龄撰
海盐陈方瀛 清同治十一年［1872］抄本

　　本书由《端石拟三卷》《藜阁十砚铭一卷》
（清）陈龄撰合订。

J0012240

端石拟 （三卷）（清）陈龄撰
陈瀛 清同治十二年［1873］刻本

J0012241

端石拟 （三卷）（清）陈龄撰
海盐陈氏 清同治十二年［1873］刻本 线装
　　八行十八字黑口左右双边单鱼尾。

J0012242

端石拟 （二卷）（清）陈龄撰
清同治十二年［1873］刻本 线装
　　八行十八字黑口左右双边单鱼尾。

J0012243
端石拟 （三卷）（清）陈龄撰
清同治十二年［1873］刻本
　　本书由《端石拟三卷》《藜阁十砚铭一卷》
（清）陈龄撰合订。

J0012244
藜阁十砚铭 （一卷）（清）陈龄撰
海盐陈方瀛 清同治十一年［1872］抄本

J0012245
藜阁十砚铭 （一卷）（清）陈龄撰
海盐陈方瀛 清同治十一年［1872］抄本
　　本书由《端石拟三卷》《藜阁十砚铭一卷》
（清）陈龄撰合订。

J0012246
藜阁十砚铭 （一卷）（清）陈龄撰
陈瀛 清同治十二年［1873］刻本

J0012247
藜阁十砚铭 （一卷）（清）陈龄撰
清同治十二年［1873］刻本
　　本书由《端石拟三卷》《藜阁十砚铭一卷》
（清）陈龄撰合订。

J0012248
端溪砚谱 （清）唐秉钧辑
清光绪 抄本
　　作者唐秉钧，清代医家。字衡铨。上海人。
为名医唐千顷之子。撰有《人参考》一书，另有《内
经要语》一书，未见刊行。

J0012249
砚辨 （一卷）（清）孙森撰
清光绪 刻本
（碧声吟馆丛书）

J0012250
［砚辨］ （一卷）（清）孙森撰
仁和许氏碧声吟馆 清光绪四年［1878］刻本
线装
（碧声吟馆谈麈）
　　分四册。九行二十二字小字双行同白口左
右双边单鱼尾。

J0012251
文具考 （一卷）（明）杨慎撰；（清）郑宝琛
纂辑
清光绪八年［1882］刻本 线装
（总纂升庵合集）
　　作者杨慎（1488—1559），文学家。字用修，
号升庵，又号逸史氏、博南山人、洞天真逸等。
四川新都（今成都市新都区）人，祖籍庐陵。主
要作品有《升庵集》《江陵别内》《宝井篇》《滇池
涸》等。

J0012252
南学制墨札记 （一卷）（清）谢崧岱撰
湘乡谢氏研经榭 清光绪十年［1884］刻本 线装
　　九行二十一字小字双行同白口左右双边单
鱼尾。

J0012253
南学制墨札记 （一卷）（清）谢崧岱撰
谢氏掔经榭 清光绪十年［1884］刻本

J0012254
南学制墨札记 （一卷）谢崧岱述
北京 中国书店 1991年 影印本 线装
（涉园墨萃）
　　据民国十八年（1929）武进陶氏刻本影印。

J0012255
山斋志 （一卷）（明）屠隆撰
山阴宋泽元忏花庵 清光绪十三年［1887］刻本
重印 线装
（忏花庵丛书）
　　十行二十一字小字双行同白口左右双边单
鱼尾。收于《忏华庵丛书》之《考槃馀事》中。

J0012256
砚影 （清）王继香拓
绍兴王继香 清光绪十三年［1887］拓本 有图
及像 线装

J0012257
砚影 （清）王继香摹拓
清光绪十三年［1887］拓本

J0012258

海天旭日砚记 （清）刘瀚辑

清光绪十六年［1890］刻本 有图及像 线装

　十行二十二字白口四周双边单鱼尾。

J0012259

海天旭日砚记 （一卷）（清）刘瀚辑

清光绪十六年［1890］刻本

　本书由《海天旭日砚记一卷》《明史本传一卷》（清）刘瀚辑合订。

J0012260

海天旭日砚记 （清）刘瀚撰

山阴刘瀚 清光绪十七年［1891］刻本 有图 线装

　十行二十二字四周双边单鱼尾。

J0012261

海天旭日砚记 （一卷）（清）刘瀚辑

山阴刘瀚 清光绪十七年［1891］刻本

J0012262

今文房四谱 （一卷）（清）谢崧梁撰

谢氏研经榭 清光绪十六年［1890］刻本

J0012263

论墨绝句诗 （清）谢崧岱撰

湘乡谢氏罕经榭 清光绪十九年［1893］刻本 线装

　九行二十一字黑口左右双边单鱼尾。

J0012264

墨法通精 （一卷）（清）宝光阁主人撰

北京 古燕牛氏 清光绪二十年［1894］刻本

J0012265

墨谱 （一卷）（元）张寿撰

钱塘丁氏嘉惠堂 清光绪二十至二十六年
［1894—1900］刻本

（武林往哲遗著）

J0012266

墨乘 （三种）（清）贞一居士辑

贞一居士 清宣统二年［1910］抄本 线装

　本书包括：《雪堂墨品一卷》（清）张仁熙撰、《漫堂墨品一卷续墨品一卷》（清）宋荦撰、《前尘梦影录一卷》（清）徐康撰。

J0012267

端溪砚谱 （宋）范纂撰

北平 国立北平图书馆 民国 抄本 毛装
（说郛）

　收于《说郛》卷七十八中。

J0012268

端溪砚谱 （宋）范纂撰

上海 商务印书馆 民国十六年［1927］线装
（说郛）

　收于《说郛》卷七十八中。

J0012269

端溪砚谱 （宋）范纂撰

上海 商务印书馆 民国十九年［1930］线装
（说郛）

　收于《说郛》卷七十八中。

J0012270

归云楼砚 水竹村人辑

民国 影印本 包背装

J0012271

归云楼砚谱 徐世昌编辑

民国 影印本 朱墨 线装

　分二册。

J0012272

归云楼砚谱 水竹村人辑

天津徐世昌 民国十五年［1926］影印本 线装

J0012273

归云楼砚谱 水竹村人辑

天津徐世昌 民国十五年［1926］影印本 有图
线装

　分二册。

J0012274

墨谱 （三卷）（清）薛鼎铭辑注

民国 抄本 线装

J0012275

四家藏墨图录 叶恭绰等辑

民国 影印本 有图 线装

　四家是指湖北张子高、浙江张絅伯、北京尹

润之、广东叶遐庵。

J0012276
纸谱
清宣统三年［1911］稿本　朱丝栏　线装

J0012277
纸谱　（一卷）□□辑
清宣统三年［1911］稿本

J0012278
怀砚图　（一卷）（清）吕锦文辑
民国元年［1912］石印本

J0012279
砚铭杂器铭　（一卷）（清）程庭鹭撰
上海　神州国光社　民国元年［1912］
（美术丛书）
　　本书由《小松园阁书画跋一卷》《砚铭杂器铭一卷》（清）程庭鹭撰合订。

J0012280
论墨　（一卷）（清）万寿祺撰
上海　神州国光社　民国二年［1913］线装
（美术丛书续集）
　　收于《美术丛书续集》第一集中。

J0012281
论墨　（一卷）（清）万寿祺撰
上海　神州国光社　民国三年［1914］
（美术丛书）
　　作者万寿祺（1603—1652），明末清初书法家。江苏徐州人，一作铜山人。字年少。明崇祯举人。工书善画，精篆刻。著有《隰西草堂集》。

J0012282
笔志　（一卷）胡韫玉撰
上海　广益书局　民国三年［1914］线装
（古今文艺丛书）
　　收于《古今文艺丛书》第二集中。

J0012283
古今墨论　（一卷）（清）万寿祺撰
上海　神州国光社　民国三年［1914］
（美术丛书）

J0012284
评纸帖　（一卷）（宋）米芾撰
上海　神州国光社　民国三年［1914］
（美术丛书）
　　作者米芾（1051—1107），北宋书法家、画家、书画理论家。初名黻，后改芾，字元章，号襄阳漫士、海岳山人等。祖籍太原，出生于湖北襄阳，长期居润州（今江苏镇江）。书画自成一家，枯木竹石，山水画独具风格特点。在书法也颇有造诣，擅篆、隶、楷、行、草等书体，长于临摹古人书法。代表作品有《宝晋英光集》《宝章待访录》《书史》《画史》《砚史》。

J0012285
山斋清供笺　（一卷）（明）屠隆撰
上海　神州国光社　民国三年［1914］线装
（美术丛书续集）
　　收于《美术丛书续集》第九集中。

J0012286
纸墨笔砚笺　（一卷）（明）屠隆撰
上海　神州国光社　民国三年［1914］线装
（美术丛书续集）
　　收于《美术丛书续集》第九集中。

J0012287
纸墨笔砚笺　（一卷）（明）屠隆撰
上海　神州国光社　民国三年［1914］
（美术丛书）

J0012288
纪文达公砚谱　（清）纪晓岚藏
民国五年［1916］石印本　有画像及图　线装

J0012289
九十九砚斋砚谱　（清）纪昀辑
北洋印刷局　民国五年［1916］影印本　有肖像线装

J0012290
阅微草堂砚谱　（清）纪昀撰
扬州　广陵书社　1999年　影印本　26cm（16开）
ISBN：60101-341-7
　　本书主要收录纪昀藏砚，书前有清书法家翁方纲序和民国徐世昌序。作者纪昀（1724—

1805），清代学者、文学家、政治家。字晓岚，号石云。直隶献县(今河北沧州)人。曾任《四库全书》总纂官，著有《阅微草堂笔记》《纪文达公遗集》等。

J0012291
阅微草堂砚谱 （一卷）（清）纪昀辑
民国五年［1916］影印本

J0012292
广仓砚录　邹安辑
上海　广仓学窘　民国八年［1919］影印本　线装
　　分二册。

J0012293
笔录　（一卷）（明）项元汴撰
上海　涵芬楼　民国九年［1920］影印本
（学海类编）
　　据清道光十一年六安晁氏木活字印本影印。

J0012294
知白斋墨谱　郭恩嘉编辑
上海　西泠印社　民国九年［1920］影印本　线装
　　分二册。

J0012295
纸录　（一卷）（明）项元汴撰
上海　涵芬楼　民国九年［1920］影印本
（学海类编）
　　据清道光十一年六安晁氏木活字印本影印。

J0012296
广仓砚录　姬佛陀辑
上海　仓圣明智大学　民国十年［1921］铅印暨
影印本　线装
（广仓学窘丛书乙类）

J0012297
程君房墨赞 （一卷）（明）邢侗撰
仁和吴氏双照楼　民国十一年［1922］刻本
（十六家墨说）

J0012298
畴斋墨谱　（元）张寿撰
仁和吴氏双照楼　民国十一年［1922］刻本

朱印　线装
（十六家墨说）

J0012299
畴斋墨谱　（一卷）（元）张寿撰
仁和吴氏双照楼　民国十一年［1922］刻本
（十六家墨说）

J0012300
畴斋墨谱　（一卷）（元）张寿撰
仁和吴氏双照楼　民国十一年［1922］刻本
（十六家墨说）

J0012301
春渚记墨　（宋）何薳撰
仁和吴氏双照楼　民国十一年［1922］刻本
朱印　线装
（十六家墨说）

J0012302
借轩墨存　（清）借轩居士撰
仁和吴氏双照楼　民国十一年［1922］刻本
朱印　线装
（十六家墨说）

J0012303
借轩墨存　（一卷）（清）借轩居士撰
仁和吴氏双照楼　民国十一年［1922］刻本
（十六家墨说）

J0012304
论墨　（明）张丑撰
仁和吴氏双照楼　民国十一年［1922］刻本　朱印　线装
（十六家墨说）
　　作者张丑(1577—1643)，明代收藏家、文学家。原名张德谦，字青父，号米庵。江苏昆山人。主要作品有《清河书画舫》《瓶花谱》《论墨》等。

J0012305
论墨　（一卷）（明）张丑撰
仁和吴氏双照楼　民国十一年［1922］刻本
（十六家墨说）

J0012306
墨苑亭 （明）焦竑撰
仁和吴氏双照楼 民国十一年［1922］刻本
朱印 线装
（十六家墨说）

J0012307
墨苑序 （一卷）（明）焦竑撰
仁和吴氏双照楼 民国十一年［1922］刻本
（十六家墨说）

J0012308
潘方凯墨序 （明）顾起元撰
仁和吴氏双照楼 民国十一年［1922］刻本
朱印 线装
（十六家墨说）

J0012309
潘方凯墨序 （一卷）（明）顾起元撰
仁和吴氏双照楼 民国十一年［1922］刻本
（十六家墨说）

J0012310
潘方凯墨序 （一卷）（明）顾起元撰
民国十九年［1930］石印本

J0012311
十六家墨说 松邻辑
仁和吴氏双照楼 民国十一年［1922］刻本
线装
　　分二册。

J0012312
说墨贻兄孙西侯 （清）曹度撰
仁和吴氏双照楼 民国十一年［1922］刻本
朱印 线装
（十六家墨说）

J0012313
说墨贻兄孙西侯 （一卷）（清）曹度撰
仁和吴氏双照楼 民国十一年［1922］刻本
（十六家墨说）

J0012314
续墨品 （一卷）（清）宋荦撰

仁和吴氏双照楼 民国十一年［1922］刻本
（十六家墨说）

　　作者宋荦（1634—1714），清朝诗人、画家、政治家。字牧仲，号漫堂、西陂、绵津山人，晚号西陂老人、西陂放鸭翁。归德府（今河南商丘）人。曾任湖广黄州通判、江苏巡抚、吏部尚书。被康熙帝誉为"清廉为天下巡抚第一"。著作有《漫堂说诗》《漫堂墨品》《绵津诗抄》等。

J0012315
砚山斋墨谱 （清）孙炯撰
仁和吴氏双照楼 民国十一年［1922］刻本
朱印 线装
（十六家墨说）

J0012316
砚山斋墨谱 （一卷）（清）孙炯撰
仁和吴氏双照楼 民国十一年［1922］刻本
（十六家墨说）

J0012317
窳叟墨录 （清）徐康撰
仁和吴氏双照楼 民国十一年［1922］刻本
朱印 线装
（十六家墨说）

J0012318
窳叟墨录 （一卷）（清）徐康撰
仁和吴氏双照楼 民国十一年［1922］刻本
（十六家墨说）

J0012319
砚林胜录 （五卷）马丕绪撰
会稽马氏心太平斋 民国十三年［1924］木活字印本

J0012320
砚林胜录 （五卷）马丕绪纂
马氏心太平斋 民国二十五年［1936］ 有表格
线装
　　分二册。

J0012321
砚林胜录 （五卷）马丕绪撰
天津 文岚簃印书局 民国二十五年［1936］

J0012322

方氏墨海 （内辑三卷 外辑七卷 附录一卷）
（明）方瑞生辑
武进陶湘涉园 民国十六年［1927］影印本 蓝印 有图 线装

J0012323

纪砚 （一卷）（清）程瑶田撰
上海 神州国光社 民国十七年至民国二十五年［1928—1936］
（美术丛书）

　　作者程瑶田（1725—1814），字易田，一字易畴，号让堂，葺荷。安徽歙县人。清乾隆三十五年（1770）中举，授太仓州学政。晚年写成《琴音记》，撰述统名《通艺录》。

J0012324

涉园墨萃 （十二种）陶湘辑
武进陶湘 民国十八年［1929］石印本 有图 线装

　　分十四册。作者陶湘（1870—1940），近代实业家、藏书家、刻书家。字兰泉，号涉园。江苏武进（常州）人。清末曾任道员，后办实业。曾任故宫博物院图书馆专业委员。编有《武进陶氏书目丛刊》《书目丛刊》，著有《毛氏汲古阁刻书目录》《明内府经长书目》等。一说：1871年生。

J0012325

涉园墨萃 （十二种）陶湘辑
武进陶湘 民国十八年［1929］石印本 有图 线装
　　分三册。

J0012326

涉园墨萃 （十二种）陶湘辑
武进陶湘 民国十八年［1929］石印本 有图 线装

J0012327

中山狼图 （一卷）（明）程大约撰
武进陶湘 民国十八年［1929］石印本
（涉园墨萃）

　　作者程大约（1541—约1616），制墨家、彩绘印版画家。字幼博，又名君房、士芳，号筱野。明代万历时安徽休宁人。辑有《程氏墨苑》，万历

程氏滋兰堂刻彩色套印本。

J0012328

中山狼图 （一卷）（明）程大约撰
北京 中国书店 1991年 影印本 有图 线装
（涉园墨萃）

　　据民国十八年（1929）武进陶氏刻本影印。

J0012329

冯氏金文研谱 冯恕辑
大兴冯恕 民国十九年［1930］刻本 线装
　　分二册。

J0012330

李孝美墨谱 （三卷）（宋）李孝美编
北京 故宫博物院图书馆 民国十九年［1930］影印本 有图 线装

J0012331

李孝美墨谱 （三卷）（宋）李孝美编
北京 故宫博物院图书馆 民国十九年［1930］影印本 有图 线装
　　分二册。

J0012332

潘膺祉墨评 （一卷）（明）李维贞等撰
故宫博物院图书馆 民国十九年［1930］影印本

J0012333

西厓刻竹 （不分卷）（清）金绍坊辑
上海 民国二十二年［1933］影印本

J0012334

李养一端溪砚坑记 （清）李兆洛撰
上海 蟫隐庐 民国二十五年［1936］石印本 线装
（邃园丛书）

J0012335

竹扉旧藏名纸目录 华西大学博物馆编
成都 华西大学博物馆 民国三十六年［1947］线装

　　外文书名：The Chu-Fei Collection of Chinese Paper.

J0012336

墨志　（清）金农录

兰德［1949］抄本　线装

　　作者金农（1687—1764），清代书画家。字寿门、司农、吉金。钱塘（今浙江杭州）人。扬州八怪之首。代表作品有《东萼吐华图》《空捍如洒图》《腊梅初绽图》《玉蝶清标图》等，著有《冬心诗集》《冬心随笔》《冬心杂著》等。

J0012337

湖州毛笔考　华竹章撰

天津　华经魁毛笔店　1953年　影印本　有图及像
线装

J0012338

端溪名砚　刘演良著

广州　广东人民出版社　1979年　99页　21cm（32开）
精装　定价：CNY1.20

J0012339

鲁砚　石可著

济南　齐鲁书社　1979年　165页　有图　20cm（32开）
统一书号：8206.26　定价：CNY3.90

J0012340

鲁砚谱　山东省工艺美术研究所编

济南　齐鲁书社　1979年　100页　26cm（16开）
统一书号：8206.25

J0012341

天津市艺术博物馆藏砚　天津市艺术博物馆
编；张仲清，张平摄影

北京　文物出版社　1979年　146页　38cm（6开）
精装　定价：CNY38.00

J0012342

笔墨纸砚图录　上海博物馆工艺美术研究
组编

上海　上海教育出版社　1981年　［65页］
20cm（32开）　定价：CNY2.50

J0012343

陈端友刻砚艺术　上悔博物馆工艺美术研究
组编

北京　文物出版社　1981年　7页＋33页图版

27cm（大16开）　统一书号：8068.858
定价：CNY3.00

J0012344

墨谱　（一卷）（元）张仲寿撰

扬州　江苏广陵古籍刻印社　1985年　刻本　重印
线装
（武林往哲遗著）

　　据清光绪间钱塘丁丙嘉惠堂刻版重印。收于《武林往哲遗著》前编之《畴斋二谱》中。

J0012345

中国绘画材料史　蒋玄佁著

上海　上海书画出版社　1986年　145页
19cm（32开）　统一书号：8172.1352
定价：CNY1.10

　　本书阐述了中国绘画材料如纸、绢，与绘画颜料诸色之品种、原料、产地、制法、用途、历史发展等。作者蒋玄佁（1930—1977），考古学家、教授。生于浙江富阳。毕业于杭州国立艺术专科学校。同济大学建筑系美术教授。著有《长沙——楚民族及其艺术》《中国瓷器的发明》《吉州窑》《中国绘画材料史》等，出版有《蒋玄佁水彩画集》。

J0012346

中国绘画材料史　蒋玄佁著

上海　上海书画出版社　1987年　重印本　145页
19cm（32开）　统一书号：8172.1352
定价：CNY1.10　ISBN：7-80512-056-0

J0012347

中国书画用纸浅谈　王志维编著

北京　世界知识出版社　1990年　99页　18cm（15开）
ISBN：7-5012-0297-4　定价：CNY1.40

　　本书主要介绍现代书画纸的种类、性能、用途、选择、鉴定、使用和保存，对几种比较有名的纸张作了单独介绍。

J0012348

明利玛窦题宝像图　（一卷）（明）程大约撰

北京　中国书店　1991年　影印本　有图　线装
（涉园墨萃）

　　据民国十八年（1929）武进陶氏刻本影印。作者程大约（1541—约1616），制墨家、彩绘印版画家。明代万历时安徽休宁人。字幼博，又名君房、士芳，号筱野。辑有《程氏墨苑》万历程氏滋兰堂刻彩色套印本。

J0012349
墨薮　（四卷 附录一卷）（清）汪近圣撰
北京 中国书店 1991年 影印本 有图 线装
（涉园墨萃）
　　分三册。据民国十八年（1929）武进陶氏刻本影印。

J0012350
内务府墨作则例　（一卷）陶湘辑
北京 中国书店 1991年 影印本 线装
（涉园墨萃）
　　据民国十八年（1929）武进陶氏刻本影印。作者陶湘（1870—1940），近代实业家、藏书家、刻书家。字兰泉，号涉园。江苏武进（常州）人。清末曾任道员，后办实业。曾任故宫博物院图书馆专业委员。编有《武进陶氏书目丛刊》《书目丛刊》，著有《毛氏汲古阁刻书目录》《明内府经长书目》等。一说：1871年生。

J0012351
涉园墨萃　（十二种）（明）董康辑
北京 中国书店 1991年 影印本 有图 线装
ISBN：7-80568-153-8 定价：CNY480.00（全套）
　　分十四册。据民国十八年（1929）武进陶氏刻本影印。

J0012352
首都博物馆藏砚拓片册
北京 首都博物馆 1991年 拓本 经折装

J0012353
中舟藏墨录　（三卷）袁励准撰
北京 中国书店 1991年 影印本 有图 线装
（涉园墨萃）
　　分三册。据民国十八年（1929）武进陶氏刻本影印。

J0012354
中国画材料应用技法　蒋采苹著
上海 上海人民美术出版社 1999年 154页
有图版 20cm（32开）ISBN：7-5322-2207-1

定价：CNY32.50
　　作者蒋采苹（1934—　），女，画家。河南开封人。毕业于中央美术学院，留校任教。历任中央美术学院中国画系副教授、工笔画室主任，中国美术家协会会员、中国当代工笔画学会副会长、北京工笔重彩画会副会长。主要作品有《孔雀之歌》《摘火把果的姑娘》《憩》《雪》等，主编有画集《现代重彩画》。

国画及书法作品的装帧和修裱技术

J0012355
广装潢志　（六卷）□□撰
［清］稿本

J0012356
赏延素心录　（一卷）（清）周二学撰
［清］稿本
（昭代丛书）

J0012357
赏延素心录　（一卷）（清）周二学撰
吴江沈氏世楷堂 清道光 刻本
（昭代丛书）

J0012358
赏延素心录　（一卷）（清）周二学撰
清同治至光绪 刻本
（榆园丛刻）

J0012359
赏延素心录　（清）周二学撰
仁和许增娱园 清光绪 刻本 线装
（榆园丛书）
　　十二行二十三字白口左右双边单鱼尾。收于《榆园丛书》之《娱园丛刻》中。

J0012360
赏延素心录　（一卷）（清）周二学撰
吴江沈氏世楷堂 清光绪 刻本 重印 线装
（昭代丛书）
　　九行二十字小字双行同白口左右双边单鱼尾。收于《昭代丛书》戊集中。

J0012361
赏延素心录 （一卷）（清）周二学撰
吴江沈廷镛 民国八年［1919］重修本 线装
（昭代丛书）
　　清道光吴江沈氏世楷堂刻民国八年吴江沈廷镛重修本。收于《昭代丛书》戊集续编中。

J0012362
赏延素心录 （一卷）（清）週二学撰
民国九年［1920］刻本 补刻 线装
（榆园丛刻）
　　本书据清同治至光绪刻本补刻。收于《榆园丛刻》之《娱园丛刻》十种中。

J0012363
装潢志 （一卷）（清）周嘉胄撰
［清］稿本
（艺苑丛钞）

J0012364
装潢志 （一卷）（清）周嘉胄撰
诒清堂 清康熙三十六至四十二年［1697—1703］刻本
（昭代丛书）

J0012365
装潢志 （一卷）（清）周嘉胄撰
清康熙三十六年［1697］刻本 线装
（昭代丛书）
　　九行二十字白口四周单边。收于《昭代丛书》甲集第六帙数中。

J0012366
装潢志 （一卷）（清）周嘉胄撰
清乾隆 刻本 线装
（昭代丛书）
　　收于《昭代丛书》甲集第六帙数中。

J0012367
装潢志 （一卷）（清）周嘉胄撰
清乾隆至宣统 刻本 重印 线装
（昭代丛书）
　　九行二十字白口四周单边。收于《昭代丛书》甲集第六帙数中。

J0012368
装潢志 （一卷）（清）周嘉胄撰
求是斋 清乾隆十三年［1748］刻本

J0012369
装潢志 （一卷）（清）周嘉胄撰
吴江沈氏世楷堂 清道光 刻本
（昭代丛书）

J0012370
装潢志 （一卷）（清）周嘉胄撰
六安晁氏 清道光十一年［1831］木活字印本
（学海类编）

J0012371
装潢志 （一卷）（清）周嘉胄撰
吴江沈氏世楷堂 清光绪 刻本 重印 线装
（昭代丛书）
　　九行二十字小字双行同白口左右双边单鱼尾。收于《昭代丛书》甲集第六帙数中。

J0012372
装潢志 （一卷）（清）周嘉胄撰
吴江沈廷镛 民国八年［1919］重修本 线装
（昭代丛书）
　　清道光吴江沈氏世楷堂刻民国八年吴江沈廷镛重修本。收于《昭代丛书》甲集第六帙数中。

J0012373
装潢志 （一卷）（清）周嘉胄撰
上海 涵芬楼 民国九年［1920］影印本
（学海类编）
　　据清道光十一年六安晁氏木活字印本影印。

J0012374
装潢志 （清）周嘉胄著
长沙 商务印书馆 1939年［91］页
18cm（小32开）
（丛书集成初编 1563）
　　中国清代书画装裱专著。本书由《装潢志》（清）周嘉胄著、《赏延素心录》（清）周二学著、《名画神品目》（明）杨慎著、《诸家藏书薄》（清）李调元辑合订。

J0012375

装潢志 （清）周嘉胄著

北京 中华书局 1985年 新1版 18cm（小32开）

统一书号：17018.151

（丛书集成初编）

　　本书由《装潢志》（清）周嘉胄著、《赏延素心录》（清）周二学著、《名画神品目》（明）杨慎著、《诸家藏书薄》（清）李调元辑合订。

J0012376

怎样裱画 上海书画出版社裱画组编写

上海 上海书画出版社 1978年 64页 19cm（32开）

统一书号：8172.375 定价：CNY0.22

J0012377

装裱艺术 汤麟编

武汉 湖北人民出版社 1979年 40页 有图 19cm（32开）统一书号：8106.1980

定价：CNY0.14

J0012378

书画的装裱与修复 故宫博物院修复厂裱画组编著

北京 文物出版社 1980年 108页 19cm（32开）

统一书号：8068.847 定价：CNY0.45

J0012379

书画装裱 杨正旗编写

济南 山东人民出版社 1980年 64页 19cm（32开）

统一书号：8099.2086 定价：CNY0.24

J0012380

中国书画装裱 杜子熊著

上海 上海书画出版社 1980年 104页 19cm（32开）统一书号：7172.137

定价：CNY0.30

　　作者杜子熊（1913—1989），会计学家、书画家。

J0012381

中国书画装裱概说 冯鹏生著

上海 上海人民美术出版社 1980年 81页 25cm（小16开）统一书号：8081.11728

定价：CNY0.75

J0012382

中国书画装裱概说 冯鹏生著

上海 上海人民美术出版社 1982年 96页 25cm（小16开）统一书号：8081.11728

定价：CNY0.84

　　本书详尽地介绍了中国画装裱的发展历史，并系统地介绍了装裱的不同形式和技法，还附有40余幅插图。

J0012383

中国书画装裱概说 冯鹏生著

上海 上海人民美术出版社 1999年 2版

修订本 96页 有图 26cm（16开）

ISBN：7-5322-0627-0 定价：CNY13.00

J0012384

书画装裱技法 谢友生著

北京 人民美术出版社 1981年 26页 19cm（32开）

统一书号：8027.7470 定价：CNY0.17

　　本书分装裱书画的源起及其发展过程、书画装裱的重要性、备制装裱用具、制浆糊与使用法、选择原料分析品种、新画托心和揭旧去污法等19章。

J0012385

中国书画装裱 王梅枝，沈德传编

台北 雄狮图书股份有限公司 1982年 96页

有图 21cm（32开） 定价：TWD120.00

J0012386

中国书画装裱 王梅枝，沈德传编辑

台北 雄狮图书股份有限公司 1990年 4版 92页

有图 21cm（32开） ISBN：957-9420-18-1

定价：TWD120.00

（雄狮丛书）

　　本书采用装裱的操作程序介绍装裱的各种形式和各道工序，并配有示意图。

J0012387

中国书画装裱 雄狮美术编

台北 雄狮图书公司 1985年 再版 96页 有图 21cm（32开） 定价：TWD120.00

J0012388

中国字画装裱 王栋著

郑州 河南科学技术出版社 1985 年 97 页
19cm（32 开）统一书号：8245.3
定价：CNY0.70
（青年自学技术丛书）
　　本书全面、系统地介绍了字画装裱的全过
程。其中技术性部分包括原材料加工、装裱工艺、
装裱形式以及古旧字画的揭裱。

J0012389
书画装潢学　杜子熊著
上海 上海书画出版社 1986 年 213 页
19cm（32 开）定价：CNY1.60
　　本书系统阐述中国书画装潢历史、品式、流
派、技法、经验，着重介绍做旧裱新。从旧画重
装的揭裱、淋洗、修补、全色，进而论述新画的
托裱、镶潢、复背、装轴，包括图表托法等，兼
及纸绢绫锦、颜料色墨、材料工具。作者杜子熊
（1913—1989），会计学家、书画家。

J0012390
《装潢志》标点注译　周嘉胄著；杨正旗注译
济南 山东美术出版社 1987 年 95 页 19cm（32 开）
统一书号：8332.856 定价：CNY1.10
ISBN：7-5330-0010-2

J0012391
书画装裱浅说　冯增木著
济南 山东科学技术出版社 1987 年 141 页
19cm（32 开）ISBN：7-5331-0051-4
定价：CNY1.00
（知识与生活丛书）
　　作者冯增木（1950—　），书画家。字森林，
号敬签斋主人，斋号敬签画室。出生于山东泰安。
历任山东省工艺美术研究所副所长、工艺美术师
兼山东省工艺美术总店经理、山东画院画师、中
国工艺美术学会会员、中国美术家协会山东分会
会员。

J0012392
书画装潢学　杜子熊，李玮著
台北 五洲出版社 1988 年 378 页 有图
21cm（32 开）定价：TWD280.00
　　作者杜子熊（1913—1989），会计学家、书画家。

J0012393
中国书画装裱　王栋编著
南京 江苏古籍出版社 1988 年 90 页 有图
19cm（32 开）ISBN：7-80519-101-8
定价：CNY1.30
（书法学习丛书）

J0012394
书画装裱艺术　张秀英著
郑州 河南科学技术出版社 1989 年 126 页
19cm（小 32 开）ISBN：7-5349-0520-6
定价：CNY1.90

J0012395
中国书画装裱　冯增木著
济南 山东科学技术出版社 1990 年 407 页
有附彩照 20cm（32 开）ISBN：7-5331-0681-4
定价：CNY6.00
　　本书包括：装裱书画的准备工作、程序、古
旧书画的揭裱与修复、中国书画的收藏与鉴赏、
书画的包装等 15 章。

J0012396
中国书画装裱　冯增木著
济南 山东科学技术出版社 1993 年 2 版
增订本 407 页 有附彩照 20cm（32 开）
ISBN：7-5331-1289-X 定价：CNY13.80

J0012397
中国书画装裱技法　唐昭钰著
合肥 黄山书社 1990 年 154 页 19cm（32 开）
ISBN：7-80535-177-5 定价：CNY2.80
　　本书介绍了装裱所用的材料及工具，讲解了
褙纸的多种托法等知识。

J0012398
中国书画装裱技法　唐昭钰著
合肥 黄山书社 1996 年 2 版 修订本 168 页
有彩照 19cm（小 32 开）ISBN：7-80630-107-0
定价：CNY9.80

J0012399
书画装裱技巧　傅小钟编著
沈阳 沈阳出版社 1991 年 144 页 有插图
19cm（小 32 开）ISBN：7-80556-750-6

定价：CNY2.80

本书介绍了装裱的设备、工具、材料、程序、品式以及修复等方面的基本知识。

J0012400

书画装潢沿革考　王以坤著
北京　紫禁城出版社　1991 年　62 页　有图
19cm（小 32 开）　ISBN：7-80047-123-3
定价：CNY3.80

本书阐述了我国不同时代的书画装裱特点与优劣情况。

J0012401

书画装裱简易技法　辛舟编著
广州　广东科技出版社　1992 年　93 页　有彩图
26cm（16 开）　ISBN：7-5359-0900-0
定价：CNY4.80

本书介绍了传统装裱工艺的基本常识和实用技法。

J0012402

怎样裱画　史良黻［著］
上海　上海文化出版社　1992 年　161 页　有插图
19cm（32 开）　ISBN：7-80511-529-X
定价：CNY2.80
（怎么办丛书）

J0012403

书画装裱技艺辑释　杜秉庄，杜子熊编著
上海　上海书画出版社　1993 年　417 页
20cm（32 开）　ISBN：7-80512-642-9
定价：CNY15.20

本书汇辑有关书画装裱技艺的 26 种古籍，作了标点、注解、今译，并介绍现代书画装潢技艺。书末附图、格式 15 例。作者杜子熊（1913—1989），会计学家、书画家。

J0012404

书画装裱艺术　刘珀编著
天津　天津杨柳青画社　1993 年　129 页　有插图
19cm（小 32 开）　ISBN：7-80503-200-9
定价：CNY4.50

本书主要介绍书画装裱工艺的基础知识和技法，涉及装裱的品式、程序、用料、工具等知识。作者刘珀（1958—　），天津杨柳青画社工艺

师、画廊经理。

J0012405

书画装裱艺术　刘珀编著
天津　天津杨柳青画社　1994 年　重印本　129 页
有插图　19cm（32 开）　ISBN：7-80503-200-9
定价：CNY6.90

J0012406

书画装裱艺术　刘珀编著
天津　天津杨柳青画社　1996 年　重印本　129 页
有插图　19cm（32 开）　ISBN：7-80503-200-9
定价：CNY7.20

J0012407

中国书画装裱艺术　杨守谋等编著
北京　高等教育出版社　1994 年　重印本　74 页
26cm（16 开）　ISBN：7-04-002324-5

本书为中国书画函授大学教材。内容包括：中国书画装裱历史概览；书画装裱的设备、工具及材料；古旧书画的揭裱与修复；书画装裱的技艺要素等。

J0012408

速成书画装裱技法　田维玉编
北京　文物出版社　1996 年　214 页　19cm（小 32 开）
ISBN：7-5010-0869-8　定价：CNY13.00

J0012409

中国书画装裱大全　杨正旗著
济南　山东美术出版社　1997 年　299 页　有图
26cm（16 开）　ISBN：7-5330-1025-6
定价：CNY30.00

J0012410

中国当代书画装裱艺术界博览　张野主编
北京　国际文化出版公司　1998 年　674 页
有肖像及图　26cm（16 开）　精装
ISBN：7-80105-624-8　定价：CNY213.00

J0012411

中国书画装裱技法传统与创新　李喜梅著
郑州　河南美术出版社　1998 年　112 页
20cm（32 开）　ISBN：7-5401-0677-8
定价：CNY12.00

J0012412
书画裱褙的艺术　陈增良著
台北　洪叶文化事业公司　1999 年　136 页
有照片　21cm（32 开）ISBN：957-8424-68-X
定价：TWD180.00
（当代美学　18）

油画技法、油画评论

J0012413
新体油画解说　（英）卡利安著；潘履洁译
［上海］商务出版社　1927 年　97 页　有图
21cm（32 开）

J0012414
油画法之基础　陈抱一著
上海　中华书局　1927 年　100 页　有图　22cm（30 开）
定价：银五角
　　本书内分 14 章，介绍油画的发明、素描、油
画颜料、画布及笔、用具及画室、习画时的准备
及注意、构图略说、技术的意义等。

J0012415
洋画 ABC　陈抱一著
上海　ABC 丛书社　1929 年　113 页　有图
19cm（32 开）定价：五角
（ABC 丛书）
　　本书内分一般画法的种类、油画材料及用
具、物体与明暗、石膏像写生等 12 章，介绍西洋
画基础知识。书前有徐蔚南的《ABC 丛书发刊
旨趣》。

J0012416
洋画 ABC　陈抱一著
上海　世界书局　1929 年　再版　113 页　有图
19cm（32 开）定价：五角
（ABC 丛书）

J0012417
油画入门　俞寄凡编
上海　商务印书馆　1934 年　49页　有图 19cm（32 开）
定价：大洋二角五分
　　本书分 20 节，内容有：油画的起源、学画
前的心得、油画的用具、颜料的性质、古今的手
法、鉴赏与摹写、日光的作用、使用材料时的注
意、物体的主要形状、颜面着色的概要、油画的
尺寸、近代洋画派的略述等。

J0012418
油画入门　俞寄凡编
上海　商务印书馆　1935 年　再版　49 页　有图
9cm（32 开）定价：大洋二角五分
　　作者俞寄凡（1891—1968），现代画家、美术
教育家。江苏吴县人。别名俞义范。南京两江
优级师范学堂毕业，后赴日本东京高等师范学
校图画手工部学习。任上海美术专科学术教授
兼师范部主任、高等师范科西洋画主任、上海艺
术学会会长、新华艺术专科学校教授、校长，南
京中央大学教授等职。著作有《艺术概论》《近
代西洋绘画》《人体美之研究》等，译作《美学
纲要》。

J0012419
油画研究　倪贻德编著
长沙　商务印书馆　1941 年　101 页　有图
17cm（40 开）定价：国币六角
（艺术研究丛书）
　　本书分上、下编。上篇"实习之部"，论述材
料的准备、怎样使用材料、一般的油画法、油画
各部门的特殊技法等；下编"鉴赏之部"，介绍名
作鉴赏的方法、近代油画的代表作等。作者倪贻
德（1901—1970），著名油画家。美术理论家和美
术教育家。笔名尼特，毕业于上海美术专科学校。
历任浙江美术学院教授、第一副院长，全国美协
理事、浙江省美协副主席等职。著作有《西洋画
概论》《水彩画研究》《画人行脚》《艺术漫谈》
《近代艺术》，还有小说集《玄武湖之秋》《东海之
滨》《百合集》等。

J0012420
"萨布罗什人"是怎样产生的　（俄）Д.И.耶
伏尔尼茨基著；严摩罕译
［上海］中央美术学院华东分院研究室［1954
年］30 页　26cm（16 开）
（美术参考资料　第七十种　作品研究）
　　本书系对列宾油画的评论，同时刊载了
И.С.齐里裴尔斯坦因的引言。

J0012421

论列宾的技法　（苏）涅陀修文（Г.Недошивин）
著；严摩罕等译
上海　华东人民美术出版社　1954年　20cm（32开）
定价：旧币 13,700 元
（造型艺术理论译丛）

　　本书共辑 3 篇文章：一、论列宾的技法，论述艺术技术与艺术技法的区别，论述现实主义画家列宾的技法，并以分析作品作为论证；二、《宣传者被捕》的创作过程，专门论述列宾的作品；三、伟大的俄罗斯艺术家列宾，着重论述列宾的创作思想。书后附列宾油画作品 27 幅。

J0012422

论列宾的技法　（苏）涅陀修文（Г.Недошивин）
著；严摩罕等译
上海　上海人民美术出版社　1955年　2 版　124 页
有图　20cm（32开）　定价：一元五角
（造型艺术理论译丛）

J0012423

苏里科夫的创作方法　（苏）马士科乌柴夫
（Н.Г.Машковцев）等著；赵琦，钱景长译
上海　上海人民美术出版社　1955年　74 页
19cm（32开）　定价：CNY0.55
（造型艺术理论译丛）

　　本书分 3 篇对作者的创作方法、特征以及他的一些代表作品作了细致的分析论述。书后附作者的有关油画作品 8 幅。

J0012424

怎样使用油画颜料　（苏）温涅尔
（А.В.Виннер）著；胡梅生译
北京　朝花美术出版社　1955年　44 页　有图
18cm（小32开）　定价：CNY0.19

　　作者胡梅生（1928—　　），教授。生于山东莒南县。哈尔滨学院美术教授，曾任黑龙江省师范学校书法、美术教材主编，黑龙江省老年书画研究会艺术顾问。出版有《胡梅生国画作品精选》《柳公权玄秘塔碑集联》《汉礼器碑集联》等。

J0012425

胶粉画颜色和工具使用法　赫炎著；李学淮
整理
长春　吉林人民出版社　1957年　46 页　有图

19cm（32开）　统一书号：8091.15
定价：CNY0.16

J0012426

油画入门　（苏）Б.约干松（Б.В.Иогансон）著；
冯湘一译
上海　上海人民美术出版社　1957年　34 页
有图　18cm（小32开）　统一书号：8081.2869
定价：CNY0.20
（业余美术自学丛书）

J0012427

油画技法　（苏）卜留京（Э.М.Белютин）著；
石欣译
北京　人民美术出版社　1958年　52 页　19cm（32开）
统一书号：8027.1369　定价：CNY0.50

J0012428

怎样画油画　艾中信编著
北京　人民美术出版社　1958年　30 页　有图
19cm（32开）　统一书号：8027.2106
定价：CNY0.30

　　本书概述了画油画的要领和技法，并对初学者可能遇到的创作问题做了扼要的讲解。书后附中外名家的作品 15 幅。作者艾中信（1915—2003），画家。上海人。历任中央美术学院教授、油画系主任、副院长，《中国大百科全书·美术》编辑委员会主任、中国美术家协会理事等职。代表作品有《背煤》《通往乌鲁木齐》《炮兵过雪山》等，著有《徐悲鸿研究》《读画论画》《油画风采谈》等。

J0012429

怎样画油画　艾中信著
北京　人民美术出版社　1992年　2 版　30 页
有画　19cm（小32开）　ISBN：7-102-00884-8
定价：CNY1.95

　　本书概述了油画的基本技法和要领，并精选部分有代表性的世界名画附作参考。

J0012430

苏联画家的油画材料与技术　（苏）A.B.温涅尔著；杨廉坤译
北京　人民美术出版社　1962年　210 页　有图表
20cm（32开）　统一书号：8027.3722

定价: CNY1.50

J0012431
怎样画油画　张隆基编
上海　上海人民出版社　1964年　33页　有图
18cm（小32开）统一书号: T8081.5395
定价: CNY0.50
（工农兵业余美术自学丛书）

J0012432
怎样画油画　张隆基执笔
上海　上海人民出版社　1973年　50页　有图
19cm（32开）统一书号: 8171.609
定价: CNY0.22
（工农兵美术技法丛书）
　　本书介绍油画的技法及有关美术专业知识,
共5章: 一、怎样画一幅半山人像；二、怎样画
风景；三、油画的色彩；四、油画的表现方法；
五、油画的材料和工具。

J0012433
怎样画油画　张隆基执笔
上海　上海人民美术出版社　1978年　新1版　50页
有图　19cm（32开）统一书号: 8081.11172
定价: CNY0.22
（工农兵美术技法丛书）

J0012434
两朵大香花　（赞油画《毛主席去安源》和钢琴
伴唱《红灯记》）青海人民出版社编
西宁　青海人民出版社　1968年　81页　19cm（32开）
统一书号: 3097.567　定价: CNY0.18

J0012435
赞革命油画《毛主席去安源》　陕西人民出
版社编辑
西安　陕西人民出版社　1970年　90页　19cm（32开）
统一书号: 10094.9　定价: CNY0.17

J0012436
达维特　穆家琪著
天津　天津人民美术出版社　1980年　35页
24cm（26开）定价: CNY0.60
（画家介绍丛书）
　　本书是外国美术家介绍。达维特是法国古

典主义绘画大师。

J0012437
达维特　（法国古典主义绘画大师）穆家琪著
天津　天津人民美术出版社　1980年　16页
有图　19cm（小32开）统一书号: 8073.50128
定价: CNY0.60
（画家介绍丛书）

J0012438
风景油画技法　庄修田编译
台北　艺术图书公司　1980年　有图　20cm（32开）

J0012439
喷笔书技法　荣健文编著
香港　万里书店　1980年　159页　有图　26cm（16开）

J0012440
现代油画技法　芝田米兰等著；济民出版事
业公司编辑部译
［台北］济民出版事业公司［1980—1989年］
226页　有图　30cm（15开）精装

J0012441
油画　（画法及演变）陈景容著
台北　水牛出版社　1980年　313页　20cm（32开）
精装
（水牛美术丛书　2）

J0012442
油画画法　梁荫本编著
台北　艺术图书公司　1980年　再版　有图
20cm（32开）精装　定价: TWD110.00
　　本书由《油画画法》梁荫本编著、《风景油画
技法》庄修田编译,胡哲编译的《油画技法》合订。

J0012443
油画技法　胡哲编译
台北　艺术图书公司　1980年　有图　20cm（32开）

J0012444
油画技法研究　赖传鉴著
台北　艺术家出版社［1980—1989年］208页
有图　21cm（32开）定价: TWD180.00
（艺术家丛刊　5）

J0012445
法国印象派先驱 （马奈）朱伯雄编
天津 天津人民美术出版社 1981 年 29 页
19cm（小 32 开） 定价：CNY0.80
（画家介绍丛书）
　　作者朱伯雄(1932—2005)，美术史论家。别
名羊石。出生于上海，祖籍浙江湖州。毕业于东
北鲁迅艺术学院美术系。美国哈佛大学文理学
院美术史论系客座教授、马来西亚艺术学院客座
教授。代表作品有《世界美术史》《世界美术经
典》等。

J0012446
画廊 （1981 年 第 5 期）
天津 天津人民美术出版社 1981 年 24 页
30cm（12 开） 统一书号：8073.50197
定价：CNY1.50
（油画丛刊）

J0012447
画廊 （1981 年 第 6 期）
天津 天津人民美术出版社 1981 年 25 页
30cm（12 开） 定价：CNY1.50
（油画丛刊）

J0012448
画廊 （1981 年 第 7 期）
天津 天津人民美术出版社 1981 年 25 页
36cm（12 开） 统一书号：8073.50219
定价：CNY1.50
（油画丛刊）

J0012449
画廊 （1982 年 第 8 期）
天津 天津人民美术出版社 1982 年 24 页
25×26cm 统一书号：8073.50238
定价：CNY1.50
（油画丛刊）

J0012450
画廊 （1982 年 第 9 期）《画廊》编辑部编辑
天津 天津人民美术出版社 1982 年 24 页
25×26cm 统一书号：8073.50239
定价：CNY1.50
（油画丛刊）

J0012451
画廊 （1982 年 第 10 期）
天津 天津人民美术出版社 1982 年 24 页
［36cm］（12 开） 定价：CNY1.50
（油画丛刊）

J0012452
画廊 （1982 年 第 11 期）
天津 天津人民美术出版社 1982 年 24 页
［36cm］（12 开） 定价：CNY1.50
（油画丛刊）

J0012453
画廊 （1983 年 第 1 期）
天津 天津人民美术出版社 1983 年 24 页
25cm（15 开） 定价：CNY1.50
（油画丛刊）

J0012454
画廊 （1983 年 第 2 期）
天津 天津人民美术出版社 1983 年 24 页
25cm（15 开） 定价：CNY1.50
（油画丛刊）

J0012455
画廊 （1983 年 第 3 期）
天津 天津人民美术出版社 1983 年 24 页
25cm（15 开） 定价：CNY1.50
（油画丛刊）

J0012456
画廊 （1983 年 第 4 期）
天津 天津人民美术出版社 1983 年 24 页
25cm（15 开） 定价：CNY1.50
（油画丛刊）

J0012457
画廊 （1984 年 第 1 期 总第 16 期）
天津 天津人民美术出版社 1984 年 24 页
25×26cm 定价：CNY1.50
（油画丛刊）

J0012458
画廊 （1984 年 第 2 期）《画廊》编辑部编辑
天津 天津人民美术出版社 1984 年 24 页

25×26cm 统一书号：8073.50314
定价：CNY1.50
（油画丛刊）

J0012459
画廊 （1985年 第1期）
天津 天津人民美术出版社 1985年 24页
定价：CNY1.50
（油画丛刊）

J0012460
画廊 （1986年 第21期）
天津 天津人民美术出版社 1986年 24页
25×26cm 定价：CNY1.80
（油画丛刊）

J0012461
画廊 （1986年 第22期）
天津 天津人民美术出版社 1986年 24页
25×26cm 定价：CNY1.80
（油画丛刊）

J0012462
画廊 （1987年 第24期）《画廊》编辑部编辑
天津 天津人民美术出版社 1987年 24页
25×26cm 统一书号：8073.50421
定价：CNY2.60 ISBN：7-5305-0075-9
（油画丛刊）

J0012463
科尔内留·巴巴 张世范编
天津 天津人民美术出版社 1981年 34页
24cm（26开） 统一书号：8073.50153
定价：CNY0.65
（画家介绍丛书）
　　作者张世范（1936—2012），教授。河北冀州人。毕业于天津美术学院。曾任天津美术学院院长、教授。代表作品有《罗马尼亚艺术家——科·巴巴》《素描人体新概念》。

J0012464
罗马尼亚艺术大师科尔内留·巴巴 张世范编
天津 天津人民美术出版社 1981年 19cm（32开）
统一书号：8073.80153 定价：CNY0.65
（画家介绍丛书）

J0012465
西洋名画家绘画技法 （美）库克著；杜定宇译
北京 人民美术出版社 1981年 78页 19cm（32开）
统一书号：8027.7507 定价：CNY0.60
　　译者杜定宇（1932—　），戏剧、美术理论翻译家。河南西峡人。毕业于上海外国语学院英文系。上海戏剧学院教授。译著有《色彩艺术》《西方名画家绘画技法》《川剧艺术形象谱》《越剧舞台美术》等。

J0012466
油画彩色之成功要诀 凯德子（Foster Caddell）著；彭册之译
台北 艺术图书公司 1981年 144页 有图
20cm（32开） 定价：TWD240.00
　　外文书名：Keys to Successful Color：A Guide for Landscape Painters in Oil.

J0012467
油画的技法 （日）横山了平等著；陈银辉等译
台北 光复书局公司 1981年 5册 有图
37cm（8开） 精装
（光复美术丛书）

J0012468
油画 江启明编著
香港 中流出版社 1982年 56页
（美术普及丛书）

J0012469
油画家 （中青年篇）
天津 天津人民美术出版社 1982年 24页
25cm（小16开） 统一书号：8073.50237
定价：CNY1.10
　　本书简要介绍了妥木斯、官其格、李秀实、黄冠余四位中年油画家以及他们的主要作品。

J0012470
建筑图喷笔画表现 亮仪编
香港 万里书店 1983年 123页 26cm（16开）
（工商美术丛书）

J0012471
柯罗　米勒　库尔贝 今东编译
天津 天津人民美术出版社 1983年 87页

22cm（32 开）统一书号：8073.50248

定价：CNY2.80

（画家介绍丛书）

　　本书介绍了 19 世纪法国 3 位油画家的生平及其主要作品。

J0012472

油画技法　靳尚谊等绘

北京 人民美术出版社 1983 年 48 页

25cm（小 16 开）统一书号：8027.8371

定价：CNY1.40

　　作者靳尚谊（1934—　　），满族，画家、教授。河南焦作人。毕业于中央美院绘画系和马克西莫夫油画训练班。曾任中央美术学院院长、教授、博士生导师，中国美协主席、中国文联副主席。代表作品有《塔吉克新娘》《青年歌手》《蓝衣少女》等，出版有《靳尚谊油画选》《靳尚谊肖像作品选集》等。

J0012473

油画技法　周正著

上海 上海人民美术出版社 1983 年 88 页

21cm（32 开）统一书号：8081.13064

定价：CNY0.90

　　本书较系统地介绍了油画技法的发生、发展情况，较详细地介绍了油画创作中各种表现技法以及色彩、笔触、修补和保管油画等知识。作者周正（1934—　　），油画家、艺术理论家。江苏苏州人。毕业于西北艺术学院美术系。陕西师范大学教授、艺术系主任，中国美术家协会会员、陕西省美术家协会常务理事、艺术美学学会常务理事。出版有《油画技法》《绘画色彩学概要》《简明外国美术史》《绘画构图原理》《周正油画集》。

J0012474

油画肖像初探　陆露音著

长沙 湖南美术出版社 1983 年 20 页

25cm（小 16 开）统一书号：8233.458

定价：CNY1.96

J0012475

象征主义画家莫罗　范景中编

天津 天津人民美术出版社 1984 年 24 页

19cm（32 开）统一书号：8073.50278

定价：CNY2.50

（画家介绍丛书）

　　本书介绍了画家莫罗的生平与作品。作者古斯塔夫·莫罗（Gustave Moreau，1826—1898），法国画家，法国象征主义画家、教授。出生于巴黎。作品有《雅歌一景》《幽灵》《俄狄浦斯和斯芬克斯》《朱庇特与塞墨勒》等。

J0012476

印象派绘画百图　陈友任，平野著

北京 人民美术出版社 1984 年 200 页

19cm（32 开）统一书号：8027.8621

定价：CNY1.80

　　本书为印象画派技法专著。根据美国拉塞尔·阿希原著《印象派及其艺术》编译。作者不仅介绍了很多画的背景材料，而且按年代先后排列，介绍了象印象派及其画家的故事。共选作品100 幅。作者平野（1924—　　），原名张大晖。浙江温州人。毕业于中央大学艺术系。历任人民美术出版社任编审、菏泽书画研究院名誉院长、《简明不列颠百科全书》主要译审、《中国大百科全书美术》西方美术副主编。

J0012477

油画基础知识　郭绍纲著

长沙 湖南美术出版社 1984 年 170 页 有图

20cm（32 开）统一书号：8233.637

定价：CNY1.80

　　本书分 3 部分。第 1 部分，讲油画的源流、演变和发展；第 2 部分，讲油画的基础知识；第3 部分，讲油画的创作与鉴赏。附有 64 幅例图。作者郭绍纲（1932—　　），画家、艺术教育家。曾用名享邑。北京昌平人。曾在中央美术学院和苏联列宾美术学院学习油画。历任武汉中南美专教师、广州美术学院院长、教授。代表作《锻工像》《红帽姑娘》《牡丹盛开》等。

J0012478

刀笔画大全　（创造鲜艳色彩效果的油画技法）

（美）Wallgh, C. 著；胡哲编译

高雄 大众书局 1985 年 228 页 有图

26cm（16 开）精装 定价：TWD380.00

（进阶艺术丛书）

J0012479

海景油画技法　（美）鲁滨逊（Robinson, J.）著；

吕双明译

沈阳 辽宁美术出版社 1985 年 160 页
18cm（小 32 开） 统一书号：8161.0515
定价：CNY7.60

　　本书包括 6 章：工具与材料；天空；远景海；主浪；透明的表面；能反射的表面。外文书名：The Seascape Painter's Problem Book.

J0012480
塞冈提尼 陈萏玉编
天津 天津人民美术出版社 1985 年 50 页
21cm（32 开） 统一书号：8073.50343
定价：CNY3.40
（画家介绍丛书）

　　塞冈蒂尼（Segantini, Giovanni 1858—1899），意大利画家。出生于奥地利南部边境的阿尔科镇，毕业于布雷拉美术学院。代表作有油画《牧歌》《饮水》《被系住的牛群》《爱的女神》《春天里的牧场》《爱的果实》等。

J0012481
世界名画赏析 张幼农编撰
贵阳 贵州人民出版社 1985 年 26cm（16 开）
统一书号：8115.1064 定价：CNY4.50

　　作者张幼农（1951— ），贵州贵阳人。中国美术家协会会员、中国漆画研究会会员。

J0012482
油画技法 1.2.3 陈景容编
台北 雄狮图书公司 1985 年 159 页 有图
26cm（16 开） 定价：TWD360.00

J0012483
油彩技法 帕拉蒙（Parramon, J.M.）著；梁国元编
台北 唐代文化事业公司 1986 年 128 页 有彩图 20cm（32 开） 定价：TWD120.00
（绘画教室 4）

　　外文书名：Techniques of Oil Painting.

J0012484
油画·风景画 视觉设计研究所主编
台北 唐代文化事业公司 1986 年 124 页 有图
20cm（32 开） 定价：TWD180.00
（美术系列）

J0012485
油画风景 马常利编
北京 朝花美术出版社 1986 年 19×26cm
统一书号：8028.2308 定价：CNY1.15
（美术技法画库 2）

J0012486
油画基础技法 汪诚一著
杭州 浙江美术学院出版社 1986 年 34 页
有图版 26cm（16 开） 定价：CNY2.60
（美术自学丛书）

　　本书分油画写生的方法步骤、油画写生的色彩、油画技法简介 3 部分。每部分都附有写生练习。附有黑白插图 8 幅，彩色插图 24 幅。

J0012487
油画基础技法 汪诚一著
杭州 浙江美术学院出版社 1988 年 2 版 45 页
有图 26cm（16 开） ISBN：7-81019-037-7
定价：CNY5.40
（美术基础技法教材丛书）

J0012488
油画技法 游允常等编
北京 人民美术出版社 1986 年 47 页 有图
26cm（16 开） 统一书号：8027.8371
定价：CNY0.75

　　本书采用图文结合的方式介绍了油画技法，包括《探索》（靳尚谊）、《拿苹果的少女》（汲成）、《飞行员》（何孔德）3 幅油画。

J0012489
油画手册 （基础篇）视觉设计研究所主编
台北 唐代文化事业公司 1986 年 115 页 有图
20cm（32 开） 定价：TWD150.00
（美术系列）

J0012490
油画表现技法 日本视觉设计研究所编
台北 唐代文化事业公司 1987 年 121 页 有图
21cm（32 开） 定价：TWD180.00
（美术系列 027）

J0012491
油画初步 （油画技艺对话）钟以勤著

长沙 湖南美术出版社 1987年 38页 26cm（16开）
ISBN：7-5356-0020-4 定价：CNY6.50

本书采用对话形式，与初学者讨论油画学习的正确途径及油画艺术的修养问题，论述油画的基础知识和基本技法。书中附作品欣赏10幅。

J0012492

油画静物 李松石编
北京 朝花美术出版社 1987年 14页 26cm（16开）
定价：CNY1.15
（美术技法画库）

J0012493

油画入门 张隆基编著
上海 上海人民美术出版社 1987年 70页
有图版 19cm（32开） 统一书号：8081.15074
定价：CNY1.30

J0012494

油画入门 （英）巴特希尔等著；吕澎，李高强译
成都 四川美术出版社 1987年 84页 有附图
20cm（32开） ISBN：7-5410-0033-7
定价：CNY3.00

作者吕澎（1956— ），编辑、艺术评论家。生于重庆。毕业于四川师范学院政治教育系。历任《戏剧与电影》杂志社编辑、中国美术学院艺术人文学院副教授、成都当代美术馆馆长。著有《欧洲现代绘画美学》《现代绘画：新的形象语言》《艺术——人的启示录》等。

J0012495

油画入门 业强编辑室编辑
台北 业强出版社 1987年 146页 有彩照
14cm（64开） 定价：TWD110.00
（彩色文库 43）

J0012496

油画艺术的春天 中国艺术研究院美术研究所现代美术研究室编
北京 文化艺术出版社 1987年 275页
21cm（32开） 统一书号：8228.166
定价：CNY2.25

J0012497

赵无极讲学笔录 孙建平编
天津 天津杨柳青画社 1987年 45页
25cm（大32开） ISBN：978-7-8050-3011-1

本书是赵无极归国讲学笔录，同时收录法国研究赵无极的学术论文，介绍了七家世，以及其绘画艺术的发展成就。作者孙建平（1948— ），画家。天津人。毕业于天津美术学院油画专业。曾任天津美术学院绘画系油画教研室主任、中国美术家协会会员。作品有《韦启美先生》《剧终》《同仇敌忾》《高原秋》等。

J0012498

点·线·面 （抽象艺术的基础）（俄）康定斯基著；罗世平译
上海 上海人民美术出版社 1988年 148页
20cm（32开） ISBN：7-5322-0030-2
定价：CNY2.40
（20世纪西方美术理论译丛）

著者康定斯基为抽象主义画派的创始人之一，主张绘画应以色彩、点、线和面来表现画家的主要情感和内心需要。本书被誉为现代艺术理论经典名著。共4章。据原书第2版英文版译。外文书名：Point and Line to Plane. 作者瓦西里·康定斯基（Василий Кандинский，1866－1944），俄罗斯画家、美术理论家。毕业于莫斯科大学。代表作品《论艺术的精神》《关于形式问题》《点、线到面》《论具体艺术》等论文。作者罗世平（1955— ），教授。毕业于湖北艺术学院美术系。中央美术学院教授、博士生导师，中国美术家协会会员、中国敦煌吐鲁番学会会员。著作有《欧洲近代雕塑大师罗丹》《山水百家》《20世纪唐研究文化卷·美术》等。

J0012499

画法步骤 （油画人像）赵友萍，王沂东编绘
天津 天津人民美术出版社 1988年 8张
38cm（6开） 定价：CNY4.00
（绘画技法图例丛书）

作者赵友萍（1932— ），女，油画家。黑龙江依兰人。中央美术学院教授、中国美术家协会会员、中国油画学会理事、中国人民大学徐悲鸿艺术学院副院长等。作品有《代表会上的妇女委员》《山花烂漫时》《路漫漫》等。作者王沂东（1955— ），画家、教授。山东蓬莱人。就读于

山东省美术学校和中央美术学院油画系。中央美术学院教授、中国美术家协会会员。作品有《古老的山村》《当代肖像画家作品精选》《中国当代油画名家画集——王沂东》等。

J0012500
画法步骤　（油画静物）马常利，赵友萍绘画
天津　天津人民美术出版社　1988 年　8 张
38cm（6 开）　定价：CNY4.00
（绘画技法图例丛书）

J0012501
现代法国绘画材料　庞埂编著
西安　陕西人民美术出版社　1988 年　45 页
26cm（16 开）　ISBN：7-5368-0042-8
定价：CNY2.45

J0012502
油画绘制入门　陆镭编著
香港　万里书店　1988 年　202 页　有图
21cm（32 开）　定价：HKD38.00
（新美术丛书 11）
　　外文书名：A Guide to Oil Painting.

J0012503
油画技法　（美）布兰特；吴长虹译
上海　上海人民美术出版社　1988 年　26cm（16 开）
ISBN：7-5322-0219-4　定价：CNY9.00

J0012504
油画技法哲学　庞均著
台北　艺术家出版社　1988 年　224 页　有图
21cm（32 开）　定价：TWD250.00
（艺术家丛刊）

J0012505
油画人体技法　陈延编绘
西安　陕西人民美术出版社　1988 年　24×35cm
定价：CNY2.20
　　作者陈延（1940— ），广东汕头大学美术设计系教授。

J0012506
油画肖像技法　（美）布莱克著；（美）帕森蒂诺画；郭海珊，殷杰译
沈阳　辽宁美术出版社　1988 年　129 页　19×26cm
ISBN：7-5314-0024-3　定价：CNY12.00
　　本书通过 233 幅油画肖像示范步骤图例，系统地论述了画油画肖像的方法及其用色、用笔等规律。

J0012507
中国油画鉴赏　（1989 汉英对照）
杭州　浙江人民美术出版社 ［1988 年］12 张
30cm（10 开）　定价：CNY3.60

J0012508
法国克劳德·伊维尔油画技法　祝福新，刘仁杰编著
哈尔滨　黑龙江美术出版社　1990 年　17cm（40 开）
ISBN：7-5318-0067-5　定价：CNY8.50
　　本书介绍了油画的基本绘画技巧。附有 48 幅黑白及彩色辅助说明图。选编了 22 幅绘画作品。作者刘仁杰（1951— ）教师。辽宁大连人。鲁迅美术学院油画专业研究生。历任鲁迅美术学院油画系主任、教授、第一工作室主任导师，中国美术家协会会员、中国油画学会常务理事、辽宁油画学会副主席、北京艺鸣盛世文化传媒有限公司特邀艺术顾问。代表作品有《雁南飞》《风》《绿地》《夏》，出版有《刘仁杰油画作品》。

J0012509
法国克劳德·伊维尔油画技法　祝福新，刘仁杰编著
哈尔滨　黑龙江美术出版社　1997 年　2 版
重印本　24 页　17×19cm　ISBN：7-5318-0244-9
定价：CNY9.80

J0012510
鸡和鹌鹑的画法　孔端甫著
济南　山东美术出版社　1990 年　30 页　26cm（16 开）
ISBN：7-5330-0331-4　定价：CNY3.80
（美术技法丛书）

J0012511
为了展出你的作品　（从小画到大画的基础技法）（日）小岛俊男著；粒子译
北京　北京工艺美术出版社　1990 年　127 页
有图　26cm（16 开）　ISBN：7-80526-025-7
定价：CNY14.00

（自学成画家译丛）

J0012512
现代西方名画家及其技巧　（英）简宁斯克让
克等著；王勇，许涌译
武汉　湖北美术出版社 1990 年 72 页 有图
18cm（30 开） ISBN：7-5394-0205-9
定价：CNY3.30

J0012513
油画　钱锋编著
北京　高等教育出版社 1990 年 76 页 有图
26cm（16 开） ISBN：7-04-002930-8
定价：CNY2.15
　　本书内容包括油画基础知识，基本技法及有
关创作，鉴赏理论，配有相应的图片。

J0012514
油画风景漫谈　陆露音著
长沙　湖南美术出版社 1990 年 46 页 26cm（16 开）
ISBN：7-5356-0356-4 定价：CNY9.00

J0012515
油画基础　马立华著
济南　山东美术出版社 1990 年 58 页 19cm（32 开）
ISBN：7-5330-0321-7 定价：CNY1.30

J0012516
油画技法　大卫·路易斯（David Lewis）编；温
多·布革克解述；陈友任，冯艳萍译
天津　天津人民美术出版社 1990 年 66 页
有图 26cm（16 开） ISBN：7-5305-0225-5
定价：CNY12.30

J0012517
色彩人体范画　何哲生编著
成都　四川美术出版社 1991 年 33 页 38cm（6 开）
ISBN：7-5410-0653-X 定价：CNY19.50

J0012518
油画风采谈　艾中信编著
天津　天津人民美术出版社 1991 年 345 页
有图 19cm（小 32 开） ISBN：7-5305-0070-8
定价：CNY22.00
　　本书收介绍我国部分油画家艺术风貌的文

章，此外还有作者历年来观中、外油画展览后的
评论、择要摘录，以及两篇关于油画民族化问题
和三篇关于油画的文章。

J0012519
油画技法初步　沈行工著
上海　上海人民美术出版社 1991 年 重印本 88 页
有附图 19cm（32 开） ISBN：7-5322-0437-5
定价：CNY4.10
（初级美术技法丛书）
　　本书通过演变引言、工具材料、构图安排、
形体结构、笔触肌理、色彩处理、作画步骤，介
绍了西方油画的发展史和绘画技法。有图 105 幅。
作者沈行工（1943—　），画家、艺术家。浙江宁
波人。毕业于南京艺术学院。南京艺术学院教授、
硕士生导师，中国美术家协会会员、中国油画学
会理事、江苏省油画学会名誉主席、艺术委员会
主席。代表作品《小镇春深》《秋晴》《读书人生》
《蓝色的江南风景》《雪后的江南风景》等。

J0012520
李金明　《广州美术研究》编辑部编
广州　岭南美术出版社 1992 年 116 页 有图
19cm（32 开） ISBN：7-5362-0823-5
定价：CNY6.50
（广东美术家丛书）
　　李金明（1942—　），广东鹤山人。中国岭南
著名油画家、美协广东油画会常务理事。本书介
绍了他各个时期的代表作及有关美术创作的论
述，并收入《论李金明的艺术个性》等文章 7 篇。

J0012521
沈军　《广州美术研究》编辑部编
广州　岭南美术出版社 1992 年 137 页 有照片
及图 17cm（24 开） ISBN：7-5362-0859-6
定价：CNY6.50
（广东美术家丛书）
　　本书收入《论沈军的油画创作》《沈军油画
的语言特征》等文章 7 篇，并附沈军艺术活动、
油画作品等。

J0012522
台湾画　（1 静物专辑）黄于玲著
台北　南方画廊公司 1992 年 45 页 26cm（16 开）
ISBN：957-8720-00-9 定价：TWD240.00

J0012523
台湾画 （2 台湾画派）黄于玲著
台北 南方画廊公司 1992年 88页 26cm（16开）
ISBN：957-8720-00-9 定价：TWD240.00

J0012524
台湾画 （3 纪念二二八）黄于玲编
台北 南方画廊公司 1993年 79页 26cm（16开）
ISBN：957-8720-02-5 定价：TWD240.00

J0012525
台湾画 （4 台湾画守护神专辑）黄于玲编著
台北 南方画廊公司 1993年 85页 26cm（16开）
定价：TWD240.00

J0012526
台湾画 （6 故乡的海岸专辑）黄于玲编著
台北 南方画廊公司 1993年 76页 26cm（16开）
定价：TWD240.00

J0012527
熊兆瑞 《广州美术研究》编辑部编
广州 岭南美术出版社 1992年 107页 有照片
19cm（32开） ISBN：7-5362-0865-0
定价：CNY6.50
（广东美术家丛书）

J0012528
杨尧 《广东美术研究》编辑部编
广州 岭南美术出版社 1992年 111页 有照片
19cm（32开） ISBN：7-5362-0860-X
定价：CNY6.50
（广东美术家丛书）

J0012529
油画风景写生技法 （英）龙·兰森，（英）特雷
弗·张伯伦著；易英译
北京 知识出版社 1992年 112页 26cm（16开）
ISBN：7-5015-0733-3 定价：CNY19.40
（绘画技法丛书）
　　本书附有上百幅彩色、黑白图，画风介于英
国传统风景画与印象派之间，介绍了户外油画写
生的各种技法及所用工具材料和写生中须注意
的事项。作者龙·兰森，英国水彩画家。作者特
雷弗·张伯伦，英国当代著名风景画家。译者易

英（1953—　 ），教授。生于湖南芷江侗族自治县。
毕业于中央美术学院美术史系。历任中央美术
学院教师、中央美术学院《美术研究》杂志社社
长、《世界美术》主编。著作有《油画风景技法》
《学院的黄昏》《西方当代美术批评文选》等。

J0012530
油画技法 （以循序渐进的方式来解说油画 32
点的画材及技法）蒙纳汉著
台北 邯郸出版社 1992年 173页 有图
27cm（16开） 定价：TWD450.00

J0012531
油画配色精要 新形象出版公司编辑部编著
台北 新形象出版事业公司 1992年 120页
26cm（16开） 定价：TWD400.00
（美术技法丛书 10）

J0012532
油画色彩教程 （美）塞勒姆著；邓福星译
天津 天津人民美术出版社 1992年 70+32页
有彩图 26cm（16开） ISBN：7-5305-0252-2
定价：CNY11.30
　　本书通过例图的分析，介绍了油画色彩学的
基本原理和配色技巧。译者邓福星（1945—　 ），
书画家，美术教育家。河北固安人。毕业于中国
艺术研究院研究生班，获博士学位。中国艺术研
究院研究员、博士生导师，中国画学会副会长。
绘画作品《周总理永远和我们在一起》《梅花欢
喜漫天雪》《五体千字文》，论著《美术概论》等。

J0012533
欧洲绘画大师技法和材料 （德）马克斯·多
奈尔著；杨鸿晏，杨红太译
重庆 重庆出版社 1993年 415页 20cm（32开）
ISBN：7-5366-2159-9 定价：CNY6.65
　　本书介绍欧洲各国油画作品的技法和材
料。作者马克斯·多奈尔（Max Dpermer，1870—
1939），德国慕尼黑巴伐利亚皇家学院教授。创
立了绘画领域的国家技术试验和研究学院。

J0012534
欧洲绘画大师技法和材料 （德）马克斯·多
奈尔（Max Doerner）著；杨鸿晏，杨红太译
重庆 重庆出版社 1993年 348页 有图 23cm

本书内容包括：架上绘画底子的制备、颜料、油画颜料黏结剂、油画、丹配拉绘画、古代大师的技法等。重点放在画家自己制作各种材料上。

J0012535

色彩大师卫天霖　卫天霖艺术研究会编

［卫天霖艺术研究会］1993 年 158 页 26cm（16 开）

本书为现代中国油画美术评论及画家纪念文集。

J0012536

台湾画　（5 台湾人物专辑）黄于玲编著

台北 南方画廊公司 1993 年 87 页 26cm（16 开）

定价：TWD240.00

J0012537

颜文樑研究　尚辉著

南京 江苏美术出版社 1993 年 271+48 页 有照片及图 20cm（32 开）ISBN：7-5344-0327-8

定价：CNY7.90

（中国现代美术家研究丛书 江苏系列）

本书分为颜文樑的生平、绘画和美术教育思想、年谱 4 部分。作者尚辉（1962—　），艺术评论家、画家、艺术家。江苏徐州人。中国艺术研究院美术学博士。江苏省美术馆学术部主任，上海美术馆学术部副主任、研究馆员，北京画院美术馆馆长、中国美术家协会《美术》杂志执行主编、上海美术馆研究馆员、上海刘海粟美术馆艺术委员会委员。代表作品《远眺巴黎》等。

J0012538

油画讨论集　刘玉山，陈履生编

北京 人民美术出版社 1993 年 352 页

20cm（32 开）ISBN：7-102-00238-6

定价：CNY14.00

本书收录各历史时期有关油画问题的论文 40 余篇，包括《新艺术》（丰子恺）、《惑》（徐悲鸿）、《油画风采谈》（艾中信）、《当代油画创作印象》（水天中）等。编者陈履生（1956—　），画家、美术理论家。江苏镇江人。号平生。硕士毕业于南京艺术学院美术系。中国美术家协会会员，中国、日本美术交流协会会员，装帧艺术研究会会员。主要著作有《神画主神研究》《明清花鸟画 题画诗选注》《台湾现代美术运动》等。作者

刘玉山（1940—　），美术编辑。生于北京，毕业于中央美术学院版画系。国家艺术教育委员会委员、中国美术家协会会员、人民美术出版社美术编辑等。出版有《刘玉山画集》《刘玉山速写集》《刘玉山黑白画作品集》《江南写生集》等。

J0012539

中国当代油画现状　冷林，赵力著

北京 今日中国出版社 1993 年 265 页 有彩图

20cm（32 开）ISBN：7-5072-0595-9

定价：CNY7.90

本书对 80 年代以来，中国油画的发展历史及现状进行了论述，并介绍了重要画展和艺术市场状况。作者冷林（1965—　），艺术家。北京人。毕业于中央美术学院美术史系。北京公社创始人及现任主持、中国艺术研究院《文艺研究》编辑、中国社会科学院文学所助理研究员。作者赵力，青年美术史论家。

J0012540

周卫油画创意　周卫绘

沈阳 辽宁美术出版社 1993 年 40 页 24×26cm

ISBN：7-5314-0988-7 定价：CNY12.80

（画家画库 作品与技法）

作者周卫（1944—　），辽宁省群众艺术馆美术部部长、副研究员，中国美术家协会会员，辽宁油画研究会副会长。

J0012541

从徐霞客到梵谷　余光中著

台北 九歌出版社 1994 年 339 页 19cm（小 32 开）

ISBN：957-560-294-3 定价：TWD230.00

（九歌文库 374）

J0012542

美术批评家年度提名展　（1994·油画）王林，殷双喜编

成都 四川美术出版社 1994 年 199 页

29cm（16 开）ISBN：7-5410-0942-3

定价：CNY150.00，CNY180.00（精装）

J0012543

素描色彩　唐明立编

长沙 湖南美术出版社 1994 年 有图 52cm（4 开）

ISBN：7-5356-0642-3 定价：CNY11.50

本书收有高等美术院校师生的优秀作品 20 余幅。

J0012544

油画 易利森编著

长沙 湖南美术出版社 1994 年 67 页 有附图 26cm（16 开） ISBN：7-5356-0701-2

定价：CNY14.80

（青少年美术辅导丛书）

本书包括：我国油画艺术发展概况、油画学生技能训练、油画技法简介等。

J0012545

油画创作基础 秦大虎著

杭州 浙江美术学院出版社 1994 年 110 页 有图 26cm（16 开） ISBN：7-81019-248-5

定价：CNY14.50

（美术教材丛书）

外文书名：Basics of the Creation of Oil Painting. 作者秦大虎（1938— ），教授。历任中国美术学院油画系教授、中国美协会员、中国油画家协会理事、浙江美协常务理事、浙江美协常务理事等职。作品有《在战斗中成长》《老将》《田喜嫂》等，出版有《秦大虎油画选》《秦大虎的绘画世界》和《油画创作》等。

J0012546

油画技法百科 杰瑞米·嘉尔顿（Jeremy Galton）著；李佳倩译

台北 笛藤出版图书公司 1994 年 192 页 有图 23cm 精装 ISBN：957-710-052-X

定价：TWD750.00

本书包括：油画的历史；油画家的画室；材料与工具；色彩的理论与应用；油画技法与技巧；通过练习素描学习绘画；绘画的实际制作等部分。

J0012547

当代中国油画 10 家风格与技法研究 范迪安，李豫闽著

福州 福建美术出版社 1995 年 163 页 28cm（大 16 开） ISBN：7-5393-0258-5

定价：CNY88.00

外文书名：The 10 Noted Contemporary Chinese Oil Painters and Their Artistry. 作者范迪安（1955— ），美术理论家。福建人。中央美术学院中国美术史专业硕士研究生毕业。历任中央美术学院院长、教授、博士生导师，中国美术家协会主席、中国文艺评论家协会副主席、北京美术家协会主席等。主编出版《20 世纪中国美术文艺志·美术卷》《当代艺术情境中的水墨本色》《世界艺术史》《近现代中国画》《当代文化情境中的水墨本色》等。作者李豫闽（1961— ），教授。生于福建漳州，籍贯河南林县。历任福建师范大学美术学院院长、博士生导师，福建省非物质文化研究与保护中心常务副主任、国家级闽南文化生态保护区专家委员会委员。著有《当代艺术与本土文化》《话语·情境——当代美术丛论》。

J0012548

上海油画史 李超著

上海 上海人民美术出版社 1995 年 358 页 26cm（16 开） 精装 ISBN：7-5322-1522-9

定价：CNY110.00

外文书名：A History of Oil Painting in Shanghai.

J0012549

油画艺术欣赏 吴达志，沈莹著

太原 山西教育出版社 1995 年 231 页 有彩图 19cm（小 32 开） ISBN：7-5440-0600-X

定价：CNY10.00

（美育丛书 美术系列）

作者吴达志（1925— ），教授。贵州绥阳人。毕业于中央美术学院。先后在中央美术学院、中央工艺美术学院讲授西方艺术史。论文有《艺术和时代》，出版译著《德拉克洛瓦》《米勒传》等。作者沈莹（1972— ），女，安徽人，美国堪萨斯大学硕士。

J0012550

崔开玺油画风景写生技法 崔开玺绘

北京 人民美术出版社 1996 年 67 页 26cm（16 开） ISBN：7-102-01608-5 定价：CNY45.00

作者崔开西（1935— ），教授，画家。本名崔开玺。山东掖县人。就读于中央美术学院。解放军艺术学院副教授、教授，中国美术家协会会员。代表作品有《演习之后》《长征路上写生》《长征途中的贺龙与任弼时》等。

J0012551

刘明油画创意　刘明绘
沈阳　辽宁美术出版社 1996年 43页 24×26cm
ISBN：7-5314-1393-0 定价：CNY31.00
（画家画库 作品与技法）

　　作者刘明（1957— ），满族，教授。出生于
辽宁岫岩县。毕业于鲁迅美术学院。历任沈阳
美术学院美术系、沈阳大学师范学院美术系副主
任、副教授，中国美术家协会会员。出版有《刘
明油画创意》。

J0012552

欧洲古典油画　李骏等编著
杭州　浙江人民美术出版社 1996年 85页
26cm（16开） ISBN：7-5340-0501-9
定价：CNY21.50

J0012553

欣赏　（西方名作）孙振新主编
上海　上海画报出版社 1996年 48页 26cm（16开）
ISBN：7-80530-214-6 定价：CNY14.00
（少年儿童美术技法丛书）

J0012554

油画技法与鉴赏　吴葆伦主编；陈瑞林编著
北京　东方出版社 1996年 137页 有彩图
19cm（小32开） ISBN：7-5060-0666-9
定价：CNY12.00
（教你鉴赏·美术系列）

　　作者吴葆伦（1926— ），编辑。笔名吴奇。
人民美术出版社副编审、中国图书评论学会理
事。作者陈瑞林（1944— ），教授。笔名楚水。
湖南人。毕业于中央美术学院美术史系。历任
清华大学美术学院教授、澳门艺术博物馆客座研
究员、南京艺术学院客座教授等职。主要有《中
国西画五十年 1898—1949 年》《民俗与民间美
术》《当代中国油画》《东西方美术交流》《21世
纪装饰艺术》等。

J0012555

中国油画百年图史　（1840—1949）刘新著
南宁 广西美术出版社 1996年 221页 37cm（8开）
精装 ISBN：7-80625-203-7
定价：CNY330.00
　　外文书名：An Illustrated Hundred-Year-History

of the Oil Painting in China.

J0012556

中国油画家风格论　呼喜江著
兰州 甘肃文化出版社 1996年 239页
20cm（32开） ISBN：7-80608-291-3
定价：CNY12.00

J0012557

超写实油画技法　李世进著
合肥 安徽美术出版社 1997年 34页 26cm（16开）
ISBN：7-5398-0603-6 定价：CNY12.50
（美术新技法丛书）

　　作者李世进（1958— ），北京服装学院任教。

J0012558

从幻想到创作　杨铭朝著
广州 岭南美术出版社 1997年 74页 有图
26cm（16开） ISBN：7-5362-1631-9
定价：CNY25.00

J0012559

古典油画技法入门　区础坚著
南宁 广西美术出版社 1997年 52页 26cm（16开）
ISBN：7-80625-363-7 定价：CNY13.00
（美术基础入门画库 第二辑）

J0012560

名家技法　（1 伦勃朗 上）周楷主编
南宁 广西美术出版社 1997年 11页 +13张
28cm（大16开） 封套装 ISBN：7-80625-187-1
定价：CNY13.60

J0012561

名家技法　（2 伦勃朗 下）周楷主编
南宁 广西美术出版社 1997年 11页 +13张
28cm（大16开） 封套装 ISBN：7-80625-188-X
定价：CNY13.60

J0012562

名家技法　（3 谢洛夫）周楷主编
南宁 广西美术出版社 1997年 11页 +13张
28cm（大16开） 封套装 ISBN：7-80625-189-8
定价：CNY13.60

J0012563

名家技法 （4 马奈）周楷主编

南宁 广西美术出版社 1997 年 11 页 +13 张

28cm（大 16 开） 封套装 ISBN：7-80625-190-1

定价：CNY13.60

J0012564

色彩法度 （石自东色彩教学）石自东绘

哈尔滨 黑龙江美术出版社 1997 年 48 页

28cm（大 16 开） ISBN：7-5318-0410-7

定价：CNY48.00

J0012565

苏派油画技法入门 姚春著

南宁 广西美术出版社 1997 年 48 页 26cm（16 开）

ISBN：7-80625-345-9 定价：CNY12.00

（美术基础入门画库 第二辑）

　　作者姚春（1941—　），吉林梨树人。四平市政协宣教委员会主任。

J0012566

图解喷笔画技艺 文光出版社编

九龙 文光出版社 1997 年 128 页 26cm（16 开）

J0012567

印象派技法入门 孙建平著

南宁 广西美术出版社 1997 年 76 页 26cm（16 开）

ISBN：7-80625-344-0 定价：CNY18.00

（美术基础入门画库 第二辑）

　　作者孙建平（1948—　），画家。天津人。毕业于天津美术学院油画专业。曾任天津美术学院绘画系油画教研室主任、中国美术家协会会员。作品有《韦启美先生》《剧终》《同仇敌忾》《高原秋》等。

J0012568

油画 刘明，张澎编著

沈阳 辽宁美术出版社 1997 年 112 页 有插图

29cm（16 开） ISBN：7-5314-1715-4

定价：CNY50.00

（材料与技法丛书）

　　作者刘明（1957—　），满族，教授。出生于辽宁岫岩县。毕业于鲁迅美术学院。历任沈阳美术学院美术系、沈阳大学师范学院美术系副主任、副教授，中国美术家协会会员。出版有《刘明油画创意》。

J0012569

油画技法难题详解 （美）格雷格·克罗兹著；黄今声译

北京 中国建筑工业出版社 1997 年 144 页

28cm（大 16 开） ISBN：7-112-03223-7

定价：CNY78.00

（绘画技法经典译丛）

　　外文书名：Problem Solving for Oil Painters.

J0012570

油画人体写生教学 曲湘建著

长沙 湖南美术出版社 1997 年 42 页 26cm（16 开）

ISBN：7-5356-0963-5 定价：CNY28.00

J0012571

油画人像技法画例 孙景波编著

哈尔滨 黑龙江美术出版社 1997 年 131 页

28cm（大 16 开） ISBN：7-5318-0386-0

定价：CNY53.60

（神笔系列技法丛书）

　　作者孙景波（1945—　），画家。生于山东牟平。毕业于中央美术学院油画研究班，曾赴法国巴黎美术学院进修油画、壁画。中央美术学院教授、中国油画家学会理事、中国美术家协会会员。代表作品《阿细新歌》《阿佤山人》《青海湖》等。

J0012572

中国油画鉴赏与收藏 丰耳编著

上海 上海书店出版社 1997 年 259 页 有彩图

20cm（32 开） ISBN：7-80622-248-0

定价：CNY58.00

（古玩宝斋丛书）

J0012573

段正渠

南宁 广西美术出版社 1998 年 63 页

22cm（大 32 开） ISBN：7-80625-490-0

定价：CNY28.00

（中国现代艺术品评丛书）

J0012574

古典油画技法奥秘 张春新等编著

沈阳 辽宁美术出版社 1998年 96页 26cm(16开)
ISBN：7-5314-2000-7 定价：CNY35.00
(油画·材料·技法系列丛书)

J0012575
贾涤非　水天中主编
南宁 广西美术出版社 1998年 64页
22cm(大32开) ISBN：7-80625-491-9
定价：CNY28.00
(中国现代艺术品评丛书)

J0012576
架上的缪斯　(油画艺术随想录)李超著
上海 复旦大学出版社 1998年 327页 有彩照
及彩图 20cm(32开) ISBN：7-309-02076-6
定价：CNY16.00
(缪斯书系)

J0012577
燃烧的旋律　(巴洛克绘画)海童编著
济南 济南出版社 1998年 122页
19cm(小32开) ISBN：7-80629-268-3
定价：CNY24.00
(世界经典绘画鉴赏丛书 第一辑)

J0012578
申玲　水天中主编
南宁 广西美术出版社 1998年 64页 有图
22cm(大32开) ISBN：7-80625-488-9
定价：CNY28.00
(中国现代艺术品评丛书)

J0012579
天堂圣火　(学院派绘画 1-2)海童编著
济南 济南出版社 1998年 2册(122；122页)
19cm(小32开) ISBN：7-80629-268-3
定价：CNY48.00(全2册)
(世界经典绘画鉴赏丛书 第一辑)

J0012580
艺术家谈大师·勃鲁盖尔　刘虹编著
广州 岭南美术出版社 1998年 28cm(16开)
ISBN：7-5362-1817-6 定价：CNY9.00

J0012581
艺术家谈大师·博施　钟蔚帆编著
广州 岭南美术出版社 1998年 28cm(16开)
ISBN：7-5362-1859-1 定价：CNY9.00

J0012582
艺术家谈大师·丢勒　刘仁杰编
广州 岭南美术出版社 1998年 29cm(16开)
ISBN：7-5362-1806-0 定价：CNY9.00
　　作者刘仁杰(1951—)教师。辽宁大连
人。鲁迅美术学院油画专业研究生。历任鲁迅
美术学院油画系主任、教授、第一工作室主任导
师，中国美术家协会会员、中国油画学会常务理
事、辽宁油画学会副主席、北京艺鸣盛世文化传
媒有限公司特邀艺术顾问。代表作品有《雁南飞》
《风》《绿地》《夏》，出版有《刘仁杰油画作品》。

J0012583
艺术家谈大师·卡拉瓦乔　潘世勋编著
广州 岭南美术出版社 1999年 29cm(16开)
ISBN：7-5362-1991-1 定价：CNY9.00

J0012584
艺术家谈大师·卢奥　马路编著
广州 岭南美术出版社 1999年 29cm(16开)
ISBN：7-5362-1990-3 定价：CNY9.00
　　作者马路(1958—)，中央美术学院壁画系
讲师、中国美术家协会会员。

J0012585
艺术家谈大师·卢梭　马一平,刘虹编著
广州 岭南美术出版社 1998年 28cm(16开)
ISBN：7-5362-1816-8 定价：CNY9.00

J0012586
艺术家谈大师·伦勃朗　韦尔申编著
广州 岭南美术出版社 1998年 29cm(16开)
ISBN：7-5362-1807-9 定价：CNY9.00

J0012587
印象派风景技法　(教你更好地表现光和色)
(美)洛伊丝·格里费尔著；黄今声译
北京 中国建筑工业出版社 1998年 144页
29cm(16开) ISBN：7-112-01617-7
定价：CNY74.00

（绘画技法经典译丛）

J0012588
油画大师的奥秘　（美）琳达·卡特乌拉著；黄今声译
北京　中国建筑工业出版社　1998 年　142 页
29cm（16 开）ISBN：7-112-03458-2
定价：CNY74.00
（绘画技法经典译丛）

J0012589
油画的修复与保存技巧　聂鑫，赵春男编著
哈尔滨　黑龙江美术出版社　1998 年　196 页
有图 20cm（32 开）ISBN：7-5318-0421-2
定价：CNY25.80

J0012590
油画风景画技法　（油画大师的构图、设计和光线处理）（美）保罗·斯特里西克著；（美）查尔斯·莫瓦利编；黄今声译
北京　中国建筑工业出版社　1998 年　143 页
29cm（16 开）ISBN：7-112-03461-2
定价：CNY65.00
（绘画技法经典译丛）

J0012591
油画风景技法入门奥秘　丁涛著
沈阳　辽宁美术出版社　1998 年　46 页　26cm（16 开）
ISBN：7-5314-2011-2　定价：CNY18.00
（百业精技入门奥秘系列丛书）
　　作者丁涛（1941—　），教授。笔名松海。就读于辽宁省文化艺术大学和南京艺术学院美术系。南京艺术学院任教。代表作品有《半调集——艺苑漫步录》《论刘海粟》等。

J0012592
油画基础　（英）雷·史密斯著；杨凤英译
长春　吉林美术出版社　1998 年　71 页
28cm（大 16 开）精装　ISBN：7-5386-0691-2
定价：CNY40.00
（英国皇家美术学院绘画技法丛书）

J0012593
油画技法　（美）大卫·刘易斯（David Lewis）编著；常宁生译

南京　江苏美术出版社　1998 年　141 页
28cm（大 16 开）ISBN：7-5344-0795-8
定价：CNY68.00

J0012594
油画技法　马一丹编著
重庆　西南师范大学出版社　1998 年　123 页
26cm（16 开）ISBN：7-5621-1975-9
定价：CNY24.00

J0012595
油画技巧训练　（西班牙版）罗国祥译
武汉　湖北美术出版社　1998 年　32 页　31cm（10 开）
ISBN：7-5394-0780-8　定价：CNY19.00

J0012596
油画静物　张义春编著
石家庄　河北美术出版社　1998 年　30 张
37cm（8 开）ISBN：7-5310-1023-2
定价：CNY26.00
　　作者张义春（1938—　），河北唐山市人。毕业于天津美术学院师范系油画专业。历任邯郸市群众艺术馆美术馆员、邯郸日报社美术编辑，河北师大美术系油画教研室副教授、副主任。出版有《色彩写生技法研究》《儿童美术大全——色彩画》等。

J0012597
油画肖像　（英）雷·史密斯著；范蕾，凡平译
长春　吉林美术出版社　1998 年　71 页
28cm（大 16 开）精装　ISBN：7-5386-0692-0
定价：CNY40.00
（英国皇家美术学院绘画技法丛书）

J0012598
喻红
南宁　广西美术出版社　1998 年　64 页
22cm（大 32 开）ISBN：7-80625-489-7
定价：CNY28.00
（中国现代艺术品评丛书）

J0012599
怎样画油画　黄俊基编
上海　上海人民美术出版社　1998 年　49 页
有图 19cm（小 32 开）ISBN：7-5322-1993-3

定价：CNY6.00

（芳草地初级绘画技法丛书）

J0012600

阿尔玛－台德玛 （维多利亚的艺术骄子）马凤林著；林枫，双木辑图

天津　天津人民美术出版社　1999 年　31 页 29cm（16 开）ISBN：7-5305-1083-5

定价：CNY18.00

（"门外汉"赏画丛书）

作者马凤林（1950— ），天津人民美术出版社美术编辑。

J0012601

巴洛克绘画　全山石主编；［意］斯特凡诺·祖菲，［意］弗兰切斯卡·卡斯特里亚编著；王军，徐秀云译

济南　山东美术出版社　1999 年　397 页 28cm（16 开）精装　ISBN：7-5330-1335-2

定价：CNY240.00

本书介绍了 17、18 世纪西方油画作品选集，书中收录了 80 多位大师的 500 余幅经典作品。作者全山石（1930— ），画家，教授。浙江宁波人。毕业于中央美术学院华东分院。历任中国油画学会副主席、中国美术家协会油画艺术委员会副主任、中国美术学院教授、俄罗斯列宾美术学院荣誉教授等。代表作有收藏在中国革命博物馆的《英勇不屈》《井冈山上》《娄山关》《重上井冈山》《历史的潮流》等。

J0012602

当代艺术家丙烯画材料与技法　（美）巴克利·希克斯（Barclay Sheaks）著；鹿镭译

北京　中国青年出版社　1999 年　173 页 24cm（26 开）ISBN：7-5006-3436-6

定价：CNY60.00

（当代艺术家绘画材料与技法丛书）

J0012603

当代艺术家油画材料与技法　（美）比尔·克里夫（Bill Creevy）著；易英译

北京　中国青年出版社　1999 年　172 页 24cm（26 开）ISBN：7-5006-3321-1

定价：CNY60.00

（当代艺术家绘画材料与技法丛书）

译者易英（1953— ），教授。生于湖南芷江侗族自治县。毕业于中央美术学院美术史系。中央美术学院教师、中央美术学院《美术研究》杂志社社长、《世界美术》主编。著作有《油画风景技法》《学院的黄昏》《西方当代美术批评文选》等。

J0012604

风景油画　（第 12 辑　基础绘画写生摹本）潘鸿海编

杭州　浙江人民美术出版社　1999 年　32 页 29cm（16 开）ISBN：7-5340-0937-5

定价：CNY18.00

作者潘鸿海（1942— ），艺术家。上海人。毕业于浙江美术学院油画系。历任浙江人民美术出版社美术记者、美术编辑、编辑部主任、副总编，《富春江画报》负责人、浙江画院院长。代表作品有《又是一个丰收年》《鲁迅》。

J0012605

高庚　（艺术的殉道者）杨蔼琪著

天津　天津人民美术出版社　1999 年　31 页 29cm（16 开）ISBN：7-5305-1086-X

定价：CNY18.00

（"门外汉"赏画丛书）

高庚（Ganguin，1848—1903），法国画家。作品有《情人》《讲道以后的幻景》等，译成中文出版有《诺阿·诺阿》。

J0012606

黄阿忠·油画静物技法　［黄阿忠著］

北京　人民美术出版社　1999 年　91 页　26cm（16 开）ISBN：7-102-02047-3　定价：CNY29.50

（艺术表现与探索丛书）

作者黄阿忠（1952— ），画家。生于上海。毕业于上海戏剧学院。中国美术家协会会员、中国油画学会会员、上海大学美术学院副教授。绘有《黄阿忠·油画静物技法》。

J0012607

莱顿　（永恒的艺术明珠）马凤林著；林枫，双木辑图

天津　天津人民美术出版社　1999 年　31 页 29cm（16 开）ISBN：7-5305-1082-7

定价：CNY18.00

("门外汉"赏画丛书)

作者马凤林(1950—)，天津人民美术出版社美术编辑。

J0012608
雷诺阿 (女性美的歌手)杨蔼琪著
天津 天津人民美术出版社 1999年 31页
29cm(16开) ISBN：7-5305-1090-8
定价：CNY18.00
("门外汉"赏画丛书)

雷诺阿(Pierre-Auguste Renoir, 1841—1919)
法国印象派画家。生于法国里蒙。以油画著称，亦作雕塑和版画。主要作品有《包厢》《游船上的午餐》《煎饼磨房的舞会》等。

J0012609
列维坦 (大自然的抒情诗人)(俄)列维坦绘；
周进修著
天津 天津人民美术出版社 1999年 31页
29cm(16开) ISBN：7-5305-1088-6
定价：CNY18.00
("门外汉"赏画丛书)

作者列维坦(Levitan, Isaak Iliich, 1860—1900)，
俄国写生画家、风景画大师。出生于立陶宛基巴尔塔。主要作品《弗拉基米尔卡》《墓地上空》《傍晚钟声》。

J0012610
流逝的记忆 张志坚著
沈阳 辽宁美术出版社 1999年 16页 29cm(16开)
ISBN：7-5314-2322-7 定价：CNY10.00
(艺术家创作与实践)

作者张志坚(1963—)，生于内蒙古。现任教于鲁迅美术学院油画系。

J0012611
卢梭 (梦游者的歌)(法)卢梭(Henri Rousseau)
绘；陈林著
天津 天津人民美术出版社 1999年 31页
29cm(16开) ISBN：7-5305-1089-4
定价：CNY18.00
("门外汉"赏画丛书)

卢梭(Henri Julien Félix Rousseau, 1844—1910)
法国画家。生于法国西北部的拉瓦尔市。代表作有《村中散步》《税卡》《战争》《睡着的吉普赛

姑娘》《乡村婚礼》等。

J0012612
缪鹏飞 东西方文化艺术研究院编辑
澳门 澳门理工学院 1999年 395页 有照片图
37cm 精装 ISBN：972-658-070-6

J0012613
莫奈 (太阳永远不落)杨蔼琪著
天津 天津人民美术出版社 1999年 31页
29cm(16开) ISBN：7-5305-1085-1
定价：CNY18.00
("门外汉"赏画丛书)

J0012614
女人体写生油画技法 若忍等著
合肥 安徽美术出版社 1999年 107页
29cm(16开) ISBN：7-5398-0743-1
定价：CNY38.00
(人体写生教学丛书)

J0012615
情感的栖居地 (新表现艺术)黄丹麾，胡戎著
吉林 吉林美术出版社 1999年 249页 有图
20cm(32开) ISBN：7-5386-0772-2
定价：CNY28.50
(中国当代美术现象批评文丛)

J0012616
人体·肖像油画技法简论 武俊著
昆明 云南美术出版社 1999年 62页 有图
26cm(16开) ISBN：7-80586-577-9
定价：CNY35.00

J0012617
人体油画技法奥秘 杨杰编著
沈阳 辽宁美术出版社 1999年 29cm(16开)
ISBN：7-5314-2391-X 定价：CNY48.00
(油画·材料·技法系列丛书)

作者杨杰(1959—)，浙江少年儿童出版社文艺室美术编辑。

J0012618
色彩静物技法实例 杜崇刚著
南宁 广西美术出版社 1999年 73页 29cm(16开)

ISBN：7-80625-759-4　定价：CNY28.00

J0012619
色彩世界 （中国油画）陈瑞林著
长春 吉林美术出版社 1999年 136页 有彩图
19cm（小32开） ISBN：7-5386-0723-4
定价：CNY13.50
（世界艺术教育文库）

　　作者陈瑞林（1944— ），教授。笔名楚水。
湖南人。毕业于中央美术学院美术史系。历任
清华大学美术学院教授、澳门艺术博物馆客座研
究员、南京艺术学院客座教授等职。主要有《中
国西画五十年1898—1949年》《民俗与民间美
术》《当代中国油画》《东西方美术交流》《21世
纪装饰艺术》等。

J0012620
世纪末的回声 （新古典风艺术）余丁著
吉林 吉林美术出版社 1999年 249页 有图
20cm（32开） ISBN：7-5386-0767-6
定价：CNY27.00
（中国当代美术现象批评文丛）

J0012621
坦培拉绘画技法　刘孔喜编著
北京 西苑出版社 1999年 79页 29cm（16开）
ISBN：7-80108-154-4 定价：CNY56.00

J0012622
现代油画技法奥秘　张春新等编著
沈阳 辽宁美术出版社 1999年 96页 26cm（16开）
ISBN：7-5314-2046-5 定价：CNY34.00
（油画·材料·技法系列丛书）

J0012623
学油画　赵春男编著
哈尔滨 黑龙江美术出版社 1999年 59页
有图 20cm（32开） ISBN：7-5318-0650-9
定价：CNY8.00
（八元学画丛书）

J0012624
油画　钱锋编著
北京 高等教育出版社 1999年 2版（修订版）
207+68页 有图 26cm（16开）

ISBN：7-04-007179-7 定价：CNY26.50

J0012625
油画　孔新苗著
济南 黄河出版社 1999年 111页 有图
26cm（16开） ISBN：7-80152-093-9
定价：CNY26.00
（美术教育丛书）

J0012626
油画　邱丽君，许德奇著
济南 山东美术出版社 1999年 211页 有图
17cm（40开） ISBN：7-5330-1366-2
定价：CNY8.80
（美术知识百问百答手册）

　　本书以问答的形式对关于油画的100个问
题进行解答，主要包括：油画产生之前欧洲绘画
经历了几个阶段、油画的发明者是谁、如何使画
面呈亚光效果等。

J0012627
油画　全山石，何越生著
上海 上海书画出版社 1999年 156页 有图
17×19cm 精装 ISBN：7-80635-528-6
定价：CNY25.00
（美术技法丛书）

　　本书内容包括：油画技法的演变；油画的材
料和工具；学习油画的方法与步骤；怎样观察色
彩；怎样表现色彩。作者全山石（1930— ），画
家，教授。浙江宁波人。毕业于中央美术学院华
东分院。历任中国油画学会副主席、中国美术家
协会油画艺术委员会副主任、中国美术学院教
授、俄罗斯列宾美术学院荣誉教授等。代表作有
收藏在中国革命博物馆的《英勇不屈》《井冈山
上》《娄山关》《重上井冈山》《历史的潮流》等。

J0012628
油画　全山石，何越生著
上海 上海书画出版社 1999年 156页 17×19cm
ISBN：7-80635-400-X 定价：CNY18.00
（美术技法丛书）

J0012629
油画的光与色　［美］凯文·麦克弗森（Kevin
D.Macpherson）著；黄遵洸译

杭州 浙江人民美术出版社 1999 年 115 页
29cm（16 开）ISBN：7–5340–0918–9
定价：CNY45.00

J0012630
油画风景　周向林主编；魏光庆编著
武汉 湖北美术出版社 1999 年 16 页 37cm（8 开）
ISBN：7–5394–0776–X 定价：CNY18.00
（学院色彩教学范本系列）

J0012631
油画风景技法　潘晓东著
西安 陕西人民美术出版社 1999 年 99 页
26cm（16 开）ISBN：7–5368–1175–6
定价：CNY28.80

J0012632
油画风景技法画例　郑艺编著
哈尔滨 黑龙江美术出版社 1999 年 102 页
29cm（16 开）ISBN：7–5318–0592–8
定价：CNY42.00
（神笔丛书）

J0012633
油画基础技法　（美）格雷格·艾伯特，（美）雷
切尔·沃尔夫编著；杨凤英译
沈阳 辽宁画报出版社 1999 年 121 页
29cm（16 开）ISBN：7–80601–316–4
定价：CNY68.00

J0012634
油画技法　（蔬菜、水果、花卉）（美）乔·安
娜·阿奈特（Joe Anna Arnett）著；刘国强译
天津 天津人民美术出版社 1999 年 127 页
29cm（16 开）精装 ISBN：7–5305–1015–0
定价：CNY80.00

J0012635
油画家　（1999 No.1）邵大箴主编；中国油画
学会编
北京 中国大百科全书出版社 1999 年 96 页
29cm（16 开）ISBN：7–5000–6207–9
定价：CNY50.00
　　本书内容包括"98 中国国际美术年——当
代中国山水画·油画风景展""画家介绍""材料

与表现""理论探讨""外国绘画""画家作品"。
作者邵大箴（1934—　　），美术理论家，国画家。
江苏镇江人。历任中央美术学院教授、博士生导
师，《美术研究》主编、中国国家画院美术研究院
院长等。著有《现代派美术浅议》《传统美术与
现代派》《欧洲绘画简史》《西方现代美术思潮》。

J0012636
油画鉴赏方法论　叶峰著
天津 天津人民美术出版社 1999 年 47+16 页
有彩图 29cm（16 开）ISBN：7–5305–0996–9
定价：CNY22.00

J0012637
油画静物　周向林主编；郭正善编著
武汉 湖北美术出版社 1999 年 16 页 37cm（8 开）
ISBN：7–5394–0881–2 定价：CNY18.00
（学院色彩教学范本系列）

J0012638
油画静物技法画例　刘影钊，董克诚编著
哈尔滨 黑龙江美术出版社 1999 年 102 页
29cm（13 开）ISBN：7–5318–0593–6
定价：CNY42.00
（神笔丛书）

J0012639
油画人体技法入门奥秘　李天翮编著
沈阳 辽宁美术出版社 1999 年 51 页 29cm（16 开）
（21 世纪技法系列丛书 百业精技入门奥秘系列
丛书）

J0012640
油画人物　周向林主编；傅泓编著
武汉 湖北美术出版社 1999 年 16 页 37cm（8 开）
ISBN：7–5394–0882–0 定价：CNY18.00
（学院色彩教学范本系列）

J0012641
油画人物　陈宁编
杭州 浙江人民美术出版社 1999 年 32 页
29cm（16 开）ISBN：7–5340–1001–2
定价：CNY18.00
（基础绘画写生摹本 13）

J0012642
油画语言 （油画技艺研究）庞茂琨著
南宁 广西美术出版社 1999年 79页 29cm（16开）
ISBN：7-80625-699-7 定价：CNY39.80

J0012643
与毕加索喝咖啡　林妙玉等撰文
上海 上海文艺出版社 1999年 127页 有彩图
22cm（32开）ISBN：7-5321-1877-0
定价：CNY28.00
（艺术与生活丛书）

J0012644
与凡·高共品葡萄酒　吴孟颖等撰文
上海 上海文艺出版社 1999年 127页 有彩图
22cm（32开）ISBN：7-5321-1876-2
定价：CNY28.00
（艺术与生活丛书）

J0012645
与雷诺阿共进下午茶　李宪章等撰文
上海 上海文艺出版社 1999年 127页 有彩图
22cm（32开）ISBN：7-5321-1878-9
定价：CNY28.00
（艺术与生活丛书）

J0012646
与莫奈赏花　李佳倩等撰文
上海 上海文艺出版社 1999年 127页 有彩图
22cm（32开）ISBN：7-5321-1875-4
定价：CNY28.00
（艺术与生活丛书）

J0012647
与乔伊丝·派克一起学画花卉　（美）乔伊
丝·派克（Joyce Pike）著；郭健，郭勤译
天津 天津人民美术出版社 1999年 136页
28cm（大16开）精装 ISBN：7-5305-1013-4
定价：CNY85.00

J0012648
着色的血衣　刘明等著
沈阳 辽宁美术出版社 1999年 40页 29cm（16开）
ISBN：7-5314-2295-6 定价：CNY19.00
（艺术家创作与实践）

J0012649
中外油画名作赏析　黄发祥编著
重庆 重庆出版社 1999年 185页 20cm（32开）
ISBN：7-5366-4246-6 定价：CNY21.00
（新世纪百科知识金曲）

漆画技法、涂料画技法

J0012650
喷修技法全书　森优，森秀雄著
台北 邯郸出版社［1980—1986年］128页
有图 26cm（16开）定价：TWD400.00

J0012651
喷画技艺　杨宗魁等著
台北 设计家文化出版事业公司 1981年 有图
30cm（10开）精装 定价：TWD700.00
　　作者杨宗魁，总编的主要作品有《广告创作
年鉴》《形象设计年鉴》《专业摄影年鉴》等。

J0012652
喷洒画大全　胡哲编译
高雄 大众书局 1983年 126页 有图
26cm（16开）精装 定价：TWD210.00
（进阶艺术丛书）

J0012653
丙烯画技法　胡国良编著
郑州 河南美术出版社 1986年 26页 有图
26cm（16开）统一书号：8386.1
定价：CNY1.75

J0012654
丙烯画技法　（美）布列克著；（美）列那画；周
正译
北京 人民美术出版社 1986年 82页 有图
26cm（16开）统一书号：8027.8491
定价：CNY1.75

J0012655
喷画与喷修　陈原荣编译
台北 邯郸出版社 1986年 256页 有图
26cm（16开）定价：TWD600.00
　　外文书名：Airbrush & Masking.

J0012656

丙烯画 （海景技法）（西）雷娜（Reyna, R.D.），布莱克（Blake, W.）著；日本视觉设计研究所主编

台北　唐代文化事业公司　1987年　91页　21cm（32开）　定价：TWD120.00

（美术系列 029）

J0012657

丙烯画技法　章涪陵著

香港　万里书店　1987年　121页　有图　21cm（32开）　ISBN：962-14-0313-8　定价：HKD25.00

（新美术丛书 7）

外文书名：Acryl Painting Techniques.

J0012658

丙烯画指南 （美）布莱克著；俞山译

沈阳　辽宁美术出版社　1987年　128页　26cm（16开）　统一书号：8161.0987

定价：CNY8.50

J0012659

喷绘技法　王一先编著

哈尔滨　黑龙江美术出版社　1987年　80页　有图　26cm（16开）　统一书号：8358.832　定价：CNY6.80　ISBN：7-5318-0002-0

本书以图文并茂的形式详细介绍了喷绘的工具及使用方法、基本技术与特殊技巧，以及喷绘的步骤、材料的选择、实用喷绘等技巧和方法。并论述了喷绘技法的形成和发展过程，以及它所具有的特点和风格。书后附图介绍国内外喷绘作品 37 幅。

J0012660

喷绘技法 （画册）（日）三尾公三著；赵克，云流编译

桂林　漓江出版社　1987年　87页　19cm（32开）　ISBN：7-5407-0097-1　定价：CNY5.00

（绘画技法系列）

J0012661

全国漆画艺术座谈会 ［中国美协艺术委员会主办］

北京［中国美协艺术委员会］1988年　油印本　26cm（16开）

J0012662

丙烯画写生技法　孙家铨著

北京　北京燕山出版社　1990年　51页　26cm（16开）　ISBN：7-5402-0251-3　定价：CNY15.00

本书介绍了丙烯材料的性能及与其他绘画材料相比的优越性，配套的工具及使用的技法等。

J0012663

喷画技法 1.2.3　何慎吾著

台北　雄狮图书公司　1990年　重印本　173页　有图　26cm（16开）　ISBN：957-9420-26-2

定价：TWD450.00

（雄狮丛书 10-023）

J0012664

喷画造型艺术　陈学文著

哈尔滨　黑龙江美术出版社　1992年　153页　29cm（16开）　ISBN：7-5318-0143-4

定价：CNY58.00，CNY68.80（精装）

本书阐述了喷画造型的源流及技法，介绍了作品实例演示和名作欣赏。外文书名：Airbrushing Plastic Arts. 作者陈学文（1955—　　），教授。山东人。鲁迅美术学院副教授，辽宁省美术家协会会员。

J0012665

漆画技法 （材质·肌理·制作·意境）陈圣谋，龚声著

上海　上海人民美术出版社　1993年　76页　有彩图　26cm（16开）　ISBN：7-5322-1056-1

定价：CNY14.80

J0012666

喷绘技法指南 （图集）左乾，金石主编

长春　长春出版社　1995年　2册（159；159页）　26cm（16开）　精装　ISBN：7-80604-299-7

定价：CNY120.00

J0012667

漆画绘制工艺　张燕著

上海　上海人民美术出版社　1995年　63页　有图版　19cm（32开）　ISBN：7-5322-1402-8

定价：CNY12.00

作者张燕，《中国漆艺》副主编。

J0012668

漆画设计基础　张连生，单德林著
北京 北京工艺美术出版社 1995 年 97 页
有图 19cm（小 32 开） ISBN：7-80526-140-7
定价：CNY8.50

J0012669

丙烯画技法例析　胡国良等著
南宁 广西美术出版社 1996 年 79 页 19×26cm
ISBN：7-80625-103-0 定价：CNY59.00

J0012670

喷绘技法　孟振林［著］
南京 江苏美术出版社 1996 年 92 页
28cm（大 16 开） ISBN：7-5344-0507-6
定价：CNY39.80
（美术技法大全）
　　作者孟振林，南京艺术学院设计艺术系任教。

J0012671

漆画技法与艺术表现　乔十光编著
长沙 湖南美术出版社 1996 年 107 页 有图
26cm（16 开） ISBN：7-5356-0876-0
定价：CNY38.00
　　外文书名：Lacquer Painting Techniques and Its Artistic Expression. 作者乔十光（1937—　 ），漆画艺术家。河北馆陶人。毕业于中央工艺美术学院笔画专业。曾任中央工艺美术学院教授、中国漆艺研究会会长。漆画代表作《泼水节》《青藏高原》《北斗》等。

J0012672

现代设计喷绘　朱立仁，马万贞编
南京 江苏美术出版社 1996 年 96 页 26cm（16 开）
ISBN：7-5344-0612-9 定价：CNY48.00
（设计系列丛书 9）

J0012673

喷画　陈学文编著
沈阳 辽宁美术出版社 1997 年 238 页
29cm（16 开） 精装 ISBN：7-5314-1521-6
定价：CNY158.00
　　作者陈学文（1955—　 ），教授。山东人。鲁迅美术学院副教授、辽宁省美术家协会会员。

J0012674

实用喷绘艺术　郭长贤编著
哈尔滨 黑龙江美术出版社 1997 年 167 页
28cm（大 16 开） ISBN：7-5318-0388-7
定价：CNY69.80
　　外文书名：Practical Airbrush Art.

J0012675

丙烯画表现技法　（材料·技法·史料）张春新等编著
沈阳 辽宁美术出版社 1998 年 75 页 26cm（16 开）
ISBN：7-5314-1973-4 定价：CNY28.00
（绘画技法研究）

J0012676

丙烯画基础　（英）雷·史密斯著；刘壮丽译
长春 吉林美术出版社 1998 年 71 页
28cm（大 16 开） 精装 ISBN：7-5386-0700-5
定价：CNY40.00
（英国皇家美术学院绘画技法丛书）

J0012677

现代喷绘设计表现技法　申伟，昭平编著
长沙 湖南美术出版社 1998 年 126 页
26cm（16 开） ISBN：7-5356-1087-0
定价：CNY63.00
（设计表现技法丛书）
　　外文书名：Presentation Techniques of Spray Paintings Design.

J0012678

漆画的艺术和技术　张世彦著
哈尔滨 黑龙江美术出版社 1999 年 116 页
24×26cm ISBN：7-5318-0691-6
定价：CNY68.00
　　本书主要收录了作者的铁色长城、归舟唱晚、李杜初会、细雨霏霏、马之憧憬、天马行空、金蝶闹春、宫女马球等 21 幅漆画及其绘画技术。

J0012679

现代漆画技法　朱曜奎编著
西安 陕西人民美术出版社 1999 年 76 页
有图版 26cm（16 开） ISBN：7-5368-1129-2
定价：CNY25.00
（工艺美术成人高等教育丛书）

素描、速写技法

J0012680
人体速写素描集
上海［大东书局］［民国］12 页　18×25cm

J0012681
炭画讲义
民国　稿本　朱丝栏　线装

J0012682
新体钢笔画
［民国］2 册　26cm（16 开）

J0012683
新体铅笔画
［民国］26cm（16 开）

J0012684
最新铅笔画 （第 4 册）董天野编绘
上海　华光书局［民国］［72］页　有图　13×19cm

J0012685
新体彩色写生记忆画解说 （第 1 册）
谢公展编
上海　商务印书馆　1918 年　62 页　有图
21cm（32 开）

J0012686
新体彩色写生记忆画解说 （第 1 册）
谢公展编
上海　商务印书馆　1919 年　3 版　62 页　有图
21cm（32 开）

J0012687
新体彩色写生记忆画解说 （第 2 册）
谢公展编
上海　商务印书馆　1923 年　6 版　64 页　有图
21cm（32 开）　定价：大洋三角

J0012688
新体彩色写生记忆画解说 （第 1 册）谢公展编
上海　商务印书馆　1927 年　8 版　62 页　有图

21cm（32 开）　定价：大洋三角

J0012689
画学真诠 （第一集铅笔画写生）刘海粟编纂
上海　商务印书馆　民国九年［1920］有图
　　作者刘海粟（1896—1994），画家、美术教育
家。名槃，字季芳，号海翁。江苏武进人。参与
创办上海私立美术学院。曾任华东艺术专科学
校校长、南京艺术学院院长。代表作《黄山云海
奇观》《披狐皮的女孩》《九溪十八涧》等，有画
集《黄山》《海粟老人书画集》等。

J0012690
新体铅笔画解说　陆旋编
上海　商务印书馆　1921 年　3 版　58 页　有图
21cm（32 开）

J0012691
钢笔画临本 （第二编）朱凤竹绘图；凌善清编
上海　大东书局　1923 年　10 叶　19×27cm
定价：大洋二角五分
　　作者朱凤竹，民国画家，苏州人。曾加入南
京中国美术会、上海中国画会。

J0012692
素描画述要　黄觉寺编
上海　商务印书馆　1924 年　修订本　定价：CNY0.69

J0012693
素描画述要　黄觉寺编
上海　商务印书馆　1935 年　101 页　有图
18cm（32 开）　定价：国币六角
　　本书共 8 章，介绍素描画的种类、一般画法、
石膏、人体模型、静物、动物、风景写生的技法。

J0012694
素描画述要　黄觉寺编
上海　商务印书馆　1957 年　11 版　修订本　162 页
有图　19cm（32 开）　定价：CNY0.60

J0012695
写生画入门　李寓一编；何元校
上海　商务印书馆［1928 年］44 页　有图
20cm（32 开）
　　本书内分两部分，讲述铅笔写生简要的线

条、轮廓法，木炭写生的初步等。

J0012696

野外写生论 周继善著

上海 民智书局 1931 年 250 页 有图 19cm（32 开）
定价：大洋五角五分

本书分 6 编，内容有野外写生时物体底观
察、光度与色彩底辨别、写生的流派、我国古代
山水画在世界上的地位、西洋风景画与我国山水
画的比较、艺术理论的应用等。

J0012697

北新铅笔画 （第一集）倪贻德编

上海 北新书局 1933 年 78 页 有图 20cm（32 开）
定价：旧币四角

本书收 20 幅画，每幅前均有作品的画
题、画意、画法、注意等。作者倪贻德（1901—
1970），著名油画家、美术理论家和美术教育家。
笔名尼特。毕业于上海美术专科学校。历任浙
江美术学院教授、第一副院长，全国美协理事、
浙江省美协副主席等职。著作有《西洋画概论》
《水彩画研究》《画人行脚》《艺术漫谈》《近代艺
术》，还有小说集《玄武湖之秋》《东海之滨》《百
合集》等。

J0012698

铅笔风景画 （第二集）朱凤竹编绘

上海 形象艺术社 ［1933 年］ 14 叶 18×27cm
本书收 14 幅。

作者朱凤竹，民国画家，苏州人。曾加入南
京中国美术会、上海中国画会。

J0012699

木炭画 刘海粟编绘

上海 商务印书馆 1934 年 28 页 有图
19×26cm 定价：大洋六角

本书共 8 章，介绍木炭画的用具、木炭画
教室的设备、基本形体的木炭画法、静物的木炭
画法、人体的木炭画法等。作者刘海粟（1896—
1994），画家、美术教育家。名槃，字季芳，号海
翁。江苏武进人。参与创办上海私立美术学院。
曾任华东艺术专科学校校长、南京艺术学院院
长。代表作《黄山云海奇观》《披狐皮的女孩》《九
溪十八涧》等，有画集《黄山》《海粟老人书画
集》等。

J0012700

素描入门 俞寄凡编

上海 商务印书馆 1934 年 50 页 有图
19cm（32 开）定价：大洋二角五分

本书包括素描的意义、视觉的练习、模型、
模型之安置、描写前之注意等 16 节。作者俞寄
凡（1891—1968），现代画家、美术教育家。江苏
吴县人。别名俞义范。南京两江优级师范学堂
毕业，后赴日本东京高等师范学校图画手工部学
习。任上海美术专科学术教授兼师范部主任、高
等师范科西洋画主任、上海艺术学会会长，新华
艺术专科学校教授、校长，南京中央大学教授等
职。著作有《艺术概论》《近代西洋绘画》《人体
美之研究》等，译作《美学纲要》。

J0012701

铅笔淡彩速写画法 （日）太田三郎著；程思
进译；朱凤竹校订

上海 形象艺术社 1935 年 66 页 有图
18cm（小 32 开）定价：大洋六角

本书内容有铅笔速写法、模写法、记忆法、
速写的第一步、铅笔的特质和它的应用，风景、
人物、建筑、花卉、鸟兽等速写法。

J0012702

铅笔画法 潘罗因，蒋行僧编

上海 中华书局 1936 年 再版 44 页 有图
19cm（32 开）定价：国币一角
（初中学生文库）

本书共 3 章，论述铅笔画的起源、特点及其
重要性。

J0012703

铅笔画法 潘罗因，蒋行僧编

上海 中华书局 1947 年 44 页 有图
18cm（小 32 开）定价：国币一元三角
（中华文库 初中第 1 集）

J0012704

人体画典 梁永泰绘

［重庆］ 亚洲图书社 1945 年 58 页 有图
18cm（32 开）

本书讲解人体各部位的素描构图，取材
于《Figure Drawing》等书。作者梁永泰（1921—
1956），版画家。广东惠阳县（今惠州桥东）人。

曾任中华书局美术编辑。主要作品有《血的动脉》《铁的动脉》《从前没有人到过的地方》《在动物园里》等。

J0012705
素描研究　茹茹撰
上海　大东书店 1950 年 66 页 18cm（32 开）
定价：三元五角
（新美术学习丛书）

J0012706
素描研究　茹茹著
上海　大东书局 1951 年 5 版 66 页 18cm（32 开）
定价：旧币 4,000 元
（新美术学习丛书）

J0012707
炭精绘像讲话　俞超尘著
上海　联盟书店出版社 1951 年 22 页 17cm（32 开）
定价：旧币 4,500 元
（实用美术丛书）

J0012708
人体素描构图范典　（第一集 头部 A.）楼青蓝编绘
上海　大众书局 1952 年 34 页 26cm（16 开）

J0012709
钢笔画学习　任微音编绘
上海　大众书局 1953 年 影印本 87 页 19×26cm
定价：旧币 8,000 元

J0012710
钢笔画学习　任微音编绘
上海　大众书局 1954 年 修订本 影印本 87 页 19×26cm 定价：旧币 8,000 元

J0012711
怎样画速写　叶浅予编撰
北京　人民美术出版社 1954 年 66 页 21cm（32 开）
定价：旧币 5,700 元
　　本书是叶浅予先生于 50 年代撰写的一本入门性普及读物，介绍了画速写的基本知识。作者叶浅予（1907—1995），教授、画家。浙江桐庐人。历任中国美协副主席、中国画研究院副院长、中

央美院教授。曾为茅盾小说《子夜》、老舍剧本《茶馆》等书插图，作品有长篇漫画《王先生》《小陈留京外史》《天堂记》等，著有《画馀记画》《十年恶梦录》等。

J0012712
怎样画速写　叶浅予编著
北京　人民美术出版社 1957 年 2 版 修订本 72 页 有图 21cm（32 开）统一书号：8027.793

J0012713
怎样画速写　叶浅予编著
北京　人民美术出版社 1958 年 2 版 修订本 72 页 18cm（32 开）统一书号：8027.793 定价：CNY0.55

J0012714
怎样画速写　叶浅予著
北京　人民美术出版社 1992 年 55 页 有插图 19cm（小 32 开）ISBN：7-102-00990-9
定价：CNY1.85

J0012715
人体素描学习　张之凡编
上海　大众书局 1955 年 75 页 26cm（16 开）
定价：八角

J0012716
素描初步　（苏）别留金（Э.М.Белютин）著；吕希棠等译
上海　上海人民美术出版社 1956 年 47 页 有图 20cm（32 开）统一书号：T8081.1473
定价：CNY0.38
　　本书收 26 幅图。

J0012717
素描　陕西省群众艺术馆编
西安　长安美术出版社 1957 年 14 页 有图 17cm（32 开）统一书号：8094.78
定价：CNY0.14
（绘画基本知识丛书）

J0012718
素描实践讲话　周方白编著
上海　上海人民美术出版社 1957 年 69+18 页 20cm（32 开）统一书号：T8081.1743

定价：CNY0.65

本书收 18 幅图。

J0012719

素描写生 （苏）Γ.斯米尔诺夫著；杨成寅译
上海 上海人民美术出版社 1957 年 38 页
19cm（32 开） 统一书号：8081.2868
定价：CNY0.34
（业余美术自学丛书）

本书收 12 幅图。作者杨成寅（1926—2016），美术理论家、雕塑家。河南南阳市人。毕业于中央美院研究生班，并留校任教。曾任《美术理论资料》《美术译丛》等刊物编辑、中国美术学院教授、中国美术家协会会员。雕塑作品有《晨读》《汤显祖像》《谢文锦像》等。

J0012720

速写 陕西省群众艺术馆编
西安 长安美术出版社 1957 年 13 页 有图
17cm（32 开） 统一书号：8094.82
定价：CNY0.08
（绘画基本知识丛书）

J0012721

怎样画铅笔画 费新我编绘
上海 上海人民美术出版社 1957 年 120 页
有插图 18cm（小 32 开）
统一书号：T8081.2041 定价：CNY0.34

作者费新我（1903—1992），书法家、画家。学名斯恩，原字省吾，字立千、号立斋，后改名新我，湖州南浔双林镇人。毕业于上海白鹅绘画学校。代表作品有《怎样画毛笔画》《怎样学书法》《楷书初阶》《怎样画铅笔画》。

J0012722

怎样画铅笔画 哈定作
上海 上海文化出版社 1957 年 164 页
26cm（16 开） 统一书号：8077·87
定价：CNY0.95

作者哈定（1923—2004），回族，画家。别名哈弼时。江苏南京人。历任上海美术专科学校教师，上海油画雕塑院画师。代表作品《塞外风光》，出版有《哈定画选》《水彩画技法》等。

J0012723

怎样画铅笔画 费新我编绘
上海 上海人民美术出版社 1962 年 2 版
重印本 124 页 19cm（32 开）
统一书号：T8081.2041 定价：CNY0.34

作者费新我（1903—1992），书法家、画家。学名斯恩，原字省吾，字立千、号立斋，后改名新我。湖州南浔双林镇人。毕业于上海白鹅绘画学校。代表作品有《怎样画毛笔画》《怎样学书法》《楷书初阶》《怎样画铅笔画》。

J0012724

怎样画素描和速写 左辉著
北京 朝花美术出版社 1957 年 43 页 有插图
18cm（小 32 开） 统一书号：T8028.1526 定价：0.26
（群众艺术丛书）

J0012725

怎样画素描和速写 左辉著
北京 人民美术出版社 1957 年 42 页 有图
19cm（32 开） 统一书号：8027.1384
定价：CNY0.30

J0012726

素描教学 （苏）索洛维耶夫（А.М.Соловьев）
等编著；石树仁译
北京 人民美术出版社 1958 年 229 页 有插图
26cm（16 开） 统一书号：8027.1386
定价：CNY2.23

本书除序言外，分 4 章：一、俄罗斯素描学派的教学遗产；二、实物写生素描的教学基础；三、应用于素描中的线透视法则；四、实际教学。附有教学说明图例及名家作品范图 224 幅。

J0012727

素描教学 （苏）索洛维叶夫（Селовьев，А.М.）等著；石树仁译
北京 人民美术出版社 1992 年 232 页 有图
26cm（16 开） ISBN：7-102-00890-2
定价：CNY7.80

J0012728

速写理论与技法 华东艺术专科学校速写教
学小组编著
北京 人民美术出版社 1958 年 [91]页 有图

20cm（32 开）　统一书号：8027.1659
定价：CNY0.55

J0012729
怎样画钢笔画　王琦编著
北京　人民美术出版社　1958 年　[40] 页
19cm（32 开）　统一书号：8027.1054
定价：CNY0.21

J0012730
怎样画铅笔画　葛维墨编著
北京　人民美术出版社　1958 年　36 页　有图
19cm（32 开）　统一书号：8027.2101
定价：CNY0.17
（初级技法丛书）

J0012731
怎样画铅笔画　葛维墨编著
北京　人民美术出版社　1963 年　2 版　[37] 页
有图　19cm（32 开）　统一书号：T8027.2101
定价：CNY0.19
（初级技法丛书）

J0012732
怎样画速写　陈水心编著
北京　人民美术出版社　1958 年　[32] 页　有图
19cm（32 开）　统一书号：8027.2111
定价：CNY0.15
（初级技法丛书）

J0012733
怎样画速写　吴宁，海犁编绘
上海　上海人民美术出版社　1958 年　23 页
有图　18cm（小 32 开）　统一书号：T8081.4285
定价：CNY0.20
（工农兵业余美术自学丛书）

J0012734
给初学画者的信　（苏）赫拉帕科夫斯基著；石
欣译
北京　人民美术出版社　1959 年　124 页 +[54] 叶
图版　有图　19cm（32 开）　定价：CNY1.05

J0012735
给初学画者的信　（苏）赫拉帕科夫斯基，M. 著；

石欣译
北京　人民美术出版社　1959 年　186 页　有图
19cm（32 开）　统一书号：8027.2725
定价：CNY1.05

J0012736
给初学画者的信　（苏）赫拉帕科夫斯基（Храп-
ковский，M.）著；石欣译
北京　人民美术出版社　1986 年　124+30 页　有图
19cm（32 开）　统一书号：8027.2725
定价：CNY1.45
　　本书以书信的形式讲解素描教学方法。

J0012737
苏联高等美术学校素描　（苏里科夫美术专
科学校素描教学总结）莫斯科苏里科夫美术专
科学校著；吴堉，徐荫译
上海　上海人民美术出版社　1959 年　36 页
有图　25cm（16 开）　统一书号：T8081.4430
定价：CNY2.20

J0012738
素描述要　黄觉寺编著
上海　商务印书馆　1959 年　12 版　修订本　206 页
插图　18cm（32 开）　统一书号：8017.4
定价：CNY0.85

J0012739
素描　南京工学院建筑系美术教研组编著
北京　人民教育出版社　1960 年　101 页
25cm（16 开）　统一书号：15010.920
定价：CNY0.70

J0012740
速写画法　任微音编著
上海　上海人民美术出版社　1960 年　73 页
26cm（16 开）　统一书号：8081.4715
定价：CNY0.52

J0012741
素描　南京工学院建筑系美术教研组编著
北京　中国工业出版社　1961 年　新 1 版　101 页
有图　26cm（16 开）　统一书号：K15165.163
定价：CNY0.70

J0012742

怎样画速写　吴德隆，吕洪仁编
上海　上海人民美术出版社 1964 年 2 版
修订本 44 页 有图 18cm（小 32 开）
统一书号：T8081.4285 定价：CNY0.26
（工农兵业余美术自学丛书）

J0012743

怎样画速写　吴德隆，吕洪仁编
上海　上海人民美术出版社 1964 年 2 版
修订本 44 页 有图 18cm（小 32 开）
统一书号：T8081.4285 定价：CNY0.42
（工农兵业余美术自学丛书）

J0012744

怎样画速写　吴德隆，吕洪仁编
上海　上海人民出版社 1972 年 新 1 版 修订本
63 页 19cm（32 开）统一书号：8.3.505
定价：CNY0.14
（工农兵美术技法丛书）

J0012745

怎样画速写　吴德隆，吕洪仁编
上海　上海人民出版社 1972 年 修订本
19cm（32 开）定价：CNY0.14
（工农兵美术技法丛书）

J0012746

怎样画速写　吴德隆，吕洪仁编
上海　上海人民美术出版社 1978 年 2 版 修订本
63 页 19cm（32 开）统一书号：8081.4285
定价：CNY0.14
（工农兵美术技法丛书）

J0012747

钢笔画的画法　卢巨川编著
香港　香港进修出版社 1973 年 171 页
18cm（小 32 开）
（进修艺术丛书）

J0012748

钢笔画的画法　卢巨川编著
香港　中流出版社 1984 年 171 页 有图
19cm（32 开）定价：HKD30.00
（进修艺术丛书）

J0012749

牡丹写生资料　南京云锦研究所编
南京　南京云锦研究所 1977 年 160 页
26cm（16 开）定价：CNY1.50

J0012750

素描写生技法常识　中国人民解放军五一
〇〇二部队美术创作学习班编著
石家庄　河北人民出版社 1977 年 46 页
19cm（32 开）统一书号：8086.779
定价：CNY0.17
　　本书简要地介绍了写生方法，静物、室内景
和室外景画法，人物头部画法以及全身人物画法
等一般基础知识，供初学者在从事美术宣传和创
作活动中参考。

J0012751

速写画法　浙江美术学院绘画教材编写组编；
吴山明，郑朝执笔
杭州　浙江人民出版社 1977 年 76 页 20cm（32 开）
统一书号：8103.252 定价：CNY0.26
　　作者吴山明（1941—　），画家。生于浙江浦
江县。毕业于中国美术学院中国画系人物专业。
历任中国美术学院学术委员会委员，中国画系教
授、博士生导师，造型艺术学部主任。代表作品
有《意笔人物画选》等，著作有《吴山明意笔人物
线描集》《吴山明画集》等。

J0012752

怎样画野外地质素描图　蓝淇锋著
北京　地质与勘探编辑部 1977 年 69 页 有图
21cm（32 开）

J0012753

速写技法　程征等编
北京　人民美术出版社 1978 年 133 页
26cm（16 开）统一书号：8027.6942
定价：CNY0.92
　　本书介绍速写画的基本技法，包括人像
速写、动态速写、场面和场景速写、主题性速
写，并介绍不同作者的经验和体会。编者程征
（1944—　），教授。生于湖北英山县，祖籍湖南
衡山。毕业于西安美术学院。历任《美术》杂志
编辑、陕西省国画院艺术委员会主任，西安美术
学院美术史论系教授、博士研究生导师，中国美

术家协会理论委员会委员。主要著作有《速写技法》《中国历代雕塑·秦始皇陵俑塑》《唐十八陵石刻》等。

J0012754

怎样画素描头像 柴祖舜编著

上海 上海人民美术出版社 1978年 97页 有图 19cm（32开） 统一书号：8081.11309 定价：CNY0.24

（工农兵美术技法丛书）

本书介绍了学习素描头像的基本知识和技法，附图15幅。作者柴祖舜（1935— ），国家一级美术师。浙江杭州人。毕业于上海华东艺术专科学校。历任上海戏剧学院舞台美术系副教授、上海美术家协会会员、世界书画家协会绘画理论研究部常务理事。油画作品有《毛主席1919年在上海》《周总理在上钢》《刘伯承将军》《孙中山》等，著作有《怎样画素描头像》《走兽画技法》等。

J0012755

古今名家素描探讨 陈福善著

香港 南粤出版社 1979年 107页 18cm（24开） 定价：CNY2.00

作者陈福善（1904—1995），现代画家。广东番禺人。曾就读于英国美术学院。历任香港美术会副会长、香港艺术馆名誉顾问、华人现代艺术协会会长等。

J0012756

古今名家素描探讨 陈福善著

香港 南粤出版社 1982年 重印本 107页 18cm（24开）

J0012757

花卉钢笔画集 苏州丝绸工学院工艺美术系编辑

苏州 苏州丝绸工学院工艺美术系 1979年 101页 26cm（16开）

J0012758

女性人体素描

台南 王家出版社 1979年 80页 26cm（16开）

J0012759

人像素描 黄朝顺编译

台南 王家出版社 1979年 80页 26cm（16开） 精装 定价：TWD200.00

J0012760

素描 江启明编著

香港 中流出版社 1979年 48页 20cm（32开）

（美术普及丛书）

J0012761

高兹基的铅笔画与水彩画 （匈）高兹基著；曾雅云编译

香港 香港世界出版社 1980年 112页 20cm（32开）

（水彩技艺丛书 2）

J0012762

女性人体素描 史超域编

澳门 新星出版社 ［1980年］ 134页 26cm（16开） 定价：HKD60.00

J0012763

铅笔画入门 （匈）高兹基著；胡哲编译

香港 香港世界出版社 1980年 112页 20cm（32开）

（铅笔画丛书 1）

J0012764

人体素描 （美）路米斯（A.Loomis）著；刘发全摘译；高士濂校

沈阳 辽宁美术出版社 1980年 139页 25cm（16开） 统一书号：8117.1715 定价：CNY2.30

外文书名：Figure Drawing.

J0012765

素描百科 苏萱编

台北 欣大出版社 ［1980—1989年］ 再版 191页 有图 21cm（32开） 定价：TWD70.00

（美术丛书 1）

J0012766

素描技法 马玉如，陈达青著

北京 人民美术出版社 1980年 196页

19cm（32 开）统一书号：8027.7210
定价：CNY1.35

　　本书分 11 章：一、素描的目的和人物；二、素描的基本要则；三、素描造型的基本手段；四、素描的工具及画前的准备工作；五、几何形体与静物写生；六、风景写生；七、素描的步骤与方法；八、头像写生与头部造型结构等。

J0012767
速写入门　永安编译
台北 艺术出版社 1980 年 109 页 有图
21cm（32 开）定价：TWD420.00
（速写素描丛书）

J0012768
炭笔画　美工图书社编著
台北 邯郸出版社［1980—1989 年］127 页 有图
26cm（16 开）定价：TWD250.00

J0012769
线条的艺术　王创华编著
香港 万里书店［1980—1989 年］142 页
有图 26cm（16 开）ISBN：962-14-0399-5
定价：HKD65.00
（美术进阶系列）

J0012770
肖像素描技法　弗林（Dianne Flynn）著；曾雅云编译
香港 香港世界出版社 1980 年 109 页
20cm（32 开）

J0012771
肖像素描技法　弗林（Dianne Flynn）著；曾雅云编译
台北 艺术出版社 1980 年 112 页 有图
21cm（32 开）定价：TWD420.00

J0012772
怎样画动势速写　贲庆余，顾莲塘著
沈阳 辽宁美术出版社 1980 年 86 页 19cm（32 开）
统一书号：8117.1805 定价：CNY0.27

　　作者贲庆余（1929—2004），美术理论家、画家。鲁迅美术学院教授。生于哈尔滨。毕业于东北鲁迅文艺学院美术部。作品有《瓦岗军分

粮》《李自成》，插图《我要读书》等。作者顾莲塘（1935—1994），画家、教授。黑龙江穆棱人。毕业于东北美术专科学校工艺系。历任鲁迅美术学院版画系主任、副教授，中国美术家协会连环画艺术委员会委员。作品有《一代天骄》《闯王进京》等。

J0012773
动物画参考资料　李蕾生编绘
石家庄 河北人民出版社 1981 年 124 页
19cm（32 开）统一书号：8086.1325
定价：CNY0.98

　　本书编选了约 60 种动物，有虎、豹、狮、象、熊、猴、狐、鹿、熊猫、海豚、海狮等。作者以钢笔画写实的技巧，画出这些动物的多种姿态。

J0012774
动物画参考资料　李蕾生编绘
石家庄 河北人民出版社 1983 年 124 页
19cm（32 开）统一书号：8086.1325
定价：CNY1.40

J0012775
动物画参考资料　李蕾生编绘
石家庄 河北美术出版社 1985 年 新 1 版
重印本 124 页 29cm（24 开）
统一书号：8087.506 定价：CNY1.80

J0012776
动物画素描法　（描绘生物的秘诀）K.哈尔特克林著
台南 信宏出版社 1981 年 142 页 20cm（32 开）
定价：TWD80.00

J0012777
人体素描　蒋修田，钟义明编译
台北 艺术图书公司 1981 年 112 页
有图 21cm（32 开）

J0012778
人体素写　（美）雷伊曼（Laidman, H.）著；胡哲编译
台北 艺术图书公司 1981 年 125 页 20cm（32 开）
（速写素描丛书 3）

J0012779
人物画素描法　卢米斯(Loorois, A.)著；江明宏编译
台南　信宏出版社　1981年　影印本　207页
有图　22cm（25开）

J0012780
素描　陕西省群众艺术馆著
西安　陕西人民出版社　1981年　64页　19cm（32开）
统一书号：8199.208　定价：CNY0.60

J0012781
速写基础知识　范保文编
南京　江苏人民出版社　1981年　54页　19cm（32开）
统一书号：8100.3.390　定价：CNY0.20
（绘画技法丛书）
　　作者范保文(1935—　)，教授。江苏宜兴人。毕业于南京师范学院。历任南京师范大学美术系副教授、中国美术家协会会员、江苏省水彩画协会常务理事。作品有《山魂图》《一桥飞架南北天堑变通途》，编辑有《毛泽东诗词书画精品典藏》。

J0012782
怎样画素描　秦岭编
济南　山东人民出版社　1981年　146页　有图
19cm（32开）统一书号：8099.2193
定价：CNY0.48
（美术基础知识丛书）
　　作者秦岭(1931—　)，中央美术学院壁画系副教授、中国美术家协会会员。

J0012783
怎样画素描　秦岭编
济南　山东美术出版社　1985年　新1版　146页
有图　19cm（32开）统一书号：8332.485
定价：CNY0.93
（美术基础知识丛书）

J0012784
动物素描画法　胡哲，张玉珍译
香港　美术图书公司　1982年　124页　21cm
（32开）

J0012785
宽线条铅笔画　（美）西奥多·考茨基编绘；黄克武译
北京　人民美术出版社　1982年　36页
25cm（小16开）统一书号：8027.7813
定价：CNY0.43
　　本书作者根据自己的丰富经验，比较系统地介绍了铅笔画的方法，并以讲课方式作了具体说明。

J0012786
铅笔素描　（树木与风景　港口与渔船）胡哲编译
香港　美术图书公司　1982年　114页　20cm（32开）

J0012787
素描初步　湖南师范学院艺术系著
长沙　湖南美术出版社　1982年　36页　25cm（16开）
统一书号：8233.253　定价：CNY1.00
　　本书47幅图。收集素描作品22幅，并有文字阐述及写生步骤图解，介绍部分作品的描绘过程、表现方法及注意的问题。

J0012788
素描初阶捷径　钟义明编译
香港　美术图书公司　1982年　107页　20cm（32开）
定价：HKD7.00
（画好素描丛书　4）

J0012789
素描技法　钟义明编
香港　美术出版社　1982年　109页　20cm（32开）
（画好素描丛书　4）

J0012790
速写　江启明编著
香港　中流出版社　1982年　51页　16cm（26开）
（美术普及丛书）

J0012791
裸女素描大全　（探索三位当代一流画家的手法）胡哲编译
高雄　大众书局　1983年　277页　有图
26cm（16开）精装　定价：TWD280.00
（进阶艺术丛书）

本书取材于美国 Robert Fawcet 教授、Howard Munce 教授和医学界巨匠 Joseph Sephard 教授，内容分为立姿、坐姿、跪姿、卧姿、远近姿势、动姿研究等 20 章。

J0012792
木炭人像画大全　胡哲编译
高雄　大众书局 1983 年 153 页 有图 27cm（16 开）精装 定价：TWD220.00
（进阶艺术丛书）
　　　外文书名：Life Drawing in Charcoal.

J0012793
人体百态简笔画　黎大中编著
香港　香港得利书局 1983 年 124 页 有图 26cm（16 开）定价：HKD18.00
　　　外文书名：Figure Drawings in Simple Line.

J0012794
人体动作速画法　吴曼英著
北京　文化艺术出版社 1983 年 76 页 19cm（32 开）统一书号：8228.052 定价：CNY0.35
　　　本书系作者根据多年的实践经验，试创了简单易学的体块组合式"速画法"，可用以快速记录人体的各种动态。

J0012795
素描　江启明编著
香港　香港中文大学校外进修部 1983 年 87 页 有图 25cm（16 开）ISBN：962-222-022-3

J0012796
素描基础知识　郭绍纲著
广州　岭南美术出版社 1983 年 97 页 26cm（16 开）统一书号：8260.0718 定价：CNY2.50
　　　本书阐述了有关素描术语概念的解释，关于观察方法、表现方法的见解，各种练习课目的具体步骤、方法和要求。

J0012797
素描基础知识　郭绍纲编著
广州　岭南美术出版社 1985 年 重印本 97 页 26cm（16 开）统一书号：8260.0718 定价：CNY2.70
　　　作者郭绍纲（1932—　　），画家、艺术教育

家。曾用名享邑。北京昌平人，曾在中央美术学院和苏联列宾美术学院学习油画。武汉中南美专教师，广州美术学院院长、教授。代表作《锻工像》《红帽姑娘》《牡丹盛开》等。

J0012798
素描基础知识　郭绍纲著
广州　岭南美术出版社 1998 年 重印本 97 页 26cm（16 开）ISBN：7-5362-0640-2
定价：CNY13.00

J0012799
素描研究专集　艺风堂编辑部编
台北　艺风堂出版社 1983 年 增订本 206 页 有图 27cm（16 开）精装 定价：TWD350.00
（现代美术丛书 1）

J0012800
向大师学素描　（美）罗伯特·贝佛莱·海尔著；朱伯雄译
上海　上海人民美术出版社 1983 年 254 页 25cm（16 开）统一书号：8081.12814
定价：CNY5.00
　　　本书作者以 100 幅自文艺复兴以来著名大师的素描作品为图例、研究和分析古代大师传统的基本表现方法，分别讲解了画法。作者朱伯雄（1932—2005），美术史论家。别名羊石。出生于上海，祖籍浙江湖州。毕业于东北鲁迅艺术学院美术系。历任美国哈佛大学文理学院美术史论系客座教授、马来西亚艺术学院客座教授。代表作品有《世界美术史》《世界美术经典》等。

J0012801
怎样画钢笔画　周君言著
上海　上海文化出版社 1983 年 131 页 25cm（小 16 开）统一书号：8077.3002
定价：CNY2.45
　　　本书内容包括 3 个方面：几种钢笔画绘画工具；钢笔画的基本技法；钢笔画的种类。

J0012802
钢笔画大全　（从素描起至细密描画止）华生·贺普第文化出版公司编纂；胡哲译
高雄　大众书局 1984 年 246 页 有图

26cm（16开）精装 定价：TWD330.00
（进阶艺术丛书）

J0012803
基本素描技法 帕拉蒙（Parramon，J.M.）著；
艺术丛书编辑组编译
台北［台湾］出版社 1984年 61页 有图
26cm（16开）定价：TWD120.00
（绘画教室系列 4）

J0012804
教学简笔画 蚁美玲编绘
广州 岭南美术出版社 1984年 132页
19cm（32开）统一书号：8260.0935
定价：CNY0.70
　　本书以图文并茂的形式介绍了学习简笔画
的基本方法，并附有各种题材的图例。

J0012805
铅笔画之艺术 （美）威特申（Watson，E.W.）
著；陈文丰译
台北 詹氏书局 1984年 156页 有图 30cm（10开）
精装 定价：TWD320.00

J0012806
石膏像素描解说 翁树木主编；赖俊一，蔡素
兰译
台北 梵谷图书出版公司 1984年 7版 增订本
212页 有图 26cm（16开）定价：TWD300.00
（梵谷美术设计丛书）

J0012807
手的动态 （美）霍加思（B.Hogarth）著；张健
生译
北京 人民美术出版社 1984年 135页
19cm（32开）统一书号：8027.7390
定价：CNY0.46

J0012808
素描画法大全 杨永义编著
台南 综合出版社 1984年 有图 20cm（32开）
定价：TWD150.00

J0012809
素描学 林文昌，苏益家著

台北 雄狮图书公司 1984年 208页 有图
26cm（16开）定价：TWD220.00

J0012810
怎样描绘动物 姚艺编
香港 万里书店 1984年 94页 有图
20cm（32开）定价：HKD8.00
（自学铅笔画丛书）

J0012811
怎样去写生 江启明编著
香港 中流出版社 1984年 128页 有图
21cm（32开）定价：HKD35.00

J0012812
动物素描画 石帆辑；石帆绘图
香港 画艺出版社 1985年 95页 有图
20cm（32开）定价：HKD13.00
（素描丛书）

J0012813
钢笔画 江启明编著
香港 中流出版社 1985年 50页 19cm（32开）
定价：HKD7.00
（美术普及丛书）

J0012814
教学简笔画 韩长明著
长春 东北师范大学出版社 1985年 50页
19cm（32开）统一书号：7334.16
定价：CNY0.50

J0012815
美术高考素描指南 赵玉琢编写
济南 山东美术出版社 1985年 33页 有图
19cm（32开）统一书号：8332.505
定价：CNY0.65

J0012816
人体动作尺寸图集 伍典编著
香港 万里书店 1985年 137页 26cm（16开）
ISBN：962–14–0119–4 定价：HKD25.00
（工商美术丛书）
　　外文书名：The Measure of Human Bodies.

J0012817

人体美姿素描　杨永义编著

台南　综合出版社　1985 年　159 页　有图

21cm（32 开）定价：TWD150.00

J0012818

人物素描　钟义明编译

台北　艺术图书公司　1985 年　再版　影印本

有图　23cm（10 开）定价：TWD100.00

J0012819

人物素描画　石矾辑；石矾绘图

香港　画艺出版社　1985 年　95 页　有图

20cm（32 开）定价：HKD13.00

（素描丛书）

J0012820

设计素描　吴华先译

上海　上海人民美术出版社　1985 年　94 页

20cm（32 开）统一书号：8081.14101

定价：CNY1.95

（现代设计丛书）

　　本书包括物体素描、博物馆素描和自然素

描。附 200 幅图。

J0012821

素描·色彩入门　蔡亮，费以复编

杭州　浙江人民美术出版社　1985 年　65 页

20cm（32 开）统一书号：8156.444

定价：CNY0.75

（美术基础知识丛书）

　　本书分素描、色彩两部分。素描部分叙述

写生和素描的方法步骤、打轮廓的要点、明暗

的基本规律及写生步骤等；色彩部分包括色彩

的运用、来源，色彩与光，色彩学中的几个名词

概念，色调、对比与调和，冷暖，强弱的变化规

律以及色彩的运用等内容。附有 20 多幅图例。

作者蔡亮（1932—1995），画家。福建厦门人。

毕业于中央美术学院绘画系。中国美术家协会

会员、美协浙江分会理事、浙江油画研究会副

会长、浙江美术学院教授、中国美术学院教授。

主要作品有《延安火炬》《贫农的儿子》《红军

三大主力会师》等。

J0012822

素描的技法　陈景容著

台北　东大图书公司　1985 年　3 版　有图

21cm（32 开）ISBN：957-19-0833-9

定价：TWD178.00

（沧海丛刊　美术）

　　外文书名：The Technique of Drawing.

J0012823

素描的理论与实践　谢投八著

福州　福建人民出版社　1985 年　128 页　有图

20cm（32 开）统一书号：8173.900

定价：CNY1.50

　　本书内容包括：素描的要素；构思与构图；

用唯物辩证法来指导素描实践；素描的学习方式

和方法；一些实际问题。

J0012824

素描的理论与实践　谢投八著

沈阳　辽宁教育出版社　1997 年　修订本　123 页

有图　20cm（32 开）ISBN：7-5382-4848-X

定价：CNY14.00

J0012825

素描自学辅导　（苏）捷依涅卡著；马文启，李

克译

沈阳　辽宁美术出版社　1985 年　202 页

26cm（16 开）统一书号：8161.0527

定价：CNY4.50

　　本书对学习素描的基础知识和技法进行了

系统的叙述，并附有大量的插图和绘画大师各种

不同风格的素描范作。

J0012826

速写要领　孙见光著

桂林　漓江出版社　1985 年　91 页　有图

20cm（32 开）统一书号：8256.198

定价：CNY1.40

（美术技法丛书）

　　本书包括：致速写爱好者；速写特点；作画

工具；头像速写；动态速写；构图速写。作者孙

见光（1926—2017），教授。河北肃宁人。曾就读

于中央美术学院。曾任广西艺术学院美术系教

授、中国美术家协会会员、广西美术协会常务

理事。出版有《速写要领》《头像入门》《人像入

门》《孙见光画集》等。

J0012827
五分钟人体速写　陆韬编著
香港　香港得利书局 1985年 2版 108页 有图
21cm（32开）定价：HKD14.00
　　　外文书名：Figure Sketch in 5 Minutes.

J0012828
运动素描画　石帆辑；石帆绘图
香港　画艺出版社 1985年 95页 有图
20cm（32开）定价：HKD13.00
（素描丛书）

J0012829
标记笔画绘制技法　陆韬编著
香港　万里书店 1986年 166页 有图
20cm（32开）定价：HKD25.00
（新美术丛书 4）
　　　外文书名：Drawing with Markers.

J0012830
创意速笔画法　黄华裕编绘
台北　瑞升文化图书事业公司 1986年 140页
有图 21cm（32开）定价：TWD100.00
（瑞升绘画丛书 6）

J0012831
动物画法　（美）杰克·罕著；胡仲胤，刘宁译
桂林　漓江出版社 1986年 119页 26cm（16开）
统一书号：8256.217 定价：CNY3.50
　　　本书收了常见野生动物和驯化动物的基
本画法，并介绍了这些动物画法的标准、方法及
有关部位的比较。译者刘宁（1959— ），油画家、
摄影家、导演。江苏南京人。中国美术家协会、
中国摄影家协会、中国电影家协会会员。

J0012832
钢笔风景画法　周君言画
济南　山东美术出版社 1986年 160页
17cm（40开）统一书号：8332.816
定价：CNY1.60

J0012833
钢笔风景画技法　周君言著

桂林　漓江出版社 1986年 222页 19cm（32开）
统一书号：8256.220 定价：CNY3.20
　　　本书阐述了钢笔风景画的工具、特点和技
法，并结合范画200余幅及技法图例，对作画中
不同自然景物的不同表现形式、画面的情调、意
境的追求、处理等作了讲解和探索。

J0012834
钢笔风景画技法　周君言著
南宁　广西美术出版社 1990年 222页 有图
18cm（小32开）ISBN：7-80582-011-2
定价：CNY5.50

J0012835
钢笔风景画技法　周君言著
桂林　漓江出版社 1994年 222页 18cm（小32开）
ISBN：7-5407-0130-7 定价：CNY8.50

J0012836
黑白灰写生技法　张仰竣作
成都　四川美术出版社 1986年 10cm（64开）
统一书号：8373.211 定价：CNY1.30

J0012837
绘描艺术　（素描与插画基本技法）果子融，
郑明编著
香港　教养出版社 1986年 4版 修订本 139页
26cm（16开）ISBN：962-12-0700-2
（新一代美术设计丛书 1）

J0012838
简易男性素描法　切帕迪著
台南　综合出版社 1986年 158页 有图
26cm（16开）
　　　外文书名：Drawing the Male Figure.

J0012839
简易女性素描法　切帕迪著
台南　综合出版社 1986年 159页 有图
26cm（16开）
　　　外文书名：Drawing the Female Figure.

J0012840
简易人体素描法　切帕迪著
台南　综合出版社 1986年 159+158页 有图

26cm（16 开）定价：TWD300.00

J0012841
人体素描与姿势　华雨诗编著
香港 万里书店 1986 年 219 页 有图 21cm（32 开）
定价：HKD30.00
（新美术丛书 2）

J0012842
人体素描与姿势　华雨诗编著
台北 南天书局 1990 年 219 页 有图 21cm（32 开）
ISBN：957-9482-33-0 定价：TWD160.00
（新美术丛书 3）

J0012843
人物素描　丘山，芫人编
北京 知识出版社 1986 年 132 页 19cm（32 开）
统一书号：8214.35 定价：CNY1.30

J0012844
色笔技法　帕拉蒙著；梁国元编
台北 唐代文化事业公司 1986 年 69 页 有图
20cm（32 开）定价：TWD90.00
（绘画教室 3）
　　外文书名：Drawing with Colour Pencils.

J0012845
石膏写生述要　吕洪仁著
杭州 浙江人民美术出版社 1986 年 58 页
20cm（32 开）统一书号：8156.1315
定价：CNY0.75
（美术基础知识丛书）
　　本书阐述了画石膏头像(包括石膏几何形
体、切面像等)的基础理论和技法。剖析了一些
规律性问题和学习思想上的障碍，并讲述了一些
具体的学习方法。书中附有 30 多幅配有文字的
图例和 10 幅优秀石膏头像、胸像及全身像习作。

J0012846
石膏写生述要　吕洪仁编著
杭州 浙江人民美术出版社 1990 年 重印
58 页 20cm（32 开）ISBN：7-5340-0029-7
定价：CNY1.30
（美术基础知识丛书）

J0012847
素描基础技法　蔡亮，张自嶷著
杭州 浙江美术学院出版社 1986 年 27 页
有图 19cm（32 开）统一书号：8440.005
定价：CNY1.70
　　作者蔡亮(1932—1995)，画家。福建厦门人。
毕业于中央美术学院绘画系。中国美术家协会
会员、美协浙江分会理事、浙江油画研究会副会
长，浙江美术学院教授、中国美术学院教授。主
要作品有《延安火炬》《贫农的儿子》《红军三大
主力会师》等。作者张自嶷(1935—　)，女，画
家、教授。江西萍乡人。毕业于中央美术学院绘
画系。曾在中国美术家协会陕西分会、陕西文化
局创作组从事创作，中国美术学院教授。出版有
《蔡亮、张自嶷油画选》《素描基础技法》。

J0012848
素描基础技法　蔡亮，张自配著
杭州 浙江美术学院出版社 1988 年 26cm（16 开）
ISBN：7-81019-012-1 定价：CNY3.25
（美术基础技法教材丛书）

J0012849
素描技法　帕拉莫登著；梁国元编著
台北 唐代文化事业公司 1986 年 61 页 有图
20cm（32 开）定价：TWD90.00
（绘画教室 1）

J0012850
素描新技　(3 大动物)（日）木村秀治等著；
视觉素描研究所编
台北 艺术图书公司 1986 年 149 页 有图
25cm（16 开）定价：TWD150.00

J0012851
素描研究　徐君萱，金一德编著
杭州 西泠印社 1986 年 186 页 26cm（16 开）
统一书号：8191.447 定价：CNY4.50
　　本书探讨了素描的要求、方法、技巧及传统
与现代素描的关系等。作者徐君萱(1934—　)，
油画家、教授。江苏江阴人。毕业于浙江美术学
院油画系，留校任教。中国美术家协会会员。
出版有《徐君萱油画风景写生》《徐君萱——中
国当代艺术家画库》《素描研究》《水彩画技法》
《美术常识》等。作者金一德(1935—　)，教授。

浙江绍兴人。毕业于中国美术学院。中国美术学院油画系教授、中国美协会员。代表作品《女拖拉机手》《水乡姑娘》《水巷》等。

J0012852
素描研究　金一德，徐君萱编著
杭州　浙江美术学院出版社　1993 年　189 页
26cm（16 开）ISBN：7-81019-212-4
定价：CNY12.50

J0012853
素描自学资料　辽宁美术出版社编
沈阳　辽宁美术出版社　1986 年　103 页
26cm（16 开）统一书号：8161.0821
定价：CNY3.10

J0012854
速写探求　赵贵德著
石家庄　河北美术出版社　1986 年　115 页
26cm（16 开）统一书号：8087.1660
定价：CNY1.90
　　本书收速写作品 100 多幅，包括舞蹈速写、戏剧速写、体育速写、人物形象速写，还有城市风光、农村小景以及异国风情速写等。作者赵贵德（1937—　），满族、国家一级美术师。生于北京。历任中国美术家协会理事，河北省美术家协会名誉主席。代表作品有《激流》《春潮》《大风歌》《神骏图》等，著有《怎样才能画好速写》。

J0012855
小动物　视觉素描研究所编
台北　艺术图书公司　1986 年　149 页　有图
26cm（16 开）定价：TWD150.00
（素描新技 4）

J0012856
写生画　（美）奥利弗著；刘小鸣，林红译
北京　水利电力出版社　1986 年　134 页
26cm（16 开）统一书号：4173.5719
定价：CNY2.65

J0012857
意象素描　（意象造型教学 第 1 卷）孙宜生著
武汉　华中工学院出版社　1986 年　140 页
20cm（32 开）统一书号：8255.002

定价：CNY4.90
　　本书分 3 大部分：第 1 部分论述了建立新的意象造型教学的意义；第 2 部分阐述了意象造型的理论和意象素描论；第 3 部分意象素描教学。书中附有成套的示范作品和学生作业。作者孙宜生（1930—　），教授。生于河南灵宝。毕业于西安美术学院，留校任教。出版《意象素描》《哑人意象》《意象激荡的浪花》《意象美意识流变》等论著。

J0012858
怎样画素描人像　柴祖舜编著
上海　上海人民美术出版社　1986 年　142 页
有照片 19cm（32 开）统一书号：8081.14493
定价：CNY0.90
　　作者柴祖舜（1935—　），国家一级美术师。浙江杭州人。毕业于上海华东艺术专科学校。历任上海戏剧学院舞台美术系副教授、上海美术家协会会员、世界书画家协会绘画理论研究部常务理事。油画作品有《毛主席 1919 年在上海》《周总理在上钢》《刘伯承将军》《孙中山》等，著作有《怎样画素描头像》《走兽画技法》等。

J0012859
怎样画素描人像　柴祖舜编著
上海　上海人民美术出版社　1998 年　重印本
142 页 19cm（32 开）ISBN：7-5322-0796-X
定价：CNY5.20

J0012860
沾水笔表现技法　（日）西上春雄著
台北　邯郸出版社　1986 年　215 页　有图
25cm（小 16 开）定价：TWD300.00

J0012861
保罗·加利铅笔画技巧　（美）加利著
广州　岭南美术出版社　1987 年　156 页
26cm（16 开）ISBN：7-5362-0021-8
定价：CNY4.95
　　本书介绍了铅笔画的发展史，名家技巧方法，素材的收集和组织，构图设计、用笔，主题、景物及特殊局部的处理和修改以致最后完成的创作过程。作者保罗·加利，美国铅笔画家。

J0012862

钢笔画技法　（苏）拉普切夫著；陈尊三编译
天津　天津人民美术出版社　1987 年　120 页
有插图　21cm（32 开）　ISBN：7-5305-0047-3
定价：CNY3.00

J0012863

画静物　视觉素描研究所编
台北　艺术图书公司　1987 年　123 页　有图
25cm（15 开）　定价：TWD150.00
（素描新技　2）

J0012864

画人体　视觉素描研究所编
台北　艺术图书公司　1987 年　187 页　有图
26cm（16 开）　ISBN：957-904-562-3
定价：TWD150.00
（素描新技　5）

J0012865

教学简笔画技巧　李文庠编著
成都　四川教育出版社　1987 年　129 页
19cm（32 开）　ISBN：7-5408-0131-X
定价：CNY0.88

J0012866

美术速写指南　丁宁原编写
济南　山东美术出版社　1987 年　62 页　有图
19cm（32 开）　ISBN：7-5330-0003-X
定价：CNY0.80

　　作者丁宁原（1939—　　），山东青州人。毕业
于山东艺术专科学校美术系。中国美术家协会
会员、山东省美术家协会副主席、山东师范大学
艺术系教授。主要作品有《重见光明》《出工》《胜
似春光》《灵岩秋色》，出版《丁宁原速写作品》
《丁宁原俄罗斯写生》等。

J0012867

铅笔画　（美）考尔绘著；贺起译
杭州　浙江人民美术出版社　1987 年　84 页
26cm（16 开）　定价：CNY3.50

　　本书详细介绍了从原始人在洞穴里用烧焦
了的木炭头在穴壁上画记号，到现代人制造各
种精美的铅笔和大师们绘制铅笔画的技巧；还
深入浅出地介绍了铅笔画的各种材料、工具及

其性能特点、造型的基本方法、素描的重要意
义等。

J0012868

铅笔画　（美）考尔绘著；贺起译文
杭州　浙江人民出版社　1991 年　重印本　84 页
26cm（16 开）　ISBN：7-5340-0237-0
定价：CNY4.20

　　作者保尔·考尔，美国铅笔画家。

J0012869

人体速写技巧　（著名美国插图画家罗伯
特·弗赛特的人体速写）（美）门斯著；王弘力译
沈阳　辽宁美术出版社　1987 年　136 页　有图
26cm（16 开）　统一书号：8161.1147
定价：CNY3.90

　　本书共 9 章，介绍美国插图画家罗伯特·弗
赛特对人体速写的研究成果及其速写作品。作
者王弘力（1927—2019），连环画家。生于天津，
祖籍山东蓬莱。中国美术家协会会员、沈阳文史
馆馆员，历任《辽西画报》《辽西文艺》编辑、辽
宁美术出版社编审。代表作品有连环画《十五贯》
《天仙配》等。

J0012870

石膏素描技法专集　新形象出版公司编辑部
编著
永和［新形象出版事业有限公司］1987 年 119 页
有图　35cm（9 开）　精装　定价：TWD450.00

J0012871

石膏像·静物·人像素描画法　胡钜湛，陈秀
莪编著
郑州　河南美术出版社　1987 年 50 页 26cm（16 开）
ISBN：7-5401-0006-0　定价：CNY2.75

　　作者胡钜湛（1930—　　），教授。广东开平人。
毕业于华南文艺学院美术部和中南美专绘画系。
历任广州美术学院美术教育系教授、系主任，中
国美术家协会会员、广州水彩画研究会副会长。
作品有水彩画《第一代可可》《渔水情》《乐在其
中》《虾》《红梅》等，出版有《胡钜湛水彩画选
集》《水与彩的对话》等。

J0012872

石膏写生　李玉昌作

北京 朝花美术出版社 1987年 17页 26cm（16开）
统一书号：8028.2311 定价：CNY0.95
（美术技法画库 6）

J0012873
素描 （形体·解剖·明暗）冯健亲编著
南京 江苏美术出版社 1987年 328页 有图
26cm（16开） 定价：CNY9.90

　　本书以形体结构、解剖结构、明暗结构为中
心，循序渐进地进行讲授。重视短期作业、速写
默写能力的课堂训练；重视初学者艺术鉴赏能力
的培训，把技术训练与高层次的艺术创造联系起
来。作者冯健亲（1939— ），画家。浙江海宁人。
毕业于南京艺术学院美术系油画专业。历任南
京艺术学院院长、南京艺术学院工艺系副教授。
代表作品《冯健亲作品集》《素描》等。

J0012874
素描 石孝慈，孙建平著
天津 天津教育出版社 1987年 60页 有图版
19cm（32开） ISBN：7-5309-0123-0
定价：CNY0.85
（少年宫美术教材丛书）

　　本书主要介绍素描的基本内容、技巧、规
律。作者孙建平（1948— ），画家。天津人。毕
业于天津美术学院油画专业。曾任天津美术学
院绘画系油画教研室主任、中国美术家协会会
员。作品有《韦启美先生》《剧终》《同仇敌忾》
《高原秋》等。

J0012875
素描基础训练 邵伟尧著
桂林 漓江出版社 1987年 297页 20cm（32开）
ISBN：7-5407-0023-8 定价：CNY4.50
（美术技法丛书）

　　本书着重介绍素描基础训练的规律性知识。
书中结合中外名家 240幅素描作品，总论了素描
基础训练中的构图、透视和人体基本结构，及素
描形式等。

J0012876
素描基础训练 邵伟尧著
南宁 广西美术出版社 1990年 297页 有图版
20cm（32开） ISBN：7-80582-021-X
定价：CNY6.20

（美术技法丛书）

　　本书是按素描基础训练的要求编写的素描
混合技法理论书，介绍了一些规律性的知识。作
者邵伟尧（1938— ），油画家。广东南海人。毕
业于中央美术学院油画系。历任广西艺术学院
教授、中国油画学会理事、广西美术家协会名誉
主席、广西老美术家协会主席、中国美术家协会
会员。代表作品有《渔歌》《新绿》《春在田间》
《白云·红土地》等，专著有《素描基础训练》。

J0012877
素描技法 宋秉恒编著
成都 四川美术出版社 1987年 90+25+50页
有图 26cm（16开） 统一书号：8373.787
定价：CNY4.10 ISBN：7-5410-0129-5

J0012878
素描教材 （一）傅植桂编著
长春 吉林美术出版社 1987年 24张 37cm（8开）
ISBN：7-5386-0034-5 定价：CNY3.60

J0012879
素描教材 （二）傅植桂编著
长春 吉林美术出版社 1987年 24张 37cm（8开）
ISBN：7-5386-0035-3 定价：CNY2.20

J0012880
素描教学 黄珂著
长沙 湖南美术出版社 1987年 201页 有图
20cm（32开） ISBN：7-5356-0009-3
定价：CNY2.70

　　本书从素描的角度分析了造型观念与形式
关系，并以各国素描演变作佐证，探求相对稳
定的素描造型基本规律、原理和法则。附图例
65幅。

J0012881
素描新技 （1 画石膏）视觉素描研究所编
台北 艺术图书公司 1987年 124页 有图
25cm（16开） 定价：TWD150.00

J0012882
素描自学资料 辽宁美术出版社［编］
沈阳 辽宁美术出版社 1987年 重印本 103页
26cm（16开） 统一书号：8161.0821

定价: CNY3.60

J0012883
中外画家谈素描　范梦编
郑州 河南美术出版社 1987 年 137 页 有图版
26cm（16 开） ISBN: 7-5401-0003-6
定价: CNY3.80
　　作者范梦(1938—)，教授。山东冠县人。
毕业于中央美术学院。历任山东师范大学美术
系副教授、中国美术家协会会员、中国版画家协
会会员、山东美学学会理事。著有《西方美术史》
《中外画家谈素描》《东方美术史》等。

J0012884
彩色速写技法　（美）奥列佛著; 杨径青译
桂林 漓江出版社 1988 年 104 页 19cm（32 开）
ISBN: 7-5407-0283-4 定价: CNY10.00
（绘画技法系列）

J0012885
动物画法　（美）亚当斯,（法）辛格著; 倪洪泉,
王忆贫编译
南宁 广西人民出版社 1988 年 152 页
26cm（16 开） ISBN: 7-219-00764-7
定价: CNY7.70
　　本书首先从动物的特征、习性及动物的内在
结构入手，介绍各种动物不同的特点。然后，从
素描、速写的方法步骤方面进一步叙述动物画
法。作者亚当斯(1902—1984)，美国艺术摄影家，
摄影教育家。编者倪洪泉(1955—)，画家。北
京人。硕士毕业于中央工艺美术学院。任教于
中央工艺美术学院，任北京青年画会副秘书长等
职。作品有《千古传丝万代情》《心花》《七彩世
界》等。

J0012886
动物画法　（美）亚当斯,（法）辛格著; 倪洪泉,
王忆贫编译
南宁 广西人民出版社 1988 年 152 页
26cm（16 开） 精装 ISBN: 7-219-00765-5
定价: CNY10.00

J0012887
动物画法　（美）亚当斯,（法）辛格著; 倪洪泉,
王忆贫编译

南宁 广西美术出版社 1991 年 152 页
26cm（16 开） 精装 ISBN: 7-80582-119-4
定价: CNY10.00

J0012888
动物画法　（美）亚当斯,（法）辛格著; 倪洪泉,
王忆贫编译
南宁 广西美术出版社 1991 年 152 页
26cm（16 开） ISBN: 7-80582-118-6
定价: CNY7.70

J0012889
动物画法　（美）亚当斯(Adams, Norman),（美）
辛格(Singer, Joe)著; 史顺金译
杭州 浙江人民美术出版社 1993 年 156 页
有图 26cm（16 开） ISBN: 7-5340-0339-3
定价: CNY10.00

J0012890
动物形象参考百图　阎金良编绘
济南 山东美术出版社 1988 年 88 页 19cm（32 开）
ISBN: 7-5330-0135-4 定价: CNY1.50

J0012891
儿童简笔画　（合订本）史绍纶编著
沈阳 辽宁教育出版社 1988 年 346 页 13×19cm
ISBN: 7-5382-0492-X 定价: CNY2.50
（青少年课外兴趣丛书）

J0012892
儿童简笔画　史绍纶编著
沈阳 辽宁教育出版社 1991 年 220 页
26cm（16 开） 精装 ISBN: 7-5382-0208-0
定价: CNY6.00
（青少年课外兴趣丛书）

J0012893
儿童简笔画　（合订本）史绍纶编著
沈阳 辽宁教育出版社 1991 年 346 页
19cm（小 32 开） 精装 ISBN: 7-5382-0492-X
定价: CNY5.00
（青少年课外兴趣丛书）

J0012894
钢笔淡彩画技法　周君言著

桂林 漓江出版社 1988年 141页 18cm(小32开)
ISBN：7-5407-0319-9 定价：CNY5.60

J0012895
钢笔风景速写技法　罗克中著
桂林 广西师范大学出版社 1988年 68页
19cm（32开）ISBN：7-5633-0187-9
定价：CNY1.50

J0012896
钢笔画技法　梁蕴才，高祥生编
南京 南京工学院出版社 1988年 125页
19×21cm ISBN：7-81023-071-9 定价：CNY6.80
　　本书介绍钢笔画的一般技法及特殊技巧，包括钢笔画及工具、钢笔画的基础训练、静物及石膏花饰写生、室内静物画法、树的画法、建筑物的画法、人体的画法、装饰风格及特技及国内外优秀作品赏析。

J0012897
钢笔山水画技法　杨光华编绘
北京 轻工业出版社 1988年 125页 24×25cm
定价：CNY4.10

J0012898
高考素描头像范画集
石家庄 河北美术出版社 1988年 29页
26cm（16开）ISBN：7-5310-0062-8
定价：CNY2.50

J0012899
高考素描头像画法　秦岭著
济南 山东美术出版社 1988年 82页 有图版
19cm（32开）ISBN：7-5330-0088-9
定价：CNY1.46
（美术技法丛书）
　　作者秦岭（1931— ），中央美术学院壁画系副教授，中国美术家协会会员。

J0012900
顾生岳人像速写　顾生岳著
成都 四川美术出版社 1988年 82页 26cm（16开）
ISBN：7-5410-0136-8 定价：CNY4.20
　　作者顾生岳（1927—2012），画家。浙江普陀人。毕业于中央美术学院华东分院。历任浙

江美术学院中国画系主任、教授，浙江画院副院长、杭州市美协主席、浙江人物画研究会会长等职。著作有《顾生岳人物速写选》。

J0012901
欧内斯特·沃森铅笔写生教程　（美）沃森著；
冯波译
广州 岭南美术出版社 1988年 208页
26cm（16开）ISBN：7-5362-0047-1
定价：CNY11.50
　　本书是普拉学院的全套教程，包括《铅笔写生教程》3册：《房屋和街道》《树木和风景》《船只和港口》，以及基础透视刻本《写生透视》。这套教程对铅笔、画笔等工具材料的性能作了详尽而实际的论述，并对如何运用这些工具作了介绍。作者欧内斯特.W.沃森（1884—1969），美国画家、教师、出版家。曾任《美国画家》杂志编辑。

J0012902
铅笔画　游允常主编
北京 朝花美术出版社 1988年 有图 26cm（16开）
ISBN：7-5056-0008-7 定价：CNY1.45
（美术技法画库）

J0012903
趣味简笔画　丛义滋，刘冰宇编绘
沈阳 辽宁人民出版社 1988年 174页
26cm（16开）定价：CNY4.50

J0012904
人体、造型 ABC　沈北雁著
北京 北京体育学院出版社 1988年 130页
有图 26cm（16开）ISBN：7-81003-134-1
定价：CNY3.40

J0012905
人体素描法　[切帕迪]著
台南 综合出版社 1988年 159页 有图
20cm（32开）定价：TWD150.00

J0012906
石膏像素描　王杰编著
郑州 河南美术出版社 1988年 297页
26cm（16开）ISBN：7-5401-0038-9
定价：CNY12.50

作者王杰(1933—　　)，河北省群艺馆研究馆员、中国音乐家协会会员、河北音协常务理事、中国社会音乐研究会理事。

J0012907
素描　（石膏头像、胸像写生）少年儿童出版社美编室，上海市美术教育研究会编
上海　少年儿童出版社　1988年　5张　54cm（4开）
定价：CNY4.00
（未来画家技法系列丛书）

J0012908
素描　叶茂涵、李继祥编著
成都　四川教育出版社　1988年　89页　有附图
26cm（16开）　ISBN：7-5408-0591-9
定价：CNY2.05
　　作者叶茂涵(1939—　　)，四川隆昌人。毕业于西南师范学院美术系。成都师范学校教师、四川省艺术教育委员会委员、中国美术家协会四川分会会员、中国教育学会美术专业委员会会员、四川省教育学会理事。主编有《中师美术选修教程》《中师美术课外活动指导》等。

J0012909
素描、速写　（静物、几何体）少年儿童出版社美编室，上海市美术教育研究会编
上海　少年儿童出版社　1988年　6张　54cm（4开）
定价：CNY4.00
（未来画家技法系列丛书）

J0012910
素描、速写　（人物头像写生）少年儿童出版社美编室，上海市美术教育研究会编
上海　少年儿童出版社　1988年　6张　54cm（4开）
定价：CNY4.00
（未来画家技法系列丛书）

J0012911
素描基础教材　安纪芳编译
台北　武陵出版社　1988年　4版　169页　有图
21cm（32开）　定价：TWD100.00
（美术陶艺丛书　17）

J0012912
素描静物范画　周琳编著

成都　四川美术出版社　1988年　37cm（9开）
ISBN：7-5410-0115-5　定价：CNY6.60

J0012913
素描人像范画　张方震编著
成都　四川美术出版社　1988年　37cm（9开）
ISBN：7-5410-0118-X　定价：CNY7.80

J0012914
素描石膏像范画　周琳编著
成都　四川美术出版社　1988年　37cm（8开）
ISBN：7-5410-0116-3　定价：CNY6.60

J0012915
素描写生入门　群力编著
石家庄　河北美术出版社　1988年　47页　有图
18cm（32开）　ISBN：7-5310-0063-6
定价：CNY0.95

J0012916
素描要素　何波著
南宁　广西人民出版社　1988年　20cm（32开）
ISBN：7-219-000479-6　定价：CNY2.20
　　作者何波(1949—　　)，满族，高级美术师。笔名冰云。辽宁渤海湾人。曾就读于哈尔滨文学院。哈尔滨云野艺院院长，中国美协、书协会员、理事。

J0012917
素描要素　何波著
南宁　广西美术出版社　1991年　有附图例
20cm（32开）　ISBN：7-80582-113-5
定价：CNY2.80

J0012918
速写　鲁迅美术学院函授部主编；许勇编绘；白素兰整理
沈阳　沈阳出版社　1988年　110页　26cm（16开）
ISBN：7-80556-217-2　定价：CNY5.20
　　作者许勇(1933—　　)，画家。别名许涌。生于山东青岛。毕业于东北美专并留校任教。历任鲁迅美术学院教授、研究生导师，中国美术家协会会员、中国连环画研究会常务理事、中国当代工笔画学会理事、雪庐画会副会长。代表作品有《金田起义》《郑成功收复台湾》《戚继光平倭

图》等，出版有《许勇画马》。

J0012919

用○△□画儿童动物园　（日）上口陆人原著；宋建华，孙丽华编译

长春 吉林大学出版社 1988 年 47 页 19×26cm
ISBN：7-5601-0180-1 定价：CNY2.60
（奇趣的画本：圆角方筒笔画丛书 1）

J0012920

用○△□画水下世界　（日）上口陆人原著；宋建华，孙丽华编译

长春 吉林大学出版社 1988 年 47 页 19×26cm
ISBN：7-5601-0182-X 定价：CNY2.60
（奇趣的画本 圆角方筒笔画丛书 2）

J0012921

用○△□绘制明信片　（日）上口陆人原著；宋建华，孙丽华编译

长春 吉林大学出版社 1988 年 47 页 19×26cm
ISBN：7-5601-0185-2 定价：CNY2.60
（奇趣的画本 圆角方筒笔画丛书 6）

J0012922

用○△□描绘鸟的天堂　（日）上口陆人原著；宋建华，孙丽华编译

长春 吉林大学出版社 1988 年 47 页 18×26cm
ISBN：7-5601-0182-8 定价：CNY2.60
（圆角方筒笔画丛书 3）

J0012923

用○△□拼成有趣的谜语游戏　（日）上口陆人原著；宋建华，孙丽华编译

长春 吉林大学出版社 1988 年 47 页 19×26cm
ISBN：7-5601-0184-4 定价：CNY2.60
（奇趣的画本 圆角方筒笔画丛书 5）

J0012924

用○△□组合现代化交通工具　（日）上口陆人原著；宋建华，孙丽华编译

长春 吉林大学出版社 1988 年 47 页 19×27cm
ISBN：7-5601-0183-6 定价：CNY2.60
（奇趣的画本 圆角方筒笔画丛书 4）

J0012925

儿童绘画基础入门　杨勇编著
沈阳 辽宁少年儿童出版社 1989 年 44 页
有图 26cm（16 开） ISBN：7-5315-0480-4
定价：CNY1.40

　　本书从最简单的基本图形入门，然后学习绘制儿童喜爱的小动物，并对其进行分析、组合训练，从而掌握绘画技巧。

J0012926

画好素描的关键　高宗英著
济南 山东美术出版社 1989 年 99 页 有图
19cm（32 开） ISBN：7-5330-0208-3
定价：CNY2.65

　　作者高宗英（1932—　），教授。出生于北京。中央美术学院油画系和壁画系教授、中国美协会员。著有《谈绘画构图》《画好素描的关键》《世界名家素描》《世界大师素描技法》等。

J0012927

画好素描的关键　高宗英著
济南 山东美术出版社 1992 年 新 1 版 修订本
122 页 有照片 19cm（小 32 开）
ISBN：7-5330-0208-3 定价：CNY2.85

　　作者高宗英（1932—　），中央美术学院油画系和壁画系，教授，中国美协会员。

J0012928

画好素描的关键　高宗英著
济南 山东美术出版社 1992 年 2 版 修订本
122 页 有照片 19cm（小 32 开）
ISBN：7-5330-0208-3 定价：CNY2.85

　　作者高宗英（1932—　），中央美术学院油画系和壁画系，教授、中国美协会员。

J0012929

画家之路　（素描、速写）柴海利著
南京 江苏美术出版社 1989 年 108 页
26cm（16 开） ISBN：7-5344-0095-3
定价：CNY5.20
（中级美术自学辅导丛书）

J0012930

画人像　（日）木村秀治，田中丰美著
台北 艺术图书公司 1989 年 171 页 有图

27cm（16 开）定价：TWD150.00
（素描新技 7）

J0012931J0012936

康勃夫素描集　刘天呈编著；许震民译
天津　天津人民美术出版社 1989 年 93 页
26cm（16 开）精装 ISBN：7-5305-0167-4
定价：CNY11.00

　　本画册收入德国著名画家康勃夫的 99 幅
素描速写和 2 篇专论文章。作者刘天呈（1936—
2017），油画家、学者、美术教育家。河北顺平人。
毕业于浙江美术学院油画系。解放军艺术学院
美术系教授、中国美术家协会会员。

J0012932

毛笔速写与技法　吴山明著
天津　天津人民美术出版社 1989 年 66 页
26cm（16 开）ISBN：7-5305-0178-X
定价：CNY8.60

　　作者吴山明（1941—　），画家。生于浙江浦
江县。毕业于中国美术学院中国画系人物专业。
历任中国美术学院学术委员会委员，中国画系教
授、博士生导师，造型艺术学部主任。代表作品
有《意笔人物画选》等，著作有《吴山明意笔人物
线描集》《吴山明画集》等。

J0012933

铅笔画技法　（日）山本正英著；粒子译
北京　北京工艺美术出版社 1989 年 128 页
有图版 26cm（16 开）ISBN：7-80526-023-0
定价：CNY10.00
（自学成画家译丛）

J0012934

人体线条素描　吴宪生绘著
台北　艺术图书公司 1989 年 78 页 有图
30cm（15 开）定价：TWD180.00
（大陆美术 1）

　　作者吴宪生（1954—　），画家。安徽宁国人。
就读于中国美术学院，后留校任教。历任中国
美术学院成教学院院长，中国画系硕士导师、教
授、中国美术家协会会员、浙江省美术家协会理
事、浙江画院特聘画家。代表作品《思》《水墨人
物画》，著作有《人体线条素描》《吴宪生水墨人
体画选》《素描教学新论》。

J0012935

少年绘画初步　马瑞增编
郑州　海燕出版社 1989 年 36 页 17cm（32 开）
ISBN：7-5350-0425-3 定价：CNY0.75

　　本书由介绍绘画工具开始，继而介绍简单的
几何形体、结构复杂的静物组合体，作画步骤，
透视画法，明暗表现方法。

J0012936

素描　颜铁良编著
北京　高等教育出版社 1989 年 136 页 有图
26cm（16 开）ISBN：7-04-002412-8
定价：CNY3.40

　　素描的学习方法、训练方法、理论知识及素
描技法等。

J0012937

素描基础指南　（一 几何形体、静物、石膏头
像、人物头像）李雄等编译
石家庄　河北美术出版社 1989 年 72 页
26cm（16 开）ISBN：7-5310-0229-9
定价：CNY5.90

J0012938

素描技法初步　王伀编著
上海　上海人民美术出版社 1989 年 114 页
19cm（32 开）ISBN：7-5322-0383-2
定价：CNY2.90
（初级美术技法丛书）

　　本书内容包括：素描的工具使用及注意事
项、素描写生的基础技法、素描写生。书后附有
素描作品和步骤图 83 幅。

J0012939

素描技法论要　丁中一编著
郑州　河南美术出版社 1989 年 112 页
26cm（16 开）ISBN：7-5401-0056-7
定价：CNY4.50

　　作者丁中一（1937—　），国画家。上海人。
毕业于中国美术学院中国画系。历任河南艺术
学院美术系硕士生导师、中国美院成人教育分院
特聘教授、河南中国人物画艺委会顾问、河南中
国山水画艺委会顾问、中国美术家协会会员。代
表作品《八大山人》《素描技法论系》《丁中一西
部写生画集》等。

J0012940

素描教学范画　梁器奇等画
长沙　湖南美术出版社 1989 年 7 张 53cm（4 开）
袋装 定价：CNY2.60

J0012941

素描起步　钮敏等编绘
杭州　浙江少年儿童出版社 1989 年 32 页
26cm（16 开）ISBN：7-5342-0338-4
本书以图文并茂的形式介绍了初步学习素描的方法与步骤。

J0012942

素描知识与技法　颜铁良编著
天津　天津人民美术出版社 1989 年 143 页
有肖像 26cm（16 开）ISBN：7-5305-0101-1
定价：CNY16.00

J0012943

速写与教学笔记　赵奇著绘
沈阳　辽宁美术出版社 1989 年 157 页
26cm（16 开）定价：CNY11.64
（美术高考辅导）
赵奇（1954—　），沈阳鲁迅美术学院教授、中国画系副主任、中国美术家协会理事、辽宁省中国画研究会副会长。

J0012944

炭笔画技法　日本武藏野美术大学造型学院油画系研究室编；白鸽译
北京　北京工艺美术出版社 1989 年 128 页
26cm（16 开）ISBN：7-80526-021-4
定价：CNY8.00
（自学成画家译丛）
本书介绍了炭笔画一般基础规律与具体技法。

J0012945

现代素描技法　（日）安达博文著；白鸽译
北京　北京工艺美术出版社 1989 年 128 页
26cm（16 开）ISBN：7-80526-022-2
定价：CNY10.00
（自学成画家译丛）

J0012946

用右脑画素描　（美）贝蒂·爱德华兹著；沈慧伟译
长沙　湖南美术出版社 1989 年 108 页 有图
26cm（16 开）ISBN：7-5356-0325-4
定价：CNY8.25
本书运用思维科学研究中左右脑分工的原理，较为系统地阐明了素描方法的内在规律，从线、形状、透视、比例、光和影等各不同角度做了研究和分析。附有图例及可供借鉴的练习方法。

J0012947

儿童简笔画　刘道颖编文；马海东编图
上海　三联书店上海分店 1990 年 128 页 有图
19×26cm ISBN：7-5426-0266-7 定价：CNY2.20

J0012948

儿童简笔画教程　毛小榆编著
上海　上海科技教育出版社 1990 年 46 页
19cm（小 32 开）定价：CNY0.78

J0012949

简笔画 1000 幅　（美）赖特著；潘传发，付秀英译
郑州　海燕出版社 1990 年 125 页 26cm（16 开）
ISBN：7-5350-0563-2 定价：CNY4.20

J0012950

简笔画 2000 例　陈如义编绘
南宁　广西民族出版社 1990 年 140 页
21cm（32 开）定价：CNY2.40
作者陈如义（1953—　），教师。自号老鸦冲人。毕业于广西艺术学院。广西琴鸟股份有限公司广告科科长、中国美术家协会、广西分会会员。代表作品有《台湾相思树》《森林狂想曲》等。

J0012951

简笔画画法　魏齐华编绘
西安　未来出版社 1990 年 120 页 有图
19×26cm ISBN：7-5417-0286-2 定价：CNY3.90
本书介绍了人物、动物、花卉、蔬菜瓜果、鸟禽和风景树木等几类大自然中常见物象的表现手法，如直线画法、连线画法、几何形画法、凹形画法等。附有丰富多彩的图例。

J0012952

论绘画速写　赵瑞椿著

广州 岭南美术出版社 1990年 61页 26cm（16开）
ISBN：7-5362-0441-8 定价：CNY6.80

　　作者赵瑞椿（1935— ），画家。浙江温州人。毕业于中央美术学院。中国版画家协会会员、中国美术家协会会员。出版有《木刻技法》《网版技法》《论绘画速写》《素描基础训练的步骤与方法》。

J0012953

论绘画速写　赵瑞椿著

广州 岭南美术出版社 1991年 2版（增订本）
93页 26cm（16开）ISBN：7-5362-0441-8
定价：CNY7.90

J0012954

美国当代素描教学　（素描的潜在要素）（美）
穆格奈尼著；钟蜀珩译

北京 工人出版社 1990年 219页 有插图
26cm（16开）ISBN：7-5008-0518-7
定价：CNY15.50

　　素描教学是美术教育中的一门最重要的基础课程。本书展现了美国当代较完整的素描教学体系，并附有大量的图例与人体形态照片，内容丰富具体，对于美术院校的学生、美术爱好者及专业艺术家来说，是一部有新意思想、有实用价值的美术教科书。作者钟蜀珩（1946— ），女，满族，教授、画家。辽宁人。毕业于中央工艺美术学院装潢系。历任昆明师范学院教师、清华大学美术学院教授、中国美术家协会会员。作品有《西北印象》《傣家女》等，译著有《素描的潜在要素》等。

J0012955

女人体素描画法　席帕德著；吕安未，杜义盛译

西安 陕西人民美术出版社 1990年 159页
26cm（16开）ISBN：7-5368-0191-2
定价：CNY8.95

　　作者杜义盛（1931— ），西安美院任教。

J0012956

女体素描　吴宪生绘著

台北 艺术图书公司 1990年 119页 有插画

30cm（10开）ISBN：957-9045-01-1
定价：TWD250.00
（大陆美术 3）

　　作者吴宪生（1954— ），画家。安徽宁国人。就读于中国美术学院，后留校任教。历任中国美术学院成教学院院长、中国画系硕士导师、教授，中国美术家协会会员、浙江省美术家协会理事、浙江画院特聘画家。代表作品《思》《水墨人物画》，著作有《人体线条素描》《吴宪生水墨人体画选》《素描教学新论》。

J0012957

趣味一笔画　韩之武等编绘

沈阳 辽宁少年儿童出版社 1990年 64页
有图 19×26cm ISBN：7-5315-0704-8
定价：CNY1.50

J0012958

人体律动的记忆　（单线条人体动作简笔画）
韩桂兰著

北京 中国舞蹈出版社 1990年 143页
19cm（32开）ISBN：7-80075-013-2
定价：CNY3.30

J0012959

人体速写技法　（日）西丸式人著；李柏青译
南宁 广西美术出版社 1990年 92页 有图
19cm（32开）ISBN：7-80582-038-4
定价：CNY4.40

J0012960

人物头像素描　（美）霍格思著；黄启后译
上海 上海人民美术出版社 1990年 149页
有图 19cm（32开）ISBN：7-5322-0629-9
定价：CNY3.80

　　本书1965年初出版于纽约，至1977年共再版9次，在欧美各国的艺术领域里是一本很有价值，很有特色的畅销书。书中配有300多幅精美的插图。

J0012961

实用速写技法　董显仁，纪丽编著
香港 万里书店 1990年 212页 有图 21cm（32开）
ISBN：962-14-0416-9 定价：HKD40.00
（新美术丛书 16）

外文书名：Practical Sketch Techniques.

J0012962
苏联列宾美术学院素描教程　（苏）贝洛乌索
夫等著；曹春生译
北京　中国文联出版公司　1990 年　101 页　有图
26cm（16 开）　ISBN：7-5059-1262-3
定价：CNY8.00

J0012963
素描　刘泮峒编
开封　河南大学出版社　1990 年　43 页　26cm（16 开）
ISBN：7-81018-564-0　定价：CNY5.50
（美术基础丛书）

J0012964
素描、色彩入门　蔡亮，费义复编
杭州　浙江人民美术出版社　1990 年　重印本　65 页
有图　20cm（32 开）　ISBN：7-5340-0234-6
定价：CNY1.50
（美术基础知识丛书）
　　本书分素描、色彩两部分。素描部分叙述
写生和素描的方法步骤、打轮廓的要点、明暗的
基本规律及写生步骤等；色彩部分包括色彩的运
用、来源，色彩与光，色彩学中的几个名词概念，
色调、对比与调和，冷端，强弱的变化规律以及
色彩的运用等内容。附有 20 多幅图例。

J0012965
素描、色彩入门　蔡亮，费义复编
杭州　浙江人民美术出版社　1990 年　重印本　65 页
有图　20cm（32 开）　ISBN：7-5340-0028-9
定价：CNY1.20
（美术基础知识丛书）

J0012966
素描大要　孙文超著
沈阳　辽宁美术出版社　1990 年　158 页　有图
26cm（16 开）　ISBN：7-5314-0238-6
定价：CNY19.50
　　本书简述素描技法要素、素描技法步骤，以
及各步骤过程中可能出现的问题、毛病，应如何
去认识和正确处理，并对素描习作详细分析论
述。同时，选辑了部分国内外优秀素描作品进行
评价赏析。

J0012967
素描基础步骤范图　（石膏像）刘建国等绘
天津　天津杨柳青画社　1990 年　19 张　38cm（14 开）
定价：CNY5.30

J0012968
素描基础步骤范图　（石膏像）刘建国等绘
天津　天津杨柳青画社　1996 年　重印本　11 张
38cm（6 开）　散页袋装　ISBN：7-80503-122-3
定价：CNY8.40

J0012969
素描基础步骤范图　（石膏像）刘建国等绘
天津　天津杨柳青画社　1999 年　1 袋　38cm（8 开）
袋装　ISBN：7-80503-122-3　定价：CNY10.00

J0012970
素描基础技法教程　罗镜泉编著
广州　广东高等教育出版社　1990 年　94 页
有图　26cm（16 开）　ISBN：7-5361-0481-2
定价：CNY9.00
　　作者罗镜泉（1937—　　），教授。生于广东兴
宁。毕业于湖北艺术学院美术系。河南大学美
术系教师、中国美术家协会会员、华南师范大学
美术学院教授。代表作品有《妇女队长》《金色
洪湖》《夜深人未静》《老人》等。

J0012971
素描教学　张会元编著
南昌　江西美术出版社　1990 年　144 页
26cm（16 开）　ISBN：7-80580-032-4
定价：CNY8.85
　　本书包括：素描的基本概念、素描艺术发展
概况、素描的教与学、素描的基本规律、素描的
技法、石膏模型的静物写生、人物写生、速写。

J0012972
素描教学　张会元编著
南昌　江西美术出版社　1996 年　重印本　144 页
26cm（16 开）　ISBN：7-80580-339-0
定价：CNY15.00

J0012973
素描教学随录　傅乃琳编著
天津　天津人民美术出版社　1990 年　90 页

有照片及图 26cm（16 开）ISBN：7-5305-0138-0
定价：CNY15.00

本书是作者在素描教学中总结出的关于素描的理论及技法。作者傅乃琳（1923—1997），女，油画家、教育家。黑龙江双城人。毕业于中央美术学院油画系。中国美术家协会会员、天津分会会员。代表作品有《报春》《心潮》等。

J0012974

素描训练　孙敬等编写
天津 天津人民美术出版社 1990 年 65 页
有图 26cm（16 开）ISBN：7-5305-0067-8
定价：CNY7.80
（美术技法系列丛书）

J0012975

素描训练　孙敬等编写
天津 天津人民美术出版社 1998 年 2 版 65 页
有图 26cm（16 开）ISBN：7-5305-0067-8
定价：CNY9.50
（美术技法系列丛书）

J0012976

速写基础训练　杜滋龄，孙建平编著
天津 天津人民美术出版社 1990 年 146 页
26cm（16 开）ISBN：7-5305-0216-6
定价：CNY9.20

本书系统介绍速写的概念和功能，速写的工具材料和技法特点及速写的表现形式等，并阐述了人像速写、人体速写、着衣人物动态速写、景物速写、场面速写、动物速写的训练方法和步骤。作者杜滋龄（1941—　），教授。生于天津。毕业于中国美术学院中国画系研究生班。历任中国画学会副会长、中国艺术研究院博士生导师、南开大学教授、天津美术家协会副主席。代表作品《帕米尔初雪》《古老的歌》《大漠行》等。作者孙建平（1948—　），画家。天津人，毕业于天津美术学院油画专业。曾任天津美术学院绘画系油画教研室主任，中国美术家协会会员。作品有《韦启美先生》《剧终》《同仇敌忾》《高原秋》等。

J0012977

头像素描　吴宪生绘著
台北 艺术图书公司 1990 年 102 页 有插画
30cm（16 开）ISBN：957-9045-02-4
定价：TWD180.00
（大陆美术 2）

作者吴宪生（1954—　），画家。安徽宁国人。就读于中国美术学院，后留校任教。历任中国美术学院成教学院院长，中国画系硕士导师、教授，中国美术家协会会员、浙江省美术家协会理事、浙江画院特聘画家。代表作品《思》《水墨人物画》，著作有《人体线条素描》《吴宪生水墨人体画选》《素描教学新论》。

J0012978

头像素描指南　福建美术出版社编
福州 福建美术出版社 1990 年 24 页 33cm（10 开）
ISBN：7-5393-0097-3 定价：CNY3.20

J0012979

涂抹成才　（怎样教孩子学简笔画）刘勇立编绘
北京 国际文化出版公司 1990 年 63 页
17×19cm ISBN：7-80049-537-X 定价：CNY2.00

作者刘勇立，高级讲师，北京美术教育学会美术教育研究会理事。

J0012980

现代人体素描新概念　（德）拉依内斯原著；张世范，董世春编译
天津 天津人民美术出版社 1990 年 177 页
有图 26cm（16 开）ISBN：7-5305-0222-0
定价：CNY17.00

作者张世范（1936—2012），教授。河北冀州人。毕业于天津美术学院。曾任天津美术学院院长、教授。代表作品有《罗马尼亚艺术家——科·巴巴》《素描人体新概念》。

J0012981

现代素描技法　（美）珀塞（Purser, S.）著；杨志达，杨岸青译
长沙 湖南美术出版社 1990 年 207 页 有图
26cm（16 开）ISBN：7-5356-0395-5
定价：CNY9.50

本书着重介绍了同现代绘画密切相关的运用现代手法造型的现代素描技法，讨论了学生在自学中须注意的问题，并为此制定了切实可行的准则，为自学者设计了具体的学习计划和课程表。本书选用图例216幅。外文书名：The

Drawing Handbook–approaches.

J0012982
怎样画体育速写　冯向杰著
北京　人民体育出版社　1990年　86页　有图
19cm（32开）ISBN：7-5009-0436-3
定价：CNY1.45
　　作者冯向杰（1941— ），画家、国家一级美
术师。自号桑泉道人。山西临猗人。北京新体
育杂志社副编审、中国美术家协会会员、中国体
育美术促进会常务理事。代表作品有《相扑为戏》
《黄水谣》《盘古开天》等。

J0012983
初学素描画教室　陈德宜编译
台南　信宏出版社　1991年　190页　有图
21cm（32开）定价：TWD120.00
（美术 67）
　　外文书名：How to Draw What You See.

J0012984
初学素描画教室　陈德宜编译
台南　信宏出版社　1995年　190页　21cm（32开）
ISBN：957-538-210-2　定价：TWD170.00

J0012985
儿童简笔画续集　史绍纶编著
沈阳　辽宁教育出版社　1991年　154页
26cm（16开）精装　ISBN：7-5382-0419-9
定价：CNY5.00
（青少年课外兴趣丛书）

J0012986
风景速写技法　王兴来编绘
北京　中国轻工业出版社　1991年　178页
19×26cm ISBN：7-5019-1085-5　定价：CNY8.80
（满学研究系列丛书）
　　本书通过大量的图例和详细的讲解，展示了
运用铅笔、炭笔、炭精条及钢笔等工具，画风景
速写的基本技法。作者王兴来（1946— ），北京
人。北京电影学院美术编辑。

J0012987
风景速写技法　王兴来著绘
北京　中国轻工业出版社　1995年　修订本　132页

19×26cm ISBN：7-5019-1779-5　定价：CNY25.00

J0012988
国外钢笔画技法　（建筑 配景）柴海利，高祥
生编著
南京　江苏美术出版社　1991年　118页
26cm（16开）ISBN：7-5344-0220-4
定价：CNY6.90
　　本书精选了美、英、法、日、苏等国建筑画
家和建筑大师的钢笔画精品作为范例，用简明的
文字介绍了国外建筑钢笔画的基本知识和自我
训练方法。

J0012989
画菊技法资料　曹烨编绘
上海　上海书画出版社　1991年　120页　有图
19cm（小32开）ISBN：7-80512-501-5
定价：CNY2.60
（大世界画库 实用美术编）
　　本书通过菊花的不同品种、不同视角，介绍
了常见菊花的形态和设色方法。

J0012990
基础铅笔画　（日）木村秀治等著
台北　艺术图书公司　1991年　123页　有图
26cm（16开）ISBN：957-9045-53-4
定价：TWD180.00
（素描新技 8）

J0012991
简笔画谱　刘文谦编绘
石家庄　河北美术出版社　1991年　45页　19×26cm
ISBN：7-5310-0426-7　定价：CNY3.90

J0012992
脸部铅笔素描画　江静山译
台南　信宏出版社　1991年　171页　有图　照片
21cm（32开）ISBN：957-538-117-3
定价：TWD110.00
（美术 1）

J0012993
裸女人体速写技法　日本视觉艺术设计研究
所编
合肥　安徽美术出版社　1991年　26cm（16开）

ISBN：7-5398-0228-6 定价：CNY28.00

J0012994
美术院校考生素描训练　李宁编著
成都 四川美术出版社 1991年 95页 26cm（16开）
ISBN：7-5410-0622-X 定价：CNY9.50

J0012995
铅笔画基础训练　秋枫，朱明编著
天津 天津杨柳青画社 1991年 116页 17×18cm
ISBN：7-80503-141-X 定价：CNY4.50

J0012996
趣味简笔画　沈小旺等编绘
上海 同济大学出版社 1991年 129页 17×19cm
ISBN：7-5608-0688-0 定价：CNY2.95
（未来建筑师丛书）

J0012997
人物画速写　姚治华著
海口 海南摄影美术出版社 1991年 69页
26cm（16开） ISBN：7-80571-111-9
定价：CNY9.00
（中央美术学院中国画系国画教材 3）

　　本书包括国画人物、山水、花鸟3部分，较为系统地介绍了传统技法、写生技法和创作方法。作者姚治华（1932— ），画家、教授。湖北孝感人。毕业于中央美术学院中国画系。中央美术学院中国画系教授、中国美术家协会会员、中国美术艺术家协会主席、中华英才艺术研究院院长。出版有《人民艺术家——走进中国当代艺坛巨匠·姚治华》。

J0012998
人物画速写　姚治华著
北京 学苑出版社 1994年 重印本 69页
26cm（16开） ISBN：7-5077-0638-9
定价：CNY15.80
（中央美术学院中国画系国画教材 3）

J0012999
色彩写生技法研究　张义春著绘
石家庄 河北美术出版社 1991年 39页
有彩图 26cm（16开） ISBN：7-5310-0402-X
定价：CNY9.00

　　本书谈及色彩写生的基础、色彩写生的构图、分定受光与背光、初具空间感、色彩的感觉与方法、光源色、固有色、环境色等二十个问题。图版有色彩静物写生作画步骤图和水粉画、油画、水粉画、静物、风景、人物写生范画33幅。作者张义春（1938— ），河北唐山市人。毕业于天津美术学院师范系油画专业。邯郸市群众艺术馆美术馆员、邯郸日报社美术编辑，河北师大美术系油画教研室副教授、副主任。出版有《色彩写生技法研究》《儿童美术大全——色彩画》等。

J0013000
少儿美术世界　（素描）刘志强主编；刘凤琪等著
天津 天津杨柳青画社 1991年 49页 26cm（16开）
ISBN：7-80503-130-4 定价：CNY3.80

J0013001
少年素描入门　吴运鸿著
北京 知识出版社 1991年 98页 26cm（16开）
ISBN：7-5015-0381-8 定价：CNY3.00

　　作者吴运鸿（1954— ），艺术家。创作以中国画的山水画为主。生于北京，祖籍山东蓬莱。笔名"鲁人"。中央美术学院中国画专业研究生班毕业。中国外文出版社美术副审、北京轻工业技术学院美术特聘教授、民建北京市委文化委员会委员。出版专著《少年美术入门系列》《吴运鸿画集》，主编大型艺术丛书《世界美术馆巡览》，与台湾合作出版《西洋美术辞典》一书，国画作品《松山月色图》《春月图》《京剧印象》等。

J0013002
少年素描入门　吴运鸿编著
北京 新华出版社 1996年 109页 26cm（16开）
ISBN：7-5011-3281-X 定价：CNY11.80
（少年美术入门系列）

J0013003
石膏像素描指南
福州 福建美术出版社 1991年 有图 34cm（12开）
ISBN：7-5393-0135-X 定价：CNY3.20

J0013004
素描教材　曾日文等编著

石家庄 河北美术出版社 1991年 86页 有图版
26cm(16开) ISBN:7-5310-0380-5
定价:CNY6.90

J0013005
素描人体范画　刘扬编著
成都 四川美术出版社 1991年 34页 37cm(8开)
ISBN:7-5410-0652-1 定价:CNY9.00

J0013006
素描炭精画技法　曾升玉著
成都 四川民族出版社 1991年 159页 有插图
19cm(小32开) ISBN:7-5409-0779-7
定价:CNY8.90

J0013007
素描炭精画技法　曾升玉著
成都 四川民族出版社 1992年 159页
19cm(小32开) ISBN:7-5409-0779-7
定价:CNY8.90
　　本书是中国美术素描炭精画绘画技法。

J0013008
速写与构图指南　朱宇南等著
福州 福建美术出版社 1991年 24页 34cm(12开)
ISBN:7-5393-0148-1 定价:CNY3.20
　　作者朱宇南(1942—),画家。福建莆田人。
福建师范大学国画教研室副教授。出版有《速写
与构图指南》《线描人物画指南》。

J0013009
新编简笔画　丁厚祥,张文辉编绘
南京 南京出版社 1991年 105页 19×26cm
ISBN:7-80560-442-8 定价:CNY2.85

J0013010
新论素描教学　吴宪生著
合肥 安徽美术出版社 1991年 247页 有图
26cm(16开) ISBN:7-5398-0219-7
定价:CNY13.50
　　本书分:素描的核心-造型、素描的艺术
语言、素描的技法与材料等7章。作者吴宪生
(1954—),画家。安徽宁国人。就读于中国美
术学院,后留校任教。历任中国美术学院成教学
院院长、中国画系硕士导师、教授、中国美术家

协会会员、浙江省美术家协会理事、浙江画院特
聘画家。代表作品《思》《水墨人物画》,著作有
《人体线条素描》《吴宪生水墨人体画选》《素描
教学新论》。

J0013011
新素描　(美)爱德华(Edwards,B.)著;何工译
成都 四川美术出版社 1991年 164页 有附图
20cm(32开) ISBN:7-5410-0468-5
定价:CNY4.40
　　外文书名:Drawing on the Artist Within. 作
者何工(1955—),西南师范大学美术系讲师。

J0013012
最新人体线描引导　柴万里著
南宁 广西民族出版社 1991年 80页
18cm(小32开) ISBN:7-5363-1496-5
定价:CNY6.50
(现代实用美术丛书)
　　作者柴万里(1954—),苗族,教授,画家。
生于广西南宁。毕业于广西艺术学院美术系。
历任广西艺术学院设计学院院长、教授、硕士研
究生导师,兼任新岭南书画研究院院长、广西美
术家协会副主席、广西民族书画院副院长。编著
有《最新人体线描引导》《仕女白描画谱》《山水
白描画谱》《黑白画》等。

J0013013
最新人体装饰画引导　黄箐绘
南宁 广西民族出版社 1991年 73页
18cm(小32开) ISBN:7-5363-1498-1
定价:CNY6.50
(现代实用美术丛书)

J0013014
安格尔　(画集)(法)安格尔绘;王文彬编
北京 中国文联出版公司 1992年 32页
26cm(16开) ISBN:7-5059-1628-9
定价:CNY4.40
(世界大师素描技法 第一辑)
　　本书汇编安格尔素描精品40幅,以肖像素
描为主,并包括人体习作及为油画创作准备的习
作。作者安格尔(Jean Auguste-Dominique Ingres,
1780—1867),法国画家。古典主义画派最后的
代表人物。皇家美术院院士,曾任美术学院教授、

副院长、院长。对艺术和美学的基本学说和思想主要集中在其日记形式的《安格尔笔记》中。主要作品有《路易十三的宣誓》《泉》《土耳其》等。编者王文彬(1928—2001)，教授、画家。字弋人。山东青岛人。中央美术学院油画系。中央美术学院教授、中国美协壁画艺术委员会委员。著有《油画自修》《壁画绘制工艺》《安格尔》《米勒》《王文彬画集》等。

J0013015

保罗·加利铅笔画技巧　（美）加利绘
广州　岭南美术出版社　1992 年　重印本　156 页
有照片　26cm（16 开）　ISBN：7-5362-0021-8
定价：CNY7.20

　　本书介绍了铅笔画的发展史，名家技巧方法，素材的收集和组织，构图设计、用笔，主题、景物及特殊局部的处理和修改以致最后完成的创作过程。作者保罗·加利，美国铅笔画家。

J0013016

彩色铅笔绘法　美工图书社编
台北　邯郸出版社　1992 年　110 页　有图
26cm（16 开）　定价：TWD350.00

J0013017

彩色速写要领　（美）奥列佛著；杨径青译
南宁　广西美术出版社　1992 年　104 页
19cm（32 开）　ISBN：7-80582-301-4
定价：CNY9.80
（域外画技丛书）

　　本书据范·诺斯特朗·来因霍德公司 1983 版译出。作者罗伯特·奥列佛，美国亚利桑那州州立大学建筑学教授、职业画家。

J0013018

从素描走向设计　王中义，许江著
杭州　浙江美术学院出版社　1992 年　243 页
21cm（32 开）　ISBN：7-81019-093-8
定价：CNY19.50

　　本书内容包括准确描绘的能力训练、结构分析的能力训练、明暗表现的能力训练和构想的能力训练等 4 部分。作者王中义(1952—   )，浙江美术学院工艺系教师、兼浙江水粉画研究学会副秘书长。作者许江(1955—   )，中国美术学院油画系副主任、副教授。福建人。

J0013019

儿童简笔画　吴翘璇，王向阳编绘
南昌　21 世纪出版社　1992 年　187 页　17×18cm
ISBN：7-5391-0635-2　定价：CNY5.60

　　本书依据儿童心理，将绘画训练分成线的练习、几何图形简笔画学习、简单物品画练习、动物画和人物画学习、一笔画学习及组合画学习共 10 个学习阶段。

J0013020

风景简笔画　刘金成著绘
石家庄　河北美术出版社　1992 年　94 页　14×20cm
ISBN：7-5310-0501-8　定价：CNY2.80

　　作者刘金成(1947—   )，河北大名人。河北邯郸市幼儿师范学校美术讲师。

J0013021

钢笔素描　（美）包格曼著；罗永进等译
广州　岭南美术出版社　1992 年　138 页
26cm（16 开）　ISBN：7-5362-0701-8
定价：CNY11.00

　　本书通过图例、练习、步骤示范，讲授钢笔画的一般技法。介绍了当今钢笔画的各种大胆尝试，特别是在运用各种工具和寻找、收集创作资料等关键问题上，提出了作者从艺创作的经验与观点。作者哈里·包格曼，美国密执安州底特律市人，插图画家、广告设计家。

J0013022

工具简笔画　刘金成著绘
石家庄　河北美术出版社　1992 年　94 页　14×20cm
ISBN：7-5310-0498-4　定价：CNY2.80
（儿童简笔画教程）

J0013023

画马技法　樊东杰著
南宁　广西美术出版社　1992 年　61 页　26cm（16 开）
ISBN：7-80582-286-7　定价：CNY5.20

J0013024

基础素描　渠岩，李亚非编
北京　中国人民大学出版社　1992 年　111 页
有图版　26cm（16 开）　ISBN：7-300-01483-6
定价：CNY12.50

　　外文书名：Basic Sketch.

J0013025

简笔画　添笔画　童真编绘
广州　新世纪出版社　1992年　36页　14×16cm
ISBN：7-5405-0619-9　定价：CNY1.50
　　本书是对幼儿进行的美术教育的画册。

J0013026

简笔画技法　王达行编著
南京　东南大学出版社　1992年　98页　有图
18×21cm ISBN：7-81023-592-3　定价：CNY6.00
　　本书收集了花草树木、动物、人物等简笔画
数百种，介绍了有关知识和学习方法。外文书名：
Techniques of Sketch.

J0013027

柯勒惠支　（画集）（德）柯勒惠支绘；马路编
北京 中国文联出版公司1992年 32页 26cm（16开）
ISBN：7-5059-1625-4　定价：CNY4.40
（世界大师素描技法　第一辑）
　　本书收柯勒惠支30余幅作品，并做了详细
的分析解说。作者马路（1958—　），中央美术学
院壁画系讲师，中国美术家协会会员。

J0013028

李毅元画选　（教学札记与作品）李毅元绘
长沙　湖南美术出版社　1992年　58页　有彩图
26cm（16开）　ISBN：7-5356-0532-X
定价：CNY37.50
　　本画选收入作者素描作品26幅，油画作品
25幅。作者李毅元（1937—　），教授。湖北荆
州人。毕业于中南美专和广州美术学院油画系。
历任湖南艺术学院美术系助教、湖南师大艺术系
讲师、广西师范大学美术系教授、中国美术家协
会会员、世界教科文卫组织专家成员。主编教材
《艺用人体解剖学》，出版有《李毅元画选——教
学札记与作品》《李毅元油画作品选》等。

J0013029

列宾　（画集）（俄）列宾绘；高宗英编
北京 中国文联出版公司 1992年 32页
26cm（16开）　ISBN：7-5059-1624-6
定价：CNY4.40
（世界大师素描技法　第一辑）
　　本书所选列宾的40余幅作品包括肖像素
描、速写及为创作准备的习作。作者高宗英

（1932—　），教授。出生于北京。中央美术学院
油画系和壁画系教授、中国美协会员。著有《谈
绘画构图》《画好素描的关键》《世界名家素描》
《世界大师素描技法》等。

J0013030

裸女与素描　日本视觉造型研究所编；适夫等
编译
南宁 广西美术出版社 1992年 132页
18cm（小32开）　ISBN：7-80582-526-2
定价：CNY21.80

J0013031

旅游地理素描　谭德隆编著
广州 广东高等教育出版社 1992年 134页
有图 19cm（小32开）　ISBN：7-5361-1011-1
定价：CNY6.80
　　本书主要内容包括旅游素描的透视常识、块
面分割、素描的表示方法、主要景物素描、旅游
地理风光素描等。

J0013032

马的速写技法　宫春虎著
天津　天津人民美术出版社　1992年　120页
26cm（16开）　ISBN：7-5305-0283-2
定价：CNY6.80
（美术技法系列丛书）

J0013033

米开朗基罗　（画集）（意）米开朗基罗绘；苏
高礼编
北京 中国文联出版公司 1992年 32页
26cm（16开）　ISBN：7-5059-1626-2
定价：CNY4.40
（世界大师素描技法　第一辑）
　　本书收米开朗基罗40幅素描代表作，并逐
图进行技法分析。编者苏高礼（1937—　），油画
家，美术教育家。山西平定县人。就读于中央美
术学院油画系，后毕业于列宾美术学院油画大师
梅尔尼科夫工作室。中国美术家协会会员、中央
美院教授。出版《苏高礼写生画集》《苏高礼素
描画集》《中国油画五十家——苏高礼》《素描教
学》等。

J0013034
米勒　（画集）（法）米勒绘；王文彬编
北京　中国文联出版公司　1992 年　32 页
26cm（16 开）　ISBN：7-5059-1627-0
定价：CNY4.40
（世界大师素描技法　第一辑）

　　本书分析了米勒的 40 余幅素描作品。编者
王文彬（1928—2001），教授、画家。字弋人。山
东青岛人。中央美术学院油画系。中央美术学
院教授、中国美协壁画艺术委员会委员。著有《油
画自修》《壁画绘制工艺》《安格尔》《米勒》《王
文彬画集》等。

J0013035
描绘技法　叶田园编著
永和　新形象出版事业公司　1992 年
191 页　26cm（16 开）　ISBN：957-8548-49-4
定价：TWD350.00
（美术技法丛书 6）

J0013036
欧内斯特·沃森铅笔写生教程　（美）沃森著；
冯波译
广州　岭南美术出版社　1992 年　重印本　208 页
26cm（16 开）　ISBN：7-5362-0047-1
定价：CNY12.00

　　本书是普拉学院的全套教程，包括《铅笔写
生教程》3 册：《房屋和街道》《树木和风景》《船
只和港口》，以及基础透视刻本《写生透视》。这
套教程对铅笔、画笔等工具材料的性能作了详尽
的论述，并对如何运用这些工具作了介绍。作者
欧内斯特·W·沃森（1884—1969），美国画家、教
师、出版家。曾任《美国画家》杂志编辑。

J0013037
启蒙简笔画新编　胡玉娴，段民廉编绘
武汉　湖北少年儿童出版社　1992 年　149 页
26cm（16 开）　ISBN：7-5353-1077-X
定价：CNY5.00

J0013038
铅笔画入门　李平农编译
台南　信宏出版社　1992 年　128 页　有图
21cm（32 开）　ISBN：957-538-166-1
定价：TWD100.00

（美术　20）

J0013039
人物简笔画　刘金成著绘
石家庄　河北美术出版社　1992 年　102 页　13×19cm
ISBN：7-5310-0499-2　定价：CNY3.00

　　作者刘金成（1947—　），河北大名人。河北
邯郸市幼儿师范学校美术讲师。

J0013040
石膏像素描大观　马文启，薄贯休编著
沈阳　辽宁美术出版社　1992 年　188 页　有图
26cm（16 开）　ISBN：7-5314-0957-7
定价：CNY12.00

　　本书内容包括：初学画者园地、石膏像素描
大观、石膏像雕刻名作简介。

J0013041
素描　（形体·解剖·明暗）冯健亲编著
南京　江苏美术出版社　1992 年　重印本　328 页
26cm（16 开）　ISBN：7-5344-0116-X
定价：CNY12.90

　　作者冯健亲（1939—　），画家。浙江海宁人。
毕业于南京艺术学院美术系油画专业。南京艺
术学院院长、南京艺术学院工艺系副教授。代表
作品《冯健亲作品集》《素描》等。

J0013042
素描　杨义辉等编著
西安　陕西人民美术出版社　1992 年　38 页+32 页
图版　36cm（15 开）　ISBN：7-5368-0309-5
定价：CNY5.50

　　作者杨义辉（1933—　），画家、美术教育
家。江苏南京人。毕业于同济大学。历任中国
建筑美术专业委员会副主任、中国水彩画家学会
理事、上海水彩画研究会副会长。作品有《静物》
《窥睛》《乌镇小街》等。主编教学用书《素描》。

J0013043
素描　赵胜利编著
长春　时代文艺出版社　1992 年　60 页
19cm（小 32 开）　ISBN：7-5387-0749-2
定价：CNY6.00
（美术教育丛书）

J0013044

素描画入门 （日）松井丰著；孙芳菲译

台南　信宏出版社　1992年　139页　有图

21cm（32开）　ISBN：957-538-043-6

定价：TWD100.00

（美术　41）

J0013045

素描画入门 （简易素描绘画技巧）（日）松井

丰著；孙芳菲译

台南　信宏出版社　1996年　139页　21cm（32开）

ISBN：957-538-043-6　定价：TWD150.00

J0013046

素描教学新述 范存礼编著

西安　西北大学出版社　1992年　55页　有图

19cm（小32开）　ISBN：7-5604-0303-4

定价：CNY2.20

　　作者范存礼（1960—　　），教授。上海崇明人。

曾在上海第一师范任教。

J0013047

素描——具象研究 刘剑虹著

哈尔滨　黑龙江美术出版社　1992年　303页

有图　20cm（32开）　ISBN：7-5318-0158-2

定价：CNY36.00

（视觉设计教育丛书）

　　作者刘剑虹（1963—　　），教师。出生于黑龙

江哈尔滨，毕业于鲁迅美术学院油画系。哈尔滨

师范大学艺术学院副教授。著有《走进大师：从

达·芬奇到杜尚》。

J0013048

素描头像与速写 邵大地编著

乌鲁木齐　新疆美术摄影出版社　1992年　130页

26cm（16开）　ISBN：7-80547-087-1

定价：CNY9.00

　　本书从学习素描的实际入手，介绍画人像素

描及速写学习的方法步骤。

J0013049

素描艺术 （英）罗森（Philip Rawson）著；章利

国译

石家庄　河北美术出版社　1992年　196页

26cm（16开）　ISBN：7-5310-0460-7

定价：CNY19.50

　　本书内容包括痕迹、线条和结构，块面和

画面，图式联系，描绘和第三维，调子，空间和

成形。外文书名：The Art of Drawing. 作者菲利

普·罗森（Philip Rawson），英国伦敦大学哥尔德

斯密斯学院美术设计学院院长、英国皇家绘画艺

术学会高级指导。作者章利国（1947—　　），教授。

浙江安吉人。中国美术学院教授、硕士生导师，

中国美术家协会会员、中华美学学会会员。著有

《希腊罗马美术史话》《造型艺术美学导论》《现

代设计美学》等。

J0013050

速写 姜桦，周家柱编著

西安　陕西人民美术出版社　1992年　20+47页

图版　26cm（16开）　ISBN：7-5368-0310-9

定价：CNY5.50

　　作者姜桦，大连理工大学任教。

J0013051

速写起步 钱贵荪编绘

杭州　浙江少年儿童出版社　1992年　32页

26cm（16开）　ISBN：7-5342-0887-4

定价：CNY1.60

　　本书以图文并茂的形式向初学者介绍了速

写的步骤与方法。作者钱贵荪（1936—　　），美术

编辑。浙江吴兴人。毕业于中国美术学院。家

学渊源。祖父钱云鹤（又名病鹤）著名漫画家，国

画家；曾祖父钱琭初金石家。历任浙江人民美术

出版社美术编辑、副编审，浙江省人物画研究会

会员、西泠书画院特聘画师。作品有连环画《鉴

湖女侠》，水粉组画《浩气长存贯长虹》，国画组

画《萧楚女》，著有技法书《速写起步》等。

J0013052

现代素描技法 江静山编译

台南　信宏出版社　1992年　127页　有图

21cm（32开）　ISBN：957-538-289-7

定价：TWD100.00

（美术　27）

J0013053

报考美术学校指南 （素描）齐斧著

北京　北京燕山出版社　1993年　26页　有图

26cm（16开）　ISBN：7-5402-0812-0

定价: CNY7.20

　　作者齐斧(1944—　　　),北京燕山出版社美术编辑、《北京志·文物志》编辑办公室副主任、北京美术家协会会员。

J0013054
动物画法　(美)亚当斯(Adams, Norman),(美)辛格(Singer, Joe)著;史顺金译
北京　北京科学技术出版社　1993年　156页
有图　26cm(16开)　ISBN: 7-5340-0339-3
定价: CNY10.00

J0013055
儿童简笔画
成都　四川少年儿童出版社　1993年　156页
13×19cm ISBN: 7-5365-1060-8　定价: CNY3.98

J0013056
钢笔、墨水画技法　(美)匹兹著;陈峥、陈聿强译
杭州　浙江人民美术出版社　1993年　103页
有图　26cm(16开)　ISBN: 7-5340-0335-0
定价: CNY7.00
　　作者亨利·匹兹,美国钢笔插图画家。

J0013057
简笔画　刘金成著
石家庄　河北美术出版社　1993年　100页　13×19cm
ISBN: 7-5310-0575-1　定价: CNY4.30
(儿童美术大全)
　　作者刘金成(1947—　　　),河北大名人。邯郸幼儿师范学校美术讲师。

J0013058
铅笔画素描　江静山译
台南　信宏出版社　1993年　128页　有图
21cm(32开)　ISBN: 957-538-026-6
定价: TWD100.00
(美术 23)

J0013059
铅笔画学习技法　李平农编译
台南　信宏出版社　1993年　123页　有图
21cm(32开)　ISBN: 957-538-053-3
定价: TWD100.00

(美术 56)

J0013060
如何学好素描　(造型训练)(日)视觉设计研究所编著
台北　世茂出版社　1993年　140页　有照片图
26cm(16开)　ISBN: 957-529-311-8
定价: TWD200.00

J0013061
生活速写画法　王兴来著绘
北京　中国物资出版社　1993年　164页　19×26cm
ISBN: 7-5047-0436-9　定价: CNY11.50
　　作者王兴来(1946—　　　),北京人。北京电影学院美术编辑。

J0013062
石膏写生　吕洪仁著
北京　科学技术出版社　1993年　72页　26cm(16开)
ISBN: 7-5340-0402-0　定价: CNY6.80

J0013063
石膏写生　吕洪仁著
杭州　浙江人民美术出版社　1993年　72页
26cm(16开)　ISBN: 7-5340-0402-0
定价: CNY6.80
　　本书包括石膏习作、石膏写生要则、石膏写生的方法步骤和几个值得注意的问题。

J0013064
素描　(明暗画法与结构画法)邝声著
广州　岭南美术出版社　1993年　90页　26cm(16开)
ISBN: 7-5362-0941-X　定价: CNY11.80
　　作者邝声(1933—　　　),教授。广东台山人。毕业于华南文艺学院美术系和中南美术专科学校。广州美术学院教授,中国美术家协会会员、广东分会理事。代表作有《模仿》《我们爱阿姨》《五朵红云》等,著有《最新素描技法》《素描——明暗画法与结构画法研究》等。

J0013065
素描　赵胜利著
长春　时代文艺出版社　1993年　60页　有图
19cm(小32开)　ISBN: 7-5387-0749-2
定价: CNY6.00

（美术教育丛书）

J0013066
素描　徐坤志编著
台北　正文书局 1993 年 136 页 有图 26cm（16 开）
ISBN：957-40-0069-9 定价：TWD320.00
（美术工艺系列 9）

J0013067
素描技法　王晓著
西安　陕西人民美术出版社 1993 年 82 页
有照片 26×26cm ISBN：7-5368-0547-0
定价：CNY12.80
　　本书简述素描的学习借鉴和欣赏，讲述石
膏像、人头像、景物、风景与动物素描等的技法。
作者王晓（1954— ），教师。陕西宝鸡人。西安
美术学院讲师、中国美术家协会陕西分会会员、
西安美院中专部专业教研室主任。

J0013068
素描速写　刘业通，宁大明著
石家庄　河北美术出版社 1993 年 83 页 有照片
13×19cm ISBN：7-5310-0569-7 定价：CNY4.50
（儿童美术大全）
　　本书介绍了学习素描速写的基本知识，如：
选择安排静物的原则、素描中的几个基本概
念、透视常识、素描写生步骤等。作者刘业通
（1968— ），河北清苑人。河北师范大学美术系
副主任。作者宁大明（1943— ），画家，教授。
河北乐亭人。毕业于天津美术学院。石家庄丝
弦剧团舞台美术设计、河北师范大学美术系教
师、中国美术家协会会员、河北书装研究会常务
理事。作品有中国画《高风亮节》《先驱》，年画
《领袖和人民》。

J0013069
素描速写精选　（图集）秦天健主编
西安　陕西人民出版社 1993 年 90 页 26cm（16 开）
ISBN：7-224-02906-8 定价：CNY9.80
　　本书包括：素描述要、几何形体、静物范例、
石膏像、头像、半身像范例、速写范例，介绍了
怎样画速写。

J0013070
素描肖像艺术　罗镜泉著

广州　广东高等教育出版社 1993 年 102 页
有图 26cm（16 开） ISBN：7-5361-0945-8
定价：CNY9.90
　　本书内容包括：头部素描、写生方法与步
骤、作品。作者罗镜泉（1937— ），教授。生于
广东兴宁。毕业于湖北艺术学院美术系。河南
大学美术系教师、中国美术家协会会员、华南师
范大学美术学院教授。代表作品有《妇女队长》
《金色洪湖》《夜深人未静》《老人》等。

J0013071
素描形式与技法　刘晨煌编著
桂林　漓江出版社 1993 年 63 页 26cm（16 开）
ISBN：7-5407-1415-8 定价：CNY4.85
　　作者刘晨煌（1953— ），教师。广西南宁人。
毕业于中央美术学院油画研究生班。广西艺术
学院美术系副教授、兼任广西民族书画学院院
长。作品有《啊，一九二九，广西百色起义》《今
天有甘薯》等，著有《素描形式与技巧》《素描静
物入门》《人物半身写生》等。

J0013072
素描艺术　（美）奇特（Chaet，Bernard）著；意
强，效菅译
杭州　浙江美术学院出版社 1993 年 264 页
26cm（16 开） 精装 ISBN：7-81019-278-7
定价：CNY36.00
　　外文书名：The Art of Drawing.

J0013073
素描自学教程　李敦祥编著
西安　陕西人民美术出版社 1993 年 重印本
120 页 有彩图 26cm（16 开）
ISBN：7-5368-0277-3 定价：CNY6.60
　　本书包括：静物、室内景、石膏像、人像、风
景共 6 单元 31 课。作者李敦祥（1935— ），湖
南益阳人。湖南省工艺美术职工大学副教授。

J0013074
素描自学教程　李敦祥编著
西安　陕西人民美术出版社 1996 年 2 版 120 页
有图 26cm（16 开） ISBN：7-5368-0724-4
定价：CNY14.00
　　作者李敦祥（1935— ），湖南益阳人，湖南
省工艺美术职工大学副教授。

J0013075
炭笔技法　艺风堂出版社编辑部编著
台北　艺风堂出版社编辑部 1993 年
2 版 166 页 有图 26cm（16 开）
精装 ISBN：957-9394-55-5 定价：TWD30.00
（实用技法丛书 5）

J0013076
头和手素描法　路密士著；江明宏编译
台南　信宏出版社 1993 年 157 页 有图
21cm（32 开）ISBN：957-538-127-0
定价：TWD110.00
（美术 18）

J0013077
现代素描肖像　孙建平著
天津　天津人民美术出版社 1993 年 180 页
26cm（16 开）ISBN：7-5305-0323-5
定价：CNY12.20
　　本书包括：有关的概念、画面的构成、艺术化的几种手段、素描过程中的几种状态、形形色色的素描肖像等 10 部分。作者孙建平（1948—　），画家。天津人。毕业于天津美术学院油画专业。曾任天津美术学院绘画系油画教研室主任，中国美术家协会会员。作品有《韦启美先生》《剧终》《同仇敌忾》《高原秋》等。

J0013078
新概念装饰素描　赵健著
南宁　广西美术出版社 1993 年 113 页 有肖像
26cm（16 开）ISBN：7-80582-529-7
定价：CNY7.40
（现代设计家丛书）
　　本书包括：具象单独形的局部描绘、不同时空逻辑的物体组合写生、平面分割形与立体具象形的构成描绘作品选例等。作者赵健（1955—　），广州美术学院设计系副教授、西南师范大学兼职副教授。

J0013079
圆形的变画　永蓁著
北京　金城出版社 1993 年 126 页 19cm（小 32 开）
ISBN：7-80084-072-7 定价：CNY4.00
（图形创作系列 1）
　　本书在圆形的世界里，以简洁的方法，绘成各种形象。

J0013080
怎样画速写　陈星平著
上海　上海文化出版社 1993 年 159 页
19cm（小 32 开）ISBN：7-80511-599-3
定价：CNY3.30
（怎么办丛书）

J0013081
中央美术学院附属中等美术学校素描基础教程　中央美术学院附属中等美术学校业务教研室编
北京　中国文联出版公司 1993 年 121 页
有绘图 26cm（16 开）ISBN：7-5059-1989-X
定价：CNY18.00

J0013082
当代素描教程　丁一林，胡明哲著
北京　北京工艺美术出版社 1994 年 119 页
有图 26cm（16 开）ISBN：7-80526-135-0
定价：CNY15.00
　　作者丁一林（1953—　），教授，画家。出生于南京，祖籍河北。毕业于中央美术学院油画系，留校任教。历任中央美术学院油画系主任、教授、博士生导师，造型艺术研究所副所长、中国美术家协会会员、中国油画学会理事等。代表作品有《沧州镇海吼》《东方之珠》《科学的春天》等，出版有《当代素描教程》《丁一林画集》等。

J0013083
当代素描教程　丁一林，胡明哲著
北京　北京工艺美术出版社 1996 年 2 版 113 页
26cm（16 开）ISBN：7-80526-149-0
定价：CNY15.00
　　作者丁一林，任教于中央美术学院。胡明哲，任教于中央美术学院。

J0013084
儿童简笔画教程　王君编
北京　中国连环画出版社 1994 年 240 页
17×19cm ISBN：7-75061-0595-0 定价：CNY7.40
　　作者王君（1938—　），中国书法家协会河北分会和中国硬笔书法协会会员。

J0013085

儿童素描入门　马荣,孔维云编著

北京　北京科学技术出版社　1994 年　90 页

26cm（16 开）ISBN：7-5304-1488-7

定价：CNY7.50

（儿童学本领丛书）

J0013086

儿童素描速成　童行侃,武强编著

北京　华文出版社　1994 年　79 页　16×19cm

ISBN：7-5075-0249-X　定价：CNY4.90

J0013087

儿童速写辅导　李毅,许巍巍著

北京　京华出版社　1994 年　74 页　26cm（16 开）

ISBN：7-80600-063-1　定价：CNY6.00

　　作者李毅(1958—　)，国画家。江苏人。中国美协会员、中国民族画院理事、安徽省国画院副院长、文化部对外艺术交流中心国韵文华书画院人物画艺委会委员等。

J0013088

儿童速写训练指导　王杰等著

长春　吉林美术出版社　1994 年　102 页　17×18cm

ISBN：7-5386-0413-8　定价：CNY6.95

　　本书讲解了儿童速写的特点、要则、训练形式、方法和题材与内容等。作者王杰(1933—　)，河北省群艺馆研究馆员、中国音乐家协会会员、河北音协常务理事、中国社会音乐研究会理事。

J0013089

高考素描技法图析　张学乾编

兰州　甘肃人民美术出版社　1994 年　72 页

有画　26cm（16 开）ISBN：7-80588-040-9

定价：CNY7.20

　　本书包括：高考素描要求、石膏几何形体和静物写生、头像写生、半像作品实例等 9 部分。作者张学乾(1944—　)，甘肃兰州人。西北师范大学敦煌艺术学院美术系教授、中国美术家协会会员、中国油画学会团体会员成员、甘肃美术家协会副主席。出版有《张学乾美术作品选》《素描艺术在线法》等著作，主要作品有《孩子 鸽子》《塬上家什》《高原晴雪》等。

J0013090

基础素描：静物部分　廖开著

昆明　云南美术出版社　1994 年　90 页　26cm（16 开）

ISBN：7-80586-077-7　定价：CNY15.00

J0013091

基础素描探索　宫六朝著

石家庄　河北美术出版社　1994 年　68 页

26cm（16 开）ISBN：7-5310-0655-3

定价：CNY11.00

　　作者宫六朝(1952—2015)，教授。生于河北文安。毕业于河北师范大学艺术系油画专业，并留校任教。曾任河北师范学院美术系基础教研室主任、副教授，河北省美术家协会会员、河北省水彩水粉画研究会会员。代表作品有《晴云》《神道》《群鸡百态野趣图》等。

J0013092

简笔画速成　余佳编绘

长春　吉林大学出版社　1994 年　130 页

19cm（小 32 开）ISBN：7-5601-1494-6

定价：CNY2.90

（速成丛书）

J0013093

结构素描　甘正伦,王庆明著

石家庄　河北美术出版社　1994 年　128 页

有图　29cm（16 开）ISBN：7-5310-0609-X

定价：CNY26.00

　　本书内容包括："结构素描"的特征、头像写生、人体写生、画面构成等 8 个部分。作者甘正伦(1937—　)，中国美术学院副教授、中国美术家协会会员。作者王庆明(1933—　)，女，教授。江苏太仓人。毕业于中央美术学院，留校任教。西泠书画院研究员、中国美术家协会会员。出版有《王庆明画集》《结构素描》。

J0013094

全国高等院校美术师范专业学生素描作品点评　李泽浩,姬俊尧主编

石家庄　河北美术出版社　1994 年　110 页

26cm（16 开）ISBN：7-5310-0670-7

定价：CNY12.00

　　作者李泽浩(1939—　)，画家、教授。辽宁辽中县人。毕业于鲁迅美术学院并留校任教。

历任油画系党支部书记、美术教育系主任、学位委员会副主席、教授，中国高等院校美术教育研究会副理事长、中国美术家协会会员、辽宁省家美术家协会常务理事。作品有《垦区新兵》《第二次大沽口之战》《民族魂·聂耳·冼星海》等，出版《李泽浩画集》。

J0013095
人物头像素描教学　呼喜江著
兰州 甘肃人民美术出版社 1994年 62页
28cm（大16开）ISBN：7-80588-055-7
定价：CNY19.80

J0013096
设计素描　林文昌著
台北 艺术图书公司 1994年 再版 204页
26cm（16开）ISBN：957-9045-08-9
定价：TWD350.00
（绘画·设计·工艺丛书 9）

J0013097
素描　施绍辰著
南昌 21世纪出版社 1994年 82页
19cm（小32开）ISBN：7-5391-0788-X
定价：CNY4.20
（红领巾书架 美术少年宫丛书）
　　本书介绍了素描的基础知识，素描的任务、工具和材料、石膏几何体与静物素描、人物头像素描等。作者施绍辰（1939—　），油画家。祖籍浙江湖州。毕业于中国美术学院油画系。历任中国美术学院教授、学术委员会委员，中国美术学院附中校长、浙江美术家协会常务理事、浙江油画家协会副会长。出版专题油画集《撒哈拉风情》。

J0013098
素描　魏诗国主编；四川省教育科学研究所编
北京 高等教育出版社 1994年 190页 有图
26cm（16开）ISBN：7-04-004874-4
定价：CNY11.75
　　作者魏诗国（1942—　），美术教师。生于四川成都。毕业于西南示范学院。历任中国职教美术研究会、中国美术教育专业委员会职教分会秘书长。代表作品有《秋阳》《春雨》《老磨》等。

J0013099
素描　李衡岳编著
长沙 湖南美术出版社 1994年 48页 26cm（16开）
ISBN：7-5356-0662-8 定价：CNY5.00
（儿童美术辅导丛书）

J0013100
素描　朱万芳编著
重庆 西南师范大学出版社 1994年 重印本
117页 有图 26cm（16开）
ISBN：7-5621-0758-0 定价：CNY18.50
　　本书内容包括：概述、几何形体和静物写生、人体写生、艺术大师论素描等部分。

J0013101
素描　孙廷卓编著
天津 新蕾出版社 1994年 47页 26cm（16开）
ISBN：7-5307-1520-8 定价：CNY6.30
（小画家丛书）

J0013102
素描基础训练　李树春编著
大连 大连海事大学出版社 1994年 50页
有图 26cm（16开）ISBN：7-5632-0744-9
定价：CNY12.00
　　作者李树春（1950—　），任职于辽宁省纺织工业学校服美专业科，中国版画家协会会员、辽宁省美术家协会会员。

J0013103
素描速写　李真耀编
太原 山西人民出版社 1994年 26页 26cm（16开）
ISBN：7-203-03120-9 定价：CNY3.40

J0013104
素描要领　俞可编著
南宁 广西美术出版社 1994年 89页 20cm（32开）
ISBN：7-80582-715-X 定价：CNY4.50
　　本书介绍了素描的基本要素、三种方法和分类训练及材料与技法等知识。

J0013105
速写　冯绪民著
南昌 21世纪出版社 1994年 102+53页 有图
19cm（小32开）ISBN：7-5391-0787-1

定价：CNY6.00

（红领巾书架　美术少年宫丛书）

　　作者冯绪民（1960—　　），教授。生于辽宁阜新市。中国美术学院版画系研究生毕业。中国美术学院版画系教授、中国美术家协会会员、中国版画家协会会员。代表作品有《无名战士》《新星》。

J0013106
速写　颜宝臻编著

天津　新蕾出版社　1994年　47页　26cm（16开）

ISBN：7-5307-1521-6　定价：CNY6.30

（小画家丛书）

J0013107
速写训练　李树春著

大连　大连海运学院出版社　1994年　205页

26cm（16开）ISBN：7-5632-0743-0

定价：CNY18.00

　　本书分：道具速写、风景速写、动物速写、人物速写、场面速写5个方面。作者李树春（1950—　　），任职于辽宁省纺织工业学校服美专业科，中国版画家协会会员、辽宁省美术家协会会员。

J0013108
新素描表现实技　张英超著

沈阳　辽宁美术出版社　1994年　135页

26cm（16开）ISBN：7-5314-1054-0

定价：CNY12.80

J0013109
怎样画素描头像　穆恩龄编绘

北京　中国轻工业出版社　1994年　75页

26cm（16开）ISBN：7-5019-1658-6

定价：CNY9.50

J0013110
怎样画速写　任兴著

天津　天津杨柳青画社　1994年　72页　有图

26cm（16开）ISBN：7-80503-201-7

定价：CNY6.80

　　作者任兴（1936—　　），浙江绍兴人，生于天津。毕业于西安美术专科学校油画系。历任天津美术出版社美术编辑、羊城晚报社美术编辑。

绘有《魔术师斗法（少年连环画库）》。

J0013111
中小学师生简笔画　甘庆玲编著

南宁　广西美术出版社　1994年　104页

26cm（16开）ISBN：7-80582-752-4

定价：CNY8.20

J0013112
动态速写入门　姚秦著

南宁　广西美术出版社　1995年　32页　26cm（16开）

ISBN：7-80582-910-1　定价：CNY3.60

（美术基础入门画库）

　　作者姚秦（1933—　　），广西艺术学院美术系教授、中国美术家协会会员。

J0013113
风景素描写生技法　董旭著

海口　海南出版社　1995年　57页　26cm（16开）

ISBN：7-80617-106-1　定价：CNY18.00

　　作者董旭（1941—　　），教授。笔名董叙。河北磁县人。毕业于中央美术学院版画系。海南大学美术副教授、中国美术家协会会员、中国版画家协会会员。作品有《踏着晨光》《大日头》《造神的人》，专著《风景素描写生技法》。

J0013114
钢笔水彩画技法　于人著

合肥　安徽美术出版社　1995年　重印本　34页

26cm（16开）ISBN：7-5398-0296-0

定价：CNY12.00

（美术新技法丛书）

　　作者于人（1931—　　），原名于鼎新。辽宁铁岭人。毕业于东北鲁迅文艺学院美术部。历任《工人日报》美术编辑、工人出版社美术编辑室主任。编审出版有《于人画集》，作品有中国画《雪松图》，钢笔水彩画《秋意浓》等。

J0013115
花卉写生　夏春明绘著

杭州　浙江人民美术出版社　1995年　62页

26cm（16开）ISBN：7-5340-0639-2

定价：CNY9.80

J0013116
绘画与设计速写　蔡汝震著
北京　北京理工大学出版社　1995 年　149 页
26cm（16 开）　ISBN：7-81045014-X
定价：CNY14.80

J0013117
简笔画谱　高妍玫，陈红绘
长春　时代文艺出版社　1995 年　177 页　17×18cm
ISBN：7-5387-0946-0　定价：CNY9.80
（21 世纪新潮美术丛书）

J0013118
刘斌素描艺术
济南　山东美术出版社　1995 年　65 页　有图
26cm（16 开）　ISBN：7-5330-0931-2
定价：CNY26.00

J0013119
铅笔画技法　粒子编著；王海燕等绘
北京　北京工艺美术出版社　1995 年　121 页
26cm（16 开）　ISBN：7-80526-153-9
定价：CNY18.00
（自学成画家丛书）

J0013120
铅笔素描学习法　江春枝编译
台南　信宏出版社　1995 年　118 页　有图
21cm（32 开）　ISBN：957-538-328-1
定价：TWD130.00
（美术 72）

J0013121
趣味字画技法　王达行［编绘］
南京　东南大学出版社　1995 年　114 页　19×21cm
ISBN：7-81050-009-0　定价：CNY8.50

J0013122
石膏静物入门　傅俊山著
南宁　广西美术出版社　1995 年　28 页　26cm（16 开）
ISBN：7-80582-894-6　定价：CNY3.60
（美术基础入门画库）

　　作者傅俊山（1958—　），教授。安徽亳州人。毕业于鲁迅美术学院版画系。于广西艺术学院美术系任教，中国美协广西分会会员。代表

作品有《向日葵》《有月亮的肖像》《黄昏中的秋儿》等。

J0013123
石膏头像入门　邵伟尧著
南宁　广西美术出版社　1995 年　32 页　26cm（16 开）
ISBN：7-80582-892-X　定价：CNY3.60
（美术基础入门画库）

　　作者邵伟尧（1938—　），油画家。广东南海人。毕业于中央美术学院油画系。历任广西艺术学院教授、中国油画学会理事、广西美术家协会名誉主席、广西老美术家协会主席、中国美术家协会会员。代表作品有《渔歌》《新绿》《春在田间》《白云·红土地》等，专著有《素描基础训练》。

J0013124
石膏像素描
石家庄　河北美术出版社　1995 年　42 页　25×26cm
ISBN：7-5310-0727-4　定价：CNY12.00
（全国美术院校考生范画 丛书）

J0013125
素描　施绍辰著
南昌　21 世纪出版社　1995 年　88 页　有图
19cm（小 32 开）　ISBN：7-5391-0839-8
定价：CNY28.00（全套）
（美术少年宫）

　　作者施绍辰（1939—　），油画家。祖籍浙江湖州。毕业于中国美术学院油画系。历任中国美术学院教授、学术委员会委员，中国美术学院附中校长、浙江美术家协会常务理事、浙江油画家协会副会长。出版专题油画集《撒哈拉风情》。

J0013126
素描　顾黎明著
北京　海豚出版社　1995 年　81 页　26cm（16 开）
ISBN：7-80051-977-5　定价：CNY13.20
（绘画与设计基础丛书）

J0013127
素描　胡世勇编著
武汉　湖北美术出版社　1995 年　146 页
26cm（16 开）　ISBN：7-5394-0526-0
定价：CNY16.80

（中等美术技法·高考辅导丛书）

J0013128

素描 郑林生编著

长沙 湖南美术出版社 1995 年 26cm（16 开）

ISBN：7-5356-0725-X 定价：CNY11.90

（青少年美术辅导丛书）

　　作者郑林生（1953—　　），湖南长沙人。湖南师范大学艺术学院美术系副教授。

J0013129

素描风景入门 雷务武著

南宁 广西美术出版社 1995 年 32 页 26cm（16 开）

ISBN：7-80582-909-8 定价：CNY3.60

（美术基础入门画库）

　　作者雷务武（1953—　　），版画家、教授。别名雷务乙。广西南宁人。毕业于广西艺术学院。广西艺术学院美术学院院长、教授，广西美术家协会副主席。代表作品《中国高等院校美术教程：素描基础教程》《素描人像步骤》。

J0013130

素描基础 李济民编著

苏州 古吴轩出版社 1995 年 80 页 26cm（16 开）

ISBN：7-80574-194-8 定价：CNY14.80

J0013131

素描静物入门 刘晨煌著

南宁 广西美术出版社 1995 年 32 页 26cm（16 开）

ISBN：7-80582-905-5 定价：CNY3.60

（美术基础入门画库）

　　作者刘晨煌（1953—　　），教师。广西南宁人。毕业于中央美术学院油画研究生班。广西艺术学院美术系副教授、兼任广西民族书画学院院长。作品有《啊，一九二九，广西百色起义》《今天有甘薯》等，著有《素描形式与技巧》《素描静物入门》《人物半身写生》等。

J0013132

素描求索 全显光著

沈阳 辽宁美术出版社 1995 年 83 页 26cm（16 开）

ISBN：7-5314-1253-5 定价：CNY18.00

　　作者全显光（1931—　　），版画家。云南昆明人。毕业于鲁迅文艺学院。任鲁迅美术学院美术研究所特邀研究员，中国美术家协会会员。作品有《早上好》《心星》《浓阴》《希望》等，出版有《素描求索》《全显光水彩画选》，译著《罗马尼亚画家格裹高莱斯库》。

J0013133

素描人像入门 孙见光著

南宁 广西美术出版社 1995 年 32 页 26cm（16 开）

ISBN：7-80582-908-X 定价：CNY3.60

（美术基础入门画库）

　　作者孙见光（1926—2017），教授。河北肃宁人。就读于中央美术学院。广西艺术学院美术系教授、中国美术家协会会员、广西美术家协会常务理事。出版有《速写要领》《头像入门》《人像入门》《孙见光画集》等。

J0013134

素描入门 周度其著

南宁 广西美术出版社 1995 年 136 页 26cm（16 开） ISBN：7-80582-902-0 定价：CNY14.60

　　作者周度其（1955—　　），教师。湖南湘潭人。毕业于广西艺术学院。历任广西艺术学院美术系讲师、副教授，广西艺术学成人教育学院院长、中国美协广西分会会员。代表作品有《徐向前元帅》《戎马生涯贺元帅》《战争年代》《烽火岁月角力场》《送往前线的粮食》等。

J0013135

素描入门 刘金成编绘

北京 金盾出版社 1995 年 70 页 17×18cm

ISBN：7-5082-0053-5 定价：CNY4.20

J0013136

素描石膏头像 陆嘉陵编著

杭州 浙江人民美术出版社 1995 年 96 页 26cm（16 开） ISBN：7-5340-0667-8 定价：CNY14.50

　　作者陆嘉陵（1943—　　），画家。生于江苏海门。毕业于浙江美术学院版画系。中国美术学院副教授、中国美术家协会会员、中国版画家协会会员。主要作品有《送书上门》《疾风知劲草》《驼铃催春》等。

J0013137

素描谈 靳尚谊等著

长春 吉林美术出版社 1995年 82 有附图
21cm（32 开） ISBN：7-5386-0446-4
定价：CNY18.00，CNY25.00（精装）

　　作者靳尚谊（1934—　　），满族，画家、教授。
河南焦作人。毕业于中央美院绘画系和马克西
莫夫油画训练班。曾任中央美术学院院长、教授、
博士生导师，中国美协主席、中国文联副主席。
代表作品有《塔吉克新娘》《青年歌手》《蓝衣少
女》等，出版有《靳尚谊油画选》《靳尚谊肖像作
品选集》等。

J0013138

素描头像入门　孙见光著
南宁 广西美术出版社 1995年 32 页 26cm（16开）
ISBN：7-80582-891-1 定价：CNY3.60
（美术基础入门画库）

　　作者孙见光（1926—2017），教授。河北肃宁
人。就读于中央美术学院。曾为广西艺术学院
美术系教授、中国美术家协会会员、广西美术家
协会常务理事。出版有《速写要领》《头像入门》
《人像入门》《孙见光画集》等。

J0013139

速写　冯绪民著
南昌 21 世纪出版社 1995年 53 页 有图
19cm（小 32 开） ISBN：7-5391-0839-8
定价：CNY28.00（全套）
（美术少年宫）

　　作者冯绪民（1960—　　），教授。生于辽宁
阜新市。中国美术学院版画系研究生毕业。中
国美术学院版画系教授、中国美术家协会会员、
中国版画家协会会员。代表作品有《无名战士》
《新星》。

J0013140

速写　蔡玉水著
北京 海豚出版社 1995年 82 页 26cm（16 开）
ISBN：7-80051-958-9 定价：CNY13.60
（《绘画与设计基础》丛书）

J0013141

速写　刘曙光编著
重庆 西南师范大学出版社 1995年 44 页
26cm（16 开） ISBN：7-5621-1271-1
定价：CNY13.00

作者刘曙光，西南师大美术学院任教。

J0013142

速写技法　杜滋龄绘
北京 西苑出版社 1995年 76 页 26cm（16 开）
ISBN：7-80108-064-5 定价：CNY10.00
（美术教程丛书）

　　作者杜滋龄（1941—　　），教授。生于天津。
毕业于中国美术学院中国画系研究生班。历任
中国画学会副会长、中国艺术研究院博士生导
师、南开大学教授、天津美术家协会副主席。代
表作品《帕米尔初雪》《古老的歌》《大漠行》等。

J0013143

速写人物步骤　黄菁编著
南宁 广西美术出版社 1995年 80 页 26cm（16 开）
ISBN：7-80582-765-6 定价：CNY6.90
（美术技法丛书）

J0013144

炭笔画技法　白鸽编著；杨海，董洲绘
北京 北京工艺美术出版社 1995年 121 页
26cm（16 开） ISBN：7-80526-152-0
定价：CNY15.00
（自学成画家丛书）

J0013145

头像素描
石家庄 河北美术出版社 1995年 43 页 25×26cm
ISBN：7-5310-0743-6 定价：CNY11.00
（全国美术院校考生范画 丛书）

J0013146

王云林木笔绘画技法研究　王云林编绘
上海 上海人民美术出版社 1995年 106 页
26cm（16 开） 精装 ISBN：7-5322-1382-X
定价：CNY28.00

J0013147

现代素描技法　白鸽编著；迟海波，李雪玫绘
北京 北京工艺美术出版社 1995年 113 页
26cm（16 开） ISBN：7-80526-154-7
定价：CNY18.00
（自学成画家丛书）

J0013148

线的艺术 （林墉人体速写）林墉绘

广州 岭南美术出版社 1995 年 69 页

28cm（大 16 开） ISBN：7-5362-1182-1

定价：CNY21.00

作者林墉(1942—   )，画家、国家一级美术师。广东潮州人。毕业于广州美术学院中国画系。中国美术家协会副主席、广东画院院长、美协广东分会主席、暨南大学艺术中心主任。作品有《访问巴基斯坦组画》，出版有《林墉作品选》《林墉访问巴基斯坦选集》《人体速写》等。

J0013149

新速写表现实技 赵贵德著

沈阳 辽宁美术出版社 1995 年 169 页

26cm（16 开） ISBN：7-5314-1281-0

定价：CNY16.80

作者赵贵德(1937—   )，满族、国家一级美术师。生于北京。历任中国美术家协会理事、河北省美术家协会名誉主席。代表作品有《激流》《春潮》《大风歌》《神骏图》等，著有《怎样才能画好速写》。

J0013150

最新简笔画宝典 （中英对照）夫龙工作室编绘

北京 中国青年出版社 1995 年 6 册 17×19cm

ISBN：7-5006-1953-7 定价：CNY9.80

J0013151

最新一笔画宝典 （中英对照）夫龙工作室编绘

北京 中国青年出版社 1995 年 4 册 17×19cm

ISBN：7-5006-1949-9 定价：CNY6.80

J0013152

德加 （画集）（法）爱德华·德加绘；高宗英编著

北京 中国文联出版公司 1996 年 48 页

26cm（16 开） ISBN：7-5059-2357-9

定价：CNY15.80

（世界大师素描技法 第二辑）

爱德华·德加（Hilaire-Germain-Edgar De Gas，1834—1917），法国画家、雕塑家，生于法国巴黎。他曾在巴黎艺术学院学习绘画，受到安格尔（Jean Auguste Dominique Ingres）的很大影响。德加富于创新的构图、细致的描绘和对动作的透彻表达使他成为 19 世纪晚期现代艺术的大师之一。他最著名的绘画题材包括芭蕾舞演员和其他女性以及赛马。他通常被认为是属于印象派，但他的有些作品更具古典、现实主义或者浪漫主义画派风格。编者高宗英(1932—   )，教授。出生于北京。中央美术学院油画系和壁画系教授、中国美协会员。著有《谈绘画构图》《画好素描的关键》《世界名家素描》《世界大师素描技法》等。

J0013153

俄罗斯素描解剖教程 （俄）科佩金（М.С.Копейкин），（俄）列宾（Н.Н.Репин）著；郑培英译

天津 天津人民美术出版社 1996 年 18+78 页

26cm（16 开） ISBN：7-5305-0621-8

定价：CNY23.00，CNY36.50（精装）

J0013154

风景素描技法 高冬编著

哈尔滨 黑龙江科学技术出版社 1996 年 106 页

26cm（16 开） ISBN：7-5388-2925-3

定价：CNY18.00

作者高冬(1960—   )，教授。河北人。天津河北工业大学建筑系副教授。著有《风景素描技法》等。

J0013155

高考应试素描训练 张家祯编著

南宁 广西美术出版社 1996 年 59 页 26cm（16 开）

ISBN：7-80625-003-4 定价：CNY12.00

J0013156

格拉祖诺夫 （画集）（俄）格拉祖诺夫绘；奚静之编著

北京 中国文联出版公司 1996 年 48 页

26cm（16 开） ISBN：7-5059-2355-2

定价：CNY15.80

（世界大师素描技法 第二辑）

作者奚静之(1935—   )，教授、美术史论家。生于江苏常州。历任中央工艺美术学院工艺美术史论系主任、教授、博士生导师，《中国大百科全书·美术》编委及东欧分支主编。著有《俄

罗斯美术史话》《俄罗斯苏联美术史》等，合著
《欧洲绘画简史》。

J0013157
荷尔拜因 （画集）（德）小汉斯·荷尔拜因绘；
马路编著
北京 中国文联出版公司 1996年 48页
26cm（16开） ISBN：7-5059-2354-4
定价：CNY15.80
（世界大师素描技法 第二辑）
　　作者小汉斯·荷尔拜因（Hans Holbein, Jr. 约
1497—1543），德国画家。擅长油画和版画，代表
作品有《死神之舞》。作者马路（1958—　），中央
美术学院壁画系讲师、中国美术家协会会员。

J0013158
简笔画技法与运用　涂永录编著
杭州 中国美术学院出版社 1996年 131页
26cm（16开） ISBN：7-81019-536-0
定价：CNY12.50

J0013159
教学简笔画　四川省教育委员会师范处，四川
省小学教师培训中心编
成都 四川大学出版社 1996年 90页 26cm（16开）
ISBN：7-5614-1312-2 定价：CNY4.10
（小教师基本功训练）

J0013160
科学素描教程 （俄）叶列梅耶夫等主编；张
秀筠译
天津 天津人民美术出版社 1996年 183页
26cm（16开） ISBN：7-5305-0613-7
定价：CNY42.00

J0013161
科学素描教程 （俄）［叶列梅耶夫］（O.A.
Еремеева）等主编
天津 天津人民美术出版社 1996年 122+183页
26cm（16开） 精装 ISBN：7-5305-0620-X
定价：CNY54.00

J0013162
鲁愚力钢笔画与技法　鲁愚力著
哈尔滨 黑龙江科学技术出版社 1996年 226页

28cm（大16开） 精装 ISBN：7-5388-3026-X
定价：CNY64.00
（当代中国名家建筑创作与表现丛书）

J0013163
门采尔 （画集）（德）阿道夫·门采尔绘；高宗
英编著
北京 中国文联出版公司 1996年 48页
26cm（16开） ISBN：7-5059-2356-0
定价：CNY15.80
（世界大师素描技法 第二辑）
　　作者阿道夫·门采尔（1815—1905），德国油
画家、版画家、插图画家，尤以素描见长。19世
纪现实主义美术在德国的代表人物。主要作品
有《轧铁工厂》《无忧宫的宴会》《舞会晚餐》等。
编者高宗英（1932—　），教授。出生于北京。中
央美术学院油画系和壁画系教授、中国美协会
员。著有《谈绘画构图》《画好素描的关键》《世
界名家素描》《世界大师素描技法》等。

J0013164
人物素描写生基础入门　晓国等编绘
北京 中国画报出版社 1996年 35页 26cm（16开）
ISBN：7-80024-329-X 定价：CNY7.00

J0013165
人物速写　杨国杰著
石家庄 河北美术出版社 1996年 32张
37cm（8开） ISBN：7-5310-0823-8
定价：CNY15.00

J0013166
人物速写　魏宪军编著
石家庄 河北少年儿童出版社 1996年 156页
有图 26cm（16开） ISBN：7-5376-1250-1
定价：CNY8.00
（美术基础系列训练）

J0013167
人物速写技法　王大根编著
上海 上海书店出版社 1996年 194页
26cm（16开） ISBN：7-80622-091-7
定价：CNY25.00
（美术技法丛书）
　　作者王大根（1951—　），教授。浙江绍兴人。

上海师范大学美术系副教授。

J0013168
人物线描速写临摹范本　韩玮编著
济南　山东美术出版社　1996年　32页　有照片
38cm（6开）

J0013169
色铅笔技法百科　（英）朱蒂·玛汀（Judy
Martin）著；陈育佳译
台北　笛藤出版图书公司　1996年　188页　有图
23cm　精装　ISBN：957-710-221-2
定价：TWD750.00

J0013170
少儿学画素描　（1）吴安本编著
沈阳　辽宁美术出版社　1996年　76页　19×26cm
ISBN：7-5314-1450-3　定价：CNY12.00
（少年儿童美术技法丛书）

J0013171
少儿学画素描　（2）吴安本编著
沈阳　辽宁美术出版社　1998年　60页　19×26cm
ISBN：7-5314-1962-9　定价：CNY10.00
（少年儿童美术技法丛书）

J0013172
少年素描初步　崔莉绘著
北京　中国轻工业出版社　1996年　79页
26cm（16开）　ISBN：7-5019-1909-7
定价：CNY13.00

J0013173
少年速写入门　吴运鸿编著
北京　新华出版社　1996年　125页　26cm（16开）
ISBN：7-5011-3283-6　定价：CNY12.20
（少年美术入门系列）
　　作者吴运鸿（1954—　），艺术家。创作以中
国画的山水画为主。笔名“鲁人”。生于北京，祖
籍山东蓬莱。中央美术学院中国画专业研究生
班毕业。中国外文出版社美术副编审、北京轻工
业技术学院美术特聘教授、民建北京市委文化委
员会委员。出版专著《少年美术入门系列》《吴
运鸿画集》，主编大型艺术丛书《世界美术馆巡
览》，与台湾合作出版《西洋美术辞典》一书，国

画作品《松山月色图》《春月图》《京剧印象》等。

J0013174
石膏像素描基础入门　芳泓等编绘
北京　中国画报出版社　1996年　35页　26cm（16开）
ISBN：7-80024-336-2　定价：CNY7.00

J0013175
素描　（人物）焦小健，徐芒耀编
武汉　湖北美术出版社　1996年　42cm（8开）
ISBN：7-5394-0601-1　定价：CNY24.00

J0013176
素描　（石膏）陆嘉陵，焦小健编选
武汉　湖北美术出版社　1996年　42cm（8开）
ISBN：7-5394-0600-3　定价：CNY16.00
　　作者陆嘉陵（1943—　），画家。生于江苏海
门。毕业于浙江美术学院版画系。中国美术学
院副教授、中国美术家协会会员、中国版画家协
会会员。主要作品有《送书上门》《疾风知劲草》
《驼铃催春》等。

J0013177
素描　（速写/慢写）焦小健，徐芒耀编
武汉　湖北美术出版社　1996年　42cm（8开）
ISBN：7-5394-0602-X　定价：CNY24.00

J0013178
素描　杨义辉等编著
西安　陕西人民美术出版社　1996年　38页
26cm（16开）　ISBN：7-5368-0309-5
定价：CNY5.50

J0013179
素描　杨义辉等编著
西安　陕西人民美术出版社　1996年　修订本
36页　26cm（16开）　ISBN：7-5368-0798-8
定价：CNY7.50
　　作者杨义辉（1933—　），画家、美术教育
家。江苏南京人。毕业于同济大学。历任中国
建筑美术专业委员会副主任、中国水彩画家学会
理事、上海水彩画研究会副会长。作品有《静物》
《窥晴》《乌镇小街》等，主编教学用书《素描》。

J0013180
素描 （3）孙振新主编
上海 上海画报出版社 1996年 62页 26cm（16开）
ISBN：7-80530-217-0 定价：CNY8.50
（少年儿童美术技法丛书）

J0013181
素描 叶茂涵编著
成都 四川美术出版社 1996年 102页 有图
19cm（小32开） ISBN：7-5410-1108-8
定价：CNY8.50
（青少年美术技法丛书）
　　作者叶茂涵（1939—　），四川隆昌人。毕业于西南师范学院美术系。成都师范学校教师、四川省艺术教育委员会委员、中国美术家协会四川分会会员、中国教育学会美术专业委员会会员，四川省教育学会理事。主编有《中师美术选修教程》《中师美术课外活动指导》等。

J0013182
素描 谷嶙编著
北京 中国纺织出版社 1996年 158页
26cm（16开） ISBN：7-5064-1219-5
定价：CNY13.00
　　作者谷嶙（1928—　），画家。云南昆明人。毕业于中央美术学院。中央工艺美术学院（现合并为清华大学美术学院）任教，中国美协会员、中国老教授协会艺委会委员。作品有《赶摆》《思路传友谊》《香妃》等。

J0013183
素描风景画技法 蔡南生著
北京 中国建筑工业出版社 1996年 116页
28cm（大16开） ISBN：7-112-02751-9
定价：CNY23.00
　　作者蔡南生（1930—1997），画家。云南昆明人。毕业于贵阳师范学院艺术系。西安建筑科技大学建筑系教授、中国美术家协会会员、英国东方美术家协会会员。作品有《雪后初晴》《长江与嘉陵江组画》《普洛米修斯》等，出版有《水彩风景画技法》《素描风景画技法》《风景画构图与色调》。

J0013184
素描概论 王启民编著
北京 人民美术出版社 1996年 242页 有图
26cm（16开） ISBN：7-102-01089-3
定价：CNY26.00
　　作者王启民（1937—1995），美术工作者。山东高唐县人。曾供职于即墨市文化馆，山东省美术家协会会员、山东省连环画研究会理事、山东画院特聘高级画师、即墨市画院首任院长。作品有《冀鲁春秋》《龙王店大捷》《崂山挑妇》《峡北人家》等。

J0013185
素描基础步骤范图（人物） 孙建平绘
天津 天津杨柳青画社 1996年 39cm（8开）
散页袋装 ISBN：7-80503-123-1 定价：CNY6.70
　　作者孙建平（1948—　），画家。天津人。毕业于天津美术学院油画专业。曾任天津美术学院绘画系油画教研室主任，中国美术家协会会员。作品有《韦启美先生》《剧终》《同仇敌忾》《高原秋》等。

J0013186
素描基础教程 王彦发编著
郑州 河南美术出版社 1996年 112页
26cm（16开） ISBN：7-5401-0576-3
定价：CNY16.00

J0013187
素描基础入门 晓单等编
北京 中国画报出版社 1996年 53页 26cm（16开）
ISBN：7-80024-304-4 定价：CNY8.00
（美术入门丛书）

J0013188
素描基础训练100例图解 尹传荣著
沈阳 辽宁美术出版社 1996年 253页
26cm（16开） ISBN：7-5314-1361-2
定价：CNY28.00
　　作者尹传荣（1956—　），辽宁东港人。丹东师范学校任教，丹东美协会员，全国优秀教师。

J0013189
素描技法 丁中一著
郑州 河南美术出版社 1996年 重印本 112页
有图 26cm（16开） ISBN：7-5401-0056-7
定价：CNY14.50

作者丁中一(1937—　)，国画家。上海人。毕业于中国美术学院中国画系。历任河南艺术学院美术系硕士生导师、中国美院成人教育分院特聘教授、河南中国人物画艺委会顾问、河南中国山水画艺委会顾问、中国美术家协会会员。代表作品《八大山人》《素描技法论系》《丁中一西部写生画集》等。

J0013190
素描技法　黄源熊编著
上海　上海书店出版社　1996 年　141 页
26cm(16 开)　ISBN：7-80622-093-3
定价：CNY18.00
(美术技法丛书)

J0013191
素描教程　王晓恩著
沈阳　辽宁美术出版社　1996 年　193 页
29cm(12 开)　ISBN：7-5314-1656-5
定价：CNY32.00
(高等美术院校考生必读 1)

J0013192
素描静物　刘剑利等著
贵阳　贵州民族出版社　1996 年　26 页　有图
26cm(16 开)　ISBN：7-5412-0677-6
定价：CNY16.00

J0013193
素描静物画法　华松津，华天阳编绘
杭州　浙江人民美术出版社　1996 年　54 页
26cm(16 开)　ISBN：7-5340-0676-7
定价：CNY15.00
　　作者华松津，副教授，浙江省高等院校画会副会长。

J0013194
素描入门　秦连生编著
上海　上海书店出版社　1996 年　131 页
26cm(16 开)　ISBN：7-80622-095-X
定价：CNY17.00
(美术技法丛书)
　　作者秦连生(1937—　)，教师。上海人。历任上海青少年艺术学校副校长、上海美育学会常务理事。著作有《儿童写生画入门》《儿童彩色

写生画》《儿童创作画》《读读画画》等。

J0013195
素描实践与鉴赏　(图集)于秉正编著
广州　岭南美术出版社　1996 年　200 页
26cm(16 开)　ISBN：7-5362-1194-5
定价：CNY35.00
　　作者于秉正(1938—　)，画家、教授。山东人。毕业于广州美术学院版画系。广州美术学院教授、广州美术学院学术委员会委员、广州美术学院教育系主任。代表作品《太阳·鸽子》《炼泥歌》《三目水》《荷塘夜月》等，出版有《于秉正油画水彩作品选集》《绘画构图与创作》《素描实践与鉴赏》等。

J0013196
素描速写艺术欣赏　范梦著
太原　山西教育出版社　1996 年　228 页　有插图
19cm(小 32 开)　ISBN：7-5440-0793-6
定价：CNY7.50
(美育丛书 美术系列)
　　作者范梦(1938—　)，教授。山东冠县人。毕业于中央美术学院。山东师范大学美术系副教授、中国美术家协会会员、中国版画家协会会员、山东美学学会理事。著有《西方美术史》《中外画家谈素描》《东方美术史》等。

J0013197
素描头像写生艺术　宫六朝，李一唯著
北京　国际文化出版公司　1996 年　90 页
28cm(16 开)　ISBN：7-80105-333-8
定价：CNY19.50
　　作者宫六朝(1952—2015)，教授。生于河北文安。毕业于河北师范大学艺术系油画专业，并留校任教。曾任河北师范学院美术系基础教研室主任、副教授，河北省美术家协会会员、河北省水彩水粉画研究会会员。代表作品有《晴云》《神道》《群鸡百态野趣图》等。作者李一唯(1957—　)，毕业于河北师范学院美术系中国画专业。河北承德师专美术系副教授、河北省美术家协会会员、河北美术教育研究会会员。出版专著有《素描头像写生艺术》《避暑山庄百图解说》等。

J0013198

素描写生　魏宪军编著

石家庄 河北少年儿童出版社 1996 年 164 页
有图 26cm（16 开） ISBN：7-5376-1250-1
定价：CNY8.50
（美术基础系列训练）

J0013199

素描学　陈颖彬著

台北 邯郸出版社 1996 年 149 页 28cm（16 开）
ISBN：957-9485-51-8 定价：TWD380.00

J0013200

速写　姜桦，周家柱编著

西安 陕西人民美术出版社 1996 年 20 页
有图版 26cm（16 开） ISBN：7-5368-0310-9
定价：CNY5.50
　　作者姜桦，任教于大连理工大学。

J0013201

速写（修订本）姜桦，周家柱编著

西安 陕西人民美术出版社 1996 年 18 页
有图版 26cm（16 开） ISBN：7-5368-0799-6
定价：CNY7.50
　　作者姜桦，任教于大连理工大学。周家柱，
任教于华南理工大学。

J0013202

速写（1）孙振新主编

上海 上海画报出版社 1996 年 78 页 26cm（16 开）
ISBN：7-80530-228-6 定价：CNY10.00
（少年儿童美术技法丛书）

J0013203

速写要述（图集）张丽华著

北京 人民美术出版社 1996 年 26cm（16 开）
ISBN：7-102-01520-8 定价：CNY10.00
　　作者张丽华，任教于山东艺术学院美术系。

J0013204

头像素描　张浩编著

石家庄 河北美术出版社 1996 年 33 张
37cm（8 开）ISBN：7-5310-0824-6
定价：CNY15.00
　　作者张浩（1962—　　），教授。生于天津，祖

籍河北高阳。毕业于浙江美术学院国画系。中
国美术学院附中教师、中国美术家协会浙江分会
会员、安徽大学艺术学院客座教授。代表作有《我
的故乡》《春茶》《自由的想象系列作品》等。

J0013205

头像素描写生基础入门　寸杉等编绘

北京 中国画报出版社 1996 年 35 页 26cm（16 开）
ISBN：7-80024-330-3 定价：CNY7.00

J0013206

头像素描写生基础入门　寸杉等编绘

北京 中国画报出版社 1996 年 35 页 26cm（16 开）
ISBN：7-80024-330-3 定价：CNY8.00

J0013207

现代西方素描鉴赏与研究　靳尚谊主编

天津 天津人民美术出版社 1996 年 190 页
26cm（16 开） 精装 ISBN：7-5305-0445-2
定价：CNY37.00
　　作者靳尚谊（1934—　　），满族，画家、教授。
河南焦作人。毕业于中央美院绘画系和马克西
莫夫油画训练班。曾任中央美术学院院长、教授、
博士生导师，中国美协主席、中国文联副主席。
代表作品有《塔吉克新娘》《青年歌手》《蓝衣少
女》等，出版有《靳尚谊油画选》《靳尚谊肖像作
品选集》等。

J0013208

谢洛夫（画集）（俄）瓦伦丁·阿列山德罗维
奇·谢洛夫绘；苏高礼编著

北京 中国文联出版公司 1996 年 48 页
26cm（16 开） ISBN：7-5059-2358-7
定价：CNY15.80
（世界大师素描技法 第二辑）
　　作者画家瓦伦丁·阿列山德罗维奇·谢洛夫
（1865—1911）。他是新旧世纪交替时期俄国杰
出的肖像画家。编者苏高礼（1937—　　），油画
家，美术教育家。山西平定县人。就读于中央美
术学院油画系，后毕业于列宾美术学院油画大师
梅尔尼科夫工作室。中国美术家协会会员、中央
美院教授。出版《苏高礼写生画集》《苏高礼素
描画集》《中国油画五十家——苏高礼》《素描教
学》等。

J0013209
应用结构素描　刘孟著
西安 陕西人民美术出版社 1996 年 169 页
有插图 26cm（16 开）ISBN：7-5368-0790-2
定价：CNY22.60
　　外文书名：Practical Structural Drawing. 作者
刘孟(1952—　　)，西北大学艺术系任教。

J0013210
造型者　（陆阳作品）陆阳绘
北京 中国连环画出版社 1996 年 108 页
26cm（16 开）ISBN：7-5061-0643-4
定价：CNY38.00

J0013211
真人头像素描　施峥著
杭州 浙江人民美术出版社 1996 年 73 页
26cm（16 开）ISBN：7-5340-0686-4
定价：CNY14.50

J0013212
动态素描　（人体结构）（美）伯恩·霍加思
（Burne Hogarth）著；林柳源译
南宁 广西美术出版社 1997 年 174 页
29cm（16 开）ISBN：7-80625-361-0
定价：CNY48.00
（美术译丛）
　　外文书名：Dynamic Figure Drawing.

J0013213
动态素描　（人体解剖）（美）伯恩·霍加思
（Burne Hogarth）著；李东等译
南宁 广西美术出版社 1997 年 192 页
29cm（16 开）ISBN：7-80625-383-1
定价：CNY48.00

J0013214
动态素描　（手部结构）（美）伯恩·霍加思
（Burne Hogarth）著；钟国仁译
南宁 广西美术出版社 1997 年 141 页
29cm（16 开）ISBN：7-80625-296-7
定价：CNY39.00
（美术译丛）
　　外文书名：Drawing Dynamic Hands.

J0013215
动态素描　（头部结构）（美）伯恩·霍加思
（Burne Hogarth）著；俞可等译
南宁 广西美术出版社 1997 年 154 页
29cm（16 开）ISBN：7-80625-294-0
定价：CNY39.00
（美术译丛）
　　外文书名：Drawing the Human Head.

J0013216
动态素描　（着衣人体）（美）伯恩·霍加思
（Burne Hogarth）著；周良仁译
南宁 广西美术出版社 1997 年 142 页
29cm（16 开）ISBN：7-80625-385-8
定价：CNY39.00

J0013217
儿童素描入门　刘金成著
石家庄 河北美术出版社 1997 年 重印本
92 页 17×19cm ISBN：7-5310-0717-7
定价：CNY5.20
（儿童学画入门丛书）

J0013218
儿童线描画入门　杨景芝编著
北京 中国和平出版社 1997 年 94 页 26cm（16 开）
ISBN：7-80101-565-7 定价：CNY12.00
（儿童绘画入门系列）
　　作者杨景芝，女，满族，教授。首都师范大
学美术系副教授、中国少年儿童造型艺术学会副
会长、兼少儿艺术培训中心美术实验学校校长。

J0013219
儿童学线描　周海歌，王纲编著
南京 江苏美术出版社 1997 年 64页 26cm（16 开）
ISBN：7-5344-0715-X 定价：CNY8.50
（小画家 ABC）
　　作者王纲(1932—　　)，土家族，四川石柱县
人。四川省社会科学院历史研究所副研究员。

J0013220
风景速写画法　宣大庆著
杭州 浙江人民美术出版社 1997 年 74 页
26cm（16 开）ISBN：7-5340-0754-2
定价：CNY12.50

J0013221
简笔画动物画法　涂永录编著
杭州 中国美术学院出版社 1997 年 138 页
26cm（16 开）ISBN：7-81019-618-9
定价：CNY15.50
（美术基础技法教材丛书）

J0013222
景物速写基础入门　晓杉等编
北京 中国画报出版社 1997 年 35 页 有图
26cm（16 开）ISBN：7-80024-351-6
定价：CNY7.00
（美术入门丛书）

J0013223
静物色彩写生基础入门　志强等编绘
北京 中国画报出版社 1997 年 35 页 26cm（16 开）
ISBN：7-80024-337-0 定价：CNY11.00
（美术入门丛书）

J0013224
静物速写基础入门　肖春山等编
北京 中国画报出版社 1997 年 重印本 35 页
26cm（16 开）ISBN：7-80024-341-9
定价：CNY7.00
（美术入门丛书）

J0013225
名家风景写生探秘　陆籽叙著
杭州 浙江人民美术出版社 1997 年 134 页
26cm（16 开）ISBN：7-5340-0687-2
定价：CNY29.00
（名家画艺挹秀）

J0013226
铅笔画技法　（美）大卫·里维斯（D.Lewis）编
辑；黄今声译
北京 中国建筑工业出版社 1997 年 144 页
28cm（大 16 开）ISBN：7-112-03221-0
定价：CNY48.00
（绘画技法经典译丛）
　　外文书名：Pencil Drawing Techniques.

J0013227
青少年素描五十讲　张安吾，陈九如编著
天津 天津人民美术出版社 1997 年 163 页
26cm（16 开）ISBN：7-5305-0538-6
定价：CNY19.60
（青少年自学丛书）
　　作者陈九如（1955—　），教授。天津人。天
津美术学院版画系主任、中国美术家协会会员、
中国版画家协会会员。出版有《陈九如水彩人体
画选》《一代画风——当代中青年水彩画家作品
集》《素描五十讲》等。

J0013228
人物速写基础入门　晓杉等编
北京 中国画报出版社 1997 年 重印本 35 页
26cm（16 开）ISBN：7-80024-342-7
定价：CNY7.00
（美术入门丛书）

J0013229
设计素描教学　谢雳著
长沙 湖南美术出版社 1997 年 118 页 有图
26cm（16 开）ISBN：7-5356-0966-X
定价：CNY18.00

J0013230
设计素描教学　张会元编著
南昌 江西美术出版社 1997 年 166 页
26cm（16 开）ISBN：7-80580-432-X
定价：CNY16.00

J0013231
素描　颜铁良编著
北京 高等教育出版社 1997 年 2 版 修订版
143 页 有图 26cm（16 开）
ISBN：7-04-005458-2 定价：CNY13.15

J0013232
素描　刘泮峒编著
郑州 河南美术出版社 1997 年 46 页 26cm（16 开）
ISBN：7-5401-0571-2 定价：CNY6.80
（中等美术学校考生指导丛书）

J0013233
素描　张平编著
西安 陕西人民出版社 1997 年 62 页 26cm（16 开）
ISBN：7-224-04440-7 定价：CNY18.00

（绘画入门提高丛书）

　　作者张平（1950——　　），硬笔书法艺术家。字清泉，祖籍江苏。中外书画名人研究院教授、黑龙江省孙子兵法研究会理事。

J0013234
素描　（4）孙振新主编
上海　上海画报出版社　1997年　62页　26cm（16开）
ISBN：7-80530-290-1　定价：CNY8.50
（少年儿童美术技法丛书）

J0013235
素描　脱忠伟主编
北京　中国商业出版社　1997年　117页　有插图
26cm（16开）　ISBN：7-5044-3526-0
定价：CNY9.00

J0013236
素描·独立语言　隋丞，张澎编著
沈阳　辽宁美术出版社　1997年　169页
29cm（16开）　ISBN：7-5314-1767-7
定价：CNY35.00

J0013237
素描法度　（石自东素描教学）石自东绘
哈尔滨　黑龙江美术出版社　1997年　48页
28cm（大16开）　ISBN：7-5318-0409-3
定价：CNY28.00

J0013238
素描技巧入门奥秘　佟安生，王希奇著
沈阳　辽宁美术出版社　1997年　156页
26cm（16开）　ISBN：7-5314-1753-7
定价：CNY25.00
（百业精技入门奥秘系列丛书）

J0013239
素描教与学　张石昇主编
哈尔滨　黑龙江美术出版社　1997年　88页
26cm（16开）　ISBN：7-5318-0429-8
定价：CNY10.00

J0013240
素描人像范画　刘勇编著
成都　四川美术出版社　1997年　37cm

ISBN：7-5410-1365-X　定价：CNY20.00
（美术院校基础教学丛书）

J0013241
素描着衣人物线面画法　曲湘建著
长沙　湖南美术出版社　1997年　71页　26cm（16开）
ISBN：7-5356-0982-1　定价：CNY15.00

J0013242
素描真人头像画法　鲁琼编著
杭州　浙江人民美术出版社　1997年　70页
26cm（16开）　ISBN：7-5340-0756-9
定价：CNY16.50

J0013243
速写　沈启鹏绘
南京　江苏美术出版社　1997年　120页
19cm（小32开）　ISBN：7-5344-0728-1
定价：CNY6.50
（跨世纪农村书库　第二批　文体知识篇）
　　作者沈启鹏（1946——　　），画家。历任南通美术家协会主席、南通书画研究院院长。代表作品《大汛》《海子牛》《二月二回娘家》。

J0013244
速写　张立宪编著
西安　陕西人民出版社　1997年　62页　26cm（16开）
ISBN：7-224-04442-3　定价：CNY18.00
（绘画入门提高丛书）
　　作者张立宪（1954——　　），陕西渭南人。西安美术学院附属中等美术学校副校长、中国美术家协会陕西分会会员等。

J0013245
速写基础入门　志强等编绘
北京　中国画报出版社　1997年　重印本　51页
26cm（16开）　ISBN：7-80024-311-7
定价：CNY9.50
（美术入门丛书）

J0013246
速写教程　张晖著
沈阳　辽宁美术出版社　1997年　223页
29cm（16开）　ISBN：7-5314-1519-4
定价：CNY39.00

（高等美术院校考生必读 3）

J0013247
速写教学 朱振庚，钱忠平编著
南昌 江西美术出版社 1997 年 108 页
26cm（16 开） ISBN：7-80580-412-5
定价：CNY13.00
    作者朱振庚（1939—2012），画家、教授。生于江苏徐州，祖籍天津。毕业于中央美术学院中国画系研究生班。中国美术家协会会员、湖北省美协中国画艺委会副主任、华中师范大学美术系教授、湖北美协中国画艺委员会副主任。出版有《朱振庚刻纸艺术》《朱振庚速写集》等。钱忠平（1966— ）教师。生于浙江。毕业于中国美术学院版画系和首都师范大学美术系，获硕士学位。华中师范大学美术学院美术教育教研室副教授、湖北美术家协会会员。编著出版《速写教学》。

J0013248
学院素描赏评 李跃滨编著
哈尔滨 黑龙江美术出版社 1997 年 88 页
26cm（16 开） ISBN：7-5318-0396-8
定价：CNY16.20

J0013249
阿波罗 （石膏像）王德源编绘；丁国兴摄影
上海 上海人民美术出版社 1998 年 29cm（16 开）
ISBN：7-5322-2049-4 定价：CNY7.60
（一物一景写生技法系列丛书）

J0013250
阿戈里巴 （石膏像）李其鹏编绘；丁国兴摄影
上海 上海人民美术出版社 1998 年 26cm（16 开）
ISBN：7-5322-2048-6 定价：CNY7.60
（一物一景写生技法系列丛书）

J0013251
阿格里巴——伏尔泰 华松津，华天阳绘
杭州 浙江人民美术出版社 1998 年 16 页
29cm（16 开） ISBN：7-5340-0767-4
定价：CNY9.00
（古典石膏素描教室）
    作者华松津，副教授，浙江省高等院校画会副会长。

J0013252
彩色铅笔技巧训练 （西班牙版）罗国祥译
武汉 湖北美术出版社 1998 年 32 页 31cm（10 开）
ISBN：7-5394-0781-6 定价：CNY19.00

J0013253
创意素描 韩兵编著
上海 学林出版社 1998 年 96 页 17×19cm
ISBN：7-80616-332-8 定价：CNY18.00

J0013254
从〇开始 （对一群学生的美术辅导及其展示）刘庄编著
长沙 湖南美术出版社 1998 年 125 页
26cm（16 开） ISBN：7-5356-1068-4
定价：CNY41.00
    作者刘庄（1917—1993），字徽明，号一庄。广州中山人。毕业于中山大学。

J0013255
大卫——眼耳口鼻 张定钊绘
杭州 浙江人民美术出版社 1998 年 16 页
29cm（16 开） ISBN：7-5340-0765-8
定价：CNY9.00
（古典石膏素描教室）

J0013256
动物速写 孙敬忠绘
天津 天津杨柳青画社 1998 年 138 页 有照片
21cm（32 开） ISBN：7-80503-209-2
定价：CNY15.90

J0013257
儿童简笔画 （初级入门篇）王晓阳编绘
北京 中国少年儿童出版社 1998 年 158 页
19×26cm ISBN：7-5007-4459-5 定价：CNY10.00

J0013258
儿童简笔画 （高级成熟篇）王晓阳编绘
北京 中国少年儿童出版社 1998 年 158 页
19×26cm ISBN：7-5007-4461-7 定价：CNY10.00

J0013259
儿童简笔画 （中级提高篇）王晓阳编绘
北京 中国少年儿童出版社 1998 年 158 页

19×26cm ISBN：7-5007-4460-9 定价：CNY10.00

J0013260
风景写生钢笔技法　李全民著
哈尔滨 黑龙江科学技术出版社 1998 年 127 页
25×26cm ISBN：7-5388-3225-4 定价：CNY29.00

J0013261
伏尔泰　（石膏像）周国斌编绘；丁国兴摄影
上海 上海人民美术出版社 1998 年 26cm（16 开）
ISBN：7-5322-2047-8 定价：CNY7.60
（一物一景写生技法系列丛书）

J0013262
钢笔风景速写技法指导　郝加勇著
北京 科学普及出版社 1998 年 123 页 19×19cm
ISBN：7-110-04312-6 定价：CNY6.50

J0013263
钢笔画法　傅东黎编
杭州 浙江人民美术出版社 1998 年 40 页
29cm（16 开） ISBN：7-5340-0846-8
定价：CNY16.00
（基础绘画写生摹本 第 7 辑）

J0013264
钢笔画技法　（美）阿瑟 .L. 格普蒂尔著；（美）
苏珊·E. 迈耶编；李东译
北京 中国建筑工业出版社 1998 年 252 页
有图 29cm（16 开） ISBN：7-112-01625-8
定价：CNY48.00
（绘画技法经典译丛）

J0013265
钢笔画技法　（钢笔及针管笔的表现技巧）
（美）盖瑞·斯梅恩斯（Gary Simmons）著；张士伟，
金莉译
北京 中国青年出版社 1998 年 144 页 有图
28cm（大 16 开） ISBN：7-5006-2806-4
定价：CNY32.00

J0013266
钢笔绘画艺术　阿列克赛·拉普捷夫著；高振
美译
北京 朝华出版社 1998 年 174 页 有图

26cm（16 开）

　　本书详尽地论述了绘画材料以及各种钢笔
的制作，并介绍了不同时代艺术家的实践经验以
及东西方绘画的不同，从钢笔绘画艺术的角度进
行了分析研究。作者高振美（1940—　　），女，画
家、教授。陕西米脂县人。毕业于中央美术学院。
中国美术家协会会员、中国少数民族美术促进会
会员、北京市女美术家联谊会会员。著有《绘画
艺术思维的新空间》《高振美画集》等，译著有
《钢笔绘画艺术》等。

J0013267
高级中学英语第三册数学简笔画　李世虬
等编绘
北京 人民教育出版社 1998 年 179 页 13×18cm
ISBN：7-107-12339-4 定价：CNY4.70

J0013268
荷马——巴底农女神　吴国荣著
杭州 浙江人民美术出版社 1998 年 29cm（16 开）
ISBN：7-5340-0843-3 定价：CNY9.00
（古典石膏素描教室）

　　作者吴国荣（1952—　　），画家。上海人。毕
业于浙江美术学院油画系。中国美术学院附中
讲师、中国美术家协会浙江省分会会员、中国油
画家协会会员、浙江油画家协会会员、浙江水彩
画粉画家协会会员等。出版有《创意油画艺习新
技》《设计造型基础——色彩基础教程》《素描表
现》等。

J0013269
简笔画风景静物画法　涂永录编著
杭州 中国美术学院出版社 1998 年 136 页
26cm（16 开） ISBN：7-81019-653-7
定价：CNY15.50
（美术基础技法教材丛书）

J0013270
简笔画人物画法　涂永录编著
杭州 中国美术学院出版社 1998 年 136 页
26cm（16 开） ISBN：7-81019-654-5
定价：CNY15.50
（美术基础技法教材丛书）

J0013271
简笔画训练　任松跃，李静编著
北京　人民教育出版社　1998 年　112 页
20cm（32 开）ISBN：7-107-13023-4
定价：CNY4.30
（幼儿教师基本功训练丛书）
　　作者李静，中国当代硬笔书法家协会会员。

J0013272
建筑速写技法　周家柱著
广州　华南理工大学出版社　1998 年　141 页
26cm（16 开）ISBN：7-5623-1327-X
定价：CNY22.00

J0013273
九年义务教育小学英语 1—4 册（实验本）
教学简笔画　吴悦心编绘
北京　人民教育出版社　1998 年　162 页　13×18cm
ISBN：7-107-12793-4　定价：CNY6.30

J0013274
凯旋门　（石膏像）王建国编绘；丁国兴摄影
上海　上海人民美术出版社　1998 年　26cm（16 开）
ISBN：7-5322-2046-X　定价：CNY7.60
（一物一景写生技法系列丛书）

J0013275
立方体——马头　金阳平著
杭州　浙江人民美术出版社　1998 年　29cm（16 开）
ISBN：7-5340-0840-9　定价：CNY9.00
（古典石膏素描教室）

J0013276
美国现代素描教程　（表现素描与创作）（美）
罗伯特·考派利斯（Robert Kaupelis）著；乔伟
等译
长春　吉林美术出版社　1998 年　138 页 26cm（16
开）ISBN：7-5386-0775-7 定价：CNY38.00

J0013277
铅笔画技法基础入门　怡泓等编绘
北京　中国画报出版社　1998 年　44 页 26cm（16 开）
ISBN：7-80024-420-2　定价：CNY8.50

J0013278
禽鸟速写技法　李燕生绘著
北京　中国纺织出版社　1998 年　391 页
25cm（21 开）ISBN：7-5064-1392-2
定价：CNY55.00
　　作者李燕生（1945—　　），艺术家、编辑。北
京人。毕业于中央美术学院附中。历任《参考消
息》报社美术编辑、首都新闻美术记者协会理事，
书画篆刻艺术研究所首席专家、名誉所长。出版
《汉籍名言百选》《外国黑白画小品集》《国外幽
默画》《百鸟百态》《禽鸟速写技法》等。

J0013279
人体素描写生技法　徐方编著
南昌　江西美术出版社　1998 年　161 页
29cm（16 开）ISBN：7-80580-475-3
定价：CNY32.00

J0013280
人体素描旋转观察速成画法　任瑞华著
北京　北京工艺美术出版社　1998 年　84 页
26cm（16 开）ISBN：7-80526-300-0
定价：CNY20.00

J0013281
人体速写原理及技法　肖桐，张茂华编写；
浩明摄；舒昊等绘
海口　南海出版公司　1998 年　69 页 26cm（16 开）
ISBN：7-5442-1077-4　定价：CNY29.80

J0013282
人物速写技法　蔡玉水著
济南　山东美术出版社　1998 年　60 页　43cm（8
开）ISBN：7-5330-1251-8　定价：CNY19.50

J0013283
少儿素描三十六技　姜行仁编著
上海　上海辞书出版社　1998 年　158 页　17×19cm
ISBN：7-5326-0525-6　定价：CNY16.80
（少儿素质教育丛书）

J0013284
设计素描　陈玉兰，程建新编著
桂林　漓江出版社　1998 年　重印本 93 页
26cm（16 开）ISBN：7-5407-1955-9

定价：CNY12.00

J0013285
设计素描　杜海滨，孙兵著
沈阳　辽宁美术出版社　1998年　121页　有图
26cm（16开）ISBN：7-5314-1875-4
定价：CNY30.00

J0013286
设计素描　谢雰，吴余青编著
乌鲁木齐　新疆青少年出版社　1998年　40页
26cm（16开）ISBN：7-5371-3005-1
定价：CNY7.60
（美术技法丛书 2）

J0013287
石膏半面像素描　王钧佑等著
天津　天津人民美术出版社　1998年　151页
17cm（40开）ISBN：7-5305-0910-1
定价：CNY9.50
（艺术的摇篮）

J0013288
石膏几何体画法　华松津，华天阳编绘
杭州　浙江人民美术出版社　1998年　54页
26cm（16开）ISBN：7-5340-0828-X
定价：CNY15.00
（青少年美术辅导教材）
　　作者华松津，副教授，浙江省高等院校画会
副会长。

J0013289
石膏素描　（1）李泽霖编
杭州　中国美术学院出版社　1998年　42cm（8开）
ISBN：7-81019-683-9　定价：CNY24.00
（素描教室）

J0013290
石膏素描　（2）李泽霖编
杭州　中国美术学院出版社　1998年　42cm（8开）
ISBN：7-81019-684-7　定价：CNY24.00
（素描教室）

J0013291
石膏素描技法范本　（1）俞建国绘

上海　上海人民美术出版社　1998年　23页
37cm（8开）ISBN：7-5322-1901-1　定价：CNY18.00

J0013292
石膏素描技法范本　（2）俞建国绘
上海　上海人民美术出版社　1998年　21页
37cm（8开）ISBN：7-5322-1902-X　定价：CNY18.00

J0013293
石膏写生技法　古聿浚编著
天津　天津人民美术出版社　1998年　65页
26cm（16开）ISBN：7-5305-0814-8
定价：CNY6.20
（美术基础技法丛书）

J0013294
世界名家素描鉴赏　（1）陈守义，戴昱编著
杭州　中国美术学院出版社　1998年　29cm（16开）
ISBN：7-81019-641-3　定价：CNY24.00
　　作者陈守义（1944—　），浙江温州人。毕业
于浙江美术学院油画系。中国美术家协会会员、
浙江美术家协会理事、浙江美术教育研究会副会
长。主要作品有《山城》《水乡的回忆》《巴黎春
色》等。

J0013295
世界名家素描鉴赏　（2）陈守义编著
杭州　中国美术学院出版社　1998年　29cm（16开）
ISBN：7-81019-642-1　定价：CNY24.00

J0013296
世界名家素描鉴赏　（3）陈守义，于振平
编著
杭州　中国美术学院出版社　1998年　29cm（16开）
ISBN：7-81019-643-X　定价：CNY24.00
　　作者陈守义（1944—　），浙江温州人。毕业
于浙江美术学院油画系。中国美术家协会会员、
浙江美术家协会理事、浙江美术教育研究会副会
长。主要作品有《山城》《水乡的回忆》《巴黎春
色》等。作者于振平（1963—　），山东诸城人。
毕业于中国美术学院。在苏州丝绸工学院美术
系和中国美术学院任教。主要作品有《501房间》
《蝶恋花》《窗外依旧吹着风》。

J0013297
室内一角标本　（素描静物）董卫星编绘
上海　上海人民美术出版社　1998年　28cm（16开）
ISBN：7-5322-2039-7　定价：CNY7.60
（一物一景写生技法系列丛书）

J0013298
蔬果　（素描静物）陈立平编绘
上海　上海人民美术出版社　1998年
28cm（大16开）　ISBN：7-5322-2041-9
定价：CNY7.60
（一物一景写生技法系列丛书）

J0013299
素描　阮礼荣，何瑾编著
昆明　晨光出版社　1998年　34页　26cm（16开）
ISBN：7-5414-1467-0　定价：CNY4.50
（小画家丛书）

J0013300
素描　王亚平，张京红著
长沙　湖南美术出版社　1998年　79页　26cm（16开）
ISBN：7-5356-1071-4　定价：CNY26.00
（美术基础教学与研究）

J0013301
素描　王岩等编著
沈阳　辽宁美术出版社　1998年　112页
29cm（16开）　ISBN：7-5314-1920-3
定价：CNY22.00
（材料与技法丛书）

J0013302
素描　叶茂涵，李继祥编著
成都　四川教育出版社　1998年　2版　78页
26cm（16开）　ISBN：7-5408-0591-9
定价：CNY8.80
　　作者叶茂涵（1939—　　），四川隆昌人。毕业于西南师范学院美术系。成都师范学校教师、四川省艺术教育委员会委员、中国美术家协会四川分会会员、中国教育学会美术专业委员会会员、四川省教育学会理事。主编有《中师美术选修教程》《中师美术课外活动指导》等。

J0013303
素描　朱万芳，方山编著
重庆　西南师范大学出版社　1998年　88页
有图　20cm（32开）　ISBN：7-5621-1893-0
定价：CNY20.80

J0013304
素描　邱新良著
北京　西苑出版社　1998年　44页　26cm（16开）
ISBN：7-80108-111-0　定价：CNY10.00
（美术教程丛书　通往成功之路）

J0013305
素描　周若兰，王克良编著
北京　中国建筑工业出版社　1998年　147页
29cm（16开）　ISBN：7-112-03363-2
定价：CNY21.00
（高等学校建筑美术系列教学丛书）

J0013306
素描范画　王福阳主编；福建省中等师范学校
美术中心教研组编
福州　福建美术出版社　1998年　38cm（6开）
ISBN：7-5393-0730-7　定价：CNY12.00
（福建省四年制中等师范学校美术教学丛书）

J0013307
素描基础　（英）詹姆斯·霍顿著；马文启译
长春　吉林美术出版社　1998年　71页
28cm（大16开）　精装　ISBN：7-5386-0693-9
定价：CNY40.00
（英国皇家美术学院绘画技法丛书）

J0013308
素描基础教学　张争，叶强编著
成都　四川美术出版社　1998年　102页
26cm（16开）　ISBN：7-5410-1427-3
定价：CNY20.00
（美术院校基础教学丛书）

J0013309
素描集　（青少年美术辅导资料）海生编绘
青岛　青岛海洋大学出版社　1998年　84页
21×29cm　ISBN：7-81067-024-7
定价：CNY26.00

J0013310
素描技法　刘书声编著
济南　山东美术出版社　1998年　重印　138页
有图　26cm（16开）ISBN：7-5330-0968-1
定价：CNY24.00
　　本书介绍了素描写生的要领和常识，素描写生的工具、材料，以及静物写生、人物写生、风景写生的素描技法的基本知识。

J0013311
素描技法　谢雾，吴余青编著
乌鲁木齐　新疆青少年出版社　1998年　40页
26cm（16开）ISBN：7-5371-3005-1
定价：CNY7.60
（美术技法丛书 1）

J0013312
素描技巧训练　（西班牙版）罗国祥译
武汉　湖北美术出版社　1998年　32页　31cm（10开）
ISBN：7-5394-0778-6　定价：CNY19.00

J0013313
素描教程　（上册）杨寿东等编绘
上海　上海人民美术出版社　1998年　44页
26cm（16开）ISBN：7-5322-1829-5
定价：CNY7.50

J0013314
素描教程　（中册）陈坚编绘
上海　上海人民美术出版社　1998年　39页
26cm（16开）ISBN：7-5322-1856-2
定价：CNY7.50
　　作者陈坚（1959—　），山东青岛人。曾任中国美术家协会水彩画艺术委员会副主任、兼秘书长，北京市美协水彩画艺术委员会副主任、北京水彩画学会副会长。主要作品有《塔吉克老人》《塔吉克姑娘》《逝》等。

J0013315
素描教程　（下册）曹正志，冯国勤编绘
上海　上海人民美术出版社　1998年　44页
26cm（16开）ISBN：7-5322-1854-6
定价：CNY7.50

J0013316
素描教学　（第一册）朱正刚主编；阎敏编绘
上海　上海书画出版社　1998年　51页　26cm（16开）
ISBN：7-80635-333-X　定价：CNY12.60
　　作者阎敏（1957—　），美术师。江西宜春人。先后毕业于江西省宜春师专艺术系、华南师大美术系，结业于中央美术学院版画系。深圳宝安画院美术师、中国美术家协会会员、中国版画家协会会员。出版作品有《阎敏画集》。

J0013317
素描教学　（第二册）朱正刚主编；马慎毅，阎敏编绘
上海　上海书画出版社　1998年　32页　26cm（16开）
ISBN：7-80635-330-5　定价：CNY8.30

J0013318
素描教学　（第三册）朱正刚主编；邱立新编绘
上海　上海书画出版社　1998年　36页　26cm（16开）
ISBN：7-80635-331-3　定价：CNY9.50

J0013319
素描教学　（第四册）朱正刚主编；周明星编绘
上海　上海书画出版社　1998年　36页　26cm（16开）
ISBN：7-80635-332-1　定价：CNY9.50

J0013320
素描教学　（第七册）朱正刚主编
上海　上海书画出版社　1998年　16页　38cm（6开）
ISBN：7-80635-334-8　定价：CNY9.80

J0013321
素描教学范例　肖素红，于树斌著
哈尔滨　黑龙江教育出版社　1998年　47页
29cm（16开）ISBN：7-5316-2969-0
定价：CNY15.00

J0013322
素描教与学同步　陈英编著
哈尔滨　东北林业大学出版社　1998年　60页
26cm（16开）ISBN：7-81008-897-1
定价：CNY12.00

J0013323
素描进程　（构图）王崇会编著

重庆 西南师范大学出版社 1998 年 30 页
26cm（16 开）ISBN：7-5621-2088-9
定价：CNY9.00
（美术学生应试丛书）

J0013324
素描进程 （静物）张世雄编著
重庆 西南师范大学出版社 1998 年 30 页
26cm（16 开）ISBN：7-5621-2053-6
定价：CNY9.00
（美术学生应试丛书）

J0013325
素描进程 （人像）张世雄编著
重庆 西南师范大学出版社 1998 年 30 页
26cm（16 开）ISBN：7-5621-2055-2
定价：CNY9.00
（美术学生应试丛书）

J0013326
素描进程 （石膏头像）张世雄编著
重庆 西南师范大学出版社 1998 年 ［30］页
26cm（16 开）ISBN：7-5621-2054-4
定价：CNY9.00
（美术学生应试丛书）

J0013327
素描进程 （速写）王崇会编著
重庆 西南师范大学出版社 1998 年 30 页
26cm（16 开）ISBN：7-5621-2022-6
定价：CNY9.00
（美术学生应试丛书）

J0013328
素描静物技法 王学亚编著
成都 四川美术出版社 1998 年 37cm
ISBN：7-5410-1506-7 定价：CNY20.00
（美术院校基础教学丛书）

J0013329
素描美术中考指南 （教学·示范·临摹本）黄
堃源，冯炳文编
广州 岭南美术出版社 1998 年 49 页 37cm
ISBN：7-5362-1566-5 定价：CNY25.00
　　　作者黄堃源，国家一级美术师、广州画院专

业画家、中国美术家协会会员。油画作品有《凤
凰花开》《小鸟天堂》《八骏》《胡杨树》《源远流
长》等。

J0013330
素描人像 （英）雷·史密斯著；王健敏译
长春 吉林美术出版社 1998 年 71 页
28cm（大 16 开）精装 ISBN：7-5386-0694-7
定价：CNY40.00
（英国皇家美术学院绘画技法丛书）

J0013331
素描石膏头像画法 王方雄编著
杭州 浙江人民美术出版社 1998 年 82 页
26cm（16 开）ISBN：7-5340-0824-7
定价：CNY19.50
（青少年美术辅导教材）

J0013332
素描速写基础 杨沂京编著
北京 中国社会出版社 1998 年 121 页 有图
26cm（16 开）ISBN：7-80146-055-3
定价：CNY16.00
（美术与设计基础丛书）

J0013333
素描头像技法 穆恩龄编著
北京 北京科学技术出版社 1998 年 66 页
26cm（16 开）ISBN：7-5304-2021-6
定价：CNY16.00

J0013334
速写 （2）尹东权编著
上海 上海画报出版社 1998 年 78 页 26cm（16 开）
ISBN：7-80530-410-6 定价：CNY10.00
（少年儿童美术技法丛书）

J0013335
速写 张素贞著
太原 北岳文艺出版社 1998 年 72 页 有图
17×19cm ISBN：7-5378-1867-3 定价：CNY9.80
（基础美术丛书）

J0013336
速写 范成保，阮礼荣编著

昆明 晨光出版社 1998 年 34 页 26cm（16 开）
ISBN：7-5414-1468-9 定价：CNY4.50
（小画家丛书）

J0013337
速写 张望主编；全国中等职业学校实用美术
类专业教材编写组编
北京 高等教育出版社 1998 年 151 页 有图
26cm（16 开） ISBN：7-04-006567-3
定价：CNY20.60
　　作者张望（1916—1993），画家、思想家。原
名张发赞，笔名致平、克之、张扦。广东大埔县
百侯镇南山村人。代表作品《新美术评论集》。

J0013338
速写 温崇圣，姜桦编著
北京 中国建筑工业出版社 1998 年 130 页
29cm（16 开） ISBN：7-112-03368-3
定价：CNY20.00
（高等学校建筑美术系列教学丛书）
　　作者温崇圣（1938— ），画家。祖籍山东莱
州市。鲁迅美术学院教授、中国美术家协会会员、
辽宁省美术家协会理事、辽宁中国画研究会副会
长、大连市中国画研究会会长。作品有《畅通无
阻》《掠夺》《铁证》等。

J0013339
速写 中央美术学院附中业余美术学校业务教
研室编
北京 中国青年出版社 1998 年 187 页 26cm（16
开） ISBN：7-5006-2885-4 定价：CNY40.00
（中央美术学院附中业余美术学校基础训练丛书）

J0013340
速写画法 陈志明编
杭州 浙江人民美术出版社 1998 年 40 页
29cm（16 开） ISBN：7-5340-0848-4
定价：CNY16.00
（基础绘画写生摹本 第 8 辑）

J0013341
速写基础教程 李录成编著
西安 陕西人民美术出版社 1998 年 71 页
26cm（16 开） ISBN：7-5368-1022-9
定价：CNY16.80

J0013342
速写技法 谢雾，吴余青编著
乌鲁木齐 新疆青少年出版社 1998 年 40 页
26cm（16 开） ISBN：7-5371-3005-1
定价：CNY7.60
（美术技法丛书 4）

J0013343
速写人体技法画例 王连元绘著
哈尔滨 黑龙江美术出版社 1998 年 128 页
29cm（16 开） ISBN：7-5318-0508-1
定价：CNY48.00
（神笔系列技法丛书）
　　作者王连元（1942— ），画家。辽宁兴城人，
现侨居澳大利亚。为中国美术家协会会员、哈尔
滨师范大学艺术学院教授。作品有《早春三月》
《鄂乡系列——乡情》。

J0013344
炭笔画技法基础入门 晓村等绘编
北京 中国画报出版社 1998 年 44 页 26cm（16 开）
ISBN：7-80024-419-9 定价：CNY8.50

J0013345
维纳斯 吴国荣编著
杭州 浙江人民美术出版社 1998 年 29cm（15 开）
ISBN：7-5340-0842-5 定价：CNY9.00
（古典石膏素描教室）
　　本书由《维纳斯》《格达梅拉塔》合订。作者
吴国荣（1952— ），画家。上海人。毕业于浙江
美术学院油画系。中国美术学院附中讲师、中国
美术家协会浙江省分会会员、中国油画家协会会
员、浙江油画家协会会员、浙江水彩画粉画家协
会会员等。出版有《创意油画艺习新技》《设计
造型基础——色彩基础教程》《素描表现》等。

J0013346
文具·乐器 （素描静物）黄源熊编绘；丁国兴
摄影
上海 上海人民美术出版社 1998 年 26cm（16 开）
ISBN：7-5322-2040-0 定价：CNY7.60
（一物一景写生技法系列丛书）

J0013347
现代素描教程 白德松编著

成都　四川美术出版社　1998 年　37cm
ISBN：7-5410-1483-4　定价：CNY16.00
（美术基础教学丛书）

J0013348
线描　高东方，马广丽编
济南　山东美术出版社　1998 年　40 页　26cm（16 开）
ISBN：7-5330-1127-9　定价：CNY4.50
（金画笔　少儿美术丛书）

J0013349
线描画　万萌哲编著
杭州　浙江人民美术出版社　1998 年　43 页
26cm（16 开）　ISBN：7-5340-0871-9
定价：CNY8.00
（儿童美术辅导教材　学画画）

J0013350
小神童超级多用简笔画　徐晋林编绘
北京　大众文艺出版社　1998 年　80 页　19×26cm
ISBN：7-80094-331-3　定价：CNY15.00

J0013351
新编彩色简笔画　（1）老马编著
沈阳　辽宁美术出版社　1998 年　72 页
19cm（小 32 开）　ISBN：7-5314-1899-1
定价：CNY9.00

J0013352
新编彩色简笔画　（2）老马编著
沈阳　辽宁美术出版社　1998 年　72 页
19cm（小 32 开）　ISBN：7-5314-1900-9
定价：CNY9.00

J0013353
学习素描　周是一著
北京　朝华出版社　1998 年　44 页　26cm（16 开）
ISBN：7-5054-0604-3　定价：CNY15.00

J0013354
亚历山大面像　华松津，华天阳绘
杭州　浙江人民美术出版社　1998 年　16 页
29cm（16 开）　ISBN：7-5340-0766-6
定价：CNY9.00
（古典石膏素描教室）

作者华松津，副教授，浙江省高等院校画会
副会长。

J0013355
圆球体／母狮　金阳平著
杭州　浙江人民美术出版社　1998 年　29cm（16 开）
ISBN：7-5340-0841-7　定价：CNY9.00
（古典石膏素描教室）

J0013356
怎样画素描　蓝鹏云，马胜凯著
南昌　江西美术出版社　1998 年　40 页　26cm（16 开）
ISBN：7-80580-525-3　定价：CNY9.80
（绘画入门丛书）

J0013357
怎样画素描　宇慧主编
沈阳　沈阳出版社　1998 年　131 页　有插图
19cm（小 32 开）　ISBN：7-5441-0987-9
定价：CNY98.00（全套）
（审美素质培养丛书　10）

作者宇慧，主编作品有《音乐美与欣赏》《怎
样拉二胡》《怎样吹口哨》等。

J0013358
怎样画素描人像　陈坚编
上海　上海人民美术出版社　1998 年　50 页
有图　19cm（小 32 开）　ISBN：7-5322-1990-9
定价：CNY4.00
（芳草地初级绘画技法丛书）

作者陈坚（1959—　），山东青岛人。曾任中
国美术家协会水彩画艺术委员会副主任、兼秘书
长，北京市美协水彩画艺术委员会副主任、北京
水彩画学会副会长。主要作品有《塔吉克老人》
《塔吉克姑娘》《逝》等。

J0013359
怎样画速写　马胜凯著
南昌　江西美术出版社　1998 年　40 页　26cm（16 开）
ISBN：7-80580-525-3　定价：CNY9.80
（绘画入门丛书）

J0013360
怎样画速写　程钰林编
上海　上海人民美术出版社　1998 年　26 页

有图　19cm（小 32 开）　ISBN：7-5322-1995-X

定价：CNY3.50

（芳草地初级绘画技法丛书）

　　作者程钰林（1945—　　），上海华山美校高级美术教师。

J0013361

朱理诺　阿波罗　周刚绘

杭州　浙江人民美术出版社　1998 年　16 页

29cm（16 开）　ISBN：7-5340-0768-2

定价：CNY9.00

（古典石膏素描教室）

J0013362

朱理亚诺　（石膏像）黄源熊编绘；丁国兴摄影

上海　上海人民美术出版社　1998 年　29cm（16 开）

ISBN：7-5322-2045-1　定价：CNY7.60

（一物一景写生技法系列丛书）

J0013363

装饰线描技法基础入门　秦昊等编绘

北京　中国画报出版社 1998 年 44 页 26cm（16 开）

ISBN：7-80024-509-8　定价：CNY10.00

J0013364

3 小时人像素描写生与默写　华松津，华天阳编绘

杭州　浙江人民美术出版社　1999 年　62 页

26cm（16 开）　ISBN：7-5340-0877-8

定价：CNY16.00

　　作者华松津，副教授，浙江省高等院校画会副会长。

J0013365

3 小时石膏像素描写生　华松津，华天阳编绘

杭州　浙江人民美术出版社　1999 年　62 页

26cm（16 开）　ISBN：7-5340-0961-8

定价：CNY16.00

J0013366

阿里阿斯　（石膏像）贺子鉴编绘

上海　上海人民美术出版社　1999 年　20 页 29cm

（16 开）ISBN：7-5322-2254-3　定价：CNY7.60

（一物一景写生系列丛书）

J0013367

布鲁达斯　（石膏像）陈立平编绘

上海　上海人民美术出版社　1999 年　16 页

29cm（16 开）　ISBN：7-5322-2250-0

定价：CNY7.60

（一物一景写生系列丛书）

J0013368

达·芬奇　（意）达·芬奇（Da Vinci）绘；楼笙华编著

杭州　西泠印社　1999 年　24 页　37cm

ISBN：7-80517-414-8　定价：CNY28.00

（大师素描临本　系列丛书　一）

J0013369

大师素描研习导引　尹传荣编著

沈阳　辽宁美术出版社　1999 年　117 页

29cm（16 开）　ISBN：7-5314-2053-8

定价：CNY21.00

　　作者尹传荣（1956—　　），辽宁东港人。丹东师范学校任教，丹东美协会员，全国优秀教师。

J0013370

儿童素描教程　吴余青绘

乌鲁木齐　新疆青少年出版社　1999 年　104 页

19×20cm ISBN：7-5371-3288-7

定价：CNY42.00（全套）

（美育小丛书）

J0013371

凡·高（画集）（荷）温林特·凡·高绘；苏高礼编著

北京　中国文联出版公司　1999 年　47 页

26cm（16 开）　ISBN：7-5059-3282-9

定价：CNY9.20

（世界大师素描技法　第三辑）

　　编者苏高礼（1937—　　），油画家，美术教育家。山西平定县人。就读于中央美术学院油画系，后毕业于列宾美术学院油画大师梅尔尼科夫工作室。中国美术家协会会员、中央美院教授。出版《苏高礼写生画集》《苏高礼素描画集》《中国油画五十家——苏高礼》《素描教学》等。

J0013372

风景速写　陈华新著

上海　上海大学出版社 1999年 62页 29cm（16开）
ISBN：7-81058-113-9 定价：CNY12.00
　　本书系基础美术阶梯训练教材之风景速写
技法。

J0013373
绘画写生哲学论　　庞均著
台北　艺术家出版社 1999年 70页 有图
照片 21cm（32开）　ISBN：957-8273-33-9
定价：TWD250.00
（美术技法系列）

J0013374
几何体 （石膏像）陈伟东编绘
上海　上海人民美术出版社 1999年 29cm（16开）
ISBN：7-5322-2259-4 定价：CNY7.60
（一物一景写生系列丛书）

J0013375
几何体静物素描　　陈华新著
上海　上海大学出版社 1999年 62页 29cm（16开）
ISBN：7-81058-131-7 定价：CNY12.00
（《基础美术阶梯训练教材》系列丛书）
　　本书包括素描基础知识、静物结构写生步
骤、观察与理解（比例）、构图规律、线条运用、
静物结构写生等。

J0013376
简笔画　　张晓春编绘
苏州　古吴轩出版社 1999年 156页 26cm（16开）
ISBN：7-80574-419-X 定价：CNY16.00

J0013377
建筑与树木铅笔写生教程　　周宏智著
北京　清华大学出版社 1999年 164页
26cm（16开）　ISBN：7-302-03512-1
定价：CNY17.00

J0013378
教你画素描　　张琦编著
北京　中国计划出版社 1999年 38页 26cm（16开）
ISBN：7-80058-817-3 定价：CNY6.50
（21 世纪美术权威教程）

J0013379
教你画线描画　　李家通编著
北京　中国计划出版社 1999年 40页 26cm（16开）
ISBN：7-80058-817-3 定价：CNY6.50
（21 世纪美术权威教程）

J0013380
静物 （湖北美术学院专辑）叶庆编著
武汉　湖北美术出版社 1999年 16页 36cm（15开）
ISBN：7-5394-0769-7 定价：CNY15.00
（学院素描教学范本系列）

J0013381
静物素描　　李昌国，李昌平编著
北京　中国民族摄影艺术出版社 1999年 48页
26cm（16开）　ISBN：7-80069-277-9
定价：CNY7.80
（基础美术技法丛书 初级班 2）

J0013382
静物素描教学问答　　宫六朝著
石家庄　河北美术出版社 1999年 91页 有图
25×26cm ISBN：7-5310-1114-X 定价：CNY15.00
　　作者宫六朝（1952—2015），教授。生于河北
文安。毕业于河北师范大学艺术系油画专业，并
留校任教。曾任河北师范学院美术系基础教研
室主任、副教授，河北省美术家协会会员、河北
省水彩水粉画研究会会员。代表作品有《晴云》
《神道》《群鸡百态野趣图》等。

J0013383
考场·教室人物素描　　代大权编
长春　吉林美术出版社 1999年 149页
29cm（16开）
　　本书以男青年头像、女青年头像、老人头
像、全身像、女半身像、男半身像为范例，介绍
了人物素描的技法。

J0013384
拉斐尔 （意）拉斐尔（Raphael Santi）绘；楼笙
华编著
杭州　西泠印社 1999年 24页 37cm（8开）
ISBN：7-80517-414-8 定价：CNY28.00
（大师素描临本 系列丛书 一）
　　作者拉斐尔（Raphael Santi，1483—1520），

意大利画家。创作了大量的圣母像，他的作品充分体现了安宁、协调、和谐、对称和完美的秩序。代表作《西斯廷圣母》《雅典学派》《圣玛利亚的婚礼》等。

J0013385

老人正·侧面顶光集　艺非主编
南宁 广西美术出版社 1999年 16页 38cm（6开）
ISBN：7-80625-736-5 定价：CNY7.00
（走进美院 系列丛书 素描人像）

　　编者艺非，主编的主要作品有《玻璃、器皿暖光集》《男人·女人正面顶光集》《水果、瓦罐暖光集》等。

J0013386

老人正·侧面平光集　艺非主编
南宁 广西美术出版社 1999年 16页 38cm（6开）
ISBN：7-80625-736-5 定价：CNY7.00
（走进美院 系列丛书 素描人像）

J0013387

伦勃朗　（画集）（荷）哈门斯·范·雷因·伦勃朗绘；高宗英编著
北京 中国文联出版公司 1999年 47页
26cm（16开） ISBN：7-5059-3285-3
定价：CNY9.20
（世界大师素描技法 第三辑）

　　作者高宗英（1932—　　），教授。出生于北京。中央美术学院油画系和壁画系教授、中国美协会员。著有《谈绘画构图》《画好素描的关键》《世界名家素描》《世界大师素描技法》等。

J0013388

马蒂斯　（画集）（法）亨利·马蒂斯绘；高宗英编著
北京 中国文联出版公司 1999年 47页
26cm（16开） ISBN：7-5059-3286-1
定价：CNY9.20
（世界大师素描技法 第三辑）

　　作者亨利·马蒂斯（Henri matisse，1869—1954），法国画家、雕塑家、版画家。出生于法国北部皮卡第地区。野兽派创始人和主要代表人物。代表作有《豪华、宁静、欢乐》《生活的欢乐》《开着的窗户》《戴帽的妇人》等。

J0013389

毛奇　（石膏像）周国斌编绘
上海 上海人民美术出版社 1999年 29cm（16开）
ISBN：7-5322-2255-1 定价：CNY7.60
（一物一景写生系列丛书）

J0013390

美术中考3小时范画·素描　冯家骒等编著
南昌 江西美术出版社 1999年 37cm（8开）
ISBN：7-80580-562-8 定价：CNY17.00

J0013391

美术专业优秀试卷评析　陈琦主编
杭州 西泠印社 1999年 55页 25×27cm
ISBN：7-80517-371-0 定价：CNY25.00

J0013392

米开朗基罗　（石膏像）王燕德编绘
上海 上海人民美术出版社 1999年 29cm（18开）
ISBN：7-5322-2257-8 定价：CNY7.60
（一物一景写生系列丛书）

J0013393

米开朗基罗　（意）米开朗基罗（Michellangelo）绘；楼笙华编著
杭州 西泠印社 1999年 24页 37cm（8开）
ISBN：7-80517-414-8 定价：CNY28.00
（大师素描临本 系列丛书 一）

J0013394

摩西　（石膏像）贺子鉴编绘
上海 上海人民美术出版社 1999年 29cm（16开）
ISBN：7-5322-2251-9 定价：CNY7.60
（一物一景写生系列丛书）

J0013395

牧童　（石膏像）王燕德编绘
上海 上海人民美术出版社 1999年 29cm（16开）
ISBN：7-5322-2253-5 定价：CNY7.60
（一物一景写生系列丛书）

J0013396

男人·女人侧面顶光集　艺非主编
南宁 广西美术出版社 1999年 16页 38cm（6开）
ISBN：7-80625-736-5 定价：CNY7.00

（走进美院 系列丛书 素描人像）

J0013397

男人·女人侧面平光集 艺非主编
南宁 广西美术出版社 1999年 16页 38cm（6开）
ISBN：7-80625-736-5 定价：CNY7.00
（走进美院 系列丛书 素描人像）

作者艺非，主编的主要作品有《玻璃、器皿暖光集》《男人·女人正面顶光集》《水果、瓦罐暖光集》等。

J0013398

男人·女人正面顶光集 艺非主编
南宁 广西美术出版社 1999年 16页 38cm（6开）
ISBN：7-80625-736-5 定价：CNY7.00
（走进美院 系列丛书 素描人像）

J0013399

男人·女人正面平光集 艺非主编
南宁 广西美术出版社 1999年 16页 38cm（6开）
ISBN：7-80625-736-5 定价：CNY7.00
（走进美院 系列丛书 素描人像）

J0013400

奴隶 （石膏像）李其鹏编绘
上海 上海人民美术出版社 1999年 29cm（16开）
ISBN：7-5322-2252-7 定价：CNY7.60
（一物一景写生系列丛书）

J0013401

女人体写生素描技法 若忍等著
合肥 安徽美术出版社 1999年 109页
29cm（16开）ISBN：7-5398-0742-3
定价：CNY38.00
（人体写生教学丛书）

J0013402

女人体写生速写技法 杨杰著
合肥 安徽美术出版社 1999年 123页
29cm（16开）ISBN：7-5398-0741-5
定价：CNY40.00
（人体写生教学丛书）

作者杨杰（1959— ），浙江少年儿童出版社文艺室美术编辑。

J0013403

铅笔素描 （日）大熊弘文执笔；钟江村译
台北 笛藤出版图书公司 1999年 117页 有图
26cm（16开）精装 ISBN：957-710-283-2
定价：TWD380.00

外文书名：Introduction to Pencil Drawing.

J0013404

全身着衣人物 （湖北美术学院专辑）桑建新编著
武汉 湖北美术出版社 1999年 15页 36cm（15开）
ISBN：7-5394-0775-1 定价：CNY15.00
（学院素描教学范本系列）

J0013405

人体 （湖北美术学院专辑）曹丹编著
武汉 湖北美术出版社 1999年 15页 36cm（15开）
ISBN：7-5394-0774-3 定价：CNY15.00
（学院素描教学范本系列）

J0013406

人体素描与人体结构 钟志金著
北京 大众文艺出版社 1999年 182页
26cm（16开）ISBN：7-80094-270-8
定价：CNY30.00

J0013407

人体素描原理及技法 杨卫平，全泉编写；
白冰摄；杨洋，晓毛绘
海口 南海出版公司 1999年 60页 29cm（16开）
ISBN：7-5442-1224-6 定价：CNY29.80

J0013408

人体写生教学丛书
合肥 安徽美术出版社 1999年 4册 29cm（16开）

J0013409

人物半身像 （湖北美术学院专辑）杨丹编著
武汉 湖北美术出版社 1999年 16页 36cm（15开）
ISBN：7-5394-0773-5 定价：CNY15.00
（学院素描教学范本系列）

J0013410

人物速写 魏志善著
上海 上海大学出版社 1999年 62页 29cm（16开）

ISBN：7-81058-114-7 定价：CNY12.00

本书为基础美术阶梯训练教材之人物速写。作者魏志善（1957— ），教授。上海人。毕业于上海师范大学艺术系。任教于上海师范大学行知艺术学院。出版有《三字经》《康熙大帝》等连环画，著有《国画》《人物速写》《风景速写》等。

J0013411

人物速写 陈志明编著

北京 中国民族摄影艺术出版社 1999年 48页 26cm（16开）ISBN：7-80069-272-8

定价：CNY9.80

（基础美术技法丛书 中级班 8）

J0013412

人物头像 （湖北美术学院专辑）周向林编著

武汉 湖北美术出版社 1999年 16页 36cm（15开）

ISBN：7-5394-0771-9 定价：CNY15.00

（学院素描教学范本系列）

J0013413

人像素描 陈华新著

上海 上海大学出版社 1999年 46页 28cm（16开）

ISBN：7-81058-070-1 定价：CNY12.00

作者陈华新（1961— ），教师。生于上海。曾用名凡飞。毕业于上海师范大学艺术系油画专业。在上海师范大学行知艺术学院任教，从事基础绘画教学，高级讲师。著有《素描》《色彩》《五官石膏素描》等。

J0013414

少儿学素描 刘芯芯著

沈阳 辽宁美术出版社 1999年 47页 有图 19×26cm

（21世纪技法系列丛书）

J0013415

少儿学线描 刘芯芯著

沈阳 辽宁美术出版社 1999年 63页 19×26cm

（21世纪技法系列丛书）

本书介绍了儿童画中线条的运用等正确的线描方法，内容包括：绘画工具，线条的形式，线的韵律，植物、昆虫、鸟类、动物等的线描技法。

J0013416

生活·速写·创作 栾永让著

沈阳 辽宁美术出版社 1999年 29cm（16开）

ISBN：7-5314-2221-2 定价：CNY23.00

作者栾永让（1938— ），画家、教授。生于山东蓬莱。毕业鲁迅美术学院中国画系。鲁迅美术学院教授。作品有《老船》《绝壁苍山》，出版有《栾永让·心源造化》《画家之旅——栾永让写生集》。

J0013417

石膏挂像 陈志明，俞晓群编著

北京 中国民族摄影艺术出版社 1999年 48页 26cm（16开）ISBN：7-80069-277-9

定价：CNY7.80

（基础美术技法丛书 初级班 3）

J0013418

石膏几何 李昌国，李昌平编著

北京 中国民族摄影艺术出版社 1999年 48页 26cm（16开）ISBN：7-80069-277-9

定价：CNY7.80

（基础美术技法丛书 初级班 1）

J0013419

石膏几何形体 （湖北美术学院专辑）潘德彬编著

武汉 湖北美术出版社 1999年 16页 37cm

ISBN：7-5394-0768-9 定价：CNY15.00

（学院素描教学范本系列）

J0013420

石膏头像 李昌国，李昌平编著

北京 中国民族摄影艺术出版社 1999年 48页 26cm（16开）ISBN：7-80069-277-9

定价：CNY7.80

（基础美术技法丛书 初级班 4）

J0013421

石膏像 （湖北美术学院专辑）宋克静编著

武汉 湖北美术出版社 1999年 15页 36cm（15开）

ISBN：7-5394-0770-0 定价：CNY15.00

（学院素描教学范本系列）

作者宋克静（1956— ），画家。生于湖北武汉市。毕业于湖北艺术学院美术教育系油画专业。中国美术家协会会员、中国油画学会会员，湖北美术学院油画系四画室主任、副教授。代表作品《亦将打散的构架》《镜前的女人》《打马掌》等。

J0013422
石膏像素描　李孟军著
石家庄　河北美术出版社　1999年　30页　38cm（8开）　盒装　ISBN：7-5310-1116-6
定价：CNY15.00

J0013423
石膏像素描　陈华新著
上海　上海大学出版社　1999年　46页　28cm（16开）
ISBN：7-81058-069-8　定价：CNY12.00
　　本书介绍了素描要义、素描中的观察与理解、作画步骤、视角与透视、整体与局部等石膏像的素描绘画基本技能，同时对一些优秀作品进行了欣赏。

J0013424
素描　魏诗国主编；全国中等职业学校实用美术类专业教材编写组编
北京　高等教育出版社　1999年　209页　有图　26cm（16开）　ISBN：7-04-007171-1
定价：CNY21.80
　　作者魏诗国（1942—　），美术教师。生于四川成都。毕业于西南示范学院。历任中国职教美术研究会、中国美术教育专业委员会职教分会秘书长。代表作品有《秋阳》《春雨》《老磨》等。

J0013425
素描　王智明著
济南　黄河出版社　1999年　158页　26cm（16开）
ISBN：7-80152-093-9　定价：CNY26.00
（美术教育丛书）

J0013426
素描　高师素描教材编写组［编］
济南　山东美术出版社　1999年　152页　有图　26cm（16开）　ISBN：7-5330-1334-4
定价：CNY36.00
　　本书包括：素描简史、素描教学概论、几何模型静物、人体与全身衣着人像、室内场景与风景写生等内容。

J0013427
素描　（2）黄源熊编著
上海　上海画报出版社　1999年　62页　26cm（16开）
ISBN：7-80530-518-8　定价：CNY9.00
（少年儿童美术技法丛书）

J0013428
素描　方增先，程谷青著
上海　上海书画出版社　1999年　144页　有图　17×19cm　精装　ISBN：7-80635-525-1
定价：CNY22.00
（美术技法丛书）
　　本书内容包括：几何体概括、线、形体转折点、梯度、肌群、重叠、肌肉的体表标志、结构的规律与观察、示范、图例等。

J0013429
素描　方增先，程谷青著
上海　上海书画出版社　1999年　144页　17×19cm
ISBN：7-80635-402-6　定价：CNY18.00
（美术技法丛书）
　　作者方增先（1931—　），国画家。浙江兰溪人。毕业于浙江杭州国立艺术专科学校。历任上海美术馆馆长、中国美术家协会常务理事。出版画集《方增先人物画》《方增先水墨画诗意画》《方增先古装人物画集》等，专著有《怎样画水墨人物画》《结构素描》《人物画的造型问题》等。

J0013430
素描　王旭编著
成都　四川科学技术出版社　1999年　139页　21cm（32开）　ISBN：7-5364-4109-6
定价：CNY14.00
（少年儿童课余爱好丛书）

J0013431
素描　宋建社编著
太原　希望出版社　1999年　121页　26cm（16开）
ISBN：7-5379-1905-4　定价：CNY20.00
　　作者宋建社（1955—　），教授。浙江人。毕业于上海大学美术学院油画系。上海纺织高等专科学校服装艺术系副主任、中国美术家协会会员。代表作品有《水粉画》《创作与设计》《鞋与路》《湘西情》《梦萦水乡》等。

J0013432
素描　张万清，宋荣欣编著
北京　中国商业出版社　1999 年　108 页
26cm（16 开）ISBN：7-5044-3892-8
定价：CNY18.90

J0013433
素描·造型·艺术　张歌明，陈辉编著
合肥　安徽美术出版社　1999 年　98 页
28cm（大 16 开）ISBN：7-5398-0730-X
定价：CNY18.50
（中央工艺美术学院基础教学技法丛书）

J0013434
素描 ABC　马虹，谭鹤民著
北京　朝华出版社　1999 年　124 页　26cm（16 开）
ISBN：7-5054-0578-0　定价：CNY24.80
　　本书包括：素描的基本原理、静物素描、人
物写生 3 部分。介绍了素描应具备的条件、方法
等。作者马虹（1959—　　），任教于承德民族师
专美术系，河北美术家协会会员。合著有《素描
ABC》。作者谭鹤民（1960—　　），承德师专美术
系任教。合著有《素描 ABC》。

J0013435
素描第 1 步　陈华民著
沈阳　辽宁美术出版社　1999 年　94 页　26cm（16 开）
ISBN：7-5314-2153-4　定价：CNY14.00
　　作者陈华民（1943—　　），画家。辽宁东港人。
笔名文安、春江。中国美术家协会会员、丹东市
美术家协会副主席。擅长国画，主要作品有《海
之恋》《金色的路》《扬帆远航》等。

J0013436
素描风景　齐鸣，陈苏平著
沈阳　辽宁美术出版社　1999 年　176 页
29cm（16 开）ISBN：7-5314-1991-2
定价：CNY33.00

J0013437
素描风景　傅东黎编著
北京　中国民族摄影艺术出版社　1999 年
48 页　26cm（16 开）ISBN：7-80069-272-8
定价：CNY9.80
（基础美术技法丛书　中级班 7）

J0013438
素描和色彩　刘江主编
杭州　西泠印社　1999 年　88 页　26cm（16 开）
ISBN：7-80517-363-X　定价：CNY28.00
（浙江省学生艺术特长水平测试标准辅导丛书）

J0013439
素描画法　戴伯乐编著
杭州　浙江摄影出版社　1999 年　103 页
26cm（16 开）ISBN：7-80536-667-5
定价：CNY18.00

J0013440
素描画理 72 法　尹传荣，解文金著
沈阳　辽宁美术出版社　1999 年 92 页 29cm（16 开）
ISBN：7-5314-2403-7　定价：CNY15.00
（21 世纪技法系列丛书）
　　作者尹传荣（1956—　　），辽宁东港人。丹东
师范学校任教，丹东美协会员，全国优秀教师。

J0013441
素描基础技法　（美）格雷格·艾伯特，（美）雷
切尔·沃尔夫编著；王健昌译
沈阳　辽宁画报出版社　1999 年　119 页
29cm（16 开）ISBN：7-80601-320-2
定价：CNY58.00

J0013442
素描基础教程　（第一册）步燕萍，陈凤远主编
杭州　西泠印社　1999 年　62 页　26cm（16 开）
　　本册介绍了素描基础知识、素描用具、用笔
方法与姿势、线条画法、透视知识、方圆几何体
的演变、几何体的运用等内容。

J0013443
素描基础教程　（第二册）步燕萍，陈凤远主编
杭州　西泠印社　1999 年　62 页　26cm（16 开）
　　本册介绍了静物素描基础知识、静物透视知
识、构图知识、苹果画法、玻璃器皿画法、布褶
画法、风景画透视知识等内容。

J0013444
素描基础教程　（第三册）陈凤远，步燕萍主编
杭州　西泠印社　1999 年　61 页　26cm（16 开）
　　本册介绍了头骨、头部肌肉的画法，及形体

透视知识、比例关系、五官·分面像、石膏头像、伏尔泰像、马赛像等内容。

J0013445

素描基础教程 （第四册）陈凤远，步燕萍主编
杭州 西泠印社 1999 年 62 页 26cm（16 开）
ISBN：7-80517-443-1 定价：CNY12.00

　　本册介绍了头部的比例、头部的基本形、头部透视、表情·神态、脸型、性别·年龄、光·结构·明暗、头发的画法、胡须的画法、手的画法等内容。

J0013446

素描教程 解基程编著
北京 中国纺织出版社 1999 年 154 页
26cm（16 开） ISBN：7-5064-1455-4
定价：CNY22.00

J0013447

素描教学 刘汉民著
哈尔滨 黑龙江美术出版社 1999 年 76 页
有图 26cm（16 开） ISBN：7-5318-0676-2
定价：CNY16.20

J0013448

素描静物写生技法 郭卫华编著
天津 天津人民美术出版社 1999 年 66 页
26cm（16 开） ISBN：7-5305-1052-5
定价：CNY12.00
（美术基础技法丛书）

J0013449

素描人体 （西）派拉蒙编写组［编］；曲艳娜译
沈阳 辽宁美术出版社 1999 年 64 页 26cm（16 开）
ISBN：7-5314-2247-6 定价：CNY29.00
（21 世纪技法系列丛书 今日欧洲易学绘画技法系列）

J0013450

素描人像教学问答 宫六朝著
石家庄 河北美术出版社 1999 年 116 页 25×26cm
ISBN：7-5310-1119-0 定价：CNY27.00

　　作者宫六朝（1952—2015），教授。生于河北文安，毕业于河北师范大学艺术系油画专业，并留校任教。曾任河北师范学院美术系基础教研

室主任、副教授，河北省美术家协会会员，河北省水彩水粉画研究会会员。代表作品有《晴云》《神道》《群鸡百态野趣图》等。

J0013451

素描人像写生指导 李水成著
长沙 湖南美术出版社 1999 年 87 页 有图及照片
26cm（16 开） ISBN：7-5356-1266-0
定价：CNY12.80

　　作者李水成（1950— ），教授。湖南宁远人。湖南师范大学美术学院教授、硕士生导师，湖南水彩画学会顾问、理事，中国美术家协会会员，湖南省美术家协会水彩水粉画艺术委员会主任。

J0013452

素描速写 张磊著
济南 山东美术出版社 1999 年 232 页 有图
17cm（40 开） ISBN：7-5330-1326-3
定价：CNY8.80
（美术知识百问百答手册）

　　本书共有 119 个问题，包括素描和速写两部分。主要回答：为什么美术学习要从素描开始、素描学习难不难、怎样画好眼睛等问题。

J0013453

素描头像 陈志明编著
北京 中国民族摄影艺术出版社 1999 年 37 页
26cm（16 开） ISBN：7-80069-277-9
定价：CNY7.80
（基础美术技法丛书 初级班 5）

J0013454

素描头像表现技法 王守宜著
大连 大连出版社 1999 年 88 页 29cm（16 开）
ISBN：7-80612-634-1 定价：CNY28.00
（美术高考指南）

J0013455

素描写生课程 （静物）刘征献编著
重庆 西南师范大学出版社 1999 年 25 页
25×26cm ISBN：7-5621-2097-8 定价：CNY9.00

　　作者刘征献，美术教师，西南大学副教授、油画作品有《大地》。

J0013456
素描写生课程 （人像）刘征献编著
重庆 西南师范大学出版社 1999 年 25 页
25×26cm ISBN：7-5621-2097-8 定价：CNY9.00

J0013457
素描写生课程 （石膏几何体）刘征献编著
重庆 西南师范大学出版社 1999 年 25 页
25×26cm ISBN：7-5621-2097-8 定价：CNY9.00

J0013458
素描写生课程 （石膏像）刘征献编著
重庆 西南师范大学出版社 1999 年 25 页
25×26cm ISBN：7-5621-2097-8 定价：CNY9.00

J0013459
素描作品赏析　张奉杉编著
北京 高等教育出版社 1999 年 155 页 25×26cm
ISBN：7-04-007172-X 定价：CNY24.00

J0013460
速写　顾生岳，吴永良著
上海 上海书画出版社 1999 年 152 页 有图
17×19cm 精装 ISBN：7-80635-524-3
定价：CNY28.00
（美术技法丛书）
　　本书包括：速写的作用、速写的类别、速写
的技巧、速写的特色、速写的艺术处理、速写的
风格、人像速写、动物速写、动态速写、风景速
写等内容。

J0013461
速写　顾生岳，吴永良著
上海 上海书画出版社 1999 年 152 页 17×19cm
ISBN：7-80635-401-8 定价：CNY15.00
（美术技法丛书）
　　作者顾生岳（1927—2012），画家。浙江普
陀人。毕业于中央美术学院华东分院。历任浙
江美术学院中国画系主任、教授，浙江画院副院
长、杭州市美协主席、浙江人物画研究会会长等
职。著作有《顾生岳人物速写选》。作者吴永良
（1937—　），画家、教授。浙江鄞县人。毕业于
浙江美术学院中国画系人物画科。中国美术家
协会会员、浙江美术学院教授。代表作品有《鲁
迅肖像》《水乡集市》《华夏颂》《潘天寿肖像》

《西泠印踪》等。

J0013462
速写　忻秉勇编著
太原 希望出版社 1999 年 118 页 26cm（16 开）
ISBN：7-5379-2370-1 定价：CNY17.00
（美术院校升学指导丛书）

J0013463
速写风景画法　曹兴军编著
杭州 浙江人民美术出版社 1999 年 85 页
26cm（16 开） ISBN：7-5340-0935-9
定价：CNY19.50
（青少年美术辅导教材）

J0013464
速写画法　宣大庆编著
杭州 中国美术学院出版社 1999 年 102 页
26cm（16 开） ISBN：7-81019-694-4
定价：CNY16.00
（美术教材丛书）
　　外文书名：Basic Skill of Sketches.

J0013465
速写基础技法　张文恒编著
天津 天津人民美术出版社 1999 年 60 页
26cm（16 开） ISBN：7-5305-0911-X
定价：CNY8.00
（美术基础技法丛书）

J0013466
速写基础教学　张争，叶强编著
成都 四川美术出版社 1999 年 120 页
26cm（16 开） ISBN：7-5410-1578-4
定价：CNY19.80
（美术院校基础教学丛书）

J0013467
速写基础训练 100 例图解　尹传荣著
沈阳 辽宁美术出版社 1999 年 123 页
26cm（16 开） ISBN：7-5314-2250-6
定价：CNY20.00
　　作者尹传荣（1956—　），辽宁东港人。丹东
师范学校任教，丹东美协会员，全国优秀教师。

J0013468

速写人物　风景　（湖北美术学院专辑）胡朝阳编著

武汉 湖北美术出版社 1999年 16页 36cm（15开）

ISBN：7-5394-0772-7 定价：CNY15.00

（学院素描教学范本系列）

J0013469

速写人物画法　洪复旦编著

杭州 浙江人民美术出版社 1999年 85页 26cm（16开）ISBN：7-5340-0945-6

定价：CNY19.50

（青少年美术辅导教材）

J0013470

孙景波说速写　孙景波，宋晓霞编著

长沙 湖南美术出版社 1999年 149页 29cm（16开）ISBN：7-5356-1315-2

定价：CNY39.00

（名师点化）

　　作者孙景波（1945— ），画家。生于山东牟平。毕业于中央美术学院油画研究班，曾赴法国巴黎美术学院进修油画、壁画。中央美术学院教授、中国油画家学会理事、中国美术家协会会员。代表作品《阿细新歌》《阿佤山人》《青海湖》等。

J0013471

谈速写艺术　栾永让著

沈阳 辽宁美术出版社 1999年 29cm（16开）

ISBN：7-5314-2221-2 定价：CNY23.00

　　作者栾永让（1938— ），画家、教授。生于山东蓬莱。毕业鲁迅美术学院中国画系。鲁迅美术学院教授。作品有《老船》《绝壁苍山》，出版有《栾永让·心源造化》《画家之旅——栾永让写生集》。

J0013472

王华祥说素描　王华祥编著

长沙 湖南美术出版社 1999年 105页 29cm（16开）ISBN：7-5356-1302-0

定价：CNY26.00

（名师点化）

　　作者王华祥（1962— ），画家。出生于贵州。毕业于贵州省艺术学校。中央美术学院造型学院副院长，中央美术学院版画系主任、博士生导师，国际学院版画联盟主席、西安美术学院客座教授、万圣谷美术馆馆长、中国美术家协会会员。代表作品《将错就错》《反向教学系统》《无主板套色木刻》等。

J0013473

五官　（石膏像）王建国编绘

上海 上海人民美术出版社 1999年 29cm（16开）

ISBN：7-5322-2258-6 定价：CNY7.60

（一物一景写生系列丛书）

J0013474

五官石膏素描　陈华新著

上海 上海大学出版社 1999年 46页 29cm（16开）

ISBN：7-81058-112-0 定价：CNY12.00

　　本书为基础美术阶梯训练教材之石膏像素描技法。作者陈华新（1961— ），教师。生于上海。曾用名凡飞。毕业于上海师范大学艺术系油画专业。在上海师范大学行知艺术学院任教，从事基础绘画教学，高级讲师。著有《素描》《色彩》《五官石膏素描》等。

J0013475

西方素描艺术图典　姚宏翔编著

上海 上海画报出版社 1999年 406页 26cm（16开）精装 ISBN：7-80530-525-0

定价：CNY98.00

（画报图典丛书）

　　作者姚宏翔，主要翻译作品有《纽约现代艺术博物馆》《芝加哥艺术学院美术馆》《伦敦国家美术馆》等。

J0013476

线描　刘玉林编著

成都 四川科学技术出版社 1999年 152页 21cm（32开）ISBN：7-5364-4108-8

定价：CNY14.00

（少年儿童课余爱好丛书）

J0013477

写生画教程　朱健朴编著

上海 上海人民美术出版社 1999年 60页 26cm（16开）ISBN：7-5322-2266-7

定价：CNY6.80

J0013478
新编简笔画画法　魏齐华，常前程编绘
西安　未来出版社　1999 年　2 版　112 页
19×26cm ISBN：7-5417-0286-2　定价：CNY8.00

J0013479
新概念素描　（艺术设计基础）陈立勋，冯信
群编著
北京　中国轻工业出版社　1999 年　128 页　有插图
26cm（16 开）　ISBN：7-5019-2504-6
定价：CNY26.00

J0013480
修拉　（画集）（法）修拉（George Pierre Seurar）
绘；马路编著
北京　中国文联出版公司　1999 年　47 页
26cm（16 开）　ISBN：7-5059-3283-7
定价：CNY9.20
（世界大师素描技法　第三辑）
　　修拉（George Pierre Seurar，1859—1891），法
国印象派画家。全名乔治·修拉。代表作品有《大
碗岛星期天的下午》《安涅尔浴场》。作者马路
（1958—　），中央美术学院壁画系讲师、中国美
术家协会会员。

J0013481
学素描　陈昌柱，周勤编绘
重庆　重庆出版社　1999 年　96 页 21cm（32 开）
ISBN：7-5366-4029-3　定价：CNY22.00
（少儿美术学校丛书）

J0013482
亚力山大　（石膏像）秦一峰编绘
上海　上海人民美术出版社　1999 年　29cm（16 开）
ISBN：7-5322-2249-7　定价：CNY7.60
（一物一景写生系列丛书）

J0013483
战神　（石膏像）周国斌编绘
上海　上海人民美术出版社　1999 年　29cm（16 开）
ISBN：7-5322-2256-X　定价：CNY7.60
（一物一景写生系列丛书）

水彩、水粉画技法

J0013484
水彩画百法　大东书局编译所编绘
上海　大东书局　1922 年　52 页　有图 20×27cm
定价：大洋七角
　　本书共 16 章，论述色彩的调配、光度的浓
淡、透视结构、勾勒渲染等。

J0013485
水彩画百法　大东书局编译所编绘
上海　大东书局　1931 年　7 版　52 页　有图
20×27cm　定价：大洋七角
　　本书共 16 章，论述色彩的调配、光度的浓
淡、透视结构、勾勒渲染等。

J0013486
水彩画百法　大东书局编译所编绘
上海　大东书局　1933 年　8 版　52 页　有图
20×27cm　定价：大洋七角

J0013487
水彩画风景写生法　徐咏青，郭恘编绘
上海　大东书局［1923 年］31 页　有图 19×26cm
　　本书共 4 章，内容有写生前的准备，写生画
法，各种景、物的写生画法，以及色彩说明。

J0013488
水彩画概论　倪贻德著
上海　光华书局　1929 年　再版　122 页　有图
19cm（32 开）定价：大洋四角
　　本书共分 5 章，论述水彩及静物、风景的写
生。附《抒情的绘画》《近代艺术的趋向》两篇文
章。作者倪贻德（1901—1970），著名油画家、美
术理论家和美术教育家。笔名尼特。毕业于上
海美术专科学校。历任浙江美术学院教授、第
一副院长，全国美协理事、浙江省美协副主席等
职。著作有《西洋画概论》《水彩画研究》《画人
行脚》《艺术漫谈》《近代艺术》，还有小说集《玄
武湖之秋》《东海之滨》《百合集》等。

J0013489
水彩画概论　倪贻德著
上海　大光书局　1935年　5版　122页　有图
19cm（32开）

本书共分5章，论述水彩及静物、风景的写生。附《抒情的绘画》《近代艺术的趋向》两篇文章。

J0013490
水彩画纲要　俞寄凡著
上海　上海艺术图书社　1935年　89页　有图
18cm（32开）　定价：大洋二角

本书包括绘画、水彩画、色彩、色彩的应用、创作准备、实习等6章。作者俞寄凡（1891—1968），现代画家、美术教育家。江苏吴县人。别名俞义范。南京两江优级师范学堂毕业，后赴日本东京高等师范学校图画手工部学习。任上海美术专科学术教授兼师范部主任、高等师范科西洋画主任、上海艺术学会会长，新华艺术专科学校教授、校长，南京中央大学教授等职。著作有《艺术概论》《近代西洋绘画》《人体美之研究》等，译作《美学纲要》。

J0013491
水彩画着色法　程大迓编
上海［上海艺术图书社］［1936年］2册　有图
15×19cm

本书内收墨色轮廓及指示着色图30余幅，每幅图均有画法大意和着色法。书前有《水彩画着色法简说》《水彩画的用具》两篇文章。

J0013492
水彩画之新研究　倪贻德著
上海　商务印书馆　1937年　156页　有图
18cm（32开）　定价：国币九角

本书共分9章，讲述西洋水彩画史，水彩画的材料及其使用法，静物、风景、人物等画法。

J0013493
水彩画之新研究　倪贻德撰
上海　商务印书馆　1950年　再版　156页　有图
18cm（32开）　定价：CNY6.50

J0013494
水彩画的实际研究　周继善编著

长沙　商务印书馆　1938年　166页　有图
19cm（32开）　定价：国币一元二角

本书内容有：水彩画的义界、评价；源流略述；用具略述；基本技法；构图法；取材法；着色法；静物、风景、人物、动物画的描法等。

J0013495
水彩画学习　张令涛，潘雪鸿编绘
上海　大众书局　1954年　18幅　有图　19×26cm
定价：旧币8,000元

作者张令涛（1903—1988），连环画艺术家。浙江宁波人，毕业于上海美专。上海文史馆馆员、中国美术家协会会员、商务印书馆编辑所美术编辑。代表作品有《杨家将》《红楼梦》《猎虎记》《三国归晋》《女娲补天》《东周列国志》等。

J0013496
怎样使用水彩颜料　（苏）温涅尔（А.В.Виннер）著；雨文译
北京　朝花美术出版社　1955年　41页　有图
18cm（小32开）　定价：CNY0.19

J0013497
水彩画技法　李剑晨编著
上海　上海人民美术出版社　1958年　77页
有插图　26cm（16开）　统一书号：T8081.2234
定价：CNY2.80，CNY3.30（精装）

本书分水彩画应用工具的使用方法和性能、水彩画的三要素（即水分、时间和颜色）和两种基本方法（静物写生方法、风景写生方法）两部分。附插图135幅。作者李剑晨（1900—2002），教授、画家。原名李汝骅，字剑晨。河南内黄县人。毕业于国立北平艺术专科学校。历任东南大学建筑系教授、江苏省美术家协会副主席、江苏省水彩画研究会会长、中国水彩画协会名誉会长、国际水彩画联盟理事、亚洲画会主席等。出版有《水彩画创作技法》《李剑晨中国画集》等。

J0013498
水彩画技法研究　雷雨编著
北京　人民美术出版社　1958年　110页　有图
20cm（32开）　统一书号：8027.1839
定价：CNY1.25

J0013499
水彩画学习资料 （画册）李咏森等绘
上海　上海人民美术出版社　1959 年　19 幅
19×26cm　统一书号：T8081.4400　定价：CNY1.00

J0013500
怎样画水彩画　潘思同编著
上海　上海人民美术出版社　1959 年　82 页
有图　18cm（小 32 开）　统一书号：T8081.4376
定价：CNY0.50
（工农兵业余美术自学丛书）

J0013501
水彩　南京工学院美术教研组编
北京　中国工业出版社　1961 年　34+40 页　有图
26cm（16 开）　统一书号：15165.470（建工 -33）
定价：CNY1.70

J0013502
水彩画范本　宗其香等绘
北京　朝花美术出版社　1961 年　23 幅　有图
25cm（16 开）　统一书号：8027.3188
定价：CNY2.90
　　作者宗其香（1917—1999），江苏南京人。毕业于中央大学艺术系。历任国立北平艺术专科学校讲师、中央美术学院教授、水彩教研室主任、中国画系山水科主任、中国美术家协会会员。代表作品有《艺君像》《漓江夜》《寺前小集》等，出版有《宗其香画集》。

J0013503
水彩风景画技法　泰德，高池基著；沈左尧，
宗国栋译
北京　朝花美术出版社　1962 年　107 页　有图
26cm（16 开）　统一书号：8028.1834
定价：CNY2.70

J0013504
怎样画水粉画　袁运甫编著
天津　天津美术出版社　1963 年　36 页　有图
21cm（32 开）　统一书号：8073.1684
定价：CNY1.00
（美术技法丛书）
　　作者袁运甫（1933—2017），画家、教育家。江苏南通人。毕业于中央美术学院。历任清华大学

美术学院教授、博士生导师，装饰艺术研究所所长、中央工艺美术学院教授、清华大学张仃艺术研究中心主任、中国国家画院公共艺术院院长等。代表作品有《祖国大地》《江山胜揽》《晨曦》等。

J0013505
水彩画技法经验　张眉孙等作；上海人民美术出版社编辑
上海　上海人民美术出版社　1964 年　34 页
有图　19cm（32 开）　统一书号：T8081.5353
定价：CNY0.42

J0013506
现代水彩画法研究　李焜培著
台北　雄狮图书公司［1970—1979 年］160 页
有图　26cm（16 开）

J0013507
现代水彩画法研究　李焜培著
台北　雄狮图书公司　1983 年　3 版　160 页　有图
26cm（16 开）　定价：TWD400.00

J0013508
怎样画水彩画　晏文正，宋守宏编绘
济南　山东人民出版社　1975 年　78 页　19cm（32 开）
统一书号：8099.474　定价：CNY0.90
　　作者晏文正（1926—　　），水彩画家。山东濮县人。历任青岛教育学院教授、艺术系主任，中国美术家协会会员、中国水彩画家协会理事、山东美术家协会名誉理事、山东水彩画会名誉会长。出版有《晏文正水粉画选》《晏文正画集》《水彩画技法》《晏文正写生散记》等。作者宋守宏（1939—2010），画家。山东青岛人。毕业于山东艺术专科学院。国家一级美术师、山东青岛工艺美术学校校长。编著有《美术基础教程》《水彩画技法》《水彩风景画基础》等。

J0013509
怎样画水粉画　上海戏剧学院函授组《农村美术》师训班教学组编
上海　上海戏剧学院函授组《农村美术》师训班教学组　1976 年　42 页　19cm（32 开）

J0013510
水粉画技法　陕西省艺术学院美术系工艺美

术教研组编写
天津　天津人民美术出版社　1977 年　52 页
20cm（32 开）统一书号：8073.50070
定价：CNY0.50

J0013511
水彩画的画法　黄杰炳编著；郑志云编著
香港　中流出版社　1979 年　139 页　18cm（小 32 开）
（进修艺术丛书）
　　作者黄杰炳，香港水彩画家。

J0013512
水粉画技法　潘长臻，徐萱编
济南　山东人民出版社　1979 年　86 页　有图
20cm（32 开）统一书号：8099.1854
定价：CNY1.15
（美术基础知识丛书）

J0013513
水粉画技法　潘长臻，徐萱编写
济南　山东人民出版社　1983 年　45 页　19cm（32 开）
统一书号：8099.2648　定价：CNY0.78
（美术基础知识丛书）
　　本书以浅显易懂的文字和图例，阐明水粉画
的性能、特点和方法、步骤。

J0013514
水粉画技法　潘长臻，徐萱编
济南　山东美术出版社　1985 年　新 1 版　45 页
有图　19cm（32 开）统一书号：8332.479
定价：CNY0.95
（美术基础知识丛书）
　　本书介绍了有关水粉画技法方面的资料，并
增加了静物写生、风景写生和水粉画的艺术处
理。由浙江美术学院绘画教材编写组供稿。

J0013515
水粉写生　张雪茵等绘
沈阳　辽宁美术出版社　1979 年　49 页　25cm（16 开）
ISBN：7-5314-0013-8　定价：CNY10.00

J0013516
怎样画水粉画　谷量编著
上海　上海人民美术出版社　1979 年　35 页
有图　19cm（32 开）统一书号：8081.11647

定价：CNY0.39
（工农兵美术技法丛书）

J0013517
当代水彩画技法
［台北］喜年来出版社　［1980—1989 年］131 页
有图　31cm（15 开）精装
（美术丛书）

J0013518
喷笔画技法　荣健文编著
香港　万里书店　1980 年　159 页　26cm（16 开）

J0013519
水彩画基本技法　霍华德（Howard，）等著；
乡洁芬编译
香港　香港世界出版社　1980 年　96 页　20cm（32 开）

J0013520
水彩画技法　（英）里奇蒙，（英）利特尔约翰
斯著；张隆基译
天津　天津人民美术出版社　1980 年　138 页
有图　25cm（16 开）统一书号：8073.50112
定价：CNY2.20

J0013521
水彩肖像画法　（美）利德著；马文启译
沈阳　辽宁美术出版社　1980 年　142 页
25cm（16 开）统一书号：48.365
定价：CNY5.00
　　外文书名：Portrait Painting in Water-Color.

J0013522
水粉画浅谈　尚德周著
西安　陕西人民美术出版社　1980 年　26 页
25cm（16 开）统一书号：8199.80
定价：CNY1.30
（美术丛书）

J0013523
现代水彩技法
高雄　升阳出版社　［1980—1989 年］194 页　有图
31cm（12 开）精装　定价：TWD600.00
（美术丛书）
　　外文书名：New Techniques in Water Color.

J0013524

水彩画入门大全　郭东泰等编译
台北　艺术图书公司　1981 年　103 页

J0013525

水粉画技法　张英洪著
合肥　安徽人民出版社　1981 年　43 页　26cm（16 开）
统一书号：8102.1576　定价：CNY0.80
　　本书叙述水粉画的性能特点，介绍用水粉塑
造物体形象的体面、结构及精神面貌的技能，以
及风景、人物、花卉、静物的一般写生方法。作
者张英洪（1931—　　），教师。字青子。上海轻专
美术系副教授、中国美术家协会会员、上海水彩
画研究会副会长。

J0013526

水粉画技法　陈重武编
石家庄　河北人民出版社　1981 年　28 页
25cm（16 开）统一书号：8086.1326
定价：CNY0.90

J0013527

水粉画技法　陈重武编著
石家庄　河北美术出版社　1982 年　新 1 版　28 页
26cm（16 开）　定价：CNY0.90

J0013528

水粉画技法　张英洪著
合肥　安徽美术出版社　1988 年　2 版　46 页
有彩图　26cm（16 开）ISBN：7-5398-0008-9
定价：CNY5.80
　　本书介绍水粉画的性能与特点、工具与材
料、技法及静物、花卉、风景、头像的画法等。
作者张英洪（1931—　　），教师。字青子。上海轻
专美术系副教授、中国美术家协会会员、上海水
彩画研究会副会长。

J0013529

水粉画技法　张英洪著
合肥　安徽美术出版社　1989 年　26cm（16 开）
ISBN：7-5398-0008-9　定价：CNY5.80

J0013530

水粉画技法　张英洪著
合肥　安徽美术出版社　1992 年　3 版　重印本　46 页

有彩图　26cm（16 开）ISBN：7-5398-0008-9
定价：CNY7.50

J0013531

水粉画写生技法　鸥洋编著
广州　岭南美术出版社　1981 年　54+33 页
21cm（32 开）统一书号：8111.2232
定价：CNY0.98
（美术技法丛书）
　　本书阐述了水粉写生的特点。在工具材料
性能、作法步骤、表现技法以及布置静物写生对
象和初学者写生时易犯的毛病等方面作了讲解。
书中配以大量的彩色图例和示范作品。作者鸥
洋（1937—　　），女，生于湖北武昌，原籍江西龙
南。毕业于广州美术学院，留校任教。广州美术
学院教授、中国美术家协会会员、中国油画学会
理事、广东美术家协会油画艺术委员会委员、广
东油画学会副主席。代表作有《女民警》《往事
涌心头》《金色的秋天》等。

J0013532

美国水彩技法介绍　杨燕屏编译
天津　天津人民美术出版社　1982 年　43 页
24cm（26 开）统一书号：8073.50187
定价：CNY1.00
　　本书从 3 本介绍当代美国水彩画家作品的
画册中选出并编译，共选 16 幅用各种不同处理
方法和表现手法画出的水彩画，产生不同效果、
不同趣味、不同风格的画面。

J0013533

水彩风景画法　梁栋著
上海　上海人民美术出版社　1982 年　68 页
25cm（16 开）统一书号：8081.12074
定价：CNY4.50
　　这是一本图文并茂的水彩风景画技法书。
对水彩画用具、野外写生工具、颜料用纸、作品
裱托、画法步骤、笔法、技巧等均有详细介绍。

J0013534

水彩画的基础训练　王双成著
天津　天津人民美术出版社　1982 年　41+32 页
19cm（32 开）统一书号：8073.50228
定价：CNY1.20
　　作者王双成（1928—2005），回族，水彩画

家、美术教育家。笔名双澄。河北沧州人。毕业
于河北师范学院美术系。历任天津美术学院教
授、师范美术系主任，中国美术家协会会员。作
品有《翠湖春晓》《牵牛花》，著有《水彩画基础
知识》等。

J0013535
水彩画技法　　曾善庆，谭云森编
北京　人民美术出版社 1982 年 16 幅 25cm（16 开）
统一书号：8027.7601　定价：CNY1.80
　　本书着重介绍了水彩画的一般技法，并选
用了比较多的示范作品，每幅作品附作者关于立
意、构图、用笔、用水、用色，以及作画程序方面
的经验介绍。

J0013536
水彩画技法　　曾善庆，谭云森编
北京　人民美术出版社 1990 年　有彩图
26cm（16 开）　ISBN：7-102-00008-1
定价：CNY3.15
　　本书讲述了水彩画的一般技法，选用了示
范作品，并附有作者立意、构图、用笔等方面的
介绍。

J0013537
水粉画技法　　杨云龙著
南京　江苏人民出版社 1982 年 46 页 19cm（32 开）
统一书号：8100.3.460　定价：CNY0.35
（绘画技法丛书）
　　本书着重介绍水粉写生画的基本练习方法，
包括阴暗、色彩、立体感、质感、空间感和精神
面貌等方面，并对水粉画涉及的色彩问题，也作
了简略介绍。

J0013538
水粉静物画技法　　胡国良，钟安之绘
长沙　湖南美术出版社 1982 年 20 张 25cm（16 开）
套装　统一书号：8233.263　定价：CNY1.80
　　本书以图为主，并配有较详细的文字，介绍
水粉静物画的特点和描绘的方法步骤。

J0013539
水彩画基础技法　　柴庆翔编绘
北京　人民美术出版社 1983 年 32 页 25cm（16 开）
统一书号：8027.8852　定价：CNY0.90

　　本书是一本辅导中、小学生学习水彩画的技
法书。全书以图为主，介绍了色彩、静物和风景
的写生以及构图等方面的知识。作者柴庆翔，美
术教师。

J0013540
水彩画基础技法　　柴庆翔编绘
北京　人民美术出版社 1986 年 32 页　有图
26cm（16 开）　统一书号：8027.8852
定价：CNY1.15

J0013541
水彩画基础技法　　柴庆翔编绘
北京　人民美术出版社 1994 年　重印本 32 页
26cm（16 开）　ISBN：7-102-01016-8
定价：CNY3.90
（美术技法丛书）
　　本书是一本辅导中小学生学习水彩画的技
法书。全书以图为主，介绍了色彩、静物和风景
的写生以及构图等方面的知识。作者柴庆翔，美
术教师。

J0013542
水彩画技法　　李泳森著
上海　上海人民美术出版社 1983 年 79 页
19cm（32 开）　统一书号：8081.13085
定价：CNY0.73
　　本书介绍了水彩画应用的工具和材料以及
水彩画的基本技法和作画步骤等。

J0013543
水彩画技法举要　　朱辉著
长沙　湖南美术出版社 1983 年 36 幅 25cm（16 开）
套装　统一书号：8233.414　定价：CNY2.40
　　本书向初学者提供了一些学习水彩画的途
径和基本知识。内容包括：水彩画学习的基本途
径；静物、风景、人物写生的几种着色程序、着
色方法；特殊的表现技法以及质地和空间的表现
等。作者朱辉，湖南师范大学美术系任教。

J0013544
水粉画步骤图　　李宗儒图文
天津　天津人民美术出版社 1983 年　1 张
76cm（2 开）　定价：CNY0.45

J0013545

彩笔向大地　查保著；徐文珍，常瑜傅译
台北　艺术图书公司　1984 年　160 页　有彩图
20cm（32 开）定价：TWD250.00
（水彩画进阶丛书）

　　外文书名：Painting Nature's Hidden Treasures.

J0013546

水彩画法 1.2.3　李焜培编
台北　雄狮图书公司　1984 年　4 版　159 页　有图
26cm（16 开）定价：TWD360.00

J0013547

水彩画法 1.2.3　李焜培编
台北　雄狮图书股份有限公司　1990 年　9 版　159 页
26cm（16 开）精装　ISBN：957–9420–22–X
定价：TWD90.00
（雄狮丛书 10 2）

J0013548

水彩画绘法　陆如蓝编著
香港　万里书店　1984 年　12 版　106 页　20cm（32 开）
定价：HKD8.00

J0013549

水粉画研究　胡国良，钟安之著
广州　岭南美术出版社　1984 年　82 页　25cm（16 开）
统一书号：8260.0970　定价：CNY2.00

　　本书分造型、色彩、空间与质、材料与工具、
表现技巧、静物画、花卉画、风景画、人物写生
等 9 章。书后附两位作者的水彩画作品 24 幅。

J0013550

花画　陈美冶编译
台北　艺术图书公司　1985 年　144 页　有图
20cm（32 开）定价：TWD200.00
（水彩新技丛书 2）

J0013551

画树　宋伟航编译
台北　艺术图书公司　1985 年　144 页　有图
20cm（32 开）定价：TWD200.00
（水彩新技丛书 3）

J0013552

精描水彩技法　李既鸣编译
台北　艺术图书公司　1985 年　128 页　有图
20cm（32 开）定价：TWD180.00
（水彩新技术丛书 1）

J0013553

水彩画　郭明福著
台北　艺术图书公司　1985 年　230 页　有图
26cm（16 开）定价：TWD380.00
（绘画·设计·工艺丛书 1）

J0013554

水彩画教学　殷保康著
长沙　湖南美术出版社　1985 年　61 页　有图
26cm（16 开）统一书号：8233.770
定价：CNY2.80

　　本书介绍了水彩画教学的顺序和基本训练
的一般规律，将其教学示范作品和文字阐述一
并刊出，图文结合，既介绍水彩画的一般技法
知识，又根据具体画幅谈作画体会。作者殷保
康，中国美术家协会会员、湖南师范大学艺术系
讲师。

J0013555

水彩技法八课　黄开雷著
杭州　浙江人民美术出版社　1985 年　28 页
有图　20cm（32 开）统一书号：8156.1054
定价：CNY0.80

　　本书分两部分：第一部分介绍水彩的材料工
具和处理画面等一般技巧问题；第二部分介绍作
者自己的作品，涉及构图、艺术处理和制作程序
等问题。附有作者 9 幅水彩风景写生作品。

J0013556

水彩艺术　杨恩生编著
台北　雄狮图书公司　1985 年　160 页　有图
25×26cm　定价：TWD360.00

J0013557

水粉风景画技法　黄惟一著
长沙　湖南美术出版社　1985 年　16 页　26cm（16 开）
定价：CNY3.50

　　中国现代水彩画技法画册，附图 32 幅。

J0013558
天地　（英）希尔德著；许燕贞译
台北　艺术图书公司　1985 年　135 页　有图
20cm（32 开）定价：TWD180.00
（水彩新技丛书　4）

J0013559
天地　（英）罗兰·希尔德（Rowland Hilder）；许
燕贞编译
台北　艺术图书公司　1987 年　再版 136 页　有图
21cm（32 开）定价：TWD180.00
（水彩新技丛书　4）
　　本书为英国风景水彩画作品集。作者希尔
德（Rowland Hilder, 1905—1993），英国画家。
以画风光和建筑为主。

J0013560
怎样画水粉画　周楷编著；吴敏等绘图
北京　人民美术出版社　1985 年　23+10 页　有图
19cm（32 开）统一书号：8027.9051
定价：CNY0.70
　　作者吴敏（1931—　），画家。擅长宣传画。
浙江平湖人。1949 年参军，海军政治部创作室创
作员。1983 年获全国宣传画创作荣誉奖。作品
有《敌人磨刀我们也要磨刀》《神圣的使命》（在
全国宣传画展览中获奖）、《光荣：万里海疆的保
卫者》等。

J0013561
彩艺　宋伟航编译
台北　艺术图书公司　1986 年　144 页　有图
20cm（32 开）定价：TWD200.00
（水彩新技丛书　6）

J0013562
淡彩技法　视觉设计研究所编
台北　唐代文化事业公司　1986 年　124 页　有图
21cm（32 开）定价：TWD180.00
（美术丛书系列　17）

J0013563
风景　许燕真编译
台北　艺术图书公司　1986 年　144 页　有图
20cm（32 开）定价：TWD200.00
（水彩新技丛书　5）

J0013564
花型设计基础　（水粉花卉写生技法）万常沛
编著
北京　轻工业出版社　1986 年　99 页　有图
20cm（32 开）统一书号：15042.1767
定价：CNY1.15

J0013565
色粉画技法　（英）力基蒙（Richmond, L.），（英）
利特尔约翰斯（Littlejohns, J.）著；张少一译
西安　陕西人民美术出版社　1986 年
27 页 + 图（30 幅）有图　26cm（16 开）
统一书号：8199.1000 定价：CNY2.00
　　外文书名：The Art Painting in Pastel.

J0013566
水彩画绘制技法　林丛编著
香港　万里书店　1986 年　171 页　有图 21cm（32 开）
定价：HKD35.00
（新美术丛书　5）
　　外文书名：Water-color Techniques.

J0013567
水彩技法　帕拉蒙（Parramon, J.M.）著；梁国
元编
台北　唐代文化事业公司　1986 年　111 页　有图
21cm（32 开）定价：TWD120.00
（绘画教室　6）

J0013568
水彩手册　（基础篇）视觉设计研究所主编
台北　唐代文化事业公司　1986 年　121 页　有图
21cm（32 开）定价：TWD150.00
（美术系列）

J0013569
水彩艺术　（第 1 集）梁栋主编
北京　人民美术出版社　1986 年　62 页　25 × 26cm
统一书号：8027.9614 定价：CNY4.60

J0013570
水粉画基础技法　吴德隆著
杭州　浙江美术学院出版社　1986 年　62 页
26cm（16 开）ISBN：7-81019-010-5
定价：CNY4.90

（美术基础技法教材丛书）

J0013571

水粉画基础技法　　吴德隆著
杭州　浙江美术学院出版社　1986 年　50 页
26cm（16 开）统一书号：8440.004
定价：CNY2.40
（美术自学丛书）

J0013572

水粉人物画技法　　朱辉著
长沙　湖南美术出版社　1986 年　52 页　26cm（16 开）
统一书号：8233.989　定价：CNY7.30
　　作者朱辉，湖南师范大学美术系任教。

J0013573

水粉人物画技法　　朱辉著
长沙　湖南美术出版社　1988 年　重印本　52 页
19×26cm ISBN：7-5356-0138-3
定价：CNY7.30

J0013574

花画　　菲力蒲·杰米森（Philip Jamison）；陈美
冶编译
台北　艺术图书公司　1987 年　再版　144 页　有图
21cm（32 开）定价：TWD200.00
（水彩新技丛书 2）

J0013575

画树　　Jhohn Shaw 著；宋伟航编译
台北　艺术图书公司　1987 年　再版　136 页　有图
21cm（32 开）定价：TWD200.00
（水彩新技丛书 3）

J0013576

木笔水彩画技法　　封思孝著
济南　山东美术出版社　1987 年　21 页　有彩图
19cm（32 开）ISBN：7-5330-0011-0
定价：CNY0.65

J0013577

色彩画　　高柏年等绘
南京　江苏美术出版社　1987 年　6 张　76cm（2 开）
定价：CNY2.20
（高考教学辅导之友）

J0013578

水彩画　（海景技法）日本视觉设计研究所
主编
台北　唐代文化事业公司　1987 年　91 页　有图
21cm（32 开）定价：TWD150.00
（美术系列 030）

J0013579

水彩画基础知识　　王双成编
天津　天津人民美术出版社　1987 年　60 页
有图版 26cm（16 开）定价：CNY8.30
　　作者王双成（1928—2005），回族，水彩画
家、美术教育家。笔名双澄。河北沧州人。毕业
于河北师范学院美术系。天津美术学院教授、师
范美术系主任，中国美术家协会会员。作品有《翠
湖春晓》《牵牛花》，著有《水彩画基础知识》等。

J0013580

水彩画技法　　晏文正，宋守宏著
济南　山东美术出版社　1987 年　31+43 页　有图
19cm（32 开）统一书号：8332.845
定价：CNY1.15　ISBN：7-5330-0009-9
（美术基础知识丛书）
　　作者晏文正（1926—　　），水彩画家。山东濮
县人。历任青岛教育学院教授、艺术系主任，中
国美术家协会会员、中国水彩画家协会理事、山
东美术家协会名誉理事、山东水彩画会名誉会
长。出版有《晏文正水粉画选》《晏文正画集》《水
彩画技法》《晏文正写生散记》等。作者宋守宏
（1939—2010），画家。山东青岛人。毕业于山东
艺术专科学院。国家一级美术师、山东青岛工艺
美术学校校长。编著有《美术基础教程》《水彩
画技法》《水彩风景画基础》等。

J0013581

水彩画技法初步　　哈定著
上海　上海人民美术出版社　1987 年　有彩图
19cm（32 开）统一书号：8081.15631
定价：CNY6.40　ISBN：7-5322-0078-7
（初级美术技法丛书）
　　本书首先介绍了水彩画的各种基本技法以
及水彩画的主要因素，然后讲述水彩画的作画步
骤，并以作者本人的作品为图例，讲解静物、风
景、人物的画法。作者哈定（1923—2004），回族，
画家。别名哈彌时。江苏南京人。上海美术专

科学校教师、上海油画雕塑院画师。代表作品《塞外风光》,出版有《哈定画选》《水彩画技法》等。

J0013582
水彩画技法指导 (美)温顿·布莱克著;(美)克劳德·克罗尼画;平野译
北京 中国文联出版公司 1987年 172页
26cm(16开) ISBN:7-5059-0085-4
定价:CNY6.60
　　译者平野(1924—　),原名张大晖。浙江温州人。毕业于中央大学艺术系。历任人民美术出版社任编审、菏泽书画研究院名誉院长、《简明不列颠百科全书》主要译审、《中国大百科全书美术》西方美术副主编。

J0013583
水彩技法 杨恩生编著
台北 艺风堂出版社 1987年 3版 144页 有图
26cm(16开) 精装 定价:TWD400.00
(实用技法丛书 1)

J0013584
水彩技法手册 (静物)杨恩生著
台北 雄狮图书公司 1987年 143页 有图
26cm(16开) 定价:TWD200.00

J0013585
水粉画法研究 章涪陵著
杭州 西泠印社 1987年 50页 有图版
19cm(32开) ISBN:7-80517-001-0
定价:CNY4.20

J0013586
怎样画水粉花卉 李宝琴著
成都 四川美术出版社 1987年 27页 有照片
26cm(16开) ISBN:7-5410-0021-3
定价:CNY4.20

J0013587
杜之遑水彩画 杜之遑绘
石家庄 河北美术出版社 1988年 16页
25cm(15开) ISBN:7-5310-0103-9
定价:CNY7.50
　　作者杜之遑(1932—1996),教授。毕业于天津美术学院。历任中国美术教育研究会理事、

河北师范学院美术系教授。作品有中国画《消夏图》,水彩画《风雪漫太行》《雨中柳》等。

J0013588
画法步骤 (水粉静物)胡钜湛,王双成绘画
天津 天津人民美术出版社 1988年 8张
38cm(8开) 定价:CNY4.00
(绘画技法图例丛书)
　　作者王双成(1928—2005),回族,水彩画家、美术教育家。笔名双澄。河北沧州人。毕业于河北师范学院美术系。天津美术学院教授、师范美术系主任,中国美术家协会会员。作品有《翠湖春晓》《牵牛花》,著有《水彩画基础知识》等。作者胡钜湛(1930—　),教授。广东开平人。毕业于华南文艺学院美术部和中南美专绘画系。广州美术学院美术教育系教授、系主任,中国美术家协会会员、广州水彩画研究会副会长。作品有水彩画《第一代可可》《渔水情》《乐在其中》《虾》《红梅》等,出版有《胡钜湛水彩画选集》《水与彩的对话》等。

J0013589
画法步骤 (水粉静物)余益友,封楚方绘画
天津 天津人民美术出版社 1988年 8张
38cm(6开) 定价:CNY4.00
(绘画技法图例丛书)

J0013590
基础水彩绘法 许堂仁著
台北 畅文出版社 1988年 104页 有图
21cm(32开)
(绘画丛书 9)

J0013591
漆德琰水彩画作品与技法 漆德琰绘
成都 四川美术出版社 1988年 53页 21cm(32开)
ISBN:7-5410-0079-5 定价:CNY7.50
　　外文书名:The Works of Artistry of the Water-Colour by Qi Deyan. 作者漆德琰(1932—　),教授,画家。江西高安人,毕业于鲁迅美术学院。《江西画报》社编辑、江西文艺学院教师、江西革命博物馆创作员、重庆建筑大学教授、中国水彩画学会理事、重庆水彩画学会会长。擅长水彩画、油画、壁画。代表作品《井冈山会师》《石板哨小屋》《归牧》《水乡》等,出版有《漆德琰水彩画

作品与技法》《漆德琰水彩画选》《水彩写生技法示范》等。

J0013592

水彩风景画技法　蔡南生著
西安　陕西人民美术出版社　1988年　45页
有图版　26cm（16开）定价：CNY5.70
　　本书分3编：第一编介绍水彩画的工具、材料及性能、笔触与趣味，水彩画与素描的关系等一般情况；第二编从简单的色彩练习、描绘几何形体到静物写生，有步骤地安排了水彩画的初步实践与基本训练；第三编详细解析树木、天地、山川、河谷、冬雪等风景画法与构图规律。附有彩色图例136幅。

J0013593

水彩风景画技法　蔡南生著
西安　陕西人民美术出版社　1996年　重印本
45页　26cm（16开）ISBN：7-5368-0793-7
定价：CNY10.50
　　作者蔡南生（1930—1997），画家。云南昆明人。毕业于贵阳师范学院艺术系。西安建筑科技大学建筑系教授、中国美术家协会会员、英国东方美术家协会会员。作品有《雪后初晴》《长江与嘉陵江组画》《普洛米修斯》等，出版有《水彩风景画技法》《素描风景画法》《风景画构图与色调》。

J0013594

水彩画　水粉画　杨天佑主编
北京　人民美术出版社　1988年　105页
26cm（16开）ISBN：7-102-00292-0
定价：CNY4.80

J0013595

水彩画创作技法　李剑晨著
南京　江苏美术出版社　1988年　50页　26cm（16开）
ISBN：7-5344-0049-X　定价：CNY3.90
　　本书讲述水彩画在创作过程中的各种技法运用和心得体会，对学画进入高一级创作阶段有一定的指导作用。作者李剑晨（1900—2002），教授、画家。原名李汝骅，字剑晨。河南内黄县人。毕业于国立北平艺术专科学校。东南大学建筑系教授、江苏省美术家协会副主席、江苏省水彩画研究会会长、中国水彩画协会名誉会长、国际

水彩画联盟理事、亚洲画会主席等。出版有《水彩画创作技法》《李剑晨中国画集》等。

J0013596

水彩人物画法　（美）查理·利德著；林龙华译
广州　岭南美术出版社　1988年　153页　有照片
19×26cm ISBN：7-5362-0166-4　定价：CNY13.00
　　本书论述了水彩画材料的选择和运用问题，阐述了水彩画技法基础，介绍了怎样画裸体及着衣人物，从勾画初步轮廓开始到水彩完成的最后几笔。附插图170幅，其中彩图56幅。

J0013597

水彩写生新教程　叶淑华，沈长城著
福州　福建教育出版社　1988年　60页　有插图
26cm（16开）ISBN：7-5334-0245-6
定价：CNY5.20
　　本书包括水彩画学前知识、水彩静物写生、水彩风景写生、附图4部分。前3部分介绍水彩画常识及技法，第四部分附有作者的水彩画代表作18幅。

J0013598

水粉静物写生　少年儿童出版社美编室，上海市美术教育研究会编
上海　少年儿童出版社　1988年　4张　54cm（4开）
定价：CNY6.90
（未来画家技法系列丛书）

J0013599

水粉铅笔淡彩风景静物写生　少年儿童出版社美编室，上海市美术教育研究会编
上海　少年儿童出版社　1988年　4张　54cm（4开）
定价：CNY6.90
（未来画家技法系列丛书）

J0013600

水粉人物风景写生　少年儿童出版社美编室，上海市美术教育研究会编
上海　少年儿童出版社　1988年　4张　54cm（4开）
定价：CNY6.90
（未来画家技法系列丛书）

J0013601

画家之路　（色彩、水粉）柴海利，高柏年著

南京 江苏美术出版社 1989 年 ［76］页
有附图 26cm（16 开） ISBN：7-5344-0094-5
定价：CNY4.80
（中级美术自学辅导丛书）

J0013602
进阶 （日）横山了平著；郑淑文编译
台北 艺术图书公司 1989 年 131 页 有图
21cm（32 开） 定价：TWD200.00
（水彩新技 7）

J0013603
年画 陈菊仙著
北京 朝花美术出版社 1989 年 有图 26cm（16 开）
ISBN：7-5056-0071-0 定价：CNY2.15
（美术技法画库）

  作者陈菊仙（1929— ） 女，浙江温州人。
毕业于中央美术学院华东分院。擅长年画。上
海人民美术出版社画家。主要作品有《捉麻雀》
《个个争当小雷锋》《共同富万家乐》等，著有《年
画述要》。

J0013604
水彩画 梁栋著
北京 朝花美术出版社 1989 年 有图 26cm（16 开）
ISBN：7-5056-0053-2 定价：CNY2.15
（美术技法画库）

J0013605
水彩画 杨云龙编著
北京 高等教育出版社 1989 年 92 页 有彩图
26cm（16 开） ISBN：7-04-002820-4
定价：CNY4.50

  本书内容包括水彩画概述、色彩与绘画艺
术、水彩画技法介绍、方法步骤，以及风景写生、
静物写生方法等。

J0013606
水彩画基础教程 曾景祥著
西安 陕西人民美术出版社 1989 年 80 页
有彩图 26cm（16 开） ISBN：7-5368-0174-2
定价：CNY8.15

  本书收图 114 幅。本书分为绪论、工具材料、
基本技法、色彩知识、水分和用笔、静物、风景、
人物画、特殊技法 9 章。作者曾景祥（1949— ），

教授。生于湖南桃江。毕业于湖南师范学院艺
术系美术专业。中国美术家协会会员、中华诗词
协会会员、湖南科技大学艺术学院首任院长。擅
长工笔画、写意花鸟画、水彩画与瓷绘。作品有
《月朦胧》《即便无情也动人》《细语话来年》，著
作有《工笔画技法理论研究》。

J0013607
水彩画基础教程 曾景祥著
西安 陕西人民美术出版社 1996 年 重印本
80 页 有图 26cm（16 开）
ISBN：7-5368-0796-1 定价：CNY12.30

  本书分为绪论、工具材料、基本技法、色彩
知识、水分和用笔、静物、风景、人物画、特殊技
法 9 章。本书收图 114 幅。作者曾景祥，师范美
术教师。

J0013608
水彩画特技 冯向杰著
合肥 安徽美术出版社 1989 年 44 页 有图
26cm（16 开） ISBN：7-5398-0012-7
定价：CNY15.00
（美术新技法丛书）

  作者冯向杰（1941— ），画家、国家一级美
术师。自号桑泉道人。山西临猗人。北京新体
育杂志社副编审、中国美术家协会会员、中国体
育美术促进会常务理事。代表作品有《相扑为戏》
《黄水谣》《盘古开天》等。

J0013609
水彩画特技初探 （画册）冯向杰绘
合肥 安徽美术出版社 1989 年 重印 45 页
26cm（16 开） ISBN：7-5398-0012-7
定价：CNY6.00

  本书介绍了在材料、工具、画法上打破传统
的程序，从创作实践以及观摩国内外水彩画佳作
中，学习、借鉴、总结出 25 种特技画法，每种特
技都有彩色图例加文字介绍。书后附有作者近
年来用水彩特技创作的作品及画法简介。

J0013610
水彩画欣赏 王双成编著
太原 山西人民出版社 1989 年 14 页 有图版
19cm（32 开） ISBN：7-203-01470-3
定价：CNY6.00

作者王双成（1928—2005），回族，水彩画家、美术教育家。笔名双澄。河北沧州人。毕业于河北师范学院美术系。天津美术学院教授、师范美术系主任，中国美术家协会会员。作品有《翠湖春晓》《牵牛花》，著有《水彩画基础知识》等。

J0013611

水粉画基础技法　刘永明编绘
北京　人民美术出版社　1989年　40页　有图
26cm（16开）　ISBN：7-102-00523-7
定价：CNY7.90
　　本书详细介绍了水粉画工具、材料的运用、怎样入手练习、水分的控制、技法的运用以及如何掌握规律。全书共选入步骤图、示范图117幅。

J0013612

水粉画基础技法　刘永明编绘
北京　人民美术出版社　1990年　2版　40页
27cm（大16开）　ISBN：7-102-00523-7
定价：CNY5.90
（美术技法丛书）

J0013613

水粉画基础技法　刘永明编绘
北京　人民美术出版社　1993年　2版　40页
26cm（16开）　ISBN：7-102-01017-6
定价：CNY4.70
（美术技法丛书）

J0013614

水粉画基础技法　刘永明编绘
北京　人民美术出版社　1994年　2版　40页
26cm（16开）　ISBN：7-102-01017-6
定价：CNY4.80
（美术技法丛书）

J0013615

水粉画技法初步　周诗成编
上海　上海人民美术出版社　1989年　60页
有图版　19cm（32开）　ISBN：7-5322-0441-3
定价：CNY3.80
（初级美术丛书）
　　本书收58幅图。本书包括概述；水粉画的材料、工具、性能；水粉画的技法剖析；怎样表现色彩与质量感；水粉画的表现手法；水粉画的

作画步骤等10章。

J0013616

水粉静物画技法　余益友编
天津　天津人民美术出版社　1989年　30页
26cm（16开）　ISBN：7-5305-0163-1
定价：CNY7.00

J0013617

水粉静物画技法　余益友编绘
天津　天津人民美术出版社　1995年　7版　30页
26cm（16开）　ISBN：7-5305-0163-1
定价：CNY8.00

J0013618

张俊秋水彩画技法　张俊秋绘
南京　江苏美术出版社　1989年　有图　26cm（16开）
ISBN：7-5344-0097-X　定价：CNY8.50
　　作者张俊秋（1939—　　），画家。江苏南京人。毕业于南京师范学院美术系。作品有水彩画《花与果》《三峡雨归帆》《茫雾初开》《晨炊》《花》等，出版有《水彩画技法探》《张俊秋水彩画技法》《张俊秋水彩画集》等。

J0013619

标准水彩画　朱介英著
台北　邯郸出版社　1990年　208页　27cm（16开）
精装　定价：TWD450.00

J0013620

基础水粉画步骤范图　李宗儒绘
天津　天津杨柳青画社　1990年　6张　26×38cm
散页　ISBN：7-80503-124-X　定价：CNY5.20

J0013621

名家水彩技法　（1）邱显德编辑
台北　活门出版事业有限公司［1990—1999年］
128页　26cm（16开）　定价：TWD52.80

J0013622

水彩技巧与创作　刘其伟著
台北　东大图书公司　1990年　3版　198页　有图
21cm（32开）　ISBN：957-19-0829-0
定价：TWD100.00
（沧海丛刊　美术）

J0013623

水彩静物风景画法十二讲　王福曾著

兰州　兰州大学出版社 1990 年 87 页 有彩图
17cm（32 开） ISBN：7-311-00282-6
定价：CNY1.70

　　作者王福曾（1931— ），教授。河北怀来人。毕业于西北师范学院艺术系美术专业，留校任教。作品有《北方的冬菜》，出版有《应用美术初步》《有趣的折纸游戏》等。

J0013624

水彩静物画技法　张举毅著

长沙　湖南美术出版社 1990 年 33 页 有彩图
26cm（16 开） ISBN：7-5356-0359-9
定价：CNY5.20

　　外文书名：Technique of Still Life Watercolors.

J0013625

水粉画技法　吴昊著

西安　陕西人民美术出版社 1990 年 30 页
有图版 26cm（16 开） ISBN：7-5368-0251-X
定价：CNY8.90

　　本书包括：概论、水粉画常用的基本画法、作画的方法与步骤、色形问题、水粉颜色的调配与使用、水粉画写生的内容介绍。所附图例内容包括：静物、花卉、风景、建筑、人物。作者吴昊，西安冶金建筑学院讲师。

J0013626

水粉画技法　吴昊著

西安　陕西人民美术出版社 1996 年 重印本 30 页
有插图 26cm（16 开） ISBN：7-5368-0620-5
定价：CNY11.80

J0013627

水粉教学范画　许世虎作

成都　四川美术出版社 1990 年 有图 34cm（10 开）
定价：CNY6.00

　　作者许世虎（1956— ），教师。四川重庆人。毕业于四川美术学院工艺美术系。历任四川美术学院工艺设计系副主任、讲师，中国美术家协会四川分会会员。出版有《水粉教学范图》《色彩的艺术与表现》《许世虎写实与写意》等。

J0013628

建筑水彩画技法　刘远智编著

北京　中国建筑工业出版社 1991 年 64 页
有附图 26cm（16 开） ISBN：7-112-01055-1
定价：CNY11.95

　　本书从基础训练入手，阐述了建筑水彩画的学习规律，并对与建筑水彩画有密切关系的树木、天空、地面、水面的表现技法以及色彩的运用、写生常识等，都配以图例和附图加以说明。

J0013629

色彩写生指南　（风景、人物）英若识，吴东梁绘；李功君撰文

福州　福建美术出版社 1991 年 34cm（10 开）
ISBN：7-5393-0156-9 定价：CNY7.50

　　作者英若识（1935—2012），画家。生于北京。毕业于中央美术学院版画系。在吉林艺术学院任教。中国美术家协会会员。代表作品有《身先士卒》《雪原猎归》《探家》等。作者吴东梁（1931—2011），教授。浙江绍兴人。毕业于中央美术学院华东分院绘画系。曾任教于安徽师范大学艺术系、南京师范大学美术系。作品有《广阔天地》《女电焊工》，著有《水粉画》《色彩写生指南》《中学美术教材教法》《中国水彩画家吴东梁选辑》等。

J0013630

色彩写生指南　（静物）吴东梁等绘；孟德安撰文

福州　福建美术出版社 1991 年 13 页 34cm（10 开）
ISBN：7-5393-0151-1 定价：CNY7.50

J0013631

水彩画创作经验谈　（美）尼齐斯著；和云山译

上海　上海人民美术出版社 1991 年 152 页
有照片及图 26cm（16 开）
ISBN：7-5322-0498-7
定价：CNY11.50

J0013632

水彩画新技法　姜陆等编译

天津　天津杨柳青画社 1991 年 49 页 有图
26cm（16 开） ISBN：7-80503-138-X
定价：CNY9.90

作者姜陆（1951—　　），美术编辑、教师。天津人。毕业于天津美术学院。天津美术学院院长、中国美术家协会理事、版画艺术委员会副主任。代表作品有《初雪》《到夏牧场去》《哈萨克妇女》等。

J0013633

水粉写生技法　　陈松茂编著
南昌　江西美术出版社　1991年　62页　19×26cm
ISBN：7-5391-0490-2　定价：CNY9.80

J0013634

透明水彩画技法　　潘兴业著
北京　北京工艺美术出版社　1991年　22页
17×18cm　ISBN：7-80526-050-8　定价：CNY2.50
　　本书系统地介绍了透明水彩画的绘制工具、步骤、技巧以及作品的保存和装饰方法。

J0013635

大陆水彩名家技法　　周刚著
台北　星狐出版社　1992年　158页　26cm（16开）
定价：TWD450.00

J0013636

高等师范院校水彩画教材　　郑震主编
南宁　广西美术出版社　1992年　59页　有彩图
26cm（16开）　ISBN：7-80582-303-0
定价：CNY14.50
　　本书介绍水彩画的特点和发展概况、水彩画工具、色彩知识、技法、步骤，以及如何画静物、风景、人物等，并阐述师范院校水彩画的教学任务以及教学中的问题。外文书名：A Course of Water-color Painting for Normal Colleges.

J0013637

建筑水彩画技法　　华宜玉著
石家庄　河北美术出版社　1992年　52页
26cm（16开）　ISBN：7-5310-0424-0
定价：CNY14.00
（美术技法丛书）

J0013638

美国水彩画技法　（水彩、丙烯、树胶和酪蛋白的新手法）（美）奎勒（Quiller, Stephen），（美）惠普尔（Whipple, Barbara）著；钱凤根译
长沙　湖南美术出版社　1992年　87页　有彩图
26cm（16开）　ISBN：7-5356-0506-0
定价：CNY19.00
　　本书内容包括4种水彩画颜料的特性、布置生动的构图、向当代画家学习等3章。作者钱凤根（1961—　　），在汕头大学文学院任教。

J0013639

色彩起步　　郦伟农著绘
杭州　浙江少年儿童出版社　1992年　26cm（16开）
ISBN：7-5342-0810-6　定价：CNY2.60
　　本书以水粉画为例，介绍了色彩的基本知识与技法。

J0013640

色彩写生临摹指南　（风景）王玉良编著
福州　福建美术出版社　1992年　37cm（8开）
ISBN：7-5393-0200-3　定价：CNY9.45
　　作者王玉良（1949—　　），画家、教授。清华大学美术学院绘画系教授、中国美术家协会会员、庞薰琹艺术研究会副主任、清华大学张仃艺术研究会委员、清华大学吴冠中艺术研究会学术委员会委员。

J0013641

水彩　　漆德琰等编著
西安　陕西人民美术出版社［1992年］26页
有彩图　26cm（16开）　ISBN：7-5368-0311-7
定价：CNY7.50
　　作者漆德琰（1932—　　），教授，画家。江西高安人。毕业于鲁迅美术学院。《江西画报》社编辑、江西文艺学院教师、江西革命博物馆创作员、重庆建筑大学教授、中国水彩画学会理事、重庆水彩画学会会长。擅长水彩画、油画、壁画。代表作品《井冈山会师》《石板哨小屋》《归牧》《水乡》等，出版有《漆德琰水彩画作品与技法》《漆德琰水彩画选》《水彩写生技法示范》等。

J0013642

水彩　　漆德琰等编著
西安　陕西人民美术出版社　1996年　修订本
24页　有彩图　26cm（16开）
ISBN：7-5368-0800-3　定价：CNY9.00
　　本书为高等学校建筑美术试用教材，获国家建设部优秀教材二等奖。

J0013643

水彩　漆德琰编著

北京　中国建筑工业出版社　1998 年　76 页

29cm（16 开）ISBN：7-112-03365-9

定价：CNY27.00

（高等学校建筑美术系列教学丛书）

J0013644

水彩·丙烯·油画基本画法　（美）琼斯著；林柳源译

南宁　广西美术出版社　1992 年　135 页

19cm（32 开）ISBN：7-80582-020-1

定价：CNY9.00

（域外画技丛书）

J0013645

水彩画基础训练　郑志云，黄杰炳著

南宁　广西美术出版社　1992 年　131 页

19cm（32 开）ISBN：7-80582-308-1

定价：CNY9.60

（域外画技丛书）

　　作者郑志云，香港水彩画家。黄杰炳，香港水彩画家。

J0013646

水彩画自学教程　毕闻今编著

石家庄　河北美术出版社　1992 年　40+24 页

有彩图　26cm（16 开）ISBN：7-5310-0483-6

定价：CNY8.90

　　本书介绍了水彩画的基本知识和水彩风景、人物、景物的绘画技巧。作者毕闻今（1938—　），天津塘沽人。天津市塘沽师范学校美术教师、中国美术家协会天津分会会员。

J0013647

水彩基础篇　（日）西沢今朝夷等编绘

板桥　三丰出版社　1992 年　120 页　有图

26cm（16 开）ISBN：957-8667-19-1

定价：TWD250.00

（美术丛书 3）

J0013648

水彩静物画法　三丰出版社编辑部编著

板桥　三丰出版社　1992 年　120 页

有图　26cm（16 开）ISBN：957-8667-18-3

定价：TWD250.00

（美术丛书 4）

J0013649

水粉　金允铨等编著

西安　陕西人民美术出版社　1992 年　21+24 页

彩图　26cm（16 开）ISBN：7-5368-0312-5

定价：CNY7.00

　　本书是中国画建筑美术绘画技法中的水粉画教材。作者金允铨（1934—　），教授。笔名乌金。浙江义乌人。毕业于江苏师范学院图画制图系。南京工学院建筑系美术教授、硕士生导师，全国高校建筑学科美术教材编委会副主任、《水粉》分册主编。

J0013650

水粉画　吴东梁主编

北京　高等教育出版社　1992 年　43 页　有彩图

26cm（16 开）ISBN：7-04-003650-9

定价：CNY10.40

　　本书介绍了水粉画的工具、材料，阐述了色彩理论知识和自然界色光变化的基本规律附彩图 72 幅。作者吴东梁（1931—2011），教授。浙江绍兴人。毕业于中央美术学院华东分院绘画系。曾任教于安徽师范大学艺术系、南京师范大学美术系。作品有《广阔天地》《女电焊工》，著有《水粉画》《色彩写生指南》《中学美术教材教法》《中国水彩画家吴东梁选辑》等。

J0013651

水粉画　王健武编著

乌鲁木齐　新疆美术摄影出版社　1992 年　10 页

26cm（16 开）ISBN：7-80547-092-8

定价：CNY4.90

J0013652

静物花卉写生技法　杨健健著

西安　陕西人民美术出版社　1993 年　61 页

26cm（16 开）ISBN：7-5368-0417-2

定价：CNY19.80

（美术技法丛书）

　　本书通过大量绘画作品，介绍了水粉画的技法、水粉静物写生、水粉花卉写生等。作者杨健健（1940—　），女，西安美术学院副教授、中国美术家协会会员。

J0013653

李升权水彩创意　李升权绘

沈阳　辽宁美术出版社　1993 年　26 页　24×26cm

ISBN：7-5314-0992-5　定价：CNY11.50

（画家画库　作品与技法）

　　本画册以图文并茂的形式，介绍了水彩绘画技法、技巧，包括水渍法、回蘸法、对印法、速冻法、涂蜡法等。作者李升权（1942—　），辽宁锦州人。辽宁美术出版社《美术大观》编辑部副主编、辽宁美术家协会会员、中国工业美协会员，中国书画电视艺术学会会员。

J0013654

麦克笔技法　（产品篇）钟亲皓编著

台北　三采文化出版事业公司　1993 年　142 页　有照片　26cm（16 开）　ISBN：957-9135-23-1

定价：TWD400.00

（技法表现丛书　2）

J0013655

色彩辅导　谢海洋等编著

合肥　安徽美术出版社　1993 年　24 页　26cm（16 开）

ISBN：7-5398-0261-8　定价：CNY8.00

（工艺美术专业高考指导丛书）

J0013656

水彩画表现技法　周诗成著

杭州　浙江美术学院出版社　1993 年　有插图

26cm（16 开）　ISBN：7-81019-202-7

定价：CNY9.80

（美术教材丛书）

　　本书包括：水彩画的材料与工具、水彩画表现中的四大特点、水彩画的表现方法、绘画构图的四要素等 12 章。

J0013657

水彩技法百科　（英）黑塞尔·哈里逊（Hazel Harrison）著；李佳倩译

台北　笛藤出版图书公司　1993 年　192 页　有图

22×23cm　ISBN：957-710-022-8

定价：TWD750.00

J0013658

水彩技法百科全书　（英）海泽尔·哈里森著；冯莉，乔琛译

哈尔滨　黑龙江人民出版社　1999 年　192 页

23×23cm　精装　ISBN：7-207-04132-2

定价：CNY128.00

J0013659

水彩静物画　郭明福著

台北　艺术图书公司　1993 年　199 页　26cm（16 开）

ISBN：957-672-046-X　定价：TWD450.00

（绘画挑战　1）

J0013660

水彩静物画教程　朱辉著

长沙　湖南美术出版社　1993 年　45 页　26cm（16 开）

ISBN：7-5356-0618-0　定价：CNY25.00

　　作者朱辉，湖南师范大学美术系任教。

J0013661

水彩静物技法研究　杨恩生编著

台北　艺风堂出版社　1993 年　168 页　有图

26cm（16 开）　定价：TWD450.00

（水彩的飨宴丛书　1）

J0013662

水彩素描　美工图书社编

台北　邯郸出版社　1993 年　109 页　有图

26cm（16 开）　定价：TWD400.00

J0013663

水彩艺术　（1）田郁文主编；中国《水彩艺术》编辑部编

北京　人民美术出版社　1993 年　48 页　25×26cm

ISBN：7-102-01206-3　定价：CNY16.40

　　作者田郁文（1928—　）。画家。山东青岛人。毕业于中央美术学院。历任人民美术出版社编辑室主任、副总编辑、社长、编审，中国美术家协会会员。作品有《毛主席万岁》《祖国万岁》《庆丰收》等，出版有《水彩艺术》，翻著《艺术哲学》等。

J0013664

水彩艺术　（2）田郁文主编；中国《水彩艺术》编辑部编

北京　人民美术出版社　1993 年　48 页　25×26cm

ISBN：7-102-01345-0　定价：CNY16.40

J0013665

水彩艺术 （3）田郁文主编；中国《水彩艺术》编辑部编

北京 人民美术出版社 1994 年 48 页 25×26cm
ISBN：7-102-01426-0 定价：CNY16.40

J0013666

水彩艺术 （4）田郁文主编；中国《水彩艺术》编辑部编

北京 人民美术出版社 1996 年 48 页 25×26cm
ISBN：7-102-01485-6 定价：CNY20.00

J0013667

水彩艺术 （5）田郁文主编；中国《水彩艺术》编辑部编辑

北京 人民美术出版社 1995 年 48 页 25×26cm
ISBN：7-102-01557-7 定价：CNY20.00

J0013668

水彩艺术 （6）田郁文主编；中国《水彩艺术》编辑部编辑

北京 人民美术出版社 1996 年 48 页 25×26cm
ISBN：7-102-01657-3 定价：CNY28.00

J0013669

水彩艺术 （7）田郁文主编；中国《水彩艺术》编辑部编辑

北京 人民美术出版社 1996 年 48 页 25×26cm
ISBN：7-102-01702-2 定价：CNY28.00

J0013670

水彩艺术 （8）田郁文主编；中国《水彩艺术》编辑部编辑

北京 人民美术出版社 1997 年 48 页 25×26cm
ISBN：7-102-01846-0 定价：CNY28.00

J0013671

水彩艺术 （9）田郁文主编；中国《水彩艺术》编辑部编辑

北京 人民美术出版社 1998 年 48 页 有图 25×26cm ISBN：7-102-01921-1 定价：CNY30.00

　　本书分水彩画作品和文稿两部分。内容包括论程及的水彩画艺术、谈我的水彩画创作、谈谈水彩画的品味等文章。

J0013672

水彩艺术 （10）田郁文主编；中国《水彩艺术》编辑部编辑

北京 人民美术出版社 1998 年 48 页 25×26cm
ISBN：7-102-01967-X 定价：CNY30.00

　　作者田郁文（1928—　）。画家。山东青岛人。毕业于中央美术学院。历任人民美术出版社编辑室主任、副总编辑、社长、编审，中国美术家协会会员。作品有《毛主席万岁》《祖国万岁》《庆丰收》等，出版有《水彩艺术》，翻著《艺术哲学》等。

J0013673

水彩艺术 （1999 年第 1 期 总第 11 期）赵大鹏主编；《水彩艺术》编辑部编

北京 人民美术出版社 1999 年 60 页 25×26cm
ISBN：7-102-02050-3 定价：CNY30.00

J0013674

水彩艺术 （1999 年第 2 期 总第 12 期）赵大鹏主编；《水彩艺术》编辑部编

北京 人民美术出版社 1999 年 90 页 25×26cm
ISBN：7-102-02127-5 定价：CNY46.00

J0013675

水粉画技法 贺建国编绘

天津 天津人民美术出版社 1993 年 42
有彩图 26cm（16 开） ISBN：7-5305-0340-5
定价：CNY8.90

　　作者贺建国（1940—　），教授、画家。笔名鉴之。河北蠡县人。天津美术学院教授、中国美术家协会会员、天津美术家协会理事。著有《色彩学》《水彩风景写生》《水粉花卉技法》《水粉画技法》《水粉画教学》等。

J0013676

透明水色（彩色墨水）画技法 赵国志著

沈阳 辽宁美术出版社 1993 年 110 页 有彩图 26cm（16 开） ISBN：7-5314-0993-3
定价：CNY17.50
（现代设计表现技法 设计丛书 4）

　　作者赵国志（1942—　），教授。生于辽宁锦县。鲁迅美术学院教授、中国工艺美术学会会员、中国包装技术协会设计委员会资格会员等。著有《色彩构成与绘画·设计艺术》《透明水色（彩色墨水）画技法》《设计色彩构成理论及应用研究》等。

J0013677
高冬·建筑水彩画写生与分析　高冬编绘
哈尔滨 黑龙江科学技术出版社 1994年 108页 25×26cm ISBN：7-5388-2455-3 定价：CNY54.00
　　外文书名：The Sketch and Analyze of Water Color for Architecture by Gao Dong. 作者高冬（1960— ），教授。河北人。天津河北工业大学建筑系副教授。著有《风景素描技法》等。

J0013678
色彩画的路　陈延著
武汉 湖北美术出版社 1994年 34页 有图 26cm（16开） ISBN：7-5394-0373-X
定价：CNY8.50
　　作者陈延（1940— ），广东汕头大学美术设计系教授。

J0013679
水彩　王双成编著
天津 新蕾出版社 1994年 39页 26cm（16开） ISBN：7-5307-1522-4 定价：CNY9.80
（小画家丛书）
　　本书内容为青少年学画正规技法训练。作者王双成（1928—2005），回族，水彩画家、美术教育家。笔名双澄。河北沧州人。毕业于河北师范学院美术系。天津美术学院教授、师范美术系主任，中国美术家协会会员。作品有《翠湖春晓》《牵牛花》，著有《水彩画基础知识》等。

J0013680
水彩、水粉　张小纲编著
长沙 湖南美术出版社 1994年 48页 26cm（16开） ISBN：7-5356-0661-X 定价：CNY8.30
（儿童美术辅导丛书）

J0013681
水彩画　郭明福著
台北 艺术图书公司 1994年 再版 232页 有图 26cm（16开） ISBN：957-9045-18-6
　定价：TWD450.00
（绘画·设计·工艺丛书 1）

J0013682
水彩静物画技法与鉴赏　张克让编
北京 人民美术出版社 1994年 64页 26cm（16开） ISBN：7-102-01370-1 定价：CNY15.00
（水彩画技法与鉴赏系列丛书 1）
　　作者张克让（1937— ），画家、邮票设计家。生于河北石家庄，祖籍辽宁。毕业于鲁迅美院版画系。在国家邮电部邮票发行局设计室从事邮票美术设计工作。代表作品《百鸟归林》等。

J0013683
水粉　庞黎明编著
天津 新蕾出版社 1994年 35页 26cm（16开） ISBN：7-5307-1525-9 定价：CNY9.20
（小画家丛书）
　　作者庞黎明（1947— ），教授。毕业于天津工艺美术学校，后留校任教。中国装璜设计委员会委员、中国美术家协会会员、中国工艺美术家协会会员。著作有《水粉画技法》《水粉人物写生技法》《素描人物技法》等。

J0013684
水粉画　李宗儒编绘
天津 天津杨柳青画社 1994年 重印本 26cm（16开） ISBN：7-80503-065-0
定价：CNY10.20

J0013685
水粉静物写生研究　宫六朝著
石家庄 河北美术出版社 1994年 31页 有彩图 26×26cm ISBN：7-5310-0595-6
定价：CNY16.50
　　本书通过部分作品，介绍了水粉静物写生的色彩、技法、写生方法及易出现的几个问题。作者宫六朝（1952—2015），教授。生于河北文安。毕业于河北师范大学艺术系油画专业，并留校任教。曾为河北师范学院美术系基础教研室主任、副教授，河北省美术家协会会员、河北省水彩水粉画研究会会员。代表作品有《晴云》《神道》《群鸡百态野趣图》等。

J0013686
新水粉表现实技　黄亚奇，宫立龙著
沈阳 辽宁美术出版社 1994年 95页 有彩图 26cm（16开） ISBN：7-5314-1043-5

定价: CNY22.00

　　作者宫立龙(1954—　),画家。毕业于鲁迅美术学院。曾任教于鲁迅美术学院油画系第一工作室、中国美术家协会会员、辽宁美术家协会理事、沈阳美术家协会副主席。出版《新水粉表现实技》《水粉人像技法》《画例水粉人像》等。

J0013687

儿童学色彩　(水粉画入门、练习与创作)李毅编著

北京　北京工艺美术出版社　1995 年　62+16 页　有彩图及插图　26cm(16 开)

ISBN: 7-80526-139-3　定价: CNY20.00

　　作者李毅(1958—　),国画家。江苏人。中国美协会员、中国民族画院理事、安徽省国画院副院长、文化部对外艺术交流中心国韵文华书画院人物画艺委会委员等。

J0013688

风景人物水彩画艺术　何志生著

杭州　中国美术学院出版社　1995 年　23 页　有附图　26cm(16 开)　ISBN: 7-81019-399-6

定价: CNY17.80

(美术基础技法教材丛书)

　　外文书名: The Art of Watercolours in Landscape and Figure.

J0013689

色彩·水粉画技法　(图集)韩勇,薛益寿编著

北京　中国连环画出版社　1995 年　60 页　26cm(16 开)　ISBN: 7-5061-0644-2

定价: CNY25.00

J0013690

色彩风景入门　覃忠华著

南宁　广西美术出版社　1995 年 32 页 26cm(16 开)

ISBN: 7-80582-886-5　定价: CNY5.80

(美术基础入门画库)

　　作者覃忠华(1939—　),教授。画家。广西融安人。毕业于广西艺术学院美术系版画。广西艺术学院教授、中国美术家协会会员、中国版画家协会会员。出版有《手的语言》《色彩风景入门》等。

J0013691

色彩画技法教学新述　范存礼著

上海　上海画报出版社　1995 年　96 页　有插图　20cm(32 开)　ISBN: 7-80530-182-4

定价: CNY9.50

　　作者范存礼(1960—　),教授。上海崇明人。曾在上海第一师范任教。

J0013692

色彩静物入门　雷务武著

南宁　广西美术出版社 1995 年 32 页 26cm(16 开)

ISBN: 7-80582-875-X　定价: CNY5.80

(美术基础入门画库)

　　作者雷务武(1953—　),版画家、教授。别名雷务乙。广西南宁人。毕业于广西艺术学院。广西艺术学院美术学院院长、教授, 广西美术家协会副主席。代表作品《中国高等院校美术教程: 素描基础教程》《素描人像步骤》。

J0013693

世界水彩画鉴赏　王双成著

石家庄　河北美术出版社 1995 年 88 页 有彩图　28cm(大 16 开)　ISBN: 7-5310-0672-3

定价: CNY39.00

　　外文书名: World Watercolours Appreciation. 作者王双成(1928—2005),回族,水彩画家、美术教育家。笔名双澄。河北沧州人。毕业于河北师范学院美术系。天津美术学院教授、师范美术系主任,中国美术家协会会员。作品有《翠湖春晓》《牵牛花》,著有《水彩画基础知识》等。

J0013694

水粉画艺术教学创作　许世虎著

成都　四川美术出版社 1995 年 43 页 有彩图　25×26cm ISBN: 7-5410-1001-4　定价: CNY29.00

　　作者许世虎(1956—　),教师。四川重庆人。毕业于四川美术学院工艺美术系。历任四川美术学院工艺设计系副主任、讲师,中国美术家协会四川分会会员。出版有《水粉教学范图》《色彩的艺术与表现》《许世虎写实与写意》等。

J0013695

初学水彩画　(风景篇)胡梅生著

哈尔滨　黑龙江美术出版社　1996 年　54 页　17×19cm ISBN: 7-5318-0314-3　定价: CNY13.80

作者胡梅生(1928—)，教授。生于山东莒南县。哈尔滨学院美术教授，曾任黑龙江省师范学校书法、美术教材主编，黑龙江省老年书画研究会艺术顾问。出版有《胡梅生国画作品精选》《柳公权玄秘塔碑集联》《汉礼器碑集联》等。

J0013696

初学水彩画 （静物篇）尹佩等编绘
哈尔滨 黑龙江美术出版社 1996年 重印本
34 页 17×19cm ISBN：7-5318-0252-X
定价：CNY6.98

J0013697

儿童色彩画入门 贡小秋著
石家庄 河北美术出版社 1996年 93页 17×18cm
ISBN：7-5310-0769-X 定价：CNY11.20
（儿童学画入门丛书）

作者贡小秋(1959—)，画家、美术编辑。字枫然。生于辽宁沈阳。毕业于河北轻工业学美术专业。河北美术出版社美术编辑、河北省美术家协会会员、河北省少儿美术教育研究会理事，河北科技大学艺术学院教授、硕士研究生导师。出版有《大学书法》。

J0013698

范沧桑水粉画作品及技法 范沧桑绘
长沙 湖南美术出版社 1996年 31页 25×27cm
ISBN：7-5356-0805-1 定价：CNY25.50

作者范沧桑(1960—)，画家。上海人。毕业于湖南师范大学美术系油画专业。任职于广东省美协《广东美术家》杂志社，中国美术家协会会员。代表作品有《天高地远》《每天的太阳》《薄雪》等。

J0013699

粉彩技法百科 茱蒂·马汀（Judy Martin）著；李佳倩译
台北 笛藤出版图书公司 1996年 190页
22cm（30开） 精装 ISBN：957-710-239-5
定价：TWD750.00

J0013700

风景色彩写生基础入门 王再佳等编绘
北京 中国画报出版社 1996年 35页 26cm（16开）
ISBN：7-80024-334-6 定价：CNY9.80

（美术入门丛书）

J0013701

李升权水彩画意念及表现 李升权绘
沈阳 辽宁美术出版社 1996年 59页 24×26cm
ISBN：7-5314-1451-1 定价：CNY33.80

作者李升权(1942—)，辽宁锦州人。辽宁美术出版社《美术大观》编辑部副主编、辽宁美术家协会会员、中国工业美协会员、中国书画电视艺术学会会员。

J0013702

色彩花卉写生 郑荣庚编著
杭州 浙江人民美术出版社 1996年 58页
26cm（16开） ISBN：7-5340-0581-7
定价：CNY18.00

J0013703

色彩画教程 贾京生，唐应山编著
南宁 广西美术出版社 1996年 130+40页
有彩图 26cm（16开） ISBN：7-80625-032-8
定价：CNY19.00

外文书名：Colours Painting Research. 作者唐应山(1964—)，教师。生于江苏南京。毕业于中央美术学院。中国电视师范学院美术专业教师，中国美术家协会、中国工业设计协会会员。作品有《美术基础讲堂——素描》。作者贾京生(1957—)，教授。江苏南京人。毕业于中央工艺美术学院。清华大学美术学院教授、硕士生导师、印染实验室主任，中国工业设计协会、中国工艺美术协会会员。出版有《应用美术教程》《古希腊陶瓶画》《色彩画教程》《中国现代民间手工蜡染工艺文化研究》等。

J0013704

色彩指导 （图册）田旭桐，姜寿强主编
长春 长春出版社 1996年 142页 17×19cm
ISBN：7-80604-414-0 定价：CNY19.00

作者田旭桐(1962—)，教师。北京人。毕业于中央工艺美术学院。清华美院教授、硕士生导师。作品有《天街连晓雾》《隔溪烟雨》《一池清水泛鱼苗》等。

J0013705

少儿学画新路：初级水彩 黄庆芳等编绘

哈尔滨 黑龙江美术出版社 1996年 86页
26cm（16开） ISBN：7-5318-0362-3
定价：CNY14.60

J0013706
水彩·水粉画 郭连训，周崇涨编著
杭州 浙江人民美术出版社 1996年 64页
26cm（16开） ISBN：7-5340-0670-8
定价：CNY16.00
　　作者郭连训（1952— ），教师。浙江省二轻
工业设计学校讲师，中国美协浙江分会、中国水
彩画家协会会员。作者周崇涨（1964— ），教师。
毕业于四川美术学院。历任浙江省二轻工业设
计学校讲师、中国美协浙江分会会员、中国美院
高职学校副院长、浙江省城市雕塑院副院长。

J0013707
水彩风景写生技法 贺建国编著
天津 天津人民美术出版社 1996年 43页
26cm（16开） ISBN：7-5305-0581-5
定价：CNY10.50
（美术基础技法丛书）
　　作者贺建国（1940— ），教授、画家。笔名
鉴之。河北蠡县人。天津美术学院教授、中国美
术家协会会员、天津美协会理事。著有《色
彩学》《水彩风景写生》《水粉花卉技法》《水粉
画技法》《水粉画教学》等。

J0013708
水彩画技法 潘长臻，蒋跃著
合肥 安徽美术出版社 1996年 59页 26cm（16开）
ISBN：7-5398-0466-1 定价：CNY26.00
（美术技法丛书）

J0013709
水彩画技法 姬宝瑛著
西安 陕西人民美术出版社 1996年 重印本
32页 26cm（16开） ISBN：7-5368-0607-8
定价：CNY15.50
（美术技法丛书）

J0013710
水彩画技法 查寿兴编著
上海 上海书店出版社 1996年 120页
26cm（16开） ISBN：7-80622-094-1

定价：CNY48.00
（美术技法丛书）
　　作者查寿兴（1938— ），画师，教授。江
苏人。结业于上海教育学元艺术系。上海黄浦
画院画师、上海艺术进修学院教授、上海美育
学会常务理事，上海美术家协会、上海水彩画
研究会会员。代表作品《家》《晨曦》《周庄双
桥》等。

J0013711
水彩画教学新编 殷保康著
长沙 湖南美术出版社 1996年 61页 26cm（16开）
ISBN：7-5356-0857-4 定价：CNY22.00
　　作者殷保康（1936— ），安徽合肥人。湖
南师范大学美术系教授、湖南省水彩画艺委会主
任、湖南省美术家协会常务理事。

J0013712
水彩画小技巧100 蜜兰德·菲萝斯（Miranda
Fellows）著；陈育佳译
台北 笛藤出版图书公司 1996年 63页
19cm（小32开） 精装 ISBN：957-710-241-7
定价：TWD280.00

J0013713
水彩水粉 张小纲编著
长沙 湖南美术出版社 1996年 102页 有彩图
26cm（16开） ISBN：7-5356-0830-2
定价：CNY22.00
（青少年美术辅导丛书）

J0013714
水彩水粉技法与鉴赏 吴葆伦主编；刘远智
编著
北京 东方出版社 1996年 128页 有彩图
19cm（小32开） ISBN：7-5060-0650-2
定价：CNY13.00
（教你鉴赏·美术系列）
　　作者吴葆伦（1926— ），编辑。笔名吴奇。
人民美术出版社副编审、中国图书评论学会理
事。作者刘远智（1935— ），教授。生于辽宁大
连。毕业于山东艺专美术专业。中国矿业大学
建筑系教授、中国美术家协会会员、中国建筑学
会会员。作品有《黄海黎明》《玉立千秋》《落霞》
《云龙山水》等，著有《建筑水彩画技法》《建筑

水粉画技巧》《水彩画水粉画技法与鉴赏》《刘远智建筑速写》等。

J0013715

水粉　金允铨等编著

西安　陕西人民美术出版社 1996 年 20 页
26cm（16 开）ISBN：7-5368-0801-1
定价：CNY8.00

J0013716

水粉　金允铨等编著

西安　陕西人民美术出版社［1996 年］21 页
有图 26cm（16 开）ISBN：7-5368-0312-5
定价：CNY7.00

　　作者金允铨（1934—　　），教授。笔名乌金。浙江义乌人。毕业于江苏师范学院图画制图系。历任南京工学院建筑系美术教授、硕士生导师，全国高校建筑学科美术教材编委会副主任、《水粉》分册主编。

J0013717

水粉风景画法　（图集）郦纬农著绘

杭州　浙江人民美术出版社 1996 年 51 页
26cm（16 开）ISBN：7-5340-0674-0
定价：CNY18.00

J0013718

水粉风景写生技法　毛岱宗编著

天津　天津人民美术出版社 1996 年 52 页
26cm（16 开）ISBN：7-5305-0592-0
定价：CNY10.00
（美术基础技法丛书）

　　作者毛岱宗（1955—　　），教授。曾用名毛哲宗，别署黛宗，字彦达，号喆之、弘轩等。山东莱州市人。毕业于山东艺术学校美术科。山东艺术学院美术学院院长、教授、硕士生导师，中国美术家协会会员、山东美协副主席、山东美协油画艺委会主任。作品有《农舍》《白夜》等。

J0013719

水粉画法　崔栋良编著

北京　中国纺织出版社 1996 年 74 页 26cm（16 开）
ISBN：7-5064-1220-9 定价：CNY18.00

　　作者崔栋良（1935—　　），教授，美术设计师。河北文安人。毕业于中央工艺美术学院染织美术

系。中央工艺美术学院副教授、中国书画函授大学实用美术系教授，中国美术家协会、中国工艺美术学会会员等。出版有《花的装饰技法》《花卉黑白画》《图案的基本组织》《动物的写生与变形》《风景装饰画法》等。

J0013720

水粉画技法　宋建社编著

上海　上海书店出版社 1996 年 106 页
26cm（16 开）ISBN：7-80569-092-5
定价：CNY45.00
（美术技法丛书）

　　作者宋建社（1955—　　），教授。浙江人。毕业于上海大学美术学院油画系。上海纺织高等专科学校服装艺术系副主任、中国美术家协会会员。代表作品有《水粉画》《创作与设计》《鞋与路》《湘西情》《梦萦水乡》等。

J0013721

水粉基础　曹辅銮编著

苏州　古吴轩出版社 1996 年 52 页 26cm（16 开）
ISBN：7-80574-244-8 定价：CNY15.80

　　作者曹辅銮（1935—　　），画家。上海人。毕业于南京师范大学美术系。南京艺术学院教授、硕士研究生导师。作品有水彩粉画《白绣球》《玉兰花》《睡莲》等，出版著作有《曹辅銮水粉画集》《环境艺术概论》《水粉基础》等。

J0013722

水粉静物画法　郦纬农著绘

杭州　浙江人民美术出版社 1996 年 47 页
26cm（16 开）ISBN：7-5340-0547-7
定价：CNY18.00

J0013723

水粉静物画技法　于久洵编著

北京　人民美术出版社 1996 年 52 页 26cm（16 开）
ISBN：7-102-01578-X 定价：CNY16.00

J0013724

水粉静物教学问答　宫六朝著

石家庄　河北美术出版社 1996 年 67 页 有图
25×26cm ISBN：7-5310-0839-4 定价：CNY23.00

　　作者宫六朝（1952—2015），教授。生于河北文安。毕业于河北师范大学艺术系油画专业，并

留校任教。曾为河北师范学院美术系基础教研室主任、副教授，河北省美术家协会会员、河北省水彩水粉画研究会会员。代表作品有《晴云》《神道》《群鸡百态野趣图》等。

J0013725

水粉静物写生技法　郭振山编著
天津　天津人民美术出版社 1996 年 46 页 26cm（16 开）　ISBN：7-5305-0571-8
定价：CNY8.90
（美术基础技法丛书）
　　作者郭振山（1962— ），教授。毕业于天津美术学院。天津美术学院教师、中国美术家协会平面设计艺委会委员、中国包装联合会设计委员会副主任、中国美术家协会会员、天津美术家协会水彩画艺委会副主任。

J0013726

水粉静物写生指导　李水成著
长沙　湖南美术出版社 1996 年 27 页 26cm（16 开）
ISBN：7-5356-0829-9 定价：CNY19.50
　　作者李水成（1950— ），教授。湖南宁远人。湖南师范大学美术学院教授、硕士生导师，湖南水彩画学会顾问、理事、中国美术家协会会员、湖南省美术家协会水彩水粉画艺术委员会主任。

J0013727

水粉人物写生技法　庞黎明编著
天津　天津人民美术出版社 1996 年 51 页 26cm（16 开）　ISBN：7-5305-0528-9
定价：CNY12.90
（美术基础技法丛书）
　　作者庞黎明（1947— ），教授。毕业于天津工艺美术学校，后留校任教。中国装潢设计委员会委员、中国美术家协会会员、中国工艺美术家协会会员。著作有《水粉画技法》《水粉人物写生技法》《素描人物技法》等。

J0013728

俞山美国风景画创意　俞山绘
沈阳　辽宁美术出版社 1996 年 81 页 24×26cm
ISBN：7-5314-1568-2 定价：CNY50.00
（画家画库）

J0013729

彩糊艺术　翁星霞，陈文贵著
福州　福建美术出版社 1997 年 40 页 26cm（16 开）
ISBN：7-5393-0603-3 定价：CNY30.00

J0013730

风景水彩基础技法　龙虎编著
南宁　广西美术出版社 1997 年 8 页 38cm（6 开）
ISBN：7-80625-357-2
定价：CNY10.00
（绘画分类技法丛书 第 1 辑）

J0013731

静物水彩基础技法　黄增炎编著
南宁　广西美术出版社 1997 年 8 页 38cm（6 开）　ISBN：7-80625-358-0
定价：CNY10.00
（绘画分类技法丛书 第 1 辑）

J0013732

人像水彩基础技法　李凯煌编著
南宁　广西美术出版社 1997 年 8 页 38cm（6 开）
ISBN：7-80625-356-4 定价：CNY10.00
（绘画分类技法丛书 第 1 辑）

J0013733

色彩　万福堂主编
北京　中国商业出版社 1997 年 37 页 有图 26cm（16 开）　ISBN：7-5044-3525-2
定价：CNY7.00

J0013734

色彩风景范画　罗力编著
成都　四川美术出版社 1997 年 43cm（8 开）
ISBN：7-5410-1346-3 定价：CNY30.00
（美术院校基础教学丛书）

J0013735

色彩风景写生　高广聪编著
杭州　浙江人民美术出版社 1997 年 61 页 26cm（16 开）　ISBN：7-5340-0742-9
定价：CNY18.00

J0013736

色彩基础教程　（水粉画的理论·技法·表现

图册）李武著

沈阳 辽宁美术出版社 1997年 106页
28cm（大16开） ISBN：7-5314-1520-8
定价：CNY44.00
（《高等美术院校考生必读》系列丛书 2）

J0013737

色彩静物 薛晖编著

郑州 河南美术出版社 1997年 60页 26cm（16开）
ISBN：7-5401-0569-0 定价：CNY16.80

J0013738

水彩 高师水彩教材编写组〔编〕

济南 山东美术出版社 1997年 111页 有图
26cm（16开） ISBN：7-5330-1021-3
定价：CNY32.00

J0013739

水彩 傅念屏编著

重庆 西南师范大学出版社 1997年 48页
26cm（16开） ISBN：7-5621-1593-1
定价：CNY23.00

J0013740

水彩画技法 王曼勋编著

重庆 西南师范大学出版社 1997年 118页
20cm（32开） ISBN：7-5621-1652-0
定价：CNY23.00

J0013741

水彩画技法·创意·赏析 蒋跃著

杭州 中国美术学院出版社 1997年 80页
26cm（16开） ISBN：7-81019-616-2
定价：CNY25.00
（美术教材丛书）

J0013742

水彩画研究 张佑民著

北京 文化艺术出版社 1997年 63+18页 有图
29cm（16开） ISBN：7-5039-1661-3
定价：CNY58.00

J0013743

水彩教程 蔡汝震著

北京 北京理工大学出版社 1997年 86页

有彩图 26cm（16开） ISBN：7-81045-226-6
定价：CNY20.00

J0013744

水彩静物写生技法 孙世亮著

天津 天津人民美术出版社 1997年 47页
26cm（16开） ISBN：7-5305-0657-9
定价：CNY11.00
（美术基础技法丛书）

J0013745

水粉风景画速成 曹太文著

沈阳 辽宁美术出版社 1997年 79页 28cm（16开）
ISBN：7-5314-1716-2 定价：CNY39.00

J0013746

水粉风景教学问答 宫六朝著

石家庄 河北美术出版社 1997年 67页 25×26cm
ISBN：7-5310-0966-8 定价：CNY36.00
　　作者宫六朝（1952—2015），教授。生于河北
文安。毕业于河北师范大学艺术系油画专业，并
留校任教。曾为河北师范学院美术系基础教研
室主任、副教授，河北省美术家协会会员、河北
省水彩水粉画研究会会员。代表作品有《晴云》
《神道》《群鸡百态野趣图》等。

J0013747

水粉画技法 马庆云，关健编著

郑州 河南美术出版社 1997年 76页 29cm（16开）
ISBN：7-5401-0615-8 定价：CNY28.00
　　作者马庆云，女，河南大学美术系副教授、
中国美术家协会会员。

J0013748

水粉静物 （短期作业训练方法）魏纯著

乌鲁木齐 新疆人民出版社 1997年 29cm（16开）
ISBN：7-228-04292-1 定价：CNY18.00

J0013749

水粉静物技法画例 王建斌编著

哈尔滨 黑龙江美术出版社 1997年 94页
28cm（大16开） ISBN：7-5318-0385-2
定价：CNY34.80
（神笔系列技法丛书）

J0013750

水粉水彩　原黎明等编著

沈阳　辽宁美术出版社　1997 年　112 页　有插图

29cm（16 开）ISBN：7-5314-1741-3

定价：CNY50.00

（材料与技法丛书）

J0013751

新风景写生表现实技　张弘著

沈阳　辽宁美术出版社　1997 年　114 页

26cm（16 开）ISBN：7-5314-1718-9

定价：CNY47.00

　　作者张弘（1959—　），湖南宁乡人，生于武汉。毕业于广州美术学院中国画系。历任广州美院美术教育系系主任、教授、硕士研究生导师、中国美术家协会会员、广东美术家协会理事。作品有《新港》《日月盈昃》《不灭的火焰》《十月秋染山》《日落而息》。

J0013752

袁珑水彩画　（作品与技法）袁珑绘

北京　中国建筑工业出版社　1997 年　91 页

26cm（16 开）ISBN：7-112-03018-8

定价：CNY40.00

（建筑速写与构思丛书）

J0013753

中国水彩　（1）梁栋，蒋振立主编；中国美术家协会水彩画艺术委员会，广西美术出版社编

南宁　广西美术出版社　1997 年　52 页　29cm（16 开）

ISBN：7-80625-191-X　定价：CNY28.00

　　本丛刊包括：《独辟蹊径》《高山流水》《春风桃李》《我画我谈》《群英聚会》《世界之窗》等8 个栏目。

J0013754

中国水彩　（2）梁栋，蒋振立主编；中国美术家协会水彩画艺术委员会编

南宁　广西美术出版社　1997 年　54 页　29cm（16 开）

ISBN：7-80625-261-4　定价：CNY28.00

J0013755

中国水彩　（3）梁栋，蒋振立主编；中国美术家协会水彩画艺术委员会，广西美术出版社编

南宁　广西美术出版社　1997 年　54 页　29cm（16 开）

ISBN：7-80625-261-4　定价：CNY28.00

J0013756

中国水彩　（4）梁栋，蒋振立主编；中国美术家协会水彩画艺术委员会，广西美术出版社编

南宁　广西美术出版社　1998 年　54 页　29cm（16 开）

ISBN：7-80625-390-4　定价：CNY28.00

J0013757

中国水彩　（5）梁栋，蒋振立主编；中国美术家协会水彩画艺术委员会，广西美术出版社编

南宁　广西美术出版社　1998 年　56 页　29cm（16 开）

ISBN：7-80625-500-1　定价：CNY28.00

J0013758

中国水彩　（6）梁栋，蒋振立主编；中国美术家协会，水彩画艺术委员会编

南宁　广西美术出版社　1998 年　56 页　26cm（16 开）

ISBN：7-80625-570-2　定价：CNY28.00

J0013759

中国水彩　（7）梁栋，蒋振立主编；中国美术家协会水彩画艺术委员会，广西美术出版社编

南宁　广西美术出版社　1998 年　56 页

28cm（大 16 开）ISBN：7-80625-609-1

定价：CNY28.00

J0013760

中国水彩　（8）梁栋，蒋振立主编；中国美术家协会水彩画艺术委员会，广西美术出版社编

南宁　广西美术出版社　1999 年　56 页　29cm（16 开）

ISBN：7-80625-671-7　定价：CNY28.00

J0013761

中国水彩　（9）梁栋，蒋振立主编；中国美术家协会水彩画艺术委员会，广西美术出版社编

南宁　广西美术出版社　1999 年　56 页　29cm（16 开）

ISBN：7-80625-671-7　定价：CNY28.00

J0013762

中国水彩　（10）黄铁山，蒋振立主编；中国美术家协会水彩画艺术委员会，广西美术出版社编

南宁　广西美术出版社　1999 年　56 页　29cm（16 开）

ISBN：7-80625-671-7　定价：CNY28.00

作者黄铁山(1939—)，画家。湖南洞口人。毕业于湖北艺术学院。历任湖南省美协主席、湖南省文联副主席。代表作品有《黄铁山水彩画》《圣彼得堡》《开春》等。

J0013763

3小时色彩风景写生与默写　郦伟农编绘

杭州　浙江人民美术出版社　1998年　62页　26cm(16开)　ISBN：7-5340-0887-5

定价：CNY19.50

J0013764

3小时色彩静物写生与默写　郦伟农编绘

杭州　浙江人民美术出版社　1998年　62页　26cm(16开)　ISBN：7-5340-0876-X

定价：CNY19.50

J0013765

白统绪风景·静物水彩临本　白统绪著

武汉　湖北美术出版社　1998年　16页　29×42cm

ISBN：7-5394-0699-2　定价：CNY20.00

(中国名家水彩临本画丛)

J0013766

陈飞虎·建筑风景·水彩画写生技法　陈飞虎绘

长沙　湖南大学出版社　1998年　122页　25×26cm

ISBN：7-81053-117-4　定价：CNY88.00

J0013767

陈国庆人体水彩临本　陈国庆著

武汉　湖北美术出版社　1998年　20页　28×38cm

ISBN：7-5394-0789-1　定价：CNY24.00

(中国名家水彩临本画丛)

J0013768

风景·建筑水粉画写生与分析　赵军，赵慧宁著

哈尔滨　黑龙江科学技术出版社　1998年　105页　25×26cm　ISBN：7-5388-3274-2　定价：CNY70.00

J0013769

傅尚媛花卉水彩临本　傅尚媛著

武汉　湖北美术出版社　1998年　16页　28×38cm

ISBN：7-5394-0788-3　定价：CNY22.00

(中国名家水彩临本画丛)

J0013770

关维兴人物水彩临本　关维兴著

武汉　湖北美术出版社　1998年　20页　28×38cm

ISBN：7-5394-0790-5　定价：CNY24.00

(中国名家水彩临本画丛)

J0013771

胡钜湛观赏鱼水彩临本　胡钜湛著

武汉　湖北美术出版社　1998年　12页　29×42cm

ISBN：7-5394-0701-8　定价：CNY18.00

(中国名家水彩临本画丛)

作者胡钜湛(1930—)，教授。广东开平人。毕业于华南文艺学院美术部和中南美专绘画系。历任广州美术学院美术教育系教授、系主任，中国美术家协会会员、广州水彩画研究会副会长。作品有水彩画《第一代可可》《渔水情》《乐在其中》《虾》《红梅》等，出版有《胡钜湛水彩画选集》《水与彩的对话》等。

J0013772

花卉　(色彩静物)陈伟东编绘

上海　上海人民美术出版社　1998年　29cm(15开)

ISBN：7-5322-2042-7　定价：CNY9.60

(一物一景写生系列丛书)

J0013773

花鸟水彩基础技法　周锡珑编著

南宁　广西美术出版社　1998年　8页38cm(6开)

ISBN：7-80625-392-0　定价：CNY10.00

(绘画分类技法丛书　第1辑)

J0013774

李先润风景水彩临本　李先润著

武汉　湖北美术出版社　1998年　16页　29×42cm

ISBN：7-5394-0700-X　定价：CNY20.00

(中国名家水彩临本画丛)

J0013775

刘其伟绘画创作文件　郑惠美，薛平海编

台北　艺术家出版社　1998年　327页　有图版　27cm(大16开)　精装　ISBN：957-9530-96-3

定价：TWD1500.00

J0013776
刘寿祥静物·风景水彩临本　刘寿祥著
武汉　湖北美术出版社 1998年 20页 29×42cm
ISBN：7-5394-0674-7 定价：CNY24.00
（中国名家水彩临本画丛）
　　作者刘寿祥(1958—　　)，画家、教授。湖北武汉市人。毕业于湖北艺术学院美术系师范专业。历任湖北美术学院副教授、中国美术家协会会员、中国水彩画协会理事。作品有《牧牛少年》《桥》等，出版有《刘寿祥水彩画集》《欧洲写生》等。

J0013777
美国当代水彩画技法　（水彩画光与色的表现）（美）罗纳德·罗依克拉夫特著；曲艳娜，常自为译
沈阳　辽宁美术出版社 1998年 134页
26cm（16开）ISBN：7-5314-1885-1
定价：CNY68.00

J0013778
器皿　（色彩静物）王燕德编绘
上海　上海人民美术出版社 1998年 29cm（15开）
ISBN：7-5322-2044-3 定价：CNY9.60
（一物一景写生系列丛书）

J0013779
人体水彩基础技法　宣承榜编著
南宁　广西美术出版社 1998年 8页 38cm（6开）
ISBN：7-80625-393-9 定价：CNY10.00
（绘画分类技法丛书 第1辑）

J0013780
人物水彩基础技法　许以冠编著
南宁　广西美术出版社 1998年 8页 38cm（6开）
ISBN：7-80625-394-7 定价：CNY10.00
（绘画分类技法丛书 第1辑）

J0013781
色彩　范成保，阮礼荣编著
昆明　晨光出版社 1998年 34页 26cm（16开）
ISBN：7-5414-1469-7 定价：CNY6.80
（小画家丛书）

J0013782
色彩　王亚平，张京红著
长沙　湖南美术出版社 1998年 38页 26cm（16开）
ISBN：7-5356-1070-6 定价：CNY28.40
（美术基础教学与研究）

J0013783
色彩写生基础　张忆辉编著
北京　中国社会出版社 1998年 30+34页 有图
26cm（16开）ISBN：7-80146-056-1
定价：CNY16.00
（美术与设计基础丛书）

J0013784
色彩写生教程　董雅，刘宝岳编著
北京　中国纺织出版社 1998年 83页 26cm（16开）
ISBN：7-5064-1356-6 定价：CNY20.00

J0013785
蔬果　（色彩静物）秦一峰编绘
上海　上海人民美术出版社 1998年 29cm（16开）
ISBN：7-5322-2043-5 定价：CNY9.60
（一物一景写生系列丛书）

J0013786
水彩范画　王福阳主编；福建省中等师范学校美术中心教研组编
福州　福建美术出版社 1998年 38cm（6开）
ISBN：7-5393-0732-3 定价：CNY19.80
（福建省四年制中等师范学校美术教学丛书）

J0013787
水彩风景　（英）雷·史密斯著；曹剑译
长春　吉林美术出版社 1998年 71页
28cm（大16开）精装 ISBN：7-5386-0695-5
定价：CNY40.00
（英国皇家美术学院绘画技法丛书）

J0013788
水彩风景　宋守宏著
济南　山东美术出版社 1998年 43页 29cm（16开）
ISBN：7-5330-1161-9 定价：CNY35.00
（名家讲座丛书）
　　作者宋守宏(1939—2010)，画家。山东青岛人。毕业于山东艺术专科学院。国家一级美术师、

山东青岛工艺美术学校校长。编著有《美术基础教程》《水彩画技法》《水彩风景画基础》等。

J0013789
水彩风景画技法与鉴赏　张克让编
北京 人民美术出版社 1998年 80页 26cm（16开）
ISBN：7-102-01845-2 定价：CNY28.50
（水彩画技法与鉴赏系列丛书 2）
　　作者张克让（1937—　　），画家、邮票设计家。生于河北石家庄，祖籍辽宁。毕业于鲁迅美院版画系。在国家邮电部邮票发行局设计室从事邮票美术设计工作。代表作品《百鸟归林》等。

J0013790
水彩风景技法画例　赵云龙，王建斌编著
哈尔滨 黑龙江美术出版社 1998年 140页
29cm（16开）ISBN：7-5318-0433-6
定价：CNY53.00
（神笔丛书）

J0013791
水彩风景与花卉　（美）玛丽莲·希曼德（Marilyn Simandle），（美）路易斯·巴瑞特·勒曼（Lewis Barrett lehrman）著；于洪，徐育忠译
杭州 浙江人民美术出版社 1998年 107页
29cm（16开）ISBN：7-5340-0908-1
定价：CNY45.00

J0013792
水彩画　（风景）严耀华，高德荣编
上海 上海画报出版社 1998年 62页 26cm（16开）
ISBN：7-80530-411-4 定价：CNY14.00
（少年儿童美术技法丛书）

J0013793
水彩画　（静物）平龙编
上海 上海画报出版社 1998年 62页 26cm（16开）
ISBN：7-80530-425-4 定价：CNY14.00
（少年儿童美术技法丛书）

J0013794
水彩画　（人物）柳毅等编
上海 上海画报出版社 1998年 62页 26cm（16开）
ISBN：7-80530-424-6 定价：CNY14.00
（少年儿童美术技法丛书）

J0013795
水彩画　熊纳著
太原 希望出版社 1998年 65页 26cm（16开）
ISBN：7-5379-1904-6 定价：CNY12.00
（艺术入门丛书）

J0013796
水彩画基础　（英）雷·史密斯著；孔磊译
长春 吉林美术出版社 1998年 71页
28cm（大16开）精装 ISBN：7-5386-0698-X
定价：CNY40.00
（英国皇家美术学院绘画技法丛书）

J0013797
水彩画基础知识与技法　徐诚，徐明编著
北京 中国建筑工业出版社 1998年 120页
有彩图 29cm（16开）ISBN：7-112-03616-X
定价：CNY43.00

J0013798
水彩画技法　（美）大卫·刘易斯（David Lewis）著；许敬之，熊文琴译
南京 江苏美术出版社 1998年 144页
28cm（大16开）ISBN：7-5344-0794-X
定价：CNY68.00

J0013799
水彩画色彩　（英）雷·史密斯著；郝文建译
长春 吉林美术出版社 1998年 71页
28cm（大16开）精装 ISBN：7-5386-0696-3
定价：CNY40.00
（英国皇家美术学院绘画技法丛书）

J0013800
水彩画要点50讲　蒋跃著
南京 江苏美术出版社 1998年 60页 29cm（16开）
ISBN：7-5344-0835-0 定价：CNY28.00

J0013801
水彩基础技法　（第1辑 头像）关维兴编著
南宁 广西美术出版社 1998年 8页 38cm（6开）
ISBN：7-80625-519-2 定价：CNY10.00
（绘画分类技法丛书）

J0013802

水彩技法答问　蒋跃编著

南宁　广西美术出版社　1998 年　106 页

29cm（16 开）　ISBN：7-80625-548-6

定价：CNY39.00

J0013803

水彩技巧训练　（西班牙版）罗国祥译

武汉　湖北美术出版社　1998 年　32 页　31cm（10 开）

ISBN：7-5394-0779-4　定价：CNY19.00

J0013804

水彩静物　（英）伊丽莎白·简·劳埃德著；任

晶译

长春　吉林美术出版社　1998 年　71 页

28cm（大 16 开）　精装　ISBN：7-5386-0697-1

定价：CNY40.00

（英国皇家美术学院绘画技法丛书）

J0013805

水彩静物　张英洪，平龙著

济南　山东美术出版社　1998 年　42 页　29cm（16开）

ISBN：7-5330-1160-0　定价：CNY35.00

（名家讲座丛书）

　　作者张英洪（1931—　），教师。字青子。上

海轻专美术系副教授、中国美术家协会会员、上

海水彩画研究会副会长。

J0013806

水彩静物　（美）利兹 . 多诺万（Liz Donovan）

著；张湘译

杭州　浙江人民美术出版社　1998 年　115 页

29cm（16 开）　ISBN：7-5340-0875-1

定价：CNY45.00

J0013807

水彩人物　关维兴著

济南　山东美术出版社　1998 年　52 页　29cm（16开）

ISBN：7-5330-1159-7　定价：CNY35.00

（名家讲座丛书）

J0013808

水粉　孔新苗，邱丽君著

济南　山东美术出版社　1998 年　39 页　26cm（16 开）

ISBN：7-5330-1265-8　定价：CNY9.00

（金手指美术自学丛书）

J0013809

水粉　马瑶编著

重庆　西南师范大学出版社　1998 年　47+47 页

26cm（16 开）　ISBN：7-5621-1733-0

定价：CNY24.00

J0013810

水粉　邱新良著

北京　西苑出版社　1998 年　44 页　26cm（16 开）

ISBN：7-80108-112-9　定价：CNY12.00

（美术教程丛书　通往成功之路）

J0013811

水粉　董雅编著

北京　中国建筑工业出版社　1998 年　54 页

29cm（16 开）　ISBN：7-112-03366-7

定价：CNY30.00

（高等学校建筑美术系列教学丛书）

J0013812

水粉风景　潘长臻著

［济南］山东美术出版社　1998 年　34 页

29cm（16 开）　ISBN：7-5330-1257-7

定价：CNY30.00

（名家讲座丛书）

　　本书内容包括：水粉风景画的特点及艺术魅

力、水粉风景画技法论述、水粉风景画的色彩、

写生述要、习作和创作、水粉风景画的探索和追

求、作品赏析等。

J0013813

水粉风景写生研究　郭逢晨著

石家庄　河北美术出版社　1998 年　57 页　25×26cm

ISBN：7-5310-1123-9　定价：CNY23.00

J0013814

水粉画　（风景）翟祖华，沈舟编

上海　上海画报出版社　1998 年　64 页　26cm（16 开）

ISBN：7-80530-422-X　定价：CNY14.00

（少年儿童美术技法丛书）

　　作者翟祖华（1947—　），教授。上海人。毕

业于上海轻工业高等专科学校。上海应用技术

学院艺术设计专业副教授。陶瓷壁画有《豫国春

色》,漆画有《天华秋实》《星辰之梦》《满目青山夕照明》,丙烯壁画有《人间遍种自由花》。

J0013815

水粉画 （人物）周有武编

上海 上海画报出版社 1998年 54页 26cm（16开）

ISBN：7-80530-434-3 定价：CNY12.00

（少年儿童美术技法丛书）

J0013816

水粉画 宋建社著

太原 希望出版社 1998年 92页 26cm（16开）

ISBN：7-5379-1903-8 定价：CNY15.00

（艺术入门丛书）

　　作者宋建社（1955— ）,教授。浙江人。毕业于上海大学美术学院油画系。上海纺织高等专科学校服装艺术系副主任、中国美术家协会会员。代表作品有《水粉画》《创作与设计》《鞋与路》《湘西情》《梦萦水乡》等。

J0013817

水粉画技法入门奥秘 叶鹰宇著

沈阳 辽宁美术出版社 1998年 54页 26cm（16开）

ISBN：7-5314-2020-1 定价：CNY21.00

（百业精技入门奥秘系列丛书）

J0013818

水粉画色彩与技法 李朋林著

长沙 湖南美术出版社 1998年 76页 26cm（16开）

ISBN：7-5356-1084-6 定价：CNY31.50

J0013819

水粉技法 （静物）孙振新主编；周戈编著

上海 百家出版社 1998年 48页 26cm（16开）

ISBN：7-80576-826-9 定价：CNY19.80

（面向21世纪金手指美术技法丛书）

J0013820

水粉技法 谢雾,吴余青编著

乌鲁木齐 新疆青少年出版社 1998年 40页 26cm（16开） ISBN：7-5371-3005-1

定价：CNY7.60

（美术技法丛书 3）

J0013821

水粉静物写生步骤图例 宫六朝著

石家庄 河北美术出版社 1998年 29页 25×26cm

ISBN：7-5310-1050-X 定价：CNY15.00

J0013822

水粉静物写生范画集 宫六朝绘

北京 国际文化出版公司 1998年 75页

25×26cm ISBN：7-80105-604-3 定价：CNY48.00

　　作者宫六朝（1952—2015）,教授。生于河北文安、毕业于河北师范大学艺术系油画专业,并留校任教。河北师范学院美术系基础教研室主任、副教授,河北省美术家协会会员、河北省水彩水粉画研究会会员。代表作品有《晴云》《神道》《群鸡百态野趣图》等。

J0013823

水粉人物 周有武著

济南 山东美术出版社 1998年 34页 29cm（16开）

ISBN：7-5330-1255-0 定价：CNY30.00

（名家讲座丛书）

　　本书内容包括：水粉画人物写生的目的意义、基本要求和人物形象的审美选择；水粉画人物写生的方法；水粉画人物写生中的一些色彩问题；水粉画人物写生的技法运用和表现等。

J0013824

水粉人像技法画例 宫立龙著

哈尔滨 黑龙江美术出版社 1998年 121页

29cm（16开） ISBN：7-5318-0497-2

定价：CNY49.00

（神笔系列技法丛书）

　　作者宫立龙（1954— ）,画家。毕业于鲁迅美术学院。曾在鲁迅美术学院油画系第一工作室任教,中国美术家协会会员、辽宁美术家协会理事、沈阳美术家协会副主席。出版《新水粉表现实技》《水粉人像技法》《画例水粉人像》等。

J0013825

水粉写生 （静物）廖开著

南宁 广西美术出版社 1998年 57页 26cm（16开）

ISBN：7-80625-401-3 定价：CNY22.00

J0013826

水粉装饰技法画例 卢德辉编著

哈尔滨　黑龙江美术出版社　1998年　120页
29cm（16开）ISBN：7-5318-0554-5
定价：CNY50.00
（神笔丛书）

J0013827
田园 （色彩风景）陈天年编绘
上海　上海人民美术出版社　1998年　29cm（16开）
ISBN：7-5322-2038-9　定价：CNY9.60
（一物一景写生系列丛书）

J0013828
王涌静物水彩临本　王涌著
武汉　湖北美术出版社　1998年　12页　28×38cm
ISBN：7-5394-0787-5　定价：CNY18.00
（中国名家水彩临本画丛）

J0013829
乡镇 （色彩风景）柯和根编绘
上海　上海人民美术出版社　1998年　29cm（16开）
ISBN：7-5322-2037-0　定价：CNY9.60
（一物一景写生系列丛书）
　　作者柯和根（1953—　），生于福建龙海。毕业于景德镇陶瓷学院美术系。历任上海师范大学美术学院陶研所副所长、教授、硕士生导师，中国美术家协会会员。作品有《静观：书法作品展》《心象：山水画作品展》。

J0013830
新水彩表现实技　宋德昌著
沈阳　辽宁美术出版社　1998年　78页　有彩图
26cm（16开）ISBN：7-5314-1872-X
定价：CNY30.00

J0013831
新水彩风景画法　赵宝呈著
北京　人民美术出版社　1998年　35页
19cm（小32开）ISBN：7-102-01836-3
定价：CNY9.80

J0013832
怎样画水彩画　周伟忠，张奇编
上海　上海人民美术出版社　1998年　57页
有图　19cm（小32开）ISBN：7-5322-1991-7
定价：CNY5.00

（芳草地初级绘画技法丛书）
　　作者张奇（1955—　），同济大学讲师，上海水彩画研究会理事。

J0013833
怎样画水彩画　宇慧主编
沈阳　沈阳出版社　1998年　127页　有插图
19cm（小32开）ISBN：7-5441-0987-9
定价：CNY98.00（全套）
（审美素质培养丛书 12）
　　作者宇慧，主编的作品有《音乐美与欣赏》《怎样拉二胡》《怎样吹口哨》等。

J0013834
怎样画水粉画　沈自清编
上海　上海人民美术出版社　1998年　40页
有图　19cm（小32开）ISBN：7-5322-1992-5
定价：CNY5.50
（芳草地初级绘画技法丛书）

J0013835
玻璃、器皿冷光集　艺非主编
南宁　广西美术出版社　1999年　15页　26×38cm
ISBN：7-80625-735-7　定价：CNY10.00
（走进美院）
　　作者艺非，主编的主要作品有《玻璃、器皿暖光集》《男人·女人正面顶光集》《水果、瓦罐暖光集》等。

J0013836
玻璃、器皿暖光集　艺非主编
南宁　广西美术出版社　1999年　15页　26×38cm
ISBN：7-80625-735-7　定价：CNY10.00
（走进美院）

J0013837
当代艺术家水彩画材料与技法 （美）戴维·杜威（David Dewey）著；周青译
北京　中国青年出版社　1999年　171页
24cm（26开）ISBN：7-5006-3322-X
定价：CNY60.00
（当代艺术家绘画材料与技法丛书）

J0013838
第九届全国美术作品展览·水彩、粉画特

刊 （中国水彩 11）黄铁山，蒋振立主编；中国美术家协会水彩画艺术委员会，广西美术出版社编

南宁 广西美术出版社 1999年 54页 29cm（16开）

ISBN：7-80625-671-7 定价：CNY28.00

作者黄铁山（1939—　），画家。湖南洞口人。毕业于湖北艺术学院。历任湖南省美协主席、湖南省文联副主席。代表作品有《黄铁山水彩画》《圣彼得堡》《开春》等。

J0013839

儿童美术水彩水粉画技法　刘阳编绘

北京 海豚出版社 1999年 55页 26cm（16开）

ISBN：7-80138-087-8 定价：CNY12.00

作者刘阳（1963—　），满族，笔名三者。北京人。曾于中央美术学院、中国社会科学院研究生院学习。专著有《刘阳画集》《刘阳诗集》《中国动物画技法大全》《中国现代书印学史》《刘阳艺术论》等。

J0013840

仿相水彩画　（美）詹·昆兹（Jan Kunz）著；何广军译

天津 天津人民美术出版社 1999年 128页 28cm（大16开） 精装 ISBN：7-5305-1016-9

定价：CNY80.00

J0013841

风景、冷光集　艺非主编

南宁 广西美术出版社 1999年 15页 26×38cm

ISBN：7-80625-735-7 定价：CNY10.00

（走进美院）

J0013842

风景、暖光集　艺非主编

南宁 广西美术出版社 1999年 15页 26×38cm

ISBN：7-80625-735-7 定价：CNY10.00

（走进美院）

J0013843

花卉、冷光集　艺非主编

南宁 广西美术出版社 1999年 15页 26×38cm

ISBN：7-80625-735-7 定价：CNY10.00

（走进美院）

J0013844

花卉、暖光集　艺非主编

南宁 广西美术出版社 1999年 15页 26×38cm

ISBN：7-80625-735-7 定价：CNY10.00

（走进美院）

J0013845

基础技法　娄申义著

杭州 浙江人民美术出版社 1999年 16页 37cm（8开） ISBN：7-5340-0916-2

定价：CNY18.00

（色彩静物写生教室 4）

J0013846

金属、皮具冷光集　艺非主编

南宁 广西美术出版社 1999年 15页 26×38cm

ISBN：7-80625-735-7 定价：CNY10.00

（走进美院）

J0013847

金属、皮具暖光集　艺非主编

南宁 广西美术出版社 1999年 15页 26×38cm

ISBN：7-80625-735-7 定价：CNY10.00

（走进美院）

作者艺非，主编的主要作品有《玻璃、器皿暖光集》《男人·女人正面顶光集》《水果、瓦罐暖光集》等。

J0013848

罗伯·俄尔多水彩画技法　白崇录，白夏夏编著

沈阳 辽宁美术出版社 1999年 111页 29cm（16开）

ISBN：7-5314-2296-4 定价：CNY45.00

本书主要内容包括罗伯·俄尔多水彩艺术概述，工具、材料与技法，并配有《教堂风景》《木结构》等161幅罗伯·俄尔多水彩画技法画例及多幅作品欣赏。作者白崇录（1941—　），画家。辽宁人。毕业于鲁迅美术学院。历任鲁迅美术学院版画系水彩工作室主任导师、中国蛋彩画学会常务理事、辽宁省水彩画学会会长等职。出版有《白崇录水彩画选》，合著有《罗伯·俄尔多水彩画技法》。作者白夏夏（1975—　），女，澳大利亚皇家艺术、设计、视觉传达学院硕士研究生，辽宁省美术家协会会员。合编著有《罗伯·俄尔多水彩画技法》。

J0013849
美国当代水彩画写生技法70讲 （美）左尔
坦·赛伯著；徐伟儒等译
沈阳 辽宁美术出版社 1999年 133页
26cm（16开） ISBN：7-5314-2389-8
定价：CNY63.00
（21世纪技法系列丛书）

J0013850
明艳水彩 （美）理查德·C.卡沃斯基著；钟锋，
钟云燕译
南宁 广西美术出版社 1999年 142页
29cm（16开） ISBN：7-80625-675-X
定价：CNY70.00
（当代美国水彩技法丛书 6）

J0013851
色彩、水粉 侯吉明编
广州 岭南美术出版社 1999年 32页 26cm（16开）
ISBN：7-5362-1941-5 定价：CNY9.00
（美术技法入门丛书）

J0013852
色彩第一步 陈华民著
沈阳 辽宁美术出版社 1999年 96页 26cm（16开）
ISBN：7-5314-2243-3 定价：CNY32.00
　　作者陈华民（1943—　 ），画家。辽宁东港人。
笔名文安、春江。中国美术家协会会员、丹东市
美术家协会副主席。擅长国画，主要作品有《海
之恋》《金色的路》《扬帆远航》等。

J0013853
色彩风景基础训练 栾布编著
南昌 江西美术出版社 1999年 48页 29cm（16开）
ISBN：7-80580-543-1 定价：CNY20.00

J0013854
色彩静物 倪建明绘著
福州 福建美术出版社 1999年 48页 25×26cm
ISBN：7-5393-0775-7 定价：CNY32.00

J0013855
色彩静物 刘晓东，傅东黎编著
北京 中国民族摄影艺术出版社 1999年 47页
26cm（16开） ISBN：7-80069-277-9

定价：CNY7.80
（基础美术技法丛书 初级班 6）

J0013856
色彩静物基础训练 陈澜，陈松茂编著
南昌 江西美术出版社 1999年 48页 29cm（16开）
ISBN：7-80580-542-3 定价：CNY20.00

J0013857
色彩写生课程 （风景）刘征献，刘薇编著
重庆 西南师范大学出版社 1999年 25页
25×26cm ISBN：7-5621-2098-6 定价：CNY10.00
　　作者刘征献，美术教师。西南大学副教授。
油画作品有《大地》。

J0013858
色彩写生课程 （基础知识）李代富编著
重庆 西南师范大学出版社 1999年 25页
25×26cm ISBN：7-5621-2098-6 定价：CNY10.00

J0013859
色彩写生课程 （静物）李代富编著
重庆 西南师范大学出版社 1999年 25页
25×26cm ISBN：7-5621-2098-6 定价：CNY10.00

J0013860
色彩写生课程 （人物）刘征献，刘增元编著
重庆 西南师范大学出版社 1999年 25页
25×26cm ISBN：7-5621-2098-6 定价：CNY10.00

J0013861
色调表现 房爱武著
杭州 浙江人民美术出版社 1999年 37cm
ISBN：7-5340-0913-8 定价：CNY18.00
（色彩静物写生教室 1）

J0013862
少儿学彩笔画 刘芯芯著
沈阳 辽宁美术出版社 1999年 48页 19×26cm
ISBN：7-5314-2306-5 定价：CNY13.00
（21世纪技法系列丛书）

J0013863
抒情水彩 （美）简尼特·威斯著；李行良等译
南宁 广西美术出版社 1999年 140页

29cm（16 开）ISBN：7-80625-675-X
定价：CNY70.00
（当代美国水彩技法丛书 7）

J0013864
蔬菜、碗碟冷光集　艺非主编
南宁 广西美术出版社 1999 年 15 页 26×38cm
ISBN：7-80625-735-7 定价：CNY10.00
（走进美院）

J0013865
蔬菜、碗碟暖光集　艺非主编
南宁 广西美术出版社 1999 年 15 页 26×38cm
ISBN：7-80625-735-7 定价：CNY10.00
（走进美院）
　　作者艺非，主编的主要作品有《玻璃、器皿
暖光集》《男人·女人正面顶光集》《水果、瓦罐
暖光集》等。

J0013866
水彩创作实例　（美）劳伦斯·C. 戈德史密斯
著；梁春扬等译
南宁 广西美术出版社 1999 年 159 页
29cm（16 开）ISBN：7-80625-675-X
定价：CNY70.00
（当代美国水彩技法丛书 5）

J0013867
水彩大师教程　（美）爱德华·H. 贝茨著；赵
伟飞等译
南宁 广西美术出版社 1999 年 141 页
29cm（16 开）ISBN：7-80625-675-X
定价：CNY70.00
（当代美国水彩技法丛书 3）

J0013868
水彩风景　莫伯华编著
武汉 湖北美术出版社 1999 年 16 页 37cm
ISBN：7-5394-0878-2 定价：CNY18.00
（学院色彩教学范本系列）

J0013869
水彩花卉基础技法　（美）雷切尔·鲁宾·沃尔
夫编著；杨晓梅、邢瑛译
沈阳 辽宁画报出版社 1999 年 125 页

29cm（16 开）ISBN：7-80601-317-2
定价：CNY68.00

J0013870
水彩画　金立德，熊纳著
上海 上海书画出版社 1999 年 有图 17×19cm
精装 ISBN：7-80635-522-7 定价：CNY20.00
（美术技法丛书）
　　本书内容包括：光与色、形与色、色彩知识、
画笔的选用、纸面的利用、观察方法、水彩人物
写生、干画法、湿画法、水彩画发展述要、流派
与风格及范例介绍。

J0013871
水彩画　金立德，熊纳著
上海 上海书画出版社 1999 年 17×19cm
ISBN：7-80635-399-2 定价：CNY10.00
（美术技法丛书）
　　作者金立德（1931—　），画家。浙江镇海
人。上海教育学院教授、上海国际交流画会副会
长、中国水彩画家协会副会长、中国美术家协会
会员。作品有《钢堡》《黄土地》等。

J0013872
水彩画 ABC　王强著
北京 朝华出版社 1999 年 84 页 26cm（16 开）
ISBN：7-5054-0580-2 定价：CNY38.50
　　本书包括：概述、工具与材料、色彩知识、
水彩画技法、水彩静物写生、水彩风景写生、水
彩人物写生、水彩画应注意的问题等内容。作者
王强（1960—　），承德民族师专美术系讲师。著
有《水彩画 ABC》。

J0013873
水彩画初级教程　罗富才编著
西安 陕西人民美术出版社 1999 年 116 页
有图 26cm（16 开）ISBN：7-5368-1188-8
定价：CNY35.00

J0013874
水彩画技法　宋守宏，高东方编著
南昌 江西美术出版社 1999 年 92 页 29cm（16 开）
ISBN：7-80580-485-0 定价：CNY38.00
　　本书介绍了基本的色彩知识，水彩画的艺术
特色与基本技法，学习水彩画的方法，水彩静物

写生，水彩人物写生等内容。作者宋守宏（1939—2010），画家。山东青岛人。毕业于山东艺术专科学院。国家一级美术师、山东青岛工艺美术学校校长。编著有《美术基础教程》《水彩画技法》《水彩风景画基础》等。作者高东方（1955—　），画家、教授。山东章丘人。生于青岛。毕业于山东省高等教育学院。中国美术家协会会员、中国水彩画家协会会员，山东水彩画会常务副会长、兼秘书长，青岛科技大学文学艺术学院副主任、教授。作品有《黄海之滨的港口》《头羊》《浮城》等，出版有《水彩》《水粉》《当代水彩画精品集高东方》等。

J0013875

水彩基础技法　（美）格雷格·艾伯特，（美）雷切尔·沃尔夫编著；郝文建译
沈阳 辽宁画报出版社 1999年 119页 29cm（16开）ISBN：7-80601-319-9
定价：CNY68.00

J0013876

水彩静物　刘寿祥主编；许海刚编著
武汉 湖北美术出版社 1999年 16页 37cm（8开）
ISBN：7-5394-0877-4 定价：CNY18.00
（学院色彩教学范本系列）

　　作者刘寿祥（1958—　），画家、教授。湖北武汉市人。毕业于湖北艺术学院美术系师范专业。历任湖北美术学院副教授，中国美术家协会会员，中国水彩画协会理事。作品有《牧牛少年》《桥》等，出版有《刘寿祥水彩画集》《欧洲写生》等。

J0013877

水彩静物、风景画画法图解　蒋跃著
杭州 浙江摄影出版社 1999年 76页 26cm（16开）
ISBN：7-80536-633-0 定价：CNY29.80
（画家自画自说 2）

J0013878

水彩漫流法　（美）盖伊·利普斯科姆著；吴小馨等译
南宁 广西美术出版社 1999年 138页 29cm（16开）ISBN：7-80625-675-X
定价：CNY70.00
（当代美国水彩技法丛书 2）

J0013879

水彩人物　刘寿祥主编；陈国庆编著
武汉 湖北美术出版社 1999年 16页 37cm（8开）
ISBN：7-5394-0821-9 定价：CNY18.00
（学院色彩教学范本）

　　作者刘寿祥（1958—　），画家、教授。湖北武汉市人。毕业于湖北艺术学院美术系师范专业。湖北美术学院副教授、中国美术家协会会员、中国水彩画协会理事。作品有《牧牛少年》《桥》等，出版有《刘寿祥水彩画集》《欧洲写生》等。

J0013880

水彩人物　（西）大卫·圣明戈尔著；陶莉，孙福广译
沈阳 辽宁美术出版社 1999年 64页 26cm（16开）
ISBN：7-5314-2249-2 定价：CNY29.00
（21世纪技法系列丛书 今日欧洲易学绘画技法系列）

J0013881

水彩人物基础技法　（美）雷切尔·鲁宾·沃尔夫编著；吕屹译
沈阳 辽宁画报出版社 1999年 124页 29cm（16开）ISBN：7-80601-313-X
定价：CNY68.00

J0013882

水彩湿画法　（美）盖尔·斯佩克曼著；刘沛沛等译
南宁 广西美术出版社 1999年 143页 29cm（16开）ISBN：7-80625-675-X
定价：CNY70.00
（当代美国水彩技法丛书 1）

J0013883

水彩实践与鉴赏　吴正斌，陈杰雄编著
广州 岭南美术出版社 1999年 136页 26cm（16开）ISBN：7-5362-1930-X
定价：CNY48.00

J0013884

水彩综合技法　（美）瓦尔弗雷德·塞林，（美）帕特丽霞·伯林著；牟百冶，俞可译
南宁 广西美术出版社 1999年 143页 29cm（16开）ISBN：7-80625-675-X

定价: CNY70.00

（当代美国水彩技法丛书 4）

J0013885

水粉　水彩　韩志录等著

济南　山东美术出版社 1999 年 209 页 有图

17cm（40 开）ISBN: 7-5330-1328-X

定价: CNY9.80

（美术知识百问百答手册）

本书以问答的形式对关于水粉、水彩的 125 个问题进行解答。主要包括色彩是怎样产生的、什么是色彩的分类、水彩画的特点是什么等。

J0013886

水粉风景教学新概念　郭逢晨著

天津　天津人民美术出版社 1999 年 77 页

29cm（16 开）ISBN: 7-5305-1037-1

定价: CNY37.60

J0013887

水粉画　（静物）李玮编

上海　上海画报出版社 1999 年 54 页 26cm（16 开）

ISBN: 7-80530-456-4 定价: CNY12.00

（少年儿童美术技法丛书）

J0013888

水粉画 ABC　马唯驰著

北京　朝华出版社 1999 年 60 页 26cm（16 开）

ISBN: 7-5054-0577-2 定价: CNY28.00

本书包括色彩知识、水粉画的工具与材料、色彩应用、静物写生、风景写生、人物头像写生、水粉画应避免的几个问题等内容。作者马唯驰（1959—　），画家。河北承德人。毕业于河北师范大学美术系。中国美术家协会会员，承德民族师专美术系副教授、系主任，承德市美协副主席。作品有《姐姐》《离魂记》《木兰围猎》等，著有《水粉画 ABC》。

J0013889

水粉画基础　吴德隆编著

杭州　中国美术学院出版社 1999 年 140 页

有图 26cm（16 开）ISBN: 7-81019-732-0

定价: CNY25.00

（美术教材丛书）

外文书名: Basic Skill of Gouache.

J0013890

水粉画技法　邬烈炎著

南京　江苏美术出版社 1999 年 124 页

28cm（大 16 开）ISBN: 7-5344-0980-2

定价: CNY38.00

（美术技法大全）

作者邬烈炎（1956—　），教师。生于江苏南通市。南京艺术学院工艺美术系讲师。代表作品《色彩》。

J0013891

水粉画技法教程　柏芳景著

沈阳　辽宁美术出版社 1999 年 131 页

29cm（16 开）ISBN: 7-5314-2197-6

定价: CNY48.00

J0013892

水粉画技法新探　郭振山著

天津　天津人民美术出版社 1999 年 135 页

29cm（16 开）ISBN: 7-5305-1018-5

定价: CNY38.80

（现代美术技法丛书）

作者郭振山（1962—　），教授。毕业于天津美术学院。天津美术学院教师、中国美术家协会平面设计艺委会委员、中国包装联合会设计委员会副主任、中国美术家协会会员、天津美术家协会水彩画艺委会副主任。

J0013893

水粉画教学　贺建国著

南昌　江西美术出版社 1999 年 90 页 26cm（16 开）

ISBN: 7-80580-597-0 定价: CNY34.00

作者贺建国（1940—　），教授、画家。笔名鉴之。河北蠡县人。天津美术学院教授、中国美术家协会会员、天津美术家协会理事。著有《色彩学》《水彩风景写生》《水粉花卉技法》《水粉画技法》《水粉画教学》等。

J0013894

水粉画色彩与技法　刘克敏著

合肥　安徽科学技术出版社 1999 年 109 页

29cm（16 开）ISBN: 7-5337-1791-0

定价: CNY65.00

J0013895
水粉静物 张秋山主编;段义芳编著
武汉 湖北美术出版社 1999 年 16 页 37cm（8 开）
ISBN：7-5394-0880-4 定价：CNY18.00
（学院色彩教学范本系列）

J0013896
水粉静物步骤 雷务武著
南宁 广西美术出版社 1999 年 81 页 有图
26cm（16 开） ISBN：7-80625-692-X
定价：CNY21.60
（美术技法丛书）
　　作者雷务武（1953—　），版画家、教授。别
名雷务乙。广西南宁人。毕业于广西艺术学院。
广西艺术学院美术学院院长、教授，广西美术家
协会副主席。代表作品《中国高等院校美术教程：
素描基础教程》《素描人像步骤》。

J0013897
水粉静物风景写生技法 张林编绘
济南 山东友谊出版社 1999 年 92 页 29cm（16 开）
ISBN：7-80642-199-8 定价：CNY36.00
　　作者张林（1936—　），中国曲艺家协会会
员、黑龙江省曲艺理论研究会会长、艺术学会理
事，剧协、音协、地方戏学会会员。

J0013898
水果、瓦罐冷光集 艺非主编
南宁 广西美术出版社 1999 年 15 页 26×38cm
ISBN：7-80625-735-7 定价：CNY10.00
（走进美院）

J0013899
水果、瓦罐暖光集 艺非主编
南宁 广西美术出版社 1999 年 15 页 26×38cm
ISBN：7-80625-735-7 定价：CNY10.00
（走进美院）
　　作者艺非，主编的主要作品有《玻璃、器皿
暖光集》《男人·女人正面顶光集》《水果、瓦罐
暖光集》等。

J0013900
写生步骤 吴国荣著
杭州 浙江人民美术出版社 1999 年 16 页
37cm（9 开） ISBN：7-5340-0914-6

定价：CNY18.00
（色彩静物写生教室 2）
　　作者吴国荣（1952—　），画家。上海人。毕
业于浙江美术学院油画系。中国美术学院附中
讲师、中国美术家协会浙江省分会会员、中国油
画家协会会员、浙江油画家协会会员、浙江水彩
画粉画家协会会员等职。出版有《创意油画艺习
新技》《设计造型基础——色彩基础教程》《素描
表现》等。

J0013901
新意水彩画法 阿客著
长沙 湖南美术出版社 1999 年 85 页 25×26cm
ISBN：7-5356-1296-2 定价：CNY48.00

J0013902
形体塑造 薛峰著
杭州 浙江人民美术出版社 1999 年 37cm（8 开）
ISBN：7-5340-0915-4 定价：CNY18.00
（色彩静物写生教室 3）

J0013903
学水粉 张建春编著
杭州 浙江人民美术出版社 1999 年 92 页
26cm（16 开） ISBN：7-5340-0956-1
定价：CNY19.00
（少儿美术丛书）

粉画、蜡笔画技法

J0013904
黑板图画教科书 商务印书馆编译所编辑
上海 商务印书馆 1906 年 151 页 有图
19cm（32 开） 定价：大洋一元
　　本书系商务印书馆编译所编辑的师范学校
美术教材。

J0013905
色粉画 刘海粟编绘
上海 商务印书馆 1934 年 30 页 有图
19×26cm 定价：大洋九角
　　本书论述色粉画的教育价值、特长、材料、
要领等，并与水彩画、木炭画、油画等做了比较。

作者刘海粟（1896—1994），画家、美术教育家。名槃，字季芳，号海翁。江苏武进人。参与创办上海私立美术学院。曾任华东艺术专科学校校长、南京艺术学院院长。代表作《黄山云海奇观》《披狐皮的女孩》《九溪十八涧》等，有画集《黄山》《海粟老人书画集》等。

J0013906
怎样画蜡笔画　费新我编绘
上海　少年儿童出版社　1959年　44页　有图
15×18cm　统一书号：R7024.147
定价：CNY0.21
　　作者费新我（1903—1992），书法家、画家。学名斯恩，原字省吾，字立千、号立斋，后改名新我。湖州南浔双林镇人。毕业于上海白鹅绘画学校。代表作品有《怎样画毛笔画》《怎样学书法》《楷书初阶》《怎样画铅笔画》。

J0013907
粉笔画　吴介琴编译
天津　天津人民美术出版社　1980年　25页
25cm（15开）　统一书号：8073.50121
定价：CNY1.70
　　作者吴介琴（1927—　　　），雕塑家。四川成都人。别名吴家骥。硕士毕业于中央美术学院雕塑系，任职于雕塑艺术研究所、中央美术学院雕塑创作研究室。作品有《我也要干》《唐俑胸像》《人与大地》等。

J0013908
色粉笔画起步　李铁树著
北京　人民教育出版社　1986年　48页　19cm（32开）
统一书号：7012.01075　定价：CNY0.60
（中小学生美术丛书）

J0013909
德加的艺术标志——粉笔画　刘天呈编著
长沙　湖南美术出版社　1988年　26cm（16开）
ISBN：7-5356-0174-X　定价：CNY6.60
　　作者刘天呈（1936—2017），油画家、学者、美术教育家。河北顺平人。毕业于浙江美术学院油画系。历任解放军艺术学院美术系教授，中国美术家协会会员。

J0013910
儿童蜡笔画　史绍纶，史策编绘
沈阳　辽宁民族出版社　1991年　72页　26cm（16开）
ISBN：7-80527-192-5　定价：CNY4.70

J0013911
儿童油画棒绘画技法　（人物册）相泽民绘
北京　中国物资出版社　1994年　56页　16×18cm
ISBN：7-5047-0957-3　定价：CNY4.50
（儿童美术技法丛书）

J0013912
粉彩画基础技法　邬烈炎编著
台北　珠海出版公司　1996年　119页　有图
27cm（大16开）　ISBN：957-657-165-0
定价：TWD320.00
（新编美术入门丛书　4）
　　作者邬烈炎（1956—　　　），教师。生于江苏南通市。南京艺术学院工艺美术系讲师。代表作品《色彩》。

J0013913
粉彩画小技巧100　蜜兰德·菲萝斯（Miranda Fellows）著；陈育佳译
台北　笛藤出版图书公司　1996年　63页
21cm（32开）　精装　ISBN：957-710-244-1
定价：TWD280.00

J0013914
儿童蜡笔画　翟灏等编著
上海　上海书画出版社　1998年　46页　26cm（16开）
ISBN：7-80635-208-2　定价：CNY12.00
（儿童美术入门丛书）

J0013915
粉画技法　潘金玲著
南京　江苏美术出版社　1998年　100页
28cm（大16开）　ISBN：7-5344-0946-2
定价：CNY40.00
（美术技法大全）

J0013916
色粉笔画基础　（英）迈克尔·赖特著；杨晓梅译
长春　吉林美术出版社　1998年　71页

28cm（大16开）精装　ISBN：7-5386-0702-1
定价：CNY40.00
（英国皇家美术学院绘画技法丛书）

J0013917
色粉笔画入门奥秘　迟恨非著
沈阳　辽宁美术出版社 1998 年　100 页
26cm（16开）ISBN：7-5314-1886-X
定价：CNY41.50
（百业精技入门奥秘系列丛书）

J0013918
怎样画蜡笔画　马胜凯著
南昌　江西美术出版社 1998 年 40 页 26cm（16开）
ISBN：7-80580-525-3　定价：CNY10.80
（绘画入门丛书）

J0013919
当代艺术家色粉画材料与技法　（美）阿
林·谢弗著；（美）约翰·肖摄影；余丁译
北京　中国青年出版社 1999 年　188 页
24cm（26开）ISBN：7-5006-3376-9
定价：CNY68.00
（当代艺术家绘画材料与技法丛书）

J0013920
蜡笔水彩画　王钧佑等著
天津　天津人民美术出版社 1999 年　80 页
17×18cm ISBN：7-5305-0929-2　定价：CNY9.80
（艺术的摇篮）

J0013921
色粉笔人体　（西）大卫·圣明戈尔著；（西）温
森·比·巴列斯塔尔插图；王健敏译
沈阳　辽宁美术出版社 1999 年 64 页 26cm（16开）
ISBN：7-5314-2248-4　定价：CNY29.00
（21 世纪技法系列丛书　今日欧洲易学绘画技法
系列）

J0013922
色粉画技法探新　车建全著
天津　天津人民美术出版社 1999 年　94 页
26cm（16开）ISBN：7-5305-0914-4
定价：CNY20.00

J0013923
色粉画教程　（美）卡萝尔·卡切尔（Carole
Katchen）著；周霞，俞晓群译
杭州　浙江人民美术出版社 1999 年　112 页
29cm（16开）ISBN：7-5340-0927-8
定价：CNY45.00

J0013924
少儿学油画棒　刘芯芯著
沈阳　辽宁美术出版社 1999 年 48 页 19×26cm
ISBN：7-5314-2305-7　定价：CNY13.00
（21 世纪技法系列丛书）

版画技法

J0013925
[中国版画史图录]　郑振铎编
民国　影印本　有图　线装
　　　分十二册。黄纸本。作者郑振铎（1898—
1958），社会活动家、作家、学者、翻译家、收藏
家。生于浙江永嘉县，祖籍福建长乐。毕业于北
京铁路管理学校。历任全国文联福利部部长、全
国文协研究部长、中国科学院考古研究所所长、
文化部副部长、中国作家协会理事等。代表作品
有《插图本中国文学史》《中国文学研究》《中国
版画史图录》《猫》《我们是少年》等。

J0013926
木刻实际制作法　温涛等著
[民国] 86 页　有图　20cm（32开）环筒页装
（新知识丛刊 第 1 辑）
　　　本书收《一般的话》《木面木刻制作法》《木
口木刻制作法》《套色木刻制作法》《关于绘画的
修养》等文章。

J0013927
中国版画史图录　郑振铎编
上海　中国版画史社 民国 影印本 有图 线装
　　　分六册。白纸本。

J0013928
中国版画史图录　郑振铎编
上海　中国版画史社 民国三十一年 [1942]

影印本　有图　线装

　　分二十册。

J0013929

木刻创作法　白危编译

上海　读书生活出版社　1937年［104］页　有图

19cm（32开）定价：国币四角

　　本书内容有：创作版画的意义、版画的种类、中国木刻史略、西洋木刻史略、木刻作法等，并介绍德、比、苏等国的木刻作品40余幅。

J0013930

木刻创作法　白危编译

上海　上海书店　1985年　19cm（32开）

定价：CNY1.05

J0013931

木刻初步　铁华著

西安　英华书店　1939年　48页　20cm（32开）

　　本书共分2章，讲述木刻略史、木刻家的修养、木刻画在抗战期中的任务、今后木刻的题材、木质的选择、木版的处理、构图与光线、木刻工具及其用法、木刻的刷印法等。

J0013932

木刻初步　刘铁华著

上海　中华书局　1947年　98页　有图

18cm（小32开）定价：国币二元

（中华文库　初中第1集）

　　本书共分5章，论述木刻艺术与绘画各部门的关系、木刻艺术与艺术解剖学、新兴木刻艺术的题材与任务、创作木刻的过程等。

J0013933

木刻初步　刘铁华著

上海　中华书局［1949年］再版

98页＋［4］页图版　有图　19cm（32开）

定价：国币二元八角

（中华文库　初中第1集）

　　本书共分5章，论述木刻艺术与绘画各部门的关系、木刻艺术与艺术解剖学、新兴木刻艺术的题材与任务、创作木刻的过程等。

J0013934

木刻画刻制过程　肇野撰

生活书店　1939年　再版　55页　有图

19cm（32开）定价：国币八角

　　本书对木料、木板、绘稿、刻法与刀具、拓印与选择纸张等做了介绍。

J0013935

木刻画刻制过程　肇野著

［重庆］生活书店　1943年　再版　55页　有图

18cm（小32开）定价：国币五元

　　本书为木刻技法专著，对木料、木板、绘稿、刻法与刀具、拓印与选择纸张等作了介绍。

J0013936

木刻画刻制过程　肇野撰

［大连］生活书店　1949年　55页　18cm（15开）

J0013937

木刻画刻制过程　肇野撰

［北平］生活书店　1949年　55页　18cm（小32开）

J0013938

木刻的技法　傅抱石编著

长沙　商务印书馆　1940年　62页　有图

18cm（小32开）定价：国币六角

　　本书分绪论、木刻、西洋木刻等3章。书前有编著者序以及木刻作品16幅，书末附本书重要参考书籍。作者傅抱石（1904—1965），画家。原名长生、瑞麟，号抱石斋主人。生于江西南昌，祖籍江西新余。早年留学日本。历任南京师范学院教授、江苏国画院院长等职。代表作品有《山阴道上》《钟馗》《屈原》《江山如此多娇》，著有《中国古代绘画之研究》《中国绘画变迁史纲》等。

J0013939

木刻的技法　傅抱石编著

［上海］商务印书馆　1940年　62页+15页图版

18cm（小32开）定价：四元

　　本书分绪论、木刻、西洋木刻等3章。书前有编著者序以及木刻作品16幅，书末附本书重要参考书籍。

J0013940

木刻的技法　傅抱石编著

商务印书馆　1941年　定价：CNY0.30

（木刻丛书）

J0013941

木刻的技法　傅抱石编著
上海 商务印书馆 1951年 3版 62页 有图
18cm（小32开）统一书号：74021
定价：旧币 3,000 元

　　本书分绪论、木刻、西洋木刻等3章。书前
有编著者序以及木刻作品16幅，书末附本书重
要参考书籍。

J0013942

木刻教程　李桦著
桂林 中华全国木刻界抗敌协会 1940年 72页
有图 19cm（32开）定价：法币七角

　　本书分5篇，讲述木面、木口、套色的木刻
制作法，绘画的修养等。书前有《写在卷首》一文。
作者李桦（1907—1994），教授、画家。曾用名浪
沙、小泉。广东番禺人。毕业于广州市立美术学
校，留学日本。历任中央美术学院教授兼版画系
主任、中国文联全国委员、中国版画家协会主席
等。代表作品《怒吼吧，中国》，组画《怒潮》《征
服黄河》等。

J0013943

学习木刻入门　酆中铁著
重庆 中国木刻供应社 1940年 30页 18cm（36开）

　　本书分：木刻是什么、学习木刻要具备什
么、木刻有哪些工具、怎样选用木板、怎样画稿、
刻刀怎样使用、怎样拓印等9章。

J0013944

怎样研究木刻　野夫著
丽水 会文图书社 1940年 96页 有图
18cm（小32开）
（写读丛书 别集 1）

　　本书分10节，内容有木刻在抗战时期的重
要性、中国新兴木刻艺术发展概论及木刻的制
法。书前有著者的代序《鲁迅先生所留给我们的
遗言》。

J0013945

中国版画史图录　（十三 陈老莲博古叶子水
浒叶子）
中国版画史社 民国二十九年［1940］影印本
有图 线装

J0013946

木刻版画概论　酆中铁著
长沙 商务印书馆 1941年 81页 18cm（小32开）
定价：国币一元

　　本书共分3章。第1章内容有：版画是什么、
木刻版画和木板、木刻的价值在哪里、木刻版画
的分类等；第2章介绍木刻版画的作法；第3章
为中国木刻版画的概论。

J0013947

木刻常识　（给初学木刻者的九封信）温涛著
桂林 文化供应社 1941年 55页 有图
16cm（25开）定价：国币四角
（青年新知识丛刊）

　　本书以书信形式介绍什么是木刻、木刻运动
简史、刻印工具、怎样打稿子、刻和印刷等常识。

J0013948

铁笔集　（浙江省战时美术工作者协会战时木
刻研究社第一期木刻函授班暨暑期绘画专修社
结业纪念册）战时木刻研究社第一期木刻函授
班编
丽水 浙江省战时美术工作者协会战时木刻研
究社 1941年 86页 有肖像 22cm（16开）

　　本书主要内容为版画技法、作品，包括感言
（俞乃大）、前言（野夫）、论文、木刻作品、备忘
录、弁言、编后7部分。

J0013949

木艺十讲　韩尚义著
重庆 商务印书馆 1942年 36页 有图
18cm（小32开）定价：国币二角五分

　　本书为木刻版画技法专著，共分10章，讲
述木刻画简史、中国新兴木刻画史略、木刻画的
艺术价值、木刻刀的性能，木刻板、怎样起稿等。
书末有著者的"附笔"。

J0013950

木艺十讲　韩尚义著
上海 商务印书馆 1947年 沪初版 36页
有图 19cm（32开）定价：国币一元五角

J0013951

木刻手册　野夫著
桂林 文化供应社 1943年 104页 有图

18cm（小 32 开）

　　本书分：中国新兴木刻艺术发展的概括、版画概说、木刻概说、木刻的用具及材料、木刻制作的程序、拓印、木刻制作的几个基本条件、木刻创作的准备等 9 章。

J0013952

木刻手册　　野夫著

桂林　文化供应社 1948 年　重著新版　144 页有图 18cm（小 32 开）定价：三元

（青年自学指导手册）

　　本书分：版画概论、木刻概论、用具及材料的准备、刻作的程序、画面构成诸要素、学习步骤、木刻史话等 7 章。

J0013953

木刻手册　　野夫著

文化供应社［发行］1949 年　再版　140 页　有图 19cm（32 开）定价：七元

（青年自学指导手册）

　　本书分版画概论、木刻概论、用具及材料的准备、刻作的程序、画面构成诸要素、学习步骤、木刻史话等 7 章。

J0013954

中国现代木刻史　　唐英伟著

崇安　中国木刻用品合作工厂 1944 年　70 页19cm（32 开）

（新艺丛书）

　　本书分 4 部分，叙述新兴木刻艺术的起源、木刻艺术运动发展的概况、抗战木刻运动的思潮、中国现代木刻运动的展望等。书末附《木刻生活十年（1930—1940）》。作者唐英伟，版画家。

J0013955

给初学木刻者　　野夫等著

崇安　中国木刻用品合作工厂 1946 年　88 页有图 18cm（小 32 开）

（新艺丛书）

　　本书分：认识木刻艺术、木刻种种、刻作的准备、一幅木刻是怎样完成的、种种的木刻和种种的作法、表现技巧实例、生活与创作等 7 章。书前有代序《今后的木刻运动》。

J0013956

鲁迅与木刻　　陈烟桥著

崇安　中国木刻用品合作工厂 1946 年　96 页19cm（32 开）

（新艺丛书）

　　本书内收《鲁迅与木刻》《论木刻与绘画》《鲁迅木刻版画》《论美术的技巧》《论美术与美术家》《对于罗丹美术论的认识》等 6 篇文章。作者陈烟桥（1911—1970），版画家。曾用名陈炳奎，笔名李雾城、米启郎。曾就读于广州市立美术专科学校西画科和上海新华艺术专科学校西洋画系。历任《新华日报》美术科主任、中国美术家协会上海分会副秘书长、美协广西分会主席等。代表作品有木刻《建设中的佛子岭》《鲁迅和他的伙伴们》等。

J0013957

鲁迅与木刻　　陈烟桥著

上海　开明书店 1949 年　82 页　18cm（小 32 开）

定价：三元三角

J0013958

鲁迅与木刻　　陈烟桥著

上海　开明书店 1950 年　京 1 版　82 页18cm（小 32 开）定价：三元三角

　　作者陈烟桥（1911—1970），版画家。曾用名陈炳奎，笔名李雾城、米启郎。曾就读于广州市立美术专科学校西画科和上海新华艺术专科学校西洋画系。历任《新华日报》美术科主任、中国美术家协会上海分会副秘书长、美协广西分会主席等。代表作品有木刻《建设中的佛子岭》《鲁迅和他的伙伴们》等。

J0013959

木刻教程　　刀锋著

上海　文化工作社 1949 年　144 页 18cm（小 32 开）

定价：七元七角

（新知识丛刊　第一辑　1）

　　本书共分 3 章，讲述木刻的基本理论、制作方法、鉴赏知识等。

J0013960

木刻教程　　刀锋著

上海　文化工作社 1950 年　沪再版　144 页有图 17cm（40 开）

（文化工作社工作与学习丛书 第一辑 1）

J0013961

艺术版画作法　史岩编著

上海 中华书局 1949 年 172 页 有图

［19cm］（32 开）

　　本书共分 6 章，内容包括：介绍版画的意义；复制与创作的区别；版画的大众性；版画之种类；中国版画；西洋版画；石版、金属版以及其他版式。

J0013962

木刻的理论与实际　李桦著

上海 群益出版社 1950 年 86 页 有图

17cm（40 开）定价：四元二角

（文艺学习丛书）

　　作者李桦（1907—1994），教授、画家。曾用名浪沙、小泉。广东番禺人。毕业于广州市立美术学校，留学日本。历任中央美术学院教授兼版画系主任、中国文联全国委员、中国版画家协会主席等。代表作品《怒吼吧，中国》，组画《怒潮》《征服黄河》等。

J0013963

木刻的理论与实际　李桦著

［上海］新文艺出版社 1951 年 19cm（32 开）

定价：CNY0.55

J0013964

石版画技法研究　张安治编著

北京 人民美术出版社 1953 年 40 页 有图

20cm（32 开）定价：CNY0.80

　　作者张安治（1911—1990），艺术家、油画家。字汝进，笔名紫天、张帆。江苏扬州人。毕业于南京中央大学美术系。就职于北京师范大学、北京艺术学院、中央美术学院等。著有《中国画论纵横谈》《中国画发展史纲要》《中国绘画史纲要》《墨海精神——中国画论纵横谈》等。

J0013965

木刻版画技法研究　李桦编著

北京 人民美术出版社 1954 年 有图

20cm（32 开）定价：旧币 14，000 元

J0013966

铜版画技法研究　李桦编著

北京 朝花美术出版社 1955 年 27 页 有图

20cm（32 开）定价：一元四角

J0013967

铜版画技法研究　李桦编著

北京 朝花美术出版社 1955 年 42 页 有图

20cm（32 开）定价：一元四角

　　本书收录 28 幅图，简述铜版画的技法。书后附录铜版画简史。

J0013968

木刻讲座　力群著

北京 朝花美术出版社 1957 年 67 页 有插图

18cm（小 32 开）统一书号：T8028.1394 定价：CNY0.75

　　作者力群（1912—2012），画家。原名郝力群。山西灵石人。毕业于国立杭州艺术专科学校。历任中国版画家协会副主席、山西省美术院名誉院长、山西省美术家协会名誉主席。木刻版画作品有《鲁迅像》《病》《收获》。

J0013969

圣迹图　（上下册）郑振铎编

北京 古典出版社 1959 年 2 册 定价：CNY4.70

　　中国古代版画。作者郑振铎（1898—1958），社会活动家、作家、学者、翻译家、收藏家。生于浙江永嘉县，祖籍福建长乐。毕业于北京铁路管理学校。历任全国文联福利部部长、全国文协研究部部长、中国科学院考古研究所所长、文化部副部长、中国作家协会理事等。代表作品有《插图本中国文学史》《中国文学研究》《中国版画史图录》《猫》《我们是少年》等。

J0013970

铜版画技法　洪世清编著

上海 上海人民美术出版社 1959 年 有图

26cm（16 开）统一书号：T8081.4480

定价：CNY1.05

　　本书分铜版画概说；制作铜版画的工具和材料；材料的制作和配方；腐蚀液调配法；怎样起稿；铜版画制作过程；套色铜版画制作方法；怎样磨刀等 8 章。附插图 24 幅。

J0013971

怎样作铜版画　陈晓南编著
北京　人民美术出版社　1961年　[42]页　有图
19cm（32开）统一书号：T8027.3282
定价：CNY0.27
　　本书附18幅图。

J0013972

中国版画史　王伯敏著
上海　上海人民美术出版社　1961年　288页
有图 20cm（32开）统一书号：8081.4566
定价：CNY2.00
　　本书共6章，讲述了最古的雕版书（殷、周
时代），版画的雏形（汉代），版画的成长时期
（隋、唐、五代），版画的兴盛时期（宋、元时代），
版画的鼎盛时期（明代）和版画的普遍发展时期
（清代）。

J0013973

中国版画史　王伯敏著
台北　兰亭书店　1986年　201页　有图
21cm（32开）定价：TWD200.00
（兰亭文化丛书）
　　作者王伯敏（1924—2013），美术史论家、画
家、诗人。浙江台州人。曾担任中国美术学院教
授、美术学博士生导师。著有《中国绘画通史》
《中国版画史》《中国美术通史》等。

J0013974

中国版画史略　郭味蕖编著
北京　朝花美术出版社　1962年　[297]页
有图表 21cm（32开）统一书号：8028.1864
定价：CNY1.78
　　本书介绍中国各历史时期的版画状况和发
展，介绍著名的有代表性的作品74幅。

J0013975

版画技法经验　力群等著
上海　上海人民美术出版社　1966年　79页
有插图 22cm（20开）定价：CNY0.55
　　作者力群（1912—2012），画家。原名郝力
群。山西灵石人。毕业于国立杭州艺术专科学校。
历任中国版画家协会副主席、山西省美术院名誉
院长、山西省美术家协会名誉主席。木刻版画作
品有《鲁迅像》《病》《收获》。

J0013976

版画技法经验　力群等著
上海　上海人民美术出版社　1980年　566页
21cm（32开）统一书号：8081.11835
定价：CNY1.00

J0013977

二十世纪版画发展史　张南星译
台北　雄狮图书股份有限公司　1976年　197页
20cm（32开）定价：TWD100.00

J0013978

版画的基础知识和技法　郑震编
合肥　安徽人民出版社　1979年　38页　有图
26cm（16开）统一书号：8102.1031
定价：CNY0.65
　　本书包括：我国木刻版画的发展史简介；鲁
迅与木刻艺术；版画及其艺术特点；木刻版画的
材料和工具；木刻版画的制作过程；版画的基
本练习问题；木刻版画的刀法；木刻版画的色彩
问题。

J0013979

版画基础　叶公贤编著
昆明　云南人民出版社　1980年　119页
19cm（32开）统一书号：8116.919
定价：CNY0.84

J0013980

版画艺术（第1期）上海人民美术出版社编辑
上海　上海人民美术出版社　1980年　40页
有图 25cm（18开）统一书号：8081.12113
定价：CNY1.20

J0013981

版画艺术（第2期）上海人民美术出版社编辑
上海　上海人民美术出版社　1980年　40页
有图 25cm（18开）统一书号：8081.12220
定价：CNY1.20

J0013982

版画艺术（第3期）上海人民美术出版社编辑
上海　上海人民美术出版社　1981年　40页
25cm（18开）统一书号：8081.12466
定价：CNY1.20

J0013983

版画艺术 （第 4 期）上海人民美术出版社编辑

上海　上海人民美术出版社　1981 年　40 页

25cm（16 开）统一书号：8081.12593

定价：CNY1.20

J0013984

版画艺术 （第 5 期）上海人民美术出版社编辑

上海　上海人民美术出版社　1981 年　40 页

25cm（18 开）统一书号：8081.12749

定价：CNY1.20

J0013985

版画艺术 （第 6 期）上海人民美术出版社编辑

上海　上海人民美术出版社　1982 年　41 页

25cm（18 开）统一书号：8081.12871

定价：CNY1.20

J0013986

版画艺术 （第 7 期）上海人民美术出版社编辑

上海　上海人民美术出版社　1982 年　40 页

25cm（18 开）统一书号：8081.12982

定价：CNY1.20

J0013987

版画艺术 （第 8 期）上海人民美术出版社编辑

上海　上海人民美术出版社　1982 年　40 页

25cm（18 开）统一书号：8081.13117

定价：CNY1.20

J0013988

版画艺术 （第 9 期）上海人民美术出版社编辑

上海　上海人民美术出版社　1983 年　40 页

25cm（18 开）统一书号：8081.13393

定价：CNY1.20

J0013989

版画艺术 （第 10 期）上海人民美术出版社编辑

上海　上海人民美术出版社　1983 年　40 页

25cm（18 开）统一书号：8081.13473

定价：CNY1.20

J0013990

版画艺术 （第 11 期）上海人民美术出版社编辑

上海　上海人民美术出版社　1983 年　40 页

25cm（18 开）统一书号：8081.13627

定价：CNY1.20

J0013991

版画艺术 （第 12 期）上海人民美术出版社编辑

上海　上海人民美术出版社　1984 年　41 页

25cm（18 开）统一书号：8081.13815

定价：CNY1.20

J0013992

版画艺术 （第 13 期）上海人民美术出版社编辑

上海　上海人民美术出版社　1984 年　41 页

25cm（18 开）统一书号：8081.13926

定价：CNY1.20

J0013993

版画艺术 （第 14 期）上海人民美术出版社编辑

上海　上海人民美术出版社　1984 年　41 页

25cm（18 开）统一书号：8081.14045

定价：CNY1.20

J0013994

版画艺术 （第 17 期）上海人民美术出版社编辑

上海　上海人民美术出版社　1985 年　40 页

25cm（18 开）统一书号：8081.14491

定价：CNY1.50

　　中国现代版画。

J0013995

版画艺术 （第 18 期）上海人民美术出版社编辑

上海　上海人民美术出版社　1985 年　40 页

25cm（18 开）定价：CNY1.50

　　中国现代版画。

J0013996

版画艺术 （第 19 期）上海人民美术出版社编辑

上海　上海人民美术出版社　1985 年　40 页

25cm（18 开）定价：CNY1.50

J0013997

版画艺术 （第 20 期）上海人民美术出版社编辑；陆宗铎主编

上海　上海人民美术出版社　1985 年　40 页

25cm（18 开）定价：CNY1.50

　　作者陆宗铎（1932—1999），上海市人。现代美术史论家，毕业于四川美术学院。历任上海人民美术出版社编审、美术编辑室副主任、《版画艺术》丛刊主编。主要文章有《董克俊其人》《艺术春常在——刘海粟先生和他的艺术》《周碧初和他的艺术》《他从生活中来——杨可扬印象记》等。

J0013998
版画艺术　（第22期）陆宗铎主编
上海　上海人民美术出版社　1987年　40页
26cm（16开）定价：CNY1.80

J0013999
版画艺术　（第24期）陆宗铎主编
上海　上海人民美术出版社　1988年　有图
26cm（16开）定价：CNY2.30

J0014000
版画艺术　（第27期）陆宗铎主编
上海　上海人民美术出版社　1989年　有图
26cm（16开）定价：CNY2.90

J0014001
版画艺术　（第28期）陆宗铎主编
上海　上海人民美术出版社　1989年　有图
26cm（16开）定价：CNY2.90

J0014002
版画艺术　（第29期）陆宗铎主编
上海　上海人民美术出版社　1989年　有图
26cm（16开）定价：CNY2.90

J0014003
版画艺术　（第30期）陆宗铎主编
上海　上海人民美术出版社　1990年　40页
26cm（16开）定价：CNY2.90

J0014004
版画艺术　（第31期）陆宗铎主编
上海　上海人民美术出版社　1990年　40页
26cm（16开）定价：CNY2.90

J0014005
版画艺术　（第32期）陆宗铎主编
上海　上海人民美术出版社　1990年　40页
26cm（16开）定价：CNY2.90

J0014006
版画艺术　（第33期）陆宗铎主编
上海　上海人民美术出版社　1990年　26cm（16开）
定价：CNY2.90

J0014007
版画艺术　（第39期）陆宗铎主编
上海　上海人民美术出版社　1992年　40页
26cm（16开）定价：CNY3.00
　　作者陆宗铎（1932—1999），上海市人。现代美术史论家，毕业于四川美术学院。历任上海人民美术出版社编审、美术编辑室副主任、《版画艺术》丛刊主编。主要文章有《董克俊其人》《艺术春常在——刘海粟先生和他的艺术》《周碧初和他的艺术》《他从生活中来——杨可扬印象记》等。

J0014008
木刻版画技法　曾景初编著
西安　陕西人民美术出版社　1981年　27页
19cm（32开）统一书号：8199.132
定价：CNY0.54
　　作者曾景初（1918—2001），美术编辑。笔名秦肃、荆楚、特西等。湖南双峰人。上海美专肄业。历任长沙《国民日报》《湖南日报》《晚晚报》美术编辑、北京《铁路画报》美术编辑、华北人民出版社美编、天津人民美术出版社美编、中国美术家协会会员、中国版画协会会员。作品有《沸腾的矿山》《场上》《四等车上》等。

J0014009
木刻技法　李习勤编著
天津　天津人民美术出版社　1981年　102页
19cm（32开）统一书号：8073.50209
定价：CNY0.65
（群众文艺辅导丛书）
　　作者李习勤（1932—　　），画家。湖南邵东人。历任陕西省版画艺委会主任、中国美术家协会会员、中国版画家协会常务理事、中原书画研究院名誉院长、中外书画艺术博物馆名誉馆长。作品有《清凉世界》《秋之恋》《山沟笑声》等，出版有《李习勤水墨选集》《李习勤色粉画》等。

J0014010

中国新兴版画运动五十年 （1931—1981）
李桦，李树声，马克编
沈阳 辽宁美术出版社 1982年 564页 有图
21cm（32开） 精装 统一书号：8161.0001
定价：CNY3.10

本书由中国新兴版画50年大事年表、回顾
中国新兴版画的战斗历程、中华人民共和国成立
以来版画发展的丰硕成果3大部分组成，客观全
面地反映出50年来中国新兴版画的发展情况，
并突出新兴版画战斗传统的主线。

J0014011

木刻技法　吴俊发等著
北京 人民美术出版社 1983年 69页 25cm（小
16开） 统一书号：8027.8424 定价：CNY1.40

本书从木刻的最基本技法到水印木刻，套色
木刻等比较高级的木刻技法都作了介绍。作者
吴俊发（1927—　　　），生于江西广丰。中国版画家
协会副主席、江苏省美术家协会顾问。作品有《吴
俊发水墨画集》等。

J0014012

木刻教程新编　谭权书编著
长沙 湖南美术出版社 1983年 114页
19cm（32开） 统一书号：8233.462
定价：CNY1.60

本书共4章。第1章，中国和世界复制木刻
的历史；第2、3章，木刻在画、刻、印3方面所
包含的艺术规律与技巧及构成木刻艺术的特点；
第4章，构图处理的原则、章法及在木刻中的
应用。

J0014013

版画艺术　廖修平著
台北 雄狮图书公司 1984年 8版 258页 有图
21cm（32开） 定价：TWD150.00

外文书名：The Art of Print-making.

J0014014

徽派版画史论集　周芜编著
合肥 安徽人民出版社 1984年 75+136页
有图 25cm（15开） 统一书号：8102.1362
定价：CNY3.15

本书比较详尽地反映了徽派版画的历史状

况。全书共分八部分：一、徽派版画的故乡；二、
徽派版画的概况；三、徽派版画的特色；四、明
代两位出版家——汪廷讷和胡正言；五、《黄氏
宗谱》与黄氏刻书考证；六、徽派版画的继承和
发展问题；七、图版说明；八、图版1-136。

J0014015

版画艺术与创作　梅创基编著
香港 教育出版社 1985年 修订本 149页
有图 26cm（16开） ISBN：962-12-0598-0
定价：HKD38.00

J0014016

鲁迅与木刻　（日）内山嘉吉，（日）奈良和夫
著；韩宗琦译
北京 人民美术出版社 1985年 222页 有图
20cm（32开） 精装 统一书号：8027.9188
定价：CNY3.10

本书是作者为纪念鲁迅先生诞辰百年而作，
大致分两部分：第一部分以内山嘉吉先生的《中
国初期木刻与我》为主；第二部分是奈良和夫论
述鲁迅的艺术活动以及鲁迅在木刻运动中所占
的重要位置等。

J0014017

中国古代木刻画选集　（1898—1958）郑振
铎编著
北京 人民美术出版社 1985年 10册 42cm（8开）
ISBN：7-102-00189-4

全书收入自唐至清的木刻画584幅。其中
以文学插图为主，亦涉猎到其他题材内容，诸如
宗教、历史、园林建筑、饮膳医药、武备礼器、皇
家事典、民俗县志等，可谓一部形象的中国古代
社会百科全书。作者郑振铎（1898—1958），社会
活动家、作家、学者、翻译家、收藏家。生于浙
江永嘉县，祖籍福建长乐。毕业于北京铁路管理
学校。历任全国文联福利部部长、全国文协研究
部长、中国科学院考古研究所所长、文化部副部
长、中国作家协会理事等。代表作品有《插图本
中国文学史》《中国文学研究》《中国版画史图
录》《猫》《我们是少年》等。

J0014018

版画的历史　吴哲夫著
台北 文化建设委员会 1986年 63页 有彩照

21cm（32开）定价：TWD50.00
（文化资产丛书 20）

　　作者吴哲夫，画家。擅长年画。师从杭穉英，在上海"穉英画室"工作，长期共事，集体创作，被称为"杭派"月份牌画家。作品有《节日的食堂》《向解放军叔叔致敬》《老手带新手》等。

J0014019
版画的历史　吴哲夫著
台北　文化建设委员会 1987年 再版 63页
有彩照 21cm（32开）定价：TWD50.00
（文化资产丛书 20）

J0014020
美术资讯：版画特辑　黄才郎主编
台北　文化建设委员会 1986年 79页 26cm（16开）

J0014021
木刻技法分析　周建夫著
桂林　漓江出版社 1986年 95页 有图版
20cm（32开）统一书号：8256.300
定价：CNY1.50
（美术技法丛书）

　　本书结合各种风格及表现手法的国内外优秀版画作品，详细介绍木刻版画的基本知识，论述木刻版画的构图、黑白概括处理、刀法、造型手法以及套色木刻(包括水印木刻)的制作方法等。作者周建夫（1937— ），教授、画家。山西阳高人。毕业于中央美术学院。历任《北京周报》美术编辑，中央美术学院教授、教务处长，中国美术家协会会员。作品有《凉山道》《山西对面是陕西》，出版有《木刻技法分析》《周建夫人体素描》等。

J0014022
水印版画技法　罗剑钊编著
南京　江苏美术出版社 1986年 76页 17cm（32开）
统一书号：8353.6.050 定价：CNY1.90

　　作者罗剑钊（1941— ），画家、教授。江苏南通市人。毕业于南京师范大学美术系。历任南京师范大学美术系教授、《徐悲鸿奖学金委员会》秘书长、南京美术家协会副主席、中国美术家协会会员。出版有《水印版画技法 》《写生创作画集》《罗剑钊山水画集》等。

J0014023
水印木刻技法　罗剑钊编著
南京　江苏美术出版社 1986年 76页 有图
17×19cm 统一书号：8353.6.050 定价：CNY1.90

J0014024
版画　安维新编著
天津　天津教育出版社 1987年 有图版
19cm（32开）ISBN：7-5309-0127-3
定价：CNY1.10
（少年宫美术教材丛书）

　　本书介绍版画的基本技法及其艺术规律，以及版画所独有的画刻印全过程。

J0014025
版画技法 1.2.3　廖修平，董振平著
台北　雄狮出版社 1987年 197页 26cm（16开）
定价：TWD360.00

J0014026
珂勒惠支的艺术生活　（美）克莱因（Klein，H.A.），（美）克莱因（Klein，M.）著；顾时隆译
北京　人民美术出版社 1987年 131页 有图
19cm（小32开）定价：CNY1.55

J0014027
木刻　谭权书编
北京　朝花美术出版社 1987年 16页 26cm（16开）
定价：CNY0.90
（美术技法画库）

　　作者谭权书（1936— ），教授。北京人。毕业于中央美术学院版画系。历任中央美术学院版画系主任，中国版画家协会副主席、秘书长，中国美术家协会会员。著有《木刻教程新编》《谭权书版画集》等。

J0014028
北大荒版画三十年论文选集　（1958—1988
吞吐大荒）北大荒版画三十年文献编辑委员会编
哈尔滨　黑龙江美术出版社 1988年 439页
21cm（32开）ISBN：7-5318-0020-9
定价：CNY12.00

　　本书记录为了总结北大荒版画创作的经验，由黑龙江省文联、黑龙江省农场总局和中国美术

家协会黑龙江分会联合于 1988 年 8 月 10 日至 21 日在哈尔滨、佳木斯、大庆等地举办的以"北大荒版画学术研讨会"为主题的交流和展览活动的盛况。对北大荒版画创作的经验及其意义和《松谷》《故乡夜》《我的家乡在东北松花江上》等作品予以了充分的肯定与赞赏。

J0014029
木刻技法初步　赵瑞椿著
上海　上海人民美术出版社 1988 年 64 页
19cm（32 开）ISBN：7-5322-0235-6
定价：CNY1.70
（初级美术技法丛书）
　　本书分 6 篇：木刻的特性、怎样进行木刻练习、木刻画面上常见的问题、油印套色技法、水印木刻技法、版画作品的格式。文中附图例 50 多个，书后附有作者木刻作品和外国木刻作品 80 多幅。

J0014030
木刻艺术　赵延年著
杭州　浙江美术学院出版社 1988 年 2 版 78 页
有图 26cm（16 开）ISBN：7-81019-007-5
定价：CNY4.90
（美术基础技法教材丛书）
　　作者赵延年（1924—2014），教授、版画家。生于浙江湖州。就读于上海美专学习木刻。历任浙江美术学院教授、浙江版画家协会名誉会长、浙江漫画研究会顾问等。作品有《负木者》《鲁迅先生》《起来饥寒交迫的奴隶》等，出版有《赵延年版画选》。

J0014031
中国版画史图录　周芜编
上海　上海人民美术出版社 1988 年 2 册（914 页）
26cm（16 开）精装 ISBN：7-5322-0206-2
定价：CNY46.00
（中国美术史图录丛书）
　　本书分上、下两册，辑录自唐至清代的版画作品，有卷首图、插图（单面、双面、多页连式）、内封面和牌记等几种形式，共 604 种，计 913 幅图。每个图版注明书名、卷数、类名、作者（或校订者）、刻本以及框宽尺寸等。

J0014032
木刻入门　许汝良著
济南　山东美术出版社 1990 年 55 页
19cm（小 32 开）ISBN：7-5330-0266-0
定价：CNY1.00

J0014033
铜版画艺术　尹琼著
重庆　重庆出版社 1990 年 83 页 有肖像及插图
20cm（32 开）ISBN：7-5366-1113-7
定价：CNY3.15
　　作者尹琼（1931—　），版画家。山西新绛人。毕业于西南人民艺术学院。历任四川美术学院师范系副教授、系主任、教育系主任、教授。作品有《渔窗朗月》《草原之夜》《三峡云雾》《江南水乡》《峨眉山林》《熊猫》等，出版有《铜版画艺术》等。

J0014034
中国木版水印技法　孙日晓，马秀英编著
天津　天津人民美术出版社 1990 年 59 页
有彩图 26cm（16 开）ISBN：7-5305-0168-2
定价：CNY9.00

J0014035
版画艺术论文集　常桂林主编
哈尔滨　黑龙江美术出版社 1991 年 300 页
18cm（32 开）ISBN：7-5318-0107-8
定价：CNY12.00
　　本书收入中国著名版画家李桦、力群、古元、彦涵、杨可扬、晁楣、宋源文等论述版画的文章 50 余篇。

J0014036
民俗版画大观　潘元石著
台北　文化建设委员会 1991 年 63 页 有图
21cm（32 开）ISBN：957-8515-23-5
定价：TWD75.00
（文化资产丛书 49）

J0014037
水印版画技法　应天齐著
北京　人民美术出版社 1991 年 63 页 26cm（16 开）
ISBN：7-102-00928-3 定价：CNY7.00
　　作者应天齐（1949—　），江苏镇江人。中国

版画家协会会员。

J0014038
铜版画艺术　曹剑峰著
杭州　浙江美术学院出版社　1991年　42页
有图　26cm（16开）　ISBN：7-81019-097-0
定价：CNY10.00
（美术教材丛书）

　　本书介绍了铜版画的历史、工具、材料，工作室的建立和管理等，书后附有图录。作者曹剑峰（1932—2010），铜版画家。江苏溧阳人。毕业于中央美术学院华东分院绘画系。曾任浙江树人大学艺术学院院长、第11届全国版画展评委会主任委员。作品有《西湖》《土改组画——斗霸》《潮》等，出版有《铜版画艺术》。

J0014039
怎样教孩子制作版画　张桂林，关邑著
武汉　湖北少年儿童出版社　1991年　112页
有插图　19cm（小32开）　ISBN：7-5353-0756-6
定价：CNY2.00
（儿童绘画启蒙丛书）

J0014040
版画艺术　余新民编著
广州　广东高等教育出版社　1992年　88页
有彩图　26cm（16开）　ISBN：7-5361-0835-4
定价：CNY9.00

　　作者余新民，笔名余叶。华南师范大学美术系副教授、中国美术家协会会员。

J0014041
李以泰木版画技法　李以泰著
台北　世界文物出版社　1992年　173页　有图
31cm（10开）　ISBN：957-9058-48-2
定价：TWD500.00

J0014042
水印版画　梁栋［编］
北京　朝花美术出版社　1992年　15页　26cm（16开）
ISBN：7-5056-0154-7　定价：CNY2.50
（美术技法画库　21）

J0014043
丝网版画　（英）玛拉著；陈聿强，陈峥译著

杭州　浙江美术学院出版社　1992年　154页
有插图及附彩图　26cm（16开）
ISBN：7-81019-089-X　定价：CNY13.50
（美术教材丛书）

　　本书包括：丝网版画的历史发展、网材、绷网等13章内容。书后有译著者整理出来的示范、教案和表格。外文书名：Screen Printing. 选自1979年英国汤姆斯·哈得逊出版社出版的《手册》丛书。作者玛拉（Tim Mara, 1948—1997），英国版画家。伦敦皇家艺术学院（Royal College of Art）的版画师和版画教授。

J0014044
四川新兴版画发展史　凌承纬，凌彦著
成都　四川美术出版社　1992年　346页　有照片及图　20cm（32开）　精装　ISBN：7-5410-0735-8
定价：CNY22.50

　　本书论述了四川版画运动的发展史。内容包括新兴版画之父——鲁迅、抗战时期大后方新兴版画运动、建国初期四川版画的发展等9部分。作者凌承纬（1944— ），编审。重庆永川人。历任中国美术家协会四川分会理事、重庆美术家协会艺术理论委员会主任、红岩文学杂志美术编辑。出版有《四川新兴版画发展史》《画笔下的寻找》《现实主义之路》《时代与艺术》《传承·求索》等。凌彦（1968— ），女，报社记者、编辑。

J0014045
许钦松　《广州美术研究》编辑部编
广州　岭南美术出版社　1992年　127页　有照片
19cm（32开）　ISBN：7-5362-0861-8
定价：CNY6.50
（广东美术家丛书）

J0014046
中国版画印拓技法　俞启慧著
杭州　浙江美术学院出版社　1992年　42页　有彩照及照片　26cm（16开）　ISBN：7-81019-177-2
定价：CNY21.50
（美术教材丛书）

J0014047
版画　李玉良著
石家庄　河北美术出版社　1993年　102页

有照片 14×20cm ISBN：7-5310-0566-2
定价：CNY4.90
（儿童美术大全）

　　作者李玉良（1967—　　），蒙古族。内蒙古通辽市奈曼旗实验小学美术教师。

J0014048
李平凡文集　李平凡著；居文钟，孙雁编
福州 福建美术出版社 1993 年 284 页 有照片
20cm（32 开）ISBN：7-5393-0199-6
定价：CNY20.00，CNY28.00（精装）

　　本书收录李平凡先生专著之外的单篇文章 63 篇，多是中国版画的现状和发展以及中日版画交流活动等方面的。外文书名：Collected Articles of Li Pingfan. 作者李平凡（1922—2011），版画家。原名李文琨，别名里肯。天津津南人。历任人民美术出版社编辑、编审，《版画世界》主编、日本国际版画研究会顾问、平凡友好画院名誉院长。出版有《平凡木刻版画》《李平凡画文集》《李平凡画集》等，编辑《中华人民版画集》《中国古代木刻画选集》《中国水印版画》等。作者居文钟，天津南开大学任教。孙雁，天津南开大学任教。

J0014049
现代三版版画的发展和技法　（石版·铜版·丝网版）周一清编著
南京 江苏美术出版社 1993 年 200 页 有图
20cm（32 开）ISBN：7-5344-0297-2
定价：CNY26.80

J0014050
美术教育与技法：版画　王锡臻，蔡伟编著
兰州 甘肃人民美术出版社 1994 年 43 页
26cm（16 开）ISBN：7-80588-073-5
定价：CNY6.50

J0014051
木刻刀下的版艺术　黄唯理，张思燕著
广州 岭南美术出版社 1994 年 36 页 26cm（16 开）
ISBN：7-5362-1159-7 定价：CNY5.80
（少儿版画技法丛书）

　　作者黄唯理（1961—　　），画家。广东惠阳人。广州画院院聘画家、中国美术教育研究会会员、广州市荔湾区少年宫教师等。出版有《家园·梦》

《当代中国书画家系列书画集》。作者张思燕，女，画家、国家一级美术师。生于广东广州。广州市东山区少年宫教师、广东省美术家协会、广东省美术教育研究会会员。代表作品有《瓶上花》系列、《问花》系列、《鸡蛋花》《春雨》《夏至》等。

J0014052
趣味孔版画艺术　周光，关小蕾著
广州 岭南美术出版社 1994 年 24 页 26cm（16 开）
ISBN：7-5362-1157-0 定价：CNY7.00
（少儿版画技法丛书）

　　作者周光，广州少年宫任职，中教一级美术教师。作者关小蕾（1962—　　），女，画家。广东开平人。毕业于广州美术学院版画系。广州市少年宫美术教师、广东画院兼职画家。代表作品《姑娘们》《姊妹》《山村日记》。

J0014053
中国版画　（第 5 期）刘玉山主编；《中国版画》《广州美术研究》编辑部编辑
北京 人民美术出版社 1994 年 40 页 26cm（16 开）
ISBN：7-102-01432-5 定价：CNY9.80

　　本书包括：百家争鸣、画家沙龙、版画史料等 6 个栏目。作者刘玉山（1940—　　），美术编辑。生于北京。毕业于中央美术学院版画系。历任国家艺术教育委员会委员、中国美术家协会会员、人民美术出版社美术编辑等。出版有《刘玉山画集》《刘玉山速写集》《刘玉山黑白画作品集》《江南写生集》等。

J0014054
中国版画　（第 6 期）刘玉山主编
北京 人民美术出版社 1994 年 40 页 有图
26cm（16 开）ISBN：7-102-01441-4
定价：CNY9.80

　　本期有张广慧等 6 青年版画家作品评介、中国美院版画新作、启东版画院作品选等内容。

J0014055
中国新兴版画发展史　（1931—1991）齐凤阁著
长春 吉林美术出版社 1994 年 636 页 有附图
20cm（32 开）精装 ISBN：7-5386-0405-7
定价：CNY19.80

　　作者齐凤阁（1953—　　），东北师大美术系教

授、中国版画家协会会员。

J0014056
版画　华维光编著
长沙 湖南美术出版社 1995年 48页 26cm（16开）
ISBN：7-5356-0709-8 定价：CNY7.50
（儿童美术辅导丛书）

J0014057
版画印刷艺术　黄浩庭等著
广州 岭南美术出版社 1995年 36页 26cm（16开）
ISBN：7-5362-1161-9 定价：CNY10.80
（少儿版画技法丛书）
　　作者黄浩庭，广州越秀区少年宫任职、中国美术教育研究会会员、广东省美术家协会会员。

J0014058
晃楣论　于美成编
哈尔滨 黑龙江美术出版社 1995年 254页 有插图 20cm（32开）ISBN：7-5318-0271-6
定价：CNY19.60
　　作者于美成（1943— ），壁画家、美术理论家。山东汶上人。毕业于哈尔滨师范大学。哈尔滨工业大学建筑学院教师、黑龙江省版画院副秘书长、中国美术家协会会员。壁画作品有《大唐册封渤海郡王》《鹤翔云应》《群峰竞秀》《欢乐歌》，著有《壁画与壁画创作》《广告与传媒》《晃楣论》等。

J0014059
多种纸材的版艺术　（图册）戴立德等著
广州 岭南美术出版社 1995年 24页 26cm（16开）
ISBN：7-5362-1158-9 定价：CNY7.80
（少儿版画技法丛书）
　　作者戴立德（1948— ），女，广州市教育委员会美术教学研究员、中学高级教师。

J0014060
画、刻、印　（儿童版画入门）叶旦妮，宋健妤编著
北京 中国摄影出版社 1995年 68页 19×19cm
ISBN：7-80007-188-X 定价：CNY14.50
（少年智力艺术开发丛书）

J0014061
天然妙趣的实物版艺术　司徒锦璇，苏珊著
广州 岭南美术出版社 1995年 24页 26cm（16开）
ISBN：7-5362-1160-0 定价：CNY7.80
（少儿版画技法丛书）
　　作者司徒锦璇，广州市荔湾区少年宫教师、中国剪纸学会会员、广东美术家协会会员。作者苏珊，女，广州市东山区美术部部长。

J0014062
版画技法与鉴赏　吴葆伦主编；曹文汉编著
北京 东方出版社 1996年 161页 有彩图 19cm（小32开）ISBN：7-5060-0649-9
定价：CNY13.00
（教你鉴赏・美术系列）
　　作者吴葆伦（1926— ），编辑。笔名吴奇。人民美术出版社副编审、中国图书评论学会理事。作者曹文汉（1937— ），教授。北京人。毕业于中央美术学院版画系。吉林省艺术学院美术系教师、东北师范大学美术系教授、中国美术家协会会员、中国版画家协会会员、中国藏书票艺委会委员、吉林省作家协会会员。作品有《上市场》《毕加索》《莎士比亚》等，论著有《古元传》《版画技法与鉴赏》《古元的木刻艺术》《中国新兴木刻的延安学派》等。

J0014063
版画艺术欣赏　谭权书著
太原 山西教育出版社 1996年 206页 有彩图 19cm（小32开）ISBN：7-5440-0802-9
定价：CNY7.70
（美育丛书 美术系列）

J0014064
儿童趣味版画　吴小燕，关小蕾编
北京 人民美术出版社 1996年 32页 26cm（16开）
ISBN：7-102-01428-7 定价：CNY5.50
（儿童美术自学与辅导系列丛书）
　　作者关小蕾（1962— ），女，画家。广东开平人。毕业于广州美术学院版画系。广州市少年宫美术教师、广东画院兼职画家。代表作品《姑娘们》《姊妹》《山村日记》。

J0014065
中国现代版画史　李允经著

太原 山西人民出版社 1996 年 578+32 页 有插图
20cm（32 开）精装 ISBN：7–203–03416–X
定价：CNY128.00
　　外文书名：The History of Chinese Modern Print.

J0014066
中日儿童版画交流十年录　（日）杉山勋，张
桂林编；郑爱莉译
［北京］中国铁路工程总公司少年儿童版画研究
会 1996 年 188 页 有照片 20cm（32 开）
定价：CNY19.50

J0014067
版画　隋丞等编著
沈阳 辽宁美术出版社 1997 年 112 页 有插图
29cm（16 开）ISBN：7–5314–1743–X
定价：CNY50.00
（材料与技法丛书）

J0014068
版画　徐小蛮著
上海 上海古籍出版社 1997 年 202 页 有彩图
及插图
19cm（小 32 开）ISBN：7–5325–2262–8
定价：CNY9.00
（文物鉴赏丛书）

J0014069
儿童纸版画入门　华维光编著
北京 中国和平出版社 1997 年 76 页 26cm（16 开）
ISBN：7–80101–567–3 定价：CNY12.00
（儿童绘画入门系列）

J0014070
黑白木刻入门　谭权书著
南宁 广西美术出版社 1997 年 48 页 26cm（16 开）
ISBN：7–80625–291–6 定价：CNY8.00
（美术基础入门画库 第二辑）

J0014071
水印版画技法　凌君武著
苏州 古吴轩出版社 1997 年 38 页 26cm（16 开）
ISBN：7–80574–283–9 定价：CNY14.50

J0014072
水印版画入门　张佩义著
南宁 广西美术出版社 1997 年 48 页 26cm（16 开）
ISBN：7–80625–292–4 定价：CNY10.00
（美术基础入门画库 第二辑）

J0014073
丝网版画入门　张桂林著
南宁 广西美术出版社 1997 年 48 页 26cm（16 开）
ISBN：7–80625–290–8 定价：CNY10.00
（美术基础入门画库 第二辑）

J0014074
铜版画入门　王维新著
南宁 广西美术出版社 1997 年 48 页 26cm（16 开）
ISBN：7–80625–293–2 定价：CNY8.80
（美术基础入门画库 第二辑）

J0014075
现代铜版（凹版）画艺术　李仲编著
昆明 云南美术出版社 1997 年 68 页 26cm（16 开）
ISBN：7–80586–351–2 定价：CNY28.00

J0014076
小画家 ABC　（儿童学纸版画）牛桂生编著
南京 江苏美术出版社 1997 年 28 页 26cm（16 开）
ISBN：7–5344–0716–8 定价：CNY8.50

J0014077
中国现代版画史　范梦著
北京 中国青年出版社 1997 年 421 页 有图
19cm（小 32 开）ISBN：7–5006–2342–9
定价：CNY19.40
　　作者范梦（1938—　），教授。山东冠县人。
毕业于中央美术学院。山东师范大学美术系副
教授、中国美术家协会会员、中国版画家协会会
员、山东美学学会理事。著有《西方美术史》《中
外画家谈素描》《东方美术史》等。

J0014078
版画　高师版画教材编写组编
济南 山东美术出版社 1998 年 132 页 有图
26cm（16 开）ISBN：7–5330–1143–0
定价：CNY48.00

J0014079
版画研究 （第三届全国高等院校版画年会论文集）广州美术学院版画系编
长沙 湖南美术出版社 1998年 287页
19cm（小32开） ISBN：7-5356-1100-1
定价：CNY17.80

J0014080
藏书票入门 邵黎阳文
上海 上海人民美术出版社 1998年 48页
有图 19cm（小32开） ISBN：7-5322-1988-7
定价：CNY6.50
（少年艺术技能入门丛书）
　　藏书票是一种图文并茂的小型艺术品，素有"版画珍珠"等许多美称。本书从藏书票的基本知识入手，介绍一些常用的版种和技法。作者邵黎阳（1942—　），画家。浙江镇海人。历任《解放军报》美术编辑、上海人民美术出版编辑部主任。作品有版画《山高攀》《胜利的旗帜》《航标灯》，油画《房东》《马石山十勇士》《天福山起义》等，著有《藏书票入门》。

J0014081
吹塑纸版画 华维光编著
杭州 浙江人民美术出版社 1998年 35页
26cm（16开） ISBN：7-5340-0907-3
定价：CNY15.00
（儿童美术辅导教材 学画画）

J0014082
儿童木刻版画基础训练 张延编著
太原 山西人民出版社 1998年 90页 25×26cm
ISBN：7-203-03616-2 定价：CNY18.80

J0014083
画内画外 晁楣著
哈尔滨 黑龙江美术出版社 1998年 287页
20cm（32开） ISBN：7-5318-0509-X
定价：CNY25.00
　　作者晁楣（1931—　），著名版画家。生于山东菏泽。历任中国美术家协会理事、中国版画家协会副主席、黑龙江省美术家协会名誉主席、黑龙江省版画会会长。建有"晁楣版画艺术陈列馆""晁楣艺术馆"。代表作品有《第一道脚印》《红妆素裹》《松谷》等。

J0014084
绝版木刻 郑旭编著
昆明 云南美术出版社 1998年 50+32页
有图版 20cm（32开） ISBN：7-80586-475-6
定价：CNY23.50

J0014085
中国古代版刻版画史论集 周心慧著
北京 学苑出版社 1998年 324页 20cm（32开）
ISBN：7-80060-406-3 定价：CNY28.00

J0014086
版画技法 陈琦著
南京 江苏美术出版社 1999年 94页
28cm（大16开） ISBN：7-5344-0983-7
定价：CNY38.00
（美术技法大全）

J0014087
版画起步 华维光编著
杭州 浙江少年儿童出版社 1999年 40页
26cm（16开） ISBN：7-5342-2011-4
定价：CNY4.90

J0014088
户县农民画春秋 段景礼主编；中国人民政治协商会议陕西省户县委员会编
北京 中国档案出版社 1999年 447页 有图及照片 20cm（32开） ISBN：7-80019-847-2
定价：CNY25.00

J0014089
木版画工作室 张广慧著
武汉 湖北美术出版社 1999年 102页 有地图
27cm（大16开） ISBN：7-5394-0895-2
定价：CNY38.00
　　本书包括中国传统雕版印刷术、欧洲木刻传入中国、现代印刷术对木版画技术的启示、传统印刷技术在现代艺术中的应用、关于木版水印及附图。

J0014090
铜版画工作室 魏谦著
武汉 湖北美术出版社 1999年 102页
27cm（大16开） ISBN：7-5394-0894-4

定价：CNY38.00

本书内容分为铜版画基础概论和铜版画的技术概念二章，包括欧洲古典铜版画的魅力、铜版画的艺术特征、铜版画在中国的移植、凹版版画的制版方法和媒介物的应用等。

J0014091

我心中的版画 中国版画家协会，青岛市文化局编

青岛 青岛出版社 1999 年 379 页 20cm（32 开）

ISBN：7-5436-2159-2 定价：CNY20.00

J0014092

学版画 马兵编著

哈尔滨 黑龙江美术出版社 1999 年 59 页

20cm（32 开） ISBN：7-5318-0649-5

定价：CNY8.00

（八元学画丛书）

J0014093

中国版画 （14）《中国版画》编辑部编辑

北京 人民美术出版社 1999 年 84 页 26cm（15 开）

ISBN：7-102-02085-6 定价：CNY33.50

外文书名：Chinese Printmaking.

J0014094

中国木版水印概说 冯鹏生著

北京 北京大学出版社 1999 年 295 页 有图

29cm（16 开） ISBN：7-301-04155-1

定价：CNY80.00, CNY120.00（精装），

CNY150.00（锦盒精装）

外文书名：Sketch of Chinese Water-Colour Woodblock Printing.

各种用途画技法
（宣传画、年画、连环画、漫画、组画、壁画等）

J0014095

漫画捷径 （美）卡尔·安徒生（C.Anderson）著；徐炳鲁译

上海 商务印书馆［民国］109 页 15cm（40 开）

本书内分 45 课。外文书名：How to Draw Car-

toons Successfully.

J0014096

漫画捷径 （美）卡尔·安徒生（C.Anderson）著；徐炳鲁译

上海 商务印书馆 1949 年 3 版 109 页

17cm（40 开） 定价：CNY3.50

J0014097

谐画法 浮士德（W.R.M.Foster）著；徐震池译

上海 新亚书店 1933 年 76 页 有图 21cm（32 开）

定价：银五角

本书分涉笔成趣、滑稽面容绘法、全面绘法等 8 章。外文书名：Fun-sketching.

J0014098

漫画范本 张正宇编绘

上海 中央书店 1937 年 4 版 149 页 21cm（32 开）

作者张正宇（1904—1976），江苏无锡人。历任《申报》画刊主编、中国青年艺术剧院舞台美术设计总顾问、兼任《人民画报》《美术》《戏剧报》编委等。合作创作大型动画片《大闹天宫》，代表作品《舞台美术小语》等。

J0014099

抗战宣传画 陈烟桥著

广州 黎明书局 1938 年 40 页 17cm（40 开）

定价：一角

（战时民众丛书）

本书分总论、宣传画的种种、怎样绘宣传画 3 部分。书末附《从美术大众化谈到连环画》，系座谈会记录，参加者有适夷、冯乃超、张乐平、胡风等。作者陈烟桥（1911—1970），版画家。曾用名陈炳奎，笔名李雾城、米启郎。曾就读于广州市立美术专科学校西画科和上海新华艺术专科学校西洋画系。历任《新华日报》美术科主任、中国美术家协会上海分会副秘书长、美协广西分会主席等。代表作品有木刻《建设中的佛子岭》《鲁迅和他的伙伴们》等。

J0014100

漫画概论 刘枕青编

长沙 商务印书馆 1938 年 121 页 19cm（32 开）

定价：国币五角

本书共分 5 章，内容有漫画的意义、起源、

种类、功用，漫画在中国的演变，漫画家的基础修养，漫画像、漫画法示例等。

J0014101

漫画概论 刘枕青编著

长沙 商务印书馆 1939 年 再版 121 页 19cm（32 开） 定价：国币五角

J0014102

漫画的研究 萧剑青著

上海 世界书局 1939 年 165 页 有图 21cm（32 开）

本书内容包括什么叫漫画、漫画来源考、漫画在中国、漫画的派别、漫画的画法、漫画的取材、漫画的欣赏 7 章。书末附《漫画拾零》《木刻略说》《欣赏画之部》。

J0014103

牛鼻子三讲 黄尧编

重庆 民间出版社 1941 年 渝版 28 页 19cm（32 开） 定价：一元

本书收录《为什么要创造牛鼻子？》《牛鼻子怎样创造的？》《牛鼻子的画法》有关人像漫画的文章。作者黄尧（1914—1987），本名黄家塘。原籍浙江嘉善，生长于上海。曾为《上海新闻报》美术编辑，并在 30 年代凭"牛鼻子"系列漫画，在中国红极一时，在中国漫画界与张乐平、丁聪齐名。著作有《墨缘随笔》。

J0014104

漫画的描法 丰子恺著

桂林 开明书店 1943 年 82 页 有图 18cm（小 32 开） 定价：国币九角

本书内分 10 章，介绍漫画的意义、由来、种类、学程，以及各种表现法等。作者丰子恺（1898—1975），画家、文学家、艺术教育家。原名丰润，又名仁、仍，字子觊，后改为子恺，笔名 TK。浙江嘉兴人。作品有《缘缘堂随笔》、画集《子恺漫画》等。

J0014105

漫画的描法 丰子恺著

桂林 开明书店 1946 年 再版 82 页 有图 17cm（40 开） 定价：国币九角

J0014106

漫画的描法 丰子恺著

上海 开明书店 1948 年 4 版 82 页 有图 17cm（40 开） 定价：国币九角

J0014107

漫画艺术讲话 黄茅著

重庆 商务印书馆 民国三十二年［1943］108 页 有图 21cm（32 开） 定价：国币一元七角

本书内分漫画艺术是什么、中国漫画艺术发展简史、漫画的形式与内容、表现形式论、漫画的宣传方式等 5 章。

J0014108

漫画艺术讲话 黄茅著

上海 商务印书馆 1947 年 沪初版 108 页 有图 20cm（32 开） 定价：国币二元五角 （新中学文库）

J0014109

漫画艺术讲话 黄茅著

台北 商务印书馆 1973 年 2 版 108 页 有图 17cm（40 开） 定价：TWD8.00 （人人文库 412）

J0014110

漫画与漫画作法 萧灵君编

成都 经纬书局 1947 年 67 页 19cm（32 开）

本书分 8 章，讲述漫画的源流、派别、画法、取材等。附《友邦亲善》《魔法师一幕》《大地的主宰者》等讽刺画，附漫画百幅。

J0014111

活动卡通画法 沈子丞编

上海 中华书局 1950 年 69 页 有图 18×25cm 定价：六元

作者沈子丞（1904—1996），画家。浙江嘉兴人。原名德坚，别名之淳，号听蛙翁。曾为上海市文史研究馆馆员、上海中国画院画师。代表作品有《花仕女图》《围棋图》等，出版有《历代论画名著汇编》《沈子丞书画集》等。

J0014112

漫画创作研究 张学廉撰

上海 大东书局 1951 年 144 页 18cm（小 32 开）

定价: 旧币 9,000 元

J0014113
提高政治宣传画的思想艺术水平 （苏）克
明诺夫，B.等著；司赫等译；文物参考资料丛
刊编辑委员会编辑
北京 中央人民政府政务院文化教育委员会
1952 年 55 页 18cm（32 开）定价: 旧币 2,400 元
（文教参考资料丛刊）

J0014114
提高政治宣传画的思想艺术水平 （苏）克
明诺夫，B.等著；司赫等译；文物参考资料丛
刊编辑委员会编辑
北京 时代出版社 1953 年 新 1 版 55 页
18cm（32 开）定价: 旧币 2,100 元
（文教参考资料丛刊）

J0014115
漫画复制与创作 沈同衡著
上海 万叶书店 1953 年 56 页 17cm（40 开）
定价: 旧币 4,000 元
　　作者沈同衡（1914—2002），出生于江苏省宝
山县。毕业于上海新华艺术专科学校。曾任《新
闻漫画选刊》主编。代表作品有《动物常识故事》
《成语典故》等。

J0014116
怎样复制与创作 沈同衡撰
上海 万叶书店 1953 年 56 页 15cm（40 开）
定价: 旧币 4,000 元

J0014117
怎样学漫画 沈同衡撰
上海 北新书局 1953 年 88 页 有图 15×18cm
定价: 旧币 4,800 元

J0014118
怎样学漫画 沈同衡撰
上海 劳动出版社 1953 年 109 页 有图
17cm（40 开）定价: 旧币 3,600 元
（工人文艺辅导丛书）

J0014119
怎样学漫画 沈同衡著

[上海] 四联出版社 1954 年 定价: CNY0.48
　　作者沈同衡（1914—2002），出生于江苏省宝
山县。毕业于上海新华艺术专科学校 。曾任《新
闻漫画选刊》主编。代表作品有《动物常识故事》
《成语典故》等。

J0014120
谈政治宣传画 （苏）维·伊凡诺夫（B.Иванов）
著；乌蓝汉译
北京 朝花美术出版社 1954 年 22 页 有图
21cm（32 开）定价: 旧币 3,000 元

J0014121
中国年画发展史略 阿英著
北京 朝花美术出版社 1954 年 [90 页]
20cm（32 开）定价: 旧币 30, 000 元
　　本书收集各个时期的年画作品82幅，对中
国年画的产生与发展进行了详细的论述和分析。
作者阿英（1900—1977），现代著名剧作家、文艺
批评家。安徽芜湖人。别名钱杏邨、钱德赋。著
有诗歌、小说、散文，尤以戏剧成就最高，代表
作品有历史剧《李闯王》等，著有《阿英文集》。

J0014122
近百年来捷克讽刺画艺术 中华人民共和国
对外文化联络局编
北京 中华人民共和国对外文化联络局 1955 年
29 页 19cm（32 开）
（文化交流资料丛刊 23）

J0014123
怎样复制漫画 沈同衡著
上海 上海文化出版社 1955 年 62 页 15×18cm
定价: CNY0.30

J0014124
怎样画漫画人物 沈同衡，林柏仁著
上海 四联出版社 1955 年 50 页 有图
15×18cm 定价: CNY0.30

J0014125
鲁迅论连环画 姜维朴著
北京 人民美术出版社 1956 年 定价: CNY0.26
　　作者姜维朴（1926—2019），编辑。山东黄县
人。毕业于山东大学文艺系。历任人民美术出

版社《连环画报》编辑室主任、副主编，中国连环画出版社总编辑等。代表作品有《鲁迅论连环画》《要摄取事物的本质》《连环画艺术论》等。

J0014126
鲁迅论连环画　姜维朴编

北京　中国连环画出版社　1992 年　93 页

20cm（32 开）　ISBN：7-5061-0570-5

定价：CNY2.90

（连环画理论丛书）

　　本书分两部分：前一部分选编鲁迅 20 世纪 30 年代发表的 13 篇有关连环画论述的文章和信件；后一部分是编者和老出版家赵家璧写的纪念文章和学习体会 5 篇。并收有鲁迅《"连环图画"辩护》手迹全文和鲁迅文章论及有关连环画的选页共 16 幅。作者姜维朴（1926—2019），编辑。山东黄县人。毕业于山东大学文艺系。历任人民美术出版社《连环画报》编辑室主任、副主编，中国连环画出版社总编辑等。代表作品有《鲁迅论连环画》《要摄取事物的本质》《连环画艺术论》等。

J0014127
漫画漫谈　沈同衡编著

上海　上海人民美术出版社　1956 年　62 页

18cm（小 32 开）　统一书号：T8081.1727

定价：CNY0.28

　　本书收 22 幅图。

J0014128
谈农业题材的宣传画　（苏）约飞（М.Иоффе）著；李家璧译

上海　上海人民出版社　1956 年　有图

17cm（40 开）　统一书号：T8081.1341

定价：CNY0.32

J0014129
我为托尔斯泰的小说"战争与和平"所作的插图　（苏）施马林诺夫（Д.А.Шмаринов）著；丰一吟等译

上海　上海人民美术出版社　1956 年　有图

20cm（32 开）　统一书号：8081.1269

定价：CNY0.30

（造型艺术理论译丛）

　　译者丰一吟（1929—　　），画家、翻译学家。

浙江崇德县（今桐乡市石门镇）人。其父是著名画家丰子恺。毕业于中苏友协俄文学校。上海市文史研究馆馆员、丰子恺研究会顾问、上海翻译家协会会员。主要著作有《潇洒风神——我的父亲丰子恺》《丰子恺漫画全集》《爸爸的画》等。

J0014130
黑板画　黄正伦，蒋墨光编

上海　上海人民美术出版社　1957 年　54 页

13×19cm　统一书号：T8081.2776　定价：CNY0.20

J0014131
黑板画　黄正伦，蒋墨先编

上海　上海人民美术出版社　1957 年　影印本 40 页

13×19cm　统一书号：T8081.2776　定价：CNY0.20

J0014132
漫画常识　方成编

北京　朝花美术出版社　1957 年　38 页　有插图

19cm（32 开）　统一书号：8028.1422

定价：CNY0.15

　　作者方成（1918—2018），漫画家、杂文家、幽默理论专家。原名孙顺潮，杂文笔名张化。祖籍广东中山，生于北京。毕业于武汉大学。历任《观察》半月刊漫画版主编、北京《新民晚报》美术编辑、人民日报社高级编辑、中国新闻漫画研究会会长。

J0014133
漫画常识　方成编

北京　朝花美术出版社　1957 年　39 页　有插图

19cm（32 开）　统一书号：8028.1422

定价：CNY0.15

J0014134
中国连环画史话　阿英编著

［北京］中国古典艺术出版社　1957 年　有图

定价：CNY0.76

　　作者阿英（1900—1977），现代著名剧作家、文艺批评家。安徽芜湖人。别名钱杏邨、钱德赋。著有诗歌、小说、散文，尤以戏剧成就最高，代表作品有历史剧《李闯王》等，著有《阿英文集》。

J0014135
论电影招贴画家的创作 （苏）约菲（М. Иоффе）原著；孙建平译
上海 上海人民美术出版社 1958 年 22 页
19cm（32 开）统一书号：8081.3700
定价：CNY0.40

J0014136
怎样画连环画 顾炳鑫编绘
上海 上海人民美术出版社 1958 年 39 页
有图 18cm（小 32 开）统一书号：T8081.4284
定价：CNY0.30
（工农兵业余美术自学丛书）
　　作者顾炳鑫（1923—2001），美术家。笔名甘草、朽木。江苏宝山人。历任中国美术家协会理事、上海美术家协会主席团委员、上海美协连环画艺委会主任。代表作品有连环画《渡江侦察记》《列宁在十月》等。

J0014137
怎样画连环画 顾炳鑫编著
上海 上海人民美术出版社 1965 年 2 版
修订本 86 页 有图 17cm（40 开）
统一书号：T8081.4284 定价：CNY0.34
（工农兵业余美术自学丛书）

J0014138
怎样画漫画 一文编著
西安 长安美术出版社 1958 年 32 页 有图
19cm（32 开）统一书号：8094.176
定价：CNY0.13

J0014139
怎样画墙画 云南省群众艺术馆编辑
昆明 云南人民出版社 1958 年 27 页 有图
19cm（32 开）统一书号：8116.163
定价：CNY0.09
（通俗艺术知识丛书）

J0014140
中国壁画 俞剑华著
北京 中国古典艺术出版社 1958 年 292 页
有插图 20cm（32 开）统一书号：8029.30
定价：CNY1.07
　　本书介绍了中国古代各个朝代壁画，同时汇

集了唐、宋以来及近人所写的壁画研究资料和作者参观各地壁画遗迹的心得。附插图 69 幅。

J0014141
漫谈漫画 一文著
西安 长安美术出版社 1959 年 重印本 32 页
有图 19cm（32 开）统一书号：8094.176
定价：CNY0.13

J0014142
农村黑板报报头设计 黄时新编
北京 人民美术出版社 1959 年 32 页 13×19cm
统一书号：8027.2388 定价：CNY0.14

J0014143
苏联插图画家创作经验谈 （苏）施马里诺夫等著；张同霞等译
北京 人民美术出版社 1959 年 106 页
20cm（32 开）统一书号：8027.2708
定价：CNY1.15

J0014144
怎样画漫画 柯明编写
上海 上海人民美术出版社 1959 年 39 页
有图 18cm（小 32 开）统一书号：T8081.4375
定价：CNY0.16
（工农兵业余美术自学丛书）
　　作者柯明（1922—2014），画家。就读于国立杭州艺术专科学校西画科。历任《新华日报》美术编辑、江苏人民出版社高级美术编审、中国美术家协会理事、少儿美术艺委会委员、中国出版工作者协会装帧艺术研究会常务理事。水墨画作品《阿福》《荷花灯》等。

J0014145
怎样画宣传画 夏洪编
上海 上海人民美术出版社 1959 年 28 页
有图 18cm（小 32 开）统一书号：T8081.4457
定价：CNY0.36
（工农兵业余美术自学丛书）

J0014146
怎样画组字画 （工具书）高学敏著
西安 长安书店 1959 年 18 页 有图 19cm（32开）
统一书号：T10095.29 定价：CNY0.08

J0014147
中国壁画艺术　秦岭云编
北京　人民美术出版社　1960年　影印本［163］页
26cm（16开）精装　统一书号：8027.3508
定价：CNY4.65
　　作者秦岭云（1914—2008），画家，教育家。曾用名维新等。画室堂号五瓜草堂、闻鸡楼，字岭云。生于河南汲县（今卫辉市）。曾在国立北平艺术专科学校绘画系和湖南沅陵国立艺专学习。历任中央美术学院、人民美术出版社从事国画创作研究。出版有《现代山水画集》《秦岭云写生山水画集》《秦岭云山水作品》《写意山水画技法》等。

J0014148
桃花坞木版年画　刘汝醴，罗尗子编
上海　上海人民美术出版社　1961年［114］页
25cm（16开）统一书号：8081.4773
定价：CNY2.00
　　本书内容有：一、桃花坞木版年画的起源及盛衰；二、桃花坞木版年画的内容和风格；三、桃花坞木版年画的技法特征。共88幅图。作者刘汝醴（1910—1988），现代画家、美术史论家。又名百馀。江苏吴江人。1927年入上海艺术大学学画。1937年抗日战争爆发后，参加新四军，1940年在鲁艺华中分校任教。1941年奉命返沪以办"雁风画室"为掩护，团结爱国画家开展抗日活动。1953年起，先后任上海戏剧学院、南京艺术学院教授。曾任《中国大百科全书·美术》副主编、《美术纵横》《美与艺术》主编，出版有《艺术的社会意义》等。罗尗子（1913—1968），亦作罗叔子，名发叔，别署范球、崇艺，室名无华庵。湖南新化人。著名美术史论家、篆刻家、书画家。1948年毕业于国立杭州艺术专科学校国画系。曾师从马万里、潘天寿学艺，并受徐悲鸿、黄宾虹影响。其篆刻形成了自己独到的风格，其书画表现出的才情，无论意境、笔墨、图式均显示出过人之处。

J0014149
我怎样想和怎样画漫画　华君武著
上海　上海人民美术出版社　1962年　55页
有图21cm（32开）统一书号：T8081.5217
定价：CNY0.30
　　书中选收作者漫画创作经验文章14篇，都是1957年至1961年创作的，均随文刊印，有文有画，一篇文章谈一幅或几幅漫画。分国际时事漫画和内部幽默讽刺漫画两个方面。

J0014150
我怎样想和怎样画漫画　华君武著
石家庄　河北教育出版社　1999年　203页　有图
20cm（32开）ISBN：7-5434-3453-9
定价：CNY8.80
（四方文丛）
　　作者华君武（1915—2010），漫画家。别名华潮。生于杭州，祖籍无锡荡口。就读于上海大同大学高中部。历任鲁迅艺术文学院任研究员、《人民日报》文学艺术部主任、中国美术家协会副主席、中国文联书记处书记等职务。代表作品有《疲劳过度症》《肉骨头引狗》《1939年所植的树》等。

J0014151
山东年画创作经验　上海人民美术出版社编辑
上海　上海人民美术出版社　1965年　39页
有图20cm（32开）统一书号：T8081.5557
定价：CNY0.36
　　本书内容有5个部分：我们是怎样组织年画创作的；山东年画有三好；为革命而画，为工农兵服务；深入生活，改造思想；突破框子，大胆创新。并附17个图。

J0014152
怎样画连环画　上海工农兵美术创作学习班编
上海　上海人民出版社　1972年　92页　19cm（32开）
统一书号：8.3.531　定价：CNY0.19
（工农兵美术技法丛书）

J0014153
连环画画法　浙江美术学院绘画教材编写组编
杭州　浙江人民出版社　1973年　63页　21cm（32开）
统一书号：8103.14　定价：CNY0.18

J0014154
连环画大有可为　（连环画创作学习材料）
乌鲁木齐　新疆人民出版社　1974年　45页
18cm（小32开）

J0014155
谈连环画创作　江西人民出版社《出版动态》
编印
南昌　江西人民出版社［1974 年］49 页　有图
19cm（32 开）

J0014156
美术宣传员手册　（2　黑板报的编排与美化）
天津　天津人民美术出版社　1976 年　97 页
19cm（32 开）　定价：CNY0.33

J0014157
美术宣传员手册　（2　黑板报的编排与美化）
李定峰，李延闽作
天津　天津人民美术出版社　1977 年　96 页
19cm（小 32 开）　定价：CNY0.33

J0014158
万物生长靠太阳　上海人民出版社编辑
上海　上海人民出版社　1977 年　152 页　有插图
19cm（32 开）　定价：CNY0.36
（美术创作丛书）

J0014159
擦笔水彩年画技法　杭鸣时著
沈阳　辽宁美术出版社　1980 年　59 页　19cm（32 开）
统一书号：8117.1754　定价：CNY0.80
　　作者杭鸣时（1931—　），画家。又名杭度。
生于上海，祖籍浙江海宁。毕业于鲁迅美术学院。
历任苏州城市建设环境保护学院建筑系美术教
研室主任、中国美术家协会会员。代表作品有《夜
航》《工业的粮仓》等。

J0014160
连环画论丛　（第一辑）连环画论丛编辑组编辑
北京　人民美术出版社　1980 年　137 页
20cm（32 开）　统一书号：8027.7358
定价：CNY0.42

J0014161
连环画论丛　（第二辑）连环画论丛编辑组编辑
北京　人民美术出版社　1981 年　142 页
20cm（32 开）　统一书号：8027.7621
定价：CNY0.42

J0014162
连环画论丛　（第三辑）连环画论丛编辑组编辑
北京　人民美术出版社　1982 年　135 页
20cm（32 开）　统一书号：8027.7879
定价：CNY0.42
　　本辑报道了全国连环画工作座谈会的纪要，
公布了全国连环画创作评奖获奖名单，刊载了部
分获奖作品。

J0014163
连环画论丛　（第四辑）连环画论丛编辑组编辑
北京　人民美术出版社　1983 年　146 页
20cm（32 开）　统一书号：8027.8130
定价：CNY0.42

J0014164
连环画论丛　（第五辑）连环画论丛编辑组编辑
北京　人民美术出版社　1983 年　128 页
20cm（32 开）　统一书号：8027.8615
定价：CNY0.42

J0014165
连环画论丛　（第六辑）连环画论丛编辑组编辑
北京　人民美术出版社　1983 年　136 页　有图
21cm（32 开）　统一书号：8027.8767
定价：CNY0.42

J0014166
连环画论丛　（第七辑）连环画论丛编辑组编辑
北京　人民美术出版社　1983 年　135 页
20cm（32 开）　统一书号：8027.8865
定价：CNY0.42

J0014167
连环画论丛　（第八辑）连环画论丛编辑组编辑
北京　人民美术出版社　1984 年　127 页
20cm（32 开）　统一书号：8027.8949
定价：CNY0.42

J0014168
连环画论丛　（第九辑）连环画论丛编辑组编辑
北京　人民美术出版社　1984 年　127 页
20cm（32 开）　统一书号：8027.9115
定价：CNY0.42

J0014169
连环画论丛 （第十辑）连环画论丛编辑组编辑
北京 人民美术出版社 1985年 128页
20cm（32开） 统一书号：8027.8949
定价：CNY0.42

J0014170
漫画十谈 （与业余作者的通讯）毕克官著
上海 上海人民美术出版社 1981年 89页
有图 19cm（32开） 统一书号：8081.12205
定价：CNY0.26

　　本书以通信形式谈漫画创作，共10个话题：对漫画特点的理解；中外漫画的发展简况；主要表现手法；漫画的种类；怎样看有内部讽刺漫画；选材和构思等。书中附有中外古今漫画家的作品83例。作者毕克官（1931—2013），艺术家。山东威海人。毕业于中央美术学院。历任中国美术家协会《漫画》《美术》杂志编辑、中国艺术研究院美术研究所所长、中国民间工艺美术学会副主席。擅长漫画。漫画史论方面主要有《漫画十谈》《中国漫画史话》《中国漫画史》（合著）等。画集代表作有《毕克官漫画选》《毕克官王德娟画集》《毕克官水墨画》。

J0014171
美术电影动画技法 严定宪著
北京 中国电影出版社 1981年 154页
19cm（32开） 统一书号：8061.1530
定价：CNY0.40

J0014172
连环画创作谈 贺友直著
长沙 湖南少年儿童出版社 1982年 91页
有图 19cm（32开） 统一书号：8280.21
定价：CNY0.25

　　作者贺友直（1922—2016），连环画家。出生于上海，祖籍浙江宁波。曾任上海人民美术出版社编审、连环画艺术委员会主任、上海市美术家协会第四届副主席、中国连环画研究会第二届副会长等职。代表作品《朝阳沟》《山乡巨变》等。

J0014173
年画技法 张春峰等著
石家庄 河北美术出版社 1982年 54页 有图
19cm（32开） 统一书号：88881.197 定价：CNY0.50

（群众文艺辅导丛书）

　　本书简述了年画的起源和发展，重点介绍了我国年画的几个主要类型、年画的特点和绘制方法。作者张春峰（1929— ），书画家。笔名武艺，号西园，居号泥香草堂。出生于河北武强县。毕业于河北省艺术干部学校。曾任河北美术出版社副社长、纽约东西方艺术家协会民俗艺术委员会副主席等职。主要作品有《雄鹰图》《母子虎》《草书虎字》等。

J0014174
中国漫画史 毕克官，黄远林著
北京 文化艺术出版社 1986年 510页
20cm（32开） 统一书号：8228.082
定价：CNY5.80

　　本书共7章，分别研究了古代的漫画、清末民初的漫画、五四运动时期的漫画、20年代的漫画、30年代的漫画、抗日战争时期的漫画、解放战争时期的漫画。作者毕克官（1931—2013），艺术家。山东威海人。毕业于中央美术学院。历任中国美术家协会《漫画》《美术》杂志编辑、中国艺术研究院美术研究所所长、中国民间工艺美术学会副主席。擅长漫画。漫画史论方面主要有《漫画十谈》《中国漫画史话》《中国漫画史》（合著）等，画集代表作有《毕克官漫画选》《毕克官王德娟画集》《毕克官水墨画》。

J0014175
中国漫画史话 毕克官著
济南 山东人民出版社 1982年 137页 有插图
19cm（32开） 统一书号：8099.2288
定价：CNY0.57

　　本书是我国第一部以图文并茂的形式，通俗而生动地介绍我国漫画发展历史和一些著名漫画家的艺术风格及成就的图书。

J0014176
中国漫画史话 毕克官著
济南 山东美术出版社 1984年 137页 有插图
19cm（32开） 统一书号：8332.193
定价：CNY0.60

J0014177
中国民间画诀 王树村编著
上海 上海人民美术出版社 1982年 115页

21cm（32 开）统一书号：8081.12714

定价：CNY0.48

　　本书搜集了大量的民间壁画、雕塑、年画的画诀，加以考证注释，并附有民间壁画、年画粉本等珍贵资料。作者王树村（1923—2009），画家。天津人。毕业于华北大学美术科。曾在中国美术研究所、中国艺术研究院从事创作、编辑、研究工作，任中国民间美术协会副会长，中国民俗学会理事、顾问、研究员。主要著作《杨柳青年画资料集》《中国美术全集·石刻线画、民间年画》。

J0014178

漫画·漫话　张君菡编选

台北 常春树书坊 1983 年 175 页 19cm（32 开）

定价：TWD60.00

（美的丛书 E67）

J0014179

形象化的能手　（谈连环画家贺友直的成就）

华夏著

上海 上海人民美术出版社 1983 年 144 页

24cm（16 开）统一书号：8081.12812

定价：CNY2.80

　　本书介绍了连环画家贺友直创作的艺术成就，附有其代表作品73幅。全书内容包括："移植"是再创作、画故事发展中的"活的人"、凭记忆与想象作画、植根于人民、广泛借鉴。

J0014180

插画基础实用技法　庄纹岳编著

台北 太豪出版社 1984 年 164 页 有图

30cm（10 开）精装 定价：TWD500.00

J0014181

动物漫画造型 2000　林丛编著

香港 万里书店 1984 年 3 版 215 页 有图

19cm（32 开）定价：HKD16.00

　　外文书名：Humorous Animal Illustration.

J0014182

漫画绘制基础　林丛编著

香港 万里书店 1984 年 92 页 有图 26cm（16 开）

ISBN：962–14–0093–7 定价：HKD20.00

（工商美术丛书）

　　外文书名：Basic Caricature.

J0014183

漫画技巧　蔡东照著

台北 联宏书报社 1984 年 157 页 有图

21cm（32 开）定价：TWD120.00

（中视丛书）

J0014184

漫画指导百科　欣大出版社编辑部编

台北 欣大出版社编辑部 1984 年 303 页 有图

19cm（32 开）定价：TWD80.00

（美术丛书 14）

J0014185

年画与剪纸　倪洪泉，王春立编著

北京 中国展望出版社 1984 年 149 页

19cm（32 开）统一书号：8271.075

定价：CNY0.85

（实用美术小丛书 1）

J0014186

上海月份牌年画技法　年欣编著

上海 上海人民美术出版社 1984 年 16 页

21cm（32 开）统一书号：8031.13564

定价：CNY0.85

　　上海的月份牌年画产生于20世纪20年代。本书介绍了月份牌年画技法的形成过程、入门技法，以及如何吸收中国、外国、民间艺术等多方面的传统，融会和发展各种艺术表现方法，并且产生了不少艺术流派和技法。

J0014187

幽默·讽刺·漫画　方成著

北京 三联书店 1984 年 215 页 有图 19cm（32 开）

统一书号：8002.3 定价：CNY1.05

　　作者方成（1918—2018），漫画家、杂文家、幽默理论专家。原名孙顺潮，杂文笔名张化。祖籍广东中山，生于北京。毕业于武汉大学。历任《观察》半月刊漫画版主编、北京《新民晚报》美术编辑、人民日报社高级编辑、中国新闻漫画研究会会长。

J0014188

彩色教室布置、壁报、海报、卡片设计　黄

华裕编著

台北　瑞升文化图书事业公司　1985 年　191 页　有图　21cm（32 开）定价：TWD100.00

（瑞升绘画丛书　2）

J0014189

彩色卡通动物画法　黄缎等编辑

台北　瑞升文化图书事业公司　1985 年　191 页　有图　21cm（32 开）定价：TWD100.00

（瑞升绘画丛书　3）

J0014190

彩色卡通简笔画法　黄华裕编

台北　瑞升文化图书事业公司　1985 年　207 页　有图　21cm（32 开）定价：TWD100.00

（瑞升绘画丛书　1）

J0014191

贺友直谈连环画创作　贺友直著；刘千编

北京　人民美术出版社　1985 年　159 页　20cm（32 开）统一书号：8027.8762

定价：CNY0.70

　　本书反映了作者的创作历程和他对连环画艺术规律探索的所得，是我国连环画界和美术界一本不可多得的专著。作者贺友直（1922—2016），连环画家。出生于上海，祖籍浙江宁波。曾任上海人民美术出版社编审、连环画艺术委员会主任、上海市美术家协会第四届副主席、中国连环画研究会第二届副会长等职。代表作品《朝阳沟》《山乡巨变》等。

J0014192

壁画　李绵璐编

长沙　湖南美术出版社　1986 年　39cm（8 开）

（中国高等美术学院设计作品集·中央工艺美术学院分卷　）

J0014193

连环画论丛　（1986 年第 1 期　总第 11 期）姜维朴等主编

北京　中国连环画出版社　1986 年　128 页　有图　20cm（32 开）统一书号：8444.088

定价：CNY0.80

　　作者姜维朴（1926—2019），编辑。山东黄县人。毕业于山东大学文艺系。历任人民美术出版社《连环画报》编辑室主任、副主编，中国连环画出版社总编辑等。代表作品有《鲁迅论连环画》《要摄取事物的本质》《连环画艺术论》等。

J0014194

连环画论丛　（1986 年第 2 期　总第 12 期）姜维朴等主编

北京　中国连环画出版社　1986 年　128 页　有图　20cm（32 开）统一书号：8444.088

定价：CNY0.80

J0014195

连环画论丛　（1986 年第 3 期　总第 13 期）姜维朴等主编

北京　中国连环画出版社　1986 年　128 页　有图　20cm（32 开）统一书号：8444.088

定价：CNY0.80

　　作者姜维朴（1926—2019），编辑。山东黄县人。毕业于山东大学文艺系。历任人民美术出版社《连环画报》编辑室主任、副主编，中国连环画出版社总编辑等。代表作品有《鲁迅论连环画》《要摄取事物的本质》《连环画艺术论》等。

J0014196

连环画论丛　（1986 年第 4 期　总第 14 期）姜维朴等主编

北京　中国连环画出版社　1986 年　128 页　有图　20cm（32 开）统一书号：8444.088

定价：CNY0.80

J0014197

连环画艺术论　姜维朴著

沈阳　辽宁美术出版社　1986 年　304 页　有照片及图　20cm（32 开）统一书号：8161.1014

定价：CNY3.60

J0014198

漫画别趣谈　黎佳著

合肥　安徽美术出版社　1986 年　124 页　19cm（32 开）统一书号：8381.28

定价：CNY0.84

J0014199

杨柳青年画研究　（文丛　第一辑）［天津杨柳青画社编］

天津　天津杨柳青画社 1986 年 136 页 有插图
20cm（32 开）定价：CNY0.39

本书选编了《中国年画发展史略》《杨柳青
年画资料集》等 10 篇论述杨柳青年画的文章。

J0014200
艺苑奇葩（吴金狮和他的无笔画）叶永烈，
李继赞著
太原　山西人民出版社 1986 年 138 页 有照片
及图 19cm（32 开）统一书号：8088.2134
定价：CNY1.35

作者叶永烈（1940—　），作家、教授。浙江
温州人。毕业于北京大学化学系。曾任中国科
学协会委员、中国科普创作协会常务理事、世界
科幻小说协会理事。代表作品有《小灵通漫游未
来》《"四人帮"兴亡》《邓小平改变中国》《历史
选择了毛泽东》等。

J0014201
怎样编写连环画　青冬著
济南　山东美术出版社 1986 年 77页 19cm（32 开）
统一书号：8332.826 定价：CNY0.70

J0014202
中国年画史　薄松年著
沈阳　辽宁美术出版社 1986 年 232 页 +［28］页
图版 有图 19cm（32 开）
统一书号：8161.0713 定价：CNY2.50

本书以其丰富的第一手资料，系统地阐述自
先秦两汉驱邪福门画以来的年画艺术的萌发与
形成，继而到明清年画艺术的繁荣及明清木版画
的艺术成就，直到近代年画的发展成就等。作者
薄松年（1932—2019），著名美术史论家。河北保
定人。毕业于中央美术学员绘画系。中央美术
学院教授、中国美术家协会会员等。代表作品《中
国绘画》。

J0014203
壁报编作指导　蒋可文编著
台南　大孚书局 1987 年 269 页 有图
21cm（32 开）定价：TWD100.00

J0014204
壁报插画集（各种小插图的绘画技巧）杨骅
主编

台北　武陵出版社 1987 年 255 页 有图
19cm（32 开）定价：TWD100.00
（美术陶艺丛书 43）

J0014205
彩色黑板报实用艺术　郑建平编绘
西安　陕西人民教育出版社 1987 年 73 页
有图 17cm（40 开）ISBN：7-5419-0067-2
定价：CNY1.45

J0014206
彩色立体壁报设计
台北　瑞升文化事业公司 1987 年
2 册（111；111 页）有图 21cm（32 开）
（瑞升绘画丛书 7-8）

J0014207
藏族佛画艺术　阿嘉等供稿
西宁　青海人民出版社 1987 年 124 页
31cm（8 开）精装 ISBN：7-225-00128-0

本书内容包括：第一部分头像、人物比例画
法；第二部分显宗佛像的画法；第三部分密宗佛
像画法；第四部分传承师祖像画法；第五部分护
法神祇像画法；第六部分寺院建筑、佛塔画像；
第七部分装饰图案；第八部分其他佛像画法。

J0014208
迪斯尼卡通画法　（美）布莱尔著；徐景灿，阿
达编译
上海　上海翻译出版公司 1987 年 39 页
26cm（16 开）定价：CNY1.55

J0014209
动画描绘实技　林丛编著
香港　万里书店 1987 年 141 页 21cm（32 开）
ISBN：962-14-0306-5 定价：HKD30.00
（新美术丛书 6）

外文书名：Practical Animation Drawing.

J0014210
连环画文学概论　董青冬著
北京　人民美术出版社 1987 年 185 页 有图
19cm（32 开）统一书号：8027.9716
定价：CNY1.20

J0014211
连环画艺术 （1987 年第 1 期　总第 1 辑）姜
维朴主编；中国连环画研究会《连环画艺术》编
辑部编辑
北京　中国连环画出版社　1987 年　128 页　有照
片及图　20cm（32 开）统一书号：8444.135
定价：CNY0.80
　　作者姜维朴（1926—2019），编辑。山东黄县
人。毕业于山东大学文艺系。历任人民美术出
版社《连环画报》编辑室主任、副主编，中国连环
画出版社总编辑等。代表作品有《鲁迅论连环画》
《要摄取事物的本质》《连环画艺术论》等。

J0014212
连环画艺术 （1987 年第 2 期　总第 2 辑）姜
维朴主编；中国连环画研究会《连环画艺术》编
辑部编辑
北京　中国连环画出版社　1987 年　128 页　有照
片及图　20cm（32 开）统一书号：8444.135
定价：CNY0.80

J0014213
连环画艺术 （1987 年第 3 期　总第 3 辑）姜
维朴主编
北京　中国连环画出版社　1987 年　127 页
21cm（32 开）定价：CNY0.80

J0014214
连环画艺术 （1987 年第 4 期　总第 4 辑）姜
维朴主编
北京　中国连环画出版社　1987 年　127 页
21cm（32 开）定价：CNY0.80

J0014215
连环画艺术 （1988 年第 1 期　总第 5 辑）姜
维朴主编
北京　中国连环画出版社　1988 年　128 页
21cm（32 开）定价：CNY1.60

J0014216
连环画艺术 （1988 年第 2 期　总第 6 辑）姜
维朴主编
北京　中国连环画出版社　1988 年　128 页
21cm（32 开）定价：CNY1.60

J0014217
连环画艺术 （1988 年第 3 期　总第 7 辑）姜
维朴主编
北京　中国连环画出版社　1988 年　128 页
21cm（32 开）定价：CNY1.60

J0014218
连环画艺术 （1988 年第 4 期　总第 8 辑）姜
维朴主编
北京　中国连环画出版社　1988 年　128 页
21cm（32 开）定价：CNY1.60

J0014219
连环画艺术 （1989 年第 1 期　总第 9 辑）姜
维朴主编
北京　中国连环画出版社　1989 年　128 页
21cm（32 开）定价：CNY1.60

J0014220
连环画艺术 （1989 年第 2 期　总第 10 辑）姜
维朴主编
北京　中国连环画出版社　1989 年　128 页
21cm（32 开）定价：CNY1.60

J0014221
连环画艺术 （1989 年第 3 期　总第 11 辑）姜
维朴主编
北京　中国连环画出版社　1989 年　128 页
21cm（32 开）定价：CNY1.60

J0014222
连环画艺术 （1989 年第 4 期　总第 12 辑）姜
维朴主编
北京　中国连环画出版社　1989 年　128 页
21cm（32 开）定价：CNY1.60

J0014223
连环画艺术 （1990 年第 1 期　总第 13 辑）姜
维朴主编
北京　中国连环画出版社　1991 年　96 页
21cm（32 开）ISBN：7-5061-0369-9
定价：CNY1.60

J0014224
连环画艺术 （1990 年第 2 期　总第 14 辑）姜

维朴主编
北京 中国连环画出版社 1991 年 96 页
21cm（32 开） ISBN：7-5061-0369-9
定价：CNY1.60

J0014225
连环画艺术 （1990 年第 3 期 总第 15 辑）姜
维朴主编
北京 中国连环画出版社 1991 年 96 页
21cm（32 开） ISBN：7-5061-0369-9
定价：CNY1.60

J0014226
连环画艺术 （1990 年第 4 期 总第 16 辑）姜
维朴主编
北京 中国连环画出版社 1991 年 96 页
21cm（32 开） ISBN：7-5061-0369-9
定价：CNY1.60

J0014227
连环画艺术 （1991 年第 1 期 总第 17 辑）姜
维朴主编
北京 中国连环画出版社 1991 年 96 页
21cm（32 开） ISBN：7-5061-0369-9
定价：CNY1.60

J0014228
连环画艺术 （1991 年第 2 期 总第 18 辑）姜
维朴主编
北京 中国连环画出版社 1991 年 96 页
21cm（32 开） ISBN：7-5061-0369-9
定价：CNY1.60

J0014229
连环画艺术 （1991 年第 3 期 总第 19 辑）姜
维朴主编
北京 中国连环画出版社 1991 年 96 页
21cm（32 开） ISBN：7-5061-0369-9
定价：CNY1.60

J0014230
连环画艺术 （1991 年第 4 期 总第 20 辑）姜
维朴主编
北京 中国连环画出版社 1991 年 96 页
21cm（32 开） ISBN：7-5061-0369-9

定价：CNY1.60

J0014231
连环画艺术 （1993 年第 1 期 总第 25 辑）姜
维朴主编；中国出版工作者协会连环画艺术委
员会《连环画艺术》编辑部编
北京 中国连环画出版社 1994 年 96 页
20cm（32 开） ISBN：7-5061-0638-8
定价：CNY3.80

J0014232
连环画艺术 （1993 年第 2 期 总第 26 辑）姜
维朴主编；中国出版工作者协会连环画艺术委
员会《连环画艺术》编辑部编
北京 中国连环画出版社 1994 年 96 页
20cm（32 开） ISBN：7-5061-0638-8
定价：CNY3.80

J0014233
连环画艺术 （1993 年第 3 期 总第 27 辑）姜
维朴主编；中国出版工作者协会连环画艺术委
员会《连环画艺术》编辑部编
北京 中国连环画出版社 1994 年 96 页
20cm（32 开） ISBN：7-5061-0638-8
定价：CNY3.80

J0014234
连环画艺术 （1993 年第 4 期 总第 28 辑）姜
维朴主编；中国出版工作者协会连环画艺术委
员会《连环画艺术》编辑部编
北京 中国连环画出版社 1994 年 96 页
20cm（32 开） ISBN：7-5061-0638-8
定价：CNY3.80

J0014235
连环画艺术 （1994 年第 1 期 总第 29 辑）姜
维朴主编；中国出版工作者协会连环画艺术委
员会《连环画艺术》编辑部编
北京 中国连环画出版社 1994 年 96 页
20cm（32 开） ISBN：7-5061-0638-8
定价：CNY3.80

J0014236
连环画艺术 （1994 年第 2 期 总第 30 辑）姜
维朴主编；中国出版工作者协会连环画艺术委

员会《连环画艺术》编辑部编
北京　中国连环画出版社　1994 年　96 页
20cm（32 开）　ISBN：7-5061-0638-8
定价：CNY3.80

J0014237
连环画艺术　（1994 年第 3 期　总第 31 辑）姜
维朴主编；中国出版工作者协会连环画艺术委
员会《连环画艺术》编辑部编
北京　中国连环画出版社　1994 年　96 页
20cm（32 开）　ISBN：7-5061-0638-8
定价：CNY3.80

J0014238
连环画艺术　（1994 年第 4 期　总第 32 辑）姜
维朴主编；中国出版工作者协会连环画艺术委
员会《连环画艺术》编辑部编
北京　中国连环画出版社　1994 年　96 页
20cm（32 开）　ISBN：7-5061-0638-8
定价：CNY3.80

J0014239
连环画艺术　（1992 年第 1 期　总第 21 辑）姜
维朴主编
北京　中国连环画出版社　1993 年　96 页
有插图　20cm（32 开）　ISBN：7-5061-0662-0
定价：CNY3.80

J0014240
连环画艺术　（1992 年第 2 期　总第 22 辑）姜
维朴主编
北京　中国连环画出版社　1993 年　96 页
有插图　20cm（32 开）　ISBN：7-5061-0662-0
定价：CNY3.80

J0014241
连环画艺术　（1992 年第 3 期　总第 23 辑）姜
维朴主编
北京　中国连环画出版社　1993 年　96 页　有插图
20cm（32 开）　ISBN：7-5061-0662-0
定价：CNY3.80

J0014242
连环画艺术　（1992 年第 4 期　总第 24 辑）姜
维朴主编

北京　中国连环画出版社　1993 年　96 页
有插图　20cm（32 开）　ISBN：7-5061-0662-0
定价：CNY3.80

J0014243
连环画艺术　（1995 年第 1 期　总第 33 辑）姜
维朴主编
北京　中国连环画出版社　1995 年　96 页
有插图　20cm（32 开）　ISBN：7-5061-0662-0
定价：CNY3.80

J0014244
连环画艺术　（1996 年第 1 期　总第 34 辑）姜
维朴主编
北京　中国连环画出版社　1995 年　96 页
有插图　20cm（32 开）　ISBN：7-5061-0662-0
定价：CNY3.80

J0014245
漫画人物技法资料　席弢安编绘
上海　上海书画出版社　1987 年　260 页
19cm（32 开）　统一书号：8172.1688
定价：CNY1.75
（大世界画库　实用美术编）

J0014246
漫画人物技法资料　席弢安编绘
上海　上海书画出版社　1988 年　2 版　260 页
19cm（小 32 开）　定价：CNY1.75
（大世界画库　实用美术编）

J0014247
现代插画　林磐耸，罗东剑编著
台北　艺风堂出版社　1987 年　3 版　176 页
26cm（16 开）　精装　定价：TWD500.00
（现代美工丛书 2）
　　作者林磐耸（1957—　），教授。台湾屏东县
人。毕业于台湾师范大学美术研究所。台湾师
范大学美术系主任兼研究所所长。著有《色彩计
划》《台湾设计文化初探》等。

J0014248
比亚兹莱的艺术世界　马凤林编著
长沙　湖南美术出版社　1988 年　73 页　有图
19cm（32 开）　ISBN：7-5356-0236-3

定价：CNY4.90

　　本书介绍了19世纪英国插画家比亚兹莱的艺术生平，并收入其插画艺术作品280余幅。奥伯利·比亚兹莱（Aubrey Beardsley, 1872—1898），英国插画艺术家。出生于英国布莱顿。作品有《亚瑟王之死》插图300余幅，王尔德戏剧《莎乐美》插图等。作者马凤林（1950—　　），天津人民美术出版社美术编辑。

J0014249
电脑动画　黄宝玲，林新建编译
台北　全华科技图书公司 1988年 238页
23cm（10开）定价：TWD190.00

J0014250
电脑动画原理精析　张希诚编译
台北　第三波文化事业公司 1988年再版 236页
有插图 23cm（10开）定价：TWD200.00
（第三波电脑丛书）

J0014251
动画描绘基础　林丛编著
香港　万里书店 1988年 185页 有图 21cm（32开）
ISBN：962-14-0328-6 定价：HKD35.00
（新美术丛书 8）
　　外文书名：Basic Animation Drawing.

J0014252
漫画菜根谭　蔡志忠著
香港　博益出版集团公司 1988年 260页
有图 17cm（40开）ISBN：962-17-0414-6
定价：HKD20.00
（博益漫画古典宝库）
　　本书为中国明代人生哲学漫画作品。作者蔡志忠（1948—　　），著名漫画家。台湾彰化人。1976年成立远东卡通公司、龙卡通公司。创作的100多部作品被30多个国家翻译出版。代表作品有《庄子说》《老子说》《列子说》《大醉侠》《盗帅独眼龙》《光头神探》等。

J0014253
漫画水浒传　蔡志忠著
香港　博益出版集团公司 1988年 192页
有图 17cm（40开）ISBN：962-17-0450-2
定价：HKD20.00

（博益漫画古典宝库）
　　根据中国古典小说《水浒》改编的现代漫画故事。

J0014254
商业漫画技法资料　席愭安编绘
上海　上海书画出版社 1988年 267页 有图
19cm（32开）ISBN：7-80512-161-3
定价：CNY1.80
（大世界画库 实用美术编）

J0014255
摄影绘图与绘画法　王尚平著
兰州　甘肃人民出版社 1988年 88页 有图
19cm（32开）ISBN：7-226-00115-2
定价：CNY1.20

J0014256
外国漫画概况　梅珞编著
北京　中国人民大学出版社 1988年 300页
有图 20cm（32开）ISBN：7-300-00381-8
定价：CNY3.25

J0014257
儿童卡通漫画描绘入门　刘迎九编绘
长春　长春出版社 1989年 60页 有图
19×26cm 定价：CNY3.50

J0014258
连环画十家　刘千编
郑州　海燕出版社 1989年 303页 有肖像及插图 20cm（32开）精装 ISBN：7-5350-0472-5
定价：CNY7.65
（中国儿童文学艺术丛书）

J0014259
漫画技法与技巧　（美）哈姆著；解光烈，解承坦译
北京　中国连环画出版社 1989年 104页
26cm（16开）ISBN：7-5061-0183-1
定价：CNY5.40

J0014260
漫画家入门　（日）石之森章太郎著
台北　武陵出版社 1989年 292页 有图

21cm（32 开）定价：TWD200.00

J0014261

漫画家谈漫画　莫测主编
北京 北京工艺美术出版社 1989 年 187 页
20cm（32 开）ISBN：7-80526-019-2
定价：CNY2.60

　　作者莫测（1928— ），画家、编辑。出生于江苏盱眙。历任中国美术家协会理事、版画艺术委员会委员、中国版画家协会常务理事、中国水力电力文学艺术协会副主席，一级美术师。代表作品《拿鱼》《峡江春闹》，出版有《莫测木刻选集》《三川新曲——莫测木刻选》《莫测黑白木刻》《莫测版画集》等。

J0014262

漫画知识辞典　蒋义海编著
南京 南京大学出版社 1989 年 480 页 有彩图
19cm（32 开）ISBN：7-305-00400-6
定价：CNY5.95

　　本书收录中外古今漫画知识 1400 余条。内容涉及漫画常识、漫画作法、漫画逸闻掌故、漫画事件、中外漫画作家、漫画书籍等。附有《词目分类索引》。书前选有若干幅中外彩色漫画佳作。作者蒋义海（1940— ），画家、国家一级美术师。笔名六舟（陆洲）。江苏南京人。历任南京名人艺术研究院院长，南京国际梅花书画院院长、江苏省作家协会书画联谊会副会长、中国梅花艺术馆名誉馆长。出版有《蒋义海先生中国画集》《蒋义海梅花集》《画海》。

J0014263

年画　陈菊仙编写
北京 朝花美术出版社 1989 年 15 页 26cm（16 开）
定价：CNY2.15
（美术技法画库 14）

　　作者陈菊仙（1929— ）女，浙江温州人。毕业于中央美术学院华东分院。擅长年画。上海人民美术出版社画家。主要作品有《捉麻雀》《个个争当小雷锋》《共同富万家乐》等，著有《年画述要》。

J0014264

世界插图艺术精品集曲　曲渊主编
科学普及出版社 1989 年

本书以版画、硬笔画和软笔画、影画等绘画形式分类目录，选收自 19 世纪以来世界数百位画家的黑白插图作品 700 余帧。其中有维多利亚时代的复制木刻插图、法国著名插图画家居斯特夫·多雷的复制木版画等。

J0014265

杨家埠年画风筝专辑　曲正礼主编
［山东］中国人民政治协商会议山东省潍坊市寒亭区委员会文史资料研究委员会 1989 年
253 页 +［10］页图版 有图 21cm（32 开）
定价：CNY5.00
（文史资料选辑 第 6 辑）

J0014266

怎样画漫画　张卫平，姜德溥编著
深圳 海天出版社 1989 年 78 页 有图
26cm（16 开）ISBN：7-80542-132-3
定价：CNY3.50

J0014267

中国民间年画　王树村编著
杭州 浙江教育出版社 1989 年 155 页
19cm（32 开）ISBN：7-5338-0338-8
定价：CNY2.50
（中国民间文化丛书）

　　作者王树村（1923—2009），画家。天津人。毕业于华北大学美术科。曾在中国美术研究所、中国艺术研究院从事创作、编辑、研究工作，任中国民间美术协会副会长，中国民俗学会理事、顾问、研究员。主要著作《杨柳青年画资料集》《中国美术全集·石刻线画、民间年画》。

J0014268

中国民间年画　王树村著
杭州 浙江教育出版社 1995 年 2 版 172 页
有图 20cm（32 开）精装
ISBN：7-5338-2169-6
定价：CNY9.25
（中国民间文化丛书）

J0014269

中国民间年画史论集　王树村著
天津 天津杨柳青画社 1991 年 322+22 页
有照片及附图版 20cm（32 开）

ISBN：7-80503-015-4

定价：CNY16.50，CNY21.50（精装）

本书共收作者关于中国民间年画研究方面文章 40 余篇，对中国民间年画做了系统的介绍。后附黑白及彩色年画近百幅。

J0014270

中国民间年画史图录　（上）王树村编著

上海　上海人民美术出版社　1991 年　434 页

26cm（16 开）精装　ISBN：7-5322-0897-4

定价：CNY26.00

（中国美术史图录丛书）

本册所收年画，从汉代到清代，产地从四川到台湾，体裁包括灯画、挂钱、纸马、纸牌、窗画等。作者王树村（1923—2009），画家。天津人。毕业于华北大学美术科。曾在中国美术研究所、中国艺术研究院从事创作、编辑、研究工作，任中国民间美术协会副会长、中国民俗学会理事、顾问、研究员。主要著作《杨柳青年画资料集》《中国美术全集·石刻线画、民间年画》。

J0014271

中国民间年画史图录　（下）王树村编著

上海　上海人民美术出版社　1991 年　438-841 页

26cm（16 开）精装　ISBN：7-5322-0898-2

定价：CNY22.00

（中国美术史图录丛书）

本册主要收清代年画，产地从北京到少数民族地区，体裁包括灯画、挂钱、纸马、纸牌、窗画等。

J0014272

自绘卡通入门　姜承，马瑞森编

长春　长春出版社　1989 年　140 页　19cm（32 开）

ISBN：7-80573-009-1　定价：CNY2.20

J0014273

壁画绘制工艺　侯一民等编著

福州　福建美术出版社　1990 年　218 页　有彩图

26cm（16 开）　ISBN：7-5393-0082-5

定价：CNY19.50

本书是一本研讨壁画技法的专著。作者侯一民（1930—　），蒙古族，画家、雕塑家、美术教育家。河北高阳人。历任中央美术学院教授、中国壁画学会会长、中国美术家协会常务理事、

全国壁画艺术委员会主任、吴作人国际美术基金会理事长。油画代表作品有《青年地下工作者》《毛主席与安源矿工》《六亿神州尽舜尧》《百花齐放》《华夏之歌》等。

J0014274

电影宣传画艺术　王墨清著

沈阳　辽宁美术出版社　1990 年　274 页　有肖像及图　20cm（32 开）　ISBN：7-5314-0234-3

定价：CNY9.50

作者王墨清（1942—　），辽宁省戏剧家协会会员。

J0014275

教室布置海报设计　玉竹著

台南　信宏出版社　1990 年　190 页　有图

21cm（32 开）　ISBN：957-538-073-8

定价：TWD90.00

（美术 11）

J0014276

教室布置海报设计　玉竹著

台南　信宏出版社　1992 年　190 页　有图

21cm（32 开）　ISBN：957-538-073-8

定价：TWD100.00

J0014277

漫画艺术 ABC　缪印堂编著

北京　中国连环画出版社　1990 年　134 页

有照片　19cm（32 开）　ISBN：7-5061-0217-X

定价：CNY3.80

本书内容包括：漫画概论、漫画特性、作用、种类，漫画学的基本功，如何画漫画形象，如何培养观察力、想象力和创造性思维等。作者缪印堂（1935—2017），著名漫画家。江苏南京人。曾任中国科普研究所高级工艺美术师、中国美协漫画艺委会委员、中国美术家协会漫画艺委员会副主任、《漫画月刊》高级顾问、北京电影学院动画学院客座教授。漫画作品有《啊，危险 》《讲经》《矛盾的统一》等，著作有《缪印堂漫画选》《漫画艺术入门》《科学漫画创作概论》等。

J0014278

脑筋急转弯　（2）阿江编；曾正忠绘

台北　时报文化出版企业公司　1990 年　92 页

有图　14×15cm　定价：TWD80.00
（时报漫画丛书　13）

J0014279
实用美术百科图典　曹晨等主编译
上海　同济大学出版社　1990 年　252 页　有图
19cm（32 开）　ISBN：7-5608-0463-2
定价：CNY3.40

J0014280
戏出年画　王树村著
台北　汉声杂志社　1990 年　2 册　有部分彩图
30cm（15 开）　定价：TWD2520.00
（汉声民间艺术系列）

　　作者王树村（1923—2009），画家。天津人。
毕业于华北大学美术科。曾在中国美术研究所、
中国艺术研究院从事创作、编辑、研究工作，任
中国民间美术协会副会长、中国民俗学会理事、
顾问、研究员。主要著作《杨柳青年画资料集》
《中国美术全集·石刻线画、民间年画》。

J0014281
香港漫画趋势索隐　黎巴嫩著
香港　创建出版公司　1990 年　163 页　17cm（32开）
ISBN：962-420-081-5　定价：HKD25.00
（创建文库）

J0014282
杨家埠木版年画　张殿英著
北京　人民美术出版社　1990 年　201 页　有图
20cm（32 开）　ISBN：7-102-00765-5
定价：CNY6.50

　　本书介绍了杨家埠木版年画的源流、题材内
容和代表作品、形式分类和艺术特色、制作工艺
和销售经营等。

J0014283
怎样画粉笔画　朱文松编绘
济南　山东美术出版社 1990 年 28 页 19cm（32 开）
ISBN：7-5330-0344-6　定价：CNY1.00

J0014284
中国连环画艺术文集　林敏，赵素行编
太原　山西人民出版社　1990 年　重印本 1147 页
有图　20cm（32 开）　精装　定价：CNY22.00

　　本书以连环画艺术的理论研究为内容，分为
5 个专题：中国革命家和文学家论连环画、中国
连环画的历史研究、连环画创作经验、专论、连
环画创作评论。

J0014285
中国漫画专门　白木著
香港　友禾制作事务所　1990 年　189 页　有图
17cm（40 开）　定价：HKD25.00
（友禾新情趣系列　21）

J0014286
壁报画造型设计　江静山译
台南　信宏出版社　1991 年　139 页　有图
21cm（32 开）　ISBN：957-538-071-1
定价：TWD90.00
（美术　9）

J0014287
壁画与壁画创作　于美成等［编著］
哈尔滨　黑龙江美术出版社　1991 年　221 页
有彩照图　20cm（32 开）

　　本书内容包括：概论、壁画简史、壁画的设
计、壁画的制作工艺。附录：壁画图版、图版目
录。作者于美成（1943—　　），壁画家、美术理论
家。山东汶上人。毕业于哈尔滨师范大学。历
任哈尔滨工业大学建筑学院教师、黑龙江省版画
院副秘书长、中国美术家协会会员。壁画作品
有《大唐册封渤海郡王》《鹤翔云应》《群峰竞秀》
《欢乐歌》，著有《壁画与壁画创作》《广告与传
媒》《晁楣论》等。

J0014288
插画创作年鉴　印刷与设计杂志社编
台北　设计家文化出版事业公司　1991 年　282 页
30cm（10 开）　精装　定价：TWD1200.00
（1991 台湾创意百科　4）

J0014289
创意有趣的插图　童云编著
台北　爱欣文化事业出版社　1991 年　213 页
有图　26cm（16 开）　定价：TWD250.00

J0014290
顾莲塘谈连环画　顾莲塘著；辽宁美术出版

社编

沈阳 辽宁美术出版社 1991年 175页 有图
20cm（32开） ISBN：7-5314-0892-9
定价：CNY9.00

　　本书收集作者关于连环画创作的18篇文章。
作者顾莲塘（1935—1994），画家、教授。黑龙江
穆棱人。毕业于东北美术专科学校工艺系。历
任鲁迅美术学院版画系主任、副教授，中国美术
家协会连环画艺术委员会委员。作品有《一代天
骄》《闯王进京》等。

J0014291

漫画简论　洪石编著

哈尔滨 北方文艺出版社 1991年 141页
19cm（小32开） ISBN：7-5317-0464-1
定价：CNY3.15

　　作者洪石（1931—　　），美术师。本名张殿英，
别名丁川，司马剑。生于黑龙江五常，祖籍河北
丰润。中国美术家协会会员、中国美术家协会黑
龙江分会常务理事、黑龙江省漫画会副会长。代
表作《中国漫画艺术论》《漫画艺术探求》等。

J0014292

漫画入门　哈姆原著；扈其泽，张安吾编译

天津 天津杨柳青画社 1991年 120页
26cm（16开） ISBN：7-80503-140-1
定价：CNY6.50

　　本书对所有的漫画方法都介绍了多种不同
的入门步骤。

J0014293

漫画自学百问　林积令等著

西安 陕西人民教育出版社 1991年 224页
有图 20cm（32开） ISBN：7-5419-2450-4
定价：CNY3.80

　　本书介绍了中外漫画的发展和漫画的定义、
分类、构思、表现手法、人物造型、制作等。

J0014294

潍坊年画研究　郑金兰主编

上海 学林出版社 1991年 222页 有彩图
20cm（32开） ISBN：7-80510-639-8
定价：CNY4.85
（山东潍坊民间文化艺术丛书）

　　本书共收理论文章34篇，对杨家埠木版年

画、高密扑灰年画以及临朐手绘年画的历史渊
源、风格特点、文化价值和发展走向等作了分析
和阐述。

J0014295

中国漫画艺术论　洪石主编

长春 长春出版社 1991年 633页 有彩照
20cm（32开） 精装 ISBN：7-80573-549-2
定价：CNY16.00

　　本书对我国的漫画兴起、漫画社会功能、题
材选择、艺术造型等作了论述。收华君武、沈同
衡、方成、英韬、江有生、毕克官和缪印堂等78
位漫画家的100余篇文章。

J0014296

看一看，他是谁？（趣味童话人物图集）王
峻等编著

银川 宁夏人民出版社 1992年 192页 17×19cm
ISBN：7-227-00786-3 定价：CNY3.80

J0014297

漫画欣赏入门　徐鹏飞著

长春 吉林大学出版社 1992年 142页 有插图
19cm（小32开） ISBN：7-5601-1260-9
定价：CNY2.55
（入门丛书）

　　本书介绍了漫画的特征、种类、表现方法，
并对漫画作品进行了评介、赏析。

J0014298

商业插图技法73例　王亚非，韩晓曼编著

哈尔滨 黑龙江美术出版社 1992年 161页
20cm（32开） ISBN：7-5318-0139-6
定价：CNY24.00
（视觉设计教育丛书）

　　本书分为：商业插图技法、设计的基本条
件、技法分类、技法分析介绍4部分。作者王亚
非（1955—　　），黑龙江哈尔滨人。历任鲁迅美
术学院成人教育学院副院长、中国广告学会会
员、中国美术家协会辽宁分会会员。作者韩晓
曼（1959—　　），女，教师。辽宁沈阳人。鲁迅美
术学院师范系助教、中国美术家协会辽宁分会
会员。

J0014299

我看冰兄　潘嘉俊，梁江编

广州　岭南美术出版社　1992年　349页　有照片　20cm（32开）ISBN：7-5362-0868-5

定价：CNY9.00

　　本书收不同时期各种报刊有关廖冰兄及其漫画的资料及各种来稿60多篇。作者梁江，编辑，研究员。广东罗定人。原毕业于广州美术学院，后在中国艺术研究院完成硕士、博士学业。曾任《东方》副总编辑、《广州文艺》月刊主编、《广东美术家》执行副主编、《美术》编辑部主任、《广东美术家》杂志执行副主编。著有《中国美术史》《中华艺术通史》《黄宾虹全集》等。

J0014300

香港漫画春秋　郑家镇著

香港　三联书店（香港）公司　1992年　174页　有图　23cm ISBN：962-04-1023-8

定价：HKD38.00

J0014301

报刊漫画学　方成著

台北　亚太图书出版社　1993年　222页　有图　23cm ISBN：957-8510-29-2　定价：TWD200.00

　　作者方成（1918—2018），漫画家、杂文家、幽默理论专家。原名孙顺潮，杂文笔名张化。祖籍广东中山，生于北京。毕业于武汉大学。历任《观察》半月刊漫画版主编、北京《新民晚报》美术编辑、人民日报社高级编辑、中国新闻漫画研究会会长。

J0014302

壁画创作 ABC　张延刚编著

北京　北京工艺美术出版社　1993年　62页　有照片　19cm（小32开）ISBN：7-80526-098-2

定价：CNY3.50

（装饰艺术丛书）

J0014303

插画的技巧入门　江金石编译

台南　信宏出版社　1993年　218页　有图　21cm（32开）ISBN：957-538-349-4

定价：TWD130.00

（美术 22）

J0014304

创意插画基础入门　李平农编译

台南　信宏出版社　1993年　219页　21cm（32开）ISBN：957-538-015-0　定价：TWD130.00

（美术 51）

J0014305

动画设计与制作　鲁虹编译

太原　山西人民出版社　1993年　192页　有插图　19cm（小32开）ISBN：7-203-02879-8

定价：CNY6.00

　　本书内容含动画技术、原理、语言、配音技巧、设备等6部分。

J0014306

黑板粉笔画训练　韦晓坚编著；河南省中师教材编辑委员会编

开封　河南大学出版社　1993年　53页　有附图　19cm（小32开）ISBN：7-81018-977-8

定价：CNY3.90

J0014307

黑板粉笔画训练　韦晓坚编著；河南省中师教材编辑委员会［编］

开封　河南大学出版社　1997年　重印本　48页　有附图　19cm（32开）ISBN：7-81018-977-8

定价：CNY10.00

J0014308

连环画编写探幽　曹作锐著

北京　中国连环画出版社　1993年　151页　有照片　20cm（32开）ISBN：7-5061-0568-3

定价：CNY4.50

（连环画理论丛书）

　　作者曹作锐（1923—　　），《连环画艺术》副主编、中国连环画研究会常务理事、中国美术家协会会员。

J0014309

漫画与连环画　王培堃著

石家庄　河北美术出版社　1993年　78页　14×20cm　ISBN：7-5310-0577-8　定价：CNY3.90

（儿童美术大全）

　　作者王培堃（1940—　　），漫画家。广西柳州人。毕业于广西师范学院。曾任职于广西柳州市群众艺术馆、柳州《新天地画刊》编辑部，中国美术家协会会员、中国美术家协会连环画艺术委员会委员。代表作品《书的故事》《小精灵画传》《书童山》。

J0014310
漫画造型速成　徐鹏飞著
长春　吉林大学出版社　1993年　190页　有图
19cm（小 32 开）　ISBN：7-5601-1444-X
定价：CNY3.90
（速成丛书）

J0014311
评风云漫画　吴家强著
香港　次文化公司　1993年　159页
19cm（小 32 开）　定价：HKD32.00
（次文化漫画文化系列 12）

J0014312
中国连环画发展图史　白纯熙等编著
北京　中国连环画出版社　1993年　175页　有图
20cm（32 开）　ISBN：7-5061-0572-1
定价：CNY6.40
（连环画史料丛书）
　　本书收集大量和连环画有关的珍贵史料图片，反映从古老原始时代到 20 世纪初连环画这一形式孕育、演变、形成和大发展的情况。作者白纯熙（1929—　），河南方城人。曾任中南人民文艺出版社美术编辑、湖北人民出版社美术编辑、湖北省美术家协会漫画委员会副主任、武汉摄影学会副主席、湖北连环画研究会理事等职。

J0014313
最新插画表现法　美工图书社编
台北　邯郸出版社　1993年　157页　有图
26cm（16 开）　定价：TWD450.00

J0014314
插画的描绘法　陈德宜编译
台南　信宏出版社　1994年　149页　21cm（32 开）
ISBN：957-538-383-4　定价：TWD120.00
（美术 75）

J0014315
插画新技　詹杨彬著

台北　艺术图书公司　1994年　175页　有图
26cm（16 开）　ISBN：957-672-073-7
定价：TWD380.00
（绘画·设计·工艺丛书 7）

J0014316
动画小天地　（动画制作）孝延忠，尤枫编
北京　中国计量出版社　1994年　173页
19cm（小 32 开）　ISBN：7-5026-0690-4
定价：CNY6.50

J0014317
儿童卡通画技法　闻渠主编；宁河，七星编绘
北京　首都师范大学出版社　1994年　57页
18×19cm ISBN：7-81039-246-8　定价：CNY4.80

J0014318
看漫画　学漫画　（和少年朋友谈漫画创作）
刘玉增编著
北京　新时代出版社　1994年　121页　有图
19cm（小 32 开）　ISBN：7-5042-0209-6
定价：CNY3.00

J0014319
立体博物馆　亦然编
北京　外文出版社　1994年　23页　23×26cm
ISBN：7-119-00952-4　定价：CNY13.80

J0014320
立体画迷宫　亦然编
北京　外文出版社　1994年　23页　23×26cm
ISBN：7-119-01458-7　定价：CNY13.80

J0014321
三维立体画欣赏　刘富强编
北京　中国纺织出版社　1994年　24页　有彩图
23×26cm ISBN：7-5064-1090-7　定价：CNY13.80
　　本书分3部分：几何学艺术馆；立体图像馆；万物立体馆。

J0014322
三维立体视图
成都　四川科学技术出版社　1994年　96页
26cm（16 开）　ISBN：7-5364-3043-4
定价：CNY32.80

J0014323

世界爱情幽默画赏析　缪印堂著
上海　上海远东出版社　1994年　97页　15cm（40开）
ISBN：7-80514-861-9　定价：CNY5.00
（世界幽默画赏析丛书）

　　作者缪印堂（1935—2017），著名漫画家。江苏南京人。曾任中国科普研究所高级工艺美术师、中国美协漫画艺委会委员、中国美术家协会漫画艺委员会副主任、《漫画月刊》高级顾问、北京电影学院动画学院客座教授。漫画作品有《啊，危险 》《讲经》《矛盾的统一》等，著作有《缪印堂漫画选》《漫画艺术入门》《科学漫画创作概论》等。

J0014324

世界科学幽默画赏析　缪印堂著
上海　上海远东出版社　1994年　97页　15cm（40开）
ISBN：7-80514-862-7　定价：CNY5.00
（世界幽默画赏析丛书）

　　作者缪印堂（1935—2017），著名漫画家。江苏南京人。曾任中国科普研究所高级工艺美术师、中国美协漫画艺委会委员、中国美术家协会漫画艺委员会副主任、《漫画月刊》高级顾问、北京电影学院动画学院客座教授。漫画作品有《啊，危险 》《讲经》《矛盾的统一》等，著作有《缪印堂漫画选》《漫画艺术入门》《科学漫画创作概论》等。

J0014325

世界生活幽默画赏析　缪印堂著
上海　上海远东出版社　1995年　98页　15cm（40开）
ISBN：7-80613-155-8　定价：CNY7.00
（世界幽默画赏析丛书）

J0014326

世界艺术幽默画赏析　缪印堂著
上海　上海远东出版社　1995年　98页　15cm（40开）
ISBN：7-80613-156-6　定价：CNY7.00
（世界幽默画赏析丛书）

J0014327

世界影视幽默画赏析　缪印堂著
上海　上海远东出版社　1994年　97页　15cm（40开）
ISBN：7-80514-860-0　定价：CNY5.00
（世界幽默画赏析丛书）

J0014328

世界幽默画赏析大观　缪印堂编著
上海　上海远东出版社　1996年　381页　19cm（小32开）　ISBN：7-80613-280-5
定价：CNY17.00

J0014329

台湾漫画40年初探　（1949—1993）洪德麟编著
台北　时报文化出版企业公司　1994年　199页　21cm（32开）　ISBN：957-13-0871-4
定价：TWD150.00
（时报漫画丛书 FA177）

J0014330

图画书创作的ABC　周宪彻译著
武汉　湖北少年儿童出版社　1994年　183页　有彩图　26cm（16开）　ISBN：7-5353-1418-X
定价：CNY78.00

　　本书为中国现代连环画绘画技法集。作者周宪彻（1941—　　），美术编审。辽宁盖县人。毕业于中央工艺美术学院书籍装帧系。中国少年儿童出版社低幼图书编辑室主任、编审，中国美术家协会会员等。作品有《金芦笙》《小熊历险记》《魔镜》《动物日记》等，论著有《图画书创作ABC》。

J0014331

虚幻三维立体视图　李秦吉译
北京　中国文联出版公司　1994年　49页　20cm（32开）　ISBN：7-5059-2100-2
定价：CNY23.80

J0014332

一看就会画：最新学卡通画速成　（A册）
杨学等编绘
北京　中国华侨出版社　1994年　220页　19cm（小32开）　ISBN：7-80074-926-6
定价：CNY7.50

J0014333

一看就会画：最新学卡通画速成　（B册）
杨学等编绘
北京　中国华侨出版社　1994年　220页　19cm（32开）　ISBN：7-80074-926-6

定价：CNY7.50

J0014334
月影 陆伟忠著
台北 尖端出版公司 1994年 257页 21cm（32开）
ISBN：957-712-563-8 定价：TWD160.00
（本土大系）
　　外文书名：The Shadow of the Moon.

J0014335
插图设计艺术 孙德珊，吴冠英编著
哈尔滨 黑龙江美术出版社 1995年 79页
有图 26cm（16开） ISBN：7-5318-0311-9
定价：CNY32.80
（中央工艺美术学院装潢设计艺术系教材丛书）

J0014336
戴敦邦话艺录 戴敦邦著
上海 上海人民美术出版社 1995年 138页
有彩图 20cm（32开） ISBN：7-5322-1397-8
定价：CNY12.00
　　本书为中国现代连环画美术创作经验谈。
作者戴敦邦（1938—　　），国画家，教授。号民间
艺人。江苏丹徒人。毕业于上海第一师范学校。
历任《中国少年报》《儿童时代》美术编辑，上海
交通大学人文学院教授等。主要作品《水浒人物
一百零八图》《戴敦邦水浒人物谱》《戴敦邦新绘
红楼梦》《戴敦邦古典文学名著画集》等，连环画
代表作品有《一支驳壳枪》《水上交通站》《大泽
烈火》《蔡文姬》等。

J0014337
吊诡书院 （漫画末世学）洪凌著
新店 尖端出版公司 1995年 218页 有插图
21cm（32开） ISBN：957-712-641-3
定价：TWD130.00
（漫画族类 5）

J0014338
动画的时间掌握 （英）哈罗德·威特克（Harold
Whitaker），（英）约翰·哈拉斯（John Halas）著；
陈士宏等译
北京 中国电影出版社 1995年 重印本 135页
有图 26cm（16开） ISBN：7-106-00562-2
定价：CNY11.00

本书讨论"动画时间掌握的基本单位""交
搭动作""鸟飞"等问题。

J0014339
漫画技巧入门 吴辉，（日）村中志津枝著
广州 广东高等教育出版社 1995年 62页
26cm（16开） ISBN：7-5361-1764-7
定价：CNY16.00

J0014340
漫画艺术欣赏 方成著
太原 山西教育出版社 1995年 270页 有图
19cm（32开） ISBN：7-5440-0596-8
定价：CNY8.80
（美育丛书 美术系列）
　　作者方成（1918—2018），漫画家、杂文家、
幽默理论专家。原名孙顺潮，杂文笔名张化。祖
籍广东中山，生于北京。毕业于武汉大学。历任
《观察》半月刊漫画版主编、北京《新民晚报》美
术编辑、人民日报社高级编辑、中国新闻漫画研
究会会长。

J0014341
人世漫画 （奥）尔德里卡（Alfred Hrdlicka）绘；
（德）舒里安（Walter Schruian）撰文；罗悌伦编译
成都 四川人民出版社 1995年 205页
26cm（16开） 精装 ISBN：7-220-02816-4
定价：CNY38.00
　　作者尔德里卡（Alfred Hrdlicka，1928—　　），
奥地利画家、雕塑家。通译：赫尔德里奇卡。作
者舒里安（1938—　　），德国明斯特大学教授。作
者罗悌伦（1944—　　），教授。四川温江县人。毕
业于北京大学西语系。曾任四川省文学翻译家
协会副秘书长，德国康斯坦茨大学学会会员、四
川联合大学教授。编译有《接受美学译文集》《影
视心理学》《生命探索——生命的时间结构》等。

J0014342
三维立体画精品 亦然编
北京 华语教学出版社 1995年 24页 23×26cm
ISBN：7-80052-473-6 定价：CNY13.80

J0014343
三维立体画珍品 亦然编
北京 华语教学出版社 1995年 24页 23×26cm

ISBN：7-80052-472-8 定价：CNY13.80

J0014344
三维立体画最新集锦 （上）田辉编
北京 中国商业出版社 1995年 24页 26cm（16开）
ISBN：7-5044-1871-4 定价：CNY15.80

J0014345
三维立体画最新集锦 （下）田辉编
北京 中国商业出版社 1995年 24页 26cm（16开）
ISBN：7-5044-1871-4 定价：CNY15.80

J0014346
三维立体精品欣赏
成都 四川科学技术出版社 1995年 34页
23×26cm ISBN：7-5364-3048-5 定价：CNY17.80

J0014347
三维立体图画 易明编著
广州 岭南美术出版社 1995年 29页 20cm（32开）
ISBN：7-5362-1211-9 定价：CNY10.00

J0014348
神奇的3D立体画
上海 上海画报出版社 1995年 56页 19×20cm
ISBN：7-80530-136-0 定价：CNY19.00

J0014349
我爱卡通 （动物联想画）黄木村编著
北京 中国计量出版社 1995年 48页 19×26cm
ISBN：7-5026-0776-5 定价：CNY6.00
　　作者黄木村，台湾著名漫画家。

J0014350
我爱卡通 （方形联想画）黄木村编著
北京 中国计量出版社 1995年 48页 19×26cm
ISBN：7-5026-0778-1 定价：CNY6.00

J0014351
我爱卡通 （人物联想画）黄木村编著
北京 中国计量出版社 1995年 48页 19×26cm
ISBN：7-5026-0775-7 定价：CNY6.00

J0014352
我爱卡通 （三角形联想画）黄木村编著

北京 中国计量出版社 1995年 48页 19×26cm
ISBN：7-5026-0777-3 定价：CNY6.00

J0014353
我爱卡通 （椭圆形联想画）黄木村编著
北京 中国计量出版社 1995年 48页 19×26cm
ISBN：7-5026-0780-3 定价：CNY6.00

J0014354
我爱卡通 （圆形联想画）黄木村编著
北京 中国计量出版社 1995年 48页 19×26cm
ISBN：7-5026-0779-X 定价：CNY6.00

J0014355
我爱卡通 （动脑创意漫画造型练习）黄木村
编著
北京 中国计量出版社 1996年 48页 18×26cm
ISBN：7-5026-0867-2 定价：CNY9.00

J0014356
我爱卡通 （神奇创意画 一 造型千万变）黄
木村编著
北京 中国计量出版社 1996年 48页 18×26cm
ISBN：7-5026-0861-3 定价：CNY9.00

J0014357
我爱卡通 （神奇创意画 二 表情魔术师）黄
木村编著
北京 中国计量出版社 1996年 48页 18×26cm
ISBN：7-5026-0862-1 定价：CNY9.00

J0014358
我爱卡通 （神奇创意画 三 动态急转弯）黄
木村编著
北京 中国计量出版社 1996年 48页 18×26cm
ISBN：7-5026-0863-X 定价：CNY9.00

J0014359
我爱卡通 （神奇创意画 四 奇妙动物园）黄
木村编著
北京 中国计量出版社 1996年 48页 18×26cm
ISBN：7-5026-0864-8 定价：CNY9.00

J0014360
我爱卡通 （神奇创意画 五 动脑天地）黄木

村编著

北京　中国计量出版社　1996年　48页　18×26cm

ISBN：7-5026-0865-6　定价：CNY9.00

J0014361

我爱卡通 （神奇创意画　六　幻想世界）黄木

村编著

北京　中国计量出版社　1996年　48页　18×26cm

ISBN：7-5026-0866-4　定价：CNY9.00

J0014362

中国壁画史纲　　祝重寿著

北京　文物出版社　1995年　97页　有图

20cm（32开）　ISBN：7-5010-0878-7

定价：CNY18.50

　　外文书名：A Brief History of Chinese Mural.

J0014363

最新三维立体画　　亦鸣编

重庆　重庆大学出版社　1995年　24页　23×26cm

ISBN：7-5624-1030-5　定价：CNY13.80

J0014364

最新三维立体图画　　金星编

北京　农村读物出版社　1995年　96页　26cm（16开）

ISBN：7-5048-2509-3　定价：CNY32.80

J0014365

最新五维立体图画　　流域编

延吉　延边人民出版社　1995年　94页　26cm（16开）

ISBN：7-80599-279-7　定价：CNY35.80

　　本书为全新100幅世界最新超三维视觉魔

术的五维立体图画。

J0014366

壁画设计艺术　　唐鸣岳，赵松青著

济南　山东教育出版社　1996年　66页　29cm（16开）

ISBN：7-5328-2346-6　定价：CNY75.00

　　作者唐鸣岳（1959—　　），教授。生于山东青

岛。历任山东艺术学院美术学院教授、硕士生导

师、副院长，中国美术家协会壁画艺术委员会委

员、山东省美术家协会副主席、青岛当代艺术研

究院名誉院长。代表作品有《渔满堂》《黄河留

胜迹》《沧海颂》，专著有《壁画教学》《壁画基础

教学》。作者赵松青（1957—　　），女，山东艺术

学院美术设计系任教。

J0014367

壁画艺术欣赏　　郭元平著

太原　山西教育出版社　1996年　280页　有图

19cm（32开）　ISBN：7-5440-0795-2

定价：CNY10.70

（美育丛书　美术系列）

　　本书概述了壁画的内容和艺术特点。国家

"八五"规划重点图书。作者郭元平（1961—　　），

女，天津人，北京服装学院讲师。

J0014368

插图艺术欣赏　　张守义，刘丰杰著

太原　山西教育出版社　1996年　280页　有图

19cm（小32开）　ISBN：7-5440-0644-1

定价：CNY10.20

（美育丛书　美术系列）

　　作者刘丰杰（1942—　　），装帧艺术家、美术

理论家、画家。字济淼。河北定州人。毕业于天

津美术学院。历任天津人民出版社编审、美编室

主任，中国版协装帧艺术委员会常务委员。著有

《书籍美术》《插图艺术欣赏》《装帧易理阴阳论》

等。作者张守义（1930—2008），教授。生于河北

平泉县。毕业于中央美术学院绘画系，并在中央

工艺美术学院装潢系书籍装帧研究班学习。历

任人民出版社编辑室主任、编审，中国美术家协

会插图和书籍装帧艺术委员会主任，中国人民大

学徐悲鸿艺术学院教授。

J0014369

河北武强年画　　张春峰主编

石家庄　河北人民出版社　1996年　10+345页

26×27cm　精装　ISBN：7-202-01923-X

定价：CNY200.00

（河北出版史志文献丛书）

　　作者张春峰（1929—　　），书画家。出生于河

北武强县。笔名武艺，号西园，居号泥香草堂。

毕业于河北省艺术干部学校。曾任河北美术出

版社副社长、纽约东西方艺术家协会民俗艺术委

员会副主席等职。主要作品有《雄鹰图》《母子

虎》《草书虎字》等。

J0014370

近现代室内外壁画529　　唐鸣岳，赵松青著

哈尔滨 黑龙江美术出版社 1996年 429页
20cm（32开）ISBN：7-5318-0360-7
定价：CNY82.60
　　外文书名：Interior and Exterior Frescoes of Modern Times.

J0014371
卡通画技法　王培堃编著
桂林 漓江出版社 1996年 179页 有插图
26cm（16开）ISBN：7-5407-1945-1
定价：CNY17.50
　　作者王培堃（1940— ），漫画家。广西柳州人，毕业于广西师范学院。曾任职于广西柳州市群众艺术馆、柳州《新天地画刊》编辑部、中国美术家协会会员、中国美术家协会连环画艺术委员会委员。代表作品《书的故事》《小精灵画传》《书童山》。

J0014372
连环画艺术欣赏　姜维朴，王素著
太原 山西教育出版社 1996年 239页 有插图
19cm（小32开）ISBN：7-5440-0851-7
定价：CNY7.80
（美育丛书·美术系列）
　　作者姜维朴（1926—2019），编辑。山东黄县人。毕业于山东大学文艺系。历任人民美术出版社《连环画报》编辑室主任、副主编，中国连环画出版社总编辑等。代表作品有《鲁迅论连环画》《要摄取事物的本质》《连环画艺术论》等。

J0014373
新漫画实战讲座（基本篇·应用篇·彩色篇图册）[日本I.C公司]原著；大然文化译
海口 海南出版社 1996年 206页 26cm（16开）
ISBN：7-80617-640-3 定价：CNY39.50

J0014374
乘车人物百态漫画技法　日本K's Art设计制作室著；韩俊容译
南宁 接力出版社 1997年 130页 26cm（16开）
ISBN：7-80631-124-6 定价：CNY29.00
（漫画绘制技法速成 1）

J0014375
电脑美术与动画基础教程　汪令江，苟雁编著

成都 电子科技大学出版社 1997年 189页
26cm（16开）ISBN：7-81043-788-7
定价：CNY16.00

J0014376
钢笔与色调漫画技法　（日）藤堂良著；韩俊容译
南宁 接力出版社 1997年 123页 26cm（16开）
ISBN：7-80631-063-0 定价：CNY29.00
（漫画绘制技法速成 3）

J0014377
连环画学概论　白宇著
济南 山东美术出版社 1997年 307页 有插图
20cm（32开）ISBN：7-5330-1071-X
定价：CNY18.00
　　作者白宇（1952— ），画家。河南安阳人。安阳师专艺术系毕业。鹤壁市青年美术家协会副主席、鹤壁黄河书画院院长、河南省美术家协会会员。主要作品有《高山有情》《轻音图》等。

J0014378
漫画创作入门　李林，李奇著
北京 军事科学出版社 1997年 140页 有彩图
20cm（32开）ISBN：7-80137-055-4
定价：CNY8.50
（周末文化生活丛书）

J0014379
年画　潘鲁生，唐家路著
上海 上海人民美术出版社 1997年 76页
有照片 19cm（32开）精装
ISBN：7-5322-1677-2 定价：CNY28.00
（艺林撷珍丛书）
　　作者潘鲁生（1962— ），艺术学博士，教授，博士生导师。山东菏泽人。毕业于南京艺术学院。任中国文联副主席、山东省文联主席、山东工艺美术学院院长、中国民间文艺家协会主席、中国艺术研究院中国设计艺术院院长、中国美术家协会工艺美术艺委会主任等。代表作品《零的突破》《匠心独运》等，主要著述有《论中国民间美术》《中国民间美术工艺学》等。作者唐家路（1968— ），艺术学博士，教授，博士生导师。山东人。获山东工艺美术学院学士，湖北美术学院硕士，东南大学艺术系博士。历任中国

工艺美术学会民间艺术委员会委员、山东省美术家协会主席等职。出版有《民间艺术的文化生态论》《民艺学概论》等。

J0014380
年画史　王树村著
上海　上海文艺出版社　1997 年　199 页
19cm（32 开）　精装　ISBN：7-5321-1651-4
定价：CNY13.00
（中国社会民俗史丛书）
　　　作者王树村（1923—2009），画家。天津人。毕业于华北大学美术科。曾在中国美术研究所、中国艺术研究院从事创作、编辑、研究工作，任中国民间美术协会副会长，中国民俗学会理事、顾问、研究员。主要著作《杨柳青年画资料集》《中国美术全集·石刻线画、民间年画》。

J0014381
人体结构漫画技法　日本漫画技法研究会著；韩俊容译
南宁　接力出版社　1997 年　131 页　26cm（16 开）
ISBN：7-80631-126-2　定价：CNY29.00
（漫画绘制技法速成 4）

J0014382
我的图画书论　（日）松居直著；季颖译
长沙　湖南少年儿童出版社　1997 年　202 页
有图　20cm（32 开）　ISBN：7-5358-1310-0
定价：CNY7.60

J0014383
校园人物百态漫画技法　日本 K's Art 设计制作室著；韩俊容译
南宁　接力出版社　1997 年　131 页　26cm（16 开）
ISBN：7-80631-125-4　定价：CNY29.00
（漫画绘制技法速成 2）

J0014384
壁画艺术设计基础　邢晓林编著
北京　中国社会出版社　1998 年　117+20 页
有图　26cm（16 开）　ISBN：7-80146-058-8
定价：CNY19.00
（美术与设计基础丛书）

J0014385
聪明屋里面卡通　（上）翟登文编绘
兰州　甘肃少年儿童出版社　1998 年　48 页
19×26cm ISBN：7-5422-1311-3 定价：CNY11.80

J0014386
聪明屋里面卡通　（下）翟登文编绘
兰州　甘肃少年儿童出版社　1998 年　48 页
19×26cm ISBN：7-5422-1312-1 定价：CNY11.80

J0014387
电子游戏原画设定　吉光编
呼和浩特　内蒙古人民出版社　1998 年　188 页
26cm（16 开）　ISBN：7-204-04151-8
定价：CNY25.00

J0014388
电子游戏原画设定　（2）吉光编
呼和浩特　内蒙古人民出版社　1998 年　188 页
26cm（16 开）　ISBN：7-204-04496-7
定价：CNY25.00

J0014389
电子游戏原画设定　（3）吉光编
呼和浩特　内蒙古人民出版社　1999 年　188 页
26cm（16 开）　ISBN：7-204-04496-7
定价：CNY25.00

J0014390
电子游戏原画设定　（4）吉光编
呼和浩特　内蒙古人民出版社　1999 年　188 页
26cm（16 开）　ISBN：7-204-04496-7
定价：CNY25.00

J0014391
电子游戏原画设定　（5）吉光编
呼和浩特　内蒙古人民出版社　1999 年　188 页
26cm（16 开）　ISBN：7-204-04771-0
定价：CNY25.00

J0014392
电子游戏原画设定　（6）吉光编
呼和浩特　内蒙古人民出版社　1999 年　188 页
26cm（16 开）　ISBN：7-204-04496-7
定价：CNY25.00

J0014393

儿童漫画　陈渭泉编著

上海　上海书画出版社 1998年 46页 26cm（16开）

ISBN：7-80635-209-0 定价：CNY8.00

（儿童美术入门丛书）

J0014394

跟我学卡通　（卡通动物画技法）（美）克里斯托弗·哈特（Christopher Hart）著；张艳译

北京　世界图书出版公司北京公司 1998年

143页 有图 26cm（16开）

ISBN：7-5062-3171-9 定价：CNY20.00

J0014395

跟我学卡通　（卡通画基本技法）（美）克里斯托弗·哈特（Christopher Hart）著；张艳译

北京　世界图书出版公司北京公司 1998年

143页 26cm（16开） ISBN：7-5062-3172-7

定价：CNY24.00

J0014396

跟我学卡通　（卡通连环画技法）（美）克里斯托弗·哈特（Christopher Hart）著；张艳译

北京　世界图书出版公司北京公司 1998年

143页 26cm（16开） ISBN：7-5062-3170-0

定价：CNY17.00

J0014397

过去的智慧　（漫画点评：1909—1938）毕克官编著

济南　山东画报出版社 1998年 289页

20cm（32开） ISBN：7-80603-193-6

定价：CNY19.50

　　作者毕克官（1931—2013），艺术家。山东威海人。毕业于中央美术学院。历任中国美术家协会《漫画》《美术》杂志编辑、中国艺术研究院美术研究所所长、中国民间工艺美术学会副主席。擅长漫画。漫画史论方面主要有《漫画十谈》《中国漫画史话》《中国漫画史》（合著）等，画集代表作有《毕克官漫画选》《毕克官王德娟画集》《毕克官水墨画》。

J0014398

黑板报墙报技法　郑春龙，天山编绘

北京　解放军出版社 1998年 161页 有图

19cm（小 32开） ISBN：7-5065-2584-4

定价：CNY5.00

（战士文库 军营生活卷）

J0014399

红蜻蜓少儿画库　（AB册）耿成义编绘

济南　黄河出版社 1998年 2册 19×26cm

ISBN：7-80558-993-3 定价：CNY25.60

J0014400

华君武说漫画　华君武著述；郑化改编著

郑州　河南美术出版社 1998年 102页

20cm（32开） ISBN：7-5401-0682-4

定价：CNY7.20

（大师谈艺丛书）

　　作者华君武（1915—2010），漫画家。别名华潮。生于杭州，祖籍无锡荡口。就读于上海大同大学高中部。鲁迅艺术文学院任研究员、《人民日报》文学艺术部主任、中国美术家协会副主席、中国文联书记处书记等职务。代表作品有《疲劳过度症》《肉骨头引狗》《1939年所植的树》等。

J0014401

卡通画入门　关天培，卢卫编绘

上海　上海人民美术出版社 1998年 72页

19cm（小 32开） ISBN：7-5322-1987-9

定价：CNY3.50

（少年艺术技能入门丛书）

J0014402

卡通简笔画　（汉英对照）陈孝忠等绘

北京　朝华出版社 1998年 10册 20cm（32开）

ISBN：7-5054-0522-5 定价：CNY58.00

（卡通简笔画系列）

J0014403

老漫画　（第一辑）山东画报出版社《老漫画》编辑部编

济南　山东画报出版社 1998年 126页

20cm（32开） ISBN：7-80603-227-4

定价：CNY6.80

J0014404

老漫画　（第二辑）李玉良等绘

济南　山东画报出版社 1998年 126页

20cm（32 开）ISBN：7-80603-317-3
定价：CNY6.80
　　作者李玉良（1967—　　），蒙古族。内蒙古通辽市奈曼旗实验小学美术教师。

J0014405
老漫画 （第三辑）冯雷主编
济南 山东画报出版社 1999 年 126 页
20cm（32 开）ISBN：7-80603-330-0
定价：CNY6.80

J0014406
老漫画 （第四辑）山东画报出版社《老漫画》
编辑部编
济南 山东画报出版社 1999 年 126 页 有图
20cm（32 开）ISBN：7-80603-342-4
定价：CNY6.80

J0014407
老漫画 （第五辑）汪稼明总编辑
济南 山东画报出版社 1999 年 126 页
20cm（32 开）ISBN：7-80603-377-7
定价：CNY6.80

J0014408
老漫画 （第六辑）汪稼明总编辑
济南 山东画报出版社 1999 年 124 页
20cm（32 开）ISBN：7-80603-431-5
定价：CNY6.80

J0014409
老漫画 （合订本第一辑至第三辑）山东画报
出版编
济南 山东画报出版社 1999 年
3 册（126；126；126 页）有图 20cm（32 开）
ISBN：7-80603-354-8 定价：CNY24.00

J0014410
漫画异言堂 蒂芬妮著
台北 幼狮文化事业公司 1998 年 175 页
有插画 21cm（32 开）ISBN：957-574-054-8
定价：TWD120.00
（智慧文库）

J0014411
少男少女漫画教室 （初级篇）《少男少女》函
授中心编著
成都 四川少年儿童出版社 1998 年 76 页
26cm（16 开）ISBN：7-5365-2012-3
定价：CNY7.50

J0014412
少男少女漫画教室 （应用篇）《少男少女》函
授中心编著
成都 四川少年儿童出版社 1998 年 76 页
26cm（16 开）ISBN：7-5365-2023-9
定价：CNY7.50

J0014413
时光倒流 （三四十年代中国优秀漫画赏析）
毕宛婴著
香港 获益出版事业公司 1998 年 191 页
21cm（32 开）ISBN：962-449-220-4
定价：HKD58.00

J0014414
怎样画漫画 （漫画创作函授教材）凯翔编
天津 天津人民美术出版社 1998 年 77 页
20cm（32 开）ISBN：7-5305-0874-1
定价：CNY8.00

J0014415
1000 卡通动物变形画 江澜主编
西安 陕西科学技术出版社 1999 年 79 页
26cm（16 开）ISBN：7-5369-3029-1
定价：CNY8.50
（儿童卡通大王变形画）

J0014416
1000 卡通人物变形画 江澜主编
西安 陕西科学技术出版社 1999 年 79 页
26cm（16 开）ISBN：7-5369-3029-1
定价：CNY8.50
（儿童卡通大王变形画）

J0014417
壁画 杨光等编著
沈阳 辽宁美术出版社 1999 年 112 页
29cm（16 开）ISBN：7-5314-2016-3

定价: CNY46.00
（材料与技法丛书）

J0014418
壁画设计　唐鸣岳著
济南　山东美术出版社　1999 年　68 页　有图
29cm（16 开）　ISBN: 7–5330–1341–7
定价: CNY19.80
（美术设计教与学丛书）
　　本书介绍了壁画的概念及其特征、壁画的功
能、壁画与建筑环境、壁画的材料、壁画设计的
基本方式、壁画的构图设计、壁画的色彩设计等
内容。

J0014419
创作漫画故事技法　（日）菅本顺一著；伍典译
南宁　接力出版社　1999 年　141 页　26cm（16 开）
ISBN: 7–80631–495–4　定价: CNY29.80
（漫画绘制技法速成 7）

J0014420
动画背景技巧入门　（背景处理技法超解析）
（日）小林七郎著；王秀予译
台北　台湾广厦出版集团创意社　1999 年　142 页
有插画　26cm（16 开）　ISBN: 957–700–983–2
定价: TWD380.00
（活用美艺 5）

J0014421
儿童卡通大王变形画　江澜主编
西安　陕西科学技术出版社　1999 年　3 册
26cm（16 开）　ISBN: 7–5369–3029–1
定价: CNY25.50

J0014422
儿童卡通教室　（人物篇）姜岸，高天红编绘
沈阳　辽宁美术出版社　1999 年 60 页　26cm（16 开）
（21 世纪卡通系列丛书）

J0014423
儿童卡通描画本　（昆虫、海洋生物篇）赵立
军，王岩编
沈阳　辽宁美术出版社　1999 年　92 页　19×26cm
ISBN: 7–5314–2270–0　定价: CNY16.00

J0014424
儿童卡通描画本　（鸟类、植物篇）赵立军，
王岩编
沈阳　辽宁美术出版社　1999 年　92 页　19×26cm
ISBN: 7–5314–2269–7　定价: CNY16.00

J0014425
儿童学画卡通画卡通速成　（卡通画法 1）
阿民，皮琴编绘
广州　广东高等教育出版社　1999 年　20 页
15×26cm　ISBN: 7–5361–2313–2
定价: CNY18.00（全 6 册）

J0014426
儿童学画卡通画卡通速成　（卡通画法 2）
阿民，皮琴编绘
广州　广东高等教育出版社　1999 年　20 页
15×26cm　ISBN: 7–5361–2313–2
定价: CNY18.00（全 6 册）

J0014427
儿童学画卡通画卡通速成　（卡通资料 1）
阿民，皮琴编绘
广州　广东高等教育出版社　1999 年　20 页
15×26cm　ISBN: 7–5361–2313–2
定价: CNY18.00（全 6 册）

J0014428
儿童学画卡通画卡通速成　（卡通资料 2）
阿民，皮琴编绘
广州　广东高等教育出版社　1999 年　20 页
15×26cm　ISBN: 7–5361–2313–2
定价: CNY18.00（全 6 册）

J0014429
儿童学画卡通画卡通速成　（影视卡通 1）
阿民，皮琴编绘
广州　广东高等教育出版社　1999 年　20 页
15×26cm　ISBN: 7–5361–2313–2
定价: CNY18.00（全 6 册）

J0014430
儿童学画卡通画卡通速成　（影视卡通 2）
阿民，皮琴编绘
广州　广东高等教育出版社　1999 年　20 页

15×26cm ISBN：7-5361-2313-2
定价：CNY18.00（全6册）

J0014431
方成谈漫画艺术　方成著
长沙　湖南文艺出版社 1999 年 311 页 有插图
20cm（32 开）ISBN：7-5404-2004-9
定价：CNY18.00
　　作者方成（1918—2018），漫画家、杂文家、幽默理论专家。原名孙顺潮，杂文笔名张化。祖籍广东中山，生于北京。毕业于武汉大学。历任《观察》半月刊漫画版主编、北京《新民晚报》美术编辑、人民日报社高级编辑、中国新闻漫画研究会会长。

J0014432
丰子恺漫画品读　苏学文著
南京　江苏教育出版社 1999 年 12+254 页 有肖像及彩照 20cm（32 开）ISBN：7-5343-3590-6
定价：CNY13.20

J0014433
吉庆有余话年画　李新华著
济南　山东教育出版社 1999 年 135 页 有图
20cm（32 开）ISBN：7-5328-2791-7
定价：CNY6.20
（中国俗文化丛书）

J0014434
计算机美术图形与动画　龚世生编著
汕头　汕头大学出版社 1999 年 267 页
26cm（16 开）ISBN：7-81036-271-2
定价：CNY25.00

J0014435
杰出图画书插画家　（欧美篇）郑明进著
台北　雄狮图书公司 1999 年 175 页 26cm（16开）
ISBN：957-8980-95-7 定价：TWD500.00
（雄狮丛书 杰出系列 08-016）

J0014436
卡通创作基础　（少年版）小泽编绘
沈阳　辽宁美术出版社 1999 年 60 页 有图
26cm（16 开）ISBN：7-5314-2409-6
定价：CNY10.00

（21 世纪技法系列丛书）
　　外文书名：The Base of Cartoon-Creating.

J0014437
卡通画步骤　潘春华著
北京　知识出版社 1999 年 78 页 29cm（16 开）
ISBN：7-5015-1935-8 定价：CNY14.00
（潘春华少儿学画一招通速成法）

J0014438
老漫画　（第三辑）云原，山江编著；有缘选图
沈阳　辽宁画报出版社 1999 年 122 页 有图
20cm（32 开）ISBN：7-80601-287-7
定价：CNY6.50

J0014439
老漫画　（第四辑）云原，山江编著；有缘绘图
沈阳　辽宁画报出版社 1999 年 122 页 有图
20cm（32 开）ISBN：7-80601-288-5
定价：CNY6.50

J0014440
老漫画　（第五辑）山江，云原编著；有缘选图
沈阳　辽宁画报出版社 1999 年 122 页 有照片
20cm（32 开）ISBN：7-80601-310-5
定价：CNY6.50
　　本辑包括《房东来了》《女性的崇拜》《老板的狗》《女画家的便利》《中华特产》《如此照仿》等漫画。

J0014441
老戏曲年画　张道一编选；高仁敏图版说明
上海　上海画报出版社 1999 年 165 页
29cm（15 开）ISBN：7-80530-457-2
定价：CNY108.00
（旧影拾萃丛书）
　　作者张道一（1932—　　），教授。生于山东齐东县。曾在华东大学文艺系和山东大学艺术系学习。东南大学艺术学教授、博士生导师，苏州大学艺术学院院长。出版有《张道一文集》。

J0014442
连环画收藏指南　王玉兴，王树林著
哈尔滨　黑龙江人民出版社 1999 年 383 页
有插图 19cm（小 32 开）ISBN：7-207-04427-5

定价：CNY28.00

J0014443
漫画绘画基础技法　日本 K's Art 设计制作室编著；伍典译
南宁　接力出版社　1999 年　126 页　26cm（16 开）
ISBN：7-80631-494-6　定价：CNY29.00
（漫画绘制技法速成 5）

J0014444
漫画教室　（日）エイト企画编著；陈淑霞译
台北　台湾广厦才能集团创意社　1999 年　159 页
有图　26cm（16 开）　ISBN：957-700-971-9
定价：TWD350.00
（活用美艺 4）

J0014445
漫画漫话　华君武著
北京　中国工人出版社　1999 年　239 页　有图
20cm（32 开）　ISBN：7-5008-2255-3
定价：CNY13.80
　　作者华君武（1915—2010），漫画家。别名华潮。生于杭州，祖籍无锡荡口。就读于上海大同大学高中部。历任鲁迅艺术文学院任研究员、《人民日报》文学艺术部主任、中国美术家协会副主席、中国文联书记处书记等职务。代表作品有《疲劳过度症》《肉骨头引狗》《1939 年所植的树》等。

J0014446
漫画原创现场　（日）雅治编；王蜀豫译
乌鲁木齐　新疆青少年出版社　1999 年　151 页
29cm（16 开）　ISBN：7-5371-3585-1
定价：CNY28.80
　　本书介绍了桂正和、高河弓、田中久仁彦、东城和实、竹本泉等日本著名漫画家，包括日本国内漫画新生代，以及全新彩插欣赏、最佳插画赏等内容。

J0014447
漫画着色基础技法　日本漫画技法研究会编著；林岭译
南宁　接力出版社　1999 年　115 页　26cm（16 开）
ISBN：7-80631-496-2　定价：CNY32.00
（漫画绘制技法速成 8）

J0014448
漫画着色基础技法　（日）漫画技法研究会著；林岭译
香港　万里机构·明天出版社　1999 年　115 页
有插图　26cm（16 开）　ISBN：962-14-1520-9
定价：HKD68.00
（漫画绘画入门丛书 12）

J0014449
魔幻与科幻绘画技法百科全书　约翰·格兰特，龙·提尼尔著；彭正清，李向平译
哈尔滨　黑龙江人民出版社　1999 年　176 页
有图　22cm（30 开）　精装
ISBN：7-207-04133-0　定价：CNY128.00

J0014450
年画技法　成砺志著
南京　江苏美术出版社　1999 年　179 页
28cm（大 16 开）　ISBN：7-5344-0984-5
定价：CNY58.00
（美术技法大全）
　　作者成砺志（1954—　　），江苏扬州人。国家一级美术师、中国美术家协会会员。主要作品《六老图·邓小平》《我为祖国争光》《春暖万家》等。

J0014451
色彩王国　（电子游戏原画设定珍藏版）吉光编
呼和浩特　内蒙古人民出版社　1999 年　158 页
26cm（16 开）　ISBN：7-204-04888-1
定价：CNY25.00
　　外文书名：Color Kingdom.

J0014452
商业插图　朱国勤编著
上海　华东师范大学出版社　1999 年　91 页
26cm（16 开）　ISBN：7-5617-1945-0
定价：CNY32.00，CNY45.00（精装）

J0014453
少女漫画绘画技法　日本少女漫画技法研究会编著；伍典译
南宁　接力出版社　1999 年　132 页　26cm（16 开）
ISBN：7-80631-497-0　定价：CNY29.50
（漫画绘制技法速成 6）

J0014454

世纪漫画　（世界经典漫画新评点）叶童，益文选编

天津　百花文艺出版社　1999 年

3 册（322；322；322 页）20cm（32 开）

ISBN：7-5306-2795-3　定价：CNY57.00（全套），CNY19.00（单册）

　　作者益文，编译主要作品有《女神的圣斗士》《风魔小次郎》《三国志》等。

J0014455

现代卡通画技法与创作　阿客著

长沙　湖南美术出版社　1999 年　100 页　25×26cm

ISBN：7-5356-1212-1　定价：CNY25.00

J0014456

新少儿美术教程　常杰，马戈编著

沈阳　辽宁美术出版社　1999 年　95 页　19×26cm

ISBN：7-5314-2309-X　定价：CNY12.00

（21 世纪卡通系列丛书）

J0014457

幽默画赏析大王　缪印堂编著

上海　上海远东出版社　1999 年　361 页　有图

20cm（32 开）　精装　ISBN：7-80613-891-9

定价：CNY14.00

（"大王"丛书）

　　作者缪印堂（1935—2017），著名漫画家。江苏南京人。曾任中国科普研究所高级工艺美术师、中国美协漫画艺委会委员、中国美术家协会漫画艺委会副主任、《漫画月刊》高级顾问、北京电影学院动画学院客座教授。漫画作品有《啊，危险 》《讲经》《矛盾的统一》等，著作有《缪印堂漫画选》《漫画艺术入门》《科学漫画创作概论》等

J0014458

原画设定　（剑魂）电子游戏与电脑游戏工作室编

太原　山西科学技术出版社　1999 年　192 页

26cm（16 开）　ISBN：7-5377-1633-1

定价：CNY25.00

　　本书为中国现代动画计算机辅助设计绘画技法，豪华版珍藏画集。

J0014459

原画设定　（剑魂续）电子游戏与电脑游戏工作室编

太原　山西科学技术出版社　1999 年　168 页

26cm（16 开）　ISBN：7-5377-1656-0

定价：CNY18.00

J0014460

中国抗日漫画史　（中国漫画家十五年的抗日斗争历程）（日）森哲郎编著；于钦德，鲍文雄译

济南　山东画报出版社　1999 年　232 页

20cm（32 开）　ISBN：7-80603-382-3

定价：CNY15.50

J0014461

中国漫画同人志·星辰画集　（第 1 号）王裕民等制作

长沙　湖南美术出版社　1999 年　2 册

19cm（小 32 开）　ISBN：7-5356-1232-6

定价：CNY18.00

J0014462

中外老漫画　文宇泉编

北京　北京出版社　1999 年　200 页　有图

20cm（32 开）　ISBN：7-200-03484-3

定价：CNY12.00

J0014463

朱仙镇门神　倪宝诚，华年编著

长沙　湖南美术出版社　1999 年　40 页　26cm（16 开）

ISBN：7-5356-1278-4　定价：CNY16.00

（中国民间美术丛书　绝活儿　第一辑）

　　作者倪宝诚（1935—　），画家。山东临朐人。历任河南省群众艺术馆研究员、中国美术家协会会员、中国民间工艺学术委员会委员、河南人民出版社美术编辑室主任、河南省群众艺术馆研究员、河南省民间美术学会会长等职。作品有连环画《红心》《跳轿》《大地回春》《保家卫国》等，主编有《大河风——河南民间美术文集》《朱仙镇门神》《玩具》《民间美术与现代美术》等著作。

宗教绘画、农民画、儿童画技法

J0014464

儿童图画之研究　　李颂尧编
上海　商务印书馆　1927 年　142 页　有图
11×17cm
（师范小丛书）

　　本书分 8 章，介绍艺术教育、儿童的绘画心理、图画教育的目的与方法、教材的系统及指导法、用器画与考案画的教学等。

J0014465

儿童自由画研究　　赵我青编
上海　民智书局　1929 年　70 页　有图　20cm（32 开）
（国立中山大学教育学研究所丛书 1）

　　本书收《我们应该提倡儿童自由画》《勒基的儿童画论》《我们为什么要提倡儿童自由画》3 篇文章。书前有儿童画 8 幅。

J0014466

小朋友图画讲话　　绿籁著
上海　北新书局　1931 年　128 页　有图
19cm（32 开）定价：三角
（小朋友丛书 7）

　　本书分 7 讲：图画的意义和作画的 3 个主要条件、中国画和西洋画的区别及其特长、论构图、描写论、论中国画、论西洋画、论图案画。

J0014467

怎样教小孩子学画　　宋易编译
上海　儿童书局　1931 年　124 页　有图
19cm（32 开）

　　本书分图画之目的与方法、图画为思想之表现物、图的教学、人物画、动物画、静物写生等 9 章。

J0014468

怎样教小孩子学画　　宋易编译
上海　儿童书局　1933 年　4 版　124 页　有图
19cm（32 开）

J0014469

儿童绘画之心理　　黄翼著
长沙　商务印书馆　1938 年　119 页　有图
20cm（32 开）

　　本书收录《研究的方法》《发展的程序》《个别差异和绘画测验》《男女差异》《儿童图画与儿童心理的各方面》等文章。

J0014470

儿童绘画心理之研究　　Helga Eng 著；龚启昌译
长沙　商务印书馆　1939 年　127 页　有图
19cm（32 开）
（中华儿童教育社丛书）

J0014471

儿童画教材　　邹雅编著
华北新华书店　1946 年　22 页　有图　19cm（32 开）
（美术小丛书）

　　本书分：各种物体的三种基本形状、立体、明暗等 13 章。作者邹雅（1916—1974），版画家、山水画家。江苏无锡市。毕业于延安鲁迅艺术学院。历任人民美术出版社副社长、副总编辑，北京画院院长。出版有《邹雅画集》。

J0014472

小学图画教学参考画集　　韩美琳等编
［济南］山东人民出版社　1955 年　93 页
20cm（32 开）ISBN：CNY0.64

J0014473

儿童图书　　（6）吴宏修等编绘
上海　上海儿童读物出版社　1955 年　影印本
［19cm］（32 开）

J0014474

专论邳县农民画　　（第一集）江苏文艺出版社编
南京　江苏文艺出版社　1958 年　47 页　19cm（32 开）
统一书号：8141.565　定价：CNY0.16
（美术理论小丛书）

J0014475

农村美术速成讲话　　郭振华等编著
天津　天津美术出版社　1960 年　46 页　有图
19cm（32 开）统一书号：8073.1775

定价：CNY0.24

J0014476

向户县农民画家学习　四川人民出版社选编
成都　四川人民出版社　1973 年　32 页　有图版
19cm（32 开）

J0014477

向户县农民画学习　（群众文艺资料　一）四
川省文化局群众文化工作室编
成都　四川省文化局群众文化工作室　1973 年
64 页　19cm（32 开）

J0014478

劳动人民是新文化的创造者　（记陕西省户
县农民的业余美术创作）陕西人民出版社编辑
西安　陕西人民出版社　1974 年　80 页　有图
19cm（32 开）　统一书号：10094.82
定价：CNY0.23

J0014479

户县农民画论文集　陕西省工农兵艺术馆编
北京　人民美术出版社　1975 年　126 页
19cm（32 开）　统一书号：8027.6012
定价：CNY0.34

J0014480

儿童肖像画大全　诺顿（Norton, J.）著；胡哲
编译
高雄　大众书局　1985 年　172 页　有图
27cm（16 开）　精装　定价：TWD380.00
（进阶艺术丛书 6）
　　外文书名：Painting and Drawing Children.

J0014481

儿童绘画训练　伍利章等编著
长沙　湖南美术出版社　1986 年　70 页　20cm（32 开）
统一书号：8233.894　定价：CNY1.90
　　本书内容包括：第一部分根据儿童心理发展
的基本规律，分析了儿童绘画的特点；第二部分
是优秀儿童画作品欣赏；第三部分是儿童绘画基
础训练。内附插图 100 幅。

J0014482

儿童绘画之研究　陈鹤琴著

上海　上海教育出版社　1986 年　124 页
20cm（32 开）　定价：CNY0.85

J0014483

儿童画　纪振民等编著
天津　天津教育出版社　1987 年　38 页　有图版
19cm（32 开）　ISBN：7-5309-0304-7
定价：CNY0.88
（少年宫美术教材丛书）
　　本书结合儿童"以画言志"的特点，对儿童
进行美育教育和智力开发。

J0014484

儿童画画速成方法　（飞禽走兽分册）李科
编；杨书凤绘
北京　北京体育大学出版社　1988 年　77 页
有图　13×18cm　ISBN：7-81003-117-1
定价：CNY0.95

J0014485

儿童画画速成方法　（交通工具及风景分册）
李科编；杨书凤绘
北京　北京体育大学出版社　1988 年　77 页
有图　13×18cm　ISBN：7-81003-114-7
定价：CNY0.95

J0014486

儿童画画速成方法　（神话人物及水生动物分
册）李科编；杨书凤绘
北京　北京体育大学出版社　1988 年　77 页
有图　13×18cm　ISBN：7-81003-115-5
定价：CNY0.95

J0014487

儿童画画速成方法　（文体人物分册）李科
编；杨书凤绘
北京　北京体育大学出版社　1988 年　77 页
有图　13×18cm　ISBN：7-81003-116-3
定价：CNY0.95

J0014488

儿童手工画技法　安迪，成朝霞绘
沈阳　辽宁人民出版社　1988 年　180 页
19cm（小 32 开）　定价：CNY3.95
　　本书系沈阳电视台讲座教材。

J0014489
儿童学画 关涛编著
沈阳 辽宁美术出版社 1988年 147页
26cm（16开）定价：CNY3.50
　　作者关涛（1941— ），满族，教师。毕业于沈阳师范学校。沈阳市和平区少年宫高级美术教师、中国美术教育研究会会员、中国美术家协会辽宁分会会员。著作有《儿童学画》《学画教程》《学画入门》《儿童学画100例》《儿童学画套书》《智力游戏》等。

J0014490
儿童学画教程 关涛编著
沈阳 东北工学院出版社 1989年 165页
19×26cm ISBN：7-81006-182-8 定价：CNY4.50

J0014491
儿童学画200例 关涛著
延吉 东北朝鲜民族教育出版社 1992年
204页 19×26cm ISBN：7-5437-1131-1
定价：CNY5.00

J0014492
儿童学画套书 （第一册）关涛编著
大连 大连理工大学出版社 1993年 186页
有照片 19×26cm ISBN：7-5611-0753-6
定价：CNY7.00

J0014493
儿童学画套书 （第三册）关涛编著
大连 大连理工大学出版社 1993年 121页
19×26cm ISBN：7-5611-0753-6 定价：CNY6.50

J0014494
儿童学画入门 关涛著
延吉 东北朝鲜民族教育出版社 1993年 200页
有图 19×26cm ISBN：7-5437-1576-7
定价：CNY5.90

J0014495
儿童学画入门教材 （素描）关涛绘画并撰文
沈阳 辽宁美术出版社 1998年 108页 18×26cm
ISBN：7-5314-1974-2 定价：CNY16.00

J0014496
儿童学画入门教材 （色彩）关涛绘画并撰文
沈阳 辽宁美术出版社 1999年 60页 19×26cm
ISBN：7-5314-2268-9 定价：CNY23.00
　　本书内容包括：认识色彩、用笔技法、色调、三原色、明度和纯度、色彩搭配练习、彩笔画练习、色彩的远近、色彩和距离、透明物体的画法等。

J0014497
少年儿童绘画入门 黄堃源著
广州 岭南美术出版社 1988年 110页 有照片
20cm（32开）定价：CNY4.65
　　本书收210幅图。作者黄堃源，广州画院专业画家，中国美术家协会会员。作者黄堃源，国家一级美术师、广州画院专业画家、中国美术家协会会员。油画作品有《凤凰花开》《小鸟天堂》《八骏》《胡杨树》《源远流长》等。

J0014498
少年儿童绘画入门 黄堃源著
广州 岭南美术出版社 1992年 重印本 110页
有照片 20cm（24开）ISBN：7-5362-0086-2
定价：CNY4.90

J0014499
娃娃学画 少年儿童出版社美编室，上海市美术教育研究会编
上海 少年儿童出版社 ［1988年］4张
54cm（4开）定价：CNY5.90
（未来画家技法系列丛书）

J0014500
娃娃怎样画速写 少年儿童出版社美编室，上海市美术教育研究会编
上海 少年儿童出版社 1988年 6张
54cm（4开）定价：CNY4.00
（未来画家技法系列丛书）

J0014501
娃娃怎样画想象画 少年儿童出版社美编室，上海市美术教育研究会编
上海 少年儿童出版社 1988年 4张
54cm（4开）定价：CNY5.90
（未来画家技法系列丛书）

J0014502

娃娃怎样画写生画　少年儿童出版社美编
室, 上海市美术教育研究会编
上海　少年儿童出版社 1988 年　4 张
54cm（4 开）定价：CNY5.90
（未来画家技法系列丛书）

J0014503

幼儿创造性特征绘画　许立言编著；拓明绘
南昌　江西少年儿童出版社 1988 年　46 页
19cm（小 32 开）定价：CNY0.75
（幼儿创造教育丛书）

J0014504

幼儿简笔画　雷咏时编
成都　四川科学技术出版社 1988 年　280 页
13×19cm ISBN：7-5364-1090-5 定价：CNY3.65
　　作者雷咏时, 全国体育简笔画研究会副理事
长、成都市儿童美术教学研究会会员。

J0014505

儿童画典　（1 单线绘画训练）赵树云著
昆明　云南少年儿童出版社 1989 年　144 页
17cm（40 开）ISBN：7-5414-0358-X
定价：CNY2.80
　　作者赵树云(1944—　)，美术编辑。江苏
阜宁人。毕业于上海戏剧学院舞台美术系。历
任中国人民解放军空军政治部话剧团舞台美术,
《儿童时代》社美术编辑、副编审, 上海美术家协
会会员。著有儿童画典《单钱绘画训练》《色彩
绘画训练》《百科绘画形象》。

J0014506

儿童画典　（百科绘画形象）赵树云编绘
昆明　云南少年儿童出版社 1991 年　144 页
有彩照及图 17×18cm ISBN：7-5414-0365-2
定价：CNY3.10
　　本书介绍了人类自身及衣食住行、职业爱
好、科学艺术和自然界的天体、地形、气象、季
节以及各种生物的绘画形象。

J0014507

儿童画典　（色彩绘画训练）赵树云著
昆明　晨光出版社 1994 年　96 页　17×19cm
ISBN：7-5414-0364-4　定价：CNY4.80

本书为儿童画绘画技法。

J0014508

儿童写生画入门　朱怀新, 秦连生编绘
上海　上海书画出版社 1989 年　132 页
19cm（32 开）定价：CNY2.40
（大世界画库·儿童美术编）

J0014509

儿童学画辅导　梁百庚, 王琳编绘
银川　宁夏人民出版社 1989 年　110 页
17cm（24 开）ISBN：7-227-00452-X
定价：CNY2.80
　　本书分临摹、写生、色彩、创作、如何提高
孩子绘画兴趣五个方面。

J0014510

儿童自学绘画 365 天　林树等编绘
上海　上海科学技术出版社 1989 年　365 页
有图 17cm（40 开）ISBN：7-5323-1574-6
定价：CNY7.25

J0014511

拼贴画　刘昌苓编写
北京　朝花美术出版社 1989 年 17 页 26cm（16 开）
定价：CNY3.50
（美术技法画库 16）

J0014512

青少年钢笔画　张广熙编著
沈阳　辽宁教育出版社 1989 年　192 页
26cm（16 开）定价：CNY4.45
（青少年课外兴趣丛书）

J0014513

世界儿童画选
武汉　湖北少年儿童出版社 1989 年　60 页
26cm（16 开）精装　ISBN：7-5353-0364-1
定价：CNY15.00
　　本书辑录 66 个国家和地区的儿童画 166
幅, 题材广泛, 从不同角度反映了各国少年儿童
的生活、思想、情感、愿望和理想。外文书名：
Selected Pictures by Children the World Over.

J0014514
线描画法 （下册）季绍然编绘
上海 上海人民美术出版社 1989年 34页
21cm（32开）定价：CNY0.75
（幼儿自学绘画丛书）

J0014515
幼儿中国画入门　谢春彦，谢亦青编绘
上海 上海书画出版社 1989年 有图
19cm（小32开）
（大世界画库）

J0014516
怎样辅导儿童画画　马兰编；马兰，段小丽绘
北京 北京体育学院出版社 1989年 70页
有图 19×26cm ISBN：7-81003-210-0
定价：CNY4.50

J0014517
半年能成小画家 （第2集）玉珂，玉琦编绘
天津 天津人民美术出版社 1990年 5册
19cm（小32开）定价：CNY3.75
　　本书共5册：第1册学画"蓝精灵"；第2册学画"小飞龙"；第3册学画"恐龙丹佛"；第4册学画"葫芦兄弟"；第5册学画"花仙子"。

J0014518
儿童画临摹范本 （兼小学生墙报美术参考资料）童行侃编绘
北京 台声出版社 1990年 65页 有图
17×18cm ISBN：7-80062-041-7 定价：CNY2.40

J0014519
儿童绘画大参考　周光荣编绘
长沙 湖南美术出版社 1990年 194页
19cm（小32开）定价：CNY6.80

J0014520
儿童绘画家庭辅导　袁雅珍，洪梅编著
北京 冶金工业出版社 1990年 60页
18cm（小32开）ISBN：7-5024-0631-X
定价：CNY4.50

J0014521
儿童绘画入门　光亚编绘
兰州 甘肃少年儿童出版社 1990年 17cm（24开）
ISBN：7-5422-0301-0 定价：CNY2.00
　　本书系指导幼儿认识色彩，学习配色知识，掌握基础绘画技法的启蒙读物。

J0014522
儿童学画分步练 （色彩·铅笔画基础）林鹃，傅廷煦编著
南昌 江西美术出版社 1990年 70页
19cm（小32开）定价：CNY4.20

J0014523
二笔画 （儿童绘画用线练习）陈杜宇编绘
南宁 广西美术出版社 1990年 19cm（小32开）
定价：CNY1.95

J0014524
家庭与儿童绘画 （怎样教孩子学会画画）孟庆谷编绘
武汉 湖北美术出版社 1990年 137页
18cm（小32开）ISBN：7-5394-0138-9
定价：CNY2.52

J0014525
一笔画 （儿童绘画用线练习）陈杜宇编绘
南宁 广西美术出版社 1990年 19cm（小32开）
定价：CNY1.95

J0014526
一看就会画 （第一集）杨千绘
北京 科学出版社 1990年 27cm（18开）
定价：CNY1.40
（小小画家丛书）

J0014527
一看就会画 （第二集）杨千绘
北京 科学出版社 1990年 27cm（18开）
定价：CNY1.40
（小小画家丛书）

J0014528
一看就会画 （第三集）杨千绘
北京 科学出版社 1990年 27cm（18开）

定价：CNY1.40
（小小画家丛书）

J0014529
一看就会画 （第四集）杨千编绘
北京 科学出版社 1991 年 27cm（18 开）
ISBN：7–03–002569–5 定价：CNY1.40
（小画家丛书）

J0014530
一看就会画 （第五集）杨千编绘
北京 科学出版社 1991 年 27cm（18 开）
ISBN：7–03–002570–9 定价：CNY1.40
（小画家丛书）

J0014531
一看就会画 （第六集）杨千编绘
北京 科学出版社 1991 年 27cm（18 开）
ISBN：7–03–002571–7 定价：CNY1.40
（小画家丛书）

J0014532
一看就会画 （第七集）杨千编绘
北京 科学出版社 1991 年 27cm（18 开）
ISBN：7–03–002565–2 定价：CNY1.40
（小画家丛书）

J0014533
一看就会画 （第八集）杨千编绘
北京 科学出版社 1991 年 27cm（18 开）
ISBN：7–03–002566–0 定价：CNY1.40
（小画家丛书）

J0014534
一看就会画 （第九集）杨千编绘
北京 科学出版社 1991 年 27cm（18 开）
ISBN：7–03–002567–9 定价：CNY1.40
（小画家丛书）

J0014535
一看就会画 （第十集）杨千编绘
北京 科学出版社 1991 年 27cm（18 开）
ISBN：7–03–002568–7 定价：CNY1.40
（小画家丛书）

J0014536
幼儿绘画基础训练 赵跃庆，朱健朴编绘
上海 上海书画出版社 1990 年 110 页 有图
19cm（32 开） ISBN：7–80512–416–7
定价：CNY1.95
（大世界画库）

J0014537
幼儿绘画制作 （日）大野元三等著；苏燕谋
译；日本艺术教育研究所编
台北 世界文物出版社 1990 年 再版 224 页
有图 21cm（32 开） 定价：TWD130.00
（教育丛书）

J0014538
幼儿简笔画 姚逸之编绘
上海 上海书画出版社 1990 年 61 页 19cm（32 开）
ISBN：7–80512–415–9 定价：CNY0.85
（大世界画库 儿童美术编）

J0014539
超级汽车 （儿童趣味绘画）韩新维绘
济南 明天出版社 1991 年 24 页 20cm（24 开）
ISBN：7–5332–1308–4 定价：CNY1.00

J0014540
儿童彩色写生 朱怀新，秦连生编绘
上海 上海书画出版社 1991 年 78 页
19cm（小 32 开） ISBN：7–80512–502–3
定价：CNY2.50
（大世界画库·儿童美术编）

J0014541
儿童绘画基础 夏玉兰编绘
北京 北京少年儿童出版社 1991 年 重印本
123 页 18cm（32 开） ISBN：7–5301–0281–8
定价：CNY4.25
　　本书介绍了近 30 种动物的画法。

J0014542
儿童绘画基础 （人物部分）夏玉兰，欧阳思
明编绘
北京 北京少年儿童出版社 1992 年 122 页
14×16cm ISBN：7–5301–0352–0 定价：CNY4.10
　　在绘画诸多领域对少年儿童进行的美术教

育普及工作，是社会儿童美育的重要途径。

J0014543
儿童绘画入门 （色彩指导）何汉秋，全恬
编著
南宁 广西美术出版社 1991年 57页 18×21cm
ISBN：7-80582-116-X 定价：CNY3.20
（儿童学美术丛书）

　　作者何汉秋（1951—　　），《经济时报》美术
编辑。

J0014544
儿童绘画入门 （线描指导）何汉秋，全恬
编著
南宁 广西美术出版社 1991年 77页 18×21cm
ISBN：7-80582-115-1 定价：CNY3.20
（儿童学美术丛书）

J0014545
儿童绘画入门 （中国画指导 之一）何汉秋，
邓军编著
南宁 广西美术出版社 1991年 58页 18×21cm
ISBN：7-80582-117-8 定价：CNY3.20
（儿童学美术丛书）

　　作者邓军（1950—　　），中国美术家协会广西
分会会员、柳州市群众艺术馆美术部主任。

J0014546
儿童绘画心理与绘画指导 朱家雄著
上海 上海教育出版社 1991年 142页
19cm（小32开） ISBN：7-5320-2186-6
定价：CNY1.30

　　作者朱家雄，作家、教授。生于湖南。上海
华东师范大学教师、中国教育学会常务理事、中
国教育学会学术委员会委员。小说作品有《玫瑰
深处的城市》《旋转在内心的月亮》《毕业前后》。

J0014547
儿童趣味画起步 林应根，林新坦编绘
福州 福建少年儿童出版社 1991年 68页
24cm（24开） ISBN：7-5395-0602-4
定价：CNY2.00
（儿童学画丛书）

　　本书收米老鼠、孙悟空、黑猫警长、变形金
刚和圣诞老人等19种儿童喜闻乐见的动画形象，

每幅形象画都有分解图，解说作画的步骤和要
领。附有《给家长的话》，说明在辅导中应注意的
事项。

J0014548
儿童趣味绘画 单锡明译编
上海 少年儿童出版社 1991年 31页 26cm（16开）
ISBN：7-5324-1558-9 定价：CNY1.85

J0014549
儿童色彩画起步 周裘丽等著
福州 福建少年儿童出版社 1991年 46页
17×18cm ISBN：7-5395-0562-1 定价：CNY2.00
（儿童学画丛书）

　　本书通过简单的图例，简要地讲解了色彩
的基本知识、搭配原理和变化规律；介绍了蜡笔
画、色彩水笔画、水彩画、水粉画的特点及作画
方法。附有彩色练习。

J0014550
儿童智力变形画 王守公著
沈阳 辽宁教育出版社 1991年 155页 19×26cm
ISBN：7-5382-1352-X 定价：CNY4.95
（青少年课外兴趣丛书）

J0014551
黑白画理 王弘力编著
沈阳 辽宁美术出版社 1991年 291页 有图
25×26cm ISBN：7-5314-0875-9 定价：CNY19.20

　　本书共收 1000 幅黑白美术作品。作者王弘
力（1927—2019），连环画家。生于天津，祖籍山
东蓬莱。中国美术家协会会员、沈阳文史馆馆员，
历任《辽西画报》《辽西文艺》编辑、辽宁美术出
版社编审。代表作品有连环画《十五贯》《天仙
配》等。

J0014552
美的世界 杨景芝编
北京 人民教育出版社 1991年 21页 26cm（16开）
ISBN：7-107-09169-7 定价：CNY0.80
（萤火虫——幼儿百科画丛）

　　作者杨景芝，女，满族，教授。首都师范大
学美术系副教授、中国少年儿童造型艺术学会副
会长、兼少儿艺术培训中心美术实验学校校长。

J0014553

少儿美术世界 （基础训练）刘志强主编；陈普等著

天津　天津杨柳青画社　1991 年　89 页　26cm（16 开）

ISBN：7-80503-131-2　定价：CNY5.40

J0014554

一分钟少儿简笔画　王旭，张兆新绘

北京　中国妇女出版社　1991 年　166 页

19cm（小 32 开）　ISBN：7-80016-499-3

定价：CNY3.60

作者张兆新（1934—　　），江苏太仓人。上海泰山新村小学高级美术教师。

J0014555

中国儿童看中国　湖南少年儿童出版社编

长沙　湖南少年儿童出版社　1991 年　150 页

有图 [11×38cm] 精装　ISBN：7-5358-0682-1

定价：CNY50.00

本书选自全国各地的儿童美术作品 150 件。所收作品题材丰富，风格多样，有的表现神话传说和民间故事，有的表现祖国的文化古迹，有的表现美丽的家乡和多彩的大自然，更多的是表现他们身边的人和事，还有的表现他们童稚的梦幻和理想。

J0014556

变形金刚图集：儿童绘画用线练习　蒋晓东编绘

南宁　广西美术出版社　1992 年　14×16cm

ISBN：7-80582-383-9　定价：CNY2.00

J0014557

蛋彩画技法详解　（美）维克力著；叶志雄，张海云译

南宁　广西美术出版社　1992 年　128 页　17×18cm

ISBN：7-80582-435-5　定价：CNY9.80

（域外画技丛书）

J0014558

儿童画教程　谢永康，李建华著

上海　上海人民美术出版社　1992 年　140 页

18×20cm ISBN：7-5322-1101-0　定价：CNY3.95

（小画家丛书）

J0014559

儿童简笔画大全　史绍纶编著

长春　北方妇女儿童出版社　1992 年　300 页

19×26cm ISBN：7-5385-0805-8　定价：CNY7.95

本书内容包括：儿童简笔画基础知识简介、简笔画基本画法图例、各类简笔画参考资料。

J0014560

儿童简笔头饰画　史绍纶等编绘

沈阳　辽宁民族出版社　1992 年　255 页

19cm（小 32 开）　ISBN：7-80527-256-5

定价：CNY10.50

本书在绘画诸多领域对少年儿童进行的美术教育普及工作，是社会儿童美育的重要途径。本书是简笔头饰画绘画技法的启蒙书。

J0014561

儿童交通工具与兵器画技法　闻渠主编；孙玉民，李颖编绘

北京　北京师范学院出版社　1992 年　62 页

14×16cm ISBN：7-81014-640-8　定价：CNY3.00

J0014562

儿童静物画技法　闻渠主编；杨恩智，杨子编绘

北京　北京师范学院出版社　1992 年　60 页

14×16cm ISBN：7-81014-638-6　定价：CNY3.00

J0014563

儿童人物画技法　闻渠主编；杨万兴编绘

北京　北京师范学院出版社　1992 年　61 页

14×16cm ISBN：7-81014-639-4　定价：CNY3.00

本书在绘画对少年儿童进行的美术教育普及，以及人物画绘画技法的启蒙书。作者杨万兴，中学高级教师，1962 年毕业于北京艺术学院美术系版画专业。中国美协北京分会会员、工笔重彩画会会员。

J0014564

儿童水墨画技法　闻渠主编；相泽民，王河庆编绘

北京　北京师范学院出版社　1992 年　65 页

14×16cm ISBN：7-81014-637-8　定价：CNY3.30

J0014565

儿童写生教程　谢永康，俞伟华著
上海　上海人民美术出版社　1992 年　140 页
14×16cm ISBN：7-5322-1124-X 定价：CNY3.95
（小画家丛书）

J0014566

儿童学画　阎林编绘
长春　吉林美术出版社　1992 年　128 页
26cm（16 开）ISBN：7-5386-0243-7
定价：CNY7.80

J0014567

国际儿童画　（北京国际儿童画展获奖作品）
中国对外文化交流协会等编
长春　吉林美术出版社　1992 年　167 页　17×18cm
ISBN：7-5386-0249-6 定价：CNY25.00
　　本书从 1992 年北京国际儿童画展参展的 20
多个国家和地区儿童绘画作品中选编而成，其
中金牌奖 30 幅、银牌奖 58 幅、铜牌奖 79 幅，共
167 幅。

J0014568

少儿简笔画 50 讲　郑建新编著；毛小榆等编绘
长春　东北师范大学出版社　1992 年　99 页
19cm（小 32 开）ISBN：7-5602-0601-8
定价：CNY3.00
　　作者郑建新，《小学生学习报》美术编辑。

J0014569

神奇画图模板　秦立新，石林编绘
北京　中国电影出版社 ［1992 年］2 盒
26cm（16 开）定价：CNY17.00
（少年儿童绘画练习丛书）
　　作者秦立新，作有连环画《十六巧板》《太
空勇士加森》《方舟二号历险记》等。

J0014570

幼儿简笔画　吴洁编
北京　中国友谊出版公司 1992 年　397 页
19cm（小 32 开）ISBN：7-5057-0538-5
定价：CNY3.90
（大型系列礼品丛书 幼儿卷）

J0014571

怎样引导儿童绘画　竺士慧编著
南宁　广西美术出版社　1992 年　80 页　有照片及
图　18cm（30 开）ISBN：7-80582-474-6
定价：CNY3.80
　　作者竺士慧(1932—)，教师。浙江杭州人。
毕业于南京师大。桂林地区教育学院教授。代
表作品《绣花》《秋菊竞艳》等。

J0014572

多功能儿童简笔画　史绍纶等编绘
沈阳　辽宁民族出版社　1993 年　400 页　13×19cm
ISBN：7-80527-325-0 定价：CNY6.90

J0014573

儿童画技法　子楷著
北京　中国书店　1993 年　66 页　18×26cm
ISBN：7-80568-604-1 定价：CNY5.95

J0014574

儿童绘画技法入门　祝安尼编著
北京　中国摄影出版社　1993 年　90 页　19×19cm
ISBN：7-80007-141-3 定价：CNY20.00
（少儿艺术智力开发丛书）

J0014575

儿童绘画学习入门　龙念南编
北京　人民美术出版社　1993 年　32 页　有彩照
26cm（16 开）ISBN：7-102-01198-9
定价：CNY3.00
（儿童美术自学与辅导系列丛书）
　　作者龙念南(1960—)，教师。中国儿童少
年活动中心文艺部美术教师、中国美术家协会儿
童美术艺术委员会学术秘书。发表专著《幼儿画
百问百答》《在美的世界漫游—中学生美术小组
辅导》《儿童色彩入门》《儿童创作画入门》《少
年儿童绘画入门》等。

J0014576

儿童线描写生　杨景芝编
北京　人民美术出版社　1993 年　32 页　有彩照
26cm（16 开）ISBN：7-102-01192-X
定价：CNY2.50
（儿童美术自学与辅导系列丛书）
　　作者杨景芝，女，满族，教授。首都师范大

学美术系副教授、中国少年儿童造型艺术学会副会长、兼少儿艺术培训中心美术实验学校校长。

J0014577
儿童智慧简笔画　匙芳编
北京　中国建材工业出版社 1993 年　160 页
13×19cm ISBN：7-80090-180-7 定价：CNY3.90

J0014578
儿童智力简笔画续集　王守公等编绘
大连　大连出版社 1993 年　146 页　19×26cm
ISBN：7-80555-915-5 定价：CNY4.50

J0014579
跟我学画　子楷著
北京　中国书店 1993 年　92 页　18×26cm
ISBN：7-80568-602-5 定价：CNY5.50

J0014580
少儿学画　王凯声编著
北京　中国轻工业出版社 1993 年　194 页
18cm（30 开）　ISBN：7-5019-1329-3
定价：CNY8.80

J0014581
小画家简笔画　张小林编
重庆　重庆大学出版社 1993 年　232 页　13×19cm
ISBN：7-5624-0766-5 定价：CNY4.50
（儿童课外兴趣丛书）
　　本书选取了 1500 多幅构画图形，向儿童介绍了有关的绘画知识。分为启蒙阶段、学习阶段、临摹学习、人体比例画法等 11 部分。

J0014582
新编儿童简笔　魏齐华编绘
西安　未来出版社 1993 年　141 页　13×19cm
ISBN：7-5417-0517-3 定价：CNY2.95

J0014583
新编儿童简笔画　桂森林编著
杭州　浙江少年儿童出版社 1993 年　92 页
17×19cm ISBN：7-5342-1146-8 定价：CNY3.40

J0014584
新编简笔画法　陆春艳编著

桂林　漓江出版社 1993 年　102 页　26cm（16 开）
ISBN：7-5407-1480-8 定价：CNY5.50

J0014585
幼儿简笔画　（续集）雷咏时编
成都　四川科学技术出版社 1993 年　重印本
297 页　有图　13×19cm ISBN：7-5364-2194-X
定价：CNY4.50
　　作者雷咏时，全国体育简笔画研究会副理事长、成都市儿童美术教学研究会会员。

J0014586
中等师范学校简笔画补充教材　李德权主编；林德权等编绘
南宁　广西人民出版社 1993 年　140 页　19×26cm
ISBN：7-219-02564-5 定价：CNY6.00

J0014587
动物童画集　（禽鸟鱼虫篇）刘凤山主编
长春　吉林美术出版社 1994 年　148 页
18cm（30 开）　ISBN：7-5386-0435-9
定价：CNY5.80
（儿童绘画资料系列丛书）

J0014588
动物童画集　（十二生肖篇）刘凤山主编
长春　吉林美术出版社 1994 年　184 页
18cm（30 开）　ISBN：7-5386-0435-9
定价：CNY6.70
（儿童绘画资料系列丛书）

J0014589
动物童画集　（走兽篇）刘凤山主编
长春　吉林美术出版社 1994 年　176 页
18cm（30 开）　ISBN：7-5386-0435-9
定价：CNY6.50
（儿童绘画资料系列丛书）

J0014590
儿童画创作　孟海编
太原　山西人民出版社 1994 年　30 页　有彩图
26cm（16 开）　ISBN：7-203-03154-3
定价：CNY6.20

J0014591
儿童画的构成和指导 马小骐著
广州 岭南美术出版社 1994年 69页 18cm（30开）
ISBN：7-5362-1131-7 定价：CNY12.00
（美术课外活动辅助用书系列 1）

　　作者马小骐（1949—　　），深圳实验学校美术
教师、中国美术教育研究会会员、中国美术家协
会广东分会会员。

J0014592
儿童绘画 龙念楠著
北京 科学普及出版社 1994年 164页 有插图
19cm（32开） ISBN：7-110-03726-6
定价：CNY4.00
（0-6岁儿童全面发展问答丛书）

J0014593
儿童绘画入门 赵雪春编著
北京 北京科学技术出版社 1994年 92页
有图 26cm（16开） ISBN：7-5304-1489-5
定价：CNY7.50
（儿童学本领丛书）

　　作者赵雪春（1968—　　），女，教师。生于
山东。中国儿童少年活动中心文艺部美术教
师。专著有《儿童绘画入门》《儿童趣味绘画课
题》等。

J0014594
儿童绘画指南 童行倩，童行侃编绘
北京 知识出版社 1994年 重印本 100页
17×18cm ISBN：7-5015-0958-1 定价：CNY4.80

J0014595
儿童剪贴装饰画技法 闻渠主编；李萍编绘
北京 首都师范大学出版社 1994年 60页
18×19cm ISBN：7-81039-245-X 定价：CNY4.80

J0014596
儿童简笔画大王 汤戈，杨羽编绘
南宁 接力出版社 1994年 108页 19×26cm
ISBN：7-80581-748-0 定价：CNY4.50

J0014597
儿童简笔画起步 谢少华著
福州 福建少年儿童出版社 1994年 128页

17×18cm ISBN：7-5395-1013-7 定价：CNY5.00
（儿童学画丛书）

J0014598
儿童简笔山水画 张瑞胧编绘
北京 中国书籍出版社 1994年 68页 19×26cm
ISBN：7-5068-0201-5 定价：CNY4.90

J0014599
儿童学画辅导丛书 孙世同主编
沈阳 沈阳出版社 1994年 6册 19×26cm
ISBN：7-5441-0225-4 定价：CNY35.00

J0014600
绘画启蒙训练 （上册）纪振民主编；陈普
等著
天津 天津杨柳青画社 1994年 83页 有彩图
26cm（16开） ISBN：7-80503-219-X
定价：CNY8.50

J0014601
绘画启蒙训练 （下册）纪振民主编；刘凤棋
等著
天津 天津杨柳青画社 1994年 60页 有图
26cm（16开） ISBN：7-80503-220-3
定价：CNY7.40

J0014602
教儿童彩笔画 吕连甫，熊艳君编绘
沈阳 辽宁美术出版社 1994年 100页 18×26cm
ISBN：7-5314-1198-9 定价：CNY9.80

　　作者吕连甫（1950—　　），现为辽阳市教
育研究中心高级美术教研员。作者熊艳君
（1950—　　），辽宁辽阳市教育研究中心高级美术
教研员。

J0014603
染纸画技法 徐凌志，费兰宁编著
南京 东南大学出版社 1994年 32页
28cm（大16开） ISBN：7-81023-856-6
定价：CNY13.00

J0014604
少儿钢笔画入门 李伟编著
长沙 湖南教育出版社 1994年 115页 有图

18×20cm ISBN：7-5355-1848-6 定价：CNY6.50

　　作者李伟，岳阳市美术教学研究员、市美术家协会会员等。

J0014605

少儿绘画入门　张震中编著

北京 首都师范大学出版社 1994 年 131 页
有插图 19cm（小 32 开） ISBN：7-81039-119-4
定价：CNY4.60
（少儿文化技能丛书）

　　作者张震中，北京市美术家协会会员、燕都书画社常务理事。

J0014606

少年画创作教与学　杨云平著

上海 上海书画出版社 1994 年 58 页 26cm（16 开）
ISBN：7-80512-006-4
定价：CNY10.00，CNY12.00（软精装）
　　作者杨云平，上海市复旦中学美术教师。

J0014607

装饰效果图技法　刘观青等编

南京 江苏美术出版社 1994 年 96 页 有彩图
26cm（16 开） ISBN：7-5344-0409-6
定价：CNY38.80
（设计系列丛书 1）

J0014608

最新世界儿童简笔画入门　黄道鸿，容州编著

南宁 广西民族出版社 1994 年 94 页 19×26cm
ISBN：7-5363-2838-9 定价：CNY6.00

J0014609

儿童线描写生教程　左志丹主编

成都 四川少年儿童出版社 1995 年 111 页
21cm（24 开） ISBN：7-5365-1388-7
定价：CNY10.00
（儿童美术技法丛书）

　　作者左志丹，画家、教师。毕业于四川美术学院绘画专业。中国美术家协会少儿美术艺委会委员、四川省美术家协会少儿美术艺委会主任、中国少年儿童艺术造型学会常务理事。作品集有《东碰西撞——四川少儿美术》《七彩世界》《线描写生教程》《少儿线描写生》等。

J0014610

画·画·画　曲大安等［编绘］

长春 吉林教育出版社 1995 年 156 页 19×26cm
精装 ISBN：7-5383-2522-0 定价：CNY10.00

J0014611

家庭辅导儿童绘画 ABC　哲冰主编；哲冰等编著

北京 党建读物出版社 1995 年 159 页 有图
19cm（小 32 开） ISBN：7-80098-125-8
定价：CNY12.00

　　本书从分析研究不同心理儿童绘画表现入手，阐明儿童绘画应具备的心理素质，介绍了中外绘画的发展及鉴赏技术，各种类型绘画的特征，儿童绘画应掌握的要点等内容。

J0014612

鲁朴爷爷教画画　（唱歌谣学画画）鲁朴著

北京 北京工艺美术出版社 1995 年 110 页
26cm（16 开） ISBN：7-80526-146-6
定价：CNY18.00

　　作者鲁朴（1935—　　），教授。原名吕廷华。山东威海人。北京服装学院工艺美术系教授、中国美术家协会、中国工艺美术学会会员。出版有《中国蜡人艺术》《儿童学国画》《鲁朴爷爷教画画》等。

J0014613

娃娃画四季　赵雪春，龙念南主编

北京 京华出版社 1995 年 4 册 17×19cm
ISBN：7-80600-128-X 定价：CNY36.00

　　作者龙念南（1960—　　），教师。历任中国儿童少年活动中心文艺部美术教师、中国美术家协会儿童美术艺术委员会学术秘书。发表专著《幼儿画百问百答》《在美的世界漫游—中学生美术小组辅导》《儿童色彩入门》《儿童创作画入门》《少年儿童绘画入门》等。作者赵雪春（1968—　　），女，教师。生于山东。中国儿童少年活动中心文艺部美术教师。专著有《儿童绘画入门》《儿童趣味绘画课题》等。

J0014614

一看就会画　（最新学卡通画速成）杨学等编绘

北京 中国华侨出版社 1995 年 2 版 2 册

17×19cm ISBN：7-80074-870-7 定价：CNY22.00

J0014615
步入绘画的天地　赵雪春，贾冕编著
北京　中国青年出版社　1996 年
3 册（200；176；200 页）26cm（16 开）
盒装　ISBN：7-5006-2137-X 定价：CNY98.00
　　中国现代儿童画绘画技法集，包括：我能成
为大师吗；您的孩子也会画画；用画笔记录我的
生活 3 册。

J0014616
儿童彩色水笔画入门　刘金成著
石家庄　河北美术出版社　1996 年　46 页　17×18cm
ISBN：7-5310-0768-1 定价：CNY7.20
（儿童学画入门丛书）
　　作者刘金成（1947—　），河北大名人。河北
邯郸市幼儿师范学校美术讲师。

J0014617
儿童画　孙恩起著
太原　山西教育出版社　1996 年　57 页　有图
26cm（16 开）　ISBN：7-5440-0978-5
定价：CNY10.00
　　作者孙恩起（1944—　），教授。笔名山海、
天海居士。毕业于北京教育学院艺术系。曾任
北京市少年宫美术教师、美协会员。

J0014618
儿童画创作指导　吴伟国著
上海　上海人民出版社　1996 年　90 页　17×19cm
ISBN：7-208-021-82-1 定价：CNY10.50

J0014619
儿童绘画参考　（卡通画册）柳家展，晓川编绘
长沙　湖南美术出版社　1996 年　141 页　17×19cm
ISBN：7-5356-0950-3 定价：CNY12.00

J0014620
儿童绘画参考　（虫鱼画册）柳家展，晓川编绘
长沙　湖南美术出版社　1998 年　139 页　17×19cm
ISBN：7-5356-1152-4 定价：CNY12.00

J0014621
儿童绘画参考：动物画册　柳家展编绘

长沙　湖南美术出版社　1996 年　139 页　17×19cm
ISBN：7-5356-0794-2 定价：CNY12.00

J0014622
儿童绘画基础训练教程　（速写、默写、素
描）李力加编著
济南　山东美术出版社　1996 年　220 页
26cm（16 开）　ISBN：7-5330-0943-6
定价：CNY27.00
　　作者李力加（1953—　），教授。福建连江人。
浙江师范大学美术学院教授、硕士生导师，中国
美术家协会少儿美术艺委会委员。出版有《童谣
童画》《儿童绘画基础训练教程》《儿童线描集
成》《萌动与发展儿童美术教育学研究》等。

J0014623
儿童绘画教与学　安有信编绘
西宁　青海人民出版社　1996 年　3 册（304 页）
17×19cm ISBN：7-225-01260-6 定价：CNY22.50

J0014624
儿童美术启蒙　徐志鹏等编绘
上海　上海书店出版社　1996 年　108 页
26cm（16 开）　ISBN：7-80622-075-5
定价：CNY45.00
（美术技法丛书）
　　作者徐志鹏（1937—　），中学教师。上海南
市区少年宫、青少年艺术学校美术教师，上海美
育学会理事。

J0014625
儿童色彩画指导　张思燕，黄唯理著
广州　岭南美术出版社　1996 年　59 页　26cm（16 开）
ISBN：7-5362-1358-1 定价：CNY30.00
（儿童美术亲子丛书）
　　作者黄唯理（1961—　），画家。广东惠阳人。
广州画院院聘画家、中国美术教育研究会会员、
广州市荔湾区少年宫教师等。出版有《家园·梦》
《当代中国书画家系列书画集》。作者张思燕，女，
画家、国家一级美术师。生于广东广州。历任广
州市东山区少年宫教师、广东省美术家协会、广
东省美术教育研究会会员。代表作品有《瓶上花》
系列、《问花》系列、《鸡蛋花》《春雨》《夏至》等。

J0014626

黑白艺术系列　（黑白涉步）高荣生编著
石家庄　河北美术出版社　1996 年　150 页
21cm（24 开）　ISBN：7-5310-0716-9
定价：CNY25.00

　　作者高荣生（1952—　），版画家、教授。生于北京。毕业于中央美术学院版画系。历任中央美术学院版画系第五工作室主任、中国美术家协会插图装帧艺委会委员。作品有木刻插图《老张的哲学》《不说谎的人》、木版画《紫禁城》，著作有《黑白涉步》《插图创作中的语言转换》《插图全程教学》等。

J0014627

趣味动物一笔画　　陈增福绘
济南　山东画报出版社　1996 年　120 页　19×26cm
ISBN：7-80603-064-6　定价：CNY8.20

J0014628

少儿绘画艺术　　谢天赐编著
广州　岭南美术出版社　1996 年　29cm（16 开）
ISBN：7-5362-1491-X　定价：CNY48.00

J0014629

少儿学画新路：初级素描　　黄庆芳等编绘
哈尔滨　黑龙江美术出版社　1996 年　86 页
26cm（16 开）　ISBN：7-5318-0361-5
定价：CNY9.80

J0014630

世界儿童画赏析　　关小蕾著
广州　岭南美术出版社　1996 年　26cm（16 开）
ISBN：7-5362-1359-X　定价：CNY30.00
（儿童美术亲子丛书）

　　作者关小蕾（1962—　），女，画家。广东开平人。毕业于广州美术学院版画系。广州市少年宫美术教师、广东画院兼职画家。代表作品《姑娘们》《姊妹》《山村日记》。

J0014631

小书画家　（1996.1 创刊号）刘俊改主编
沈阳　辽宁美术出版社　1996 年　52 页　26cm（16 开）
ISBN：7-5314-1426-0　定价：CNY4.80
（少儿美术丛书 1）

　　作者刘俊改，中央电视台办公室副主任、中央电视台书画院秘书长。

J0014632

小书画家　（1996.2）张秀时，刘俊改主编
沈阳　辽宁美术出版社　1996 年　48 页　26cm（16 开）
ISBN：7-5314-1453-8　定价：CNY4.80
（少儿美术丛书 2）

　　作者张秀时（1938—　），辽宁辽中人。毕业于鲁迅美术学院中国画系。历任中国美协辽宁分会创作员、辽宁人民出版社美术图片编辑室负责人，辽宁美术出版社美编室主任、总编室主任兼社长助理、副社长、副总编辑，《美术大观》主编等。国画作品有《工人学哲学》《让洼塘变富仓》《场院上》，年画有《人民功臣》《祖国万岁》等。

J0014633

小书画家　（1997.1）张秀时，刘俊改主编
沈阳　辽宁美术出版社　1997 年　44 页　26cm（16 开）
ISBN：7-5314-1620-4　定价：CNY4.80
（少儿美术丛书 4）

J0014634

小书画家　（1997.2）张秀时，刘俊改主编
沈阳　辽宁美术出版社　1997 年　44 页　26cm（16 开）
ISBN：7-5314-1620-4　定价：CNY4.80
（少儿美术丛书 4）

J0014635

小书画家　（1997.3）张秀时，刘俊改主编
沈阳　辽宁美术出版社　1997 年　44 页　26cm（16 开）
ISBN：7-5314-1620-4　定价：CNY4.80
（少儿美术丛书 4）

J0014636

小书画家　（1997.4）张秀时，刘俊改主编
沈阳　辽宁美术出版社　1997 年　44 页　26cm（16 开）
ISBN：7-5314-1620-4　定价：CNY4.80
（少儿美术丛书 4）

J0014637

小书画家　（1997.5）张秀时，刘俊改主编
沈阳　辽宁美术出版社　1997 年　44 页　26cm（16 开）
ISBN：7-5314-1620-4　定价：CNY4.80
（少儿美术丛书 4）

J0014638

小书画家 （1997.6）张秀时, 刘俊改主编
沈阳 辽宁美术出版社 1997年 44页 26cm（16开）
ISBN: 7-5314-1620-4 定价: CNY4.80
（少儿美术丛书 4）

J0014639

小书画家 （1997.7）张秀时, 刘俊改主编
沈阳 辽宁美术出版社 1997年 44页 26cm（16开）
ISBN: 7-5314-1620-4 定价: CNY4.80
（少儿美术丛书 4）

J0014640

小书画家 （1997.8）栾禄璋, 刘俊改主编
沈阳 辽宁美术出版社 1997年 40页 26cm（16开）
ISBN: 7-5314-1756-1 定价: CNY4.80
（少儿美术丛书 总第十期）

J0014641

小书画家 （1997.9）栾禄璋, 刘俊改主编
沈阳 辽宁美术出版社 1997年 40页 26cm（16开）
ISBN: 7-5314-1770-7 定价: CNY4.80
（少儿美术丛书 总第十一期）

J0014642

小书画家 （1997.10）栾禄璋, 刘俊改主编
沈阳 辽宁美术出版社 1997年 40页 26cm（16开）
ISBN: 7-5314-1781-2 定价: CNY4.80
（少儿美术丛书 12）

J0014643

小书画家 （1997.11）栾禄璋, 刘俊改主编
沈阳 辽宁美术出版社 1997年 40页 26cm（16开）
ISBN: 7-5314-1797-9 定价: CNY4.80
（少儿美术丛书 13）

J0014644

小书画家 （1997.12）林瑛珊, 刘俊改主编
沈阳 辽宁美术出版社 1998年 40页 26cm（16开）
ISBN: 7-5314-1818-5 定价: CNY4.80
（少儿美术丛书 14）
　　作者林瑛珊(1940—　　)笔名砚春, 号步云居士。辽宁省盖州市人。1965 年毕业于鲁迅美术学院, 为赵梦朱、郭西河先生入室弟子, 又拜师著名国画大师崔子范先生。辽宁美术出版社

社长兼总编辑。出版有《林瑛珊画集》《砚春花鸟画集锦》《砚春国画小品》等。

J0014645

小书画家 （1998.1）林瑛珊, 刘俊改主编
沈阳 辽宁美术出版社 1998年 40页 26cm（16开）
ISBN: 7-5314-1864-9 定价: CNY5.00
（少儿美术丛书 15）

J0014646

小书画家 （1998.2）林瑛珊, 刘俊改主编
沈阳 辽宁美术出版社 1998年 40页 26cm（16开）
ISBN: 7-5314-1879-7 定价: CNY5.00
（少儿美术丛书 16）

J0014647

小书画家 （1998.3）林瑛珊, 刘俊改主编
沈阳 辽宁美术出版社 1998年 40页 26cm（16开）
ISBN: 7-5314-1881-9 定价: CNY5.00
（少儿美术丛书）

J0014648

小书画家 （1998.4）林瑛珊, 刘俊改主编
沈阳 辽宁美术出版社 1998年 40页 26cm（16开）
ISBN: 7-5314-1884-3 定价: CNY5.00
（少儿美术丛书）

J0014649

小书画家 （1998.5）林瑛珊, 刘俊改主编
沈阳 辽宁美术出版社 1998年 40页 26cm（16开）
ISBN: 7-5314-1893-2 定价: CNY5.00
（少儿美术丛书）

J0014650

小书画家 （1998.6）林瑛珊, 刘俊改主编
沈阳 辽宁美术出版社 1998年 40页 26cm（16开）
ISBN: 7-5314-1901-7 定价: CNY5.00
（少儿美术丛书）

J0014651

小书画家 （1998.7）林瑛珊, 刘俊改主编
沈阳 辽宁美术出版社 1998年 40页 26cm（16开）
ISBN: 7-5314-1952-1 定价: CNY5.00
（少儿美术丛书）

J0014652

中国当代儿童绘画解析与教程　杨景芝著
北京　科学普及出版社　1996年　316页
29cm（16开）ISBN：7-110-04080-1
定价：CNY100.00

　　作者杨景芝，女，满族，教授。首都师范大学美术系副教授、中国少年儿童造型艺术学会副会长、兼少儿艺术培训中心美术实验学校校长。

J0014653

蛋彩画表现技法　（蛋彩画材料·技法·史料）
张春新，张可隽编著
沈阳　辽宁美术出版社　1997年　151页　有彩图及照片　26cm（16开）ISBN：7-5314-1787-1
定价：CNY58.00
（绘画技法研究）

J0014654

儿童创作画入门　龙念南编著
北京　中国和平出版社　1997年　60页　26cm（16开）
ISBN：7-80101-566-5　定价：CNY12.00
（儿童绘画入门系列）

　　作者龙念南（1960—　　），教师。中国儿童少年活动中心文艺部美术教师、中国美术家协会儿童美术艺术委员会学术秘书。发表专著《幼儿画百问百答》《在美的世界漫游——中学生美术小组辅导》《儿童色彩入门》《儿童创作画入门》《少年儿童绘画入门》等。

J0014655

儿童画教程　陈铁桥编著
沈阳　辽宁美术出版社　1997年　159页
20cm（32开）ISBN：7-5314-1788-X
定价：CNY26.00

J0014656

儿童色彩画入门　龙念南编著
北京　中国和平出版社　1997年　68页　26cm（16开）
ISBN：7-80101-564-9　定价：CNY12.00
（儿童绘画入门系列）

J0014657

儿童色彩画训练教程　李力加编著
济南　山东美术出版社　1997年　118页　有图
26cm（16开）ISBN：7-5330-1063-9

定价：CNY28.00

　　作者李力加（1953—　　），教授。福建连江人。浙江师范大学美术学院教授、硕士生导师，中国美术家协会少儿美术艺委会委员。出版有《童谣童画》《儿童绘画基础训练教程》《儿童线描集成》《萌动与发展儿童美术教育学研究》等。

J0014658

画出美的世界　（学绘画）龙念南编著
济南　明天出版社　1997年　93页　有图
20cm（32开）ISBN：7-5332-2643-7
定价：CNY96.00（全套）
（课外活动丛书）

　　作者龙念南（1960—　　），教师。中国儿童少年活动中心文艺部美术教师、中国美术家协会儿童美术艺术委员会学术秘书。发表专著《幼儿画百问百答》《在美的世界漫游——中学生美术小组辅导》《儿童色彩入门》《儿童创作画入门》《少年儿童绘画入门》等。

J0014659

教教画画　曲涛主编
南昌　江西教育出版社　1997年　60页　26cm（16开）
ISBN：7-5392-2805-9　定价：CNY14.80

J0014660

林之助绘画艺术之研究报告展览专辑汇编　詹前裕研究主持
台中　台湾省立美术馆　1997年　184页　有彩图
31cm（10开）精装　ISBN：957-00-9660-8
（国民艺林集英研究 6）

　　外文书名：A Study on Life and the Painting Art of Lin Chih-Chu : The Compilation of the Research and the Exhibition Catalogue.

J0014661

少儿美术创作技法指导　吴子龙著
北京　民族出版社　1997年　44页　有图
26cm（16开）ISBN：7-105-02802-5
定价：CNY13.80

J0014662

儿童画的认识与指导　陈辉东著
台北　艺术家出版社　1998年　159页　有插画
21cm（32开）ISBN：957-9530-95-5

定价：TWD280.00
（儿童美育丛书 7）
　　外文书名：The Understanding and Pedagogy of Children's Painting.

J0014663
儿童画辅导　夏红专著
长沙 湖南美术出版社 1998年 68页 26cm（16开）
ISBN：7-5356-1213-X 定价：CNY29.80

J0014664
儿童画赏析　杜向阳主编
郑州 河南美术出版社 1998年 100页
28cm（大16开）ISBN：7-5401-0729-4
定价：CNY25.00
（少儿画苑丛书）

J0014665
儿童绘画赏析　叶小敏著
上海 上海书画出版社 1998年 46页 26cm（16开）
ISBN：7-80635-266-X 定价：CNY12.00
（少儿美术入门丛书）

J0014666
儿童写生画　胡知凡，朱健朴编著
上海 上海书画出版社 1998年 46页 26cm（16开）
ISBN：7-80635-268-6 定价：CNY8.00
（儿童美术入门丛书）

J0014667
江苏首届农民画研讨会论文集　耿杰民主编
[江苏农民书画研究会] 1998年 224页 有照片
21cm（32开）定价：CNY12.00

J0014668
少儿学画百问　南玉春著
沈阳 辽宁美术出版社 1998年 74页 有图
26cm（16开）ISBN：7-5314-1966-1
定价：CNY13.00

J0014669
探索唐卡——佛部与菩萨部　张宏实著
台北 淑馨出版社 1998年 181页 有图
26×26cm 精装 ISBN：957-531-600-2
定价：TWD1200.00

J0014670
新编黑白画教程　贵体侃编著
郑州 河南美术出版社 1998年 85页 26cm（16开）
ISBN：7-5401-0710-3 定价：CNY10.00

J0014671
新少儿美术资料大全　（绘画篇）刘志刚主
编；中央电视台书画院，辽宁美术出版社《小书
画家》编辑部[编]
沈阳 辽宁美术出版社 1998年 181页
20cm（24开）ISBN：7-5314-1908-4
定价：CNY19.50

J0014672
新少儿美术资料大全　（卡通篇）刘志刚主
编；中央电视台书画院，辽宁美术出版社《小书
画家》编辑部[编]
沈阳 辽宁美术出版社 1998年 181页
20cm（24开）ISBN：7-5314-1909-2
定价：CNY19.50

J0014673
用艺术的眼睛看世界　（中英文本 我们在长
大）赵雪春编著
北京 中国青年出版社 1998年 54页 26cm（16开）
ISBN：7-5006-3226-6 定价：CNY30.00（全3册）
　　本卷收集了几十个儿童绘画作品，通过对
这些作品的讲评，告诉家长和老师，正确地看
待及评价儿童作品的标准是什么。作者赵雪春
（1968— ），女，教师，生于山东。中国儿童少
年活动中心文艺部美术教师。专著有《儿童绘画
入门》《儿童趣味绘画课题》等。

J0014674
用艺术的眼睛看世界　（中英文本 写意童年）
赵大卫，赵雪春编著
北京 中国青年出版社 1998年 47页 26cm（16开）
ISBN：7-5006-3226-6 定价：CNY30.00（全3册）
　　本卷通过一个小男孩的绘画作品及他对自
己作品的文字描述，加之其辅导教师从美术的角
度对作品的讲评，向我们展示了孩子独特的想
象力和观察力。作者赵大卫（1966— ），女，生
于北京。深圳青少年活动中心美术实验班教师。
专著有《儿童线描画》《画涂画》等。

J0014675
用艺术的眼睛看世界　（中英文本　丫丫学画画）赵大卫，赵雪春编著
北京　中国青年出版社 1998 年 47 页 26cm（16 开）
ISBN：7-5006-3226-6 定价：CNY30.00（全 3 册）
　　本书以教师点评的形式，讲解了小女孩魏芸从 4 岁到 8 岁学习儿童画的过程。通过不同课题、不同的黑白勾画表现技法以及不同的故事内容，生动地展现了一个生活在南方的儿童，是如何学习绘画技法并用所学技法表现生活的。

J0014676
中央电视台《小书画家》电视讲座节目少儿美术教材　（上）余培侠等主编
沈阳　辽宁美术出版社 1998 年 100 页
26cm（16 开）　ISBN：7-5314-1906-8
定价：CNY24.80

J0014677
中央电视台《小书画家》电视讲座节目少儿美术教材　（下）余培侠等主编
沈阳　辽宁美术出版社 1998 年 100 页
26cm（16 开）　ISBN：7-5314-1907-6
定价：CNY24.80

J0014678
装饰画表现技法　（概论·教学·应用）李姝，满懿编著
沈阳　辽宁美术出版社 1998 年 108 页
26cm（16 开）　ISBN：7-5314-1940-8
定价：CNY45.00
（绘画技法研究）

J0014679
彩色水笔画　刘玉林编著
成都　四川科学技术出版社 1999 年 117 页
21cm（24 开）　ISBN：7-5364-4069-3
定价：CNY14.00
（少年儿童课余爱好丛书）

J0014680
从小爱画画　（儿童画赏析）应雾民著
杭州　浙江少年儿童出版社 1999 年 49 页
26cm（16 开）　ISBN：7-5342-0949-8
定价：CNY16.00

J0014681
儿童彩笔技法基础入门　彩芳等编
北京　中国画报出版社 1999 年 28 页 有彩图
26cm（16 开）　ISBN：7-80024-562-4
定价：CNY10.00

J0014682
儿童黑白线条画教程　郭伟新编著
广州　岭南美术出版社 1999 年 140 页
26cm（16 开）　ISBN：7-5362-1952-0
定价：CNY20.00

J0014683
儿童画初级教程　沈春华主编
武汉　湖北教育出版社 1999 年 26cm（16 开）
ISBN：7-5351-2521-2 定价：CNY12.00
（青少年宫美术培训丛书）

J0014684
儿童画教程　吴余青绘
乌鲁木齐　新疆青少年出版社 1999 年 104 页
19×20cm ISBN：7-5371-3288-7
定价：CNY42.00（全套）
（美育小丛书）

J0014685
儿童画启蒙教程　沈春华主编
武汉　湖北教育出版社 1999 年 26cm（16 开）
ISBN：7-5351-2520-4 定价：CNY12.00
（青少年宫美术培训丛书）

J0014686
儿童绘画 100 课　（适合 4-10 岁儿童）习之主编
长沙　湖南少年儿童出版社 1999 年 225 页
28cm（大 16 开）　ISBN：7-5358-1492-1
定价：CNY60.00

J0014687
儿童美术 ABC　（上册）崔莉编著
北京　中国轻工业出版社 1999 年 83 页
26cm（16 开）　ISBN：7-5019-2406-6
定价：CNY17.00
（少年儿童美术丛书）

J0014688

儿童美术 ABC　（下册）崔莉编著

北京　中国轻工业出版社　1999 年　73 页

26cm（16 开）　ISBN：7-5019-2407-4

定价：CNY15.00

（少年儿童美术丛书）

J0014689

儿童美术速写素描技法　刘阳编绘

北京　海豚出版社　1999 年　87 页　26cm（16 开）

ISBN：7-80138-084-3　定价：CNY12.00

J0014690

儿童趣味简笔画　马琳佳等编绘

昆明　晨光出版社　1999 年　148 页　19×26cm

ISBN：7-5414-1691-6　定价：CNY10.50

J0014691

儿童色彩画技巧入门　乐军编绘

乌鲁木齐　新疆青少年出版社　1999 年　70 页

17×19cm　ISBN：7-5371-3326-3　定价：CNY7.80

（儿童绘画技巧入门）

J0014692

儿童色彩画教程　王莉华编著

上海　上海人民美术出版社　1999 年　重印本

80 页　19×20cm　ISBN：7-5322-1126-6

定价：CNY11.60

（小画家丛书）

J0014693

儿童色彩画教程　吴余青绘

乌鲁木齐　新疆青少年出版社　1999 年　104 页

19×20cm　ISBN：7-5371-3288-7

定价：CNY42.00（全套）

（美育小丛书）

J0014694

儿童素描技巧入门　乐军编绘

乌鲁木齐　新疆青少年出版社　1999 年　70 页

17×19cm　ISBN：7-5371-3326-3　定价：CNY7.80

（儿童绘画技巧入门）

J0014695

儿童写生画教程　吴余青绘

乌鲁木齐　新疆青少年出版社　1999 年　104 页

19×20cm　ISBN：7-5371-3288-7

定价：CNY42.00（全套）

（美育小丛书）

J0014696

儿童学画技巧入门　乐军编绘

乌鲁木齐　新疆青少年出版社　1999 年　70 页

17×19cm　ISBN：7-5371-3326-3　定价：CNY7.80

（儿童绘画技巧入门）

J0014697

教你学儿童画　周星主编

北京　中国计划出版社　1999 年　40 页　26cm（16 开）

ISBN：7-80058-817-3　定价：CNY6.50

（21 世纪美术权威教程）

J0014698

少儿一笔画　辛宏静，王虹编绘

沈阳　辽宁美术出版社　1999 年　100 页　19×26cm

ISBN：7-5314-2291-3　定价：CNY10.00

（21 世纪卡通系列丛书）

J0014699

新少儿简笔画入门　王虹等编绘

沈阳　辽宁美术出版社　1999 年　145 页　19×26cm

ISBN：7-5314-2088-0　定价：CNY15.00

J0014700

油画棒画　李方编著

杭州　浙江人民美术出版社　1999 年　27 页

26cm（16 开）　ISBN：7-5340-1008-X

定价：CNY10.00

　　作者李方，女，浙江大学园艺系园林教研室工作。编著有《插花与花艺》。

J0014701

幼儿美术基础　（儿童学画大参考）宋明贵主编；宋明贵等绘

长春　吉林科学技术出版社　1999 年　88 页

26cm（16 开）　ISBN：7-5384-2163-7

定价：CNY26.00

（幼儿美术丛书）

J0014702
在家学画画　孔王兴编著
杭州　西泠印社　1999 年　3 册（53；53；53 页）
有图　26cm（16 开）　ISBN：7-80517-409-1
定价：CNY48.00，CNY16.00（单册）

中国绘画作品

J0014703
香雪林集　（明）王思义集
明　刻本　有图　线装

J0014704
名山图　（明）墨绘斋辑
明末　刻本　有图　线装

J0014705
古画录　（四卷）（明）朱谋垔撰
清　抄本

J0014706
广画录　（一卷）（宋释）仁显撰
李际期宛委山堂　清初　刻本　续刻
　　（说郛）明末刻清初李际期宛委山堂续刻汇
印本。

J0014707
广画录　（一卷）（宋释）仁显撰
依样壶卢山馆　清道光　抄本
（绘事晬编）

J0014708
笺举　（清）佚名辑
清　刻本　彩印　有图　经折装

J0014709
名画神品目　（一卷）（明）杨慎撰
绵州李氏万卷楼　清乾隆　刻本
（函海）
　　作者杨慎（1488—1559），文学家。字用修，
号升庵，又号逸史氏、博南山人、洞天真逸等。
四川新都（今成都市新都区）人，祖籍庐陵。主

要作品有《升庵集》《江陵别内》《宝井篇》《滇池
涧》等。

J0014710
名画神品目　（一卷）（明）杨慎撰
依样壶卢山馆　清道光　抄本
（绘事晬编）

J0014711
名画神品目　（一卷）（明）杨慎撰
李朝夔补　清道光五年［1825］刻本
（函海）
　　据清乾隆绵州李氏万卷楼刻本补。

J0014712
名画神品目　（一卷）（明）杨慎撰
广汉钟登甲乐道斋　清光绪七至八年［1881—
1882］刻本
（函海）

J0014713
宝蕴楼名画影片百种
清末至民国初　影印本　100 张（函）有图　散片

J0014714
苗猺图　佚名绘
清末　手绘本　彩色　有图　经折装

J0014715
醉墨轩画稿　醉墨轩主人画
上海　天宝书局　清末至民国初　石印本　线装
　　八行二十字白口四周单边单鱼尾。

J0014716
五湖渔庄图题词　（四卷）（清）叶承桂辑
清咸丰三年［1853］刻本

J0014717
茜窗小品　（十四种）同文书局辑
上海　同文书局　清光绪　石印本　有图　线装

J0014718
栩栩园题画　（一卷）（清）汤蟜仙撰
清光绪至民国初　刻本
（汤氏丛书）

J0014719
练川名人画像 （四卷 附二卷 续编三卷）
（清）程祖庆辑摹
清光绪四年[1878]刻本 有像 线装
　　分二册。十三行二十六字小字双行三十九字白口四周单边单鱼尾。

J0014720
点石斋画报 （四十四集）蔡尔康辑
清光绪十年[1884]石印本 85 册 有图 线装
　　分八十五册。

J0014721
点石斋画报 （六集 附八种）（清）尊闻阁王辑
上海 点石斋 清光绪二十三年[1897]影印本 线装
　　分四十八册。

J0014722
点石斋画报大全 （四十四集）（清）尊闻阁主人辑
上海 集成图书公司 清宣统二年[1910]石印本 有图 线装
　　分四十五册。

J0014723
点石斋画报附录 （二种）（清）尊闻阁王辑
清末 影印本 线装
　　本书包括《风筝误传奇》《闺女媛丛录》。

J0014724
海棠秋馆题画 （二卷）（清）裴廷桢撰
清光绪十四年[1888]木活字印本

J0014725
诗画舫 点石斋辑
上海 点石斋 清光绪十四年[1888]石印本 有图 线装
　　分六册。

J0014726
铁如意室题画杂缀 （四卷）（清）郭容光撰
清光绪二十一年[1895]刻本

J0014727
[**八仙叙会等五彩图画**] 佚名绘
民国 手绘本 有图 线装

J0014728
[**传奇画册**]
民国 影印本 有图 线装
　　据祯邑鲍承勋刻本影印。

J0014729
[**故宫日历图书**] （故宫博物院编）
故宫博物院 民国 影印本 经折装
　　分四册。

J0014730
[**画谱画像杂件**]
民国 石印本 24 张

J0014731
[**影印图画杂件**]
民国 影印本 9 张

J0014732
八十七神仙卷
上海 中华书局 民国 影印本 16 张 有图 附件 11 张 散页
　　据徐悲鸿藏品影印。

J0014733
八十七神仙卷
北京 人民美术出版社 1955 年 影印本 有图
统一书号：8027.676 定价：CNY2.00

J0014734
存素堂丝绣录 （二卷）朱启钤编
民国 线装

J0014735
董巨遗刑
民国 影印本 有图 经折装

J0014736
南通费氏澹远楼图 费范九辑
民国 影印本 线装

J0014737
千秋绝艳图　忏绮生辑
武进董康诵芬室　民国　影印本　有图　线装
　　分二册。

J0014738
青萝庵真赏集　倬章辑
民国　影印本　有图及像　线装

J0014739
清宫珍宝丽美图
民国　影印本　有图　线装

J0014740
宋拓唐昭陵六马图
上海　艺苑真赏社　民国　影印本　有图　线装

J0014741
新新百美图　张丹斧辑并题记
民国　石印本　有图　线装

J0014742
醒华日报　醒华日报社编
民国　石印本　有图　线装

J0014743
虚斋名画集　佚名辑
民国　影印本　线装

J0014744
学生中西画集
上海　大东书局　民国　影印本　有图

J0014745
燕寝怡情　艺苑真赏社编；（清）清内府藏
上海　艺苑真赏社　民国　影印本　有图　线装

J0014746
平泉书屋珂罗版印古画第一集　平泉书屋藏
平泉书屋　民国三年［1914］影印本　有图

J0014747
前清十一朝皇帝真像　有正书局编辑
上海　有正书局　民国五年［1916］影印本　有像
线装

据清画像影印。

J0014748
新安名画集锦册　佚名编；风雨楼藏
上海　神州国光社　民国九年［1920］影印本

J0014749
宣和六鹤图　清内府藏
上海　有正书局　民国十年［1921］影印本　有图
线装

J0014750
影印苏书四种
北京　延光室　民国十年［1921］影印本　线装
　　据清内府藏本影印。

J0014751
名人画册　（四集）佚名编
上海　文明书局　民国十二年［1923］影印本
线装
　　分四册。

J0014752
节足龉题画　（不分卷）（清）赵曾望撰，（清）
冯颂媛撰
民国十三年［1924］石印本

J0014753
修闇集扇　吴修闇编并藏
上海　慎修书社　民国十七年［1928］影印本
线装

J0014754
吴中名画集册　神州国光社辑
上海　神州国光社　民国十八年［1929］影印本
有图　线装

J0014755
宝蕴　（第二辑）北平古物陈列所编
北京　北平古物陈列所　民国十九年［1930］影
印暨铅印本　有图　线装

J0014756
历代帝王像　宝蕴楼藏
北平　古物陈列所　民国二十年［1931］影印本

有像　线装

J0014757
云社翰墨缘　曾
上海　华商书局　民国二十年［1931］影印本
有图　线装

J0014758
名画选粹　（二集）天贶生编
上海　大东书局　民国二十一年［1932］影印本
3版　线装
　　　分二册。

J0014759
梦坡画史　周延礽辑
上海　民国二十三年［1934］影印本　线装
　　　分四册。据原画稿影印。

J0014760
墨巢秘笈藏影　（第一集）李墨巢藏
上海　商务印书馆　民国二十四年［1935］影印
本　有图　线装

J0014761
墨巢秘笈藏影　（第二集）李墨巢藏
上海　商务印书馆　民国二十四年［1935］影印
本　有图　线装

J0014762
穆清邈斋陆氏藏画　穆清邈斋主人辑藏
民国二十四年［1935］影印本　线装

J0014763
念圣缔缘集　念圣楼主人收藏
中国画会　民国二十六年［1937］影印本　有像
线装

J0014764
岐阳世家文物图像册　中国营造学社编
中国营造学社　民国二十六年［1937］影印暨铅
印本　有图及像

J0014765
历朝名画观音宝相　上海净缘社编
上海　上海净缘社　民国二十七年［1938］影印

本　线装
　　　分二册。

J0014766
存天阁秘笈　（第一集）刘海粟集
刘氏存天阁　民国二十八年［1939］影印本
有图　线装
　　　作者刘海粟（1896—1994），画家、美术教育
家。名槃，字季芳，号海翁。江苏武进人。参与
创办上海私立美术学院。曾任华东艺术专科学
校校长、南京艺术学院院长。代表作《黄山云海
奇观》《披狐皮的女孩》《九溪十八涧》等，有画
集《黄山》《海粟老人书画集》等。

J0014767
名笔集胜　（五集）庞冰履等编
上海墨缘堂　民国二十九年［1940］影印本
有图　线装
　　　分五册。

J0014768
大风堂名迹　（第一集）
民国三十六年［1947］影印本　有图　线装

J0014769
英雄谱图赞　王古鲁集
上海　华夏图书公司　［1949年］影印本
朱墨套印　有图　线装
　　　据明崇祯间刻本影印。

J0014770
党领导人民战胜了洪水　（1954年武汉防汛
画册）武汉市防汛总指挥部防汛工作概况编审
委员会编
汉口　湖北人民出版社　1954年

J0014771
花草瓜果画集　王子均［编］
香港　上海印书馆　1954年　111页　19cm（小32开）

J0014772
支援前线　刘子久绘
天津　天津美术出版社　1954年　影印本　1轴
有图
　　　作者刘子久（1891—1975），教育家、博物学

家。天津人。别名饮湖、光城。历任天津市美术馆馆长，中国美术家协会天津分会副主席，中国美术家协会理事。作品有《支援前线》《长城放牧》等。

J0014773
湖南省地方小戏音乐资料　湖南省 1957 年戏曲汇报演出大厅艺委会编印
湖南省 1957 年戏曲汇报演出大厅艺委会　1957 年　油印本　40 页　26cm（16 开）

J0014774
南京博物院藏画选集　南京博物院编
南京　南京博物院　1957 年　68 叶　40cm（小 8 开）
精装　定价：CNY150.00
　　本画册选编了南京博物院收藏的南宋、元、明、清时代的部分绘画作品。

J0014775
光荣的中国人民志愿军　（画册）
北京　解放军画报社　1959 年　影印本　237 页
精装　定价：CNY7.50

J0014776
毛主席和我们在一起　王重敏作
［沈阳］辽宁美术出版社　1960 年　［1 张］
定价：CNY0.11

J0014777
邓小平同志　张振仕绘
北京　人民美术出版社　1961 年　［1 张］
定价：CNY0.16

J0014778
刘少奇同志　张振仕绘
北京　人民美术出版社　1961 年　［1 张］
定价：CNY0.16

J0014779
毛主席像　张振仕绘
北京　人民美术出版社　1961 年　［1 张］
定价：CNY0.16

J0014780
毛主席像　（彩色标准像）

北京　人民美术出版社　1976 年　1 张
107cm（全开）定价：CNY0.20

J0014781
毛主席像　（单色标准像）
北京　人民美术出版社　1976 年　1 张
76cm（2 开）定价：CNY0.08

J0014782
毛主席像　（单色标准像）
上海　上海人民出版社　1976 年　1 张
53cm（4 开）定价：CNY0.04

J0014783
毛主席像　（单色标准像）
上海　上海人民出版社　1976 年　1 张
38cm（6 开）定价：CNY0.02

J0014784
毛主席像　（单色标准像）
北京　中国摄影出版社　1976 年　1 张
107cm（全开）定价：CNY0.16

J0014785
毛主席像　（单色标准像）
银川　宁夏人民出版社　1977 年　76cm（2 开）

J0014786
周总理像　张振仕绘
北京　人民美术出版社　1961 年　［1 张］
定价：CNY0.16

J0014787
朱德同志像　张振仕绘
北京　人民美术出版社　1961 年　［1 张］
定价：CNY0.16

J0014788
历代流传书画作品编年表　徐邦达编
上海　上海人民美术出版社　1963 年　467 页
21cm（32 开）精装　统一书号：8081.5119
定价：CNY3.70
　　本书作为编年表，简要明了，脉络清晰，尤以唐、宋、元、明、清各代书画为重点。对于收藏鉴定，研究中国书画历史和理论，是一本有实用价值的参考书。

J0014789
历代流传书画作品编年表　徐邦达编
香港　中华书局香港分局　1974 年　467 页
21cm（32 开）精装

J0014790
力量的源泉　（学习毛主席著作美术作品小辑）
海明川等作
上海　上海人民美术出版社　1965 年　10 张（套）
13cm（60 开）定价：CNY0.40

J0014791
上海群众业余美术作品小辑　上海人民美术
出版社编辑
上海　上海人民美术出版社　1965 年　8 张（套）
19cm（32 开）定价：CNY0.64

J0014792
援越抗美画选　中国美术家协会广东分会，
广东人民出版社编辑部编
广州　广东人民出版社　1965 年　33 张（套）
38cm（8 开）统一书号：T8117.1048
定价：CNY1.00

J0014793
援越抗美画选　（2）河南人民出版社编辑
郑州　河南人民出版社　1965 年　8 张（套）
38cm（8 开）定价：CNY0.30

J0014794
援越抗美画选　河南人民出版社编辑
郑州　河南人民出版社　1965 年　8 张（套）
38cm（6 开）定价：CNY0.30

J0014795
中国革命史画选　文物出版社编辑
［北京］文物出版社　1965 年　8 张（套）
13cm（60 开）定价：CNY0.64

J0014796
青春的光辉　（农村小画片）
北京　人民美术出版社　1966 年　10 张
13cm（60 开）定价：CNY0.20

J0014797
王杰颂画选　中国美术家协会广东分会编
广州　广东人民出版社　1966 年　12 张
19cm（32 开）定价：CNY0.20

J0014798
学王杰　（美术画册）
北京　人民美术出版社　1966 年　19cm（32 开）
定价：CNY0.20

J0014799
更喜岷山千里雪　三军过后尽开颜　浙江
展览馆供稿
杭州　浙江人民美术出版社　1970 年　1 张
108cm（全开）定价：CNY0.28

J0014800
更喜岷山千里雪　三军过后尽开颜　浙江
展览馆供稿
杭州　浙江人民出版社　1971 年　1 张
56cm（4 开）定价：CNY0.14

J0014801
虎踞龙盘今胜昔　江苏省革命文艺学校供稿
南京　江苏省"革命委员会"出版发行局　1970 年
1 张　76cm（2 开）定价：CNY0.14

J0014802
毛主席视察上海钢铁厂
上海　上海市出版"革命组"1970 年　1 张
108cm（全开）定价：CNY0.28

J0014803
千年的仇要报，万年的冤要伸　（革命现代
舞剧《白毛女》喜儿画像）看今朝创作组作
杭州　浙江人民美术出版社　1970 年　［1 张］
78cm（2 开）定价：CNY0.10

J0014804
天下事难不倒共产党员　（革命现代京剧《红
灯记》李玉和画像）看今朝创作组作
杭州　浙江人民美术出版社　1970 年　［1 张］
78cm（2 开）定价：CNY0.10

J0014805
无产阶级的英雄李玉和
上海　上海市出版"革命组" 1970 年［1 张］
76cm（2 开）定价：CNY0.10

J0014806
无产阶级的英雄李玉和
上海　上海市出版"革命组" 1970 年［1 张］
108cm（全开）定价：CNY0.24

J0014807
献身于世界革命，奋斗终身　（革命现代京
剧《海港》方海珍画像）看今朝创作组作
杭州　浙江人民美术出版社 1970 年［1 张］
78cm（2 开）定价：CNY0.10

J0014808
胸怀朝阳　放眼世界　（革命现代京剧《海
港》方海珍画像）
上海　上海市出版"革命组" 1970 年［1 张］
108cm（全开）定价：CNY0.24

J0014809
胸怀朝阳　放眼世界　（革命现代京剧《海
港》方海珍画像）
上海　上海市出版"革命组" 1970 年［1 张］
76cm（2 开）定价：CNY0.10

J0014810
**学习革命现代京剧《海港》立足本职工作胸
怀世界革命**
济南　山东人民出版社 1970 年［1 张］
76cm（2 开）定价：CNY0.12

J0014811
**学习革命现代京剧《智取威虎山》中的杨子
荣　时刻听从党召唤**
济南　山东人民出版社 1970 年［1 张］
76cm（2 开）定价：CNY0.12

J0014812
**学习革命现代舞剧《白毛女》牢记阶级仇永
远干革命**
济南　山东人民出版社 1970 年［1 张］
76cm（2 开）定价：CNY0.12

J0014813
**学习革命现代舞剧《红色娘子军》誓为解放
全人类而奋斗**
济南　山东人民出版社 1970 年［1 张］
76cm（2 开）定价：CNY0.12

J0014814
要学那泰山顶上一青松　（革命现代京剧《沙
家浜》郭建光画像）看今朝创作组作
杭州　浙江人民美术出版社 1970 年［1 张］
78cm（2 开）定价：CNY0.10

J0014815
"爱民模范"盛习友　济南部队美术创作组画
济南　山东人民出版社 1972 年 19cm（32 开）
统一书号：8099.149 定价：CNY0.12

J0014816
1977（美术挂历）　高虹等绘
北京　人民美术出版社 1976 年 1 张
53cm（4 开）定价：CNY2.00

J0014817
华国锋主席　（彩色标准像）
北京　人民美术出版社 1976 年 1 张
76cm（2 开）定价：CNY0.10

J0014818
华国锋主席　（单色标准像）
北京　人民美术出版社 1976 年 1 张
76cm（2 开）定价：CNY0.08

J0014819
华国锋主席　（彩色标准像）
北京　人民美术出版社 1977 年 27cm（大 16 开）
定价：CNY0.05

J0014820
华国锋主席
北京　人民美术出版社 1978 年 76cm（2 开）
定价：CNY0.10

J0014821
周恩来同志像　（单色标准像）
北京　人民出版社 1976 年 1 张 76cm（2 开）

定价：CNY0.08

J0014822
周恩来同志像 （彩色标准像）
天津　天津人民美术出版社　1976 年　1 张
26cm（16 开）定价：CNY0.04

J0014823
周恩来同志像 （彩色标准像）
天津　天津人民美术出版社　1976 年　1 张
38cm（6 开）定价：CNY0.07

J0014824
周恩来同志像 （单色标准像）
天津　天津人民美术出版社　1976 年　1 张
38cm（6 开）定价：CNY0.05

J0014825
周恩来同志像 （彩色标准像）
乌鲁木齐　新疆人民出版社　1976 年　1 张
53cm（4 开）定价：CNY0.05

J0014826
周恩来同志像 （彩色标准像）
沈阳　辽宁人民出版社　1977 年　54cm（4 开）
定价：CNY0.05

J0014827
周恩来同志像 （彩色标准像）
北京　人民美术出版社　1979 年 ［1 张］
53cm（4 开）　定价：CNY0.08

J0014828
伟大的领袖和导师毛泽东主席 （彩色标
准像）
哈尔滨　黑龙江人民出版社　1977 年
39cm（8 开）　定价：CNY0.03

J0014829
伟大的领袖和导师毛泽东主席 （彩色标
准像）
北京　人民美术出版社　1977 年　27cm（大 16 开）
定价：CNY0.05

J0014830
周恩来同志 （彩色标准像）
北京　人民美术出版社　1977 年　39cm（8 开）
定价：CNY0.08

J0014831
朱德同志像 （单色标准像）
北京　人民美术出版社　1977 年　39cm（8 开）
定价：CNY0.08

J0014832
恩格斯
北京　人民美术出版社　1978 年　53cm（4 开）
定价：CNY0.05

J0014833
马克思
北京　人民美术出版社　1978 年　53cm（4 开）
定价：CNY0.05

J0014834
斯大林
北京　人民美术出版社　1978 年　1 张
53cm（4 开）　定价：CNY0.05

J0014835
八大山人全集　周士心，扬扬编著
台北　台湾图书公司　1979 年　208 页
20cm（32 开）　定价：TWD33.08

J0014836
丰中铁作品选　丰中铁著
成都　成都人民出版社　1980 年　有图　26cm（16 开）

J0014837
辽宁省博物馆藏画集 （续集）辽宁省博物
馆编
北京　文物出版社　1980 年　影印本　线装
　　分二册。

J0014838
沈阳故宫博物馆藏画选 （摄影明信片辑　汉
英文对照）
沈阳　辽宁美术出版社　1980 年　10 张（套）
18cm（小 32 开）定价：CNY0.65

J0014839
曾鲸的肖像画　周积寅编著
北京 人民美术出版社 1981年 21页 25cm(15开)
统一书号:8027.7571 定价:CNY0.95
(古代美术作品介绍丛书)
本书是中国古代肖像画画册。介绍明代曾鲸的肖像画艺术。附17幅黑白图。曾鲸(1564—1647),明代画家。字波臣,福建莆田人。代表作《葛一龙像》《王时敏像》《黄道周像》。作者周积寅(1938—),教授。笔名禾宙。江苏泰兴人。毕业于南京艺术学院。历任南京艺术学院学报《艺苑》主编、"扬州画派"研究会名誉会长,中国郑板桥研究会及日本郑板桥学会顾问、中国美术家协会会员。编著有《吴派绘画研究》《中国美术通史》《郑板桥》等。

J0014840
古今建筑　(美术参考资料)王铮编绘
西安 陕西人民美术出版社 1981年 212页
19cm(小32开) 定价:CNY0.87

J0014841
历代名画观音宝像
金陵书画社 1981年 影印本 有像 线装
分二册。据唐绢本至民国拓本等影印。

J0014842
苏州博物馆藏画集　苏州博物馆编
北京 文物出版社 1981年 影印本 线装

J0014843
邓小平同志　成砺志作
南京 江苏人民出版社 1983年［1张］
76cm(2开) 定价:CNY0.18
作者成砺志(1954—),江苏扬州人。国家一级美术师、中国美术家协会会员。主要作品《六老图·邓小平》《我为祖国争光》《春暖万家》等。

J0014844
名家册页画选　何恭上主编
台北 艺术图书公司 1983年 135页 25cm(15开)
精装

J0014845
符罗飞画集　王俗安责任编辑
天津 天津人民美术出版社 1984年 111页
有图 20cm(32开) 定价:CNY15.60
本书选编作者1938年至60年代作品111幅,包括油画、水墨画、水粉画、素描、速写以及作者首创的宣纸水粉画。

J0014846
花卉　王露等摄影
乌鲁木齐 新疆人民出版社 1984年 10张
10cm(70开)定价:CNY0.60

J0014847
光照千秋　(深切怀念老一辈无产阶级革命家)明之等作
上海 上海人民美术出版社 1985年 2张
76cm(2开)统一书号:8081.14007
定价:CNY0.90

J0014848
刘砚木刻　阴衍江著
哈尔滨 黑龙江美术出版社 1986年 18幅
定价:CNY2.30
作者阴衍江(1940—2011),画家。中国美术家协会会员、一级画师、黑龙江美术出版社专业画家、黑龙江文史馆馆员。

J0014849
人物图案　倪南山［编］
香港 香港南山出版社［1986年］98页
19cm(小32开)
外文书名:Figure Designs.

J0014850
水粉画范本　廖炯模绘
合肥 安徽美术出版社 1986年 定价:CNY8.50

J0014851
朱垠嶙国画　朱垠嶙著
北京 人民美术出版社 1986年 10cm(64开)
定价:CNY1.70

J0014852
傅抱石扇面集　傅抱石绘
南京 江苏美术出版社 1987年 30幅 54×37cm
本画集收入作者扇面作品30幅,其中题材

包括山水小品、花卉、人物、书法。作者傅抱石（1904—1965），画家。原名长生、瑞麟，号抱石斋主人。生于江西南昌，祖籍江西新余，早年留学日本。历任南京师范学院教授、江苏国画院院长等职。代表作品有《山阴道上》《钟馗》《屈原》《江山如此多娇》，著有《中国古代绘画之研究》《中国绘画变迁史纲》等。

J0014853
傅抱石扇面集　傅抱石绘
南京　江苏美术出版社 1989年 22幅 54×37cm
精装 ISBN：7-5344-0044-9 定价：CNY68.00
　　本画集收入作者扇面作品22幅。

J0014854
古书画过眼要录　（晋、隋、唐、五代、宋书法）徐邦达撰
长沙　湖南美术出版社 1987年 615页
26cm（16开）精装 ISBN：7-5356-0065-4
定价：CNY10.00
　　本书所辑藏品，按朝代汇编，内容有古书画作者生平、藏品数量、藏品名称、收藏单位、所用材料质地、尺寸规格，而后是本文、题跋、鉴藏印记、历代著录。

J0014855
华嵒书画集　单国霖主编
北京　文物出版社 1987年 143页
ISBN：7-5010-0038-7 定价：CNY90.00

J0014856
周思聪画人体　周思聪作
成都　四川美术出版社 1987年 有图
定价：CNY3.60
　　作者周思聪（1939—1996），女，画家。天津宁河县人。毕业于中央美术学院中国画系。中国美术家协会原副主席、北京画院一级美术师。代表作品有《矿工图》《高原风情画》《荷之系列》等。

J0014857
火箭颂　（科技画册）张博智，杨庆英画；刘绍球，张博智文
北京　解放军出版社 1988年 110页 17cm（40开）
ISBN：7-5065-0287-9 定价：CNY1.00

本书是科技画册《航天之光》的姐妹篇，主要介绍火箭方面的科技知识。附有100多幅图画，颇具故事性。

J0014858
书画印　柳州画院编
上海　上海书画出版社 1988年 60页 26cm（16开）

J0014859
童话世界　（明信片）徐乐乐等绘
北京　人民美术出版社［1988年］10张
15cm（40开）定价：CNY1.20

J0014860
王润民水彩画选　王润民作
北京　人民美术出版社 1988年 20cm（32开）
ISBN：7-102-00249-1 定价：CNY3.45

J0014861
现代人物装饰画　胡连江编绘
天津　天津杨柳青画社 1988年 137页
ISBN：7-80503-031-6 定价：CNY4035.00

J0014862
徐德隆画集　徐德隆著
北京　文化艺术出版社 1988年 20cm（32开）
定价：CNY25.00

J0014863
高卉民画集　高卉民绘
北京　垦艺私人有限公司 1989年 87页 8×10cm
ISBN：7-5318-0031-4 定价：CNY6.00
　　本书收入画家花鸟画67幅。其中《清音》《荷花》《荷花鸽子》等，天然成趣，充满北国特有的诗情画意。作者高卉民（1948—　），画家、教授。黑龙江哈尔滨人、毕业于哈尔滨师范学院艺术系，曾在北京中央美术学院中国画系进修。历任哈尔滨师范大学艺术学院美术系主任、教授。出版有《高卉民画集》及多本合集。

J0014864
高卉民画集　高卉民绘
北京　垦艺私人有限公司 1990年 87页

J0014865
群芳艺苑书画集　李曾超群，芳艳芬［编］；
群芳慈善基金会［作］
香港　群芳艺苑　1989 年　72 页　29cm（16 开）

J0014866
徐培晨画集　徐培晨绘
南京　南京出版社　1989 年　有图　25×26cm
ISBN：7-80560-106-2　定价：CNY15.00

J0014867
中国南京农民画展　名古屋市主办
1989 年　57 页　24×27cm
　　　　外文书名：Nanjing through the Art of Peasants.

J0014868
走进动物王国　周宗凯编绘
重庆　重庆出版社　1989 年　204 页
ISBN：7-5366-1114-5　定价：CNY19.80

J0014869
柏光林画集　柏光林绘
［香港］香港嘉宾出版社［1990—1999 年］
78 页　有图　25×26cm
　　　　外文书名：Paintings of Bai Guangling.

J0014870
柏光林画集　柏光林绘
南京　江苏人民美术出版社　1997 年　78 页
有图　25×26cm

J0014871
柏光林画集　柏光林绘
南京　南京徐悲鸿研究院　1998 年　78 页　有图
25×26cm

J0014872
蔡知新画集　（中国现代水印版画）
南京　南京出版社　1990 年　67 页　有图
26cm（16 开）　ISBN：7-80560-106-2
定价：CNY15.00
　　　　外文书名：Cai Zhi-xin Paintings.

J0014873
田零画集　田零画

北京　中国青年出版社　1990 年　26cm（16 开）
定价：CNY10.00

J0014874
中国书画辞典　刘万朗主编
北京　华文出版社　1990 年　1199 页　有图
26cm（16 开）　精装　ISBN：7-5075-0040-3
定价：CNY49.00
　　　　本辞典分为中国绘画、书法和其他 3 大部
分，共收词条近一万一千条，附图八百余幅。

J0014875
1993：炎黄艺术馆藏画选　（挂历）
北京　荣宝斋［1992 年］77cm（2 开）
定价：HKD19.80

J0014876
萧方画集　萧方绘
香港　国际出版公司［1995 年］22 页　有图
29cm（16 开）　ISBN：962-245-009-1
定价：HKD35.00
（当代著名书画家丛）

J0014877
1998：中国当代著名画家作品精选　（记事
年历）刘文敏主编；郑叔方等编
北京　中国三峡出版社　1997 年　26cm（16 开）
ISBN：7-80099-295-0　定价：CNY52.00
　　　　作者刘文敏，中国三峡出版社社长、人民
画报社主任记者、中国画报出版社常务副社长、
中国摄影家协会会员，中国新闻摄影协会理事。

J0014878
2000：丁绍光艺术　（摄影挂历）丁绍光绘
上海　上海人民美术出版社　1999 年　52×49cm
ISBN：7-5322-2180-6　定价：CNY58.00
　　　　丁绍光（1939—　　），画家。出生于陕西城固
县。毕业于中央工艺美术学院。任教于云南艺
术学院。代表作品有《版纳晨曦》《生命之源》《西
双版纳》《催眠曲》《和谐》。

J0014879
2000：祥龙富贵　（美术挂历）陆奕绘
福州　海潮摄影艺术出版社　1999 年　76×52cm
ISBN：7-80562-592-1　定价：CNY27.50

J0014880
西厢俪影集　上海图书馆编
上海　上海科学技术文献出版社　1999 年
影印本　线装　ISBN：7-5439-1404-2
定价：CNY480.00
　　分二册。据明万历崇祯间六种刻本影印。

中国绘画作品综合集

J0014881
南邨斋学人书　（不分卷）（清）裘尊生撰
[清] 稿本

J0014882
文端公墨宝　（一卷）（清）汪由敦书
清　抄本

J0014883
绘事晬编　（清）邹钟灵编
依样壶卢山馆　清道光　抄本

J0014884
国粹学报插图　（一）
[1904—1908 年] 20cm（32 开）
　　本书系中国古籍丛书、古代绘画画册一。

J0014885
国粹学报插图　（二）
[1904—1908 年] 20cm（32 开）
　　本书系中国古籍丛书、古代绘画画册二。

J0014886
美术画　（2）
个人自制 [1911—1945 年] 19×27cm
　　本书收世界各地著名建筑图案，包括法国埃菲尔铁塔等。

J0014887
美术画　（3）
个人自制 [1911—1945 年] 19×27cm
　　美术作品集，收油画、漫画、美术工艺品、明清帝王像及近代著名人物像等。

J0014888
美术画　（4）
个人自制 [1911—1945 年] 19×27cm
　　美术作品集，收油画、漫画、素描作品等。

J0014889
美术画　（39）
个人自制 [1911—1945 年] 19×27cm
　　美术图案集。内有上海美专图案画展作品。

J0014890
美术画　（40）
个人自制 [1911—1945 年] 19×27cm
　　本书收窗花、剪影及西画、水彩画等作品。

J0014891
美术画　（41）
个人自制 [1911—1945 年] 19×27cm
　　本书收西画、版画等。内有国立杭州艺术专科学校教员西画作品等。

J0014892
窑洞保卫战
索堡镇　新华书店 [民国] 石印本　1 册 16 页
20cm（32 开）

J0014893
治安强化图解
太原 [民国] 25 叶　13cm（48 开）

J0014894
潘君卓吾纪念画册
[1914 年] 74 页　有肖像图　23cm（10 开）

J0014895
北美甲子同人书画集　（第一组）[陈延龄] 编
[北京][美术学校][1925 年][15] 页
20cm（32 开）函装
　　本书收 13 幅书画作品。

J0014896
中西画集　全国美术展览会编
上海　中国文艺出版部　1929 年 [24] 页
38cm（6 开）
　　本书内收国画、油画、素描等 33 幅。均附作者传略。

J0014897

艺苑 （第二辑）艺苑研究所编
上海　文华美术图书印刷公司　1931 年　56 页
有图　26cm（16 开）定价：大洋一元二角
（美术展览会专号）

　　本书内收国画、油画、水彩画、素描等 54
幅。书前有金启静的《写在卷首》。

J0014898

辛未书画集　朱孔阳编
杭州　杭州基督教青年会　1932 年　102 页
27cm（16 开）

　　本书收书画 200 余幅。为杭州辛未赈灾书
画展览刊物。

J0014899

河南现代书画册　二十三年河南现代诗画展
览会筹备委员会编
［河南］河南省振务会　1935 年［144］页
27cm（16 开）

　　本书内收国画 24 幅，油画、水彩画、木炭画
等 31 幅，书法 48 幅。书末附该会展览章程。

J0014900

中国现代名画汇刊　中国画会编译部编
上海　中国画会　1935 年　影印本［120］页
27cm（16 开）精装　定价：三元

　　本书收王一亭、陈树人、冯超然、齐白石、
徐悲鸿、黄宾虹等人的作品 124 幅。后附马孟客、
胡钟英等人的作品 5 幅。

J0014901

培英绘画　培英中学校编
广州　培英中学校　1937 年　19cm（32 开）
定价：二角

　　本书为中国现代绘画画册，内收广州培英中
学校师生作的国画、西画，共 40 余幅，并有《关
于艺术教育的问题》（何铁华）、《绘画上的技法
考》（梁锡鸿）等 5 篇文章。

J0014902

现代书画集　（教育部第二次全国美术展览会
专集　第 2 种）教育部第二次全国美术展览会管

理委员会编
上海　商务印书馆［1937 年］［350］页
30cm（15 开）精装

　　本书选辑现代书画 500 幅，依作者姓氏笔画
多少编排，书前有王世杰序。该美展于 1937 年 4
月在南京开幕。

J0014903

老百姓画集之二　浙江省动员委员会战时教
育文化事业委员会老百姓社编
浙江省战时教育文化事业委员会书刊发行部
1940 年　53 页　18cm（15 开）定价：国币三角
（老百姓丛书）

　　本画集为中国现代画册，分"单幅画之部"
和"连环画之部"。前者包括《打铁》《生产》《姑
嫂》等 12 幅木刻，以及《村口毙敌》《一夫当关》
等 14 幅锌版画；后者包括《黄阿华引兵杀敌》
《张阿根骗敌》《抗敌得存》等 20 组连环画，每幅
画均有文字说明。

J0014904

风云集　（1941 年 4-9 月）特伟作画
孟夏书店　1941 年　影印本　47 页　20cm（32 开）
定价：国币一元八角

　　本书为漫画集，绘于 1941 年 4 月至 9 月，
共收 47 幅抗战漫画，均配有说明文字。

J0014905

还乡梦　（画册）石均作
［淮安］华中新华书店五分店　1949 年　22 页
13cm（64 开）

J0014906

职工画选　天津人民艺术出版社编
天津　天津人民艺术出版社　1949 年　28 页
13×19cm
（工厂文艺丛刊 6）

　　本书收《我改变了不管闲事的态度》（连环
画）、《庆祝上海解放》《选出自己的代表》等 28
幅画。

J0014907

工人创作画　钱小惠编
上海　晨光出版公司　1950 年　114 页　17cm（40 开）
定价：五元

（工厂文艺习作丛书 3）

J0014908
战士画 （成都部队某部炮团战士美术作品选）
成都部队政治部宣传部供稿
北京 人民美术出版社 1977 年 44 页 17×18cm
定价：CNY0.55

J0014909
战士画选 （第一集）南京军区政治部宣传
部编
南京 南京军区政治部宣传部［1950—1959 年］
45 页 13×19cm

J0014910
战士画选 （第一集）上海警备区政治部宣传
部编
上海 上海警备区政治部宣传部 1959 年
13×18cm

J0014911
战士画选 北京军区政治部文化部编
石家庄 河北人民美术出版社 1962 年［51 页］
21cm（32 开）统一书号：T8087.1043

J0014912
战士画选 北京军区政治部文化部编
石家庄 河北人民美术出版社 1962 年
20cm（32 开）

J0014913
战士画选
南宁 广西壮族自治区人民出版社 1965 年
8 张（套）15cm（64 开）定价：CNY0.50

J0014914
中国铁路工人美术选集 中国铁路工会全国
委员会文教部，中央美术学院同学编委会合编
北京 中国铁路工人画报社 1951 年 48 页
19cm（32 开）

J0014915
工人画选 中南人民文学艺术出版社编
［武汉］中南人民文学艺术出版社 1953 年
51 页 15cm（40 开）定价：旧币 2,000 元

J0014916
第二届全国美术展览会 （作品目录）第二
届全国美术展览会编
北京 第二届全国美术展览会 1955 年 54 页
19cm（32 开）定价：CNY0.10

J0014917
**第一届工人业余美术创作展览会得奖作品
选集** 第一届工人业余美术创作展览会办公室
编辑
北京 人民美术出版社 1955 年 影印本 93 页
26cm（16 开）定价：CNY1.64

J0014918
佛子岭水库画集 张怀江等绘
上海 上海人民美术出版社 1955 年 39 页
25cm（15 开）定价：CNY2.40，CNY4.30（精装）
　　作者张怀江（1922—1989），版画家、教授。
原名隆超，笔名施木、槐岗等。浙江乐清人。毕
业于上海美术专科学校，从版画家野夫学习木
刻。曾任杭州西湖艺专为版画系讲师，浙江美术
学院教务长、教授。代表作有《鲁迅和方志敏》
《农村妇女》等。

J0014919
工人的画 工人日报社美术组编辑
北京 人民美术出版社 1955 年 影印本 47 页
18cm（15 开）定价：CNY0.33

J0014920
中国人民志愿军战地画选 何孔德等绘
北京 人民美术出版社 1955 年 影印本
26cm（16 开）定价：旧币 22,000 元
　　本书选编了油画家何孔德、曹增明、郑洪
流、周祖铭、罗琪、向天野、范远鹏、张笃周等
反映抗美援朝战争的作品 30 幅。表现了志愿军
战士不畏牺牲、英勇战斗的革命英雄主义精神。
作者何孔德（1925—2003），画家、国家一级美术
家。四川西充人。毕业于国立重庆师范美术科。
中国美术家协会会员。代表作《出击之前》《生
命不息 冲锋不止》《卢沟桥战斗》，出版有《何孔
德油画选》《何孔德画集》。

J0014921
第一届工人业余美术创作展览会得奖作品

选集　第一届工人业余美术创作展览会办公室
编辑
北京　人民美术出版社　1956年　影印本　93页
26cm（16开）精装　定价：CNY2.45

J0014922
纪念鲁迅美术选集　野夫编
北京　人民美术出版社　1956年　70页　26cm（16开）
统一书号：8027.1059　定价：CNY3.90
　　本选集是为纪念鲁迅逝世20周年而编印的
美术作品选。选收国内知名美术家作的鲁迅像、
鲁迅著作插图以及描绘和鲁迅生平有关的事件
和景物，包括木刻、雕塑、中国画、素描等各种
形式的作品78幅。

J0014923
中国人民志愿军战地画选　邹雅编辑
北京　朝花美术出版社　1956年　影印本　19页
19cm（32开）统一书号：T8028.479
定价：CNY0.16
（群众美术画库）
　　本书选编了油画家何孔德、曹增明、郑洪
流、周祖铭、罗琪、向天野、范远鹏、张笃周等反
映抗美援朝战争的作品30幅。表现了志愿军战
士不畏牺牲、英勇战斗的革命英雄主义精神。作
者邹雅（1916—1974），版画家、山水画家。江苏
无锡市。毕业于延安鲁迅艺术学院。历任人民
美术出版社副社长、副总编辑，北京画院院长。
出版有《邹雅画集》。

J0014924
**参加第五届世界青年与学生和平友谊联欢
节中国美术作品选集**　力群编
北京　人民美术出版社　1957年　影印本　48页
26cm（16开）统一书号：8027.1031
定价：CNY2.80
　　本书为中国青年美术家参加1955年在华沙
举行的《第五届世界青年与学生和平友谊联欢
节》的美术竞赛会和美术展览会的作品集，选编
入选展览或参加竞赛及获奖作品共58件。包括
中国画12件，版画11件，油画1件，雕塑10件，
瓷塑8件，漆器6件。

J0014925
参加世界青年与学生和平友谊联欢节中国

美术用品选集　力群编
北京　人民美术出版社　1957年　［31］页
25cm（15开）统一书号：8027.1031
定价：CNY2.80
　　作者力群（1912—2012），画家。原名郝力
群。山西灵石人。毕业于国立杭州艺术专科学校。
历任中国版画家协会副主席、山西省美术院名誉
院长、山西省美术家协会名誉主席。木刻版画作
品有《鲁迅像》《病》《收获》。

J0014926
**第二届全国美术展览会油画、水彩、素描
选集**　人民美术出版社编辑
北京　人民美术出版社　1957年　影印本
73页　21cm（32开）统一书号：8027.1061
定价：CNY2.60

J0014927
**第五届世界青年与学生和平友谊联欢节中
国美术作品选集**　徐守华编
北京　朝花美术出版社　1957年　21页　19cm（32开）
统一书号：T8028.1235　定价：CNY0.16
（群众美术画库）

J0014928
全国青年美术工作者作品展览会选集
（1957年）郁风等编
北京　人民美术出版社　［1957—1959年］34张
26cm（16开）

J0014929
工农兵画集　美术编辑部编
北京　人民美术出版社　1958年　92页　25cm（15开）
统一书号：8027.2489　定价：CNY3.80

J0014930
工农业"大跃进"画展选集　浙江美术学院编
杭州　浙江人民出版社　1958年　132页
26cm（16开）统一书号：8103.47
定价：CNY1.00

J0014931
群众文艺选辑　（第五期　画刊特辑）中共新
海连市委宣传部编
连云港　中共新海连市委宣传部　1958年　24页

26cm（16开）

J0014932
十三陵水库画选　人民美术出版社编辑
北京　人民美术出版社　1958年　55页　20cm（32开）
统一书号：8027.1920　定价：CNY0.38

J0014933
兵画选集　广州部队政治部编
广州　广东人民出版社　1959年　36页　21cm（32开）
统一书号：8111.342　定价：CNY1.50

J0014934
部队美术作品选　中国人民解放军沈阳部队
政治部编
沈阳　辽宁画报社　1959年　影印本　30页
13×19cm　统一书号：T8117.996　定价：CNY0.30

J0014935
海军美术作品选　（画册　第一集）廖罗平等作
上海　上海人民美术出版社　1959年　影印本
81幅　26cm（16开）　统一书号：T8081.4592
定价：CNY11.00

J0014936
海军美术作品选　廖罗平等作；上海人民美
术出版社编
上海　上海人民美术出版社　1959年　影印本
81幅　26cm（16开）　统一书号：T8081.4592
定价：CNY11.00

J0014937
华东部队战士美术作品选　上海人民美术出
版社编辑
上海　上海人民美术出版社　1959年　65幅
21cm（32开）精装　统一书号：T8081.4520
定价：CNY6.50

J0014938
解放军战士画选　人民美术出版社编辑
北京　人民美术出版社　1959年［51］页
20cm（32开）　定价：CNY0.84

J0014939
井冈山瑞金风景　（画册）吴冠中作

北京　人民美术出版社　1959年　16cm（25开）
统一书号：8027.2953　定价：CNY0.80
　　作者吴冠中（1919—2010），著名画家、美术
教育家。江苏宜兴人。毕业于国立杭州艺术专
科学校。中央工艺美术学院教授。代表作品《长
江三峡》《鲁迅的故乡》《春雪》《长城》，油画代
表作有《长江三峡》《北国风光》《小鸟天堂》《黄
山松》《鲁迅的故乡》等，个人文集有《吴冠中谈
艺集》《吴冠中散文选》《美丑缘》等。

J0014940
美术画片　贺志尹等作
郑州　河南人民出版社　1959年　1套　15cm（40开）
统一书号：T8105.105　定价：CNY0.30

J0014941
庆祝南京解放十周年　杨涵等作
南京　江苏文艺出版社　1959年　12幅　38cm（6开）
统一书号：8141.428　定价：CNY2.00
　　解放军军史画江苏部分作品选。作者杨涵
（1920—2014），编辑。原名桂森。浙江温州人。
历任上海人民美术出版社副社长、副总编、编
审。主要木刻作品《淮海战役》《赔碗》《修运河
水闸》。

J0014942
全国青年美术工作者作品展览会选集
（1957年）郁风等编
北京　人民美术出版社　1959年　165页
26cm（16开）　精装　统一书号：8027.1328
定价：CNY8.00

J0014943
天津市艺术博物馆藏画集　（第一册）张珩，
韩慎先辑
北京　文物出版社　1959年　影印本　88页
有图　37cm（8开）　线装　统一书号：7068.73
定价：CNY14.00

J0014944
天津市艺术博物馆藏画集　（第二册）
北京　文物出版社　1963年　151页　37cm（8开）
线装　统一书号：7068.211　定价：CNY38.00

J0014945

天津市艺术博物馆藏画集 （续集）天津市艺术博物馆编

北京 文物出版社 1963 年 151 页 37cm（8 开）
线装 定价：CNY38.00

J0014946

天津市艺术博物馆藏画集 （续集）天津市艺术博物馆编

北京 文物出版社 1963 年 影印本 有图 线装

J0014947

天津市艺术博物馆藏画集 天津市艺术博物馆编

北京 文物出版社 1982 年 刻本 有图 线装
　分二册。

J0014948

一歌一画 边疆文艺编辑部编

昆明 云南人民出版社 1959 年 28 幅 26cm（16 开）
精装 统一书号：8116.362 定价：CNY2.90

J0014949

艺苑集锦 （画册）天津市艺术博物馆编

天津 天津美术出版社 1959 年 影印本 60 幅
39cm（8 开）缎面精装 统一书号：8073.1704
定价：CNY20.00

J0014950

中国近百年绘画展览选集 文物出版社编

北京 文物出版社 1959 年 37cm（8 开）精装
统一书号：7086.62 定价：CNY14.00

J0014951

白手起家 鲁迅美术学院附中学生绘

沈阳 辽宁美术出版社 1960 年 14 幅 39cm（4 开）
活页精装 统一书号：8117 图·353
定价：CNY6.00

J0014952

边疆小唱 郁风作

［昆明］云南人民出版社 1960 年 10 张（套）
15cm（64 开）定价：CNY0.35

J0014953

"大跃进"美术作品选 山东艺术专科学校编

济南 山东人民出版社 1960 年 24cm（26 开）
统一书号：8099.361 定价：CNY1.40

J0014954

美术作品选 贺天健等作；上海人民美术出版社编辑

上海 上海人民美术出版社 1960 年 69 幅
38cm（6 开）统一书号：T8081.5049
定价：CNY11.00

　　作者贺天健（1891—1977），国画家、书法家。原名贺骏，又名贺炳南，字健叟，阿难等。江苏无锡人。毕业于西安美术学院。书法作品有《东风吹到好江山》，出版有《贺天健画集》《贺天健山水册》《学山水画过程自述》等。

J0014955

美术作品选集 江西人民出版社编

南昌 江西人民出版社 1960 年 50 幅 27cm（16 开）
统一书号：8110.259 定价：CNY0.49

J0014956

为了丰收 吕学勤等绘

上海 上海人民美术出版社 1960 年 55 页
21cm（32 开）统一书号：T8018.4653
定价：CNY1.50
（工农兵美术作品选 第二辑 第二本）

　　作者吕学勤（1936—1993），画家。别名理园，山东临朐人。历任中国美术家协会理事，山东美术家协会副主席，山东省美术馆一级美术师。代表作品有《雨后江山分外明》《春风得意图》《科研小组》等。

J0014957

萧淑芳 李斛 宗其香画展选集 萧淑芳等绘

上海 上海人民美术出版社 1960 年 55 幅
21cm（32 开）统一书号：T8081.4652
定价：CNY3.70

　　画集收 55 幅图，中国画家萧淑芳、李斛、宗其香以 200 幅作品在北京、天津、上海、武汉、重庆、辽宁等地展出，作品以中国画笔法进行描绘，但在表现技法上各有新的创造。作者萧淑芳（1911—2005），女，国画家。广东中山人。曾任中央美术学院教授，中国美术家协会会员。出版有《走过九十——萧淑芳画集》《萧淑芳画选》《荣宝斋萧淑芳花卉画谱》《中国儿童游戏》《吴作人、萧淑芳中国画集》等。

J0014958

新安江画集　浙江人民美术出版社编辑
杭州　浙江人民美术出版社　1960年　［34页］
26×38cm（8开）精装　统一书号：8156.103
定价：CNY14.00（布面），CNY12.00（纸面）

J0014959

"跃进"画选　上海人民美术出版社编
上海　上海人民美术出版社　1960年　44幅
21cm（32开）统一书号：T8081.4779
定价：CNY1.80

J0014960

中国留苏学生习作集　肖峰等作
天津　天津美术出版社　1960年　12张（套）
定价：CNY0.60

J0014961

中国人民解放军第二届美术作品展览会选集　人民美术出版社编辑
北京　人民美术出版社　1960年　影印本　117幅
26cm（16开）精装　统一书号：8027.3601
定价：CNY13.00
　　本书为中国人民解放军第二届美术作品展览会绘画作品选集。

J0014962

中国人民解放军第二届美术作品展览会业余美术作品选集　上海人民美术出版社编辑
上海　上海人民美术出版社　1960年　影印本
107页　21cm（32开）精装
统一书号：T8081.5019　定价：CNY7.60

J0014963

猪肥粮丰　上海人民美术出版社编辑
上海　上海人民美术出版社　1960年　38页
15cm（40开）统一书号：T8081.4946
定价：CNY0.30

J0014964

十年中国绘画选集　（1949—1959）人民美术出版社编辑
北京　人民美术出版社　1961年　影印本　96幅
39cm（4开）精装　统一书号：8027.2816
定价：CNY75.00
　　本书是为纪念中华人民共和国成立10周年出版的美术作品选集。共选编1949年至1959年期间，中国美术工作者所创作的优秀作品96幅。包括中国画、油画、年画、水彩、素描等绘画形式，展现了中华人民共和国成立10年期间美术创作所取得的巨大发展。

J0014965

中国工人画选集　人民美术出版社编
北京　人民美术出版社　1961年　影印本　50幅
27cm（16开）精装　统一书号：8027.7820
定价：CNY8.20

J0014966

祖国的保卫者　上海人民美术出版社编
上海　上海人民美术出版社　1961年　47页
21cm（32开）统一书号：T8081.5055
定价：CNY1.40
（工农兵美术作品选　第二辑　第三本）

J0014967

百花诗画谱　郭沫若诗；于非闇绘
北京　荣宝斋　1962年　26cm（16开）
　　本书有郭沫若手书咏花抒怀诗101首。作者郭沫若（1892—1978年），文学家、历史学家。原名开贞，字鼎堂。号尚武，乳名文豹，笔名沫若、麦克昂、郭鼎堂，四川乐山人。毕业于日本九州帝国大学。历任中国科学院首任院长、中国科学技术大学首任校长、苏联科学院外籍院士。代表作《郭沫若全集》《甲骨文字研究》《中国史稿》等。作者于非闇（1889—1959），满族，画家。原名于魁照，后改名于照，字仰枢，别署非闇，又号闲人等。出生于北京，祖籍山东蓬莱。历任中央美术学院民族美术研究所研究员、北京中国画研究会副会长、北京画院副院长。作品有《玉兰黄鹂》《丹柿图》《牡丹鸽子》等，著有《非闇漫墨》《艺兰记》《中国画颜料研究》《我怎样画花鸟画》等。

J0014968

冯师韩先生书画集 （四卷）冯汉作；帅铭初等编
香港 冯门同学会 1962年 影印本 82页
34cm（12开）

J0014969

革命历史画选 人民美术出版社编辑
北京 人民美术出版社 1962年 28幅
53cm（4开）活页精装 统一书号：8027.3828
定价：CNY54.00
　　本书编选了《毛主席在井冈山上》《南昌起义》《红军过雪山》《淮海大战》《百万雄师下江南》《开国大典》等28幅绘画作品。

J0014970

革命历史画选 人民美术出版社编辑
北京 人民美术出版社 1962年 53cm（4开）
甲种精装本 定价：CNY60.00

J0014971

革命历史画选 人民美术出版社编辑
北京 人民美术出版社 1962年 53cm（4开）
乙种精装本 定价：CNY54.00

J0014972

辽宁省博物馆藏画集 辽宁省博物馆编
北京 文物出版社 1962年 236幅（函）
40cm（8开）活页精装 统一书号：7068.181
定价：CNY90.00
（《博物馆藏画集》系列画册 一）
　　本书选编辽宁省博物馆所藏历代绘画。上册从东晋至元代绘画42幅，下册为明、清两代绘画82幅。其中著称于世的有东晋顾恺之《洛神赋》、唐代周昉《簪花仕女图》以及明代文徵明、清代原济等著名画家的作品。全部为珂罗版影印。

J0014973

辽宁省博物馆藏画集 辽宁省博物馆编
北京 文物出版社 1962年 影印本 2册（函）
37cm（8开）线装 统一书号：7068.181
定价：CNY90.00

J0014974

辽宁省博物馆藏画集 （续集）辽宁省博物馆编
北京 文物出版社 1980年 2册（232页）
38cm（6开）线装本
　　本书是中国画画册。上册从五代到明代26件，下册为明清画家的45件。

J0014975

辽宁省博物馆藏画集续集 辽宁省博物馆编
北京 文物出版社 1965年 40cm（8开）
（《博物馆藏画集》系列画册）

J0014976

农村即景 亚明等作
北京 人民美术出版社 1962年 8张（套）
15cm（40开）定价：CNY0.50
　　本作品系美术综合集，包括国画、水彩画、版画等。作者亚明（1924—2002），画家、教授。原姓叶，名家炳，号敬植，后改名亚明。安徽合肥人。历任无锡市美协主席、江苏省美术工作室主任、江苏省国画院副院长、中国美协常务理事、香港《文汇报》中国画版主编。出版有《访苏画辑》《亚明作品选集》《亚明画集》《三湘四水集》等。

J0014977

中国人民解放军海军美术作品小画片 海军美术工作者集体创作
西安 陕西人民出版社 [1962年] 19cm（32开）
统一书号：8094.138 定价：CNY0.56

J0014978

美术作品选辑 （第1辑）中国美术家协会安徽分会编
合肥 安徽人民出版社 1963年 10幅 39cm（4开）
活页 统一书号：8102.180 定价：CNY1.00（1）

J0014979

南京部队美术作品选集 赵光涛等作；南京部队政治部文化部编
上海 上海人民美术出版社 1963年 50页
21cm（32开）统一书号：T8081.5257
定价：CNY4.20，CNY5.50（精装）

J0014980
杨之光肖像画选
广州　岭南美术出版社　1963 年　12 张（套）
26cm（16 开）　定价：CNY1.60

J0014981
中国人民解放军海军美术作品选　（第二集）
廖罗平等作
上海　上海人民美术出版社　1963 年　影印本　54 幅
26cm（16 开）　精装　统一书号：T8081.5358
定价：CNY10.00

J0014982
湖南风光　（第 1 辑）
［长沙］湖南人民出版社　1964 年　10 张（套）
19cm（小 32 开）　定价：CNY0.60

J0014983
文物精华　（第 3 集）文物精华编辑委员会编
［北京］文物出版社　1964 年　53cm（4 开）
定价：CNY12.00

J0014984
瀚海新歌　（甘肃、青海、新疆三省 区美术作
品选集）汪岳云等作
西安　长安美术出版社　1965 年　27cm（16 开）
统一书号：8146.920　定价：CNY2.50

J0014985
美术作品介绍　（第二集）上海人民美术出版
社编辑
上海　上海人民美术出版社　1965 年　30 页
38cm（6 开）统一书号：T8081.5501
定价：CNY0.24

J0014986
**八·六海战　钢铁战士麦贤得英雄事迹画
选**　中国人民解放军海军南海舰队政治部文化
部, 中国美术家协会广东分会编
广州　广东人民出版社　1966 年　19cm（32 开）
统一书号：T8111.691　定价：CNY0.10

J0014987
第一冶金建设公司工人美术作品选集　中
共第一冶金公司政治部编

武汉　湖北人民出版社　1966 年　57 页　21cm（32 开）
精装　统一书号：T8106.749　定价：CNY12.00

J0014988
工农兵人物画资料　人民美术出版社编辑
北京　人民美术出版社　1966 年　105 页
19cm（32 开）统一书号：T8027.4693
定价：CNY0.40

J0014989
伟大的航程　（伟大统帅毛主席首次视察海军
舰艇部队 15 周年美术作品）
上海　上海人民美术出版社　1966 年　6 张
27cm（16 开）

J0014990
中国人民解放军海军美术作品选　海军美
术工作者集体创作
［北京］中国人民解放军海军政治部　1970 年
38cm（6 开）精装

J0014991
毛主席像
北京　人民出版社　1971 年　76cm（2 开）
定价：CNY0.10

J0014992
中国人民解放军海军美术作品选　海军美
术工作者集体创作
北京　人民美术出版社　1971 年　42 张（盒）
45cm（5 开）定价：CNY5.60, CNY8.60（精装）

J0014993
工农兵形象选　天津人民美术出版社编辑
天津　天津人民美术出版社　1972 年　76 页
13cm（60 开）统一书号：8073.50006
定价：CNY0.32

J0014994
工农兵形象选　（二）天津人民美术出版社编辑
天津　天津人民美术出版社　1973 年　74 页
15cm（40 开）统一书号：8073.50023
定价：CNY0.35

J0014995

工农兵形象选 （三）天津人民美术出版社编辑
天津　天津人民美术出版社　1975 年　76 页
19×11cm　定价：CNY0.36

J0014996

工农兵形象选 （四）天津人民美术出版社编辑
天津　天津人民美术出版社　1976 年　76 页
30×23cm　定价：CNY0.36

J0014997

工农兵形象选 （五）天津人民美术出版社编辑
天津　天津人民美术出版社　1977 年　76 页
19×11cm　定价：CNY0.36

J0014998

工农兵形象选 （六）
天津　天津人民美术出版社　1978 年　66 页
15cm（40 开）统一书号：8073.50089
定价：CNY0.32

J0014999

全国美术作品展览会选辑
北京　人民美术出版社　1972 年　16 张（套）
19cm（32 开）　定价：CNY0.80
　　纪念毛主席《在延安文艺座谈会上的讲话》
发表 30 周年。

J0015000

北京部队美术作品选　北京部队政治部编
北京　人民美术出版社　1973 年　43 页　18cm（15 开）
统一书号：8027.5672　定价：CNY0.58

J0015001

工农兵画集　［辽宁人民出版社编］
沈阳　辽宁人民出版社　1973 年　17cm（40 开）
统一书号：8090.299　定价：CNY0.50

J0015002

工农兵画选　（3）邯郸市文化馆，邯郸市工人
俱乐部编
邯郸　邯郸市文化馆　1973 年　61 页　17×18cm

J0015003

纪念毛主席"一定要根治海河"题词十周年

美术作品选　河北省纪念毛主席"一定要根治
海河"题词十周年画册编辑组编
保定　河北人民出版社　1973 年　32cm（10 开）
统一书号：8086.375　定价：CNY0.90

J0015004

**纪念毛主席"一定要根治海河"题词十周年
美术作品选**　河北省纪念毛主席"一定要根治
海河"题词十周年画册编辑组编
石家庄　河北人民出版社　1973 年　25 幅（套）
38cm（6 开）定价：CNY1.00

J0015005

**纪念毛主席《在延安文艺座谈会上的讲话》
发表三十周年美术作品选**　国务院文化组美
术作品征集小组编
北京　人民美术出版社　1973 年　96 幅（套）
38cm（6 开）定价：CNY20.00（甲种本），
CNY16.00（乙种本）

J0015006

美术资料　（1）上海人民出版社编辑
上海　上海人民出版社　1973 年　42 页　有图
26cm（16 开）统一书号：8171.590
定价：CNY0.35

J0015007

美术资料　（2）上海人民出版社编辑
上海　上海人民出版社　1973 年　38 页　有图
26cm（16 开）统一书号：8171.649
定价：CNY0.35

J0015008

美术资料　（3）上海人民出版社编辑
上海　上海人民出版社　1973 年　26cm（16 开）
定价：CNY0.35

J0015009

美术资料　（4）上海人民出版社编辑
上海　上海人民出版社　1974 年　40 页　有图
26cm（16 开）统一书号：8171.705
定价：CNY0.35

J0015010

美术资料　（5）上海人民出版社编辑

上海　上海人民出版社　1974 年　27cm（大 16 开）
定价：CNY0.35

J0015011
美术资料　（6）上海人民出版社编辑
上海　上海人民出版社　1974 年　27cm（大 16 开）
定价：CNY0.35

J0015012
美术资料　（7）上海人民出版社编辑
上海　上海人民出版社　1974 年　27cm（大 16 开）
定价：CNY0.35

J0015013
美术资料　（8 全国美术作品展览专辑）上海
人民出版社编辑
上海　上海人民出版社　1975 年　37 页　26cm（16 开）
统一书号：8171.1194　定价：CNY0.30

J0015014
美术资料　（15）上海人民出版社编辑
上海　上海人民出版社　1976 年　26cm（16 开）
定价：CNY0.16

J0015015
美术资料　（16）上海人民出版社编辑
上海　上海人民出版社　1976 年　26cm（16 开）
定价：CNY0.16

J0015016
全国美术作品展览会选辑　（中国画）
北京　人民美术出版社　1973 年　16 幅（套）
19cm（32 开）　定价：CNY0.52
　　　纪念毛主席《在延安文艺座谈会上的讲话》
发表 30 周年。

J0015017
"二七"大罢工革命史画选　郑州市"二七"
大罢工革命史画创作办公室编
郑州　河南人民出版社　1974 年　23 张　附说明书
1 张　19cm（32 开）　统一书号：8105.388
定价：CNY0.42
　　　本画选为纪念"二七"大罢工 50 周年（1923—
1973）绘画作品选。

J0015018
《全国连环画、中国画展览》中国画选集
（1973）国务院文化组美术作品征集小组编
北京　人民美术出版社　1974 年　49 页　38cm（6 开）
统一书号：8027.5847　定价：CNY5.80

J0015019
沸腾的工地　六九八五工程指挥部［编］
天津　天津人民美术出版社　1974 年　32 页
17cm（40 开）统一书号：8073.50018
定价：CNY0.60

J0015020
活页美术资料　（1）
北京　人民美术出版社　1974 年　27cm（大 16 开）
定价：CNY0.03

J0015021
济南部队美术作品选　济南部队政治部宣传
部供稿
济南　山东人民出版社　1974 年　28 幅　19×26cm
统一书号：8099.263　定价：CNY1.60

J0015022
鲁迅——伟大革命家、思想家、文学家　国
务院文化组美术作品征集小组编；郑毓敏等绘；
沈欣等编
北京　人民美术出版社　1974 年　16 张（套）
30cm（10 开）　定价：CNY1.60

J0015023
美术园地气象新　（美术资料选编）江苏人民
出版社选编
南京　江苏人民出版社　1974 年　115 页
19cm（32 开）　统一书号：10100.081
定价：CNY0.23

J0015024
在广阔的天地里　上海人民出版社编辑
上海　上海人民出版社　1974 年　55 页　19cm（32 开）
统一书号：8171.939　定价：CNY1.25

J0015025
在广阔天地里　（美术作品选）
北京　人民美术出版社　1974 年　47 页　18cm（30 开）

统一书号：8027.5991 定价：CNY0.50

J0015026
浙江美术学院工农兵大学生美术作品选
北京 人民美术出版社 1974 年 33 页 18cm（30开）
统一书号：8027.5957 定价：CNY0.50

J0015027
"鞍钢宪法"永放光芒 （纪念毛主席批示的
"鞍钢宪法"发表十五周年）辽宁人民出版社
编辑
沈阳 辽宁人民出版社 1975 年 12 幅 26cm（16开）
统一书号：8090.636 定价：CNY0.60
　　为纪念毛主席批示的"鞍钢宪法"发表
15 周年，专门出版的中国现代绘画作品综合
画册。

J0015028
1973—1974 参加全国美展作品
济南 山东人民出版社 1975 年 32 幅 26cm（16开）
统一书号：8099.366 定价：CNY1.80

J0015029
八连战士画　卜国强等著
天津 天津人民美术出版社 1975 年 61 页
17×19cm 统一书号：8073.50049
定价：CNY0.76

J0015030
第一冶金建设公司工人美术作品选　第一
冶金建设公司政治部编
北京 人民美术出版社 1975 年 ［50］页
20cm（32开） 统一书号：8027.6042
定价：CNY0.74

J0015031
明清名人尺牍墨宝 （一集）李应桢等书
台北 文海出版社 1975 年 影印本 3册（786页）
21cm（32开） 精装
（近代中国史料丛刊续编 第十五辑 151–153）

J0015032
年画、农民画选辑　辽宁人民出版社编辑
沈阳 辽宁人民出版社 1975 年 16 幅
26cm（16开） 定价：CNY0.80

J0015033
上海　阳泉　旅大工人画展览作品选
太原 山西人民出版社 1975 年 16 幅
26cm（16开） 定价：CNY0.80

J0015034
上海　阳泉　旅大工人画展览作品选
西安 陕西人民出版社 1975 年 6 页 19×26cm
统一书号：8094.386 定价：CNY0.04

J0015035
上海、阳泉、旅大工人画展览作品选
西安 陕西人民出版社 1975 年 6 页
26cm（16开） 定价：CNY0.24

J0015036
上海、阳泉、旅大工人画展览作品选集　国
务院文化组美术作品征集小组编
北京 人民美术出版社 1975 年 71 页 38cm（6开）
精装 统一书号：8027.6152 定价：CNY6.50

J0015037
扎根农村干革命 （知识青年画选）四川省文
化局群众文化工作室编
成都 四川人民出版社 1975 年 19 幅
26cm（16开） 定价：CNY0.65

J0015038
中国画、油画图录
天津 天津人民美术出版社 1975 年 ［139 页］
18cm（15开） 统一书号：8073.50043
定价：CNY0.77

J0015039
雕塑宣传画　水粉画　装饰画选辑　辽宁
人民出版社编辑
沈阳 辽宁人民出版社 1976 年 16 幅
26cm（16开） 定价：CNY0.80

J0015040
工农兵画选
济南 山东人民出版社 1976 年 30 幅
26cm（16开） 定价：CNY3.00

J0015041
理论新军 （工农兵理论队伍画册）
上海　上海人民出版社　1976 年　20cm（32 开）
统一书号：8171.1622　定价：CNY0.44

J0015042
鲁迅 （画集）上海人民出版社编辑
上海　上海人民出版社　1976 年　12 幅　26cm（16 开）
统一书号：8171.1749　定价：CNY0.90

J0015043
美术作品介绍 （第五辑）上海人民出版社编辑
上海　上海人民出版社　1976 年　32 页　19cm（32 开）
统一书号：8171.1093　定价：CNY0.30

J0015044
美术作品选页
兰州　甘肃人民出版社　1976 年　15 幅　26cm（16 开）
定价：CNY1.00

J0015045
广西风光
南宁　广西人民出版社　1977 年　16 幅　38cm（6 开）
定价：CNY2.15

J0015046
红旗渠赞　中央"五七"艺术大学美术学院
七四届普通班供稿
郑州　河南人民出版社　1977 年　37 页　21cm（24 开）
定价：CNY0.70

J0015047
湖南省军区某部机炮连画选　湖南人民出版
社，人民美术出版社编辑
北京　人民美术出版社　1977 年　15 页　26cm（16 开）
定价：CNY0.15

J0015048
鲁迅　陕西省艺术学院美术系绘画
西安　陕西人民出版社　1977 年　12 页　17×18cm
定价：CNY0.20

J0015049
美术资料 （1）新疆人民出版社美术编辑室编
乌鲁木齐　新疆人民出版社　1977 年　8 页

26cm（16 开）定价：CNY0.05

J0015050
美术资料 （2）新疆人民出版社美术编辑室编
乌鲁木齐　新疆人民出版社　1977 年　8 页
26cm（16 开）定价：CNY0.05

J0015051
美术资料 （3）新疆人民出版社美术编辑室编
乌鲁木齐　新疆人民出版社　1977 年　8 页
26cm（16 开）定价：CNY0.05

J0015052
美术资料 （4）新疆人民出版社美术编辑室编
乌鲁木齐　新疆人民出版社　1977 年　8 页
26cm（16 开）定价：CNY0.05

J0015053
美术资料 （5 热烈欢呼《毛泽东选集》第五卷
发行专辑）新疆人民出版社美术编辑室编
乌鲁木齐　新疆人民出版社　1977 年　8 页
26cm（16 开）定价：CNY0.05

J0015054
美术资料 （6）
乌鲁木齐　新疆人民出版社　1977 年　8 页
26cm（16 开）定价：CNY0.05

J0015055
美术资料 （7　全国美术作品展览漫画选辑）
新疆人民出版社美术编辑室编
乌鲁木齐　新疆人民出版社　1977 年　8 页
26cm（16 开）定价：CNY0.05

J0015056
美术资料 （8）新疆人民出版社美术编辑室编
乌鲁木齐　新疆人民出版社　1977 年　8 页
26cm（16 开）定价：CNY0.05

J0015057
美术资料 （9）
乌鲁木齐　新疆人民出版社　1977 年　8 页
26cm（16 开）定价：CNY0.05

J0015058
美术资料 （10）新疆人民出版社美术编辑
室编
乌鲁木齐 新疆人民出版社 1977 年 8 页
26cm（16 开）定价：CNY0.05

J0015059
美术资料 （11）新疆人民出版社美术编辑
室编
乌鲁木齐 新疆人民出版社 1977 年 8 页
26cm（16 开）定价：CNY0.05

J0015060
美术资料 （12）新疆人民出版社美术编辑室编
乌鲁木齐 新疆人民出版社 1977 年 8 页
26cm（16 开）定价：CNY0.05

J0015061
美术资料 （13）新疆人民出版社美术编辑室编
乌鲁木齐 新疆人民出版社 1977 年 8 页
26cm（16 开）定价：CNY0.05

J0015062
美术资料 （14）新疆人民出版社美术编辑室编
乌鲁木齐 新疆人民出版社 1977 年 8 页
26cm（16 开）定价：CNY0.05

J0015063
美术资料 （15）新疆人民出版社美术编辑室编
乌鲁木齐 新疆人民出版社 1977 年 8 页
26cm（16 开）定价：CNY0.05

J0015064
美术资料 （16）
乌鲁木齐 新疆人民出版社 1978 年 16 页
26cm（16 开）定价：CNY0.18

J0015065
美术资料 （17）
乌鲁木齐 新疆人民出版社 1978 年 16 页
26cm（16 开）定价：CNY0.15

J0015066
美术资料 （18）
乌鲁木齐 新疆人民出版社 1978 年 16 页

26cm（16 开）定价：CNY0.18

J0015067
美术资料 （19）
乌鲁木齐 新疆人民出版社 1978 年 16 页
26cm（16 开）定价：CNY0.18

J0015068
美术作品选 （第二辑）
哈尔滨 黑龙江人民出版社 1977 年 15 幅
26cm（16 开） 定价：CNY1.70

J0015069
永恒的怀念 （伟大的领袖和导师毛主席、敬
爱的周总理、朱委员长永远活在我们心中）
太原 山西人民出版社 1977 年 24 幅
26cm（16 开） 定价：CNY1.35

J0015070
广西风光
南宁 广西人民出版社 [1978 年][16 幅]
38cm（6 开） 套装 统一书号：8113.375
定价：CNY2.15

J0015071
华国锋主席
天津 天津人民美术出版社 1978 年 16 幅
26cm（16 开）统一书号：8073.50082
定价：CNY0.90

J0015072
柯棣华大夫 （美术作品选）中国人民解放军
白求恩国际和平医院供稿
石家庄 河北人民出版社 1978 年 30 页
20cm（32 开） 统一书号：8086.895
定价：CNY1.20

J0015073
美术作品选 （热烈庆祝华国锋同志任中共中
央主席、中央军委主席 热烈庆祝粉碎“四人帮”
篡党夺权阴谋的伟大胜利）人民美术出版社
编辑
北京 人民美术出版社 1978 年 151 幅
38cm（6 开） 统一书号：8027.6670
定价：CNY28.50

J0015074
美术作品展览预览图录
天津 天津人民美术出版社 1978年 90页
19cm（32开）定价：CNY0.56
　　本图录为庆祝中国人民解放军建军50周年。

J0015075
庆祝宁夏回族自治区成立二十周年美术作品选 宁夏回族自治区美术摄影工作办公室编
银川 宁夏人民出版社 1978年 32幅 38cm（6开）
　　本书收录宁夏专业和业余美术工作者绘制的作品共32幅，歌颂革命传统、歌颂中国共产党和祖国巨大变化。

J0015076
庆祝中国人民解放军建军五十周年美术作品选 人民美术出版社编辑
北京 人民美术出版社 1978年 60幅 38cm（6开）
统一书号：8027.6851 定价：CNY13.00

J0015077
全国美术作品展览图录 （漫画 1977）
天津 天津人民美术出版社 1978年 98幅
19cm（32开）统一书号：8073.50086
定价：CNY0.63

J0015078
全国美术作品展览图录 （中国画、油画）
天津 天津人民美术出版社 1978年［168］幅
19cm（32开）统一书号：8073.50085
定价：CNY1.17

J0015079
人物画习作选 （1）
北京 人民美术出版社 1978年 15页 26cm（16开）
统一书号：8027.6779 定价：CNY0.24

J0015080
人物画习作选 （2）人民美术出版社编辑室编
北京 人民美术出版社 1978年［22］页
26cm（16开）统一书号：8027.6939
定价：CNY0.32

J0015081
人物形象选 甘肃省美术作品展览办公室供稿

兰州 甘肃人民出版社 1978年 19页 18cm（32开）
统一书号：8096.653 定价：CNY0.21

J0015082
肖像画选辑 （第一辑）吴自强等作
福州 福建人民出版社 1978年 12幅 19cm（32开）
统一书号：8173.236 定价：CNY0.60
　　作者吴自强（1943— ），画家。擅古代人物、诗意画，间写山水，花鸟，以工笔见长。祖籍浙江杭州，生于江苏苏州。又名吴声。浙江美术学院工艺美术系毕业。杭州画院专业画家、中国美术家协会会员，曾任浙江人民出版社美术编辑。获得过杭州市文艺创作奖一等奖。作品《傲雪》《曙光》《春酣》《西湖诗词画意百图》《古诗画诗》《唐宋诗意画》《长恨歌二十图》《醉八仙》等。

J0015083
肖像画选辑 （第二辑）顾生岳等作
福州 福建人民出版社 1978年 12幅 19cm（32开）
统一书号：8173.237 定价：CNY0.60
　　作者顾生岳（1927—2012），画家。浙江普陀人。毕业于中央美术学院华东分院。历任浙江美术学院中国画系主任、教授，浙江画院副院长、杭州市美协主席、浙江人物画研究会会长等职。著作有《顾生岳人物速写选》。

J0015084
肖像画选辑 （第三辑）刘跃真等绘
福州 福建人民出版社 1978年 12幅 19cm（32开）
统一书号：8173.238 定价：CNY0.60

J0015085
肖像画选辑 （第四辑）廖炯模等作
福州 福建人民出版社 1978年 12幅 19cm（32开）
统一书号：8173.239 定价：CNY0.60

J0015086
中国人民解放军海军美术作品选 海军政治部文化部编
上海 上海人民美术出版社 1978年 100幅
25cm（小16开）统一书号：8081.11122
定价：CNY12.50

J0015087
白求恩纪念馆美术作品选　中国人民解放军
白求恩国际和平医院供稿
石家庄　河北人民出版社　1979 年　36 页
20cm（32 开）统一书号：8086.1138
定价：CNY1.00

J0015088
风景习作选　（一）
沈阳　辽宁美术出版社　1979 年　18 幅　26cm（16 开）
统一书号：8117.1653　定价：CNY0.70

J0015089
纪念鲁迅美术作品选
天津　天津人民美术出版社　1979 年　80 页
24cm（26 开）统一书号：8073.50113
定价：CNY2.90

J0015090
毛主席永远活在人民心中　（美术作品选）
天津　天津人民美术出版社　1979 年　61 页
25cm（小 16 开）精装　统一书号：8073.50106
定价：CNY13.50

J0015091
人民的好总理　（美术作品选）
天津　天津人民美术出版社　1979 年　12 幅
25cm（小 16 开）统一书号：8073.7002
定价：CNY1.00

J0015092
**上海　山东　安徽　江西　江苏　浙江
福建肖像画展览图录**　（1978）上海人民美
术出版社编辑
上海　上海人民美术出版社　1979 年　175 页
有图　20cm（32 开）定价：CNY1.40

J0015093
肖像画选集
上海　上海人民美术出版社　1979 年　1 册
24cm（16 开）统一书号：8081.11468
定价：CNY3.60

J0015094
中国女画家作品选　中华全国妇女联合会编

北京　人民美术出版社　1979 年　16 张
19cm（32 开）统一书号：8027.7130
定价：CNY1.60

J0015095
中国女画家作品选　中华全国妇女联合会编
北京　人民美术出版社　1983 年　16 幅　19cm（32 开）
套装　统一书号：8027.8858　定价：CNY1.85
　　本画集选收了北京、上海、南京等地的 16
位比较著名的女画家的国画作品共 16 幅。

J0015096
中国书画　（1）人民美术出版社编辑
北京　人民美术出版社　1979 年　32 页　38cm（6 开）
统一书号：8027.7015　定价：CNY2.80
　　本套书内容包括中国画（人物、山水、花鸟
等）、书法（楷、隶、行、草、篆各体）、篆刻（朱文、
白文、边款等）。

J0015097
中国书画　（2）人民美术出版社编辑
北京　人民美术出版社　1979 年　32 页　38cm（8 开）
统一书号：8027.7128　定价：CNY2.80

J0015098
中国书画　（3）人民美术出版社编辑
北京　人民美术出版社　1980 年　32 页　38cm（8 开）
统一书号：8027.7203　定价：CNY2.80

J0015099
中国书画　（4）人民美术出版社编辑
北京　人民美术出版社　1980 年　32 页　38cm（8 开）
统一书号：8027.7015　定价：CNY2.80

J0015100
中国书画　（5）人民美术出版社编辑
北京　人民美术出版社　1980 年　32 页　38cm（8 开）
统一书号：8027.7389　定价：CNY2.80

J0015101
中国书画　（6）人民美术出版社编辑
北京　人民美术出版社　1980 年　31 页　38cm（8 开）
统一书号：8027.7465　定价：CNY2.80

J0015102

中国书画 （7）人民美术出版社编辑

北京 人民美术出版社 1981 年 32 页 38cm（8 开）

统一书号：8027.7541 定价：CNY2.80

J0015103

中国书画 （8）人民美术出版社编辑

北京 人民美术出版社 1981 年 32 页 38cm（8 开）

统一书号：8027.7632 定价：CNY2.80

J0015104

中国书画 （9）人民美术出版社编辑

北京 人民美术出版社 1981 年 32 页 38cm（8 开）

统一书号：8027.7752 定价：CNY2.80

J0015105

中国书画 （10）人民美术出版社编辑

北京 人民美术出版社 1982 年 32 页 38cm（8 开）

统一书号：8027.7899 定价：CNY2.80

J0015106

中国书画 （11）人民美术出版社编辑

北京 人民美术出版社 1982 年 32 页 38cm（8 开）

统一书号：8027.8034 定价：CNY2.80

J0015107

中国书画 （12）人民美术出版社编辑

北京 人民美术出版社 1983 年 32 页 38cm（8 开）

统一书号：8027.8191 定价：CNY2.80

J0015108

中国书画 （13）人民美术出版社编辑

北京 人民美术出版社 1983 年 32 页 38cm（8 开）

统一书号：8027.8356 定价：CNY2.80

J0015109

中国书画 （14）人民美术出版社编辑

北京 人民美术出版社 1983 年 32 页 38cm（8 开）

统一书号：8027.8356 定价：CNY2.80

J0015110

中国书画 （15）人民美术出版社编辑

北京 人民美术出版社 1984 年 31 页 38cm（8 开）

定价：CNY2.80

J0015111

中国书画 （16）人民美术出版社编辑

北京 人民美术出版社 1985 年 32 页 38cm（8 开）

统一书号：8027.9066 定价：CNY3.50

J0015112

中国书画 （17）人民美术出版社编辑

北京 人民美术出版社 1985 年 32 页 38cm（8 开）

定价：CNY3.50

J0015113

中国书画 （18）沈鹏主编

北京 人民美术出版社 1986 年 32 页 38cm（8 开）

统一书号：8027.9549 定价：CNY3.50

　　作者沈鹏（1931—　　），书法家、美术评论家、诗人。生于江苏江阴。历任中国文联副主席、中国书法家协会主席、中国美术出版总社顾问以及《中国书画》主编、炎黄书画院副院长、中国书画函授大学教授、《书法之友》杂志名誉主席等职。书法作品有《书画论评》《沈鹏书画谈》《三余吟草》《沈鹏书法选》《沈鹏书法作品集》。

J0015114

中国书画 （19）沈鹏主编

北京 人民美术出版社 1986 年 31 页 38cm（8 开）

统一书号：8027.9633 定价：CNY3.50

J0015115

中国书画 （20）沈鹏，刘龙庭主编

北京 人民美术出版社 1986 年 32 页 38cm（8 开）

统一书号：8027.9719 定价：CNY3.50

J0015116

中国书画 （21）人民美术出版社编

北京 人民美术出版社 1986 年 31 页 38cm（8 开）

统一书号：8027.10411 定价：CNY6.00

J0015117

中国书画 （22）沈鹏主编

北京 人民美术出版社 1987 年 32 页 38cm（8 开）

定价：CNY6.00

J0015118

中国书画 （23）沈鹏主编

北京 人民美术出版社 1988 年 32 页 38cm（8 开）

定价：CNY6.00

J0015119
中国书画 （24）沈鹏主编
北京 人民美术出版社 1988 年 32 页 38cm（8 开）
ISBN：7-102-00109-6 定价：CNY6.00

J0015120
中国书画 （25）沈鹏主编
北京 人民美术出版社 1988 年 32 页 38cm（8 开）
ISBN：7-102-00263-7 定价：CNY6.60

J0015121
中国书画 （26）人民美术出版社编
北京 人民美术出版社 1989 年 32 页 38cm（8 开）
ISBN：7-102-00410-9 定价：CNY8.00

J0015122
中国书画 （27）人民美术出版社编
北京 人民美术出版社 1989 年 31 页 38cm（8 开）
ISBN：7-102-00497-4 定价：CNY8.00

J0015123
中国书画 （28）沈鹏主编
北京 人民美术出版社 1989 年 32 页 38cm（8 开）
ISBN：7-102-00474-5 定价：CNY8.00

J0015124
中国书画 （29）人民美术出版社编
北京 人民美术出版社 1989 年 32 页 38cm（8 开）
ISBN：7-102-00481-8 定价：CNY8.00

J0015125
中国书画 （30）人民美术出版社编
北京 人民美术出版社 1990 年 32 页 38cm（8 开）
ISBN：7-102-00488-5 定价：CNY8.00

J0015126
中国书画 （31）中国书画编辑组编；沈鹏主编
北京 人民美术出版社 1991 年 32 页 38cm（8 开）
ISBN：7-102-00997-6 定价：CNY8.00

J0015127
中国书画 （32）沈鹏主编；人民美术出版社编辑
北京 人民美术出版社 1992 年 32 页 38cm（8 开）

ISBN：7-102-00996-8 定价：CNY8.00

J0015128
中国书画 （35 李可染作品专辑）沈鹏主编
北京 人民美术出版社 1993 年 32 页 38cm（8 开）
ISBN：7-102-01209-8 定价：CNY8.00

J0015129
中国书画 （37）沈鹏主编；人民美术出版社
编辑
北京 人民美术出版社 1994 年 32 页 有彩图
38cm（8 开） ISBN：7-102-01366-3
定价：CNY10.00

J0015130
中国书画 （38 黄宾虹作品专辑）沈鹏主编
北京 人民美术出版社 1995 年 31 页 38cm（8 开）
ISBN：7-102-01444-9 定价：CNY16.00

J0015131
中国书画 （39）沈鹏主编
北京 人民美术出版社 1995 年 32 页 38cm（8 开）
ISBN：7-102-01550-X 定价：CNY16.00

J0015132
中国书画 （41）沈鹏主编
北京 人民美术出版社 1996 年 32 页 38cm（8 开）
ISBN：7-102-01631-X 定价：CNY20.00

J0015133
中国书画 （43）沈鹏主编
北京 人民美术出版社 1997 年 32 页 38cm（8 开）
ISBN：7-102-01819-3 定价：CNY20.00
　　中国现代书法绘画丛刊。

J0015134
中国书画 （44）沈鹏主编
北京 人民美术出版社 1998 年 32 页 38cm（8 开）
ISBN：7-102-01922-X 定价：CNY24.00

J0015135
中国书画 （45）沈鹏主编
北京 人民美术出版社 1999 年 33 页 38cm（8 开）
ISBN：7-102-02043-0 定价：CNY24.00

J0015136
中国书画 （46 纪念孔子诞辰 2550 周年美术作品选登）沈鹏主编
北京 人民美术出版社 1999 年 32 页 38cm（8 开）
ISBN：7-102-02076-7 定价：CNY24.00

J0015137
大地的儿子　闻立鹏等绘
上海 上海人民美术出版社 1980 年 85 页
19cm（32 开）统一书号：8081.12099
定价：CNY2.20

J0015138
大地的女儿 （北京，辽宁张志新画展选集）
阎立鹏，于宗信等绘；上海人民美术出版社编辑
上海 上海人民美术出版社 1980 年 85 页
19cm（小 32 开） 定价：CNY2.20

J0015139
党的好儿女张志新 （画册）
沈阳 辽宁美术出版社 1980 年 56 页 27cm（16 开）
统一书号：8117.1845 定价：CNY0.70

J0015140
动物画集 （哺乳类）陈炳照编绘
山东 山东科学技术出版社 1980 年 262 页
19cm（小 32 开） 定价：CNY1.65

J0015141
青岛风景画
北京 人民美术出版社 1980 年 17 幅 26cm（16 开）
统一书号：8027.7396 定价：CNY1.10

J0015142
万里海疆画展 （第二展作品集）中国人民解放军海军政治部编辑
北京 中国人民解放军海军政治部
［1980—1989 年］91 页 26cm（16 开） 精装

J0015143
新路
北京 人民美术出版社 1980 年 29 页 25cm（16 开）
统一书号：8027.7518 定价：CNY1.50

J0015144
学习共产主义战士张志新
北京 人民美术出版社 1980 年 12 张（套）
19cm（32 开） 统一书号：8027-7841
定价：CNY0.55

J0015145
卢沉周思聪作品选集　卢沉，周思聪绘
长春 吉林人民出版社 1981 年 94 页 19cm（32 开）
统一书号：8091.1215 定价：CNY4.00
　　作者卢沉（1935—2004），国画家、教授。江苏苏州人。毕业于中央美术学院中国画系。中央美术学院教授、学术委员会常委、北京大学艺术教研室顾问。代表作品有《机车大夫》《草原夜月》《塞上竞技图》《太白捉月》等。作者周思聪（1939—1996），女，画家。天津宁河县人。毕业于中央美术学院中国画系。中国美术家协会原副主席、北京画院一级美术师。代表作品有《矿工图》《高原风情画》《荷之系列》等。

J0015146
美术作品 （4 中国画）人民美术出版社编辑室编
北京 人民美术出版社 1981 年 26cm（16 开）
定价：CNY1.80

J0015147
美术作品 （5 中央美术学院油画系师生作品选）
北京 人民美术出版社 1981 年 26cm（16 开）
统一书号：8027.7603 定价：CNY1.80

J0015148
美术作品 （6 版画）
北京 人民美术出版社 1981 年 26cm（16 开）
统一书号：8027.7788 定价：CNY0.60

J0015149
美术作品 （24 四川美术学院雕塑系作品选）
北京 人民美术出版社 1991 年 27 页 26cm（16 开）
ISBN：7-102-00398-6 定价：CNY5.90

J0015150
风景画小品　湖南美术出版社编
长沙 湖南美术出版社 1982 年 152 页

19cm（32 开）统一书号：8233.320
定价：CNY1.20

　　本书收入国画、钢笔画、焦墨画、版画等技
法的风景画152幅。

J0015151
海外华裔名家绘画　香港艺术馆编
香港　香港艺术馆　1982 年　77 页　23cm（10 开）
定价：HKD19.00

　　外文书名：The Chinese Response Paintings
by Leading Overseas Artists.

J0015152
图录　湖北省群众艺术馆编
武汉　湖北省群众艺术馆　1982 年　48 页
26cm（16 开）

　　本书系湖北省群众艺术馆文化馆美术干部
作品展览的展品。

J0015153
画苑　（鲁迅美术学院一九八一届毕业生作
品选）
沈阳　辽宁美术出版社 1983 年 88 页 25cm（15 开）
统一书号：8161.0113　定价：CNY4.50

J0015154
画苑　（鲁迅美术学院一九八二届毕业生作品
选集）
沈阳　辽宁美术出版社 1984 年 88 页 25cm（15 开）
统一书号：8161.0295　定价：CNY4.50

　　本书是作为反映鲁迅美术学院毕业生作品
的系列专集，编选了1982届68位毕业生的作品
100 余件。

J0015155
画苑　（鲁迅美术学院一九八三届毕业生作品
选集）辽宁美术出版社美术编辑室编
沈阳　辽宁美术出版社 1985 年 57 页 26cm（16 开）
定价：CNY4.50

J0015156
画苑　（鲁迅美术学院一九八四届毕业生作品
选）辽宁美术出版社编
沈阳　辽宁美术出版社 1986 年 74 页 26cm（16 开）
统一书号：8161.0920　定价：CNY4.20

J0015157
画苑　（鲁迅美术学院一九八五届毕业生作品
选集）
沈阳　辽宁美术出版社 1987 年 82 页 26cm（16 开）
统一书号：8161.0935　定价：CNY4.30

J0015158
画苑　（鲁迅美术学院一九八六届毕业生作品
选集）
沈阳　辽宁美术出版社 1987 年 76 页 26cm（16 开）
统一书号：8161.1150　定价：CNY4.30

J0015159
画苑　（一九八二至一九八七鲁迅美术学院师
范系美术作品选）王孝乐等绘
沈阳　辽宁美术出版社 1988 年 87 页 26cm（16 开）
ISBN：7-5314-0025-1　定价：CNY7.80

J0015160
中国书画　（1 人物画）佘城编著
台北　光复书局股份有限公司 1983 年 再版
158 页 28cm（16 开）精装
（中华艺术丛书 1）

J0015161
中国书画　（2 山水画）佘城编著
台北　光复书局股份有限公司 1983 年 再版
157 页 有图 29cm（12 开）精装
（中华艺术丛书 2）

J0015162
中国书画　（3 花竹画）张光宾编著
台北　光复书局股份有限公司 1983 年 再版
159 页 有图 29cm（12 开）
（中华艺术丛书 2）

J0015163
中国书画　（4 翎毛画）林柏亭编著
台北　光复书局股份有限公司 1983 年 再版
151 页 有图 29cm（12 开）
（中华艺术丛书 2）

J0015164
海南风光　人民美术出版社编辑室编
北京　人民美术出版社 1984 年 25cm（15 开）

统一书号：8027.9005　定价：CNY1.90

　　本画集所收作品，大多出自业余美术爱好者之手。他们以不同画种，以及不同的艺术手法和风格反映了祖国宝岛——海南岛风光及岛上人民的生活。

J0015165

海南行画选　广东画院编；蔡迪支等绘

广州　岭南美术出版社　1984年　26cm（16开）

统一书号：8260.0920　定价：CNY2.00

　　本画选包括中国画、油画、木刻等，共28幅作品。

J0015166

美丽的西藏　（风景画选辑）张鹰等绘

拉萨　西藏人民出版社　1984年　29幅　26cm（16开）

统一书号：8170.74　定价：CNY1.05

　　本画集包括油画、水粉画、中国画等。

J0015167

美术作品选　（1）人民美术出版社编辑室编

北京　人民美术出版社　1984年　26cm（16开）

统一书号：8027.9169　定价：CNY2.70

　　本书收入李平凡等老画家及徐希、张广、姚奎等中青年画家的作品共90幅。其中有国画、版画、水粉、水彩、装饰画等风格各异的作品。

J0015168

农村新貌画选

广州　岭南美术出版社　1984年　26幅 25cm（小16开）统一书号：8260.0930

定价：CNY2.00

　　本画册选辑了26幅作品，有油画、国画、版画、水彩等，作者们从多种角度，满腔热情地描绘了今日农村的巨变。

J0015169

侨乡风貌　梁照堂等绘

北京　人民美术出版社　1984年　12幅　27cm（16开）

　统一书号：8027.9037　定价：CNY1.80

　　本画辑选自《侨乡风貌画展》。这些作品富有浓郁的生活气息和鲜明的地区特色，生动地反映了祖国侨乡秀丽多姿的自然风光，抒写了归侨、侨眷和海外侨胞爱祖国、爱家乡的深厚情感。作者梁照堂（1946—　），国画家、书法金石

家、美术理论家。字天岳，号楚庭。广东顺德人。曾入广州画院学习中国画及书法篆刻，后修读于中央美术学院及浙江美院。任教于广州美术学院、中山大学、华南艺大诸院校，中国美术家协会会员、中国书法家协会会员、广东省书法家协会理事、广州市美术家协会副主席等。出版有《梁照堂国画集》《梁照堂书法集》。

J0015170

中国农民画　（1983）文化部群众文化局编辑

北京　人民美术出版社　1984年　69幅　27cm（16开）

定价：CNY14.40

　　这本农民画册中的70幅作品。是从1983年文化部和中国美术家协会联合举办的全国农民画展的近300幅作品中选出来。

J0015171

边疆风情画选　上海人民美术出版社编

上海　上海人民美术出版社　1985年　19cm（32开）

统一书号：8081.14112　定价：CNY0.90

J0015172

当代文艺家画像　（1）花城出版社编

广州　花城出版社　1985年　88页　26cm（16开）

统一书号：8261.86　定价：CNY7.15

J0015173

第六届全国美术作品展览获奖作品　文化部，中国美术家协会主办

重庆　重庆出版社　1985年　212页　36cm（6开）

精装　统一书号：8114.329　定价：CNY80.00

J0015174

画家　（1985.1　总1期）湖南美术出版社编

长沙　湖南美术出版社　1985年　28页　37cm（8开）

统一书号：8233.804　定价：CNY2.20

J0015175

画家　（1986.1　总2期）《画家》编辑部编辑

长沙　湖南美术出版社　1986年　28页　26cm（16开）

定价：CNY2.20

J0015176

画家　（总3期）《画家》编辑部编

长沙　湖南美术出版社　1986年　44页　26cm（16开）

定价：CNY3.20

J0015177
画家 （总 4 期）《画家》编辑部编
长沙 湖南美术出版社 1987 年 43 页 26cm（16 开）
ISBN：7-5356-0019-0 定价：CNY3.20

J0015178
画家 （总 5 期）《画家》编辑部编
长沙 湖南美术出版社 1987 年 44 页 26cm（16 开）
ISBN：7-5356-0053-0 定价：CNY3.20

J0015179
画家 （总 6 期）《画家》编辑部编
长沙 湖南美术出版社 1988 年 44 页 26cm（16 开）
ISBN：7-5356-0156-1 定价：CNY3.50

J0015180
画家 （总 7 期）《画家》编辑部编辑；刘昕编
长沙 湖南美术出版社 1988 年 44 页 26cm（16 开）
ISBN：7-5356-0216-9 定价：CNY3.50

J0015181
画家 （总 8 期）《画家》编辑部编辑；邹建平编
长沙 湖南美术出版社 1988 年 44 页 26cm（16 开）
ISBN：7-5356-0232-0 定价：CNY4.00
　　作者邹建平（1955— ），生于湖南新化。毕业于湖南师范大学，修业于广州美术学院油画系。湖南美术出版社副社长、湖南美术家协会副主席、中国美术家协会会员、北京圣之空间董事。

J0015182
画家 （总第 9 期 1988'西南艺术）《画家》编辑部编
长沙 湖南美术出版社 1988 年 26cm（16 开）
统一书号：8233.938 定价：CNY20.00

J0015183
画家 （总第 10 期）《画家》编辑部编辑
长沙 湖南美术出版社 1989 年 44 页 26cm（16 开）
ISBN：7-5356-0289-4 定价：CNY6.50

J0015184
画家 （总第 11 期）《画家》编辑部编

长沙 湖南美术出版社 1990 年 40 页 26cm（16 开）
ISBN：7-5356-0355-6 定价：CNY6.00

J0015185
画家 （总 12 期 海外华人艺术家、留学生作品专辑）《画家》编辑部编
长沙 湖南美术出版社 1990 年 44 页 26cm（16 开）
ISBN：7-5356-0380-7 定价：CNY5.90

J0015186
画家 （总第 13 期 中国当代女画家作品专辑）《画家》编辑部编
长沙 湖南美术出版社 1990 年 44 页 26cm（16 开）
ISBN：7-5356-0399-8 定价：CNY5.90

J0015187
画家 （总第 14 期 中国现代水墨画探索专辑）《画家》编辑部编辑
长沙 湖南美术出版社 1990 年 44 页 26cm（16 开）
ISBN：7-5356-0406-4 定价：CNY5.90

J0015188
画家 （总第 15 期 中国当代架上绘画探索专辑）萧沛苍主编；《画家》编辑部编辑
长沙 湖南美术出版社 1991 年 60 页 26cm（16 开）
ISBN：7-5356-0448-X 定价：CNY6.90

J0015189
全国宗教界赞助残疾人福利事业募集书画纪念集
北京 人民美术出版社 1985 年 6 册 25cm（16 开）

J0015190
全国宗教界赞助残疾人福利事业募集书画纪念集 袁玮等编集
北京 人民美术出版社 1985 年 5 册 25cm（16 开）
　　本书画集汇集了宗教界和全国著名书画家捐赠的作品 300 多件。

J0015191
吐鲁番风情画集 吐鲁番市文化馆编
乌鲁木齐 新疆人民出版社 1985 年 50 页
25×26cm 统一书号：8098.224
定价：CNY7.20
　　本画集精选了 40 多位著名画家的 60 余幅

佳作，其中包括国画、油画、水粉画、速写和
木刻。

J0015192
吐鲁番风情画集 吐鲁番市文化馆编
乌鲁木齐 新疆人民工业公司 1985年 50页
26cm（16开）

J0015193
伊犁美术作品选 伊犁哈萨克自治州群众艺
术馆,伊犁哈萨克自治州文艺创作办公室合编
奎屯 伊犁人民出版社 1985年 176页
30cm（12开）统一书号：M8189.4
定价：CNY14.00
本书通过油画、版画、水彩、水粉、剪纸、雕
塑等形式，反应自治州地方各族人民在各条战线
上取得的新成就和地方的新变化。

J0015194
尹国良 张彤云油画素描选 尹国良,张彤
云绘
石家庄 河北美术出版社 1985年 25cm（16开）
统一书号：8087.1209 定价：CNY9.00
本书为中国现代油画、素描画册，共收61
幅作品。

J0015195
笔端春秋 （文化部老干部书画选）
北京 人民美术出版社 1986年 44幅 26cm（16开）
统一书号：8027.9686 定价：CNY6.50

J0015196
第二炮兵画册 中国人民解放军第二炮兵政
治部编
长城出版社 1986年 28cm（26开）
统一书号：8269.111

J0015197
**第六届全国美术作品展览儿童读物美术作
品选** 少年儿童出版社编
上海 少年儿童出版社 1986年 54页 26cm（16开）
统一书号：R8024.138 定价：CNY3.00

J0015198
侯一民、邓澍美术作品选 侯一民,邓澍绘;
魏文毅编
桂林 漓江出版社 1986年 58页 25cm（小16开）
统一书号：8256.214 定价：CNY19.00
作者侯一民（1930— ），蒙古族，画家、雕
塑家、美术教育家。河北高阳人。历任中央美术
学院教授、中国壁画学会会长、中国美术家协会
常务理事、全国壁画艺术委员会主任、吴作人国
际美术基金会理事长。油画代表作品有《青年地
下工作者》《毛主席与安源矿工》《六亿神州尽舜
尧》《百花齐放》《华夏之歌》等。

J0015199
辽宁博物馆藏画 杨仁恺,董彦明编著
上海 上海人民美术出版社 1986年 19cm（32开）
定价：CNY400.00
本作品选收辽宁博物馆所珍藏的历代绘画
精品100幅。

J0015200
鲁迅美术形象选 北京鲁迅博物馆陈列部
选编
西安 陕西人民美术出版社 1986年 101页
25cm（小16开）精装 统一书号：8199.1121
定价：CNY15.00

J0015201
全国储蓄书画选集 中国工商银行储蓄部
主编
北京 中国金融出版社 1986年 [106]页
30cm（15开）定价：CNY12.00

J0015202
使人发笑的画 蒋义海编选
武汉 长江文艺出版社 1986年 92页 27cm（16开）
定价：CNY0.42
（中国列车文库）
作者蒋义海（1940— ），画家、国家一级美
术师。笔名六舟（陆洲）。江苏南京人。历任南
京名人艺术研究院院长、南京国际梅花书画院院
长、江苏省作家协会书画联谊会副会长、中国梅
花艺术馆名誉馆长。出版有《蒋义海先生中国画
集》《蒋义海梅花集》《画海》。

J0015203
新四军征途书画选 北京人民美术出版社编

北京　人民美术出版社　1986年　138页
18cm（32开）统一书号：8027.9668
定价：CNY23.00

J0015204
园丁书画　福建省教育厅等编
福州　福建教育出版社　1986年　90页　19cm（32开）
定价：CNY2.00
　　福建省首届园丁书画展中部分作品，包括油
画、国画、宣传画、书法等。

J0015205
浙江人物画选　李震坚等绘
杭州　西泠印社　1986年　61页　25cm（小16开）
统一书号：8191.444　定价：CNY4.20
（现代浙江书画篆刻选集丛书）
　　本画选收录了近30余年的浙江52名画家
的62幅作品，既有大胆泼墨、用笔潇洒的意笔
画，也有精构细作、浓墨重彩的工笔画，还有
独具一格的指墨画等，每个画家的作品都各具
特色。

J0015206
中国高等美术院校人体习作选　陈旭等编
桂林　漓江出版社　1986年　186页　26cm（16开）
统一书号：8256.228　定价：CNY25.00
（人体美术丛书）

J0015207
中国高等美术院校人体习作选　陈旭等编
南宁　广西美术出版社　1996年　186页
26cm（16开）ISBN：7-80625-082-4
定价：CNY65.00
（人体美术丛书）
　　本作品集收录中国几所著名艺术院校的人
体作品186幅，其中包括油画、版画、水彩、素
描。这些作品以写实居多，表现手法大多朴实，
描写生动，表现出中国艺术家们那种含蓄而富于
理性的特点。

J0015208
桂林山水新作选　漓江出版社编
桂林　漓江出版社　1987年　75页　28cm（11开）
精装　ISBN：7-5407-0174-9
定价：CNY21，CNY17.50（平装）

J0015209
湟中民族民间绘画艺术集　湟中县文化馆
供稿
西宁　青海人民出版社　1987年　25cm（小16开）
定价：CNY7.50

J0015210
美术新作　（一）田文虎等绘
西安　陕西人民美术出版社　1987年　[38]页
有图　27cm（16开）定价：CNY3.00

J0015211
名家画桂林　漓江出版社编
[桂林]漓江出版社　1987年　38cm（8开）

J0015212
新四军纪念馆藏书画选　江苏人民出版社编
南京　江苏人民出版社　1987年　1张　25cm（16开）

J0015213
中等美术学校·青少年美术辅导作品
（1 石膏写生）张定钊等绘
杭州　浙江人民美术出版社　1987年　37cm（8开）
ISBN：7-5340-0030-0　定价：CNY1.95
（中等美术学校·青少年美术辅导作品丛书）
　　本作品集收入美术院校教师示范作品和附
中学生的优秀习作15幅。内容分石膏几何写生、
石膏五官写生、石膏半面像、头像写生3个部分。
编排从简单到复杂，循序渐进，并概括地介绍了
石膏写生的步骤与方法。

J0015214
中等美术学校·青少年美术辅导作品
（2 速写）王垂等绘
杭州　浙江人民美术出版社　1987年　37cm（8开）
ISBN：7-5340-0031-9　定价：CNY1.60
（中等美术学校·青少年美术辅导作品丛书）
　　本作品集收入美术院校教师示范作品和附
中学生的优秀习作63幅。分动态速写、风景
速写、道具速写、场面速写、人物速写、肖像速
写等类目。附有学习速写的方法与步骤的简要
说明。

J0015215
中等美术学校·青少年美术辅导作品

（3 素描静物）俞斌浩等绘

杭州 浙江人民美术出版社 1987年 37cm（8开）

ISBN：7-5340-0032-7 定价：CNY1.95

（中等美术学校·青少年美术辅导作品丛书）

　　本作品集收入美术院校教师示范作品和附中学生的优秀习作14幅，包括瓜果、蔬菜、花卉、瓶罐、文具等内容。附有素描静物学习方法与步骤的简要说明。

J0015216

中等美术学校·青少年美术辅导作品

（4 色彩静物）刘刚强等绘

杭州 浙江人民美术出版社 1987年 37cm（8开）

ISBN：7-5340-0033-5 定价：CNY2.80

（中等美术学校·青少年美术辅导作品丛书）

J0015217

中等美术学校·青少年美术辅导作品

（5 色彩风景）郑荣庚等绘

杭州 浙江人民美术出版社 1987年 37cm（8开）

ISBN：7-5340-0034-3 定价：CNY2.80

（中等美术学校·青少年美术辅导作品丛书）

J0015218

中等美术学校·青少年美术辅导作品

（6 图案）赵燕等绘

杭州 浙江人民美术出版社 1987年 37cm（8开）

ISBN：7-5340-0035-1 定价：CNY2.30

（中等美术学校·青少年美术辅导作品丛书）

J0015219

中等美术学校·青少年美术辅导作品

（1 石膏写生）浙江人民美术出版社画册编辑室编辑；张定钊等绘

杭州 浙江人民美术出版社 1988年 重印本 37cm（8开） 定价：CNY1.10

（中等美术学校·青少年美术辅导作品丛书）

　　本作品集收入美术院校教师示范作品和附中学生的优秀习作15幅。内容分石膏几何写生、石膏五官写生、石膏半面像、头像写生3个部分。编排从简单到复杂，循序渐进。并概括地介绍了石膏写生的步骤与方法。

J0015220

中等美术学校·青少年美术辅导作品

（2 速写）浙江人民美术出版社画册编辑室编辑；王垂等绘

杭州 浙江人民美术出版社 1988年 重印本 16页 37cm（8开） 定价：CNY1.10

（中等美术学校·青少年美术辅导作品丛书）

J0015221

中等美术学校·青少年美术辅导作品

（3 素描静物）浙江人民美术出版社画册编辑室编辑；俞斌浩等绘

杭州 浙江人民美术出版社 1988年 重印本 14页 37cm（8开） 定价：CNY1.60

（中等美术学校·青少年美术辅导作品丛书）

　　作者俞斌浩（1963—　），教师。生于浙江杭州。毕业于中国美术学院。先后执教于浙江大学、杭州师范大学美术学院，任副教授、硕士生导师。代表作品《夏木鱼虫》等。

J0015222

中等美术学校·青少年美术辅导作品

（4 色彩静物）浙江人民美术出版社画册编辑室编辑；郑荣庚等绘

杭州 浙江人民美术出版社 1988年 重印本 37cm（8开） 定价：CNY2.50

（中等美术学校·青少年美术辅导作品丛书）

J0015223

中等美术学校·青少年美术辅导作品

（5 色彩风景）浙江人民美术出版社画册编辑室编辑；郑荣庚等绘

杭州 浙江人民美术出版社 1988年 重印本 37cm（8开） 统一书号：8156.1309

定价：CNY2.50

（中等美术学校·青少年美术辅导作品丛书）

J0015224

中等美术学校·青少年美术辅导作品

（6 图案）浙江人民美术出版社画册编辑室编辑；赵燕等绘

杭州 浙江人民美术出版社 1988年 重印本 37cm（8开） 统一书号：8156.1310

定价：CNY1.90

（中等美术学校·青少年美术辅导作品丛书）

　　本书收花卉、动物、风景、人物、平面构成、装饰风景、装饰动物、装饰人物、装饰色彩等优秀作品 137 幅。

J0015225
中等美术学校·青少年美术辅导作品
(色彩) 刘刚强等绘
杭州 浙江人民美术出版社 1991 年 37cm(8 开)
ISBN:7-5340-0248-6 定价:CNY11.50

J0015226
中等美术学校·青少年美术辅导作品
(石膏) 张定钊等绘
杭州 浙江人民美术出版社 1991 年 37cm(8 开)
ISBN:7-5340-0246-X 定价:CNY6.50

J0015227
当代美术家画库 (二) 王维宝绘
天津 天津杨柳青画社 1988 年 12 页[26×22cm]
定价:CNY3.50
　　作者王维宝(1942—),画家。福建晋江人。毕业于广州美术学院附中。历任中国美术家协会会员、广东美术家协会常务理事、广东画院专业画家等。代表作品《捉麻雀》《霞染渔村》《女炮班》等。

J0015228
当代美术家画库 (三) 叶维绘
天津 天津杨柳青画社 1988 年 12 页[26×22cm]
定价:CNY3.50
　　作者叶维(1940—),画家。江苏常熟人。毕业于南京师范大学美术系,受教于傅抱石、杨建侯诸大师。历任江苏美术出版社编辑室主任、副编审,中国美术家协会会员。代表作品《峡江晨曦》《碧玉留江南》《莫愁湖畔》。

J0015229
当代美术家画库 (四) 方骏绘
天津 天津杨柳青画社 1988 年 12 页[26×22cm]
定价:CNY3.50
　　作者方骏(1943—),画家、教授。生于江苏灌云,祖籍安徽歙县。毕业于南京师范学院美术系,获硕士学位,留校任教。江苏省国画院特聘画师。出版有《江苏当代国画优秀作品展画集·方骏》《当代名家山水精品·方骏》等。

J0015230
当代美术家画库 (六) 刘国辉绘
天津 天津杨柳青画社 1988 年 34 页[26×22cm]
定价:CNY7.50
　　作者刘国辉(1940—),教师、画家。江苏苏州人。毕业于浙江美术学院中国画系研究生班。历任浙江美术学院副教授,中国美术学院教授、学术委员会委员,中国人物画高级研修班工作室导师。出版有《刘国辉画集》。

J0015231
当代美术家画库 (八) 郑小娟绘
天津 天津杨柳青画社 1988 年 8 页[26×22cm]
定价:CNY2.50
　　作者郑小娟(1940—),女,画家。湖南长沙人。毕业于湖南师范大学美术系。历任湖南美术出版社编审、中国美术家协会理事、中国工笔画学会理事、湖南省美术家协会副主席、湖南省文联委员。著有《工笔人物画技法》《中国当代美术家画库·郑小娟》《郑小娟作品集》。

J0015232
当代美术家画库 (十) 陈世中绘
天津 天津杨柳青画社 1988 年 12 页[26×22cm]
定价:CNY3.50
　　作者陈世中(1944—),江苏武进人。中国美术家协会会员、上海书画院副院长、海墨画社副社长、上海美育学会常务理事。著有《陈世中花鸟画册》《怎样画紫藤》《当代美术家画库陈世中专集》等。

J0015233
当代美术家画库 (十一) 程大利绘
天津 天津杨柳青画社 1988 年 12 页[26×22cm]
定价:CNY3.50
　　作者程大利(1945—),书画家、编辑出版家、美术理论家。江苏徐州人。历任江苏美术出版社社长兼总编辑、副编审,中国美术家协会会员、江苏省国画院特邀画师、中国年画研究会常务理事等。主要作品有《曲尽箫笙息》《风云际会时》《闲云》《太行岂止铁壁高》《汉风流宕》等。

J0015234
当代美术家画库 (十三) 柯明绘

天津 天津杨柳青画社 1988 年 12 页［26×22cm］
定价：CNY3.50

　　作者柯明（1922—2014），画家。就读于国立杭州艺术专科学校西画科。历任《新华日报》美术编辑、江苏人民出版社高级美术编审、中国美术家协会理事、少儿美术艺委会委员、中国出版工作者协会装帧艺术研究会常务理事。水墨画作品《阿福》《荷花灯》等。

J0015235

当代美术家画库　（十四）孙克纲绘
天津 天津杨柳青画社 1988 年 15 页［26×22cm］
定价：CNY3.90

　　作者孙克纲（1923—2007），画家。天津人。曾任天津画院一级画师、中国美术家协会天津分会副主席等。代表作品有《太行十月》《秦岭烟云》《峨眉天下秀》等。

J0015236

当代美术家画库　（十五）刘宝纯绘
天津 天津杨柳青画社 1988 年 30 页［26×22cm］
定价：CNY4.80

J0015237

当代美术家画库　（十六）杜滋龄绘
天津 天津杨柳青画社 1988 年 28 页［26×22cm］
定价：CNY6.40

　　作者杜滋龄（1941—　），教授。生于天津。毕业于中国美术学院中国画系研究生班。历任中国画学会副会长、中国艺术研究院博士生导师、南开大学教授、天津美术家协会副主席。代表作品《帕米尔初雪》《古老的歌》《大漠行》等。

J0015238

当代美术家画库　（十七）凌虚绘
天津 天津杨柳青画社 1988 年 ［26×22cm］
定价：CNY3.50

J0015239

海南美　（画册）陈居茂等编选
海口 海南人民出版社 1988 年 90 页 25×26cm
ISBN：7-80541-150-6 定价：CNY29.00

J0015240

近代名画大观

上海 上海书店出版社 1988 年 影印本
2 册（920 页）19cm（小 32 开）定价：CNY13.80

J0015241

近代名画大观　王念慈著
北京 中国书店 1995 年 影印本 重印本
26cm（16 开）ISBN：7-80568-321-2
定价：CNY30.00

　　原名《当代名画大观正集》，据碧梧山庄 1925 年版影印。作者王念慈，清末民国画家。字务敏。江苏吴县人。曾在安徽省为官。作品有《王念慈山水画谱》等。

J0015242

近代名画大观
上海 上海书店出版社 1996 年 影印本
重印本 2 册（920 页）19cm（32 开）
ISBN：7-80569-999-2 定价：CNY32.00

J0015243

鲁迅美术学院五十年美术作品选集
（1938—1988）宋惠民主编；田金铎等编
沈阳 辽宁美术出版社 1988 年 79 页 38cm（6 开）
ISBN：7-5314-0036-7 定价：CNY35.00

　　作者宋惠民（1937—　），油画家。出生于吉林长春。毕业于鲁迅美术学院油画系。曾任鲁迅美术学院院长、教授，辽宁省美术家协会主席、中国油画学会副主席、中国美协油画艺术委员会副主任等。代表画作有《曹雪芹》《此地甚好》《北方四月》等，出版有《宋惠民作品集》《宋惠民油画作品集》，论著有《当代油画的思考》《永不满足的希望》。作者田金铎（1932—2019），雕塑家。河北束鹿人。毕业于鲁迅美术学院雕塑系，留校任教。历任雕塑系副主任、主任，雕塑系教授、中国美术家协会雕塑艺术委员会委员。雕塑作品有《走向世界》《稻香千里》《森林之神》。

J0015244

全国建筑画选　（1987）《建筑画》《建筑师》
编辑部编
北京 中国建筑工业出版社 1988 年 230 页
30cm（10 开）精装 定价：CNY41.50

　　本画选是 1987 年 7 月在北京中国美术馆举办的"全国建筑画展览"的全部作品集。包括水粉、水彩、中国画、油画、钢笔画、铅笔画等。全面展示了中国建筑表现画领域所取得的成就。共 275 幅作品。

J0015245

全国商业职工书画展品选　商业文艺基金会编

北京　中国商业出版社　1988 年　34 页　26cm（16 开）

ISBN：7-5044-0185-4　定价：CNY3.00

J0015246

新写实绘画　王林等编著

桂林　漓江出版社　1988 年　26cm（16 开）　精装

ISBN：7-5407-0309-1　定价：CNY35.00

（中国当代美术系列）

本书精选新写实代表作 168 幅。配以文字，从写实绘画源流说起，较全面地反映了中国 1979—1988 年新写实绘画的面貌，对"精神脱离物质""形式决定内容""选择即是创造"等命题提出了独到的见解。

J0015247

美术研究会画集　姚天佑编

台湾　美术研究会　1988 年　有图

30cm（10 开）

J0015248

高等艺术院校教师人体习作选　林扬，袁采然编

广州　岭南美术出版社　1989 年　76 页　26cm（16 开）

ISBN：7-5362-0371-3　定价：CNY12.60

本书收录 76 幅图，系部分高等艺术院校教师的人体习作选，既富学院人体教学的严谨扎实风格，又有对现代人体美术新风格的探索。

J0015249

革命先驱画传　王庆裕等绘

北京　中国连环画出版社　1989 年　70 页

26cm（16 开）　ISBN：7-5061-0153-X

定价：CNY9.80

J0015250

诗书画印　冯凭画；修德书

北京　工人出版社　1989 年　93 页　26cm（16 开）

ISBN：7-5008-0290-0　定价：CNY7.50

作者冯凭（1910—2013），书画家、美术教育家。山东莱阳人。别名冯寄禅、冯子祥，号展公。历任中国美术家协会会员、山东画院名誉院长、青岛画院名誉院长、青岛工艺美术学校教授兼副校长等。代表作品有《百花谱》《诗忆画印》《冯凭书画集》等。作者修德（1920—1992），书法家。字石竹。山东青岛人。中国书法家协会会员、山东省书法协会理事。出版作品有《修德书法艺术集》《修德书法手卷》《修德书法作品集》等。

J0015251

中国高等美术学院壁画、年画、连环画集

（中央美术学院壁画分卷）李化吉主编

长沙　湖南美术出版社　1989 年　38cm（6 开）

定价：CNY15.00

收入壁画、年画、连环画共 230 幅，其中壁画 91 幅，年画 23 幅，有木版年画、剪纸、线描重彩、擦笔彩画等品种，造型夸张，色彩艳丽。连环画 116 幅，艺术形式异彩纷呈。本集是《中国高等美术学院作品全集》的一个分集。

J0015252

中国高等美术学院壁画、年画、连环画集

（中央美术学院年画、连环画分卷）杨先让主编

长沙　湖南美术出版社　1989 年　38cm（6 开）

定价：CNY15.00

作者杨先让（1930—　　），画家、教授。生于山东牟平。毕业于中央美术学院绘画系。历任人民美术出版社编辑和创作员，中央美术学院民间美术系主任、教授，中国民间美术学会常务副会长等职务。代表作品有《晌午》《渔村》《杨先让木刻选集》《黄河十四走民艺考》等。

J0015253

朝鲜族美术作品选

北京　人民美术出版社　1990 年　48 页

27cm（大 16 开）　定价：CNY13.00

J0015254

美在生活中　（吉林省小学中幼师范师生美术作品集）马文铎等主编

长春　吉林美术出版社　1990 年　88 页　17×18cm

ISBN：7-5386-0177-5　定价：CNY5.00

J0015255
全国首届中国风俗画大奖赛获奖作品选集
沈鹏主编
北京 人民美术出版社 1990年 32页 19cm（32开）
ISBN：7-102-00841-1 定价：CNY8.00
　　作者沈鹏（1931—　　），书法家、美术评论家、诗人。生于江苏江阴。历任中国文联副主席、中国书法家协会主席、中国美术出版总社顾问以及《中国书画》主编、炎黄书画院副院长、中国书画函授大学教授、《书法之友》杂志名誉主席等职。书法作品有《书画论评》《沈鹏书画谈》《三余吟草》《沈鹏书法选》《沈鹏书法作品集》。

J0015256
中国当代艺术家画库 （刘书民画集）刘书民绘
北京 中国画报出版社［1990—1999年］27页
26cm（16开）ISBN：7-80024-107-6

J0015257
中国当代艺术家画库 （1）潘鸿海等绘；《当代艺术家画库》编辑部编
北京 中国画报出版社［1993年］10册
26cm（16开）ISBN：7-80024-105-X
定价：CNY58.00（全套）
　　本书收入画家徐英槐、吕迈、宋贤、曾宓、姜宝林、何水法、翁祖亮、潘鸿海、华胜、顾生岳的作品。作者潘鸿海（1942—　　），艺术家。上海人。毕业于浙江美术学院油画系。历任浙江人民美术出版社美术记者、美术编辑、编辑部主任、副总编，《富春江画报》负责人、浙江画院院长。代表作品有《又是一个丰收年》《鲁迅》。

J0015258
中国当代艺术家画库 （2）王伯敏等绘；《当代艺术家画库》编辑部编
北京 中国画报出版社［1993年］10册
26cm（16开）ISBN：7-80024-106-8
定价：CNY58.00（全套）
　　本书收入画家蔡衍、吴声、古仪、李觉、李明、包辰初、曹文驰、林亦香、王伯敏、王庆裕的作品。作者王伯敏（1924—2013），美术史论家、画家、诗人。浙江台州人。曾担任中国美术学院教授、美术学博士生导师。著有《中国绘画通史》《中国版画史》《中国美术通史》等。

J0015259
中国当代艺术家画库 （3）杨之光等绘；《中国当代艺术家画库》编辑部编
北京 中国画报出版社［1993年］5册
26cm（16开）ISBN：7-80024-107-6
定价：CNY58.00（全套）
　　本书收入画家杨之光、贾又福、王征骅、欧洋、薛元中的中国山水画、油画、人物画等。作者杨之光（1930—　　），画家。又名焘甫。广东揭西人。毕业于北京中央美术学院绘画系。历任广州美术学院教授、副院长，广州画院国画系教授、副院长，美协广东分会理事、岭南美术专修学院院长等职。代表作品有《毛泽东主办广东农民运动讲习所》《浴日图》《矿山新兵》，著作有《中国画人物画法》《杨之光画集》《杨之光书法集》等。

J0015260
中国当代艺术家画库 （4）于志学等绘；《中国当代艺术家画库》编辑部编
北京 中国画报出版社［1993年］5册
26cm（16开）ISBN：7-80024-108-4
定价：CNY58.00（全套）
　　本书收入画家于志学、郭广业、贾平西、杨力、卢禹舜的作品。

J0015261
中国当代艺术家画库 （5）朱葵等绘
北京 中国画报出版社［1993年］10册
26cm（16开）ISBN：7-80024-145-9
定价：CNY58.00（全套）
　　本书收入朱葵、许怀华、钱仲章、金明华、李有光、陈修范、吴永康、陈培光、高德星、潘高鹏10位画家作品。

J0015262
中国当代艺术家画库 （6）徐天敏等绘
北京 中国画报出版社［1993年］5册
26cm（16开）精装 ISBN：7-80024-146-7
定价：CNY58.00（全套）
　　本书收入徐天敏、吴国亭、张之仁、马奉信、陈永康5位画家作品。

J0015263
中国当代艺术家画库 （7）王维新等绘

北京 中国画报出版社［1993年］10册
26cm（16开） 精装 ISBN：7-80024-147-5
定价：CNY58.00（全套）

　　本书收入王维新、王华祥、张世简、杨志辉、周诗成、孙永、金正惠、徐家昌、林淑然、方向10位画家作品。

J0015264

中国当代艺术家画库 （8）郭公达等绘
北京 中国画报出版社［1993年］5册
26cm（16开） 精装 ISBN：7-80024-148-3
定价：CNY58.00（全套）

　　本书收入郭公达、张建中、朱力、朱宝善、朱松发5位画家作品。作者郭公达（1931— ），画家。安徽萧县人。毕业于浙江美术学院中国画系。任教于安徽艺术学院（现为安徽大学艺术学院），中国美术家协会会员、安徽美术家协会副主席。出版有《郭公达山水画册》《郭公达画集》《郭公达山水画选集》等。

J0015265

中国当代艺术家画库 （9）徐君萱等绘
北京 中国画报出版社［1993年］10册
26cm（16开） 精装 ISBN：7-80024-149-1
定价：CNY58.00（全套）

　　本书收入徐君萱、汪诚一、井士剑、周瑞文、周刚、成南炎、张蓉、孙人、陈桂轮、叶宗镐10位画家作品。作者徐君萱（1934— ），油画家、教授。江苏江阴人。毕业于浙江美术学院油画系，留校任教。中国美术家协会会员。出版有《徐君萱油画风景写生》《徐君萱——中国当代艺术家画库》《素描研究》《水彩画技法》《美术常识》等。

J0015266

中国当代艺术家画库 （10）俞士梅等绘
北京 中国画报出版社［1993年］10册
26cm（16开） 精装 定价：CNY58.00（全套）

　　本书收入俞士梅、李苇成、徐宁、张宝蔚、马其宽、莫静波、贺野、张卫民、陆家衡、朱琦10位画家作品。

J0015267

中国当代艺术家画库 （11）张俊秋等绘
北京 中国画报出版社［1993年］4册

26cm（16开） 精装 ISBN：7-80024-151-3
定价：CNY58.00（全套）

　　本书收入张俊秋、沈启鹏、何溶、董文政4位画家作品。作者何溶（1921—1989），满族，教师。姓"赫舍里"，号伯英，笔名山碧。生于吉林市。曾就读于上海大同大学、上海圣约翰大学和中央美术学院绘画系，留校任教。创办《美术》杂志，任编辑部主任。代表作品有《雪》《杉》《白玉兰》《高山之松》等。作者张俊秋（1939— ），画家。江苏南京人。毕业于南京师范学院美术系。作品有水彩画《花与果》《三峡雨归帆》《茫雾初开》《晨炊》《花》等，出版有《水彩画技法探》《张俊秋水彩画技法》《张俊秋水彩画集》等。

J0015268

中国当代艺术家画库 （12）王树春等绘
北京 中国画报出版社［1993年］10册
26cm（16开） 精装 ISBN：7-80024-152-1
定价：CNY58.00（全套）

J0015269

中国当代艺术家画库 （10 汉英对照）《中国当代艺术家画库》编辑部编；田工译
北京 中国画报出版社 1994年 10册 26cm（16开）
ISBN：7-80024-150-5 定价：CNY58.00（全套）

J0015270

中国当代艺术家画库 （13）《中国当代艺术家画库》编委会编
北京 中国画报出版社 1995年 10册
26cm（16开） 盒装 ISBN：7-80024-184-X
定价：CNY58.00（全套）

J0015271

中国当代艺术家画库 （14）《中国当代艺术家画库》编委会编
北京 中国画报出版社 1995年 10册
26cm（16开） 盒装 ISBN：7-80024-183-1
定价：CNY58.00（全套）

J0015272

中国当代艺术家画库 （15）《中国当代艺术家画库》编委会编
北京 中国画报出版社 1995年 5册
26cm（16开） 盒装 ISBN：7-80024-182-3

定价: CNY58.00（全套）

J0015273

中国当代艺术家画库 （16）《中国当代艺术家画库》编委会编

北京 中国画报出版社 1995 年 10 册

26cm（16 开） 盒装 ISBN: 7-80024-181-5

定价: CNY58.00（全套）

J0015274

中国当代艺术家画库 （17）《中国当代艺术家画库》编委会编

北京 中国画报出版社 1995 年 10 册

26cm（16 开） 盒装 ISBN: 7-80024-180-7

定价: CNY58.00（全套）

J0015275

中国当代艺术家画库 （崔毅画集）崔毅绘

北京 中国画报出版社［1995 年］26cm（16 开）

ISBN: 7-80024-184-X 定价: CNY5.80

J0015276

中国当代艺术家画库 （丁立松画集）丁立松绘

北京 中国画报出版社［1995 年］26cm（16 开）

ISBN: 7-80024-180-7 定价: CNY5.80

　　作者丁立松（1938—　）画家、一级美术师。江苏通州人。启东版画院院长。作品有《炎夏乐章》，出版有《丁立松画集》。

J0015277

中国当代艺术家画库 （董吉泉画集）董吉泉绘

北京 中国画报出版社［1995 年］26cm（16 开）

ISBN: 7-80024-180-7 定价: CNY5.80

J0015278

中国当代艺术家画库 （董文政画集）董文政绘

北京 中国画报出版社［1995 年］26cm（16 开）

ISBN: 7-80024-151-3 定价: CNY11.60

J0015279

中国当代艺术家画库 （杜海涛画集）杜海涛绘

北京 中国画报出版社［1995 年］26cm（16 开）

ISBN: 7-80024-180-7 定价: CNY5.80

J0015280

中国当代艺术家画库 （方楚雄画集）方楚雄绘

北京 中国画报出版社［1995 年］26cm（16 开）

ISBN: 7-80024-184-X 定价: CNY5.80

　　作者方楚雄（1950—　），广东普宁人。毕业于广州美术学院，并留校任教。中国美术家协会会员。主要作品有《牧鸭》《水禽》《翠蝶兰》等。出版《方楚雄画选》《方楚雄画集》等。

J0015281

中国当代艺术家画库 （冯运榆画集）冯运榆绘

北京 中国画报出版社［1995 年］26cm（16 开）

ISBN: 7-80024-180-7 定价: CNY5.80

J0015282

中国当代艺术家画库 （郭书仁画集）郭书仁绘

北京 中国画报出版社［1995 年］26cm（16 开）

ISBN: 7-80024-184-X 定价: CNY5.80

J0015283

中国当代艺术家画库 （何溶画集）何溶绘

北京 中国画报出版社［1995 年］26cm（16 开）

ISBN: 7-80024-151-3 定价: CNY11.60

　　作者何溶（1921—1989），满族，教师。姓"赫舍里"，号伯英，笔名山碧。生于吉林市。曾就读于上海大同大学、上海圣约翰大学和中央美术学院绘画系，留校任教。创办《美术》杂志，任编辑部主任。代表作品有《雪》《杉》《白玉兰》《高山之松》等。

J0015284

中国当代艺术家画库 （贺野画集）贺野绘

北京 中国画报出版社［1995 年］26cm（16 开）

ISBN: 7-80024-150-5 定价: CNY5.80

J0015285

中国当代艺术家画库 （贾宝珉画集）贾宝珉绘

北京 中国画报出版社［1995 年］26cm（16 开）

ISBN：7-80024-184-X 定价：CNY5.80

作者贾宝珉(1941—　　)，天津人。毕业于河北艺术师范学院中国画专业。天津美术学院中国画系教授、中国美术家协会会员、天津美术家协会理事。代表作品《秋获》《雄鹰》。

J0015286
中国当代艺术家画库　（解维础画集）解维础绘
北京 中国画报出版社［1995年］26cm（16开）
ISBN：7-80024-184-X 定价：CNY5.80

J0015287
中国当代艺术家画库　（莫静坡画集）莫静坡绘
北京 中国画报出版社［1995年］26cm（16开）
ISBN：7-80024-150-5 定价：CNY5.80

J0015288
中国当代艺术家画库　（康庄画集）康庄绘
北京 中国画报出版社［1995年］26cm（16开）
ISBN：7-80024-182-3 定价：CNY11.60

作者康庄(1945—　　)，国家一级美术师。字梦蝶。山东济南人。山东济南画院创作组组长、中国美术家协会会员、民进中央开明画院理事、山东开明画院院长。代表作品有《龙卧千秋波》《泰岱松云》《屹立东方》等。

J0015289
中国当代艺术家画库　（李苇成画集）李苇成绘
北京 中国画报出版社［1995年］26cm（16开）
ISBN：7-80024-150-5 定价：CNY5.80

J0015290
中国当代艺术家画库　（李长有画集）李长有绘
北京 中国画报出版社［1995年］26cm（16开）
ISBN：7-80024-184-X 定价：CNY5.80

J0015291
中国当代艺术家画库　（陆家衡画集）陆家衡绘
北京 中国画报出版社［1995年］26cm（16开）
ISBN：7-80024-150-5 定价：CNY5.80

作者陆家衡(1947—　　)，江苏昆山人。江苏省昆山书画院副院长、中国书法家协会会员。出版有《陆家衡书法作品集》《中国书款题类编》《玉峰翰墨志》等。

J0015292
中国当代艺术家画库　（罗勇来画集）罗勇来绘
北京 中国画报出版社［1995年］26cm（16开）
ISBN：7-80024-180-7 定价：CNY5.80

J0015293
中国当代艺术家画库　（马其宽画集）马其宽绘
北京 中国画报出版社［1995年］26cm（16开）
ISBN：7-80024-150-5 定价：CNY5.80

J0015294
中国当代艺术家画库　（缪法宝画集）缪法宝绘
北京 中国画报出版社［1995年］26cm（16开）
ISBN：7-80024-180-7 定价：CNY5.80

J0015295
中国当代艺术家画库　（穆家善画集）穆家善绘
北京 中国画报出版社 1995年 28页 26cm（16开）
ISBN：7-80024-224-2 定价：CNY20.00

外文书名：Treasures of Contemporary Chinese Painting. 作者穆家善(1961—　　)，画家，艺术教育家。号青口山人。出生于江苏连云港。毕业于南京艺术院校。历任文化部中国艺术研究院研究员、南京大学中国书画研究院常务副院长，美国亚太艺术研究院院长、南京交通高等专科学校艺术教研室主任等。墨画代表作《风云起惊涛拍岸》《造化在我心耶、手耶》，个人画集有《东方欲晓——穆家善焦墨画集》《苍茫化境——穆家善焦墨画集》《海外中国传统的守望者——穆家善艺术世界》等。

J0015296
中国当代艺术家画库　（阮克敏画集）阮克敏绘
北京 中国画报出版社［1995年］26cm（16开）
ISBN：7-80024-184-X 定价：CNY5.80

J0015297

中国当代艺术家画库 （沈启鹏画集）沈启鹏绘

北京 中国画报出版社［1995年］26cm（16开）

ISBN：7-80024-151-3 定价：CNY11.60

作者沈启鹏（1946—　），画家。历任南通美术家协会主席、南通书画研究院院长。代表作品《大汛》《海子牛》《二月二回娘家》。

J0015298

中国当代艺术家画库 （史如源画集）史如源绘

北京 中国画报出版社［1995年］26cm（16开）

ISBN：7-80024-184-X 定价：CNY5.80

J0015299

中国当代艺术家画库 （王炳龙画集）王炳龙绘

北京 中国画报出版社［1995年］26cm（16开）

ISBN：7-80024-182-3 定价：CNY11.60

作者王炳龙（1940—1999），画家。山东济南人。毕业于中央美术学院。山东画院高级画师、济南画院专业画家、中国美术家协会山东分会会员、济南美术家协会理事。

J0015300

中国当代艺术家画库 （魏启后画集）魏启后绘

北京 中国画报出版社［1995年］26cm（16开）

ISBN：7-80024-182-3 定价：CNY11.60

作者魏启后（1920—2009），书法家、画家。生于山东济南。就读于北京辅仁大学中文系。历任中国书协理事、中国书协创作评审委员会委员、山东书协副主席、济南画院顾问、济南诗词协会副会长、山东画院顾问等。作品集有《魏启后书法选》《魏启后书画集》等。

J0015301

中国当代艺术家画库 （吴泽浩画集）吴泽浩绘

北京 中国画报出版社［1995年］26cm（16开）

ISBN：7-80024-180-7 定价：CNY5.80

J0015302

中国当代艺术家画库 （邢军画集）邢军绘

北京 中国画报出版社［1995年］26cm（16开）

ISBN：7-80024-180-7 定价：CNY5.80

J0015303

中国当代艺术家画库 （徐宁画集）徐宁绘

北京 中国画报出版社［1995年］26cm（16开）

ISBN：7-80024-150-5 定价：CNY5.80

J0015304

中国当代艺术家画库 （许澄宇画集）许澄宇绘

北京 中国画报出版社［1995年］26cm（16开）

ISBN：7-80024-180-7 定价：CNY5.80

J0015305

中国当代艺术家画库 （杨耀画集）杨耀绘

北京 中国画报出版社［1995年］26cm（16开）

ISBN：7-80024-182-3 定价：CNY11.60

作者杨耀（1938—2017），画家。原名耀珍，字子虚，自号林泉室主。陕西延川人。毕业于山东师范学院艺术系美术专业。历任山东工艺美术学院副教授、中国美术家协会会员、山东画院高级画师。出版有《杨耀画集》《杨耀新疆山水画》《松树画法》等。

J0015306

中国当代艺术家画库 （俞士梅画集）俞士梅绘

北京 中国画报出版社［1995年］26cm（16开）

ISBN：7-80024-150-5 定价：CNY5.80

J0015307

中国当代艺术家画库 （张宝蔚画集）张宝蔚绘

北京 中国画报出版社［1995年］26cm（16开）

ISBN：7-80024-150-5 定价：CNY5.80

作者张宝蔚（1939—　），画家。江苏苏州市人。毕业于南京师范大学美术系。中国美术家协会会员。出版有《张宝蔚画集》等。

J0015308

中国当代艺术家画库 （张登堂画集）张登堂绘

北京 中国画报出版社［1995年］26cm（16开）

ISBN：7-80024-182-3 定价：CNY11.60

作者张登堂（1944—2015），国画家。山东聊城县人。毕业于济南艺术学校美术科。历任济南画院副院长、中国美术家协会山东分会常务理事。代表作品有《黄河纤夫》《泰岱雄姿》。

J0015309
中国当代艺术家画库　（张俊秋画集）张俊秋绘
北京　中国画报出版社［1995年］26cm（16开）
ISBN：7-80024-151-3　定价：CNY11.60
　　　作者张俊秋（1939—　），画家。江苏南京人。毕业于南京师范学院美术系。作品有水彩画《花与果》《三峡雨归帆》《茫雾初开》《晨炊》《花》等，出版有《水彩画技法探》《张俊秋水彩画技法》《张俊秋水彩画集》等。

J0015310
中国当代艺术家画库　（张卫民画集）张卫民绘
北京　中国画报出版社［1995年］26cm（16开）
ISBN：7-80024-150-5　定价：CNY5.80

J0015311
中国当代艺术家画库　（章晓都画集）章晓都绘
北京　中国画报出版社［1995年］26cm（16开）
ISBN：7-80024-180-7　定价：CNY5.80

J0015312
中国当代艺术家画库　（赵树松画集）赵树松绘
北京　中国画报出版社［1995年］26cm（16开）
ISBN：7-80024-184-X　定价：CNY5.80
　　　作者赵树松（1939—　），教授。河北安平人。天津工艺美术学院教授、中国美术家协会会员、美协天津分会理事。

J0015313
中国当代艺术家画库　（朱知崎画集）朱知崎绘
北京　中国画报出版社［1995年］26cm（16开）
ISBN：7-80024-150-5　定价：CNY5.80

J0015314
中国当代艺术家画库　（18）韩茂堂编辑；王苹翻译
北京　中国画报出版社［1996年］5册
26cm（16开）ISBN：7-80024-185-8
定价：CNY58.00（全套）

J0015315
中国当代艺术家画库　（19）韩茂堂编辑；王苹翻译
北京　中国画报出版社［1996年］10册　有图
26cm（16开）ISBN：7-80024-153-X
定价：CNY58.00（全套）

J0015316
中国当代艺术家画库　（20）韩茂堂编辑；王苹翻译
北京　中国画报出版社［1996年］10册
有图　26cm（16开）ISBN：7-80024-189-0
定价：CNY58.00（全套）

J0015317
中国当代艺术家画库　（陈子文水彩画集）陈子文绘
北京　中国画报出版社　1996年　21页　26cm（16开）
ISBN：7-80024-065-7　定价：CNY25.00
　　　作者陈子文（1966—　），教师。原名陈乐于。湖北黄梅人。湖北蕲春师范任教。

J0015318
中国当代艺术家画库　（刘启本画集）刘启本绘
北京　中国画报出版社［1996年］26cm（16开）
ISBN：7-80024-214-5

J0015319
中国当代艺术家画库　（秘修斌画集）秘修斌绘
北京　中国画报出版社　1996年　28页　26cm（16开）
ISBN：7-80024-338-9　定价：CNY28.00

J0015320
中国当代艺术家画库　（辛守庆国画选集）辛守庆绘
北京　中国画报出版社　1996年　29页　26cm（16开）
ISBN：7-80024-322-2　定价：CNY28.00

J0015321

中国当代艺术家画库　（曹剑新画集）曹剑新绘

北京　中国画报出版社［1997年］26cm（16开）

ISBN：7-80024-183-1　定价：CNY5.80

J0015322

中国当代艺术家画库　（陈飞虎画集）陈飞虎绘

北京　中国画报出版社［1997年］26cm（16开）

ISBN：7-80024-183-1　定价：CNY5.80

J0015323

中国当代艺术家画库　（陈凤玉画集）陈凤玉绘

北京　中国画报出版社［1997年］26cm（16开）

ISBN：7-80024-181-5　定价：CNY5.80

J0015324

中国当代艺术家画库　（纪玉生画集）纪玉生绘

北京　中国画报出版社［1997年］26cm（16开）

ISBN：7-80024-181-5　定价：CNY5.80

J0015325

中国当代艺术家画库　（李朋林画集）李朋林绘

北京　中国画报出版社［1997年］26cm（16开）

ISBN：7-80024-183-1　定价：CNY5.80

J0015326

中国当代艺术家画库　（梁文博画集）梁文博绘

北京　中国画报出版社［1997年］26cm（16开）

ISBN：7-80024-181-5　定价：CNY5.80

J0015327

中国当代艺术家画库　（刘玉泉画集）刘玉泉绘

北京　中国画报出版社［1997年］26cm（16开）

ISBN：7-80024-181-5　定价：CNY5.80

J0015328

中国当代艺术家画库　（谭英林画集）谭英林绘

北京　中国画报出版社［1997年］26cm（16开）

ISBN：7-80024-181-5　定价：CNY5.80

J0015329

中国当代艺术家画库　（王旭东画集）王旭东绘

北京　中国画报出版社［1997年］26cm（16开）

ISBN：7-80024-181-5　定价：CNY5.80

J0015330

中国当代艺术家画库　（向墨林画集）向墨林绘

北京　中国画报出版社［1997年］26cm（16开）

ISBN：7-80024-183-1　定价：CNY5.80

J0015331

中国当代艺术家画库　（萧朗画集）萧朗绘

北京　中国画报出版社［1997年］26cm（16开）

ISBN：7-80024-184-X　定价：CNY5.80

　　作者萧朗（1917—2010），画家、教授。名印鉌，字朗，别署萍香阁主人。北京人。天津美术学院教授。主要作品有《浴罢》《杉木林》《踏遍青山》《芙蕖鹨鸰图》等，著有《萧朗画集》《萧朗课徒画稿》《怎样画写意草虫》。

J0015332

中国当代艺术家画库　（徐金堤画集）徐金堤绘

北京　中国画报出版社［1997年］26cm（16开）

ISBN：7-80024-181-5　定价：CNY5.80

　　作者徐金堤（1938—2009），国画家、教授。山东潍坊人。历任山东艺术学院美术系主任、教授、党总支书记，山东画院山水画研究会副会长、全国美术教育研究会会员、中国美术家协会会员。作品有《泰山岩岩》《长城魂》《碧霞映雪》等，出版有《徐金堤画集》等。

J0015333

中国当代艺术家画库　（张大石头画集）张大石头绘

北京　中国画报出版社［1997年］26cm（16开）

ISBN：7-80024-181-5　定价：CNY5.80

J0015334

中国当代艺术家画库　（张小纲画集）张小

纲绘

北京 中国画报出版社［1997年］26cm（16开）

ISBN：7-80024-183-1 定价：CNY5.80

J0015335

中国当代艺术家画库 （赵光楣画集）赵光
楣绘

北京 中国画报出版社［1997年］26cm（16开）

ISBN：7-80024-181-5 定价：CNY5.80

J0015336

中国当代艺术家画库 （周长信画集）周长
信绘

北京 中国画报出版社［1997年］26cm（16开）

ISBN：7-80024-181-5 定价：CNY5.80

J0015337

中国当代艺术家画库 （卓尚虎画集）卓尚
虎绘

北京 中国画报出版社［1997年］26cm（16开）

ISBN：7-80024-183-1 定价：CNY5.80

J0015338

中国书画 杨仁恺主编；薛永年等编撰

上海 上海古籍出版社 1990年 649页 有图版

20cm（32开）ISBN：7-5325-0751-3

定价：CNY9.30

作者薛永年（1941—　），教授。北京人。毕
业于中央美术学院美术史论系。中央美术学院
美术史系主任、中国书法家协会会员。著有《晋
唐宋元卷轴画史》《书画史论丛稿》《扬州八怪
与扬州商业》《蓦然回首》《华岩研究》等，主编
有《中国美术简史》《中国绘画的历史与审美鉴
赏》等。

J0015339

中国书画 杨仁恺主编；薛永年等编撰

上海 上海古籍出版社 1996年 重印本 649页

有图版 20cm（32开）ISBN：7-5325-0751-3

定价：CNY30.20

J0015340

中国现代民间绘画选萃 曹振峰主编；中国
社会文化编辑出版委员会编

北京 外文出版社 1990年 179页 29×28cm

精装 ISBN：7-119-01135-9 定价：CNY110.00

本书共收录210幅画，内容多为吉祥喜庆，
寄寓美好的愿望，表现农民、渔民、牧民，乃至
农村妇幼的生活情趣。有专文论述中国现代民
间绘画的传承关系、发展过程。

J0015341

中国现代民间绘画选萃 中国社会文化编辑
出版委员会编

北京 外文出版社 1990年 2版 179页

30cm（12开）精装 定价：CNY110.00

J0015342

中国现代民间绘画选萃 中国社会文化编辑
出版委员会编

北京 外文出版社 1994年 3版 179页

29×29cm 精装 ISBN：7-119-01136-7

定价：CNY125.00

J0015343

中国现代民间绘画选萃 中国社会文化编辑
出版委员会编

北京 外文出版社 1994年 3版 179页

29cm（12开）ISBN：7-119-01137-7

定价：CNY95.00

J0015344

中华文化精粹 （1990北京第十一届亚洲运动
会展览大观）海波主编

北京 北京燕山出版社 1990年 28cm（大16开）

ISBN：7-5402-0243-2 定价：CNY25.00

本书以彩色画册形式介绍1990年在北京举
行的第十一届亚运会期间，为展示中国传统文化
而举办的书画、摄影、雕塑、文物、民俗、工艺
美术等近50项大型文化艺术展览。画册选录各
项展览展品中的精华部分，并配以简短的文字
说明。外文书名：Cultural Quintessence of China：
1990 Beijing exhibition for The XI Asina games.

J0015345

中央美术学院四十年教师优秀作品选 古
元等编

北京 人民美术出版社 1990年 268页

30cm（10开）精装 定价：CNY120.00

本书选编建院40年来260位前后几代教师

所创作的作品 268 幅。其中国画 62 幅，油画、壁画、素描 107 幅，版画 41 幅，雕塑 58 幅。作者古元（1919—1996），画家。字帝源。生于广东珠海。曾就读于鲁迅艺术学院。历任中央美术学院教授、院长，中国美术家协会副主席、中国版画家协会主席。作品有《减租会》《烧毁旧地契》《人桥》《刘志丹和赤卫军》《枣园灯光》等，出版有《古元木刻选》《古元水彩画选》等。

J0015346
建筑美术家作品选集　同济大学编
上海　同济大学出版社　1991 年　25 × 26cm
ISBN：7-5608-0929-4　定价：CNY28.80
　　外文书名：Selected Works of the Architectural Artists.

J0015347
江苏省美术馆藏品选　（江苏水印版画近作专集）江苏省美术馆藏品选编委员会编
南京　南京出版社　1991 年　25 × 26cm
ISBN：7-80560-548-3　定价：CNY98.00
　　外文书名：Selected Collections of Jiangsu Provincial Art Gallery.

J0015348
青年美术新作　（山东省青年美术家协会专辑 1990）
济南　山东美术出版社　1991 年　84 页　26cm（16 开）
ISBN：7-5330-0358-6　定价：CNY22.00

J0015349
山东大学校友诗书画专集　山东大学校友诗书画社编
济南　山东大学出版社　1991 年　66 页　26cm（16 开）
ISBN：7-5607-0424-7　定价：CNY12.00

J0015350
吴冠中师生作品选　吴冠中等绘
北京　今日中国出版社　1991 年　有照片 26cm（16 开）精装　ISBN：7-5072-0292-5 定价：CNY120.00
　　本画册有吴冠中及其学生的 111 副作品，作品曾于 1991 年 5 月在中国历史博物馆展出，吴冠中在创作中主要探索油画民族化及中国画现代化，60 年代中期以后以风景创作为主。外文

书名：Selected Art Works by Wu Guanzhong and His Students. 作者吴冠中（1919—2010），著名画家、美术教育家。江苏宜兴人。毕业于国立杭州艺术专科学校。中央工艺美术学院教授。代表作品《长江三峡》《鲁迅的故乡》《春雪》《长城》，油画代表作有《长江三峡》《北国风光》《小鸟天堂》《黄山松》《鲁迅的故乡》等，个人文集有《吴冠中谈艺集》《吴冠中散文选》《美丑缘》等。

J0015351
西藏当代美术作品选　西藏自治区文学艺术界联合会，中国美术家协会西藏分会编
上海　上海人民美术出版社　1991 年　36cm（12 开）
精装　ISBN：7-5322-0874-5　定价：CNY88.00
　　本画册选印的 169 幅作品，有人物画、佛像画，以及一些风景画，还有少量木刻和石刻作品。这些作品都是西藏和平解放 40 年来的新作，风格细腻工整，色彩鲜艳明丽，显示了西藏美术工作者在艰苦条件下坚持不懈所取得的成果。

J0015352
嘤鸣集　（曲阜师范大学艺术系教师作品）
济南　山东美术出版社　1991 年　43 页　26cm（15 开）
ISBN：7-5330-0364-0　定价：CNY12.00

J0015353
中国革命博物馆藏画集　中国革命博物馆编
北京　文物出版社　1991 年　23cm（32 开）
ISBN：7-5010-0530-3　定价：CNY49.00
　　本画集编入 56 名著名画家的 72 幅作品，并附有中英文简介及画家的简历。

J0015354
中国名书画家作品集　郭嘉主编
香港　华夏文化艺术交流中心　1991 年　86 页 29cm（16 开）

J0015355
中央文史研究馆馆员作品选集　杜秋濛编辑
香港　集古斋公司　1991 年　有图肖像 26cm（16 开）　定价：HKD125.00

J0015356
遵义市美术作品选　赵虹主编

贵阳 贵州人民美术出版社 1991 年 46 页
27cm（大 16 开）定价：CNY38.00

　　本作品选编遵义市美术作者的作品 45 幅。选材广泛，风格各异，具有浓郁的地方民族特色。

J0015357
安徽省首届中学生书画作品邀请展获奖作品集　牛中直，卢百强主编
合肥 安徽人民出版社 1992 年 91 页 26cm（16 开）
ISBN：7-5398-0225-1 定价：CNY8.50

　　作者牛中直，芜湖市第十二中学校长、党支部书记。作者卢百强，芜湖市第十二中学任教。

J0015358
百鹰图谱　李寿明编
广州 岭南美术出版社 1992 年 131 页 有图
26cm（16 开）ISBN：7-5362-0784-0
定价：CNY9.90

　　本书介绍了包括工笔、白描、写意、速写和工艺装饰变形等表现手法，收入了宋、元、明、清、近现代名家有代表性的鹰图精品。

J0015359
北京画院　《北京画院》编委会编
北京 北京出版社 1992 年 184 页 有照片
26cm（16 开）精装 ISBN：7-200-01630-6

　　本书介绍了北京画院的发展及 80 余名画家的作品。外文书名：Beijing Art Academy.

J0015360
北京站珍藏书画选　张建文主编；北京铁路分局文协编
北京 光明日报出版社 1992 年 110 页
29cm（16 开）ISBN：7-80091-391-0
定价：CNY48.00，CNY58.00（精装）

J0015361
陈巧巧陈海蓝姐弟画集　陈巧巧，陈海蓝作
上海 上海书画出版社 1992 年 80 页 33cm（12 开）
精装 ISBN：7-80512-659-3
定价：CNY42.00

J0015362
勾月亮　（贵阳市儿童少年绘画、摄影作品精

选）黄晋裳主编
贵阳 贵州人民出版社 1992 年 89 页 19cm（24 开）
ISBN：7-221-02795-1 定价：CNY8.20
（贵阳市中小学生作品精选丛书）

J0015363
故宫博物院藏清代宫廷绘画　故宫博物院编
北京 文物出版社 1992 年 286 页 35cm（15 开）
精装 ISBN：7-5010-0321-1 定价：CNY370.00

　　本书收入清宫秘藏的宫廷绘画 125 件。并对清宫的绘画机构、制度及其艺术特色作了深入的介绍。外文书名：The Collection of the Palace Museum Court Painting of the Qing Dynasty.

J0015364
好香啊！野花　（诗画集）方君默诗；陈仲常等绘
合肥 安徽美术出版社 1992 年 90 页 17×19cm
ISBN：7-5398-0003-8 定价：CNY16.00

　　作者方君默（1922— ），编剧。安徽枞阳人。毕业于安徽大学中文系。历任安徽省歌舞团一级编剧、中国音乐家协会、中国民间文艺家协会会员。出版有《神奇的黄山》《花儿开在你心上》《写在树叶上的歌》《猜猜谜学学画》等。作者陈仲常（1935— ），浙江美院副教授、硕士研究生导师，中国美术家协会会员、浙江粉画学会副会长。

J0015365
黄君璧九五回顾展画集　黄君璧［绘］
台北 历史博物馆 1992 年 254 页
38cm（6 开）精装 ISBN：957-00-0424-X
定价：TWD1700.00

J0015366
美术基础训练画库　河南美术出版社编
郑州 河南美术出版社 1992 年 14 册
26cm（16 开）套装 ISBN：7-5401-0270-5
定价：CNY95.00

J0015367
美术教学示范作品　（静物色彩）浙江美术学院出版社美术画册编辑部编
杭州 浙江美术学院出版社 1992 年 53cm（4 开）
ISBN：7-81019-183-7 定价：CNY14.00

J0015368

色彩风景范画　黄金龙等绘；任国兴，王铁军翻拍

石家庄　河北美术出版社　1992 年　26 页　25×26cm

ISBN：7-5310-0463-1　定价：CNY9.50

　　本书收入了浙江美术学院等艺术院校的中青年教师及学生的精品 27 幅，包括水粉、水彩和油画。

J0015369

魏启后书画集　魏启后绘

济南　山东美术出版社　1992 年　38cm（8 开）

　　本画集收入作者书法作品 62 幅，中国画作品 23 幅，书后有沈鹏等评价文章 3 篇，有作者后记。由山东美术出版社和东方国际艺术出版社联合出版。作者魏启后（1920—2009），书法家、画家。生于山东济南。就读于北京辅仁大学中文系。历任中国书协理事、中国书协创作评审委员会委员、山东书协副主席、济南画院顾问、济南诗词协会副会长、山东画院顾问等。作品集有《魏启后书法选》《魏启后书画集》等。

J0015370

园丁画集　杜之遽主编

石家庄　河北美术出版社　1992 年　80 页　有图

26cm（16 开）　ISBN：7-5310-0521-2

定价：CNY19.10

　　本书选入中小学美术教师的作品 313 幅。作者杜之遽（1932—1996），教授。毕业于天津美术学院。历任中国美术教育研究会理事、河北师范学院美术系教授。作品有中国画《消夏图》，水彩画《风雪漫太行》《雨中柳》等。

J0015371

张景儒画集　张景儒绘

哈尔滨　黑龙江美术出版社　1992 年　27×27cm

ISBN：7-5318-0165-5

定价：CNY42.00，CNY55.00（精装）

　　本画集收录作者中国画作品 48 幅。作者张景儒（1944—　），教授。山东费县人。毕业于哈尔滨师范专科美术系。历任黑龙江省画院创作员、冰城画廊创作室主任、副教授。

J0015372

彩绘　述鼎著

台北　艺术图书公司　1993 年　127 页　有图

31cm（10 开）　精装　ISBN：957-672-093-1

定价：TWD600.00

（民间艺术 3）

J0015373

华夏千家书画集　陈奇峰，施汉云编辑；宗同昌摄

香港　汉荣书局　1993 年　2 册　30cm（10 开）

精装　ISBN：962-18-0019-6

J0015374

毛泽东画典　刘家齐等主编

长春　吉林文史出版社　1993 年　332 页　25×27cm

精装　ISBN：7-80528-750-3　定价：CNY180.00

　　本画册收入以毛泽东为题材的绘画作品 500 余幅。本书由吉林文史出版社和大公报出版有限公司联合出版。

J0015375

美术家作品集　（东方博雅社藏品）况达编辑；姜茸译

济南　山东美术出版社　1993 年　59 页　26cm（15 开）

ISBN：7-5330-0625-9　定价：CNY17.85

J0015376

美哉北京　（书画集）单昭祥主编

北京　北京出版社　1993 年　36cm（15 开）　精装

ISBN：7-200-01982-8　定价：CNY85.00

　　外文书名：Beijing, The Beautiful.

J0015377

清韵　（中国著名女画家）

南京　江苏美术出版社　1993 年　15 张

15cm（40 开）　ISBN：7-5344-0272-7

定价：CNY4.80

J0015378

人体人物画集　陈英群绘

长春　东北师范大学出版社　1993 年　3 册（178 页）

26cm（16 开）　ISBN：7-5602-1025-2

定价：CNY18.00

J0015379

炎黄子孙画册　蔡道东，侯广能主编

香港 香港现代出版社 1993年 68页 29cm（16开）
定价：HKD48.00

　　作者蔡道东（1943—　　），国家一级美术师。历任广西北海市文化局局长、广西文联委员、广西美术家协会常务理事。代表作《牛场》《港夜》《夜以继日》。

J0015380

迎曦送晚三百年 （竹堑先贤书画展专集）洪惠冠总编辑
新竹县 新竹市立文化中心 1993年 203页
25×26cm 精装 ISBN：957-00-1972-7
定价：[TWD600.00]
（竹堑文化资产丛书 23）

J0015381

长春颂 （中共广东省委直属机关庆祝中国共产党成立70周年诗书画展览作品选）中共广东省委直属机关工委等编
广州 岭南美术出版社 1993年 28cm（大16开）
ISBN：7-5362-0915-0 定价：CNY32.00

J0015382

中国近现代名家画集 （傅抱石）傅抱石绘
台北 锦绣文化企业 1993年 200页 有肖像
37cm（8开） 精装 ISBN：957-768-002-X

　　作者傅抱石（1904—1965），画家。原名长生、瑞麟，号抱石斋主人。生于江西南昌，祖籍江西新余，早年留学日本。历任南京师范学院教授、江苏国画院院长等。代表作品有《山阴道上》《钟馗》《屈原》《江山如此多娇》，著有《中国古代绘画之研究》《中国绘画变迁史纲》等。

J0015383

中国近现代名家画集 （黄宾虹）黄宾虹绘
台北 锦绣文化企业 1993年 201页 有肖像
37cm（8开） 精装 ISBN：957-768-003-8

J0015384

中国近现代名家画集 （蒋兆和）蒋兆和绘
台北 锦绣文化企业 1993年 205页 有肖像
37cm（8开） 精装 ISBN：957-768-007-0

J0015385

中国近现代名家画集 （林风眠）林风眠绘

台北 锦绣文化企业 1993年 200页 有肖像
37cm（8开） 精装 ISBN：957-768-001-1

　　作者林风眠（1900—1991），画家、艺术教育家。名绍琼，字凤鸣，后改风眠。广东梅县人。曾任杭州国立艺术学院首任院长、中国美术家协会上海分会副主席。代表作品有《春晴》《江畔》《仕女》。

J0015386

中国近现代名家画集 （溥心畬）溥心畬绘
台北 锦绣文化企业 1993年 200页 有肖像
37cm（8开） 精装 ISBN：957-768-005-4

　　作者溥心畬（1896—1963），画家，收藏家。名儒，字心畬，号羲皇上人，又号西山逸士。生于北京。毕业于北京法政大学青岛威廉帝国研修院，留学德国。曾在台湾师范大学及东海大学任教。代表作品《雪中访友图》，著有《四书经义集证》《毛诗经义集证》《尔雅释言经证》等。

J0015387

中国近现代名家画集 （齐白石）齐白石绘
台北 锦绣文化企业 1993年 200页 有肖像
37cm（8开） 精装 ISBN：957-768-004-6

　　作者齐白石（1864—1957），近现代中国绘画大师，国画家、篆刻家。原名纯芝，字渭清，号兰亭，后改名璜，字濒生，号白石等。湖南湘潭人。历任国立北平艺术专科学校和京华美术专科学校教习、教授、中央美术学院名誉教授，中国文学艺术界联合会主席团委员、中国画研究会和中国美术家协会主席、中国画院名誉院长。代表作有《蛙声十里出山泉》《墨虾》等。著有《白石诗草》《齐白石作品集》《白石老人自述》等。

J0015388

中国近现代名家画集 （吴昌硕）吴昌硕绘
台北 锦绣文化企业 1993年 191页 有肖像
37cm（8开） 精装 ISBN：957-768-006-2

　　作者吴昌硕（1844—1927），晚清民国时期国画家、书法家、篆刻家。原名俊，俊卿，字昌硕。浙江安吉人。代表作品有《瓜果》《灯下观书》《姑苏丝画图》等，出版有《吴昌硕画集》《吴昌硕作品集》《苦铁碎金》《缶庐近墨》《吴苍石印谱》《缶庐印存》等。

J0015389

中国近现代名家画集 （徐悲鸿）徐悲鸿绘

台北 锦绣文化企业 1993年 200页 有肖像
37cm 精装 ISBN：957-768-010-0

　　作者徐悲鸿(1895—1953)，著名画家、美
术教育家。原名徐寿康。江苏宜兴市屺亭镇人。
毕业于巴黎国立美术学校。曾任教于南京国立
中央大学艺术系、北平大学艺术学院和北平艺
专，后任中央美术学院院长。代表作品《愚公移
山图》《八骏图》《负伤之狮》《田横五百士》等。

J0015390

中国近现代名家画集 （张大千）张大千绘

台北 锦绣文化企业 1993年 200页 有肖像
37cm(8开) 精装 ISBN：957-768-020-8

J0015391

中国近现代名家画集 （关山月）关山月绘

台北 锦绣文化企业 1994年 199页 有肖像
37cm(8开) 精装 ISBN：957-768-017-8

　　作者关山月(1912—2000)，国画家、教育
家。原名关泽霈。生于广东阳江。历任广州市
艺专教授、广州美术学院教授兼院长、广东画院
院长、中国美术家协会副主席、广东省美术家协
会副主席等。代表作《江山如此多娇》《俏不争
春》《绿色长城》《长河颂》等。

J0015392

中国近现代名家画集 （黄胄）黄胄绘

台北 锦绣文化企业 1994年 198页 有肖像
37cm(8开) 精装 ISBN：957-768-018-6

　　作者黄胄(1925—1997)，画家、社会活动
家、收藏家。字映斋。河北蠡县人。历任任总政
治部文化部创作员、中国画研究院副院长、中国
美术家协会常务理事等。代表作品有《洪荒风雪》
《巡逻图》等，出版有《黄胄书画论》《黄胄作品
集》《黄胄谈艺术》等。

J0015393

中国近现代名家画集 （李可染）李可染绘

台北 锦绣文化企业 1994年 187页 有肖像
37cm(8开) 精装 ISBN：957-768-012-7

　　作者李可染(1907—1989)，国画家、诗人、
教授。原名李永顺。江苏徐州人。中央美术学
院教授、中国美术家协会副主席、中国文联委
员、中国画研究院院长等。代表作品有《江山无
尽图》《万山红遍》《漓江胜境图》等，画集有《李
可染水墨写生画集》《李可染中国画集》《李可染
画牛》等。

J0015394

中国近现代名家画集 （李苦禅）李苦禅绘

台北 锦绣文化企业 1994年 205页 有肖像
37cm(8开) 精装 ISBN：957-768-016-X

　　作者李苦禅(1899—1983)，书画家、美术教
育家。原名李英杰，字励公。山东高唐人。擅画
花鸟和鹰。中央美术学院教授、中国美术家协会
理事、中国画研究院院务委员等。代表作品有《盛
荷》《群鹰图》《兰竹》等，出版有《李苦禅画辑》。

J0015395

中国近现代名家画集 （潘天寿）潘天寿绘

台北 锦绣文化企业 1994年 214页 有肖像
37cm(8开) 精装 ISBN：957-768-013-5

　　作者潘天寿(1897—1971)，现代著名国画
家，美术教育家。字大颐，号寿者。浙江宁海县
人。擅画花鸟、山水，兼善指画，亦能书法、诗
词、篆刻。曾任中国文联委员、中国美术家协会
副主席、浙江省文联副主席、中国美协浙江分会
主席、浙江美术学院院长。著有《中国绘画史》
《听天阁画谈随笔》等。

J0015396

中国近现代名家画集 （石鲁）石鲁绘

台北 锦绣文化企业 1994年 200页 有肖像
37cm(8开) 精装 ISBN：957-768-015-1

　　作者石鲁(1919—1982)，画家。原名冯亚珩。
四川仁寿人。曾就读于成都东方美专和陕北公
学院。曾任中国美术家协会常务理事、陕西省美
术家协会主席、陕西省书法家协会主席、陕西省
国画院名誉院长、中国画研究院院委等职。著有
《石鲁学画录》，电影剧本《暴风中的雄鹰》等。

J0015397

中国近现代名家画集 （吴冠中）吴冠中绘

台北 锦绣文化企业 1994年 195页 有肖像
37cm(8开) 精装 ISBN：957-768-008-9

　　作者吴冠中(1919—2010)，著名画家、美术
教育家。江苏宜兴人。毕业于国立杭州艺术专
科学校。中央工艺美术学院教授。代表作品《长

江三峡》《鲁迅的故乡》《春雪》《长城》，油画代表作有《长江三峡》《北国风光》《小鸟天堂》《黄山松》《鲁迅的故乡》等，个人文集有《吴冠中谈艺集》《吴冠中散文选》《美丑缘》等。

J0015398

中国近现代名家画集　（吴作人）吴作人绘
台北　锦绣文化企业　1994 年　199 页　有肖像
37cm（8 开）　精装　ISBN：957-768-019-4
　　作者吴作人(1908—1997)，著名画家、教授。生于江苏苏州，祖籍安徽泾县。先后就读于苏州工业专科学校建筑系、上海艺术大学、南国艺术学院美术系及南京中央大学艺术系。曾任中央美术学院院长、中国美术家协会主席等。出版有《吴作人》《吴作人艺术馆藏品集》《吴作人画传》等。

J0015399

中国近现代名家画集　（朱屺瞻）朱屺瞻绘
台北　锦绣文化企业　1994 年　195 页　有肖像
37cm　精装　ISBN：957-768-014-3
　　作者朱屺瞻(1892—1996)，国画家。上海美术专科学校教授、上海新华艺术专科学校绘画研究所主任、中国美术家协会顾问、中国书法家协会理事、上海美术家协会常务理事、上海中国画院画师、上海师范大学艺术系教授等。代表作品《朱屺瞻画集》《癖斯居画谈》《朱屺瞻画选》。

J0015400

中国近现代名家画集　（关山月）关山月绘
北京　人民美术出版社　1996 年　201 页
38cm（6 开）　精装　ISBN：7-102-01569-0
　　现代中国画画册。作者关山月(1912—2000)，国画家、教育家。原名关泽霈。生于广东阳江。历任广州市艺专教授、广州美术学院教授兼院长、广东画院院长、中国美术家协会副主席、广东省美术家协会副主席等。代表作《江山如此多娇》《俏不争春》《绿色长城》《长河颂》等。

J0015401

中国近现代名家画集　（黄宾虹）黄宾虹绘
北京　人民美术出版社　1996 年　205 页　37cm（8 开）
精装　ISBN：7-102-01604-2

J0015402

中国近现代名家画集　（黄宾虹）黄宾虹绘
北京　人民美术出版社　1996 年　205 页
38cm（8 开）　精装　ISBN：7-102-01604-2

J0015403

中国近现代名家画集　（黄秋园）黄秋园绘
北京　人民美术出版社　1996 年　205 页　37cm
精装　ISBN：7-102-01658-1
　　作者黄秋园(1914—1979)，国画家。生于江西南昌市。毕业于南昌剑声中学。独创了有别于历代名家的皴法新技法"秋园皴"。代表作品有《庐山梦游图卷》《秋山幽居图》《中国山水画传统技法》等，著有《中国山水画传统技法》。

J0015404

中国近现代名家画集　（黄胄）黄胄绘
北京　人民美术出版社　1996 年　206 页
38cm（6 开）　精装　ISBN：7-102-01722-7
　　作者黄胄(1925—1997)，画家、社会活动家、收藏家。字映斋。河北蠡县人。历任任总政治部文化部创作员、中国画研究院副院长、中国美术家协会常务理事等。代表作品有《洪荒风雪》《巡逻图》等，出版有《黄胄书画论》《黄胄作品集》《黄胄谈艺术》等。

J0015405

中国近现代名家画集　（李苦禅）李苦禅绘
北京　人民美术出版社　1996 年　202 页
38cm（6 开）　精装　ISBN：7-102-01610-7
　　作者李苦禅(1899—1983)，书画家、美术教育家。原名李英杰，字励公。山东高唐人。擅画花鸟和鹰。中央美术学院教授、中国美术家协会理事、中国画研究院院务委员等。代表作品有《盛荷》《群鹰图》《兰竹》等，出版有《李苦禅画辑》。

J0015406

中国近现代名家画集　（潘天寿）潘天寿绘
北京　人民美术出版社　1996 年　38cm（6 开）
精装　ISBN：7-102-01660-3
　　作者潘天寿(1898—1971)，现代著名国画家，美术教育家。字大颐，号寿者。浙江宁海县人。擅画花鸟、山水，兼善指画，亦能书法、诗词、篆刻。曾任中国文联委员、中国美术家协会副主席、浙江省文联副主席、中国美协浙江分会主席，浙江美术学院院长、教授等。著有《中国绘画史》《听天阁画谈随笔》等。

J0015407

中国近现代名家画集 （石鲁）石鲁绘

北京 人民美术出版社 1996年 205页 38cm（6开） 精装 ISBN：7-102-01624-7

　　作者石鲁（1919—1982），画家。原名冯亚珩。四川仁寿人。就读于成都东方美专和陕北公学院。曾任中国美术家协会常务理事、陕西省美术家协会主席、陕西省书法家协会主席、陕西省国画院名誉院长、中国画研究院院委等职。著有《石鲁学画录》，电影剧本《暴风中的雄鹰》等。

J0015408

中国近现代名家画集 （吴冠中）吴冠中绘

北京 人民美术出版社 1996年 205页 37cm 精装 ISBN：7-102-01725-1

　　作者吴冠中（1919—2010），著名画家、美术教育家。江苏宜兴人。毕业于国立杭州艺术专科学校。中央工艺美术学院教授。代表作品《长江三峡》《鲁迅的故乡》《春雪》《长城》，油画代表作有《长江三峡》《北国风光》《小鸟天堂》《黄山松》《鲁迅的故乡》等，个人文集有《吴冠中谈艺集》《吴冠中散文选》《美丑缘》等。

J0015409

中国近现代名家画集 （吴作人）吴作人绘

北京 人民美术出版社 1996年 206页 36cm（15开） 精装 ISBN：7-102-01671-9

　　作者吴作人（1908—1997），著名画家、教授。生于江苏苏州，祖籍安徽泾县。先后就读于苏州工业专科学校建筑系、上海艺术大学、南国艺术学院美术系及南京中央大学艺术系。曾任中央美术学院院长、中国美术家协会主席等。出版有《吴作人》《吴作人艺术馆藏品集》《吴作人画传》等。

J0015410

中国近现代名家画集 （朱屺瞻）朱屺瞻绘

北京 人民美术出版社 1996年 202页 38cm（6开） 精装 ISBN：7-102-01623-9

　　作者朱屺瞻（1892—1996），国画家。历任上海美术专科学校教授、上海新华艺术专科学校绘画研究所主任、中国美术家协会顾问、中国书法家协会理事、上海美术家协会常务理事、上海中国画院画师、上海师范大学艺术系教授等。代表作品《朱屺瞻画集》《癖斯居画谈》《朱屺瞻画选》。

J0015411

中国近现代名家画集 （傅抱石）傅抱石绘

天津 天津人民美术出版社 1996年 38cm（6开） 精装 ISBN：7-5305-0604-8

　　作者傅抱石（1904—1965），画家。原名长生、瑞麟，号抱石斋主人。生于江西南昌，祖籍江西新余。早年留学日本。历任南京师范学院教授、江苏国画院院长等。代表作品有《山阴道上》《钟馗》《屈原》《江山如此多娇》，著有《中国古代绘画之研究》《中国绘画变迁史纲》等。

J0015412

中国近现代名家画集 （溥心畬）溥心畬绘

天津 天津人民美术出版社 1996年 38cm（6开） 精装 ISBN：7-5305-0609-9

　　作者溥心畬（1896—1963），画家，收藏家。名儒，字心畬，号羲皇上人，又号西山逸士。生于北京。毕业于北京法政大学青岛威廉帝国研修院，留学德国。曾在台湾师范大学及东海大学任教。代表作品《雪中访友图》，著有《四书经义集证》《毛诗经义集证》《尔雅释言经证》等。

J0015413

中国近现代名家画集 （吴昌硕）吴昌硕绘

天津 天津人民美术出版社 1996年 38cm（6开） 精装 ISBN：7-5305-0608-0

　　作者吴昌硕（1844—1927），晚清民国时期国画家、书法家、篆刻家。原名俊，俊卿，字昌硕。浙江安吉人。代表作品有《瓜果》《灯下观书》《姑苏丝画图》等，出版有《吴昌硕画集》《吴昌硕作品集》《苦铁碎金》《缶庐近墨》《吴苍石印谱》《缶庐印存》等。

J0015414

中国近现代名家画集 （徐悲鸿）徐悲鸿绘

天津 天津人民美术出版社 1996年 38cm（6开） 精装 ISBN：7-5305-0606-4

　　作者徐悲鸿（1895—1953），著名画家、美术教育家。原名徐寿康。江苏宜兴市屺亭镇人。毕业于巴黎国立美术学校。曾任教于南京国立中央大学艺术系、北平大学艺术学院和北平艺专，后任中央美术学院院长。代表作品《愚公移山图》《八骏图》《负伤之狮》《田横五百士》等。

J0015415

中国近现代名家画集 （张大千）张大千绘
天津　天津人民美术出版社 1996 年 38cm（6 开）
精装　ISBN：7-5305-0605-6

J0015416

中国近现代名家画集 （白雪石）白雪石绘
北京　人民美术出版社 1997 年 213 页　有照片
36cm（18 开）　精装　ISBN：7-102-01878-9
定价：CNY300.00

　　作者白雪石（1915—2011），画家，教授。北京市人。斋号何须斋。早年师从赵梦朱，后拜梁树年为师。执教于北京师范学院、北京艺术学院、中央工艺美院、兼北京山水画研究会会长。代表作品《万壑松风》《千峰竞秀》《早春图》《漓江一曲千峰秀》等。

J0015417

中国近现代名家画集 （梁树年）梁树年绘
北京　人民美术出版社 1997 年 206 页 37cm（8 开）
精装　ISBN：7-102-01763-4
定价：CNY300.00

　　作者梁树年（1911—2005），教授。名豆村，堂号安樗，斋号警退斋。北京人。曾任北京艺术师范学院美术系教师、中央美术学院国画系教授、北京山水画会副会长、中国美术家协会会员、中国书法家协会会员。代表作品有《黄山旭日》等，出版有《梁树年画集》等。

J0015418

中国近现代名家画集 （崔子范）崔子范绘
北京　人民美术出版社 1998 年 244 页 37cm（8 开）
精装　ISBN：7-102-01959-9

　　作者崔子范（1915—2011），画家。曾用名崔尚治。山东莱阳人。曾就读于上海美术专科学校、抗日军政大学。历任北京国画院副院长兼秘书长，中国美术家协会会员、北京市美协理事。代表作品有《麻雀枇杷》《芙蓉八哥》《金鱼》等。

J0015419

中国近现代名家画集 （郭味蕖）郭味蕖绘

北京　人民美术出版社 1998 年 206 页　有照片
36cm（15 开）　精装　ISBN：7-102-01906-8

　　作者郭味蕖（1908—1971），画家。原名忻，后改慰劬、味蕖，曾用别号汾阳王孙等。山东潍坊人。毕业于上海美术专科学校。历任中央美术学院研究部和徐悲鸿纪念馆研究员、中央美院中国画讲师、中央美术学院国画系花鸟科主任等。著有《宋元明清画家年表》《中国版画史略》《写意花鸟创作技法十六讲》等。

J0015420

中国近现代名家画集 （宋文治）宋文治绘
北京　人民美术出版社 1998 年 206 页 37cm
精装　ISBN：7-102-01969-6

　　作者宋文治（1919—1999），画家。江苏太仓人。就读于江苏省国画院。曾为南京大学教授、江苏美协副主席、江苏省国画院副院长等。代表作有《白云幽涧图》《蜀江云起》《华岳积翠图》《水乡春暖》，著作有《宋文治画集》《宋文治作品选集》等。

J0015421

中国近现代名家画集 （齐白石）齐白石绘
天津　天津人民美术出版社 1998 年 200 页
38cm（6 开）精装　ISBN：7-5305-0805-9

　　作者齐白石（1864—1957），近现代中国绘画大师，国画家、篆刻家。原名纯芝，字渭清，号兰亭，后改名璜，字濒生，号白石等。湖南湘潭人。历任国立北平艺术专科学校和京华美术专科学校教习、教授，中央美术学院名誉教授、中国文学艺术界联合会主席团委员、中国画研究会和中国美术家协会主席、中国画院名誉院长。代表作有《蛙声十里出山泉》《墨虾》等，著有《白石诗草》《齐白石作品集》《白石老人自述》等。

J0015422

中国近现代名家画集 （亚明）亚明绘
天津　天津人民美术出版社 1998 年 211 页
38cm（6 开）精装　ISBN：7-102-01906-8

　　作者亚明（1924—2002），画家、教授。原姓叶，名家炳，号敬植，后改名亚明。安徽合肥人。历任无锡市美协主席、江苏省美术工作室主任、江苏省国画院副院长、中国美协常务理事、香港《文汇报》中国画版主编。出版有《访苏画辑》《亚明作品选集》《亚明画集》《三湘四水集》等。

J0015423
中国近现代名家画集　（董寿平）董寿平绘
北京　人民美术出版社　1999 年　205 页
36cm（15 开）精装 ISBN：7-102-02067-8
　　作者董寿平（1904—1997），国画家、书法家。原名揆，字谐伯。山西洪洞县人。毕业于天津南开大学。历任中国书法家协会顾问、中国美术家协会会员、北京荣宝斋顾问、全国政协书画室主任、北京中国画研究会名誉会长。出版有《董寿平画辑》《董寿平书画集》《书画大师董寿平》《董寿平谈艺录》。

J0015424
中国近现代名家画集　（黄永玉）黄永玉绘
北京　人民美术出版社　1999 年　198 页
36cm（15 开）精装 ISBN：7-102-02024-4
　　作者黄永玉（1924—　　），土家族，教授。中央美术学院教授、全国政协委员，中国美术家协会常务理事、副主席。作品有《春潮》《百花》《人民总理人民爱》《阿诗玛》等，出版有《黄永玉木刻集》《黄永玉画集》。

J0015425
中国新文艺大系　（1949—1966 美术集）吴作人等主编
北京　中国文联出版公司　1993 年　336 页
26cm（16 开）精装 ISBN：7-5059-1678-5
定价：CNY47.30
　　作者吴作人（1908—1997），著名画家、教授。生于江苏苏州，祖籍安徽泾县。先后就读于苏州工业专科学校建筑系、上海艺术大学、南国艺术学院美术系及南京中央大学艺术系。曾任中央美术学院院长、中国美术家协会主席等。出版有《吴作人》《吴作人艺术馆藏品集》《吴作人画传》等。

J0015426
中央美术学院附中学生习作　（素描）中央美术学院附中业务教研室编
西安　陕西人民美术出版社　1993 年　91 页
26cm（16 开）ISBN：7-5368-0570-5
定价：CNY9.50

J0015427
中央美术学院附中学生习作　（素描）中央

美术学院附中业务教研室编
西安　陕西人民美术出版社　1995 年　重印本
91 页 28cm（16 开）ISBN：7-5368-0773-2
定价：CNY12.00

J0015428
七十二变　（组合画）苏刚绘
北京　星球地图出版社　1994 年　21cm（28 开）
精装 ISBN：7-80104-006-6 定价：CNY12.00

J0015429
全国群星美术大展获奖作品集　魏中珂主编；中华人民共和国文化部群文司编
北京　中国商业出版社　1994 年　69 页　25×26cm
ISBN：7-5044-2265-7 定价：CNY45.00
　　收有 1993 年全国群星美术大展国画、版画、油画、连环画等近 200 幅。作者魏中珂，文化部群文司司长。

J0015430
四川少数民族画家画库（尼玛泽仁）尼玛泽仁绘；何承纪主编
成都　四川民族出版社　1994 年　48 页　有彩照
26cm（16 开）精装 ISBN：7-5409-1392-4
　　外文书名：The Callection of Painting by Sichuan Minority Artists.

J0015431
翁山翰墨
广州　岭南美术出版社　1994 年　37cm（9 开）
精装 ISBN：7-5362-1099-X 定价：CNY218.00
　　外文书名：Calligraphy and Painting of Weng Mountain.

J0015432
伍必端作品集　（汉英对照）伍必端绘
合肥　安徽美术出版社　1994 年　96 页　25×25cm
ISBN：7-5398-0359-2 定价：CNY65.00
　　作者伍必端（1926—　　），回族，画家、教授。生于江苏南京。历任中央美术学院版画系主任、教授。代表作《上甘岭上的英雄》（油画）、《寂静的草地》（水彩画）、《周总理》（素描头像）等。

J0015433
云南采风画集　李中贵等［编］

北京 中国档案出版社 1994 年 23×26cm
ISBN: 7-80019-407-8 定价: CNY68.00

J0015434
中国美术学院附属中等美术学校学生作品 (速写)中国美术学院基础美术教学研究室编
石家庄 河北美术出版社 1994 年 53 页
26cm(16 开) ISBN: 7-5310-0647-2
定价: CNY13.00

J0015435
中国美术学院附中学生习作 (素描)中国美术学院基础美术研究室(中国美院附中)编
西安 陕西人民美术出版社 1994 年 90 页
28cm(大 16 开) ISBN: 7-5368-0648-5
定价: CNY9.80

J0015436
中国现代民间绘画 (第一辑)廖开明编
北京 科学出版社 1994 年 151 页 29cm(12 开)
精装 ISBN: 7-03-003945-9 定价: CNY280.00
　　本书收入 20 个省市自治区 500 多位民间艺术家的 1000 余幅艺术作品。与科华出版有限公司合作出版。

J0015437
北普陀藏画集 (一)梅子,秀时主编
沈阳 辽宁美术出版社 1995 年 206 页 26×27cm
精装 ISBN: 7-5314-1277-2 定价: CNY150.00
　　外文书名: Northern Puto Paintings Album.

J0015438
传统与创新 (20 世纪中国绘画)香港艺术馆编
香港 香港市政局 1995 年 408 页 35cm(15 开)
精装 定价: HKD480.00

J0015439
改订历代流传绘画编年表 徐邦达编
北京 人民美术出版社 1995 年 280 页
20cm(32 开) 精装 ISBN: 7-102-01438-4
定价: CNY40.00
　　作者徐邦达(1911—2012),画家、书画鉴定家。字孚尹,号李庵等。浙江海宁人。代表作品

有《古书画鉴定概论》《古书画伪讹考辨》《古书画过眼要录》等。

J0015440
国际书画篆刻大观 赵元华,范云安主编
北京 国际文化出版公司 1995 年 496 页
26cm(16 开) 精装 ISBN: 7-80049-743-7
定价: CNY255.00

J0015441
海南港澳'95 中国书画名家精品拍卖会 (图集)海南港澳资产管理公司编
北京 今日中国出版社 1995 年 28cm(大 16 开)
ISBN: 7-5072-0800-1 定价: CNY200.00
　　外文书名: '95 Auction of Fine Chinese Calligraphy and Painting.

J0015442
黑龙江日报社珍藏: 绘画卷 关玉良编
哈尔滨 黑龙江美术出版社 1995 年 153 页
38cm(6 开) 精装 ISBN: 7-5318-0305-4
定价: CNY268.00

J0015443
胡世浩将军书画珍藏集 (1)
银川 宁夏人民出版社 1995 年 223 页
29cm(16 开) 精装 ISBN: 7-227-01439-8
定价: CNY148.00

J0015444
湖南师范大学艺术学院美术作品集 聂南溪主编
长沙 湖南美术出版社 1995 年 38cm(6 开)
精装 ISBN: 7-5356-0732-2 定价: CNY178.00
　　作者聂南溪(1934—2011),中国画大师。湖南人。历任湖南师范大学艺术学院院长、教授,中国美术家协会会员、国家教委艺术教育委员会委员等,作品有《藏女》《赶场去》《品优图》《武陵情》等。出版有《聂南溪白描人物选》《聂南溪中国画集》。

J0015445
江苏电视台藏画选 苏子龙,程大利主编
南京 江苏美术出版社 1995 年 124 页 37cm
精装 ISBN: 7-5344-0469-X 定价: CNY240.00

作者苏子龙(1941—)，作家。河北人。毕业于江苏新闻专科学校。历任江苏电视台台长、高级记者，中国书法家协会会员。作品有《苍苔履痕》《荧河泛舟》《难忘乡情》。编者程大利(1945—)，书画家、编辑出版家、美术理论家。江苏徐州人。历任江苏美术出版社社长兼总编辑、副编审，中国美术家协会会员、江苏省国画院特邀画师、中国年画研究会常务理事等。主要作品有《曲尽箫笙息》《风云际会时》《闲云》《太行岂止铁壁高》《汉风流宕》等。

J0015446

晋绥革命根据地书画作品选　刘振华主编
太原　山西人民出版社　1995 年　78 页
28cm(大 16 开)　ISBN：7-203-03301-5
定价：CNY20.00

J0015447

纳日松画集　纳日松绘
呼和浩特　远方出版社　1995 年　26cm(12 开)
ISBN：7-80595-122-5　定价：CNY55.00

J0015448

丝绸古道行：求索集　赵以雄，耿玉昆著
北京　北京出版社　1995 年　有彩图　20cm(32 开)
ISBN：7-200-02791-X　定价：CNY36.00
作者赵以雄(1934—)，画家。北京人。毕业于中央美术学院油画系。曾任职于北京市美术创作室、中国历史博物馆。创作《天山》《塞里木湖》《野马渡》《火焰山》等，代表作《赵以雄新疆油画写生》《丝路画行》《丝绸古道行》《高昌壁画辑佚》《伊犁秋色》等。

J0015449

娃娃自己的画　(杨浦艺术幼儿园儿童画选)
江萍编
上海　上海教育出版社　1995 年　20 页　17×19cm
ISBN：7-5320-4391-6　定价：CNY4.00

J0015450

云南艺术学院美术系'96 艺术双年展教师作品集　(汉英对照)李小明主编
昆明　云南美术出版社　1995 年　69 页
28cm(大 16 开)　ISBN：7-80586-223-0
定价：CNY48.50

J0015451

正宗神乩书画册　宋光宇主编
台北　财团法人正宗书画社　1995 年　280 页
有图　31cm(10 开)　精装　定价：TWD1000.00
外文书名：Spirt-Calligraphy & Painting.

J0015452

中国当代女画家　(中英文本)石铃，郑小娟主编
北京　外文出版社　1995 年　245 页　37cm　精装
ISBN：7-119-00724-6　定价：CNY298.00
本书共收录了中国内地、港、澳及旅居国外的69位女画家的173幅作品，其中有油画、版画、壁画等，是中华人民共和国成立以来专门介绍中国当代女画家的大型彩色精装画集，并简单介绍女画家的情况。与湖南美术出版社合作出版。编者郑小娟(1940—)，女，画家。湖南长沙人。毕业于湖南师范大学美术系。历任湖南美术出版社编审、中国美术家协会理事、中国工笔画学会理事、湖南省美术家协会副主席、湖南省文联委员。著有《工笔人物画技法》《中国当代美术家画库·郑小娟》《郑小娟作品集》。

J0015453

中国美术学院教师作品展　李子侯，周道明编
杭州　中国美术学院出版社　[1995 年] 24 页
26cm(16 开)　ISBN：7-81019-484-4
定价：CNY15.00
作者李子侯(1938—)，浙江美术学院副教授、浙江美术家协会理事、中国美术家协会会员。作者周道明，在中国美术学院从事摄影教学、编辑工作。

J0015454

中华女画家邀请展作品集　杜键主编
北京　文化艺术出版社　1995 年　[214]页
28cm(16 开)　ISBN：7-5039-1401-7
定价：CNY128.00，CNY158.00(精装)
外文书名：Album of Chinese Women Artists Invitational Exhibition.

J0015455

澳门·创意风景　钱纳利(Geogre Chinnery)
[等绘]

澳门［澳门市政厅画廊］［1996 年］131 页
有图 30cm（10 开）精装

J0015456
当代书画家作品集 （1949—1994）
北京 国际文化出版公司 1996 年 434 页
26cm（16 开）ISBN：7-80105-384-2
定价：CNY180.00
　　本作品集为庆祝中华人民共和国成立 45 周
年编辑出版。

J0015457
改订历代流传绘画编年表 徐邦达编
北京 人民美术出版社 1996 年 2 版 280 页
20cm（32 开）精装 ISBN：7-102-01438-4
定价：CNY40.00

J0015458
关公百图 王树村编著
广州 岭南美术出版社 1996 年 116 页 26×27cm
ISBN：7-5362-1395-6
定价：CNY80.00，CNY98.00（精装）
（中国民间四百宝相图说）
　　作者王树村（1923—2009），画家。天津人。
毕业于华北大学美术科。曾在中国美术研究所、
中国艺术研究院从事创作、编辑、研究工作，任
中国民间美术协会副会长、中国民俗学会理事、
顾问、研究员。主要著作《杨柳青年画资料集》
《中国美术全集·石刻线画、民间年画》。

J0015459
画乡书画选 马维岳编
西安 陕西人民美术出版社 1996 年
28cm（大 16 开）ISBN：7-5368-0781-3
定价：CNY58.00
　　作者马维岳（1939— ），户县文联秘书长、
陕西省作家协会会员。

J0015460
鲁迅之世界全集 （画集）裘沙，王伟君绘
广州 广东教育出版社 1996 年
3 册（357；353；347 页）38cm（6 开）精装
ISBN：7-5406-3671-8
　　外文书名：The World of Luxun.

J0015461
美苑星辰 （师生美术书法作品精选）邓彤编；
沈铁美术教学研究会编
沈阳 辽宁美术出版社 1996 年 146 页
26cm（16 开）ISBN：7-5314-1511-9
定价：CNY25.50

J0015462
民间鬼神画 颜新元编著
长沙 湖南美术出版社 1996 年 119 页 25×26cm
ISBN：7-5356-0845-0 定价：CNY77.00
　　作者颜新元（1952— ），民间美术家。生于
湖南桃江。毕业于中央美术学院。历任北京航
空航天大学新媒体艺术与设计学院教授、中国艺
术研究院博士生导师。著作有《湖湘文库：湖湘
民间绘画》《中国当代新民间艺术》等。

J0015463
**七彩世界：山东即墨市第二实验小学学生
绘画作品集** 程绍康主编
济南 山东美术出版社 1996 年 53 页 19×21cm
ISBN：7-5330-1001-9 定价：CNY24.00

J0015464
少年画库：益智篇 靳古等编文；李根龙等绘
上海 少年儿童出版社 1996 年 10 册
19cm（小 32 开）盒装 ISBN：7-5324-2943-1
定价：CNY40.00

J0015465
书画名家精品荟萃 聂根升主编
北京 民族出版社 1996 年 98 页 有照片
29cm（16 开）精装 ISBN：7-105-02737-1
定价：CNY160.00
　　作者聂根升（1948— ），教授。别署墨兰轩
主、兰竹轩主。山西大宁人，祖籍河南杞县。历
任北京东方祥和书画院副院长、首都书画艺术研
究会会长、中华清风书画协会副主席、中国书法
艺术研究院教授、中国三峡画院艺术顾问。

J0015466
西湖画寻：历代西湖胜迹画录 潘臣青辑录
杭州 浙江人民美术出版社 1996 年 155 页
20cm（32 开）ISBN：7-5340-0566-3
定价：CNY9.80

J0015467

徐芸·鞠洪深画集

昆明 云南美术出版社 1996年 40+40页 27cm（大16开）精装 ISBN：7-80586-146-3 定价：CNY86.00

J0015468

徐振铎郭爱好画集　徐振铎，郭爱好绘

广州 广东高等教育出版社 1996年 59页 28cm（大16开）ISBN：7-5361-1978-X 定价：CNY68.00

J0015469

阳太阳　阳日　阳云　李默　阳山　阳光 画集　梁鼎英主编

广州 岭南美术出版社 1996年 143页 37cm（8开） ISBN：7-5362-1455-3 定价：CNY240.00，CNY280.00（精装）

J0015470

育苗画集：幼儿教师绘画范例　凤炜主编

上海 上海教育出版社 1996年 89页 26cm（16开） ISBN：7-5320-4909-4 定价：CNY13.00

J0015471

长征鼓角　（献给中国工农红军长征胜利六十 周年）中国延安文艺学会编

北京 解放军文艺出版社 1996年 160页 29cm（16开）ISBN：7-5033-0716-1 定价：CNY180.00

J0015472

赵文元画选　赵文元绘

福州 海风出版社 1996年 40页 25×26cm ISBN：7-80597-110-2 定价：CNY42.00

作者赵文元（1946— ），国家一级美术师。 生于江苏镇江。就读于浙江美术学院国画系、解 放军艺术学院美术系、中央美术学院国画系。历 任江苏省美术家协会副主席、江苏省徐悲鸿研究 会副会长、中国画马艺术研究会副会长。代表作 品有《女兵》《丫丫》《雪顿节》等。

J0015473

中国当代美术家精品集　（贝成民水彩画专 辑）贝成民绘

沈阳 辽宁美术出版社 1996年 45页 27×27cm ISBN：7-5314-1585-2 定价：CNY58.00

J0015474

中国当代美术家精品集　（陈树中）陈树中绘

沈阳 辽宁美术出版社 1996年 35页 27×27cm ISBN：7-5314-1464-3 定价：CNY45.00

作者陈树中（1960— ），画家、教授。生于 辽宁新民县。毕业于鲁迅美术学院油画系，获 硕士学位。中国油画学会会员、中国美术家协会 会员、四川美院油画系教授。油画作品有《野草 滩的金秋庭院》《2002三峡库区拆迁中的奉节老 城》等，出版画集《中国当代油画家陈树中》。

J0015475

中国当代美术家精品集　（陈邕）陈邕绘

沈阳 辽宁美术出版社 1996年 48页 27×27cm ISBN：7-5314-1488-0 定价：CNY68.00

作者陈邕（1968— ），教师。祖籍天津塘 沽，生于大连。毕业于天津美术学院绘画系版画 专业。任教于辽宁师范大学美术系，中国美术家 协会会员、中国版画家协会会员。作品有《题头 装饰》《古老的船》《浮云》等，出版有《陈邕版 画·水彩画集》。

J0015476

中国当代美术家精品集　（戴都都油画专辑） 戴都都绘

沈阳 辽宁美术出版社 1996年 47页 27×27cm ISBN：7-5314-1460-0 定价：CNY58.00

作者戴都都（1963— ），美术家。辽宁沈阳 人。毕业于鲁迅美术学院。中国美术家协会会员、 辽宁省美术家协会副主席、辽宁画院副院长等。 作品有《阳阳》《渴望草原》《梦中的小舟》等

J0015477

中国当代美术家精品集　（邓淑民）邓淑民绘

沈阳 辽宁美术出版社 1996年 69页 27×27cm ISBN：7-5314-1588-7 定价：CNY80.00

作者邓淑民（1937— ），女，美术家、教授。 笔名阿邓。广东东莞人。毕业于中央戏剧学院 舞台美术系。北京电影学院教授、中国美术家 协会会员、中国电影家协会会员、北京水彩画学 会会员。出版个人画集有《中国当代美术家精品 集——邓淑民画集》《何重礼、邓淑民教授油画

选集》。

J0015478

中国当代美术家精品集　（都业刚）都业刚绘
沈阳　辽宁美术出版社　1996年　35页　27×27cm
ISBN：7-5314-1605-0　定价：CNY45.00

J0015479

中国当代美术家精品集　（段忻然）段忻然绘
沈阳　辽宁美术出版社　1996年　36页　27×27cm
ISBN：7-5314-1480-5　定价：CNY55.00

作者段忻然（1939—　　），国画家、高级美术师。生于河北清苑县。河北省美术家协会会员、河北省花鸟画研究会会员、河北燕赵书画院院长。著有《怎样画虎》《怎样画猫》《小动物谱》《名家画菊花》等。

J0015480

中国当代美术家精品集　（何重礼）何重礼绘
沈阳　辽宁美术出版社　1996年　70页　27×27cm
ISBN：7-5314-1589-5　定价：CNY80.00

作者何重礼（1933—　　），教授。湖南沅陵人。毕业于中央戏剧学院。北京电影学院美术系教授、中国美术家协会会员、北京水彩画学会会员。著有《怎样画风景速写及写生》。

J0015481

中国当代美术家精品集　（黄文丽）黄文丽绘
沈阳　辽宁美术出版社　1996年　48页　27×27cm
ISBN：7-5314-1580-1　定价：CNY58.00

作者黄文丽，花鸟画家、教师。生于辽宁沈阳，祖籍江西临川。毕业于鲁迅美术学院，结业于中国美协高研班。中国长城书画院画家，北京民族大学美术学院教授、硕士生导师，辽宁省美术家协会会员。出版有《当代美术家黄文丽》等

J0015482

中国当代美术家精品集　（金承煌）金承煌绘
沈阳　辽宁美术出版社　1996年　48页　27×27cm
ISBN：7-5314-1468-6　定价：CNY58.00

J0015483

中国当代美术家精品集　（巨川）巨川绘
沈阳　辽宁美术出版社　1996年　72页　27×27cm
ISBN：7-5314-1482-1　定价：CNY90.00

J0015484

中国当代美术家精品集　（李连文油画专辑）
李连文绘
沈阳　辽宁美术出版社　1996年　48页　27×27cm
ISBN：7-5314-1496-1　定价：CNY58.00

作者李连文（1950—　　），国家一级美术师。生于辽宁本溪。毕业于沈阳音乐学院舞美系。中国美术家协会会员、中国舞台美术家协会会员、本溪市油画家协会主席。作品有《小院》《白桦秋色》等。

J0015485

中国当代美术家精品集　（李锡勇）李锡勇绘
沈阳　辽宁美术出版社　1996年　71页　27×27cm
ISBN：7-5314-1483-X　定价：CNY80.00

作者李锡勇，画家、教师。祖籍山东。毕业于山东滨州学院。中国美术家协会山东分会会员，中国石油画院一级画师、副教授。出版有《中国当代美术家精品集——李锡勇》《中国著名油画家李锡勇精品集》等。

J0015486

中国当代美术家精品集　（刘建威油画专辑）
刘建威绘
沈阳　辽宁美术出版社　1996年　36页　27×27cm
ISBN：7-5314-1462-7　定价：CNY45.00

作者刘建威（1958—　　），油画家。生于辽宁沈阳。毕业于鲁迅美术学院装潢专业。辽宁省美术家协会会员、沈阳书画院画家。作品有《女人体》《爱妮族妇女》《大礼拜》等。

J0015487

中国当代美术家精品集　（毛葳）毛葳绘
沈阳　辽宁美术出版社　1996年　35页　27×27cm
ISBN：7-5314-1491-0　定价：CNY45.00

作者毛葳，女，画家。生于四川成都。毕业于中央美术学院。曾任北京女美术家联谊会副会长、北京市美术家协会会员、北京油画学会会员。出版有《中国当代美术家精品集——毛葳专集》和《毛葳画集》。

J0015488

中国当代美术家精品集　（朴承浩）朴承浩绘
沈阳　辽宁美术出版社　1996年　36页　27×27cm
ISBN：7-5314-1587-9　定价：CNY45.00

作者朴承浩（1964—　），朝鲜族，画家、教师。吉林延吉人。毕业于东北师范大学美术系，留校任教，研究生导师。中国美术家协会会员、吉林省美术家协会理事。作品有《秋》《最后的抗争》《赵尚志》等，出版有《中国当代美术家精品集——朴承浩》等。

J0015489

中国当代美术家精品集 （宋德昌）宋德昌绘

沈阳 辽宁美术出版社 1996年 36页 27×27cm

ISBN：7-5314-1503-8 定价：CNY58.00

作者宋德昌（1939—　），画家、教授。生于辽宁大连。鲁迅美术学院教授、硕士生导师，中国美术家协会会员、中国水彩画学会会员、辽宁省工艺美术学会副理事长。

J0015490

中国当代美术家精品集 （汪钰元水彩画专辑）汪钰元绘

沈阳 辽宁美术出版社 1996年 44页 27×27cm

ISBN：7-5314-1586-0 定价：CNY58.00

作者汪钰元（1943—　），画家、教师。生于江苏苏州。毕业于苏州工艺美术专科学校。苏州工艺美院副教授、中国美术家协会会员、中国水彩画家学会会员。作品有《古吴风韵》《厨房一角》等，出版专集《中国当代美术家精品集——汪钰元水彩画集》。

J0015491

中国当代美术家精品集 （王丽铭）王丽铭绘

沈阳 辽宁美术出版社 1996年 48页 27×27cm

ISBN：7-5314-1461-9 定价：CNY68.00

作者王丽铭（1937—　），女，画家。辽宁人。毕业于鲁迅美术学院。辽宁美术出版社编审。作品有连环画《365晚安故事》，油画《畅游海底世界系列之一》等。

J0015492

中国当代美术家精品集 （王首麟）王首麟绘

沈阳 辽宁美术出版社 1996年 71页 27×27cm

ISBN：7-5314-1465-1 定价：CNY80.00

作者王首麟（1954—　），教授。生于辽宁。中国美术家协会民族美术艺委会委员，中国美术家协会线描艺术研究会副会长、中国美术家协会会员，云南师范大学艺术学院教授、硕士生导

师。作品有《雅士图》《唐风图》《秋猎图》《山乡记事》等。

J0015493

中国当代美术家精品集 （王树清）王树清绘

沈阳 辽宁美术出版社 1996年 36页 27×27cm

ISBN：7-5314-1471-6 定价：CNY45.00

作者王树清（1957—　），画家。生于辽宁阜新。毕业于北京大学书法艺术研究班。中国美术家协会会员、中国书法家协会会员、辽宁省书法创作委员会副主任、阜新书画院院长。作品有《谷壑幽悠》《金满农家》等，出版有《王树清国画专辑》《传统山水画点景集萃》等

J0015494

中国当代美术家精品集 （王卫平）王卫平绘

沈阳 辽宁美术出版社 1996年 70页 27×27cm

ISBN：7-5314-1499-6

J0015495

中国当代美术家精品集 （王逸）王逸绘

沈阳 辽宁美术出版社 1996年 72页 27×27cm

ISBN：7-5314-1485-6 定价：CNY90.00

作者王逸（1933—　），辽宁辽阳人。号无知者。辽宁中国画研究会理事、副研究员。出版有《中国当代美术家精品集——王逸专集》《王逸师生国画作品选》《王逸中国画长卷——关东野韵》《美术家王逸》等。

J0015496

中国当代美术家精品集 （王云鹏）王云鹏绘

沈阳 辽宁美术出版社 1996年 36页 27×27cm

ISBN：7-5314-1479-1 定价：CNY45.00

J0015497

中国当代美术家精品集 （魏文起）魏文起绘

沈阳 辽宁美术出版社 1996年 70页 27×27cm

ISBN：7-5314-1470-8 定价：CNY90.00

作者魏文起（1945—　），画家。生于辽宁抚顺。毕业于旅讯美术学院。辽宁省美术家协会会员。出版有《当代美术家精品集——魏文起中国画作品专辑》《跨世纪中国美术家艺术成就优选画库——魏文起国画作品优选》。

J0015498

中国当代美术家精品集 （乌密风水彩画专辑）乌密风绘

沈阳 辽宁美术出版社 1996年 48页 27×27cm

ISBN：7-5314-1502-X 定价：CNY68.00

作者乌密风（1920—2004），女，工艺美术家。浙江杭州人。毕业于杭州国立艺专图案系。历任鲁迅美术学院工艺美术系主任、副院长、染织专业教授，鲁美学术委员会委员、荣誉终身教授。出版有《敦煌藻井图案》《花卉图案集》《乌密风画集》《乌密风水彩精品集》等。

J0015499

中国当代美术家精品集 （袁梓桐）袁梓桐绘

沈阳 辽宁美术出版社 1996年 70页 27×27cm

ISBN：7-5314-1604-2 定价：CNY80.00

J0015500

中国当代美术家精品集 （张广志）张广志绘

沈阳 辽宁美术出版社 1996年 47页 27×27cm

ISBN：7-5314-1474-0 定价：CNY58.00

中国现代油画等绘画画册。

作者张广志（1947— ），画家。辽宁人。毕业于鲁迅美术学院油画系。曾为本溪市群艺馆副研究馆员、市美协常务副主席兼秘书长。作品有油画《春回大地》、宣传画《巴山夜雨》等，出版有《中国当代美术家精品集——张广志油画集》《张广志油画精品集》。

J0015501

中国当代美术家精品集 （张洪赞）张洪赞绘

沈阳 辽宁美术出版社 1996年 72页 27×27cm

ISBN：7-5314-1603-4 定价：CNY80.00

作者张洪赞（1944— ），画家、一级美术师。辽宁灯塔人。毕业于鲁迅美术学院，结业于法国画家伊维尔的油画技法研究班。辽宁画院油画、版画部主任。油画作品有《哪里有石油哪安家》《引来银河水》《黄继光》等。

J0015502

中国当代美术家精品集 （张子麟）张子麟绘

沈阳 辽宁美术出版社 1996年 48页 27×27cm

ISBN：7-5314-1504-6 定价：CNY58.00

J0015503

中国当代美术家精品集 （张子奇）张子奇绘

沈阳 辽宁美术出版社 1996年 47页 27×27cm

ISBN：7-5314-1494-5 定价：CNY58.00

作者张子奇（1941— ），黑龙江哈尔滨人。原名张子岐。毕业于哈尔滨艺术学院美术系。中国油画学会会员、中国美术家协会黑龙江分会理事、黑龙江油画会副会长。出版有《张子奇油画作品集》。

J0015504

中国当代美术家精品集 （赵舒春 国画作品专辑）赵舒春绘

沈阳 辽宁美术出版社 1996年 48页 27×27cm

ISBN：7-5314-1466-X 定价：CNY58.00

作者赵舒春，原名赵书春，国家一级美术师。辽宁省阜新书画院国画家、中国美术家协会会员。作品有《幽居》《不尽白山水》等，出版有《赵舒春国画精品集》。

J0015505

中国当代美术家精品集 （中英文本 李凤鸣水彩画专辑）张秀时主编；[李凤鸣绘]

沈阳 辽宁美术出版社 1996年 71页 27×27cm

ISBN：7-5314-1475-9 定价：CNY80.00

本画册收作者的《长白之秋》《松之子》《秋冬恋》《冰上的小柳树》《雪花波尔卡》《雪染江畔》《长白深处有人家》《黑土地上的早晨》等水彩画作品。

J0015506

中国当代美术家精品集 （周皎）周皎绘

沈阳 辽宁美术出版社 1996年 48页 27×27cm

ISBN：7-5314-1506-2 定价：CNY58.00

作者周皎（1930— ），女，画家。吉林市人。毕业于鲁迅文艺学院美术系。历任辽宁省美术家协会副主席、兼秘书长、名誉主席等职。出版专集有《周皎国画选》《中国当代美术家精品集——周皎》。

J0015507

中国当代美术家精品集 （周士钢壁画作品专辑）周士钢绘

沈阳 辽宁美术出版社 1996年 36页 27×27cm

ISBN：7-5314-1489-9 定价：CNY55.00

作者周士钢（1960—　），画家。生于辽宁大连。毕业于南京艺术学院美术系，进修于中央美术学院中国画系。中国美术家协会会员、辽宁省中国画研究会副会长、辽宁师范大学美术学院特聘教授。

J0015508

中国当代美术家精品集　（庄家汉中国画专辑）庄家汉绘

沈阳　辽宁美术出版社　1996年　48页　27×27cm
ISBN：7-5314-1490-2　定价：CNY58.00

作者庄家汉（1943—　），画家。安徽黄山人。毕业于安徽师范大学美术系。曾任黄山市美协主席、黄山市文联副主席、中国美术家协会会员、安徽省美协常务理事、安徽省工艺美术学会副理事长。作品有《徽墨的由来》《玉簪记》《猴子观海》等，出版有《中国当代美术家精品集庄家汉中国画集》等。

J0015509

中国当代美术家精品集　（崔振国）崔振国绘
沈阳　辽宁美术出版社　1997年　48页　27×27cm
ISBN：7-5314-1728-6　定价：CNY68.00

作者崔振国（1933—　），女，画家。生于黑龙江齐齐哈尔。毕业于鲁迅美术学院彩墨系。先后任青海人民出版社、《青海日报》社美术编辑，青海省美术家协会副主席、北京美术家协会副秘书长。出版有《中国当代美术家精品集　崔振国专集》。

J0015510

中国当代美术家精品集　（邓文欣国画专辑）邓文欣绘
沈阳　辽宁美术出版社　1997年　36页　27×27cm
ISBN：7-5314-1810-X　定价：CNY55.00

作者邓文欣（1936—　），书画家。字子鹤，号那立闪人。辽宁阜新人。四平市书画院院长、中国美术家协会会员。作品有《松鹤迎春》《路漫漫》《征程》，出版画集《山水花鸟画谱》《3D文欣仙鹤画集》《文欣画鹤》等。

J0015511

中国当代美术家精品集　（丁涛油画选集）丁涛绘
沈阳　辽宁美术出版社　1997年　47页　27×27cm

ISBN：7-5314-1809-6　定价：CNY58.00

作者丁涛（1941—　），教授。笔名松海。曾就读于辽宁省文化艺术大学和南京艺术学院美术系。南京艺术学院任教。代表作品有《半调集——艺苑漫步录》《论刘海粟》等。

J0015512

中国当代美术家精品集　（盖茂森 新疆人物画）盖茂森绘
沈阳　辽宁美术出版社　1997年　70页　有彩照
27×27cm ISBN：7-5314-1748-0　定价：CNY80.00

作者盖茂森（1941—　），画家、国家一级美术师。祖籍江苏张家港，生于江苏无锡。毕业于南京艺术学院中国画专业。江苏省国画院画家、中国美术家协会会员、江苏美术家协会理事、江苏省书法家协会会员。作品有《戈马江南》《赶巴扎》《雄风》等，出版有《盖茂森画集》《盖茂森新疆人物画》等。

J0015513

中国当代美术家精品集　（高志华水彩专辑）高志华绘
沈阳　辽宁美术出版社　1997年　48页　27×27cm
ISBN：7-5314-1486-4　定价：CNY58.0

J0015514

中国当代美术家精品集　（郭西河师生作品）郭西河等绘
沈阳　辽宁美术出版社　1997年　48页　27×27cm
ISBN：7-5314-1744-8　定价：CNY68.00

作者郭西河（1930—　），画家。别号伏牛山夫。河南偃师市人。曾任洛阳市书法家协会副主席、洛阳市书画院副院长、金谷印社社长等职。出版《郭西河书画集》。

J0015515

中国当代美术家精品集　（侯幼珍）侯幼珍［绘］
沈阳　辽宁美术出版社　1997年　72页　27×27cm
ISBN：7-5314-1591-7　定价：CNY80.00

作者侯幼珍（1940—　），女，画家、教师。别名李凤。天津静海人。毕业于北京艺术学院国画系。首都师范大学美术系副教授、现为中国美术家协会会员、中国工笔画学会会员。代表作《鲁迅先生》《山花》《橘颂》等，出版有《侯幼珍画集》《侯幼珍花鸟画集》。

J0015516

中国当代美术家精品集 （胡达生中国画山水专辑）胡达生绘

沈阳 辽宁美术出版社 1997年 36页 27×27cm
ISBN：7-5314-1739-1 定价：CNY55.00

　　作者胡达生（1945—　），画家、教授。字养之。生于甘肃天水。毕业于西北师范大学美术系中国画专业。曾任江西师大硕士生导师，广东韶关学院、白云学院美术教授。出版有《现代山水画十讲》《胡达生画选》等。

J0015517

中国当代美术家精品集 （简崇民油画专辑）简崇民绘

沈阳 辽宁美术出版社 1997年 重印本 72页
27×27cm ISBN：7-5314-1500-3 定价：CNY80.00

　　作者简崇民（1947—　），生于重庆，籍贯广东顺德。毕业于四川美术学院附中。中国美术家协会会员、四川省成都市画院画师。作品有《灰姑娘》《小青鸟》等，出版有《简崇民川西油画集》。

J0015518

中国当代美术家精品集 （蒋振立水彩画专辑）蒋振立绘

沈阳 辽宁美术出版社 1997年 36页 27×27cm
ISBN：7-5314-1683-2 定价：CNY45.00

　　作者蒋振立（1940—　），广西桂平人。毕业于广西艺术学院油画专业。曾任广西美术出版社副主编，《中国水彩》丛刊主编、编审，广西水彩画会会长、中国美协会员。作品有《慰忠魂》《水彩》《漓江》等，出版有《蒋振立画集》。

J0015519

中国当代美术家精品集 （鞠大伟油画专辑）鞠大伟绘

沈阳 辽宁美术出版社 1997年 重印本 48页
27×27cm ISBN：7-5314-1493-7 定价：CNY58.00

　　作者鞠大伟（1954—　），油画家。生于黑龙江齐齐哈尔，祖籍山东。毕业于哈尔滨教育学院美术系，又入鲁迅美院油画系学习。中国美术家协会会员、中国美协黑龙江分会理事、黑龙江省博物馆副研究员。作品有《零下30度》等，出版有《中国油画二十家——鞠大伟》《鞠大伟油画专集》等。

J0015520

中国当代美术家精品集 （孔维克 扇面画）孔维克绘

沈阳 辽宁美术出版社 1997年 36页 27×27cm
ISBN：7-5314-1736-7 定价：CNY55.00

　　作者孔维克（1956—　），国家一级美术师。生于山东汶上，祖籍曲阜。毕业于济宁学院艺术系。曾任山东画院院长、中国美术家协会理事、山东省美术家协会常务副主席。代表作有《孔子周游列国图》《公车上书》《杏坛讲学》等。

J0015521

中国当代美术家精品集 （李复兴 国画专辑）李复兴绘

沈阳 辽宁美术出版社 1997年 36页 27×27cm
ISBN：7-5314-1705-7 定价：CNY55.00

　　作者李复兴（1936—　），国家一级画师。黑龙江哈尔滨人。笔名复翁。毕业于哈尔滨艺术学院中国画系。原黑龙江省美协理事、省美术家协会会员、黑龙江省老年美术大学教授。作品有《风雨寄相思》《松雪》等，出版有《中国当代美术家精品集李复兴专辑》。

J0015522

中国当代美术家精品集 （李泽浩画集）李泽浩绘

沈阳 辽宁美术出版社 1997年 71页 27×27cm
ISBN：7-5314-1816-9 定价：CNY85.00

　　作者李泽浩（1939—　），画家、教授。辽宁辽中县人。毕业于鲁迅美术学院，并留校任教。历任油画系党支部书记、美术教育系主任、教授，中国高等院校美术教育研究会副理事长、中国美术家协会会员、辽宁省家美术家协会常务理事。作品有《垦区新兵》《第二次大沽口之战》《民族魂·聂耳·冼星海》等，出版《李泽浩画集》。

J0015523

中国当代美术家精品集 （刘称奇漆画作品）刘称奇绘

沈阳 辽宁美术出版社 1997年 48页 27×27cm
ISBN：7-5314-1687-5 定价：CNY58.00

　　作者刘称奇（1941—　），画家。生于江西安福。中国美术家协会会员、江西省美术家协会副主席、井冈山画院名誉院长。代表作有漆画《世纪潮》《走进井冈山》、油画《生命流》等，出版

《全国美展全奖画家典藏丛书——刘称奇》《现代漆画技法》等。

J0015524

中国当代美术家精品集 （刘华云 国画专辑）刘华云绘

沈阳 辽宁美术出版社 1997年 36页 27×27cm ISBN：7-5314-1800-2 定价：CNY45.00

作者刘华云（1943— ），女，教师。笔名芳菲。江西广丰人。中国书法家协会会员、中国书画家协会会员、上海复旦大学艺术教育中心副教授、复旦大学书画研究会秘书长等。出版有《鸟语花香——刘老师教国画》《中国画教学示范图集》等。

J0015525

中国当代美术家精品集 （刘吉弟）刘吉弟绘

沈阳 辽宁美术出版社 1997年 重印本 48页 27×27cm ISBN：7-5314-1498-8 定价：CNY58.00

作者刘吉第（1941— ），一级美术师。生于黑龙江哈尔滨市，祖籍山东招远。就学于鲁迅美术学院。曾任黑龙江省美术家协会油画艺术委员会顾问、哈尔滨市美术家协会副主席、中国美术家协会会员、中国油画协会会员。出版有《刘吉弟油画集》。

J0015526

中国当代美术家精品集 （刘云泉国画专辑）刘云泉绘

沈阳 辽宁美术出版社 1997年 69页 27×27cm ISBN：7-5314-1726-X 定价：CNY80.00

作者刘云泉（1943— ），一级美术师。号鲶公。生于四川射洪县。毕业于四川美术学院。曾在四川省书法家协会从事组织工作和创作，四川省书法家协会副主席、四川美术家协会会员。

J0015527

中国当代美术家精品集 （柳咏絮中国画专辑）柳咏絮绘

沈阳 辽宁美术出版社 1997年 46页 27×27cm ISBN：7-5314-1750-2 定价：CNY68.00

作者柳咏絮（1937— ），女，教授。江西玉山人。沈阳师范大学教授、沈阳市文史馆研究员。出版有《新美术画库，柳咏絮国画作品》。

J0015528

中国当代美术家精品集 （马建初）马建初绘

沈阳 辽宁美术出版社 1997年 重印本 48页 27×27cm ISBN：7-5314-1481-3 定价：CNY58.00

作者马建初（1952— ），教授。生于四川万源。重庆科技学院人文艺术学院名誉院长、教授，中国美术家协会会员。出版有《中国当代美术家精品集·马建初》等。

J0015529

中国当代美术家精品集 （马天骐绘画专辑）马天骐绘

沈阳 辽宁美术出版社 1997年 48页 27×27cm ISBN：7-5314-1824-X 定价：CNY68.00

作者马天骐（1934— ），画家。毕业于鲁迅美术学院。曾任辽宁海城市文化馆书记、馆长，中国画研究会理事、辽宁省美术家协会会员。出版有《马天骐国画集》《写意鸡技法》等。

J0015530

中国当代美术家精品集 （马援国画人物专辑）马援绘

沈阳 辽宁美术出版社 1997年 71页 27×27cm ISBN：7-5314-1723-5 定价：CNY80.00

作者马援（1963— ），画家。笔名仲逸。曾于中央美术学院、天津美术学院硕研班深造。中国美术家协会会员、文化部青年联合会美术工作委员会委员、烟台画院副院长。作品有《云淡风清》《和风》《沂蒙山民》等。

J0015531

中国当代美术家精品集 （毛水仙）毛水仙绘；张秀时主编

沈阳 辽宁美术出版社 1997年 48页 27×27cm ISBN：7-5314-1593-3 定价：CNY58.00

作者毛水仙（1938— ），女，画家、教授。山西人。毕业于北京师范学院美术系。中国美术家协会会员、北京工笔重彩画会理事、中国田园画会副主席，中央民族大学美术学院教授、研究生导师。作品有《青稞种子》《傣族姑娘》《吉祥幸福》等，出版有《中国当代美术家精品集·毛水仙专集》

J0015532

中国当代美术家精品集 （南海岩国画人物）

南海岩绘

沈阳　辽宁美术出版社　1997年　46页　27×27cm

ISBN：7-5314-1735-9　定价：CNY58.00

　　作者南海岩(1962—　)，画家、一级美术师。山东平原县人。深造于北京书画院。中国美术家协会会员。作品有《祈福图》《沃土》等，出版《南海岩画集》。

J0015533

中国当代美术家精品集　（聂鸿立国画专辑）聂鸿立绘

沈阳　辽宁美术出版社　1997年　36页　27×27cm

ISBN：7-5314-1799-5　定价：CNY55.00

　　作者聂鸿立(1960—　)，教授。祖籍山东鱼台县。毕业于山东师范大学。山东省书画学会副会长兼秘书长，山东省美术家协会理事，山东艺术设计学院院长、教授。作品有《百鹿图》《逍遥图》《莲藕盈香百舟渡》等，出版有《当代美术家画库·聂鸿立作品选》。

J0015534

中国当代美术家精品集　（牛尽国画专辑）牛尽绘

沈阳　辽宁美术出版社　1997年　71页　27×27cm

ISBN：7-5314-1688-3　定价：CNY80.00

　　作者牛尽(1961—　)，画家、教授。毕业于哈尔滨师范大学美术学院。青岛大学美术学院教授、硕士生导师，中国美术家协会会员、青岛市美术家协会理事。出版有《牛尽画集》《写意人物技法画例》等。

J0015535

中国当代美术家精品集　（秦汝文国画专辑）秦汝文绘

沈阳　辽宁美术出版社　1997年　70页　27×27cm

ISBN：7-5314-1724-3　定价：CNY80.00

　　作者秦汝文(1939—　)，画家、教师。山东诸城人。毕业于山东艺术专科学校美术系。临沂教育学院副教授、山东省美术家协会会员、临沂美协副主席。出版有《秦汝文画辑》。

J0015536

中国当代美术家精品集　（秦永春电影宣传画专辑）秦永春绘

沈阳　辽宁美术出版社　1997年　48页　27×27cm

ISBN：7-5314-1606-9　定价：CNY58.00

　　作者秦永春(1936—　)，高级美术师。中国美术家协会会员、中国电影家协会会员、沈阳市美术家协会副主席、沈阳市美术家协会顾问。作品《丰收忙》《蝙蝠》《天云山传奇》，出版有《中国当代美术家精品集——秦永春》。

J0015537

中国当代美术家精品集　（盛元富）盛元富绘

沈阳　辽宁美术出版社　1997年　36页　27×27cm

ISBN：7-5314-1740-5　定价：CNY55.00

　　作者盛元富，美术高级编辑。创作有《浙江人民革命斗争故事》《野妹子》《红衣女侠》《夜袭阳明堡》等。

J0015538

中国当代美术家精品集　（石峰油画专辑）石峰绘

沈阳　辽宁美术出版社　1997年　重印本　35页　27×27cm　ISBN：7-5314-1501-1　定价：CNY55.00

　　作者石峰(1969—　)，国家一级美术师。山东单县人。先后就读于中国艺术研究院美术学研究生班、中国国家画院。中国国家博物馆书画院画家、中国美术家协会理事、中国艺术研究院中国画院研究员、荣宝斋画院教授。作品有《秋山行云》等。

J0015539

中国当代美术家精品集　（苏宗胜中国画专辑）苏宗胜绘

沈阳　辽宁美术出版社　1997年　36页　27×27cm

ISBN：7-5314-1747-2　定价：CNY55.00

　　作者苏宗胜(1956—　)，国家一级美术师。字津桢。生于山东淄博。毕业于山东艺术学院。中国美术家协会会员、山东省美协理事、山东画院高级画师、淄博市美术家协会副主席、淄博书画院专业画家。作品《秋声》《珠光图》《秋韵》等，出版有《中国当代美术家精品集苏宗胜专集》。

J0015540

中国当代美术家精品集　（孙奇成 国画专辑）孙奇成绘

沈阳　辽宁美术出版社　1997年　71页　27×27cm

ISBN：7-5314-1867-3　定价：CNY80.00

　　作者孙奇成(1946—　)，满族，国家一级美术师。号奇崮、山怀、白头山人、箐山草堂堂主。生于辽宁宽甸县，祖籍山东蓬莱。中国美术家协会会员，中国美术家协会辽宁分会第五、六届理事，中国版画家协会会员、辽宁省鸭绿江画院院长。出版有《孙齐成山水画》《当代美术家精品集——孙齐成专辑》等。

J0015541
中国当代美术家精品集 （孙逊油画专辑）
孙逊绘
沈阳 辽宁美术出版社 1997年 71页 27×27cm
ISBN：7-5314-1738-3 定价：CNY80.00

J0015542
中国当代美术家精品集 （孙玉德牡丹专辑）
孙玉德绘
沈阳 辽宁美术出版社 1997年 47页 27×27cm
ISBN：7-5314-1614-X 定价：CNY58.00
　　作者孙玉德（1952— ），美术师。辽宁桓仁人。毕业于鲁迅美术学院。本溪市文化局画院二级美术师、副教授。代表作品《芳草地》《冬情》《春情》等，出版有《中国当代美术家精品集孙玉德牡丹专辑》。

J0015543
中国当代美术家精品集 （唐小丁 赵玉芳画集）唐小丁，赵玉芳绘
沈阳 辽宁美术出版社 1997年 47页 27×27cm
ISBN：7-5314-1582-8 定价：CNY58.00

J0015544
中国当代美术家精品集 （王冠助中国画专辑）王冠助绘
沈阳 辽宁美术出版社 1997年 69页 27×27cm
ISBN：7-5314-1505-4 定价：CNY80.00
　　作者王冠助（1950— ），笔名伴月，师从著名画家原鲁迅美术学院教授郭西河先生。中国人民银行沈阳分行调研员、中国金融美协副主席、辽宁省美协理事、沈阳市美协理事。出版有《王冠助花鸟画专辑》。

J0015545
中国当代美术家精品集 （王景岚）王景岚绘
沈阳 辽宁美术出版社 1997年 36页 27×27cm
ISBN：7-5314-1706-5 定价：CNY58.00

　　作者王景岚（1942— ），女，教师。黑龙江哈尔滨人。毕业于哈尔滨艺术学院美术系。解放军艺术学院美术系副教授、中国美术家协会会员、中国老教授学会会员。作品有《雪落青岗》《午后印象》《渔家女》等，出版画册《王景岚油画集》。

J0015546
中国当代美术家精品集 （王宓国画专辑）
王宓绘
沈阳 辽宁美术出版社 1997年 36页 27×27cm
ISBN：7-5314-1472-4 定价：CNY45.00
　　作者王宓（1955— ），画家。辽宁辽阳人。毕业于鲁迅美术学院。中国美术家协会会员、辽宁省中国画研究会理事、中国同泽书画研究院理事，任职于辽阳市文化艺术中心。作品有《辽化新貌》《瑞雪》《纳湖湖畔》等，出版有《中国当代美术家精品集·王宓国画专集》《王宓国画作品选》等。

J0015547
中国当代美术家精品集 （王奇寅 国画专辑）王奇寅绘
沈阳 辽宁美术出版社 1997年 69页 27×27cm
ISBN：7-5314-1484-8 定价：CNY90.00
　　作者王奇寅（1964— ），画家。字颂为。生于江苏海安。研修于中央美术学院中国画系。中国新水墨书画研究会会长、中国美术家协会会员、中国书法家协会会员、清华大学美术学院世界艺术史研究所艺术创作员。作品有《春暖花繁装国风》《春风喜雨》《凝霜立雪》等，出版有《全国十名优秀美术家之王奇寅》《王奇寅新水墨画》等。

J0015548
中国当代美术家精品集 （王树立）王树立绘
沈阳 辽宁美术出版社 1997年 71页 27×27cm
ISBN：7-5314-1478-3 定价：CNY80.00
　　作者王树立（1945— ），国家一级美术师。毕业于鲁迅美术学院。中国美术家协会会员、河北省美术家协会常务理事、河北连环画研究会副会长、承德市美术家协会主席。出版《荣宝斋画谱·王树立卷》《中国实力派画家王树立画集》等。

J0015549

中国当代美术家精品集 （王欣）王欣绘

沈阳 辽宁美术出版社 1997年 重印本 36 页

27×27cm ISBN：7-5314-1473-2 定价：CNY45.00

J0015550

中国当代美术家精品集 （魏中兴国画专辑）
魏中兴［绘］

沈阳 辽宁美术出版社 1997年 48 页 27×27cm

ISBN：7-5314-1690-5 定价：CNY58.00

　　作者魏中兴（1953—　　），画家。生于陕西，
原籍浙江诸暨。进修于中国画研究院高研班。
中国美术家协会会员、宝鸡中国画院副院长、宝
鸡市美协副主席。出版有《魏中兴山水画集》等

J0015551

中国当代美术家精品集 （文备书法艺术作
品选）文备书

沈阳 辽宁美术出版社 1997年 48 页 27×27cm

ISBN：7-5314-1745-6 定价：CNY68.00

J0015552

中国当代美术家精品集 （吴持英 国画专辑）
吴持英绘

沈阳 辽宁美术出版社 1997年 36 页 27×27cm

ISBN：7-5314-1477-5 定价：CNY55.00

　　作者吴持英（1937—　　），画家。别名凤元，
号耕夫、子牛。浙江东阳人。浙江省美术家协
会会员、杭州市江干区文化馆副研究馆员、宋城
画院常务副院长。出版有《中国当代美术家精品
集——吴持英国画专辑》。

J0015553

中国当代美术家精品集 （吴敏荣）吴敏荣绘
沈阳 辽宁美术出版社 1997年 48 页 27×27cm

ISBN：7-5314-1590-9 定价：CNY58.00

　　作者吴敏荣（1941—　　），女，画家、教师。
天津市人。毕业于北京艺术学院美术系。首都
师范大学美术学院副教授、中国美术家协会会
员、北京工笔重彩画会理事、北京女美术家联谊
会理事。出版有《吴敏荣画集》《中国当代美术
家精品集——吴敏荣》等。

J0015554

中国当代美术家精品集 （邢世靖）邢世靖绘

沈阳 辽宁美术出版社 1997年 重印本 36 页

27×27cm ISBN：7-5314-1492-9 定价：CNY45.00

　　作者邢世靖（1958—　　），画家。别名邢士敬。
出生于辽宁本溪，祖籍山东。就学于天津美术学
院绘画系。中国美术家协会会员、本溪市书画院
画家、本溪市美术家协会副主席。作品有《原上草》
《飘去的心》《回声》等，出版有《邢世靖作品选》。

J0015555

中国当代美术家精品集 （徐甲英国画专辑）
徐甲英绘

沈阳 辽宁美术出版社 1997年 72 页 27×27cm

ISBN：7-5314-1592-5 定价：CNY80.00

　　作者徐甲英（1934—　　），画家、教授。辽宁
人。曾任沈阳教育学院美术系主任、沈阳市美术
教育研究会会长、中国美术家协会会员、辽宁中
国画研究会理事。出版有《学画套书》《徐甲英
山水画》等。

J0015556

中国当代美术家精品集 （徐晓金）徐晓金绘
沈阳 辽宁美术出版社 1997年 69 页 27×27cm

ISBN：7-5314-1725-1 定价：CNY80.00

　　作者徐晓金（1956—　　），画家。山东兖州市
人。毕业于曲阜师范大学油画系，结业于中央美
院油画研修班。出版有《徐晓金油画集》等。

J0015557

中国当代美术家精品集 （杨乐中）杨乐中绘
沈阳 辽宁美术出版社 1997年 36 页 27×27cm

ISBN：7-5314-1697-2 定价：CNY55.00

　　作者杨乐中（1941—　　），画家、教师。黑龙
江宾县人。毕业于哈尔滨艺术学院美术系。曾
任吉林市美术家协会理事会主席，河北廊坊师范学院
艺术系主任、副教授。出版画册有《杨乐中画集》
《杨乐中作品集》等。

J0015558

中国当代美术家精品集 （一壶中国画专辑）
一壶［绘］

沈阳 辽宁美术出版社 1997年 69 页 27×27cm

ISBN：7-5314-1746-4 定价：CNY80.00

　　作者一壶（1947—　　），书法家。又名一壶山
人，原名周德华。四川夹江人。著有《砚鉴》，出
版有《一壶天地》。

J0015559

中国当代美术家精品集 （永志　德兰　国画专辑）李永志，李德兰绘

沈阳　辽宁美术出版社　1997年　72页　27×27cm

ISBN：7-5314-1581-X　定价：CNY90.00

J0015560

中国当代美术家精品集 （于国荣）于国荣绘

沈阳　辽宁美术出版社　1997年　36页　27×27cm

ISBN：7-5314-1749-9　定价：CNY55.00

J0015561

中国当代美术家精品集 （于景才冰雪世界）于景才绘

沈阳　辽宁美术出版社　1997年　36页　27×27cm

ISBN：7-5314-1686-7　定价：CNY45.00

　　作者于景才（1938—　），高级美术师。又名于景财。祖籍山东海阳市，生于吉林抚松县。中国美术家协会会员、中华当代书画艺术研究院名誉主席、辽宁省美术家协会会员、抚顺市职工美协副主席。作品有《石油战歌》《山里红》等，出版有《于景才画集》《于景才冰雪世界》等。

J0015562

中国当代美术家精品集 （于守万）于守万［绘］

沈阳　辽宁美术出版社　1997年　36页　27×27cm

ISBN：7-5314-1737-5　定价：CNY55.00

　　作者于守万（1943—　），国家一级美术师。别名于受万。山东牟平人。就读于浙江美术学院。中国美术家协会会员、山东画院高级画师、淄博市书画艺术研究会会长、淄博市群众艺术馆副研究员。作品有连环画《戚继光》，中国画《彩霞图》《长城祭》等。

J0015563

中国当代美术家精品集 （张景儒冰雪世界）张景儒绘

沈阳　辽宁美术出版社　1997年　66页　27×27cm

ISBN：7-5314-1692-0　定价：CNY80.00

　　作者张景儒（1944—　），画家、教授。山东费县人。毕业于哈尔滨师范专科美术系。历任黑龙江省画院创作员、冰城画廊创作室主任、副教授。

J0015564

中国当代美术家精品集 （张顺桥　国画专辑）张顺桥绘

沈阳　辽宁美术出版社　1997年　45页　27×27cm

ISBN：7-5314-1704-9　定价：CNY68.00

J0015565

中国当代美术家精品集 （赵明远国画专辑）赵明远绘

沈阳　辽宁美术出版社　1997年　69页　27×27cm

ISBN：7-5314-1495-3　定价：CNY80.00

　　作者赵明远（1930—　），满族，版画家。黑龙江宁安人。进修于中央美术学院版画系。作品有《展翅高飞》《西双版纳之路》《腾飞·塔林·箭影》《赵明远国画专辑》。

J0015566

中国当代美术家精品集 （重敏画戏）王重敏绘

沈阳　辽宁美术出版社　1997年　重印本　72页　27×27cm ISBN：7-5314-1497-X　定价：CNY80.00

　　作者王重敏（1929—　），书画家、教授。江苏武进人。又名福臣。毕业于南京中央大学艺术系。曾在京剧院从事戏画创作，后任辽宁教育学院艺术系教授。作品有《死车复活》《太湖的渔港》《梅香飘万里》等。

J0015567

中国当代美术家精品集 （周国军国画专辑）周国军绘

沈阳　辽宁美术出版社　1997年　重印本　36页　27×27cm ISBN：7-5314-1469-4　定价：CNY45.00

　　作者周国军（1954—　），满族，辽宁凤城人。毕业于广州美术学院中国画系。历任丹东市文联专业画家、中国美术家协会会员、丹东美术家协会主席。作品《国风》《厚土》《悠悠牧歌》《巨立千秋》，出版有《中国当代美术家精品集——周国军画集》。

J0015568

中国当代美术家精品集 （周井源国画专辑）周井源绘

沈阳　辽宁美术出版社　1997年　46页　27×27cm

ISBN：7-5314-1691-3　定价：CNY58.00

　　作者周井源，画家。进修于中央美术学院。

就职于阜新矿务局，辽宁美术家协会会员。出版《中国当代美术家精品集——周井源(国画专辑)》。

J0015569

中国当代美术家精品集 （周世明油画专辑）
周世明绘
沈阳 辽宁美术出版社 1997年 36页 27×27cm
ISBN：7-5314-1734-0 定价：CNY55.00

　　作者周世明(1942—)，油画家。生于江苏常州。毕业于南京师范大学美术系。出版《中国当代美术家精品集·周世明油画专辑》。

J0015570

中国当代美术家精品集 （周晓光）周晓光绘
沈阳 辽宁美术出版社 1997年 70页 27×27cm
ISBN：7-5314-1701-4 定价：CNY80.00

　　作者周晓光(1945—)，国家一级美术师。河北沧州人。江苏省国画院山水画家。出版有《周晓光山水画集》《周晓光近作选》等。

J0015571

中国当代美术家精品集 （许宝中）许宝中绘
沈阳 辽宁美术出版社 1998年 71页 27×27cm
ISBN：7-5314-1883-5 定价：CNY90.00

　　作者许宝中(1937—)，画家。山东莘县人。毕业于鲁迅美术学院油画系。擅长油画。曾任中国人民军事博物馆美术创作室主任。代表作品有《战友》(合作)、《把一切献给党》《青春年代》等。

J0015572

中国第八届全国美术作品展览获奖作品集
北京 今日中国出版社 1996年 248页
29cm(16开) ISBN：7-5072-0845-1
定价：CNY290.00

　　外文书名：Prize-winning Art Works of the 8th Chinese National Art Exhibition.

J0015573

中国美术家 （陆秀竞）陆秀竞绘；《中国美术家》编委会编
杭州 中国美术学院出版社 1996年 29cm(16开)
ISBN：7-81019-532-8 定价：CNY15.50

　　作者陆秀竞(1942—)，画家。号千岩，字

峥。浙江绍兴人。毕业于中国美术学院中国画系。历任西泠书画院副院长、高级画师，浙江山水画研究会副会长。出版有《山水画基础》《中国山水画技法》《少儿中国画教程》。

J0015574

中国美术家 （毛文佐 油画）毛文佐绘
杭州 中国美术学院出版社 1996年 29cm(16开)
ISBN：7-81019-534-4 定价：CNY15.50

　　作者毛文佐(1944—)，油画家。浙江岱山人。历任舟山市美术家协会副主席、中国美术家协会会员、中国油画学会会员等。作品有《大海与铁猫》《艳阳秋》《大海丰碑》等。

J0015575

中国美术家 （寿再生）寿再生绘；《中国美术家》编委会编
杭州 中国美术学院出版社 1996年 29cm(16开)
ISBN：7-81019-535-2 定价：CNY15.50

　　作者寿再生(1950—)，画家。浙江诸暨人，出生于上海。浙江省杭州市宋城画院高级画师、杭州市美术教育研究会会长、中国美术家协会浙江分会会员。出版有《寿再生山水画集》等。

J0015576

中国美术家 （张谷旻 图集）张谷旻绘
杭州 中国美术学院出版社 1996年 29cm(16开)
ISBN：7-81019-533-6 定价：CNY15.50

　　作者张谷旻(1961—)，教授、画家。浙江杭州人。毕业于浙江美术学院中国画系。历任西泠书画院秘书长、浙江省山水画研究会副秘书长、杭州市美术家协会理事。作品有《火云满山凝未开》《宁静高原》《沃野千里》。

J0015577

中国美术家 （陈伟农）陈伟农绘
杭州 中国美术学院出版社 1997年 29cm(16开)
ISBN：7-81019-590-5 定价：CNY15.50

J0015578

中国美术家 （陈志元）陈志元绘
杭州 中国美术学院出版社 1997年 29cm(16开)
ISBN：7-81019-594-8 定价：CNY15.50

J0015579
中国美术家 （戴宏海）戴宏海绘
杭州 中国美术学院出版社 1997年 29cm（16开）
ISBN：7-81019-591-3 定价：CNY15.50

J0015580
中国美术家 （蒋天耕）蒋天耕绘
杭州 中国美术学院出版社 1997年 29cm（16开）
ISBN：7-81019-597-2 定价：CNY15.50

J0015581
中国美术家 （商敬诚）商敬诚绘
杭州 中国美术学院出版社 1997年 29cm（16开）
ISBN：7-81019-596-4 定价：CNY15.50

J0015582
中国美术家 （寿崇德）寿崇德绘
杭州 中国美术学院出版社 1997年 29cm（16开）
ISBN：7-81019-595-6 定价：CNY15.50

J0015583
中国美术家 （中国画 潘景友）潘景友绘
杭州 中国美术学院出版社 1997年 29cm（16开）
ISBN：7-81019-592-1 定价：CNY15.50

J0015584
中国美术家 （周一云）周一云绘
杭州 中国美术学院出版社 1997年 29cm（16开）
ISBN：7-81019-589-1 定价：CNY15.50

J0015585
中国美术家 （朱力光）朱力光绘
杭州 中国美术学院出版社 1997年 29cm（16开）
ISBN：7-81019-593-X 定价：CNY15.50

J0015586
中国美术家丝绸之路作品选集 王振谋主
编；《中国美术家丝绸之路作品选集》编辑委员
会编
乌鲁木齐 新疆美术摄影出版社 1996年 92页
29×29cm ISBN：7-80547-442-7 定价：CNY140.00

J0015587
中国农民画 （中德文本）孙振发主编
北京 中国世界语出版社 1996年 100页

34cm（10开） 精装 ISBN：7-5052-0309-6
定价：［CNY188.00］
　　外文书名：Die Chinesische Bauernmalerei.

J0015588
中国农民画 （中法文本）孙振发主编
北京 中国世界语出版社 1996年 100页
34cm（10开） 精装 ISBN：7-5052-0310-X
定价：CNY［188.00］
　　外文书名：Les Peintures Des Paysans Chinois.

J0015589
中国农民画 （中英文本）孙振发主编
北京 中国世界语出版社 1996年 100页
34cm（10开） 精装 ISBN：7-5052-0308-8
定价：CNY［188.00］
　　外文书名：Chinese Farmer Paintings.

J0015590
百年翰墨 （浙江大学书画作品选）胡建雄
主编
杭州 浙江大学出版社 1997年 80页 29cm（16开）
ISBN：7-308-01873-3 定价：CNY38.00

J0015591
北京画院画集 北京画院编
北京 中国青年出版社 1997年 125页 28×28cm
精装 ISBN：7-5006-1580-9 定价：CNY150.00

J0015592
常书鸿绘画作品集 常书鸿，吕斯百绘；常
沙娜主编
广州 岭南美术出版社 1997年 2册（128；189页）
29cm（16开） ISBN：7-5362-1749-8
定价：CNY380.00
　　本书由《常书鸿绘画作品集》与《吕斯百绘
画作品集》合订。作者吕斯百（1905—1973），画
家。生于江苏江阴。毕业于东南大学艺术系。
历任兰州西北师范学院艺术系、南京师范学院美
术系教授兼系主任、中国美术家协会常务理事、
美协江苏分会副主席。代表作《吕斯百画集》《吕
斯百绘画作品集》。

J0015593
常熟书画院作品集 蔡焜，陈炳彪主编

南京 江苏美术出版社 1997 年 82 页 38cm(6 开)
精装 ISBN：7-5344-0723-0
定价：CNY95.00

J0015594

当代实力派画家精品 （方楚雄·动物世界）
方楚雄绘

福州 福建美术出版社 1997 年 29 页 37cm(8 开)
ISBN：7-5393-0627-0 定价：CNY28.00

　　作者方楚雄(1950—),广东普宁人。毕业
于广州美术学院并留校任教。中国美术家协会
会员。主要作品有《牧鸭》《水禽》《翠蝶兰》等,
出版《方楚雄画选》《方楚雄画集》等。

J0015595

当代实力派画家精品 （冯大中·虎·王者之
风）冯大中绘

福州 福建美术出版社 1997 年 30 页 37cm(8 开)
ISBN：7-5393-0517-7 定价：CNY28.00

　　作者冯大中(1949—),画家。号伏虎草堂
主人。中国美术家协会会员、中国工笔画学会理
事、中国画学会副会长,中国美术家协会理事、
辽宁省美协副主席、国家一级画家。代表作品有
《苏醒》《早春》《天地玄黄》《高山景行》。

J0015596

当代实力派画家精品 （何家英·多梦年华）
何家英绘

福州 福建美术出版社 1997 年 32 页 37cm(8 开)
ISBN：7-5393-0610-6 定价：CNY28.00

J0015597

当代实力派画家精品 （贾广健·碧水金荷）
贾广健绘

福州 福建美术出版社 1997 年 30 页 37cm(8 开)
ISBN：7-5393-0628-9 定价：CNY28.00

J0015598

当代实力派画家精品 （刘保申·花团锦簇）
刘保申绘

福州 福建美术出版社 1997 年 30 页 37cm(8 开)
ISBN：7-5393-0626-2 定价：CNY28.00

　　作者刘保申(1937—),画家、教授。河南
南阳人。毕业于西安美术学院。历任西安美院
教授、兼任图书馆馆长,中国美协会员、陕西美

协理事、美国鲍林格灵美术学院客座教授、纽约
花鸟画研究会会长。代表作《花鸟技法 100 问》
《刘保申画集》《刘保申花鸟画选》。

J0015599

当代实力派画家精品 （刘懋善·江南水乡
异国风光）刘懋善绘

福州 福建美术出版社 1997 年 30 页 37cm(8 开)
ISBN：7-5393-0541-X 定价：CNY26.00

　　作者刘懋善(1942—),山水画家、教授。
江苏苏州人。毕业于苏州工艺美术专科学校。
中国美术家协会会员、国家一级美术师、苏州国
画院副院长、苏州大学教授。代表作《春风又绿
江南岸》。

J0015600

当代实力派画家精品 （彭先诚·古诗画意）
彭先诚绘

福州 福建美术出版社 1997 年 30 页 37cm(8 开)
ISBN：7-5393-0542-8 定价：CNY26.00

　　作者彭先诚(1941—),教师,一级美术
师。四川成都人。毕业于成都第二师范学校。
四川省诗书画院一级美术师、中国美术家协会会
员、四川美术家协会理事。代表作品《凉山小市》
《西厢画意》《长恨歌》等。

J0015601

当代实力派画家精品 （张修竹·现代风情）
张修竹绘

福州 福建美术出版社 1998 年 30 页 38cm(6 开)
ISBN：7-5393-0752-8 定价：CNY28.00

J0015602

当代实力派画家精品 （江宏伟·古典情怀）
江宏伟绘

福州 福建美术出版社 1999 年 29 页 37cm(8 开)
ISBN：7-5393-0772-2 定价：CNY28.00

　　作者江宏伟(1957—),画家、教授。生于
江苏无锡。毕业于南京艺术学院美术系。历任
南京艺术学院副教授,中国艺术研究院研究员、
博士生导师,中国艺术研究院艺术创作指导委员
会副主任、中央美院兼职教授。代表作品《荷花
栖鸟》《秋趣》。

J0015603

当代实力派画家精品 （马海方·北京风情）
马海方绘
福州 福建美术出版社 1999 年 30 页 37cm（8 开）
ISBN：7-5393-0753-6 定价：CNY28.00

J0015604

当代实力派画家精品 （宋玉麟·古韵新风）
宋玉麟绘
福州 福建美术出版社 1999 年 29 页 37cm（8 开）
ISBN：7-5393-0866-4 定价：CNY28.00

J0015605

当代实力派画家精品 （郑力·庭院情深）郑
力绘
福州 福建美术出版社 1999 年 28 页 37cm（8 开）
ISBN：7-5393-0865-6 定价：CNY28.00

J0015606

当代实力派画家精品 （郑力·园林情韵）郑
力绘
福州 福建美术出版社 1999 年 29 页 37cm（8 开）
ISBN：7-5393-0865-6 定价：CNY28.00

J0015607

当代实力派画家精品 （周彦生·金凤飘香）
周彦生绘
福州 福建美术出版社 1999 年 29 页 37cm（8 开）
ISBN：7-5393-0774-9 定价：CNY28.00
　　作者周彦生（1942— ），画家、教授。河南
人。毕业于广州美术学院中国画系花鸟画科研
究生班。广州美术学院教授、中国美协会员、中
国当代工笔画学会理事、广东美协理事、广东画
院特聘画家。代表作品有《满园春色》《牡丹孔
雀》等。

J0015608

独生子女优秀书画作品选 张登雄，王诚浩
主编
北京 中国人口出版社 1997 年 95 页 29cm（16 开）
精装 ISBN：7-80079-396-6
定价：CNY220.00

J0015609

海军画集 中国人民解放军海军政治部编

北京 北京美术摄影出版社 1997 年 123 页
30×30cm 精装 ISBN：7-80501-207-5
定价：CNY200.00
　　外文书名：Painting Album of the Navy.

J0015610

纪念香港回归全国美术作品集 （永远的
1997 年）银小宾主编
郑州 河南美术出版社 1997 年 10+243 页
29cm（15 开） ISBN：7-5401-0700-6
定价：CNY200.00

J0015611

老月份牌 宋家麟编
上海 上海画报出版社 1997 年 157 页
29cm（16 开） ISBN：7-80530-288-X
定价：CNY110.00
（旧影拾萃丛书）
　　外文书名：Old Calendar Picture.

J0015612

**庆祝中国人民解放军建军七十周年中国书
画邀请赛获奖作品选** 凌云主编
北京 中国妇女出版社 1997 年 200 页
29cm（16 开） 精装 ISBN：7-80131-068-3
定价：CNY148.00

J0015613

全国回族书画展选集 全国回族书画展组委
会办公室编
银川 宁夏人民出版社 1997 年 重印本 150 页
29cm（15 开） ISBN：7-227-01719-2
定价：CNY160.00

J0015614

色彩静物 （教学示范作品）文国璋编
长沙 湖南美术出版社 1997 年 30 页 38cm（6 开）
ISBN：7-5356-0956-2 定价：CNY25.00

J0015615

邵阳籍著名书画家精品集 邵阳市老年书画
协会编
长沙 湖南美术出版社 1997 年 25×26cm
ISBN：7-5356-0931-7 定价：CNY68.00

J0015616

书法美术作品集　李继顺主编

北京 石油工业出版社 1997年 84页 29cm（16开）

ISBN：7-5021-2193-5 定价：CNY126.00

（胜利油田文学艺术精品库）

J0015617

心灵的画卷　曾柏良编

南宁 接力出版社 1997年 10+79页 17×19cm

ISBN：7-80631-215-3 定价：CNY12.00

J0015618

迎岁集福（院藏钟馗名画特展）台北故宫博物院编辑委员会编辑

台北 台北故宫博物院 1997年 170页 有图 30cm（10开）精装 ISBN：957-562-290-1

J0015619

远航美术书法集　张玉欣，林功尊主编

沈阳 辽宁美术出版社 1997年 72页 27×27cm

ISBN：7-5314-1869-X 定价：CNY65.00

J0015620

中国当代青年建筑美术家作品集　陈飞虎主编

天津 天津科学技术出版社 1997年 62页 26×26cm ISBN：7-5308-2105-9 定价：CNY55.00

J0015621

中国民间四百宝相图说　王树村，王阑西编著

广州 岭南美术出版社 1997年 4册 26×27cm 精装 ISBN：7-5362-1768-4 定价：CNY［680.00］

　　本书包括：《钟馗百图》《观音百图》《关公百图》《孔子百图》。作者王树村（1923—2009），画家。天津人。毕业于华北大学美术科。曾在中国美术研究所、中国艺术研究院从事创作、编辑、研究工作，任中国民间美术协会副会长，中国民俗学会理事、顾问、研究员。主要著作《杨柳青年画资料集》《中国美术全集·石刻线画、民间年画》。

J0015622

中国丝绸之路哈密书画集　毛长水主编

乌鲁木齐 新疆人民出版社 1997年 50页 28cm（大16开）ISBN：7-228-04378-2

定价：CNY38.00

J0015623

'98上海百家艺术精品展画集　方全林主编

上海 上海书画出版社 1998年 290页 29cm（16开）ISBN：7-80635-262-7

定价：CNY280.00

J0015624

'98上海百家艺术精品展画集　方全林主编

上海 上海书画出版社 1998年 290页 29cm（16开）精装 ISBN：7-80635-261-9

定价：CNY360.00

J0015625

北京大学百年校庆北大人书画作品集　陈玉龙，杨辛主编

北京 北京大学出版社 1998年 104页 29cm（16开）ISBN：7-301-03757-0

定价：CNY50.00，CNY70.00（精装）

　　本作品集共收北大人作品199件，其中书法作品103件、绘画作品92件、篆刻作品4件。这些作品从侧面反映了几代北大人所具有的文化底蕴和书画素养。

J0015626

彩笔画故乡专辑（台中县八十七年度）王正雄，施金柱主编

台中县 台中县立文化中心 1998年 60页 有图 26cm（16开）ISBN：957-02-0826-0

J0015627

创作的意义（广东美术创作院作品集）广东美术馆，广东美术出版研究学会编

广州 岭南美术出版社 1998年 57页 29cm（12开）ISBN：7-5362-1740-4 定价：CNY45.00

J0015628

当代中国画家丛书（何建国）

石家庄 河北教育出版社 1998年 144页 37cm（8开）精装 ISBN：7-5434-3168-8

定价：CNY［280.00］

J0015629

当代中国画家丛书（张善平）

石家庄 河北教育出版社 1998年 110页 37cm（8开）精装 ISBN：7-5434-3336-2

定价：CNY300.00

J0015630
当代中国画家丛书 （江文湛）
石家庄 河北教育出版社 1999 年 164 页
37cm（8 开） 精装 ISBN：7-5434-3501-2
定价：CNY［280.00］

J0015631
当代中国画家丛书 （李世南）
石家庄 河北教育出版社 1999 年 168 页
37cm（8 开） 精装 ISBN：7-5434-3500-4
定价：CNY280.00

J0015632
当代中国画家丛书 （龙瑞）
石家庄 河北教育出版社 1999 年 155 页 有照
片 37cm（8 开） 精装 ISBN：7-5434-3559-4
定价：CNY280.00

J0015633
当代中国画家丛书 （卢坤峰）
石家庄 河北教育出版社 1999 年 160 页
37cm（8 开） 精装 ISBN：7-5434-3337-0
定价：CNY280.00

J0015634
当代中国画家丛书 （赵卫）
石家庄 河北教育出版社 1999 年 160 页
37cm（8 开） 精装 ISBN：7-5434-3558-6
定价：CNY280.00

J0015635
当代中国山水画·油画风景展作品集 中国
油画学会,李可染艺术基金会编
南宁 广西美术出版社 1998 年 43cm（6 开）
精装 ISBN：7-80625-577-X 定价：CNY380.00

J0015636
丰碑 （纪念周恩来诞辰一百周年美术书法作
品选）江苏省纪念周恩来百年诞辰领导小组编
南京 江苏美术出版社 1998 年 122 页
29cm（16 开） 精装 ISBN：7-5344-0759-1
定价：CNY150.00

J0015637
广州国际艺术博览会丛书
广州 岭南美术出版社 1998 年 15 册 29cm（16 开）
套装 ISBN：7-5362-1870-2 定价：CNY360.00

J0015638
胡世浩将军书画珍藏集 （2）胡世浩作
银川 宁夏人民出版社 1998 年 223 页
29cm（16 开） 精装 ISBN：7-227-01824-5
定价：CNY200.00
　　本书收录了《园中小景》《寿比南山》《母
爱》《秋山夕照》等书画作品。作者胡世浩
（1935—　　），生于浙江。全国第八届人大代表，
曾任宁夏军区司令员。出版有《胡世浩将军书画
珍藏集》。

J0015639
湖南师范大学艺术学院教师美术作品集 （湖
南师范大学艺术学院院庆 40 周年 1958-1998 湖
南师范大学校庆 60 周年 1938—1998）朱辉主编
长沙 湖南美术出版社 1998 年 108 页
31cm（10 开） 精装 ISBN：7-5356-1191-5
定价：CNY148.00
　　外文书名：Album of the Faculty of the School
of Art, HunanNormal University. 作者朱辉，湖南
师范大学美术系任教。

J0015640
花鸟写生画稿 杜曼华等绘
武汉 湖北美术出版社 1998 年 132 页
29cm（15 开） ISBN：7-5394-0727-1
定价：CNY19.00
（写生画稿系列丛书）

J0015641
**纪念刘少奇同志百年诞辰美术作品展·作
品集**
青岛 青岛出版社 1998 年 100 页 38cm（6 开）
精装 ISBN：7-5436-1894-X 定价：CNY368.00

J0015642
教师作品集 （天津师范高等专科学校艺术系
美术专业）王其华主编
北京 人民美术出版社 1998 年 94 页 25×26cm
ISBN：7-102-01942-4 定价：CNY118.00

作者王其华(1949—　　)，山东人。天津师范高等专科学校美术系主任、副教授。

J0015643
静物特辑　（四川美术学院考生·学生·教师色彩作品选 1977—1998）雷鸿智主编
成都　四川人民出版社　1998年　38cm（6开）
ISBN：7-220-04194-2　定价：CNY46.00

J0015644
跨世纪画丛　（邓箭今）邓箭今绘
广州　岭南美术出版社　1998年　29×29cm
ISBN：7-5362-1592-4　定价：CNY15.00

J0015645
跨世纪画丛　（郭润文）郭润文绘
广州　岭南美术出版社　1998年　29×29cm
ISBN：7-5362-1555-X　定价：CNY15.00

J0015646
跨世纪画丛　（冷军）冷军绘
广州　岭南美术出版社　1998年　29×29cm
ISBN：7-5362-1556-8　定价：CNY15.00

J0015647
跨世纪画丛　（石冲）石冲绘
广州　岭南美术出版社　1998年　29×29cm
ISBN：7-5362-1558-4　定价：CNY15.00

J0015648
跨世纪画丛　（苏百钧）苏百钧绘
广州　岭南美术出版社　1998年　29×29cm
ISBN：7-5362-1557-6　定价：CNY15.00

J0015649
跨世纪画丛　（何建成）何建成绘
广州　岭南美术出版社　1999年　29×29cm
ISBN：7-5362-1928-8　定价：CNY15.00

J0015650
美术文献　（丛书 1998.总第13辑　现代都市题材绘画专辑）《美术文献》编辑部编
武汉　湖北美术出版社　1998年　60页　29cm（16开）
ISBN：7-5394-0805-7　定价：CNY18.00
　　外文书名：Fine Arts Literature.

J0015651
名家风景艺术　吴成槐主编
沈阳　辽宁美术出版社　1998年　382页
29cm（16开）　精装　ISBN：7-5314-1997-1
定价：CNY180.00
　　本书为现代中国油画、彩画、水粉画、蜡笔画等风景画画册。作者吴成槐(1943—　　)，满族，编辑。辽宁沈阳人。辽宁民族出版社社长兼总编辑，辽宁美术家协会、辽宁摄影家协会会员。连环画作品有《南下路上》《大桥争夺战》，编辑设计图书《海外藏明清绘画珍品——沈周卷》《20世纪中国摄影文献》。

J0015652
名家静物艺术　吴成槐主编
沈阳　辽宁美术出版社　1998年　362页　有彩图
29cm（16开）　精装　ISBN：7-5314-2026-0
定价：CNY180.00

J0015653
名家人体艺术　靳尚谊等主编
沈阳　辽宁美术出版社　1998年　356页
28cm（大16开）　精装　ISBN：7-5314-1807-X
定价：CNY148.00
　　作者靳尚谊(1934—　　)，满族，画家、教授。河南焦作人。毕业于中央美院绘画系和马克西莫夫油画训练班。曾任中央美术学院院长、教授、博士生导师，中国美协主席、中国文联副主席。代表作品有《塔吉克新娘》《青年歌手》《蓝衣少女》等，出版有《靳尚谊油画选》《靳尚谊肖像作品选集》等。

J0015654
宁夏美术书法作品集　宁夏美术书法作品集编辑委员会编
银川　宁夏人民出版社　1998年　175页
29cm（16开）　ISBN：7-227-01854-7
定价：CNY188.00, CNY218.00（精装）
　　外文书名：Ningxia Art & Handwriting Works.

J0015655
全国小画家小书法家获奖作品大画集
（1998年卷）郝新明，刘安娉编著
石家庄　河北美术出版社　1998年　409页
29cm（16开）　精装　ISBN：7-5310-1035-6

定价：CNY340.00

J0015656
全国小画家小书法家获奖作品大画集
（1999 年卷）郝新明，刘安娉编著
石家庄　河北美术出版社　1999 年　448 页
29cm（16 开）精装　ISBN：7-5310-0937-4
定价：CNY360.00

J0015657
人物写生画稿　胡寿荣等绘
武汉　湖北美术出版社　1998 年　124 页
29cm（15 开）ISBN：7-5394-0728-X
定价：CNY18.00
（写生画稿系列丛书）
　　作者胡寿荣（1959—　　），画家。毕业于贵
州省艺术学校。代表作品有《猎归》《菜园》《盼
归》等。

J0015658
山水写生画稿　陆秀竞等绘
武汉　湖北美术出版社　1998 年　108 页
29cm（15 开）ISBN：7-5394-0726-3
定价：CNY16.00
（写生画稿系列丛书）
　　作者陆秀竞（1942—　　），画家。号千岩，字
峥。浙江绍兴人。毕业于中国美术学院中国画系。
历任西泠书画院副院长、高级画师，浙江山水画
研究会副会长。出版有《山水画基础》《中国山
水画技法》《少儿中国画教程》。

J0015659
台北故宫博物院藏画
福州　海潮摄影艺术出版社　1998 年　2 册
38cm（6 开）精装　ISBN：7-80562-473-9
定价：CNY595.00

J0015660
线描新概念
福州　福建美术出版社　1998 年　6 册 25×26cm
ISBN：7-5393-0739-0　定价：CNY60.00

J0015661
杨惠民收藏书画选　杨惠民编
大连　大连出版社　1998 年　95 页　37cm　精装

ISBN：7-80612-494-2　定价：CNY188.00

J0015662
中国传世名画　杨宪金，全显德主编；中南海
画册编辑委员会编辑
北京　西苑出版社　1998 年　2 册（586 页）
38cm（6 开）精装　ISBN：7-80108-143-9
定价：CNY1580.00

J0015663
中国当代精英画家　（工笔画精品集）陈孟昕
等绘
福州　福建美术出版社　1998 年　67 页 29cm（11 开）
ISBN：7-5393-0745-5　定价：CNY55.00
　　作者陈孟昕（1957—　　），画家。河北邢台人。
历任湖北美术学院国画讲师、中国美术家协会
会员、中国艺术研究院研究生院副院长、二级教
授、博士生导师。代表作品有《帕米尔风情》《秋
之祭》《暖月》《一方水土》《腊月》等。

J0015664
中国当代民间绘画集萃　（中国著名民间绘
画之乡作品选）冯骥才主编；天津市文学艺术
界联合会，天津市美术家协会编
天津　天津杨柳青画社　1998 年　150 页　25×26cm
ISBN：7-80503-233-5　定价：CNY75.00
　　作者冯骥才（1942—　　），作家、画家、文化
学者、教授。浙江宁波人。历任中国文学艺术界
联合会荣誉委员、中国民间文艺家协会名誉主
席、国务院参事，天津大学冯骥才文学艺术研究
院院长、教授、博士生导师。代表作品有《雕花
烟斗》《高女人和她的矮丈夫》《神鞭》《三寸金
莲》《珍珠鸟》《一百个人的十年》等。

J0015665
中国当代名画家手稿　（常进）常进绘
武汉　湖北美术出版社　1998 年　45 页　25×26cm
ISBN：7-5394-0717-4　定价：CNY12.00
　　本书为现代中国画之山水写生画画册。

J0015666
中国当代名画家手稿　（何家英）何家英绘
武汉　湖北美术出版社　1998 年　43 页　25×26cm
ISBN：7-5394-0715-8　定价：CNY12.00
　　本书为现代中国人物素描画画册。

J0015667

中国当代名画家手稿 （江宏伟）江宏伟绘

武汉 湖北美术出版社 1998年 45页 25×26cm

ISBN：7-5394-0716-6 定价：CNY12.00

　　本书为现代中国画之花鸟写生画画册。作者江宏伟（1957— ），画家、教授。生于江苏无锡。毕业于南京艺术学院美术系。南京艺术学院副教授，中国艺术研究院研究员、博士生导师，中国艺术研究院艺术创作指导委员会副主任、中央美院兼职教授。代表作品《荷花栖鸟》《秋趣》。

J0015668

中国当代名画家手稿 （李孝萱）李孝萱绘

武汉 湖北美术出版社 1998年 45页 25×26cm

ISBN：7-5394-0719-0 定价：CNY12.00

　　本书为现代中国人物素描画画册。

J0015669

中国当代名画家手稿 （周京新）周京新绘

武汉 湖北美术出版社 1998年 45页 25×26cm

ISBN：7-5394-0718-2 定价：CNY12.00

　　现代中国画之人物画画册。作者周京新（1959— ），画家、教授。祖籍江苏通州。毕业于南京艺术学院中国画专业。曾任南京艺术学院美术系中国画教研室主任、院长、教授、博士生导师，江苏省国画院院长、《美术与设计》杂志副主编。代表作品有《水浒组画集》《周京新画集》等。

J0015670

中国美术家 （金逢孙画集）金逢孙[绘]

上海 上海三联书店 1998年 28cm（16开）

ISBN：7-5426-1164-X 定价：CNY300.00

（全20册）

J0015671

中韩美术书法交流展优秀作品集 王志君等主编

北京 中国人事出版社 1998年 60页 24×26cm

ISBN：7-80139-299-X 定价：CNY58.00

J0015672

1999 中国当代美术家邀请展

天津 天津人民美术出版社 1999年 55+73页

29cm（16开） ISBN：7-5305-1138-6

定价：CNY100.00

J0015673

笔墨传神韵 （中国书画）王平著

杭州 浙江人民美术出版社 1999年 155页

20cm（32开）ISBN：7-5340-0836-0

定价：CNY15.00

（艺术教育图典）

J0015674

当代绘画艺术 （一 当代油画艺术）唐华伟主编

北京 中国文联出版社 1999年 344页

20cm（32开）精装 ISBN：7-5059-3213-6

定价：CNY568.00（全套）

　　本画册收入中国当代画家的油画作品《窗前》《远方的地平线》《远去的牛群》《人体习作》《圆明园秋色》等344幅。

J0015675

当代绘画艺术 （二 当代中国画艺术）唐华伟主编

北京 中国文联出版社 1999年 378页

20cm（32开）精装 ISBN：7-5059-3213-6

定价：CNY568.00（全套）

　　本画册收入中国当代画家的绘画作品《晚立银塘图》《富贵有余》《璀璨的夏日》《月朦胧》《磨与轮的对话》等近380幅。

J0015676

当代绘画艺术 （三 当代水彩画艺术）唐华伟主编

北京 中国文联出版社 1999年 250页

20cm（32开）精装 ISBN：7-5059-3213-6

定价：CNY568.00（全套）

　　本画册收入中国当代画家的绘画作品《渔港夕照》《雁荡山雾》《有庭院的房子》《皖南春雨》《草原月色》等250多幅。

J0015677

当代绘画艺术 （四 当代素描艺术）唐华伟主编

北京 中国文联出版社 1999年 314页

20cm（32开）精装 ISBN：7-5059-3213-6

定价：CNY568.00（全套）

本画册收入中国当代画家的素描作品《男青年半身像》《人物速写》《新疆印象》《状态的组合》《西双版纳瑶族风情》等310多幅。

J0015678

当代中国艺术家丛书　王非主编

北京　中国画报出版社　1999年　29cm（16开）

ISBN：7-80024-547-0　定价：CNY24.80

J0015679

第九届全国美展港、澳、台获奖者暨著名画家作品选集　中国美术家协会南方艺术中心编；谢盛金主编

香港　亚洲文化艺术出版公司　1999年　130页

有图照片　29cm（16开）　精装

ISBN：962-8496-07-7　定价：HKD180.00

外文书名：Selected Works of Prize Winning Painters in China's Ninth National Arts Exhibition（Hong Kong, Macao and Taiwan Section）and of Other Well-Known Painters of Hong Kong, Macao and Taiwan.

J0015680

东方红　（毛泽东画典）赵向标主编

北京　中国文联出版公司　1999年　427页

29cm（15开）　精装　ISBN：7-5059-3190-3

定价：CNY580.00

J0015681

翰墨丹青　石龙镇人民政府编

[东莞][石龙镇人民政府][1999年]147页

25cm（15开）

（中国历史文化名镇《美在石龙》丛书）

本书系中国现代绘画、法书作品集。外文书名：Painting Calligraphy.

J0015682

花布上的春天　（静物画）黄于玲著；龚云鹏绘图

台北　南画廊　1999年　40页　有图

27cm（大16开）　精装　ISBN：957-8720-13-0

定价：TWD330.00

（台湾美术童话书 1）

J0015683

花鸟鱼虫　（1）徐永秀诗；田原画

海口　海南国际新闻出版中心　1999年　20×21cm

精装　ISBN：7-80609-824-0　定价：CNY17.00

（田原儿童画库）

作者田原（1925—　），漫画家，一级美术师。祖籍江苏溧水，生于上海。原名潘有炜，笔名饭牛。中国美术家协会、中国书法家协会、中国版画家协会、中国记者协会、中国漫画家协会会员，中国工艺美术协会理事，东南大学、深圳大学教授。书画作品有《陋室铭》，出版有《中国民间玩具》《田原硬笔书法》等，设计动画片有《熊猫百货商店》等。

J0015684

花鸟鱼虫　（2）徐永秀诗；田原画

海口　海南国际新闻出版中心　1999年　20×21cm

精装　ISBN：7-80609-824-0　定价：CNY17.00

（田原儿童画库）

J0015685

花鸟鱼虫　（3）徐永秀诗；田原画

海口　海南国际新闻出版中心　1999年　20×21cm

精装　ISBN：7-80609-824-0　定价：CNY17.00

（田原儿童画库）

J0015686

花鸟鱼虫　（4）徐永秀诗；田原画

海口　海南国际新闻出版中心　1999年　20×21cm

精装　ISBN：7-80609-824-0　定价：CNY17.00

（田原儿童画库）

J0015687

画外话　（冯骥才卷）冯骥才绘著

北京　人民文学出版社　1999年　100页　21×23cm

ISBN：7-02-003056-4　定价：CNY38.00

（画外话丛书）

作者冯骥才（1942—　），作家、画家、文化学者、教授。浙江宁波人。历任中国文学艺术界联合会荣誉委员、中国民间文艺家协会名誉主席、国务院参事，天津大学冯骥才文学艺术研究院院长、教授、博士生导师。代表作品有《雕花烟斗》《高女人和她的矮丈夫》《神鞭》《三寸金莲》《珍珠鸟》《一百个人的十年》等。

J0015688

画外话 （吴冠中卷）吴冠中著

北京 人民文学出版社 1999 年 100 页 有照片 21cm（32 开）

　　本书共收入我国当代著名画家吴冠中先生自 20 世纪 70 年代至 90 年代的代表画作 50 幅，以及作者最新为这些画作专门写就的精美散文 50 篇。作者吴冠中（1919—2010），著名画家、美术教育家。江苏宜兴人。毕业于国立杭州艺术专科学校。中央工艺美术学院教授。代表作品《长江三峡》《鲁迅的故乡》《春雪》《长城》，油画代表作有《长江三峡》《北国风光》《小鸟天堂》《黄山松》《鲁迅的故乡》等，个人文集有《吴冠中谈艺集》《吴冠中散文选》《美丑缘》等。

J0015689

绘画·人体 东海编

杭州 中国美术学院出版社 1999 年 80 页 29cm（16 开）ISBN：7-81019-719-3

定价：CNY25.00

J0015690

江苏美术五十年 （1949—1999 中国画）赵绪成主编

南京 江苏美术出版社 1999 年 177 页 29cm（16 开） 精装 ISBN：7-5344-0988-8

定价：CNY280.00

J0015691

教学示范作品 朱辉等绘

长沙 湖南美术出版社 1999 年 4 张（套） 77cm（2 开） ISBN：7-5356-1250-4

定价：CNY7.00

J0015692

李白故里书画 李树芳主编；太白诗书画院编

成都 四川美术出版社 1999 年 29cm（16 开） ISBN：7-5410-1699-3 定价：CNY58.00

　　外文书名：The Calligraphy and Painting of Li Bai's Hometown.

J0015693

玫瑰园故事 贾平凹题文；邢庆仁作画

长沙 湖南文艺出版社 1999 年 172 页 有图 21cm（32 开） ISBN：7-5404-2089-8

定价：CNY34.80

　　作者邢庆仁（1960—　　），画家、国家一级美术师。陕西大荔县人。历任陕西中国画院专业画家，中国美术家协会会员，作品有《玫瑰色回忆》《邢少臣画集》等。

J0015694

名画家再创辉煌系列丛书

合肥 安徽美术出版社 1999 年 6 册 29cm（16 开） 定价：CNY144.00

J0015695

名家动物画艺术 吴成槐主编

沈阳 辽宁美术出版社 1999 年 239 页 29cm（16 开） 精装 ISBN：7-5314-2400-2

定价：CNY115.00

　　作者吴成槐（1943—　　），满族，编辑。辽宁沈阳人。辽宁民族出版社社长兼总编辑，辽宁美术家协会、辽宁摄影家协会会员。连环画作品有《南下路上》《大桥争夺战》，编辑设计图书《海外藏明清绘画珍品——沈周卷》《20 世纪中国摄影文献》。

J0015696

南京军区美术作品选 （1949—1999）朱争平主编；南京军区政治部编

福州 海风出版社 1999 年 175 页 34cm（10 开） ISBN：978-7-80597-250-3 定价：CNY300.00

　　外文书名：Painting Selections of Nanjing Military District：1949—1999.

J0015697

南张北溥藏珍集萃 廖建钦，蔡宜芳，何静玫编辑

台北 羲之堂文化出版事业有限公司 1999 年 209 页 有照片 30cm（10 开）

ISBN：957-98137-1-X 定价：TWD2000.00

J0015698

荣宝斋画廊书画家 （1 韩美林专集）韩美林绘

北京 荣宝斋出版社 1999 年 40 页 13×13cm 精装 ISBN：7-5003-0463-3 定价：CNY30.00

　　作者韩美林（1936—　　），画家、艺术家、国家一级美术师。山东人。清华大学美术学院教

授，中央文史馆研究员。代表作品有《北京奥运会吉祥物福娃》《国航航徽》等，出版有《山花烂漫》《美林》《韩美林自选雕塑集》《韩美林自选绘画集》。

J0015699
荣宝斋画廊书画家　（唐海专集）唐海绘
北京　荣宝斋出版社　1999年　40页　13×13cm
精装　ISBN：7-5003-0465-X　定价：CNY30.00

J0015700
荣宝斋画廊书画家　（周志龙专集）周志龙绘
北京　荣宝斋出版社　1999年　40页　13×13cm
精装　ISBN：7-5003-0464-1　定价：CNY30.00

J0015701
山东省第三届中等艺术学校美术作品巡回展获奖作品选　山东省文化厅科教处[编]
济南　山东画报出版社　1999年　98页　29cm（16开）
ISBN：7-80603-333-5　定价：CNY60.00

J0015702
少年绘画五十讲　张家素著
上海　上海人民出版社　1999年　147页
21cm（20开）　ISBN：7-208-02973-3
定价：CNY22.00

J0015703
少奇百年祭　（画册　翰墨丹青寄深情）刘爱琴
主编
北京　西苑出版社　1999年　262页　有彩照
38cm（6开）　精装　ISBN：7-80108-074-2
定价：CNY568.00

J0015704
岁月留痕——月份牌　（1907—1953）尹清仪
摄影
[澳门][澳门市政厅　文化暨康体部]　1999年
4版　101页　有彩图　29cm（16开）
　　外文书名：Marcas Do Passado, Cartazes
Publicitários Chinese, 1907—1953.

J0015705
台北国际生态艺术展　（1999—2000）苏启
明主编；黄慧琪，统一翻译股份有限公司译

台北　历史博物馆　1999年　178页　26×27cm
精装　ISBN：957-02-5152-2　定价：TWD700.00

J0015706
乡土中国　（当代美术中的乡村母题　段建伟）
段建伟[绘]
长沙　湖南美术出版社　1999年　26cm（16开）
ISBN：7-5356-1310-1　定价：CNY22.00
（中国当代艺术家系列 10）

J0015707
乡土中国　（当代美术中的乡村母题　叶其青）
叶其青[绘]
长沙　湖南美术出版社　1999年　26cm（16开）
ISBN：7-5356-1310-1　定价：CNY22.00
（中国当代艺术家系列 10）
　　作者叶其青（1949—　　），国家一级美术师。
广东顺德人。佛山画院专职画家，佛山市美术家
协会副主席，中国美术家协会会员，广东省美术
家协会理事。主要作品有《四时花似锦》《果香》
《水乡曲》《园趣》《沃土》等。

J0015708
乡土中国　（当代美术中的乡村母题　张清宏）
张清宏[绘]
长沙　湖南美术出版社　1999年　26cm（16开）
ISBN：7-5356-1310-1　定价：CNY22.00
（中国当代艺术家系列 10）

J0015709
新世纪中国艺术家画库　（李乃蔚卷）《新世
纪中国艺术家画库》编委会编；李乃蔚[绘]
武汉　长江文艺出版社　1999年　18页　25×26cm
ISBN：7-5354-1917-8　定价：CNY20.00
　　作者李乃蔚（1957—　　），画家。生于重庆，
籍贯北京，毕业于湖北美术学院。历任武汉画院
一级美术师，中国美术家协会会员，中国画学会
创会理事，中国工笔画学会理事，湖北省美协理
事，武汉市美协副主席等。出版有《新世纪中国
艺术家画库李乃蔚》。

J0015710
新世纪中国艺术家画库　（刘寿祥卷）《新世
纪中国艺术家画库》编委会编；刘寿祥[绘]
武汉　长江文艺出版社　1999年　18页　25×26cm

ISBN：7-5354-1918-6 定价：CNY20.00

作者刘寿祥(1958—)，湖北武汉市人，湖北美术学院副教授，中国美术家协会会员，中国水彩画协会理事。

J0015711

新世纪中国艺术家画库 （宋克静卷）《新世纪中国艺术家画库》编委会编；宋克静［绘］

武汉 长江文艺出版社 1999 年 18 页 25×26cm

ISBN：7-5354-1919-4 定价：CNY20.00

作者宋克静(1956—)，画家。生于湖北武汉市，毕业于湖北艺术学院美术教育系油画专业。中国美术家协会会员，中国油画学会会员，湖北美术学院油画系四画室主任、副教授。代表作品《亦将打散的构架》《镜前的女人》《打马掌》等。

J0015712

新世纪中国艺术家画库 （王心耀卷）《新世纪中国艺术家画库》编委会编；王心耀［绘］

武汉 长江文艺出版社 1999 年 18 页 25×26cm

ISBN：7-5354-1920-8 定价：CNY20.00

作者王心耀(1958—)，教授。生于湖北武汉。汉江大学艺术系副教授、副系主任。代表作品《新世纪中国艺术家画库：王心耀卷》《中国山水》《王心耀现代插图集》。

J0015713

新世纪中国艺术家画库 （徐勇民卷）《新世纪中国艺术家画库》编委会编；徐勇民［绘］

武汉 长江文艺出版社 1999 年 18页 25×26cm

ISBN：7-5354-1921-6 定价：CNY20.00

作者徐勇民(1957—)，教授。安徽凤阳人。湖北美术学院教授。作品有《月牙儿》《家》等，出版有《新世纪中国艺术家画库：徐勇民卷》。

J0015714

艺术与生活 （陈海）蔡於良主编；［陈海绘］

海口 海南出版社 1999 年 18×21cm

ISBN：7-80645-051-3 定价：CNY290.00（全套）

作者陈海，画家。曾用笔名田洋。海南琼山人。毕业于广州美术学院。曾为广州美术学院油画系副教授、海口画院专职画师、海南省美术家协会理事、海口市美协副主席等。著有《艺术与生活：陈海》。

J0015715

艺术与生活 （邓子芳）蔡於良主编；［邓子芳绘］

海口 海南出版社 1999 年 18×21cm

ISBN：7-80645-051-3 定价：CNY290.00（全套）

作者邓子芳(1948—)，书画家。生于海南海口市，祖籍琼山市。海南省美术家协会副主席、中国美术家协会会员、中国版画家协会理事，海南日报社主任编辑、摄影美术部副主任等职。版画作品有《新雏声声》《黎族女教师》《碧海绿岛》等。

J0015716

艺术与生活 （符国平）蔡於良主编；［符国平绘］

海口 海南出版社 1999 年 18×21cm

ISBN：7-80645-051-3 定价：CNY290.00（全套）

符国平(1944—)，画师。海南文昌人。毕业于广州美术学院。海口市美术家协会理事、海口画院聘任画师、海口油画学会副秘书长、海南诗社理事。著有《艺术与生活：符国平》。

J0015717

艺术与生活 （李潭锐）蔡於良主编；［李潭锐绘］

海口 海南出版社 1999 年 18×21cm

ISBN：7-80645-051-3 定价：CNY290.00（全套）

作者李潭锐(1954—)，字森，号林子、三木。生于海南海口，祖籍海南琼海市。就读于中央美术学院国画系和浙江美术学院。中国书法家协会会员、海南珠崖印社副秘书长、中国书画函授大学海口分校讲师等。著有《艺术与生活：李潭锐》。

J0015718

艺术与生活 （林尤壮）蔡於良主编；［林尤壮绘］

海口 海南出版社 1999 年 18×21cm

ISBN：7-80645-051-3 定价：CNY290.00（全套）

作者林尤壮(1953—)，海南三亚市保港镇人。海南省美协会员、三亚市群众艺术馆美术摄影部主任、三亚市美协副主席等。著有《艺术与生活：林尤壮》。

J0015719

艺术与生活 （蒙发祥）蔡於良主编；
［蒙发祥绘］

海口　海南出版社　1999年　18×21cm

ISBN：7-80645-051-3　定价：CNY290.00（全套）

　　作者蒙发祥(1944—2015)，海口市人。任职于海口市博物馆，海南省美术家协会会员，海口市美术家协会副主席、秘书长。作品有《百里红林尽渔乡》等。

J0015720

艺术与生活 （谢耀庭）蔡於良主编；
［谢耀庭绘］

海口　海南出版社　1999年　18×21cm

ISBN：7-80645-051-3　定价：CNY290.00（全套）

　　作者谢耀庭(1931—　　)，画家。生于河南舞阳县。历任中国美术家协会会员、海南文联委员、海南书画院顾问、海口画院艺术顾问等职。出版画册有《谢耀庭油画选集》《海南画家系列谢耀庭》等。

J0015721

艺术与生活 （杨华）蔡於良主编；［杨华绘］

海口　海南出版社　1999年　18×21cm

ISBN：7-80645-051-3　定价：CNY290.00（全套）

　　作者杨华(女)，江西南昌人，祖籍高安。海南师范学院讲师、中国版画家协会会员、海南美术家协会会员。主要作品有版画《争》，水彩画《不速之客》等。

J0015722

艺术与生活 （张祯麒）蔡於良主编；
［张祯麒绘］

海口　海南出版社　1999年　18×21cm

ISBN：7-80645-051-3　定价：CNY290.00（全套）

　　作者张祯麒(1934—　　)，版画家、一级美师。生于海南海口市。中国美术家协会会员、中国版画家协会理事、黑龙江省版画院副院长。出版有《张祯麒版画选》《张祯麒版画集》等。

J0015723

艺乡情真 （李泽藩逝世十周年纪念画集）苏启明主编

台北　历史博物馆　1999年　303页　有图

30cm（10开）　精装　ISBN：957-02-3783-X

外文书名：Truthful Sentiment in the Art World.

J0015724

云蒸霞蔚 （1）上海朵云轩文化经纪有限公司［编］

上海　上海书画出版社［1999年］28页

29cm（16开）ISBN：7-80635-591-X

定价：CNY28.00

（朵云轩特约画家作品集　1）

　　本画册收录中国近30位美术家的作品，介绍他们的风貌和个性，有王远的油画《水泡》、苏春生的中国画《云影浮山碧松风助水声》、张捷的中国画《清秋策杖》等。

J0015725

长征书画集 （金秋名人书画集）史小刚主编

北京　红旗出版社　1999年　112页　26×39cm

精装　ISBN：7-5051-0366-0

定价：CNY999.00（全2册）

J0015726

长征书画集 （老将军墨迹）史小刚主编

北京　红旗出版社　1999年　166页　26×39cm

精装　ISBN：7-5051-0366-0

定价：CNY999.00（全2册）

J0015727

中国当代书画收藏宝典　杨泓主编

北京　文物出版社　1999年　2册（745页）

37cm（8开）精装　ISBN：7-5010-1175-3

定价：CNY2180.00

外文书名：Encyclopedia of Works by China's Artists of the New Century.

J0015728

中国当代艺术家系列

长沙　湖南美术出版社　1999年　26cm（16开）

J0015729

中国绘画全集 （1 战国—唐）中国古代书画鉴定组编

北京　文物出版社　1997年　27+198+33页

29cm（16开）精装　ISBN：7-5010-0972-4

定价：CNY380.00

（中国美术分类全集）

J0015730

中国绘画全集 （2 五代宋辽金 1）中国古代
书画鉴定组编
杭州 浙江人民美术出版社 1999 年 198+43 页
29cm（16 开） 精装 ISBN：7-5340-0906-5
定价：CNY380.00
（中国美术分类全集）
　　本书由浙江人民美术和文物出版社联合
出版。

J0015731

中国绘画全集 （3 五代宋辽金 2）中国古代
书画鉴定组编
杭州 浙江人民美术出版社 1999 年 216+37 页
29cm（16 开） 精装 ISBN：7-5340-0909-X
定价：CNY380.00
（中国美术分类全集）
　　本书由浙江人民美术和文物出版社联合
出版。

J0015732

中国绘画全集 （4 五代宋辽金 3）中国古代
书画鉴定组编
杭州 浙江人民美术出版社 1999 年 192+45 页
29cm（16 开） 精装 ISBN：7-5340-0910-3
定价：CNY380.00
（中国美术分类全集）
　　本书由浙江人民美术和文物出版社联合
出版。

J0015733

中国绘画全集 （5 五代宋辽金 4）中国古代
书画鉴定组编
杭州 浙江人民美术出版社 1999 年 194+36 页
29cm（16 开） 精装 ISBN：7-5340-0911-1
定价：CNY380.00
（中国美术分类全集）
　　本书由浙江人民美术和文物出版社联合
出版。

J0015734

中国绘画全集 （6 五代宋辽金 5）中国古代
书画鉴定组编
杭州 浙江人民美术出版社 1999 年 215+84 页
29cm（16 开） 精装 ISBN：7-5340-0912-X

定价：CNY390.00
（中国美术分类全集）
　　本书由浙江人民美术和文物出版社联合
出版。

J0015735

中国绘画全集 （7 元 1）中国古代书画鉴定
组编
北京 文物出版社 1999 年 42+188+47 页
29cm（16 开） 精装 ISBN：7-5010-1045-5
定价：CNY380.00
（中国美术分类全集）
　　本书由浙江人民美术和文物出版社联合
出版。

J0015736

中国绘画全集 （8 元 2）中国古代书画鉴定
组编
北京 文物出版社 1999 年 183+47 页
29cm（16 开） 精装 ISBN：7-5010-1046-3
定价：CNY380.00
（中国美术分类全集）
　　本书由浙江人民美术和文物出版社联合
出版。

J0015737

中国绘画全集 （9 元 3）中国古代书画鉴定
组编
北京 文物出版社 1999 年 188+37 页
29cm（16 开） 精装 ISBN：7-5010-1047-1
定价：CNY380.00
（中国美术分类全集）
　　本书由浙江人民美术和文物出版社联合
出版。

J0015738

中国美术选集 （1978—1998）皇甫传铁主编
北京 国际文化出版公司 1999 年
2 册（496；488 页）29cm（16 开） 精装
ISBN：7-80105-745-7 定价：CNY980.00

J0015739

中国美术学院入学考试优秀作品选 （色彩
卷）刘健主编
合肥 安徽美术出版社 1999 年 20 页 42cm（8 开）

ISBN：7-5398-0723-7 定价：CNY24.00

　　作者刘健（1954—　　），教授、画家。安徽合肥人。毕业于浙江美术学院中国画系。中国美术学院副院长、教授、博士生导师，中国美术家协会浙江分会会员。代表作品《田横与五百壮士》《太阳升起的时候》《景颇族》等。

J0015740

中国美术学院入学考试优秀作品选
（素描、速写卷）刘健主编
合肥 安徽美术出版社 1999年 20页 42cm（8开）
ISBN：7-5398-0722-9 定价：CNY20.00

J0015741

中韩书画名家大师精品大典　赵燮，许由主编
北京 中国文联出版公司 1999年 191+182页
29cm（16开）精装 ISBN：7-5059-3253-5
定价：CNY526.00

J0015742

中华书画集萃　中国书法艺术研究院编
北京 蓝天出版社 1999年 98页 42cm（8开）
精装 ISBN：7-80081-868-3

J0015743

中央美术学院附中历届学生优秀作品选
（创作）中央美术学院附中业务教研室编
北京 中国青年出版社 1999年 91页 29cm（15开）
ISBN：7-5006-3370-X 定价：CNY32.00

J0015744

中央美术学院附中历届学生优秀作品选
（色彩）中央美术学院附中业务教研室编
北京 中国青年出版社 1999年 70页 29cm（15开）
ISBN：7-5006-3369-6 定价：CNY38.00

J0015745

中央美术学院附中历届学生优秀作品选
（素描）中央美术学院附中业务教研室编
北京 中国青年出版社 1999年 90页 29cm（15开）
ISBN：7-5006-3324-6 定价：CNY32.00

J0015746

中央美术学院附中历届学生优秀作品选

（速写）中央美术学院附中业务教研室编
北京 中国青年出版社 1999年 80页 29cm（15开）
ISBN：7-5006-3368-8 定价：CNY30.00

J0015747

左海艺葩　（福州美术书法作品精选 1949—1999）林公武主编；福州市文学艺术界联合会编
福州 福建美术出版社 1999年 138页
38cm（6开） ISBN：7-5393-0863-X
定价：CNY138.00

　　本书为陈子奋、潘主兰、章友芝、郑乃珖、杨启、蔡鹤汀、翁振新等作品的8开画册。

中国各地方绘画作品综合集

J0015748

现代台湾书画大观　黄瀛豹编
新竹县 现代台湾书画大观刊行会 1930年
［200］页 27cm（16开）精装

　　本书收131人的书画150余幅，均附作者传略。

J0015749

市美校刊　广州市市立美术学校编
广州 广州市市立美术学校 1931年 ［100］页
有图 26cm（16开）

　　本书前半部分为该校教职员工像及学生习作作品，共91幅；后半部分为论著、小说及新诗，有王昌的《谈谈艺术之价值》等19篇。后附教职员学生一览表。

J0015750

上海工人画选　（1950）李寸松，王德义编；劳动出版社编辑部编辑
上海 劳动出版社 1950年 88页 13×17cm
定价：旧币4.00
（劳动丛书）

J0015751

天津工人画集　钱小惠编
上海 晨光出版公司 1951年 影印本 117页
17cm（32开）定价：旧币6,500元
（工厂文艺习作丛书 12）

J0015752

武汉市工人美术创作选　（第一辑）祁隆麟
作；武汉市文学艺术界联合会编
汉口　武汉工人出版社 1951 年 33 页 19cm（32 开）
定价：旧币 3,000 元

J0015753

1951 年华东美术作品选集　全国美术展览
会华东作品观摩会评选委员会辑
上海　大东书局 1953 年 71 幅 21cm（32 开）
定价：旧币 18,000 元

J0015754

广东美术作品选集　广东省美术工作室辑
广州　华南人民出版社 1954 年 70 页 25cm（15 开）
定价：旧币 18,000 元

J0015755

上海市一九五四年工人美展作品选集　李
缄三等作；上海市一九五四年工人美术展览会
编辑
上海　上海人民美术出版社 1955 年 45 页
21cm（32 开）定价：CNY0.80

J0015756

重庆工人画选　中国美术家协会重庆分会，
重庆市工会联合会宣传部辑
重庆　重庆市人民出版社 1955 年 影印本 52 页
20cm（32 开）　定价：CNY0.59

J0015757

湖南青年美术作品选集　湖南青年美术作品
展览会编
长沙　湖南人民出版社 1956 年 影印本 52 页
26cm（16 开）统一书号：8109.4
定价：CNY1.00

J0015758

辽宁省青年美展作品选集　辽宁画报社编
沈阳　辽宁画报社 1956 年 影印本 47 页
26cm（16 开）统一书号：T8117.261
定价：CNY1.30

J0015759

山东青年美术作品选集　山东人民出版社
编辑
济南　山东人民出版社 1956 年 影印本 29 页
21cm（32 开）定价：CNY2.00

J0015760

西北三届美展作品选集　中国美术家协会西
安分会编辑
西安　陕西人民出版社 1956 年 影印本 64 页
26cm（16 开）统一书号：8094.11
定价：CNY2.00

J0015761

西南民族画集　中国美术家协会重庆分会辑
成都　四川人民出版社 1956 年 影印本 41 页
21cm（32 开）统一书号：M8118.19
定价：CNY1.20

J0015762

柴达木画集　青海省文联编
西宁　青海人民出版社 1957 年 影印本 46 页
21cm（32 开）
　　本画集收有油画、水彩画、彩墨画、铅笔画
等近 50 幅，是青海省画家 50 年代中期两次进入
青海西部柴达木盆地实地创作的作品。

J0015763

美丽的云南山茶花　中国科学院植物研究所
昆明工作站编
昆明　云南人民出版社［1957 年］8 幅
26cm（16 开）统一书号：8116.4
定价：CNY0.58
　　本书系中国云南现代山茶花画册专著。

J0015764

山东青年美术作品选集　山东人民出版社
编辑
济南　山东人民出版社 1957 年 影印本 29 页
21cm（32 开）统一书号：8099.94
定价：CNY2.00

J0015765

浙江工人美术选集　浙江省第一届工人业余
美术创作展览会筹备委员会编
杭州　浙江人民出版社 1957 年 影印本［42］页
21cm（32 开）　统 一 书 号：8103.24　定价：

CNY1.00

J0015766
北京工人画选　北京市文联美术工作组编
北京 人民美术出版社 1958年 50页 19cm（32开）
统一书号：8027.2473 定价：CNY0.22

J0015767
河北束鹿群众美术作品选集　中央美术学
院，民族美术研究所编
北京 人民美术出版社 1958年 19cm（32开）
统一书号：T8027.2236 定价：CNY0.14

J0015768
揭阳工农画选　（1958年）广东省群众艺术
馆，揭阳县文化馆合编
广州 广东省群众艺术馆 1958年 24页
19cm（32开）
　　本书由广东省群众艺术馆和揭阳县文化馆
联合出版。

J0015769
上海铁路职工"大跃进"画选　（第一辑）上
海铁路管理局委员会编
上海 上海铁路管理局委员会 1958年 影印
本 91页 26cm（16开）

J0015770
上海铁路职工"大跃进"画选　（第二辑）上
海铁路管理局委员会编
上海 上海铁路管理局委员会 1958年
影印本 52页 26cm（16开）

J0015771
上海铁路职工"大跃进"画选　（第三辑）上
海铁路管理局委员会编
上海 上海铁路管理局委员会 1958年
影印本 63页 26cm（16开）

J0015772
沈阳工人美术作品选　中国美术家协会辽宁
省分会编
北京 人民美术出版社 1958年 35页 19cm（32开）
统一书号：8029.2490 定价：CNY0.18

J0015773
浙江省第一届美术展览会作品选集　肖傅
玖等作
杭州 浙江人民出版社 1958年 94页 26cm（16开）
统一书号：8103.48 定价：CNY2.30

J0015774
北京市职工美术作品选集　北京群众艺术
馆编
北京 北京出版社 1959年 52页 26cm（16开）
统一书号：8071.56 定价：CNY1.90

J0015775
畅心图　天津市工人文化宫美术组等编
天津 天津美术出版社 1959年 44幅 19cm（32开）
统一书号：8073.1777 定价：CNY0.80

J0015776
工农画选　（第一集）江西省群众艺术馆，中
国美术家协会江西分会编辑
南昌 江西人民出版社 1959年 27cm（16开）
折装 定价：CNY0.12

J0015777
湖北工农画选集　中国美术家协会武汉分会，
湖北省群众艺术馆合编
武汉 湖北人民出版社 1959年 58幅
25cm（小16开） 统一书号：T8106.405
定价：CNY1.90

J0015778
湖南首届美术作品选集　湖南首届美术展览
会，湖南人民出版社编
长沙 湖南人民出版社 1959年 67页 26cm（16开）
统一书号：8109.241 定价：CNY0.85

J0015779
华东工人美术作品选　上海人民美术出版社
编辑
上海 上海人民美术出版社 1959年 68幅
21cm（32开）精装 统一书号：8081.4597
定价：CNY7.20

J0015780
华东农民美术作品选　上海人民美术出版社

编辑
上海　上海人民美术出版社　1959 年　68 幅
21cm（32 开）精装　统一书号：T8081.4483
定价：CNY8.20

J0015781
江苏"大跃进"画集　江苏文艺出版社编；江
苏文艺出版社编
南京　江苏文艺出版社　1959 年　44 幅　26cm（16 开）
统一书号：8141.601　定价：CNY6.00

J0015782
江苏历代绘画展览　南京博物院，江苏省博
物馆编
南京　南京博物院，江苏省博物馆　1959 年　19 页
19cm（32 开）　定价：CNY0.05

J0015783
江苏十年美术选集　江苏文艺出版社编
南京　江苏文艺出版社　1959 年　148 幅　39cm（4 开）
精装　统一书号：8141.659　定价：CNY38.00
　　本书收有国画、油画、年画、水彩、木刻等
品种。

J0015784
浏阳工农画选集　中共浏阳县委宣传部编
长沙　湖南人民出版社　1959 年　19cm（32 开）
统一书号：8109.271　定价：CNY0.20

J0015785
南京工农兵画选　南京市文联编
南京　南京人民出版社　1959 年　56 页　21cm（32 开）
统一书号：8100（宁）·2　定价：CNY0.60

J0015786
内蒙古美术选集　中国美术家协会内蒙古自
治区分会编
呼和浩特　内蒙古人民出版社　1959 年　影印本
33 页　39cm（8 开）　统一书号：M8089.50
定价：CNY2.50

J0015787
山东工农兵画选　山东人民出版社编辑
济南　山东人民出版社　1959 年　20 幅　26×37cm
活页　统一书号：8099.339　定价：CNY2.00

J0015788
上海风景
上海　上海人民美术出版社　1959 年　12 幅
10×15cm　统一书号：T8081.8138　定价：CNY0.48

J0015789
上海市群众业余美术创作展览会作品选集
（1958）乌金明等作
上海　上海人民美术出版社　1959 年　52 页
19cm（32 开）统一书号：T8081.4442
定价：CNY0.50

J0015790
广东美术作品选　中国美术家协会广州分会编
广州　广东人民出版社　1960 年　30 幅　37cm（8 开）
统一书号：T8111.352　定价：CNY6.00

J0015791
济南部队美术作品选集　济南部队政治部宣
传部编
济南　山东人民出版社　1960 年　48 页
25cm（小 16 开）精装　统一书号：8099.333
定价：CNY5.00

J0015792
内蒙古工农牧兵绘画选集　内蒙古自治区文
化局编
呼和浩特　内蒙古人民出版社　1960 年　影印本
51 页　26cm（16 开）精装　统一书号：8089.32
定价：CNY3.40

J0015793
青海美展作品选集　青海美术工作者协会，
青海人民出版社编
西宁　青海人民出版社　1960 年　25cm（15 开）
统一书号：8097.46　定价：CNY3.00

J0015794
四川群众美术作品选　四川省群众文艺创作
展览会演大会评选委员会编
成都　四川人民出版社　1960 年　46 幅　有图
21cm（32 开）统一书号：8118.284
定价：CNY0.25
（四川省群众文艺积极分子代表大会四川省群众
文艺创作展览会演大会丛书）

J0015795
颂先进　上海人民美术出版社编
上海　上海人民美术出版社　1960 年　58 页
21cm（32 开）统一书号：T8081.4880
定价：CNY1.20
　　本书为上海工人群众业余绘画作品选。

J0015796
浙江工农兵画集　浙江省群众艺术馆，浙江
人民美术出版社合编
杭州　浙江人民美术出版社　1960 年　影印本
26cm（16 开）精装　统一书号：T8156.90
定价：CNY4.50

J0015797
浙江美术选集　浙江人民美术出版社编辑
杭州　浙江人民美术出版社　1960 年　74 幅
37cm（8 开）精装　统一书号：8156.104
定价：CNY18.00

J0015798
广东名画家选集　广东名画家选集编辑委员
会编辑
广州　中国美术家协会广东分会　1961 年　108 幅
56cm（4 开）精装　定价：CNY160.00

J0015799
广东名画家选集　广东名画家选集编辑委员
会编辑
广州　中国美术家协会广东分会　1961 年　影印本
108 幅　54cm（4 开）精装　定价：CNY160.00

J0015800
上海美术作品选　丰子恺等绘；上海人民美
术出版社编辑
上海　上海人民美术出版社　1961 年　86 页
34cm（15 开）精装　统一书号：T8081.4977
定价：CNY16.00
　　本书精选宣传画、国画、版画、油画、水彩
画、年画、连环画以及雕塑等 86 幅作品。作者
丰子恺（1898—1975），画家、文学家、艺术教育
家。原名丰润，又名仁、仍，字子觊，后改为子
恺，笔名 TK。浙江嘉兴人。作品有《缘缘堂随笔》、
画集《子恺漫画》等。

J0015801
武钢职工业余美术作品选集　中共武汉钢
铁公司委员会宣传部，中国美术家协会武汉分
会编
武汉　湖北人民出版社　1961 年　有图
定价：CNY3.00

J0015802
武汉职工业余美术作品选集　中国武汉钢
铁公司委员会宣传部，中国美术家协会武汉分
会编
武汉　湖北人民出版社　1961 年　影印本
62 页　21cm（32 开）统一书号：T8106.526
定价：CNY3.00

J0015803
甘肃美术作品选　（画册）甘肃人民出版社编
兰州　甘肃人民出版社　1962 年 40 页 26cm（16 开）
统一书号：8096.44　定价：CNY3.00

J0015804
广东美术选集　中国美术家协会广东分会编
广州　广东人民出版社　1962 年　74 幅 37cm（8 开）
精装　统一书号：8111.474　定价：CNY60.00

J0015805
江苏解放区画选　（1940—1949）江苏人民出
版社编辑
南京　江苏人民出版社　1962 年　[94] 页
29cm（16 开）精装　统一书号：8100.964
定价：CNY8.50

J0015806
江苏解放区画选　（1940—1949）江苏人民出
版社编辑
南京　江苏人民出版社　1962 年　28cm（大 16 开）
套装本　定价：CNY5.50
　　本书系反映抗日战争与解放战争时期，江淮
战场革命斗争情况的画集。

J0015807
上海群众业余创作画选　全自立等作；上海
群众文化编辑委员会编
上海　上海人民美术出版社　1962 年　74 页
22cm（16 开）统一书号：T8081.5103

定价：CNY3.00，CNY5.50（精装）

J0015808

新疆维吾尔自治区画集　（汉文本）《新疆维吾尔自治区画集》编委会编

[北京] 民族出版社 1962 年 30cm（16 开）

定价：CNY3.50（纸面精装），CNY4.50（绢面精装）

J0015809

上海美术作品选　（1960—1961）上海人民美术出版社编辑

上海 上海人民美术出版社 1963 年 65 幅 27cm（16 开）精装 统一书号：T8081.5219

定价：CNY12.00

J0015810

广西美术作品选集　中国美术家协会广西分会编

南宁 广西壮族自治区人民出版社 1965 年 22 幅 38cm（6 开） 统一书号：8113.193

、定价：CNY5.10

J0015811

全国美术展览会华东地区作品选集　（1965）上海人民美术出版社编辑

上海 上海人民美术出版社 1965 年 80 幅 26cm（16 开）统一书号：T8081.5548

定价：CNY4.80，CNY12.00（精装）

J0015812

新疆画选　中国美术家协会新疆维吾尔自治区分会，新疆人民出版社编

乌鲁木齐 新疆人民出版社 1965 年 54 幅 26cm（16 开）精装 统一书号：M8098.2

定价：CNY9.50

　　本作品选收了中华人民共和国成立后新疆地区画家的美术作品 50 余幅。有国画、油画、水粉、水彩、版画、雕塑等。

J0015813

黑龙江工农兵美术作品选集　（一九六五年）中国美术家协会黑龙江分会编

哈尔滨 黑龙江美术出版社 1966 年 55 页 17cm（40 开）统一书号：8.211

定价：CNY0.40

J0015814

北京市工农兵美术作品选　（1）北京人民出版社编辑

北京 人民出版社 1972 年 8 幅 19cm（32 开）

统一书号：8.0063

定价：CNY0.24，CNY0.30（胶版纸）

J0015815

北京市工农兵美术作品选　（2）北京人民出版社编辑

北京 人民出版社 1972 年 8 幅 19cm（32 开）

统一书号：8.0064

定价：CNY0.24，CNY0.30（胶版纸）

J0015816

北京市工农兵美术作品选　（3）北京人民出版社编辑

北京 人民出版社 1972 年 19cm（32 开）

统一书号：8.0065

定价：CNY0.24，CNY0.30（胶版纸）

J0015817

广西美术作品选集　（1972）广西美术摄影展览办公室［编］

南宁 广西人民出版社 1972 年 28 页 21cm（32 开）

统一书号：8113.68 定价：CNY0.60

J0015818

河北省工农兵美术作品选

保定 河北人民出版社 1972 年 19×13cm

统一书号：8086.251 定价：CNY0.90

J0015819

湖北美术作品选　湖北省美术，摄影展览办公室供稿

武汉 湖北人民出版社 1972 年 26cm（16 开）

精装 统一书号：8106.1375 定价：CNY1.00

J0015820

黄石市美术摄影作品选　（1942—1972）湖北省黄石市"革委会"征文办公室编

黄石 湖北省黄石市"革委会"征文办公室 [1972 年] 37 页 19×26cm

J0015821
辽宁省工农兵美术作品选 （1971）
沈阳 辽宁人民出版社 1972年 26cm（16开）
精装 统一书号：8090.225 定价：CNY1.80

J0015822
青海省美术作品展览会选辑 青海省纪念毛
主席《在延安文艺座谈会上的讲话》发表三十周
年办公室编
西宁 青海人民出版社 1972年 16张（套）
19cm（32开） 定价：CNY0.58

J0015823
山东美术作品选 （纪念毛主席《在延安文艺
座谈会上的讲话》发表三十周年）山东省纪念
毛主席《在延安文艺座谈会上的讲话》发表三十
周年办公室编
济南 山东人民出版社 1972年 52幅29cm（12开）
定价：CNY3.60

J0015824
山东美术作品选 （精装 纪念毛主席《在延安
文艺座谈会上的讲话》发表三十周年）山东省
纪念毛主席《在延安文艺座谈会上的讲话》发表
三十周年办公室编
济南 山东人民出版社 1972年 27cm（大16开）
精装

J0015825
束鹿县群众业余画选 束鹿县文化工作站编
北京 人民美术出版社 1972年 45页 18cm（32开）
统一书号：8027.5561 定价：CNY0.58

J0015826
北京市美术作品选 （第一辑）
北京 人民出版社 1973年 26cm（16开）
统一书号：8071.108 定价：CNY0.80

J0015827
河南省美术作品选 河南人民出版社编选
郑州 河南人民出版社 1973年 38页 17×18cm
定价：CNY0.42

J0015828
河南省美展作品选

郑州 河南人民出版社 1973年 19cm（32开）
定价：CNY0.42

J0015829
黑龙江美术作品选 黑龙江省文化局，黑龙
江人民出版社编
哈尔滨 黑龙江人民出版社 1973年 85幅
25×27cm 精装 统一书号：8093.176
定价：CNY8.50

J0015830
吉林省美术作品选 吉林省文化局美展办公
室编
长春 吉林人民出版社 1973年 33幅（套）
26cm（16开） 定价：CNY2.00

J0015831
江苏美术作品选 江苏人民出版社编辑
南京 江苏人民出版社 1973年 44张
36cm（6开） 活页装 统一书号：8100.4.003
定价：CNY6.00

J0015832
江苏美术作品选 江苏人民出版社编辑
南京 江苏人民出版社 1973年 40幅（套）
53cm（4开） 定价：CNY6.00（纸盒装），
CNY5.00（纸套装）

J0015833
旅大工人画选 旅大市文学艺术馆编
北京 人民美术出版社 1973年 49页 18cm（15开）
统一书号：8027.5685 定价：CNY0.58

J0015834
山东美术作品选 （国画、年画选页）
济南 山东人民出版社 1973年 13×19cm
统一书号：8099.186 定价：CNY0.30

J0015835
陕西图画作品选辑
西安 陕西人民出版社 1973年 12幅（套）
19cm（32开） 定价：CNY0.56

J0015836
上海美术作品选 上海人民出版编辑

上海 上海人民出版社 1973 年 25cm（16 开）
统一书号：8171.553 定价：CNY3.90

J0015837
天津工农兵美术作品选　天津人民美术出版
社编辑
天津 天津人民美术出版社 1973 年 65 页
17cm（32 开）统一书号：8073.50012
定价：CNY0.78

J0015838
武汉市美术作品小辑　武汉市"革命委员会"
文化局供稿
武汉 湖北人民出版社 1973 年 19cm（32 开）
统一书号：8106.1398 定价：CNY0.10

J0015839
新疆美术作品选　新疆人民出版社编辑
乌鲁木齐 新疆人民出版社 1973 年 36 幅
26cm（16 开）定价：CNY1.40

J0015840
昆明部队美术作品选　（1973）
昆明 云南人民出版社 1974 年 22 页 13×18cm
统一书号：8116.655 定价：CNY0.86

J0015841
上海中学生画选　上海人民出版社编辑
上海 上海人民出版社 1974 年 28 页 19cm（30 开）
统一书号：R8171.941 定价：CNY0.29

J0015842
阳泉工人画选
太原 山西人民出版社 1974 年 31 页 21cm（20 开）
统一书号：8088.886 定价：CNY0.60

J0015843
军垦战士美术作品选
乌鲁木齐 新疆人民出版社 1975 年 43 幅
26cm（16 开）定价：CNY3.00

J0015844
辽宁工人画选集　辽宁省总工会，辽宁省文
化局编
沈阳 辽宁人民出版社 1975 年 82 页 25cm（15 开）

统一书号：8090.743 定价：CNY3.00

J0015845
青海美术作品选
西宁 青海人民出版社 1975 年 24 幅
26cm（16 开）定价：CNY1.30

J0015846
上海工人美术作品选　（1974）上海人民出
版社编辑
上海 上海人民出版社 1975 年 35cm（9 开）
统一书号：8171.1152 定价：CNY3.00

J0015847
上海民兵美术作品选　上海民兵指挥部编
上海 上海人民出版社 1975 年 50 页 20cm（32 开）
统一书号：8171.1257 定价：CNY0.98

J0015848
上海上山下乡知识青年画选　上海人民出版
社编辑
上海 上海人民出版社 1975 年 42 页 17×18cm
定价：CNY0.32

J0015849
上海阳泉旅大工人画选
北京 人民美术出版社 1975 年 12 幅
26cm（16 开）定价：CNY1.20

J0015850
上海阳泉旅大工人画选
天津 天津人民美术出版社 1975 年 16 幅
19cm（32 开）定价：CNY1.00

J0015851
西安美术作品选　西安市文化馆编
西安 西安市文化馆 1975 年 70 页 29cm（12 开）

J0015852
新疆美术新作选　新疆人民出版社编辑
乌鲁木齐 新疆人民出版社 1975 年 57 幅
38cm（6 开）套装 统一书号：M8098.100
定价：CNY5.00

J0015853
阳泉工人画选　阳泉市人民文化馆编
北京　人民美术出版社 1975 年 51 页 20cm（32 开）
统一书号：8027.6071 定价：CNY0.65

J0015854
重庆工人画选　重庆市劳动人民文化宫编
重庆　重庆市劳动人民文化宫 1975 年 40 页
19cm（32 开）

J0015855
内蒙古工人美术作品选　内蒙古自治区总工
会编
呼和浩特　内蒙古人民出版社 1976 年 42 页
17×18cm 定价：CNY0.95

J0015856
上海农业学大寨画展作品选　上海人民出版
社编辑
上海　上海人民出版社 1976 年 32 页 17×18cm
定价：CNY0.32

J0015857
上海阳泉旅大工人画选
北京　人民美术出版社 1976 年 12 幅
统一书号：8027.6176 定价：CNY1.20

J0015858
上海阳泉旅大工人画选辑
北京　人民美术出版社 1976 年 12 幅
19cm（32 开）定价：CNY0.40

J0015859
学画先学画中人　（1975 上海中学生画选）
上海　上海人民出版社 1976 年 25 幅 19cm（32 开）
统一书号：8171.1257 定价：CNY0.24

J0015860
阳泉工人美术大字报、壁画选　阳泉工人业
余美术编创组编
北京　人民美术出版社 1976 年 77 幅 20cm（32 开）
统一书号：8027.6285 定价：CNY0.90

J0015861
东北风光　辽宁省工艺美术工业公司编绘

沈阳　辽宁省工艺美术工业公司 1977 年 150 页
26cm（16 开）定价：CNY1.50

J0015862
湖南省军区某部机炮连兵画选　湖南人民
出版社，人民美术出版社编辑
长沙　湖南人民出版社 1977 年 15 页 26cm（16 开）
统一书号：8027.6613 定价：CNY0.15

J0015863
牧区生产、生活用品美术参考资料　全继
昌绘编
呼和浩特　内蒙古人民出版社 1977 年 91 页
19cm（32 开）定价：CNY0.39

J0015864
上海美术　（1977 年　第 2 期）上海人民出版
社编辑
上海　上海人民出版社 1977 年 28 页 26cm（16 开）
定价：CNY0.31

J0015865
自立艺苑书画选集　（第一辑）黄景南编辑
台北　自立晚报社 1977 年 208 页　有图
29cm（16 开）　精装　定价：TWD600.00

J0015866
广西美术作品选集　广西壮族自治区美术作
品展览办公室编
南宁　广西人民出版社 1978 年 55 幅 38cm（6 开）
　统一书号：8113.467 定价：CNY12.00
　　本书系广西壮族自治区美术作品展览办公
室编广西现代美术作品画册。

J0015867
河北省美术作品选　（庆祝中国人民解放军建
军五十周年 1927—1977）
石家庄　河北人民出版社 1978 年 24 幅
26cm（16 开）统一书号：8086.930
定价：CNY1.20

J0015868
济南部队画选　中国人民解放军济南部队政
治部文化部编
济南　山东人民出版社 1978 年 36 幅

25cm（小 16 开）统一书号：8099.1824
定价：CNY2.50

J0015869
美术作品选　宁夏回族自治区美术摄影工作
办公室编
银川　宁夏人民出版社 1978 年 32 幅 38cm（6 开）
统一书号：8157.2966
　　本书系庆祝宁夏回族自治区成立二十周年
编制的现代美术作品画册。

J0015870
南京部队美术作品选集　中国人民解放军南
京部队政治部文化部编
南京　江苏人民出版社 1978 年 68 页
25cm（小 16 开）统一书号：8100.3.184
定价：CNY5.60

J0015871
上海市中小学生美术作品选　（1976—1977）
《上海市中小学生美术作品选》编辑组编
上海　上海教育出版社 1978 年 49 页 20cm（32 开）
统一书号：7150.1906　定价：CNY0.44

J0015872
十月胜利颂
杭州　浙江人民出版社 1978 年 48 幅 20cm（32 开）
统一书号：8103.326　定价：CNY0.50

J0015873
新疆部队战士画选　（维吾尔、汉文对照）
乌鲁木齐　新疆人民出版社 1978 年 24cm（16 开）
统一书号：M8098.101　定价：CNY1.20

J0015874
天津美术作品选　（1949—1979）
天津　天津人民美术出版社 1979 年 116 幅
38cm（6 开）套装 统一书号：8073.70011
定价：CNY28.00

J0015875
江苏美术作品选
南京　江苏人民出版社 1980 年 102 页
27cm（16 开）统一书号：8100.3.287
定价：CNY8.60

J0015876
美术作品选　（庆祝中华人民共和国成立三十
周年河南省美术作品展览）
郑州　河南人民出版社 1980 年 65 页 27cm（16 开）
统一书号：8105.982　定价：CNY3.00

J0015877
青海美术作品选集　马西光等著；青海人民
出版社编
西宁　青海人民出版社 1980 年 58 幅 30cm（12 开）
　　本书选编青海省 1949 年至 1979 年间的中国
画、油画、版画、年画、水粉、农民画、剪纸、漫
画等美术作品 58 幅。

J0015878
1982 湖南省美术作品展览图录　湖南省文
化局，中国美术家协会湖南分会
长沙　湖南美术出版社 1981 年 19cm（32 开）
统一书号：8233.322　定价：CNY1.10

J0015879
广东画院集刊　（1）广东画院集刊编委会
广州　花城出版社 1982 年 25cm（15 开）
定价：CNY2.20
　　本书主要内容有《山水画的探索》《关山月
登山寻海》《好看与耐看》《我动情地描绘山水》
等文章。书中还附有图版。由花城出版社和三
联书店香港分店联合出版。

J0015880
**中国共产党成立六十周年广东省美术作品
展览获奖作品图录**　（1921—1981）
广州　岭南美术出版社 1982 年 ［44 页］
19cm（32 开）统一书号：8260.0268
定价：CNY0.95
　　本书包括关山月、刘仑、刘仁毅、冯兆平等
70 多位画家的国画、油画、版画、雕塑、水彩、
粉画等作品 70 多幅。

J0015881
青春火花　（四川青年美术作品选）
成都　四川人民出版社 1982 年 37 幅
25cm（16 开）统一书号：8118.1007
定价：CNY1.50

J0015882

1981 年上海美术年刊 上海美术年刊编辑组编

上海 上海人民美术出版社 1983 年 432 幅
有插图 25cm（16 开）统一书号：8081.13027
定价：CNY3.40

本书内容分文字资料说明和美术展览作品选刊两部分。

J0015883

1982 年上海美术年刊 上海美术年刊编辑组编

上海 上海人民美术出版社 1984 年 26cm（16 开）
统一书号：8081.13538 定价：CNY3.30

本书为 1982 年上海美术年刊，内容包括文字资料和美术展览作品两部分。

J0015884

1983 年上海美术年刊 上海美术年刊编辑组编

上海 上海人民美术出版社 1985 年 有图
26cm（16 开）统一书号：8081.14044
定价：CNY3.80

J0015885

1984 年上海美术年刊 上海美术年鉴编辑组编

上海 上海人民美术出版社 1986 年 有插图
26cm（16 开）统一书号：8081.14658
定价：CNY3.60

J0015886

画苑新秀 （新疆青年美术作品选）吴晓兰编辑

乌鲁木齐 新疆青年出版社 1983 年
25cm（15 开）统一书号：8124.25
定价：CNY4.50

J0015887

廿世纪台湾画坛名家作品集 谢里法编辑

美国 美国汉方医药研究所 1983 年 152 页
37cm（8 开）精装

外文书名：The Twentieth Century Taiwanese Paintings.

J0015888

武夷山 （太姥山画展图录）建阳地区文化局，宁德地区文化局编

邵武 建阳地区文化局 1983 年 67 页 19cm（32 开）

本书由建阳文化局和宁德地区文化局联合出版。

J0015889

云南少数民族画选 云南省民族事务委员会编

昆明 云南人民出版社 1983 年 39 页 24cm（26 开）
统一书号：8116.1010 定价：CNY1.45

J0015890

成都少年儿童美术作品选 成都市群众艺术馆，成都市青少年宫编

成都 四川人民出版社 1984 年 19cm（32 开）
统一书号：8118.1754 定价：CNY1.50

J0015891

广东画院集刊 （2）广东画院集刊编委会编

香港 三联书店香港分店 1984 年 77 页
26cm（16 开）ISBN：962-04-0271-5
定价：HKD3.00

本书选编了画院全体创作人员的中国画、油画、水彩和版画，共 70 幅。由三联书店香港分店和花城出版社联合出版。

J0015892

贵阳美术作品选 （1978—1984）贵阳市文联，贵阳市美协编

贵阳 贵阳市文联 1984 年 107 页 38cm（6 开）

本书系贵阳市文联，贵阳市美协编现代贵阳绘画画册。

J0015893

河北风景画集

石家庄 河北美术出版社 1985 年 94 页
12cm（64 开）定价：CNY14.00

本共收录 94 幅画，第一部分介绍油画；第二部分介绍水彩画，第三部分介绍水粉画。

J0015894

呼伦贝尔画选 内蒙古人民出版社编

呼和浩特 内蒙古人民出版社 1985 年 26cm（16 开）

统一书号：8089.186　定价：CNY1.50

J0015895

克拉玛依画集　新疆石油管理局党委宣传部编
乌鲁木齐　新疆人民出版社　1985年　90页
25cm（小16开）统一书号：M8098.775
定价：CNY10.00

J0015896

全省美展四十年回顾展　台湾教育主管部门编辑
台北　台湾教育主管部门　1985年　515页
有彩图 33cm（5开）精装 定价：TWD800.00

J0015897

四川　《中国少数民族地区画集丛刊》四川册编辑委员会编
北京　民族出版社　1985年　165页 25cm（16开）
精装 统一书号：8049.45 定价：CNY22.00
（中国少数民族地区画集丛刊）

J0015898

台湾画家六人作品选　陈庭诗等绘；人民美术出版社编
北京　人民美术出版社　1985年　77页 26cm（16开）
统一书号：8027.9590 定价：CNY12.00
　　本书包括陈庭诗、孙瑛、刘国松、夏阳、冯钟睿、姚庆章6位画家的30幅作品。

J0015899

新疆好美术作品选　新疆人民出版社编辑
乌鲁木齐　新疆人民出版社　1985年　124页
24cm（15开）统一书号：8098.774
定价：CNY12.00
　　本书包括油画、中国画、水彩、水粉画、版画。

J0015900

甘孜藏画　甘孜绘；四川民族出版社编辑
成都　四川民族出版社　1986年　54页 25cm（15开）
统一书号：M8140.135 定价：CNY18.50
　　本书收入甘孜新藏画《岭·格萨尔王》《一九三六年朱德会见格达活佛》《吉祥如意》等46幅和传统藏画《释迦佛》等6幅，附有藏汉两

种文字的图示说明。

J0015901

广西少数民族风情画辑　黄文波等绘
南宁　广西人民出版社　1986年　26cm（16开）
统一书号：8113.1139 定价：CNY2.95

J0015902

广西少数民族风情画辑　黄文波画
南宁　广西人民出版社　1986年　32张
26cm（16开）统一书号：8113.1139 定价：CNY2.95

J0015903

南京书画院作品选集　江苏美术出版社编
南京　江苏美术出版社　1986年　68+12页
25cm（小16开）定价：CNY15.80

J0015904

苏州现代书画选　苏州市文学艺术联合会编
上海　上海书画出版社　1986年　80页 26cm（16开）
精装

J0015905

台湾现代画家作品选　陈庭诗等绘
成都　四川美术出版社　1986年　37cm（8开）
统一书号：8373.697 定价：CNY4.50

J0015906

武钢画选　中国美术家协会湖北分会编
广州　岭南美术出版社　1986年　56页 25cm（16开）
统一书号：8260.1767 定价：CNY10.00

J0015907

北京画院作品集　北京画院编
北京　人民美术出版社　1987年　123页 37cm（8开）
精装 统一书号：8027.10263 定价：CNY52.00
　　本书为庆祝北京画院成立30周年而出版的作品选集，选编尹瘦石、周元亮、崔子范、周思聪、潘絜兹等90余位美术家近年所创作的作品。其中中国画78幅，油画13幅，雕塑4幅。

J0015908

湖南省老年人艺术作品选集　湖南省首届老年人艺术作品展览办公室编
长沙　湖南美术出版社　1987年　98页 26cm（16开）

ISBN：7-5356-0043-3 定价：CNY13.50

J0015909
辽宁美术家作品选 （Ⅳ 中青年国画部分）
沈阳 辽宁美术出版社 1987 年 185 页 有肖像
26cm（16 开） 精装 统一书号：8161.1153
定价：CNY34.80

J0015910
内蒙古美术作品选 文浩主编；内蒙古人民
出版社编辑
呼和浩特 内蒙古人民出版社 1987 年 133 页
有彩照 25×26cm ISBN：7-204-00102-8
定价：CNY14.00
　　本书共收入 150 幅作品。具有浓郁的民族

特色和地区特点，从不同侧面展示改革开放以来
内蒙古各族人民的新生活、新风貌，表现草原风
情和民族风俗。

J0015911
泉州画院画集 李硕卿等绘
福州 福建美术出版社 1987 年 ［40］页
21cm（35 开） 定价：CNY3.50

J0015912
汕头画院作品选 海林编
深圳 海天出版社 1987 年 65 页 26cm（16 开）
定价：CNY14.00
（中国画院丛书）